中华人民共和国
现行会计法律法规汇编

（2008年最新版）

全国人大常委会法制工作委员会 审定
《中华人民共和国现行会计法律法规汇编》编委会 编

立信会计出版社
LIXIN ACCOUNTING PUBLISHING HOUSE

图书在版编目（CIP）数据

中华人民共和国现行会计法律法规汇编/《中华人民共和国现行会计法律法规汇编》编委会编.
上海：立信会计出版社，2008.3
ISBN 978-7-5429-1991-5

Ⅰ.中… Ⅱ.中… Ⅲ.会计法—汇编—中国 Ⅳ.D922.269

中国版本图书馆CIP数据核字(2008)第029957号

责任编辑：蔡伟莉

中华人民共和国现行会计法律法规汇编

出版发行 立信会计出版社
地　　址 上海市中山西路2230号　　邮政编码 200235
电　　话 (021)64411389　　传　　真 (021)64411325
网　　址 www.lixinaph.com　　E-mail lxaph@sh163.net
网上书店 www.lixinbook.com　　Tel：(021)64411071
经　　销 各地新华书店

印　　刷 北京佳顺印务有限公司
开　　本 787毫米×1092毫米　1/16
印　　张 46.6　　插　　页 4
字　　数 1646千字
版　　次 2008年3月第1版
印　　次 2008年3月第1次
印　　数 1—10 000
书　　号 ISBN 978-7-5429-1991-5/D·0082
定　　价 98.00元

前　言

2006 年 2 月 15 日，财政部会计准则委员会在人民大会堂召开新闻发布会，颁布了包括一项基本会计准则和三十八项具体会计准则在内的会计准则体系，基本实现了与国际财务报告准则的趋同。

为了稳妥起见，新的会计准则体系首先在上市公司范围内施行。实际上，国内大型的企业集团考虑到合并报表的问题，为了避免与上市的子公司存在会计政策差异，已采用新的《企业会计准则》进行会计处理。国资委下属的多家特大型国有企业在 2007 年也实施了新的《企业会计准则》。中国银监会和保监会都公布了各自管辖范围内的金融企业实施新的《企业会计准则》的时间表。因此，新的《企业会计准则》是在《会计法》指导下的会计法规主体。为了保证新的会计准则体系顺利实施，财政部、证监会、银监会、保监会、国资委等国家部委相继颁布了配合新的《企业会计准则》实施的配套法规。

新的审计准则体系及其应用指南的颁布，对于注册会计师行业的影响是深远的。为了促进这套审计准则体系的实施，财政部和中国注册会计师协会颁布了相应的配套法规，规范会计师事务所和注册会计师的行为。

行政、事业单位的会计法规体系与企业会计法规体系相对独立，仍然采取的是收付实现制。行政、事业单位会计人员执行的是财政部以及国家机关事务管理局等部门颁布的相应法规。

我国近年来颁布的会计法规数目众多，但是有些法规虽然没有被废止，应用的范围已经非常小，本书编者对此类法规采取的措施是只提供法规名称和文号。而对于当前应用广泛的会计法规，以及应用范围逐步扩大的会计法规，则给出法规以及配套法规原文。经过筛选，本书编者希望能够提供给读者一个包括企业会计法规、注册会计师行业法规和行政、事业单位法规在内的完备的会计法规体系。由于水平有限，加上时间仓促，错误难免，请读者批评指正。

《中华人民共和国现行会计法律法规汇编》编委会

2008 年 3 月

目　录

第一编　综合性会计法律法规

第二编　企业会计法规

第三编　注册会计师行业法律法规

第四编 行政事业单位会计法规

第一编

综合性会计法律法规

第一部分 《中华人民共和国会计法》及相关法律规定

一、中华人民共和国会计法

中华人民共和国会计法

(1985年1月21日第六届全国人民代表大会常务委员会第九次会议通过。根据1993年12月29日第八届全国人民代表大会常务委员会第五次会议《关于修改〈中华人民共和国会计法〉的决定》修正,1999年10月31日第九届全国人民代表大会常务委员会第十二次会议修订通过,自2000年7月1日起施行。)

第一章 总 则

第一条 为了规范会计行为,保证会计资料真实、完整,加强经济管理和财务管理,提高经济效益,维护社会主义市场经济秩序,制定本法。

第二条 国家机关、社会团体、公司、企业、事业单位和其他组织(以下统称单位)必须依照本法办理会计事务。

第三条 各单位必须依法设置会计账簿,并保证其真实、完整。

第四条 单位负责人对本单位的会计工作和会计资料的真实性、完整性负责。

第五条 会计机构、会计人员依照本法规定进行会计核算,实行会计监督。

任何单位或者个人不得以任何方式授意、指使、强令会计机构、会计人员伪造、变造会计凭证、会计账簿和其他会计资料,提供虚假财务会计报告。

任何单位或者个人不得对依法履行职责、抵制违反本法规定行为的会计人员实行打击报复。

第六条 对认真执行本法,忠于职守,坚持原则,做出显著成绩的会计人员,给予精神的或者物质的奖励。

第七条 国务院财政部门主管全国的会计工作。

县级以上地方各级人民政府财政部门管理本行政区域内的会计工作。

第八条 国家实行统一的会计制度。国家统一的会计制度由国务院财政部门根据本法制定并公布。

国务院有关部门可以依照本法和国家统一的会计制度制定对会计核算和会计监督有特殊要求的行业实施国家统一的会计制度的具体办法或者补充规定,报国务院财政部门审核批准。

中国人民解放军总后勤部可以依照本法和国家统一的会计制度制定军队实施国家统一的会计制度的具体办法,报国务院财政部门备案。

第二章 会计核算

第九条 各单位必须根据实际发生的经济业务事项进行会计核算,填制会计凭证,登记会计账簿,编制财务会计报告。

任何单位不得以虚假的经济业务事项或者资料进行会计核算。

第十条 下列经济业务事项,应当办理会计手续,进行会计核算:

(一) 款项和有价证券的收付;

(二) 财物的收发、增减和使用;

(三) 债权债务的发生和结算;

(四) 资本、基金的增减;

(五) 收入、支出、费用、成本的计算;

(六) 财务成果的计算和处理;

(七) 需要办理会计手续、进行会计核算的其他事项。

第十一条 会计年度自公历1月1日起至12月31日止。

第十二条 会计核算以人民币为记账本位币。

业务收支以人民币以外的货币为主的单位,可以选定其中一种货币作为记账本位币,但是编报的财务会计报告应当折算为人民币。

第十三条 会计凭证、会计账簿、财务会计报告和其他会计资料，必须符合国家统一的会计制度的规定。

使用电子计算机进行会计核算的，其软件及其生成的会计凭证、会计账簿、财务会计报告和其他会计资料，也必须符合国家统一的会计制度的规定。

任何单位和个人不得伪造、变造会计凭证、会计账簿及其他会计资料，不得提供虚假的财务会计报告。

第十四条 会计凭证包括原始凭证和记账凭证。

办理本法第十条所列的经济业务事项，必须填制或者取得原始凭证并及时送交会计机构。

会计机构、会计人员必须按照国家统一的会计制度的规定对原始凭证进行审核，对不真实、不合法的原始凭证有权不予接受，并向单位负责人报告；对记载不准确、不完整的原始凭证予以退回，并要求按照国家统一的会计制度的规定更正、补充。

原始凭证记载的各项内容均不得涂改；原始凭证有错误的，应当由出具单位重开或者更正，更正处应当加盖出具单位印章。原始凭证金额有错误的，应当由出具单位重开，不得在原始凭证上更正。

记账凭证应当根据经过审核的原始凭证及有关资料编制。

第十五条 会计账簿登记，必须以经过审核的会计凭证为依据，并符合有关法律、行政法规和国家统一的会计制度的规定。会计账簿包括总账、明细账、日记账和其他辅助性账簿。

会计账簿应当按照连续编号的页码顺序登记。会计账簿记录发生错误或者隔页、缺号、跳行的，应当按照国家统一的会计制度规定的方法更正，并由会计人员和会计机构负责人(会计主管人员)在更正处盖章。

使用电子计算机进行会计核算的，其会计账簿的登记、更正，应当符合国家统一的会计制度的规定。

第十六条 各单位发生的各项经济业务事项应当在依法设置的会计账簿上统一登记、核算，不得违反本法和国家统一的会计制度的规定私设会计账簿登记、核算。

第十七条 各单位应当定期将会计账簿记录与实物、款项及有关资料相互核对，保证会计账簿记录与实物及款项的实有数额相符、会计账簿记录与会计凭证的有关内容相符、会计账簿之间相对应的记录相符、会计账簿记录与会计报表的有关内容相符。

第十八条 各单位采用的会计处理方法，前后各期应当一致，不得随意变更；确有必要变更的，应当按照国家统一的会计制度的规定变更，并将变更的原因、情况及影响在财务会计报告中说明。

第十九条 单位提供的担保、未决诉讼等或有事项，应当按照国家统一的会计制度的规定，在财务会计报告中予以说明。

第二十条 财务会计报告应当根据经过审核的会计账簿记录和有关资料编制，并符合本法和国家统一的会计制度关于财务会计报告的编制要求、提供对象和提供期限的规定；其他法律、行政法规另有规定的，从其规定。

财务会计报告由会计报表、会计报表附注和财务情况说明书组成。向不同的会计资料使用者提供的财务会计报告，其编制依据应当一致。有关法律、行政法规规定会计报表、会计报表附注和财务情况说明书须经注册会计师审计的，注册会计师及其所在的会计师事务所出具的审计报告应当随同财务会计报告一并提供。

第二十一条 财务会计报告应当由单位负责人和主管会计工作的负责人、会计机构负责人(会计主管人员)签名并盖章；设置总会计师的单位，还须由总会计师签名并盖章。

单位负责人应当保证财务会计报告真实、完整。

第二十二条 会计记录的文字应当使用中文。在民族自治地方，会计记录可以同时使用当地通用的一种民族文字。在中华人民共和国境内的外商投资企业、外国企业和其他外国组织的会计记录可以同时使用一种外国文字。

第二十三条 各单位对会计凭证、会计账簿、财务会计报告和其他会计资料应当建立档案，妥善保管。会计档案的保管期限和销毁办法，由国务院财政部门会同有关部门制定。

第三章 公司、企业会计核算的特别规定

第二十四条 公司、企业进行会计核算，除应当遵守本法第二章的规定外，还应当遵守本章规定。

第二十五条 公司、企业必须根据实际发生的经济业务事项，按照国家统一的会计制度的规定确认、计量和记录资产、负债、所有者权益、收入、费用、成本和利润。

第二十六条 公司、企业进行会计核算不得有下列行为：

（一）随意改变资产、负债、所有者权益的确认标准或者计量方法，虚列、多列、不列或者少列资产、负债、所有者权益；

（二）虚列或者隐瞒收入，推迟或者提前确认收入；

（三）随意改变费用、成本的确认标准或者计量方法，虚列、多列、不列或者少列费用、成本；

（四）随意调整利润的计算、分配方法，编造虚假利润或者隐瞒利润；

（五）违反国家统一的会计制度规定的其他行为。

第四章　会计监督

第二十七条　各单位应当建立、健全本单位内部会计监督制度。单位内部会计监督制度应当符合下列要求：

（一）记账人员与经济业务事项和会计事项的审批人员、经办人员、财物保管人员的职责权限应当明确，并相互分离、相互制约；

（二）重大对外投资、资产处置、资金调度和其他重要经济业务事项的决策和执行的相互监督、相互制约程序应当明确；

（三）财产清查的范围、期限和组织程序应当明确；

（四）对会计资料定期进行内部审计的办法和程序应当明确。

第二十八条　单位负责人应当保证会计机构、会计人员依法履行职责，不得授意、指使、强令会计机构、会计人员违法办理会计事项。

会计机构、会计人员对违反本法和国家统一的会计制度规定的会计事项，有权拒绝办理或者按照职权予以纠正。

第二十九条　会计机构、会计人员发现会计账簿记录与实物、款项及有关资料不相符的，按照国家统一的会计制度的规定有权自行处理的，应当及时处理；无权处理的，应当立即向单位负责人报告，请求查明原因，作出处理。

第三十条　任何单位和个人对违反本法和国家统一的会计制度规定的行为，有权检举。收到检举的部门有权处理的，应当依法按照职责分工及时处理；无权处理的，应当及时移送有权处理的部门处理。收到检举的部门、负责处理的部门应当为检举人保密，不得将检举人姓名和检举材料转给被检举单位和被检举人个人。

第三十一条　有关法律、行政法规规定，须经注册会计师进行审计的单位，应当向受委托的会计师事务所如实提供会计凭证、会计账簿、财务会计报告和其他会计资料以及有关情况。

任何单位或者个人不得以任何方式要求或者示意注册会计师及其所在的会计师事务所出具不实或者不当的审计报告。

财政部门有权对会计师事务所出具审计报告的程序和内容进行监督。

第三十二条　财政部门对各单位的下列情况实施监督：

（一）是否依法设置会计账簿；

（二）会计凭证、会计账簿、财务会计报告和其他会计资料是否真实、完整；

（三）会计核算是否符合本法和国家统一的会计制度的规定；

（四）从事会计工作的人员是否具备从业资格。

在对前款第（二）项所列事项实施监督，发现重大违法嫌疑时，国务院财政部门及其派出机构可以向与被监督单位有经济业务往来的单位和被监督单位开立账户的金融机构查询有关情况，有关单位和金融机构应当给予支持。

第三十三条　财政、审计、税务、人民银行、证券监管、保险监管等部门应当依照有关法律、行政法规规定的职责，对有关单位的会计资料实施监督检查。

前款所列监督检查部门对有关单位的会计资料依法实施监督检查后，应当出具检查结论。有关监督检查部门已经作出的检查结论能够满足其他监督检查部门履行本部门职责需要的，其他监督检查部门应当加以利用，避免重复查账。

第三十四条　依法对有关单位的会计资料实施监督检查的部门及其工作人员对在监督检查中知悉的国家秘密和商业秘密负有保密义务。

第三十五条　各单位必须依照有关法律、行政法规的规定，接受有关监督检查部门依法实施的监督检查，如实提供会计凭证、会计账簿、财务会计报告和其他会计资料以及有关情况，不得拒绝、隐匿、谎报。

第五章 会计机构和会计人员

第三十六条 各单位应当根据会计业务的需要，设置会计机构，或者在有关机构中设置会计人员并指定会计主管人员；不具备设置条件的，应当委托经批准设立从事会计代理记账业务的中介机构代理记账。

国有的和国有资产占控股地位或者主导地位的大、中型企业必须设置总会计师。总会计师的任职资格、任免程序、职责权限由国务院规定。

第三十七条 会计机构内部应当建立稽核制度。

出纳人员不得兼任稽核、会计档案保管和收入、支出、费用、债权债务账目的登记工作。

第三十八条 从事会计工作的人员，必须取得会计从业资格证书。

担任单位会计机构负责人（会计主管人员）的，除取得会计从业资格证书外，还应当具备会计师以上专业技术职务资格或者从事会计工作三年以上经历。

会计人员从业资格管理办法由国务院财政部门规定。

第三十九条 会计人员应当遵守职业道德，提高业务素质。对会计人员的教育和培训工作应当加强。

第四十条 因有提供虚假财务会计报告，做假账，隐匿或者故意销毁会计凭证、会计账簿、财务会计报告，贪污，挪用公款，职务侵占等与会计职务有关的违法行为被依法追究刑事责任的人员，不得取得或者重新取得会计从业资格证书。

除前款规定的人员外，因违法违纪行为被吊销会计从业资格证书的人员，自被吊销会计从业资格证书之日起五年内，不得重新取得会计从业资格证书。

第四十一条 会计人员调动工作或者离职，必须与接管人员办清交接手续。

一般会计人员办理交接手续，由会计机构负责人（会计主管人员）监交；会计机构负责人（会计主管人员）办理交接手续，由单位负责人监交，必要时主管单位可以派人会同监交。

第六章 法律责任

第四十二条 违反本法规定，有下列行为之一的，由县级以上人民政府财政部门责令限期改正，可以对单位并处三千元以上五万元以下的罚款；对其直接负责的主管人员和其他直接责任人员，可以处二千元以上二万元以下的罚款；属于国家工作人员的，还应当由其所在单位或者有关单位依法给予行政处分：

（一）不依法设置会计账簿的；

（二）私设会计账簿的；

（三）未按照规定填制、取得原始凭证或者填制、取得的原始凭证不符合规定的；

（四）以未经审核的会计凭证为依据登记会计账簿或者登记会计账簿不符合规定的；

（五）随意变更会计处理方法的；

（六）向不同的会计资料使用者提供的财务会计报告编制依据不一致的；

（七）未按照规定使用会计记录文字或者记账本位币的；

（八）未按照规定保管会计资料，致使会计资料毁损、灭失的；

（九）未按照规定建立并实施单位内部会计监督制度或者拒绝依法实施的监督或者不如实提供有关会计资料及有关情况的；

（十）任用会计人员不符合本法规定的。

有前款所列行为之一，构成犯罪的，依法追究刑事责任。

会计人员有第一款所列行为之一，情节严重的，由县级以上人民政府财政部门吊销会计从业资格证书。

有关法律对第一款所列行为的处罚另有规定的，依照有关法律的规定办理。

第四十三条 伪造、变造会计凭证、会计账簿，编制虚假财务会计报告，构成犯罪的，依法追究刑事责任。

有前款行为，尚不构成犯罪的，由县级以上人民政府财政部门予以通报，可以对单位并处五千元以上十万元以下的罚款；对其直接负责的主管人员和其他直接责任人员，可以处三千元以上五万元以下的罚款；属于国家工作人员的，还应当由其所在单位或者有关单位依法给予撤职直至开除的行政处分；对其中的会计人员，并由县级以上人民政府财政部门吊销会计从业资格证书。

第四十四条 隐匿或者故意销毁依法应当保存的会计凭证、会计账簿、财务会计报告，构成犯罪的，依法追究刑事责任。

有前款行为，尚不构成犯罪的，由县级以上人民政府财政部门予以通报，可以对单位并处五千元以上十万元以下的罚款；对其直接负责的主管人员和其他直接责任人员，可以处三千元以上五万元以下的罚款；属于国家工作人员的，还应当由其所在单位或者有关单位依法给予撤职直至开除的行政处分；对其中的会计人员，并由县级以上人民政府财政部门吊销会计从业资格证书。

第四十五条　授意、指使、强令会计机构、会计人员及其他人员伪造、变造会计凭证、会计账簿，编制虚假财务会计报告或者隐匿、故意销毁依法应当保存的会计凭证、会计账簿、财务会计报告，构成犯罪的，依法追究刑事责任；尚不构成犯罪的，可以处五千元以上五万元以下的罚款；属于国家工作人员的，还应当由其所在单位或者有关单位依法给予降级、撤职、开除的行政处分。

第四十六条　单位负责人对依法履行职责、抵制违反本法规定行为的会计人员以降级、撤职、调离工作岗位、解聘或者开除等方式实行打击报复，构成犯罪的，依法追究刑事责任；尚不构成犯罪的，由其所在单位或者有关单位依法给予行政处分。对受打击报复的会计人员，应当恢复其名誉和原有职务、级别。

第四十七条　财政部门及有关行政部门的工作人员在实施监督管理中滥用职权、玩忽职守、徇私舞弊或者泄露国家秘密、商业秘密，构成犯罪的，依法追究刑事责任；尚不构成犯罪的，依法给予行政处分。

第四十八条　违反本法第三十条规定，将检举人姓名和检举材料转给被检举单位和被检举人个人的，由所在单位或者有关单位依法给予行政处分。

第四十九条　违反本法规定，同时违反其他法律规定的，由有关部门在各自职权范围内依法进行处罚。

第七章　附　　则

第五十条　本法下列用语的含义：

单位负责人，是指单位法定代表人或者法律、行政法规规定代表单位行使职权的主要负责人。

国家统一的会计制度，是指国务院财政部门根据本法制定的关于会计核算、会计监督、会计机构和会计人员以及会计工作管理的制度。

第五十一条　个体工商户会计管理的具体办法，由国务院财政部门根据本法的原则另行规定。

第五十二条　本法自2000年7月1日起施行。

二、《中华人民共和国公司法》关于财务、会计的规定

中华人民共和国公司法（节选）

第一百六十四条　公司应当依照法律、行政法规和国务院财政部门的规定建立本公司的财务、会计制度。

第一百六十五条　公司应当在每一会计年度终了时编制财务会计报告，并依法经会计师事务所审计。

财务会计报告应当依照法律、行政法规和国务院财政部门的规定制作。

第一百六十六条　有限责任公司应当依照公司章程规定的期限将财务会计报告送交各股东。

股份有限公司的财务会计报告应当在召开股东大会年会的二十日前置备于本公司，供股东查阅；公开发行股票的股份有限公司必须公告其财务会计报告。

第一百六十七条　公司分配当年税后利润时，应当提取利润的百分之十列入公司法定公积金。公司法定公积金累计额为公司注册资本的百分之五十以上的，可以不再提取。

公司的法定公积金不足以弥补以前年度亏损的，在依照前款规定提取法定公积金之前，应当先用当年利润弥补亏损。

后利润中提取法定公积金后，经股东会或者股东大会决议，还可以从税后利润中提取任意公积金。

亏损和提取公积金后所余税后利润，有限责任公司依照本法第三十五条的规定分配；股份有限公司按照股东持有的股份比例分配，但股份有限公司章程规定不按持股比例分配的除外。

股东大会或者董事会违反前款规定，在公司弥补亏损和提取法定公积金之前向股东分配利润的，股东必须将违反规定分配的利润退还公司。

公司持有的本公司股份不得分配利润。

第一百六十八条　股份有限公司以超过股票票面金额的发行价格发行股份所得的溢价款以及国务院财政部门规定列入资本公积金的其他收入，应当列为公司资本公积金。

第二部分　会计基础工作管理法规

一、会计基础工作规范化管理办法

财政部关于印发《会计基础工作规范化管理办法》的通知

（1997 年 7 月 10 日）

各省、自治区、直辖市、计划单列市财政厅（局），国务院各部、委（财务司）：

为了加强会计基础工作，不断提高会计工作水平，巩固整顿会计工作秩序成果，进一步推动会计基础工作规范化的广泛开展，我部制定了《会计基础工作规范化管理办法》（以下简称《办法》），现予印发。有关要求通知如下：

一、提高认识，切实重视和加强会计基础工作

会计基础工作是会计工作和财政经济工作的基本环节。从去年以来整顿会计工作秩序所暴露的问题看，一些单位放松对会计基础工作的管理，造成了会计基础工作不同程度地削弱、滑坡甚至混乱，助长了会计工作秩序的混乱，影响了单位经营管理的开展，削弱了会计职能作用的有效发挥。加强会计基础工作，不断提高会计工作水平，逐步实现会计基础工作规范化，是各级财政部门、业务主管部门和各单位的一项重要任务，也是建立正常会计工作秩序的重要突破口，也须切实抓紧抓好。

二、明确目标，有计划、有步骤地实现会计基础工作规范化

会计基础工作规范化的总体目标是：通过 3 到 5 年的努力，实行独立核算的各单位会计基础工作符合《会计法》和《会计基础工作规范》的要求，内部会计管理制度建立健全，记账、算账、报账工作符合制度要求，会计工作秩序规范有序，会计工作水平稳步提高。

各地区、各部门要在摸清本地区、本部门会计基础工作现状的基础上，制定规划和具体实施措施，有计划、有步骤地推进各基层单位的会计基础工作逐步实现规范化。各基层单位应当根据《会计法》和《会计基础工作规范》的要求进行检查、整改，健全内部各项会计管理制度，规范记账、算账、报账工作，建立良好的会计工作秩序。

三、要把抓会计基础工作与维护国家财经纪律结合起来

各地区、各部门在组织开展会计基础工作规范化中，要注意对基层单位遵守国家财经纪律情况的检查和考核。一方面，要把申请考核单位近 2 年是否存在违反国家财经纪律问题作为重要否决指标之一，列入考核检查标准中，并严格执行；另一方面，对取得会计基础工作规范化证书并且在近二年的税收财务物价大检查和其他专项检查中没有发现较大违反财经纪律的单位，可以在一定期限内免于税收财务物价大检查，具体由各级税收财务物价大检查办公室在确定年度重点检查单位时酌情掌握。财政部门的会计管理机构与税收财务物价大检查机构要加强协调，积极配合，严格把关，认真做好免检单位的审查工作。

四、加强管理和指导，保证会计基础工作规范化取得实效

（一）统一领导，分级管理。各省、自治区、直辖市、计划单列市财政厅（局）负责本地区各单位会计基础工作规范化的组织实施；国务院各业务主管部门负责直属单位会计基础工作规范化的组织实施。会计基础工作规范化考核、确认、发证、复查的管理权限，由各省、自治区、直辖市、计划单列市财政厅（局）和国务院各业务主管部门根据实际情况确定。在开展会计基础工作规范化中，要积极取得税务、工商等部门的支持和配合。

（二）加强管理，搞好服务。各地区、各部门要本着坚持质量和注重实效的原则，严格考核标准，规范工作程序，认真抓好考核、确认、复查等工作。对《办法》第四条规定的考核要求，各地区、各部门可以根据实际情况进一步细化和量化。要严格执行《办法》第八条关于否决指标的规定。同时，要抓好基层单位规范化前的整改和规范化后的巩固、提高等环节的工作，指导基层单位不断提高会计基础工作水平。在会计基础工作规范化考核、确认、发证、复查等工作中，严禁向基层单位乱收费、乱摊派。

（三）抓好基础，促进提高。会计基础工作规范化是会计工作最基本的要求。从我国会计基础工作的实际状况出发，当前应当集中精力抓好会计基础工作规范化建设，因此，我部近期暂不进行高于会计基础工作规范化要求的考核。会计基础工作较好或者规范化工作进展迅速的地区和部门，可以在《办法》基础上制定旨在进一步提高会计工作水平的更高考核层次和考核标准，报我部备案。

（四）建立联系点和信息交流制度。各级财政部门、业务主管部门要及时了解基层单位会计基础工作的开展和整改情况，对好的做法和经验要进行认真总结，广泛宣传和推广。各省、自治区、直辖市、计划单列市财政厅（局）和国务院各业务主管部门应当根据实际情况选择3到5个基层单位作为会计基础工作联系点，定期了解基础工作开展情况，听取对加强会计基础工作的意见。同时，要加强会计基础工作规范化方面的情况沟通和信息交流，各省、自治区、直辖市、计划单列市财政厅（局）和国务院各业务主管部门应当每半年向我部通报一次会计基础工作规范化开展情况。

以上通知，请予执行。执行中有什么问题，请及时与我部联系。

附件

会计基础工作规范化管理办法

第一条　为了加强会计基础工作，逐步实现会计基础工作规范化、科学化，不断提高会计工作水平，根据《中华人民共和国会计法》的规定，制定本办法。

第二条　国家机关、社会团体、企业、事业单位、其他经济组织和应当依法建账的个体工商户（以下简称各单位）应依据本办法的规定，加强会计基础工作，实现会计基础工作规范化。

第三条　各省、自治区、直辖市、计划单列市财政厅（局）负责本地区会计基础工作规范化的组织实施；国务院业务主管部门负责直属单位会计基础工作规范化的组织实施。

各地区会计基础工作规范化考核、确认、发证、复查等的管理权限，由各省、自治区、直辖市、计划单列市财政厅（局）根据实际情况确定；国务院业务主管部门直属单位的会计基础工作规范化考核、确认、发证、复查等管理权限，由国务院业务主管部门确定。

第四条　各单位会计基础工作达到下列要求的、可以向负责考核确认的财政部门或者业务主管部门（以下简称考核确认部门）申请取得会计基础工作规范化资格：

（一）法律规定必须建账的单位，应当根据有关法律和国家统一会计制度的规定设置总账、明细账、日记账和其他辅助性账簿，认真进行会计核算。经县以上税务机关核准可以不建账的单位不在此限。根据《代理记账管理暂行办法》的规定委托会计师事务所（审计师事务所）或者持有代理记账许可证书的其他代理记账机构进行代理记账的单位，应当视同建账。

（二）原始凭证的格式、内容、填制方法、审核程序等符合国家统一会计制度的规定。

（三）记账凭证的内容、填制方法、所附原始凭证以及更正错误凭证方法等符合国家统一会计制度的规定，经有关责任人员审核签章，字迹工整，摘要清楚，装订整齐。

（四）总账、明细账、日记账和其他辅助性账簿的设置、启用、登记、结账、更正错误方法等符合国家统一会计制度的规定，记账及时，关系对应，数字准确。

（五）各项经济业务通过单位统一的会计核算。

（六）账证、账账、账表、账实相符。现金和银行日记账按日逐笔顺序登记，结出余额，银行存款账与银行对账单及时核对、经调整无误。

（七）对外报送的财务报告根据登记完整、核对无误的会计账簿记录和其他有关资料编制，数字真实、计算准确、内容完整、说明清楚、报送及时，并经单位领导人、总会计师、会计机构负责人或者会计主管人员审阅签章。

（八）会计档案按照国家统一会计制度规定定期整理归档，妥善保管，调阅和销毁符合规定手续。

（九）建立并执行内部控制制度和其他内部会计管理制度，保证会计工作有序进行。

（十）会计人员持有会计证。会计工作交接手续符合国家统一会计制度的规定。

第五条　各单位应当根据《会计法》、《会计基础工作规范》和本办法第四条规定的要求进行对照检查和自行整改，在此基础上，向考核确认部门申请考核，并向考核确认部门提供下列资料：

（一）会计基础工作规范化规划和实施方案；

（二）对照标准进行检查整改的工作报告；

（三）考核确认部门要求提供的其他有关资料。

第六条 考核确认部门应当定期分批组织对申请考核单位的会计基础工作进行考核。考核程序应当符合下列要求：

（一）考核确认部门应当组织会计基础工作规范化考核小组。考核小组成员应当挑选坚持原则、作风正派、业务素质和政策水平较高的人员组成，并明确分工，实行质量责任制。

（二）制定考核计划，明确考核重点。考核小组要认真阅读申请单位提供的资料，全面了解申请单位的会计基础工作情况。在此基础上，深入现场作实地考核。对实行二级核算或者三级核算的单位进行考核确认时，对其二级核算单位的抽查考核面应达到50%，对三级核算单位的抽查考核面应达到20%。

（三）考核小组考核工作结束后，应当提出书面考核意见。考核意见的内容包括：申请单位会计基础工作的基本情况；考核中发现的主要问题及改进意见；考核结论；考核小组负责人签章等。

（四）考核小组的考核意见应当通知申请单位。

（五）申请单位对考核小组提出的改进意见，应当在限期内整改完毕，并经考核小组复核。

第七条 经考核或者复核符合会计基础工作规范化条件的单位，由考核确认部门验发会计基础工作规范化证书。

会计基础工作规范化证书由各省、自治区、直辖市、计划单列市财政厅（局）和国务院各业务主管部门印制。证书应当载明证书接受单位、验发证书部门、发证日期、证书编号等内容。

第八条 对申请考核单位会计基础工作存在下列情形之一的，不得确认为会计基础工作规范化单位：

（一）法律规定应当建账而没有建账，或者虽建账但长期不记账、不对账，造成账目严重混乱的；

（二）会计凭证不真实、不合法、不准确、不完整，情节严重的；

（三）账外设账，情节严重的；

（四）财务报告严重虚假，与有关会计账簿记录不对应，给国家和社会公众利益造成损失的；

（五）申请考核前二年内经政府有关部门检查确认有重大违反财经纪律问题的。

第九条 已经取得会计基础工作规范化证书的单位，由考核确认部门每二年进行一次复查。对会计基础工作明显削弱、达不到本办法第四条规定要求的单位，由考核确认部门责令其在三至六个月内进行整改；在规定期限内整改仍未取得明显成效的，由考核确认部门取消其会计基础工作规范化，收回会计基础工作规范化证书。

第十条 根据各省、自治区、直辖市、计划单列市财政厅（局）和国务院各业务主管部门的规划，凡是列入当年会计基础工作规范化范围而没有取得会计基础工作规范化单位证书的单位，当年不得参与先进会计工作集体和先进会计工作者评选，不得颁发其会计人员荣誉证书，不得参加高级会计师专业任职资格评审。

第十一条 考核确认部门在考核确认和复查中发现申请考核单位或被检查单位存在本办法第八条规定的情形，经为期三至六个月的整改仍未取得明显成效的，对负有直接责任的会计人员，可由当地财政部门作出或建议作出取消其会计证、会计专业技术任职资格的决定。被取消会计证、会计专业技术任职资格的会计人员，二年内不得重新参加会计证考试和会计专业技术任职资格考试或评审。

第十二条 对取得会计基础工作规范化证书、成效显著的单位，由负责组织考核确认的地区或部门给予精神和物质的奖励，表彰奖励成绩突出的有关人员。

第十三条 各省、自治区、直辖市、计划单列市税收财务物价大检查办公室核准应当配合搞好会计基础工作规范化管理工作，对取得会计基础工作规范化证书并且在近二年的税收财务物价大检查和其他专项检查中没有发现较大违反财经纪律的单位，可以在一定期限内免于税收财务物价大检查；具体工作由各级税收财务物价大检查办公室在确定年度重点检查名单时酌情掌握。

第十四条 考核确认部门应当建立会计基础工作规范化考核业务档案，记载考核确认、验发证书、复查等情况。

第十五条 已经采取其他形式考核确认会计基础工作的地区和部门，由其省、自治区、直辖市、计划单列市财政厅（局）和国务院业务主管部门根据本办法的要求和原则制定衔接办法。

第十六条 各省、自治区、直辖市、计划单列市财政厅（局）和国务院各业务主管部门可以根据本办法的规定制定具体实施方案，报财政部备案。

第十七条 本办法自发布之日起实行。

二、财政部关于会计基础工作规范的通知

财政部关于会计基础工作规范的通知

(1996 年 6 月 17 日 财会字[1996]19 号)

第一章 总 则

第一条 为了加强会计基础工作,建立规范的会计工作秩序,提高会计工作水平,根据《中华人民共和国会计法》的有关规定,制定本规范。

第二条 国家机关、社会团体、企业、事业单位、个体工商户和其他组织的会计基础工作,应当符合本规范的规定。

第三条 各单位应当依据有关法律、法规和本规范的规定,加强会计基础工作,严格执行会计法规制度,保证会计工作依法有序地进行。

第四条 单位领导人对本单位的会计基础工作负有领导责任。

第五条 各省、自治区、直辖市财政厅(局)要加强对会计基础工作的管理和指导,通过政策引导、经验交流、监督检查等措施,促进基层单位加强会计基础工作,不断提高会计工作水平。

国务院各业务主管部门根据职责权限管理本部门的会计基础工作。

第二章 会计机构和会计人员

第一节 会计机构设备和会计人员配备

第六条 各单位应当根据会计业务的需要设置会计机构;不具备单独设置会计机构条件的,应当在有关机构中配备专职会计人员。

事业行政单位会计机构的设置和会计人员的配备应当符合国家统一事业行政单位会计制度的规定。

设置会计机构,应当配备会计机构负责人;在有关机构中配备专职会计人员,应当在专职会计人员中指定会计主管人员。

会计机构负责人会计主管人员任免,应当符合《中华人民共和国会计法》和有关法律的规定。

第七条 会计机构负责人、会计主管人员应当具备下列基本条件:

(一) 坚持原则,廉洁奉公;

(二) 具有会计专业技术资格;

(三) 主管一个单位或者单位内一个重要方面的财务会计工作时间不少于二年;

(四) 熟悉国家财经法律、法规、规章和方针、政策,掌握本行业业务管理的有关知识;

(五) 有较强的组织能力;

(六) 身体状况能够适应本职工作的要求。

第八条 没有设置会计机构和配备会计人员的单位,应当根据《代理记账管理暂行办法》委托会计事务所或者有代理记账许可证书的其他代理记账机构进行代理记账。

第九条 大、中型企业、事业单位、业务主管部门应当根据法律和国家有关规定设置总会计师。总会计师由具有会计师以上专业技术资格的人员担任。

总会计师行使《总会计师条例》规定的职责、权限。

总会计师的任命(聘任)、免职(解聘)依照《总会计师条例》和有关法律的规定办理。

第十条 各单位应当根据会计业务需要配备持有会计证的会计人员。未取得会计证的人员,不得从事会计工作。

第十一条 各单位应当根据会计业务需要设置会计工作岗位。

会计工作岗位一般可分为:会计机构负责人或者会计主管人员,出纳,财产物资核算,工资核算,成本费用核算,财务成果核算,资金核算,往来结算,总账报表,稽核,档案管理等。开展会计电算化和管理会计的单位,可以根据需要设置相应工作岗位,也可以与其他工作岗位相结合。

第十二条 会计工作岗位,可以一人一岗、一人多岗或者一岗多人。但出纳人员不得兼管稽核、会计档案保管和收入、费用、债权债务账目的登记工作。

第十三条 会计人员的工作岗位应当有计划地进行轮换。

第十四条 会计人员应当具备必要的专业知识和专业技术，熟悉国家有关法律、法规、规章和国家统一会计制度，遵守职业道德。

会计人员应当按照国家有关规定参加会计业务的培训。各单位应当合理安排会计人员的培训，保证会计人员每年有一定时间用于学习和参加培训。

第十五条 各单位领导人应当支持会计机构、会计人员依法行使职责；对忠于职守，坚持原则，做出显著成绩的会计机构、会计人员，应当给予精神和物质的奖励。

第十六条 国家机关、国有企业、事业单位任用会计人员应当实行回避制度。

单位领导人的直系亲属不得担任本单位的会计机构负责人、会计主管人员。会计机构负责人、会计主管人员的直系亲属不得在本单位会计机构中担任出纳工作。

需要回避的直系亲属：夫妻关系、直系血亲关系、三代以内旁系血亲以及配偶亲关系。

第二节 会计人员职业道德

第十七条 会计人员在会计工作中应当遵守职业道德，树立良好的职业品质、严谨的工作作风，严守工作纪律，努力提高工作效率和工作质量。

第十八条 会计人员应当热爱本职工作，努力钻研业务，使自己的知识和技能适应所从事工作的要求。

第十九条 会计人员应当熟悉财经法律、法规、规章和国家统一会计制度，并结合会计工作进行广泛宣传。

第二十条 会计人员应当按照会计法律、法规和国家统一会计制度规定的程序和要求进行会计工作，保证所提供的会计信息合法、真实、准确、及时、完整。

第二十一条 会计人员办理会计事务应当实事求是、客观公正。

第二十二条 会计人员应当熟悉本单位的生产经营和业务管理情况，运用掌握的会计信息和会计方法，为改善单位内部管理、提高经济效益服务。

第二十三条 会计人员应当保守本单位商业秘密。除法律规定和单位领导人同意外，不能私自向外界提供或者泄露单位的会计信息。

第二十四条 财政部门、业务主管部门和各单位应当定期检查会计人员遵守职业道德的情况，并作为会计人员晋升、晋级、聘任专业职务、表彰奖励的重要考核依据。

会计人员违反职业道德的，由所在单位进行处罚；情节严重的，由会计证发证机关吊销其会计证。

第三节 会计工作交接

第二十五条 会计人员工作调动或者因故离职，必须将本人所经管的会计工作全部移交给接替人员。没有办清交接手续的，不得调动或者离职。

第二十六条 接替人员应当认真接管移交工作，并继续办理移交的未了事项。

第二十七条 会计人员办理移交手续，必须及时做好以下工作：

（一）已经受理的经济业务尚未填制会计凭证的，应当填制完毕。

（二）尚未登记的账目，应当登记完毕，并在最后一笔余额后加盖经办人员印章。

（三）整理应该移交的各项资料，对未了事项写出书面材料。

（四）编制移交清册，列明应当移交的会计凭证、会计账簿、会计报表、印章、现金、有价证券、支票簿、发票、文件、其他会计资料和物品等内容；实行会计电算化的单位，从事该项工作的移交人还应当在移交清册中列明会计软件及密码、会计软件数据磁盘（磁带等）及有关资料、实物等内容。

第二十八条 会计人员办理交接手续，必须有监交人负责监交。一般会计人员交接，由单位会计机构负责人、会计主管人员负责监交；会计机构负责人、会计主管人员交接，由单位领导人负责监交，必要时可由上级主管部门派人会同监交。

第二十九条 移交人员在办理移交时，要按移交注册逐项移交；接替人员要逐项核对点收。

（一）现金、有价证券要根据会计账簿有关记录进行点交。库存现金、有价证券必须与会计账簿记录保持一致。不一致时，移交人员必须限期查清。

（二）会计凭证、会计账簿、会计报表和其他会计资料必须完整无缺，必须查清原因，并在移交注册中注明，由移交人员负责。

（三）银行存款账户余额要与银行对账单核对，如不一致，应当编制银行存款余额调节表调节相符，各种财产物资和债权债务的明细账户余额要与总账有关账户余额核对相符；必要时，要抽查个别账户的余额，与实物核对相符，或者与往来单位、个人核对清楚。

（四）移交人员经管的票据、印章和其他实物等，必须交接清楚；移交人员从事会计电算化工作的，要对有关电子数据在实际操作状态下进行交接。

第三十条　会计机构负责人、会计主管人员移交时，还必须将全部财务会计工作、重大财务收支和会计人员的情况等，向接替人员详细介绍。对需要移交的遗留问题，应当写出书面材料。

第三十一条　交接完毕后，交接双方和监交人员要在移交清册上签名或者盖章。并应在移交清册上注明：单位名称，交接日期，交接双方和监交人员的职务、姓名，移交清册页数以及需要说明的问题和意见等。

移交清册一般应当填制一式三份，交接双方各执一份，存档一份。

第三十二条　接替人员应当继续使用移交的会计账簿，不得自行另立新账，以保持会计记录的连续性。

第三十三条　会计人员临时离职或者因病不能工作且需要接替或者代理的，会计机构负责人、会计主管人员或者单位领导人必须指定有关人员接替或者代理，并办理交接手续。

临时离职或者因病不能工作的会计人员恢复工作的，应当与接替或者代理人员办理交接手续。

移交人员因病或者其他特殊原因不能亲自办理移交的，经单位领导人批准，可由移交人员委托他人代办移交，但委托人应当承担本规范第三十五条规定的责任。

第三十四条　单位撤销时，必须留有必要的会计人员，会同有关人员办理清理工作，编制决算。未移交前，不得离职。接收单位和移交日期由主管部门确定。

单位合并、分立的，其会计工作交接手续比照上述有关规定办理。

第三十五条　移交人员对所移交的会计凭证、会计账簿、会计报表和其他有关资料的合法性、真实性承担法律责任。

第三章　会计核算

第一节　会计核算一般要求

第三十六条　各单位应当按照《中华人民共和国会计法》和国家统一会计制度的规定建立会计账册，进行会计核算，及时提供合法、真实、准确、完整的会计信息。

第三十七条　各单位发生的下列事项，应当及时办理会计手续、进行会计核算：

（一）款项和有价证券的收付；

（二）财物的收发、增减和使用；

（三）债权债务的发生和结算；

（四）资本、基金的增减；

（五）收入、支出、费用、成本的计算；

（六）财务成果的计算和处理；

（七）其他需要办理会计手续、进行会计核算的事项。

第三十八条　各单位的会计核算应当以实际发生的经济业务为依据，按照规定的会计处理方法进行，保证会计指标的口径一致、相互可比和会计处理方法的前后各期相一致。

第三十九条　会计年度自公历一月一日起至十二月三十一日止。

第四十条　会计核算以人民币为记账本位币。

收支业务外国货币为主的单位，也可以选定某种外国货币作为记账本位币，但是编制的会计报表应当折算为人民币反映。

境外单位向国内有关部门编报的会计报表，应当折算为人民币反映。

第四十一条　各单位根据国家统一会计制度的要求，在不影响会计核算要求、会计报表指标汇总和对外统一会计报表的前提下，可以根据实际情况自行设置和使用会计科目。

事业行政单位会计科目的设置和使用，应当符合国家统一事业行政单位会计制度的规定。

第四十二条　会计凭证、会计账簿、会计报表和其他会计资料的内容和要求必须符合国家统一会计制度的规定，不得伪造、变造会计凭证、会计账簿，不得设置账外账，不得报送虚假会计报表。

第四十三条　各单位对外报送的会计报表格式由财政部统一规定。

第四十四条 实行会计电算化的单位，对使用的会计软件及其生成的会计凭证、会计账簿、会计报表和其他会计资料的要求，应当符合财政部关于会计电算化的有关规定。

第四十五条 各单位的会计凭证、会计账簿、会计报表和其他会计资料，应当建立档案，妥善保管。会计档案建档要求、保管期限、销毁办法等依据《会计档案管理办法》的规定进行。

实行会计电算化的单位，有关电子数据、会计软件资料等应当作为会计档案进行管理。

第四十六条 会计记录的文字应当使用中文、少数民族自治地区可以同时使用少数民族文字。中国境内的外商投资企业、外国企业和其他外国经济组织也可以同时使用某种外国文字。

第二节 填制会计凭证

第四十七条 各单位办理本规范第三十七条规定的事项，必须取得或者填制原始凭证，并及时送交会计机构。

第四十八条 原始凭证的基本要求是：

（一）原始凭证的内容必须具备：凭证的名称；填制凭证的日期；填制凭证单位名称或者填制人姓名；经办人员的签名或者盖章；接受凭证单位名称；经济业务内容；数量、单价和金额。

（二）从外单位取得的原始凭证，必须盖有填制单位的公章；从个人取得的原始凭证，必须有填制人员的签名或者盖章。自制原始凭证必须有经办单位领导人或者其指定的人员签名或者盖章。对外开出的原始凭证，必须加盖本单位公章。

（三）凡填有大写和小写金额的原始凭证，大写与小写金额必须相符。购买实物的原始凭证，必须有验收证明。支付款项的原始凭证，必须有收款单位和收款人的收款证明。

（四）一式几联的原始凭证，应当注明各联的用途，只能以一联作为报销凭证。

一式几联的发票和收据，必须用双面复写纸(发票和收据本身具备复写纸功能的除外)套写，并连续编号。作废时应当加盖“作废”戳记，连同存根一起保存，不得撕毁。

（五）发生销货退回的，除填制退货发票外，还必须有退货验收证明；退款时，必须取得对方的收款收据或者汇款银行的凭证，不得以退货发票代替收据。

（六）职工公出借款凭据，必须附在记账凭证之后。收回借款时，应当另开收据或者退还借据副本，不得退还原借款收据。

（七）经上级有关部门批准的经济业务，应当将批准文件作为原始凭证附件。如果批准文件需要单独归档的，应当在凭证上注明批准机关名称、日期和文件字号。

第四十九条 原始凭证不得涂改、挖补。发现原始凭证有错误的，应当由开出单位重开或者更正，更正处应当加盖开出单位的公章。

第五十条 会计机构、会计人员要根据审核无误的原始凭证填制记账凭证。

记账凭证可以分为收款凭证、付款凭证和转账凭证，也可以使用通用记账凭证。

第五十一条 记账凭证的基本要求是：

（一）记账凭证的内容必须具备：填制凭证的日期：凭证编号；经济业务摘要；会计科目；金额：所附原始凭证张数；填制凭证人员、稽核人员、记账人员、会计机构负责人、会计主管人员签名或者盖章。收款和付款记账凭证还应当由出纳人员签名或者盖章。

以自制的原始凭证或者原始凭证汇总表代替记账凭证的，也必须具备记账凭证应有的项目。

（二）填制记账凭证时，应当对记账凭证进行连续编号。一笔经济业务需要填制两张以上记账凭证的，可以采用分数编号法编号。

（三）记账凭证可以根据每一张原始凭证填制，或者根据若干张同类原始凭证汇总填制，也可以根据原始凭证汇总表填制。但不得将不同内容和类别的原始凭证汇总填制在一张记账凭证上。

（四）除结账和更正错误的记账凭证可以不附原始凭证外，其他记账必须附有原始凭证。如果一张原始凭证涉及几张记账凭证，可以把原始凭证附在一张主要的记账凭证后面，并在其他记账凭证上注明附有该原始凭证的记账凭证的编号或者附有原始凭证复印件。

一张原始凭证所列支出需要几个单位共同负担的，应当将其他单位负担的部分，开给对方原始凭证分割单，进行结算。原始凭证分割单必须具备原始凭证的基本内容：凭证名称、填制凭证日期、填制凭证单位名称或者填制人姓名、经办人的签名或者盖章、接受凭证单位名称、经济业务内容、数量、单价、金额和费用分摊情况等。

（五）如果在填制记账凭证时发生错误，应当重新填制。

已经登记入账的记账凭证，在当年内发现填写错误时，可以用红字填写一张与原内容相同的记账凭证，在摘要栏注明"注销某月某日某号凭证"字样，同时再用蓝字重新填制一张正确的记账凭证，注明"订正某月某日某号凭证"字样。如果会计科目没有错误，只是金额错误，也可以将正确数字与错误数字之间的差额，另编一张调整的记账凭证，调增金额用蓝字，调减金额用红字。发现以前年度记账凭证有错误的，应当用蓝字填制一张更正的记账凭证。

（六）记账凭证填制完经济业务事项后，如有空行，应当自金额栏最后一笔金额数字下的空行处至合计数上的空行处划线注销。

第五十二条　填制会计凭证，字迹必须清晰、工整，并符合下列要求：

（一）阿拉伯数字应当一个一个地写，不得连笔写。阿拉伯金额数字前面应当书写货币币种符号或者货币名称简写和币种符号。币种符号与阿拉伯金额数字之间不得留有空白。凡阿拉伯数字前写有币种符号的，数字后面不得再写货币单位。

（二）所有以元为单位（其他货币种类为货币基本单位，下同）的阿拉伯数字，除表示单价等情况外，一律填写到角分；无角分的，角位和分位可写"00"，或者符号"-"；有角无分的，分位应当写"0"，不得用符号"-"代替。

（三）汉字大写数字金额如零、壹、贰、叁、肆、伍、陆、柒、捌、玖、拾、佰、仟、万、亿等，一律用正楷或者行书体书写，不得用0、一、二、三、四、五、六、七、八、九、十等简写字代替，不得任意自造简化字。大写金额数字到元或者角为止的，在"元"或者"角"字之后应当写"整"字或者"正"字；大写金额数字有分的，分字后面不写"整"或者"正"字。

（四）大写金额数字前未印有货币名称的，应当加填货币名称，货币名称与金额数字之间不得留有空白。

（五）阿拉伯金额数字中间有"0"时，汉字大写金额要写"零"字；阿拉伯数字金额中连续有几个"0"时，汉字大写金额中可以只写一个"零"字；阿拉伯金额数字元位是"0"，或者数字中间连续有几个"0"、元位也是"0"但角位不是"0"时，汉字大写金额可以只写一个"零"字，也可以不写"零"字。

第五十三条　实行会计电算化的单位，对于机制记账凭证，要认真审核，做到会计科目使用正确，数字准确无误。打印出的机制记账凭证要加盖制单人员、审核人员、记账人员及会计机构负责人、会计主管人员印章或者签字。

第五十四条　各单位会计凭证的传递程序应当科学、合理，具体办法由各单位根据会计业务需要自行规定。

第五十五条　会计机构、会计人员要妥善保管会计凭证。

（一）会计凭证应当及时传递，不得积压。

（二）会计凭证登记完毕后，应当按照分类和编号顺序保管，不得散乱丢失。

（三）记账凭证应当连同所附的原始凭证或者原始凭证汇总表，按照编号顺序，折叠整齐，按期装订成册，并加具封面，注明单位名称、年度、月份和起讫日期、凭证种类、起讫号码，由装订人在装订线封签处签名或者盖章。

对于数量过多的原始凭证，可以单独装订保管，在封面上注明记账凭证日期、编号、种类，同时在记账凭证上注明"附件另订"和原始凭证名称及编号。

各种经济合同、存出保证金收据以及涉外文件等重要原始凭证，应当另编目录，单独登记保管，并在有关的记账凭证和原始凭证上相互注明日期和编号。

（四）原始凭证不得外借，其他单位如因特殊原因需要使用原始凭证时，经本单位会计机构负责人、会计主管人员批准，可以复制。向外单位提供的原始凭证复制件，应当在专设的登记簿上登记，并由提供人员和收取人员共同签名或者盖章。

（五）从外单位取得的原始凭证如有遗失，应当取得原开出单位盖有公章的证明，并注明原来凭证的号码、金额和内容等，由经办单位会计机构负责人、会计主管人员和单位领导人批准后，才能代作原始凭证。如果确实无法取得证明的，如火车、轮船、飞机票等凭证，由当事人写出详细情况，由经办单位会计机构负责人、会计主管人员和单位领导人批准后,代作原始凭证。

第三节 登记会计账簿

第五十六条 各单位应当按照国家统一会计制度的规定和会计业务的需要设置会计账簿。会计账簿包括总账、明细账、日记账和其他辅助性账簿。

第五十七条 现金日记账和银行存款日记账必须采用订本式账簿。不得用银行对账单或者其他方式代替日记账。

第五十八条 实行会计电算化的单位,用计算机打印的会计账簿必须连续编号,经审核无误后装订成册,并由记账人员和会计机构负责人、会计主管人员签字或者盖章。

第五十九条 启用会计账簿时,应当在账簿封面上写明单位名称和账簿名称。在账簿扉页上应当附启用表,内容包括:启用日期、账簿页数、记账人员和会计机构负责人、会计主管人员姓名,并加盖名章和单位公章。记账人员或者会计机构负责人、会计主管人员调动工作时,应当注明交接日期、接办人员或者监交人员姓名,并由交接双方人员签名或者盖章。

启用订本式账簿,应当从第一页到最后一页顺序编写页数,不得跳页、缺号。使用活页式账页,应当按账户顺序编号,并须定期装订成册。装订后再按实际使用的账页顺序编写页码,另加目录,记明每个账户的名称和页次。

第六十条 会计人员应当根据审核无误的会计凭证登记会计账簿。登记账簿的基本要求是:

(一)登记会计账簿时,应当将会计凭证日期、编号、业务内容摘要、金额和有关资料逐项记入账内、做到数字准确、摘要清楚、登记及时、字迹工整。

(二)登记完毕后,要在记账凭证上签名或者盖章,并注明已经登账的符号,表示已经记账。

(三)账簿中书写的文字和数字上面要留有适当空格,不要写满格,一般应占格距的二分之一。

(四)登记账簿要用蓝黑墨水或者碳素墨水书写,不得使用圆珠笔(银行的复写账簿除外)或者铅笔书写。

(五)下列情况,可以用红色墨水记账:

1. 按照红字冲账的记账凭证,冲销错误记录;

2. 在不设借贷等栏的多栏式账页中,登记减少数;

3. 在三栏式账户的余额栏前,如未印明余额方向的,在余额栏内登记负数余额;

4. 根据国家统一会计制度的规定可以用红字登记的其他会计记录。

(六)各种账簿按页次顺序连续登记,不得跳行、隔页。如果发生跑行、隔页,应当将空行、空页划线注销,或者注明"此行空白"、"此页空白"字样,并由记账人员签名或者盖章。

(七)凡需要结出余额的账户,结出余额后,应当在"借或贷"等栏内写明"借"或者"贷"等字样。没有余额的账户,应当在"借或贷"等栏内写"平"字,并在余额栏内用"0"表示。

现金日记账和银行存款日记账必须逐日结出余额。

(八)每一账页登记完毕结转下页时,应当结出本页合计数及余额,写在本页最后一行和下页第一行有关栏内,并在摘要栏内分别注明"过次页"和"承前页"字样;也可以将本页合计数及金额只写在下页第一行有关栏内,并在摘要栏内注明"承前页"字样。

对需要结计本月发生额的账户,结计"过次页"的本页合计数应当为自本月初起至本页末止发生额合计数;对需要结计本年累计发生额的账户,结计"过次页"的本页合计数应当为自年初起至本页末止的累计数;对既不需要结计本月发生额也不需要结计本年累计发生额的账户,可以只将每页末的余额转次页。

第六十一条 实行会计电算化的单位,总账和明细账应当定期打印。

发生收款和付款业务的,在输入收款凭证和付款凭证的当天必须打印出现金日记、银行存款日记账,并在库存现金核对无误。

第六十二条 账簿记录发生错误,不准涂改、挖补、刮擦或者用药水消除字迹,不准重新抄写,必须按照下列方法进行更正:

(一)登记账簿时发生错误,应当将错误的文字或者数字划上红线注销,但必须使原有字迹仍可辨认;然后在划线上方填写正确的文字或者数字,并由记账人员在更正处盖章。对于错误的数字,应当全部划红线更正,不得只更正其中的错误数字。对于文字错误,可只划去错误的部分。

（二）由于记账凭证错误而使账簿记录发生错误，应当按更正的记账凭证登记账簿。

第六十三条 各单位应当定期对会计账簿记录的有关数字与库存实物、货币资金、有价证券、往来单位或者个人进行相互核对，保证账证相符、账账相符、账实相符。对账工作每年至少进行一次。

（一）账证核对。核对会计账簿记录与原始凭证、记账凭证的时间、凭证字号、内容、金额是否一致，记账方向是否相符。

（二）账账核对。核对不同会计账簿之间的账簿记录是否相符，包括：总账有关账户的余额核对，总账与明细账核对，总账与日记账核对，会计部门的财产物资明细账与财产物资保管和使用部门的有关明细账核对等。

（三）账实核对。核对会计账簿记录与财产等实有数额是否相符。包括：现金日记账账面余额与现金实际库存数相核对；银行存款日记账账面余额定期与银行对账单相核对；各种应收、应付款明细账账面余额与有关债务、债权单位或者个人核对等。

第六十四条 各单位应当按照规定定期结账。

（一）结账前，必须将本期内所发生的各项经济业务全部登记入账。

（二）结账时，应当结出每个账户的期末余额。需要结出当月发生额的，应当在摘要栏内注明"本月合计"字样，并在下面通栏划单红线。需要结出本年累计发生额的，应当在摘要栏内注明"本年累计"字样，并在下面通栏划单红线；十二月末的"本年累计"就是全年累计发生额。全年累计发生额下面应当通栏划双红线。年度终了结账时，所有总账账户都应当结出全年发生额和年末余额。

（三）年度终了，要把各账户的余额转到下一会计年度，并在摘要栏注明"结转下年"字样；在下一会计年度新建有关会计账簿的第一行余额栏内填写上年结转的余额，并在摘要栏注明"上年结转"字样。

第四节 编制财务报告

第六十五条 各单位必须按照国家统一会计制度的规定定期编制财务报告。

财务报告包括会计报表及其说明。会计报表包括会计报表主表、会计报表附表、会计报表附注。

第六十六条 各单位对外报送的财务报告应当根据国家统一会计制度规定的格式和要求编制。

单位内部使用的财务报告，其格式和要求由各单位自行规定。

第六十七条 会计报表应当根据登记完整、核结无误的会计账簿记录和其他有关资料编制，做到数字真实、计算准确、内容完整、说明清楚。

任何人不得篡改或者授意、指使、强令他人篡改会计报表的有关数字。

第六十八条 会计报表之间、会计报表各项目之间，凡有对应关系的数字，应当相互一致。本期会计报表与上期会计报表之间有关的数字应当相互衔接。如果不同会计年度会计报表中各项目的内容和核算方法有变更的，应当在年度会计报表中加以说明。

第六十九条 各单位应当按照国家统一会计制度的规定认真编写会计报表附注及其说明，做到项目齐全，内容完整。

第七十条 各单位应当按照国家规定的期限对外报送财务报告。

对外报送的财务报告，应当依次编写页码，加具封面，装订成册，加盖公章。封面上应当注明：单位名称，单位地址，财务报告所属年度、季度、月度、送出日期，并由单位领导人、总会计师、会计机构负责人、会计主管人员签名或者盖章。

单位领导人对财务报告的合法性、真实性负法律责任。

第七十一条 根据法律和国家有关规定应当对财务报告进行审计的，财务报告编制单位应当先行委托注册会计师进行审计，并将注册会计师出具的审计报告随同财务报告按照规定的期限报送有关部门。

第七十二条 如果发现对外报送的财务报告有错误，应当及时办理更正手续。除更正本单位留存的财务报告外，并应同时通知接受财务报告的单位更正。错误较多的，应当重新编报。

第四章 会计监督

第七十三条 各单位的会计机构、会计人员对本单位的经济活动进行会计监督。

第七十四条 会计机构、会计人员进行会计监督的依据是：

（一）财经法律、法规、规章；

（二）会计法律、法规和国家统一会计制度；

（三）各省、自治区、直辖市财政厅（局）和国务院业务主管部门根据《中华人民共和国会计法》和国家统一会计制度制定的具体实施办法或者补充规定；

（四）各单位根据《中华人民共和国会计法》和国家统一会计制度制定的单位内部会计管理制度；

（五）各单位内部的预算、财务计划、经济计划、业务计划等。

第七十五条 会计机构、会计人员应当对原始凭证进行审核和监督。

对不真实、不合法的原始凭证，不予受理。对弄虚作假、严重违法的原始凭证，在不予受理的同时，应当予以扣留，并及时向单位领导人报告，请求查明原因，追究当事人的责任。

对记载不准确、不完整的原始凭证，予以退回，要求经办人员更正、补充。

第七十六条 会计机构、会计人员伪造、变造、故意毁灭会计账簿或者账外设账行为，应当制止和纠正；制止和纠正无效的，应当向上级主管单位报告，请求作出处理。

第七十七条 会计机构、会计人员应当对实物、款项进行监督，督促建立并严格执行财产清查制度。发现账簿记录与实物、款项不符时，应当按照国家有关规定进行处理。超出会计机构、会计人员职权范围的，应当立即向本单位领导报告，请求查明原因，作出处理。

第七十八条 会计机构、会计人员对指使、强令编造、篡改财务报告行为，应当制止和纠正；制止和纠正无效的，应当向上级主管单位报告，请求处理。

第七十九条 会计机构、会计人员应当对财务收支进行监督。

（一）对审批手续不全的财务收支，应当退回，要求补充、更正。

（二）对违反规定不纳入单位统一会计核算的财务收支，应当制止和纠正。

（三）对违反国家统一的财政、财务、会计制度规定的财务收支，不予办理。

（四）对认为是违反国家统一的财政、财务、会计制度规定的财务收支，应当制止和纠正；制止和纠正无效的，应当向单位领导人提出书面意见请求处理。

单位领导人应当在接到书面意见起十日内作出书面决定，并对决定承担责任。

（五）对违反国家统一的财政、财务、会计制度规定的财务收支，不予制止和纠正，又不向单位领导人提出书面意见的，也应当承担责任。

（六）对严重违反国家利益和社会公众利益的财务收支，应当向主管单位或者财政、审计、税务机关报告。

第八十条 会计机构、会计人员对违反单位内部会计管理制度的经济活动，应当制止和纠正；制止和纠正无效的，向单位领导人报告，请求处理。

第八十一条 会计机构、会计人员应当对单位制定的预算、财务计划、经济计划、业务计划的执行情况进行监督。

第八十二条 各单位必须依照法律和国家有关规定接受财政、审计、税务等机关的监督，如实提供会计凭证、会计账簿、会计报表和其他会计资料以及有关情况，不得拒绝、隐匿、谎报。

第八十三条 按照法律规定应当委托注册会计师进行审计的单位，应当委托注册会计师进行审计，并配合注册会计师的工作，如实提供会计凭证、会计账簿、会计报表和其他会计资料以及有关情况，不得拒绝、隐匿、谎报，不得示意注册会计师出具不当的审计报告。

第五章 内部会计管理制度

第八十四条 各单位应当根据《中华人民共和国会计法》和国家统一会计制度的规定，结合单位类型和内部管理的需要，建立健全相应的内部会计管理制度。

第八十五条 各单位制定内部会计管理制度应当遵循下列原则：

（一）应当执行法律、法规和国家统一的财务会计制度。

（二）应当体现本单位的生产经营、业务管理的特点和要求。

（三）应当全面规范本单位的各项会计工作，建立健全会计基础，保证会计工作的有序进行。

（四）应当科学、合理，便于操作和执行。

（五）应当定期检查执行情况。

（六）应当根据管理需要和执行中的问题不断完善。

第八十六条 各单位应当建立内部会计管理体系。主要内容包括：单位领导人、总会计师对会计工作的领导职责；会计部门及其会计机构负责人、会计主管人员的职责、权限；会计部门与其他职能部门的关系；会计核算的组织形式。

第八十七条　各单位应当建立会计人员岗位责任制度。主要内容包括：会计人员工作岗位设置；各会计工作岗位的职责和标准；各会计工作岗位的人员和具体分工；会计工作岗位轮换办法；对各会计工作岗位的考核办法。

第八十八条　各单位应当建立账务处理程序制度。主要内容包括：会计科目及其明细科目的设置和使用；会计凭证的格式、审核要求和传递程序；会计核算方法；会计账簿的设置；编制会计报表的种类和要求；单位会计指标体系。

第八十九条　各单位应当建立内部牵制制度。主要内容包括：内部牵制制度的原则；组织分工；出纳岗位的职责和限制条件；有关岗位的职责和权限。

第九十条　各单位应当建立稽核制度。主要内容包括：稽核工作的组织形式和具体分工；稽核工作的职责、权限；审核会计凭证和复核会计账簿、会计报表的方法。

第九十一条　各单位应当建立原始记录管理制度。主要内容包括：原始记录的内容和填制方法；原始记录的格式；原始记录的审核；原始记录填制人的责任；原始记录签署、传递、汇集要求。

第九十二条　各单位应当建立定额管理制度。主要内容包括：定额管理的范围；规定和修订定额的依据、程序和方法；定额的执行；定额考核和奖惩办法等。

第九十三条　各单位应当建立计量验收制度。主要内容包括：计量检测手段和方法；计量验收管理的要求；计量验收人员的责任和奖惩办法。

第九十四条　各单位应当建立财产清查制度。主要内容包括：财产清查的范围；财产清查的组织；财产清查的期限和方法；对财产清查中发现问题的处理办法；对财产管理人员的奖惩办法。

第九十五条　各单位应当建立财务收支审批制度。主要内容包括：财务收支审批人员和审批权限；财务收支审批程序；财务收支审批人员的责任。

第九十六条　实行成本核算的单位应当建立成本核算制度。主要内容包括：成本核算的对象；成本核算的方法和程序；成本分析等。

第九十七条　各单位应当建立财务会计分析制度。主要内容包括：财务会计分析的主要内容；财务会计分析的基本要求和组织程序；财务会计分析的具体方法；财务会计分析报告的编写要求等。

第六章　附　　则

第九十八条　本规范所称国家统一会计制度，是指由财政部制定、或者财政部与国务院有关部门联合制定、或者经财政部审核批准的在全国范围内统一执行的会计规章、准则、办法等规范性文件。

本规范所称会计主管人员，是指不设置会计机构、只在其他机构中设置专职会计人员的单位行使会计机构负责人职权的人员。

本规范第三章第二节和第三节关于填制会计凭证、登记会计账簿的规定，除特别指出外，一般适用于手工记账。实行会计电算化的单位，填制会计凭证和登记会计账簿的有关要求，应当符合财政部关于会计电算化的有关规定。

第九十九条　各省、自治区、直辖市财政厅（局）、国务院各业务主管部门可以根据本规范的原则，结合本地区、本部门的具体情况，制定具体实施办法，报财政部备案。

第一百条　本规范由财政部负责解释、修改。

第一百零一条　本规范自发布之日起实施。1984年4月24日财政部发布的《会计人员工作规则》同时废止。

三、财政部关于会计基础工作规范化的意见

财政部关于会计基础工作规范化的意见

（1996年6月17日　财会字[1996]20号）

会计基础工作是会计工作和财政经济工作的基本环节。改革开放以来，会计工作逐步受到重视，会计

工作水平不断提高，在维护社会主义市场经济秩序，加强经济管理，提高经济效益中日益发挥重要作用。但是，最近一个时期以来，一些单位放松对会计基础工作的管理，造成了会计基础工作不同程度的削弱、滑坡甚至混乱，影响了会计工作秩序和单位经营管理的正常开展，影响了会计改革成果的巩固和会计职能作用的有效发挥。加强会计基础工作，不断提高会计工作水平，建立正常的会计工作秩序，逐步实现会计工作规范化，是各级财政部门、业务主管部门和各单位的一项重要任务。现对加强会计基础工作，促进会计基础工作规范化的有关问题提出如下意见：

一、会计基础工作要逐步实现规范化

实行独立核算的企业事业单位、国家机关、社会团体和其他单位，应当根据《会计法》和《会计基础工作规范》的要求进行检查、整改健全内部各项会计管理制度，建立良好的会计工作秩序，使记账、算账、报账等工作符合国家统一会计制度的要求，逐步实现会计基础工作的规范化、制度化、科学化，不断提高会计工作水平，进一步发挥会计工作在经济管理中的作用。

二、要加强对会计基础工作的管理和指导

（一）各级财政部门管理本地区的会计基础工作，各级业务主管部门管理本部门所属单位的会计基础工作。各级财政部门、业务主管部门要采取切实措施，指导和督促各基层单位加强会计基础工作，整顿会计基础工作中不规范的做法和存在的严重问题，不断提高会计基础工作水平。

（二）要定期组织会计基础工作情况的检查。检查工作以单位自行对照检查整改为主；在此基础上，财政部门或者业务主管部门可以组织当地单位之间的财务会计人员进行相互检查，或者组织专门力量进行重点检查。对检查中发现的问题，要提出整改意见，并检查整改意见的落实情况。

（三）会计基础工作情况检查的组织工作，包括具体组织形式、检查期限和内容、对会计基础工作规范化单位的确认形式等，由各省、自治区、直辖市、计划单列市财政厅（局）和国务院各业务主管部门根据实际情况确定。

三、突出重点，抓出成效

各地区、各部门应当从会计基础工作的实际情况出发，抓紧抓好对会计基础工作中普遍存在的突出问题的整顿，力求有所突破，求得成效。当前，要重点抓好以下方面的基础工作：

（一）会计机构和会计人员

1. 按照《会计法》的规定设置会计机构、配备业务素质相适应的会计人员，或者委托代理记账机构进行代理记账。

2. 设置会计人员工作岗位，明确各个工作岗位的职责。

3. 会计机构负责人或者会计主管人员的任免符合法定手续。

4. 法律、法规规定应当设置总会计师的单位设置总会计师。

5. 会计人员持有会计证。

6. 会计工作交接手续符合制度规定的要求。

（二）会计核算

7. 应当建账的单位依法建账。

8. 原始凭证的格式、内容、填制方法、审核程序等符合会计制度要求。

9. 记账凭证内容、填制方法、所附原始凭证、更正错误方法等符合会计制度要求，经有关责任人员签章，字迹清楚，装订整齐。

10. 总账、明细账、日记账的设置、启用、登记、结账、错误更正方法符合会计制度的规定，记账及时，文字规范，设有必要的备查账簿。

11. 没有账外设账行为。

12. 账证、账账、账实相符。现金和银行存款日记账按日逐笔顺序登记，结出余额，银行存款账与银行对账单及时核对、经调整无误。

13. 对外报送的财务报告数字真实、计算准确、内容完整、说明清楚、报送及时，并经单位领导人、总会计师、会计机构负责人或者会计主管人员审阅并签章。

14. 会计凭证、会计账簿、会计报表和其他会计资料按照国家规定定期
整理归档，妥善保管，调阅和销毁符合规定手续。

（三）会计监督

15. 会计机构、会计人员对不真实、不合法的原始凭证和违反国家统一财政、财务、会计制度规定的财务收支能按照《会计》的规定处理。

16. 没有他人指使、强令会计机构、会计人员篡改会计数据的问题。

17. 单位领导人对会计人员提出关于对认为是违法收支的书面意见在法定期限内作出处理决定。

（四）内部会计管理制度

18. 建立并执行内部牵制制度和稽核制度。

19. 建立并执行原始记录、定额管理、计量验收、财产清查制度。

20. 建立并执行财务收支审批制度。

四、做好经验总结和宣传工作

各地区、各部门要及时了解基层单位会计基础工作的开展和整改情况，对好的做法和经验要认真总结，广泛进行宣传和推广。

四、会计档案管理办法

财政部、国家档案局关于印发《会计档案管理办法》的通知

（财会字[1998]32 号）

各省、自治区、直辖市、计划单列市财政厅（局）、档案局，新疆建设兵团，国务院各部委、各直属机构，国务院机关事务管理局，中共中央直属机关事务管理局：

财政部、国家档案局发布的《会计档案管理办法》自 1984 年实施以来，对加强单位会计档案管理、促进会计工作为单位经济和国家经济建设服务等方面发挥了积极的作用。随着我国社会主义市场经济的发展，经济和会计工作中的新情况、新问题不断出现，原会计档案管理规定已不适应经济发展和会计改革的要求。为此，财政部和国家档案局在总结《会计档案管理办法》实施情况和充分调查研究的基础上，依据《会计法》和《档案法》的有关规定，对《会计档案管理办法》进行了修订，现予印发，自 1999 年 1 月 1 日起施行。1984 年 6 月 1 日财政部、国家档案局发布的《会计档案管理办法》自新办法实施之日起同时废止。请布置所属单位贯彻实施。

中华人民共和国财政部

国家档案局

一九九八年八月二十一日

附件

会计档案管理办法

第一条　为了加强会计档案管理，统一会计档案管理制度，更好地为发展社会主义市场经济服务，根据《中华人民共和国会计法》和《中华人民共和国档案法》的规定，制定本办法。

第二条　国家机关、社会团体、企业、事业单位，按规定应当建账的个体工商户和其他组织（以下简称各单位），应当依照本办法管理会计档案。

第三条　各级人民政府财政部门和档案行政管理部门共同负责会计档案工作的指导、监督和检查。

第四条　各单位必须加强对会计档案管理工作的领导，建立会计档案的立卷、归档、保管、查阅和销毁等管理制度，保证会计档案妥善保管、有序存放、方便查阅，严防毁损、散失和泄密。

第五条　会计档案是指会计凭证、会计账簿和财务报告等会计核算专业材料，是记录和反映单位经济业务的重要史料和证据。具体包括：

（一）会计凭证类：原始凭证，记账凭证，汇总凭证，其他会计凭证。

（二）会计账簿类：总账，明细账，日记账，固定资产卡片，辅助账簿，其他会计账簿。

（三）财务报告类：月度、季度、年度财务报告，包括会计报表、附表、附注及文字说明，其他财务报告。

（四）其他类：银行存款余额调节表，银行对账单，其他应当保存的会计核算专业资料，会计档案移交清册，会计档案保管清册，会计档案销毁清册。

第六条 各单位每年形成的会计档案，应当由会计机构按照归档要求，负责整理立卷，装订成册，编制会计档案保管清册。

当年形成的会计档案，在会计年度终了后，可暂由会计机构保管一年，期满之后，应当由会计机构编制移交清册，移交本单位内部指定专人保管。出纳人员不得兼管会计档案。

移交本单位档案机构保管的会计档案，原则上应当保持原卷册的封装。个别需要拆封重新整理的，档案机构应当会同会计机构和经办人员共同拆封整理，以分清责任。

第七条 各单位保存的会计档案不得借出。如有特殊需要，经本单位负责人批准，可以提供查阅或者复制，并办理登记手续。查阅或者复制会计档案的人员，严禁在会计档案上涂画、拆封和抽换。

各单位应当建立健全会计档案查阅、复制登记制度。

第八条 会计档案的保管期限分为永久、定期两类。定期保管期限分为3年、5年、10年、15年、25年五类。

会计档案的保管期限，从会计年度终了后的第一天算起。

第九条 本办法规定的会计档案保管期限为最低保管期限，各类会计档案的保管原则上应当按照本办法附表所列期限执行。

各单位会计档案的具体名称如有同本办法附表所列档案名称不相符的，可以比照类似档案的保管期限办理。

第十条 保管期满的会计档案，除本办法第十一条规定的情形外，可以按照以下程序销毁：

（一）由本单位档案机构会同会计机构提出销毁意见，编制会计档案销毁清册，列明销毁会计档案的名称、卷号、册数、起止年度和档案编号、应保管期限、已保管期限、销毁时间等内容。

（二）单位负责人在会计档案销毁清册上签署意见。

（三）销毁会计档案时，应当由档案机构和会计机构共同派员监销。国家机关销毁会计档案时，应当由同级财政部门、审计部门派员参加监销。财政部门销毁会计档案时，应当由同级审计部门派员参加监销。

（四）监销人在销毁会计档案前，应当按照会计档案销毁清册所列内容清点核对所要销毁的会计档案；销毁后，应当在会计档案销毁清册上签名盖章，并将监销情况报告本单位负责人。

第十一条 保管期满但未结清的债权债务原始凭证和涉及其他未了事项的原始凭证，不得销毁，应当单独抽出立卷，应当在会计档案销毁清册和会计档案保管清册中列明。

正在项目建设期间的建设单位，其保管期满的会计档案不得销毁。

第十二条 采用电子计算机进行会计核算的单位，应当保存打印出的纸质会计档案。

具备采用磁带、磁盘、光盘、微缩胶片等磁性介质保存会计档案条件的，由国务院业务主管部门统一规定，并报财政部、国家档案局备案。

第十三条 单位因撤销、解散、破产或者其他原因而终止的，在终止和办理注销登记手续之前形成的会计档案，应当由终止单位的业务主管部门或财产所有者代管或移交有关档案馆代管。法律、行政法规另有规定的，从其规定。

第十四条 单位分立后原单位存续的，其会计档案应当由分立后的存续方统一保管，其他方可查阅、复制与其业务相关的会计档案；单位分立后原单位解散的，其会计档案应当经各方协商后由其中一方代管或移交档案馆代管，各方可查阅、复制与其业务相关的会计档案。单位分立中未结清的会计事项所涉及的原始凭证，应当单独抽出由业务相关方保存，并按规定办理交接手续。

单位因业务移交其他单位办理所涉及的会计档案，应当由原单位保管，承接业务单位可查阅、复制与其业务相关的会计档案，对其中未结清的会计事项所涉及的原始凭证，应当单独抽出由业务承接单位保存，并按规定办理交接手续。

第十五条 单位合并后原各单位解散或一方存续其他方解散的，原各单位的会计档案应当由合并后的单位统一保管;单位合并后原各单位仍存续的,其会计档案仍应由原各单位保管。

第十六条 建设单位在项目建设期间形成的会计档案,应当在办理竣工决算后移交给建设项目的接受单位,并按规定办理交接手续。

第十七条 单位之间交接会计档案的,交接双方应当办理会计档案交接手续。

移交会计档案的单位,应当编制会计档案移交清册,列明应当移交的会计档案名称、卷号、册数、起止年度和档案编号、应保管期限、已保管期限等内容。

交接会计档案时,交接双方应当按照会计档案移交清册所列内容逐项交接,并由交接双方的单位负责人负责监交。交接完毕后,交接双方经办人和监交人应当在会计档案移交清册上签名或者盖章。

第十八条 我国境内所有单位的会计档案不得携带出境。驻外机构和境内单位在境外设立的企业(简称境外单位)的会计档案,应当按照本办法和国家有关规定进行管理。

第十九条 预算、计划、制度等文件材料,应当执行文书档案管理规定,不适用本办法。

第二十条 各省、自治区、直辖市人民政府财政部门、档案管理部门,国务院各业务主管部门,中国人民解放军总后勤部,可以根据本办法的规定,结合本地区、本部门的具体情况,制定实施办法,报财政部和国家档案局备案。

第二十一条 本办法由财政部负责解释,自1999年1月1日起执行。1984年6月1日财政部、国家档案局发布的《会计档案管理办法》自本办法执行之日起废止。

附表一

企业和其他组织会计档案保管期限表

序号	档案名称	保管期限	备注
一	**会计凭证类**		
1	原始凭证	15年	
2	记账凭证	15年	
3	汇总凭证	15年	
二	**会计账簿类**		
4	总账	15年	包括日记总账。
5	明细账	15年	
6	日记账	15年	现金和银行存款日记账保管25年。
7	固定资产卡片	固定资产报废清理后保管5年。	
8	辅助账簿	15年	
三	**财务报告类**		**包括各级主管部门汇总财务报告。**
9	月、季度财务报告	3年	包括文字分析
10	年度财务报告(决算)	永久	包括文字分析
四	**其他类**		
11	会计移交清册	15年	
12	会计档案保管清册	永久	
13	会计档案销毁清册	永久	
14	银行余额调节表	5年	
15	银行对账单	5年	

附表二

财政总预算、行政单位、事业单位和税收会计档案保管期限表

序号	档案名称	保管期现			备　注
		财政总预算	行政单位事业单位	税收会计	
一	**会计凭证类**				
1	国家金库编送的各种报表及缴库退库凭证	10 年		10 年	
2	各收入机关编送的报表	10 年			
3	行政单位和事业单位的各种会计凭证		15 年		包括:原始凭证、记账凭证和传票汇总表。
4	各种完税凭证和缴、退库凭证			15 年	缴款书存根联在销号后保管 2 年。
5	财政总预算拨款凭证及其他会计凭证	15 年			包括:拨款凭证和其他会计凭证。
6	农牧业税结算凭证			15 年	
二	**会计账簿类**				
7	日记账		15 年	15 年	
8	总账	15 年	15 年	15 年	
9	税收日记账(总账)和税收票证分类出纳账		25 年		
10	明细分类、分户账或登记簿	15 年	15 年	15 年	
11	现金出纳账、银行存款账		25 年	25 年	
12	行政单位和事业单位固定资产明细账(卡片)				行政单位和事业单位固定资产报废清理后保管 5 年
三	**财务报告类**				
13	财政总预算	永久			
14	行政单位和事业单位决算	10 年	永久		
15	税收年报(决算)	10 年		永久	
16	国家金库年报(决算)	10 年			
17	基本建设拨、贷款年报(决算)	10 年			
18	财政总预算会计旬报	3 年			所属单位报送的保管 2 年。
19	财政总预算会计月、季度报表	5 年			所属单位报送的保管 2 年。
20	行政单位和事业单位会计月、季度报表		5 年		所属单位报送的保管 2 年。
21	税收会计报表(包括票证报表)			10 年	电报保管 1 年,所属税务机关报送的保管 3 年
四	**其他类**				
22	会计移交清册	15 年	15 年	15 年	
23	会计档案保管清册	永久	永久	永久	
24	会计档案销毁清册	永久	永久	永久	

注:税务机关的税务经费会计档案保管期限,按行政单位会计档案保管期限规定办理。

五、会计电算化工作规范

会计电算化工作规范

（1996年6月10日　财会字[1996]17号）

第一章　总　　则

一、为了指导和规范基层单位会计电算化工作，推动会计电算化事业的健康发展，根据《中华人民共和国会计法》和《会计电算化管理办法》的规定，特制定本规范。各企业、行政、事业单位（简称各单位）可根据本规范的要求，制定本单位会计电算化实施工作的具体方案，搞好会计电算化工作。各级财政部门和业务主管部门可根据本规范，对基层单位开展会计电算化工作进行指导。

二、会计电算化是会计工作的发展方向，各级领导都应当重视这一项工作。大中型企业、事业单位和县级以上国家机关都应积极创造条件，尽早实现会计电算化；其它单位届应当逐步创造条件，适时开展会计电算化工作。

三、开展会计电算化工作，是促进会计基础工作规范化和提高经济效益的重要手段和有效措施。各单位要把会计电算化作为建立现代企业制度和提高会计工作质量的一项重要工作来抓。

四、会计电算化是一项系统工程，涉及单位内部各个方面，各单位负责人或总会计师应当亲自组织领导会计电算化工作，主持拟定本单位会计电算化工作规划，协调单位内各部门共同搞好会计电算化工作。

各单位的财务会计部门，是会计电算化工作的主要承担者，在各部门的配合下，财务会计部门负责和承担会计电算化的具体组织实施工作，负责提出实现本单位会计电算的具体方案。

五、各单位开展会计电算化工作，可根据单位具体情况，按照循序渐进、逐步提高的原则进行。例如：可先实现账务处理、报表编制、应收应付账款核算、工资核算等工作电算化，然后实现固定资产核算、存货核算、成本核算、销售核算等工作电算化，再进一步实现财务分析和财务管理工作电算化；在技术上，可先采用微机单机运行，然后逐步实现网络化。也可根据单位实际情况，先实现工作量大、重复劳动、见效快项目的电算化，然后逐步向其它项目发展。

六、各单位要积极支持和组织本单位会计人员分期分批进行会计电算化知识培训，逐步使多数会计人员掌握会计软件的基本操作技能，具备条件的单位，使一部分会计人员能够负责会计软件的维护，并培养部分会计人员逐步掌握会计电算化系统分析和系统设计工作。对于积极钻研电算化业务，技术水平高的会计人员，应该给予物质和精神奖励。

七、开展会计电算化工作的集团企业，应当加强对集团内各单位会计电算化工作的统筹规划，在各单位实现会计电算化的基础上，逐步做到报表汇总或合并报表编制工作的电算化，并逐步向集团网络化方向发展。

八、会计电算化工作应当讲求效益原则，处理好及时采用新技术和新设备与勤俭节约的关系，既不要盲追求采用最新技术和先进设备，也不要忽视技术的发展趋势造成设备很快陈旧过时。对于一些投资大的会计电算化项目，有关部门应当加强监督指导。

九、各级财政部门应加强对基层单位会计电算化工作的指导，在硬软件选择、建立会计电算化内部管理制度方面，积极提出建议，帮助基层单位解决工作中遇到的困难，使会计电算化工作顺利进行。

十、会计电算化工作取得一定成果的单位，要研究并逐步开展其它管理工作电算化或与其它管理信息系统联网工作，逐步建立以会计电算化为核心的单位计算机管理信息系统，做到单位内部信息资源共享，充分发挥会计电算化在单位经营管理中的作用。

第二章　配备电子计算机和会计软件

一、电子计算机和会计软件是实现会计电算化的重要物质基础，各单位可根据实际情况和今后的发展目标，投入一定的财力，以保证会计电算化工作的正常进行。

二、各单位应根据实际情况和财力状况，选择与本单位会计电算化工作规划相适应的计算机机种、机型和系统软件及有关配套设备。实行垂直领导的行业、大型企业集团，在选择计算机机种、机型和系统软件及有关配套设备时，应尽量做到统一，为实现网络化打好基础。

具备一定硬件基础和技术力量的单位，可充分利用现有的计算机设备建立计算机网络，做到信息资源共享和会计数据实时处理。客户机/服务器体系具有可扩充性强、性能/价格比高、应用软件开发周期短等特点，大中型企事业单位可逐步建立客户机/服务器网络结构；采用终端/主机结构的单位，也可根据自身情况，结合运用客户机/服务器结构。

三、由于财务会计部门处理的数据量大、数据结构复杂、处理方法要求严格和安全性要求高，各单位用于会计电算化工作的电子计算机设备，应由财务会计部门管理，硬件设备比较多的单位，财务会计部门可单独设立计算机室。

四、配备会计软件是会计电算化的基础工作，选择会计软件的好坏对会计电算化的成败起着关键性的作用。配备会计软件的主要有选择通用会计软件、定点开发、通用与定点开发会计软件相结合三种方式，各单位应根据实际需要和自身的技术力量选择配备会计软件的方式。

1. 各单位开展会计电算化初期应尽量选择通用会计软件。选择通用会计软件的投资少，见效快，在软件开发或服务单位的协助下易于应用成功。

选择通用会计软件应注意软件的合法性、安全性、正确性、可扩充性和满足审计要求等方面的问题，以及软件服务的便利，软件的功能应该满足本单位当前的实际需要，并考虑到今后工作发展的要求。

各单位应选择通过财政部或省、自治区、直辖市、以及通过财政部批准具有商品化会计软件评审权的计划单列市财政厅(局)评审的商品化会计软件，在本行业内也可选择国务院业务主管部门推广应用的会计软件。

小型企业、事业单位和行政机关的会计业务相对比较简单，应以选择投资较少的微机通用会计软件为主。

2. 定点开发会计软件包括本单位自行开发、委托其它单位开发和联合开发三种形式。大中型企业、事业单位会计业务一般都有其特殊需要，在取得一定会计电算化工作经验以后，也可根据实际工作需要选择定点开发的形式开发会计软件，以满足本单位的特殊需要。

3. 会计电算化初期选择通用会计软件，会计电算化工作深入后，通用会计软件不能完全满足其特殊需要的单位，可根据实际工作需要适时配合通用会计软件定点开发配套的会计软件，选择通用会计软件与定点开发会计软件相结合的方式。

五、配备会计软件与计算机硬件的配置相适应，可逐步从微机单用户会计软件，向网络会计软件、客户机/服务器会计软件发展。

六、配备的会计软件应达到财政部《会计核算软件基本功能规范》的要求，满足本单位的实际工作需要。

七、会计核算电算化成功的单位，应充分利用现有数据进行会计分析和预测，除了选择通用会计分析软件，或定点开发会计分析软件外，还可选择通用表处理软件对数据进行分析。

八、部分需要选用外国会计软件的外商投资企业或其它单位，可选用通过财政部评审的外国商品化会计软件。选用未通过财政部评审在我国试用的外国会计软件，应确认其符合我国会计准则、会计制度和有关规章制度，具有中文界面和操作使用手册，能够按照我国统一会计制度要求，打印输出中文会计账证表，符合我国会计人员工作习惯，其经销单位具有售后服务能力。

第三章　替代手工记账

一、采用电子计算机替代手工记账，是指应用会计软件输入会计数据，由电子计算机对会计数据进行处理，并打印输出会计账簿和报表。替代手工记账是会计电算化的目标之一。

二、替代手工记账的单位，应具备以下条件：

1. 配备了适用的会计软件和相应的计算机硬件设备。

2. 配备了相应的会计电算化工作人员。

3. 建立了严格的内部管理制度。

三、具备条件的单位应尽快采用计算机替代手工记账。替代手工记账之前，地方单位应根据当地省、自治区、直辖市、计划单列市财政厅(局)的规定，中央直属单位应根据国务院业务主管部门的规定，计算机与手工并行三个月以上(一般不超过六个月)，且计算机与手工核算的数据相一致，并应接受有关部门的监督。

四、替代手工记账的过程是会计工作从手工核算向电算化核算的过渡阶段，由于计算机与手工并行工作，会计人员的工作强度比较大，各单位需要合理安排财务会计部门的工作，提高工作效率。

五、计算机与手工并行工作期间，可采用计算机打印输出的记账凭证替代手工填制的记账凭证，根据有关规定进行审核并装订成册，作为会计档案保存，并据以登记手工账簿。如果计算机与手工核算结果不一致，要由专人查明原因并向本单位领导书面报告。

六、记账凭证的类别，可以采用一种记账凭证或收、付、转三种凭证的形式；也可以在收、付、转三种凭证的基础上，按照经济业务和会计软件功能模块的划分进一步细化，以方便记账凭证的输入和保存。

七、计算机内会计数据的打印输出和保存是替代手工记账单位的重要工作，根据会计电算化的特点，各单位应注意以下问题：

1. 采用电子计算机打印输出书面会计凭证、账簿、报表的，应当符合国家统一会计制度的要求，采用中文或中外文对照，字迹清晰，作为会计档案保存，保存期限按《会计档案管理办法》的规定执行。

2. 在当期所有记账凭证数据和明细分类数据都存储在计算机内的情况下，总分类账可以从这些数据中产生，因此可以用"总分类账户本期发生额及余额对照表"替代当期总分类账。

3. 现金日记和银行存款日记账的打印，由于受到打印机条件的限制，可采用计算机打印输出的活页账装订成册，要求每天登记并打印，每天业务较少、不能满页打印的，可按旬打印输出。一般账簿可以根据实际情况和工作需要按月或按季、按年打印；发生业务少的账簿，可满页打印。

4. 在保证凭证、账簿清晰的条件下，计算机打印输出的凭证、账簿表格线可适当减少。

八、采用磁带、磁盘、光盘、微缩胶片等介质存储会计账簿、报表，作为会计档案保存的单位，应满足以下要求：

1. 采用磁带、磁盘、光盘、微缩胶片等介质存储会计数据，不再定期打印输出会计账簿，应征得同级财政部门的同意。

2. 保存期限同打印输出的书面形式的会计账簿、报表。

3. 记账凭证、总分类账、现金日记账和银行存款账日记账仍需要打印输出，还要按照有关税务、审计等管理部门的要求，及时打印输出有关账簿、报表。

4. 大中型企业应采用磁带、光盘、微缩胶片等介质存储会计数据，尽量少采用软盘存储会计档案。

九、替代手工记账后，各单位应做到当天发生业务，当天登记入账，期末及时结账并打印输出会计报表；要灵活运用计算机对数据进行综合分析，定期或不定期地向单位领导报告主要财务指标和分析结果。

第四章　建立会计电算化内部管理制度

一、开展会计电算化的单位应根据工作需要，建立健全包括会计电算化岗位责任制、会计电算化操作管理制度、计算机硬软件和数据管理制度、电算化会计档案管理制度的会计电算化内部管理制度，保证会计电算化工作的顺利开展。

二、建立会计电算化岗位责任制，要明确每各个工作岗位的职责范围，切实做到事事有人管，人人有专责，办事有要求，工作有检查。

会计电算化后的工作岗位可分为基本会计岗位和电算化会计岗位。基本会计岗位可包括：会计主管、出纳、会计核算各岗、稽核、会计档案管理等工作岗位。电算化会计岗位包括直接管理、操作、维护计算机及会计软件系统的工作岗位。

三、电算化会计岗位和工作职责一般可划分如下：

1. 电算主管：负责协调计算机及会计软件系统的运行工作，要求具备会计和计算机知识，以及相关的会计电算化组织管理的经验。电算化主管可由会计主管兼任，采用中小型计算机和计算机网络会计软件的单位，应设立此岗位。

2. 软件操作：负责输入记账凭证和原始凭证等会计数据，输出记账凭证、会计账簿、报表和进行部分会计数据处理工作，要求具备会计软件操作知识，达到会计电算化初级知识培训的水平；各单位应鼓励基本会计岗位的会计人员兼任软件操作岗位的工作。

3. 审核记账：负责对输入计算机的会计数据（记账凭证和原始凭证等）进行审核，操作会计软件登记机内账簿，对打印输出的账簿、报表进行确认；此岗要求具备会计和计算机知识，达到会计电算化初级知识培训的水平，可由主管会计兼任。

4. 电算维护：负责保证计算机硬件、软件的正常运行，管理机内会计数据；此岗要求具备计算机和会计知识，经过会计电算化各级知识培训；采用大型、小型计算机和计算机网络会计软件的单位，应设立此岗位，此岗在大中型企业中应由专职人员担任。

5. 电算审查：负责监督计算机及会计软件系统的运行，防止利用计算机进行舞弊；要求具备会计和计算机知识，达到会计电算化中级知识培训的水平，此岗可由会计稽核人员兼任；采用大型、小型计算机和大型会计软件的单位，可设立此岗位。

6. 数据分析：负责对计算机内的会计数据进行分析，要求具备计算机和会计知识，达到会计电算化中级知识培训的水平；采用大型、小型计算机和计算机网络会计软件的单位，可设立此岗位，由主管会计兼任。

四、实施会计电算化过程中，各单位可根据内部牵制制度的要求和本单位的工作需要，参照上条对电算化会计岗位的划分进行调整和设立必要的工作岗位。基本会计岗位和电算化会计岗位，可在保证会计数据安全的前提下交叉设置，各岗位人员要保持相对稳定。由本单位人员进行会计软件开发的，还可设立软件开发岗位。小型企事业单位设立电算化会计岗位，应根据实际需要对上条给出的岗位进行适当合并。

五、建立会计电算化操作管理制度，主要内容包括：

1. 明确规定上机操作人员对会计软件的操作工作内容和权限，对操作密码要严格管理，指点专人定期更换密码，杜绝未经授权人员操作会计软件；

2. 预防已输入计算机的原始凭证和记账凭证等会计数据未经审核而登记机内账簿；

3. 操作人员离开机房前，应执行相应命令退出会计软件；

4. 根据本单位实际情况，由专人保存必要的上机操作记录，记录操作人、操作时间、操作内容、故障情况等内容。

六、建立计算机硬件、软件和数据管理制度，主要内容包括：

1. 保证机房设备安全和计算机正常运行是进行会计电算化的前提条件，要经常对有关设备进行保养，保持机房和设备的整洁，防止意外事故的发生。

2. 确保会计数据和会计软件的安全保密，防止对数据和软件的非法修改和删除；对磁性介质存放的数据要保存双备份。

3. 对正在使用的会计核算软件进行修改、对通用会计软件进行升版和计算机硬件设备进行更换等工作，要有一定的审批手续；在软件修改、升版和硬件更换过程中，要保证实际会计数据的连续和安全，并由有关人员进行监督。

4. 健全计算机硬件和软件出现故障进行排除的管理措施，保证会计数据的完整性。

5. 健全必要的防治计算机病毒的措施。

七、建立电算化会计档案管理制度，主要内容包括：

1. 电算化会计档案，包括存储在计算机硬盘中的会计数据以其它磁性介质或光盘存储的会计数据和计算机打印出来的书面等形式的会计数据；会计数据是指记账凭证、会计账簿、会计报表（包括报表格式和计算公式）等数据。

2. 电算化会计档案管理是重要的会计基础工作，要严格按照财政部有关规定的要求对会计档案进行管理，由专人负责。

3. 对电算化会计档案管理要做好防磁、防火、防潮和防尘工作，重要会计档案应准备双份，存放在两个不同的地点。

4. 采用磁性介质保存会计档案，要定期进行检查，定期进行复制，防止由于磁性介质损坏，而使会计档案丢失。

5. 通用会计软件、定点开发会计软件、通用与定点开发相结合会计软件的全套文档资料以及会计软件程序，视同会计档案保管，保管期截止该软件停止使用或有利大更改之后的五年。

第五章　附　　则

本规范由财政部会计司负责解释，自发布之日起实施。

第三部分　会计结算相关法规

一、人民币银行结算账户管理办法

中国人民银行令

（[2003]第5号）

为规范人民币银行结算账户的开立和使用，维护经济金融秩序稳定，中国人民银行制定了《人民币银行结算账户管理办法》，经2002年8月21日第34次行长办公会议通过，现予公布，自2003年9月1日起施行。

行长：周小川

2003年4月10日

人民币银行结算账户管理办法

第一章　总　　则

第一条　为规范人民币银行结算账户（以下简称银行结算账户）的开立和使用，加强银行结算账户管理，维护经济金融秩序稳定，根据《中华人民共和国中国人民银行法》和《中华人民共和国商业银行法》等法律法规，制定本办法。

第二条　存款人在中国境内的银行开立的银行结算账户适用本办法。

本办法所称存款人，是指在中国境内开立银行结算账户的机关、团体、部队、企业、事业单位、其他组织（以下统称单位）、个体工商户和自然人。

本办法所称银行，是指在中国境内经中国人民银行批准经营支付结算业务的政策性银行、商业银行（含外资独资银行、中外合资银行、外国银行分行）、城市信用合作社、农村信用合作社。

本办法所称银行结算账户，是指银行为存款人开立的办理资金收付结算的人民币活期存款账户。

第三条　银行结算账户按存款人分为单位银行结算账户和个人银行结算账户。

（一）存款人以单位名称开立的银行结算账户为单位银行结算账户。单位银行结算账户按用途分为基本存款账户、一般存款账户、专用存款账户、临时存款账户。

个体工商户凭营业执照以字号或经营者姓名开立的银行结算账户纳入单位银行结算账户管理。

（二）存款人凭个人身份证件以自然人名称开立的银行结算账户为个人银行结算账户。邮政储蓄机构办理银行卡业务开立的账户纳入个人银行结算账户管理。

第四条　单位银行结算账户的存款人只能在银行开立一个基本存款账户。

第五条　存款人应在注册地或住所地开立银行结算账户。符合本办法规定可以在异地（跨省、市、县）开立银行结算账户的除外。

第六条　存款人开立基本存款账户、临时存款账户和预算单位开立专用存款账户实行核准制度，经中国人民银行核准后由开户银行核发开户登记证。但存款人因注册验资需要开立的临时存款账户除外。

第七条　存款人可以自主选择银行开立银行结算账户。除国家法律、行政法规和国务院规定外，任何单位和个人不得强令存款人到指定银行开立银行结算账户。

第八条　银行结算账户的开立和使用应当遵守法律、行政法规，不得利用银行结算账户进行偷逃税款、逃废债务、套取现金及其他违法犯罪活动。

第九条　银行应依法为存款人的银行结算账户信息保密。对单位银行结算账户的存款和有关资料，除国家法律、行政法规另有规定外，银行有权拒绝任何单位或个人查询。对个人银行结算账户的存款和有关资料，除国家法律另有规定外，银行有权拒绝任何单位或个人查询。

第十条　中国人民银行是银行结算账户的监督管理部门。

第二章 银行结算账户的开立

第十一条 基本存款账户是存款人因办理日常转账结算和现金收付需要开立的银行结算账户。下列存款人,可以申请开立基本存款账户:

(一) 企业法人。

(二) 非法人企业。

(三) 机关、事业单位。

(四) 团级(含)以上军队、武警部队及分散执勤的支(分)队。

(五) 社会团体。

(六) 民办非企业组织。

(七) 异地常设机构。

(八) 外国驻华机构。

(九) 个体工商户。

(十) 居民委员会、村民委员会、社区委员会。

(十一) 单位设立的独立核算的附属机构。

(十二) 其他组织。

第十二条 一般存款账户是存款人因借款或其他结算需要,在基本存款账户开户银行以外的银行营业机构开立的银行结算账户。

第十三条 专用存款账户是存款人按照法律、行政法规和规章,对其特定用途资金进行专项管理和使用而开立的银行结算账户。对下列资金的管理与使用,存款人可以申请开立专用存款账户:

(一) 基本建设资金。

(二) 更新改造资金。

(三) 财政预算外资金。

(四) 粮、棉、油收购资金。

(五) 证券交易结算资金。

(六) 期货交易保证金。

(七) 信托基金。

(八) 金融机构存放同业资金。

(九) 政策性房地产开发资金。

(十) 单位银行卡备用金。

(十一) 住房基金。

(十二) 社会保障基金。

(十三) 收入汇缴资金和业务支出资金。

(十四) 党、团、工会设在单位的组织机构经费。

(十五) 其他需要专项管理和使用的资金。

收入汇缴资金和业务支出资金,是指基本存款账户存款人附属的非独立核算单位或派出机构发生的收入和支出的资金。

因收入汇缴资金和业务支出资金开立的专用存款账户,应使用隶属单位的名称。

第十四条 临时存款账户是存款人因临时需要并在规定期限内使用而开立的银行结算账户。有下列情况的,存款人可以申请开立临时存款账户:

(一) 设立临时机构。

(二) 异地临时经营活动。

(三) 注册验资。

第十五条 个人银行结算账户是自然人因投资、消费、结算等而开立的可办理支付结算业务的存款账户。有下列情况的,可以申请开立个人银行结算账户:

(一) 使用支票、信用卡等信用支付工具的。

(二) 办理汇兑、定期借记、定期贷记、借记卡等结算业务的。

自然人可根据需要申请开立个人银行结算账户，也可以在已开立的储蓄账户中选择并向开户银行申请确认为个人银行结算账户。

第十六条　存款人有下列情形之一的，可以在异地开立有关银行结算账户：

（一）营业执照注册地与经营地不在同一行政区域（跨省、市、县）需要开立基本存款账户的。

（二）办理异地借款和其他结算需要开立一般存款账户的。

（三）存款人因附属的非独立核算单位或派出机构发生的收入汇缴或业务支出需要开立专用存款账户的。

（四）异地临时经营活动需要开立临时存款账户的。

（五）自然人根据需要在异地开立个人银行结算账户的。

第十七条　存款人申请开立基本存款账户，应向银行出具下列证明文件：

（一）企业法人，应出具企业法人营业执照正本。

（二）非法人企业，应出具企业营业执照正本。

（三）机关和实行预算管理的事业单位，应出具政府人事部门或编制委员会的批文或登记证书和财政部门同意其开户的证明；非预算管理的事业单位，应出具政府人事部门或编制委员会的批文或登记证书。

（四）军队、武警团级（含）以上单位以及分散执勤的支（分）队，应出具军队军级以上单位财务部门、武警总队财务部门的开户证明。

（五）社会团体，应出具社会团体登记证书，宗教组织还应出具宗教事务管理部门的批文或证明。

（六）民办非企业组织，应出具民办非企业登记证书。

（七）外地常设机构，应出具其驻在地政府主管部门的批文。

（八）外国驻华机构，应出具国家有关主管部门的批文或证明；外资企业驻华代表处、办事处应出具国家登记机关颁发的登记证。

（九）个体工商户，应出具个体工商户营业执照正本。

（十）居民委员会、村民委员会、社区委员会，应出具其主管部门的批文或证明。

（十一）独立核算的附属机构，应出具其主管部门的基本存款账户开户登记证和批文。

（十二）其他组织，应出具政府主管部门的批文或证明。

本条中的存款人为从事生产、经营活动纳税人的，还应出具税务部门颁发的税务登记证。

第十八条　存款人申请开立一般存款账户，应向银行出具其开立基本存款账户规定的证明文件、基本存款账户开户登记证和下列证明文件：

（一）存款人因向银行借款需要，应出具借款合同。

（二）存款人因其他结算需要，应出具有关证明。

第十九条　存款人申请开立专用存款账户，应向银行出具其开立基本存款账户规定的证明文件、基本存款账户开户登记证和下列证明文件：

（一）基本建设资金、更新改造资金、政策性房地产开发资金、住房基金、社会保障基金，应出具主管部门批文。

（二）财政预算外资金，应出具财政部门的证明。

（三）粮、棉、油收购资金，应出具主管部门批文。

（四）单位银行卡备用金，应按照中国人民银行批准的银行卡章程的规定出具有关证明和资料。

（五）证券交易结算资金，应出具证券公司或证券管理部门的证明。

（六）期货交易保证金，应出具期货公司或期货管理部门的证明。

（七）金融机构存放同业资金，应出具其证明。

（八）收入汇缴资金和业务支出资金，应出具基本存款账户存款人有关的证明。

（九）党、团、工会设在单位的组织机构经费，应出具该单位或有关部门的批文或证明。

（十）其他按规定需要专项管理和使用的资金，应出具有关法规、规章或政府部门的有关文件。

第二十条　合格境外机构投资者在境内从事证券投资开立的人民币特殊账户和人民币结算资金账户纳入专用存款账户管理。其开立人民币特殊账户时应出具国家外汇管理部门的批复文件，开立人民币结算资金账户时应出具证券管理部门的证券投资业务许可证。

第二十一条 存款人申请开立临时存款账户，应向银行出具下列证明文件：

（一）临时机构，应出具其驻在地主管部门同意设立临时机构的批文。

（二）异地建筑施工及安装单位，应出具其营业执照正本或其隶属单位的营业执照正本，以及施工及安装地建设主管部门核发的许可证或建筑施工及安装合同。

（三）异地从事临时经营活动的单位，应出具其营业执照正本以及临时经营地工商行政管理部门的批文。

（四）注册验资资金，应出具工商行政管理部门核发的企业名称预先核准通知书或有关部门的批文。

本条第二、三项还应出具其基本存款账户开户登记证。

第二十二条 存款人申请开立个人银行结算账户，应向银行出具下列证明文件：

（一）中国居民，应出具居民身份证或临时身份证。

（二）中国人民解放军军人，应出具军人身份证件。

（三）中国人民武装警察，应出具武警身份证件。

（四）香港、澳门居民，应出具港澳居民往来内地通行证；台湾居民，应出具台湾居民来往大陆通行证或者其他有效旅行证件。

（五）外国公民，应出具护照。

（六）法律、法规和国家有关文件规定的其他有效证件。

银行为个人开立银行结算账户时，根据需要还可要求申请人出具户口簿、驾驶执照、护照等有效证件。

第二十三条 存款人需要在异地开立单位银行结算账户，除出具本办法第十七条、十八条、十九条、二十一条规定的有关证明文件外，应出具下列相应的证明文件：

（一）经营地与注册地不在同一行政区域的存款人，在异地开立基本存款账户的，应出具注册地中国人民银行分支行的未开立基本存款账户的证明。

（二）异地借款的存款人，在异地开立一般存款账户的，应出具在异地取得贷款的借款合同。

（三）因经营需要在异地办理收入汇缴和业务支出的存款人，在异地开立专用存款账户的，应出具隶属单位的证明。

属本条第二、三项情况的，还应出具其基本存款账户开户登记证。

存款人需要在异地开立个人银行结算账户，应出具本办法第二十二条规定的证明文件。

第二十四条 单位开立银行结算账户的名称应与其提供的申请开户的证明文件的名称全称相一致。有字号的个体工商户开立银行结算账户的名称应与其营业执照的字号相一致；无字号的个体工商户开立银行结算账户的名称，由“个体户”字样和营业执照记载的经营者姓名组成。自然人开立银行结算账户的名称应与其提供的有效身份证件中的名称全称相一致。

第二十五条 银行为存款人开立一般存款账户、专用存款账户和临时存款账户的，应自开户之日起3个工作日内书面通知基本存款账户开户银行。

第二十六条 存款人申请开立单位银行结算账户时，可由法定代表人或单位负责人直接办理，也可授权他人办理。

由法定代表人或单位负责人直接办理的，除出具相应的证明文件外，还应出具法定代表人或单位负责人的身份证件；授权他人办理的，除出具相应的证明文件外，还应出具其法定代表人或单位负责人的授权书及其身份证件，以及被授权人的身份证件。

第二十七条 存款人申请开立银行结算账户时，应填制开户申请书。开户申请书按照中国人民银行的规定记载有关事项。

第二十八条 银行应对存款人的开户申请书填写的事项和证明文件的真实性、完整性、合规性进行认真审查。

开户申请书填写的事项齐全，符合开立基本存款账户、临时存款账户和预算单位专用存款账户条件的，银行应将存款人的开户申请书、相关的证明文件和银行审核意见等开户资料报送中国人民银行当地分支行，经其核准后办理开户手续；符合开立一般存款账户、其他专用存款账户和个人银行结算账户条件的，银行应办理开户手续，并于开户之日起5个工作日内向中国人民银行当地分支行备案。

第二十九条 中国人民银行应于2个工作日内对银行报送的基本存款账户、临时存款账户和预算单位专用存款账户的开户资料的合规性予以审核，符合开户条件的，予以核准；不符合开户条件的，应在开户申请书上签署意见，连同有关证明文件一并退回报送银行。

第三十条　银行为存款人开立银行结算账户，应与存款人签订银行结算账户管理协议，明确双方的权利与义务。除中国人民银行另有规定的以外，应建立存款人预留签章卡片，并将签章式样和有关证明文件的原件或复印件留存归档。

第三十一条　开户登记证是记载单位银行结算账户信息的有效证明，存款人应按本办法的规定使用，并妥善保管。

第三十二条　银行在为存款人开立一般存款账户、专用存款账户和临时存款账户时，应在其基本存款账户开户登记证上登记账户名称、账号、账户性质、开户银行、开户日期，并签章。但临时机构和注册验资需要开立的临时存款账户除外。

第三章　银行结算账户的使用

第三十三条　基本存款账户是存款人的主办账户。存款人日常经营活动的资金收付及其工资、奖金和现金的支取，应通过该账户办理。

第三十四条　一般存款账户用于办理存款人借款转存、借款归还和其他结算的资金收付。该账户可以办理现金缴存，但不得办理现金支取。

第三十五条　专用存款账户用于办理各项专用资金的收付。

单位银行卡账户的资金必须由其基本存款账户转账存入。该账户不得办理现金收付业务。

财政预算外资金、证券交易结算资金、期货交易保证金和信托基金专用存款账户不得支取现金。

基本建设资金、更新改造资金、政策性房地产开发资金、金融机构存放同业资金账户需要支取现金的，应在开户时报中国人民银行当地分支行批准。中国人民银行当地分支行应根据国家现金管理的规定审查批准。

粮、棉、油收购资金、社会保障基金、住房基金和党、团、工会经费等专用存款账户支取现金应按照国家现金管理的规定办理。

收入汇缴账户除向其基本存款账户或预算外资金财政专用存款户划缴款项外，只收不付，不得支取现金。业务支出账户除从其基本存款账户拨入款项外，只付不收，其现金支取必须按照国家现金管理的规定办理。

银行应按照本条 的各项规定和国家对粮、棉、油收购资金使用管理规定加强监督，对不符合规定的资金收付和现金支取，不得办理。但对其他专用资金的使用不负监督责任。

第三十六条　临时存款账户用于办理临时机构以及存款人临时经营活动发生的资金收付。

临时存款账户应根据有关开户证明文件确定的期限或存款人的需要确定其有效期限。存款人在账户的使用中需要延长期限的，应在有效期限内向开户银行提出申请，并由开户银行报中国人民银行当地分支行核准后办理展期。临时存款账户的有效期最长不得超过2年。

临时存款账户支取现金，应按照国家现金管理的规定办理。

第三十七条　注册验资的临时存款账户在验资期间只收不付，注册验资资金的汇缴人应与出资人的名称一致。

第三十八条　存款人开立单位银行结算账户，自正式开立之日起3个工作日后，方可办理付款业务。但注册验资的临时存款账户转为基本存款账户和因借款转存开立的一般存款账户除外。

第三十九条　个人银行结算账户用于办理个人转账收付和现金存取。下列款项可以转入个人银行结算账户：

（一）工资、奖金收入。

（二）稿费、演出费等劳务收入。

（三）债券、期货、信托等投资的本金和收益。

（四）个人债权或产权转让收益。

（五）个人贷款转存。

（六）证券交易结算资金和期货交易保证金。

（七）继承、赠与款项。

(八) 保险理赔、保费退还等款项。

(九) 纳税退还。

(十) 农、副、矿产品销售收入。

(十一) 其他合法款项。

第四十条 单位从其银行结算账户支付给个人银行结算账户的款项,每笔超过5万元的,应向其开户银行提供下列付款依据:

(一) 代发工资协议和收款人清单。

(二) 奖励证明。

(三) 新闻出版、演出主办等单位与收款人签订的劳务合同或支付给个人款项的证明。

(四)证券公司、期货公司、信托投资公司、奖券发行或承销部门支付或退还给自然人款项的证明。

(五) 债权或产权转让协议。

(六) 借款合同。

(七) 保险公司的证明。

(八) 税收征管部门的证明。

(九) 农、副、矿产品购销合同。

(十) 其他合法款项的证明。

从单位银行结算账户支付给个人银行结算账户的款项应纳税的,税收代扣单位付款时应向其开户银行提供完税证明。

第四十一条 有下列情形之一的,个人应出具本办法第四十条规定的有关收款依据。

(一) 个人持出票人为单位的支票向开户银行委托收款,将款项转入其个人银行结算账户的。

(二) 个人持申请人为单位的银行汇票和银行本票向开户银行提示付款,将款项转入其个人银行结算账户的。

第四十二条 单位银行结算账户支付给个人银行结算账户款项的,银行应按第四十条、第四十一条规定认真审查付款依据或收款依据的原件,并留存复印件,按会计档案保管。未提供相关依据或相关依据不符合规定的,银行应拒绝办理。

第四十三条 储蓄账户仅限于办理现金存取业务,不得办理转账结算。

第四十四条 银行应按规定与存款人核对账务。银行结算账户的存款人收到对账单或对账信息后,应及时核对账务并在规定期限内向银行发出对账回单或确认信息。

第四十五条 存款人应按照本办法的规定使用银行结算账户办理结算业务。

存款人不得出租、出借银行结算账户,不得利用银行结算账户套取银行信用。

第四章 银行结算账户的变更与撤销

第四十六条 存款人更改名称,但不改变开户银行及账号的,应于5个工作日内向开户银行提出银行结算账户的变更申请,并出具有关部门的证明文件。

第四十七条 单位的法定代表人或主要负责人、住址以及其他开户资料发生变更时,应于5个工作日内书面通知开户银行并提供有关证明。

第四十八条 银行接到存款人的变更通知后,应及时办理变更手续,并于2个工作日内向中国人民银行报告。

第四十九条 有下列情形之一的,存款人应向开户银行提出撤销银行结算账户的申请:

(一) 被撤并、解散、宣告破产或关闭的。

(二) 注销、被吊销营业执照的。

(三) 因迁址需要变更开户银行的。

(四) 其他原因需要撤销银行结算账户的。

存款人有本条第一、二项情形的,应于5个工作日内向开户银行提出撤销银行结算账户的申请。

本条所称撤销是指存款人因开户资格或其他原因终止银行结算账户使用的行为。

第五十条 存款人因本办法第四十九条第一、二项原因撤销基本存款账户的,存款人基本存款账户的开户银行应自撤销银行结算账户之日起2个工作日内将撤销该基本存款账户的情况书面通知该存款人其他银行结算账户的开户银行；存款人其他银行结算账户的开户银行，应自收到通知之日起2个工作日内通知存款人撤销有关银行结算账户；存款人应自收到通知之日起3个工作日内办理其他银行结算账户的撤销。

第五十一条　银行得知存款人有本办法第四十九条第一、二项情况，存款人超过规定期限未主动办理撤销银行结算账户手续的，银行有权停止其银行结算账户的对外支付。

第五十二条　未获得工商行政管理部门核准登记的单位，在验资期满后，应向银行申请撤销注册验资临时存款账户，其账户资金应退还给原汇款人账户。注册验资资金以现金方式存入，出资人需提取现金的，应出具缴存现金时的现金缴款单原件及其有效身份证件。

第五十三条　存款人尚未清偿其开户银行债务的，不得申请撤销该账户。

第五十四条　存款人撤销银行结算账户，必须与开户银行核对银行结算账户存款余额，交回各种重要空白票据及结算凭证和开户登记证，银行核对无误后方可办理销户手续。存款人未按规定交回各种重要空白票据及结算凭证的，应出具有关证明，造成损失的，由其自行承担。

第五十五条　银行撤销单位银行结算账户时应在其基本存款账户开户登记证上注明销户日期并签章，同时于撤销银行结算账户之日起2个工作日内，向中国人民银行报告。

第五十六条　银行对一年未发生收付活动且未欠开户银行债务的单位银行结算账户，应通知单位自发出通知之日起30日内办理销户手续，逾期视同自愿销户，未划转款项列入久悬未取专户管理。

第五章　银行结算账户的管理

第五十七条　中国人民银行负责监督、检查银行结算账户的开立和使用，对存款人、银行违反银行结算账户管理规定的行为予以处罚。

第五十八条　中国人民银行对银行结算账户的开立和使用实施监控和管理。

第五十九条　中国人民银行负责基本存款账户、临时存款账户和预算单位专用存款账户开户登记证的管理。

任何单位及个人不得伪造、变造及私自印制开户登记证。

第六十条　银行负责所属营业机构银行结算账户开立和使用的管理，监督和检查其执行本办法的情况，纠正违规开立和使用银行结算账户的行为。

第六十一条　银行应明确专人负责银行结算账户的开立、使用和撤销的审查和管理，负责对存款人开户申请资料的审查，并按照本办法的规定及时报送存款人开销户信息资料，建立健全开销户登记制度，建立银行结算账户管理档案，按会计档案进行管理。

银行结算账户管理档案的保管期限为银行结算账户撤销后10年。

第六十二条　银行应对已开立的单位银行结算账户实行年检制度，检查开立的银行结算账户的合规性，核实开户资料的真实性；对不符合本办法规定开立的单位银行结算账户，应予以撤销。对经核实的各类银行结算账户的资料变动情况，应及时报告中国人民银行当地分支行。

银行应对存款人使用银行结算账户的情况进行监督，对存款人的可疑支付应按照中国人民银行规定的程序及时报告。

第六十三条　存款人应加强对预留银行签章的管理。单位遗失预留公章或财务专用章的，应向开户银行出具书面申请、开户登记证、营业执照等相关证明文件；更换预留公章或财务专用章时，应向开户银行出具书面申请、原预留签章的式样等相关证明文件。个人遗失或更换预留个人印章或更换签字人时，应向开户银行出具经签名确认的书面申请，以及原预留印章或签字人的个人身份证件。银行应留存相应的复印件，并凭以办理预留银行签章的变更。

第六章　罚　则

第六十四条　存款人开立、撤销银行结算账户，不得有下列行为：

（一）违反本办法规定开立银行结算账户。

（二）伪造、变造证明文件欺骗银行开立银行结算账户。

（三）违反本办法规定不及时撤销银行结算账户。

非经营性的存款人，有上述所列行为之一的，给予警告并处以1 000元的罚款；经营性的存款人有上述所列行为之一的，给予警告并处以1万元以上3万元以下的罚款；构成犯罪的，移交司法机关依法追究刑事责任。

第六十五条 存款人使用银行结算账户，不得有下列行为：

（一）违反本办法规定将单位款项转入个人银行结算账户。

（二）违反本办法规定支取现金。

（三）利用开立银行结算账户逃废银行债务。

（四）出租、出借银行结算账户。

（五）从基本存款账户之外的银行结算账户转账存入、将销货收入存入或现金存入单位信用卡账户。

（六）法定代表人或主要负责人、存款人地址以及其他开户资料的变更事项未在规定期限内通知银行。

非经营性的存款人有上述所列一至五项行为的，给予警告并处以1 000元罚款；经营性的存款人有上述所列一至五项行为的，给予警告并处以5 000元以上 3 万元以下的罚款；存款人有上述所列第六项行为的，给予警告并处以1 000元的罚款。

第六十六条 银行在银行结算账户的开立中，不得有下列行为：

（一）违反本办法规定为存款人多头开立银行结算账户。

（二）明知或应知是单位资金，而允许以自然人名称开立账户存储。

银行有上述所列行为之一的，给予警告，并处以 5 万元以上 30 万元以下的罚款；对该银行直接负责的高级管理人员、其他直接负责的主管人员、直接责任人员按规定给予纪律处分；情节严重的，中国人民银行有权停止对其开立基本存款账户的核准，责令该银行停业整顿或者吊销经营金融业务许可证；构成犯罪的，移交司法机关依法追究刑事责任。

第六十七条 银行在银行结算账户的使用中，不得有下列行为：

（一）提供虚假开户申请资料欺骗中国人民银行许可开立基本存款账户、临时存款账户、预算单位专用存款账户。

（二）开立或撤销单位银行结算账户，未按本办法规定在其基本存款账户开户登记证上予以登记、签章或通知相关开户银行。

（三）违反本办法第四十二条规定办理个人银行结算账户转账结算。

（四）为储蓄账户办理转账结算。

（五）违反规定为存款人支付现金或办理现金存入。

（六）超过期限或未向中国人民银行报送账户开立、变更、撤销等资料。

银行有上述所列行为之一的，给予警告，并处以5 000元以上 3 万元以下的罚款；对该银行直接负责的高级管理人员、其他直接负责的主管人员、直接责任人员按规定给予纪律处分；情节严重的，中国人民银行有权停止对其开立基本存款账户的核准，构成犯罪的，移交司法机关依法追究刑事责任。

第六十八条 违反本办法规定，伪造、变造、私自印制开户登记证的存款人，属非经营性的处以1 000元罚款；属经营性的处以 1 万元以上 3 万元以下的罚款；构成犯罪的，移交司法机关依法追究刑事责任。

第七章 附 则

第六十九条 开户登记证由中国人民银行总行统一式样，中国人民银行各分行、营业管理部、省会（首府）城市中心支行负责监制。

第七十条 本办法由中国人民银行负责解释、修改。

第七十一条 本办法自 2003 年 9 月 1 日起施行。1994 年 10 月 9 日中国人民银行发布的《银行账户管理办法》同时废止。

二、人民币银行结算账户管理办法实施细则

中国人民银行关于印发《人民币银行结算账户管理办法实施细则》的通知

（银发[2005]16 号）

中国人民银行各分行、营业管理部、省会（首府）城市中心支行，各政策性银行、国有独资商业银行、股份制商业银行，国家邮政局邮政储汇局：

现将《人民币银行结算账户管理办法实施细则》(以下简称《实施细则》)印发给你们,并就有关事项通知如下:

一、《国务院对确需保留的行政审批项目设定行政许可的决定》(国务院令[2004]412号)明确规定,“银行账户行政许可证核发”为人民银行职责范围内的行政许可项目。据此,《人民币银行结算账户管理办法》(以下简称《办法》)中所称“开户登记证”相应改为“开户许可证”。同时,《办法》第三十二条、第五十五条关于“银行撤销单位银行结算账户时应在其基本存款账户开户登记证上注明销户日期并签章”的规定以及第六十七条关于对该条第(二)项所列“开立或撤销单位银行结算账户,未按本办法规定在其基本存款账户开户登记证上予以登记、签章”的处罚规定不再适用。

二、在已运行人民币银行结算账户管理系统(以下简称“账户管理系统”)的省(自治区、直辖市)使用《实施细则》规定的“开户许可证”;尚未运行账户管理系统的省(自治区、直辖市),仍使用《中国人民银行关于实施〈人民币银行结算账户管理办法〉有关事项的通知》(银发[2003]163号)规定的“开户核准通知书”。

三、请中国人民银行各分行、营业管理部、省会(首府)城市中心支行将本通知转发至所在省(自治区、直辖市)的城市商业银行、农村商业银行、农村合作银行、城乡信用社和外资银行,并做好本省(自治区、直辖市)的宣传和培训等工作,确保《办法》和《实施细则》的有效实施。

实施中的情况和问题,请及时报告中国人民银行。

中国人民银行

二〇〇五年一月十九日

附件

人民币银行结算账户管理办法实施细则

第一章 总 则

第一条 为加强人民币银行结算账户(以下简称“银行结算账户”)管理,维护经济金融秩序稳定,根据《人民币银行结算账户管理办法》(以下简称《办法》),制定本实施细则。

第二条 《办法》和本实施细则所称银行,是指在中华人民共和国境内依法经批准设立,可经营人民币支付结算业务的银行业金融机构。

第三条 中国人民银行是银行结算账户的监督管理部门,负责对银行结算账户的开立、使用、变更和撤销进行检查监督。

第四条 中国人民银行通过人民币银行结算账户管理系统(以下简称“账户管理系统”)和其他合法手段,对银行结算账户的开立、使用、变更和撤销实施监控和管理。

第五条 中国人民银行对下列单位银行结算账户实行核准制度:

(一) 基本存款账户;

(二) 临时存款账户(因注册验资和增资验资开立的除外);

(三) 预算单位专用存款账户;

(四) 合格境外机构投资者在境内从事证券投资开立的人民币特殊账户和人民币结算资金账户(以下简称“QFII专用存款账户”)。

上述银行结算账户统称核准类银行结算账户。

第六条 《办法》中“开户登记证”全部改为开户许可证。开户许可证是中国人民银行依法准予申请人在银行开立核准类银行结算账户的行政许可证件,是核准类银行结算账户合法性的有效证明。

中国人民银行在核准开立基本存款账户、临时存款账户(因注册验资和增资验资开立的除外)、预算单位专用存款账户和QFII专用存款账户时分别颁发基本存款账户开户许可证、临时存款账户开户许可证和专用存款账户开户许可证(附式1)。

第七条 人民银行在颁发开户许可证时,应在开户许可证中载明下列事项:

(一)“开户许可证”字样;

(二) 开户许可证编号;

(三) 开户核准号;

（四）中国人民银行当地分支行账户管理专用章；

（五）核准日期；

（六）存款人名称；

（七）存款人的法定代表人或单位负责人姓名；

（八）开户银行名称；

（九）账户性质；

（十）账号。

临时存款账户开户许可证除记载上述事项外，还应记载临时存款账户的有效期限。

第八条 《办法》和本实施细则所称“注册地”是指存款人的营业执照等开户证明文件上记载的住所地。

第二章 银行结算账户的开立

第九条 存款人应以实名开立银行结算账户，并对其出具的开户申请资料实质内容的真实性负责，法律、行政法规另有规定的除外。银行应负责对存款人开户申请资料的真实性、完整性和合规性进行审查。中国人民银行应负责对银行报送的核准类银行结算账户的开户资料的合规性以及存款人开立基本存款账户的唯一性进行审核。

第十条 境外（含港澳台地区）机构在境内从事经营活动的，或境内单位在异地从事临时活动的，持政府有关部门批准其从事该项活动的证明文件，经中国人民银行当地分支行核准后可开立临时存款账户。

第十一条 单位存款人因增资验资需要开立银行结算账户的，应持其基本存款账户开户许可证、股东会或董事会决议等证明文件，在银行开立一个临时存款账户。该账户的使用和撤销比照因注册验资开立的临时存款账户管理。

第十二条 存款人为临时机构的，只能在其驻在地开立一个临时存款账户，不得开立其他银行结算账户。

存款人在异地从事临时活动的，只能在其临时活动地开立一个临时存款账户。

建筑施工及安装单位企业在异地同时承建多个项目的，可根据建筑施工及安装合同开立不超过项目合同个数的临时存款账户。

第十三条 《办法》第十七条所称“税务登记证”是指国税登记证或地税登记证。

存款人为从事生产、经营活动的纳税人，根据国家有关规定无法取得税务登记证的，在申请开立基本存款账户时可不出具税务登记证。

第十四条 存款人凭《办法》第十九条规定的同一证明文件，只能开立一个专用存款账户。

合格境外机构投资者申请开立 QFII 专用存款账户应根据《办法》第二十条的规定出具证明文件，无须出具基本存款账户开户许可证。

第十五条 自然人除可凭《办法》第二十二条规定的证明文件申请开立个人银行结算账户外，还可凭下列证明文件申请开立个人银行结算账户：

（一）居住在境内的中国公民，可出具户口簿或护照。

（二）军队（武装警察）离退休干部以及在解放军军事院校学习的现役军人，可出具离休干部荣誉证、军官退休证、文职干部退休证或军事院校学员证。

（三）居住在境内或境外的中国籍的华侨，可出具中国护照。

（四）外国边民在我国边境地区的银行开立个人银行账户，可出具所在国制发的《边民出入境通行证》。

（五）获得在中国永久居留资格的外国人，可出具外国人永久居留证。

第十六条 《办法》第二十三条第（一）项所称出具“未开立基本存款账户的证明”（附式 2）适用以下三种情形：

（一）注册地已运行账户管理系统，但经营地尚未运行账户管理系统的；

（二）经营地已运行账户管理系统，但注册地尚未运行账户管理系统的；

（三）注册地和经营地均未运行账户管理系统的。

第十七条 存款人为单位的，其预留签章为该单位的公章或财务专用章加其法定代表人（单位负责人）或其授权的代理人的签名或者盖章。存款人为个人的，其预留签章为该个人的签名或者盖章。

第十八条 存款人在申请开立单位银行结算账户时，其申请开立的银行结算账户的账户名称、出具的开户证明文件上记载的存款人名称以及预留银行签章中公章或财务专用章的名称应保持一致，但下列情形除外：

（一）因注册验资开立的临时存款账户，其账户名称为工商行政管理部门核发的“企业名称预先核准通知书”或政府有关部门批文中注明的名称，其预留银行签章中公章或财务专用章的名称应是存款人与银行在银行结算账户管理协议中约定的出资人名称；

（二）预留银行签章中公章或财务专用章的名称依法可使用简称的，账户名称应与其保持一致；

（三）没有字号的个体工商户开立的银行结算账户，其预留签章中公章或财务专用章应是个体户字样加营业执照上载明的经营者的签字或盖章。

第十九条 存款人因注册验资或增资验资开立临时存款账户后，需要在临时存款账户有效期届满前退还资金的，应出具工商行政管理部门的证明；无法出具证明的，应于账户有效期届满后办理销户退款手续。

第二十条 《办法》第二十七条所称“填制开户申请书”是指，存款人申请开立单位银行结算账户时，应填写“开立单位银行结算账户申请书”(附式3)，并加盖单位公章。存款人有组织机构代码、上级法人或主管单位的，应在“开立单位银行结算账户申请书”上如实填写相关信息。存款人有关联企业的，应填写“关联企业登记表”(附式4)。存款人申请开立个人银行结算账户时，应填写“开立个人银行结算账户申请书”(附式5)，并加其个人签章。

第二十一条 中国人民银行当地分支行在核准存款人开立基本存款账户后，应为存款人打印初始密码，由开户银行转交存款人。

存款人可到中国人民银行当地分支行或基本存款账户开户银行，提交基本存款账户开户许可证，使用密码查询其已经开立的所有银行结算账户的相关信息。

第二十二条 开户银行和存款人签订的银行结算账户管理协议的内容可在开户申请书中列明，也可由开户银行与存款人另行约定。

第二十三条 存款人符合《办法》和本实施细则规定的开户条件的，银行应为其开立银行结算账户。

第三章 银行结算账户的使用

第二十四条 《办法》第三十六条所称“临时存款账户展期”的具体办理程序是，存款人在临时存款账户有效期届满前申请办理展期时，应填写“临时存款账户展期申请书”(附式6)，并加盖单位公章，连同临时存款账户开户许可证及开立临时存款账户时需要出具的相关证明文件一并通过开户银行报送中国人民银行当地分支行。

符合展期条件的，中国人民银行当地分支行应核准其展期，收回原临时存款账户开户许可证，并颁发新的临时存款账户开户许可证。不符合展期条件的，中国人民银行当地分支行不核准其展期申请，存款人应及时办理该临时存款账户的撤销手续。

第二十五条 《办法》第三十八条所称“正式开立之日”具体是指：对于核准类银行结算账户，“正式开立之日”为中国人民银行当地分支行的核准日期；对于非核准类单位银行结算账户，“正式开立之日”为银行为存款人办理开户手续的日期。

第二十六条 当存款人在同一银行营业机构撤销银行结算账户后重新开立银行结算账户时，重新开立的银行结算账户可自开立之日起办理付款业务。

第二十七条 《办法》第四十一条所称“有下列情形之一的”，是指“有下列情形之一”，且符合“单位从其银行结算账户支付给个人银行结算账户的款项每笔超过5万元”的情形。

第二十八条 《办法》第四十二条所称“银行应按第四十条、第四十一条规定认真审查付款依据或收款依据的原件，并留存复印件”是指：对于《办法》第四十条规定的情形，单位银行结算账户的开户银行应认真审查付款依据的原件，并留存复印件；对于《办法》第四十一条规定的情形，个人银行结算账户的开户银行应认真审查收款依据的原件，并留存复印件。

存款人应对其提供的收款依据或付款依据的真实性、合法性负责，银行应按会计档案管理规定保管收款依据、付款依据的复印件。

第二十九条 个人持出票人（或申请人）为单位且一手或多手背书人为单位的支票、银行汇票或银行本票，向开户银行提示付款并将款项转入其个人银行结算账户的，应按照《办法》第四十一条和本实施细则第二十八条的规定，向开户银行出具最后一手背书人为单位且被背书人为个人的收款依据。

第三十条 《办法》第四十四条所称“规定期限”是指银行与存款人约定的期限。

第四章 银行结算账户的变更与撤销

第三十一条 《办法》第四十六条所称“提出银行结算账户的变更申请”是指,存款人申请办理银行结算账户信息变更时,应填写“变更银行结算账户申请书”(附式7)。属于申请变更单位银行结算账户的,应加盖单位公章;属于申请变更个人银行结算账户的,应加其个人签章。

第三十二条 存款人申请变更核准类银行结算账户的存款人名称、法定代表人或单位负责人的,银行应在接到变更申请后的2个工作日内,将存款人的“变更银行结算账户申请书”、开户许可证以及有关证明文件报送中国人民银行当地分支行。

符合变更条件的,中国人民银行当地分支行核准其变更申请,收回原开户许可证,颁发新的开户许可证。不符合变更条件的,中国人民银行当地分支行不核准其变更申请。

第三十三条 存款人因《办法》第四十九条第(一)、(二)项原因撤销银行结算账户的,应先撤销一般存款账户、专用存款账户、临时存款账户,将账户资金转入基本存款账户后,方可办理基本存款账户的撤销。

第三十四条 存款人因《办法》第四十九条第(三)、(四)项原因撤销基本存款账户后,需要重新开立基本存款账户的,应在撤销其原基本存款账户后10日内申请重新开立基本存款账户。

存款人在申请重新开立基本存款账户时,除应根据《办法》第十七条的规定出具相关证明文件外,还应出具“已开立银行结算账户清单”(附式8)。

第三十五条 存款人申请撤销银行结算账户时,应填写“撤销银行结算账户申请书”(附式9)。属于申请撤销单位银行结算账户的,应加盖单位公章;属于申请撤销个人银行结算账户的,应加其个人签章。

第三十六条 银行在收到存款人撤销银行结算账户的申请后,对于符合销户条件的,应在2个工作日内办理撤销手续。

第三十七条 《办法》第五十四条所称交回“开户登记证”是指存款人撤销核准类银行结算账户时应交回开户许可证。

第三十八条 存款人申请临时存款账户展期,变更、撤销单位银行结算账户以及补(换)发开户许可证时,可由法定代表人或单位负责人直接办理,也可授权他人办理。

由法定代表人或单位负责人直接办理的,除出具相应的证明文件外,还应出具法定代表人或单位负责人的身份证件;授权他人办理的,除出具相应的证明文件外,还应出具法定代表人或单位负责人的身份证件及其出具的授权书,以及被授权人的身份证件。

第三十九条 对于按照《办法》和本实施细则规定应撤销而未办理销户手续的单位银行结算账户,银行应通知该单位银行结算账户的存款人自发出通知之日起30日内办理销户手续,逾期视同自愿销户,未划转款项列入欠悬未取专户管理。

第五章 银行结算账户的管理

第四十条 中国人民银行当地分支行通过账户管理系统与支付系统、同城票据交换系统等系统的连接,实现相关银行结算账户信息的比对,依法监测和查处未经中国人民银行核准或未向中国人民银行备案的银行结算账户。

第四十一条 账户管理系统中的银行机构代码是按照中国人民银行规定的编码规则为银行编制的,用于识别银行身份的唯一标识,是账户管理系统的基础数据。

中国人民银行负责银行机构代码信息的统一管理和维护。银行应按要求准确、完整、及时地向中国人民银行当地分支行申报银行机构代码信息。

第四十二条 中国人民银行应将开户许可证作为重要空白凭证进行管理,建立健全开户许可证的印制、保管、领用、颁发、收缴和销毁制度。

第四十三条 开户许可证遗失或毁损时,存款人应填写“补(换)发开户许可证申请书”(附式10),并加盖单位公章,比照《办法》和本实施细则有关开立银行结算账户的规定,通过开户银行向中国人民银行当地分支行提出补(换)发开户许可证的申请。申请换发开户许可证的,存款人应缴回原开户许可证。

第四十四条 单位存款人申请更换预留公章或财务专用章,应向开户银行出具书面申请、原预留公章或财务专用章等相关证明材料。

单位存款人申请更换预留公章或财务专用章但无法提供原预留公章或财务专用章的,应向开户银行出具原印鉴卡片、开户许可证、营业执照正本、司法部门的证明等相关证明文件。

单位存款人申请变更预留公章或财务专用章，可由法定代表人或单位负责人直接办理，也可授权他人办理。由法定代表人或单位负责人直接办理的，除出具相应的证明文件外，还应出具法定代表人或单位负责人的身份证件；授权他人办理的，除出具相应的证明文件外，还应出具法定代表人或单位负责人的身份证件及其出具的授权书，以及被授权人的身份证件。

第四十五条　单位存款人申请更换预留个人签章，可由法定代表人或单位负责人直接办理，也可授权他人办理。

由法定代表人或单位负责人直接办理的，应出具加盖该单位公章的书面申请以及法定代表人或单位负责人的身份证件。

授权他人办理的，应出具加盖该单位公章的书面申请、法定代表人或单位负责人的身份证件及其出具的授权书、被授权人的身份证件。无法出具法定代表人或单位负责人的身份证件的，应出具加盖该单位公章的书面申请、该单位出具的授权书以及被授权人的身份证件。

第四十六条　存款人应妥善保管其密码。存款人在收到开户银行转交的初始密码之后，应到中国人民银行当地分支行或基本存款账户开户银行办理密码变更手续。

存款人遗失密码的，应持其开户时需要出具的证明文件和基本存款账户开户许可证到中国人民银行当地分支行申请重置密码。

第六章　附　　则

第四十七条　本实施细则所称各类申请书，可由银行参照本实施细则所附申请书式样，结合本行的需要印制，但必须包含本实施细则所附申请书式样中列明的记载事项。

第四十八条　《办法》和本实施细则所称身份证件，是指符合《办法》第二十二条和本实施细则第十五条规定的身份证件。

第四十九条　本实施细则由中国人民银行负责解释、修改。

第五十条　本实施细则自 2005 年 1 月 31 日起施行。

附式 1：开户许可证（基本存款账户）（略）
附式 1：开户许可证（专用存款账户）（略）
附式 1：开户许可证（临时存款账户）（略）
附式 2：未开立基本存款账户证明（略）
附式 3：开立单位银行结算账户申请书（略）
附式 4：关联企业登记表（略）
附式 5：开立个人银行结算账户申请书（略）
附式 6：临时存款账户展期申请书（略）
附式 7：变更银行结算账户申请书（略）
附式 8：已开立银行结算账户清单（略）
附式 9：撤销银行结算账户申请书（略）
附式 10：补（换）发开户许可证申请书（略）

三、现金管理暂行条例

中华人民共和国国务院令

（第 12 号）

《现金管理暂行条例》已经 1988 年 8 月 16 日国务院第十八次常务会议通过，现予发布，自 1988 年 10 月 1 日起施行。

总理　李　鹏

1988 年 9 月 8 日

现金管理暂行条例

第一章　总　　则

第一条　为改善现金管理,促进商品生产和流通,加强对社会经济活动的监督,制定本条例。

第二条　凡在银行和其他金融机构(以下简称开户银行)开立账户的机关、团体、部队企业、事业单位和其他单位(以下简称开户单位),必须依照本条例的规定收支和使用现金,接受开户银行的监督。

国家鼓励开户单位和个人在经济活动中,采取转账方式进行结算,减少使用现金。

第三条　开户单位之间的经济往来,除按本条例规定的范围可以使用现金外,应当通过开户银行进行转账结算。

第四条　各级人民银行应当严格履行金融主管机关的职责,负责对开户银行的现金管理进行监督和稽核。

开户银行依照本条例和中国人民银行的规定,负责现金管理的具体实施,对开户单位收支、使用现金进行监督管理。

第二章　现金管理和监督

第五条　开户单位可以在下列范围内使用现金:

(一) 职工工资、津贴;

(二) 个人劳务报酬;

(三) 根据国家规定颁发给个人的科学技术、文化艺术、体育等各种奖金;

(四) 各种劳保、福利费用以及国家规定的对个人的其他支出;

(五) 向个人收购农副产品和其他物资的价款;

(六) 出差人员必须随身携带的差旅费;

(七) 结算起点以下的零星支出;

(八) 中国人民银行确定需要支付现金的其他支出。

前款结算起点定为一千元。结算起点的调整,由中国人民银行确定,报国务院备案。

第六条　除本条例第五条第(五)、(六)项外,开户单位支付给个人的款项,超过使用现金限额的部分,应当以支票或者银行本票支付;确需全额支付现金的,经开户银行审核后,予以支付现金。

前款使用现金限额,按本条例第五条第二款的规定执行。

第七条　转账结算凭证在经济往来中,具有同现金相同的支付能力。

开户单位在销售活动中,不得对现金结算给予比转账结算优惠待遇;不得拒收支票、银行汇票和银行本票。

第八条　机关、团体、部队、全民所有制和集体所有制企业事业单位购置国家规定和专项控制商品,必须采取转账结算方式,不得使用现金。

第九条　开户银行应当根据实际需要,核定开户单位三天至五天的日常零星开支所需的库存现金限额。

边远地区和交通不便地区的开户单位的库存现金限额,可以多于五天,但不得超过十五天的日常零星开支。

第十条　经核定的库存现金限额,开户单位必须严格遵守。需要增加或者减少库存现金限额的,应当向开户银行提出申请,由开户银行核定。

第十一条　开户单位现金收支应当依照下列规定办理:

(一) 开户单位现金收入应当于当日送存开户银行。当日送存确有困难的,由开户银行确定送存时间;

(二) 开户单位支付现金,可以从本单位库存现金限额中支付或者从开户银行提取,不得从本单位的现金收入中直接支付(即坐支)。因特殊情况需要坐支现金的,应当事先报经开户银行审查批准,由开户银行核定坐支范围和限额。坐支单位应当定期向开户银行报送坐支金额和使用情况;

(三) 开户单位根据本条例第五条和第六条的规定,从开户银行提取现金,应当写明用途,由本单位财会部门负责人签字盖章,经开户银行审核后,予以支付现金;

(四) 因采购地点不固定,交通不便,生产或者市场急需,抢险救灾以及其他特殊情况必须使用现金的,开户单位应当向开户银行提出申请，由本单位财会部门负责人签字盖章，经开户银行审核后，予以支付现金。

第十二条　开户单位应当建立健全现金账目，逐笔记载现金支付。账目应当日清月结，账款相符。

第十三条　对个体工商户、农村承包经营户发放的贷款，应当以转账方式支付。对确需在集市使用现金购买物资的，经开户银行审核后，可以贷款金额内支付现金。

第十四条　在开户银行开户的个体工商户、农村承包经营户异地采购所需货款，应当通过银行汇兑方式支付。因采购地点不固定，交通不便必须携带现金的，由开户银行根据实际需要，予以支付现金。

未在开户银行开户的个体工商户、农村承包经营户异地采购所需货款，可以通过银行汇兑方式支付。凡加盖“现金”字样的结算凭证，汇入银行必须保证支付现金。

第十五条　具备条件的银行应当接受开户单位的委托，开展代发工资、转存储蓄业务。

第十六条　为保证开户单位的现金收入及时送存银行，开户银行必须按照规定做好现金收款工作，不得随意缩短收款时间。大中城市和商业比较集中的地区，应当建立非营业时间收款制度。

第十七条　开户银行应当加强柜台审查，定期和不定期地对开户单位现金收支情况进行检查，并按规定向当地人民银行报告现金管理情况。

第十八条　一个单位在几家银行开户的，由一家开户银行负责现金管理工作，核定开户单位库存现金限额。

各金融机构的现金管理分工，由中国人民银行确定。有关现金管理分工的争议，由当地人民银行协调、裁决。

第十九条　开户银行应当建立健全现金管理制度，配备专职人员，改进工作作风，改善服务设施。现金管理工作所需经费应当在开户银行业务费中解决。

第三章　法律责任

第二十条　开户单位有下列情形之一的，开户银行应当依照中国人民银行的规定，责令其停止违法活动，并可根据情节轻重处以罚款：

（一）超出规定范围、限额使用现金的；

（二）超出核定的库存现金限额留存现金的。

第二十一条　开户单位有下列情形之一的，开户银行应当依照中国人民银行的规定，予以警告或者罚款；情节严重的，可在一定期限内停止对该单位的贷款或者停止对该单位的现金支付：

（一）对现金结算给予比转账结算优惠待遇的；

（二）拒收支票、银行汇票和银行本票的；

（三）违反本条例第八条规定，不采取转账结算方式购置国家规定的专项控制商品的；

（四）用不符合财务会计制度规定的凭证顶替库存现金的；

（五）用转账凭证套换现金的；

（六）编造用途套取现金的；

（七）互相借用现金的；

（八）利用账户替其他单位和个人套取现金的；

（九）将单位的现金收入按个人储蓄方式存入银行的；

（十）保留账外公款的；

（十一）未经批准坐支或者未按开户银行核定的坐支范围和限额坐支现金的。

第二十二条　开户单位对开户银行作出的处罚决定不服的，必须首先按照处罚决定执行，然后可在十日内向开户银行的同级人民银行申请复议。同级人民银行应当在收到复议申请之日起三十日内作出复议决定。开户单位对复议决定不服的，可以在收到复议决定之日起三十日内人民法院起诉。

第二十三条　银行工作人员违反本条例规定，徇私舞弊、贪污受贿、玩忽职守纵容违法行为的，应当根据情节轻重，给予行政处分和经济处罚；构成犯罪的，由司法机关依法追究刑事责任。

第四章　附　　则

第二十四条　本条例由中国人民银行负责解释；施行细则由中国人民银行制定。

第二十五条　本条例自 1988 年 10 月 1 日起施行。1977 年 11 月 28 日发布的《国务院关于实行现金管理的决定》同时废止。

四、现金管理暂行条例实施细则

现金管理暂行条例实施细则

（一九八八年九月二十三日中国人民银行发布）

第一条 为了更好地贯彻执行国务院一九八八年发布的《现金管理暂行条例》，特制定本细则。

第二条 凡在银行和其他金融机构（以下简称开户银行）开立账户的机关、团体、部队、企业、事业单位（以下简称开户单位），必须执行本细则，接受开户银行的监督。开户银行包括：各专业银行，国内金融机构，经批准在中国境内经营人民币业务的外资、中外合资银行和金融机构。企业包括：国营企业、城乡集体企业（包括村办企业）、联营企业、私营企业（包括个体工商户、农村承包经营户）。

中外合资和合作经营企业原则上执行本细则，具体管理办法由人民银行各省、自治区、直辖市分行根据当地实际情况制订。

部队、公安系统所属的保密单位和其他保密单位的现金管理，原则上执行本细则。具体管理办法和其他单位可以有所区别（见第四条第二款）。

第三条 中国人民银行总行是现金管理的主管部门。各级人民银行要严格履行金融主管机关的职责，负责对开户银行的现金管理进行监督和稽核。

开户银行负责现金管理的具体执行，对开户单位的现金收支、使用进行监督管理。

一个单位在几家银行开户的，只能在一家银行开设现金结算户，支取现金，并由该家银行负责核定现金库存限额和进行现金管理检查。当地人民银行要协同各开户银行，认真清理现金结算账户，负责将开户单位的现金结算户落实到一家开户银行。

第四条 各开户单位的库存现金都要核定限额。库存现金限额应由开户单位提出计划，报开户银行审批。经核定的库存现金限额，开户单位必须严格遵守。

部队、公安系统的保密单位和其他保密单位的库存现金限额的核定和现金管理工作检查事宜，由其主管部门负责，并由主管部门将确定的库存现金限额和检查情况报开户银行。

各开户单位的库存现金限额，由于生产或业务变化，需要增加或减少时，应向开户银行提出申请，经批准后再行调整。

第五条 开户银行根据实际需要，原则上以开户单位三至五天的日常零星开支所需核定库存现金限额。边远地区和交通不发达地区的开户单位的库存现金限额，可以适当放宽，但最多不得超过十五天的日常零星开支。

对没有在银行单独开立账户的附属单位也要实行现金管理，必须保留的现金，也要核定限额，其限额包括在开户单位的库存限额之内。

商业和服务行业的找零备用现金也要根据营业额核定定额，但不包括在开户单位的库存现金限额之内。

第六条 开户单位之间的经济往来，必须通过银行进行转账结算。根据国家有关规定，开户单位只可在下列范围内使用现金：

（一）职工工资、各种工资性津贴；

（二）个人劳务报酬，包括稿费和讲课费及其他专门工作报酬；

（三）支付给个人的各种奖金，包括根据国家规定颁发给个人的各种科学技术、文化艺术、体育等各种奖金；

（四）各种劳保、福利费用以及国家规定的对个人的其他现金支出；

（五）收购单位向个人收购农副产品和其他物资支付的价款；

（六）出差人员必须随身携带的差旅费；

（七）结算起点以下的零星支出；

（八）确实需要现金支付的其他支出（见第十一条第四项）。

第七条 结算起点为一千元，需要增加时由中国人民银行总行确定后，报国务院备案。

第八条　除本条例第六条第(五)、(六)项外,开户单位支付给个人的款项中,支付现金每人一次不得超过一千元,超过限额部分,根据提款人的要求在指定的银行转为储蓄存款或以支票、银行本票支付。确需全额支付现金的,应经开户银行审查后予以支付。

第九条　转账结算凭证在经济往来中具有同现金相同的支付能力。开户单位在购销活动中,不得对现金结算给予比转账结算优惠的待遇;不得只收现金拒收支票、银行汇票、银行本票和其他转账结算凭证。

第十条　开户单位购置国家规定的社会集团专项控制商品,必须采取转账方式,不得使用现金,商业单位也不得收取现金。

第十一条　开户单位现金收支按下列规定办理:

(一) 开户单位收入现金应于当日送存开户银行,当日送存确有困难的,由开户银行确定送时间;

(二) 开户单位支付现金,可以从本单位现金库存中支付或者从开户银行提取,不得从本单位的现金收入中直接支付(即坐支);

需要坐支现金的单位,要事先报经开户银行审查批准,由开户银行核定坐支范围和限额。坐支单位必须在现金账上如实反映坐支金额,并按月向开户银行报送坐支金额和使用情况。

(三) 开户单位根据本细则第六条和第七条的规定,从开户银行提取现金的,应当如实写明用途,由本单位财会部门负责人签字盖章,并经开户银行审查批准,予以支付。

(四) 因采购地点不确定、交通不便、抢险救灾以及其他特殊情况,办理转账结算不够方便,必须使用现金的开户单位,要向开户银行提出书面申请。由本单位财会部门负责人签字盖章,开户银行审查批准后,予以支付现金。

第十二条　开户单位必须建立健全现金账目,逐笔记载现金支付,账目要日清月结,做到账款相符。不准用不符合财务制度的凭证顶替库存现金;不准单位之间相互借用现金;不准谎报用途套取现金;不准利用银行账户代其他单位和个人存入或支取现金;不准将单位收入的现金以个人名义存入储蓄;不准保留账外公款(即小金库);禁止发行变相货币,不准以任何票券代替人民币在市场上流通。

第十三条　对个体工商户、农村承包户发放的贷款,应以转账方式支付;对于确需在集市使用现金购买物资的,由承贷人提出书面申请,经开户银行审查批准后,可以在贷款金额内支付现金。

第十四条　在银行开户的个体工商户、农村承包经营户异地采购的货款,应当通过银行以转账方式进行结算。因采购地点不确定、交通不方便必须携带现金的,由客户提出申请,开户银行根据实际需要予以支付现金。

未在银行开户的个体工商户、农村承包经营户异地采购,可以通过银行以汇兑方式支付。凡加盖"现金"字样的结算凭证,汇入银行必须保证支付现金。

第十五条　具备条件的银行应当积极开展代发工资、转存储蓄业务。

第十六条　为保证开户单位的现金收入及时送存银行,开户银行必须按照规定做好现金收款工作,不得随意缩短收款时间。大中城市和商业比较集中的地区,要建立非营业时间收款制度。

第十七条　开户银行应当加强柜台审查,定期和不定期地检查开户单位执行国务院《现金管理暂行条例》和本细则的情况,并按规定向其上级单位和当地人民银行报告现金管理情况。

各级人民银行要定期不定期地对同级专业银行和其他金融机构(包括经营人民币业务的外资、中外合资银行和金融机构)的现金管理情况进行检查监督,并及时解决有关现金管理中的问题。

各开户单位要向银行派出的检查人员提供有关资料,如实反映情况。

第十八条　各开户单位的主管部门要定期和不定期地检查所属单位执行国务院《现金管理暂行条例》和本细则的情况,发现问题及时纠正,并将检查情况书面通知开户银行。

第十九条　各级银行要支持敢于坚持原则、严格执行现金管理的财会人员,对模范遵守国务院《现金管理暂行条例》和本细则的单位和个人应给予表彰和奖励。

第二十条　开户单位如违犯《现金管理暂 行条例》,开户银行有权责令其停止违法活动,并根据情节轻重给予警告或罚款。

有下列情况之一的,给予警告或处以罚款:

(一) 超出规定范围和限额使用现金的,按超过额的百分之十至十三处罚;

(二) 超出核定的库存现金限额留存现金的,按超出额的百分之十至三十处罚;

（三）用不符合财务制度规定的凭证顶替库存现金的，按凭证额百分之十至三十处罚；

（四）未经批准坐支或者未按开户银行核定坐支额度和使用范围坐支现金的，按坐支金额的百分之十至三十处罚；

（五）单位之间互相借用现金的，按借用金额百分之十至三十处罚。

有下列情况之一的，一律处以罚款：

（六）保留账外公款的，按保留金额百分之十至三十处罚；

（七）对现金结算给予比转账结算优惠待遇的，按交易额的百分之十至五十处罚；

（八）只收现金拒收支票、银行汇票、本票的，按交易额的百分之十至五十处罚；

（九）开户单位不采取转账结算方式购置国家规定的专项控制商品的，按购买金额百分之五十至全额对买卖双方处罚；

（十）用转账凭证套取现金的，按套取金额百分之三十至五十处罚；

（十一）编造用途套取现金的，按套取金额百分之三十至五十处罚；

（十二）利用账户替其他单位和个人套取现金的，按套取金额百分之三十至五十处罚；

（十三）将单位的现金收入以个人储蓄方式存入银行的，按存入金额百分之三十至五十处罚；

（十四）发行变相货币和以票券代替人民币在市场流通的，按发行额或流通额百分三十至五十处罚。

第二十一条 中国人民银行各省、自治区、直辖市分行根据本细则第二十条的原则和当地实际情况制订具体处罚办法。所得的罚没款项一律上缴国库。

第二十二条 开户单位如对开户银行的处罚决定不服，必须首先按照处罚决定执行，然后在十日内向当地人民银行申请复议；各级人民银行应自收到复议申请之日起三十日内作出复议决定。开户单位如对复议决定不服，应自收到复议决定之日起三十日内向人民法院起诉。

第二十三条 开户银行不执行或违犯《现金管理暂行条例》及本细则，由当地人民银行负责查处；当地人民银行根据其情节轻重，可给予警告、追究行政领导责任直至停止其办理现金结算业务等处罚。

银行工作人员违犯《现金管理暂行条例》和本细则，徇私舞弊、贪污受贿、玩忽职守纵容违法行为的，根据情节轻重给予行政处分和经济处罚；构成犯罪的，由司法机关依法追究刑事责任。

第二十四条 各开户银行要建立健全现金管理制度，配备专职人员，改进工作作风，改善服务设施，方便开户单位。现金管理工作所需经费应当在各开户银行业务费用中解决。

第二十五条 现金管理工作政策性强、涉及面广，各级银行要加强调查研究，根据实际情况，实事求是地解决各种问题，及时满足单位正常的、合理的现金需要。

第二十六条 本细则由中国人民银行总行负责解释。

本细则自一九八八年十月一日起施行，过去发布的各项规定同时废除，一律以《现金管理暂行条例》和本细则为准。

第四部分　会计人员管理法规

一、会计从业资格管理办法

中华人民共和国财政部令

（第 26 号）

《会计从业资格管理办法》已经部务会议讨论通过，现予公布，自 2005 年 3 月 1 日起施行。

部长：金人庆

二〇〇五年一月二十二日

会计从业资格管理办法

第一章　总　　则

第一条　为了加强会计从业资格管理，规范会计人员行为，根据《中华人民共和国会计法》（以下简称《会计法》）及相关法律的规定，制定本办法。

第二条　申请取得会计从业资格证书适用本办法。

在国家机关、社会团体、公司、企业、事业单位和其他组织（以下统称单位）从事下列会计工作的人员必须取得会计从业资格：

（一）会计机构负责人（会计主管人员）；

（二）出纳；

（三）稽核；

（四）资本、基金核算；

（五）收入、支出、债权债务核算；

（六）工资、成本费用、财务成果核算；

（七）财产物资的收发、增减核算；

（八）总账；

（九）财务会计报告编制；

（十）会计机构内会计档案管理。

第三条　各单位不得任用（聘用）不具备会计从业资格的人员从事会计工作。

不具备会计从业资格的人员，不得从事会计工作，不得参加会计专业技术资格考试或评审、会计专业职务的聘任，不得申请取得会计人员荣誉证书。

第四条　除本办法另有规定外，县级以上地方人民政府财政部门负责本行政区域内的会计从业资格管理。

第五条　财政部委托中共中央直属机关事务管理局、国务院机关事务管理局按照各自权限分别负责中央在京单位的会计从业资格的管理。

新疆生产建设兵团财务局负责所属单位的会计从业资格的管理。

财政部委托铁道部负责铁路系统的会计从业资格的管理。

第六条　财政部委托中国人民武装警察部队后勤部和中国人民解放军总后勤部分别负责中国人民武装警察部队、中国人民解放军系统的会计从业资格的管理。

第二章　会计从业资格的取得

第七条　国家实行会计从业资格考试制度。

第八条　申请参加会计从业资格考试的人员，应当符合下列基本条件：

（一）遵守会计和其他财经法律、法规；

（二）具备良好的道德品质；

（三）具备会计专业基础知识和技能。

因有《会计法》第四十二条、第四十三条、第四十四条所列违法情形，被依法吊销会计从业资格证书的人员，自被吊销之日起5年内（含5年）不得参加会计从业资格考试，不得重新取得会计从业资格证书。

因有提供虚假财务会计报告，做假账，隐匿或者故意销毁会计凭证、会计账簿、财务会计报告，贪污、挪用公款，职务侵占等与会计职务有关的违法行为，被依法追究刑事责任的人员，不得参加会计从业资格考试，不得取得或者重新取得会计从业资格证书。

第九条 会计从业资格考试科目为：财经法规与会计职业道德、会计基础、初级会计电算化（或者珠算五级）。

会计从业资格考试大纲由财政部统一制定并公布。

第十条 申请人符合本办法第八条规定且具备国家教育行政主管部门认可的中专以上（含中专，下同）会计类专业学历（或学位）的，自毕业之日起2年内（含2年），免试会计基础、初级会计电算化（或者珠算五级）。

前款所称会计类专业包括：

（一）会计学；

（二）会计电算化；

（三）注册会计师专门化；

（四）审计学；

（五）财务管理；

（六）理财学。

第十一条 省、自治区、直辖市、计划单列市财政厅（局），新疆生产建设兵团财务局，中共中央直属机关事务管理局、国务院机关事务管理局、铁道部、中国人民武装警察部队后勤部和中国人民解放军总后勤部（以下简称中央主管单位），按照本办法第四条、第五条、第六条规定的管理范围负责组织实施会计从业资格考试的下列事项：

（一）制定会计从业资格考试考务规则；

（二）组织会计从业资格考试命题；

（三）实施考试考务工作；

（四）监督检查会计从业资格考试考风、考纪。

省、自治区、直辖市、计划单列市财政厅（局），新疆生产建设兵团财务局和中央主管单位应当公布会计从业资格考试的报名条件、报考办法、考试科目、考务规则及考试相关要求，并将会计从业资格考试试题于考试结束后30日内报财政部备案。

第十二条 会计从业资格考试收费标准按照国家物价管理部门的有关规定执行。

第十三条 会计从业资格考试全科合格的申请人，可以向会计从业资格考试所在地的县级以上地方财政部门、新疆生产建设兵团财务局和中央主管单位（以下简称"会计从业资格管理机构"）申请会计从业资格证书。县级以上地方财政部门会计从业资格证书的颁发权限由各省、自治区、直辖市、计划单列市财政部门确定。

申请会计从业资格证书时，应当填写《会计从业资格证书申请表》，并持下列材料：

（一）考试成绩合格证明；

（二）有效身份证件原件；

（三）近期同一底片一寸免冠证件照两张。

符合本办法第十条规定条件，且财经法规与会计职业道德考试成绩合格的申请人，还需持学历或学位证书原件（香港特别行政区、澳门特别行政区、台湾地区居民及外国居民的学历或学位须经中华人民共和国教育行政主管部门认可）。

第十四条 申请人可以通过委托代理人申请会计从业资格证书。

申请人应当对其申请材料实质内容的真实性负责。

第十五条　申请人的申请材料齐全、符合规定形式的，会计从业资格管理机构应当当场受理；申请材料不齐全或者不符合规定形式的，会计从业资格管理机构应当当场或者5日内一次告知申请人需要补正的全部内容，逾期不告知的，自收到申请材料之日起即为受理。

会计从业资格管理机构受理或者不予受理会计从业资格证书申请，应当出具书面证明，同时注明日期，并加盖本机构专用印章。

第十六条　会计从业资格管理机构能够当场作出决定的，应当当场作出颁发会计从业资格证书的书面决定；不能当场作出决定的，应当自受理之日起20日内对申请人提交的申请材料进行审查，并作出是否颁发会计从业资格证书的决定；20日内不能作出决定的，经会计从业资格管理机构负责人批准，可以延长10日，并应当将延长期限的理由告知申请人。

第十七条　会计从业资格管理机构作出准予颁发会计从业资格证书的决定，应当自作出决定之日起10日内向申请人颁发会计从业资格证书。

会计从业资格管理机构作出不予颁发会计从业资格证书的决定，应当说明理由，并告知申请人享有依法申请行政复议或者提起行政诉讼的权利。

第十八条　财政部统一规定会计从业资格证书样式和编号规则。

省、自治区、直辖市、计划单列市财政厅(局)和新疆生产建设兵团财务局、中央主管单位负责会计从业资格证书的印制、编号和颁发，并于年度终了后30日内将上年度会计从业资格证书颁发情况报财政部备案。

第十九条　会计从业资格证书是具备会计从业资格的证明文件，在全国范围内有效。持有会计从业资格证书的人员(以下简称“持证人员”)不得涂改、转让会计从业资格证书。

第三章　会计从业资格管理

第二十条　持证人员应当接受继续教育，提高业务素质和会计职业道德水平。

持证人员每年参加继续教育不得少于24小时。

第二十一条　财政部负责制定并公布持证人员继续教育大纲。

省、自治区、直辖市、计划单列市财政厅(局)和新疆生产建设兵团财务局、中央主管单位负责制定持证人员继续教育培训规划并组织实施。

第二十二条　会计从业资格管理机构应当加强对持证人员继续教育工作的监督、指导。

各单位应鼓励持证人员参加继续教育，保证学习时间，提供必要的学习条件。

第二十三条　会计从业资格证书实行注册登记制度。

持证人员从事会计工作，应当自从事会计工作之日起90日内，填写注册登记表，并持会计从业资格证书和所在单位出具的从事会计工作的证明，向单位所在地或所属部门、系统的会计从业资格管理机构办理注册登记。持证人员离开会计工作岗位超过6个月的，应当填写注册登记表，并持会计从业资格证书，向原注册登记的会计从业资格管理机构备案。

第二十四条　持证人员在同一会计从业资格管理机构管辖范围内调转工作单位，且继续从事会计工作的，应当自离开原工作单位之日起90日内，填写调转登记表，持会计从业资格证书及调入单位开具的从事会计工作的证明，办理调转登记。

持证人员在不同会计从业资格管理机构管辖范围调转工作单位，且继续从事会计工作的，应当填写调转登记表，持会计从业资格证书，及时向原注册登记的会计从业资格管理机构办理调出手续；并自办理调出手续之日起90日内，持会计从业资格证书、调转登记表和调入单位开具的从事会计工作证明，向调入单位所在地区的会计从业资格管理机构办理调入手续。

第二十五条　会计从业资格管理机构应当建立持证人员从业档案信息系统，及时记载、更新持证人员下列信息：

(一) 持证人员相关基础信息和注册、变更、调转登记情况；

(二) 持证人员从事会计工作情况；

(三) 持证人员接受继续教育情况；

(四) 持证人员受到表彰奖励情况；

(五) 持证人员因违反会计法律、法规、规章和会计职业道德被处罚情况。

持证人员的学历或学位、会计专业技术职务资格以及前款第(一)至第(五)项内容发生变更的，可以持相关有效证明和会计从业资格证书,向所属会计从业资格管理机构办理从业档案信息变更。

第二十六条 会计从业资格管理机构应当将申请会计从业资格证书和办理会计从业资格证书注册、变更、调转登记的条件、程序、期限以及需要提交的材料和相关申请登记表格示范文本等在办公场所公示。相关申请登记表格应当置放于会计从业资格管理机构办公场所,免费提供。申请人也可以从会计从业资格管理机构指定网站下载。

第二十七条 会计从业资格管理机构应当对下列情况实施监督检查:

(一)从事会计工作的人员持有会计从业资格证书并注册登记情况;

(二)持证人员从事会计工作和执行国家统一的会计制度情况;

(三)持证人员遵守会计职业道德情况;

(四)持证人员接受继续教育情况。

会计从业资格管理机构在实施监督检查时,持证人员应当如实提供有关情况和材料,各有关单位应当予以配合。

第二十八条 会计从业资格管理机构应当对开展会计人员继续教育培训单位进行监督和指导,规范培训市场,确保培训质量。

第二十九条 单位和个人对违反本办法规定的行为有权检举,会计从业资格管理机构应当及时核实、处理,并为检举人保密。

第四章 法律责任

第三十条 参加会计从业资格考试舞弊的,由会计从业资格管理机构取消其该科目的考试成绩;情节严重的,取消其全部考试成绩。

第三十一条 用假学历、假证书等手段得以免试考试科目并取得会计从业资格证书的,由会计从业资格管理部门撤销其会计从业资格。

第三十二条 持证人员未按照本办法规定办理注册、调转登记的,会计从业资格管理机构责令其限期改正;逾期不改正的,予以公告。

第三十三条 持证人员有《会计法》第四十二条、第四十三条、第四十四条所列违法违纪情形之一,由会计从业资格管理机构按照《会计法》的规定予以处理并向社会公告。

第三十四条 会计从业资格管理机构发现单位任用(聘用)未经注册、调转登记的人员从事会计工作的,应责令其限期改正;逾期不改正的,予以公告。

单位任用(聘用)没有会计从业资格证书人员从事会计工作的,由会计从业资格管理机构依据《会计法》第四十二条的规定处理。

第三十五条 会计从业资格管理机构及其工作人员在实施会计从业资格管理中滥用职权、玩忽职守、徇私舞弊的,依法给予行政处分。

第三十六条 会计从业资格管理机构工作人员违反本办法第二十九条规定,将检举人姓名和检举材料转给被检举单位和被检举人个人的,由所在单位或者有关单位依法给予行政处分。

第五章 附 则

第三十七条 省、自治区、直辖市、计划单列市财政厅(局)、新疆生产建设兵团财务局和中央主管单位可以根据本办法制定具体实施办法,报财政部备案。

第三十八条 香港特别行政区、澳门特别行政区、台湾地区居民及外国居民申请取得会计从业资格证书,适用本办法。

第三十九条 农村集体经济组织会计从业资格的管理可参照本办法执行。

第四十条 本办法自2005年3月1日起施行。财政部2000年5月8日发布的《会计从业资格管理办法》(财会字[2000]5号)、2000年9月13日发布的《〈会计从业资格管理办法〉若干问题解答(一)》(财会[2000]13号)、2002年7月25日发布的《〈会计从业资格管理办法〉若干问题解答(二)》(财办会[2002]28号)同时废止。

附表1:中华人民共和国会计从业资格证书申请表(略)

附表2:中华人民共和国会计从业资格注册、变更、调转登记表(略)

二、会计专业技术资格考试暂行规定与实施办法

中华人民共和国财政部、人事部关于修订印发《会计专业技术资格考试暂行规定》及其实施办法的通知

（财会［2000］11号）

各省、自治区、直辖市财政厅（局）、人事（人事劳动）厅（局），新疆生产建设兵团，国务院各部委、直属机构：

为了完善会计专业技术资格考试制度，科学、客观、公正地评析会计专业人员的学识水平和业务能力，财政部、人事部对原《会计专业技术资格考试暂行规定》和《会计专业技术资格考试暂行规定实施办法》进行了修订。现将修订后的《会计专业技术资格考试暂行规定》及《会计专业技术资格考试实施办法》印发你们，请遵照执行。

各地区、各部门在组织实施中有何问题，请及时函告财政部、人事部。

中华人民共和国财政部
中华人民共和国人事部
二〇〇〇年九月八日

附件1

会计专业技术资格考试暂行规定

第一条　为加强会计专业队伍建设，提高会计人员素质，科学、客观、公正地评价会计专业人员的学识水平和业务能力，完善会计专业技术人才选拔机制，根据《中华人民共和国会计法》和《会计专业职务试行条例》的有关规定，制定本暂行规定。

第二条　通过全国统一考试，取得会计专业技术资格的会计人员，表明其已具备担任相应级别会计专业技术职务的任职资格。用人单位可根据工作需要和德才兼备的原则，从获得会计专业技术资格的会计人员中择优聘任。

第三条　会计专业技术资格实行全国统一组织、统一考试时间、统一考试大纲、统一考试命题、统一合格标准的考试制度。

第四条　会计专业技术资格实行全国统一考试后，不再进行相应会计专业技术职务任职资格的评审工作。

第五条　会计专业技术资格分为：初级资格、中级资格和高级资格。取得初级资格，单位可根据有关规定按照下列条件聘任相应的专业技术职务：

（一）助理会计师：大专毕业担任会计员职务满二年；中专毕业担任会计员职务满四年；不具备规定学历，担任会计员职务满五年。

（二）不符合上述条件的人员，只可聘任会计员职务。取得中级资格并符合国家有关规定，可聘任会计师职务。高级资格（高级会计师资格）实行考试与评审结合的评价制度，具体办法另行规定。

第六条　报名参加会计专业技术资格考试的人员，应具备下列基本条件：

（一）坚持原则，具备良好的职业道德品质；

（二）认真执行《中华人民共和国会计法》和国家统一的会计制度，以及有关财经法律、法规、规章制度，无严重违反财经纪律的行为；

（三）履行岗位职责，热爱本职工作；

（四）具备会计从业资格，持有会计从业资格证书。

第七条　报名参加会计专业技术初级资格考试的人员，除具备本规定第六条所列的基本条件外，还必须具备教育部门认可的高中毕业以上学历。

第八条　报名参加会计专业技术中级资格考试的人员，除具备本规定第六条所列的基本条件外，还必须具备下列条件之一：

（一）取得大学专科学历，从事会计工作满五年。

（二）取得大学本科学历，从事会计工作满四年。

（三）取得双学士学位或研究生班毕业，从事会计工作满二年。

（四）取得硕士学位，从事会计工作满一年。

（五）取得博士学位。

第九条 对通过全国统一考试，取得经济、统计、审计专业技术中、初级资格的人员，并具备本规定第六条所列的基本条件，均可报名参加相应级别的会计专业技术资格考试。

第十条 会计专业技术资格考试工作，由财政部、人事部共同负责。财政部负责拟定的考试科目、考试大纲、考试命题、编写考试用书，组织实施考试工作，统一规划考前培训等有关工作。人事部负责审定考试科目、考试大纲和试题，会同财政部对考试工作进行检查、监督、指导和确定合格标准。各地的考试工作，由当地财政部门、人事部门共同负责。

第十一条 会计专业技术初级、中级资格考试合格者，即由各省、自治区、直辖市、新疆生产建设兵团人事（职改）部门颁发人事部统一印制，人事部、财政部用印的会计专业技术资格证书。该证书全国范围有效。各地在颁发证书时，不得附加任何条件。

第十二条 会计专业技术资格实行定期登记制度。资格证书每三年登记一次。持证者应按规定到当地人事、财政部门指定的办事机构办理登记手续。

第十三条 取得会计专业技术资格的人员，应按照财政部的有关规定，接受相应级别会计人员的继续教育。

第十四条 有下列情形之一的，由会计考试管理机构吊销其会计专业技术资格，由发证机关收回其会计专业技术资格证书，二年内不得再参加会计专业技术资格考试：

（一）伪造学历、会计从业资格证书和资历证明。

（二）考试期间有违纪行为。

第十五条 本规定报名条件中所规定的从事会计工作年限，其截止日期为考试报名年度当年年底前。

第十六条 本规定适用于国家机关、社会团体、企业、事业单位和其他组织持有会计从业资格证书的人员。境外人员申请参加会计专业技术资格考试的有关办法，经国务院有关部门批准后，另行规定。

第十七条 本规定由财政部、人事部按职责分工负责解释。

第十八条 本规定自印发之日起施行。财政部、人事部于 1992 年 3 月 21 日联合颁布的《会计专业技术资格考试暂行规定》同时废止。

财政部、人事部、全国会计专业技术资格考试领导小组及其办公室下发的有关会计专业技术资格考试的规定，与本规定不符的，以本规定为准。

附件 2

会计专业技术资格考试实施办法

根据《会计专业技术资格考试暂行规定》（以下简称《暂行规定》），制定本实施办法。

一、资格考试组织领导

财政部、人事部联合成立全国会计专业技术资格考试办公室，负责考试日常管理工作。办公室设在财政部会计司。

各省、自治区、直辖市财政厅（局）、人事（职改）部门和新疆生产建设兵团根据《暂行规定》第十条规定，组织实施本地区的考试工作。

二、考试科目的设置

（一）会计专业技术初级资格考试科目为：初级会计实务、经济法基础两个科目。

参加初级资格考试的人员必须在一个考试年度内通过全部科目的考试。

（二）会计专业技术中级资格考试科目为：中级会计实务（一）、中级会计实务（二）、财务管理、经济法四个科目。

会计专业技术中级资格考试以二年为一个周期，参加考试的人员必须在连续的二个考试年度内通过全部科目的考试。部分科目合格后，由当地考试管理机构核发成绩通知单。

三、考试日期和时间

（一）考试日期：会计专业技术资格考试，原则上每年举行一次。考试日期一般为每年五月最后一个星期六、星期日。如遇特殊情况需要调整考试时间，财政部、人事部将会及时通知各地。

（二）考试时间：初级资格考试分两个半天进行，初级会计实务科目为3小时，经济法基础科目为2.5小时；中级资格考试分四个半天进行，中级会计实务（一）、中级会计实务（二）、经济法、财务管理四个科目均为2.5小时。

四、考试报名

（一）报名时间：一般为每年的9月—10月底。原则上在距考试日期三个月前准许补报，具体补报办法由各地根据实际情况研究确定。

（二）报名地点：由各地企业专业技术资格考试管理机构确定，在报名开始前一个月公布。

（三）报名条件：参加考试的人员必须符合《暂行规定》中与报考资格有关的各项条件。

（四）报名手续：凡符合报名条件并申请参加会计专业技术资格考试的人员，均由本人提出申请，单位核实，持学历证书、身份证、会计从业资格证书的原件和“报名登记表”于规定期限内到当地会计专业技术资格考试管理机构设置的报名地点报名。经审核合格后，发给准考证。考生凭准考证在规定的时间和地点参加考试。

中央和国务院各部门及其直属单位的人员参加考试，实行属地管理原则。

五、考场设置

考场原则上设在省辖市以上中心城市或行政专职公署所在地的大、中专院校或高考定点学校。考生比较集中，考场安排困难，确需在县设置初级资格考场的，须经省级会计专业技术资格考试管理机构批准，并报全国会计考试办公室备案。

六、考试培训

各地要认真做好培训工作，组织培训要有计划。培训单位必须具备场地、师资、教材等条件。各地会计专业技术资格考试管理机构应当加强对培训单位的管理，实行培训单位资格登记备案制度。

培训必须坚持与考试分开的原则，参与培训工作的人员不得参加考试命题及考试组织管理工作；应考人员参加培训坚持自愿原则。

七、考试用书

会计专业技术资格考试所用的考试大纲、指定用书和有关辅导材料，由财政部组织编写、出版和发行。任何单位和个人不得盗用财政部的名义编写、出版发行各种考试用书和复习资料。

八、考试纪律

要严格执行考试考务工作的有关规章和纪律，切实做好试卷的命题、印刷、发送和保管过程中的保密工作，必须严格遵守保密制度，严防泄密。要严肃考场纪律。考试工作人员要坚决执行回避制度。对于违反考试纪律和有关规定者，要严肃处理，并追究领导责任。

财政部将对考试考务工作制定一系列规章、制度，保证会计专业技术资格考试工作健康有序的进行。

九、本实施办法自印发之日起施行。

财政部、人事部于1992年3月21日联合颁布的《暂行规定》实施办法同时废止。

三、会计人员继续教育规定

财政部关于印发《会计人员继续教育规定》的通知

（财会[2006]19号）

中共中央直属机关事务管理局，铁道部、国务院机关事务管理局，解放军总后勤部、武警部队后勤部，各省、自治区、直辖市、计划单列市财政厅（局），新疆生产建设兵团财务局：

为了贯彻落实《会计法》关于“会计人员应当遵守职业道德，提高业务素质。对会计人员的教育和培训工作应当加强”的规定，进一步推进会计人员继续教育工作，我部根据《会计法》和《会计从业资格管理办法》（财政部令第26号），制定了《会计人员继续教育规定》，现予印发，请遵照执行。

中华人民共和国财政部

二○○六年十一月二十日

附件

会计人员继续教育规定

第一章　总　　则

第一条　为推进会计人员继续教育科学化、制度化、规范化，培养造就高素质的会计队伍，提高会计人员专业胜任能力，根据《中华人民共和国会计法》和《会计从业资格管理办法》(财政部令第26号)的规定，制定本规定。

第二条　会计人员继续教育必须紧密结合经济社会发展和会计行业发展要求，统筹规划，分类指导，强化服务，注重质量，全面推进会计人才队伍建设，为经济社会和会计行业发展提供人才保证和智力支持。

第三条　会计人员继续教育应当遵循下列基本原则：

（一）以人为本，按需施教。把握会计行业发展趋势和会计人员从业基本要求，突出提升会计人员专业胜任能力，引导会计人员更新知识、拓展技能，提高解决实际问题的能力。

（二）突出重点，提高能力。会计人员继续教育面向会计队伍，创造人人皆受教育、人人皆可成才的环境，全面提高会计人员整体素质。同时，突出高层次会计人才培养和提高综合能力培训，进一步改善会计队伍人才结构和知识结构。

（三）加强指导，创新机制。在统筹规划的前提下，有效利用各方面教育资源，引导社会办学单位参与会计人才继续教育，并不断创新继续教育内容，改进继续教育方式，提高继续教育质量，逐步形成政府部门规划指导、社会办学单位积极参与、用人单位支持督促的会计人员继续教育新格局。

第二章　管理体制

第四条　财政部负责全国会计人员继续教育的管理。

（一）制定全国会计人员继续教育规划；

（二）制定全国会计人员继续教育制度；

（三）制定全国会计人员继续教育大纲；

（四）组织开发、评估、推荐全国会计人员继续教育重点教材；

（五）组织全国高级会计人员培训和会计人员继续教育师资培训；

（六）指导、督促各地区和有关部门会计人员继续教育工作的开展。

第五条　各省、自治区、直辖市、计划单列市财政厅(局)负责本地区的会计人员继续教育的组织管理工作。

（一）依据全国会计人员继续教育制度，制定本地区的会计人员继续教育实施办法；

（二）制定本地区会计人员继续教育规划并组织实施；

（三）确定本地区各级财政部门对会计人员继续教育的具体职责和管理权限；

（四）组织推荐适合本地区的会计人员继续教育教材，或者选用财政部统一组织开发、推荐的全国会计人员继续教育重点教材；

（五）组织本地区各类会计人才培训和会计人员继续教育师资培训；

（六）指导、监督本地区会计人员继续教育工作，规范会计培训市场。

第六条　中共中央直属机关事务管理局、国务院机关事务管理局、铁道部、中国人民武装警察部队后勤部、中国人民解放军总后勤部(以下简称中央主管单位)比照会计从业资格管理体制，分别负责中央在京单位、铁路系统、中国人民武装警察部队系统、中国人民解放军系统会计人员继续教育的组织实施工作。

中央主管单位组织会计人员继续教育的职责，比照本规定第五条执行。

第七条　会计人员所在单位负责组织和督促本单位的会计人员参加继续教育。

会计人员所在单位应当遵循教育、考核、使用相结合的原则，支持、督促并组织本单位会计人员参加继续教育，保证学习时间，提供必要的学习条件。

第三章　继续教育对象

第八条　会计人员享有参加继续教育的权利和接受继续教育的义务。

第九条　会计人员继续教育的对象是取得并持有会计从业资格证书的人员。

第十条　会计人员继续教育分为高级、中级、初级三个级别。

（一）高级会计人员继续教育的对象为取得或者受聘高级会计专业技术资格（职称）及具备相当水平的会计人员；

（二）中级会计人员继续教育的对象为取得或者受聘中级会计专业技术资格（职称）及具备相当水平的会计人员；

（三）初级会计人员继续教育的对象为取得或者受聘初级会计专业技术资格（职称）的会计人员，以及取得会计从业资格证书但未取得或者受聘初级会计专业技术资格（职称）的会计人员。

第十一条　会计人员每年接受培训（面授）的时间累计不应少于24小时。

会计人员由于病假、在境外工作、生育等原因，无法在当年完成接受培训时间的，可由本人提供合理证明，经归口管理的当地财政部门或中央主管单位（以下简称继续教育管理部门）审核确认后，其参加继续教育时间可以顺延至以后年度完成。

第四章　继续教育的内容与形式

第十二条　会计人员继续教育的内容主要包括会计理论、政策法规、业务知识、技能训练和职业道德等。

（一）会计理论继续教育，重点加强会计基础理论和应用理论的培训，提高会计人员用理论指导实践的能力；

（二）政策法规继续教育，重点加强会计法规制度及其他相关法规制度的培训，提高会计人员依法理财的能力；

（三）业务知识培训和技能训练，重点加强履行岗位职责所必备的专业知识和经营管理、内部控制、信息化等方面的培训，提高会计人员的实际工作能力和业务技能；

（四）职业道德继续教育，重点加强会计职业道德的培训，提高会计人员职业道德水平。

第十三条　会计人员继续教育的形式以接受培训为主。在职自学是会计人员继续教育的重要补充。

会计人员可以自愿选择参加继续教育主管部门认可的接受培训的形式：

（一）参加在继续教育主管部门备案并予以公布的会计人员继续教育机构组织的会计培训；

（二）参加继续教育主管部门组织的会计人员继续教育师资培训和会计培训；

（三）参加会计人员所在单位组织的会计类脱产培训；

（四）参加会计、审计、统计、经济专业技术资格考试，以及注册会计师、注册资产评估师、注册税务师考试；

（五）继续教育主管部门认可的其他形式。

继续教育主管部门应当按照管理权限，定期公布会计人员继续教育机构名称等相关信息。

第十四条　鼓励会计人员参加在职自学。在职自学形式包括：

（一）参加普通院校或成人院校会计、审计、财务管理、理财学、会计电算化、注册会计师专门化、会计硕士专业学位（MPAcc）等国家承认的相关专业学历教育；

（二）独立完成通过地（市）级以上（含地、市级）财政部门或会计学术团体认可的会计类研究课题或在省级以上（含省级）经济类报刊上发表会计类论文；

（三）系统地接受会计业务相关的远程教育和网上培训；

（四）其他在职自学形式。

会计人员所在单位应当对会计人员在职自学提出要求，并提供必要的条件。

第十五条　开展会计人员继续教育应当根据会计人员的特点，综合运用讲授式、研究式、案例式、模拟式、体验式等教学方法，提高培训效果和质量。

第十六条　推广网络教育、远程教育、电化教育，提高会计人员继续教育教学和管理的信息化水平。

第五章　继续教育机构

第十七条　加强会计人员继续教育机构建设，构建分工明确、优势互补、布局合理、竞争有序的会计人员继续教育网络。充分发挥国家会计学院、中华会计函授学校、会计学术团体、县级以上财政部门及中央主管单位会计人员培训基地（中心）等教育资源在会计人员继续教育中的主渠道作用，鼓励、引导高等院校、科研院所等社会办学单位参与会计人员继续教育工作。

第十八条　会计人员继续教育机构必须同时符合下列条件：

（一）具备承担培训工作相适应的教学场所和设施；

（二）拥有与承担培训工作相适应的师资队伍和管理力量；

（三）能够完成所承担的培训任务，保证培训质量。

第十九条 会计人员继续教育机构应当根据会计人员继续教育统一规划，改进培训方式，科学设置培训内容，加强教学管理，提高教学水平。

第六章 师资、教材

第二十条 从事会计人员继续教育工作的师资，应当具有良好的职业道德修养、较高的理论政策水平、扎实的专业知识基础，有一定的实际工作经验，掌握现代教育培训理论和方法，具备胜任教学、科研工作的能力。

（一）承担高级会计人员继续教育任务的教学人员，一般应具备教授职称、高级专业技术资格，或者为具备相应水平的专家。

（二）承担中级会计人员继续教育任务的教学人员，一般应具备副教授以上（含副教授）职称、高级专业技术资格，或者为具备相应水平的专家。

（三）承担初级会计人员继续教育任务的教学人员，一般应具备讲师以上（含讲师）职称、中级以上（含中级）专业技术资格，或者为具备相应水平的专家。

第二十一条 加强会计人员继续教育教材建设，逐步形成会计人员继续教育教材体系，以适应不同级别会计人员继续教育的需要。

第二十二条 坚持会计人员继续教育教材的开发与利用相结合，做到一纲多本、编审分开。加强教材开发的针对性和实用性。提倡会计人员继续教育教材开发社会化，鼓励社会上有能力的部门和单位按照统一的会计人员继续教育大纲，参与编制会计人员继续教育教材。

第二十三条 继续教育管理部门应当加强对会计人员继续教育教材的编写、评估、推荐、出版、发行、使用情况的管理和监督。

第二十四条 参加继续教育的会计人员自愿选择会计人员继续教育教材。

任何部门、单位和个人不得向会计人员强行推销、搭售培训教材。

第七章 考核与检查

第二十五条 继续教育主管部门应当加强对会计人员参加继续教育情况的考核，并将考核结果作为评选先进会计工作者、颁发会计人员荣誉证书等的依据之一。

对未按规定参加继续教育或者未完成接受培训时间的会计人员，继续教育主管部门应当督促其接受继续教育；对无正当理由仍不参加继续教育的，可采取适当方式向社会公布。

第二十六条 会计人员所在单位应当将会计人员参加继续教育情况作为会计人员任职、晋升的依据之一。

第二十七条 会计人员继续教育实行登记管理。会计人员按照要求接受培训，考核合格并取得相关证明后，应在 90 天内持《会计人员从业资格证书》及相关证明向继续教育主管部门办理继续教育事项登记。

继续教育主管部门应当加强会计人员业务档案、诚信档案建设，如实记载会计人员接受继续教育情况。

第二十八条 继续教育主管部门应当定期对继续教育机构的会计人员继续教育情况进行检查、评估，并将检查、评估结果以适当方式向社会公布。

第二十九条 会计人员继续教育机构有下列情形之一的，由继续教育主管部门责令限期整改；逾期不改正的，由继续教育主管部门予以通报：

（一）采取虚假、欺诈等手段招揽生源的；

（二）以会计人员继续教育名义组织境内外公费旅游或者进行其他高消费活动的；

（三）违反国家有关规定擅自印发学历或学位证书、资格证书或培训证书的；

（四）违反本规定的其他行为。

第三十条 继续教育主管部门应当将各单位会计人员继续教育情况列入《会计法》执行情况检查、会计从业资格情况检查的内容。

第八章 附 则

第三十一条 各省、自治区、直辖市、计划单列市财政厅（局），中共中央直属机关事务管理局、国务院机关事务管理局、铁道部、中国人民武装警察部队后勤部、中国人民解放军总后勤部可根据本规定制定具体实施办法，并报财政部备案。

第三十二条　本规定由财政部负责解释。

第三十三条　本规定自2007年1月1日起施行。财政部1998年1月23日公布的《会计人员继续教育暂行规定》(财会字[1998]4号)、1998年11月9日印发的《财政部关于开展中央单位会计人员继续教育工作有关问题的通知》(财会字[1998]69号)同时废止。

四、总会计师条例

中华人民共和国国务院令

（第72号）

《总会计师条例》已经一九九〇年十二月十四日国务院第七十四次常务会议通过，现予发布，自发布之日起施行。

总理　李　鹏

一九九〇年十二月三十一日

第一章　总　　则

第一条　为了确定总会计师的职权和地位，发挥总会计师在加强经济管理、提高经济效益中的作用，制定本条例。

第二条　全民所有制大、中型企业设置总会计师；事业单位和业务主管部门根据需要，经批准可以设置总会计师。

总会计师的设置、职权、任免和奖惩，依照本条例的规定执行。

第三条　总会计师是单位行政领导成员，协助单位主要行政领导人工作，直接对单位主要行政领导人负责。

第四条　凡设置总会计师的单位，在单位行政领导成员中，不设与总会计师职权重叠的副职。

第五条　总会计师组织领导本单位的财务管理、成本管理、预算管理、会计核算和会计监督等方面的工作，参与本单位重要经济问题的分析和决策。

第六条　总会计师具体组织本单位执行国家有关财经法律、法规、方针、政策和制度，保护国家财产。

总会计师的职权受国家法律保护。单位主要行政领导人应当支持并保障总会计师依法行使职权。

第二章　总会计师的职责

第七条　总会计师负责组织本单位的下列工作：

（一）编制和执行预算、财务收支计划、信贷计划，拟订资金筹措和使用方案，开辟财源，有效地使用资金；

（二）进行成本费用预测、计划、控制、核算、分析和考核，督促本单位有关部门降低消耗、节约费用、提高经济效益；

（三）建立、健全经济核算制度，利用财务会计资料进行经济活动分析；

（四）承办单位主要行政领导人交办的其他工作。

第八条　总会计师负责对本单位财会机构的设置和会计人员的配备、会计专业职务的设置和聘任提出方案；组织会计人员的业务培训和考核；支持会计人员依法行使职权。

第九条　总会计师协助单位主要行政领导人对企业的生产经营、行政事业单位的业务发展以及基本建设投资等问题作出决策。

总会计师参与新产品开发、技术改造、科技研究、商品（劳务）价格和工资奖金等方案的制定；参与重大经济合同和经济协议的研究、审查。

第三章　总会计师的权限

第十条　总会计师对违反国家财经法律、法规、方针、政策、制度和有可能在经济上造成损失、浪费的行为，有权制止或者纠正。制止或者纠正无效时，提请单位主要行政领导人处理。

单位主要行政领导人不同意总会计师对前款行为的处理意见的，总会计师应当依照《中华人民共和国会计法》第十九条的规定执行。

第十一条 总会计师有权组织本单位各职能部门、直属基层组织的经济核算、财务会计和成本管理方面的工作。

第十二条 总会计师主管审批财务收支工作。除一般的财务收支可以由总会计师授权的财会机构负责人或者其他指定人员审批外，重大的财务收支，须经总会计师审批或者由总会计师报单位主要行政领导人批准。

第十三条 预算、财务收支计划、成本和费用计划、信贷计划、财务专题报告、会计决算报表，须经总会计师签署。

涉及财务收支的重大业务计划、经济合同、经济协议等，在单位内部须经总会计师会签。

第十四条 会计人员的任用、晋升、调动、奖惩，应当事先征求总会计师的意见。财会机构负责人或者会计主管人员的人选，应当由总会计师进行业务考核，依照有关规定审批。

第四章 任免与奖惩

第十五条 企业的总会计师由本单位主要行政领导人提名，政府主管部门任命或者聘任；免职或者解聘程序与任命或者聘任程序相同。

事业单位和业务主管部门的总会计师依照干部管理权限任命或者聘任；免职或者解聘程序与任命或者聘任程序相同。

第十六条 总会计师必须具备下列条件：

（一）坚持社会主义方向，积极为社会主义建设和改革开放服务；

（二）坚持原则，廉洁奉公；

（三）取得会计师任职资格后，主管一个单位或者单位内一个重要方面的财务会计工作时间不少于三年；

（四）有较高的理论政策水平，熟悉国家财经法律、法规、方针、政策和制度，掌握现代化管理的有关知识；

（五）具备本行业的基本业务知识，熟悉行业情况，有较强的组织领导能力；

（六）身体健康，能胜任本职工作。

第十七条 总会计师在工作中成绩显著，有下列情形之一的，依照国家有关企业职工或者国家行政机关工作人员奖惩的规定给予奖励：

（一）在加强财务会计管理，应用现代化会计方法和技术手段，提高财务管理水平和经济效益方面，取得显著成绩的；

（二）在组织经济核算，挖掘增产节约，增收节支潜力，加速资金周转，提高资金使用效果方面，取得显著成绩的；

（三）在维护国家财经纪律，抵制违法行为，保护国家财产，防止或者避免国家财产遭受重大损失方面，有突出贡献的；

（四）在廉政建设方面，事迹突出的；

（五）有其他突出成就或者模范事迹的。

第十八条 总会计师在工作中有下列情形之一的，应当区别情节轻重，依照国家有关企业职工或者国家行政机关工作人员奖惩的规定给予处分：

（一）违反法律、法规、方针、政策和财经制度，造成财会工作严重混乱的；

（二）对偷税漏税、截留应当上交国家的收入，滥发奖金、补贴，挥霍浪费国家资财，损害国家利益的行为，不抵制、不制止、不报告，致使国家利益遭受损失的；

（三）在其主管的工作范围内发生严重扣误，或者由于玩忽职守，致使国家利益遭受损失的；

（四）以权谋私，弄虚作假，徇私舞弊，致使国家利益遭受损失，或者造成恶劣影响的；

（五）有其他渎职行为和严重错误的。

总会计师有前款所列行为，情节严重，构成犯罪的，由司法机关依法追究刑事责任。

第十九条 单位主要行政领导人阻碍总会计师行使职权的，以及对其打击报复或者变相打击报复的，上级主管单位应当根据情节给予行政处分。情节严重，构成犯罪的，由司法机关依法追究刑事责任。

第五章 附 则

第二十条 城乡集体所有制企业事业单位需要设置总会计师的，参照本条例执行。

第二十一条 各省、自治区、直辖市，国务院各部门可以根据本条例的规定，结合本地区、本部门的实际情况制定实施办法。

第二十二条 本条例由财政部负责解释。

第二十三条 本条例自发布之日起施行。1983 年 10 月 18 日国务院批转国家经济委员会、财政部《关于国营工业、交通企业设置总会计师的几项规定（草案）》、1978 年 9 月 12 日国务院发布的《会计人员职权条例》中有关总会计师的规定同时废止。

五、选拔和培养会计学术带头人后备人才的方案

财政部关于批转中国会计学会关于选拔和培养全国高级会计人才——会计学术带头人后备人才的方案的通知

（财会[2005]16 号 2005 年 11 月 3 日）

各省、自治区、直辖市、计划单列市财政厅（局），有关单位：

为贯彻落实《中共中央国务院关于进一步加强人才工作的决定》，适应社会主义市场经济发展对高级会计人才的需求，财政部决定在全国范围内公开选拔和培养高级会计人才，并委托中国会计学会牵头组织会计学术带头人后备人才的选拔和培养工作。现将《中国会计学会关于选拔和培养全国高级会计人才——会计学术带头人后备人才的方案》转发给你们，请认真组织落实。

附件

中国会计学会关于选拔和培养全国高级会计人才——会计学术带头人后备人才的方案

一、总体目标

为贯彻落实《中共中央、国务院关于进一步加强人才工作的决定》，加快高素质会计理论研究人才队伍的建设，充分发挥会计科研教学人才的示范和辐射效用，提升我国会计理论研究和教学水平，受财政部委托，中国会计学会具体负责选拔和培养高级会计人才——会计学术带头人后备人才（以下简称“会计学术带头人后备人才”）的组织实施工作。

从 2005 年开始，每两年在全国范围内进行一次选拔，每次选拔 30 人。培养方式主要以举办培训班、召开研讨会和开展课题研究为主，每两年为一个培养周期，由中国会计学会对各培养对象的学习、工作和研究情况进行跟踪管理。

二、组织领导

为了加强对会计学术带头人后备人才选拔培养工作的领导，中国会计学会成立“选拔和培养全国高级会计人才——会计学术带头人后备人才工作领导小组”（以下简称“领导小组”），负责组织领导全国会计学术带头人后备人才的选拔和培养工作。

领导小组下设“选拔和培养全国高级会计人才——会计学术带头人后备人才工作领导小组办公室”（以下简称“领导小组办公室”），设于中国会计学会秘书处，实施会计学术带头人后备人才的选拔和培养工作，具体研究起草会计学术带头人后备人才的选拔和培养政策，建立会计学术带头人后备人才人才库，负责对培养对象的学习、工作和研究情况进行跟踪管理。

三、会计学术带头人后备人才选拔的基本条件

会计学术带头人后备人才的选拔，坚持德才兼备的原则。要把政治素质好，善于发挥团队精神，有较强组织协调能力，同时又具备扎实的专业理论功底，治学严谨、富有创见、能准确把握本学科领域前沿发展动态，成绩显著且有发展潜力的优秀会计科研教学专业人才挖掘和选拔出来，进行跟踪培养。

参加会计学术带头人后备人才的选拔的基本条件如下：

1. 贯彻实践“三个代表”重要思想，坚持科学发展观，热爱会计科研、教育事业，有良好的职业道德和敬业精神。

2. 拥有经济、管理类专业博士学位。

3. 具有8年以上的会计科研、教学工作经历，具有副高以上职称。

4. 在国家一级刊物上发表两篇以上论文或出版一本以上专著。

5. 具备熟练运用外语进行听说读写方面交流的能力，或具有一年或一年以上国外学习、科研、教学或工作经历。

6. 年龄原则上不超过40周岁。

四、选拔方式与程序

会计学术带头人后备人才采取个人报名申请、单位审核推荐、各地会计学会复审、全国统一考试、专家评议确定的方式进行选拔。

1. 个人报名申请。凡有意参加会计学术带头人后备人才选拔培养的，由本人填写《全国高级会计人才——会计学术带头人后备人才申请表》(可从中国会计学会网站 www.asc.net.cn 下载)。提交申请表的同时，提交本人具有代表性、公开发表的两篇论文(复印件)或一本论著。

2. 单位审核推荐。设有会计专业的高等院校和可单独招收会计专业硕士研究生的科研单位以及3家国家会计学院，对本单位提出申请的人员，按照有关要求进行严格审核后，向所在地的省、自治区、直辖市的会计学会报名(每个推荐单位可报1至2名)。

3. 各省、自治区、直辖市会计学会复审。各省、自治区、直辖市会计学会应当组织力量对各单位推荐人员的基本条件进行复审，并将复审合格的申请人相关材料，于2005年12月25日前统一报送中国会计学会。中国会计学会将于2006年1月5日将确定的参加考试人员通知考生所在单位及本人。

4. 组织统一考试。中国会计学会对各单位推荐人选进行集中考试。考试采用闭卷方式进行，考试时间为3个半小时。2006年度的选拔考试时间为1月21日。考试地点另行通知。

考试由领导小组办公室统一组织命题，考试范围包括经济理论基础，专业理论(分会计、审计、财务三个方向)和专业英语。

5. 专家评议确定。领导小组办公室组织专家根据各单位报送的推荐材料以及各位参选人员的考试成绩进行综合评审，确定培训人选。入选名单将于2006年2月底前向社会公布，2006年4月中旬正式启动培养计划。

五、会计学术带头人后备人才的培养与跟踪管理

为了加快会计学术带头人后备人才培养，造就一批高素质的会计教学和科研人才队伍，促进会计和科研人才多出成果、快出成果、出好成果，中国会计学会将主要从以下几个方面开展工作：

1. 建立“全国高级会计人才——会计学术带头人后备人才库”。人才库将对会计学术带头人后备人才的学习情况、学术研究领域、业绩情况等建档，实行动态跟踪管理。

2. 组织各种形式的培训班，聘请与会计学科相关的其他学科领域的著名专家、学者、教授举办讲座，以拓宽会计学术带头人后备人才的视野、开拓研究思路。

3. 召开各种形式的研讨会，组织会计学术带头人后备人才就会计领域以及会计法规建设中的热点、重点和难点问题进行协同研究，为其深化研究提供借鉴和参考。

4. 对于财政部资助的重点会计科研项目，在课题立项与经费支持上适当倾斜；优先向中国社会科学基金会和中国自然科学基金会等推荐申请国家级课题，为会计学术带头人后备人才开展科学研究活动创造良好的外部条件。

5. 研究成果优先推荐在《会计研究》上发表；免费获取《会计研究》、《会计研究动态》以及其他中国会计学会出版的研究资料。

6. 建议各单位在评聘职称时优先考虑。

7. 引入竞争机制。根据培养对象在培养周期的综合表现，对于政治思想过硬、事业心强、科研成果突出、社会贡献大的，财政部将授予“全国高级会计人才——会计学术带头人”称号。对于已进入全国高级会计人才——会计学术带头人后备人才库的人员，两年的培养周期后，可以继续参加下一周期的培养。

8. 积极打造“全国高级会计人才——会计学术带头人”品牌。凡取得“全国高级会计人才——会计学术带头人”称号者，推荐为财政部会计准则委员会咨询专家、中国会计学会学术委员，优先参加财政部、中国会计学会组织的政策咨询和科研、学术等活动。

附表：全国高级会计人才——会计学术带头人后备人才申请表（略）

六、全国先进会计工作者评选表彰办法

财政部关于印发《全国先进会计工作者评选表彰办法》的通知

（2007年4月13日　财会[2007]7号）

中共中央直属机关事务管理局，铁道部，国务院机关事务管理局，解放军总后勤部、武警部队后勤部，各省、自治区、直辖市、计划单列市财政厅（局），新疆生产建设兵团财务局：

为了评选表彰在社会主义市场经济中做出突出业绩和重大贡献的先进会计工作者，树立当代会计工作者楷模，塑造会计行业良好形象，激励广大会计工作者崇尚诚信、依法理财、锐意创新、敬业奉献，我部根据《中华人民共和国会计法》及相关法律的规定，制定了《全国先进会计工作者评选表彰办法》，现予印发，请遵照执行。

附件

全国先进会计工作者评选表彰办法

第一章　总　则

第一条　为了评选表彰在社会主义市场经济建设中做出突出业绩和重大贡献的先进会计工作者，树立当代会计工作者楷模，塑造会计行业良好形象，激励广大会计工作者崇尚诚信、依法理财、锐意创新、敬业奉献，根据《中华人民共和国会计法》及相关法律的规定，制定本办法。

第二条　财政部负责组织全国先进会计工作者的评选表彰工作，一般每3年组织1次。

未经财政部批准，其他部门和单位不得组织全国性会计工作者评选表彰活动。

第三条　财政部负责成立全国先进会计工作者评选表彰领导小组（以下简称领导小组），全面指导评选表彰工作，并负责评选表彰名额的确定和评选最终结果的审定。

领导小组下设办公室，负责落实领导小组的工作决议、组织专家评审委员会对推荐的候选人进行评审、承担评选表彰的组织实施、沟通协调等各项管理工作。

各地区、各部门应当设立相应领导机构和办事机构，负责本地区、本部门的评选表彰工作。

第二章　评选范围和条件

第四条　全国先进会计工作者评选范围包括：在国家机关、企业、事业单位、社会团体和其他经济组织中持有会计从业资格证书、从事会计工作的人员，以及从事会计事务管理、会计科研及教学、注册会计师业务的人员。

第五条　凡认真执行会计法律、法规，模范遵守职业道德，忠于职守、坚持原则、诚实守信、爱岗敬业、廉洁奉公，在会计工作中做出显著成绩，在社会上、行业内得到广泛认同，并具备下列条件之一的会计工作者，均可参加评选：

（一）在参与本单位重大经济事项预测、决策、控制、分析等方面卓有成效，为制定发展战略、加强经济管理、健全内部控制、提高经济效益做出重大贡献的；

（二）在加强财务会计管理和制度建设方面有创新、有突破，取得显著效果，或在省级以上（含省级）范围内推广应用的；

（三）长期工作在会计岗位第一线，爱岗敬业、任劳任怨，坚持原则、善于理财，并在认真执行会计基础工作规范，切实提高会计信息质量，充分发挥会计职能作用等方面业绩突出的；

（四）在杜绝经济犯罪，避免铺张浪费，保护国家和公共财产，保护投资者、债权人、社会公众合法利益，维护社会主义市场经济秩序和国家财经纪律等方面事迹突出的；

（五）在会计理论研究、教书育人方面卓有建树，取得重大科研成果，为构建我国会计理论和方法体系、

发展会计教育事业做出突出贡献的；

（六）在办理注册会计师业务中执业谨慎、勤勉尽责，努力维护行业形象和声誉，并为行业改革与发展做出显著成绩的；

（七）除上述条件以外在会计工作中作出重大贡献的。

第六条 因执业活动违法、违纪受过行政处罚或刑事处罚，或因直接过失给本单位造成不利后果和不良影响的会计工作者，不得参加评选。

第三章 评选方式和机构

第七条 评选工作按照从事会计工作、从事会计事务管理、会计科研及教学、注册会计师业务四个系列进行评选。

评选工作采取各地区、各部门推荐与财政部集中审核相结合、专家评议与社会公众投票相结合的方式。其中，专家评议意见的评定权重占70%，社会公众投票的评定权重占30%。

第八条 全国先进会计工作者的评选机构分为评定机构和推荐机构。

（一）评定机构。领导小组及其组织的专家评审委员会。专家评审委员会由有关政府部门、会计理论和实务界的专家、学者组成。专家评审委员会成员不得作为全国先进会计工作者候选人。

（二）推荐机构。按照现行会计管理体制，由各省、自治区、直辖市、计划单列市财政厅（局），新疆生产建设兵团财务局，中共中央直属机关事务管理局、国务院机关事务管理局、铁道部、中国人民解放军总后勤部和中国人民武装警察部队后勤部（以下简称中央主管单位）负责推荐。

第四章 评 选 程 序

第九条 符合评选条件的会计工作者经所在单位推荐，并经业务主管部门核实其先进事迹后，由业务主管部门向推荐机构申报有关材料，经评审后产生推荐候选人。没有业务主管部门的，由所在单位向推荐机构直接申报有关材料。

第十条 推荐机构对拟推荐的候选人应根据其申报材料向其所在单位及行使监管职责的有关部门进行核实，如征求纪检、监察、财税、审计、国有资产管理、证券监督管理等部门的意见；对注册会计师行业的候选人，由省级注册会计师协会（含深圳市注册会计师协会）组织评选后向同级财政部门推荐。

第十一条 推荐机构对经审查无异议的候选人应当填写、整理有关材料，报送领导小组办公室。

领导小组办公室按照评选条件，对候选人资格、事迹材料等进行审查、确认，并组织专家评审委员会，根据评选条件，结合候选人的事迹逐一进行评比，遴选出正式候选人；同时，通过有关新闻媒体进行社会公众投票。

领导小组办公室组织专家评审委员会对入围的候选人进行评议和无记名投票，并结合社会公众投票情况，形成评审结果，报领导小组审定，产生全国先进会计工作者。

第五章 表彰与罚则

第十二条 通过评选获得表彰的会计工作者，由财政部授予“全国先进会计工作者”荣誉称号、颁发荣誉证书，并给予必要的物质奖励。

第十三条 通过弄虚作假等手段骗取荣誉称号的，撤销其称号、收回其荣誉证书和相应的物质奖励，并在10年内不得参加财政部门组织的会计工作者评选表彰活动。

第六章 附 则

第十四条 各省、自治区、直辖市、计划单列市财政厅（局），新疆生产建设兵团财务局和中央主管单位参照本办法，制定本地区、本部门的评选表彰办法，报财政部备案。

第十五条 本办法由财政部负责解释。

第十六条 本办法自发布之日起施行。

七、对违反国家财经纪律的会计人员解除专业技术职务等有关问题的通知

财政部、人事部关于对违反国家财经纪律的会计人员解除专业技术职务等有关问题的通知

（财会字[1996]33号）

各省、自治区、直辖市财政厅（局）、人事（人事劳动）厅（局），国务院各有关部、委、局、总公司：

根据《国务院关于整顿会计工作秩序进一步提高会计工作质量的通知》(国发[1996]16号)中"凡属会计人员对违法违纪活动知情不举或通同作弊的,除追究责任外,要取消其会计人员的专业技术资格"的规定,现对违反财经纪律的会计人员解除专业技术职务等有关问题通知如下:

一、会计专业技术人员严重违反国家财经法规和《会计专业职务试行条例》等有关规定,有下列情形之一的,由聘任单位解除其会计专业技术职务,并由发证机构收回其会计专业技术职务聘书及会计专业技术资格证书,取消其会计专业技术资格。核发会计证的机构同时收回其会计证。

(一)对本单位严重违反财经纪律的行为,听之任之,知情不举,造成严重后果的。

(二)主动为本单位违反财经纪律的活动出谋划策,通同作弊,情节严重的。

(三)阻挠政府有关部门依法进行检查,拒绝、隐匿、谎报或不如实提供会计凭证、会计账簿、会计报表和其他会计资料,情节严重的。

(四)缺乏职业道德和基本业务素质,对单位账目混乱或严重违纪行为负有主要责任的。

(五)有其他严重违反财经纪律行为的。

二、负责会计工作秩序整顿检查的部门发现会计人员有上述情形,应会同同级财政部门提出处理意见,报各地区、各部门财政(财务)、人事(干部)部门批准,由人事部门收回其会计专业技术职务聘书和会计专业技术资格证书,注销其有关登记注册材料。中央有关业务主管部门在整顿会计工作秩序中发现所属单位会计人员有上述情形的,亦按上述程序办理。

三、各单位在会计人员年度考核和聘期考核中发现并核实属于本通知第一条规定情况的,其解除会计专业技术职务等有关事项的程序按本通知的第二条规定办理。

四、因违反国家财经纪律,被解除会计专业技术职务并取消会计专业技术资格的会计人员,二年内不得从事会计工作,也不得参加会计专业技术职务评聘和资格考试。

五、各地区、各部门财政(财务)、人事(干部)部门应根据规定制定具体实施办法,送财政部、人事部备案。

中华人民共和国财政部
中华人民共和国人事部
一九九六年十二月二十五日

第五部分　会计监督相关法规

一、财政部门实施会计监督办法

中华人民共和国财政部令

（第 10 号）

现公布《财政部门实施会计监督办法》，自公布之日起施行。

部长　项怀诚

2001 年 2 月 20 日

财政部门实施会计监督办法

第一章　总　则

第一条　为规范财政部门会计监督工作，保障财政部门有效实施会计监督，保护公民、法人和其他组织的合法权益，根据《中华人民共和国会计法》、（以下简称《会计法》）、《中华人民共和国行政处罚法》（以下简称《行政处罚法》）、《企业财务会计报告条例》等有关法律、行政法规的规定，制定本办法。

第二条　国务院财政部门及其派出机构和县级以上地方各级人民政府财政部门（以下统称财政部门）对国家机关、社会团体、公司、企业、事业单位和其他组织（以下统称单位）执行《会计法》和国家统一的会计制度的行为实施监督检查以及对违法会计行为实施行政处罚，适用本办法。

当事人的违法会计行为依法应当给予行政处分的，执行有关法律、行政法规的规定。

第三条　县级以上财政部门负责本行政区域的会计监督检查，并依法对违法会计行为实施行政处罚。

跨行政区域行政处罚案件的管辖确定，由相关的财政部门协商解决；协商不成的，报请共同的上一级财政部门指定管辖。

上级财政部门可以直接查处下级财政部门管辖的案件，下级财政部门对于重大、疑难案件可以报请上级财政部门管辖。

第四条　财政部门对违法会计行为案件的处理，应当按照本办法规定的程序，经审查立案、组织检查、审理后，作出处理决定。

第五条　财政部门应当在内部指定专门的机构或者在相关机构中指定专门的人员负责会计监督检查和违法会计行为案件的立案、审理、执行、移送和案卷管理等工作。财政部门内部相关机构或者职责的设立，应当体现案件调查与案件审理相分离、罚款决定与罚款收缴相分离的原则。

第六条　财政部门应当建立健全会计监督制度，并将会计监督与财务监督和其他财政监督结合起来，不断改进和加强会计监督工作。

第七条　任何单位和个人对违法会计行为有权检举。

财政部门对受理的检举应当及时按照有关规定处理，不得将检举人姓名和检举材料转给被检举单位和被检举人个人。

第八条　财政部门及其工作人员对在会计监督检查工作中知悉的国家秘密和商业秘密负有保密义务。

第二章　会计监督检查的内容、形式和程序

第九条　财政部门依法对各单位设置会计账簿的下列情况实施监督检查：

（一）应当设置会计账簿的是否按规定设置会计账簿；

（二）是否存在账外设账的行为；

（三）是否存在伪造、变造会计账簿的行为；

（四）设置会计账簿是否存在其他违反法律、行政法规和国家统一的会计制度的行为。

第十条　财政部门依法对各单位会计凭证、会计账簿、财务会计报告和其他会计资料的真实性、完整性实施监督检查，内容包括：

（一）《会计法》第十条规定的应当办理会计手续、进行会计核算的经济业务事项是否如实在会计凭证、会计账簿、财务会计报告和其他会计资料上反映；

（二）填制的会计凭证、登记的会计账簿、编制的财务会计报告与实际发生的经济业务事项是否相符；

（三）财务会计报告的内容是否符合有关法律、行政法规和国家统一的会计制度的规定；

（四）其他会计资料是否真实、完整。

第十一条　财政部门依法对各单位会计核算的下列情况实施监督检查：

（一）采用会计年度、使用记账本位币和会计记录文字是否符合法律、行政法规和国家统一的会计制度的规定；

（二）填制或者取得原始凭证、编制记账凭证、登记会计账簿是否符合法律、行政法规和国家统一的会计制度的规定；

（三）财务会计报告的编制程序、报送对象和报送期限是否符合法律、行政法规和国家统一的会计制度的规定；

（四）会计处理方法的采用和变更是否符合法律、行政法规和国家统一的会计制度的规定；

（五）使用的会计软件及其生成的会计资料是否符合法律、行政法规和国家统一的会计制度的规定；

（六）是否按照法律、行政法规和国家统一的会计制度的规定建立并实施内部会计监督制度；

（七）会计核算是否有其他违法会计行为。

第十二条　财政部门依法对各单位会计档案的建立、保管和销毁是否符合法律、行政法规和国家统一的会计制定的规定实施监督检查。

第十三条　财政部门依法对公司、企业执行《会计法》第二十五条和第二十六条的情况实施监督检查。

第十四条　财政部门依法对各单位任用会计人员的下列情况实施监督检查：

（一）从事会计工作的人员是否持有会计从业资格证书；

（二）会计机构负责人（会计主管人员）是否具备法律、行政法规和国家统一的会计制度规定的任职资格。

第十五条　国务院财政部门及其派出机构和省、自治区、直辖市财政部门依法对会计师事务所出具的审计报告的程序和内容实施监督检查。

第十六条　财政部门实施会计监督检查可以采用下列形式：

（一）对单位遵守《会计法》、会计行政法规和国家统一的会计制度情况进行全面检查；

（二）对单位会计基础工作、从事会计工作的人员持有会计从业资格证书、会计人员从业情况进行专项检查或者抽查；

（三）对有检举线索或者在财政管理工作中发现有违法嫌疑的单位进行重点检查；

（四）对经注册会计师审计的财务会计报告进行定期抽查；

（五）对会计师事务所出具的审计报告进行抽查；

（六）依法实施其他形式的会计监督检查。

第十七条　财政部门实施会计监督检查，应当执行《财政检查工作规则》（财政部财监字[1998]223号）和本办法规定的工作程序、要求，保证会计监督检查的工作质量。

第十八条　在会计监督检查中，检查人员应当如实填写会计监督检查工作记录。

会计监督检查工作记录应当包括下列内容：

（一）检查工作记录的编号；

（二）被检查单位违法会计行为发生的日期、记账凭证编号、会计账簿名称和编号、财务会计报告名称和会计期间、会计档案编号；

（三）被检查单位违法会计行为主要内容摘录；

（四）会计监督检查工作记录附件的主要内容和页数；

（五）其他应当说明的事项；

（六）检查人员签章及填制日期；

（七）检查组长签章及日期。

前款第(四)项所称会计监督检查工作记录附件应当包括下列材料：

（一）与被检查事项有关的会计凭证、会计账簿、财务会计报告等会计资料的复印件；

（二）与被检查事项有关的文件、合同、协议、往来函件等资料的复印件；

（三）注册会计师及其会计师事务所出具的审计报告、有关资料的复印件；

（四）其他有关资料。

第十九条 财政部门实施会计监督检查，可以在被检查单位的业务场所进行；必要时，经财政部门负责人批准，也可以将被检查单位以前会计年度的会计凭证、会计账簿、财务会计报告和其他有关资料调回财政部门检查，但须由组织检查的财政部门向被检查单位开具调用会计资料清单，并在三个月内完整退还。

第二十条 财政部门在被检查单位涉嫌违法的证据可能灭失或者以后难以取得的情况下，经财政部门负责人批准，可以对证据先行登记保存，并应当在七日内对先行登记保存的证据作出处理决定。

第二十一条 国务院财政部门及其派出机构在对有关单位会计资料的真实性、完整性实施监督检查过程中，发现重大违法嫌疑时，可以向与被检查单位有经济业务往来的单位查询被检查单位开立账户的金融机构查询有关情况。向与被检查单位有经济业务往来的单位查询有关情况，应当向国务院财政部门或者其派出机构负责人批准，并持查询情况许可证明；向被检查单位开立账户的金融机构查询情况，应当遵守《关于财政部及其派出机构查询被监督单位有关情况若干具体问题的通知》(财政部、中国人民银行财监字[2000]39号)的规定。

第二十二条 检查组应当在检查工作结束后十日内，将会计监督检查报告、会计监督检查工作记录及其附件、被检查当事人提出的书面意见提交组织检查的财政部门。

会计监督检查报告应当包括下列内容：

（一）检查的范围、内容、形式和时间；

（二）被检查单位的基本情况；

（三）检查组检查工作的基本情况；

（四）当事人的违法会计行为和确认违法事实的依据；

（五）对当事人给予行政处罚的建议；

（六）对当事人给予行政处分的建议；

（七）对涉嫌犯罪的当事人提出移送司法机关的建议；

（八）其他需要说明的内容；

（九）检查组组长签章及日期。

第二十三条 财政部门对于检查组提交的会计监督检查报告及其他有关材料应当按照本办法第四章的有关规定进行审理，并作出处理决定。

第三章 处理、处罚的种类和适用

第二十四条 财政部门在会计监督检查中实施行政处罚的种类包括：

（一）警告；

（二）罚款；

（三）吊销会计从业资格证书。

第二十五条 财政部门对违法会计行为查实后，应当责令当事人改正或者限期改正，并依法给予行政处罚。

第二十六条 当事人有下列情形之一的，财政部门应当依法从轻给予行政处罚：

（一）违法会计行为是初犯，且主动改正违法会计行为、消除危害后果的；

（二）违法会计行为是受他人胁迫进行的；

（三）配合财政部门查处违法会计行为有立功表现的；

（四）其它依法应当从轻给予行政处罚的。

第二十七条 当事人有下列情形之一的，财政部门应当依法从重给予行政处罚：

（一）无故未能按期改正违法会计行为的；

（二）屡查屡犯的；

（三）抗拒、阻挠依法实施的监督，不如实提供有关会计资料和情况的；

（四）胁迫他人实施违法会计行为的；

（五）违法会计行为对单位的账务状况和经营成果产生重大影响的；

（六）以虚假的经济业务事项或者资料为依据进行会计核算，造成会计信息严重失实的；

（七）随意改变会计要素确认标准、计量方法，造成会计信息严重失实的；

（八）违法会计行为是以截留、挪用、侵占、浪费国家财政资金为目的的；

（九）违法会计行为已构成犯罪但司法机关免予刑事处罚的。

第二十八条 财政部门在对本办法第九条、第十条、第十一条、第十二条、第十三条、第十四条规定的内容实施会计监督检查中，发现当事人有《会计法》第四十二条第一款所列违法会计行为的，应当依照《会计法》第四十二条的规定处罚。

第二十九条 财政部门在对本办法第九条、第十条、第十一条、第十二条、第十三条规定的内容实施会计监督检查中，发现当事人有伪造、变造会计凭证、会计账簿或者编制虚假财务会计报告的，应当依照《会计法》第四十三条的规定处理。

第三十条 财政部门在对本办法第九条、第十条、第十一条、第十二条、第十三条规定的内容实施会计监督检查中，发现有隐匿或者故意销毁依法应当保存的会计凭证、会计账簿、财务会计报告的违法会计行为的，应当依照《会计法》第四十四条的规定处理。

第三十一条 财政部门在实施会计监督检查中，发现被检查单位的有关人员有授意、指使、强令会计机构、会计人员及其他人员伪造、变造或者隐匿、故意销毁依法应当保存的会计凭证、会计账簿，编制虚假财务会计报告行为的，应当依照《会计法》第四十五条的规定处理。

第三十二条 财政部门在会计监督检查中发现单位负责人对依法履行职责的会计人员实行打击报复的，应当依照《会计法》第四十六条的规定处理。

第三十三条 财政部门对本办法第十五条规定的内容实施监督检查时，发现注册会计师及会计师事务所出具审计报告的程序和内容违反《中华人民共和国注册会计师法》规定的，应当依照《中华人民共和国注册会计师法》的有关规定处理。

第三十四条 财政部门认为违法会计行为构成犯罪的，应当依照有关规定移送司法机关处理。

第三十五条 财政部门的工作人员在实施会计监督中，有下列行为之一的，依法给予行政处分；构成犯罪的，依法追究刑事责任：

（一）滥用职权的；

（二）玩忽职守、徇私舞弊的；

（三）索贿受贿的；

（四）泄露国家秘密、商业秘密的。

第四章 行政处罚程序

第三十六条 财政部门对违法会计行为实施行政处罚，应当按照本章规定的程序办理。

第三十七条 财政部门对公民、法人和其他组织检举的违法会计行为案件，应当予以审查，并在七日内决定是否立案。

第三十八条 财政部门对违法会计行为案件的下列内容予以审查：

（一）违法事实是否清楚；

（二）证据是否确凿；

（三）其他需要审查的内容。

第三十九条 财政部门对符合下列条件的违法会计行为案件应当予以立案：

（一）有明确的违法会计行为、违法会计行为人；

（二）有可靠的事实依据；

（三）当事人的违法会计行为依法应当给予行政处罚；

（四）属于本机关管辖。

第四十条 财政部门对违法会计行为案件审查后，认为不符合立案条件的，应当告知检举人，并将审查意见存档；认为案件依法应当由其他部门管辖的，及时将案件材料移送有关部门。

第四十一条 对下列违法会计行为案件，财政部门可以直接立案：

（一）在会计监督检查中发现的；

（二）在其它财政监督检查中发现的；

（三）在日常财政管理工作中发现的；

（四）上级财政部门指定办理、下级财政部门上报的；

（五）有关部门移送的。

第四十二条 财政部门对按照本办法第三十七条、第三十九条和第四十一条（三）、（四）、（五）项规定立案的违法会计行为案件，应当按照本办法第二章规定的程序实施会计监督检查。

第四十三条 财政部门应当建立违法会计行为案件的审理制度。

财政部门应当指定专门的机构或者在相关机构中指定专门的人员，负责对已经立案并实施会计监督检查的案件按照本章规定的程序审核检查提交的有关材料，以确定是否对当事人给予行政处罚以及对当事人的处罚种类和幅度。

第四十四条 财政部门对违法会计行为案件的审理应当依照有关法律、行政法规和规章的规定进行，并遵循实事求是、证据确凿、程序合法、错罚相当的原则。

第四十五条 案件审理人员应当对违法会计行为案件的下列内容进行审查：

（一）实施的会计监督检查是否符合法定程序；

（二）当事人的违法事实是否清楚；

（三）收集的证明材料是否真实、充分；

（四）认定违法会计行为所适用的依据是否正确；

（五）建议给予的行政处罚种类和幅度是否合法和适当；

（六）当事人陈述和申辩的理由是否成立；

（七）需要审理的其他事项。

第四十六条 案件审理人员对其审理的案件可以分别作出下列处理：

（一）对会计监督检查未履行法定程序的，经向财政部门负责人报告并批准后，采取必要的弥补措施。

（二）对违法事实不清、证据不充分的。中止审理，并通知有关检查人员予以说明或者补充、核实有关的检查材料。必要时，经财政部门负责人批准，可另行组织调查、取证。

（三）对认定违法会计行为所适用的依据、建议给予的行政处罚的种类和幅度不正确、不适当的，提出修改意见。

（四）对审理事项没有异议的，签署同意意见。

第四十七条 财政部门根据对违法会计行为案件的审理结果，分别作出下列处理决定：

（一）违法事实不能成立的，不得给予行政处罚。

（二）违法会计行为轻微，依法不予行政处罚的，不予行政处罚。

（三）违法事实成立，依法应当给予行政处罚的，作出行政处罚决定。

（四）违法会计行为应当给予行政处分的，将有关材料移送其所在单位或者有关单位，并提出给予行政处分的具体建议。

（五）按照有关法律、行政法规和规章的规定，违法行为应当由其他部门实施行政处罚的，将有关材料移送有关部门处理。

（六）认为违法行为构成犯罪的，将违法案件有关材料移送司法机关处理。

第四十八条 财政部门对当事人没有违法会计行为或者违法会计行为轻微依法不予行政处罚的，应当制作会计监督检查结论，送达当事人，并根据需要将副本抄送有关单位。

会计监督检查结论包括下列内容：

（一）财政部门的名称；

（二）检查的范围、内容、形式和时间；

（三）对检查事项未发现违法会计行为或者违法会计行为轻微依法不予行政处罚的说明；

（四）要求当事人限期改正违法会计行为的期限；

（五）其他需要说明的内容。

第四十九条　财政部门对违法会计行为依法作出行政处罚决定后，应当制作会计监督行政处罚决定书，送达当事人，并根据需要将副本抄送有关单位。

会计监督行政处罚决定书应当载明下列事项：

（一）当事人名称或者姓名、地址；

（二）违反法律、行政法规、国家统一的会计制度的事实和证据；

（三）要求当事人限期改正违法会计行为的期限；

（四）行政处罚决定及其依据；

（五）行政处罚的履行方式和期限；

（六）当事人不服行政处罚决定，申请行政复议或者提起行政诉论的途径和期限；

（七）作出行政处罚决定的财政部门的名称、印章；

（八）作出行政处罚决定的日期、处罚决定文号；

（九）如果有附件应当说明附件的名称和数量。

第五十条　财政部门在作出行政处罚决定之前，应当告知当事人作出行政处罚决定的事实、理由及依据。当事人有权进行陈述和申辩。

财政部门应当充分听取当事人的意见，并应当对当事人提出的事实、理由和证据进行复核；当事人提出的事实、理由或者证据成立的，财政部门应当采纳。

财政部门不得因当事人申辩而加重处罚。

第五十一条　财政部门作出较大数额罚款、吊销会计从业资格证书的行政处罚决定之前，应当告知当事人有要求听证的权利；当事人要求听证的，应当按照《财政部门行政处罚听证程序实施办法》(财政部财法字[1998]18号)的规定组织听证。

第五十二条　听证程序终结后，财政部门应当根据本办法第四十七条的规定作出处罚决定。

第五十三条　财政部门应当在接到会计监督检查报告之日起三十日内作出处理决定，并送达当事人；遇有特殊情况可延长至六十日内送达当事人。

第五十四条　财政部门依法作出行政处罚决定后，应当在规定的期限内履行行政处罚决定。

当事人对行政处罚决定不服申请行政复议或者提起行政诉讼的，行政处罚不停止执行，但法律、行政法规另有规定的除外。

第五十五条　当事人逾期不申请行政复议或者不提起行政诉讼又不履行处罚决定的，由作出行政处罚决定的财政部门申请人民法院强制执行。

第五十六条　当事人到期不缴纳罚款的，作出处罚决定的财政部门可以按照《行政处罚法》的有关规定对当事人加处罚款。

当事人对加处罚款有异议的，应当先缴纳罚款和因逾期缴纳罚款所加处的罚款，再依法申请行政复议或者提起行政诉讼。

第五十七条　案件结案后，案件审理人员应当做好案件材料的立卷归档工作。

第五十八条　财政部门应当建立违法会计行为案件备案制度。

县级以上地方财政部门对适用听证程序、提起行政诉讼和上级财政部门指定办理的案件，应当在结案后三十日内向上一级财政部门备案。

第五章　附　　则

第五十九条　本办法所称“违法会计行为”，是指公民、法人和其它组织违法《会计法》和其他有关法律、行政法规、国家统一的会计制度的行为。

本办法所称“违法会计行为案件”，是指财政部门发现的或者受理的公民、法人和其它组织涉嫌有违法会计行为的案件。

第六十条　本办法所称“当事人”，是指财政部门实施会计监督检查的单位及其对会计行为直接负责的主管人员和其他直接责任人员。

第六十一条　本办法第五十一条所称“较大数额罚款”，是指对个人处以二千元以上罚款、对法人或者其他组织处以五万元以上罚款。

各省、自治区、直辖市通过的地方法规对“较大数额罚款”的限额另有规定的，可以不受上述数额的限制。

第六十二条 本办法所称“限期改正”的期限原则上为十五日。有特殊原因需要延长的，由组织检查的财政部门决定。

第六十三条 本办法所称的“日”，均指有效工作日。

第六十四条 各省、自治区、直辖市、计划单列市财政部门、新疆生产建设兵团可以依照本办法制定具体的实施办法，报国务院财政部门备案。

第六十五条 本办法自发布之日起施行。

二、全国人民代表大会常务委员会法制工作委员会关于对“隐匿、销毁会计凭证、会计账簿、财务会计报告构成犯罪的主体范围”问题的答复意见

全国人民代表大会常务委员会法制工作委员会关于对“隐匿、销毁会计凭证、会计账簿、财务会计报告构成犯罪的主体范围”问题的答复意见

（法工委复字[2002]3号　2002年1月14日）

审计署：

你署2001年11月22日来函（审函[2001]126号）收悉，经研究，现答复如下：

根据全国人大常委会1999年12月25日刑法修正案第一条的规定，任何单位和个人在办理会计事务时对依法应当保存的会计凭证、会计账簿、财务会计报告，进行隐匿、销毁，情节严重的，构成犯罪，应当依法追究其刑事责任。

根据刑事诉讼法第十八条关于刑事案件侦查管辖的规定，除法律规定的特定案件由人民检察院立案侦查以外，其他刑事案件的侦查应由公安机关进行。隐匿、销毁会计凭证、会计账簿、财务会计报告，构成犯罪的，应当由公安机关立案侦查。

第二编

企业会计法规

第六部分　企业会计法规

一、企业财务会计报告条例

中华人民共和国国务院令

（第 287 号）

现公布《企业财务会计报告条例》，自 2001 年 1 月 1 日起施行。

总理　朱镕基

二〇〇〇年六月二十一日

企业财务会计报告条例

第一章　总　　则

第一条　为了规范企业财务会计报告，保证财务会计报告的真实、完整，根据《中华人民共和国会计法》，制定本条例。

第二条　企业（包括公司，下同）编制和对外提供财务会计报告，应当遵守本条例。

本条例所称财务会计报告，是指企业对外提供的反映企业某一特定日期财务状况和某一会计期间经营成果、现金流量的文件。

第三条　企业不得编制和对外提供虚假的或者隐瞒重要事实的财务会计报告。

企业负责人对本企业财务会计报告的真实性、完整性负责。

第四条　任何组织或者个人不得授意、指使、强令企业编制和对外提供虚假的或者隐瞒重要事实的财务会计报告。

第五条　注册会计师、会计师事务所审计企业财务会计报告，应当依照有关法律、行政法规以及注册会计师执业规则的规定进行，并对所出具的审计报告负责。（相关资料：实务指南）

第二章　财务会计报告的构成

第六条　财务会计报告分为年度、半年度、季度和月度财务会计报告。

第七条　年度、半年度财务会计报告应当包括：

（一）会计报表；

（二）会计报表附注；

（三）财务情况说明书。

会计报表应当包括资产负债表、利润表、现金流量表及相关附表。

第八条　季度、月度财务会计报告通常仅指会计报表，会计报表至少应当包括资产负债表和利润表。国家统一的会计制度规定季度、月度财务会计报告需要编制会计报表附注的，从其规定。

第九条　资产负债表是反映企业在某一特定日期财务状况的报表。资产负债表应当按照资产、负债和所有者权益（或者股东权益，下同）分类分项列示。其中，资产、负债和所有者权益的定义及列示应当遵循下列规定：

（一）资产，是指过去的交易、事项形成并由企业拥有或者控制的资源，该资源预期会给企业带来经济利益。在资产负债表上，资产应当按照其流动性分类分项列示，包括流动资产、长期投资、固定资产、无形资产及其他资产。银行、保险公司和非银行金融机构的各项资产有特殊性的，按照其性质分类分项列示。

（二）负债，是指过去的交易、事项形成的现时义务，履行该义务预期会导致经济利益流出企业。在资产负债表上，负债应当按照其流动性分类分项列示，包括流动负债、长期负债等。银行、保险公司和非银行金融机构的各项负债有特殊性的，按照其性质分类分项列示。

（三）所有者权益，是指所有者在企业资产中享有的经济利益，其金额为资产减去负债后的余额。在资产负债表上，所有者权益应当按照实收资本（或者股本）、资本公积、盈余公积、未分配利润等项目分项列示。

第十条 利润表是反映企业在一定会计期间经营成果的报表。利润表应当按照各项收入、费用以及构成利润的各个项目分类分项列示。其中，收入、费用和利润的定义及列示应当遵循下列规定：

（一）收入，是指企业在销售商品、提供劳务及让渡资产使用权等日常活动中所形成的经济利益的总流入。收入不包括为第三方或者客户代收的款项。在利润表上，收入应当按照其重要性分项列示。

（二）费用，是指企业为销售商品、提供劳务等日常活动所发生的经济利益的流出。在利润表上，费用应当按照其性质分项列示。

（三）利润，是指企业在一定会计期间的经营成果。在利润表上，利润应当按照营业利润、利润总额和净利润等利润的构成分类分项列示。

第十一条 现金流量表是反映企业一定会计期间现金和现金等价物（以下简称现金）流入和流出的报表。现金流量表应当按照经营活动、投资活动和筹资活动的现金流量分类分项列示。其中，经营活动、投资活动和筹资活动的定义及列示应当遵循下列规定：

（一）经营活动，是指企业投资活动和筹资活动以外的所有交易和事项。在现金流量表上，经营活动的现金流量应当按照其经营活动的现金流入和流出的性质分项列示；银行、保险公司和非银行金融机构的经营活动按照其经营活动特点分项列示。

（二）投资活动，是指企业长期资产的购建和不包括在现金等价物范围内的投资及其处置活动。在现金流量表上，投资活动的现金流量应当按照其投资活动的现金流入和流出的性质分项列示。

（三）筹资活动，是指导致企业资本及债务规模和构成发生变化的活动。在现金流量表上，筹资活动的现金流量应当按照其筹资活动的现金流入和流出的性质分项列示。

（相关资料：实务指南）

第十二条 相关附表是反映企业财务状况、经营成果和现金流量的补充报表，主要包括利润分配表以及国家统一的会计制度规定的其他附表。

利润分配表是反映企业一定会计期间对实现净利润以及以前年度未分配利润的分配或者亏损弥补的报表。利润分配表应当按照利润分配各个项目分类分项列示。

第十三条 年度、半年度会计报表至少应当反映两个年度或者相关两个期间的比较数据。

第十四条 会计报表附注是为便于会计报表使用者理解会计报表的内容而对会计报表的编制基础、编制依据、编制原则和方法及主要项目等所作的解释。会计报表附注至少应当包括下列内容：

（一）不符合基本会计假设的说明；

（二）重要会计政策和会计估计及其变更情况、变更原因及其对财务状况和经营成果的影响；

（三）或有事项和资产负债表日后事项的说明；

（四）关联方关系及其交易的说明；

（五）重要资产转让及其出售情况；

（六）企业合并、分立；

（七）重大投资、融资活动；

（八）会计报表中重要项目的明细资料；

（九）有助于理解和分析会计报表需要说明的其他事项。

第十五条 财务情况说明书至少应当对下列情况作出说明：

（一）企业生产经营的基本情况；

（二）利润实现和分配情况；

（三）资金增减和周转情况；

（四）对企业财务状况、经营成果和现金流量有重大影响的其他事项。

第三章 财务会计报告的编制

第十六条 企业应当于年度终了编报年度财务会计报告。国家统一的会计制度规定企业应当编报半年度、季度和月度财务会计报告的，从其规定。

第十七条 企业编制财务会计报告，应当根据真实的交易、事项以及完整、准确的账簿记录等资料，并按照国家统一的会计制度规定的编制基础、编制依据、编制原则和方法。

企业不得违反本条例和国家统一的会计制度规定，随意改变财务会计报告的编制基础、编制依据、编制原则和方法。

任何组织或者个人不得授意、指使、强令企业违反本条例和国家统一的会计制度规定，改变财务会计报告的编制基础、编制依据、编制原则和方法。

第十八条　企业应当依照本条例和国家统一的会计制度规定，对会计报表中各项会计要素进行合理的确认和计量，不得随意改变会计要素的确认和计量标准。

第十九条　企业应当依照有关法律、行政法规和本条例规定的结账日进行结账，不得提前或者延迟。年度结账日为公历年度每年的12月31日；半年度、季度、月度结账日分别为公历年度每半年、每季、每月的最后一天。

第二十条　企业在编制年度财务会计报告前，应当按照下列规定，全面清查资产、核实债务：

（一）结算款项，包括应收款项、应付款项、应交税金等是否存在，与债务、债权单位的相应债务、债权金额是否一致；

（二）原材料、在产品、自制半成品、库存商品等各项存货的实存数量与账面数量是否一致，是否有报废损失和积压物资等；

（三）各项投资是否存在，投资收益是否按照国家统一的会计制度规定进行确认和计量；

（四）房屋建筑物、机器设备、运输工具等各项固定资产的实存数量与账面数量是否一致；

（五）在建工程的实际发生额与账面记录是否一致；

（六）需要清查、核实的其他内容。

企业通过前款规定的清查、核实，查明财产物资的实存数量与账面数量是否一致、各项结算款项的拖欠情况及其原因、材料物资的实际储备情况、各项投资是否达到预期目的、固定资产的使用情况及其完好程度等。企业清查、核实后，应当将清查、核实的结果及其处理办法向企业的董事会或者相应机构报告，并根据国家统一的会计制度的规定进行相应的会计处理。

企业应当在年度中间根据具体情况，对各项财产物资和结算款项进行重点抽查、轮流清查或者定期清查。

第二十一条　企业在编制财务会计报告前，除应当全面清查资产、核实债务外，还应当完成下列工作：

（一）核对各会计账簿记录与会计凭证的内容、金额等是否一致，记账方向是否相符；

（二）依照本条例规定的结账日进行结账，结出有关会计账簿的余额和发生额，并核对各会计账簿之间的余额；

（三）检查相关的会计核算是否按照国家统一的会计制度的规定进行；

（四）对于国家统一的会计制度没有规定统一核算方法的交易、事项，检查其是否按照会计核算的一般原则进行确认和计量以及相关账务处理是否合理；

（五）检查是否存在因会计差错、会计政策变更等原因需要调整前期或者本期相关项目。

在前款规定工作中发现问题的，应当按照国家统一的会计制度的规定进行处理。

第二十二条　企业编制年度和半年度财务会计报告时，对经查实后的资产、负债有变动的，应当按照资产、负债的确认和计量标准进行确认和计量，并按照国家统一的会计制度的规定进行相应的会计处理。

第二十三条　企业应当按照国家统一的会计制度规定的会计报表格式和内容，根据登记完整、核对无误的会计账簿记录和其他有关资料编制会计报表，做到内容完整、数字真实、计算准确，不得漏报或者任意取舍。

第二十四条　会计报表之间、会计报表各项目之间，凡有对应关系的数字，应当相互一致；会计报表中本期与上期的有关数字应当相互衔接。

第二十五条　会计报表附注和财务情况说明书应当按照本条例和国家统一的会计制度的规定，对会计报表中需要说明的事项作出真实、完整、清楚的说明。

第二十六条　企业发生合并、分立情形的，应当按照国家统一的会计制度的规定编制相应的财务会计报告。

第二十七条　企业终止营业的，应当在终止营业时按照编制年度财务会计报告的要求全面清查资产、核实债务、进行结账，并编制财务会计报告；在清算期间，应当按照国家统一的会计制度的规定编制清算期间的财务会计报告。

第二十八条 按照国家统一的会计制度的规定，需要编制合并会计报表的企业集团，母公司除编制其个别会计报表外，还应当编制企业集团的合并会计报表。

企业集团合并会计报表，是指反映企业集团整体财务状况、经营成果和现金流量的会计报表。

第四章 财务会计报告的对外提供

第二十九条 对外提供的财务会计报告反映的会计信息应当真实、完整。

第三十条 企业应当依照法律、行政法规和国家统一的会计制度有关财务会计报告提供期限的规定，及时对外提供财务会计报告。

第三十一条 企业对外提供的财务会计报告应当依次编定页数，加具封面，装订成册，加盖公章。封面上应当注明：企业名称、企业统一代码、组织形式、地址、报表所属年度或者月份、报出日期，并由企业负责人和主管会计工作的负责人、会计机构负责人（会计主管人员）签名并盖章；设置总会计师的企业，还应当由总会计师签名并盖章。

第三十二条 企业应当依照企业章程的规定，向投资者提供财务会计报告。

国务院派出监事会的国有重点大型企业、国有重点金融机构和省、自治区、直辖市人民政府派出监事会的国有企业，应当依法定期向监事会提供财务会计报告。

第三十三条 有关部门或者机构依照法律、行政法规或者国务院的规定，要求企业提供部分或者全部财务会计报告及其有关数据的，应当向企业出示依据，并不得要求企业改变财务会计报告有关数据的会计口径。

第三十四条 非依照法律、行政法规或者国务院的规定，任何组织或者个人不得要求企业提供部分或者全部财务会计报告及其有关数据。

违反本条例规定，要求企业提供部分或者全部财务会计报告及其有关数据的，企业有权拒绝。

第三十五条 国有企业、国有控股的或者占主导地位的企业，应当至少每年一次向本企业的职工代表大会公布财务会计报告，并重点说明下列事项：

（一）反映与职工利益密切相关的信息，包括：管理费用的构成情况，企业管理人员工资、福利和职工工资、福利费用的发放、使用和结余情况，公益金的提取及使用情况，利润分配的情况以及其他与职工利益相关的信息；

（二）内部审计发现的问题及纠正情况；

（三）注册会计师审计的情况；

（四）国家审计机关发现的问题及纠正情况；

（五）重大的投资、融资和资产处置决策及其原因的说明；

（六）需要说明的其他重要事项。

第三十六条 企业依照本条例规定向有关各方提供的财务会计报告，其编制基础、编制依据、编制原则和方法应当一致，不得提供编制基础、编制依据、编制原则和方法不同的财务会计报告。

第三十七条 财务会计报告须经注册会计师审计的，企业应当将注册会计师及其会计师事务所出具的审计报告随同财务会计报告一并对外提供。

第三十八条 接受企业财务会计报告的组织或者个人，在企业财务会计报告未正式对外披露前，应当对其内容保密。

第五章 法律责任

第三十九条 违反本条例规定，有下列行为之一的，由县级以上人民政府财政部门责令限期改正，对企业可以处3 000元以上5万元以下的罚款；对直接负责的主管人员和其他直接责任人员，可以处2 000元以上2万元以下的罚款；属于国家工作人员的，并依法给予行政处分或者纪律处分：

（一）随意改变会计要素的确认和计量标准的；

（二）随意改变财务会计报告的编制基础、编制依据、编制原则和方法的；

（三）提前或者延迟结账日结账的；

（四）在编制年度财务会计报告前，未按照本条例规定全面清查资产、核实债务的；

（五）拒绝财政部门和其他有关部门对财务会计报告依法进行的监督检查，或者不如实提供有关情况的。

会计人员有前款所列行为之一，情节严重的，由县级以上人民政府财政部门吊销会计从业资格证书。

第四十条　企业编制、对外提供虚假的或者隐瞒重要事实的财务会计报告，构成犯罪的，依法追究刑事责任。

有前款行为，尚不构成犯罪的，由县级以上人民政府财政部门予以通报，对企业可以处5 000元以上10万元以下的罚款；对直接负责的主管人员和其他直接责任人员，可以处3 000元以上5万元以下的罚款；属于国家工作人员的，并依法给予撤职直至开除的行政处分或者纪律处分；对其中的会计人员，情节严重的，并由县级以上人民政府财政部门吊销会计从业资格证书。

第四十一条　授意、指使、强令会计机构、会计人员及其他人员编制、对外提供虚假的或者隐瞒重要事实的财务会计报告，或者隐匿、故意销毁依法应当保存的财务会计报告，构成犯罪的，依法追究刑事责任；尚不构成犯罪的，可以处5 000元以上5万元以下的罚款；属于国家工作人员的，并依法给予降级、撤职、开除的行政处分或者纪律处分。

第四十二条　违反本条例的规定，要求企业向其提供部分或者全部财务会计报告及其有关数据的，由县级以上人民政府责令改正。

第四十三条　违反本条例规定，同时违反其他法律、行政法规规定的，由有关部门在各自的职权范围内依法给予处罚。

第六章　附　　则

第四十四条　国务院财政部门可以根据本条例的规定，制定财务会计报告的具体编报办法。

第四十五条　不对外筹集资金、经营规模较小的企业编制和对外提供财务会计报告的办法，由国务院财政部门根据本条例的原则另行规定。

第四十六条　本条例自2001年1月1日起施行。

二、企业年度汇总会计信息报告制度

企业年度汇总会计信息报告制度

（财统[2000]12号）

第一章　总　　则

第一条　为进一步加强我国企业会计信息的采集与管理工作，规范企业会计信息编报程序，逐步建立科学、规范的企业年度会计信息报告工作体系，根据《中华人民共和国会计法》和《企业财务会计报告条例》等有关法律、法规规定，制定本制度。

第二条　本制度所称的企业年度汇总会计信息报告是指依法应当向政府财政部门提供财务报告的企业，在每个会计年度终了，向政府财政部门报告并反映企业经营年度内的财务状况、经营成果、现金流量、财政资金缴拨、资产存量与质量等方面信息的文件，也是企业向财政部门报送的年度决算报告。

第三条　企业年度汇总会计信息报告制度的内容主要包括企业会计信息编报范围、报告内容、工作组织、编制汇总、审核上报以及数据核查、数据管理等。

第四条　通过建立与我国经济管理工作相适应的企业年度汇总会计信息报告制度，收集汇总各级各类企业的财务会计信息和资产经营管理信息，掌握企业财务经营成果、资本运营质量、社会贡献程度、资产积累规模等基本数据资料，满足国家财务会计监督、经济管理及改革、结构调整等制定有关政策的信息需要。

第二章　编制范围

第五条　企业年度汇总会计信息报告编报范围包括全部国有及国有控股企业和城镇集体企业。

第六条　本制度所称国有及国有控股企业包括：

（一）国有独资企业或公司，指非公司制的国有独资工厂、商店、矿山等企业以及由国家或国有企业作为唯一出资人的公司制企业。

（二）国有控股企业，指国家或国有企业作为出资人之一，国有投资份额占其资本比例具有支配或控制地位的各类股份有限公司和有限责任公司，以及各类合资、合作经营企业。

(三) 其他拥有国家投资的企业,主要包括实行企业化管理的国有事业单位,国家或国家投资企业开办的各类境外企业、办事机构,各级行政事业单位投资开办的各类企业或经济实体。

第七条 本制度所称城镇集体企业主要包括国家批准的建制镇以上城镇(含建制镇)中,在各级工商行政管理机关登记注册为集体所有制性质的各类集体企业。具体包括:

(一) 集体企业和集体企业控股的联合经济组织、股份合作制企业。

(二) 各类集体企业改制为合资合作、股份制的企业,具体指集体或集体组织作为出资人之一,集体性质的投资份额占其资本比例具有支配地位或控制作用的各类股份制公司,以及各类合资、合作经营企业。

(三) 各级供销社及其在农村设立的基层单位。

(四) 其他以各种形式占有、使用、代管集体资产的企业或单位。

第八条 编报企业年度汇总会计信息报告时,应明确基本填报单位。基本填报单位是指编制企业年度汇总会计信息报告的基层企业,应同时具备下列条件:

(一) 具有独立企业法人资格。

(二) 独立核算。

(三) 能独立编制完整的资产负债表。

特殊部门、行业的基本填报单位由财政部另行规定。

第九条 各类企业应按照产权管理级次逐级确定基层企业编报范围。企业基本填报单位统一确定为:大型企业(含大型企业集团)下属填报对象为第三级以上(含第三级)企业,第三级以下企业并入第三级填报;中小型企业下属填报对象为子公司以上企业(含子公司),子公司以下企业并入子公司填报。

第十条 编报年度汇总会计信息报告的企业范围包括国民经济行业中的农、林、牧、渔业,采掘业,制造业,电力、煤气及水的生产和供应业,房地产业,建筑业,地质勘察业,水利管理业,交通运输、仓储及邮电通信业,批发和零售贸易、餐饮业,社会服务业以及其他国民经济行业中的工商类企业。

第三章 报告内容

第十一条 企业年度汇总会计信息报告内容主要包括企业年度汇总会计报表、会计报表附注、财务情况说明书、数据软盘(包括各类磁介质或光介质)企业年度汇总会计报表内容包括:

(一) 报表封面。

(二) 资产负债表、利润及利润分配表、现金流量表三张主表。

(三) 应上交应弥补款项表、基本情况表、股份有限公司主要指标表和国有资产总量及保值增值情况表等四张附表。

(四) 特殊行业的有关补充指标表。

报表的数据软盘(包括基础数据、合并或汇总数据)随同报告上报。

第十二条 企业年度汇总会计报表封面内容主要包括企业名称、法定代表人、财务负责人、通讯联络方式等文字信息,以及企业统一代码、隶属关系、行业、规模、组织形式等相关标准代码。

第十三条 企业年度汇总会计报表主表、附表和行业补充指标表遵循国家统一颁布的会计制度规定的编制原则、方法,同时结合国家对企业财务管理、资产管理、效绩评价、国有资本保值增值考核以及特殊行业企业财务决算批复等需要,设定报表格式和指标项目。主表、附表各类企业均需填报,行业补充指标表仅由规定的特殊行业的企业填报。

第十四条 会计报表附注内容包括:报表编制基础、编制依据、编制原则和方法,以及其他需特别说明的有关报表编制事项。

第四章 工作组织

第十五条 企业年度汇总会计信息报告的管理部门为财政部,即由财政部负责设计企业年度汇总会计报表格式,开发报表操作软件,制定编报工作制度,组织全国企业年度汇总会计报表的布置、培训、收集、汇总工作,对各地区、各部门企业年度汇总会计信息报告工作予以指导。

第十六条 企业年度汇总会计报表由财政部依据企业会计核算制度,结合年度内财务资产管理等各项业务的实际需求统一制定,于每年第四季度统一下发。

第十七条 企业年度汇总会计报表操作软件由财政部按照统一制定的报表格式组织开发、测试和维护,随同报表一并下发使用。

第十八条　企业年度汇总会计信息报告工作按财务关系或产权关系分别组织实施。

（一）中央部门、中央企业（集团）负责组织实施本部门、本企业（集团）所属企业年度汇总会计信息报告的编报工作，包括报表、软件的下发、布置、收集、审核、汇总及会计信息资料建档建库工作，并将所属企业年度汇总会计信息报告上报财政部。

（二）地方财政部门负责组织实施本地区所属企业年度汇总会计信息报告的编报工作，包括报表、软件的下发、布置、收集、审核、汇总及会计信息资料建档建库工作，并将本地区企业年度汇总会计信息报告上报财政部。

第十九条　企业年度汇总会计信息报告组织管理部门的专项工作经费按照分级管理、分级负担原则，由各级财政部门在本级部门预算中列支。

第五章　填报与汇总

第二十条　所有列入报表编制范围的企业应在全面清查资产、核实债务并进行年终决算的基础上，按照财政部规定组织报表填报和数据处理，在规定时间内上报。报表编制的统一时间点为每年的12月31日。

第二十一条　编报企业应依据财政部统一下发的报表格式、编制说明及软件操作的要求，认真填制报表封面标识和有关报表指标，逐户录入计算机。

（一）报表封面信息应按照国家统一标准和财政部的统一规定如实填报。

（二）报表的各项指标应按照报表编写说明、指标解释等统一规定，根据企业年终会计决算总账及有关明细账资料和财产清查盘点有关资料据实填列。

（三）报表编制完毕后，须经企业主管领导审查，在报表封面加盖公章，最后由单位负责人、主管会计工作负责人、会计机构负责人和报表编制人员签字并盖章。设置总会计师的企业，还应由总会计师签字并盖章。

第二十二条　各类企业在报送企业年度汇总会计信息报告前，必须聘请社会中介机构对年度汇总会计报表进行审计，并将审计报告随同企业年度汇总会计信息报告报送财政部门。

第二十三条　各级财政部门、企业主管部门和企业集团应对所属各企业上报的企业年度汇总会计报表按规定的叠加汇总和合并汇总两种方式进行汇总。

（一）在不具有产权关系（即没有投资与被投资关系）企业间进行报表汇总时采用简单的叠加汇总方式。

（二）在以产权为纽带组成的企业集团内部或具有投资与被投资关系母子公司间进行报表汇总时必须采用合并汇总方式。

第二十四条　企业年度汇总会计报表叠加汇总方式是指将不同企业编制的报表所有项目按报表表式直接加总，不做任何调整，形成部门或区域的企业年度汇总会计报表。

第二十五条　企业年度汇总会计报表合并汇总方式是指企业集团或母子公司对内部往来项目或重复项目进行必要调整后，形成集团型企业或母子公司企业年度汇总会计报表，具体应按照财政部编制合并会计报表的有关规定执行。

第六章　审核与上报

第二十六条　各级财政部门、企业主管部门、企业（集团）必须认真组织好各级汇总会计报表、数据软盘等资料的检查复核，确保上报数据资料真实、准确和规范。

第二十七条　审核工作的主要内容包括：填报范围是否全面，报表编制方法是否符合国家统一的会计制度和财务资产管理的规章制度，是否符合年度汇总会计报表各项统一规定要求，报表填报项目及指标是否准确，报表数据和软盘数据是否一致，分户报表、汇总报表与有关工作表数据的相关关系，汇总数据、分析数据与有关综合经济管理部门所公布相关数据是否存在差异等。

第二十八条　基层企业应首先审核本企业上报报表和相关数据资料是否符合有关制度、规章以及其他的政策规定，审核数据录入是否规范，汇总方法是否正确。对经审核无误后的企业汇总会计报表按照财务隶属关系或产权关系逐级上报。

第二十九条　各级财政部门、企业主管部门、企业（集团）应对下级企业或部门上报的企业年度会计信息报告进行审核。

（一）审核报表的各项内容、指标是否真实、合理，金额单位是否正确，有无漏填项目，上报手续是否符合规定。

（二）审核实际汇编户数与录入计算机户数是否一致，以及年度间增减变化情况。

（三）审核汇总报表数据与分户报表数据是否按照规定的要求相互衔接。

（四）审核企业报表数据中的重点指标（比如企业户数、资产总额、利润总额、职工人数、工资总额等指标），与有关综合经济管理部门所公布相关数据是否一致。

（五）企业是否按规定聘请中介机构进行年度报表审计，是否附报完整的审计报告。

第三十条 审核工作应采取人工审核与计算机软件审核相结合的方式，根据实际情况采取自行核对、集中会审、委托审核等。

（一）自行核对：企业在上报年度汇总会计信息报告前应自行将本单位报表、软盘以及有关数据资料，按统一规定的审核内容进行逐项复核。

（二）集中会审：各级财政部门或企业主管部门、企业（集团）组织专门力量对汇编范围内的企业报表、软盘及相关资料，按照统一的标准及要求进行集中对账或分户复核。

（三）委托审核：由财政部门指定的中介机构对特定企业报表数据进行抽查。

第三十一条 各级财政部门（或授权中介机构）应对各企业上报的企业年度汇总会计信息报告进行认真审核并签字盖章，凡发现漏报、错报、虚报、瞒报等情况，以及数据软盘与报表数据不一致等，应要求该企业立即纠正，经企业主管领导审核同意后，限期重新上报。

第三十二条 各级财政部门、企业主管部门和企业（集团）对所属企业报表数据审核无误后，应在统一规定的时间内按照上下级关系、产权关系或财务隶属关系，采取自下而上方式层层汇总上报。

地方财政部门、中央主管部门和中央企业（集团）编制的企业年度汇总会计信息报告，应于次年 4 月底前上报财政部。

第三十三条 按产权关系上报的应遵照以下规定：

（一）对投资份额占 50%以上，或不占 50%以上但拥有相对控股权或通过其他方式拥有控制权的企业，其报表由拥有控股或实际控制权的企业（单位）负责收集、汇总和上报。

（二）投资各方股份均等的企业，其报表由协议主管部门或投资企业负责收集、汇总和上报，同时将该企业的报表抄送各投资方。

第七章 数据核查

第三十四条 数据核查是指企业会计信息管理部门对企业上报的年度会计信息数据的真实性和完整性进行抽样核查，目的是为了促进提高企业会计信息质量，加强会计信息的管理，为政府经济决策提供可靠的数据资料。

第三十五条 数据核查工作原则按照统一要求、分级管理组织进行，中央企业（集团）由财政部组织核查，地方企业由地方财政部门组织核查。

对地方上报的会计信息资料财政部将组织样本抽查。

第三十六条 对于中央企业的核查，核查工作人员由财政部从专业检查机构和中介审计机构抽调；地方企业的核查人员由地方财政部门确定。

对从中介审计机构抽调核查工作人员要实行回避制度，如与被核查企业有业务关系的中介机构不能参与核查该企业。

第三十七条 核查时间为各级汇总会计报表完成后的一个月之内。

第三十八条 各级核查样本不少于本级汇总户数的 5%。样本采集采取定向选择与随机抽取相结合的办法确定。定向选择是指根据企业上报的会计年报数据情况，将数据存在明显问题的企业列为核查对象；随机抽取是通过计算机随机确定核查样本。

第三十九条 核查的内容主要包括资产负债表、利润及利润分配表、现金流量表、国有资产总量及保值增值情况表、基本情况表和有关决算补充指标表的内容是否真实完整。并与中介机构的审计报告进行核对，验证中介机构的审计质量。

第四十条 被核查企业必须依法接受监督检查，如实提供核查所需的会计凭证、会计账簿、财务会计报告和其他会计资料以及有关情况，不得拒绝、隐匿和谎报。

第四十一条　核查工作结束后，各地财政部门和专员办要将数据核查情况进行总结，将总结报告、分户情况和工作底稿一并上报财政部。

第四十二条　实行核查结果通报制度，核查结果的汇总情况在全国通报，各级核查结果在本级范围内通报。通报形式可以发文通报，也可以在有关媒体上通报。

第八章　数据资料管理

第四十三条　企业数据资料包括各类报表数据、报表附注、财务情况说明书、编制说明、汇编资料和存储于计算机和软（光）盘等介质中的数据、文字。

第四十四条　各级财政部门和中央部门、企业（集团）负责保存企业上报的各类会计年度数据资料和计算机介质资料。企业单户纸质数据资料保存期 15 年，区域和行业的纸质汇总数据资料保存期 15 年，计算机介质数据资料永久保存。

第四十五条　各级财政部门要指定专门机构对企业上报的数据资料进行管理和维护，配备必要的计算机处理人员，明确相应机构和人员的职责。

第四十六条　各级财政部门在每个年度汇总工作结束后，应及时对本地区所属各类企业数据资料进行归类整理、建档建库，各类报表、编制说明等有关资料应装订成册；企业的软盘数据资料要在计算机中全套保存，以便随时查阅，同时备份两套，分别存放；储存企业数据的计算机应专用，加强维护和保养，未经单位领导批准，禁止与外部联网。

第四十七条　各级财政部门要建立企业各类数据资料密级管理制度。对企业分户数据要严格保密，对外向有关企业监管部门提供数据资料需有公函请求并经领导批准；对区域和行业的汇总数据经财政部门领导批准可以在本行政区域内发布，但涉及国防、军事、安全等国家保密领域的信息资料不得对外发布；各级财政部门不得发布上级财政部门范围内的会计汇总数据信息。

第四十八条　各级财政部门在企业会计数据资料汇总完毕后，要及时对有关数据进行整理分析，并上报同级政府。同时要加强专题研究分析，提出有关政策建议，供各级政府领导进行决策参考。

第四十九条　各级财政部门会计信息管理专门机构和人员，要按照数据共享的原则，做好部门内部的企业会计信息服务工作，满足财政、资产与财务管理工作的需要，及时提供有关企业数据资料。

第九章　工 作 责 任

第五十条　财政部负责设计会计信息报表格式，开发统一的计算机软件，并组织全国会计信息资料的收集、汇总与管理工作。

第五十一条　地方各级财政部门负责本地区企业会计信息资料的收集、汇总、上报和管理工作。

第五十二条　国务院有关部门、中央企业（集团）负责本部门、本企业（集团）企业会计信息资料的收集、汇总、报送和管理工作。

第五十三条　根据有关法律法规，各级财政部门有权要求有关部门和企业按照财政部制定的统一的报表格式，提供企业基本会计信息资料。

第五十四条　对数据填报工作中存在的弄虚作假、拒报和有意漏报行为的，按照《中华人民共和国会计法》第四十二、四十三条和《企业财务会计报告条例》第四十条的规定，依情节轻重予以处罚。

对授意、指使、强令企业财务会计人员做假账，编制和提供虚假会计年报的企业法人代表或主要负责人，除依据《中华人民共和国会计法》第四十五条和《企业财务会计报告条例》第四十一条进行处罚外，属国有和国有控股企业的，由各级财政部门将情况通报给企业领导班子管理部门，作为劣迹记录在案。

第五十五条　从事会计信息管理的人员要具备高度的责任心和从事企业会计信息管理所需的财务、统计和计算机知识，同时加强业务知识培训，不断提高企业会计信息管理人员的业务素质。

第五十六条　各级财政部门的工作人员在会计信息的收集、汇总、审核与管理过程中，滥用职权、玩忽职守、泄露国家机密和企业商业秘密，构成犯罪的，依法追究刑事责任；尚不构成犯罪的，依法给予行政处分。

第五十七条　对无正当理由，拖延提供企业会计年报以及数据差错严重的，由各级财政部门给予通报；对在企业会计信息收集、汇总、审核和管理工作中成绩突出的单位和个人，财政部门应给予表扬。

第十章　附　　则

第五十八条　各地财政部门可依据本制度，结合各自实际，制定相应的实施细则，并报财政部备案。

第五十九条 本制度是针对一般工商企业年度汇总会计信息报告编报工作而制定的基本规范，对金融企业可参照执行。

第六十条 本制度由财政部负责解释。

第六十一条 本制度自 2001 年 1 月 1 日起实行，原国家国有资产管理局 1997 年 10 月 9 日发布的《国有资产年度统计报告制度》同时废止。

三、代理记账管理办法

代理记账管理办法

中华人民共和国财政部令第 27 号

《代理记账管理办法》已经部务会议讨论通过，现予公布，自 2005 年 3 月 1 日起施行。

部长　金人庆

二〇〇五年一月二十二日

代理记账管理办法

第一条 为了加强代理记账机构的管理，规范代理记账业务，促进代理记账行业的健康发展，根据《中华人民共和国会计法》及其他法律、法规的规定，制定本办法。

第二条 设立代理记账机构，以及委托人委托代理记账机构办理代理记账业务，适用本办法。

本办法所称代理记账机构是指从事代理记账业务的中介机构。

本办法所称委托人是指委托代理记账机构办理会计业务的单位。

本办法所称代理记账是指代理记账机构接受委托办理会计业务。

第三条 申请设立除会计师事务所以外的代理记账机构，应当经所在地的县级以上人民政府财政部门(以下简称审批机关)批准，并领取由财政部统一印制的代理记账许可证书。具体审批机关由省、自治区、直辖市、计划单列市人民政府财政部门确定。

第四条 设立代理记账机构，除国家法律、行政法规另有规定外，应当符合下列条件：

(一) 3 名以上持有会计从业资格证书的专职从业人员；

(二) 主管代理记账业务的负责人具有会计师以上专业技术职务资格；

(三) 有固定的办公场所；

(四) 有健全的代理记账业务规范和财务会计管理制度。

第五条 申请代理记账资格，应当向审批机关提交申请报告并附送下列材料：

(一) 机构的协议或者章程；

(二) 从业人员身份证明、会计从业资格证书，主管代理记账业务的负责人具备会计师以上专业技术职务资格的证明材料；

(三) 主管代理记账业务的负责人、持有会计从业资格证书的专职从业人员在机构专职从业的书面承诺；

(四) 办公地址及办公用房产权或者使用权证明；

(五) 代理记账业务规范和财务会计管理制度；

(六) 工商行政管理部门核准机构名称的有关材料。

第六条 审批机关应当自受理申请之日起 20 日内决定批准或者不批准。20 日内不能作出决定的，经审批机关负责人批准可延长 10 日，并应当将延长期限的理由告知申请人。

第七条 审批机关经审查符合法定条件的，应当自作出批准决定之日起 10 日内向申请人下达批准文件、颁发代理记账许可证书。审批机关决定不予批准的，应当向申请人下达书面决定，说明理由，并告知申请人享有依法申请行政复议或者提起行政诉讼的权利。

省级以下人民政府财政部门作出批准决定的，审批机关应当将批准文件抄送所在地省级人民政府财政部门。

第八条 申请人经批准取得代理记账许可证书后，应当依法办理工商登记。

第九条 代理记账机构应当在办公场所的显著位置放置代理记账许可证书。

第十条 代理记账机构名称、主管代理记账业务负责人、办公地点发生变更的,应当依法向审批机关办理变更登记。

第十一条 依法应当设置会计账簿但不具备设置会计机构或会计人员条件的单位,应当委托代理记账机构办理会计业务。

第十二条 代理记账机构可以接受委托,受托办理委托人的下列业务:

(一) 根据委托人提供的原始凭证和其他资料,按照国家统一的会计制度的规定进行会

计核算,包括审核原始凭证、填制记账凭证、登记会计账簿、编制财务会计报告等;

(二) 对外提供财务会计报告;

(三) 向税务机关提供税务资料;

(四) 委托人委托的其他会计业务。

第十三条 委托人委托代理记账机构代理记账,应当在相互协商的基础上,订立书面委托合同。委托合同除应具备法律规定的基本条款外,应当明确下列内容:

(一) 委托人、受托人对会计资料真实性、完整性承担的责任;

(二) 会计资料传递程序和签收手续;

(三) 编制和提供财务会计报告的要求;

(四) 会计档案的保管要求及相应的责任;

(五) 委托人、受托人终止委托合同应当办理的会计交接事宜。

第十四条 委托代理记账的委托人应当履行下列义务:

(一) 对本单位发生的经济业务事项,应当填制或者取得符合国家统一的会计制度规定的原始凭证;

(二) 应当配备专人负责日常货币收支和保管;

(三) 及时向代理记账机构提供真实、完整的原始凭证和其他相关资料;

(四) 对于代理记账机构退回的要求按照国家统一的会计制度规定进行更正、补充的原始凭证,应当及时予以更正、补充。

第十五条 代理记账机构及其从业人员应当履行下列义务:

(一) 按照委托合同办理代理记账业务,遵守有关法律、行政法规和国家统一的会计制度的规定;

(二) 对在执行业务中知悉的商业秘密应当保密;

(三) 对委托人示意其作出不当的会计处理,提供不实的会计资料,以及其他不符合法律、行政法规和国家统一的会计制度规定的要求,应当拒绝;

(四) 对委托人提出的有关会计处理原则问题应当予以解释。

第十六条 代理记账机构为委托人编制的财务会计报告,经代理记账机构负责人和委托人签名并盖章后,按照有关法律、行政法规和国家统一的会计制度的规定对外提供。

第十七条 委托人对代理记账机构在委托合同约定的范围内的行为承担责任。

代理记账机构对其专职从业人员和兼职从业人员的业务活动承担责任。

第十八条 县级以上人民政府财政部门对代理记账机构及其从事代理记账业务情况实施监督检查。

第十九条 代理记账机构应当于每年 4 月 30 日之前,向审批机关报送下列材料:

(一) 代理记账机构基本情况表(附表);

(二) 营业执照、办公用房产权或者使用权证明;

(三) 专职及兼职从业人员身份证明、会计从业资格证书、会计专业技术职务资格证书。

第十条 代理记账机构采取欺骗手段获得代理记账许可证书的,由审批机关撤销其代理记账资格。

代理记账机构在经营期间达不到本办法规定的设立条件的,由县级以上人民政府财政部门责令其在不超过 2 个月的期限内整改;逾期仍达不到规定条件的,由审批机关撤回代理记账资格。

第二十一条 代理记账机构有下列情形之一的,审批机关应当办理注销手续,并收回批准证书或予以公告:

(一) 代理记账机构依法终止的;

(二) 代理记账机构的行政许可被依法撤销或撤回的;

（三）法律、法规规定的应当注销行政许可的其他情形。

第二十二条 代理记账机构有下列情形之一的，由县级以上人民政府财政部门责令其改正，拒不改正的，予以公告：

（一）违反本办法第九条、第十条规定的；

（二）违反本办法第十五条、第十九条规定又不向审批机关说明原因的。

第二十三条 代理记账机构及其从事代理记账业务人员在办理业务中违反会计法律、行政法规和国家统一的会计制度规定的，由县级以上人民政府财政部门依据《中华人民共和国会计法》及相关法规的规定处理。

代理记账机构违反本办法和国家有关规定造成委托人会计核算混乱、损害国家和委托人利益，委托人故意向代理记账机构隐瞒真实情况或者委托人会同代理记账机构共同提供不真实会计资料的，应当承担相应法律责任。

第二十四条 对于未经批准从事代理记账业务的，由县级以上人民政府财政部门责令其改正，并予以公告。

第二十五条 县级以上人民政府财政部门及其工作人员在实施行政管理过程中，滥用职权、玩忽职守、徇私舞弊的，依法给予行政处分；构成犯罪的，依法追究刑事责任。

第二十六条 本办法规定的审批期限均以工作日计算，不含法定节假日。

第二十七条 省级人民政府财政部门可以根据本办法制定具体实施办法，报财政部备案。

第二十八条 外商投资代理记账机构的申请按照本办法和其他有关规定办理。

第二十九条 本办法自2005年3月1日起施行，财政部1994年6月23日发布的《代理记账管理暂行办法》[（94）财会字第24号]同时废止。

第七部分　企业会计准则

一、企业会计准则——基本准则

中华人民共和国财政部令

（第33号）

根据《国务院关于〈企业财务通则〉、〈企业会计准则〉的批复》（国函[1992]178号）的规定，财政部对《企业会计准则》（财政部令5号）进行了修订，修订后的《企业会计准则——基本准则》已经部务会议讨论通过，现予公布，自2007年1月1日起施行。

部长：金人庆

二○○六年二月十五日

基本准则

第一章　总　则

第一条　为了规范企业会计确认、计量和报告行为，保证会计信息质量，根据《中华人民共和国会计法》和其他有关法律、行政法规，制定本准则。

第二条　本准则适用于在中华人民共和国境内设立的企业（包括公司，下同）。

第三条　企业会计准则包括基本准则和具体准则，具体准则的制定应当遵循本准则。

第四条　企业应当编制财务会计报告（又称财务报告，下同）。财务会计报告的目标是向财务会计报告使用者提供与企业财务状况、经营成果和现金流量等有关的会计信息，反映企业管理层受托责任履行情况，有助于财务会计报告使用者作出经济决策。

财务会计报告使用者包括投资者、债权人、政府及其有关部门和社会公众等。

第五条　企业应当对其本身发生的交易或者事项进行会计确认、计量和报告。

第六条　企业会计确认、计量和报告应当以持续经营为前提。

第七条　企业应当划分会计期间，分期结算账目和编制财务会计报告。

会计期间分为年度和中期。中期是指短于一个完整的会计年度的报告期间。

第八条　企业会计应当以货币计量。

第九条　企业应当以权责发生制为基础进行会计确认、计量和报告。

第十条　企业应当按照交易或者事项的经济特征确定会计要素。会计要素包括资产、负债、所有者权益、收入、费用和利润。

第十一条　企业应当采用借贷记账法记账。

第二章　会计信息质量要求

第十二条　企业应当以实际发生的交易或者事项为依据进行会计确认、计量和报告，如实反映符合确认和计量要求的各项会计要素及其他相关信息，保证会计信息真实可靠、内容完整。

第十三条　企业提供的会计信息应当与财务会计报告使用者的经济决策需要相关，有助于财务会计报告使用者对企业过去、现在或者未来的情况作出评价或者预测。

第十四条　企业提供的会计信息应当清晰明了，便于财务会计报告使用者理解和使用。

第十五条　企业提供的会计信息应当具有可比性。

同一企业不同时期发生的相同或者相似的交易或者事项，应当采用一致的会计政策，不得随意变更。确需变更的，应当在附注中说明。

不同企业发生的相同或者相似的交易或者事项，应当采用规定的会计政策，确保会计信息口径一致、相互可比。

第十六条 企业应当按照交易或者事项的经济实质进行会计确认、计量和报告，不应仅以交易或者事项的法律形式为依据。

第十七条 企业提供的会计信息应当反映与企业财务状况、经营成果和现金流量等有关的所有重要交易或者事项。

第十八条 企业对交易或者事项进行会计确认、计量和报告应当保持应有的谨慎，不应高估资产或者收益、低估负债或者费用。

第十九条 企业对于已经发生的交易或者事项，应当及时进行会计确认、计量和报告，不得提前或者延后。

第三章 资 产

第二十条 资产是指企业过去的交易或者事项形成的、由企业拥有或者控制的、预期会给企业带来经济利益的资源。

前款所指的企业过去的交易或者事项包括购买、生产、建造行为或其他交易或者事项。预期在未来发生的交易或者事项不形成资产。

由企业拥有或者控制，是指企业享有某项资源的所有权，或者虽然不享有某项资源的所有权，但该资源能被企业所控制。

预期会给企业带来经济利益，是指直接或者间接导致现金和现金等价物流入企业的潜力。

第二十一条 符合本准则第二十条规定的资产定义的资源，在同时满足以下条件时，确认为资产：

（一）与该资源有关的经济利益很可能流入企业；

（二）该资源的成本或者价值能够可靠地计量。

第二十二条 符合资产定义和资产确认条件的项目，应当列入资产负债表；符合资产定义、但不符合资产确认条件的项目，不应当列入资产负债表。

第四章 负 债

第二十三条 负债是指企业过去的交易或者事项形成的、预期会导致经济利益流出企业的现时义务。

现时义务是指企业在现行条件下已承担的义务。未来发生的交易或者事项形成的义务，不属于现时义务，不应当确认为负债。

第二十四条 符合本准则第二十三条规定的负债定义的义务，在同时满足以下条件时，确认为负债：

（一）与该义务有关的经济利益很可能流出企业；

（二）未来流出的经济利益的金额能够可靠地计量。

第二十五条 符合负债定义和负债确认条件的项目，应当列入资产负债表；符合负债定义、但不符合负债确认条件的项目，不应当列入资产负债表。

第五章 所有者权益

第二十六条 所有者权益是指企业资产扣除负债后由所有者享有的剩余权益。

公司的所有者权益又称为股东权益。

第二十七条 所有者权益的来源包括所有者投入的资本、直接计入所有者权益的利得和损失、留存收益等。

直接计入所有者权益的利得和损失，是指不应计入当期损益、会导致所有者权益发生增减变动的、与所有者投入资本或者向所有者分配利润无关的利得或者损失。

利得是指由企业非日常活动所形成的、会导致所有者权益增加的、与所有者投入资本无关的经济利益的流入。

损失是指由企业非日常活动所发生的、会导致所有者权益减少的、与向所有者分配利润无关的经济利益的流出。

第二十八条 所有者权益金额取决于资产和负债的计量。

第二十九条 所有者权益项目应当列入资产负债表。

第六章 收 入

第三十条 收入是指企业在日常活动中形成的、会导致所有者权益增加的、与所有者投入资本无关的经济利益的总流入。

第三十一条　收入只有在经济利益很可能流入从而导致企业资产增加或者负债减少、且经济利益的流入额能够可靠计量时才能予以确认。

第三十二条　符合收入定义和收入确认条件的项目，应当列入利润表。

第七章　费　用

第三十三条　费用是指企业在日常活动中发生的、会导致所有者权益减少的、与向所有者分配利润无关的经济利益的总流出。

第三十四条　费用只有在经济利益很可能流出从而导致企业资产减少或者负债增加、且经济利益的流出额能够可靠计量时才能予以确认。

第三十五条　企业为生产产品、提供劳务等发生的可归属于产品成本、劳务成本等的费用，应当在确认产品销售收入、劳务收入等时，将已销售产品、已提供劳务的成本等计入当期损益。

企业发生的支出不产生经济利益的，或者即使能够产生经济利益但不符合或者不再符合资产确认条件的，应当在发生时确认为费用，计入当期损益。

企业发生的交易或者事项导致其承担了一项负债而又不确认为一项资产的，应当在发生时确认为费用，计入当期损益。

第三十六条　符合费用定义和费用确认条件的项目，应当列入利润表。

第八章　利　润

第三十七条　利润是指企业在一定会计期间的经营成果。利润包括收入减去费用后的净额、直接计入当期利润的利得和损失等。

第三十八条　直接计入当期利润的利得和损失，是指应当计入当期损益、会导致所有者权益发生增减变动的、与所有者投入资本或者向所有者分配利润无关的利得或者损失。

第三十九条　利润金额取决于收入和费用、直接计入当期利润的利得和损失金额的计量。

第四十条　利润项目应当列入利润表。

第九章　会计计量

第四十一条　企业在将符合确认条件的会计要素登记入账并列报于会计报表及其附注（又称财务报表，下同）时，应当按照规定的会计计量属性进行计量，确定其金额。

第四十二条　会计计量属性主要包括：

（一）历史成本。在历史成本计量下，资产按照购置时支付的现金或者现金等价物的金额，或者按照购置资产时所付出的对价的公允价值计量。负债按照因承担现时义务而实际收到的款项或者资产的金额，或者承担现时义务的合同金额，或者按照日常活动中为偿还负债预期需要支付的现金或者现金等价物的金额计量。

（二）重置成本。在重置成本计量下，资产按照现在购买相同或者相似资产所需支付的现金或者现金等价物的金额计量。负债按照现在偿付该项债务所需支付的现金或者现金等价物的金额计量。

（三）可变现净值。在可变现净值计量下，资产按照其正常对外销售所能收到现金或者现金等价物的金额扣减该资产至完工时估计将要发生的成本、估计的销售费用以及相关税费后的金额计量。

（四）现值。在现值计量下，资产按照预计从其持续使用和最终处置中所产生的未来净现金流入量的折现金额计量。负债按照预计期限内需要偿还的未来净现金流出量的折现金额计量。

（五）公允价值。在公允价值计量下，资产和负债按照在公平交易中，熟悉情况的交易双方自愿进行资产交换或者债务清偿的金额计量。

第四十三条　企业在对会计要素进行计量时，一般应当采用历史成本，采用重置成本、可变现净值、现值、公允价值计量的，应当保证所确定的会计要素金额能够取得并可靠计量。

第十章　财务会计报告

第四十四条　财务会计报告是指企业对外提供的反映企业某一特定日期的财务状况和某一会计期间的经营成果、现金流量等会计信息的文件。

财务会计报告包括会计报表及其附注和其他应当在财务会计报告中披露的相关信息和资料。会计报表至少应当包括资产负债表、利润表、现金流量表等报表。

小企业编制的会计报表可以不包括现金流量表。

第四十五条 资产负债表是指反映企业在某一特定日期的财务状况的会计报表。

第四十六条 利润表是指反映企业在一定会计期间的经营成果的会计报表。

第四十七条 现金流量表是指反映企业在一定会计期间的现金和现金等价物流入和流出的会计报表。

第四十八条 附注是指对在会计报表中列示项目所作的进一步说明，以及对未能在这些报表中列示项目的说明等。

第十一章 附　　则

第四十九条 本准则由财政部负责解释。

第五十条 本准则自2007年1月1日起施行。

二、企业会计准则第1号——存货

企业会计准则第1号——存货

第一章 总　　则

第一条 为了规范存货的确认、计量和相关信息的披露，根据《企业会计准则——基本准则》，制定本准则。

第二条 下列各项适用其他相关会计准则：

（一）消耗性生物资产，适用《企业会计准则第5号——生物资产》。

（二）通过建造合同归集的存货成本，适用《企业会计准则第15号——建造合同》。

第二章 确　　认

第三条 存货，是指企业在日常活动中持有以备出售的产成品或商品、处在生产过程中的在产品、在生产过程或提供劳务过程中耗用的材料和物料等。

第四条 存货同时满足下列条件的，才能予以确认：

（一）与该存货有关的经济利益很可能流入企业；

（二）该存货的成本能够可靠地计量。

第三章 计　　量

第五条 存货应当按照成本进行初始计量。存货成本包括采购成本、加工成本和其他成本。

第六条 存货的采购成本，包括购买价款、相关税费、运输费、装卸费、保险费以及其他可归属于存货采购成本的费用。

第七条 存货的加工成本，包括直接人工以及按照一定方法分配的制造费用。

制造费用，是指企业为生产产品和提供劳务而发生的各项间接费用。企业应当根据制造费用的性质，合理地选择制造费用分配方法。

在同一生产过程中，同时生产两种或两种以上的产品，并且每种产品的加工成本不能直接区分的，其加工成本应当按照合理的方法在各种产品之间进行分配。

第八条 存货的其他成本，是指除采购成本、加工成本以外的，使存货达到目前场所和状态所发生的其他支出。

第九条 下列费用应当在发生时确认为当期损益，不计入存货成本：

（一）非正常消耗的直接材料、直接人工和制造费用。

（二）仓储费用（不包括在生产过程中为达到下一个生产阶段所必需的费用）。

（三）不能归属于使存货达到目前场所和状态的其他支出。

第十条 应计入存货成本的借款费用，按照《企业会计准则第17号——借款费用》处理。

第十一条 投资者投入存货的成本，应当按照投资合同或协议约定的价值确定，但合同或协议约定价值不公允的除外。

第十二条 收获时农产品的成本、非货币性资产交换、债务重组和企业合并取得的存货的成本，应当分别按照《企业会计准则第5号——生物资产》、《企业会计准则第7号——非货币性资产交换》、《企业会计准则第12号——债务重组》和《企业会计准则第20号——企业合并》确定。

第十三条 企业提供劳务的，所发生的从事劳务提供人员的直接人工和其他直接费用以及可归属的间接费用，计入存货成本。

第十四条　企业应当采用先进先出法、加权平均法或者个别计价法确定发出存货的实际成本。

对于性质和用途相似的存货，应当采用相同的成本计算方法确定发出存货的成本。

对于不能替代使用的存货、为特定项目专门购入或制造的存货以及提供劳务的成本，通常采用个别计价法确定发出存货的成本。

对于已售存货，应当将其成本结转为当期损益，相应的存货跌价准备也应当予以结转。

第十五条　资产负债表日，存货应当按照成本与可变现净值孰低计量。

存货成本高于其可变现净值的，应当计提存货跌价准备，计入当期损益。

可变现净值，是指在日常活动中，存货的估计售价减去至完工时估计将要发生的成本、估计的销售费用以及相关税费后的金额。

第十六条　企业确定存货的可变现净值，应当以取得的确凿证据为基础，并且考虑持有存货的目的、资产负债表日后事项的影响等因素。

为生产而持有的材料等，用其生产的产成品的可变现净值高于成本的，该材料仍然应当按照成本计量；材料价格的下降表明产成品的可变现净值低于成本的，该材料应当按照可变现净值计量。

第十七条　为执行销售合同或者劳务合同而持有的存货，其可变现净值应当以合同价格为基础计算。

企业持有存货的数量多于销售合同订购数量的，超出部分的存货的可变现净值应当以一般销售价格为基础计算。

第十八条　企业通常应当按照单个存货项目计提存货跌价准备。

对于数量繁多、单价较低的存货，可以按照存货类别计提存货跌价准备。

与在同一地区生产和销售的产品系列相关、具有相同或类似最终用途或目的，且难以与其他项目分开计量的存货，可以合并计提存货跌价准备。

第十九条　资产负债表日，企业应当确定存货的可变现净值。以前减记存货价值的影响因素已经消失的，减记的金额应当予以恢复，并在原已计提的存货跌价准备金额内转回，转回的金额计入当期损益。

第二十条　企业应当采用一次转销法或者五五摊销法对低值易耗品和包装物进行摊销，计入相关资产的成本或者当期损益。

第二十一条　企业发生的存货毁损，应当将处置收入扣除账面价值和相关税费后的金额计入当期损益。存货的账面价值是存货成本扣减累计跌价准备后的金额。

存货盘亏造成的损失，应当计入当期损益。

第四章　披　　露

第二十二条　企业应当在附注中披露与存货有关的下列信息：

（一）各类存货的期初和期末账面价值。

（二）确定发出存货成本所采用的方法。

（三）存货可变现净值的确定依据，存货跌价准备的计提方法，当期计提的存货跌价准备的金额，当期转回的存货跌价准备的金额，以及计提和转回的有关情况。

（四）用于担保的存货账面价值。

三、企业会计准则第 2 号——长期股权投资

企业会计准则第 2 号——长期股权投资

第一章　总　　则

第一条　为了规范长期股权投资的确认、计量和相关信息的披露，根据《企业会计准则——基本准则》，制定本准则。

第二条　下列各项适用其他相关会计准则：

（一）外币长期股权投资的折算，适用《企业会计准则第 19 号——外币折算》。

（二）本准则未予规范的长期股权投资，适用《企业会计准则第 22 号——金融工具确认和计量》。

第二章 初始计量

第三条 企业合并形成的长期股权投资，应当按照下列规定确定其初始投资成本：

（一）同一控制下的企业合并，合并方以支付现金、转让非现金资产或承担债务方式作为合并对价的，应当在合并日按照取得被合并方所有者权益账面价值的份额作为长期股权投资的初始投资成本。长期股权投资初始投资成本与支付的现金、转让的非现金资产以及所承担债务账面价值之间的差额，应当调整资本公积；资本公积不足冲减的，调整留存收益。

合并方以发行权益性证券作为合并对价的，应当在合并日按照取得被合并方所有者权益账面价值的份额作为长期股权投资的初始投资成本。按照发行股份的面值总额作为股本，长期股权投资初始投资成本与所发行股份面值总额之间的差额，应当调整资本公积；资本公积不足冲减的，调整留存收益。

（二）非同一控制下的企业合并，购买方在购买日应当按照《企业会计准则第 20 号——企业合并》确定的合并成本作为长期股权投资的初始投资成本。

第四条 除企业合并形成的长期股权投资以外，其他方式取得的长期股权投资，应当按照下列规定确定其初始投资成本：

（一）以支付现金取得的长期股权投资，应当按照实际支付的购买价款作为初始投资成本。初始投资成本包括与取得长期股权投资直接相关的费用、税金及其他必要支出。

（二）以发行权益性证券取得的长期股权投资，应当按照发行权益性证券的公允价值作为初始投资成本。

（三）投资者投入的长期股权投资，应当按照投资合同或协议约定的价值作为初始投资成本，但合同或协议约定价值不公允的除外。

（四）通过非货币性资产交换取得的长期股权投资，其初始投资成本应当按照《企业会计准则第 7 号——非货币性资产交换》确定。

（五）通过债务重组取得的长期股权投资，其初始投资成本应当按照《企业会计准则第 12 号——债务重组》确定。

第三章 后续计量

第五条 下列长期股权投资应当按照本准则第七条规定，采用成本法核算：

（一）投资企业能够对被投资单位实施控制的长期股权投资。

控制，是指有权决定一个企业的财务和经营政策，并能据以从该企业的经营活动中获取利益。投资企业能够对被投资单位实施控制的，被投资单位为其子公司，投资企业应当将子公司纳入合并财务报表的合并范围。

投资企业对子公司的长期股权投资，应当采用本准则规定的成本法核算，编制合并财务报表时按照权益法进行调整。

（二）投资企业对被投资单位不具有共同控制或重大影响，并且在活跃市场中没有报价、公允价值不能可靠计量的长期股权投资。

共同控制，是指按照合同约定对某项经济活动所共有的控制，仅在与该项经济活动相关的重要财务和经营决策需要分享控制权的投资方一致同意时存在。投资企业与其他方对被投资单位实施共同控制的，被投资单位为其合营企业。

重大影响，是指对一个企业的财务和经营政策有参与决策的权力，但并不能够控制或者与其他方一起共同控制这些政策的制定。投资企业能够对被投资单位施加重大影响的，被投资单位为其联营企业。

第六条 在确定能否对被投资单位实施控制或施加重大影响时，应当考虑投资企业和其他方持有的被投资单位当期可转换公司债券、当期可执行认股权证等潜在表决权因素。

第七条 采用成本法核算的长期股权投资应当按照初始投资成本计价。追加或收回投资应当调整长期股权投资的成本。被投资单位宣告分派的现金股利或利润，确认为当期投资收益。投资企业确认投资收益，仅限于被投资单位接受投资后产生的累积净利润的分配额，所获得的利润或现金股利超过上述数额的部分作为初始投资成本的收回。

第八条 投资企业对被投资单位具有共同控制或重大影响的长期股权投资，应当按照本准则第九条至第十三条规定，采用权益法核算。

第九条　长期股权投资的初始投资成本大于投资时应享有被投资单位可辨认净资产公允价值份额的，不调整长期股权投资的初始投资成本；长期股权投资的初始投资成本小于投资时应享有被投资单位可辨认净资产公允价值份额的，其差额应当计入当期损益，同时调整长期股权投资的成本。

被投资单位可辨认净资产的公允价值，应当比照《企业会计准则第 20 号——企业合并》的有关规定确定。

第十条　投资企业取得长期股权投资后，应当按照应享有或应分担的被投资单位实现的净损益的份额，确认投资损益并调整长期股权投资的账面价值。投资企业按照被投资单位宣告分派的利润或现金股利计算应分得的部分，相应减少长期股权投资的账面价值。

第十一条　投资企业确认被投资单位发生的净亏损，应当以长期股权投资的账面价值以及其他实质上构成对被投资单位净投资的长期权益减记至零为限，投资企业负有承担额外损失义务的除外。

被投资单位以后实现净利润的，投资企业在其收益分享额弥补未确认的亏损分担额后，恢复确认收益分享额。

第十二条　投资企业在确认应享有被投资单位净损益的份额时，应当以取得投资时被投资单位各项可辨认资产等的公允价值为基础，对被投资单位的净利润进行调整后确认。

被投资单位采用的会计政策及会计期间与投资企业不一致的，应当按照投资企业的会计政策及会计期间对被投资单位的财务报表进行调整，并据以确认投资损益。

第十三条　投资企业对于被投资单位除净损益以外所有者权益的其他变动，应当调整长期股权投资的账面价值并计入所有者权益。

第十四条　投资企业因减少投资等原因对被投资单位不再具有共同控制或重大影响的，并且在活跃市场中没有报价、公允价值不能可靠计量的长期股权投资，应当改按成本法核算，并以权益法下长期股权投资的账面价值作为按照成本法核算的初始投资成本。

因追加投资等原因能够对被投资单位实施共同控制或重大影响但不构成控制的，应当改按权益法核算，并以成本法下长期股权投资的账面价值或按照《企业会计准则第 22 号——金融工具确认和计量》确定的投资账面价值作为按照权益法核算的初始投资成本。

第十五条　按照本准则规定的成本法核算的、在活跃市场中没有报价、公允价值不能可靠计量的长期股权投资，其减值应当按照《企业会计准则第 22 号——金融工具确认和计量》处理；其他按照本准则核算的长期股权投资，其减值应当按照《企业会计准则第 8 号——资产减值》处理。

第十六条　处置长期股权投资，其账面价值与实际取得价款的差额，应当计入当期损益。采用权益法核算的长期股权投资，因被投资单位除净损益以外所有者权益的其他变动而计入所有者权益的，处置该项投资时应当将原计入所有者权益的部分按相应比例转入当期损益。

第四章　披　　露

第十七条　投资企业应当在附注中披露与长期股权投资有关的下列信息：

（一）子公司、合营企业和联营企业清单，包括企业名称、注册地、业务性质、投资企业的持股比例和表决权比例。

（二）合营企业和联营企业当期的主要财务信息，包括资产、负债、收入、费用等合计金额。

（三）被投资单位向投资企业转移资金的能力受到严格限制的情况。

（四）当期及累计未确认的投资损失金额。

（五）与对子公司、合营企业及联营企业投资相关的或有负债。

四、企业会计准则第 3 号——投资性房地产

企业会计准则第 3 号——投资性房地产

第一章　总　　则

第一条　为了规范投资性房地产的确认、计量和相关信息的披露，根据《企业会计准则——基本准则》，制定本准则。

第二条　投资性房地产，是指为赚取租金或资本增值，或两者兼有而持有的房地产。

投资性房地产应当能够单独计量和出售。

第三条 本准则规范下列投资性房地产:

(一)已出租的土地使用权。

(二)持有并准备增值后转让的土地使用权。

(三)已出租的建筑物。

第四条 下列各项不属于投资性房地产:

(一)自用房地产,即为生产商品、提供劳务或者经营管理而持有的房地产。

(二)作为存货的房地产。

第五条 下列各项适用其他相关会计准则:

(一)企业代建的房地产,适用《企业会计准则第15号——建造合同》。

(二)投资性房地产的租金收入和售后租回,适用《企业会计准则第21号——租赁》。

第二章 确认和初始计量

第六条 投资性房地产同时满足下列条件的,才能予以确认:

(一)与该投资性房地产有关的经济利益很可能流入企业;

(二)该投资性房地产的成本能够可靠地计量。

第七条 投资性房地产应当按照成本进行初始计量。

(一)外购投资性房地产的成本,包括购买价款、相关税费和可直接归属于该资产的其他支出。

(二)自行建造投资性房地产的成本,由建造该项资产达到预定可使用状态前所发生的必要支出构成。

(三)以其他方式取得的投资性房地产的成本,按照相关会计准则的规定确定。

第八条 与投资性房地产有关的后续支出,满足本准则第六条规定的确认条件的,应当计入投资性房地产成本;不满足本准则第六条规定的确认条件的,应当在发生时计入当期损益。

第三章 后续计量

第九条 企业应当在资产负债表日采用成本模式对投资性房地产进行后续计量,但本准则第十条规定的除外。

采用成本模式计量的建筑物的后续计量,适用《企业会计准则第4号——固定资产》。

采用成本模式计量的土地使用权的后续计量,适用《企业会计准则第6号——无形资产》。

第十条 有确凿证据表明投资性房地产的公允价值能够持续可靠取得的,可以对投资性房地产采用公允价值模式进行后续计量。采用公允价值模式计量的,应当同时满足下列条件:

(一)投资性房地产所在地有活跃的房地产交易市场;

(二)企业能够从房地产交易市场上取得同类或类似房地产的市场价格及其他相关信息,从而对投资性房地产的公允价值作出合理的估计。

第十一条 采用公允价值模式计量的,不对投资性房地产计提折旧或进行摊销,应当以资产负债表日投资性房地产的公允价值为基础调整其账面价值,公允价值与原账面价值之间的差额计入当期损益。

第十二条 企业对投资性房地产的计量模式一经确定,不得随意变更。成本模式转为公允价值模式的,应当作为会计政策变更,按照《企业会计准则第28号——会计政策、会计估计变更和差错更正》处理。

已采用公允价值模式计量的投资性房地产,不得从公允价值模式转为成本模式。

第四章 转换

第十三条 企业有确凿证据表明房地产用途发生改变,满足下列条件之一的,应当将投资性房地产转换为其他资产或者将其他资产转换为投资性房地产:

(一)投资性房地产开始自用。

(二)作为存货的房地产,改为出租。

(三)自用土地使用权停止自用,用于赚取租金或资本增值。

(四)自用建筑物停止自用,改为出租。

第十四条 在成本模式下,应当将房地产转换前的账面价值作为转换后的入账价值。

第十五条 采用公允价值模式计量的投资性房地产转换为自用房地产时,应当以其转换当日的公允价值作为自用房地产的账面价值,公允价值与原账面价值的差额计入当期损益。

第十六条　自用房地产或存货转换为采用公允价值模式计量的投资性房地产时，投资性房地产按照转换当日的公允价值计价，转换当日的公允价值小于原账面价值的，其差额计入当期损益；转换当日的公允价值大于原账面价值的，其差额计入所有者权益。

第五章　处　　置

第十七条　当投资性房地产被处置，或者永久退出使用且预计不能从其处置中取得经济利益时，应当终止确认该项投资性房地产。

第十八条　企业出售、转让、报废投资性房地产或者发生投资性房地产毁损，应当将处置收入扣除其账面价值和相关税费后的金额计入当期损益。

第六章　披　　露

第十九条　企业应当在附注中披露与投资性房地产有关的下列信息：

（一）投资性房地产的种类、金额和计量模式。

（二）采用成本模式的，投资性房地产的折旧或摊销，以及减值准备的计提情况。

（三）采用公允价值模式的，公允价值的确定依据和方法，以及公允价值变动对损益的影响。

（四）房地产转换情况、理由，以及对损益或所有者权益的影响。

（五）当期处置的投资性房地产及其对损益的影响。

五、企业会计准则第4号——固定资产

企业会计准则第4号——固定资产

第一章　总　　则

第一条　为了规范固定资产的确认、计量和相关信息的披露，根据《企业会计准则——基本准则》，制定本准则。

第二条　下列各项适用其他相关会计准则：

（一）作为投资性房地产的建筑物，适用《企业会计准则第3号——投资性房地产》。

（二）生产性生物资产，适用《企业会计准则第5号——生物资产》。

第二章　确　　认

第三条　固定资产，是指同时具有下列特征的有形资产：

（一）为生产商品、提供劳务、出租或经营管理而持有的；

（二）使用寿命超过一个会计年度。

使用寿命，是指企业使用固定资产的预计期间，或者该固定资产所能生产产品或提供劳务的数量。

第四条　固定资产同时满足下列条件的，才能予以确认：

（一）与该固定资产有关的经济利益很可能流入企业；

（二）该固定资产的成本能够可靠地计量。

第五条　固定资产的各组成部分具有不同使用寿命或者以不同方式为企业提供经济利益，适用不同折旧率或折旧方法的，应当分别将各组成部分确认为单项固定资产。

第六条　与固定资产有关的后续支出，符合本准则第四条规定的确认条件的，应当计入固定资产成本；不符合本准则第四条规定的确认条件的，应当在发生时计入当期损益。

第三章　初始计量

第七条　固定资产应当按照成本进行初始计量。

第八条　外购固定资产的成本，包括购买价款、相关税费、使固定资产达到预定可使用状态前所发生的可归属于该项资产的运输费、装卸费、安装费和专业人员服务费等。

以一笔款项购入多项没有单独标价的固定资产，应当按照各项固定资产公允价值比例对总成本进行分配，分别确定各项固定资产的成本。

购买固定资产的价款超过正常信用条件延期支付，实质上具有融资性质的，固定资产的成本以购买价款的现值为基础确定。实际支付的价款与购买价款的现值之间的差额，除按照《企业会计准则第17号——借款费用》应予资本化的以外，应当在信用期间内计入当期损益。

第九条 自行建造固定资产的成本,由建造该项资产达到预定可使用状态前所发生的必要支出构成。

第十条 应计入固定资产成本的借款费用,按照《企业会计准则第 17 号——借款费用》处理。

第十一条 投资者投入固定资产的成本,应当按照投资合同或协议约定的价值确定,但合同或协议约定价值不公允的除外。

第十二条 非货币性资产交换、债务重组、企业合并和融资租赁取得的固定资产的成本,应当分别按照《企业会计准则第 7 号——非货币性资产交换》、《企业会计准则第 12 号——债务重组》、《企业会计准则第 20 号——企业合并》和《企业会计准则第 21 号——租赁》确定。

第十三条 确定固定资产成本时,应当考虑预计弃置费用因素。

第四章 后续计量

第十四条 企业应当对所有固定资产计提折旧。但是,已提足折旧仍继续使用的固定资产和单独计价入账的土地除外。

折旧,是指在固定资产使用寿命内,按照确定的方法对应计折旧额进行系统分摊。

应计折旧额,是指应当计提折旧的固定资产的原价扣除其预计净残值后的金额。已计提减值准备的固定资产,还应当扣除已计提的固定资产减值准备累计金额。

预计净残值,是指假定固定资产预计使用寿命已满并处于使用寿命终了时的预期状态,企业目前从该项资产处置中获得的扣除预计处置费用后的金额。

第十五条 企业应当根据固定资产的性质和使用情况,合理确定固定资产的使用寿命和预计净残值。

固定资产的使用寿命、预计净残值一经确定,不得随意变更。但是,符合本准则第十九条规定的除外。

第十六条 企业确定固定资产使用寿命,应当考虑下列因素:

(一) 预计生产能力或实物产量;

(二) 预计有形损耗和无形损耗;

(三) 法律或者类似规定对资产使用的限制。

第十七条 企业应当根据与固定资产有关的经济利益的预期实现方式,合理选择固定资产折旧方法。

可选用的折旧方法包括年限平均法、工作量法、双倍余额递减法和年数总和法等。

固定资产的折旧方法一经确定,不得随意变更。但是,符合本准则第十九条规定的除外。

第十八条 固定资产应当按月计提折旧,并根据用途计入相关资产的成本或者当期损益。

第十九条 企业至少应当于每年年度终了,对固定资产的使用寿命、预计净残值和折旧方法进行复核。

使用寿命预计数与原先估计数有差异的,应当调整固定资产使用寿命。

预计净残值预计数与原先估计数有差异的,应当调整预计净残值。

与固定资产有关的经济利益预期实现方式有重大改变的,应当改变固定资产折旧方法。

固定资产使用寿命、预计净残值和折旧方法的改变应当作为会计估计变更。

第二十条 固定资产的减值,应当按照《企业会计准则第 8 号——资产减值》处理。

第五章 处 置

第二十一条 固定资产满足下列条件之一的,应当予以终止确认:

(一) 该固定资产处于处置状态。

(二) 该固定资产预期通过使用或处置不能产生经济利益。

第二十二条 企业持有待售的固定资产,应当对其预计净残值进行调整。

第二十三条 企业出售、转让、报废固定资产或发生固定资产毁损,应当将处置收入扣除账面价值和相关税费后的金额计入当期损益。固定资产的账面价值是固定资产成本扣减累计折旧和累计减值准备后的金额。

固定资产盘亏造成的损失,应当计入当期损益。

第二十四条 企业根据本准则第六条的规定,将发生的固定资产后续支出计入固定资产成本的,应当终止确认被替换部分的账面价值。

第六章 披 露

第二十五条 企业应当在附注中披露与固定资产有关的下列信息:

(一) 固定资产的确认条件、分类、计量基础和折旧方法。

（二）各类固定资产的使用寿命、预计净残值和折旧率。

（三）各类固定资产的期初和期末原价、累计折旧额及固定资产减值准备累计金额。

（四）当期确认的折旧费用。

（五）对固定资产所有权的限制及其金额和用于担保的固定资产账面价值。

（六）准备处置的固定资产名称、账面价值、公允价值、预计处置费用和预计处置时间等。

六、企业会计准则第5号——生物资产

第一章　总　　则

第一条　为了规范与农业生产相关的生物资产的确认、计量和相关信息的披露，根据《企业会计准则——基本准则》，制定本准则。

第二条　生物资产，是指有生命的动物和植物。

第三条　生物资产分为消耗性生物资产、生产性生物资产和公益性生物资产。

消耗性生物资产，是指为出售而持有的、或在将来收获为农产品的生物资产，包括生长中的大田作物、蔬菜、用材林以及存栏待售的牲畜等。

生产性生物资产，是指为产出农产品、提供劳务或出租等目的而持有的生物资产，包括经济林、薪炭林、产畜和役畜等。

公益性生物资产，是指以防护、环境保护为主要目的的生物资产，包括防风固沙林、水土保持林和水源涵养林等。

第四条　下列各项适用其他相关会计准则：

（一）收获后的农产品，适用《企业会计准则第1号——存货》。

（二）与生物资产相关的政府补助，适用《企业会计准则第16号——政府补助》。

第二章　确认和初始计量

第五条　生物资产同时满足下列条件的，才能予以确认：

（一）企业因过去的交易或者事项而拥有或者控制该生物资产；

（二）与该生物资产有关的经济利益或服务潜能很可能流入企业；

（三）该生物资产的成本能够可靠地计量。

第六条　生物资产应当按照成本进行初始计量。

第七条　外购生物资产的成本，包括购买价款、相关税费、运输费、保险费以及可直接归属于购买该资产的其他支出。

第八条　自行栽培、营造、繁殖或养殖的消耗性生物资产的成本，应当按照下列规定确定：

（一）自行栽培的大田作物和蔬菜的成本，包括在收获前耗用的种子、肥料、农药等材料费、人工费和应分摊的间接费用等必要支出。

（二）自行营造的林木类消耗性生物资产的成本，包括郁闭前发生的造林费、抚育费、营林设施费、良种试验费、调查设计费和应分摊的间接费用等必要支出。

（三）自行繁殖的育肥畜的成本，包括出售前发生的饲料费、人工费和应分摊的间接费用等必要支出。

（四）水产养殖的动物和植物的成本，包括在出售或入库前耗用的苗种、饲料、肥料等材料费、人工费和应分摊的间接费用等必要支出。

第九条　自行营造或繁殖的生产性生物资产的成本，应当按照下列规定确定：

（一）自行营造的林木类生产性生物资产的成本，包括达到预定生产经营目的前发生的造林费、抚育费、营林设施费、良种试验费、调查设计费和应分摊的间接费用等必要支出。

（二）自行繁殖的产畜和役畜的成本，包括达到预定生产经营目的（成龄）前发生的饲料费、人工费和应分摊的间接费用等必要支出。达到预定生产经营目的，是指生产性生物资产进入正常生产期，可以多年连续稳定产出农产品、提供劳务或出租。

第十条　自行营造的公益性生物资产的成本，应当按照郁闭前发生的造林费、抚育费、森林保护费、营林设施费、良种试验费、调查设计费和应分摊的间接费用等必要支出确定。

第十一条 应计入生物资产成本的借款费用,按照《企业会计准则第 17 号——借款费用》处理。消耗性林木类生物资产发生的借款费用,应当在郁闭时停止资本化。

第十二条 投资者投入生物资产的成本,应当按照投资合同或协议约定的价值确定,但合同或协议约定价值不公允的除外。

第十三条 天然起源的生物资产的成本,应当按照名义金额确定。

第十四条 非货币性资产交换、债务重组和企业合并取得的生物资产的成本,应当分别按照《企业会计准则第 7 号——非货币性资产交换》、《企业会计准则第 12 号——债务重组》和《企业会计准则第 20 号——企业合并》确定。

第十五条 因择伐、间伐或抚育更新性质采伐而补植林木类生物资产发生的后续支出,应当计入林木类生物资产的成本。

生物资产在郁闭或达到预定生产经营目的后发生的管护、饲养费用等后续支出,应当计入当期损益。

第三章 后续计量

第十六条 企业应当按照本准则第十七条至第二十一条的规定对生物资产进行后续计量,但本准则第二十二条规定的除外。

第十七条 企业对达到预定生产经营目的的生产性生物资产,应当按期计提折旧,并根据用途分别计入相关资产的成本或当期损益。

第十八条 企业应当根据生产性生物资产的性质、使用情况和有关经济利益的预期实现方式,合理确定其使用寿命、预计净残值和折旧方法。可选用的折旧方法包括年限平均法、工作量法、产量法等。生产性生物资产的使用寿命、预计净残值和折旧方法一经确定,不得随意变更。但是,符合本准则第二十条规定的除外。

第十九条 企业确定生产性生物资产的使用寿命,应当考虑下列因素:

(一) 该资产的预计产出能力或实物产量;

(二) 该资产的预计有形损耗,如产畜和役畜衰老、经济林老化等;

(三) 该资产的预计无形损耗,如因新品种的出现而使现有的生产性生物资产的产出能力和产出农产品的质量等方面相对下降、市场需求的变化使生产性生物资产产出的农产品相对过时等。

第二十条 企业至少应当于每年年度终了对生产性生物资产的使用寿命、预计净残值和折旧方法进行复核。使用寿命或预计净残值的预期数与原先估计数有差异的,或者有关经济利益预期实现方式有重大改变的,应当作为会计估计变更,按照《企业会计准则第 28 号——会计政策、会计估计变更和差错更正》处理,调整生产性生物资产的使用寿命或预计净残值或者改变折旧方法。

第二十一条 企业至少应当于每年年度终了对消耗性生物资产和生产性生物资产进行检查,有确凿证据表明由于遭受自然灾害、病虫害、动物疫病侵袭或市场需求变化等原因,使消耗性生物资产的可变现净值或生产性生物资产的可收回金额低于其账面价值的,应当按照可变现净值或可收回金额低于账面价值的差额,计提生物资产跌价准备或减值准备,并计入当期损益。上述可变现净值和可收回金额,应当分别按照《企业会计准则第 1 号——存货》和《企业会计准则第 8 号——资产减值》确定。

消耗性生物资产减值的影响因素已经消失的,减记金额应当予以恢复,并在原已计提的跌价准备金额内转回,转回的金额计入当期损益。

生产性生物资产减值准备一经计提,不得转回。

公益性生物资产不计提减值准备。

第二十二条 有确凿证据表明生物资产的公允价值能够持续可靠取得的,应当对生物资产采用公允价值计量。采用公允价值计量的,应当同时满足下列条件:

(一) 生物资产有活跃的交易市场;

(二) 能够从交易市场上取得同类或类似生物资产的市场价格及其他相关信息,从而对生物资产的公允价值作出合理估计。

第四章 收获与处置

第二十三条 对于消耗性生物资产,应当在收获或出售时,按照其账面价值结转成本。结转成本的方法包括加权平均法、个别计价法、蓄积量比例法、轮伐期年限法等。

第二十四条　生产性生物资产收获的农产品成本，按照产出或采收过程中发生的材料费、人工费和应分摊的间接费用等必要支出计算确定，并采用加权平均法、个别计价法、蓄积量比例法、轮伐期年限法等方法，将其账面价值结转为农产品成本。收获之后的农产品，应当按照《企业会计准则第1号——存货》处理。

第二十五条　生物资产改变用途后的成本，应当按照改变用途时的账面价值确定。

第二十六条　生物资产出售、盘亏或死亡、毁损时，应当将处置收入扣除其账面价值和相关税费后的余额计入当期损益。

第五章　披　　露

第二十七条　企业应当在附注中披露与生物资产有关的下列信息：

（一）生物资产的类别以及各类生物资产的实物数量和账面价值。

（二）各类消耗性生物资产的跌价准备累计金额，以及各类生产性生物资产的使用寿命、预计净残值、折旧方法、累计折旧和减值准备累计金额。

（三）天然起源生物资产的类别、取得方式和实物数量。

（四）用于担保的生物资产的账面价值。

（五）与生物资产相关的风险情况与管理措施。

第二十八条　企业应当在附注中披露与生物资产增减变动有关的下列信息：

（一）因购买而增加的生物资产；

（二）因自行培育而增加的生物资产；

（三）因出售而减少的生物资产；

（四）因盘亏或死亡、毁损而减少的生物资产；

（五）计提的折旧及计提的跌价准备或减值准备；

（六）其他变动。

七、企业会计准则第6号——无形资产

企业会计准则第6号——无形资产

第一章　总　　则

第一条　为了规范无形资产的确认、计量和相关信息的披露，根据《企业会计准则——基本准则》，制定本准则。

第二条　下列各项适用其他相关会计准则：

（一）作为投资性房地产的土地使用权，适用《企业会计准则第3号——投资性房地产》。

（二）企业合并中形成的商誉，适用《企业会计准则第8号——资产减值》和《企业会计准则第20号——企业合并》。

（三）石油天然气矿区权益，适用《企业会计准则第27号——石油天然气开采》。

第二章　确　　认

第三条　无形资产，是指企业拥有或者控制的没有实物形态的可辨认非货币性资产。

资产满足下列条件之一的，符合无形资产定义中的可辨认性标准：

（一）能够从企业中分离或者划分出来，并能单独或者与相关合同、资产或负债一起，用于出售、转移、授予许可、租赁或者交换。

（二）源自合同性权利或其他法定权利，无论这些权利是否可以从企业或其他权利和义务中转移或者分离。

第四条　无形资产同时满足下列条件的，才能予以确认：

（一）与该无形资产有关的经济利益很可能流入企业；

（二）该无形资产的成本能够可靠地计量。

第五条　企业在判断无形资产产生的经济利益是否很可能流入时，应当对无形资产在预计使用寿命内可能存在的各种经济因素作出合理估计，并且应当有明确证据支持。

第六条　企业无形项目的支出，除下列情形外，均应于发生时计入当期损益：

（一）符合本准则规定的确认条件、构成无形资产成本的部分；

（二）非同一控制下企业合并中取得的、不能单独确认为无形资产、构成购买日确认的商誉的部分。

第七条 企业内部研究开发项目的支出，应当区分研究阶段支出与开发阶段支出。

研究是指为获取并理解新的科学或技术知识而进行的独创性的有计划调查。

开发是指在进行商业性生产或使用前，将研究成果或其他知识应用于某项计划或设计，以生产出新的或具有实质性改进的材料、装置、产品等。

第八条 企业内部研究开发项目研究阶段的支出，应当于发生时计入当期损益。

第九条 企业内部研究开发项目开发阶段的支出，同时满足下列条件的，才能确认为无形资产：

（一）完成该无形资产以使其能够使用或出售在技术上具有可行性；

（二）具有完成该无形资产并使用或出售的意图；

（三）无形资产产生经济利益的方式，包括能够证明运用该无形资产生产的产品存在市场或无形资产自身存在市场，无形资产将在内部使用的，应当证明其有用性；

（四）有足够的技术、财务资源和其他资源支持，以完成该无形资产的开发，并有能力使用或出售该无形资产；

（五）归属于该无形资产开发阶段的支出能够可靠地计量。

第十条 企业取得的已作为无形资产确认的正在进行中的研究开发项目，在取得后发生的支出应当按照本准则第七条至第九条的规定处理。

第十一条 企业自创商誉以及内部产生的品牌、报刊名等，不应确认为无形资产。

第三章 初始计量

第十二条 无形资产应当按照成本进行初始计量。外购无形资产的成本，包括购买价款、相关税费以及直接归属于使该项资产达到预定用途所发生的其他支出。

购买无形资产的价款超过正常信用条件延期支付，实质上具有融资性质的，无形资产的成本以购买价款的现值为基础确定。实际支付的价款与购买价款的现值之间的差额，除按照《企业会计准则第17号——借款费用》应予资本化的以外，应当在信用期间内计入当期损益。

第十三条 自行开发的无形资产，其成本包括自满足本准则第四条和第九条规定后至达到预定用途前所发生的支出总额，但是对于以前期间已经费用化的支出不再调整。

第十四条 投资者投入无形资产的成本，应当按照投资合同或协议约定的价值确定，但合同或协议约定价值不公允的除外。

第十五条 非货币性资产交换、债务重组、政府补助和企业合并取得的无形资产的成本，应当分别按照《企业会计准则第7号——非货币性资产交换》、《企业会计准则第12号——债务重组》、《企业会计准则第16号——政府补助》和《企业会计准则第20号——企业合并》确定。

第四章 后续计量

第十六条 企业应当于取得无形资产时分析判断其使用寿命。

无形资产的使用寿命为有限的，应当估计该使用寿命的年限或者构成使用寿命的产量等类似计量单位数量；无法预见无形资产为企业带来经济利益期限的，应当视为使用寿命不确定的无形资产。

第十七条 使用寿命有限的无形资产，其应摊销金额应当在使用寿命内系统合理摊销。

企业摊销无形资产，应当自无形资产可供使用时起，至不再作为无形资产确认时止。

企业选择的无形资产摊销方法，应当反映与该项无形资产有关的经济利益的预期实现方式。无法可靠确定预期实现方式的，应当采用直线法摊销。

无形资产的摊销金额一般应当计入当期损益，其他会计准则另有规定的除外。

第十八条 无形资产的应摊销金额为其成本扣除预计残值后的金额。已计提减值准备的无形资产，还应扣除已计提的无形资产减值准备累计金额。使用寿命有限的无形资产，其残值应当视为零，但下列情况除外：

（一）有第三方承诺在无形资产使用寿命结束时购买该无形资产。

（二）可以根据活跃市场得到预计残值信息，并且该市场在无形资产使用寿命结束时很可能存在。

第十九条 使用寿命不确定的无形资产不应摊销。

第二十条　无形资产的减值，应当按照《企业会计准则第 8 号——资产减值》处理。

第二十一条　企业至少应当于每年年度终了，对使用寿命有限的无形资产的使用寿命及摊销方法进行复核。无形资产的使用寿命及摊销方法与以前估计不同的，应当改变摊销期限和摊销方法。

企业应当在每个会计期间对使用寿命不确定的无形资产的使用寿命进行复核。如果有证据表明无形资产的使用寿命是有限的，应当估计其使用寿命，并按本准则规定处理。

第五章　处置和报废

第二十二条　企业出售无形资产，应当将取得的价款与该无形资产账面价值的差额计入当期损益。

第二十三条　无形资产预期不能为企业带来经济利益的，应当将该无形资产的账面价值予以转销。

第六章　披　露

第二十四条　企业应当按照无形资产的类别在附注中披露与无形资产有关的下列信息：

（一）无形资产的期初和期末账面余额、累计摊销额及减值准备累计金额。

（二）使用寿命有限的无形资产，其使用寿命的估计情况；使用寿命不确定的无形资产，其使用寿命不确定的判断依据。

（三）无形资产的摊销方法。

（四）用于担保的无形资产账面价值、当期摊销额等情况。

（五）计入当期损益和确认为无形资产的研究开发支出金额。

八、企业会计准则第 7 号——非货币性资产交换

企业会计准则第 7 号——非货币性资产交换

第一章　总　则

第一条　为了规范非货币性资产交换的确认、计量和相关信息的披露，根据《企业会计准则——基本准则》，制定本准则。

第二条　非货币性资产交换，是指交易双方主要以存货、固定资产、无形资产和长期股权投资等非货币性资产进行的交换。该交换不涉及或只涉及少量的货币性资产（即补价）。

货币性资产，是指企业持有的货币资金和将以固定或可确定的金额收取的资产，包括现金、银行存款、应收账款和应收票据以及准备持有至到期的债券投资等。

非货币性资产，是指货币性资产以外的资产。

第三条　非货币性资产交换同时满足下列条件的，应当以公允价值和应支付的相关税费作为换入资产的成本，公允价值与换出资产账面价值的差额计入当期损益：

（一）该项交换具有商业实质；

（二）换入资产或换出资产的公允价值能够可靠地计量。

换入资产和换出资产公允价值均能够可靠计量的，应当以换出资产的公允价值作为确定换入资产成本的基础，但有确凿证据表明换入资产的公允价值更加可靠的除外。

第二章　确认和计量

第四条　满足下列条件之一的非货币性资产交换具有商业实质：

（一）换入资产的未来现金流量在风险、时间和金额方面与换出资产显著不同。

（二）换入资产与换出资产的预计未来现金流量现值不同，且其差额与换入资产和换出资产的公允价值相比是重大的。

第五条　在确定非货币性资产交换是否具有商业实质时，企业应当关注交易各方之间是否存在关联方关系。关联方关系的存在可能导致发生的非货币性资产交换不具有商业实质。

第六条　未同时满足本准则第三条规定条件的非货币性资产交换，应当以换出资产的账面价值和应支付的相关税费作为换入资产的成本，不确认损益。

第七条　第七条企业在按照公允价值和应支付的相关税费作为换入资产成本的情况下，发生补价的，应当分别下列情况处理：

（一）支付补价的，换入资产成本与换出资产账面价值加支付的补价、应支付的相关税费之和的差额，

应当计入当期损益。

（二）收到补价的，换入资产成本加收到的补价之和与换出资产账面价值加应支付的相关税费之和的差额，应当计入当期损益。

第八条 企业在按照换出资产的账面价值和应支付的相关税费作为换入资产成本的情况下，发生补价的，应当分别下列情况处理：

（一）支付补价的，应当以换出资产的账面价值，加上支付的补价和应支付的相关税费，作为换入资产的成本，不确认损益。

（二）收到补价的，应当以换出资产的账面价值，减去收到的补价并加上应支付的相关税费，作为换入资产的成本，不确认损益。

第九条 非货币性资产交换同时换入多项资产的，在确定各项换入资产的成本时，应当分别下列情况处理：

（一）非货币性资产交换具有商业实质，且换入资产的公允价值能够可靠计量的，应当按照换入各项资产的公允价值占换入资产公允价值总额的比例，对换入资产的成本总额进行分配，确定各项换入资产的成本。

（二）非货币性资产交换不具有商业实质，或者虽具有商业实质但换入资产的公允价值不能可靠计量的，应当按照换入各项资产的原账面价值占换入资产原账面价值总额的比例，对换入资产的成本总额进行分配，确定各项换入资产的成本。

第三章 披 露

第十条 企业应当在附注中披露与非货币性资产交换有关的下列信息：

（一）换入资产、换出资产的类别。

（二）换入资产成本的确定方式。

（三）换入资产、换出资产的公允价值以及换出资产的账面价值。

（四）非货币性资产交换确认的损益。

九、企业会计准则第8号——资产减值

企业会计准则第8号——资产减值

第一章 总 则

第一条 为了规范资产减值的确认、计量和相关信息的披露，根据《企业会计准则——基本准则》，制定本准则。

第二条 资产减值，是指资产的可收回金额低于其账面价值。

本准则中的资产，除了特别规定外，包括单项资产和资产组。

资产组，是指企业可以认定的最小资产组合，其产生的现金流入应当基本上独立于其他资产或者资产组产生的现金流入。

第三条 下列各项适用其他相关会计准则：

（一）存货的减值，适用《企业会计准则第1号——存货》。

（二）采用公允价值模式计量的投资性房地产的减值，适用《企业会计准则第3号——投资性房地产》。

（三）消耗性生物资产的减值，适用《企业会计准则第5号——生物资产》。

（四）建造合同形成的资产的减值，适用《企业会计准则第15号——建造合同》。

（五）递延所得税资产的减值，适用《企业会计准则第18号——所得税》。

（六）融资租赁中出租人未担保余值的减值，适用《企业会计准则第21号——租赁》。

（七）《企业会计准则第22号——金融工具确认和计量》规范的金融资产的减值，适用《企业会计准则第22号——金融工具确认和计量》。

（八）未探明石油天然气矿区权益的减值，适用《企业会计准则第27号——石油天然气开采》。

第二章 可能发生减值资产的认定

第四条 企业应当在资产负债表日判断资产是否存在可能发生减值的迹象。

因企业合并所形成的商誉和使用寿命不确定的无形资产，无论是否存在减值迹象，每年都应当进行减值测试。

第五条 存在下列迹象的，表明资产可能发生了减值：

（一）资产的市价当期大幅度下跌，其跌幅明显高于因时间的推移或者正常使用而预计的下跌。

（二）企业经营所处的经济、技术或者法律等环境以及资产所处的市场在当期或者将在近期发生重大变化，从而对企业产生不利影响。

（三）市场利率或者其他市场投资报酬率在当期已经提高，从而影响企业计算资产预计未来现金流量现值的折现率，导致资产可收回金额大幅度降低。

（四）有证据表明资产已经陈旧过时或者其实体已经损坏。

（五）资产已经或者将被闲置、终止使用或者计划提前处置。

（六）企业内部报告的证据表明资产的经济绩效已经低于或者将低于预期，如资产所创造的净现金流量或者实现的营业利润（或者亏损）远远低于（或者高于）预计金额等。

（七）其他表明资产可能已经发生减值的迹象。

第三章 资产可收回金额的计量

第六条 资产存在减值迹象的，应当估计其可收回金额。

可收回金额应当根据资产的公允价值减去处置费用后的净额与资产预计未来现金流量的现值两者之间较高者确定。

处置费用包括与资产处置有关的法律费用、相关税费、搬运费以及为使资产达到可销售状态所发生的直接费用等。

第七条 资产的公允价值减去处置费用后的净额与资产预计未来现金流量的现值，只要有一项超过了资产的账面价值，就表明资产没有发生减值，不需再估计另一项金额。

第八条 资产的公允价值减去处置费用后的净额，应当根据公平交易中销售协议价格减去可直接归属于该资产处置费用的金额确定。

不存在销售协议但存在资产活跃市场的，应当按照该资产的市场价格减去处置费用后的金额确定。资产的市场价格通常应当根据资产的买方出价确定。

在不存在销售协议和资产活跃市场的情况下，应当以可获取的最佳信息为基础，估计资产的公允价值减去处置费用后的净额，该净额可以参考同行业类似资产的最近交易价格或者结果进行估计。

企业按照上述规定仍然无法可靠估计资产的公允价值减去处置费用后的净额的，应当以该资产预计未来现金流量的现值作为其可收回金额。

第九条 资产预计未来现金流量的现值，应当按照资产在持续使用过程中和最终处置时所产生的预计未来现金流量，选择恰当的折现率对其进行折现后的金额加以确定。

预计资产未来现金流量的现值，应当综合考虑资产的预计未来现金流量、使用寿命和折现率等因素。

第十条 预计的资产未来现金流量应当包括下列各项：

（一）资产持续使用过程中预计产生的现金流入。

（二）为实现资产持续使用过程中产生的现金流入所必需的预计现金流出（包括为使资产达到预定可使用状态所发生的现金流出）。

该现金流出应当是可直接归属于或者可通过合理和一致的基础分配到资产中的现金流出。

（三）资产使用寿命结束时，处置资产所收到或者支付的净现金流量。该现金流量应当是在公平交易中，熟悉情况的交易双方自愿进行交易时，企业预期可从资产的处置中获取或者支付的、减去预计处置费用后的金额。

第十一条 预计资产未来现金流量时，企业管理层应当在合理和有依据的基础上对资产剩余使用寿命内整个经济状况进行最佳估计。

预计资产的未来现金流量，应当以经企业管理层批准的最近财务预算或者预测数据，以及该预算或者预测期之后年份稳定的或者递减的增长率为基础。企业管理层如能证明递增的增长率是合理的，可以以递增的增长率为基础。

建立在预算或者预测基础上的预计现金流量最多涵盖5年，企业管理层如能证明更长的期间是合理的，可以涵盖更长的期间。

在对预算或者预测期之后年份的现金流量进行预计时，所使用的增长率除了企业能够证明更高的增长率是合理的之外，不应当超过企业经营的产品、市场、所处的行业或者所在国家或者地区的长期平均增长率，或者该资产所处市场的长期平均增长率。

第十二条　预计资产的未来现金流量，应当以资产的当前状况为基础，不应当包括与将来可能会发生的、尚未作出承诺的重组事项或者与资产改良有关的预计未来现金流量。

预计资产的未来现金流量也不应当包括筹资活动产生的现金流入或者流出以及与所得税收付有关的现金流量。

企业已经承诺重组的，在确定资产的未来现金流量的现值时，预计的未来现金流入和流出数，应当反映重组所能节约的费用和由重组所带来的其他利益，以及因重组所导致的估计未来现金流出数。其中重组所能节约的费用和由重组所带来的其他利益，通常应当根据企业管理层批准的最近财务预算或者预测数据进行估计；因重组所导致的估计未来现金流出数应当根据《企业会计准则第13号——或有事项》所确认的因重组所发生的预计负债金额进行估计。

第十三条　折现率是反映当前市场货币时间价值和资产特定风险的税前利率。该折现率是企业在购置或者投资资产时所要求的必要报酬率。

在预计资产的未来现金流量时已经对资产特定风险的影响作了调整的，估计折现率不需要考虑这些特定风险。如果用于估计折现率的基础是税后的，应当将其调整为税前的折现率。

第十四条　预计资产的未来现金流量涉及外币的，应当以该资产所产生的未来现金流量的结算货币为基础，按照该货币适用的折现率计算资产的现值；然后将该外币现值按照计算资产未来现金流量现值当日的即期汇率进行折算。

第四章　资产减值损失的确定

第十五条　可收回金额的计量结果表明，资产的可收回金额低于其账面价值的，应当将资产的账面价值减记至可收回金额，减记的金额确认为资产减值损失，计入当期损益，同时计提相应的资产减值准备。

第十六条　资产减值损失确认后，减值资产的折旧或者摊销费用应当在未来期间作相应调整，以使该资产在剩余使用寿命内，系统地分摊调整后的资产账面价值(扣除预计净残值)。

第十七条　资产减值损失一经确认，在以后会计期间不得转回。

第五章　资产组的认定及减值处理

第十八条　有迹象表明一项资产可能发生减值的，企业应当以单项资产为基础估计其可收回金额。企业难以对单项资产的可收回金额进行估计的，应当以该资产所属的资产组为基础确定资产组的可收回金额。

资产组的认定，应当以资产组产生的主要现金流入是否独立于其他资产或者资产组的现金流入为依据。同时，在认定资产组时，应当考虑企业管理层管理生产经营活动的方式(如是按照生产线、业务种类还是按照地区或者区域等)和对资产的持续使用或者处置的决策方式等。

几项资产的组合生产的产品(或者其他产出)存在活跃市场的，

即使部分或者所有这些产品(或者其他产出)均供内部使用，也应当在符合前款规定的情况下，将这几项资产的组合认定为一个资产组。

如果该资产组的现金流入受内部转移价格的影响，应当按照企业管理层在公平交易中对未来价格的最佳估计数来确定资产组的未来现金流量。

资产组一经确定，各个会计期间应当保持一致，不得随意变更。

如需变更，企业管理层应当证明该变更是合理的，并根据本准则第二十七条的规定在附注中作相应说明。

第十九条　资产组账面价值的确定基础应当与其可收回金额的确定方式相一致。

资产组的账面价值包括可直接归属于资产组与可以合理和一致地分摊至资产组的资产账面价值，通常不应当包括已确认负债的账面价值，但如不考虑该负债金额就无法确定资产组可收回金额的除外。

资产组的可收回金额应当按照该资产组的公允价值减去处置费用后的净额与其预计未来现金流量的现值两者之间较高者确定。

资产组在处置时如要求购买者承担一项负债(如环境恢复负债等)、该负债金额已经确认并计入相关资产账面价值,而且企业只能取得包括上述资产和负债在内的单一公允价值减去处置费用后的净额的,为了比较资产组的账面价值和可收回金额,在确定资产组的账面价值及其预计未来现金流量的现值时,应当将已确认的负债金额从中扣除。

第二十条 企业总部资产包括企业集团或其事业部的办公楼、电子数据处理设备等资产。总部资产的显著特征是难以脱离其他资产或者资产组产生独立的现金流入,而且其账面价值难以完全归属于某一资产组。

有迹象表明某项总部资产可能发生减值的,企业应当计算确定该总部资产所归属的资产组或者资产组组合的可收回金额,然后将其与相应的账面价值相比较,据以判断是否需要确认减值损失。

资产组组合,是指由若干个资产组组成的最小资产组组合,包括资产组或者资产组组合,以及按合理方法分摊的总部资产部分。

第二十一条 企业对某一资产组进行减值测试,应当先认定所有与该资产组相关的总部资产,再根据相关总部资产能否按照合理和一致的基础分摊至该资产组分别下列情况处理。

(一)对于相关总部资产能够按照合理和一致的基础分摊至该资产组的部分,应当将该部分总部资产的账面价值分摊至该资产组,再据以比较该资产组的账面价值(包括已分摊的总部资产的账面价值部分)和可收回金额,并按照本准则第二十二条的规定处理。

(二)对于相关总部资产中有部分资产难以按照合理和一致的基础分摊至该资产组的,应当按照下列步骤处理:

首先,在不考虑相关总部资产的情况下,估计和比较资产组的账面价值和可收回金额,并按照本准则第二十二条的规定处理。

其次,认定由若干个资产组组成的最小的资产组组合,该资产组组合应当包括所测试的资产组与可以按照合理和一致的基础将该部分总部资产的账面价值分摊其上的部分。

最后,比较所认定的资产组组合的账面价值(包括已分摊的总部资产的账面价值部分)和可收回金额,并按照本准则第二十二条的规定处理。

第二十二条 资产组或者资产组组合的可收回金额低于其账面价值的(总部资产和商誉分摊至某资产组或者资产组组合的,该资产组或者资产组组合的账面价值应当包括相关总部资产和商誉的分摊额),应当确认相应的减值损失。减值损失金额应当先抵减分摊至资产组或者资产组组合中商誉的账面价值,再根据资产组或者资产组组合中除商誉之外的其他各项资产的账面价值所占比重,按比例抵减其他各项资产的账面价值。

以上资产账面价值的抵减,应当作为各单项资产(包括商誉)的减值损失处理,计入当期损益。抵减后的各资产的账面价值不得低于以下三者之中最高者:该资产的公允价值减去处置费用后的净额(如可确定的)、该资产预计未来现金流量的现值(如可确定的)和零。

因此而导致的未能分摊的减值损失金额,应当按照相关资产组或者资产组组合中其他各项资产的账面价值所占比重进行分摊。

第六章 商誉减值的处理

第二十三条 企业合并所形成的商誉,至少应当在每年年度终了进行减值测试。商誉应当结合与其相关的资产组或者资产组组合进行减值测试。

相关的资产组或者资产组组合应当是能够从企业合并的协同效应中受益的资产组或者资产组组合,不应当大于按照《企业会计准则第35号——分部报告》所确定的报告分部。

第二十四条 企业进行资产减值测试,对于因企业合并形成的商誉的账面价值,应当自购买日起按照合理的方法分摊至相关的资产组;难以分摊至相关的资产组的,应当将其分摊至相关的资产组组合。

在将商誉的账面价值分摊至相关的资产组或者资产组组合时,应当按照各资产组或者资产组组合的公允价值占相关资产组或者资产组组合公允价值总额的比例进行分摊。公允价值难以可靠计量的,按照各资产组或者资产组组合的账面价值占相关资产组或者资产组组合账面价值总额的比例进行分摊。

企业因重组等原因改变了其报告结构,从而影响到已分摊商誉的一个或者若干个资产组或者资产组组合构成的,应当按照与本条前款规定相似的分摊方法,将商誉重新分摊至受影响的资产组或者资产组组合。

第二十五条 在对包含商誉的相关资产组或者资产组组合进行减值测试时，如与商誉相关的资产组或者资产组组合存在减值迹象的，应当先对不包含商誉的资产组或者资产组组合进行减值测试，计算可收回金额，并与相关账面价值相比较，确认相应的减值损失。再对包含商誉的资产组或者资产组组合进行减值测试，比较这些相关资产组或者资产组组合的账面价值(包括所分摊的商誉的账面价值部分)与其可收回金额，如相关资产组或者资产组组合的可收回金额低于其账面价值的，应当确认商誉的减值损失，按照本准则第二十二条的规定处理。

第七章 披 露

第二十六条 企业应当在附注中披露与资产减值有关的下列信息：

(一) 当期确认的各项资产减值损失金额。

(二) 计提的各项资产减值准备累计金额。

(三) 提供分部报告信息的，应当披露每个报告分部当期确认的减值损失金额。

第二十七条 发生重大资产减值损失的，应当在附注中披露导致每项重大资产减值损失的原因和当期确认的重大资产减值损失的金额。

(一) 发生重大减值损失的资产是单项资产的，应当披露该单项资产的性质。提供分部报告信息的，还应披露该项资产所属的主要报告分部。

(二) 发生重大减值损失的资产是资产组(或者资产组组合，下同)的，应当披露：

1. 资产组的基本情况。

2. 资产组中所包括的各项资产于当期确认的减值损失金额。

3. 资产组的组成与前期相比发生变化的，应当披露变化的原因以及前期和当期资产组组成情况。

第二十八条 对于重大资产减值，应当在附注中披露资产(或者资产组，下同)可收回金额的确定方法。

(一) 可收回金额按资产的公允价值减去处置费用后的净额确定的，还应当披露公允价值减去处置费用后的净额的估计基础。

(二) 可收回金额按资产预计未来现金流量的现值确定的，还应当披露估计其现值时所采用的折现率，以及该资产前期可收回金额也按照其预计未来现金流量的现值确定的情况下，前期所采用的折现率。

第二十九条 第二十六条(一)、(二)和第二十七条(二)第2项信息应当按照资产类别予以披露。资产类别应当以资产在企业生产经营活动中的性质或者功能是否相同或者相似为基础确定。

第三十条 分摊到某资产组的商誉(或者使用寿命不确定的无形资产，下同)的账面价值占商誉账面价值总额的比例重大的，应当在附注中披露下列信息：

(一) 分摊到该资产组的商誉的账面价值。

(二) 该资产组可收回金额的确定方法。

1. 可收回金额按照资产组公允价值减去处置费用后的净额确定的，还应当披露确定公允价值减去处置费用后的净额的方法。资产组的公允价值减去处置费用后的净额不是按照市场价格确定的，应当披露：

(1)企业管理层在确定公允价值减去处置费用后的净额时所采用的各关键假设及其依据。

(2)企业管理层在确定各关键假设相关的价值时，是否与企业历史经验或者外部信息来源相一致；如不一致，应当说明理由。

2. 可收回金额按照资产组预计未来现金流量的现值确定的，应当披露：

(1)企业管理层预计未来现金流量的各关键假设及其依据。

(2)企业管理层在确定各关键假设相关的价值时，是否与企业历史经验或者外部信息来源相一致；如不一致，应当说明理由。

(3)估计现值时所采用的折现率。

第三十一条 商誉的全部或者部分账面价值分摊到多个资产组、且分摊到每个资产组的商誉的账面价值占商誉账面价值总额的比例不重大的，企业应当在附注中说明这一情况以及分摊到上述资产组的商誉合计金额。

商誉账面价值按照相同的关键假设分摊到上述多个资产组、且分摊的商誉合计金额占商誉账面价值总额的比例重大的，企业应当在附注中说明这一情况，并披露下列信息：

(一) 分摊到上述资产组的商誉的账面价值合计。

（二）采用的关键假设及其依据。

（三）企业管理层在确定各关键假设相关的价值时，是否与企业历史经验或者外部信息来源相一致；如不一致，应当说明理由。

十、企业会计准则第9号——职工薪酬

企业会计准则第9号——职工薪酬

第一章　总　　则

第一条　为了规范职工薪酬的确认、计量和相关信息的披露，根据《企业会计准则——基本准则》，制定本准则。

第二条　职工薪酬，是指企业为获得职工提供的服务而给予各种形式的报酬以及其他相关支出。职工薪酬包括：

（一）职工工资、奖金、津贴和补贴；

（二）职工福利费；

（三）医疗保险费、养老保险费、失业保险费、工伤保险费和生育保险费等社会保险费；

（四）住房公积金；

（五）工会经费和职工教育经费；

（六）非货币性福利；

（七）因解除与职工的劳动关系给予的补偿；

（八）其他与获得职工提供的服务相关的支出。

第三条　下列各项适用其他相关会计准则：

（一）企业年金基金，适用《企业会计准则第10号——企业年金基金》。

（二）以股份为基础的薪酬，适用《企业会计准则第11号——股份支付》。

第二章　确认和计量

第四条　企业应当在职工为其提供服务的会计期间，将应付的职工薪酬确认为负债，除因解除与职工的劳动关系给予的补偿外，应当根据职工提供服务的受益对象，分别下列情况处理：

（一）应由生产产品、提供劳务负担的职工薪酬，计入产品成本或劳务成本。

（二）应由在建工程、无形资产负担的职工薪酬，计入建造固定资产或无形资产成本。

（三）上述（一）和（二）之外的其他职工薪酬，计入当期损益。

第五条　企业为职工缴纳的医疗保险费、养老保险费、失业保险费、工伤保险费、生育保险费等社会保险费和住房公积金，应当在职工为其提供服务的会计期间，根据工资总额的一定比例计算，并按照本准则第四条的规定处理。

第六条　企业在职工劳动合同到期之前解除与职工的劳动关系，

或者为鼓励职工自愿接受裁减而提出给予补偿的建议，同时满足下列条件的，应当确认因解除与职工的劳动关系给予补偿而产生的预计负债，同时计入当期损益：

（一）企业已经制定正式的解除劳动关系计划或提出自愿裁减建议，并即将实施。

该计划或建议应当包括拟解除劳动关系或裁减的职工所在部门、职位及数量；根据有关规定按工作类别或职位确定的解除劳动关系或裁减补偿金额；拟解除劳动关系或裁减的时间。

（二）企业不能单方面撤回解除劳动关系计划或裁减建议。

第三章　披　　露

第七条　企业应当在附注中披露与职工薪酬有关的下列信息：

（一）应当支付给职工的工资、奖金、津贴和补贴，及其期末应付未付金额。

（二）应当为职工缴纳的医疗保险费、养老保险费、失业保险费、工伤保险费和生育保险费等社会保险费，及其期末应付未付金额。

（三）应当为职工缴存的住房公积金，及其期末应付未付金额。

（四）为职工提供的非货币性福利，及其计算依据。

（五）应当支付的因解除劳动关系给予的补偿，及其期末应付未付金额。

（六）其他职工薪酬。

第八条 因自愿接受裁减建议的职工数量、补偿标准等不确定而产生的或有负债，应当按照《企业会计准则第13号——或有事项》披露。

十一、企业会计准则第10号——企业年金基金

企业会计准则第10号——企业年金基金

第一章 总 则

第一条 为了规范企业年金基金的确认、计量和财务报表列报，根据《企业会计准则——基本准则》，制定本准则。

第二条 企业年金基金，是指根据依法制定的企业年金计划筹集的资金及其投资运营收益形成的企业补充养老保险基金。

第三条 企业年金基金应当作为独立的会计主体进行确认、计量和列报。

委托人、受托人、托管人、账户管理人、投资管理人和其他为企业年金基金管理提供服务的主体，应当将企业年金基金与其固有资产和其他资产严格区分，确保企业年金基金的安全。

第二章 确认和计量

第四条 企业年金基金应当分别资产、负债、收入、费用和净资产进行确认和计量。

第五条 企业年金基金缴费及其运营形成的各项资产包括：货币资金、应收证券清算款、应收利息、买入返售证券、其他应收款、债券投资、基金投资、股票投资、其他投资等。

第六条 企业年金基金在运营中根据国家规定的投资范围取得的国债、信用等级在投资级以上的金融债和企业债、可转换债、投资性保险产品、证券投资基金、股票等具有良好流动性的金融产品，其初始取得和后续估值应当以公允价值计量：

（一）初始取得投资时，应当以交易日支付的成交价款作为其公允价值。发生的交易费用直接计入当期损益。

（二）估值日对投资进行估值时，应当以其公允价值调整原账面价值，公允价值与原账面价值的差额计入当期损益。

投资公允价值的确定，适用《企业会计准则第22号——金融工具确认和计量》。

第七条 企业年金基金运营形成的各项负债包括：应付证券清算款、应付受益人待遇、应付受托人管理费、应付托管人管理费、应付投资管理人管理费、应交税金、卖出回购证券款、应付利息、应付佣金和其他应付款等。

第八条 企业年金基金运营形成的各项收入包括：存款利息收入、买入返售证券收入、公允价值变动收益、投资处置收益和其他收入。

第九条 收入应当按照下列规定确认和计量：

（一）存款利息收入，按照本金和适用的利率确定。

（二）买入返售证券收入，在融券期限内按照买入返售证券价款和协议约定的利率确定。

（三）公允价值变动收益，在估值日按照当日投资公允价值与原账面价值（即上一估值日投资公允价值）的差额确定。

（四）投资处置收益，在交易日按照卖出投资所取得的价款与其账面价值的差额确定。

（五）风险准备金补亏等其他收入，按照实际发生的金额确定。

第十条 企业年金基金运营发生的各项费用包括：交易费用、受托人管理费、托管人管理费、投资管理人管理费、卖出回购证券支出和其他费用。

第十一条 费用应当按照下列规定确认和计量：

（一）交易费用，包括支付给代理机构、咨询机构、券商的手续费和佣金及其他必要支出，按照实际发生的金额确定。

（二）受托人管理费、托管人管理费和投资管理人管理费，根据相关规定按实际计提的金额确定。

（三）卖出回购证券支出，在融资期限内按照卖出回购证券价款和协议约定的利率确定。

（四）其他费用，按照实际发生的金额确定。

第十二条 企业年金基金的净资产，是指企业年金基金的资产减去负债后的余额。资产负债表日，应当将当期各项收入和费用结转至净资产。

净资产应当分别企业和职工个人设置账户，根据企业年金计划按期将运营收益分配计入各账户。

第十三条 净资产应当按照下列规定确认和计量：

（一）向企业和职工个人收取的缴费，按照收到的金额增加净资产。

（二）向受益人支付的待遇，按照应付的金额减少净资产。

（三）因职工调入企业而发生的个人账户转入金额，增加净资产。

（四）因职工调离企业而发生的个人账户转出金额，减少净资产。

第三章 列 报

第十四条 企业年金基金的财务报表包括资产负债表、净资产变动表和附注。

第十五条 资产负债表反映企业年金基金在某一特定日期的财务状况，应当按照资产、负债和净资产分类列示。

第十六条 资产类项目至少应当列示下列信息：

（一）货币资金；

（二）应收证券清算款；

（三）应收利息；

（四）买入返售证券；

（五）其他应收款；

（六）债券投资；

（七）基金投资；

（八）股票投资；

（九）其他投资；

（十）其他资产。

第十七条 负债类项目至少应当列示下列信息：

（一）应付证券清算款；

（二）应付受益人待遇；

（三）应付受托人管理费；

（四）应付托管人管理费；

（五）应付投资管理人管理费；

（六）应交税金；

（七）卖出回购证券款；

（八）应付利息；

（九）应付佣金；

（十）其他应付款。

第十八条 净资产类项目列示企业年金基金净值。

第十九条 净资产变动表反映企业年金基金在一定会计期间的净资产增减变动情况，应当列示下列信息：

（一）期初净资产。

（二）本期净资产增加数，包括本期收入、收取企业缴费、收取职工个人缴费、个人账户转入。

（三）本期净资产减少数，包括本期费用、支付受益人待遇、个人账户转出。

（四）期末净资产。

第二十条 附注应当披露下列信息：

（一）企业年金计划的主要内容及重大变化。

（二）投资种类、金额及公允价值的确定方法。

（三）各类投资占投资总额的比例。

（四）可能使投资价值受到重大影响的其他事项。

附录

资产负债表

会年金 01 表

编制单位： 年 月 日 单位：元

资 产	行次	年初数	期末数	负债和净资产	行次	年初数	期末数
资产：				负债：			
货币资金				应付证券清算款			
应收证券清算款				应付受益人待遇			
应收利息				应付受托人管理费			
买入返售证券				应付托管人管理费			
其他应收款				应付投资管理人管理费			
债券投资				应交税金			
基金投资				卖出回购证券款			
股票投资				应付利息			
其他投资				应付佣金			
其他资产				其他应付款			
				负债合计			
				净资产：			
				企业年金基金净值			
资产总计				负债和净资产总计			

净资产变动表

会年金 02 表

编制单位： 年 月 单位：元

项 目	行次	本月数	本年累计数
一、期初净资产			
二、本期净资产增加数			
（一）本期收入			
1. 存款利息收入			
2. 买入返售证券收入			
3. 公允价值变动收益			
4. 投资处置收益			
5. 其他收入			
（二）收取企业缴费			
（三）收取职工个人缴费			
（四）个人账户转入			

（续表）

项　　　　目	行次	本月数	本年累计数
三、本期净资产减少数			
（一）本期费用			
1. 交易费用			
2. 受托人管理费			
3. 托管人管理费			
4. 投资管理人管理费			
5. 卖出回购证券支出			
6. 其他费用			
（二）支付受益人待遇			
（三）个人账户转出			
四、期末净资产			

十二、企业会计准则第 11 号——股份支付

企业会计准则第 11 号——股份支付

第一章　总　　则

第一条　为了规范股份支付的确认、计量和相关信息的披露，根据《企业会计准则——基本准则》，制定本准则。

第二条　股份支付，是指企业为获取职工和其他方提供服务而授予权益工具或者承担以权益工具为基础确定的负债的交易。

股份支付分为以权益结算的股份支付和以现金结算的股份支付。

以权益结算的股份支付，是指企业为获取服务以股份或其他权益工具作为对价进行结算的交易。

以现金结算的股份支付，是指企业为获取服务承担以股份或其他权益工具为基础计算确定的交付现金或其他资产义务的交易。

本准则所指的权益工具是企业自身权益工具。

第三条　下列各项适用其他相关会计准则：

（一）企业合并中发行权益工具取得其他企业净资产的交易，适用《企业会计准则第 20 号——企业合并》。

（二）以权益工具作为对价取得其他金融工具等交易，适用《企业会计准则第 22 号——金融工具确认和计量》。

第二章　以权益结算的股份支付

第四条　以权益结算的股份支付换取职工提供服务的，应当以授予职工权益工具的公允价值计量。

权益工具的公允价值，应当按照《企业会计准则第 22 号——金融工具确认和计量》确定。

第五条　授予后立即可行权的换取职工服务的以权益结算的股份支付，应当在授予日按照权益工具的公允价值计入相关成本或费用，相应增加资本公积。

授予日，是指股份支付协议获得批准的日期。

第六条　完成等待期内的服务或达到规定业绩条件才可行权的换取职工服务的以权益结算的股份支付，在等待期内的每个资产负债表日，应当以对可行权权益工具数量的最佳估计为基础，按照权益工具授予日的公允价值，将当期取得的服务计入相关成本或费用和资本公积。

在资产负债表日，后续信息表明可行权权益工具的数量与以前估计不同的，应当进行调整，并在可行权日调整至实际可行权的权益工具数量。

等待期，是指可行权条件得到满足的期间。

对于可行权条件为规定服务期间的股份支付，等待期为授予日至可行权日的期间；对于可行权条件为

规定业绩的股份支付,应当在授予日根据最可能的业绩结果预计等待期的长度。

可行权日,是指可行权条件得到满足、职工和其他方具有从企业取得权益工具或现金的权利的日期。

第七条 企业在可行权日之后不再对已确认的相关成本或费用和所有者权益总额进行调整。

第八条 以权益结算的股份支付换取其他方服务的,应当分别下列情况处理:

(一)其他方服务的公允价值能够可靠计量的,应当按照其他方服务在取得日的公允价值,计入相关成本或费用,相应增加所有者权益。

(二)其他方服务的公允价值不能可靠计量但权益工具公允价值能够可靠计量的,应当按照权益工具在服务取得日的公允价值,计入相关成本或费用,相应增加所有者权益。

第九条 在行权日,企业根据实际行权的权益工具数量,计算确定应转入实收资本或股本的金额,将其转入实收资本或股本。

行权日,是指职工和其他方行使权利、获取现金或权益工具的日期。

第三章 以现金结算的股份支付

第十条 以现金结算的股份支付,应当按照企业承担的以股份或其他权益工具为基础计算确定的负债的公允价值计量。

第十一条 授予后立即可行权的以现金结算的股份支付,应当在授予日以企业承担负债的公允价值计入相关成本或费用,相应增加负债。

第十二条 完成等待期内的服务或达到规定业绩条件以后才可行权的以现金结算的股份支付,在等待期内的每个资产负债表日,应当以对可行权情况的最佳估计为基础,按照企业承担负债的公允价值金额,将当期取得的服务计入成本或费用和相应的负债。

在资产负债表日,后续信息表明企业当期承担债务的公允价值与以前估计不同的,应当进行调整,并在可行权日调整至实际可行权水平。

第十三条 企业应当在相关负债结算前的每个资产负债表日以及结算日,对负债的公允价值重新计量,其变动计入当期损益。

第四章 披　露

第十四条 企业应当在附注中披露与股份支付有关的下列信息:

(一)当期授予、行权和失效的各项权益工具总额。

(二)期末发行在外的股份期权或其他权益工具行权价格的范围和合同剩余期限。

(三)当期行权的股份期权或其他权益工具以其行权日价格计算的加权平均价格。

(四)权益工具公允价值的确定方法。

企业对性质相似的股份支付信息可以合并披露。

第十五条 企业应当在附注中披露股份支付交易对当期财务状况和经营成果的影响,至少包括下列信息:

(一)当期因以权益结算的股份支付而确认的费用总额。

(二)当期因以现金结算的股份支付而确认的费用总额。

(三)当期以股份支付换取的职工服务总额及其他方服务总额。

十三、企业会计准则第12号——债务重组

企业会计准则第12号——债务重组

第一章 总　则

第一条 为了规范债务重组的确认、计量和相关信息的披露,根据《企业会计准则——基本准则》,制定本准则。

第二条 债务重组,是指在债务人发生财务困难的情况下,债权人按照其与债务人达成的协议或者法院的裁定作出让步的事项。

第三条 债务重组的方式主要包括:

(一)以资产清偿债务;

（二）将债务转为资本；

（三）修改其他债务条件，如减少债务本金、减少债务利息等，不包括上述（一）和（二）两种方式；

（四）以上三种方式的组合等。

第二章　债务人的会计处理

第四条　以现金清偿债务的，债务人应当将重组债务的账面价值与实际支付现金之间的差额，计入当期损益。

第五条　以非现金资产清偿债务的，债务人应当将重组债务的账面价值与转让的非现金资产公允价值之间的差额，计入当期损益。

转让的非现金资产公允价值与其账面价值之间的差额，计入当期损益。

第六条　将债务转为资本的，债务人应当将债权人放弃债权而享有股份的面值总额确认为股本（或者实收资本），股份的公允价值总额与股本（或者实收资本）之间的差额确认为资本公积。

重组债务的账面价值与股份的公允价值总额之间的差额，计入当期损益。

第七条　修改其他债务条件的，债务人应当将修改其他债务条件后债务的公允价值作为重组后债务的入账价值。重组债务的账面价值与重组后债务的入账价值之间的差额，计入当期损益。

修改后的债务条款如涉及或有应付金额，且该或有应付金额符合《企业会计准则第13号——或有事项》中有关预计负债确认条件的，债务人应当将该或有应付金额确认为预计负债。重组债务的账面价值，与重组后债务的入账价值和预计负债金额之和的差额，计入当期损益。

或有应付金额，是指需要根据未来某种事项出现而发生的应付金额，而且该未来事项的出现具有不确定性。

第八条　债务重组以现金清偿债务、非现金资产清偿债务、债务转为资本、修改其他债务条件等方式的组合进行的，债务人应当依次以支付的现金、转让的非现金资产公允价值、债权人享有股份的公允价值冲减重组债务的账面价值，再按照本准则第七条的规定处理。

第三章　债权人的会计处理

第九条　以现金清偿债务的，债权人应当将重组债权的账面余额与收到的现金之间的差额，计入当期损益。债权人已对债权计提减值准备的，应当先将该差额冲减减值准备，减值准备不足以冲减的部分，计入当期损益。

第十条　以非现金资产清偿债务的，债权人应当对受让的非现金资产按其公允价值入账，重组债权的账面余额与受让的非现金资产的公允价值之间的差额，比照本准则第九条的规定处理。

第十一条　将债务转为资本的，债权人应当将享有股份的公允价值确认为对债务人的投资，重组债权的账面余额与股份的公允价值之间的差额，比照本准则第九条的规定处理。

第十二条　修改其他债务条件的，债权人应当将修改其他债务条件后的债权的公允价值作为重组后债权的账面价值，重组债权的账面余额与重组后债权的账面价值之间的差额，比照本准则第九条的规定处理。

修改后的债务条款中涉及或有应收金额的，债权人不应当确认或有应收金额，不得将其计入重组后债权的账面价值。

或有应收金额，是指需要根据未来某种事项出现而发生的应收金额，而且该未来事项的出现具有不确定性。

第十三条　债务重组采用以现金清偿债务、非现金资产清偿债务、债务转为资本、修改其他债务条件等方式的组合进行的，债权人应当依次以收到的现金、接受的非现金资产公允价值、债权人享有股份的公允价值冲减重组债权的账面余额，再按照本准则第十二条的规定处理。

第四章　披　　露

第十四条　债务人应当在附注中披露与债务重组有关的下列信息：

（一）债务重组方式。

（二）确认的债务重组利得总额。

（三）将债务转为资本所导致的股本（或者实收资本）增加额。

（四）或有应付金额。

（五）债务重组中转让的非现金资产的公允价值、由债务转成的股份的公允价值和修改其他债务条件后债务的公允价值的确定方法及依据。

第十五条 债权人应当在附注中披露与债务重组有关的下列信息：

（一）债务重组方式。

（二）确认的债务重组损失总额。

（三）债权转为股份所导致的投资增加额及该投资占债务人股份总额的比例。

（四）或有应收金额。

（五）债务重组中受让的非现金资产的公允价值、由债权转成的股份的公允价值和修改其他债务条件后债权的公允价值的确定方法及依据。

十四、企业会计准则第13号——或有事项

企业会计准则第13号——或有事项

第一章 总 则

第一条 为了规范或有事项的确认、计量和相关信息的披露，根据《企业会计准则——基本准则》，制定本准则。

第二条 或有事项，是指过去的交易或者事项形成的，其结果须由某些未来事项的发生或不发生才能决定的不确定事项。

第三条 职工薪酬、建造合同、所得税、企业合并、租赁、原保险合同和再保险合同等形成的或有事项，适用其他相关会计准则。

第二章 确认和计量

第四条 与或有事项相关的义务同时满足下列条件的，应当确认为预计负债：

（一）该义务是企业承担的现时义务；

（二）履行该义务很可能导致经济利益流出企业；

（三）该义务的金额能够可靠地计量。

第五条 预计负债应当按照履行相关现时义务所需支出的最佳估计数进行初始计量。

所需支出存在一个连续范围，且该范围内各种结果发生的可能性相同的，最佳估计数应当按照该范围内的中间值确定。

在其他情况下，最佳估计数应当分别下列情况处理：

（一）或有事项涉及单个项目的，按照最可能发生金额确定。

（二）或有事项涉及多个项目的，按照各种可能结果及相关概率计算确定。

第六条 企业在确定最佳估计数时，应当综合考虑与或有事项有关的风险、不确定性和货币时间价值等因素。

货币时间价值影响重大的，应当通过对相关未来现金流出进行折现后确定最佳估计数。

第七条 企业清偿预计负债所需支出全部或部分预期由第三方补偿的，补偿金额只有在基本确定能够收到时才能作为资产单独确认。确认的补偿金额不应当超过预计负债的账面价值。

第八条 待执行合同变成亏损合同的，该亏损合同产生的义务满足本准则第四条规定的，应当确认为预计负债。

待执行合同，是指合同各方尚未履行任何合同义务，或部分地履行了同等义务的合同。

亏损合同，是指履行合同义务不可避免会发生的成本超过预期经济利益的合同。

第九条 企业不应当就未来经营亏损确认预计负债。

第十条 企业承担的重组义务满足本准则第四条规定的，应当确认预计负债。同时存在下列情况时，表明企业承担了重组义务：

（一）有详细、正式的重组计划，包括重组涉及的业务、主要地点、需要补偿的职工人数及其岗位性质、预计重组支出、计划实施时间等；

（二）该重组计划已对外公告。

重组，是指企业制定和控制的，将显著改变企业组织形式、经营范围或经营方式的计划实施行为。

第十一条　企业应当按照与重组有关的直接支出确定预计负债金额。

直接支出不包括留用职工岗前培训、市场推广、新系统和营销网络投入等支出。

第十二条　企业应当在资产负债表日对预计负债的账面价值进行复核。有确凿证据表明该账面价值不能真实反映当前最佳估计数的，应当按照当前最佳估计数对该账面价值进行调整。

第十三条　企业不应当确认或有负债和或有资产。

或有负债，是指过去的交易或者事项形成的潜在义务，其存在须通过未来不确定事项的发生或不发生予以证实；或过去的交易或者事项形成的现时义务，履行该义务不是很可能导致经济利益流出企业或该义务的金额不能可靠计量。

或有资产，是指过去的交易或者事项形成的潜在资产，其存在须通过未来不确定事项的发生或不发生予以证实。

第三章　披　露

第十四条　企业应当在附注中披露与或有事项有关的下列信息：

（一）预计负债。

1.预计负债的种类、形成原因以及经济利益流出不确定性的说明。

2.各类预计负债的期初、期末余额和本期变动情况。

3.与预计负债有关的预期补偿金额和本期已确认的预期补偿金额。

（二）或有负债(不包括极小可能导致经济利益流出企业的或有负债)。

1.或有负债的种类及其形成原因，包括已贴现商业承兑汇票、未决诉讼、未决仲裁、对外提供担保等形成的或有负债。

2.经济利益流出不确定性的说明。

3.或有负债预计产生的财务影响，以及获得补偿的可能性；无法预计的，应当说明原因。

（三）企业通常不应当披露或有资产。但或有资产很可能会给企业带来经济利益的，应当披露其形成的原因、预计产生的财务影响等。

第十五条　在涉及未决诉讼、未决仲裁的情况下，按照本准则第十四条披露全部或部分信息预期对企业造成重大不利影响的，企业无须披露这些信息，但应当披露该未决诉讼、未决仲裁的性质，以及没有披露这些信息的事实和原因。

十五、企业会计准则第14号——收入

企业会计准则第14号——收入

第一章　总　则

第一条　为了规范收入的确认、计量和相关信息的披露，根据《企业会计准则——基本准则》，制定本准则。

第二条　收入，是指企业在日常活动中形成的、会导致所有者权益增加的、与所有者投入资本无关的经济利益的总流入。

本准则所涉及的收入，包括销售商品收入、提供劳务收入和让渡资产使用权收入。

企业代第三方收取的款项，应当作为负债处理，不应当确认为收入。

第三条　长期股权投资、建造合同、租赁、原保险合同、再保险合同等形成的收入，适用其他相关会计准则。

第二章　销售商品收入

第四条　销售商品收入同时满足下列条件的，才能予以确认：

（一）企业已将商品所有权上的主要风险和报酬转移给购货方；

（二）企业既没有保留通常与所有权相联系的继续管理权，也没有对已售出的商品实施有效控制；

（三）收入的金额能够可靠地计量；

（四）相关的经济利益很可能流入企业；

（五）相关的已发生或将发生的成本能够可靠地计量。

第五条 企业应当按照从购货方已收或应收的合同或协议价款确定销售商品收入金额，但已收或应收的合同或协议价款不公允的除外。

合同或协议价款的收取采用递延方式，实质上具有融资性质的，应当按照应收的合同或协议价款的公允价值确定销售商品收入金额。

应收的合同或协议价款与其公允价值之间的差额，应当在合同或协议期间内采用实际利率法进行摊销，计入当期损益。

第六条 销售商品涉及现金折扣的，应当按照扣除现金折扣前的金额确定销售商品收入金额。现金折扣在实际发生时计入当期损益。

现金折扣，是指债权人为鼓励债务人在规定的期限内付款而向债务人提供的债务扣除。

第七条 销售商品涉及商业折扣的，应当按照扣除商业折扣后的金额确定销售商品收入金额。

商业折扣，是指企业为促进商品销售而在商品标价上给予的价格扣除。

第八条 企业已经确认销售商品收入的售出商品发生销售折让的，应当在发生时冲减当期销售商品收入。

销售折让属于资产负债表日后事项的，适用《企业会计准则第29号——资产负债表日后事项》。

销售折让，是指企业因售出商品的质量不合格等原因而在售价上给予的减让。

第九条 企业已经确认销售商品收入的售出商品发生销售退回的，应当在发生时冲减当期销售商品收入。

销售退回属于资产负债表日后事项的，适用《企业会计准则第29号——资产负债表日后事项》。

销售退回，是指企业售出的商品由于质量、品种不符合要求等原因而发生的退货。

第三章 提供劳务收入

第十条 企业在资产负债表日提供劳务交易的结果能够可靠估计的，应当采用完工百分比法确认提供劳务收入。

完工百分比法，是指按照提供劳务交易的完工进度确认收入与费用的方法。

第十一条 提供劳务交易的结果能够可靠估计，是指同时满足下列条件：

（一）收入的金额能够可靠地计量；

（二）相关的经济利益很可能流入企业；

（三）交易的完工进度能够可靠地确定；

（四）交易中已发生和将发生的成本能够可靠地计量。

第十二条 企业确定提供劳务交易的完工进度，可以选用下列方法：

（一）已完工作的测量。

（二）已经提供的劳务占应提供劳务总量的比例。

（三）已经发生的成本占估计总成本的比例。

第十三条 企业应当按照从接受劳务方已收或应收的合同或协议价款确定提供劳务收入总额，但已收或应收的合同或协议价款不公允的除外。

企业应当在资产负债表日按照提供劳务收入总额乘以完工进度扣除以前会计期间累计已确认提供劳务收入后的金额，确认当期提供劳务收入；同时，按照提供劳务估计总成本乘以完工进度扣除以前会计期间累计已确认劳务成本后的金额，结转当期劳务成本。

第十四条 企业在资产负债表日提供劳务交易结果不能够可靠估计的，应当分别下列情况处理：

（一）已经发生的劳务成本预计能够得到补偿的，按照已经发生的劳务成本金额确认提供劳务收入，并按相同金额结转劳务成本。

（二）已经发生的劳务成本预计不能够得到补偿的，应当将已经发生的劳务成本计入当期损益，不确认提供劳务收入。

第十五条 企业与其他企业签订的合同或协议包括销售商品和提供劳务时，销售商品部分和提供劳务部分能够区分且能够单独计量的，应当将销售商品的部分作为销售商品处理，将提供劳务的部分作为提供劳务处理。

销售商品部分和提供劳务部分不能够区分，或虽能区分但不能够单独计量的，应当将销售商品部分和提供劳务部分全部作为销售商品处理。

第四章　让渡资产使用权收入

第十六条　让渡资产使用权收入包括利息收入、使用费收入等。

第十七条　让渡资产使用权收入同时满足下列条件的，才能予以确认：

（一）相关的经济利益很可能流入企业；

（二）收入的金额能够可靠地计量。

第十八条　企业应当分别下列情况确定让渡资产使用权收入金额：

（一）利息收入金额，按照他人使用本企业货币资金的时间和实际利率计算确定。

（二）使用费收入金额，按照有关合同或协议约定的收费时间和方法计算确定。

第五章　披　露

第十九条　企业应当在附注中披露与收入有关的下列信息：

（一）收入确认所采用的会计政策，包括确定提供劳务交易完工进度的方法。

（二）本期确认的销售商品收入、提供劳务收入、利息收入和使用费收入的金额。

十六、企业会计准则第15号——建造合同

企业会计准则第15号——建造合同

第一章　总　则

第一条　为了规范企业（建造承包商，下同）建造合同的确认、计量和相关信息的披露，根据《企业会计准则——基本准则》，制定本准则。

第二条　建造合同，是指为建造一项或数项在设计、技术、功能、最终用途等方面密切相关的资产而订立的合同。

第三条　建造合同分为固定造价合同和成本加成合同。

固定造价合同，是指按照固定的合同价或固定单价确定工程价款的建造合同。

成本加成合同，是指以合同约定或其他方式议定的成本为基础，加上该成本的一定比例或定额费用确定工程价款的建造合同。

第二章　合同的分立与合并

第四条　企业通常应当按照单项建造合同进行会计处理。但是，在某些情况下，为了反映一项或一组合同的实质，需要将单项合同进行分立或将数项合同进行合并。

第五条　一项包括建造数项资产的建造合同，同时满足下列条件的，每项资产应当分立为单项合同：

（一）每项资产均有独立的建造计划；

（二）与客户就每项资产单独进行谈判，双方能够接受或拒绝与每项资产有关的合同条款；

（三）每项资产的收入和成本可以单独辨认。

第六条　追加资产的建造，满足下列条件之一的，应当作为单项合同：

（一）该追加资产在设计、技术或功能上与原合同包括的一项或数项资产存在重大差异。

（二）议定该追加资产的造价时，不需要考虑原合同价款。

第七条　一组合同无论对应单个客户还是多个客户，同时满足下列条件的，应当合并为单项合同：

（一）该组合同按一揽子交易签订；

（二）该组合同密切相关，每项合同实际上已构成一项综合利润率工程的组成部分；

（三）该组合同同时或依次履行。

第三章　合 同 收 入

第八条　合同收入应当包括下列内容：

（一）合同规定的初始收入；

（二）因合同变更、索赔、奖励等形成的收入。

第九条　合同变更，是指客户为改变合同规定的作业内容而提出的调整。合同变更款同时满足下列条件的，才能构成合同收入：

（一）客户能够认可因变更而增加的收入；

（二）该收入能够可靠地计量。

第十条 索赔款，是指因客户或第三方的原因造成的、向客户或第三方收取的、用以补偿不包括在合同造价中成本的款项。索赔款同时满足下列条件的，才能构成合同收入：

（一）根据谈判情况，预计对方能够同意该项索赔；

（二）对方同意接受的金额能够可靠地计量。

第十一条 奖励款，是指工程达到或超过规定的标准，客户同意支付的额外款项。奖励款同时满足下列条件的，才能构成合同收入：

（一）根据合同目前完成情况，足以判断工程进度和工程质量能够达到或超过规定的标准；

（二）奖励金额能够可靠地计量。

第四章 合同成本

第十二条 合同成本应当包括从合同签订开始至合同完成止所发生的、与执行合同有关的直接费用和间接费用。

第十三条 合同的直接费用应当包括下列内容：

（一）耗用的材料费用；

（二）耗用的人工费用；

（三）耗用的机械使用费；

（四）其他直接费用，指其他可以直接计入合同成本的费用。

第十四条 间接费用是企业下属的施工单位或生产单位为组织和管理施工生产活动所发生的费用。

第十五条 直接费用在发生时直接计入合同成本，间接费用在资产负债表日按照系统、合理的方法分摊计入合同成本。

第十六条 合同完成后处置残余物资取得的收益等与合同有关的零星收益，应当冲减合同成本。

第十七条 合同成本不包括应当计入当期损益的管理费用、销售费用和财务费用。

因订立合同而发生的有关费用，应当直接计入当期损益。

第五章 合同收入与合同费用的确认

第十八条 在资产负债表日，建造合同的结果能够可靠估计的，应当根据完工百分比法确认合同收入和合同费用。

完工百分比法，是指根据合同完工进度确认收入与费用的方法。

第十九条 固定造价合同的结果能够可靠估计，是指同时满足下列条件：

（一）合同总收入能够可靠地计量；

（二）与合同相关的经济利益很可能流入企业；

（三）实际发生的合同成本能够清楚地区分和可靠地计量；

（四）合同完工进度和为完成合同尚需发生的成本能够可靠地确定。

第二十条 成本加成合同的结果能够可靠估计，是指同时满足下列条件：

（一）与合同相关的经济利益很可能流入企业；

（二）实际发生的合同成本能够清楚地区分和可靠地计量。

第二十一条 企业确定合同完工进度可以选用下列方法：

（一）累计实际发生的合同成本占合同预计总成本的比例。

（二）已经完成的合同工作量占合同预计总工作量的比例。

（三）实际测定的完工进度。

第二十二条 采用累计实际发生的合同成本占合同预计总成本的比例确定合同完工进度的，累计实际发生的合同成本不包括下列内容：

（一）施工中尚未安装或使用的材料成本等与合同未来活动相关的合同成本。

（二）在分包工程的工作量完成之前预付给分包单位的款项。

第二十三条 在资产负债表日，应当按照合同总收入乘以完工进度扣除以前会计期间累计已确认收入后的金额，确认为当期合同收入；同时，按照合同预计总成本乘以完工进度扣除以前会计期间累计已确认费用后的金额，确认为当期合同费用。

第二十四条　当期完成的建造合同，应当按照实际合同总收入扣除以前会计期间累计已确认收入后的金额，确认为当期合同收入；同时，按照累计实际发生的合同成本扣除以前会计期间累计已确认费用后的金额，确认为当期合同费用。

第二十五条　建造合同的结果不能可靠估计的，应当分别下列情况处理：

(一) 合同成本能够收回的，合同收入根据能够收回的实际合同成本予以确认，合同成本在其发生的当期确认为合同费用。

(二) 合同成本不可能收回的，在发生时立即确认为合同费用，不确认合同收入。

第二十六条　使建造合同的结果不能可靠估计的不确定因素不复存在的，应当按照本准则第十八条的规定确认与建造合同有关的收入和费用。

第二十七条　合同预计总成本超过合同总收入的，应当将预计损失确认为当期费用。

第六章　披　　露

第二十八条　企业应当在附注中披露与建造合同有关的下列信息：

(一) 各项合同总金额，以及确定合同完工进度的方法。

(二) 各项合同累计已发生成本、累计已确认毛利(或亏损)。

(三) 各项合同已办理结算的价款金额。

(四) 当期预计损失的原因和金额。

十七、企业会计准则第16号——政府补助

企业会计准则第16号——政府补助

第一章　总　　则

第一条　为了规范政府补助的确认、计量和相关信息的披露，根据《企业会计准则——基本准则》，制定本准则。

第二条　政府补助，是指企业从政府无偿取得货币性资产或非货币性资产，但不包括政府作为企业所有者投入的资本。

第三条　政府补助分为与资产相关的政府补助和与收益相关的政府补助。

与资产相关的政府补助，是指企业取得的、用于购建或以其他方式形成长期资产的政府补助。

与收益相关的政府补助，是指除与资产相关的政府补助之外的政府补助。

第四条　下列各项适用其他相关会计准则：

(一) 债务豁免，适用《企业会计准则第12号——债务重组》。

(二) 所得税减免，适用《企业会计准则第18号——所得税》。

第二章　确认和计量

第五条　政府补助同时满足下列条件的，才能予以确认：

(一) 企业能够满足政府补助所附条件；

(二) 企业能够收到政府补助。

第六条　政府补助为货币性资产的，应当按照收到或应收的金额计量。

政府补助为非货币性资产的，应当按照公允价值计量；公允价值不能可靠取得的，按照名义金额计量。

第七条　与资产相关的政府补助，应当确认为递延收益，并在相关资产使用寿命内平均分配，计入当期损益。但是，按照名义金额计量的政府补助，直接计入当期损益。

第八条　与收益相关的政府补助，应当分别下列情况处理：

(一) 用于补偿企业以后期间的相关费用或损失的，确认为递延收益，并在确认相关费用的期间，计入当期损益。

(二) 用于补偿企业已发生的相关费用或损失的，直接计入当期损益。

第九条　已确认的政府补助需要返还的，应当分别下列情况处理：

(一) 存在相关递延收益的，冲减相关递延收益账面余额，超出部分计入当期损益。

（二）不存在相关递延收益的，直接计入当期损益。

第三章 披 露

第十条 企业应当在附注中披露与政府补助有关的下列信息：

（一）政府补助的种类及金额。

（二）计入当期损益的政府补助金额。

（三）本期返还的政府补助金额及原因。

十八、企业会计准则第17号——借款费用

企业会计准则第17号——借款费用

第一章 总 则

第一条 为了规范借款费用的确认、计量和相关信息的披露，根据《企业会计准则——基本准则》，制定本准则。

第二条 借款费用，是指企业因借款而发生的利息及其他相关成本。

借款费用包括借款利息、折价或者溢价的摊销、辅助费用以及因外币借款而发生的汇兑差额等。

第三条 与融资租赁有关的融资费用，适用《企业会计准则第21号——租赁》。

第二章 确认和计量

第四条 企业发生的借款费用，可直接归属于符合资本化条件的资产的购建或者生产的，应当予以资本化，计入相关资产成本；其他借款费用，应当在发生时根据其发生额确认为费用，计入当期损益。

符合资本化条件的资产，是指需要经过相当长时间的购建或者生产活动才能达到预定可使用或者可销售状态的固定资产、投资性房地产和存货等资产。

第五条 借款费用同时满足下列条件的，才能开始资本化：

（一）资产支出已经发生，资产支出包括为购建或者生产符合资本化条件的资产而以支付现金、转移非现金资产或者承担带息债务形式发生的支出；

（二）借款费用已经发生；

（三）为使资产达到预定可使用或者可销售状态所必要的购建或者生产活动已经开始。

第六条 在资本化期间内，每一会计期间的利息（包括折价或溢价的摊销）资本化金额，应当按照下列规定确定：

（一）为购建或者生产符合资本化条件的资产而借入专门借款的，应当以专门借款当期实际发生的利息费用，减去将尚未动用的借款资金存入银行取得的利息收入或进行暂时性投资取得的投资收益后的金额确定。

专门借款，是指为购建或者生产符合资本化条件的资产而专门借入的款项。

（二）为购建或者生产符合资本化条件的资产而占用了一般借款的，企业应当根据累计资产支出超过专门借款部分的资产支出加权平均数乘以所占用一般借款的资本化率，计算确定一般借款应予资本化的利息金额。资本化率应当根据一般借款加权平均利率计算确定。

资本化期间，是指从借款费用开始资本化时点到停止资本化时点的期间，借款费用暂停资本化的期间不包括在内。

第七条 借款存在折价或者溢价的，应当按照实际利率法确定每一会计期间应摊销的折价或者溢价金额，调整每期利息金额。

第八条 在资本化期间内，每一会计期间的利息资本化金额，不应当超过当期相关借款实际发生的利息金额。

第九条 在资本化期间内，外币专门借款本金及利息的汇兑差额，应当予以资本化，计入符合资本化条件的资产的成本。

第十条 专门借款发生的辅助费用，在所购建或者生产的符合资本化条件的资产达到预定可使用或者可销售状态之前发生的，应当在发生时根据其发生额予以资本化，计入符合资本化条件的资产的成本；在所购建或者生产的符合资本化条件的资产达到预定可使用或者可销售状态之后发生的，应当在发生时根据其

发生额确认为费用,计入当期损益。

一般借款发生的辅助费用,应当在发生时根据其发生额确认为费用,计入当期损益。

第十一条 符合资本化条件的资产在购建或者生产过程中发生非正常中断、且中断时间连续超过3个月的,应当暂停借款费用的资本化。在中断期间发生的借款费用应当确认为费用,计入当期损益,直至资产的购建或者生产活动重新开始。如果中断是所购建或者生产的符合资本化条件的资产达到预定可使用或者可销售状态必要的程序,借款费用的资本化应当继续进行。

第十二条 购建或者生产符合资本化条件的资产达到预定可使用或者可销售状态时,借款费用应当停止资本化。在符合资本化条件的资产达到预定可使用或者可销售状态之后所发生的借款费用,应当

在发生时根据其发生额确认为费用,计入当期损益。

第十三条 购建或者生产符合资本化条件的资产达到预定可使用或者可销售状态,可从下列几个方面进行判断:

(一) 符合资本化条件的资产的实体建造(包括安装)或者生产工作已经全部完成或者实质上已经完成。

(二) 所购建或者生产的符合资本化条件的资产与设计要求、合同规定或者生产要求相符或者基本相符,即使有极个别与设计、合同或者生产要求不相符的地方,也不影响其正常使用或者销售。

(三) 继续发生在所购建或生产的符合资本化条件的资产上的支出金额很少或者几乎不再发生。

购建或者生产符合资本化条件的资产需要试生产或者试运行的,在试生产结果表明资产能够正常生产出合格产品、或者试运行结果表明资产能够正常运转或者营业时,应当认为该资产已经达到预定可使用或者可销售状态。

第十四条 购建或者生产的符合资本化条件的资产的各部分分别完工,且每部分在其他部分继续建造过程中可供使用或者可对外销售,且为使该部分资产达到预定可使用或可销售状态所必要的购建或者生产活动实质上已经完成的,应当停止与该部分资产相关的借款费用的资本化。

购建或者生产的资产的各部分分别完工,但必须等到整体完工后才可使用或者可对外销售的,应当在该资产整体完工时停止借款费用的资本化。

第三章 披 露

第十五条 企业应当在附注中披露与借款费用有关的下列信息:

(一) 当期资本化的借款费用金额。

(二) 当期用于计算确定借款费用资本化金额的资本化率。

十九、企业会计准则第18号——所得税

企业会计准则第18号——所得税

第一章 总 则

第一条 为了规范企业所得税的确认、计量和相关信息的列报,根据《企业会计准则——基本准则》,制定本准则。

第二条 本准则所称所得税包括企业以应纳税所得额为基础的各种境内和境外税额。

第三条 本准则不涉及政府补助的确认和计量,但因政府补助产生暂时性差异的所得税影响,应当按照本准则进行确认和计量。

第二章 计税基础

第四条 企业在取得资产、负债时,应当确定其计税基础。资产、负债的账面价值与其计税基础存在差异的,应当按照本准则规定确认所产生的递延所得税资产或递延所得税负债。

第五条 资产的计税基础,是指企业收回资产账面价值过程中,计算应纳税所得额时按照税法规定可以自应税经济利益中抵扣的金额。

第六条 负债的计税基础,是指负债的账面价值减去未来期间计算应纳税所得额时按照税法规定可予抵扣的金额。

第三章 暂时性差异

第七条 暂时性差异，是指资产或负债的账面价值与其计税基础之间的差额；未作为资产和负债确认的项目，按照税法规定可以确定其计税基础的，该计税基础与其账面价值之间的差额也属于暂时性差异。

按照暂时性差异对未来期间应税金额的影响，分为应纳税暂时性差异和可抵扣暂时性差异。

第八条 应纳税暂时性差异，是指在确定未来收回资产或清偿负债期间的应纳税所得额时，将导致产生应税金额的暂时性差异。

第九条 可抵扣暂时性差异，是指在确定未来收回资产或清偿负债期间的应纳税所得额时，将导致产生可抵扣金额的暂时性差异。

第四章 确 认

第十条 企业应当将当期和以前期间应交未交的所得税确认为负债，将已支付的所得税超过应支付的部分确认为资产。

存在应纳税暂时性差异或可抵扣暂时性差异的，应当按照本准则规定确认递延所得税负债或递延所得税资产。

第十一条 除下列交易中产生的递延所得税负债以外，企业应当确认所有应纳税暂时性差异产生的递延所得税负债：

（一）商誉的初始确认。

（二）同时具有下列特征的交易中产生的资产或负债的初始确认：

1.该项交易不是企业合并；

2.交易发生时既不影响会计利润也不影响应纳税所得额（或可抵扣亏损）。

与子公司、联营企业及合营企业的投资相关的应纳税暂时性差异产生的递延所得税负债，应当按照本准则第十二条的规定确认。

第十二条 企业对与子公司、联营企业及合营企业投资相关的应纳税暂时性差异，应当确认相应的递延所得税负债。但是，同时满足下列条件的除外：

（一）投资企业能够控制暂时性差异转回的时间；

（二）该暂时性差异在可预见的未来很可能不会转回。

第十三条 企业应当以很可能取得用来抵扣可抵扣暂时性差异的应纳税所得额为限，确认由可抵扣暂时性差异产生的递延所得税资产。但是，同时具有下列特征的交易中因资产或负债的初始确认所产生的递延所得税资产不予确认：

（一）该项交易不是企业合并；

（二）交易发生时既不影响会计利润也不影响应纳税所得额（或可抵扣亏损）。

资产负债表日，有确凿证据表明未来期间很可能获得足够的应纳税所得额用来抵扣可抵扣暂时性差异的，应当确认以前期间未确认的递延所得税资产。

第十四条 企业对与子公司、联营企业及合营企业投资相关的可抵扣暂时性差异，同时满足下列条件的，应当确认相应的递延所得税资产：

（一）暂时性差异在可预见的未来很可能转回；

（二）未来很可能获得用来抵扣可抵扣暂时性差异的应纳税所得额。

第十五条 企业对于能够结转以后年度的可抵扣亏损和税款抵减，应当以很可能获得用来抵扣可抵扣亏损和税款抵减的未来应纳税所得额为限，确认相应的递延所得税资产。

第五章 计 量

第十六条 资产负债表日，对于当期和以前期间形成的当期所得税负债（或资产），应当按照税法规定计算的预期应交纳（或返还）的所得税金额计量。

第十七条 资产负债表日，对于递延所得税资产和递延所得税负债，应当根据税法规定，按照预期收回该资产或清偿该负债期间的适用税率计量。

适用税率发生变化的，应对已确认的递延所得税资产和递延所得税负债进行重新计量，除直接在所有者权益中确认的交易或者事项产

生的递延所得税资产和递延所得税负债以外，应当将其影响数计入变化当期的所得税费用。

第十八条　递延所得税资产和递延所得税负债的计量，应当反映资产负债表日企业预期收回资产或清偿负债方式的所得税影响，即在计量递延所得税资产和递延所得税负债时，应当采用与收回资产或清偿债务的预期方式相一致的税率和计税基础。

第十九条　企业不应当对递延所得税资产和递延所得税负债进行折现。

第二十条　资产负债表日，企业应当对递延所得税资产的账面价值进行复核。如果未来期间很可能无法获得足够的应纳税所得额用以抵扣递延所得税资产的利益，应当减记递延所得税资产的账面价值。

在很可能获得足够的应纳税所得额时，减记的金额应当转回。

第二十一条　企业当期所得税和递延所得税应当作为所得税费用或收益计入当期损益，但不包括下列情况产生的所得税：

(一) 企业合并。

(二) 直接在所有者权益中确认的交易或者事项。

第二十二条　与直接计入所有者权益的交易或者事项相关的当期所得税和递延所得税，应当计入所有者权益。

第六章　列　　报

第二十三条　递延所得税资产和递延所得税负债应当分别作为非流动资产和非流动负债在资产负债表中列示。

第二十四条　所得税费用应当在利润表中单独列示。

第二十五条　企业应当在附注中披露与所得税有关的下列信息：

(一) 所得税费用(收益)的主要组成部分。

(二) 所得税费用(收益)与会计利润关系的说明。

(三) 未确认递延所得税资产的可抵扣暂时性差异、可抵扣亏损的金额(如果存在到期日，还应披露到期日)。

(四) 对每一类暂时性差异和可抵扣亏损，在列报期间确认的递延所得税资产或递延所得税负债的金额，确认递延所得税资产的依据。

(五) 未确认递延所得税负债的，与对子公司、联营企业及合营企业投资相关的暂时性差异金额。

二十、企业会计准则第19号——外币折算

企业会计准则第19号——外币折算

第一章　总　　则

第一条　为了规范外币交易的会计处理、外币财务报表的折算和相关信息的披露，根据《企业会计准则——基本准则》，制定本准则。

第二条　外币交易，是指以外币计价或者结算的交易。外币是企业记账本位币以外的货币。外币交易包括：

(一) 买入或者卖出以外币计价的商品或者劳务；

(二) 借入或者借出外币资金；

(三) 其他以外币计价或者结算的交易。

第三条　下列各项适用其他相关会计准则：

(一) 与购建或生产符合资本化条件的资产相关的外币借款产生的汇兑差额，适用《企业会计准则第17号——借款费用》。

(二) 外币项目的套期，适用《企业会计准则第24号——套期保值》。

(三) 现金流量表中的外币折算，适用《企业会计准则第31号——现金流量表》。

第二章　记账本位币的确定

第四条　记账本位币，是指企业经营所处的主要经济环境中的货币。

企业通常应选择人民币作为记账本位币。业务收支以人民币以外的货币为主的企业，可以按照本准则第五条规定选定其中一种货币作为记账本位币。但是，编报的财务报表应当折算为人民币。

第五条 企业选定记账本位币，应当考虑下列因素：

(一) 该货币主要影响商品和劳务的销售价格，通常以该货币进行商品和劳务的计价和结算；

(二) 该货币主要影响商品和劳务所需人工、材料和其他费用，通常以该货币进行上述费用的计价和结算；

(三) 融资活动获得的货币以及保存从经营活动中收取款项所使用的货币。

第六条 企业选定境外经营的记账本位币，还应当考虑下列因素：

(一) 境外经营对其所从事的活动是否拥有很强的自主性；

(二) 境外经营活动中与企业的交易是否在境外经营活动中占有较大比重；

(三) 境外经营活动产生的现金流量是否直接影响企业的现金流量、是否可以随时汇回；

(四) 境外经营活动产生的现金流量是否足以偿还其现有债务和可预期的债务。

第七条 境外经营，是指企业在境外的子公司、合营企业、联营企业、分支机构。

在境内的子公司、合营企业、联营企业、分支机构，采用不同于企业记账本位币的，也视同境外经营。

第八条 企业记账本位币一经确定，不得随意变更，除非企业经营所处的主要经济环境发生重大变化。

企业因经营所处的主要经济环境发生重大变化，确需变更记账本位币的，应当采用变更当日的即期汇率将所有项目折算为变更后的记账本位币。

第三章 外币交易的会计处理

第九条 企业对于发生的外币交易，应当将外币金额折算为记账本位币金额。

第十条 外币交易应当在初始确认时，采用交易发生日的即期汇率将外币金额折算为记账本位币金额；也可以采用按照系统合理的方法确定的、与交易发生日即期汇率近似的汇率折算。

第十一条 企业在资产负债表日，应当按照下列规定对外币货币性项目和外币非货币性项目进行处理：

(一) 外币货币性项目，采用资产负债表日即期汇率折算。因资产负债表日即期汇率与初始确认时或者前一资产负债表日即期汇率不同而产生的汇兑差额，计入当期损益。

(二) 以历史成本计量的外币非货币性项目，仍采用交易发生日的即期汇率折算，不改变其记账本位币金额。

货币性项目，是指企业持有的货币资金和将以固定或可确定的金额收取的资产或者偿付的负债。

非货币性项目，是指货币性项目以外的项目。

第四章 外币财务报表的折算

第十二条 企业对境外经营的财务报表进行折算时，应当遵循下列规定：

(一) 资产负债表中的资产和负债项目，采用资产负债表日的即期汇率折算，所有者权益项目除“未分配利润”项目外，其他项目采用发生时的即期汇率折算。

(二) 利润表中的收入和费用项目，采用交易发生日的即期汇率折算；也可以采用按照系统合理的方法确定的、与交易发生日即期汇率近似的汇率折算。

按照上述(一)、(二)折算产生的外币财务报表折算差额，在资产负债表中所有者权益项目下单独列示。

比较财务报表的折算比照上述规定处理。

第十三条 企业对处于恶性通货膨胀经济中的境外经营的财务报表，应当按照下列规定进行折算：

对资产负债表项目运用一般物价指数予以重述，对利润表项目运用一般物价指数变动予以重述，再按照最近资产负债表日的即期汇率进行折算。

在境外经营不再处于恶性通货膨胀经济中时，应当停止重述，按照停止之日的价格水平重述的财务报表进行折算。

第十四条 企业在处置境外经营时，应当将资产负债表中所有者权益项目下列示的、与该境外经营相关的外币财务报表折算差额，自所有者权益项目转入处置当期损益；部分处置境外经营的，应当按处置的比例计算处置部分的外币财务报表折算差额，转入处置当期损益。

第十五条 企业选定的记账本位币不是人民币的，应当按照本准则第十二条规定将其财务报表折算为人民币财务报表。

第五章 披 露

第十六条 企业应当在附注中披露与外币折算有关的下列信息：

(一) 企业及其境外经营选定的记账本位币及选定的原因,记账本位币发生变更的,说明变更理由。

(二) 采用近似汇率的,近似汇率的确定方法。

(三) 计入当期损益的汇兑差额。

(四) 处置境外经营对外币财务报表折算差额的影响。

二十一、企业会计准则第20号——企业合并

企业会计准则第20号——企业合并

第一章　总　则

第一条　为了规范企业合并的确认、计量和相关信息的披露,根据《企业会计准则——基本准则》,制定本准则。

第二条　企业合并,是指将两个或者两个以上单独的企业合并形成一个报告主体的交易或事项。

企业合并分为同一控制下的企业合并和非同一控制下的企业合并。

第三条　涉及业务的合并比照本准则规定处理。

第四条　本准则不涉及下列企业合并:

(一) 两方或者两方以上形成合营企业的企业合并。

(二) 仅通过合同而不是所有权份额将两个或者两个以上单独的企业合并形成一个报告主体的企业合并。

第二章　同一控制下的企业合并

第五条　参与合并的企业在合并前后均受同一方或相同的多方最终控制且该控制并非暂时性的,为同一控制下的企业合并。

同一控制下的企业合并,在合并日取得对其他参与合并企业控制权的一方为合并方,参与合并的其他企业为被合并方。

合并日,是指合并方实际取得对被合并方控制权的日期。

第六条　合并方在企业合并中取得的资产和负债,应当按照合并日在被合并方的账面价值计量。合并方取得的净资产账面价值与支付的合并对价账面价值(或发行股份面值总额)的差额,应当调整资本公积;资本公积不足冲减的,调整留存收益。

第七条　同一控制下的企业合并中,被合并方采用的会计政策与合并方不一致的,合并方在合并日应当按照本企业会计政策对被合并方的财务报表相关项目进行调整,在此基础上按照本准则规定确认。

第八条　合并方为进行企业合并发生的各项直接相关费用,包括为进行企业合并而支付的审计费用、评估费用、法律服务费用等,应当于发生时计入当期损益。

为企业合并发行的债券或承担其他债务支付的手续费、佣金等,应当计入所发行债券及其他债务的初始计量金额。企业合并中发行权益性证券发生的手续费、佣金等费用,应当抵减权益性证券溢价收入,溢价收入不足冲减的,冲减留存收益。

第九条　企业合并形成母子公司关系的,母公司应当编制合并日的合并资产负债表、合并利润表和合并现金流量表。

合并资产负债表中被合并方的各项资产、负债,应当按其账面价值计量。因被合并方采用的会计政策与合并方不一致,按照本准则规定进行调整的,应当以调整后的账面价值计量。

合并利润表应当包括参与合并各方自合并当期期初至合并日所发生的收入、费用和利润。被合并方在合并前实现的净利润,应当在合并利润表中单列项目反映。

合并现金流量表应当包括参与合并各方自合并当期期初至合并日的现金流量。

编制合并财务报表时,参与合并各方的内部交易等,应当按照《企业会计准则第33号——合并财务报表》处理。

第三章　非同一控制下的企业合并

第十条　参与合并的各方在合并前后不受同一方或相同的多方最终控制的,为非同一控制下的企业合并。

非同一控制下的企业合并，在购买日取得对其他参与合并企业控制权的一方为购买方，参与合并的其他企业为被购买方。

购买日，是指购买方实际取得对被购买方控制权的日期。

第十一条 购买方应当区别下列情况确定合并成本：

（一）一次交换交易实现的企业合并，合并成本为购买方在购买日为取得对被购买方的控制权而付出的资产、发生或承担的负债以及发行的权益性证券的公允价值。

（二）通过多次交换交易分步实现的企业合并，合并成本为每一单项交易成本之和。

（三）购买方为进行企业合并发生的各项直接相关费用也应当计入企业合并成本。

（四）在合并合同或协议中对可能影响合并成本的未来事项作出约定的，购买日如果估计未来事项很可能发生并且对合并成本的影响金额能够可靠计量的，购买方应当将其计入合并成本。

第十二条 购买方在购买日对作为企业合并对价付出的资产、发生或承担的负债应当按照公允价值计量，公允价值与其账面价值的差额，计入当期损益。

第十三条 购买方在购买日应当对合并成本进行分配，按照本准则第十四条的规定确认所取得的被购买方各项可辨认资产、负债及或有负债。

（一）购买方对合并成本大于合并中取得的被购买方可辨认净资产公允价值份额的差额，应当确认为商誉。

初始确认后的商誉，应当以其成本扣除累计减值准备后的金额计量。商誉的减值应当按照《企业会计准则第8号——资产减值》处理。

（二）购买方对合并成本小于合并中取得的被购买方可辨认净资产公允价值份额的差额，应当按照下列规定处理：

1.对取得的被购买方各项可辨认资产、负债及或有负债的公允价值以及合并成本的计量进行复核；

2.经复核后合并成本仍小于合并中取得的被购买方可辨认净资产公允价值份额的，其差额应当计入当期损益。

第十四条 被购买方可辨认净资产公允价值，是指合并中取得的被购买方可辨认资产的公允价值减去负债及或有负债公允价值后的余额。被购买方各项可辨认资产、负债及或有负债，符合下列条件的，应当单独予以确认：

（一）合并中取得的被购买方除无形资产以外的其他各项资产（不仅限于被购买方原已确认的资产），其所带来的经济利益很可能流入企业且公允价值能够可靠地计量的，应当单独予以确认并按照公允价值计量。

合并中取得的无形资产，其公允价值能够可靠地计量的，应当单独确认为无形资产并按照公允价值计量。

（二）合并中取得的被购买方除或有负债以外的其他各项负债，履行有关的义务很可能导致经济利益流出企业且公允价值能够可靠地计量的，应当单独予以确认并按照公允价值计量。

（三）合并中取得的被购买方或有负债，其公允价值能够可靠地计量的，应当单独确认为负债并按照公允价值计量。或有负债在初始确认后，应当按照下列两者孰高进行后续计量：

1.按照《企业会计准则第13号——或有事项》应予确认的金额；

2.初始确认金额减去按照《企业会计准则第14号——收入》的原则确认的累计摊销额后的余额。

第十五条 企业合并形成母子公司关系的，母公司应当设置备查簿，记录企业合并中取得的子公司各项可辨认资产、负债及或有负债等在购买日的公允价值。编制合并财务报表时，应当以购买日确定的各项可辨认资产、负债及或有负债的公允价值为基础对子公司的财务报表进行调整。

第十六条 企业合并发生当期的期末，因合并中取得的各项可辨认资产、负债及或有负债的公允价值或企业合并成本只能暂时确定的，购买方应当以所确定的暂时价值为基础对企业合并进行确认和计量。

购买日后12个月内对确认的暂时价值进行调整的，视为在购买日确认和计量。

第十七条 企业合并形成母子公司关系的，母公司应当编制购买日的合并资产负债表，因企业合并取得的被购买方各项可辨认资产、负债及或有负债应当以公允价值列示。母公司的合并成本与取得的子公司可辨认净资产公允价值份额的差额，以按照本准则规定处理的结果列示。

第四章 披 露

第十八条 企业合并发生当期的期末，合并方应当在附注中披露与同一控制下企业合并有关的下列信息：

（一）参与合并企业的基本情况。

（二）属于同一控制下企业合并的判断依据。

（三）合并日的确定依据。

（四）以支付现金、转让非现金资产以及承担债务作为合并对价的，所支付对价在合并日的账面价值；以发行权益性证券作为合并对价的，合并中发行权益性证券的数量及定价原则，以及参与合并各方交换有表决权股份的比例。

（五）被合并方的资产、负债在上一会计期间资产负债表日及合并日的账面价值；被合并方自合并当期期初至合并日的收入、净利润、现金流量等情况。

（六）合并合同或协议约定将承担被合并方或有负债的情况。

（七）被合并方采用的会计政策与合并方不一致所作调整情况的说明。

（八）合并后已处置或准备处置被合并方资产、负债的账面价值、处置价格等。

第十九条 企业合并发生当期的期末，购买方应当在附注中披露与非同一控制下企业合并有关的下列信息：

（一）参与合并企业的基本情况。

（二）购买日的确定依据。

（三）合并成本的构成及其账面价值、公允价值及公允价值的确定方法。

（四）被购买方各项可辨认资产、负债在上一会计期间资产负债表日及购买日的账面价值和公允价值。

（五）合并合同或协议约定将承担被购买方或有负债的情况。

（六）被购买方自购买日起至报告期期末的收入、净利润和现金流量等情况。

（七）商誉的金额及其确定方法。

（八）因合并成本小于合并中取得的被购买方可辨认净资产公允价值的份额计入当期损益的金额。

（九）合并后已处置或准备处置被购买方资产、负债的账面价值、处置价格等。

二十二、企业会计准则第21号——租赁

企业会计准则第21号——租赁

第一章 总 则

第一条 为了规范租赁的确认、计量和相关信息的列报，根据《企业会计准则——基本准则》，制定本准则。

第二条 租赁，是指在约定的期间内，出租人将资产使用权让与承租人，以获取租金的协议。

第三条 下列各项适用其他相关会计准则：

（一）出租人以经营租赁方式租出的土地使用权和建筑物，适用《企业会计准则第3号——投资性房地产》。

（二）电影、录像、剧本、文稿、专利和版权等项目的许可使用协议，适用《企业会计准则第6号——无形资产》。

（三）出租人因融资租赁形成的长期债权的减值，适用《企业会计准则第22号——金融工具确认和计量》。

第二章 租赁的分类

第四条 承租人和出租人应当在租赁开始日将租赁分为融资租赁和经营租赁。

租赁开始日，是指租赁协议日与租赁各方就主要租赁条款作出承诺日中的较早者。

第五条 融资租赁，是指实质上转移了与资产所有权有关的全部风险和报酬的租赁。其所有权最终可能转移，也可能不转移。

第六条 符合下列一项或数项标准的，应当认定为融资租赁：

（一）在租赁期届满时，租赁资产的所有权转移给承租人。

（二）承租人有购买租赁资产的选择权，所订立的购买价款预计将远低于行使选择权时租赁资产的公允价值，因而在租赁开始日就可以合理确定承租人将会行使这种选择权。

（三）即使资产的所有权不转移，但租赁期占租赁资产使用寿命的大部分。

（四）承租人在租赁开始日的最低租赁付款额现值，几乎相当于租赁开始日租赁资产公允价值；出租人在租赁开始日的最低租赁收款额现值，几乎相当于租赁开始日租赁资产公允价值。

（五）租赁资产性质特殊，如果不作较大改造，只有承租人才能使用。

第七条 租赁期，是指租赁合同规定的不可撤销的租赁期间。租赁合同签订后一般不可撤销，但下列情况除外：

（一）经出租人同意。

（二）承租人与原出租人就同一资产或同类资产签订了新的租赁合同。

（三）承租人支付一笔足够大的额外款项。

（四）发生某些很少会出现的或有事项。

承租人有权选择续租该资产，并且在租赁开始日就可以合理确定承租人将会行使这种选择权，不论是否再支付租金，续租期也包括在租赁期之内。

第八条 最低租赁付款额，是指在租赁期内，承租人应支付或可能被要求支付的款项（不包括或有租金和履约成本），加上由承租人或与其有关的第三方担保的资产余值。

承租人有购买租赁资产选择权，所订立的购买价款预计将远低于行使选择权时租赁资产的公允价值，因而在租赁开始日就可以合理确定承租人将会行使这种选择权的，购买价款应当计入最低租赁付款额。

或有租金，是指金额不固定、以时间长短以外的其他因素（如销售量、使用量、物价指数等）为依据计算的租金。

履约成本，是指租赁期内为租赁资产支付的各种使用费用，如技术咨询和服务费、人员培训费、维修费、保险费等。

第九条 最低租赁收款额，是指最低租赁付款额加上独立于承租人和出租人的第三方对出租人担保的资产余值。

第十条 经营租赁是指除融资租赁以外的其他租赁。

第三章 融资租赁中承租人的会计处理

第十一条 在租赁期开始日，承租人应当将租赁开始日租赁资产

公允价值与最低租赁付款额现值两者中较低者作为租入资产的入账价值，将最低租赁付款额作为长期应付款的入账价值，其差额作为未确认融资费用。

承租人在租赁谈判和签订租赁合同过程中发生的，可归属于租赁项目的手续费、律师费、差旅费、印花税等初始直接费用，应当计入租入资产价值。

租赁期开始日，是指承租人有权行使其使用租赁资产权利的开始日。

第十二条 承租人在计算最低租赁付款额的现值时，能够取得出租人租赁内含利率的，应当采用租赁内含利率作为折现率；否则，应当采用租赁合同规定的利率作为折现率。承租人无法取得出租人的租赁内含利率且租赁合同没有规定利率的，应当采用同期银行贷款利率作为折现率。

第十三条 租赁内含利率，是指在租赁开始日，使最低租赁收款额的现值与未担保余值的现值之和等于租赁资产公允价值与出租人的初始直接费用之和的折现率。

第十四条 担保余值，就承租人而言，是指由承租人或与其有关的第三方担保的资产余值；就出租人而言，是指就承租人而言的担保余值加上独立于承租人和出租人的第三方担保的资产余值。

资产余值，是指在租赁开始日估计的租赁期届满时租赁资产的公允价值。

未担保余值，是指租赁资产余值中扣除就出租人而言的担保余值以后的资产余值。

第十五条 未确认融资费用应当在租赁期内各个期间进行分摊。

承租人应当采用实际利率法计算确认当期的融资费用。

第十六条 承租人应当采用与自有固定资产相一致的折旧政策计提租赁资产折旧。

能够合理确定租赁期届满时取得租赁资产所有权的，应当在租赁资产使用寿命内计提折旧。

无法合理确定租赁期届满时能够取得租赁资产所有权的，应当在租赁期与租赁资产使用寿命两者中较短的期间内计提折旧。

第十七条　或有租金应当在实际发生时计入当期损益。

第四章　融资租赁中出租人的会计处理

第十八条　在租赁期开始日，出租人应当将租赁开始日最低租赁收款额与初始直接费用之和作为应收融资租赁款的入账价值，同时记录未担保余值；将最低租赁收款额、初始直接费用及未担保余值之和与其现值之和的差额确认为未实现融资收益。

第十九条　未实现融资收益应当在租赁期内各个期间进行分配。

出租人应当采用实际利率法计算确认当期的融资收入。

第二十条　出租人至少应当于每年年度终了，对未担保余值进行复核。

未担保余值增加的，不作调整。

有证据表明未担保余值已经减少的，应当重新计算租赁内含利率，将由此引起的租赁投资净额的减少，计入当期损益；以后各期根据修正后的租赁投资净额和重新计算的租赁内含利率确认融资收入。

租赁投资净额是融资租赁中最低租赁收款额及未担保余值之和与未实现融资收益之间的差额。

已确认损失的未担保余值得以恢复的，应当在原已确认的损失金额内转回，并重新计算租赁内含利率，以后各期根据修正后的租赁投资净额和重新计算的租赁内含利率确认融资收入。

第二十一条　或有租金应当在实际发生时计入当期损益。

第五章　经营租赁中承租人的会计处理

第二十二条　对于经营租赁的租金，承租人应当在租赁期内各个期间按照直线法计入相关资产成本或当期损益；其他方法更为系统合理的，也可以采用其他方法。

第二十三条　承租人发生的初始直接费用，应当计入当期损益。

第二十四条　或有租金应当在实际发生时计入当期损益。

第六章　经营租赁中出租人的会计处理

第二十五条　出租人应当按资产的性质，将用作经营租赁的资产包括在资产负债表中的相关项目内。

第二十六条　对于经营租赁的租金，出租人应当在租赁期内各个期间按照直线法确认为当期损益；其他方法更为系统合理的，也可以采用其他方法。

第二十七条　出租人发生的初始直接费用，应当计入当期损益。

第二十八条　对于经营租赁资产中的固定资产，出租人应当采用类似资产的折旧政策计提折旧；对于其他经营租赁资产，应当采用系统合理的方法进行摊销。

第二十九条　或有租金应当在实际发生时计入当期损益。

第七章　售后租回交易

第三十条　承租人和出租人应当根据本准则第二章的规定，将售后租回交易认定为融资租赁或经营租赁。

第三十一条　售后租回交易认定为融资租赁的，售价与资产账面价值之间的差额应当予以递延，并按照该项租赁资产的折旧进度进行分摊，作为折旧费用的调整。

第三十二条　售后租回交易认定为经营租赁的，售价与资产账面价值之间的差额应当予以递延，并在租赁期内按照与确认租金费用相一致的方法进行分摊，作为租金费用的调整。但是，有确凿证据表明售后租回交易是按照公允价值达成的，售价与资产账面价值之间的差额应当计入当期损益。

第八章　列　　报

第三十三条　承租人应当在资产负债表中，将与融资租赁相关的长期应付款减去未确认融资费用的差额，分别长期负债和一年内到期的长期负债列示。

第三十四条　承租人应当在附注中披露与融资租赁有关的下列信息：

（一）各类租入固定资产的期初和期末原价、累计折旧额。

（二）资产负债表日后连续三个会计年度每年将支付的最低租赁付款额，以及以后年度将支付的最低租赁付款额总额。

（三）未确认融资费用的余额，以及分摊未确认融资费用所采用的方法。

第三十五条 出租人应当在资产负债表中，将应收融资租赁款减去未实现融资收益的差额，作为长期债权列示。

第三十六条 出租人应当在附注中披露与融资租赁有关的下列信息：

（一）资产负债表日后连续三个会计年度每年将收到的最低租赁收款额，以及以后年度将收到的最低租赁收款额总额。

（二）未实现融资收益的余额，以及分配未实现融资收益所采用的方法。

第三十七条 承租人对于重大的经营租赁，应当在附注中披露下列信息：

（一）资产负债表日后连续三个会计年度每年将支付的不可撤销经营租赁的最低租赁付款额。

（二）以后年度将支付的不可撤销经营租赁的最低租赁付款额总额。

第三十八条 出租人对经营租赁，应当披露各类租出资产的账面价值。

第三十九条 承租人和出租人应当披露各售后租回交易以及售后租回合同中的重要条款。

二十三、企业会计准则第22号——金融工具确认和计量

企业会计准则第22号——金融工具确认和计量

第一章 总 则

第一条 为了规范金融工具的确认和计量，根据《企业会计准则——基本准则》，制定本准则。

第二条 金融工具，是指形成一个企业的金融资产，并形成其他单位的金融负债或权益工具的合同。

第三条 衍生工具，是指本准则涉及的、具有下列特征的金融工具或其他合同：

（一）其价值随特定利率、金融工具价格、商品价格、汇率、价格指数、费率指数、信用等级、信用指数或其他类似变量的变动而变动，变量为非金融变量的，该变量与合同的任一方不存在特定关系；

（二）不要求初始净投资，或与对市场情况变化有类似反应的其他类型合同相比，要求很少的初始净投资；

（三）在未来某一日期结算。

衍生工具包括远期合同、期货合同、互换和期权，以及具有远期合同、期货合同、互换和期权中一种或一种以上特征的工具。

第四条 下列各项适用其他相关会计准则：

（一）由《企业会计准则第2号——长期股权投资》规范的长期股权投资，适用《企业会计准则第2号——长期股权投资》。

（二）由《企业会计准则第11号——股份支付》规范的股份支付，适用《企业会计准则第11号——股份支付》。

（三）债务重组，适用《企业会计准则第12号——债务重组》。

（四）因清偿预计负债获得补偿的权利，适用《企业会计准则第13号——或有事项》。

（五）企业合并中合并方的或有对价合同，适用《企业会计准则第20号——企业合并》。

（六）租赁的权利和义务，适用《企业会计准则第21号——租赁》。

（七）金融资产转移，适用《企业会计准则第23号——金融资产转移》。

（八）套期保值，适用《企业会计准则第24号——套期保值》。

（九）原保险合同的权利和义务，适用《企业会计准则第25号——原保险合同》。

（十）再保险合同的权利和义务，适用《企业会计准则第26号——再保险合同》。

（十一）企业发行的权益工具，适用《企业会计准则第37号——金融工具列报》

第五条 本准则不涉及企业作出的不可撤销授信承诺（即贷款承诺）。但是，下列贷款承诺除外：

（一）指定为以公允价值计量且其变动计入当期损益的金融负债的贷款承诺。

（二）能够以现金净额结算，或通过交换或发行其他金融工具结算的贷款承诺。

（三）以低于市场利率贷款的贷款承诺。

本准则不涉及的贷款承诺，适用《企业会计准则第13号——或有事项》。

第六条 本准则不涉及按照预定的购买、销售或使用要求所签订，并到期履约买入或卖出非金融项目

的合同。但是,能够以现金或其他金融工具净额结算,或通过交换金融工具结算的买入或卖出非金融项目的合同,适用本准则。

第二章　金融资产和金融负债的分类

第七条　金融资产应当在初始确认时划分为下列四类:

(一) 以公允价值计量且其变动计入当期损益的金融资产,包括交易性金融资产和指定为以公允价值计量且其变动计入当期损益的金融资产;

(二) 持有至到期投资;

(三) 贷款和应收款项;

(四) 可供出售金融资产。

第八条　金融负债应当在初始确认时划分为下列两类:

(一) 以公允价值计量且其变动计入当期损益的金融负债,包括交易性金融负债和指定为以公允价值计量且其变动计入当期损益的金融负债;

(二) 其他金融负债。

第九条　金融资产或金融负债满足下列条件之一的,应当划分为交易性金融资产或金融负债:

(一) 取得该金融资产或承担该金融负债的目的,主要是为了近期内出售或回购。

(二) 属于进行集中管理的可辨认金融工具组合的一部分,且有客观证据表明企业近期采用短期获利方式对该组合进行管理。

(三) 属于衍生工具。但是,被指定且为有效套期工具的衍生工具、属于财务担保合同的衍生工具、与在活跃市场中没有报价且其公允价值不能可靠计量的权益工具投资挂钩并须通过交付该权益工具结算的衍生工具除外。

第十条　除本准则第二十一条和第二十二条的规定外,只有符合下列条件之一的金融资产或金融负债,才可以在初始确认时指定为以公允价值计量且其变动计入当期损益的金融资产或金融负债:

(一) 该指定可以消除或明显减少由于该金融资产或金融负债的计量基础不同所导致的相关利得或损失在确认或计量方面不一致的情况。

(二) 企业风险管理或投资策略的正式书面文件已载明,该金融资产组合、该金融负债组合、或该金融资产和金融负债组合,以公允价值为基础进行管理、评价并向关键管理人员报告。

在活跃市场中没有报价、公允价值不能可靠计量的权益工具投资,不得指定为以公允价值计量且其变动计入当期损益的金融资产。

活跃市场,是指同时具有下列特征的市场:

(一) 市场内交易的对象具有同质性;

(二) 可随时找到自愿交易的买方和卖方;

(三) 市场价格信息是公开的。

第十一条　持有至到期投资,是指到期日固定、回收金额固定或可确定,且企业有明确意图和能力持有至到期的非衍生金融资产。下列非衍生金融资产不应当划分为持有至到期投资:

(一) 初始确认时被指定为以公允价值计量且其变动计入当期损益的非衍生金融资产;

(二) 初始确认时被指定为可供出售的非衍生金融资产;

(三) 贷款和应收款项。

企业应当在资产负债表日对持有意图和能力进行评价。发生变化的,应当按照本准则有关规定处理。

第十二条　存在下列情况之一的,表明企业没有明确意图将金融资产投资持有至到期:

(一) 持有该金融资产的期限不确定。

(二) 发生市场利率变化、流动性需要变化、替代投资机会及其投资收益率变化、融资来源和条件变化、外汇风险变化等情况时,将出售该金融资产。但是,无法控制、预期不会重复发生且难以合理预计的独立事项引起的金融资产出售除外。

(三) 该金融资产的发行方可以按照明显低于其摊余成本的金额清偿。

(四) 其他表明企业没有明确意图将该金融资产持有至到期的情况。

第十三条　金融资产或金融负债的摊余成本,是指该金融资产或金融负债的初始确认金额经下列调整后的结果：

（一）扣除已偿还的本金；

（二）加上或减去采用实际利率法将该初始确认金额与到期日金额之间的差额进行摊销形成的累计摊销额；

（三）扣除已发生的减值损失（仅适用于金融资产）。

第十四条 实际利率法，是指按照金融资产或金融负债（含一组金融资产或金融负债）的实际利率计算其摊余成本及各期利息收入或利息费用的方法。

实际利率，是指将金融资产或金融负债在预期存续期间或适用的更短期间内的未来现金流量，折现为该金融资产或金融负债当前账面价值所使用的利率。

在确定实际利率时，应当在考虑金融资产或金融负债所有合同条款（包括提前还款权、看涨期权、类似期权等）的基础上预计未来现金流量，但不应当考虑未来信用损失。

金融资产或金融负债合同各方之间支付或收取的、属于实际利率组成部分的各项收费、交易费用及溢价或折价等，应当在确定实际利率时予以考虑。金融资产或金融负债的未来现金流量或存续期间无法可靠预计时，应当采用该金融资产或金融负债在整个合同期内的合同现金流量。

第十五条 存在下列情况之一的，表明企业没有能力将具有固定期限的金融资产投资持有至到期：

（一）没有可利用的财务资源持续地为该金融资产投资提供资金支持，以使该金融资产投资持有至到期。

（二）受法律、行政法规的限制，使企业难以将该金融资产投资持有至到期。

（三）其他表明企业没有能力将具有固定期限的金融资产投资持有至到期的情况。

第十六条 企业将尚未到期的某项持有至到期投资在本会计年度内出售或重分类为可供出售金融资产的金额，相对于该类投资在出售或重分类前的总额较大时，应当将该类投资的剩余部分重分类为可供出售金融资产，且在本会计年度及以后两个完整的会计年度内不得再将该金融资产划分为持有至到期投资。但是，下列情况除外：

（一）出售日或重分类日距离该项投资到期日或赎回日较近（如到期前三个月内），市场利率变化对该项投资的公允价值没有显著影响。

（二）根据合同约定的定期偿付或提前还款方式收回该投资几乎所有初始本金后，将剩余部分予以出售或重分类。

（三）出售或重分类是由于企业无法控制、预期不会重复发生且难以合理预计的独立事项所引起。此种情况主要包括：

1.因被投资单位信用状况严重恶化，将持有至到期投资予以出售；

2.因相关税收法规取消了持有至到期投资的利息税前可抵扣政策，或显著减少了税前可抵扣金额，将持有至到期投资予以出售；

3.因发生重大企业合并或重大处置，为保持现行利率风险头寸或维持现行信用风险政策，将持有至到期投资予以出售；

4.因法律、行政法规对允许投资的范围或特定投资品种的投资限额作出重大调整，将持有至到期投资予以出售；

5.因监管部门要求大幅度提高资产流动性，或大幅度提高持有至到期投资在计算资本充足率时的风险权重，将持有至到期投资予以出售。

第十七条 贷款和应收款项，是指在活跃市场中没有报价、回收金额固定或可确定的非衍生金融资产。企业不应当将下列非衍生金融资产划分为贷款和应收款项：

（一）准备立即出售或在近期出售的非衍生金融资产。

（二）初始确认时被指定为以公允价值计量且其变动计入当期损益的非衍生金融资产。

（三）初始确认时被指定为可供出售的非衍生金融资产。

（四）因债务人信用恶化以外的原因，使持有方可能难以收回几乎所有初始投资的非衍生金融资产。

企业所持证券投资基金或类似基金，不应当划分为贷款和应收款项。

第十八条 可供出售金融资产，是指初始确认时即被指定为可供出售的非衍生金融资产，以及除下列各类资产以外的金融资产：

（一）贷款和应收款项。

（二）持有至到期投资。

（三）以公允价值计量且其变动计入当期损益的金融资产。

第十九条　企业在初始确认时将某金融资产或某金融负债划分为以公允价值计量且其变动计入当期损益的金融资产或金融负债后，不能重分类为其他类金融资产或金融负债；其他类金融资产或金融负债也不能重分类为以公允价值计量且其变动计入当期损益的金融资产或金融负债。

第三章　嵌入衍生工具

第二十条　嵌入衍生工具，是指嵌入到非衍生工具（即主合同）中，使混合工具的全部或部分现金流量随特定利率、金融工具价格、商品价格、汇率、价格指数、费率指数、信用等级、信用指数或其他类似变量的变动而变动的衍生工具。嵌入衍生工具与主合同构成混合工具，如可转换公司债券等。

第二十一条　企业可以将混合工具指定为以公允价值计量且其变动计入当期损益的金融资产或金融负债。但是，下列情况除外：

（一）嵌入衍生工具对混合工具的现金流量没有重大改变。

（二）类似混合工具所嵌入的衍生工具，明显不应当从相关混合工具中分拆。

第二十二条　嵌入衍生工具相关的混合工具没有指定为以公允价值计量且其变动计入当期损益的金融资产或金融负债，且同时满足下列条件的，该嵌入衍生工具应当从混合工具中分拆，作为单独存在的衍生工具处理：

（一）与主合同在经济特征及风险方面不存在紧密关系；

（二）与嵌入衍生工具条件相同，单独存在的工具符合衍生工具定义。

无法在取得时或后续的资产负债表日对其进行单独计量的，应当将混合工具整体指定为以公允价值计量且其变动计入当期损益的金融资产或金融负债。

第二十三条　嵌入衍生工具按照本准则规定从混合工具分拆后，主合同是金融工具的，应当按照本准则有关规定处理；主合同是非金融工具的，应当按照其他会计准则的规定处理。

第四章　金融工具确认

第二十四条　企业成为金融工具合同的一方时，应当确认一项金融资产或金融负债。

第二十五条　金融资产满足下列条件之一的，应当终止确认：

（一）收取该金融资产现金流量的合同权利终止。

（二）该金融资产已转移，且符合《企业会计准则第23号——金融资产转移》规定的金融资产终止确认条件。

终止确认，是指将金融资产或金融负债从企业的账户和资产负债表内予以转销。

第二十六条　金融负债的现时义务全部或部分已经解除的，才能终止确认该金融负债或其一部分。

企业将用于偿付金融负债的资产转入某个机构或设立信托，偿付债务的现时义务仍存在的，不应当终止确认该金融负债，也不能终止确认转出的资产。

第二十七条　企业（债务人）与债权人之间签订协议，以承担新金融负债方式替换现存金融负债，且新金融负债与现存金融负债的合同条款实质上不同的，应当终止确认现存金融负债，并同时确认新金融负债。

企业对现存金融负债全部或部分的合同条款作出实质性修改的，应当终止确认现存金融负债或其一部分，同时将修改条款后的金融负债确认为一项新金融负债。

第二十八条　金融负债全部或部分终止确认的，企业应当将终止确认部分的账面价值与支付的对价（包括转出的非现金资产或承担的新金融负债）之间的差额，计入当期损益。

第二十九条　企业回购金融负债一部分的，应当在回购日按照继续确认部分和终止确认部分的相对公允价值，将该金融负债整体的账面价值进行分配。分配给终止确认部分的账面价值与支付的对价（包括转出的非现金资产或承担的新金融负债）之间的差额，计入当期损益。

第五章　金融工具计量

第三十条　企业初始确认金融资产或金融负债，应当按照公允价值计量。对于以公允价值计量且其变动计入当期损益的金融资产或金融负债，相关交易费用应当直接计入当期损益；对于其他类别的金融资产或金融负债，相关交易费用应当计入初始确认金额。

第三十一条 交易费用，是指可直接归属于购买、发行或处置金融工具新增的外部费用。新增的外部费用，是指企业不购买、发行或处置金融工具就不会发生的费用。

交易费用包括支付给代理机构、咨询公司、券商等的手续费和佣金及其他必要支出，不包括债券溢价、折价、融资费用、内部管理成本及其他与交易不直接相关的费用。

第三十二条 企业应当按照公允价值对金融资产进行后续计量，且不扣除将来处置该金融资产时可能发生的交易费用。但是，下列情况除外：

（一）持有至到期投资以及贷款和应收款项，应当采用实际利率法，按摊余成本计量。

（二）在活跃市场中没有报价且其公允价值不能可靠计量的权益工具投资，以及与该权益工具挂钩并须通过交付该权益工具结算的衍生金融资产，应当按照成本计量。

第三十三条 企业应当采用实际利率法，按摊余成本对金融负债进行后续计量。但是，下列情况除外：

（一）以公允价值计量且其变动计入当期损益的金融负债，应当按照公允价值计量，且不扣除将来结清金融负债时可能发生的交易费用。

（二）与在活跃市场中没有报价、公允价值不能可靠计量的权益工具挂钩并须通过交付该权益工具结算的衍生金融负债，应当按照成本计量。

（三）不属于指定为以公允价值计量且其变动计入当期损益的金融负债的财务担保合同，或没有指定为以公允价值计量且其变动计入当期损益并将以低于市场利率贷款的贷款承诺，应当在初始确认后按照下列两项金额之中的较高者进行后续计量：

1.按照《企业会计准则第 13 号——或有事项》确定的金额；

2.初始确认金额扣除按照《企业会计准则第 14 号——收入》的原则确定的累计摊销额后的余额。

第三十四条 企业因持有意图或能力发生改变，使某项投资不再适合划分为持有至到期投资的，应当将其重分类为可供出售金融资产，并以公允价值进行后续计量。重分类日，该投资的账面价值与公允价值之间的差额计入所有者权益，在该可供出售金融资产发生减值或终止确认时转出，计入当期损益。

第三十五条 持有至到期投资部分出售或重分类的金额较大，且不属于第十六条所指的例外情况，使该投资的剩余部分不再适合划分为持有至到期投资的，企业应当将该投资的剩余部分重分类为可供出售金融资产，并以公允价值进行后续计量。重分类日，该投资剩余部分的账面价值与其公允价值之间的差额计入所有者权益，在该可供出售金融资产发生减值或终止确认时转出，计入当期损益。

第三十六条 对按照本准则规定应当以公允价值计量，但以前公允价值不能可靠计量的金融资产或金融负债，企业应当在其公允价值能够可靠计量时改按公允价值计量，相关账面价值与公允价值之间的差额按照本准则第三十八条的规定处理。

第三十七条 因持有意图或能力发生改变，或公允价值不再能够可靠计量，或持有期限已超过本准则第十六条所指“两个完整的会计年度”，使金融资产或金融负债不再适合按照公允价值计量时，企业可以将该金融资产或金融负债改按成本或摊余成本计量，该成本或摊余成本为重分类日该金融资产或金融负债的公允价值或账面价值。与该金融资产相关、原直接计入所有者权益的利得或损失，应当按照下列规定处理：

（一）该金融资产有固定到期日的，应当在该金融资产的剩余期限内，采用实际利率法摊销，计入当期损益。该金融资产的摊余成本与到期日金额之间的差额，也应当在该金融资产的剩余期限内，采用实际利率法摊销，计入当期损益。该金融资产在随后的会计期间发生减值的，原直接计入所有者权益的相关利得或损失，应当转出计入当期损益。

（二）该金融资产没有固定到期日的，仍应保留在所有者权益中，在该金融资产被处置时转出，计入当期损益。该金融资产在随后的会计期间发生减值的，原直接计入所有者权益的相关利得或损失，应当转出计入当期损益。

第三十八条 金融资产或金融负债公允价值变动形成的利得或损失，除与套期保值有关外，应当按照下列规定处理：

（一）以公允价值计量且其变动计入当期损益的金融资产或金融负债公允价值变动形成的利得或损失，应当计入当期损益。

（二）可供出售金融资产公允价值变动形成的利得或损失，除减值损失和外币货币性金融资产形成的汇兑差额外，应当直接计入所有者权益，在该金融资产终止确认时转出，计入当期损益。

可供出售外币货币性金融资产形成的汇兑差额，应当计入当期损益。采用实际利率法计算的可供出售金融资产的利息，应当计入当期损益；可供出售权益工具投资的现金股利，应当在被投资单位宣告发放股利时计入当期损益。

与套期保值有关的金融资产或金融负债公允价值变动形成的利得或损失的处理，适用《企业会计准则第 24 号——套期保值》。

第三十九条　以摊余成本计量的金融资产或金融负债，在终止确认、发生减值或摊销时产生的利得或损失，应当计入当期损益。但是，该金融资产或金融负债被指定为被套期项目的，相关的利得或损失的处理，适用《企业会计准则第 24 号——套期保值》。

第六章　金融资产减值

第四十条　企业应当在资产负债表日对以公允价值计量且其变动计入当期损益的金融资产以外的金融资产的账面价值进行检查，有客观证据表明该金融资产发生减值的，应当计提减值准备。

第四十一条　表明金融资产发生减值的客观证据，是指金融资产初始确认后实际发生的、对该金融资产的预计未来现金流量有影响，且企业能够对该影响进行可靠计量的事项。金融资产发生减值的客观证据，包括下列各项：

（一）发行方或债务人发生严重财务困难；

（二）债务人违反了合同条款，如偿付利息或本金发生违约或逾期等；

（三）债权人出于经济或法律等方面因素的考虑，对发生财务困难的债务人作出让步；

（四）债务人很可能倒闭或进行其他财务重组；

（五）因发行方发生重大财务困难，该金融资产无法在活跃市场继续交易；

（六）无法辨认一组金融资产中的某项资产的现金流量是否已经减少，但根据公开的数据对其进行总体评价后发现，该组金融资产自初始确认以来的预计未来现金流量确已减少且可计量，如该组金融资产的债务人支付能力逐步恶化，或债务人所在国家或地区失业率提高、担保物在其所在地区的价格明显下降、所处行业不景气等；

（七）债务人经营所处的技术、市场、经济或法律环境等发生重大不利变化，使权益工具投资人可能无法收回投资成本；

（八）权益工具投资的公允价值发生严重或非暂时性下跌；

（九）其他表明金融资产发生减值的客观证据。

第四十二条　以摊余成本计量的金融资产发生减值时，应当将该金融资产的账面价值减记至预计未来现金流量（不包括尚未发生的未来信用损失）现值，减记的金额确认为资产减值损失，计入当期损益。

预计未来现金流量现值，应当按照该金融资产的原实际利率折现确定，并考虑相关担保物的价值（取得和出售该担保物发生的费用应当予以扣除）。原实际利率是初始确认该金融资产时计算确定的实际利率。对于浮动利率贷款、应收款项或持有至到期投资，在计算未来现金流量现值时可采用合同规定的现行实际利率作为折现率。

短期应收款项的预计未来现金流量与其现值相差很小的，在确定相关减值损失时，可不对其预计未来现金流量进行折现。

第四十三条　对单项金额重大的金融资产应当单独进行减值测试，如有客观证据表明其已发生减值，应当确认减值损失，计入当期损益。对单项金额不重大的金融资产，可以单独进行减值测试，或包括在具有类似信用风险特征的金融资产组合中进行减值测试。

单独测试未发生减值的金融资产（包括单项金额重大和不重大的金融资产），应当包括在具有类似信用风险特征的金融资产组合中再进行减值测试。已单项确认减值损失的金融资产，不应包括在具有类似信用风险特征的金融资产组合中进行减值测试。

第四十四条　对以摊余成本计量的金融资产确认减值损失后，如有客观证据表明该金融资产价值已恢复，且客观上与确认该损失后发生的事项有关（如债务人的信用评级已提高等），原确认的减值损失应当予以转回，计入当期损益。但是，该转回后的账面价值不应当超过假定不计提减值准备情况下该金融资产在转回日的摊余成本。

第四十五条 在活跃市场中没有报价且其公允价值不能可靠计量的权益工具投资，或与该权益工具挂钩并须通过交付该权益工具结算的衍生金融资产发生减值时，应当将该权益工具投资或衍生金融资产的账面价值，与按照类似金融资产当时市场收益率对未来现金流量折现确定的现值之间的差额，确认为减值损失，计入当期损益。

第四十六条 可供出售金融资产发生减值时，即使该金融资产没有终止确认，原直接计入所有者权益的因公允价值下降形成的累计损失，应当予以转出，计入当期损益。该转出的累计损失，为可供出售金融资产的初始取得成本扣除已收回本金和已摊销金额、当前公允价值和原已计入损益的减值损失后的余额。

第四十七条 对于已确认减值损失的可供出售债务工具，在随后的会计期间公允价值已上升且客观上与确认原减值损失确认后发生的事项有关的，原确认的减值损失应当予以转回，计入当期损益。

第四十八条 可供出售权益工具投资发生的减值损失，不得通过损益转回。但是，在活跃市场中没有报价且其公允价值不能可靠计量的权益工具投资，或与该权益工具挂钩并须通过交付该权益工具结算的衍生金融资产发生的减值损失，不得转回。

第四十九条 金融资产发生减值后，利息收入应当按照确定减值损失时对未来现金流量进行折现采用的折现率作为利率计算确认。

第七章 公允价值确定

第五十条 公允价值，是指在公平交易中，熟悉情况的交易双方自愿进行资产交换或者债务清偿的金额。在公平交易中，交易双方应当是持续经营企业，不打算或不需要进行清算、重大缩减经营规模，或在不利条件下仍进行交易。

第五十一条 存在活跃市场的金融资产或金融负债，活跃市场中的报价应当用于确定其公允价值。活跃市场中的报价是指易于定期从交易所、经纪商、行业协会、定价服务机构等获得的价格，且代表了在公平交易中实际发生的市场交易的价格。

（一）在活跃市场上，企业已持有的金融资产或拟承担的金融负债的报价，应当是现行出价；企业拟购入的金融资产或已承担的金融负债的报价，应当是现行要价。

（二）企业持有可抵销市场风险的资产和负债时，可采用市场中间价确定可抵销市场风险头寸的公允价值；同时，用出价或要价作为确定净敞口的公允价值。

（三）金融资产或金融负债没有现行出价或要价，但最近交易日后经济环境没有发生重大变化的，企业应当采用最近交易的市场报价确定该金融资产或金融负债的公允价值。

最近交易日后经济环境发生了重大变化时，企业应当参考类似金融资产或金融负债的现行价格或利率，调整最近交易的市场报价，以确定该金融资产或金融负债的公允价值。

企业有足够的证据表明最近交易的市场报价不是公允价值的，应当对最近交易的市场报价作出适当调整，以确定该金融资产或金融负债的公允价值。

（四）金融工具组合的公允价值，应当根据该组合内单项金融工具的数量与单位市场报价共同确定。

（五）活期存款的公允价值，应当不低于存款人可支取时应付的金额；通知存款的公允价值，应当不低于存款人要求支取时应付金额从可支取的第一天起进行折现的现值。

第五十二条 金融工具不存在活跃市场的，企业应当采用估值技术确定其公允价值。采用估值技术得出的结果，应当反映估值日在公平交易中可能采用的交易价格。估值技术包括参考熟悉情况并自愿交易的各方最近进行的市场交易中使用的价格、参照实质上相同的其他金融工具的当前公允价值、现金流量折现法和期权定价模型等。

企业应当选择市场参与者普遍认同，且被以往市场实际交易价格验证具有可靠性的估值技术确定金融工具的公允价值：

（一）采用估值技术确定金融工具的公允价值时，应当尽可能使用市场参与者在金融工具定价时考虑的所有市场参数，包括无风险利率、信用风险、外汇汇率、商品价格、股价或股价指数、金融工具价格未来波动率、提前偿还风险、金融资产或金融负债的服务成本等，尽可能不使用与企业特定相关的参数。

（二）企业应当定期使用没有经过修正或重新组合的金融工具公开交易价格校正所采用的估值技术，并测试该估值技术的有效性。

（三）金融工具的交易价格应当作为其初始确认时的公允价值的最好证据，但有客观证据表明相同金融工具公开交易价格更公允，或采用仅考虑公开市场参数的估值技术确定的结果更公允的，不应当采用交易价格作为初始确认时的公允价值，而应当采用更公允的交易价格或估值结果确定公允价值。

第五十三条 初始取得或源生的金融资产或承担的金融负债，应当以市场交易价格作为确定其公允价值的基础。

债务工具的公允价值，应当根据取得日或发行日的市场情况和当前市场情况，或其他类似债务工具（即有类似的剩余期限、现金流量模式、标价币种、信用风险、担保和利率基础等）的当前市场利率确定。

债务人的信用风险和适用的信用风险贴水在债务工具发行后没有改变的，可使用基准利率估计当前市场利率确定债务工具的公允价值。债务人的信用风险和相应的信用风险贴水在债务工具发行后发生改变的，应当参考类似债务工具的当前价格或利率，并考虑金融工具之间的差异调整，确定债务工具的公允价值。

第五十四条 企业采用未来现金流量折现法确定金融工具公允价值的，应当使用合同条款和特征在实质上相同的其他金融工具的市场收益率作为折现率。金融工具的条款和特征，包括金融工具本身的信用质量、合同规定采用固定利率计息的剩余期间、支付本金的剩余期间以及支付时采用的货币等。

没有标明利率的短期应收款项和应付款项的现值与实际交易价格相差很小的，可以按照实际交易价格计量。

第五十五条 在活跃市场中没有报价的权益工具投资，以及与该权益工具挂钩并须通过交付该权益工具结算的衍生工具，满足下列条件之一的，表明其公允价值能够可靠计量：

（一）该金融工具公允价值合理估计数的变动区间很小。

（二）该金融工具公允价值变动区间内，各种用于确定公允价值估计数的概率能够合理地确定。

第八章 金融资产、金融负债和权益工具定义

第五十六条 金融资产，是指企业的下列资产：

（一）现金；

（二）持有的其他单位的权益工具；

（三）从其他单位收取现金或其他金融资产的合同权利；

（四）在潜在有利条件下，与其他单位交换金融资产或金融负债的合同权利；

（五）将来须用或可用企业自身权益工具进行结算的非衍生工具的合同权利，企业根据该合同将收到非固定数量的自身权益工具；

（六）将来须用或可用企业自身权益工具进行结算的衍生工具的合同权利，但企业以固定金额的现金或其他金融资产换取固定数量的

自身权益工具的衍生工具合同权利除外。其中，企业自身权益工具不包括本身就是在将来收取或支付企业自身权益工具的合同。

第五十七条 金融负债，是指企业的下列负债：

（一）向其他单位交付现金或其他金融资产的合同义务；

（二）在潜在不利条件下，与其他单位交换金融资产或金融负债的合同义务；

（三）将来须用或可用企业自身权益工具进行结算的非衍生工具的合同义务，企业根据该合同将交付非固定数量的自身权益工具；

（四）将来须用或可用企业自身权益工具进行结算的衍生工具的合同义务，但企业以固定金额的现金或其他金融资产换取固定数量的自身权益工具的衍生工具合同义务除外。其中，企业自身权益工具不包括本身就是在将来收取或支付企业自身权益工具的合同。

第五十八条 权益工具，是指能证明拥有某个企业在扣除所有负债后的资产中的剩余权益的合同。

二十四、企业会计准则第23号——金融资产转移

企业会计准则第23号——金融资产转移

第一章 总 则

第一条 为了规范金融资产（含单项或一组类似金融资产）转移的确认和计量，根据《企业会计准

则——基本准则》,制定本准则。

第二条 金融资产转移,是指企业(转出方)将金融资产让与或交付给该金融资产发行方以外的另一方(转入方)。

第三条 企业对金融资产转入方具有控制权的,除在该企业财务报表基础上运用本准则外,还应当按照《企业会计准则第33号——合并财务报表》的规定,将转入方纳入合并财务报表范围。

第二章 金融资产转移的确认

第四条 企业金融资产转移,包括下列两种情形:

(一)将收取金融资产现金流量的权利转移给另一方;

(二)将金融资产转移给另一方,但保留收取金融资产现金流量的权利,并承担将收取的现金流量支付给最终收款方的义务,同时满足下列条件:

1.从该金融资产收到对等的现金流量时,才有义务将其支付给最终收款方。企业发生短期垫付款,但有权全额收回该垫付款并按照市场上同期银行贷款利率计收利息的,视同满足本条件。

2.根据合同约定,不能出售该金融资产或作为担保物,但可以将其作为对最终收款方支付现金流量的保证。

3.有义务将收取的现金流量及时支付给最终收款方。企业无权将该现金流量进行再投资,但按照合同约定在相邻两次支付间隔期内将所收到的现金流量进行现金或现金等价物投资的除外。企业按照合同约定进行再投资的,应当将投资收益按照合同约定支付给最终收款方。

第五条 企业应当将金融资产转移区分为金融资产整体转移和部分转移,并分别按照本准则有关规定处理。

第六条 金融资产部分转移,包括下列三种情形:

(一)将金融资产所产生现金流量中特定、可辨认部分转移,如企业将一组类似贷款的应收利息转移等。

(二)将金融资产所产生全部现金流量的一定比例转移,如企业将一组类似贷款的本金和应收利息合计的一定比例转移等。

(三)将金融资产所产生现金流量中特定、可辨认部分的一定比例转移,如企业将一组类似贷款的应收利息的一定比例转移等。

第七条 企业已将金融资产所有权上几乎所有的风险和报酬转移给转入方的,应当终止确认该金融资产;保留了金融资产所有权上几乎所有的风险和报酬的,不应当终止确认该金融资产。

终止确认,是指将金融资产或金融负债从企业的账户和资产负债表内予以转销。

第八条 企业在判断是否已将金融资产所有权上几乎所有的风险和报酬转移给了转入方时,应当比较转移前后该金融资产未来现金流量净现值及时间分布的波动使其面临的风险。

企业面临的风险因金融资产转移发生实质性改变的,表明该企业已将金融资产所有权上几乎所有的风险和报酬转移给了转入方,如不附任何保证条款的金融资产出售等。

企业面临的风险没有因金融资产转移发生实质性改变的,表明该企业仍保留了金融资产所有权上几乎所有的风险和报酬,如将贷款整体转移并对该贷款可能发生的信用损失进行全额补偿等。

企业需要通过计算判断是否已将金融资产所有权上几乎所有的风险和报酬转移给了转入方的,在计算金融资产未来现金流量净现值时,应当考虑所有合理、可能的现金流量波动,并采用适当的现行市场利率作为折现率。

第九条 企业既没有转移也没有保留金融资产所有权上几乎所有的风险和报酬的(即不属于本准则第七条所指情形),应当分别下列情况处理:

(一)放弃了对该金融资产控制的,应当终止确认该金融资产。

(二)未放弃对该金融资产控制的,应当按照其继续涉入所转移金融资产的程度确认有关金融资产,并相应确认有关负债。

继续涉入所转移金融资产的程度,是指该金融资产价值变动使企业面临的风险水平。

第十条 企业在判断是否已放弃对所转移金融资产的控制时,应当注重转入方出售该金融资产的实际能力。转入方能够单独将转入的金融资产整体出售给与其不存在关联方关系的第三方,且没有额外条件对此项出售加以限制的，表明企业已放弃对该金融资产的控制。

第十一条 企业在判断金融资产转移是否满足本准则规定的金融资产终止确认条件时，应当注重金融资产转移的实质。

（一）在附回购协议的金融资产出售中，转出方将予回购的资产与售出的金融资产相同或实质上相同、回购价格固定或是原售价加上合理回报的，不应当终止确认所出售的金融资产，如采用买断式回购、质押式回购交易卖出债券等。

（二）转出方在金融资产转移后只保留了优先按照公允价值回购该金融资产的权利的（在转入方出售该金融资产的情况下），应当终止确认所转移的金融资产。

（三）在采用保留次级权益或提供信用担保等进行信用增级的金融资产转移中，转出方只保留了所转移金融资产所有权上的部分（非几乎所有）风险和报酬且能控制所转移金融资产的，应当按照其继续涉入所转移金融资产的程度确认相关资产和负债。

第三章 金融资产转移的计量

第十二条 金融资产整体转移满足终止确认条件的，应当将下列两项金额的差额计入当期损益：

（一）所转移金融资产的账面价值；

（二）因转移而收到的对价，与原直接计入所有者权益的公允价值变动累计额（涉及转移的金融资产为可供出售金融资产的情形）之和。

因金融资产转移获得了新金融资产或承担了新金融负债的，应当在转移日按照公允价值确认该金融资产或金融负债（包括看涨期权、看跌期权、担保负债、远期合同、互换等），并将该金融资产扣除金融负债后的净额作为上述对价的组成部分。

企业与金融资产转入方签订服务合同提供相关服务的（包括收取该金融资产的现金流量，并将所收取的现金流量交付给指定的资金保管机构等），应当就该服务合同确认一项服务资产或服务负债。服务负债应当按照公允价值进行初始计量，并作为上述对价的组成部分。

第十三条 金融资产部分转移满足终止确认条件的，应当将所转移金融资产整体的账面价值，在终止确认部分和未终止确认部分（在此种情况下，所保留的服务资产应当视同未终止确认金融资产的一部分）之间，按照各自的相对公允价值进行分摊，并将下列两项金额的差额计入当期损益：

（一）终止确认部分的账面价值；

（二）终止确认部分的对价，与原直接计入所有者权益的公允价值变动累计额中对应终止确认部分的金额（涉及转移的金融资产为可供出售金融资产的情形）之和。

原直接计入所有者权益的公允价值变动累计额中对应终止确认部分的金额，应当按照金融资产终止确认部分和未终止确认部分的相对公允价值，对该累计额进行分摊后确定。

第十四条 根据本准则第十三条规定将所转移金融资产整体的账面价值按相对公允价值在终止确认部分和未终止确认部分之间进行分摊时，未终止确认部分的公允价值按照下列规定确定：

（一）企业出售过与未终止确认部分类似的金融资产，或发生过与未终止确认部分有关的其他市场交易的，应当按照最近实际交易价格确定。

（二）未终止确认部分在活跃市场上没有报价，且最近市场上也没有与其有关的实际交易价格的，应当按照所转移金融资产整体的公允价值扣除终止确认部分的对价后的余额确定。该金融资产整体的公允价值确实难以合理确定的，按照金融资产整体的账面价值扣除终止确认部分的对价后的余额确定。

第十五条 企业仍保留与所转移金融资产所有权上几乎所有的风险和报酬的，应当继续确认所转移金融资产整体，并将收到的对价确认为一项金融负债。

该金融资产与确认的相关金融负债不得相互抵销。在随后的会计期间，企业应当继续确认该金融资产产生的收入和该金融负债产生的费用。所转移的金融资产以摊余成本计量的，确认的相关负债不得指定为以公允价值计量且其变动计入当期损益的金融负债。

第十六条 企业既没有转移也没有保留金融资产所有权上几乎所有的风险和报酬，且未放弃对该金融资产控制的，根据本准则第九条规定确认的相关资产和负债，应当充分反映保留的权利和承担的义务。

第十七条 通过对所转移金融资产提供财务担保方式继续涉入的，应当在转移日按照金融资产的账面价值和财务担保金额两者之中的较低者，确认继续涉入形成的资产，同时按照财务担保金额和财务担保合同的公允价值(提供担保的取费)之和确认继续涉入形成的负债。财务担保金额,是指企业所收到的对价中,将被要求偿还的最高金额。

在随后的会计期间,财务担保合同的初始确认金额应当在该财务担保合同期间内按照时间比例摊销,确认为各期收入。因担保形成的资产的账面价值,应当在资产负债表日进行减值测试。

第十八条 企业因卖出一项看跌期权或持有一项看涨期权,使所转移金融资产不符合终止确认条件,且按照摊余成本计量该金融资产的,应当在转移日按照收到的对价确认继续涉入形成的负债。

所转移金融资产在期权到期日的摊余成本和继续涉入形成的负债初始确认金额之间的差额,应当采用实际利率法摊销,计入当期损益;同时,调整继续涉入所形成负债的账面价值。相关期权行权的,应当在行权时,将继续涉入形成负债的账面价值与行权价格之间的差额计入当期损益。

第十九条 企业因持有一项看涨期权使所转移金融资产不满足终止确认条件,且按照公允价值计量该金融资产的,应当在转移日仍按照公允价值确认所转移金融资产,同时按照下列规定计量继续涉入形成的负债:

(一)该期权是价内或平价期权的,应当按照期权的行权价格扣除期权的时间价值后的余额,计量继续涉入形成的负债。

(二)该期权是价外期权的,应当按照所转移金融资产的公允价值扣除期权的时间价值后的余额,计量继续涉入形成的负债。

第二十条 企业因卖出一项看跌期权使所转移金融资产不满足终止确认条件,且按照公允价值计量该金融资产的,应当在转移日按照该金融资产的公允价值和该期权行权价格之间的较低者,确认继续涉入形成的资产;同时,按照该期权的行权价格与时间价值之和,确认继续涉入形成的负债。

第二十一条 企业因卖出一项看跌期权和购入一项看涨期权(即上下期权)使所转移金融资产不满足终止确认条件,且按照公允价值计量该金融资产的,应当在转移日仍按照公允价值确认所转移金融资产;同时,按照下列规定计量继续涉入形成的负债:

(一)该看涨期权是价内或平价期权的,应当按照看涨期权的行权价格和看跌期权的公允价值之和,扣除看涨期权的时间价值后的金额,计量继续涉入形成的负债。

(二)该看涨期权是价外期权的,应当按照所转移金融资产的公允价值总额和看跌期权的公允价值之和,扣除看涨期权的时间价值后的金额,计量继续涉入形成的负债。

第二十二条 企业应当对因继续涉入所转移金融资产形成的有关资产确认相关收入,对继续涉入形成的有关负债确认相关费用。继续涉入所形成的相关资产和负债不应当相互抵销,其后续计量适用《企业会计准则第 22 号——金融工具确认和计量》。

第二十三条 企业仅继续涉入所转移金融资产一部分的,应当比照本准则第十三条的规定处理。

第二十四条 企业向金融资产转入方提供了非现金担保物(如债务工具或权益工具投资等)的,企业和转入方应当按照下列规定处理:

(一)转入方按照合同或惯例有权出售该担保物或将其再作为担保物的,企业应当将该非现金担保物在资产负债表中重新归类,并单独列示。

(二)转入方已将该担保物出售的,转入方应当就归还担保物义务,按照公允价值确认一项负债。

(三)企业违约,丧失了赎回担保物权利的,应当终止确认该担保物;转入方应当按照公允价值将该担保物确认为一项资产。转入方已出售该担保物的,转入方应当终止确认归还担保物的义务。

(四)除上述(三)所涉及的情况外,企业应当继续将担保物确认为一项资产。

二十五、企业会计准则第 24 号——套期保值

企业会计准则第 24 号——套期保值

第一章 总 则

第一条 为了规范套期保值的确认和计量,根据《企业会计准则——基本准则》,制定本准则。

第二条 套期保值(以下简称套期),是指企业为规避外汇风险、利率风险、商品价格风险、股票价格风险、信用风险等,指定一项或一项以上套期工具,使套期工具的公允价值或现金流量变动,预期抵销被套期

项目全部或部分公允价值或现金流量变动。

第三条　套期分为公允价值套期、现金流量套期和境外经营净投资套期。

（一）公允价值套期，是指对已确认资产或负债、尚未确认的确定承诺，或该资产或负债、尚未确认的确定承诺中可辨认部分的公允价值变动风险进行的套期。该类价值变动源于某类特定风险，且将影响企业的损益。

（二）现金流量套期，是指对现金流量变动风险进行的套期。该类现金流量变动源于与已确认资产或负债、很可能发生的预期交易有关的某类特定风险，且将影响企业的损益。

（三）境外经营净投资套期，是指对境外经营净投资外汇风险进行的套期。境外经营净投资，是指企业在境外经营净资产中的权益份额。

第四条　对于满足本准则第三章规定条件的套期，企业可运用套期会计方法进行处理。

套期会计方法，是指在相同会计期间将套期工具和被套期项目公允价值变动的抵销结果计入当期损益的方法。

第二章　套期工具和被套期项目

第五条　套期工具，是指企业为进行套期而指定的、其公允价值或现金流量变动预期可抵销被套期项目的公允价值或现金流量变动的衍生工具，对外汇风险进行套期还可以将非衍生金融资产或非衍生金融负债作为套期工具。

第六条　企业在确立套期关系时，应当将套期工具整体或其一定比例（不含套期工具剩余期限内的某一时段）进行指定，但下列情况除外：

（一）对于期权，企业可以将期权的内在价值和时间价值分开，只就内在价值变动将期权指定为套期工具；

（二）对于远期合同，企业可以将远期合同的利息和即期价格分开，只就即期价格变动将远期合同指定为套期工具。

第七条　企业通常可将单项衍生工具指定为对一种风险进行套期，但同时满足下列条件的，可以指定单项衍生工具对一种以上的风险进行套期：

（一）各项被套期风险可以清晰辨认；

（二）套期有效性可以证明；

（三）可以确保该衍生工具与不同风险头寸之间存在具体指定关系。

套期有效性，是指套期工具的公允价值或现金流量变动能够抵销被套期风险引起的被套期项目公允价值或现金流量变动的程度。

第八条　企业可以将两项或两项以上衍生工具的组合或该组合的一定比例指定为套期工具。

对于外汇风险套期，企业可以将两项或两项以上非衍生工具的组合或该组合的一定比例，或将衍生工具和非衍生工具的组合或该组合的一定比例指定为套期工具。

对于利率上下限期权或由一项发行的期权和一项购入的期权组成的期权，其实质相当于企业发行的一项期权的（即企业收取了净期权费），不能将其指定为套期工具。

第九条　被套期项目，是指使企业面临公允价值或现金流量变动风险，且被指定为被套期对象的下列项目：

（一）单项已确认资产、负债、确定承诺、很可能发生的预期交易，或境外经营净投资；

（二）一组具有类似风险特征的已确认资产、负债、确定承诺、很可能发生的预期交易，或境外经营净投资；

（三）分担同一被套期利率风险的金融资产或金融负债组合的一部分（仅适用于利率风险公允价值组合套期）。

确定承诺，是指在未来某特定日期或期间，以约定价格交换特定数量资源、具有法律约束力的协议。预期交易，是指尚未承诺但预期会发生的交易。

第十条　被套期风险是信用风险或外汇风险的，持有至到期投资可以指定为被套期项目。被套期风险是利率风险或提前还款风险的，持有至到期投资不能指定为被套期项目。

第十一条　企业集团内部交易形成的货币性项目的汇兑收益或损失，不能在合并财务报表中全额抵销的，该货币性项目的外汇风险可以在合并财务报表中指定为被套期项目。

企业集团内部很可能发生的预期交易，按照进行此项交易的主体的记账本位币以外的货币标价（即按外币标价），且相关的外汇风险将影响合并利润或损失的，该外汇风险可以在合并财务报表中指定为被套期项目。

第十二条 对于与金融资产或金融负债现金流量或公允价值的一部分相关的风险，其套期有效性可以计量的，企业可以就该风险将金融资产或金融负债指定为被套期项目。

第十三条 在金融资产或金融负债组合的利率风险公允价值套期中，可以将某货币金额（如人民币、美元或欧元金额）的资产或负债指定为被套期项目。

第十四条 企业可以将金融资产或金融负债现金流量的全部指定为被套期项目。但金融资产或金融负债现金流量的一部分被指定为被套期项目的，被指定部分的现金流量应当少于该金融资产或金融负债现金流量总额。

第十五条 非金融资产或非金融负债指定为被套期项目的，被套期风险应当是该非金融资产或非金融负债相关的全部风险或外汇风险。

第十六条 对具有类似风险特征的资产或负债组合进行套期时，该组合中的各单项资产或单项负债应当同时承担被套期风险，且该组合内各单项资产或单项负债由被套期风险引起的公允价值变动，应当预期与该组合由被套期风险引起的公允价值整体变动基本成比例。

第三章 套期确认和计量

第十七条 公允价值套期、现金流量套期或境外经营净投资套期同时满足下列条件的，才能运用本准则规定的套期会计方法进行处理：

（一）在套期开始时，企业对套期关系（即套期工具和被套期项目之间的关系）有正式指定，并准备了关于套期关系、风险管理目标和套期策略的正式书面文件。该文件至少载明了套期工具、被套期项目、被套期风险的性质以及套期有效性评价方法等内容。

套期必须与具体可辨认并被指定的风险有关，且最终影响企业的损益。

（二）该套期预期高度有效，且符合企业最初为该套期关系所确定的风险管理策略。

（三）对预期交易的现金流量套期，预期交易应当很可能发生，且必须使企业面临最终将影响损益的现金流量变动风险。

（四）套期有效性能够可靠地计量。

（五）企业应当持续地对套期有效性进行评价，并确保该套期在套期关系被指定的会计期间内高度有效。

第十八条 套期同时满足下列条件的，企业应当认定其为高度有效：

（一）在套期开始及以后期间，该套期预期会高度有效地抵销套期指定期间被套期风险引起的公允价值或现金流量变动；

（二）该套期的实际抵销结果在80%至125%的范围内。

第十九条 企业至少应当在编制中期或年度财务报告时对套期有效性进行评价。

第二十条 对利率风险进行套期的，企业可以通过编制金融资产和金融负债的到期时间表，标明每期的利率净风险，据此对套期有效性进行评价。

第二十一条 公允价值套期满足运用套期会计方法条件的，应当按照下列规定处理：

（一）套期工具为衍生工具的，套期工具公允价值变动形成的利得或损失应当计入当期损益；套期工具为非衍生工具的，套期工具账面价值因汇率变动形成的利得或损失应当计入当期损益。

（二）被套期项目因被套期风险形成的利得或损失应当计入当期损益，同时调整被套期项目的账面价值。被套期项目为按成本与可变现净值孰低进行后续计量的存货、按摊余成本进行后续计量的金融资产或可供出售金融资产的，也应当按此规定处理。

第二十二条 对于金融资产或金融负债组合一部分的利率风险公允价值套期，为符合本准则第二十一条（二）的要求，企业对被套期项目形成的利得或损失可按下列方法处理：

（一）被套期项目在重新定价期间内是资产的，在资产负债表中资产项下单列项目反映（列在金融资产后），待终止确认时转销；

（二）被套期项目在重新定价期间内是负债的，在资产负债表中负债项下单列项目反映（列在金融负债后），待终止确认时转销。

第二十三条　满足下列条件之一的，企业不应当再按照本准则第二十一条的规定处理：

（一）套期工具已到期、被出售、合同终止或已行使。

套期工具展期或被另一项套期工具替换时，展期或替换是企业正式书面文件所载明的套期策略组成部分的，不作为已到期或合同终止处理。

（二）该套期不再满足本准则所规定的运用套期会计方法的条件。

（三）企业撤销了对套期关系的指定。

第二十四条　被套期项目是以摊余成本计量的金融工具的，按照本准则第二十一条（二）对被套期项目账面价值所作的调整，应当按照调整日重新计算的实际利率在调整日至到期日的期间内进行摊销，计入当期损益。

对利率风险组合的公允价值套期，在资产负债表中单列的相关项目，也应当按照调整日重新计算的实际利率在调整日至相关的重新定价期间结束日的期间内摊销。采用实际利率法进行摊销不切实可行的，可以采用直线法进行摊销。

上述调整金额应当于金融工具到期日前摊销完毕；对于利率风险组合的公允价值套期，应当于相关重新定价期间结束日前摊销完毕。

第二十五条　被套期项目为尚未确认的确定承诺的，该确定承诺因被套期风险引起的公允价值变动累计额应当确认为一项资产或负债，相关的利得或损失应当计入当期损益。

第二十六条　在购买资产或承担负债的确定承诺的公允价值套期中，该确定承诺因被套期风险引起的公允价值变动累计额（已确认为资产或负债），应当调整履行该确定承诺所取得的资产或承担的负债的初始确认金额。

第二十七条　现金流量套期满足运用套期会计方法条件的，应当按照下列规定处理：

（一）套期工具利得或损失中属于有效套期的部分，应当直接确认为所有者权益，并单列项目反映。该有效套期部分的金额，按照下列两项的绝对额中较低者确定：

1.套期工具自套期开始的累计利得或损失；

2.被套期项目自套期开始的预计未来现金流量现值的累计变动额。

（二）套期工具利得或损失中属于无效套期的部分（即扣除直接确认为所有者权益后的其他利得或损失），应当计入当期损益。

（三）在风险管理策略的正式书面文件中，载明了在评价套期有效性时将排除套期工具的某部分利得或损失或相关现金流量影响的，被排除的该部分利得或损失的处理适用《企业会计准则第22号——金融工具确认和计量》。

对确定承诺的外汇风险进行的套期，企业可以作为现金流量套期或公允价值套期处理。

第二十八条　被套期项目为预期交易，且该预期交易使企业随后确认一项金融资产或一项金融负债的，原直接确认为所有者权益的相关利得或损失，应当在该金融资产或金融负债影响企业损益的相同期间转出，计入当期损益。但是，企业预期原直接在所有者权益中确认的净损失全部或部分在未来会计期间不能弥补时，应当将不能弥补的部分转出，计入当期损益。

第二十九条　被套期项目为预期交易，且该预期交易使企业随后确认一项非金融资产或一项非金融负债的，企业可以选择下列方法处理：

（一）原直接在所有者权益中确认的相关利得或损失，应当在该非金融资产或非金融负债影响企业损益的相同期间转出，计入当期损益。但是，企业预期原直接在所有者权益中确认的净损失全部或部分在未来会计期间不能弥补时，应当将不能弥补的部分转出，计入当期损益。

（二）将原直接在所有者权益中确认的相关利得或损失转出，计入该非金融资产或非金融负债的初始确认金额。

非金融资产或非金融负债的预期交易形成了一项确定承诺时，该确定承诺满足运用本准则规定的套期会计方法条件的，也应当选择上述两种方法之一处理。

企业选择了上述两种处理方法之一作为会计政策后，应当一致地运用于相关的所有预期交易套期，不得随意变更。

第三十条 对于不属于本准则第二十八条和第二十九条涉及的现金流量套期，原直接计入所有者权益中的套期工具利得或损失，应当在被套期预期交易影响损益的相同期间转出，计入当期损益。

第三十一条 在下列情况下，企业不应当再按照本准则第二十七条至第三十条的规定处理：

（一）套期工具已到期、被出售、合同终止或已行使。

在套期有效期间直接计入所有者权益中的套期工具利得或损失不应当转出，直至预期交易实际发生时，再按照本准则第二十八条、第二十九条或第三十条的规定处理。

套期工具展期或被另一项套期工具替换，且展期或替换是企业正式书面文件所载明套期策略组成部分的，不作为已到期或合同终止处理。

（二）该套期不再满足运用本准则规定的套期会计方法的条件。

在套期有效期间直接计入所有者权益中的套期工具利得或损失不应当转出，直至预期交易实际发生时，再按照本准则第二十八条、第二十九条或第三十条的规定处理。

（三）预期交易预计不会发生。

在套期有效期间直接计入所有者权益中的套期工具利得或损失应当转出，计入当期损益。

（四）企业撤销了对套期关系的指定。

对于预期交易套期，在套期有效期间直接计入所有者权益中的套期工具利得或损失不应当转出，直至预期交易实际发生或预计不会发生。预期交易实际发生的，应当按照本准则第二十八条、第二十九条或第三十条的规定处理；预期交易预计不会发生的，原直接计入所有者权益中的套期工具利得或损失应当转出，计入当期损益。

第三十二条 对境外经营净投资的套期，应当按照类似于现金流量套期会计的规定处理：

（一）套期工具形成的利得或损失中属于有效套期的部分，应当直接确认为所有者权益，并单列项目反映。

处置境外经营时，上述在所有者权益中单列项目反映的套期工具利得或损失应当转出，计入当期损益。

（二）套期工具形成的利得或损失中属于无效套期的部分，应当计入当期损益。

二十六、企业会计准则第25号——原保险合同

企业会计准则第25号——原保险合同

第一章 总 则

第一条 为了规范保险人签发的原保险合同的确认、计量和相关信息的列报，根据《企业会计准则——基本准则》，制定本准则。

第二条 保险合同，是指保险人与投保人约定保险权利义务关系，并承担源于被保险人保险风险的协议。保险合同分为原保险合同和再保险合同。

原保险合同，是指保险人向投保人收取保费，对约定的可能发生的事故因其发生所造成的财产损失承担赔偿保险金责任，或者当被保险人死亡、伤残、疾病或者达到约定的年龄、期限时承担给付保险金责任的保险合同。

第三条 下列各项适用其他相关会计准则：

（一）保险人签发的原保险合同产生的损余物资等资产的减值，适用《企业会计准则第1号——存货》。

（二）保险人向投保人签发的承担保险风险以外的其他风险的合同，适用《企业会计准则第22号——金融工具确认和计量》和《企业会计准则第37号——金融工具列报》。

（三）保险人签发、持有的再保险合同，适用《企业会计准则第26号——再保险合同》。

第二章 原保险合同的确定

第四条 保险人与投保人签订的合同是否属于原保险合同，应当在单项合同的基础上，根据合同条款判断保险人是否承担了保险风险。

发生保险事故可能导致保险人承担赔付保险金责任的，应当确定保险人承担了保险风险。

保险事故，是指保险合同约定的保险责任范围内的事故。

第五条　保险人与投保人签订的合同,使保险人既承担保险风险又承担其他风险的,应当分别下列情况进行处理:

(一)保险风险部分和其他风险部分能够区分,并且能够单独计量的,可以将保险风险部分和其他风险部分进行分拆。保险风险部分,确定为原保险合同;其他风险部分,不确定为原保险合同。

(二)保险风险部分和其他风险部分不能够区分,或者虽能够区分但不能够单独计量的,应当将整个合同确定为原保险合同。

第六条　保险人应当根据在原保险合同延长期内是否承担赔付保险金责任,将原保险合同分为寿险原保险合同和非寿险原保险合同。

在原保险合同延长期内承担赔付保险金责任的,应当确定为寿险原保险合同;在原保险合同延长期内不承担赔付保险金责任的,应当确定为非寿险原保险合同。

原保险合同延长期,是指投保人自上一期保费到期日未交纳保费,保险人仍承担赔付保险金责任的期间。

第三章　原保险合同收入

第七条　保费收入同时满足下列条件的,才能予以确认:

(一)原保险合同成立并承担相应保险责任;

(二)与原保险合同相关的经济利益很可能流入;

(三)与原保险合同相关的收入能够可靠地计量。

第八条　保险人应当按照下列规定计算确定保费收入金额:

(一)对于非寿险原保险合同,应当根据原保险合同约定的保费总额确定。

(二)对于寿险原保险合同,分期收取保费的,应当根据当期应收取的保费确定;一次性收取保费的,应当根据一次性应收取的保费确定。

第九条　原保险合同提前解除的,保险人应当按照原保险合同约定计算确定应退还投保人的金额,作为退保费,计入当期损益。

第四章　原保险合同准备金

第十条　原保险合同准备金包括未到期责任准备金、未决赔款准备金、寿险责任准备金和长期健康险责任准备金。

未到期责任准备金,是指保险人为尚未终止的非寿险保险责任提取的准备金。

未决赔款准备金,是指保险人为非寿险保险事故已发生尚未结案的赔案提取的准备金。

寿险责任准备金,是指保险人为尚未终止的人寿保险责任提取的准备金。

长期健康险责任准备金,是指保险人为尚未终止的长期健康保险责任提取的准备金。

第十一条　保险人应当在确认非寿险保费收入的当期,按照保险精算确定的金额,提取未到期责任准备金,作为当期保费收入的调整,并确认未到期责任准备金负债。

保险人应当在资产负债表日,按照保险精算重新计算确定的未到期责任准备金金额与已提取的未到期责任准备金余额的差额,调整未到期责任准备金余额。

第十二条　保险人应当在非寿险保险事故发生的当期,按照保险精算确定的金额,提取未决赔款准备金,并确认未决赔款准备金负债。

未决赔款准备金包括已发生已报案未决赔款准备金、已发生未报案未决赔款准备金和理赔费用准备金。

已发生已报案未决赔款准备金,是指保险人为非寿险保险事故已发生并已向保险人提出索赔、尚未结案的赔案提取的准备金。

已发生未报案未决赔款准备金,是指保险人为非寿险保险事故已发生、尚未向保险人提出索赔的赔案提取的准备金。

理赔费用准备金,是指保险人为非寿险保险事故已发生尚未结案的赔案可能发生的律师费、诉讼费、损失检验费、相关理赔人员薪酬等费用提取的准备金。

第十三条　保险人应当在确认寿险保费收入的当期,按照保险精算确定的金额,提取寿险责任准备金、长期健康险责任准备金,并确认寿险责任准备金、长期健康险责任准备金负债。

第十四条 保险人至少应当于每年年度终了，对未决赔款准备金、寿险责任准备金、长期健康险责任准备金进行充足性测试。

保险人按照保险精算重新计算确定的相关准备金金额超过充足性测试日已提取的相关准备金余额的，应当按照其差额补提相关准备金；保险人按照保险精算重新计算确定的相关准备金金额小于充足性测试日已提取的相关准备金余额的，不调整相关准备金。

第十五条 原保险合同提前解除的，保险人应当转销相关未到期责任准备金、寿险责任准备金、长期健康险责任准备金余额，计入当期损益。

第五章 原保险合同成本

第十六条 原保险合同成本，是指原保险合同发生的、会导致所有者权益减少的、与向所有者分配利润无关的经济利益的总流出。

原保险合同成本主要包括发生的手续费或佣金支出、赔付成本，以及提取的未决赔款准备金、寿险责任准备金、长期健康险责任准备金等。

赔付成本包括保险人支付的赔款、给付，以及在理赔过程中发生的律师费、诉讼费、损失检验费、相关理赔人员薪酬等理赔费用。

第十七条 保险人在取得原保险合同过程中发生的手续费、佣金，应当在发生时计入当期损益。

第十八条 保险人按照保险精算确定提取的未决赔款准备金、寿险责任准备金、长期健康险责任准备金，计入当期损益。

保险人应当在确定支付赔付款项金额的当期，按照确定支付的赔付款项金额，计入当期损益；同时，冲减相应的未决赔款准备金、寿险责任准备金、长期健康险责任准备金余额。

保险人应当在实际发生理赔费用的当期，按照实际发生的理赔费用金额，计入当期损益；同时，冲减相应的未决赔款准备金、寿险责任准备金、长期健康险责任准备金余额。

第十九条 保险人按照充足性测试补提的未决赔款准备金、寿险责任准备金、长期健康险责任准备金，计入当期损益。

第二十条 保险人承担赔偿保险金责任取得的损余物资，应当按照同类或类似资产的市场价格计算确定的金额确认为资产，并冲减当期赔付成本。

处置损余物资时，保险人应当按照收到的金额与相关损余物资账面价值的差额，调整当期赔付成本。

第二十一条 保险人承担赔付保险金责任应收取的代位追偿款，同时满足下列条件的，应当确认为应收代位追偿款，并冲减当期赔付成本：

（一）与该代位追偿款有关的经济利益很可能流入；

（二）该代位追偿款的金额能够可靠地计量。

收到应收代位追偿款时，保险人应当按照收到的金额与相关应收代位追偿款账面价值的差额，调整当期赔付成本。

第六章 列 报

第二十二条 保险人应当在资产负债表中单独列示与原保险合同有关的下列项目：

（一）未到期责任准备金；

（二）未决赔款准备金；

（三）寿险责任准备金；

（四）长期健康险责任准备金。

第二十三条 保险人应当在利润表中单独列示与原保险合同有关的下列项目：

（一）保费收入；

（二）退保费；

（三）提取未到期责任准备金；

（四）已赚保费；

（五）手续费支出；

（六）赔付成本；

（七）提取未决赔款准备金；

（八）提取寿险责任准备金；

（九）提取长期健康险责任准备金。

第二十四条　保险人应当在附注中披露与原保险合同有关的下列信息：

（一）代位追偿款的有关情况。

（二）损余物资的有关情况。

（三）各项准备金的增减变动情况。

（四）提取各项准备金及进行准备金充足性测试的主要精算假设和方法。

二十七、企业会计准则第26号——再保险合同

企业会计准则第26号——再保险合同

第一章　总　　则

第一条　为了规范再保险合同的确认、计量和相关信息的列报，根据《企业会计准则——基本准则》，制定本准则。

第二条　再保险合同，是指一个保险人（再保险分出人）分出一定的保费给另一个保险人（再保险接受人），再保险接受人对再保险分出人由原保险合同所引起的赔付成本及其他相关费用进行补偿的保险合同。

第三条　本准则适用于保险人签发、持有的再保险合同。

保险人将分入的再保险业务转分给其他保险人而签订的转分保合同，比照本准则处理。

第四条　保险人签发的原保险合同，适用《企业会计准则第25号——原保险合同》。

第二章　分出业务的会计处理

第五条　再保险分出人不应当将再保险合同形成的资产与有关原保险合同形成的负债相互抵销。

再保险分出人不应当将再保险合同形成的收入或费用与有关原保险合同形成的费用或收入相互抵销。

第六条　再保险分出人应当在确认原保险合同保费收入的当期，按照相关再保险合同的约定，计算确定分出保费，计入当期损益；同时，原保险合同为非寿险原保险合同的，再保险分出人还应当按照相关再保险合同的约定，计算确认相关的应收分保未到期责任准备金资产，并冲减提取未到期责任准备金。

再保险分出人应当在资产负债表日调整原保险合同未到期责任准备金余额时，相应调整应收分保未到期责任准备金余额。

第七条　再保险分出人应当在确认原保险合同保费收入的当期，按照相关再保险合同的约定，计算确定应向再保险接受人摊回的分保费用，计入当期损益。

第八条　再保险分出人应当在提取原保险合同未决赔款准备金、寿险责任准备金、长期健康险责任准备金的当期，按照相关再保险合同的约定，计算确定应向再保险接受人摊回的相应准备金，确认为相应的应收分保准备金资产。

第九条　再保险分出人应当在确定支付赔付款项金额或实际发生理赔费用而冲减原保险合同相应准备金余额的当期，冲减相应的应收分保准备金余额；同时，按照相关再保险合同的约定，计算确定应向再保险接受人摊回的赔付成本，计入当期损益。

第十条　再保险分出人应当在原保险合同提前解除的当期，按照相关再保险合同的约定，计算确定分出保费、摊回分保费用的调整金额，计入当期损益；同时，转销相关应收分保准备金余额。

第十一条　再保险分出人应当在因取得和处置损余物资、确认和收到应收代位追偿款等而调整原保险合同赔付成本的当期，按照相关再保险合同的约定，计算确定摊回赔付成本的调整金额，计入当期损益。

第十二条　再保险分出人应当在发出分保业务账单时，将账单标明的扣存本期分保保证金确认为存入分保保证金；同时，按照账单标明的返还上期扣存分保保证金转销相关存入分保保证金。

再保险分出人应当根据相关再保险合同的约定，按期计算存入分保保证金利息，计入当期损益。

第十三条　再保险分出人应当根据相关再保险合同的约定，在能够计算确定应向再保险接受人收取的纯益手续费时，将该项纯益手续费作为摊回分保费用，计入当期损益。

第十四条　对于超额赔款再保险等非比例再保险合同，再保险分出人应当根据再保险合同的约定，计

算确定分出保费，计入当期损益。

再保险分出人调整分出保费时，应当将调整金额计入当期损益。

再保险分出人应当在能够计算确定应向再保险接受人摊回的赔付成本时，将该项应摊回的赔付成本计入当期损益。

第三章　分入业务的会计处理

第十五条　分保费收入同时满足下列条件的，才能予以确认：

（一）再保险合同成立并承担相应保险责任；

（二）与再保险合同相关的经济利益很可能流入；

（三）与再保险合同相关的收入能够可靠地计量。

再保险接受人应当根据相关再保险合同的约定，计算确定分保费收入金额。

第十六条　再保险接受人应当在确认分保费收入的当期，根据相关再保险合同的约定，计算确定分保费用，计入当期损益。

第十七条　再保险接受人应当根据相关再保险合同的约定，在能够计算确定应向再保险分出人支付的纯益手续费时，将该项纯益手续费作为分保费用，计入当期损益。

第十八条　再保险接受人应当在收到分保业务账单时，按照账单标明的金额对相关分保费收入、分保费用进行调整，调整金额计入当期损益。

第十九条　再保险接受人提取分保未到期责任准备金、分保未决赔款准备金、分保寿险责任准备金、分保长期健康险责任准备金，以及进行相关分保准备金充足性测试，比照《企业会计准则第 25 号——原保险合同》的相关规定处理。

第二十条　再保险接受人应当在收到分保业务账单的当期，按照账单标明的分保赔付款项金额，作为分保赔付成本，计入当期损益；

同时，冲减相应的分保准备金余额。

第二十一条　再保险接受人应当在收到分保业务账单时，将账单标明的扣存本期分保保证金确认为存出分保保证金；同时，按照账单标明的返还上期扣存分保保证金转销相关存出分保保证金。

再保险接受人应当根据相关再保险合同的约定，按期计算存出分保保证金利息，计入当期损益。

第四章　列　　报

第二十二条　保险人应当在资产负债表中单独列示与再保险合同有关的下列项目：

（一）应收分保账款；

（二）应收分保未到期责任准备金；

（三）应收分保未决赔款准备金；

（四）应收分保寿险责任准备金；

（五）应收分保长期健康险责任准备金；

（六）应付分保账款。

第二十三条　保险人应当在利润表中单独列示与再保险合同有关的下列项目：

（一）分保费收入；

（二）分出保费；

（三）摊回分保费用；

（四）分保费用；

（五）摊回赔付成本；

（六）分保赔付成本；

（七）摊回未决赔款准备金；

（八）摊回寿险责任准备金；

（九）摊回长期健康险责任准备金。

第二十四条　保险人应当在附注中披露与再保险合同有关的下列信息：

（一）分入业务各项分保准备金的增减变动情况。

（二）分入业务提取各项分保准备金及进行分保准备金充足性测试的主要精算假设和方法。

二十八、企业会计准则第 27 号——石油天然气开采

企业会计准则第 27 号——石油天然气开采

第一章　总　　则

第一条　为了规范石油天然气(以下简称油气)开采活动的会计处理和相关信息的披露,根据《企业会计准则——基本准则》,制定本准则。

第二条　油气开采活动包括矿区权益的取得以及油气的勘探、开发和生产等阶段。

第三条　油气开采活动以外的油气储存、集输、加工和销售等业务的会计处理,适用其他相关会计准则。

第二章　矿区权益的会计处理

第四条　矿区权益,是指企业取得的在矿区内勘探、开发和生产油气的权利。

矿区权益分为探明矿区权益和未探明矿区权益。探明矿区,是指已发现探明经济可采储量的矿区;未探明矿区,是指未发现探明经济可采储量的矿区。

探明经济可采储量,是指在现有技术和经济条件下,根据地质和工程分析,可合理确定的能够从已知油气藏中开采的油气数量。

第五条　为取得矿区权益而发生的成本应当在发生时予以资本化。企业取得的矿区权益,应当按照取得时的成本进行初始计量:

(一) 申请取得矿区权益的成本包括探矿权使用费、采矿权使用费、土地或海域使用权支出、中介费以及可直接归属于矿区权益的其他申请取得支出。

(二) 购买取得矿区权益的成本包括购买价款、中介费以及可直接归属于矿区权益的其他购买取得支出。

矿区权益取得后发生的探矿权使用费、采矿权使用费和租金等维持矿区权益的支出,应当计入当期损益。

第六条　企业应当采用产量法或年限平均法对探明矿区权益计提折耗。采用产量法计提折耗的,折耗额可按照单个矿区计算,也可按照若干具有相同或类似地质构造特征或储层条件的相邻矿区所组成的矿区组计算。计算公式如下:

$$\begin{matrix}\text{探明矿区}\\\text{权益折耗额}\end{matrix}=\begin{matrix}\text{探明矿区权}\\\text{益账面价值}\end{matrix}\times\begin{matrix}\text{探明矿区权益折耗率}\\\text{探明矿区权益折耗率}\end{matrix}=\begin{matrix}\text{探明矿区}\\\text{当期产量}\end{matrix}\Big/\left(\begin{matrix}\text{探明矿区期末探}\\\text{明经济可采储量}\end{matrix}+\begin{matrix}\text{探明矿区}\\\text{当期产量}\end{matrix}\right)$$

第七条　企业对于矿区权益的减值,应当分别不同情况确认减值损失:

(一) 探明矿区权益的减值,按照《企业会计准则第 8 号——资产减值》处理。

(二) 对于未探明矿区权益,应当至少每年进行一次减值测试。

单个矿区取得成本较大的,应当以单个矿区为基础进行减值测试,并确定未探明矿区权益减值金额。单个矿区取得成本较小且与其他相邻矿区具有相同或类似地质构造特征或储层条件的,可按照若干具有相同或类似地质构造特征或储层条件的相邻矿区所组成的矿区组进行减值测试。

未探明矿区权益公允价值低于账面价值的差额,应当确认为减值损失,计入当期损益。未探明矿区权益减值损失一经确认,不得转回。

第八条　企业转让矿区权益的,应当按照下列规定进行处理:

(一) 转让全部探明矿区权益的,将转让所得与矿区权益账面价值的差额计入当期损益。

转让部分探明矿区权益的,按照转让权益和保留权益的公允价值比例,计算确定已转让部分矿区权益账面价值,转让所得与已转让矿区权益账面价值的差额计入当期损益。

(二) 转让单独计提减值准备的全部未探明矿区权益的,转让所得与未探明矿区权益账面价值的差额,计入当期损益。

转让单独计提减值准备的部分未探明矿区权益的,如果转让所得大于矿区权益账面价值,将其差额计入当期损益;如果转让所得小于矿区权益账面价值,以转让所得冲减矿区权益账面价值,不确认损益。

(三) 转让以矿区组为基础计提减值准备的未探明矿区权益的,

如果转让所得大于矿区权益账面原值，将其差额计入当期损益；如果转让所得小于矿区权益账面原值，以转让所得冲减矿区权益账面原值，不确认损益。

转让该矿区组最后一个未探明矿区的剩余矿区权益时，转让所得与未探明矿区权益账面价值的差额，计入当期损益。

第九条 未探明矿区（组）内发现探明经济可采储量而将未探明矿区（组）转为探明矿区（组）的，应当按照其账面价值转为探明矿区权益。

第十条 未探明矿区因最终未能发现探明经济可采储量而放弃的，应当按照放弃时的账面价值转销未探明矿区权益并计入当期损益。因未完成义务工作量等因素导致发生的放弃成本，计入当期损益。

第三章 油气勘探的会计处理

第十一条 油气勘探，是指为了识别勘探区域或探明油气储量而进行的地质调查、地球物理勘探、钻探活动以及其他相关活动。

第十二条 油气勘探支出包括钻井勘探支出和非钻井勘探支出。

钻井勘探支出主要包括钻探区域探井、勘探型详探井、评价井和资料井等活动发生的支出；非钻井勘探支出主要包括进行地质调查、地球物理勘探等活动发生的支出。

第十三条 钻井勘探支出在完井后，确定该井发现了探明经济可采储量的，应当将钻探该井的支出结转为井及相关设施成本。

确定该井未发现探明经济可采储量的，应当将钻探该井的支出扣除净残值后计入当期损益。

确定部分井段发现了探明经济可采储量的，应当将发现探明经济可采储量的有效井段的钻井勘探支出结转为井及相关设施成本，无效井段钻井勘探累计支出转入当期损益。

未能确定该探井是否发现探明经济可采储量的，应当在完井后一年内将钻探该井的支出予以暂时资本化。

第十四条 在完井一年时仍未能确定该探井是否发现探明经济可采储量，同时满足下列条件的，应当将钻探该井的资本化支出继续暂时资本化，否则应当计入当期损益：

（一）该井已发现足够数量的储量，但要确定其是否属于探明经济可采储量，还需要实施进一步的勘探活动；

（二）进一步的勘探活动已在实施中或已有明确计划并即将实施。

钻井勘探支出已费用化的探井又发现了探明经济可采储量的，已费用化的钻井勘探支出不作调整，重新钻探和完井发生的支出应当予以资本化。

第十五条 非钻井勘探支出于发生时计入当期损益。

第四章 油气开发的会计处理

第十六条 油气开发，是指为了取得探明矿区中的油气而建造或更新井及相关设施的活动。

第十七条 油气开发活动所发生的支出，应当根据其用途分别予以资本化，作为油气开发形成的井及相关设施的成本。

油气开发形成的井及相关设施的成本主要包括：

（一）钻前准备支出，包括前期研究、工程地质调查、工程设计、确定井位、清理井场、修建道路等活动发生的支出；

（二）井的设备购置和建造支出，井的设备包括套管、油管、抽油设备和井口装置等，井的建造包括钻井和完井；

（三）购建提高采收率系统发生的支出；

（四）购建矿区内集输设施、分离处理设施、计量设备、储存设施、各种海上平台、海底及陆上电缆等发生的支出。

第十八条 在探明矿区内，钻井至现有已探明层位的支出，作为油气开发支出；为获取新增探明经济可采储量而继续钻至未探明层位的支出，作为钻井勘探支出，按照本准则第十三条和第十四条处理。

第五章 油气生产的会计处理

第十九条 油气生产，是指将油气从油气藏提取到地表以及在矿区内收集、拉运、处理、现场储存和矿区管理等活动。

第二十条　油气的生产成本包括相关矿区权益折耗、井及相关设施折耗、辅助设备及设施折旧以及操作费用等。操作费用包括油气生产和矿区管理过程中发生的直接和间接费用。

第二十一条　企业应当采用产量法或年限平均法对井及相关设施计提折耗。井及相关设施包括确定发现了探明经济可采储量的探井和开采活动中形成的井，以及与开采活动直接相关的各种设施。采用产量法计提折耗的，折耗额可按照单个矿区计算，也可按照若干具有相同或类似地质构造特征或储层条件的相邻矿区所组成的矿区组计算。计算公式如下：

矿区井及相关设施折耗额＝期末矿区井及相关设施账面价值×矿区井及相关设施折耗率

矿区井及相关设施折耗率＝矿区当期产量/(矿区期末探明已开发经济可采储量＋矿区当期产量)

探明已开发经济可采储量，包括矿区的开发井网钻探和配套设施建设完成后已全面投入开采的探明经济可采储量，以及在提高采收率技术所需的设施已建成并已投产后相应增加的可采储量。

第二十二条　地震设备、建造设备、车辆、修理车间、仓库、供应站、通讯设备、办公设施等辅助设备及设施，应当按照《企业会计准则第4号——固定资产》处理。

第二十三条　企业承担的矿区废弃处置义务，满足《企业会计准则第13号——或有事项》中预计负债确认条件的，应当将该义务确认为预计负债，并相应增加井及相关设施的账面价值。

不符合预计负债确认条件的，在废弃时发生的拆卸、搬移、场地清理等支出，应当计入当期损益。

矿区废弃，是指矿区内的最后一口井停产。

第二十四条　井及相关设施、辅助设备及设施的减值，应当按照《企业会计准则第8号——资产减值》处理。

第六章　披　　露

第二十五条　企业应当在附注中披露与石油天然气开采活动有关的下列信息：

(一) 拥有国内和国外的油气储量年初、年末数据。

(二) 当期在国内和国外发生的矿区权益的取得、油气勘探和油气开发各项支出的总额。

(三) 探明矿区权益、井及相关设施的账面原值，累计折耗和减值准备累计金额及其计提方法；与油气开采活动相关的辅助设备及设施的账面原价，累计折旧和减值准备累计金额及其计提方法。

二十九、企业会计准则第28号——会计政策、会计估计变更和差错更正

企业会计准则第28号——会计政策、会计估计变更和差错更正

第一章　总　　则

第一条　为了规范企业会计政策的应用，会计政策、会计估计变更和前期差错更正的确认、计量和相关信息的披露，根据《企业会计准则——基本准则》，制定本准则。

第二条　会计政策变更和前期差错更正的所得税影响，适用《企业会计准则第18号——所得税》。

第二章　会 计 政 策

第三条　企业应当对相同或者相似的交易或者事项采用相同的会计政策进行处理。但是，其他会计准则另有规定的除外。

会计政策，是指企业在会计确认、计量和报告中所采用的原则、基础和会计处理方法。

第四条　企业采用的会计政策，在每一会计期间和前后各期应当保持一致，不得随意变更。但是，满足下列条件之一的，可以变更会计政策：

(一) 法律、行政法规或者国家统一的会计制度等要求变更。

(二) 会计政策变更能够提供更可靠、更相关的会计信息。

第五条　下列各项不属于会计政策变更：

(一) 本期发生的交易或者事项与以前相比具有本质差别而采用新的会计政策。

(二) 对初次发生的或不重要的交易或者事项采用新的会计政策。

第六条　企业根据法律、行政法规或者国家统一的会计制度等要求变更会计政策的，应当按照国家相关会计规定执行。

会计政策变更能够提供更可靠、更相关的会计信息的，应当采用追溯调整法处理，将会计政策变更累积

影响数调整列报前期最早期初留存收益，其他相关项目的期初余额和列报前期披露的其他比较数据也应当一并调整，但确定该项会计政策变更累积影响数不切实可行的除外。

追溯调整法，是指对某项交易或事项变更会计政策，视同该项交易或事项初次发生时即采用变更后的会计政策，并以此对财务报表相关项目进行调整的方法。

会计政策变更累积影响数，是指按照变更后的会计政策对以前各期追溯计算的列报前期最早期初留存收益应有金额与现有金额之间的差额。

第七条 确定会计政策变更对列报前期影响数不切实可行的，应当从可追溯调整的最早期间期初开始应用变更后的会计政策。

在当期期初确定会计政策变更对以前各期累积影响数不切实可行的，应当采用未来适用法处理。

未来适用法，是指将变更后的会计政策应用于变更日及以后发生的交易或者事项，或者在会计估计变更当期和未来期间确认会计估计变更影响数的方法。

第三章 会计估计变更

第八条 企业据以进行估计的基础发生了变化，或者由于取得新信息、积累更多经验以及后来的发展变化，可能需要对会计估计进行修订。会计估计变更的依据应当真实、可靠。

会计估计变更，是指由于资产和负债的当前状况及预期经济利益和义务发生了变化，从而对资产或负债的账面价值或者资产的定期消耗金额进行调整。

第九条 企业对会计估计变更应当采用未来适用法处理。

会计估计变更仅影响变更当期的，其影响数应当在变更当期予以确认；既影响变更当期又影响未来期间的，其影响数应当在变更当期和未来期间予以确认。

第十条 企业难以对某项变更区分为会计政策变更或会计估计变更的，应当将其作为会计估计变更处理。

第四章 前期差错更正

第十一条 前期差错，是指由于没有运用或错误运用下列两种信息，而对前期财务报表造成省略漏或错报。

（一）编报前期财务报表时预期能够取得并加以考虑的可靠信息。

（二）前期财务报告批准报出时能够取得的可靠信息。

前期差错通常包括计算错误、应用会计政策错误、疏忽或曲解事实以及舞弊产生的影响以及存货、固定资产盘盈等。

第十二条 企业应当采用追溯重述法更正重要的前期差错，但确定前期差错累积影响数不切实可行的除外。

追溯重述法，是指在发现前期差错时，视同该项前期差错从未发生过，从而对财务报表相关项目进行更正的方法。

第十三条 确定前期差错影响数不切实可行的，可以从可追溯重述的最早期间开始调整留存收益的期初余额，财务报表其他相关项目的期初余额也应当一并调整，也可以采用未来适用法。

第十四条 企业应当在重要的前期差错发现当期的财务报表中，调整前期比较数据。

第五章 披　露

第十五条 企业应当在附注中披露与会计政策变更有关的下列信息：

（一）会计政策变更的性质、内容和原因。

（二）当期和各个列报前期财务报表中受影响的项目名称和调整金额。

（三）无法进行追溯调整的，说明该事实和原因以及开始应用变更后的会计政策的时点、具体应用情况。

第十六条 企业应当在附注中披露与会计估计变更有关的下列信息：

（一）会计估计变更的内容和原因。

（二）会计估计变更对当期和未来期间的影响数。

（三）会计估计变更的影响数不能确定的，披露这一事实和原因。

第十七条 企业应当在附注中披露与前期差错更正有关的下列信息：

（一）前期差错的性质。

（二）各个列报前期财务报表中受影响的项目名称和更正金额。

（三）无法进行追溯重述的，说明该事实和原因以及对前期差错开始进行更正的时点、具体更正情况。

第十八条　在以后期间的财务报表中，不需要重复披露在以前期间的附注中已披露的会计政策变更和前期差错更正的信息。

三十、企业会计准则第29号——资产负债表日后事项

企业会计准则第29号——资产负债表日后事项

第一章　总　则

第一条　为了规范资产负债表日后事项的确认、计量和相关信息的披露，根据《企业会计准则——基本准则》，制定本准则。

第二条　资产负债表日后事项，是指资产负债表日至财务报告批准报出日之间发生的有利或不利事项。财务报告批准报出日，是指董事会或类似机构批准财务报告报出的日期。

资产负债表日后事项包括资产负债表日后调整事项和资产负债表日后非调整事项。

资产负债表日后调整事项，是指对资产负债表日已经存在的情况提供了新的或进一步证据的事项。

资产负债表日后非调整事项，是指表明资产负债表日后发生的情况的事项。

第三条　资产负债表日后事项表明持续经营假设不再适用的，企业不应当在持续经营基础上编制财务报表。

第二章　资产负债表日后调整事项

第四条　企业发生的资产负债表日后调整事项，应当调整资产负债表日的财务报表。

第五条　企业发生的资产负债表日后调整事项，通常包括下列各项：

（一）资产负债表日后诉讼案件结案，法院判决证实了企业在资产负债表日已经存在现时义务，需要调整原先确认的与该诉讼案件相关的预计负债，或确认一项新负债。

（二）资产负债表日后取得确凿证据，表明某项资产在资产负债表日发生了减值或者需要调整该项资产原先确认的减值金额。

（三）资产负债表日后进一步确定了资产负债表日前购入资产的成本或售出资产的收入。

（四）资产负债表日后发现了财务报表舞弊或差错。

第三章　资产负债表日后非调整事项

第六条　企业发生的资产负债表日后非调整事项，不应当调整资产负债表日的财务报表。

第七条　企业发生的资产负债表日后非调整事项，通常包括下列各项：

（一）资产负债表日后发生重大诉讼、仲裁、承诺。

（二）资产负债表日后资产价格、税收政策、外汇汇率发生重大变化。

（三）资产负债表日后因自然灾害导致资产发生重大损失。

（四）资产负债表日后发行股票和债券以及其他巨额举债。

（五）资产负债表日后资本公积转增资本。

（六）资产负债表日后发生巨额亏损。

（七）资产负债表日后发生企业合并或处置子公司。

第八条　资产负债表日后，企业利润分配方案中拟分配的以及经审议批准宣告发放的股利或利润，不确认为资产负债表日的负债，但应当在附注中单独披露。

第四章　披　露

第九条　企业应当在附注中披露与资产负债表日后事项有关的下列信息：

（一）财务报告的批准报出者和财务报告批准报出日。

按照有关法律、行政法规等规定，企业所有者或其他方面有权对报出的财务报告进行修改的，应当披露这一情况。

（二）每项重要的资产负债表日后非调整事项的性质、内容，及其对财务状况和经营成果的影响。无法

做出估计的，应当说明原因。

第十条 企业在资产负债表日后取得了影响资产负债表日存在情况的新的或进一步的证据，应当调整与之相关的披露信息。

三十一、企业会计准则第30号——财务报表列报

企业会计准则第30号——财务报表列报

第一章 总 则

第一条 为了规范财务报表的列报，保证同一企业不同期间和同一期间不同企业的财务报表相互可比，根据《企业会计准则——基本准则》，制定本准则。

第二条 财务报表是对企业财务状况、经营成果和现金流量的结构性表述。财务报表至少应当包括下列组成部分：

（一）资产负债表；

（二）利润表；

（三）现金流量表；

（四）所有者权益（或股东权益，下同）变动表；

（五）附注。

第三条 现金流量表的编制和列报，以及其他会计准则的特殊列报要求，适用《企业会计准则第31号——现金流量表》和其他相关会计准则。

第二章 基本要求

第四条 企业应当以持续经营为基础，根据实际发生的交易和事项，按照《企业会计准则——基本准则》和其他各项会计准则的规定进行确认和计量，在此基础上编制财务报表。

企业不应以附注披露代替确认和计量。

以持续经营为基础编制财务报表不再合理的，企业应当采用其他基础编制财务报表，并在附注中披露这一事实。

第五条 财务报表项目的列报应当在各个会计期间保持一致，不得随意变更，但下列情况除外：

（一）会计准则要求改变财务报表项目的列报。

（二）企业经营业务的性质发生重大变化后，变更财务报表项目的列报能够提供更可靠、更相关的会计信息。

第六条 性质或功能不同的项目，应当在财务报表中单独列报，但不具有重要性的项目除外。

性质或功能类似的项目，其所属类别具有重要性的，应当按其类别在财务报表中单独列报。

重要性，是指财务报表某项目的省略或错报会影响使用者据此作出经济决策的，该项目具有重要性。重要性应当根据企业所处环境，从项目的性质和金额大小两方面予以判断。

第七条 财务报表中的资产项目和负债项目的金额、收入项目和费用项目的金额不得相互抵销，但其他会计准则另有规定的除外。

资产项目按扣除减值准备后的净额列示，不属于抵销。

非日常活动产生的损益，以收入扣减费用后的净额列示，不属于抵销。

第八条 当期财务报表的列报，至少应当提供所有列报项目上一可比会计期间的比较数据，以及与理解当期财务报表相关的说明，但其他会计准则另有规定的除外。

根据本准则第五条的规定，财务报表项目的列报发生变更的，应当对上期比较数据按照当期的列报要求进行调整，并在附注中披露调整的原因和性质，以及调整的各项目金额。对上期比较数据进行调整不切实可行的，应当在附注中披露不能调整的原因。

不切实可行，是指企业在作出所有合理努力后仍然无法采用某项规定。

第九条 企业应当在财务报表的显著位置至少披露下列各项：

（一）编报企业的名称。

（二）资产负债表日或财务报表涵盖的会计期间。

（三）人民币金额单位。

（四）财务报表是合并财务报表的，应当予以标明。

第十条　企业至少应当按年编制财务报表。年度财务报表涵盖的期间短于一年的，应当披露年度财务报表的涵盖期间，以及短于一年的原因。

对外提供中期财务报告的，还应遵循《企业会计准则第 32 号——中期财务报告》的规定。

第十一条　本准则规定在财务报表中单独列报的项目，应当单独列报。其他会计准则规定单独列报的项目，应当增加单独列报项目。

第三章　资产负债表

第十二条　资产和负债应当分别流动资产和非流动资产、流动负债和非流动负债列示。

金融企业的各项资产或负债，按照流动性列示能够提供可靠且更相关信息的，可以按照其流动性顺序列示。

第十三条　资产满足下列条件之一的，应当归类为流动资产：

（一）预计在一个正常营业周期中变现、出售或耗用。

（二）主要为交易目的而持有。

（三）预计在资产负债表日起一年内（含一年，下同）变现。

（四）自资产负债表日起一年内，交换其他资产或清偿负债的能力不受限制的现金或现金等价物。

第十四条　流动资产以外的资产应当归类为非流动资产，并应按其性质分类列示。

第十五条　负债满足下列条件之一的，应当归类为流动负债：

（一）预计在一个正常营业周期中清偿。

（二）主要为交易目的而持有。

（三）自资产负债表日起一年内到期应予以清偿。

（四）企业无权自主地将清偿推迟至资产负债表日后一年以上。

第十六条　流动负债以外的负债应当归类为非流动负债，并应按其性质分类列示。

第十七条　对于在资产负债表日起一年内到期的负债，企业预计能够自主地将清偿义务展期至资产负债表日后一年以上的，应当归类为非流动负债；不能自主地将清偿义务展期的，即使在资产负债表日后、财务报告批准报出日前签订了重新安排清偿计划协议，该项负债仍应归类为流动负债。

第十八条　企业在资产负债表日或之前违反了长期借款协议，导致贷款人可随时要求清偿的负债，应当归类为流动负债。

贷款人在资产负债表日或之前同意提供在资产负债表日后一年以上的宽限期，企业能够在此期限内改正违约行为，且贷款人不能要求随时清偿，该项负债应当归类为非流动负债。

其他长期负债存在类似情况的，比照上述第一款和第二款处理。

第十九条　资产负债表中的资产类至少应当单独列示反映下列信息的项目：

（一）货币资金；

（二）应收及预付款项；

（三）交易性投资；

（四）存货；

（五）持有至到期投资；

（六）长期股权投资；

（七）投资性房地产；

（八）固定资产；

（九）生物资产；

（十）递延所得税资产；

（十一）无形资产。

第二十条　资产负债表中的资产类至少应当包括流动资产和非流动资产的合计项目。

第二十一条　资产负债表中的负债类至少应当单独列示反映下列信息的项目：

（一）短期借款；

（二）应付及预收款项；

（三）应交税金；

（四）应付职工薪酬；

（五）预计负债；

（六）长期借款；

（七）长期应付款；

（八）应付债券；

（九）递延所得税负债。

第二十二条 资产负债表中的负债类至少应当包括流动负债、非流动负债和负债的合计项目。

第二十三条 资产负债表中的所有者权益类至少应当单独列示反映下列信息的项目：

（一）实收资本(或股本)；

（二）资本公积；

（三）盈余公积；

（四）未分配利润。

在合并资产负债表中，应当在所有者权益类单独列示少数股东权益。

第二十四条 资产负债表中的所有者权益类应当包括所有者权益的合计项目。

第二十五条 资产负债表应当列示资产总计项目，负债和所有者权益总计项目。

第四章 利 润 表

第二十六条 费用应当按照功能分类，分为从事经营业务发生的成本、管理费用、销售费用和财务费用等。

第二十七条 利润表至少应当单独列示反映下列信息的项目：

（一）营业收入；

（二）营业成本；

（三）营业税金；

（四）管理费用；

（五）销售费用；

（六）财务费用；

（七）投资收益；

（八）公允价值变动损益；

（九）资产减值损失；

（十）非流动资产处置损益；

（十一）所得税费用；

（十二）净利润。

金融企业可以根据其特殊性列示利润表项目。

第二十八条 在合并利润表中，企业应当在净利润项目之下单独列示归属于母公司的损益和归属于少数股东的损益。

第五章 所有者权益变动表

第二十九条 所有者权益变动表应当反映构成所有者权益的各组成部分当期的增减变动情况。当期损益、直接计入所有者权益的利得和损失、以及与所有者(或股东，下同)的资本交易导致的所有者权益的变动，应当分别列示。

第三十条 所有者权益变动表至少应当单独列示反映下列信息的项目：

（一）净利润；

（二）直接计入所有者权益的利得和损失项目及其总额；

（三）会计政策变更和差错更正的累积影响金额；

（四）所有者投入资本和向所有者分配利润等；

（五）按照规定提取的盈余公积；

（六）实收资本（或股本）、资本公积、盈余公积、未分配利润的期初和期末余额及其调节情况。

第六章　附　　注

第三十一条　附注是对在资产负债表、利润表、现金流量表和所有者权益变动表等报表中列示项目的文字描述或明细资料，以及对未能在这些报表中列示项目的说明等。

第三十二条　附注应当披露财务报表的编制基础，相关信息应当与资产负债表、利润表、现金流量表和所有者权益变动表等报表中列示的项目相互参照。

第三十三条　附注一般应当按照下列顺序披露：

（一）财务报表的编制基础。

（二）遵循企业会计准则的声明。

（三）重要会计政策的说明，包括财务报表项目的计量基础和会计政策的确定依据等。

（四）重要会计估计的说明，包括下一会计期间内很可能导致资产、负债账面价值重大调整的会计估计的确定依据等。

（五）会计政策和会计估计变更以及差错更正的说明。

（六）对已在资产负债表、利润表、现金流量表和所有者权益变动表中列示的重要项目的进一步说明，包括终止经营税后利润的金额及其构成情况等。

（七）或有和承诺事项、资产负债表日后非调整事项、关联方关系及其交易等需要说明的事项。

第三十四条　企业应当在附注中披露在资产负债表日后、财务报告批准报出日前提议或宣布发放的股利总额和每股股利金额（或向投资者分配的利润总额）。

第三十五条　下列各项未在与财务报表一起公布的其他信息中披露的，企业应当在附注中披露：

（一）企业注册地、组织形式和总部地址。

（二）企业的业务性质和主要经营活动。

（三）母公司以及集团最终母公司的名称。

三十二、企业会计准则第31号——现金流量表

企业会计准则第31号——现金流量表

第一章　总　　则

第一条　为了规范现金流量表的编制和列报，根据《企业会计准则——基本准则》，制定本准则。

第二条　现金流量表，是指反映企业在一定会计期间现金和现金等价物流入和流出的报表。

现金，是指企业库存现金以及可以随时用于支付的存款。

现金等价物，是指企业持有的期限短、流动性强、易于转换为已知金额现金、价值变动风险很小的投资。

本准则提及现金时，除非同时提及现金等价物，均包括现金和现金等价物。

第三条　合并现金流量表的编制和列报，适用《企业会计准则第33号——合并财务报表》。

第二章　基本要求

第四条　现金流量表应当分别经营活动、投资活动和筹资活动列报现金流量。

第五条　现金流量应当分别按照现金流入和现金流出总额列报。

但是，下列各项可以按照净额列报：

（一）代客户收取或支付的现金。

（二）周转快、金额大、期限短项目的现金流入和现金流出。

（三）金融企业的有关项目，包括短期贷款发放与收回的贷款本金、活期存款的吸收与支付、同业存款和存放同业款项的存取、向其他金融企业拆借资金、以及证券的买入与卖出等。

第六条　自然灾害损失、保险索赔等特殊项目，应当根据其性质，分别归并到经营活动、投资活动和筹资活动现金流量类别中单独列报。

第七条　外币现金流量以及境外子公司的现金流量，应当采用现金流量发生日的即期汇率或按照系统合理的方法确定的、与现金流量发生日即期汇率近似的汇率折算。汇率变动对现金的影响额应当作为调节项目，在现金流量表中单独列报。

第三章　经营活动现金流量

第八条　企业应当采用直接法列示经营活动产生的现金流量。

经营活动，是指企业投资活动和筹资活动以外的所有交易和事项。

直接法，是指通过现金收入和现金支出的主要类别列示经营活动的现金流量。

第九条　有关经营活动现金流量的信息，可以通过下列途径之一取得：

（一）企业的会计记录。

（二）根据下列项目对利润表中的营业收入、营业成本以及其他项目进行调整：

1. 当期存货及经营性应收和应付项目的变动；

2. 固定资产折旧、无形资产摊销、计提资产减值准备等其他非现金项目；

3. 属于投资活动或筹资活动现金流量的其他非现金项目。

第十条　经营活动产生的现金流量至少应当单独列示反映下列信息的项目：

（一）销售商品、提供劳务收到的现金；

（二）收到的税费返还；

（三）收到其他与经营活动有关的现金；

（四）购买商品、接受劳务支付的现金；

（五）支付给职工以及为职工支付的现金；

（六）支付的各项税费；

（七）支付其他与经营活动有关的现金。

第十一条　金融企业可以根据行业特点和现金流量实际情况，合理确定经营活动现金流量项目的类别。

第四章　投资活动现金流量

第十二条　投资活动，是指企业长期资产的购建和不包括在现金等价物范围的投资及其处置活动。

第十三条　投资活动产生的现金流量至少应当单独列示反映下列信息的项目：

（一）收回投资收到的现金；

（二）取得投资收益收到的现金；

（三）处置固定资产、无形资产和其他长期资产收回的现金净额；

（四）处置子公司及其他营业单位收到的现金净额；

（五）收到其他与投资活动有关的现金；

（六）购建固定资产、无形资产和其他长期资产支付的现金；

（七）投资支付的现金；

（八）取得子公司及其他营业单位支付的现金净额；

（九）支付其他与投资活动有关的现金。

第五章　筹资活动现金流量

第十四条　筹资活动，是指导致企业资本及债务规模和构成发生变化的活动。

第十五条　筹资活动产生的现金流量至少应当单独列示反映下列信息的项目：

（一）吸收投资收到的现金；

（二）取得借款收到的现金；

（三）收到其他与筹资活动有关的现金；

（四）偿还债务支付的现金；

（五）分配股利、利润或偿付利息支付的现金；

（六）支付其他与筹资活动有关的现金。

第六章　披　　露

第十六条　企业应当在附注中披露将净利润调节为经营活动现金流量的信息。至少应当单独披露对净利润进行调节的下列项目：

（一）资产减值准备；

（二）固定资产折旧；

（三）无形资产摊销；
（四）长期待摊费用摊销；
（五）待摊费用；
（六）预提费用；
（七）处置固定资产、无形资产和其他长期资产的损益；
（八）固定资产报废损失；
（九）公允价值变动损益；
（十）财务费用；
（十一）投资损益；
（十二）递延所得税资产和递延所得税负债；
（十三）存货；
（十四）经营性应收项目；
（十五）经营性应付项目。

第十七条　企业应当在附注中以总额披露当期取得或处置子公司及其他营业单位的下列信息：
（一）取得或处置价格；
（二）取得或处置价格中以现金支付的部分；
（三）取得或处置子公司及其他营业单位收到的现金；
（四）取得或处置子公司及其他营业单位按照主要类别分类的非现金资产和负债。

第十八条　企业应当在附注中披露不涉及当期现金收支、但影响企业财务状况或在未来可能影响企业现金流量的重大投资和筹资活动。

第十九条　企业应当在附注中披露与现金和现金等价物有关的下列信息：
（一）现金和现金等价物的构成及其在资产负债表中的相应金额。
（二）企业持有但不能由母公司或集团内其他子公司使用的大额现金和现金等价物金额。

三十三、企业会计准则第32号——中期财务报告

企业会计准则第32号——中期财务报告

第一章　总　则

第一条　为了规范中期财务报告的内容和编制中期财务报告应当遵循的确认与计量原则，根据《企业会计准则——基本准则》，制定本准则。

第二条　中期财务报告，是指以中期为基础编制的财务报告。

中期，是指短于一个完整的会计年度的报告期间。

第二章　中期财务报告的内容

第三条　中期财务报告至少应当包括资产负债表、利润表、现金流量表和附注。

中期资产负债表、利润表和现金流量表应当是完整报表，其格式和内容应当与上年度财务报表相一致。

当年新施行的会计准则对财务报表格式和内容作了修改的，中期财务报表应当按照修改后的报表格式和内容编制，上年度比较财务报表的格式和内容，也应当作相应调整。

基本每股收益和稀释每股收益应当在中期利润表中单独列示。

第四条　上年度编制合并财务报表的，中期期末应当编制合并财务报表。

上年度财务报告除了包括合并财务报表，还包括母公司财务报表的，中期财务报告也应当包括母公司财务报表。

上年度财务报告包括了合并财务报表，但报告中期内处置了所有应当纳入合并范围的子公司的，中期财务报告只需提供母公司财务报表，但上年度比较财务报表仍应当包括合并财务报表，上年度可比中期没有子公司的除外。

第五条　中期财务报告应当按照下列规定提供比较财务报表：

（一）本中期末的资产负债表和上年度末的资产负债表。

（二）本中期的利润表、年初至本中期末的利润表以及上年度可比期间的利润表。

（三）年初至本中期末的现金流量表和上年度年初至可比本中期末的现金流量表。

第六条 财务报表项目在报告中期作了调整或者修订的，上年度比较财务报表项目有关金额应当按照本年度中期财务报表的要求重新分类，并在附注中说明重新分类的原因及其内容，无法重新分类的，应当在附注中说明不能重新分类的原因。

第七条 中期财务报告中的附注应当以年初至本中期末为基础编制，披露自上年度资产负债表日之后发生的，有助于理解企业财务状况、经营成果和现金流量变化情况的重要交易或者事项。

对于理解本中期财务状况、经营成果和现金流量有关的重要交易或者事项，也应当在附注中作相应披露。

第八条 中期财务报告中的附注至少应当包括下列信息：

（一）中期财务报表所采用的会计政策与上年度财务报表相一致的声明。

会计政策发生变更的，应当说明会计政策变更的性质、内容、原因及其影响数；无法进行追溯调整的，应当说明原因。

（二）会计估计变更的内容、原因及其影响数；影响数不能确定的，应当说明原因。

（三）前期差错的性质及其更正金额；无法进行追溯重述的，应当说明原因。

（四）企业经营的季节性或者周期性特征。

（五）存在控制关系的关联方发生变化的情况；关联方之间发生交易的，应当披露关联方关系的性质、交易类型和交易要素。

（六）合并财务报表的合并范围发生变化的情况。

（七）对性质特别或者金额异常的财务报表项目的说明。

（八）证券发行、回购和偿还情况。

（九）向所有者分配利润的情况，包括在中期内实施的利润分配和已提出或者已批准但尚未实施的利润分配情况。

（十）根据《企业会计准则第 35 号——分部报告》规定应当披露分部报告信息的，应当披露主要报告形式的分部收入与分部利润（亏损）。

（十一）中期资产负债表日至中期财务报告批准报出日之间发生的非调整事项。

（十二）上年度资产负债表日以后所发生的或有负债和或有资产的变化情况。

（十三）企业结构变化情况，包括企业合并，对被投资单位具有重大影响、共同控制或者控制关系的长期股权投资的购买或者处置，终止经营等。

（十四）其他重大交易或者事项，包括重大的长期资产转让及其出售情况、重大的固定资产和无形资产取得情况、重大的研究和开发支出、重大的资产减值损失情况等。

企业在提供上述（五）和（十）有关关联方交易、分部收入与分部利润（亏损）信息时，应当同时提供本中期（或者本中期末）和本年度年初至本中期末的数据，以及上年度可比本中期（或者可比期末）和可比年初至本中期末的比较数据。

第九条 企业在确认、计量和报告各中期财务报表项目时，对项目重要性程度的判断，应当以中期财务数据为基础，不应以年度财务数据为基础。中期会计计量与年度财务数据相比，可在更大程度上依赖于估计，但是，企业应当确保所提供的中期财务报告包括了相关的重要信息。

第十条 在同一会计年度内，以前中期财务报告中报告的某项估计金额在最后一个中期发生了重大变更、企业又不单独编制该中期财务报告的，应当在年度财务报告的附注中披露该项估计变更的内容、原因及其影响金额。

第三章 确认和计量

第十一条 企业在中期财务报表中应当采用与年度财务报表相一致的会计政策。

上年度资产负债表日之后发生了会计政策变更，且变更后的会计政策将在年度财务报表中采用的，中期财务报表应当采用变更后的会计政策，并按照本准则第十四条的规定处理。

第十二条　中期会计计量应当以年初至本中期末为基础，财务报告的频率不应当影响年度结果的计量。

在同一会计年度内，以前中期财务报表项目在以后中期发生了会计估计变更的，以后中期财务报表应当反映该会计估计变更后的金额，但对以前中期财务报表项目金额不作调整。同时，该会计估计变更应当按照本准则第八条(二)或者第十条的规定在附注中作相应披露。

第十三条　企业取得的季节性、周期性或者偶然性收入，应当在发生时予以确认和计量，不应在中期财务报表中预计或者递延，但会计年度末允许预计或者递延的除外。

企业在会计年度中不均匀发生的费用，应当在发生时予以确认和计量，不应在中期财务报表中预提或者待摊，但会计年度末允许预提或者待摊的除外。

第十四条　企业在中期发生了会计政策变更的，应当按照《企业

会计准则第 28 号——会计政策、会计估计变更和差错更正》处理，并按照本准则第八条(一)的规定在附注中作相应披露。

会计政策变更的累积影响数能够合理确定、且涉及本会计年度以前中期财务报表相关项目数字的，应当予以追溯调整，视同该会计政策在整个会计年度一贯采用；同时，上年度可比财务报表也应当作相应调整。

三十四、企业会计准则第 33 号——合并财务报表

企业会计准则第 33 号——合并财务报表

第一章　总　　则

第一条　为了规范合并财务报表的编制和列报，根据《企业会计准则——基本准则》，制定本准则。

第二条　合并财务报表，是指反映母公司和其全部子公司形成的企业集团整体财务状况、经营成果和现金流量的财务报表。

母公司，是指有一个或一个以上子公司的企业(或主体，下同)。

子公司，是指被母公司控制的企业。

第三条　合并财务报表至少应当包括下列组成部分：

(一) 合并资产负债表；

(二) 合并利润表；

(三) 合并现金流量表；

(四) 合并所有者权益(或股东权益，下同)变动表；

(五) 附注。

第四条　母公司应当编制合并财务报表。

第五条　外币财务报表折算，适用《企业会计准则第 19 号——外币折算》和《企业会计准则第 31 号——现金流量表》。

第二章　合 并 范 围

第六条　合并财务报表的合并范围应当以控制为基础予以确定。

控制，是指一个企业能够决定另一个企业的财务和经营政策，并能据以从另一个企业的经营活动中获取利益的权力。

第七条　母公司直接或通过子公司间接拥有被投资单位半数以上的表决权，表明母公司能够控制被投资单位，应当将该被投资单位认定为子公司，纳入合并财务报表的合并范围。但是，有证据表明母公司不能控制被投资单位的除外。

第八条　母公司拥有被投资单位半数或以下的表决权，满足下列条件之一的，视为母公司能够控制被投资单位，应当将该被投资单位认定为子公司，纳入合并财务报表的合并范围。但是，有证据表明母公司不能控制被投资单位的除外：

(一) 通过与被投资单位其他投资者之间的协议，拥有被投资单位半数以上的表决权。

(二) 根据公司章程或协议,有权决定被投资单位的财务和经营政策。

(三) 有权任免被投资单位的董事会或类似机构的多数成员。

(四) 在被投资单位的董事会或类似机构占多数表决权。

第九条 在确定能否控制被投资单位时,应当考虑企业和其他企业持有的被投资单位的当期可转换的可转换公司债券、当期可执行的认股权证等潜在表决权因素。

第十条 母公司应当将其全部子公司纳入合并财务报表的合并范围。

第三章 合并程序

第十一条 合并财务报表应当以母公司和其子公司的财务报表为基础,根据其他有关资料,按照权益法调整对子公司的长期股权投资后,由母公司编制。

第十二条 母公司应当统一子公司所采用的会计政策,使子公司采用的会计政策与母公司保持一致。

子公司所采用的会计政策与母公司不一致的,应当按照母公司的会计政策对子公司财务报表进行必要的调整;或者要求子公司按照母公司的会计政策另行编报财务报表。

第十三条 母公司应当统一子公司的会计期间,使子公司的会计期间与母公司保持一致。

子公司的会计期间与母公司不一致的,应当按照母公司的会计期间对子公司财务报表进行调整;或者要求子公司按照母公司的会计期间另行编报财务报表。

第十四条 在编制合并财务报表时,子公司除了应当向母公司提供财务报表外,还应当向母公司提供下列有关资料:

(一) 采用的与母公司不一致的会计政策及其影响金额;

(二) 与母公司不一致的会计期间的说明;

(三) 与母公司、其他子公司之间发生的所有内部交易的相关资料;

(四) 所有者权益变动的有关资料;

(五) 编制合并财务报表所需要的其他资料。

第一节 合并资产负债表

第十五条 合并资产负债表应当以母公司和子公司的资产负债表为基础,在抵销母公司与子公司、子公司相互之间发生的内部交易对合并资产负债表的影响后,由母公司合并编制。

(一) 母公司对子公司的长期股权投资与母公司在子公司所有者权益中所享有的份额应当相互抵销,同时抵销相应的长期股权投资减值准备。

在购买日,母公司对子公司的长期股权投资与母公司在子公司所有者权益中所享有的份额的差额,应当在商誉项目列示。商誉发生减值的,应当按照经减值测试后的金额列示。

各子公司之间的长期股权投资以及子公司对母公司的长期股权投资,应当比照上述规定,将长期股权投资与其对应的子公司或母公司所有者权益中所享有的份额相互抵销。

(二) 母公司与子公司、子公司相互之间的债权与债务项目应当相互抵销,同时抵销应收款项的坏账准备和债券投资的减值准备。

母公司与子公司、子公司相互之间的债券投资与应付债券相互抵销后,产生的差额应当计入投资收益项目。

(三) 母公司与子公司、子公司相互之间销售商品(或提供劳务,下同)或其他方式形成的存货、固定资产、工程物资、在建工程、无形资产等所包含的未实现内部销售损益应当抵销。

对存货、固定资产、工程物资、在建工程和无形资产等计提的跌价准备或减值准备与未实现内部销售损益相关的部分应当抵销。

(四) 母公司与子公司、子公司相互之间发生的其他内部交易对合并资产负债表的影响应当抵销。

第十六条 子公司所有者权益中不属于母公司的份额,应当作为少数股东权益,在合并资产负债表中所有者权益项目下以"少数股东权益"项目列示。

第十七条 母公司在报告期内因同一控制下企业合并增加的子公司,编制合并资产负债表时,应当调整合并资产负债表的期初数。

因非同一控制下企业合并增加的子公司,编制合并资产负债表时,不应当调整合并资产负债表的期初数。

第十八条　母公司在报告期内处置子公司，编制合并资产负债表时，不应当调整合并资产负债表的期初数。

第二节　合并利润表

第十九条　合并利润表应当以母公司和子公司的利润表为基础，在抵销母公司与子公司、子公司相互之间发生的内部交易对合并利润表的影响后，由母公司合并编制。

（一）母公司与子公司、子公司相互之间销售商品所产生的营业收入和营业成本应当抵销。

母公司与子公司、子公司相互之间销售商品，期末全部实现对外销售的，应当将购买方的营业成本与销售方的营业收入相互抵销。

母公司与子公司、子公司相互之间销售商品，期末未实现对外销售而形成存货、固定资产、工程物资、在建工程、无形资产等资产的，在抵销销售商品的营业成本和营业收入的同时，应当将各项资产所包含的未实现内部销售损益予以抵销。

（二）在对母公司与子公司、子公司相互之间销售商品形成的固定资产或无形资产所包含的未实现内部销售损益进行抵销的同时，也应当对固定资产的折旧额或无形资产的摊销额与未实现内部销售损益相关的部分进行抵销。

（三）母公司与子公司、子公司相互之间持有对方债券所产生的投资收益，应当与其相对应的发行方利息费用相互抵销。

（四）母公司对子公司、子公司相互之间持有对方长期股权投资的投资收益应当抵销。

（五）母公司与子公司、子公司相互之间发生的其他内部交易对合并利润表的影响应当抵销。

第二十条　子公司当期净损益中属于少数股东权益的份额，应当在合并利润表中净利润项目下以“少数股东损益”项目列示。

第二十一条　子公司少数股东分担的当期亏损超过了少数股东在该子公司期初所有者权益中所享有的份额，其余额应当分别下列情况进行处理：

（一）公司章程或协议规定少数股东有义务承担，并且少数股东有能力予以弥补的，该项余额应当冲减少数股东权益；

（二）公司章程或协议未规定少数股东有义务承担的，该项余额应当冲减母公司的所有者权益。该子公司以后期间实现的利润，在弥补了由母公司所有者权益所承担的属于少数股东的损失之前，应当全部归属于母公司的所有者权益。

第二十二条　母公司在报告期内因同一控制下企业合并增加的子公司，应当将该子公司合并当期期初至报告期末的收入、费用、利润纳入合并利润表。

因非同一控制下企业合并增加的子公司，应当将该子公司购买日至报告期末的收入、费用、利润纳入合并利润表。

第二十三条　母公司在报告期内处置子公司，应当将该子公司期初至处置日的收入、费用、利润纳入合并利润表。

第三节　合并现金流量表

第二十四条　合并现金流量表应当以母公司和子公司的现金流量表为基础，在抵销母公司与子公司、子公司相互之间发生的内部交易对合并现金流量表的影响后，由母公司合并编制。

本准则提及“现金”时，除非同时提及现金等价物，均包括现金和现金等价物。

第二十五条　编制合并现金流量表应当符合下列要求：

（一）母公司与子公司、子公司相互之间当期以现金投资或收购股权增加的投资所产生的现金流量应当抵销。

（二）母公司与子公司、子公司相互之间当期取得投资收益收到的现金，应当与分配股利、利润或偿付利息支付的现金相互抵销。

（三）母公司与子公司、子公司相互之间以现金结算债权与债务所产生的现金流量应当抵销。

（四）母公司与子公司、子公司相互之间当期销售商品所产生的现金流量应当抵销。

（五）母公司与子公司、子公司相互之间处置固定资产、无形资产和其他长期资产收回的现金净额，应当与购建固定资产、无形资产和其他长期资产支付的现金相互抵销。

（六）母公司与子公司、子公司相互之间当期发生的其他内部交易所产生的现金流量应当抵销。

第二十六条 合并现金流量表补充资料可以根据合并资产负债表和合并利润表进行编制。

第二十七条 母公司在报告期内因同一控制下企业合并增加的子公司，应当将该子公司合并当期期初至报告期末的现金流量纳入合并现金流量表。

因非同一控制下企业合并增加的子公司，应当将该子公司购买日至报告期末的现金流量纳入合并现金流量表。

第二十八条 母公司在报告期内处置子公司，应当将该子公司期初至处置日的现金流量纳入合并现金流量表。

第四节 合并所有者权益变动表

第二十九条 合并所有者权益变动表应当以母公司和子公司的所有者权益变动表为基础，在抵销母公司与子公司、子公司相互之间发生的内部交易对合并所有者权益变动表的影响后，由母公司合并编制。

（一）母公司对子公司的长期股权投资应当与母公司在子公司所有者权益中所享有的份额相互抵销。

各子公司之间的长期股权投资以及子公司对母公司的长期股权投资，应当比照上述规定，将长期股权投资与其对应的子公司或母公司所有者权益中所享有的份额相互抵销。

（二）母公司对子公司、子公司相互之间持有对方长期股权投资的投资收益应当抵销。

（三）母公司与子公司、子公司相互之间发生的其他内部交易对所有者权益变动的影响应当抵销。

合并所有者权益变动表也可以根据合并资产负债表和合并利润表进行编制。

第三十条 有少数股东的，应当在合并所有者权益变动表中增加“少数股东权益”栏目，反映少数股东权益变动的情况。

第四章 披 露

第三十一条 企业应当在附注中披露下列信息：

（一）子公司的清单，包括企业名称、注册地、业务性质、母公司的持股比例和表决权比例。

（二）母公司直接或通过子公司间接拥有被投资单位表决权不足半数但能对其形成控制的原因。

（三）母公司直接或通过其他子公司间接拥有被投资单位半数以上的表决权但未能对其形成控制的原因。

（四）子公司所采用的与母公司不一致的会计政策，编制合并财务报表的处理方法及其影响。

（五）子公司与母公司不一致的会计期间，编制合并财务报表的处理方法及其影响。

（六）本期增加子公司，按照《企业会计准则第20号——企业合并》的规定进行披露。

（七）本期不再纳入合并范围的原子公司，说明原子公司的名称、注册地、业务性质、母公司的持股比例和表决权比例，本期不再成为子公司的原因，其在处置日和上一会计期间资产负债表日资产、负债和所有者权益的金额以及本期期初至处置日的收入、费用和利润的金额。

（八）子公司向母公司转移资金的能力受到严格限制的情况。

（九）需要在附注中说明的其他事项。

三十五、企业会计准则第34号——每股收益

企业会计准则第34号——每股收益

第一章 总 则

第一条 为了规范每股收益的计算方法及其列报，根据《企业会计准则——基本准则》，制定本准则。

第二条 本准则适用于普通股或潜在普通股已公开交易的企业，以及正处于公开发行普通股或潜在普通股过程中的企业。

潜在普通股，是指赋予其持有者在报告期或以后期间享有取得普通股权利的一种金融工具或其他合同，包括可转换公司债券、认股权证、股份期权等。

第三条 合并财务报表中，企业应当以合并财务报表为基础计算和列报每股收益。

第二章 基本每股收益

第四条 企业应当按照归属于普通股股东的当期净利润，除以发行在外普通股的加权平均数计算基本

每股收益。

第五条　发行在外普通股加权平均数按下列公式计算：

发行在外普通股加权平均数＝期初发行在外普通股股数＋当期新发行普通股股数×已发行时间÷报告期时间－当期回购普通股股数×已回购时间÷报告期时间

已发行时间、报告期时间和已回购时间一般按照天数计算；在不影响计算结果合理性的前提下，也可以采用简化的计算方法。

第六条　新发行普通股股数，应当根据发行合同的具体条款，从应收对价之日（一般为股票发行日）起计算确定。通常包括下列情况：

（一）为收取现金而发行的普通股股数，从应收现金之日起计算。

（二）因债务转资本而发行的普通股股数，从停计债务利息之日或结算日起计算。

（三）非同一控制下的企业合并，作为对价发行的普通股股数，从购买日起计算；同一控制下的企业合并，作为对价发行的普通股股数，应当计入各列报期间普通股的加权平均数。

（四）为收购非现金资产而发行的普通股股数，从确认收购之日起计算。

第三章　稀释每股收益

第七条　企业存在稀释性潜在普通股的，应当分别调整归属于普通股股东的当期净利润和发行在外普通股的加权平均数，并据以计算稀释每股收益。

稀释性潜在普通股，是指假设当期转换为普通股会减少每股收益的潜在普通股。

第八条　计算稀释每股收益，应当根据下列事项对归属于普通股股东的当期净利润进行调整：

（一）当期已确认为费用的稀释性潜在普通股的利息；

（二）稀释性潜在普通股转换时将产生的收益或费用。

上述调整应当考虑相关的所得税影响。

第九条　计算稀释每股收益时，当期发行在外普通股的加权平均数应当为计算基本每股收益时普通股的加权平均数与假定稀释性潜在普通股转换为已发行普通股而增加的普通股股数的加权平均数之和。

计算稀释性潜在普通股转换为已发行普通股而增加的普通股股数的加权平均数时，以前期间发行的稀释性潜在普通股，应当假设在当期期初转换；当期发行的稀释性潜在普通股，应当假设在发行日转换。

第十条　认股权证和股份期权等的行权价格低于当期普通股平均市场价格时，应当考虑其稀释性。计算稀释每股收益时，增加的普通股股数按下列公式计算：

$$\text{增加的普通股股数}=\text{拟行权时转换的普通股股数}-\text{行权价格}\times\text{拟行权时转换的普通股股数}\div\text{当期普通股平均市场价格}$$

第十一条　企业承诺将回购其股份的合同中规定的回购价格高于当期普通股平均市场价格时，应当考虑其稀释性。计算稀释每股收益时，增加的普通股股数按下列公式计算：

$$\text{增加的普通股股数}=\text{回购价格}\times\text{承诺回购的普通股股数}\div\text{当期普通股平均市场价格}-\text{承诺回购的普通股股数}$$

第十二条　稀释性潜在普通股应当按照其稀释程度从大到小的顺序计入稀释每股收益，直至稀释每股收益达到最小值。

第四章　列　　报

第十三条　发行在外普通股或潜在普通股的数量因派发股票股利、公积金转增资本、拆股而增加或因并股而减少，但不影响所有者权益金额的，应当按调整后的股数重新计算各列报期间的每股收益。

上述变化发生于资产负债表日至财务报告批准报出日之间的，应当以调整后的股数重新计算各列报期间的每股收益。

按照《企业会计准则第28号——会计政策、会计估计变更和差错更正》的规定对以前年度损益进行追溯调整或追溯重述的，应当重新计算各列报期间的每股收益。

第十四条　企业应当在利润表中单独列示基本每股收益和稀释每股收益。

第十五条　企业应当在附注中披露与每股收益有关的下列信息：

（一）基本每股收益和稀释每股收益分子、分母的计算过程。

（二）列报期间不具有稀释性但以后期间很可能具有稀释性的潜在普通股。

（三）在资产负债表日至财务报告批准报出日之间，企业发行在外普通股或潜在普通股股数发生重大变化的情况。

三十六、企业会计准则第35号——分部报告

企业会计准则第35号——分部报告

第一章 总 则

第一条 为了规范分部报告的编制和相关信息的披露，根据《企业会计准则——基本准则》，制定本准则。

第二条 企业存在多种经营或跨地区经营的，应当按照本准则规定披露分部信息。但是，法律、行政法规另有规定的除外。

第三条 企业应当以对外提供的财务报表为基础披露分部信息。

对外提供合并财务报表的企业，应当以合并财务报表为基础披露分部信息。

第二章 报告分部的确定

第四条 企业披露分部信息，应当区分业务分部和地区分部。

第五条 业务分部，是指企业内可区分的、能够提供单项或一组相关产品或劳务的组成部分。该组成部分承担了不同于其他组成部分的风险和报酬。

企业在确定业务分部时，应当结合企业内部管理要求，并考虑下列因素：

（一）各单项产品或劳务的性质，包括产品或劳务的规格、型号、最终用途等；

（二）生产过程的性质，包括采用劳动密集或资本密集方式组织生产、使用相同或者相似设备和原材料、采用委托生产或加工方式等；

（三）产品或劳务的客户类型，包括大宗客户、零散客户等；

（四）销售产品或提供劳务的方式，包括批发、零售、自产自销、委托销售、承包等；

（五）生产产品或提供劳务受法律、行政法规的影响，包括经营范围或交易定价限制等。

第六条 地区分部，是指企业内可区分的、能够在一个特定的经济环境内提供产品或劳务的组成部分。该组成部分承担了不同于在其他经济环境内提供产品或劳务的组成部分的风险和报酬。

企业在确定地区分部时，应当结合企业内部管理要求，并考虑下列因素：

（一）所处经济、政治环境的相似性，包括境外经营所在地区经济和政治的稳定程度等；

（二）在不同地区经营之间的关系，包括在某地区进行产品生产，而在其他地区进行销售等；

（三）经营的接近程度大小，包括在某地区生产的产品是否需在其他地区进一步加工生产等；

（四）与某一特定地区经营相关的特别风险，包括气候异常变化等；

（五）外汇管理规定，即境外经营所在地区是否实行外汇管制；

（六）外汇风险。

第七条 两个或两个以上的业务分部或地区分部同时满足下列条件的，可以予以合并：

（一）具有相近的长期财务业绩，包括具有相近的长期平均毛利率、资金回报率、未来现金流量等；

（二）确定业务分部或地区分部所考虑的因素类似。

第八条 企业应当以业务分部或地区分部为基础确定报告分部。

业务分部或地区分部的大部分收入是对外交易收入，且满足下列条件之一的，应当将其确定为报告分部：

（一）该分部的分部收入占所有分部收入合计的10%或者以上。

（二）该分部的分部利润（亏损）的绝对额，占所有盈利分部利润合计额或者所有亏损分部亏损合计额的绝对额两者中较大者的10%或者以上。

（三）该分部的分部资产占所有分部资产合计额的10%或者以上。

第九条 业务分部或地区分部未满足本准则第八条规定条件的，可以按照下列规定处理：

（一）不考虑该分部的规模，直接将其指定为报告分部；

（二）不将该分部直接指定为报告分部的，可将该分部与一个或一个以上类似的、未满足本准则第八条

规定条件的其他分部合并为一个报告分部；

(三) 不将该分部指定为报告分部且不与其他分部合并的，应当在披露分部信息时，将其作为其他项目单独披露。

第十条　报告分部的对外交易收入合计额占合并总收入或企业总收入的比重未达到75%的，应当将其他的分部确定为报告分部(即使它们未满足本准则第八条规定的条件)，直到该比重达到75%。

第十一条　企业的内部管理按照垂直一体化经营的不同层次来划分的，即使其大部分收入不通过对外交易取得，仍可将垂直一体化经营的不同层次确定为独立的报告业务分部。

第十二条　对于上期确定为报告分部的，企业本期认为其依然重要，即使本期未满足本准则第八条规定条件的，仍应将其确定为本期的报告分部。

第三章　分部信息的披露

第十三条　企业应当区分主要报告形式和次要报告形式披露分部信息。

(一) 风险和报酬主要受企业的产品和劳务差异影响的，披露分部信息的主要形式应当是业务分部，次要形式是地区分部。

(二) 风险和报酬主要受企业在不同的国家或地区经营活动影响的，披露分部信息的主要形式应当是地区分部，次要形式是业务分部。

(三) 风险和报酬同时较大地受企业产品和劳务的差异以及经营活动所在国家或地区差异影响的，披露分部信息的主要形式应当是业务分部，次要形式是地区分部。

第十四条　对于主要报告形式，企业应当在附注中披露分部收入、分部费用、分部利润(亏损)、分部资产总额和分部负债总额等。

(一) 分部收入，是指可归属于分部的对外交易收入和对其他分部交易收入。分部的对外交易收入和对其他分部交易收入，应当分别披露。

(二) 分部费用，是指可归属于分部的对外交易费用和对其他分部交易费用。分部的折旧费用、摊销费用以及其他重大的非现金费用，应当分别披露。

(三) 分部利润(亏损)，是指分部收入减去分部费用后的余额。

在合并利润表中，分部利润(亏损)应当在调整少数股东损益前确定。

(四) 分部资产，是指分部经营活动使用的可归属于该分部的资产，不包括递延所得税资产。

分部资产的披露金额应当按照扣除相关累计折旧或摊销额以及累计减值准备后的金额确定。

披露分部资产总额时，当期发生的在建工程成本总额、购置的固定资产和无形资产的成本总额，应当单独披露。

(五) 分部负债，是指分部经营活动形成的可归属于该分部的负债，不包括递延所得税负债。

第十五条　分部的日常活动是金融性质的，利息收入和利息费用应当作为分部收入和分部费用进行披露。

第十六条　企业披露的分部信息，应当与合并财务报表或企业财务报表中的总额信息相衔接。

分部收入应当与企业的对外交易收入(包括企业对外交易取得的、未包括在任何分部收入中的收入)相衔接；分部利润(亏损)应当与企业营业利润(亏损)和企业净利润(净亏损)相衔接；分部资产总额应当与企业资产总额相衔接；分部负债总额应当与企业负债总额相衔接。

第十七条　分部信息的主要报告形式是业务分部的，应当就次要报告形式披露下列信息：

(一) 对外交易收入占企业对外交易收入总额10%或者以上的地区分部，以外部客户所在地为基础披露对外交易收入。

(二) 分部资产占所有地区分部资产总额10%或者以上的地区分部，以资产所在地为基础披露分部资产总额。

第十八条　分部信息的主要报告形式是地区分部的，应当就次要报告形式披露下列信息：

(一) 对外交易收入占企业对外交易收入总额10%或者以上的业务分部，应当披露对外交易收入。

(二) 分部资产占所有业务分部资产总额10%或者以上的业务分部，应当披露分部资产总额。

第十九条　分部间转移交易应当以实际交易价格为基础计量。转移价格的确定基础及其变更情况，应当予以披露。

第二十条 企业应当披露分部会计政策，但分部会计政策与合并财务报表或企业财务报表一致的除外。

分部会计政策变更影响重大的，应当按照《企业会计准则第28号——会计政策、会计估计变更和差错更正》进行披露，并提供相关比较数据。提供比较数据不切实可行的，应当说明原因。

企业改变分部的分类且提供比较数据不切实可行的，应当在改变分部分类的年度，分别披露改变前和改变后的报告分部信息。

分部会计政策，是指编制合并财务报表或企业财务报表时采用的会计政策，以及与分部报告特别相关的会计政策。与分部报告特别相关的会计政策包括分部的确定、分部间转移价格的确定方法，以及将收入和费用分配给分部的基础等。

第二十一条 企业在披露分部信息时，应当提供前期比较数据。

但是，提供比较数据不切实可行的除外。

三十七、企业会计准则第36号——关联方披露

企业会计准则第36号——关联方披露

第一章 总 则

第一条 为了规范关联方及其交易的信息披露，根据《企业会计准则——基本准则》，制定本准则。

第二条 企业财务报表中应当披露所有关联方关系及其交易的相关信息。对外提供合并财务报表的，对于已经包括在合并范围内各企业之间的交易不予披露，但应当披露与合并范围外各关联方的关系及其交易。

第二章 关 联 方

第三条 一方控制、共同控制另一方或对另一方施加重大影响，以及两方或两方以上同受一方控制、共同控制或重大影响的，构成关联方。

控制，是指有权决定一个企业的财务和经营政策，并能据以从该企业的经营活动中获取利益。

共同控制，是指按照合同约定对某项经济活动所共有的控制，仅在与该项经济活动相关的重要财务和经营决策需要分享控制权的投资方一致同意时存在。

重大影响，是指对一个企业的财务和经营政策有参与决策的权力，但并不能够控制或者与其他方一起共同控制这些政策的制定。

第四条 下列各方构成企业的关联方：

（一）该企业的母公司。

（二）该企业的子公司。

（三）与该企业受同一母公司控制的其他企业。

（四）对该企业实施共同控制的投资方。

（五）对该企业施加重大影响的投资方。

（六）该企业的合营企业。

（七）该企业的联营企业。

（八）该企业的主要投资者个人及与其关系密切的家庭成员。主要投资者个人，是指能够控制、共同控制一个企业或者对一个企业施加重大影响的个人投资者。

（九）该企业或其母公司的关键管理人员及与其关系密切的家庭成员。关键管理人员，是指有权力并负责计划、指挥和控制企业活动的人员。与主要投资者个人或关键管理人员关系密切的家庭成员，是指在处理与企业的交易时可能影响该个人或受该个人影响的家庭成员。

（十）该企业主要投资者个人、关键管理人员或与其关系密切的家庭成员控制、共同控制或施加重大影响的其他企业。

第五条 仅与企业存在下列关系的各方，不构成企业的关联方：

（一）与该企业发生日常往来的资金提供者、公用事业部门、政府部门和机构。

（二）与该企业发生大量交易而存在经济依存关系的单个客户、供应商、特许商、经销商或代理商。

（三）与该企业共同控制合营企业的合营者。

第六条　仅仅同受国家控制而不存在其他关联方关系的企业，不构成关联方。

第三章　关联方交易

第七条　关联方交易，是指关联方之间转移资源、劳务或义务的行为，而不论是否收取价款。

第八条　关联方交易的类型通常包括下列各项：

（一）购买或销售商品。

（二）购买或销售商品以外的其他资产。

（三）提供或接受劳务。

（四）担保。

（五）提供资金（贷款或股权投资）。

（六）租赁。

（七）代理。

（八）研究与开发项目的转移。

（九）许可协议。

（十）代表企业或由企业代表另一方进行债务结算。

（十一）关键管理人员薪酬。

第四章　披　　露

第九条　企业无论是否发生关联方交易，均应当在附注中披露与母公司和子公司有关的下列信息：

（一）母公司和子公司的名称。

母公司不是该企业最终控制方的，还应当披露最终控制方名称。

母公司和最终控制方均不对外提供财务报表的，还应当披露母公司之上与其最相近的对外提供财务报表的母公司名称。

（二）母公司和子公司的业务性质、注册地、注册资本（或实收资本、股本）及其变化。

（三）母公司对该企业或者该企业对子公司的持股比例和表决权比例。

第十条　企业与关联方发生关联方交易的，应当在附注中披露该关联方关系的性质、交易类型及交易要素。交易要素至少应当包括：

（一）交易的金额。

（二）未结算项目的金额、条款和条件，以及有关提供或取得担保的信息。

（三）未结算应收项目的坏账准备金额。

（四）定价政策。

第十一条　关联方交易应当分别关联方以及交易类型予以披露。

类型相似的关联方交易，在不影响财务报表阅读者正确理解关联方交易对财务报表影响的情况下，可以合并披露。

第十二条　企业只有在提供确凿证据的情况下，才能披露关联方交易是公平交易。

三十八、企业会计准则第37号——金融工具列报

企业会计准则第37号——金融工具列报

第一章　总　　则

第一条　为了规范金融工具的列报，根据《企业会计准则——基本准则》，制定本准则。

金融工具列报，包括金融工具列示和金融工具披露。

第二条　企业在进行金融工具列报时，应当根据金融工具的特点及相关信息的性质对金融工具进行归类。

第三条　下列各项适用其他相关会计准则：

（一）由《企业会计准则第2号——长期股权投资》规范的长期股权投资，适用《企业会计准则第2号——长期股权投资》。

（二）由《企业会计准则第 11 号——股份支付》规范的股份支付，适用《企业会计准则第 11 号——股份支付》。

（三）债务重组，适用《企业会计准则第 12 号——债务重组》。

（四）企业合并中合并方的或有对价合同，适用《企业会计准则第 20 号——企业合并》。

（五）租赁的权利和义务，适用《企业会计准则第 21 号——租赁》。

（六）原保险合同的权利和义务，适用《企业会计准则第 25 号——原保险合同》。

（七）再保险合同的权利和义务，适用《企业会计准则第 26 号——再保险合同》。

第四条 本准则不涉及按预定的购买、销售或使用要求所签订，并到期履约买入或卖出非金融项目的合同。但是，能够以现金或其他金融工具净额结算，或通过交换金融工具结算的买入或卖出非金融项目的合同，适用本准则。

第二章 金融工具列示

第五条 企业发行金融工具，应当按照该金融工具的实质，以及金融资产、金融负债和权益工具的定义，在初始确认时将该金融工具或其组成部分确认为金融资产、金融负债或权益工具。

第六条 企业发行的、将来以自身权益工具进行结算的金融工具满足下列条件之一的，应当在初始确认时确认为权益工具：

（一）该金融工具没有包括交付现金或其他金融资产给其他单位的合同义务。

（二）该金融工具没有包括在潜在不利条件下与其他单位交换金融资产或金融负债的合同义务。

第七条 企业发行的、将来须用或可用自身权益工具进行结算的金融工具满足下列条件之一的，应当在初始确认时确认为权益工具：

（一）该金融工具是非衍生工具，且企业没有义务交付非固定数量的自身权益工具进行结算。

（二）该金融工具是衍生工具，且企业只有通过交付固定数量的自身权益工具换取固定数额的现金或其他金融资产进行结算。其中，所指权益工具不包括需要通过收取或交付企业自身权益工具进行结算的合同。

第八条 对于是否通过交付现金、其他金融资产进行结算，需要由发行方和持有方均不能控制的未来不确定事项（如股价指数、消费价格指数变动等）的发生或不发生来确定的金融工具（即附或有结算条款的金融工具），发行方应当将其确认为金融负债。但是，满足下列条件之一的，发行方应当确认为权益工具：

（一）可认定要求以现金、其他金融资产结算的或有结算条款相关的事项不会发生。

（二）只有在发行方发生企业清算的情况下才需以现金、其他金融资产进行结算。

第九条 对于发行方或持有方能选择以现金净额或以发行股份交换现金等方式进行结算的衍生金融工具，发行方应当将其确认为金融资产或金融负债，但所有可供选择的结算方式表明该衍生金融工具应当确认为权益工具的除外。

第十条 企业发行的非衍生金融工具包含负债和权益成分的，应当在初始确认时将负债和权益成分进行分拆，分别进行处理。

在进行分拆时，应当先确定负债成分的公允价值并以此作为其初始确认金额，再按照该金融工具整体的发行价格扣除负债成分初始确认金额后的金额确定权益成分的初始确认金额。发行该非衍生金融工具发生的交易费用，应当在负债成分和权益成分之间按照各自的相对公允价值进行分摊。

第十一条 企业发行权益工具收到的对价扣除交易费用（不涉及企业合并中合并方发行权益工具发生的交易费用）后，应当增加所有者权益；回购自身权益工具支付的对价和交易费用，应当减少所有者权益。企业在发行、回购、出售或注销自身权益工具时，不应当确认利得或损失。

第十二条 金融工具或其组成部分属于金融负债的，其相关利息、利得或损失等，计入当期损益。

企业对权益工具持有方的各种分配（不包括股票股利），应当减少所有者权益。企业不应当确认权益工具的公允价值变动额。

第十三条 金融资产和金融负债应当在资产负债表内分别列示，不得相互抵销。但是，同时满足下列条件的，应当以相互抵销后的净额在资产负债表内列示：

（一）企业具有抵销已确认金额的法定权利，且该种法定权利现在是可执行的；

（二）企业计划以净额结算，或同时变现该金融资产和清偿该金融负债。

不满足终止确认条件的金融资产转移,转出方不得将已转移的金融资产和相关负债进行抵销。

第三章 金融工具披露

第十四条 金融工具披露,是指企业在附注中披露已确认和未确认金融工具的有关信息。

企业所披露的金融工具信息,应当有助于财务报告使用者就金融工具对企业财务状况和经营成果影响的重要程度作出合理评价。

第十五条 企业应当披露编制财务报表时对金融工具所采用的重要会计政策、计量基础等信息,主要包括:

(一)对于指定为以公允价值计量且其变动计入当期损益的金融资产或金融负债,应当披露下列信息:

1.指定的依据;

2.指定的金融资产或金融负债的性质;

3.指定后如何消除或明显减少原来由于该金融资产或金融负债的计量基础不同所导致的相关利得或损失在确认或计量方面不一致的情况,以及是否符合企业正式书面文件载明的风险管理或投资策略的说明。

(二)指定金融资产为可供出售金融资产的条件。

(三)确定金融资产已发生减值的客观依据以及计算确定金融资产减值损失所使用的具体方法。

(四)金融资产和金融负债的利得和损失的计量基础。

(五)金融资产和金融负债终止确认条件。

(六)其他与金融工具相关的会计政策。

第十六条 企业应当披露下列金融资产或金融负债的账面价值:

(一)以公允价值计量且其变动计入当期损益的金融资产;

(二)持有至到期投资;

(三)贷款和应收款项;

(四)可供出售金融资产;

(五)以公允价值计量且其变动计入当期损益的金融负债;

(六)其他金融负债。

第十七条 企业将单项或一组贷款或应收款项指定为以公允价值计量且其变动计入当期损益的金融资产的,应当披露下列信息:

(一)资产负债表日该贷款或应收款项使企业面临的最大信用风险敞口金额,以及相关信用衍生工具或类似工具分散该信用风险的金额。信用风险,是指金融工具的一方不能履行义务,造成另一方发生财务损失的风险。

(二)该贷款或应收款项本期因信用风险变化引起的公允价值变动额和累计变动额,相关信用衍生工具或类似工具本期公允价值变动额以及自该贷款或应收款项指定以来的累计变动额。

第十八条 企业将某项金融负债指定为以公允价值计量且其变动计入当期损益的金融负债的,应当披露下列信息:

(一)该金融负债本期因相关信用风险变化引起的公允价值变动额和累计变动额。

(二)该金融负债的账面价值与到期日按合同约定应支付金额之间的差额。

第十九条 企业将金融资产进行重分类,使该金融资产后续计量基础由成本或摊余成本改为公允价值,或由公允价值改为成本或摊余成本的,应当披露该金融资产重分类前后的公允价值或账面价值和重分类的原因。

第二十条 对于不满足《企业会计准则第23号——金融资产转移》规定的金融资产终止确认条件的金融资产转移,企业应当披露下列信息:

(一)所转移金融资产的性质;

(二)仍保留的与所有权有关的风险和报酬的性质;

(三)继续确认所转移金融资产整体的,披露所转移金融资产的账面价值和相关负债的账面价值;

(四)继续涉入所转移金融资产的,披露所转移金融资产整体的账面价值、继续确认资产的账面价值以及相关负债的账面价值。

第二十一条 企业应当披露与作为担保物的金融资产有关的下列信息：

（一）本期作为负债或有负债的担保物的金融资产的账面价值。

（二）与担保物有关的期限和条件。

第二十二条 企业收到的担保物（金融资产或非金融资产）在担保物所有人没有违约时就可以出售或再作为担保物的，应当披露下列信息：

（一）所持有担保物的公允价值。

（二）已将收到的担保物出售或再作为担保物的，披露该担保物的公允价值，以及企业是否承担了将担保物退回的义务。

（三）与担保物使用相关的期限和条件。

第二十三条 企业应当披露每类金融资产减值损失的详细信息，包括前后两期可比的金融资产减值准备期初余额、本期计提数、本期转回数、期末余额之间的调节信息等。

第二十四条 企业应当披露与违约借款有关的下列信息：

（一）违约（本期没有按合同如期还款的借款本金、利息等）性质及原因。

（二）资产负债表日违约借款的账面价值。

（三）在财务报告批准对外报出前，就违约事项已采取的补救措施、与债权人协商将借款展期等情况。

第二十五条 企业应当披露与每类套期保值有关的下列信息：

（一）套期关系的描述。

（二）套期工具的描述及其在资产负债表日的公允价值。

（三）被套期风险的性质。

第二十六条 企业应当披露与现金流量套期有关的下列信息：

（一）现金流量预期发生及其影响损益的期间。

（二）以前运用套期会计方法处理但预期不会发生的预期交易的描述。

（三）本期在所有者权益中确认的金额。

（四）本期从所有者权益中转出、直接计入当期损益的金额。

（五）本期从所有者权益中转出、直接计入预期交易形成的非金融资产或非金融负债初始确认金额的金额。

（六）本期无效套期形成的利得或损失。

第二十七条 对于公允价值套期，企业应当披露本期套期工具形成的利得或损失，以及被套期项目因被套期风险形成的利得或损失。

第二十八条 对于境外经营净投资套期，企业应当披露本期无效套期形成的利得或损失。

第二十九条 除本准则第三十一条的规定外，企业应当按照每类金融资产和金融负债披露下列公允价值信息：

（一）确定公允价值所采用的方法，包括全部或部分直接参考活跃市场中的报价或采用估值技术等。采用估值技术的，按照各类金融资产或金融负债分别披露相关估值假设，包括提前还款率、预计信用损失率、利率或折现率等。

（二）公允价值是否全部或部分采用估值技术确定，而该估值技术没有以相同金融工具的当前公开交易价格和易于获得的市场数据作为估值假设。这种估值技术对估值假设具有重大敏感性的，披露这一事实及改变估值假设可能产生的影响，同时披露采用这种估值技术确定的公允价值的本期变动额计入当期损益的数额。

企业在判断估值技术对估值假设是否具有重大敏感性时，应当综合考虑净利润、资产总额、负债总额、所有者权益总额（适用于公允价值变动计入所有者权益的情形）等因素。

金融资产和金融负债的公允价值应当以总额为基础披露（在资产负债表中金融资产和金融负债按净额列示的除外），且披露方式应当有利于财务报告使用者比较金融资产和金融负债的公允价值和账面价值。

第三十条 对于不存在活跃市场的金融资产或金融负债，根据《企业会计准则第22号——金融工具确认和计量》第五十二条（三）的规定，采用更公允的相同金融工具的公开交易价格或估值结果计量的，应当按照金融资产或金融负债的类别披露下列信息：

（一）在损益中确认原实际交易价格与公允价值之间形成的差异所采用的会计政策。

（二）该项差异的期初和期末余额。

第三十一条 企业可以不披露下列金融资产或金融负债的公允价值信息：

（一）其账面价值与公允价值相差很小的短期金融资产或金融负债。

（二）活跃市场中没有报价的权益工具投资，以及与该权益工具挂钩并须通过交付该权益工具结算的衍生工具。

第三十二条 企业应当披露在活跃市场中没有报价的权益工具投资，以及与该权益工具挂钩并须通过交付该权益工具结算的衍生工具有关的下列信息：

（一）因公允价值不能可靠计量而未作相关公允价值披露的事实。

（二）该金融工具的描述、账面价值以及公允价值不能可靠计量的原因。

（三）该金融工具相关市场的描述。

（四）企业是否有意处置该金融工具以及可能的处置方式。

（五）本期已终止确认该金融工具的，应当披露该金融工具终止确认时的账面价值以及终止确认形成的损益。

第三十三条 企业应当披露与金融工具有关的下列收入、费用、利得或损失：

（一）本期以公允价值计量且其变动计入当期损益的金融资产或金融负债、持有至到期投资、贷款和应收款项、可供出售金融资产、按摊余成本计量的金融负债的净利得或净损失。

（二）本期按实际利率法计算确认的金融资产或金融负债利息收入总额或利息费用总额。

（三）下列项目形成的、在确定实际利率时未包括的手续费收入或支出：

1.以公允价值计量且其变动计入当期损益的金融资产或金融负债以外的金融资产或金融负债；

2.企业为他人管理信托财产和其他托管行为。

（四）已发生减值的金融资产产生的利息收入。

（五）持有至到期投资、贷款和应收款项、可供出售金融资产本期发生的减值损失。

第三十四条 企业应当披露与各类金融工具风险相关的描述性信息和数量信息。

（一）描述性信息

1.风险敞口及其形成原因。

2.风险管理目标、政策和过程以及计量风险的方法。

上述描述性信息在本期发生改变的，应当作相应说明。

（二）数量信息

1.资产负债表日风险敞口总括数据。企业在提供该数据时，应当以内部提供给关键管理人员的相关信息为基础。企业运用多种方法管理风险的，应当说明哪种方法能提供最相关和可靠的信息。

2.按照本准则第三十五条至第四十五条规定提供的信息。

3.资产负债表日风险集中信息。风险集中信息应当包括管理层如何确定风险集中点的说明、确定各风险集中点的参考因素（包括交易对手、地理区域、货币种类、市场类型等）、各风险集中点相关的风险敞口金额。

上述数量信息不能代表企业本期风险敞口情况的，应当进一步提供相关信息。

第三十五条 企业应当披露与每类金融工具信用风险有关的下列信息：

（一）在不考虑可利用的担保物或其他信用增级（如不符合相互抵销条件的净额结算协议等）的情况下，最能代表企业资产负债表日最大信用风险敞口的金额，以及可利用担保物或其他信用增级的信息。

（二）尚未逾期和发生减值的金融资产的信用质量信息。

（三）原已逾期或发生减值但相关合同条款已重新商定过的金融资产的账面价值。

第三十六条 最能代表企业资产负债表日最大信用风险敞口的金融资产金额，应当是金融资产的账面余额扣除下列两项金额后的余额：

（一）按照本准则第十三条规定已抵销的金额；

（二）已对该金融资产确认的减值损失。

第三十七条 企业应当按照类别披露已逾期或发生减值的金融资产的下列信息：

（一）资产负债表日已逾期但未减值的金融资产的期限分析。

（二）资产负债表日单项确定为已发生减值的金融资产信息，以及判断该金融资产发生减值所考虑的因素。

（三）企业持有的、与各类金融资产对应的担保物和其他信用增级对应的资产及其公允价值。相关公允价值确实难以估计的，应当予以说明。

第三十八条 企业本期因债务人违约而处置担保物或其他信用增级对应的资产所取得的金融资产或非金融资产满足资产确认条件的，应当披露下列信息：

（一）所取得资产的性质和账面价值。

（二）这些资产不易转换为现金的，应当披露处置这些资产或拟将其用于日常经营的计划等。

第三十九条 企业应当披露金融资产和金融负债按剩余到期日所作的到期期限分析，以及管理这些金融资产和金融负债流动风险的方法。

流动风险，是指企业在履行与金融负债有关的义务时遇到资金短缺的风险。

第四十条 企业在披露金融资产和金融负债到期期限分析时，应当运用职业判断确定适当的时间段。列入各时间段内的金融资产和金融负债金额，应当是未经折现的合同现金流量。

企业可以但不限于按下列时间段进行到期期限分析：

（一）一个月以内（含本数，下同）；

（二）一个月至三个月以内；

（三）三个月至一年以内；

（四）一年至五年以内；

（五）五年以上。

第四十一条 债权人可以选择收回债权时间的，债务人应当将相应的金融负债列入债权人要求收回债权的最早时间段内。

债务人应付债务金额不固定的，应当根据资产负债表日的情况确定用于到期期限分析的金额。

债务人承诺分期支付金融负债的，债权人应当把每期将收取的款项列入相应的最早时间段内；债务人应当把每期将支付的款项列入相应的最早时间段内。

债权人吸收的活期存款以及其他具有活期性质的存款，应当列入最早的时间段内。

第四十二条 金融工具的市场风险，是指金融工具的公允价值或未来现金流量因市场价格变动而发生波动的风险，包括外汇风险、利率风险和其他价格风险。

外汇风险，是指金融工具的公允价值或未来现金流量因外汇汇率变动而发生波动的风险。

利率风险，是指金融工具的公允价值或未来现金流量因市场利率变动而发生波动的风险。

其他价格风险，是指外汇风险和利率风险以外的市场风险。

第四十三条 企业应当披露与敏感性分析有关的下列信息：

（一）资产负债表日所面临的各类市场风险的敏感性分析。该项披露应当反映资产负债表日相关风险变量发生合理、可能的变动时，将对企业当期损益或所有者权益产生的影响。

（二）本期敏感性分析所使用的方法和假设。该方法和假设与前一期不同的，应当披露发生改变的原因。

第四十四条 企业采用风险价值法或类似方法进行敏感性分析能够反映风险变量之间（如利率和汇率之间等）的关联性，且企业已采用该种方法管理财务风险的，可不按照本准则第四十三条的规定进行披露，但应当披露下列信息：

（一）用于该种敏感性分析的方法、选用的主要参数和假设。

（二）所使用方法的目的，以及使用该种方法不能充分反映相关金融资产和金融负债公允价值的可能性。

第四十五条 按照本准则第四十三条或第四十四条对敏感性分析的披露不能反映金融工具内在市场风险的，企业应当披露这一事实及其原因。

三十九、企业会计准则第38号——首次执行企业会计准则

企业会计准则第38号——首次执行企业会计准则

第一章 总 则

第一条 为了规范首次执行企业会计准则对会计要素的确认、计量和财务报表列报，根据《企业会计准则——基本准则》，制定本准则。

第二条 首次执行企业会计准则，是指企业第一次执行企业会计准则体系，包括基本准则、具体准则和会计准则应用指南。

第三条 首次执行企业会计准则后发生的会计政策变更，适用《企业会计准则第28号——会计政策、会计估计变更和差错更正》。

第二章 确认和计量

第四条 在首次执行日，企业应当对所有资产、负债和所有者权益按照企业会计准则的规定进行重新分类、确认和计量，并编制期初资产负债表。

编制期初资产负债表时，除按照本准则第五条至第十九条规定要求追溯调整的项目外，其他项目不应追溯调整。

第五条 对于首次执行日的长期股权投资，应当分别下列情况处理：

（一）根据《企业会计准则第20号——企业合并》属于同一控制下企业合并产生的长期股权投资，尚未摊销完毕的股权投资差额应全额冲销，并调整留存收益，以冲销股权投资差额后的长期股权投资账面余额作为首次执行日的认定成本。

（二）除上述（一）以外的其他采用权益法核算的长期股权投资，存在股权投资贷方差额的，应冲销贷方差额，调整留存收益，并以冲销贷方差额后的长期股权投资账面余额作为首次执行日的认定成本；存在股权投资借方差额的，应当将长期股权投资的账面余额作为首次执行日的认定成本。

第六条 对于有确凿证据表明可以采用公允价值模式计量的投资性房地产，在首次执行日可以按照公允价值进行计量，并将账面价值与公允价值的差额调整留存收益。

第七条 在首次执行日，对于满足预计负债确认条件且该日之前尚未计入资产成本的弃置费用，应当增加该项资产成本，并确认相应的负债；同时，将应补提的折旧（折耗）调整留存收益。

第八条 对于首次执行日存在的解除与职工的劳动关系计划，满足《企业会计准则第9号——职工薪酬》预计负债确认条件的，应当确认因解除与职工的劳动关系给予补偿而产生的负债，并调整留存收益。

第九条 对于企业年金基金在运营中所形成的投资，应当在首次执行日按照公允价值进行计量，并将账面价值与公允价值的差额调整留存收益。

第十条 对于可行权日在首次执行日或之后的股份支付，应当根据《企业会计准则第11号——股份支付》的规定，按照权益工具、其他方服务或承担的以权益工具为基础计算确定的负债的公允价值，将应计入首次执行日之前等待期的成本费用金额调整留存收益，相应增加所有者权益或负债。

首次执行日之前可行权的股份支付，不应追溯调整。

第十一条 在首次执行日，企业应当按照《企业会计准则第13号——或有事项》的规定，将满足预计负债确认条件的重组义务，确认为负债，并调整留存收益。

第十二条 企业应当按照《企业会计准则第18号——所得税》的规定，在首次执行日对资产、负债的账面价值与计税基础不同形成的暂时性差异的所得税影响进行追溯调整，并将影响金额调整留存收益。

第十三条 除下列项目外，对于首次执行日之前发生的企业合并不应追溯调整：

（一）按照《企业会计准则第20号——企业合并》属于同一控制下企业合并，原已确认商誉的摊余价值应当全额冲销，并调整留存收益。

按照该准则的规定属于非同一控制下企业合并的，应当将商誉在首次执行日的摊余价值作为认定成本，不再进行摊销。

（二）首次执行日之前发生的企业合并，合并合同或协议中约定根据未来事项的发生对合并成本进行调整的，如果首次执行日预计未来事项很可能发生并对合并成本的影响金额能够可靠计量的，应当按照该

影响金额调整已确认商誉的账面价值。

（三）企业应当按照《企业会计准则第 8 号——资产减值》的规定，在首次执行日对商誉进行减值测试，发生减值的，应当以计提减值准备后的金额确认，并调整留存收益。

第十四条 在首次执行日，企业应当将所持有的金融资产（不含《企业会计准则第 2 号——长期股权投资》规范的投资），划分为以公允价值计量且其变动计入当期损益的金融资产、持有至到期投资、贷款和应收款项、可供出售金融资产。

（一）划分为以公允价值计量且其变动计入当期损益或可供出售金融资产的，应当在首次执行日按照公允价值计量，并将账面价值与公允价值的差额调整留存收益。

（二）划分为持有至到期投资、贷款和应收款项的，应当自首次执行日起改按实际利率法，在随后的会计期间采用摊余成本计量。

第十五条 对于在首次执行日指定为以公允价值计量且其变动计入当期损益的金融负债，应当在首次执行日按照公允价值计量，并将账面价值与公允价值的差额调整留存收益。

第十六条 对于未在资产负债表内确认、或已按成本计量的衍生金融工具（不包括套期工具），应当在首次执行日按照公允价值计量，同时调整留存收益。

第十七条 对于嵌入衍生金融工具，按照《企业会计准则第 22 号——金融工具确认和计量》规定应从混合工具分拆的，应当在首次执行日将其从混合工具分拆并单独处理，但嵌入衍生金融工具的公允价值难以合理确定的除外。

对于企业发行的包含负债和权益成分的非衍生金融工具，应当按照《企业会计准则第 37 号——金融工具列报》的规定，在首次执行日将负债和权益成分分拆，但负债成分的公允价值难以合理确定的除外。

第十八条 在首次执行日，对于不符合《企业会计准则第 24 号——套期保值》规定的套期会计方法运用条件的套期保值，应当终止采用原套期会计方法，并按照《企业会计准则第 24 号——套期保值》处理。

第十九条 发生再保险分出业务的企业，应当在首次执行日按照《企业会计准则第 26 号——再保险合同》的规定，将应向再保险接受人摊回的相应准备金确认为资产，并调整各项准备金的账面价值。

第三章 列 报

第二十条 在首次执行日后按照企业会计准则编制的首份年度财务报表（以下简称首份年度财务报表）期间，企业应当按照《企业会计准则第 30 号——财务报表列报》和《企业会计准则第 31 号——现金流量表》的规定，编报资产负债表、利润表、现金流量表和所有者权益变动表及附注。

对外提供合并财务报表的，应当遵循《企业会计准则第 33 号——合并财务报表》的规定。

在首份年度财务报表涵盖的期间内对外提供中期财务报告的，应当遵循《企业会计准则第 32 号——中期财务报告》的规定。

企业应当在附注中披露首次执行企业会计准则财务报表项目金额的变动情况。

第二十一条 首份年度财务报表至少应当包括上年度按照企业会计准则列报的比较信息。财务报表项目的列报发生变更的，应当对上年度比较数据按照企业会计准则的列报要求进行调整，但不切实可行的除外。

对于原未纳入合并范围但按照《企业会计准则第 33 号——合并财务报表》规定应纳入合并范围的子公司，在上年度的比较合并财务报表中，企业应当将该子公司纳入合并范围。对于原已纳入合并范围但按照该准则规定不应纳入合并范围的子公司，在上年度的比较合并财务报表中，企业不应将该子公司纳入合并范围。上年度比较合并财务报表中列示的少数股东权益，应当按照该准则的规定，在所有者权益类列示。

应当列示每股收益的企业，比较财务报表中上年度的每股收益按照《企业会计准则第 34 号——每股收益》的规定计算和列示。

应当披露分部信息的企业，比较财务报表中上年度关于分部的信息按照《企业会计准则第 35 号——分部报告》的规定披露。

第八部分　企业会计准则应用指南

一、财政部关于印发《企业会计准则——应用指南》的通知

财政部关于印发《企业会计准则——应用指南》的通知

财会[2006]18号

国务院有关部委，有关直属机构，各省、自治区、直辖市、计划单列市财政厅（局），新疆生产建设兵团财务局，有关中央管理企业：

根据《企业会计准则——基本准则》（中华人民共和国财政部令第33号）和《财政部知于印发〈企业会计准是第1号——存货〉第38项具体准则的通知》（财会[2006]3号），我部制定了《企业会计准则——应用指南》，现予印发，自2007年1月1日起在上市公司范围内施行，鼓励其他企业执行。执行《企业会计准则——应用指南》的企业，不再执行现行准则，《企业会计制度》、《金融企业会计制度》、各项专业核算办法和问题解答。

执行中有何问题，请及时反馈我部。

中华人民共和国财政部

二〇〇六年十月三十日

二、《企业会计准则第1号——存货》应用指南

《企业会计准则第1号——存货》应用指南

一、商品存货的成本

本准则第六条规定，存货的采购成本，包括购买价款、相关税费、运输费、装卸费、保险费以及其他可归属于存货采购成本的费用。

企业（商品流通）在采购商品过程中发生的运输费、装卸费、保险费以及其他可归属于存货采购成本的费用等进货费用，应当计入存货采购成本，也可以先进行归集，期末根据所购商品的存销情况进行分摊。对于已售商品的进货费用，计入当期损益；对于未售商品的进货费用，计入期末存货成本。企业采购商品的进货费用金额较小的，可以在发生时直接计入当期损益。

二、周转材料的处理

周转材料，是指企业能够多次使用、逐渐转移其价值但仍保持原有形态不确认为固定资产的材料，如包装物和低值易耗品，应当采用一次转销法或者五五摊销法进行摊销；企业（建造承包商）的钢模板、木模板、脚手架和其他周转材料等，可以采用一次转销法、五五摊销法或者分次摊销法进行摊销。

三、存货的可变现净值

（一）可变现净值的特征

可变现净值的特征表现为存货的预计未来净现金流量，而不是存货的售价或合同价。

企业预计的销售存货现金流量，并不完全等于存货的可变现净值。存货在销售过程中可能发生的销售费用和相关税费，以及为达到预定可销售状态还可能发生的加工成本等相关支出，构成现金流入的抵减项目。企业预计的销售存货现金流量，扣除这些抵减项目后，才能确定存货的可变现净值。

（二）以确凿证据为基础计算确定存货的可变现净值

存货可变现净值的确凿证据，是指对确定存货的可变现净值有直接影响的客观证明，如产成品或商品的市场销售价格、与产成品或商品相同或类似商品的市场销售价格、销货方提供的有关资料和生产成本资料等。

（三）不同存货可变现净值的确定

1. 产成品、商品和用于出售的材料等直接用于出售的商品存货，在正常生产经营过程中，应当以该存货的估计售价减去估计的销售费用和相关税费后的金额，确定其可变现净值。

2. 需要经过加工的材料存货，在正常生产经营过程中，应当以所生产的产成品的估计售价减去至完工时估计将要发生的成本、估计的销售费用和相关税费后的金额，确定其可变现净值。

3. 资产负债表日，同一项存货中一部分有合同价格约定、其他部分不存在合同价格的，应当分别确定其可变现净值，并与其相对应的成本进行比较，分别确定存货跌价准备的计提或转回的金额。

三、《企业会计准则第 2 号——长期股权投资》应用指南

《企业会计准则第 2 号——长期股权投资》应用指南

一、本准则规范的范围

（一）企业持有的能够对被投资单位实施控制的权益性投资，即对子公司投资。

（二）企业持有的能够与其他合营方一同对被投资单位实施共同控制的权益性投资，即对合营企业投资。

（三）企业持有的能够对被投资单位施加重大影响的权益性投资，即对联营企业投资。

（四）企业对被投资单位不具有控制、共同控制或重大影响，且在活跃市场中没有报价、公允价值不能可靠计量的权益性投资。

除上述情况以外，企业持有的其他权益性投资，应当按照《企业会计准则第 22 号——金融工具确认和计量》的规定处理。

二、长期股权投资的初始投资成本

本准则第四条（三）所称投资者投入的长期股权投资，是指投资者将其持有的对第三方的投资作为出资投入企业形成的长期股权投资。

企业取得长期股权投资，实际支付的价款或对价中包含的已宣告但尚未发放的现金股利或利润，作为应收项目处理，不构成取得长期股权投资的成本。

三、长期股权投资的权益法核算

（一）投资损益的处理

1. 根据本准则第十二条规定，确认投资损益时，应当以取得投资时被投资单位各项可辨认资产等的公允价值为基础，对被投资单位的净利润进行调整后加以确定。比如，以取得投资时被投资单位固定资产、无形资产的公允价值为基础计提的折旧额或摊销额，相对于被投资单位已计提的折旧额、摊销额之间存在差额的，应按其差额对被投资单位净损益进行调整，并按调整后的净损益和持股比例计算确认投资损益。在进行有关调整时，应当考虑具有重要性的项目。

2. 存在下列情况之一的，可以按照被投资单位的账面净损益与持股比例计算确认投资损益，但应当在附注中说明这一事实及其原因。

(1)无法可靠确定投资时被投资单位各项可辨认资产等的公允价值；

(2)投资时被投资单位可辨认资产等的公允价值与其账面价值之间的差额较小；

(3)其他原因导致无法对被投资单位净损益进行调整。

3. 本准则第十一条规定的其他实质上构成对被投资单位净投资的长期权益，通常是指长期应收项目。比如，企业对被投资单位的长期债权，该债权没有明确的清收计划、且在可预见的未来期间不准备收回的，实质上构成对被投资单位的净投资。

在确认应分担被投资单位发生的亏损时，应当按照以下顺序进行处理：

首先，冲减长期股权投资的账面价值。

其次，长期股权投资的账面价值不足以冲减的，应当以其他实质上构成对被投资单位净投资的长期权益账面价值为限继续确认投资损失，冲减长期应收项目等的账面价值。

最后，经过上述处理，按照投资合同或协议约定企业仍承担额外义务的，应按预计承担的义务确认预计负债，计入当期投资损失。

被投资单位以后期间实现盈利的，企业扣除未确认的亏损分担额后，应按与上述相反的顺序处理，减记已确认预计负债的账面余额、恢复其他实质上构成对被投资单位净投资的长期权益及长期股权投资的账面价值，同时确认投资收益。

（二）被投资单位除净损益以外所有者权益其他变动的处理

对于被投资单位除净损益以外所有者权益的其他变动，在持股比例不变的情况下，企业按照持股比例计算应享有或承担的部分，调整长期股权投资的账面价值，同时增加或减少资本公积（其他资本公积）。

四、共同控制经营及共同控制资产

（一）共同控制经营

企业使用本企业的资产或其他经济资源与其他合营方共同进行某项经济活动（该经济活动不构成独立的会计主体），并且按照合同或协议约定对该经济活动实施共同控制的，为共同控制经营。在共同控制经营下，每一合营方归集本企业发生的相关成本费用，同时按照合营合同或协议约定分享合营产生的收入。共同控制经营的合营方，应当按照以下原则进行处理：

1. 确认其所控制的用于共同控制经营的资产及发生的负债。

2. 确认与共同控制经营有关的成本费用及共同控制经营产生收入的份额。

（二）共同控制资产

企业与其他合营方共同投入或出资购买一项或多项资产（有关的资产不构成独立的会计主体），按照合同或协议约定对有关的资产实施共同控制的，为共同控制资产。每一合营方通过其所控制的资产份额享有共同控制资产带来的未来经济利益，按照合同或协议约定分享相关的产出并分担所发生费用。比如，两个企业共同控制一栋出租的房屋，每一合营方均享有该房屋出租收入的一定份额并承担相应的费用。共同控制资产的合营方，应当按照以下原则进行处理：

1. 根据共同控制资产的性质，如固定资产、无形资产等，确认本企业拥有该资产的份额。

2. 确认与其他合营方共同承担的负债中应由本企业负担的部分以及本企业直接承担的与共同控制资产相关的负债。

3. 确认共同控制资产产生的收入中应由本企业享有的部分。

4. 确认与其他合营方共同发生的费用中应由本企业负担的部分以及本企业直接发生的与共同控制资产相关的费用。

四、《企业会计准则第3号——投资性房地产》应用指南

《企业会计准则第3号——投资性房地产》应用指南

一、投资性房地产的范围

根据本准则第二条和第三条规定，投资性房地产是指为赚取租金或资本增值，或两者兼有而持有的房地产，包括已出租的土地使用权、持有并准备增值后转让的土地使用权、已出租的建筑物。

（一）已出租的土地使用权和已出租的建筑物，是指以经营租赁方式出租的土地使用权和建筑物。其中，用于出租的土地使用权是指企业通过出让或转让方式取得的土地使用权；用于出租的建筑物是指企业拥有产权的建筑物。

（二）持有并准备增值后转让的土地使用权，是指企业取得的、准备增值后转让的土地使用权。

按照国家有关规定认定的闲置土地，不属于持有并准备增值后转让的土地使用权。

（三）某项房地产，部分用于赚取租金或资本增值、部分用于生产商品、提供劳务或经营管理，能够单独计量和出售的、用于赚取租金或资本增值的部分，应当确认为投资性房地产；不能够单独计量和出售的、用于赚取租金或资本增值的部分，不确认为投资性房地产。

（四）企业将建筑物出租，按租赁协议向承租人提供的相关辅助服务在整个协议中不重大的，如企业将办公楼出租并向承租人提供保安、维修等辅助服务，应当将该建筑物确认为投资性房地产。

企业拥有并自行经营的旅馆饭店，其经营目的主要是通过提供客房服务赚取服务收入，该旅馆饭店不确认为投资性房地产。

二、投资性房地产的后续计量

企业通常应当采用成本模式对投资性房地产进行后续计量，也可采用公允价值模式对投资性房地产进行后续计量。但同一企业只能采用一种模式对所有投资性房地产进行后续计量，不得同时采用两种计量模式。

（一）采用成本模式对投资性房地产进行后续计量

在成本模式下，应当按照《企业会计准则第4号——固定资产》和《企业会计准则第6号——无形资产》的规定，对投资性房地产进行计量，计提折旧或摊销；存在减值迹象的，应当按照《企业会计准则第8号——资产减值》的规定进行处理。

（二）采用公允价值模式对投资性房地产进行后续计量根据本准则第十条规定，只有存在确凿证据表明投资性房地产的公允价值能够持续可靠取得的，才可以采用公允价值模式计量。采用公允价值模式计量的投资性房地产，应当同时满足下列条件：

1. 投资性房地产所在地有活跃的房地产交易市场。

所在地，通常是指投资性房地产所在的城市。对于大中型城市，应当为投资性房地产所在的城区。

2. 企业能够从活跃的房地产交易市场上取得同类或类似房地产的市场价格及其他相关信息，从而对投资性房地产的公允价值作出合理的估计。

同类或类似的房地产，对建筑物而言，是指所处地理位置和地理环境相同、性质相同、结构类型相同或相近、新旧程度相同或相近、可使用状况相同或相近的建筑物；对土地使用权而言，是指同一城区、同一位置区域、所处地理环境相同或相近、可使用状况相同或相近的土地。

三、投资性房地产的转换

（一）转换日的确定。

1. 投资性房地产开始自用，是指投资性房地产转为自用房地产。其转换日为房地产达到自用状态，企业开始将房地产用于生产商品、提供劳务或者经营管理的日期。

2. 作为存货的房地产改为出租，或者自用建筑物、自用土地使用权停止自用改为出租，其转换日为租赁期开始日。

（二）自用房地产或存货转换为采用公允价值模式计量的投资性房地产。

自用房地产或存货转换为采用公允价值模式计量的投资性房地产，该项投资性房地产应当按照转换日的公允价值计量。转换日的公允价值小于原账面价值的，其差额计入当期损益。转换日的公允价值大于原账面价值的，其差额作为资本公积（其他资本公积），计入所有者权益。处置该项投资性房地产时，原计入所有者权益的部分应当转入处置当期损益。

五、《企业会计准则第4号——固定资产》应用指南

《企业会计准则第4号——固定资产》应用指南

一、固定资产的折旧

（一）固定资产应当按月计提折旧，当月增加的固定资产，当月不计提折旧，从下月起计提折旧；当月减少的固定资产，当月仍计提折旧，从下月起不计提折旧。

固定资产提足折旧后，不论能否继续使用，均不再计提折旧；提前报废的固定资产，也不再补提折旧。提足折旧，是指已经提足该项固定资产的应计折旧额。应计折旧额，是指应当计提折旧的固定资产的原价扣除其预计净残值后的金额。已计提减值准备的固定资产，还应当扣除已计提的固定资产减值准备累计金额。

（二）已达到预定可使用状态但尚未办理竣工决算的固定资产，应当按照估计价值确定其成本，并计提折旧；待办理竣工决算后，再按实际成本调整原来的暂估价值，但不需要调整原已计提的折旧额。

二、固定资产的后续支出

固定资产的后续支出是指固定资产在使用过程中发生的更新改造支出、修理费用等。

固定资产的更新改造等后续支出，满足本准则第四条规定确认条件的，应当计入固定资产成本，如有被替换的部分，应扣除其账面价值；不满足本准则第四条规定确认条件的固定资产修理费用等，应当在发生时

计入当期损益。

三、固定资产的弃置费用

弃置费用通常是指根据国家法律和行政法规、国际公约等规定，企业承担的环境保护和生态恢复等义务所确定的支出，如核电站核设施等的弃置和恢复环境义务等。企业应当根据《企业会计准则第13号——或有事项》的规定，按照现值计算确定应计入固定资产成本的金额和相应的预计负债。油气资产的弃置费用，应当按照《企业会计准则第27号——石油天然气开采》及其应用指南的规定处理。

不属于弃置义务的固定资产报废清理费，应当在发生时作为固定资产处置费用处理。

四、备品备件和维修设备

备品备件和维修设备通常确认为存货，但符合固定资产定义和确认条件的，如企业（民用航空运输）的高价周转件等，应当确认为固定资产。

五、经营租入固定资产改良

企业以经营租赁方式租入的固定资产发生的改良支出，应予资本化，作为长期待摊费用，合理进行摊销。

六、《企业会计准则第5号——生物资产》应用指南

《企业会计准则第5号——生物资产》应用指南

一、生物资产与农产品

本准则规范的农业，包括种植业、畜牧养殖业、林业和水产业等。

有生命的动物和植物具有生物转化的能力，这种能力导致生物资产质量或数量发生变化，通常表现为生长、蜕化、生产和繁殖等。生物资产的形态、价值以及产生经济利益的方式，随其出生、成长、衰老、死亡等自然规律和生产经营活动的变化而变化。企业从事农业生产的目的，主要是增强生物资产的生物转化能力，最终获得更多的符合市场需要的农产品。

农产品与生物资产密不可分，当其附在生物资产上时，构成生物资产的一部分。收获的农产品从生物资产这一母体分离开始，不再具有生命和生物转化能力、或者其生命和生物转化能力受到限制，应当作为存货处理，比如，从用材林中采伐的木材、奶牛产出的牛奶、绵羊产出的羊毛、肉猪宰杀后的猪肉、收获后的蔬菜、从果树上采摘的水果等。

二、林木类消耗性生物资产

（一）郁闭通常指林木类消耗性生物资产的郁闭度达0.20以上（含0.20）。郁闭度是指森林中乔木树冠遮蔽地面的程度，是反映林分密度的指标，以林地树冠垂直投影面积与林地面积之比表示，完全覆盖地面为1。

不同林种、不同林分等对郁闭度指标的要求有所不同，比如，生产纤维原料的工业原材料林一般要求郁闭度相对较高；以培育珍贵大径材为主要目标的林木一般要求郁闭度相对较低。企业应当结合历史经验数据和自身实际情况，确定林木类消耗性生物资产的郁闭度及是否达到郁闭。各类林木类消耗性生物资产的郁闭度一经确定，不得随意变更。

（二）郁闭之前的林木类消耗性生物资产处在培植阶段，需要发生较多的造林费、抚育费、营林设施费、良种试验费、调查设计费等相关支出，这些支出应当予以资本化计入林木成本，郁闭之后的林木类消耗性生物资产基本上可以比较稳定地成活，一般只需要发生较少的管护费用，应当计入当期费用。

因择伐、间伐或抚育更新等生产性采伐而进行补植所发生的支出，应当予以资本化。

三、消耗性和生产性生物资产的减值迹象

根据本准则第二十一条规定，企业至少应当于每年年度终了对消耗性和生产性生物资产进行检查，有确凿证据表明生物资产发生减值的，应当计提消耗性生物资产跌价准备或生产性生物资产减值准备。

生物资产存在下列情形之一的，通常表明该生物资产发生了减值：

（一）因遭受火灾、旱灾、水灾、冻灾、台风、冰雹等自然灾害，造成消耗性或生产性生物资产发生实体损

坏,影响该资产的进一步生长或生产,从而降低其产生经济利益的能力。

(二)因遭受病虫害或动物疫病侵袭,造成消耗性或生产性生物资产的市场价格大幅度持续下跌,并且在可预见的未来无回升的希望。

(三)因消费者偏好改变而使企业消耗性或生产性生物资产收获的农产品的市场需求发生变化,导致市场价格逐渐下跌。

(四)因企业所处经营环境,如动植物检验检疫标准等发生重大变化,从而对企业产生不利影响,导致消耗性或生产性生物资产的市场价格逐渐下跌。

(五)其他足以证明消耗性或生产性生物资产实质上已经发生减值的情形。

四、天然起源的生物资产

天然林等天然起源的生物资产,有确凿证据表明企业能够拥有或者控制时,才能予以确认。

企业拥有或控制的天然起源的生物资产,通常并未进行相关的农业生产,如企业从土地、河流湖泊中取得的天然生长的天然林、水生动植物等。

根据本准则第十三条规定,企业应当按照名义金额确定天然起源的生物资产的成本,同时计入当期损益,名义金额为1元。

五、生物资产的后续计量

根据本准则规定,生物资产通常按照成本计量,但有确凿证据表明其公允价值能够持续可靠取得的除外。采用公允价值计量的生物资产,应当同时满足下列两个条件:

一是生物资产有活跃的交易市场。活跃的交易市场,是指同时具有下列特征的市场:(1)市场内交易的对象具有同质性;(2)可以随时找到自愿交易的买方和卖方;(3)市场价格的信息是公开的。

二是能够从交易市场上取得同类或类似生物资产的市场价格及其他相关信息,从而对生物资产的公允价值作出合理估计。同类或类似,是指生物资产的品种相同或类似、质量等级相同或类似、生长时间相同或类似、所处气候和地理环境相同或类似。

七、《企业会计准则第6号——无形资产》应用指南

《企业会计准则第6号——无形资产》应用指南

一、本准则不规范商誉的处理

本准则第三条规定,无形资产是指企业拥有或控制的没有实物形态的可辨认非货币性资产。无形资产主要包括专利权、非专利技术、商标权、著作权、土地使用权、特许权等。商誉的存在无法与企业自身分离,不具有可辨认性,不在本准则规范。

二、研究阶段与开发阶段

本准则将研究开发项目区分为研究阶段与开发阶段。企业应当根据研究与开发的实际情况加以判断。

(一)研究阶段研究阶段是探索性的,为进一步开发活动进行资料及相关方面的准备,已进行的研究活动将来是否会转入开发、开发后是否会形成无形资产等均具有较大的不确定性。

比如,意在获取知识而进行的活动,研究成果或其他知识的应用研究、评价和最终选择,材料、设备、产品、工序、系统或服务替代品的研究,新的或经改进的材料、设备、产品、工序、系统或服务的可能替代品的配制、设计、评价和最终选择等,均属于研究活动。

(二)开发阶段相对于研究阶段而言,开发阶段应当是已完成研究阶段的工作,在很大程度上具备了形成一项新产品或新技术的基本条件。比如,生产前或使用前的原型和模型的设计、建造和测试,不具有商业性生产经济规模的试生产设施的设计、建造和运营等,均属于开发活动。

三、开发支出的资本化

根据本准则第八条和第九条规定,企业内部研究开发项目研究阶段的支出,应当于发生时计入当期损益;开发阶段的支出,同时满足下列条件的,才能确认为无形资产:

(一)完成该无形资产以使其能够使用或出售在技术上具有可行性。

判断无形资产的开发在技术上是否具有可行性，应当以目前阶段的成果为基础，并提供相关证据和材料，证明企业进行开发所需的技术条件等已经具备，不存在技术上的障碍或其他不确定性。比如，企业已经完成了全部计划、设计和测试活动，这些活动是使资产能够达到设计规划书中的功能、特征和技术所必需的活动，或经过专家鉴定等。

（二）具有完成该无形资产并使用或出售的意图。企业能够说明其开发无形资产的目的。

（三）无形资产产生经济利益的方式。无形资产是否能够为企业带来经济利益，应当对运用该无形资产生产产品的市场情况进行可靠预计，以证明所生产的产品存在市场并能够带来经济利益，或能够证明市场上存在对该无形资产的需求。

（四）有足够的技术、财务资源和其他资源支持，以完成该无形资产的开发，并有能力使用或出售该无形资产。

企业能够证明可以取得无形资产开发所需的技术、财务和其他资源，以及获得这些资源的相关计划。企业自有资金不足以提供支持的，应能够证明存在外部其他方面的资金支持，如银行等金融机构声明愿意为该无形资产的开发提供所需资金等。

（五）归属于该无形资产开发阶段的支出能够可靠地计量。企业对研究开发的支出应当单独核算，比如，直接发生的研发人员工资、材料费，以及相关设备折旧费等。同时从事多项研究开发活动的，所发生的支出应当按照合理的标准在各项研究开发活动之间进行分配；无法合理分配的，应当计入当期损益。

四、估计无形资产使用寿命应当考虑的相关因素

根据本准则第十七条和第十九条规定，使用寿命有限的无形资产应当摊销，使用寿命不确定的无形资产不予摊销。

（一）企业持有的无形资产，通常来源于合同性权利或其他法定权利，且合同规定或法律规定有明确的使用年限。

来源于合同性权利或其他法定权利的无形资产，其使用寿命不应超过合同性权利或其他法定权利的期限；合同性权利或其他法定权利在到期时因续约等延续、且有证据表明企业续约不需要付出大额成本的，续约期应当计入使用寿命。合同或法律没有规定使用寿命的，企业应当综合各方面因素判断，以确定无形资产能为企业带来经济利益的期限。比如，与同行业的情况进行比较、参考历史经验，或聘请相关专家进行论证等。

按照上述方法仍无法合理确定无形资产为企业带来经济利益期限的，该项无形资产应作为使用寿命不确定的无形资产。

（二）企业确定无形资产使用寿命通常应当考虑的因素。

1. 运用该资产生产的产品通常的寿命周期、可获得的类似资产使用寿命的信息；
2. 技术、工艺等方面的现阶段情况及对未来发展趋势的估计；
3. 以该资产生产的产品或提供服务的市场需求情况；
4. 现在或潜在的竞争者预期采取的行动；
5. 为维持该资产带来经济利益能力的预期维护支出，以及企业预计支付有关支出的能力；
6. 对该资产控制期限的相关法律规定或类似限制，如特许使用期、租赁期等；
7. 与企业持有其他资产使用寿命的关联性等。

五、无形资产的摊销

根据本准则第十七条规定，无形资产的摊销金额一般应当计入当期损益。某项无形资产包含的经济利益通过所生产的产品或其他资产实现的，其摊销金额应当计入相关资产的成本。

六、土地使用权的处理

企业取得的土地使用权通常应确认为无形资产，但改变土地使用权用途，用于赚取租金或资本增值的，应当将其转为投资性房地产。

自行开发建造厂房等建筑物，相关的土地使用权与建筑物应当分别进行处理。外购土地及建筑物支付的价款应当在建筑物与土地使用权之间进行分配；难以合理分配的，应当全部作为固定资产。

企业（房地产开发）取得土地用于建造对外出售的房屋建筑物，相关的土地使用权账面价值应当计入所建造的房屋建筑物成本。

八、《企业会计准则第7号——非货币性资产交换》应用指南

《企业会计准则第7号——非货币性资产交换》应用指南

一、非货币性资产交换的认定

非货币性资产交换是指交易双方通过存货、固定资产、无形资产和长期股权投资等非货币性资产进行的交换，有时也涉及少量货币性资产（即补价）。认定涉及少量货币性资产的交换为非货币性资产交换，通常以补价占整个资产交换金额的比例低于25%作为参考。

支付的货币性资产占换入资产公允价值（或占换出资产公允价值与支付的货币性资产之和）的比例，或者收到的货币性资产占换出资产公允价值（或占换入资产公允价值和收到的货币性资产之和）的比例低于25%的，视为非货币性资产交换，适用本准则；高于25%（含25%）的，视为以货币性资产取得非货币性资产，适用其他相关准则。

二、商业实质的判断

企业应当遵循实质重于形式的要求判断非货币性资产交换是否具有商业实质。根据换入资产的性质和换入企业经营活动的特征等，换入资产与换入企业其他现有资产相结合能够产生更大的效用，从而导致换入企业受该换入资产影响产生的现金流量与换出资产明显不同，表明该项资产交换具有商业实质。

根据本准则第四条规定，满足下列条件之一的非货币性资产交换具有商业实质：

（一）换入资产的未来现金流量在风险、时间和金额方面与换出资产显著不同。这种情况通常包括下列情形：

1. 未来现金流量的风险、金额相同，时间不同。此种情形是指换入资产和换出资产产生的未来现金流量总额相同，获得这些现金流量的风险相同，但现金流量流入企业的时间明显不同。

2. 未来现金流量的时间、金额相同，风险不同。此种情形是指换入资产和换出资产产生的未来现金流量时间和金额相同，但企业获得现金流量的不确定性程度存在明显差异。

3. 未来现金流量的风险、时间相同，金额不同。此种情形是指换入资产和换出资产产生的未来现金流量总额相同，预计为企业带来现金流量的时间跨度相同，风险也相同，但各年产生的现金流量金额存在明显差异。

（二）换入资产与换出资产的预计未来现金流量现值不同，且其差额与换入资产和换出资产的公允价值相比是重大的。

这种情况是指换入资产对换入企业的特定价值（即预计未来现金流量现值）与换出资产存在明显差异。本准则所指资产的预计未来现金流量现值，应当按照资产在持续使用过程中和最终处置时所产生的预计税后未来现金流量，根据企业自身而不是市场参与者对资产特定风险的评价，选择恰当的折现率对其进行折现后的金额加以确定。

三、换入资产或换出资产公允价值的可靠计量

符合下列情形之一的，表明换入资产或换出资产的公允价值能够可靠地计量。

（一）换入资产或换出资产存在活跃市场。对于存在活跃市场的存货、长期股权投资、固定资产、无形资产等非货币性资产，应当以该资产的市场价格为基础确定其公允价值。

（二）换入资产或换出资产不存在活跃市场、但同类或类似资产存在活跃市场。对于同类或类似资产存在活跃市场的存货、长期股权投资、固定资产、无形资产等非货币性资产，应当以同类或类似资产市场价格为基础确定其公允价值。

（三）换入资产或换出资产不存在同类或类似资产的可比市场交易，应当采用估值技术确定其公允价值。该公允价值估计数的变动区间很小，或者在公允价值估计数变动区间内，各种用于确定公允价值估计数的概率能够合理确定的，视为公允价值能够可靠计量。

四、非货币性资产交换的会计处理

非货币性资产交换具有商业实质且公允价值能够可靠计量的，在发生补价的情况下，支付补价方，应当以换出资产的公允价值加上支付的补价（或换入资产的公允价值）和应支付的相关税费，作为换入资产的成本；收到补价方，应当以换出资产的公允价值减去补价（或换入资产的公允价值）加上应支付的相关税费，作

为换入资产的成本。

换出资产公允价值与其账面价值的差额，应当分别不同情况处理：

换出资产为存货的，应当作为销售处理，按照《企业会计准则第 14 号——收入》以其公允价值确认收入，同时结转相应的成本。

换出资产为固定资产、无形资产的，换出资产公允价值与其账面价值的差额，计入营业外收入或营业外支出。

换出资产为长期股权投资的，换出资产公允价值与其账面价值的差额，计入投资损益。

九、《企业会计准则第 8 号——资产减值》应用指南

《企业会计准则第 8 号——资产减值》应用指南

一、估计资产可收回金额应当遵循重要性要求

企业应当在资产负债表日判断资产是否存在可能发生减值的迹象。资产存在减值迹象的，应当进行减值测试，估计资产的可收回金额。在估计资产可收回金额时，应当遵循重要性要求。

（一）以前报告期间的计算结果表明，资产可收回金额显著高于其账面价值，之后又没有发生消除这一差异的交易或者事项的，资产负债表日可以不重新估计该资产的可收回金额。

（二）以前报告期间的计算与分析表明，资产可收回金额相对于某种减值迹象反应不敏感，在本报告期间又发生了该减值迹象的，可以不因该减值迹象的出现而重新估计该资产的可收回金额。比如，当期市场利率或市场投资报酬率上升，对计算资产未来现金流量现值采用的折现率影响不大的，可以不重新估计资产的可收回金额。

二、预计资产未来现金流量应当考虑的因素和采用的方法

（一）预计资产未来现金流量应当考虑的主要因素

1. 预计资产未来现金流量和折现率，应当在一致的基础上考虑因一般通货膨胀而导致物价上涨等因素的影响。如果折现率考虑了这一影响因素，资产预计未来现金流量也应当考虑；折现率没有考虑这一影响因素的，预计未来现金流量则不予考虑。

2. 预计资产未来现金流量，应当分析以前期间现金流量预计数与实际数的差异情况，以评判预计当期现金流量所依据的假设的合理性。通常应当确保当期预计现金流量所依据假设与前期实际结果相一致。

3. 预计资产未来现金流量应当以资产的当前状况为基础，不应包括与将来可能会发生的、尚未作出承诺的重组事项有关或者与资产改良有关的预计未来现金流量。未来发生的现金流出是为了维持资产正常运转或者原定正常产出水平所必需的，预计资产未来现金流量时应当将其考虑在内。

4. 预计在建工程、开发过程中的无形资产等的未来现金流量，应当包括预期为使该资产达到预定可使用或可销售状态而发生的全部现金流出。

5. 资产的未来现金流量受内部转移价格影响的，应当采用在公平交易前提下企业管理层能够达成的最佳价格估计数进行预计。

（二）预计资产未来现金流量的方法预计资产未来现金流量，通常应当根据资产未来期间最有可能产生的现金流量进行预测。采用期望现金流量法更为合理的，应当采用期望现金流量法预计资产未来现金流量。

采用期望现金流量法，资产未来现金流量应当根据每期现金流量期望值进行预计，每期现金流量期望值按照各种可能情况下的现金流量乘以相应的发生概率加总计算。

三、折现率的确定方法

折现率的确定通常应当以该资产的市场利率为依据。无法从市场获得的，可以使用替代利率估计折现率。

替代利率可以根据加权平均资金成本、增量借款利率或者其他相关市场借款利率作适当调整后确定。调整时，应当考虑与资产预计未来现金流量有关的特定风险以及其他有关货币风险和价格风险等。

估计资产未来现金流量现值时，通常应当使用单一的折现率；资产未来现金流量的现值对未来不同期间的风险差异或者利率的期限结构反应敏感的，应当使用不同的折现率。

四、资产组的认定

资产组是企业可以认定的最小资产组合，其产生的现金流入应当基本上独立于其他资产或者资产组。资产组应当由创造现金流入相关的资产组成。

（一）认定资产组最关键的因素是该资产组能否独立产生现金流入。企业的某一生产线、营业网点、业务部门等，如果能够独立于其他部门或者单位等形成收入、产生现金流入，或者其形成的收入和现金流入绝大部分独立于其他部门或者单位、且属于可认定的最小资产组合的，通常应将该生产线、营业网点、业务部门等认定为一个资产组。

几项资产的组合生产的产品（或者其他产出）存在活跃市场的，无论这些产品（或者其他产出）是用于对外出售还是仅供企业内部使用，均表明这几项资产的组合能够独立产生现金流入，应当将这些资产的组合认定为资产组。

（二）企业对生产经营活动的管理或者监控方式、以及对资产使用或者处置的决策方式等，也是认定资产组应考虑的重要因素。

比如，某服装企业有童装、西装、衬衫三个工厂，每个工厂在核算、考核和管理等方面都相对独立，在这种情况下，每个工厂通常为一个资产组。

再如，某家具制造商有 A 车间和 B 车间，A 车间专门生产家具部件（该家具部件不存在活跃市场），生产完后由 B 车间负责组装，该企业对 A 车间和 B 车间资产的使用和处置等决策是一体的，在这种情况下，A 车间和 B 车间通常应当认定为一个资产组。

五、存在少数股东权益情况下的商誉减值测试

根据《企业会计准则第 20 号——企业合并》的规定，在合并财务报表中反映的商誉，不包括子公司归属于少数股东权益的商誉。但对相关的资产组（或者资产组组合，下同）进行减值测试时，应当将归属于少数股东权益的商誉包括在内，调整资产组的账面价值，然后根据调整后的资产组账面价值与其可收回金额进行比较，以确定资产组（包括商誉）是否发生了减值。

上述资产组发生减值的，应当按照本准则第二十二条规定进行处理，但由于根据上述步骤计算的商誉减值损失包括了应由少数股东权益承担的部分，应当将该损失在可归属于母公司和少数股东权益之间按比例进行分摊，以确认归属于母公司的商誉减值损失。

十、《企业会计准则第 9 号——职工薪酬》应用指南

《企业会计准则第 9 号——职工薪酬》应用指南

一、职工薪酬的范围

本准则将企业因获得职工提供服务而给予职工的各种形式的报酬或对价，全部纳入职工薪酬的范围。由《企业会计准则第 11 号——股份支付》规范的对职工的股份支付，也属于职工薪酬。

（一）职工，是指与企业订立劳动合同的所有人员，含全职、兼职和临时职工；也包括虽未与企业订立劳动合同但由企业正式任命的人员，如董事会成员、监事会成员等。

在企业的计划和控制下，虽未与企业订立劳动合同或未由其正式任命，但为其提供与职工类似服务的人员，也纳入职工范畴，如劳务用工合同人员。

（二）职工薪酬，包括企业为职工在职期间和离职后提供的全部货币性薪酬和非货币性福利。提供给职工配偶、子女或其他被赡养人的福利等，也属于职工薪酬。

（三）养老保险费，包括根据国家规定的标准向社会保险经办机构缴纳的基本养老保险费，以及根据企业年金计划向企业年金基金相关管理人缴纳的补充养老保险费。

以购买商业保险形式提供给职工的各种保险待遇，也属于职工薪酬。

（四）非货币性福利，包括企业以自产产品发放给职工作为福利、将企业拥有的资产无偿提供给职工使用、为职工无偿提供医疗保健服务等。

二、职工薪酬的确认和计量

在职工为企业提供服务的会计期间，企业应根据职工提供服务的受益对象，将应确认的职工薪酬（包括货币性薪酬和非货币性福利）计入相关资产成本或当期损益，同时确认为应付职工薪酬，但解除劳动关系补

偿(下称“辞退福利”)除外。

(一) 计量应付职工薪酬时,国家规定了计提基础和计提比例的,应当按照国家规定的标准计提。比如,应向社会保险经办机构等缴纳的医疗保险费、养老保险费(包括根据企业年金计划向企业年金基金相关管理人缴纳的补充养老保险费)、失业保险费、工伤保险费、生育保险费等社会保险费,应向住房公积金管理机构缴存的住房公积金,以及工会经费和职工教育经费等。

没有规定计提基础和计提比例的,企业应当根据历史经验数据和实际情况,合理预计当期应付职工薪酬。当期实际发生金额大于预计金额的,应当补提应付职工薪酬;当期实际发生金额小于预计金额的,应当冲回多提的应付职工薪酬。

对于在职工提供服务的会计期末以后一年以上到期的应付职工薪酬,企业应当选择恰当的折现率,以应付职工薪酬折现后的金额计入相关资产成本或当期损益;应付职工薪酬金额与其折现后金额相差不大的,也可按照未折现金额计入相关资产成本或当期损益。

(二) 企业以其自产产品作为非货币性福利发放给职工的,应当根据受益对象,按照该产品的公允价值,计入相关资产成本或当期损益,同时确认应付职工薪酬。

将企业拥有的房屋等资产无偿提供给职工使用的,应当根据受益对象,将该住房每期应计提的折旧计入相关资产成本或当期损益,同时确认应付职工薪酬。租赁住房等资产供职工无偿使用的,应当根据受益对象,将每期应付的租金计入相关资产成本或当期损益,并确认应付职工薪酬。难以认定受益对象的非货币性福利,直接计入当期损益和应付职工薪酬。

三、辞退福利

(一) 辞退福利包括:(1)职工劳动合同到期前,不论职工本人是否愿意,企业决定解除与职工的劳动关系而给予的补偿;(2)职工劳动合同到期前,为鼓励职工自愿接受裁减而给予的补偿,职工有权选择继续在职或接受补偿离职。

辞退福利通常采取在解除劳动关系时一次性支付补偿的方式,也有通过提高退休后养老金或其他离职后福利的标准,或者将职工工资支付至辞退后未来某一期间的方式。

(二) 满足本准则第六条确认条件的解除劳动关系计划或自愿裁减建议的辞退福利应当计入当期管理费用,并确认应付职工薪酬。

正式的辞退计划或建议应当经过批准。辞退工作一般应当在一年内实施完毕,但因付款程序等原因使部分款项推迟至一年后支付的,视为符合应付职工薪酬的确认条件。

(三) 企业应当根据本准则和《企业会计准则第 13 号——或有事项》的规定,严格按照辞退计划条款的规定,合理预计并确认辞退福利产生的应付职工薪酬。对于职工没有选择权的辞退计划,应当根据辞退计划条款规定的拟解除劳动关系的职工数量、每一职位的辞退补偿标准等,计提应付职工薪酬。

企业对于自愿接受裁减的建议,应当预计将会接受裁减建议的职工数量,根据预计的职工数量和每一职位的辞退补偿标准等,按照《企业会计准则第 13 号——或有事项》规定,计提应付职工薪酬。

符合本准则规定的应付职工薪酬确认条件、实质性辞退工作在一年内完成、但付款时间超过一年的辞退福利,企业应当选择恰当的折现率,以折现后的金额计量应付职工薪酬。

十一、《企业会计准则第 10 号——企业年金基金》应用指南

《企业会计准则第 10 号——企业年金基金》应用指南

一、企业年金基金是独立的会计主体

本准则第二条规定,企业年金基金是指根据依法制定的企业年金计划筹集的资金及其投资运营收益形成的企业补充养老保险基金。

企业年金是指企业及其职工在依法参加基本养老保险的基础上,自愿建立的补充养老保险制度。企业年金基金由企业缴费、职工个人缴费和企业年金基金投资运营收益组成,实行完全积累,采用个人账户方式进行管理。企业缴费属于职工薪酬的范围,适用《企业会计准则第 9 号——职工薪酬》。

企业年金基金作为一种信托财产,独立于委托人、受托人、账户管理人、托管人、投资管理人等的固有资产及其他资产,应当存入企业年金基金专户,作为独立的会计主体进行确认、计量和列报。

二、企业年金基金管理各方当事人

企业年金基金管理各方当事人包括：委托人、受托人、账户管理人、托管人、投资管理人和中介服务机构等。

（一）委托人，是指设立企业年金基金的企业及其职工。委托人应当与受托人签订书面合同。

（二）受托人，是指受托管理企业年金基金的企业年金理事会或符合国家规定的养老金管理公司等法人受托机构。受托人根据信托合同，负责编报企业年金基金财务报表等。受托人是编报企业年金基金财务报表的法定责任人。

（三）账户管理人，是指受托管理企业年金基金账户的专业机构。账户管理人根据账户管理合同负责建立企业年金基金的企业账户和个人账户，记录企业缴费、职工个人缴费以及企业年金基金投资运营收益情况，计算企业年金待遇，提供账户查询和报告活动等。

（四）托管人，是指受托保管企业年金基金财产的商业银行或专业机构。托管人根据托管合同负责企业年金基金会计处理和估值，复核、审查投资管理人计算的基金财产净值，定期向受托人提交企业年金基金财务报表等。

（五）投资管理人，是指受托管理企业年金基金投资的专业机构。投资管理人根据投资管理合同负责对企业年金基金财产进行投资，及时与托管人核对企业年金基金会计处理和估值结果等。

（六）中介服务机构，是指为企业年金基金管理提供服务的投资顾问公司、信用评估公司、精算咨询公司、会计师事务所、律师事务所等。

三、企业年金基金的投资

企业年金基金投资运营应当遵循谨慎、分散风险的原则，充分考虑企业年金基金财产的安全性和流动性。企业年金基金应当严格按照国家相关规定进行投资。

根据本准则第六条规定，企业年金基金投资公允价值的确定，适用《企业会计准则第22号——金融工具确认和计量》。

初始取得投资时，应当以交易日支付的价款（不含支付的价款中所包含的、已到付息期但尚未领取的利息或已宣告但尚未发放的现金股利）计入投资的成本。发生的交易费用及相关税费直接计入当期损益。支付的价款中所包含的、已到付息期但尚未领取的利息或已宣告但尚未发放的现金股利，分别计入应收利息或应收股利。

投资持有期间被投资单位宣告发放的现金股利，或资产负债表日按债券票面利率计算的利息收入，应确认为投资收益。

企业年金基金的投资应当按日估值，或至少按周进行估值。估值日对投资进行估值时，应当以估值日的公允价值计量，公允价值与上一估值日公允价值的差额，计入当期损益（公允价值变动损益）。

投资处置时，应在交易日按照卖出投资所取得的价款与其账面价值（买入价）的差额，确定为投资损益。

四、企业年金基金投资管理风险准备金补亏

企业年金基金按规定向投资管理人支付的管理费，应当按照应付的金额计入当期损益（投资管理人管理费），同时确认为负债（应付投资管理人管理费）。企业年金基金取得投资管理人风险准备金补亏时，应当按照收到或应收的金额计入其他收入。

五、企业年金基金的账务处理和财务报表的编报

（一）受托人、托管人、投资管理人应当参照《企业会计准则——应用指南》（会计科目和主要账务处理）设置相应会计科目和账簿，对企业年金基金发生的交易或者事项进行会计处理。

（二）企业年金基金财务报表包括资产负债表、净资产变动表和附注。

受托人应当按照本准则的规定，定期向委托人、受益人等提交企业年金基金财务报表。

托管人应当按照本准则的规定，定期向受托人提交企业年金基金财务报表。

（三）企业年金基金财务报表附注，除按本准则第二十条的规定进行披露外，还应当披露以下内容：

(1)财务报表的编制基础。

(2) 重要会计政策和会计估计变更及差错更正的说明。

(3)报表重要项目的说明，包括：货币资金、买入返售证券、债券投资、基金投资、股票投资、其他投资、卖出回购证券款、收取企业缴费、收取职工个人缴费、个人账户转入、支付受益人待遇、个人账户转出等。

(4)企业年金基金净收入,包括本期收入、本期费用的构成。

(5)资产负债表日后事项、关联方关系及其交易的说明等。

(6)企业年金基金投资组合情况、风险管理政策等。

十二、《企业会计准则第11号——股份支付》应用指南

《企业会计准则第11号——股份支付》应用指南

一、股份支付的含义

本准则第二条规定,股份支付是指企业为获取职工和其他方提供服务而授予权益工具或者承担以权益工具为基础确定的负债的交易。

企业授予职工期权、认股权证等衍生工具或其他权益工具,对职工进行激励或补偿,以换取职工提供的服务,实质上属于职工薪酬的组成部分,但由于股份支付是以权益工具的公允价值为计量基础,因此由本准则进行规范。

二、股份支付的处理

股份支付的确认和计量,应当以真实、完整、有效的股份支付协议为基础。

(一) 授予日除了立即可行权的股份支付外,无论权益结算的股份支付或者现金结算的股份支付,企业在授予日都不进行会计处理。

授予日是指股份支付协议获得批准的日期。其中"获得批准",是指企业与职工或其他方就股份支付的协议条款和条件已达成一致,该协议获得股东大会或类似机构的批准。

(二) 等待期内的每个资产负债表日股份支付在授予后通常不可立即行权,一般需要在职工或其他方履行一定期限的服务或在企业达到一定业绩条件之后才可行权。

业绩条件分为市场条件和非市场条件。市场条件是指行权价格、可行权条件以及行权可能性与权益工具的市场价格相关的业绩条件,如股份支付协议中关于股价至少上升至何种水平才可行权的规定。非市场条件是指除市场条件之外的其他业绩条件,如股份支付协议中关于达到最低盈利目标或销售目标才可行权的规定。

等待期长度确定后,业绩条件为非市场条件的,如果后续信息表明需要调整等待期长度,应对前期确定的等待期长度进行修改;业绩条件为市场条件的,不应因此改变等待期长度。对于可行权条件为业绩条件的股份支付,在确定权益工具的公允价值时,应考虑市场条件的影响,只要职工满足了其他所有非市场条件,企业就应当确认已取得的服务。

1. 等待期内每个资产负债表日,企业应将取得的职工提供的服务计入成本费用,计入成本费用的金额应当按照权益工具的公允价值计量。

对于权益结算的涉及职工的股份支付,应当按照授予日权益工具的公允价值计入成本费用和资本公积(其他资本公积),不确认其后续公允价值变动;对于现金结算的涉及职工的股份支付,应当按照每个资产负债表日权益工具的公允价值重新计量,确定成本费用和应付职工薪酬。

对于授予的存在活跃市场的期权等权益工具,应当按照活跃市场中的报价确定其公允价值。对于授予的不存在活跃市场的期权等权益工具,应当采用期权定价模型等确定其公允价值,选用的期权定价模型至少应当考虑以下因素:(1)期权的行权价格;(2)期权的有效期;(3)标的股份的现行价格;(4)股价预计波动率;(5)股份的预计股利;(6)期权有效期内的无风险利率。

2. 等待期内每个资产负债表日,企业应当根据最新取得的可行权职工人数变动等后续信息作出最佳估计,修正预计可行权的权益工具数量。在可行权日,最终预计可行权权益工具的数量应当与实际可行权数量一致。

根据上述权益工具的公允价值和预计可行权的权益工具数量,计算截至当期累计应确认的成本费用金额,再减去前期累计已确认金额,作为当期应确认的成本费用金额。

(三) 可行权日之后

1. 对于权益结算的股份支付,在可行权日之后不再对已确认的成本费用和所有者权益总额进行调整。企业应在行权日根据行权情况,确认股本和股本溢价,同时结转等待期内确认的资本公积(其他资本公积)。

2. 对于现金结算的股份支付，企业在可行权日之后不再确认成本费用，负债（应付职工薪酬）公允价值的变动应当计入当期损益（公允价值变动损益）。

三、回购股份进行职工期权激励

企业以回购股份形式奖励本企业职工的，属于权益结算的股份支付，应当进行以下处理：

（一）回购股份

企业回购股份时，应当按照回购股份的全部支出作为库存股处理，同时进行备查登记。

（二）确认成本费用

按照本准则对职工权益结算股份支付的规定，企业应当在等待期内每个资产负债表日按照权益工具在授予日的公允价值，将取得的职工服务计入成本费用，同时增加资本公积（其他资本公积）。

（三）职工行权

企业应于职工行权购买本企业股份收到价款时，转销交付职工的库存股成本和等待期内资本公积（其他资本公积）累计金额，同时，按照其差额调整资本公积（股本溢价）。

十三、《企业会计准则第12号——债务重组》应用指南

《企业会计准则第12号——债务重组》应用指南

一、债务重组的特征

本准则第二条规定，债务重组是指在债务人发生财务困难的情况下，债权人按照其与债务人达成的协议或者法院的裁定作出让步的事项。

债务人发生财务困难，是指因债务人出现资金周转困难、经营陷入困境或者其他原因，导致其无法或者没有能力按原定条件偿还债务。

债权人作出让步，是指债权人同意发生财务困难的债务人现在或者将来以低于重组债务账面价值的金额或者价值偿还债务。债权人作出让步的情形主要包括：债权人减免债务人部分债务本金或者利息，降低债务人应付债务的利率等。

二、用以清偿债务的非现金资产公允价值的计量

债务重组采用非现金资产清偿债务的，非现金资产的公允价值应当按照下列规定进行计量：

（一）非现金资产属于企业持有的股票、债券、基金等金融资产的，应当按照《企业会计准则第22号——金融工具确认和计量》的规定确定其公允价值。

（二）非现金资产属于存货、固定资产、无形资产等其他资产且存在活跃市场的，应当以其市场价格为基础确定其公允价值；不存在活跃市场但与其类似资产存在活跃市场的，应当以类似资产的市场价格为基础确定其公允价值；采用上述两种方法仍不能确定非现金资产公允价值的，应当采用估值技术等合理的方法确定其公允价值。

三、债务重组的会计处理

（一）债务人的处理

债务人应当将重组债务的账面价值超过清偿债务的现金、非现金资产的公允价值、所转股份的公允价值、或者重组后债务账面价值之间的差额，在满足《企业会计准则第22号——金融工具确认和计量》所规定的金融负债终止确认条件时，将其终止确认，计入营业外收入（债务重组利得）。

非现金资产公允价值与账面价值的差额，应当分别不同情况进行处理：

非现金资产为存货的，应当作为销售处理，按照《企业会计准则第14号——收入》的规定，以其公允价值确认收入，同时结转相应的成本。

非现金资产为固定资产、无形资产的，其公允价值和账面价值的差额，计入营业外收入或营业外支出。

非现金资产为长期股权投资的，其公允价值和账面价值的差额，计入投资损益。

（二）债权人的处理

债权人应当将重组债权的账面余额与受让资产的公允价值、所转股份的公允价值、或者重组后债权的账面价值之间的差额，在满足《企业会计准则第22号——金融工具确认和计量》所规定的金融资产终止确认条件时，将其终止确认，计入营业外支出（债务重组损失）等。

重组债权已计提减值准备的，应当先将上述差额冲减已计提的减值准备，冲减后仍有损失的，计入营业外支出（债务重组损失）；冲减后减值准备仍有余额的，应予转回并抵减当期资产减值损失。

债权人收到存货、固定资产、无形资产、长期股权投资等非现金资产的，应当以其公允价值入账。

四、修改其他债务条件涉及或有应付金额

根据本准则第七条规定，以修改其他债务条件进行债务重组涉及或有应付金额，且该或有应付金额符合《企业会计准则第 13 号——或有事项》中有关预计负债确认条件的，债务人应将该或有应付金额确认为预计负债。比如，债务重组协议规定，债务人在债务重组后一定期间内，其业绩改善到一定程度或者符合一定要求（如扭亏为盈、摆脱财务困境等），应向债权人额外支付一定款项，当债务人承担的或有应付金额符合预计负债确认条件时，应当将该或有应付金额确认为预计负债。

上述或有应付金额在随后会计期间没有发生的，企业应当冲销已确认的预计负债，同时确认营业外收入。

十四、《企业会计准则第 13 号——或有事项》应用指南

《企业会计准则第 13 号——或有事项》应用指南

一、或有事项的特征

本准则第二条规定，或有事项是指过去的交易或者事项形成的，其结果须由某些未来事项的发生或不发生才能决定的不确定事项。

（一）由过去交易或事项形成，是指或有事项的现存状况是过去交易或事项引起的客观存在。

比如，未决诉讼虽然是正在进行中的诉讼，但该诉讼是企业因过去的经济行为导致起诉其他单位或被其他单位起诉。这是现存的一种状况而不是未来将要发生的事项。未来可能发生的自然灾害、交通事故、经营亏损等，不属于或有事项。

（二）结果具有不确定性，是指或有事项的结果是否发生具有不确定性，或者或有事项的结果预计将会发生，但发生的具体时间或金额具有不确定性。

比如，债务担保事项的担保方到期是否承担和履行连带责任，需要根据债务到期时被担保方能否按时还款加以确定。这一事项的结果在担保协议达成时具有不确定性。

（三）由未来事项决定，是指或有事项的结果只能由未来不确定事项的发生或不发生才能决定。

比如，债务担保事项只有在被担保方到期无力还款时企业（担保方）才履行连带责任。

常见的或有事项主要包括：未决诉讼或仲裁、债务担保、产品质量保证（含产品安全保证）、承诺、亏损合同、重组义务、环境污染整治等。

二、或有事项相关义务确认为预计负债的条件

本准则第四条规定了或有事项相关义务确认为预计负债应当同时满足的条件：

（一）该义务是企业承担的现时义务。企业没有其他现实的选择，只能履行该义务，如法律要求企业必须履行、有关各方合理预期企业应当履行等。

（二）履行该义务很可能导致经济利益流出企业，通常是指履行与或有事项相关的现时义务时，导致经济利益流出企业的可能性超过 50%。

履行或有事项相关义务导致经济利益流出的可能性，通常按照下列情况加以判断：

结果的可能性	对应的概率区间
基本确定	大于 95%但小于 100%
很可能	大于 50%但小于或等于 95%
可能	大于 5%但小于或等于 50%
极小可能	大于 0 但小于或等于 5%

（三）该义务的金额能够可靠地计量。企业计量预计负债金额时，通常应当考虑下列情况：

1. 充分考虑与或有事项有关的风险和不确定性，在此基础上按照最佳估计数确定预计负债的金额。

2. 预计负债的金额通常等于未来应支付的金额，但未来应支付金额与其现值相差较大的，如油气井及相关设施或核电站的弃置费用等，应当按照未来应支付金额的现值确定。

3. 有确凿证据表明相关未来事项将会发生的，如未来技术进步、相关法规出台等，确定预计负债金额时应考虑相关未来事项的影响。

4. 确定预计负债的金额不应考虑预期处置相关资产形成的利得。

三、亏损合同的相关义务确认为预计负债

根据本准则第八条规定，待执行合同变成亏损合同的，该亏损合同产生的义务满足预计负债确认条件的，应当确认为预计负债。在履行合同义务过程中，发生的成本预期将超过与合同相关的未来流入经济利益的，待执行合同即变成了亏损合同。

企业与其他方签订的尚未履行或部分履行了同等义务的合同，如商品买卖合同、劳务合同、租赁合同等，均属于待执行合同。待执行合同不属于本准则规范的内容，但待执行合同变成亏损合同的，应当作为本准则规范的或有事项。

待执行合同变成亏损合同时，有合同标的资产的，应当先对标的资产进行减值测试并按规定确认减值损失，如预计亏损超过该减值损失，应将超过部分确认为预计负债；无合同标的资产的，亏损合同相关义务满足预计负债确认条件时，应当确认为预计负债。

四、重组事项

本准则第十条规定，重组是指企业制定和控制的，将显著改变企业组织形式、经营范围或经营方式的计划实施行为。属于重组的事项主要包括：

（一）出售或终止企业的部分经营业务。

（二）对企业的组织结构进行较大调整。

（三）关闭企业的部分营业场所，或将营业活动由一个国家或地区迁移到其他国家或地区。

十五、《企业会计准则第14号——收入》应用指南

《企业会计准则第14号——收入》应用指南

一、日常活动的认定

本准则第二条规定，收入是指企业在日常活动中形成的、会导致所有者权益增加的、与所有者投入资本无关的经济利益的总流入。其中"日常活动"，是指企业为完成其经营目标所从事的经常性活动以及与之相关的活动。

比如，工业企业制造并销售产品、商品流通企业销售商品、保险公司签发保单、咨询公司提供咨询服务、软件企业为客户开发软件、安装公司提供安装服务、商业银行对外贷款、租赁公司出租资产等，均属于企业为完成其经营目标所从事的经常性活动，由此产生的经济利益的总流入构成收入。

工业企业转让无形资产使用权、出售不需用原材料等，属于与经常性活动相关的活动，由此产生的经济利益的总流入也构成收入。

企业处置固定资产、无形资产等活动，不是企业为完成其经营目标所从事的经常性活动，也不属于与经常性活动相关的活动，由此产生的经济利益的总流入不构成收入，应当确认为营业外收入。

二、商品所有权上主要风险和报酬转移的判断

根据本准则第四条规定，企业已将商品所有权上的主要风险和报酬转移给购货方，构成确认销售商品收入的重要条件。

（一）企业已将商品所有权上的主要风险和报酬转移给购货方，是指与商品所有权有关的主要风险和报酬同时转移。与商品所有权有关的风险，是指商品可能发生减值或毁损等形成的损失；与商品所有权有关的报酬，是指商品价值增值或通过使用商品等产生的经济利益。

（二）判断企业是否已将商品所有权上的主要风险和报酬转移给购货方，应当关注交易的实质，并结合所有权凭证的转移进行判断。

通常情况下，转移商品所有权凭证并交付实物后，商品所有权上的主要风险和报酬随之转移，如大多数零售商品。某些情况下，转移商品所有权凭证但未交付实物，商品所有权上的主要风险和报酬随之转移，企

业只保留了次要风险和报酬，如交款提货方式销售商品。有时，已交付实物但未转移商品所有权凭证，商品所有权上的主要风险和报酬未随之转移，如采用支付手续费方式委托代销的商品。

三、销售商品收入金额的计量

根据本准则第五条规定，企业销售商品满足收入确认条件时，应当按照已收或应收合同或协议价款的公允价值确定销售商品收入金额。

从购货方已收或应收的合同或协议价款，通常为公允价值。某些情况下，合同或协议明确规定销售商品需要延期收取价款，如分期收款销售商品，实质上具有融资性质的，应当按照应收的合同或协议价款的现值确定其公允价值。应收的合同或协议价款与其公允价值之间的差额，应当在合同或协议期间内，按照应收款项的摊余成本和实际利率计算确定的摊销金额，冲减财务费用。

四、销售商品收入确认条件的具体应用

（一）下列商品销售，通常按规定的时点确认为收入，有证据表明不满足收入确认条件的除外：

1. 销售商品采用托收承付方式的，在办妥托收手续时确认收入。

2. 销售商品采用预收款方式的，在发出商品时确认收入，预收的货款应确认为负债。

3. 销售商品需要安装和检验的，在购买方接受商品以及安装和检验完毕前，不确认收入，待安装和检验完毕时确认收入。如果安装程序比较简单，可在发出商品时确认收入。

4. 销售商品采用以旧换新方式的，销售的商品应当按照销售商品收入确认条件确认收入，回收的商品作为购进商品处理。

5. 销售商品采用支付手续费方式委托代销的，在收到代销清单时确认收入。

（二）采用售后回购方式销售商品的，收到的款项应确认为负债；回购价格大于原售价的，差额应在回购期间按期计提利息，计入财务费用。有确凿证据表明售后回购交易满足销售商品收入确认条件的，销售的商品按售价确认收入，回购的商品作为购进商品处理。

（三）采用售后租回方式销售商品的，收到的款项应确认为负债；售价与资产账面价值之间的差额，应当采用合理的方法进行分摊，作为折旧费用或租金费用的调整。有确凿证据表明认定为经营租赁的售后租回交易是按照公允价值达成的，销售的商品按售价确认收入，并按账面价值结转成本。

五、提供劳务收入确认条件的具体应用

下列提供劳务满足收入确认条件的，应按规定确认收入：

（一）安装费，在资产负债表日根据安装的完工进度确认收入。安装工作是商品销售附带条件的，安装费在确认商品销售实现时确认收入。

（二）宣传媒介的收费，在相关的广告或商业行为开始出现于公众面前时确认收入。广告的制作费，在资产负债表日根据制作广告的完工进度确认收入。

（三）为特定客户开发软件的收费，在资产负债表日根据开发的完工进度确认收入。

（四）包括在商品售价内可区分的服务费，在提供服务的期间内分期确认收入。

（五）艺术表演、招待宴会和其他特殊活动的收费，在相关活动发生时确认收入。收费涉及几项活动的，预收的款项应合理分配给每项活动，分别确认收入。

（六）申请入会费和会员费只允许取得会籍，所有其他服务或商品都要另行收费的，在款项收回不存在重大不确定性时确认收入。申请入会费和会员费能使会员在会员期内得到各种服务或商品，或者以低于非会员的价格销售商品或提供服务的，在整个受益期内分期确认收入。

（七）属于提供设备和其他有形资产的特许权费，在交付资产或转移资产所有权时确认收入；属于提供初始及后续服务的特许权费，在提供服务时确认收入。

（八）长期为客户提供重复的劳务收取的劳务费，在相关劳务活动发生时确认收入。

十六、《企业会计准则第16号——政府补助》应用指南

《企业会计准则第16号——政府补助》应用指南

一、政府补助的特征

本准则第二条规定，政府补助是指企业从政府无偿取得货币性资产或非货币性资产，但不包括政府作

为企业所有者投入的资本。政府包括各级政府及其所属机构，国际类似组织也在此范围之内。

（一）政府补助是无偿的、有条件的。

政府向企业提供补助具有无偿性的特点。政府并不因此而享有企业的所有权，企业未来也不需要以提供服务、转让资产等方式偿还。

政府补助通常附有一定的条件，主要包括：(1)政策条件。企业只有符合政府补助政策的规定，才有资格申请政府补助。符合政策规定不一定都能够取得政府补助；不符合政策规定、不具备申请政府补助资格的，不能取得政府补助。(2)使用条件。企业已获批准取得政府补助的，应当按照政府规定的用途使用。

（二）政府资本性投入不属于政府补助。

政府以投资者身份向企业投入资本，享有企业相应的所有权，企业有义务向投资者分配利润，政府与企业之间是投资者与被投资者的关系。政府拨入的投资补助等专项拨款中，国家相关文件规定作为"资本公积"处理的，也属于资本性投入的性质。政府的资本性投入无论采用何种形式，均不属于政府补助。

二、政府补助的主要形式

政府补助表现为政府向企业转移资产，通常为货币性资产，也可能为非货币性资产。政府补助主要有以下形式：

（一）财政拨款。财政拨款是政府无偿拨付给企业的资金，通常在拨款时明确规定了资金用途。

比如，财政部门拨付给企业用于购建固定资产或进行技术改造的专项资金，鼓励企业安置职工就业而给予的奖励款项，拨付企业的粮食定额补贴，拨付企业开展研发活动的研发经费等，均属于财政拨款。

（二）财政贴息。财政贴息是政府为支持特定领域或区域发展，根据国家宏观经济形势和政策目标，对承贷企业的银行贷款利息给予的补贴。

财政贴息主要有两种方式：(1)财政将贴息资金直接拨付给受益企业；(2)财政将贴息资金拨付给贷款银行，由贷款银行以政策性优惠利率向企业提供贷款，受益企业按照实际发生的利率计算和确认利息费用。

（三）税收返还。税收返还是政府按照国家有关规定采取先征后返(退)、即征即退等办法向企业返还的税款，属于以税收优惠形式给予的一种政府补助。增值税出口退税不属于政府补助。

除税收返还外，税收优惠还包括直接减征、免征、增加计税抵扣额、抵免部分税额等形式。这类税收优惠并未直接向企业无偿提供资产，不作为本准则规范的政府补助。

（四）无偿划拨非货币性资产。比如，行政划拨土地使用权、天然起源的天然林等。

三、政府补助的确认

本准则第三条规定，政府补助分为与资产相关的政府补助和与收

益相关的政府补助。（一）与资产相关的政府补助。与资产相关的政府补助，是指企业取得的、用于购建或以其他方式形成长期资产的政府补助。

企业取得与资产相关的政府补助，不能直接确认为当期损益，应当确认为递延收益，自相关资产达到预定可使用状态时起，在该资产使用寿命内平均分配，分次计入以后各期的损益(营业外收入)。

相关资产在使用寿命结束前被出售、转让、报废或发生毁损的，应将尚未分配的递延收益余额一次性转入资产处置当期的损益(营业外收入)。

（二）与收益相关的政府补助。与收益相关的政府补助，是指除与资产相关的政府补助之外的政府补助。

与收益相关的政府补助，用于补偿企业以后期间的相关费用或损失的，取得时确认为递延收益，在确认相关费用的期间计入当期损益(营业外收入)；用于补偿企业已发生的相关费用或损失的，取得时直接计入当期损益(营业外收入)。

四、政府补助的计量

（一）货币性资产形式的政府补助。根据本准则第六条规定，企业取得的各种政府补助为货币性资产的，如通过银行转账等方式拨付的补助，通常按照实际收到的金额计量；存在确凿证据表明该项补助是按照固定的定额标准拨付的，如按照实际销量或储备量与单位补贴定额计算的补助等，可以按照应收的金额计量。

（二）非货币性资产形式的政府补助。

本准则第六条规定，政府补助为非货币性资产的，应当按照公允价值计量；公允价值不能可靠取得的，

按照名义金额计量。

政府补助为非货币性资产的，如该资产附带有关文件、协议、发票、报关单等凭证注明的价值与公允价值差异不大的，应当以有关凭证中注明的价值作为公允价值；如没有注明价值或注明价值与公允价值差异较大、但有活跃市场的，应当根据有确凿证据表明的同类或类似资产市场价格作为公允价值；如没有注明价值、且没有活跃市场、不能可靠取得公允价值的，应当按照名义金额计量，名义金额为1元。

十七、《企业会计准则第17号——借款费用》应用指南

《企业会计准则第17号——借款费用》应用指南

一、符合借款费用资本化条件的存货

根据本准则规定，企业借款购建或者生产的存货中，符合借款费用资本化条件的，应当将符合资本化条件的借款费用予以资本化。

符合借款费用资本化条件的存货，主要包括企业（房地产开发）开发的用于对外出售的房地产开发产品、企业制造的用于对外出售的大型机械设备等。这类存货通常需要经过相当长时间的建造或者生产过程，才能达到预定可销售状态。其中"相当长时间"，是指为资产的购建或者生产所必需的时间，通常为1年以上（含1年）。

二、借款利息费用资本化金额的确定

（一）专门借款利息费用的资本化金额

本准则第六条（一）规定，为购建或者生产符合资本化条件的资产而借入专门借款的，应当以专门借款当期实际发生的利息费用，减去将尚未动用的借款资金存入银行取得的利息收入或者进行暂时性投资取得的投资收益后的金额，确定为专门借款利息费用的资本化金额，并应当在资本化期间内，将其计入符合资本化条件的资产成本。

专门借款应当有明确的专门用途，即为购建或者生产某项符合资本化条件的资产而专门借入的款项，通常应有标明专门用途的借款合同。

（二）一般借款利息费用的资本化金额一般借款是指除专门借款以外的其他借款。

根据本准则第六条（二）规定，在借款费用资本化期间内，为购建或者生产符合资本化条件的资产占用了一般借款的，一般借款应予资本化的利息金额应当按照下列公式计算：

$$\text{一般借款利息费用资本化金额}=\text{累计资产支出超过专门借款部分的资产支出加权平均数}\times\text{所占用一般借款的资本化率}$$

$$\text{所占用一般借款的资本化率}=\text{所占用一般借款加权平均利率}=\frac{\text{所占用一般借款当期实际发生的利息之和}}{\text{所占用一般借款本金加权平均数}}$$

$$\text{所占用一般借款本金加权平均数}=\sum\left(\text{所占用每笔一般借款本金}\times\text{每笔一般借款在当期所占用的天数}/\text{当期天数}\right)$$

三、借款辅助费用的处理

本准则第十条规定，专门借款发生的辅助费用，在所购建或者生产的符合资本化条件的资产达到预定可使用或者可销售状态之前，应当在发生时根据其发生额予以资本化，计入符合资本化条件的资产的成本；在所购建或者生产的符合资本化条件的资产达到预定可使用或者可销售状态之后，应当在发生时根据其发生额确认为费用，计入当期损益。上述资本化或计入当期损益的辅助费用的发生额，是指根据《企业会计准则第22号——具确认和计量》，按照实际利率法所确定的金融负债交易费用对每期利息费用的调整额。借款实际利率与合同利率差异较小的，也可以采用合同利率计算确定利息费用。

一般借款发生的辅助费用，也应当按照上述原则确定其发生额并进行处理。

四、借款费用资本化的暂停

根据本准则第十一条规定，符合资本化条件的资产在购建或者生产过程中发生非正常中断、且中断时间连续超过3个月的，应当暂停借款费用的资本化。正常中断期间的借款费用应当继续资本化。

非正常中断，通常是由于企业管理决策上的原因或者其他不可预见的原因等所导致的中断。比如，企业因与施工方发生了质量纠纷，或者工程、生产用料没有及时供应，或者资金周转发生了困难，或者施工、生产发生了安全事故，或者发生了与资产购建、生产有关的劳动纠纷等原因，导致资产购建或者生产活动发生

中断，均属于非正常中断。

非正常中断与正常中断显著不同。正常中断通常仅限于因购建或者生产符合资本化条件的资产达到预定可使用或者可销售状态所必要的程序，或者事先可预见的不可抗力因素导致的中断。比如，某些工程建造到一定阶段必须暂停下来进行质量或者安全检查，检查通过后才可继续下一阶段的建造工作，这类中断是在施工前可以预见的，而且是工程建造必须经过的程序，属于正常中断。

某些地区的工程在建造过程中，由于可预见的不可抗力因素（如雨季或冰冻季节等原因）导致施工出现停顿，也属于正常中断。比如，某企业在北方某地建造某工程期间，正遇冰冻季节，工程施工因此中断，待冰冻季节过后方能继续施工。由于该地区在施工期间出现较长时间的冰冻为正常情况，由此导致的施工中断是可预见的不可抗力因素导致的中断，属于正常中断。

十八、《企业会计准则第18号——所得税》应用指南

《企业会计准则第18号——所得税》应用指南

一、资产、负债的计税基础

资产的账面价值大于其计税基础或者负债的账面价值小于其计税基础的，产生应纳税暂时性差异；资产的账面价值小于其计税基础或者负债的账面价值大于其计税基础的，产生可抵扣暂时性差异。

（一）资产的计税基础

本准则第五条规定，资产的计税基础是指企业收回资产账面价值过程中，计算应纳税所得额时按照税法规定可以自应税经济利益中抵扣的金额。

通常情况下，资产在取得时其入账价值与计税基础是相同的，后续计量过程中因企业会计准则规定与税法规定不同，可能产生资产的账面价值与其计税基础的差异。

比如，交易性金融资产的公允价值变动。按照企业会计准则规定，交易性金融资产期末应以公允价值计量，公允价值的变动计入当期损益。如果按照税法规定，交易性金融资产在持有期间公允价值变动不计入应纳税所得额，即其计税基础保持不变，则产生了交易性金融资产的账面价值与计税基础之间的差异。假定某企业持有一项交易性金融资产，成本为1 000万元，期末公允价值为1 500万元，如计税基础仍维持1 000万元不变，该计税基础与其账面价值之间的差额500万元即为应纳税暂时性差异。

（二）负债的计税基础

本准则第六条规定，负债的计税基础是指负债的账面价值减去未来期间计算应纳税所得额时按照税法规定可予抵扣的金额。

短期借款、应付票据、应付账款等负债的确认和偿还，通常不会对当期损益和应纳税所得额产生影响，其计税基础即为账面价值。但在某些情况下，负债的确认可能会影响损益，并影响不同期间的应纳税所得额，使其计税基础与账面价值之间产生差额。比如，上述企业因某事项在当期确认了100万元负债，计入当期损益。假定按照税法规定，与确认该负债相关的费用，在实际发生时准予税前扣除，该负债的计税基础为零，其账面价值与计税基础之间形成可抵扣暂时性差异。

企业应于资产负债表日，分析比较资产、负债的账面价值与其计税基础，两者之间存在差异的，确认递延所得税资产、递延所得税负债及相应的递延所得税费用（或收益）。企业合并等特殊交易或事项中取得的资产和负债，应于购买日比较其入账价值与计税基础，按照本准则规定计算确认相关的递延所得税资产或递延所得税负债。

二、递延所得税资产和递延所得税负债

资产负债表日，企业应当按照暂时性差异与适用所得税税率计算的结果，确认递延所得税负债、递延所得税资产以及相应的递延所得税费用（或收益），本准则第十一条至第十三条规定不确认递延所得税负债或递延所得税资产的情况除外。沿用上述举例，假定该企业适用的所得税税率为33%，递延所得税资产和递延所得税负债不存在期初余额，对于交易性金融资产产生的500万元应纳税暂时性差异，应确认165万元递延所得税负债；对于负债产生的100万元可抵扣暂时性差异，应确认33万元递延所得税资产。

确认由可抵扣暂时性差异产生的递延所得税资产，应当以未来期间很可能取得用以抵扣可抵扣暂时性差异的应纳税所得额为限。企业在确定未来期间很可能取得的应纳税所得额时，应当包括未来期间正常生产经营活动实现的应纳税所得额，以及在可抵扣暂时性差异转回期间因应纳税暂时性差异的转回而增加的

应纳税所得额，并应提供相关的证据。

三、所得税费用的确认和计量

企业在计算确定当期所得税（即当期应交所得税）以及递延所得税费用（或收益）的基础上，应将两者之和确认为利润表中的所得税费用（或收益），但不包括直接计入所有者权益的交易或事项的所得税影响。即：

所得税费用（或收益）＝当期所得税＋递延所得税费用（－递延所得税收益）

仍沿用上述举例，该企业12月31日资产负债表中有关项目账面价值及其计税基础如下：

××企业　　单位：万元

	项　目	账面价值	计税基础	暂时性差异	
				应纳税暂时性差异	可抵扣暂时性差异
1	交易性金融资产	1 500	1 000	500	
2	负债	100	0		100
	合计			500	100

假定除上述项目外，该企业其他资产、负债的账面价值与其计税基础不存在差异，也不存在可抵扣亏损和税款抵减；该企业当期按照税法规定计算确定的应交所得税为600万元；该企业预计在未来期间能够产生足够的应纳税所得额用以抵扣可抵扣暂时性差异。

该企业计算确认的递延所得税负债、递延所得税资产、递延所得税费用以及所得税费用如下：

递延所得税负债＝500×33%＝165（万元）

递延所得税资产＝100×33%＝33（万元）

递延所得税费用＝165－33＝132（万元）

当期所得税费用＝600（万元）

所得税费用＝600＋132＝732（万元）

四、递延所得税的特殊处理

（一）直接计入所有者权益的交易或事项产生的递延所得税

根据本准则第二十二条规定，直接计入所有者权益的交易或事项，如可供出售金融资产公允价值的变动，相关资产、负债的账面价值与计税基础之间形成暂时性差异的，应当按照本准则规定确认递延所得税资产或递延所得税负债，计入资本公积（其他资本公积）。

（二）企业合并中产生的递延所得税

由于企业会计准则规定与税法规定对企业合并的处理不同，可能会造成企业合并中取得资产、负债的入账价值与其计税基础的差异。比如非同一控制下企业合并产生的应纳税暂时性差异或可抵扣暂时性差异，在确认递延所得税负债或递延所得税资产的同时，相关的递延所得税费用（或收益），通常应调整企业合并中所确认的商誉。

（三）按照税法规定允许用以后年度所得弥补的可抵扣亏损以及可结转以后年度的税款抵减，比照可抵扣暂时性差异的原则处理。

十九、《企业会计准则第19号——外币折算》应用指南

《企业会计准则第19号——外币折算》应用指南

一、即期汇率和即期汇率的近似汇率

根据本准则规定，企业在处理外币交易和对外币财务报表进行折算时，应当采用交易发生日的即期汇率将外币金额折算为记账本位币金额反映；也可以采用按照系统合理的方法确定的、与交易发生日即期汇率近似的汇率折算。

即期汇率，通常是指中国人民银行公布的当日人民币外汇牌价的中间价。企业发生的外币兑换业务或涉及外币兑换的交易事项，应当按照交易实际采用的汇率（即银行买入价或卖出价）折算。

即期汇率的近似汇率,是指按照系统合理的方法确定的、与交易发生日即期汇率近似的汇率,通常采用当期平均汇率或加权平均汇率等。

企业通常应当采用即期汇率进行折算。汇率变动不大的,也可以采用即期汇率的近似汇率进行折算。

二、汇兑差额的处理

根据本准则第十一条规定,在资产负债表日,企业应当分别外币货币性项目和外币非货币性项目进行会计处理。

(一) 外币货币性项目

货币性项目,是指企业持有的货币资金和将以固定或可确定的金额收取的资产或者偿付的负债。

货币性项目分为货币性资产和货币性负债。货币性资产包括库存现金、银行存款、应收账款、其他应收款、长期应收款等;货币性负债包括短期借款、应付账款、其他应付款、长期借款、应付债券、长期应付款等。

对于外币货币性项目,因结算或采用资产负债表日的即期汇率折算而产生的汇兑差额,计入当期损益,同时调增或调减外币货币性项目的记账本位币金额。

(二) 外币非货币性项目

非货币性项目,是指货币性项目以外的项目,包括存货、长期股权投资、固定资产、无形资产等。

1. 以历史成本计量的外币非货币性项目,由于已在交易发生日按当日即期汇率折算,资产负债表日不应改变其原记账本位币金额,不产生汇兑差额。

2. 以公允价值计量的外币非货币性项目,如交易性金融资产(股票、基金等),采用公允价值确定日的即期汇率折算,折算后的记账本位币金额与原记账本位币金额的差额,作为公允价值变动(含汇率变动)处理,计入当期损益。

(三) 外币投入资本

企业收到投资者以外币投入的资本,应当采用交易发生日即期汇率折算,不得采用合同约定汇率和即期汇率的近似汇率折算,外币投入资本与相应的货币性项目的记账本位币金额之间不产生外币资本折算差额。

(四) 实质上构成对境外经营净投资的外币货币性项目企业编制合并财务报表涉及境外经营的,如有实质上构成对境外经营净投资的外币货币性项目,因汇率变动而产生的汇兑差额,应列入所有者权益“外币报表折算差额”项目;处置境外经营时,计入处置当期损益。

三、分账制记账方法

对于外币交易频繁、外币币种较多的金融企业,也可以采用分账制记账方法进行日常核算。资产负债表日,应当按照本准则第十一条的规定对相应的外币账户余额分别货币性项目和非货币性项目进行调整。

采用分账制记账方法,其产生的汇兑差额的处理结果,应当与统账制一致。

四、境外经营处于恶性通货膨胀经济的判断

本准则第十三条规定了处于恶性通货膨胀经济中的境外经营的财务报表的折算。恶性通货膨胀经济通常按照以下特征进行判断:

(一) 最近3年累计通货膨胀率接近或超过100%;

(二) 利率、工资和物价与物价指数挂钩;

(三) 公众不是以当地货币、而是以相对稳定的外币为单位作为衡量货币金额的基础;

(四) 公众倾向于以非货币性资产或相对稳定的外币来保存自己的财富,持有的当地货币立即用于投资以保持购买力;

(五) 即使信用期限很短,赊销、赊购交易仍按补偿信用期预计购买力损失的价格成交。

二十、《企业会计准则第20号——企业合并》应用指南

《企业会计准则第20号——企业合并》应用指南

一、企业合并的方式

(一) 控股合并。合并方(或购买方)在企业合并中取得对被合并方(或被购买方)的控制权,被合并方(或被购买方)在合并后仍保持其独立的法人资格并继续经营,合并方(或购买方)确认企业合并形成的对被

合并方(或被购买方)的投资。

(二) 吸收合并。合并方(或购买方)通过企业合并取得被合并方(或被购买方)的全部净资产，合并后注销被合并方(或被购买方)的法人资格，被合并方(或被购买方)原持有的资产、负债，在合并后成为合并方(或购买方)的资产、负债。

(三) 新设合并。参与合并的各方在合并后法人资格均被注销，重新注册成立一家新的企业。

二、合并日或购买日的确定

企业应当在合并日或购买日确认因企业合并取得的资产、负债。按照本准则第五条和第十条规定，合并日或购买日是指合并方或购买方实际取得对被合并方或被购买方控制权的日期，即被合并方或被购买方的净资产或生产经营决策的控制权转移给合并方或购买方的日期。

同时满足下列条件的，通常可认为实现了控制权的转移：

(一) 企业合并合同或协议已获股东大会等通过。

(二) 企业合并事项需要经过国家有关主管部门审批的，已获得批准。

(三) 参与合并各方已办理了必要的财产权转移手续。

(四) 合并方或购买方已支付了合并价款的大部分(一般应超过50%)，并且有能力、有计划支付剩余款项。

(五) 合并方或购买方实际上已经控制了被合并方或被购买方的财务和经营政策，并享有相应的利益、承担相应的风险。

三、同一控制下的企业合并

根据本准则第五条规定，参与合并的企业在合并前后均受同一方或相同的多方最终控制且该控制并非暂时性的，为同一控制下的企业合并。同一方，是指对参与合并的企业在合并前后均实施最终控制的投资者。

相同的多方，通常是指根据投资者之间的协议约定，在对被投资单位的生产经营决策行使表决权时发表一致意见的两个或两个以上的投资者。

控制并非暂时性，是指参与合并的各方在合并前后较长的时间内受同一方或相同的多方最终控制。较长的时间通常指1年以上(含1年)。

同一控制下企业合并的判断，应当遵循实质重于形式要求。

四、非同一控制下的企业合并

(一) 非同一控制下的吸收合并，购买方在购买日应当按照合并中取得的被购买方各项可辨认资产、负债的公允价值确定其入账价值，确定的企业合并成本与取得被购买方可辨认净资产公允价值的差额，应确认为商誉或计入当期损益。

(二) 非同一控制下的控股合并，母公司在购买日编制合并资产负债表时，对于被购买方可辨认资产、负债应当按照合并中确定的公允价值列示，企业合并成本大于合并中取得的被购买方可辨认净资产公允价值份额的差额，确认为合并资产负债表中的商誉。企业合并成本小于合并中取得的被购买方可辨认净资产公允价值份额的差额，在购买日合并资产负债表中调整盈余公积和未分配利润。

非同一控制下的企业合并形成母子公司关系的，母公司应自购买日起设置备查簿，登记其在购买日取得的被购买方可辨认资产、负债的公允价值，为以后期间编制合并财务报表提供基础资料。

(三) 分步实现的企业合并。根据本准则第十一条(二)规定，通过多次交换交易分步实现的企业合并，合并成本为每一单项交易成本之和。购买方在购买日，应当按照以下步骤进行处理：

1. 将原持有的对被购买方的投资账面价值调整恢复至最初取得成本，相应调整留存收益等所有者权益项目。

2. 比较每一单项交易的成本与交易时应享有被投资单位可辨认净资产公允价值的份额，确定每一单项交易中应予确认的商誉金额(或应予确认损益的金额)。

3. 购买方在购买日确认的商誉(或计入损益的金额)应为每一单项交易产生的商誉(或应予确认损益的金额)之和。

4. 被购买方在购买日与原交易日之间可辨认净资产公允价值的变动相对于原持股比例的部分，属于被购买方在交易日至购买日之间实现留存收益的，相应调整留存收益，差额调整资本公积。

(四)购买方应当按照以下规定确定合并中取得的被购买方各项可辨认资产、负债及或有负债的公允价值:

1.货币资金,按照购买日被购买方的账面余额确定。

2.有活跃市场的股票、债券、基金等金融工具,按照购买日活跃市场中的市场价格确定。

3.应收款项,其中的短期应收款项,一般按照应收取的金额作为其公允价值;长期应收款项,应按适当的利率折现后的现值确定其公允价值。在确定应收款项的公允价值时,应考虑发生坏账的可能性及相关收款费用。

4.存货,对其中的产成品和商品按其估计售价减去估计的销售费用、相关税费以及购买方出售类似产成品或商品估计可能实现的利润确定;在产品按完工产品的估计售价减去至完工仍将发生的成本、估计的销售费用、相关税费以及基于同类或类似产成品的基础上估计出售可能实现的利润确定;原材料按现行重置成本确定。

5.不存在活跃市场的金融工具如权益性投资等,应当参照《企业会计准则第22号——金融工具确认和计量》的规定,采用估值技术确定其公允价值。

6.房屋建筑物、机器设备、无形资产,存在活跃市场的,应以购买日的市场价格为基础确定其公允价值;不存在活跃市场,但同类或类似资产存在活跃市场的,应参照同类或类似资产的市场价格确定其公允价值;同类或类似资产也不存在活跃市场的,应采用估值技术确定其公允价值。

7.应付账款、应付票据、应付职工薪酬、应付债券、长期应付款,其中的短期负债,一般按照应支付的金额确定其公允价值;长期负债,应按适当的折现率折现后的现值作为其公允价值。

8.取得的被购买方的或有负债,其公允价值在购买日能够可靠计量的,应确认为预计负债。此项负债应当按照假定第三方愿意代购买方承担,就其所承担义务需要购买方支付的金额作为其公允价值。

9.递延所得税资产和递延所得税负债,取得的被购买方各项可辨认资产、负债及或有负债的公允价值与其计税基础之间存在差额的,应当按照《企业会计准则第18号——所得税》的规定确认相应的递延所得税资产或递延所得税负债,所确认的递延所得税资产或递延所得税负债的金额不应折现。

五、业务合并

本准则第三条规定,涉及业务的合并比照本准则规定处理。业务是指企业内部某些生产经营活动或资产的组合,该组合一般具有投入、加工处理过程和产出能力,能够独立计算其成本费用或所产生的收入,但不构成独立法人资格的部分。比如,企业的分公司、不具有独立法人资格的分部等。

二十一、《企业会计准则第21号——租赁》应用指南

《企业会计准则第21号——租赁》应用指南

一、租赁开始日与租赁期开始日

本准则第四条和第十一条规定了租赁开始日和租赁期开始日。

租赁开始日,是指租赁协议日与租赁各方就主要租赁条款作出承诺日中的较早者。在租赁开始日,承租人和出租人应当将租赁认定为融资租赁或经营租赁。

租赁期开始日,是指承租人有权行使其使用租赁资产权利的日期,表明租赁行为的开始。在租赁期开始日,承租人应当对租入资产、最低租赁付款额和未确认融资费用进行初始确认;出租人应当对应收融资租赁款、未担保余值和未实现融资收益进行初始确认。

二、融资租赁与经营租赁

(一)融资租赁的认定标准

本准则第六条(一)规定,在租赁期届满时,租赁资产的所有权转移给承租人。此种情况通常是指在租赁合同中已经约定、或者在租赁开始日根据相关条件作出合理判断,租赁期届满时出租人能够将资产的所有权转移给承租人。

本准则第六条(三)规定,即使资产的所有权不转移,但租赁期占租赁资产使用寿命的大部分。其中"大部分",通常掌握在租赁期占租赁资产使用寿命的75%以上(含75%)。

本准则第六条(四)规定,承租人在租赁开始日的最低租赁付款额现值,几乎相当于租赁开始日租赁资

产公允价值;出租人在租赁开始日的最低租赁收款额现值,几乎相当于租赁开始日租赁资产公允价值。其中"几乎相当于",通常掌握在90%以上(含90%)。

(二)经营租赁的认定标准

根据本准则第十条规定,经营租赁是指除融资租赁以外的其他租赁。经营租赁资产的所有权不转移,租赁期届满后,承租人有退租或续租的选择权,而不存在优惠购买选择权。

三、融资租赁中出租人的初始确认

根据本准则第十八条规定,在租赁期开始日,出租人应当将租赁开始日最低租赁收款额与初始直接费用之和作为应收融资租赁款的入账价值,同时记录未担保余值;将最低租赁收款额、初始直接费用及未担保余值之和与其现值之和的差额确认为未实现融资收益。出租人在租赁期开始日按照上述规定转出租赁资产,租赁资产公允价值与其账面价值如有差额,应当计入当期损益。

四、融资租赁中实际利率法的应用

(一)未确认融资费用的分摊

根据本准则第十五条规定,未确认融资费用应当在租赁期内各个期间进行分摊。承租人应当采用实际利率法计算确认当期的融资费用。

承租人采用实际利率法分摊未确认融资费用时,应当根据租赁期开始日租入资产入账价值的不同情况,对未确认融资费用采用不同的分摊率:

1.以出租人的租赁内含利率为折现率将最低租赁付款额折现、且以该现值作为租入资产入账价值的,应当将租赁内含利率作为未确认融资费用的分摊率。

2.以合同规定利率为折现率将最低租赁付款额折现、且以该现值作为租入资产入账价值的,应当将合同规定利率作为未确认融资费用的分摊率。

3.以银行同期贷款利率为折现率将最低租赁付款额折现、且以该现值作为租入资产入账价值的,应当将银行同期贷款利率作为未确认融资费用的分摊率。

4.以租赁资产公允价值作为入账价值的,应当重新计算分摊率。该分摊率是使最低租赁付款额的现值与租赁资产公允价值相等的折现率。

(二)未实现融资收益的分配

根据本准则第十九条规定,未实现融资收益应当在租赁期内各个期间进行分配。出租人应当采用实际利率法计算确认当期的融资收入。

出租人采用实际利率法分配未实现融资收益时,应当将租赁内含利率作为未实现融资收益的分配率。

二十二、《企业会计准则第22号——金融工具确认和计量》应用指南

《企业会计准则第22号——金融工具确认和计量》应用指南

一、金融资产和金融负债的计量

根据本准则规定,企业对于取得的金融资产或承担的金融负债,应当分别不同类别进行计量。

(一)以公允价值计量且其变动计入当期损益的金融资产或金融负债

此类金融资产或金融负债可进一步分为交易性金融资产或金融负债和直接指定为以公允价值计量且其变动计入当期损益的金融资产或金融负债。

1.交易性金融资产或金融负债,主要是指企业为了近期内出售而持有的金融资产或近期内回购而承担的金融负债。比如,企业以赚取差价为目的从二级市场购入的股票、债券、基金等。

本准则范围内的衍生工具,包括远期合同、期货合同、互换和期权,以及具有远期合同、期货合同、互换和期权中一种或一种以上特征的工具。衍生工具不作为有效套期工具的,也应划分为交易性金融资产或金融负债。

2.直接指定为以公允价值计量且其变动计入当期损益的金融资产或金融负债,主要是指企业基于风险管理、战略投资需要等所作的指定。

3.企业划分为以公允价值计量且其变动计入当期损益的金融资产的股票、债券、基金,以及不作为有效套期工具的衍生工具,应当按照取得时的公允价值作为初始确认金额,相关的交易费用在发生时计入当期

损益。支付的价款中包含已宣告但尚未发放的现金股利或已到付息期但尚未领取的债券利息，应当单独确认为应收项目。

企业在持有以公允价值计量且其变动计入当期损益的金融资产期间取得的利息或现金股利，应当确认为投资收益。资产负债表日，企业应将以公允价值计量且其变动计入当期损益的金融资产或金融负债的公允价值变动计入当期损益。

处置该金融资产或金融负债时，其公允价值与初始入账金额之间的差额应确认为投资收益，同时调整公允价值变动损益。

（二）持有至到期投资

根据本准则第十一条规定，企业从二级市场上购入的固定利率国债、浮动利率公司债券等，符合持有至到期投资条件的，可以划分为持有至到期投资。购入的股权投资因其没有固定的到期日，不符合持有至到期投资的条件，不能划分为持有至到期投资。持有至到期投资通常具有长期性质，但期限较短（1年以内）的债券投资，符合持有至到期投资条件的，也可将其划分为持有至到期投资。

持有至到期投资应当按取得时的公允价值和相关交易费用之和作为初始确认金额。支付的价款中包含的已到付息期但尚未领取的债券利息，应单独确认为应收项目。

持有至到期投资在持有期间应当按照摊余成本和实际利率计算确认利息收入，计入投资收益。实际利率应当在取得持有至到期投资时确定，在该持有至到期投资预期存续期间或适用的更短期间内保持不变。实际利率与票面利率差别较小的，也可按票面利率计算利息收入，计入投资收益。

处置持有至到期投资时，应将所取得价款与该投资账面价值之间的差额计入投资收益。

（三）贷款和应收款项

根据本准则第十七条规定，贷款和应收款项主要是指金融企业发放的贷款和一般企业销售商品或提供劳务形成的应收款项等债权。贷款和应收款项在活跃市场中没有报价。

金融企业按当前市场条件发放的贷款，应按发放贷款的本金和相关交易费用之和作为初始确认金额。一般企业对外销售商品或提供劳务形成的应收债权，通常应按从购货方应收的合同或协议价款作为初始确认金额。

贷款持有期间所确认的利息收入，应当根据实际利率计算。实际利率应在取得贷款时确定，在该贷款预期存续期间或适用的更短期间内保持不变。实际利率与合同利率差别较小的，也可按合同利率计算利息收入。

企业收回或处置贷款和应收款项时，应将取得的价款与该贷款和应收款项账面价值之间的差额计入当期损益。

（四）可供出售金融资产

根据本准则第十八条规定，可供出售金融资产通常是指企业没有划分为以公允价值计量且其变动计入当期损益的金融资产、持有至到期投资、贷款和应收款项的金融资产。比如，企业购入的在活跃市场上有报价的股票、债券和基金等，没有划分为以公允价值计量且其变动计入当期损益的金融资产或持有至到期投资等金融资产的，可归为此类。

可供出售金融资产应当按取得该金融资产的公允价值和相关交易费用之和作为初始确认金额。支付的价款中包含的已到付息期但尚未领取的债券利息或已宣告但尚未发放的现金股利，应单独确认为应收项目。

可供出售金融资产持有期间取得的利息或现金股利，应当计入投资收益。资产负债表日，可供出售金融资产应当以公允价值计量，且公允价值变动计入资本公积（其他资本公积）。

处置可供出售金融资产时，应将取得的价款与该金融资产账面价值之间的差额，计入投资损益；同时，将原直接计入所有者权益的公允价值变动累计额对应处置部分的金额转出，计入投资损益。

（五）其他金融负债

根据本准则第八条规定，其他金融负债是指除以公允价值计量且其变动计入当期损益的金融负债以外的金融负债。通常情况下，企业发行的债券、因购买商品产生的应付账款、长期应付款等，应当划分为其他金融负债。其他金融负债应当按其公允价值和相关交易费用之和作为初始确认金额。其他金融负债通常采用摊余成本进行后续计量。

二、金融资产减值损失的计量

（一）持有至到期投资、贷款和应收款项

对于持有至到期投资、贷款和应收款项，有客观证据表明其发生了减值的，应当根据其账面价值与预计未来现金流量现值之间的差额计算确认减值损失。

1. 商业银行贷款减值损失的计量

根据本准则第四十三条规定，商业银行对贷款进行减值测试，应根据本银行的实际情况分为单项金额重大和非重大的贷款。对单项金额重大的贷款，应单独进行减值测试；对单项金额不重大的贷款，可以单独进行减值测试，或者将其包含在具有类似信用风险特征的贷款组合中进行减值测试。单独测试未发生减值的贷款，也应当包括在具有类似信用风险特征的贷款组合中再进行减值测试。

商业银行进行贷款减值测试时，可以根据自身管理水平和业务特点，确定单项金额重大贷款的标准。比如，可以将本金大于或等于一定金额的贷款作为单项金额重大的贷款，此标准以下的贷款属于单项金额非重大的贷款。单项金额重大贷款的标准一经确定，不得随意变更。

商业银行对于单独进行减值测试的贷款，有客观证据表明其发生了减值的，应当计算资产负债表日的未来现金流量现值（通常以初始确认时确定的实际利率作为折现率），该现值低于其账面价值之间的差额确认为贷款减值损失。

商业银行采用组合方式对贷款进行减值测试的，可以根据自身风险管理模式和数据支持程度，选择合理的方法确认和计量减值损失。

2. 一般企业应收款项减值损失的计量

对于单项金额重大的应收款项，应当单独进行减值测试。有客观证据表明其发生了减值的，应当根据其未来现金流量现值低于其账面价值的差额，确认减值损失，计提坏账准备。

对于单项金额非重大的应收款项可以单独进行减值测试，确定减值损失，计提坏账准备；也可以与经单独测试后未减值的应收款项一起按类似信用风险特征划分为若干组合，再按这些应收款项组合在资产负债表日余额的一定比例计算确定减值损失，计提坏账准备。根据应收款项组合余额的一定比例计算确定的坏账准备，应当反映各项目实际发生的减值损失，即各项组合的账面价值超过其未来现金流量现值的金额。

企业应当根据以前年度与之相同或相类似的、具有类似信用风险特征的应收款项组合的实际损失率为基础，结合现时情况确定本期各项组合计提坏账准备的比例，据此计算本期应计提的坏账准备。

持有至到期投资减值损失的计量，比照贷款和应收款项减值损失计量的相关规定处理。

（二）可供出售金融资产

分析判断可供出售金融资产是否发生减值，应当注重该金融资产公允价值是否持续下降。通常情况下，如果可供出售金融资产的公允价值发生较大幅度下降，或在综合考虑各种相关因素后，预期这种下降趋势属于非暂时性的，可以认定该可供出售金融资产已发生减值，应当确认减值损失。

可供出售金融资产发生减值的，在确认减值损失时，应当将原直接计入所有者权益的公允价值下降形成的累计损失一并转出，计入减值损失。

二十三、《企业会计准则第23号——金融资产转移》应用指南

《企业会计准则第23号——金融资产转移》应用指南

一、金融资产终止确认

（一）根据本准则第七条规定，企业终止确认某项金融资产，是指将该金融资产从其账户和资产负债表内予以转销。以下例子表明企业已将金融资产所有权上几乎所有风险和报酬转移给了转入方，应当终止确认相关金融资产。

1. 企业以不附追索权方式出售金融资产；

2. 企业将金融资产出售，同时与买入方签订协议，在约定期限结束时按当日该金融资产的公允价值回购；

3. 企业将金融资产出售，同时与买入方签订看跌期权合约（即买入方有权将该金融资产返售给企业），但从合约条款判断，该看跌期权是一项重大价外期权（即期权合约的条款设计，使得金融资产的买方极小可能会到期行权）。

以下例子表明企业保留了金融资产所有权上几乎所有风险和报酬，不应当终止确认相关金融资产：

1. 企业采用附追索权方式出售金融资产；

2. 企业将金融资产出售，同时与买入方签订协议，在约定期限结束时按固定价格将该金融资产回购；

3. 企业将金融资产出售，同时与买入方签订看跌期权合约（即买入方有权将该金融资产返售给企业），但从合约条款判断，该看跌期权是一项重大价内期权（即期权合约的条款设计，使得金融资产的买方很可能会到期行权）；

4. 企业（银行）将信贷资产整体转移，同时保证对金融资产买方可能发生的信用损失进行全额补偿。

（二）根据本准则第九条规定，企业对既没有转移也没有保留所有权上几乎所有风险和报酬的金融资产转移，应当判断是否放弃了对所转移金融资产的控制，分别情况进行处理。

判断是否已放弃对所转移金融资产的控制，应当重点关注转入方出售该金融资产的实际能力。如果转入方能够单独将转入的金融资产整体出售给与其不存在关联方关系的第三方，且没有额外条件对此项出售加以限制，说明转入方有出售该金融资产的实际能力，同时表明企业（转出方）已放弃对该金融资产的控制，从而应终止确认所转移的金融资产。

转入方是否能够将转入的金融资产整体出售给与其不存在关联方关系的第三方，应当关注该金融资产是否存在活跃市场。如果不存在活跃市场，即使合同约定转入方有权处置金融资产，也不表明转入方有“实际能力”。

转入方是否能够单独出售所转入的金融资产且没有额外条件对此销售加以限制（是否可以自由地处置所转入金融资产），主要关注是否存在与出售密切相关的约束性条款。比如，转入方出售转入的金融资产时附有一项看涨期权，且该看涨期权又是重大价内期权，以至于可以认定转入方将来很可能会行权。在这种情况下，不表明转入方有出售所转入金融资产的实际能力。

二、金融资产转移的计量

（一）满足终止确认条件根据本准则第十二条规定，金融资产整体转移满足终止确认条件的，应当终止确认该金融资产，同时按以下公式确认相关损益：

因转移收到的对价

加：原直接计入所有者权益的公允价值变动累计利得（如为累计损失，应为减项）

减：所转移金融资产的账面价值

金融资产整体转移的损益

说明：

1. 因转移收到的对价＝因转移交易收到的价款＋新获得金融资产的公允价值＋因转移获得服务资产的公允价值－新承担金融负债的公允价值－因转移承担的服务负债的公允价值。其中，新获得的金融资产或新承担的金融负债，包括看涨期权、看跌期权、担保负债、远期合同、互换等；

2. 原直接计入所有者权益的公允价值变动累计利得或损失，是指所转移金融资产（可供出售金融资产）转移前公允价值变动直接计入所有者权益的累计额。

（二）不满足终止确认条件

根据本准则第十五条规定，金融资产转移不满足终止确认条件的，应当继续确认该金融资产，所收到的对价确认为一项金融负债。此类金融资产转移实质上具有融资性质，不能将金融资产与所确认的金融负债相互抵销。比如，企业将国债卖出后又承诺将以固定价格买回，因卖出国债所收到的款项应单独确认为一项金融负债。

二十四、《企业会计准则第 24 号——套期保值》应用指南

《企业会计准则第 24 号——套期保值》应用指南

一、套期工具

（一）根据本准则第五条规定，衍生工具通常可以作为套期工具。衍生工具包括远期合同、期货合同、互换和期权，以及具有远期合同、期货合同、互换和期权中一种或一种以上特征的工具。比如，企业为规避库存铜品价格下跌的风险，可以通过卖出一定数量铜品的期货合同加以实现，其中卖出铜品的期货合同即

是套期工具。

衍生工具如无法有效地降低被套期项目的风险，不能作为套期工具。比如，对于利率上下限期权或由一项发行的期权和一项购入的期权组成的期权，其实质相当于企业发行一项期权的(即企业收取了净期权费)，不能将其指定为套期工具。

(二) 根据本准则第六条规定，对于符合套期工具条件的衍生工具，在套期开始时，通常应当将其整体或其一定比例指定为套期工具。

根据本准则第七条规定，单项衍生工具通常被指定为对一种风险进行套期。附有多种风险的衍生工具也可以被指定为对一种以上风险进行套期，前提是可以清晰地辨认这些被套期风险、可以证明套期有效性，同时可以确保该衍生工具与不同风险之间存在具体指定关系。

比如，某企业的记账本位币是人民币，发行了一期5年期美元浮动利率债券。为规避该金融负债的外汇风险和利率风险，该企业与某金融企业签订一项交叉货币互换合同并将其指定为套期工具，同时将该美元浮动利率债券指定为被套期项目。执行此项合同后，该企业将从金融企业定期收到浮动利率美元利息，以支付债券持有者，并按固定利率支付人民币利息给金融企业。在此例中，该企业将浮动利率美元利息转化成了固定利率人民币利息，从而规避了美元对人民币汇率变动风险及美元利率变动风险。

二、被套期项目

根据本准则第九条规定，库存商品、持有至到期投资、可供出售金融资产、贷款、长期借款、预期商品销售、预期商品购买、对境外经营净投资等项目使企业面临公允价值或现金流量风险变动的，均可被指定为被套期项目。

根据本准则第十六条规定，对具有类似风险特征的资产或负债组合(即被套期项目)进行套期时，该组合中的各单项资产或单项负债应当共同承担被套期风险，且该组合内各单项资产或单项负债由被套期风险引起的公允价值变动，应当预期与该组合由被套期风险引起的公允价值整体变动基本成比例。比如，当被套期组合整体因被套期风险形成的公允价值变动10%时，该组合中各单项金融资产或单项金融负债因被套期风险形成的公允价值变动通常应限制在9%至11%的较小范围内。

三、套期会计方法的运用

根据本准则第四条规定，套期会计方法是指在相同会计期间将套期工具和被套期项目公允价值变动的抵销结果计入当期损益的方法。

比如，某企业拟对6个月之后很可能发生的贵金属销售进行现金流量套期，为规避相关贵金属价格下跌的风险，该企业可于现在卖出相同数量的该种贵金属期货合同并指定为套期工具，同时指定预期的贵金属销售为被套期项目。资产负债表日(假定预期贵金属销售尚未发生)，期货合同的公允价值上涨了100万元，对应的贵金属预期销售价格的现值下降了100万元。假定上述套期符合运用套期会计方法的条件，该企业应将期货合同的公允价值变动计入所有者权益(资本公积)，待预期销售交易实际发生时，再转出调整销售收入。

四、套期有效性评价

根据本准则第十七条规定，企业应当持续地对套期有效性进行评价，并确保该套期关系在被指定的会计期间高度有效。常见的套期有效性评价方法主要有：(1)主要条款比较法；(2)比率分析法；(3)回归分析法等。

二十五、《企业会计准则第27号——石油天然气开采》应用指南

《企业会计准则第27号——石油天然气开采》应用指南

一、矿区的划分

矿区，是指企业进行油气开采活动所划分的区域或独立的开发单元。矿区的划分是计提油气资产折耗、进行减值测试等的基础。矿区的划分应当遵循以下原则：

(一) 一个油气藏可作为一个矿区；

(二) 若干相临且地质构造或储层条件相同或相近的油气藏可作为一个矿区；

(三) 一个独立集输计量系统为一个矿区；

（四）一个大的油气藏分为几个独立集输系统并分别进行计量的，可分为几个矿区；

（五）采用重大新型采油技术并实行工业化推广的区域可作为一个矿区；

（六）在同一地理区域内不得将分属不同国家的作业区划分在同一个矿区或矿区组内。

二、钻井勘探支出的处理采用成果法

根据本准则第十三、十四和十五条规定，对于钻井勘探支出的资本化应当采用成果法，即只有发现了探明经济可采储量的钻井勘探支出才能资本化，结转为井及相关设施成本，否则计入当期损益。

三、油气资产及其折耗

（一）油气资产，是指油气开采企业所拥有或控制的井及相关设施和矿区权益。油气资产属于递耗资产。递耗资产是指通过开采、采伐、利用而逐渐耗竭，以致无法恢复或难以恢复、更新或按原样重置的自然资源，如矿藏等。开采油气所必需的辅助设备和设施（如房屋、机器等），作为一般固定资产管理，适用《企业会计准则第 4 号——固定资产》。

（二）油气资产的折耗，是指油气资产随着当期开发进展而逐渐转移到所开采产品（油气）成本中的价值。本准则第六条和第二十一条规定，企业应当采用产量法或年限平均法对油气资产计提折耗。

1. 产量法，又称单位产量法。该方法是以单位产量为基础对探明矿区权益的取得成本和井及相关设施成本计提折耗。采用该方法对油气资产计提折耗时，矿区权益应以探明经济可采储量为基础，井及相关设施以探明已开发经济可采储量为基础。

2. 年限平均法，又称直线法。该方法将油气资产成本均衡地分摊到各会计期间。采用该方法计算的每期油气资产折耗金额相等。企业采用的油气资产折耗方法，一经确定，不得随意变更。未探明矿区权益不计提折耗。

四、弃置义务

根据本准则第二十三条规定，在确认井及相关设施成本时，弃置义务应当以矿区为基础进行预计，主要涉及井及相关设施的弃置、拆移、填埋、清理和恢复生态环境等所发生的支出。

五、未探明矿区权益的减值

根据本准则第七条（二）规定，未探明矿区权益应当至少每年进行一次减值测试。按照单个矿区进行减值测试的，其公允价值低于账面价值的，应当将其账面价值减记至公允价值，减记的金额确认为油气资产减值损失；按照矿区组进行减值测试并计提减值准备的，确认的减值损失不分摊至单个矿区权益的账面价值。

二十六、《企业会计准则第 28 号——会计政策、会计估计变更和差错更正》应用指南

《企业会计准则第 28 号——会计政策、会计估计变更和差错更正》应用指南

一、会计政策和会计估计的确定

企业应当根据本准则的规定，结合本企业的实际情况，确定会计政策和会计估计，经股东大会或董事会、经理（厂长）会议或类似机构批准，按照法律、行政法规等的规定报送有关各方备案。

企业的会计政策和会计估计一经确定，不得随意变更。如需变更，应重新履行上述程序，并按本准则的规定处理。

二、会计政策及其变更

根据本准则第三条规定，会计政策是指企业在会计确认、计量和报告中所采用的原则、基础和会计处理方法。企业采用的会计计量基础也属于会计政策。

（一）实务中某项交易或者事项的会计处理，具体会计准则或应用指南未作规范的，应当根据《企业会计准则——基本准则》规定的原则、基础和方法进行处理；待作出具体规定时，从其规定。

（二）会计政策变更采用追溯调整法的，应当将会计政策变更的累积影响数调整期初留存收益。留存收益包括当年和以前年度的未分配利润和按照相关法律规定提取并累积的盈余公积。调整期初留存收益

是指对期初未分配利润和盈余公积两个项目的调整。

三、前期差错及其更正

前期差错应当采用追溯重述法进行更正，视同该项前期差错从未发生过，从而对财务报表相关项目进行重新列示和披露。追溯重述法的会计处理与追溯调整法相同。

二十七、《企业会计准则第30号——财务报表列报》应用指南

《企业会计准则第30号——财务报表列报》应用指南

一、财务报表列报的基本要求

（一）列报基础

1.本准则规范企业持续经营基础下的财务报表列报。企业管理层应当评价企业的持续经营能力，对持续经营能力产生重大怀疑的，应当在附注中披露导致对持续经营能力产生重大怀疑的影响因素。

2.企业正式决定或被迫在当期或将在下一个会计期间进行清算或停止营业的，表明其处于非持续经营状态，应当采用其他基础编制财务报表，并在附注中声明财务报表未以持续经营为基础列报、披露未以持续经营为基础的原因和财务报表的编制基础。

（二）重要性的判断

判断项目性质的重要性，应当考虑该项目的性质是否属于企业日常活动等因素；判断项目金额大小的重要性，应当通过单项金额占资产总额、负债总额、所有者权益总额、营业收入总额、营业成本总额、净利润等直接相关项目金额的比重加以确定。

（三）正常营业周期本准则判断流动资产、流动负债所指的一个正常营业周期，通常是指企业从购买用于加工的资产起至实现现金或现金等价物的期间。

正常营业周期通常短于一年，在一年内有几个营业周期。但是，也存在正常营业周期长于一年的情况，如房地产开发企业开发用于出售的房地产开发产品，造船企业制造用于出售的大型船只等，往往超过一年才变现、出售或耗用，仍应划分为流动资产。

正常营业周期不能确定的，应当以一年（12个月）作为正常营业周期。

（四）终止经营终止经营，是指企业已被处置或被划归为持有待售的、在经营和编制财务报表时能够单独区分的组成部分，该组成部分按照企业计划将整体或部分进行处置。

同时满足下列条件的企业组成部分应当确认为持有待售：(1)企业已经就处置该组成部分作出决议；(2)企业已经与受让方签订了不可撤销的转让协议；(3)该项转让将在一年内完成。

二、财务报表的组成和适用范围

财务报表至少应当包括资产负债表、利润表、现金流量表、所有者权益（或股东权益，下同）变动表和附注。本准则及应用指南适用于个别财务报表和合并财务报表，以及中期财务报表和年度财务报表。

现金流量表的编制和列报，还应遵循《企业会计准则第31号——现金流量表》及其应用指南；合并财务报表的编制和列报，还应遵循《企业会计准则第33号——合并财务报表》及其应用指南；中期财务报表的编制和列报，还应遵循《企业会计准则第32号——中期财务报告》。

财务报表格式和附注分别按一般企业、商业银行、保险公司、证券公司等企业类型予以规定。企业应当根据其经营活动的性质，确定本企业适用的财务报表格式和附注。

除不存在的项目外，企业应当按照具体准则及应用指南规定的报表格式进行列报。

政策性银行、信托投资公司、租赁公司、财务公司、典当公司应当执行商业银行财务报表格式和附注规定，如有特别需要，可以结合本企业的实际情况，进行必要调整和补充。

担保公司应当执行保险公司财务报表格式和附注规定，如有特别需要，可以结合本企业的实际情况，进行必要调整和补充。

资产管理公司、基金公司、期货公司应当执行证券公司财务报表格式和附注规定，如有特别需要，可以结合本企业的实际情况，进行必要调整和补充。

三、一般企业资产负债表、利润表和所有者权益变动表格式

资产负债表

会企01表

编制单位： 年 月 日 单位：元

资产	期末余额	年初余额	负债和所有者权益(或股东权益)	期末余额	年初余额
流动资产：			流动负债：		
货币资金			短期借款		
交易性金融资产			交易性金融负债		
应收票据			应付票据		
应收账款			应付账款		
预付款项			预收款项		
应收利息			应付职工薪酬		
应收股利			应交税费		
其他应收款			应付利息		
存货			应付股利		
一年内到期的非流动资产			其他应付款		
其他流动资产			一年内到期的非流动负债		
流动资产合计			其他流动负债		
非流动资产：			流动负债合计		
可供出售金融资产			非流动负债：		
持有至到期投资			长期借款		
长期应收款			应付债券		
长期股权投资			长期应付款		
投资性房地产			专项应付款		
固定资产			预计负债		
在建工程			递延所得税负债		
工程物资			其他非流动负债		
固定资产清理			非流动负债合计		
生产性生物资产			负债合计		
油气资产			所有者权益(或股东权益)：		
无形资产			实收资本(或股本)		
开发支出			资本公积		
商誉			减：库存股		
长期待摊费用			盈余公积		
递延所得税资产			未分配利润		
其他非流动资产			所有者权益(或股东权益)合计		
非流动资产合计					
资产总计			负债和所有者权益(或股东权益)总计		

利　润　表

会企 02 表

编制单位：　　　　　　　年　　月　　　　　　　单位:元

项　　　目	本期金额	上期金额
一、营业收入		
减:营业成本		
营业税金及附加		
销售费用		
管理费用		
财务费用		
资产减值损失		
加:公允价值变动收益(损失以"一"号填列)		
投资收益(损失以"一"号填列)		
其中:对联营企业和合营企业的投资收益		
二、营业利润(亏损以"一"号填列)		
加:营业外收入		
减:营业外支出		
其中:非流动资产处置损失		
三、利润总额(亏损总额以"一"号填列)		
减:所得税费用		
四、净利润(净亏损以"一"号填列)		
五、每股收益:		
(一) 基本每股收益		
(二) 稀释每股收益		

四、一般企业报表附注

附注是财务报表的重要组成部分。企业应当按照规定披露附注信息，主要包括下列内容：

(一) 企业的基本情况

1.企业注册地、组织形式和总部地址。

2.企业的业务性质和主要经营活动。

3.母公司以及集团最终母公司的名称。

4.财务报告的批准报出者和财务报告批准报出日。

(二) 财务报表的编制基础

(三) 遵循企业会计准则的声明

企业应当声明编制的财务报表符合企业会计准则的要求，真实、完整地反映了企业的财务状况、经营成果和现金流量等有关信息。

(四) 重要会计政策和会计估计

企业应当披露采用的重要会计政策和会计估计，不重要的会计政策和会计估计可以不披露。在披露重要会计政策和会计估计时，应当披露重要会计政策的确定依据和财务报表项目的计量基础，以及会计估计中所采用的关键假设和不确定因素。

(五) 会计政策和会计估计变更以及差错更正的说明

企业应当按照《企业会计准则第 28 号——会计政策、会计估计变更和差错更正》及其应用指南的规定，披露会计政策和会计估计变更以及差错更正的有关情况。

所有者权益变动表

会企 04 表

编制单位： 年度 单位：元

项　目	本年金额						上年金额					
	实收资本（或股本）	资本公积	减：库存股	盈余公积	未分配利润	所有者权益合计	实收资本（或股本）	资本公积	减：库存股	盈余公积	未分配利润	所有者权益合计
一、上年年末余额												
加：会计政策变更												
前期差错更正												
二、本年年初余额												
三、本年增减变动金额（减少以"－"号填列）												
（一）净利润												
（二）直接计入所有者权益的利得和损失												
1. 可供出售金融资产公允价值变动净额												
2. 权益法下被投资单位其他所有者权益变动的影响												
3. 与计入所有者权益项目相关的所得税影响												
4. 其他												
上述（一）和（二）小计												
（三）所有者投入和减少资本												
1. 所有者投入资本												
2. 股份支付计入所有者权益的金额												
3. 其他												
（四）利润分配												
1. 提取盈余公积												
2. 对所有者（或股东）的分配												
3. 其他												
（五）所有者权益内部结转												
1. 资本公积转增资本（或股本）												
2. 盈余公积转增资本（或股本）												
3. 盈余公积弥补亏损												
4. 其他												
四、本年年末余额												

（六）报表重要项目的说明

企业对报表重要项目的说明，应当按照资产负债表、利润表、现金流量表、所有者权益变动表及其项目列示的顺序，采用文字和数字描述相结合的方式进行披露。报表重要项目的明细金额合计，应当与报表项目金额相衔接。

1. 交易性金融资产的披露格式如下：

项 目	期末公允价值	年初公允价值
1. 交易性债券投资		
2. 交易性权益工具投资		
3. 指定为以公允价值计量且其变动计入当期损益的金融资产		
4. 衍生金融资产		
5. 其他		
合计		

2. 应收款项

(1)应收账款按账龄结构披露的格式如下：

账龄结构		
期末账面余额		
年初账面余额		
1年以内(含1年)		
1年至2年(含2年)		
2年至3年(含3年)		
3年以上		
合计		

注：有应收票据、预付账款、长期应收款、其他应收款的，比照应收账款进行披露。

(2)应收账款按客户类别披露的格式如下：

客户类别		
期末账面余额		
年初账面余额		
客户1		
……		
其他客户		
合计		

注：有应收票据、预付账款、长期应收款、其他应收款的，比照应收账款进行披露。

3. 存货

(1)存货的披露格式如下：

存货种类	年初账面余额	本期增加额	本期减少额	期末账面余额
1. 原材料				
2. 在产品				
3. 库存商品				
4. 周转材料				
5. 消耗性生物资产				
……				
合计				

(2)说明消耗性生物资产的期末实物数量,并按下列格式披露金额信息:

项　　目	年初账面余额	本期增加额	本期减少额	期末账面余额
一、种植业				
1.				
……				
二、畜牧养殖业				
1.				
……				
三、林业				
1.				
……				
四、水产业				
1.				
……				
合计				

(3)存货跌价准备的披露格式如下:

存货种类	年初账面余额	本期计提额	本期减少额		期末账面余额
			转回	转销	
1.原材料					
2.在产品					
3.库存商品					
4.周转材料					
5.消耗性生物资产					
6.建造合同形成的资产					
……					
合计					

4.其他流动资产的披露格式如下:

项　　目	期末账面价值	年初账面价值
1.		
……		
合计		

注:有长期待摊费用、其他非流动资产的,比照其他流动资产进行披露。

5.可供出售金融资产的披露格式如下:

项　　目	期末公允价值	年初公允价值
1.可供出售债券		
2.可供出售权益工具		
3.其他		
合计		

6.持有至到期投资的披露格式如下：

项　　目	期末账面余额	年初账面余额
1.		
……		
合计		

7.长期股权投资

(1)长期股权投资的披露格式如下：

被投资单位	期末账面余额	年初账面余额
1.		
……		
合计		

(2)被投资单位由于所在国家或地区及其他方面的影响，其向投资企业转移资金的能力受到限制的，应当披露受限制的具体情况。

(3)当期及累计未确认的投资损失金额。

8.投资性房地产

(1)企业采用成本模式进行后续计量的，应当披露下列信息：

项　　目	年初账面余额	本期增加额	本期减少额	期末账面余额
一、原价合计				
1.房屋、建筑物				
2.土地使用权				
二、累计折旧和累计摊销合计				
1.房屋、建筑物				
2.土地使用权				
三、投资性房地产减值准备累计金额合计				
1.房屋、建筑物				
2.土地使用权				
四、投资性房地产账面价值合计				
1.房屋、建筑物				
2.土地使用权				

(2)企业采用公允价值模式进行后续计量的，应当披露投资性房地产公允价值的确定依据及公允价值金额的增减变动情况。

(3)如有房地产转换的，应当说明房地产转换的原因及其影响。

9.固定资产

(1)固定资产的披露格式如下：

项　　目	年初账面余额	本期增加额	本期减少额	期末账面余额
一、原价合计				
其中：房屋、建筑物				
机器设备				

（续表）

项　　目	年初账面余额	本期增加额	本期减少额	期末账面余额
运输工具				
……				
二、累计折旧合计				
其中：房屋、建筑物				
机器设备				
运输工具				
……				
三、固定资产减值准备累计金额合计				
其中：房屋、建筑物				
机器设备				
运输工具				
……				
四、固定资产账面价值合计				
其中：房屋、建筑物				
机器设备				
运输工具				
……				

(2)企业确有准备处置固定资产的，应当说明准备处置的固定资产名称、账面价值、公允价值、预计处置费用和预计处置时间等。

10.生产性生物资产和公益性生物资产

(1)说明各类生物资产的期末实物数量，并按下列格式披露金额信息：

项　　目	年初账面价值	本期增加额	本期减少额	期末账面价值
一、种植业				
1.				
……				
二、畜牧养殖业				
1.				
……				
三、林业				
1.				
……				
四、水产业				
1.				
……				
合计				

如有天然起源的生物资产，还应披露该资产的类别、取得方式和数量等。

(2)各类生产性生物资产的预计使用寿命、预计净残值、折旧方法、累计折旧和减值准备累计金额。

(3)与生物资产相关的风险情况与管理措施。

11.油气资产

(1)当期在国内和国外发生的取得矿区权益、油气勘探和油气开发各项支出的总额。

(2)油气资产的披露格式如下：

项　　目	年初账面余额	本期增加额	本期减少额	期末账面余额
一、原价合计				
1.探明矿区权益				
2.未探明矿区权益				
3.井及相关设施				
二、累计折耗合计				
1.探明矿区权益				
2.井及相关设施				
三、油气资产减值准备累计金额合计				
1.探明矿区权益				
2.未探明矿区权益				
3.井及相关设施				
四、油气资产账面价值合计				
1.探明矿区权益				
2.未探明矿区权益				
3.井及相关设施				

12.无形资产

(1)各类无形资产的披露格式如下：

项　　目	年初账面余额	本期增加额	本期减少额	期末账面余额
一、原价合计				
1.				
……				
二、累计摊销额合计				
1.				
……				
三、无形资产减值准备累计金额合计				
1.				
……				
四、无形资产账面价值合计				
1.				
……				

计入当期损益和确认为无形资产的研究开发支出金额。

13. 商誉的形成来源、账面价值的增减变动情况。

14.递延所得税资产和递延所得税负债

(1)已确认递延所得税资产和递延所得税负债的披露格式如下：

项　　目	期末账面余额	年初账面余额
一、递延所得税资产		
1.		
……		
合计		
二、递延所得税负债		

（续表）

项　　目	期末账面余额	年初账面余额
1.		
……		
合计		

(2)未确认递延所得税资产的可抵扣暂时性差异、可抵扣亏损等的金额(存在到期日的,还应披露到期日)。

15.资产减值准备的披露格式如下：

项　　目	年初账面余额	本期计提额	本期减少额		期末账面余额
			转回	转销	
一、坏账准备					
二、存货跌价准备					
三、可供出售金融资产减值准备					
四、持有至到期投资减值准备					
五、长期股权投资减值准备					
六、投资性房地产减值准备					
七、固定资产减值准备					
八、工程物资减值准备					
九、在建工程减值准备					
十、生产性生物资产减值准备					
其中:成熟生产性生物资产减值准备					
十一、油气资产减值准备					
十二、无形资产减值准备					
十三、商誉减值准备					
十四、其他					
合计					

16.所有权受到限制的资产

(1)资产所有权受到限制的原因。

(2)所有权受到限制的资产金额披露格式如下：

所有权受到限制的资产类别	年初账面价值	本期增加额	本期减少额	期末账面价值
一、用于担保的资产				
1.				
……				
二、其他原因造成所有权受到限制的资产				
1.				
……				
合计				

17. 交易性金融负债的披露格式如下：

项　　目	期末公允价值	年初公允价值
1. 发行的交易性债券		
2. 指定为以公允价值计量且其变动计入当期损益的金融负债		
3. 衍生金融负债		
4. 其他		
合计		

18. 职工薪酬

(1)应付职工薪酬的披露格式如下：

项　　目	年初账面余额	本期增加额	本期支付额	期末账面余额
一、工资、奖金、津贴和补贴				
二、职工福利费				
三、社会保险费				
其中：1. 医疗保险费				
2. 基本养老保险费				
3. 年金缴费				
4. 失业保险费				
5. 工伤保险费				
6. 生育保险费				
四、住房公积金				
五、工会经费和职工教育经费				
六、非货币性福利				
七、因解除劳动关系给予的补偿				
八、其他				
其中：以现金结算的股份支付				
合计				

(2)企业本期为职工提供的各项非货币性福利形式、金额及其计算依据。

19. 应交税费的披露格式如下：

税费项目	期末账面余额	年初账面余额
1. 增值税		
……		
合计		

20. 其他流动负债的披露格式如下：

项　　目	期末账面余额	年初账面余额
1.		
……		
合计		

注：有预计负债、其他非流动负债的，比照其他流动负债进行披露。

21. 短期借款和长期借款

(1)借款的披露格式如下：

项　　目	短期借款		长期借款	
	期末账面余额	年初账面余额	期末账面余额	年初账面余额
信用借款				
抵押借款				
质押借款				
保证借款				
合计				

(2)对于期末逾期借款,应分别贷款单位、借款金额、逾期时间、年利率、逾期未偿还原因和预期还款期等进行披露。

22. 应付债券的披露格式如下:

项　目	年初账面余额	本期增加额	本期减少额	期末账面余额
1.				
……				
合计				

23. 长期应付款的披露格式如下:

项　目	期末账面价值	年初账面价值
1.		
……		
合计		

24. 营业收入

(1)营业收入的披露格式如下:

项　目	本期发生额	上期发生额
1. 主营业务收入		
2. 其他业务收入		
合计		

(2)披露建造合同当期预计损失的原因和金额,同时按下列格式披露:

合同项目		总金额	累计已发生成本	累计已确认毛利(亏损以"-"号表示)	已办理结算的价款金额
固定造价合同	1.				
	……				
	合计				
成本加成合同	1.				
	……				
	合计				

25. 公允价值变动收益的披露格式如下:

产生公允价值变动收益的来源	本期发生额	上期发生额
1.		
……		
合计		

26. 投资收益

(1)投资收益的披露格式如下:

产生投资收益的来源	本期发生额	上期发生额
1.		
……		
合计		

(2)按照权益法核算的长期股权投资,直接以被投资单位的账面净损益计算确认投资损益的事实及原因。

27. 资产减值损失的披露格式如下:

项目	本期发生额	上期发生额
一、坏账损失		
二、存货跌价损失		
三、可供出售金融资产减值损失		
四、持有至到期投资减值损失		
五、长期股权投资减值损失		
六、投资性房地产减值损失		
七、固定资产减值损失		
八、工程物资减值损失		
九、在建工程减值损失		
十、生产性生物资产减值损失		
十一、油气资产减值损失		
十二、无形资产减值损失		
十三、商誉减值损失		
十四、其他		
合计		

28. 营业外收入的披露格式如下:

项目	本期发生额	上期发生额
1. 非流动资产处置利得合计		
其中:固定资产处置利得		
无形资产处置利得		
……		
合计		

29. 营业外支出的披露格式如下:

项目	本期发生额	上期发生额
1. 非流动资产处置损失合计		
其中:固定资产处置损失		
无形资产处置损失		
……		
合计		

30. 所得税费用

(1)所得税费用(收益)的组成,包括当期所得税、递延所得税。

(2)所得税费用(收益)与会计利润的关系。

31. 企业应当披露取得政府补助的种类及金额。

32. 每股收益

(1)基本每股收益和稀释每股收益分子、分母的计算过程。

(2)列报期间不具有稀释性但以后期间很可能具有稀释性的潜在普通股。

(3)在资产负债表日至财务报告批准报出日之间,企业发行在外普通股或潜在普通股股数发生重大变化的情况,如股份发行、股份回购、潜在普通股发行、潜在普通股转换或行权等。

33. 企业可以按照费用的性质分类披露利润表。

34. 非货币性资产交换

(1)换入资产、换出资产的类别。

(2)换入资产成本的确定方式。

(3)换入资产、换出资产的公允价值及换出资产的账面价值。

35. 股份支付

(1)当期授予、行权和失效的各项权益工具总额。

(2)期末发行在外股份期权或其他权益工具行权价的范围和合同剩余期限。

(3)当期行权的股份期权或其他权益工具以其行权日价格计算的加权平均价格。

(4)股份支付交易对当期财务状况和经营成果的影响。

36. 债务重组

按照《企业会计准则第12号——债务重组》第十四条或第十五条的相关规定进行披露。

37. 借款费用

(1)当期资本化的借款费用金额。

(2)当期用于计算确定借款费用资本化金额的资本化率。

38. 外币折算

(1)计入当期损益的汇兑差额。

(2)处置境外经营对外币财务报表折算差额的影响。

39. 企业合并

企业合并发生当期的期末,合并方或购买方应当按照《企业会计准则第20号——企业合并》第十八条或第十九条的相关规定进行披露。

40. 租赁

(1)融资租赁出租人应当说明未实现融资收益的余额,并披露与融资租赁有关的下列信息:

剩余租赁期	最低租赁收款额
1年以内(含1年)	
1年以上2年以内(含2年)	
2年以上3年以内(含3年)	
3年以上	
合计	

(2)经营租赁出租人各类租出资产的披露格式如下:

经营租赁租出资产类别	期末账面价值	年初账面价值
1. 机器设备		
2. 运输工具		
……		
合计		

(3)融资租赁承租人应当说明未确认融资费用的余额,并披露与融资租赁有关的下列信息:

①各类租入固定资产的年初和期末原价、累计折旧额、减值准备累计金额。

②以后年度将支付的最低租赁付款额的披露格式如下:

剩余租赁期	最低租赁收款额
1年以内(含1年)	
1年以上2年以内(含2年)	
2年以上3年以内(含3年)	
3年以上	
合计	

(4)对于重大的经营租赁,经营租赁承租人应当披露下列信息:

剩余租赁期	最低租赁收款额
1年以内(含1年)	
1年以上2年以内(含2年)	
2年以上3年以内(含3年)	
3年以上	
合计	

(5)披露各售后租回交易以及售后租回合同中的重要条款。

41. 终止经营的披露格式如下:

项　目	本期发生额	上期发生额
一、终止经营收入		
减:终止经营费用		
二、终止经营利润总额		
减:终止经营所得税费用		
三、终止经营净利润		

42. 分部报告

(1)主要报告形式是业务分部的披露格式如下:

项　目	××业务		××业务		……	其他		抵销		合计	
	本期	上期	本期	上期		本期	上期	本期	上期	本期	上期
一、营业收入											
其中:对外交易收入											
分部间交易收入											
二、营业费用											
三、营业利润(亏损)											
四、资产总额											
五、负债总额											
六、补充信息											
1. 折旧和摊销费用											
2. 资本性支出											
3. 折旧和摊销以外的非现金费用											

注:主要报告形式是地区分部的,比照业务分部格式进行披露。

(2)在主要报告形式的基础上,对于次要报告形式,企业还应披露对外交易收入、分部资产总额。

(七)或有事项

按照《企业会计准则第13号——或有事项》第十四条和第十五条的相关规定进行披露。

(八)资产负债表日后事项

1. 每项重要的资产负债表日后非调整事项的性质、内容,及其对财务状况和经营成果的影响。无法做出估计的,应当说明原因。

2. 资产负债表日后,企业利润分配方案中拟分配的以及经审议批准宣告发放的股利或利润。

(九)关联方关系及其交易

1. 本企业的母公司有关信息披露格式如下:

母公司名称	注册地	业务性质	注册资本

母公司不是本企业最终控制方的，说明最终控制方名称。

母公司和最终控制方均不对外提供财务报表的，说明母公司之上与其最相近的对外提供财务报表的母公司名称。

2. 母公司对本企业的持股比例和表决权比例。

3. 本企业的子公司有关信息披露格式如下：

子公司名称	注册地	业务性质	注册资本	本企业合计持股比例	本企业合计享有的表决权比例
1.					
……					

4. 本企业的合营企业有关信息披露格式如下：

被投资单位名称	注册地	业务性质	注册资本	本企业持股比例	本企业在被投资单位表决权比例	期末资产总额	期末负债总额	本期营业收入总额	本期净利润
1.									
……									

注：有联营企业的，比照合营企业进行披露。

5. 本企业与关联方发生交易的，分别说明各关联方关系的性质、交易类型及交易要素。交易要素至少应当包括：

(1)交易的金额。

(2)未结算项目的金额、条款和条件，以及有关提供或取得担保的信息。

(3)未结算应收项目的坏账准备金额。

(4)定价政策。

五、商业银行资产负债表、利润表和所有者权益变动表格式

资产负债表

会商银01表

编制单位： 年 月 日 单位：元

资 产	期末余额	年初余额	负债和所有者权益（或股东权益）	期末余额	年初余额
资产：			负债：		
现金及存放中央银行款项			向中央银行借款		
存放同业款项			同业及其他金融机构存放款项		
贵金属			拆入资金		
拆出资金			交易性金融负债		
交易性金融资产			衍生金融负债		
衍生金融资产			卖出回购金融资产款		
买入返售金融资产			吸收存款		
应收利息			应付职工薪酬		
发放贷款和垫款			应交税费		
可供出售金融资产			应付利息		
持有至到期投资			预计负债		
长期股权投资			应付债券		
投资性房地产			递延所得税负债		
固定资产			其他负债		

（续表）

资　　产	期末余额	年初余额	负债和所有者权益（或股东权益）	期末余额	年初余额
无形资产			负债合计		
递延所得税资产			所有者权益（或股东权益）：		
其他资产			实收资本（或股本）		
			资本公积		
			减：库存股		
			盈余公积		
			一般风险准备		
			未分配利润		
			所有者权益（或股东权益）合计		
资产总计			负债和所有者权益（或股东权益）总计		

利润表

会商银 02 表

编制单位：　　　　　　　　　年　　月　　　　　　　　　单位：元

项　　目	本期金额	上期金额
一、营业收入		
利息净收入		
利息收入		
利息支出		
手续费及佣金净收入		
手续费及佣金收入		
手续费及佣金支出		
投资收益（损失以“一”号填列）		
其中：对联营企业和合营企业的投资收益		
公允价值变动收益（损失以“一”号填列）		
汇兑收益（损失以“一”号填列）		
其他业务收入		
二、营业支出		
营业税金及附加		
业务及管理费		
资产减值损失		
其他业务成本		
三、营业利润（亏损以“一”号填列）		
加：营业外收入		
减：营业外支出		
四、利润总额（亏损总额以“一”号填列）		
减：所得税费用		
五、净利润（净亏损以“一”号填列）		
六、每股收益：		
（一）基本每股收益		
（二）稀释每股收益		

所有者权益变动表

会企 04 表

编制单位：　　　　年度　　　　单位:元

项目	本年金额						上年金额					
	实收资本（或股本）	资本公积	减:库存股	盈余公积	未分配利润	所有者权益合计	实收资本（或股本）	资本公积	减:库存股	盈余公积	未分配利润	所有者权益合计
一、上年年末余额												
加:会计政策变更												
前期差错更正												
二、本年年初余额												
三、本年增减变动金额(减少以“一”号填列)												
(一)净利润												
(二)直接计入所有者权益的利得和损失												
1. 可供出售金融资产公允价值变动净额												
(1)计入所有者权益的金额												
(2)转入当期损益的金额												
2. 现金流量套期工具公允价值变动净额												
(1)计入所有者权益的金额												
(2)转入当期损益的金额												
(3)计入被套期项目初始确认金额中的金额												
3. 权益法下被投资单位其他所有者权益变动的影响												
4. 与计入所有者权益项目相关的所得税影响												
5. 其他												
上述(一)和(二)小计												
(三)所有者投入和减少资本												
1. 所有者投入资本												
2. 股份支付计入所有者权益的金额												

（续表）

项　　目	本年金额						上年金额					
	实收资本（或股本）	资本公积	减:库存股	盈余公积	未分配利润	所有者权益合计	实收资本（或股本）	资本公积	减:库存股	盈余公积	未分配利润	所有者权益合计
3. 其他												
（四）利润分配												
1. 提取盈余公积												
2. 提取一般风险准备												
3. 对所有者（或股东）的分配												
4. 其他												
（五）所有者权益内部结转												
1. 资本公积转增资本（或股本）												
2. 盈余公积转增资本（或股本）												
3. 盈余公积弥补亏损												
4. 一般风险准备弥补亏损												
5. 其他												
四、本年年末余额												

六、商业银行报表附注

商业银行应当按照规定披露附注信息，主要包括下列内容：

(一) 商业银行的基本情况

(二) 财务报表的编制基础

(三) 遵循企业会计准则的声明

(四) 重要会计政策和会计估计

(五) 会计政策和会计估计变更以及差错更正的说明

以上(一) 至(五) 项，应当比照一般企业进行披露。

(六) 报表重要项目的说明

1. 现金及存放中央银行款项的披露格式如下：

项　　目	期末账面余额	年初账面余额
库存现金		
存放中央银行法定准备金		
存放中央银行超额存款准备金		
存放中央银行的其他款项		
合计		

2. 拆出资金的披露格式如下：

项　　目	期末账面余额	年初账面余额
拆放其他银行		
拆放非银行金融机构		
减:贷款损失准备		
拆出资金账面价值		

3. 交易性金融资产(不含衍生金融资产)的披露格式如下：

项　　目	期末公允价值	年初公允价值
债券		
基金		
权益工具		
其他		
合计		

如有指定为以公允价值计量且其变动计入当期损益的金融资产，也应比照上述格式进行披露。

4. 衍生工具的披露格式如下：

类　　别	期末金额						年初金额					
	套期工具			非套期工具			套期工具			非套期工具		
	名义金额	公允价值		名义金额	公允价值		名义金额	公允价值		名义金额	公允价值	
		资产	负债		资产	负债		资产	负债		资产	负债
利率衍生工具												
衍生工具1												
……												
货币衍生工具												
衍生工具1												

（续表）

<table>
<tr><td rowspan="3">类　别</td><td colspan="6">期末金额</td><td colspan="6">年初金额</td></tr>
<tr><td colspan="3">套期工具</td><td colspan="3">非套期工具</td><td colspan="3">套期工具</td><td colspan="3">非套期工具</td></tr>
<tr><td rowspan="2">名义金额</td><td colspan="2">公允价值</td><td rowspan="2">名义金额</td><td colspan="2">公允价值</td><td rowspan="2">名义金额</td><td colspan="2">公允价值</td><td rowspan="2">名义金额</td><td colspan="2">公允价值</td></tr>
<tr><td></td><td>资产</td><td>负债</td><td>资产</td><td>负债</td><td>资产</td><td>负债</td><td>资产</td><td>负债</td></tr>
<tr><td>……</td><td></td><td></td><td></td><td></td><td></td><td></td><td></td><td></td><td></td><td></td><td></td><td></td></tr>
<tr><td>权益衍生工具</td><td></td><td></td><td></td><td></td><td></td><td></td><td></td><td></td><td></td><td></td><td></td><td></td></tr>
<tr><td>衍生工具 1</td><td></td><td></td><td></td><td></td><td></td><td></td><td></td><td></td><td></td><td></td><td></td><td></td></tr>
<tr><td>……</td><td></td><td></td><td></td><td></td><td></td><td></td><td></td><td></td><td></td><td></td><td></td><td></td></tr>
<tr><td>信用衍生工具</td><td></td><td></td><td></td><td></td><td></td><td></td><td></td><td></td><td></td><td></td><td></td><td></td></tr>
<tr><td>衍生工具 1</td><td></td><td></td><td></td><td></td><td></td><td></td><td></td><td></td><td></td><td></td><td></td><td></td></tr>
<tr><td>……</td><td></td><td></td><td></td><td></td><td></td><td></td><td></td><td></td><td></td><td></td><td></td><td></td></tr>
<tr><td>其他衍生工具</td><td></td><td></td><td></td><td></td><td></td><td></td><td></td><td></td><td></td><td></td><td></td><td></td></tr>
<tr><td>合计</td><td></td><td></td><td></td><td></td><td></td><td></td><td></td><td></td><td></td><td></td><td></td><td></td></tr>
</table>

5. 买入返售金融资产的披露格式如下：

项　　目	期末账面余额	年初账面余额
证券		
票据		
贷款		
其他		
减:坏账准备		
买入返售金融资产账面价值		

6. 发放贷款和垫款

(1)贷款和垫款按个人和企业分布情况的披露格式如下：

项　　目	期末账面余额	年初账面余额
个人贷款和垫款 —信用卡 —住房抵押 —其他		
企业贷款和垫款 —贷款 —贴现 —其他		
减：贷款损失准备 其中：单项计提数 组合计提数		
贷款和垫款账面价值		

(2)贷款和垫款按行业分布情况的披露格式如下：

行业分布	期末账面余额	比例(%)	年初账面余额	比例(%)
农牧业、渔业				
采掘业				

（续表）

行业分布	期末账面余额	比例(%)	年初账面余额	比例(%)
房地产业				
建筑业				
金融保险业				
………				
其他行业				
贷款和垫款总额				
减：贷款损失准备				
其中：单项计提数数				
组合计提				
贷款和垫款账面价值				

注：银行可以按行业风险集中情况自行确定行业分布。

(3)贷款和垫款按地区分布情况的披露格式如下：

地区分布	期末账面余额	比例(%)	年初账面余额	比例(%)
华南地区				
华北地区				
…………				
其他地区				
贷款和垫款总额				
减：贷款损失准备				
其中：单项计提数				
组合计提数				
贷款和垫款账面价值				

注：银行可以按地区风险集中情况自行确定地区分布。

(4)贷款和垫款按担保方式分布情况的披露格式如下：

项　　目	期末账面余额	年初账面余额
信用贷款		
保证贷款		
附担保物贷款		
其中：抵押贷款		
质押贷款		
……		
贷款和垫款总额		
减：贷款损失准备		
其中：单项计提数		
组合计提数		
贷款和垫款账面价值		

(5)逾期贷款的披露格式如下：

项　目	期末账面余额					年初账面余额				
	逾期1天至90天(含90天)	逾期90天至360天(含360天)	逾期360天至3年(含3年)	逾期3年以上	合计	逾期1天至90天(含90天)	逾期90天至360天(含360天)	逾期360天至3年(含3年)	逾期3年以上	合计
信用贷款										
保证贷款										
附担保物贷款										
其中:抵押贷款										
质押贷款										
……										
合计										

注:即使是本金逾期1天,整笔贷款也应划为逾期贷款。

(6)贷款损失准备的披露格式如下:

项　目	本期金额		上期金额	
	单项	组合	单项	组合
期初余额				
本期计提				
本期转出				
本期核销				
本期转回				
—收回原转销贷款和垫款导致的转回				
—贷款和垫款因折现价值上升导致转回				
—其他因素导致的转回				
期末余额				

注:①本期转出是指贷款转为抵债资产等而转出的贷款损失准备。②本期核销是指经批准贷款予以核销而核销的贷款损失准备。

7. 可供出售金融资产的披露格式如下:

项　目	期末公允价值	年初公允价值
债券		
其中：债券类别1		
……		
权益工具		
其中：权益类别1		
……		
其他		
合计		

8. 持有至到期投资的披露格式如下:

项　目	期末账面余额	年初账面余额	期末公允价值
债券			
其中:债券类别1			
……			
其他			
持有至到期投资合计			
减:持有至到期投资减值准备			
持有至到期投资账面价值			

9. 其他资产的披露格式如下：

项　　目	期末账面价值	年初账面价值
存出保证金		
应收股利		
其他应收款		
抵债资产		
……		
合计		

注：抵债资产的类别、减值准备计提、本年处置情况及未来处置计划，应同时予以披露。

10. 企业应当分别借入中央银行款项、国家外汇存款等披露期末账面余额和年初账面余额。

11. 企业应当分别同业、其他金融机构存放款项披露期末账面余额和年初账面余额。

12. 企业应当分别银行拆入、非银行金融机构拆入披露期末账面余额和年初账面余额。

13. 交易性金融负债(不含衍生金融负债)的披露格式如下：

项　　目	期末公允价值	年初公允价值
外币债券卖空		
其他		
合计		

如有指定为以公允价值计量且其变动计入当期损益的金融负债，也应比照上述格式披露。

14. 卖出回购金融资产款的披露格式如下：

项　　目	期末账面余额	年初账面余额
证券		
票据		
贷款		
其他		
合计		

15. 吸收存款的披露格式如下：

项　　目	期末账面余额	年初账面余额
活期存款		
——公司		
……		
定期存款(含通知存款)		
——公司		
……		
其他存款(含汇出汇款、应解汇款等)		
合计		

16. 应付债券的披露格式如下：

债券类型	发行日	到期日	利率	期初账面余额	本期增加额	本期减少额	期末账面余额
债券类别 1							
……							
合计							

注：(1)发行次级债券的，应补充披露发行总面值、转换选择权条款、未摊销发行成本余额等。

(2)发行可转换公司债券的，应补充披露发行日可转换公司债券面值、债务成分和权益成分的初始确认金额、本期和上期支付的利息总额等。

17. 其他负债的披露格式如下：

项　　目	期末账面余额	年初账面余额
存入保证金		
应付股利		
其他应付款		
……		
合计		

18. 披露一般风险准备的期末、年初余额及计提比例。

19. 利息净收入的披露格式如下：

项　　目	本期发生额	上期发生额
利息收入		
——存放同业		
——存放中央银行		
——拆出资金		
——发放贷款及垫款		
其中：个人贷款和垫款		
公司贷款和垫款		
票据贴现		
——买入返售金融资产		
——债券投资		
——其他		
其中：已减值金融资产利息收入		
利息支出		
——同业存放		
——向中央银行借款		
——拆入资金		
——吸收存款		
——卖出回购金融资产		
——发行债券		
——其他		
利息净收入		

20. 手续费及佣金净收入的披露格式如下：

项　　目	本期发生额	上期发生额
手续费及佣金收入		
——结算与清算手续费		
——代理业务手续费		
——信用承诺手续费及佣金		
——银行卡手续费		
——顾问和咨询费		
——托管及其他受托业务佣金		
——其他		
手续费及佣金支出		
——手续费支出		
——佣金支出		
手续费及佣金净收入		

21. 投资收益的披露格式如下：

项　　目	本期发生额	上期发生额
以公允价值计量且其变动计入当期损益的权益工具投资		
可供出售权益工具投资		
长期股权投资		
其他		
合计		

22. 公允价值变动收益的披露格式如下：

项　　目	本期发生额	上期发生额
交易性金融工具		
指定为以公允价值计量且其变动计入当期损益的金融工具		
衍生工具		
其他		
合计		

23. 业务及管理费的披露格式如下：

项　　目	本期发生额	上期发生额
电子设备运转费		
安全防范费		
物业管理费		
其他		
合计		

24. 分部报告

(1)主要报告形式是业务分部的披露格式如下：

项　　目	××业务		××业务		……	其他		抵销		合计	
	本期	上期	本期	上期		本期	上期	本期	上期	本期	上期
一、营业收入											
利息净收入											
其中：分部间利息净收入											
手续费及佣金净收入											
其中：分部间手续费及佣金净收入											
其他收入											
二、营业费用											
三、营业利润(亏损)											
四、资产总额											
五、负债总额											
六、补充信息											
1. 折旧和摊销费用											
2. 资本性支出											
3. 折旧和摊销以外的非现金费用											

注：主要报告形式是地区分部的，比照业务分部格式进行披露。

(2)在主要报告形式的基础上，对于次要报告形式，企业还应披露对外交易收入、分部资产总额。

25. 担保物

按照《企业会计准则第 37 号——金融工具列报》第二十一条和第二十二条的相关规定进行披露。

26. 金融资产转移(含资产证券化)

按照《企业会计准则第 37 号——金融工具列报》第二十条的相关规定进行披露。

27. 除上述项目以外的其他项目，应当比照一般企业进行披露。

(七) 或有事项

除比照一般企业进行披露外，还应对承诺事项作如下披露：

1. 信贷承诺的披露格式如下：

项　　目	期末合同金额	年初合同金额
贷款承诺 其中：1. 原到期日在 1 年以内 2. 原到期日在 1 年或以上		
开出信用证		
开出保函		
银行承兑汇票		
其他		
合计		

注：对信贷承诺应计算并披露本期和上期信贷风险加权金额。

2. 存在经营租赁承诺、资本支出承诺、证券承销及债券承兑承诺的，还应披露有关情况。

(八) 资产负债表日后事项比照一般企业进行披露。

(九) 关联方关系及其交易

比照一般企业进行披露。

(十) 风险管理

按照《企业会计准则第 37 号——金融工具列报》第二十五条至第四十五条的相关规定进行披露。

七、保险公司资产负债表、利润表、所有者权益变动表格式

资产负债表

会年金 01 表

编制单位：　　　　年　月　日　　　　单位：元

资　　产	期末余额	年初余额	负债和所有者权益(或股东权益)	期末余额	年初余额
资产：			负债：		
货币资金			短期借款		
拆出资金			拆入资金		
交易性金融资产			交易性金融负债		
衍生金融资产			衍生金融负债		
买入返售金融资产			卖出回购金融资产款		
应收利息			预收保费		
应收保费			应付手续费及佣金		
应收代位追偿款			应付分保账款		
应收分保账款			应付职工薪酬		
应收分保未到期责任准备金			应交税费		
应收分保未决赔款准备金			应付赔付款		

（续表）

资　　产	期末余额	年初余额	负债和所有者权益（或股东权益）	期末余额	年初余额
应收分保寿险责任准备金			应付保单红利		
应收分保长期健康险责任准备金			保户储金及投资款		
保户质押贷款			未到期责任准备金		
定期存款			未决赔款准备金		
可供出售金融资产			寿险责任准备金		
持有至到期投资			长期健康险责任准备金		
长期股权投资			长期借款		
存出资本保证金			应付债券		
投资性房地产			独立账户负债		
固定资产			递延所得税负债		
无形资产			其他负债		
独立账户资产			负债合计		
递延所得税资产			所有者权益（或股东权益）：		
其他资产			实收资本（或股本）		
			资本公积		
			减：库存股		
			盈余公积		
			一般风险准备		
			未分配利润		
			所有者权益（或股东权益）合计		
资产总计			负债和所有者权益（或股东权益）总计		

利润表

会保 02 表

编制单位：　　　　年　　月　　　　单位：元

项　　目	本期金额	上期金额
一、营业收入		
已赚保费		
保险业务收入		
其中：分保费收入		
减：分出保费		
提取未到期责任准备金		
投资收益（损失以"－"号填列）		
其中：对联营企业和合营企业的投资收益		
公允价值变动收益（损失以"－"号填列）		
汇兑收益（损失以"－"号填列）		
其他业务收入		
二、营业支出		
退保金		
赔付支出		
减：摊回赔付支出		
提取保险责任准备金		

（续表）

项　　目	本期金额	上期金额
减:摊回保险责任准备金		
保单红利支出		
分保费用		
营业税金及附加		
手续费及佣金支出		
业务及管理费		
减：摊回分保费用		
其他业务成本		
资产减值损失		
三、营业利润(亏损以“－”号填列)		
加：营业外收入		
减：营业外支出		
四、利润总额(亏损总额以“－”号填列)		
减：所得税费用		
五、净利润(净亏损以“－”号填列)		
六、每股收益：		
（一）基本每股收益		
（二）稀释每股收益		

保险公司所有者权益变动表,比照商业银行格式。

八、保险公司报表附注

保险公司应当按照规定披露附注信息,主要包括下列内容：

（一）保险公司的基本情况

（二）财务报表的编制基础

（三）遵循企业会计准则的声明

（四）重要会计政策和会计估计

（五）会计政策和会计估计变更以及差错更正的说明

以上(一)至(五) 项,应当比照一般企业进行披露。

（六）报表重要项目的说明

1. 应收保费账龄结构的披露格式如下：

账　　龄	期末账面余额	年初账面余额
3个月以内(含3个月)		
3个月至1年(含1年)		
1年以上		
合计		

2. 应收代位追偿款

(1)应收代位追偿款账龄结构的披露格式如下：

账　　龄	期末账面余额	年初账面余额
1个月以内(含1个月)		
1个月至3个月(含3个月)		
3个月至1年(含1年)		
1年以上		
合计		

(2)金额重大代位追偿款产生的原因和未确认的理由。

3. 定期存款的披露格式如下：

到期期限	期末账面余额	年初账面余额
1个月至3个月(含3个月)		
3个月至1年(含1年)		
年至2年(含2年)		
年至3年(含3年)		
年至4年(含4年)		
年至5年(含5年)		
年以上		
合计		

债券投资到期期限结构，比照上述格式披露。

4. 其他资产的披露格式如下：

账　　龄	期末账面余额	年初账面余额
应收股利		
损余物资		
——		
其他		
合计		

注：损余物资产生的原因、所处置损余物资的账面价值、实现的损益，应同时予以披露。

5. 保户储金(或保户投资款)的披露格式如下：

到期期限	期末账面余额	年初账面余额
1年以内(含1年)		
1年至3年(含3年)		
3年至5年(含5年)		
5年以上		
合计		

6. 保险合同准备金

(1)保险合同准备金增减变动情况的披露格式如下：

项　　目	年初账面余额	本期增加额	本期减少额				期末账面余额
			赔付款项	提前解除	其他	合计	
未到期责任准备金							
原保险合同							
再保险合同							
未决赔款准备金							
原保险合同							
再保险合同							
寿险责任准备金							
原保险合同							
再保险合同							
长期健康险责任准备金							
原保险合同							
再保险合同							
合计							

(2)保险合同准备金未到期期限的披露格式如下：

项　目	期末账面余额		年初账面余额	
	1年以下(含1年)	1年以上	1年以下(含1年)	1年以上
未到期责任准备金				
原保险合同				
再保险合同				
未决赔款准备金				
原保险合同				
再保险合同				
寿险责任准备金				
原保险合同				
再保险合同				
长期健康险责任准备金				
原保险合同				
再保险合同				
合计				

(3)原保险合同未决赔款准备金的披露格式如下：

未决赔款准备金	期末账面余额	年初账面余额
已发生已报案未决赔款准备金		
已发生未报案未决赔款准备金		
理赔费用准备金		
合计		

7. 其他负债的披露格式如下：

项　目	期末账面余额	年初账面余额
应付利息		
……		
合计		

8. 企业应当分别原保险合同和再保险合同披露提取未到期责任准备金的本期发生额和上期发生额。

9. 赔付支出

(1)赔付支出按保险合同列示的披露格式如下：

项　目	本期发生额	上期发生额
原保险合同		
再保险合同		
合计		

(2)赔付支出按内容列示的披露格式如下：

项　目	本期发生额	上期发生额
赔款支出		
满期给付		
年金给付		
死伤医疗给付		
……		
合计		

10. 提取保险责任准备金

(1)提取保险责任准备金按保险合同列示的披露格式如下:

项目	本期发生额	上期发生额
提取未决赔款准备金		
原保险合同		
再保险合同		
提取寿险责任准备金		
原保险合同		
再保险合同		
提取长期健康险责任准备金		
原保险合同		
再保险合同		
合计		

(2)提取原保险合同未决赔款准备金按构成内容列示的披露格式如下:

提取未决赔款准备金	本期发生额	上期发生额
已发生已报案未决赔款准备金		
已发生未报案未决赔款准备金		
理赔费用准备金		
合计		

11. 摊回保险责任准备金的披露格式如下:

项目	本期发生额	上期发生额
摊回未决赔款准备金		
摊回寿险责任准备金		
摊回长期健康险责任准备金		
合计		

12. 分部报告

(1)主要报告形式是业务分部的披露格式如下:

项目	××业务		××业务		……	其他		抵销		合计	
	本期	上期	本期	上期		本期	上期	本期	上期	本期	上期
一、营业收入											
二、营业费用											
三、营业利润(亏损)											
四、资产总额											
五、负债总额											
六、补充信息											
1. 折旧和摊销费用											
2. 资本性支出											
3. 折旧和摊销以外的非现金费用											

注:主要报告形式是地区分部的,比照业务分部格式进行披露。

(2)在主要报告形式的基础上,对于次要报告形式,企业还应披露对外交易收入、分部资产总额。

13. 投资连结产品

(1)投资连结产品基本情况,包括名称、设立时间、账户特征、投资组合规定、投资风险等。

(2)独立账户单位数及每一独立账户单位净资产。

(3)独立账户的投资组合情况。

(4)风险保费、独立账户管理费计提情况。

(5)投资连结产品采用的主要会计政策。

(6)独立账户资产的估值原则。

14. 除以上项目以外的其他项目,应当比照商业银行进行披露。

(七) 或有事项

比照商业银行进行披露。

(八) 资产负债表日后事项

比照商业银行进行披露。

(九) 关联方关系及其交易

比照商业银行进行披露。

(十) 风险管理

1. 保险风险

(1)风险管理目标和减轻风险的政策

①管理资产负债的技术,包括保持偿付能力的方法等。

②选择和接受可承保保险风险的政策,包括确定可接受风险的范围和水平等。

③评估和监控保险风险的方法,包括内部风险计量模型、敏感性分析等。

④限制和转移保险风险的方法,包括共同保险、再保险等。

(2)保险风险类型

①保险风险的内容。

②减轻保险风险的因素及程度,包括再保险等。

③可能引起现金流量发生变动的因素。

(3)保险风险集中度

①保险风险集中的险种。

②保险风险集中的地域。

(4)不考虑分出业务的索赔进展信息的披露格式如下:

项　　目	前四年	前三年	前二年	前一年	本年	合计
本年末累计赔付款项估计额						
一年后累计赔付款项估计额						
二年后累计赔付款项估计额						
三年后累计赔付款项估计额						
四年后累计赔付款项估计额						
累计赔付款项估计额						
累计支付的赔付款项						
以前期间调整额						
尚未支付的赔付款项						

扣除分出业务后的索赔进展信息,比照上述不考虑分出业务的索赔进展信息的格式进行披露。

(5)与保险合同有关的重大假设

①重大假设,包括死亡率、发病率、退保率、投资收益率等。

②对假设具有重大影响的数据的来源。

③假设变动的影响及敏感性分析。

④影响假设不确定性的事项和程度。

⑤不同假设之间的关系。

⑥描述过去经验和当前情况。

⑦假设与可观察到的市场价格或其他公开信息的符合程度。

2. 除保险风险以外的其他风险，应当比照商业银行进行披露。

九、证券公司资产负债表、利润表、所有者权益变动表格式

资产负债表

会企 01 表

编制单位： 年 月 日 单位：元

资　　产	期末余额	年初余额	负债和所有者权益（或股东权益）	期末余额	年初余额
资产：			负债：		
货币资金			短期借款		
其中：客户资金存款			其中：质押借款		
结算备付金			拆入资金		
其中：客户备付金			交易性金融负债		
拆出资金			衍生金融负债		
交易性金融资产			卖出回购金融资产款		
衍生金融资产			代理买卖证券款		
买入返售金融资产			代理承销证券款		
应收利息			应付职工薪酬		
存出保证金			应交税费		
可供出售金融资产			应付利息		
持有至到期投资			预计负债		
长期股权投资			长期借款		
投资性房地产			应付债券		
固定资产			递延所得税负债		
无形资产			其他负债		
其中：交易席位费			负债合计		
递延所得税资产			所有者权益（或股东权益）：		
其他资产			实收资本（或股本）		
			资本公积		
			减：库存股		
			盈余公积		
			一般风险准备		
			未分配利润所有者权益		
			（或股东权益）合计		
资产总计			负债和所有者权益（或股东权益）总计		

利润表

会证 02 表

编制单位： 年 月 单位：元

项　　目	本期金额	上期金额
一、营业收入		
手续费及佣金净收入		
其中：代理买卖证券业务净收入		
证券承销业务净收入		
受托客户资产管理业务净收入		

（续表）

项　　目	本期金额	上期金额
利息净收入		
投资收益(损失以“－”号填列)		
其中：对联营企业和合营企业的投资收益		
公允价值变动收益(损失以“－”号填列)		
汇兑收益(损失以“－”号填列)		
其他业务收入		
二、营业支出		
营业税金及附加		
业务及管理费		
资产减值损失		
其他业务成本		
三、营业利润(亏损以“－”号填列)		
加:营业外收入		
减:营业外支出		
四、利润总额(亏损总额以“－”号填列)		
减:所得税费用		
五、净利润(净亏损以“－”号填列)		
六、每股收益:		
(一)基本每股收益		
(二)稀释每股收益		

证券公司所有者权益变动表,比照商业银行格式。

十、证券公司报表附注

证券公司应当按照规定披露附注信息,主要包括下列内容:

(一)证券公司的基本情况

(二)财务报表的编制基础

(三)遵循企业会计准则的声明

(四)重要会计政策和会计估计

(五)会计政策和会计估计变更以及差错更正的说明

以上(一)至(五)项,应当比照一般企业进行披露。

(六)报表重要项目的说明

1. 货币资金的披露格式如下:

项　　目	期末账面余额	年初账面余额
库存现金		
银行存款		
其中:公司自有		
经纪业务客户		
结算备付金		
其中:公司自有		
经纪业务客户		
其他货币资金		
其中:新股申购款		
合计		

2. 买入返售金融资产除比照商业银行进行披露外，还应按交易对手披露以下信息：

项　　目	期末账面余额	年初账面余额
同业		
其他非银行金融机构		
合计		

3. 存出保证金的披露格式如下：

项　　目	期末账面余额	年初账面余额
交易保证金		
履约保证金		
合计		

4. 企业应当披露代理承销证券的方式（全额包销、余额包销、代销）、承销证券的种类等情况。

5. 企业应当披露代理兑付债券的方式、种类、记名证券或无记名证券情况。

6. 交易席位费的披露格式如下：

项　　目	年初账面余额	本期增加额	本期减少额	期末账面余额
一、原价合计				
1. 上海证券交易所				
其中：A股				
B股				
2. 深圳证券交易所				
其中：A股				
B股				
二、累计摊销额合计				
1. 上海证券交易所				
其中：A股				
B股				
2. 深圳证券交易所				
其中：A股				
B股				
三、交易席位费账面价值合计				
1. 上海证券交易所				
其中：A股				
B股				
2. 深圳证券交易所				
其中：A股				
B股				

7. 其他资产的披露格式如下：

项　　目	期末账面价值	年初账面价值
应收股利		
其他应收款		
……		
其他		
合计		

8. 卖出回购金融资产款除比照商业银行进行披露外，还应按交易对手披露以下信息：

项　　目	期末账面余额	年初账面余额
同业		
其他非银行金融机构		
合计		

9. 代理买卖证券款的披露格式如下：

项　　目	期末账面余额	年初账面余额
个人客户		
法人客户		
……		
合计		

10. 代理承销证券款的披露格式如下：

项　　目	期末账面余额	年初账面余额
股票		
债券		
其中：国债		
金融债券		
企业债券		
其他有价证券		
合计		

11. 代理兑付证券款的披露格式如下：

项　目	年初账面余额	本期收到兑付资金	本期已兑付债券	本期结转手续费收入	期末账面余额
国债					
企业债券					
金融债券					
其他债券					
合计					

12. 其他负债的披露格式如下：

项　　目	期末账面余额	年初账面余额
应付股利		
其他应付款		
……		
合计		

13. 受托客户资产管理业务的披露格式如下：

资产项目	期末余额	年初余额	负债项目	期末余额	年初余额
受托管理资金存款			受托管理资金		
客户结算备付金			应付款项		
应收款项					
受托投资					
其中：投资成本					
已实现未结算损益					
合计			合计		

14. 手续费及佣金净收入的披露格式如下：

项　　目	本期发生额	上期发生额
手续费及佣金收入		
—证券承销业务		
—证券经纪业务		
—受托客户资产管理业务		
—代理兑付证券		
—代理保管证券		
—其他		
手续费及佣金支出		
—证券经纪业务手续费支出		
—佣金支出		
—其他		
手续费及佣金净收入		

15. 受托客户资产管理手续费及佣金收入的披露格式如下：

项　　目	本期发生额	上期发生额
定向资产管理业务		
专项资产管理业务		
集合资产管理业务(按项目列示)		
1.		
……		
合计		

16. 分部报告

(1) 主要报告形式是业务分部的披露格式如下：

单位:元

项　　目	××业务		××业务		……	其他		抵销		合计	
	本期	上期	本期	上期		本期	上期	本期	上期	本期	上期
一、营业收入											
手续费及佣金净收入											
其中:分部间手续费及佣金净收入											
其他收入											
二、营业费用											

（续表）

项　　目	××业务		××业务		……	其他		抵销		合计	
	本期	上期	本期	上期		本期	上期	本期	上期	本期	上期
三、营业利润（亏损）											
四、资产总额											
五、负债总额											
六、补充信息											
1. 折旧和摊销费用											
2. 资本性支出											
3. 折旧和摊销以外的非现金费用											

注：主要报告形式是地区分部的，比照业务分部格式进行披露。

(2) 在主要报告形式的基础上，对于次要报告形式，企业还应披露对外交易收入、分部资产总额。

17. 除以上项目以外的其他项目，应当比照商业银行进行披露。

（七）或有事项

比照商业银行进行披露。

（八）资产负债表日后事项

比照商业银行进行披露。

（九）关联方关系及其交易

比照商业银行进行披露。

（十）风险管理

1. 风险管理政策和组织架构

(1) 风险管理政策，主要包括对各种风险的来源、正式风险治理组织和科学的监督流程及其定期复核制度，以及在严格职责分离、监督和控制基础上各相关业务部门、高级管理人员和风险管理职能部门之间的沟通和协作等。

(2) 风险治理组织架构，主要包括各风险管理委员会和相关职能部门的设立和运转情况。

2. 信用风险

除比照商业银行披露必要的信用风险信息外，还应按行业、地区和交易对手的信用评级等分别披露信用风险信息。

3. 流动风险

除比照商业银行披露必要的流动风险信息外，还应披露进行流动性风险管理拟采取的主要措施。

4. 市场风险

比照商业银行披露市场风险信息。

二十八、《企业会计准则第31号——现金流量表》应用指南

《企业会计准则第31号——现金流量表》应用指南

一、现金及现金等价物

现金，是指企业库存现金以及可以随时用于支付的存款。不能随时用于支付的存款不属于现金。

现金等价物，是指企业持有的期限短、流动性强、易于转换为已知金额现金、价值变动风险很小的投资。期限短，一般是指从购买日起三个月内到期。现金等价物通常包括三个月内到期的债券投资等。权益性投资变现的金额通常不确定，因而不属于现金等价物。企业应当根据具体情况，确定现金等价物的范围，一经确定不得随意变更。

现金流量，是指现金和现金等价物的流入和流出。

二、现金流量表格式

现金流量表格式分别一般企业、商业银行、保险公司、证券公司等企业类型予以规定。企业应当根据其

经营活动的性质，确定本企业适用的现金流量表格式。

政策性银行、信托投资公司、租赁公司、财务公司、典当公司应当执行商业银行现金流量表格式规定，如有特别需要，可以结合本企业的实际情况，进行必要调整和补充。

担保公司应当执行保险公司现金流量表格式规定，如有特别需要，可以结合本企业的实际情况，进行必要调整和补充。资产管理公司、基金公司、期货公司应当执行证券公司现金流量表格式规定，如有特别需要，可以结合本企业的实际情况，进行必要调整和补充。

（一）一般企业现金流量表格式

现金流量表

会企 03 表

编制单位： 年 月 单位：元

项 目	本期金额	上期金额
一、经营活动产生的现金流量：		
销售商品、提供劳务收到的现金		
收到的税费返还		
收到其他与经营活动有关的现金		
经营活动现金流入小计		
购买商品、接受劳务支付的现金		
支付给职工以及为职工支付的现金		
支付的各项税费		
支付其他与经营活动有关的现金		
经营活动现金流出小计		
经营活动产生的现金流量净额		
二、投资活动产生的现金流量：		
收回投资收到的现金		
取得投资收益收到的现金		
处置固定资产、无形资产和其他长期资产收回的现金净额		
处置子公司及其他营业单位收到的现金净额		
收到其他与投资活动有关的现金		
投资活动现金流入小计		
购建固定资产、无形资产和其他长期资产支付的现金		
投资支付的现金		
取得子公司及其他营业单位支付的现金净额		
支付其他与投资活动有关的现金		
投资活动现金流出小计		
投资活动产生的现金流量净额		
三、筹资活动产生的现金流量：		
吸收投资收到的现金		
取得借款收到的现金		
收到其他与筹资活动有关的现金		
筹资活动现金流入小计		

（续表）

项　　目	本期金额	上期金额
偿还债务支付的现金		
分配股利、利润或偿付利息支付的现金		
支付其他与筹资活动有关的现金		
筹资活动现金流出小计		
筹资活动产生的现金流量净额		
四、汇率变动对现金及现金等价物的影响		
五、现金及现金等价物净增加额		
加:期初现金及现金等价物余额		
六、期末现金及现金等价物余额		

（二）商业银行现金流量表格式

现金流量表

会商银 03 表

编制单位：　　　　　　　　　　年　　月　　　　　　　　　　单位:元

项　　目	本期金额	上期金额
一、经营活动产生的现金流量:		
客户存款和同业存放款项净增加额		
向中央银行借款净增加额		
向其他金融机构拆入资金净增加额		
收取利息、手续费及佣金的现金		
收到其他与经营活动有关的现金		
经营活动现金流入小计		
客户贷款及垫款净增加额		
存放中央银行和同业款项净增加额		
支付手续费及佣金的现金		
支付给职工以及为职工支付的现金		
支付的各项税费		
支付其他与经营活动有关的现金		
经营活动现金流出小计		
经营活动产生的现金流量净额		
二、投资活动产生的现金流量:		
收回投资收到的现金		
取得投资收益收到的现金		
收到其他与投资活动有关的现金		
投资活动现金流入小计		
投资支付的现金		
购建固定资产、无形资产和其他长期资产支付的现金		

（续表）

项　　目	本期金额	上期金额
支付其他与投资活动有关的现金		
投资活动现金流出小计		
投资活动产生的现金流量净额		
三、筹资活动产生的现金流量：		
吸收投资收到的现金		
发行债券收到的现金		
收到其他与筹资活动有关的现金		
筹资活动现金流入小计		
偿还债务支付的现金		
分配股利、利润或偿付利息支付的现金		
支付其他与筹资活动有关的现金		
筹资活动现金流出小计		
筹资活动产生的现金流量净额		
四、汇率变动对现金及现金等价物的影响		
五、现金及现金等价物净增加额		
加：期初现金及现金等价物余额		
六、期末现金及现金等价物余额		

（三）保险公司现金流量表格式

现金流量表

会保03表

编制单位：　　　　年　　月　　　　单位：元

项　　目	本期金额	上期金额
一、经营活动产生的现金流量：		
收到原保险合同保费取得的现金		
收到再保业务现金净额		
保户储金及投资款净增加额		
收到其他与经营活动有关的现金		
经营活动现金流入小计		
支付原保险合同赔付款项的现金		
支付手续费及佣金的现金		
支付保单红利的现金		
支付给职工以及为职工支付的现金		
支付的各项税费		
支付其他与经营活动有关的现金		
经营活动现金流出小计		
经营活动产生的现金流量净额		

（续表）

项　　目	本期金额	上期金额
二、投资活动产生的现金流量：		
收回投资收到的现金		
取得投资收益收到的现金		
收到其他与投资活动有关的现金		
投资活动现金流入小计		
投资支付的现金		
质押贷款净增加额		
购建固定资产、无形资产和其他长期资产支付的现金		
支付其他与投资活动有关的现金		
投资活动现金流出小计		
投资活动产生的现金流量净额		
三、筹资活动产生的现金流量：		
吸收投资收到的现金		
发行债券收到的现金		
收到其他与筹资活动有关的现金		
筹资活动现金流入小计		
偿还债务支付的现金		
分配股利、利润或偿付利息支付的现金		
支付其他与筹资活动有关的现金		
筹资活动现金流出小计		
筹资活动产生的现金流量净额		
四、汇率变动对现金及现金等价物的影响		
五、现金及现金等价物净增加额		
加：期初现金及现金等价物余额		
六、期末现金及现金等价物余额		

（四）证券公司现金流量表格式

现金流量表

会证 03 表

编制单位：　　　　　　年　　月　　　　　　单位：元

项　　目	本期金额	上期金额
一、经营活动产生的现金流量：		
处置交易性金融资产净增加额		
收取利息、手续费及佣金的现金		
拆入资金净增加额		
回购业务资金净增加额		
收到其他与经营活动有关的现金		

（续表）

项　　目	本期金额	上期金额
经营活动现金流入小计		
支付利息、手续费及佣金的现金		
支付给职工以及为职工支付的现金		
支付的各项税费		
支付其他与经营活动有关的现金		
经营活动现金流出小计		
经营活动产生的现金流量净额		
二、投资活动产生的现金流量：		
收回投资收到的现金		
取得投资收益收到的现金		
收到其他与投资活动有关的现金		
投资活动现金流入小计		
投资支付的现金		
购建固定资产、无形资产和其他长期资产支付的现金		
支付其他与投资活动有关的现金		
投资活动现金流出小计		
投资活动产生的现金流量净额		
三、筹资活动产生的现金流量：		
吸收投资收到的现金		
发行债券收到的现金		
收到其他与筹资活动有关的现金		
筹资活动现金流入小计		
偿还债务支付的现金		
分配股利、利润或偿付利息支付的现金		
支付其他与筹资活动有关的现金		
筹资活动现金流出小计		
筹资活动产生的现金流量净额		
四、汇率变动对现金及现金等价物的影响		
五、现金及现金等价物净增加额		
加：期初现金及现金等价物余额		
六、期末现金及现金等价物余额		

三、现金流量表附注

现金流量表附注适用于一般企业、商业银行、保险公司、证券公司等各类企业。

（一）现金流量表补充资料披露格式企业应当采用间接法在现金流量表附注中披露将净利润调节为经营活动现金流量的信息。

补充资料	本期金额	上期金额
1. 将净利润调节为经营活动现金流量：		
净利润		
加：资产减值准备		
固定资产折旧、油气资产折耗、生产性生物资产折旧		
无形资产摊销		
长期待摊费用摊销		
处置固定资产、无形资产和其他长期资产的损失（收益以“一”号填列）		
固定资产报废损失（收益以“一”号填列）		
公允价值变动损失（收益以“一”号填列）		
财务费用（收益以“一”号填列）		
投资损失（收益以“一”号填列）		
递延所得税资产减少（增加以“一”号填列）		
递延所得税负债增加（减少以“一”号填列）		
存货的减少（增加以“一”号填列）		
经营性应收项目的减少（增加以“一”号填列）		
经营性应付项目的增加（减少以“一”号填列）		
其他		
经营活动产生的现金流量净额		
2. 不涉及现金收支的重大投资和筹资活动：		
债务转为资本		
一年内到期的可转换公司债券		
融资租入固定资产		
3. 现金及现金等价物净变动情况：		
现金的期末余额		
减：现金的期初余额		
加：现金等价物的期末余额		
减：现金等价物的期初余额		
现金及现金等价物净增加额		

（二）企业应当按下列格式披露当期取得或处置子公司及其他营业单位的有关信息：

项　　目	金　额
一、取得子公司及其他营业单位的有关信息：	
1. 取得子公司及其他营业单位的价格	
2. 取得子公司及其他营业单位支付的现金和现金等价物	
减：子公司及其他营业单位持有的现金和现金等价物	
3. 取得子公司及其他营业单位支付的现金净额	
4. 取得子公司的净资产	

（续表）

项　　目	金　额
流动资产	
非流动资产	
流动负债	
非流动负债	
二、处置子公司及其他营业单位的有关信息：	
1. 处置子公司及其他营业单位的价格	
2. 处置子公司及其他营业单位收到的现金和现金等价物	
减：子公司及其他营业单位持有的现金和现金等价物	
3. 处置子公司及其他营业单位收到的现金净额	
4. 处置子公司的净资产	
流动资产	
非流动资产	
流动负债	
非流动负债	

（三）现金和现金等价物的披露格式如下：

项　　目	本期金额	上期金额
一、现金		
其中：库存现金		
可随时用于支付的银行存款		
可随时用于支付的其他货币资金		
可用于支付的存放中央银行款项		
存放同业款项		
拆放同业款项		
二、现金等价物		
其中：三个月内到期的债券投资		
三、期末现金及现金等价物余额		
其中：母公司或集团内子公司使用受限制的现金和现金等价物		

二十九、《企业会计准则第33号——合并财务报表》应用指南

《企业会计准则第33号——合并财务报表》应用指南

一、以控制为基础确定合并财务报表的合并范围

（一）应当纳入合并财务报表合并范围的被投资单位。母公司应当将其控制的所有子公司，无论是小规模的子公司还是经营业务性质特殊的子公司，均应纳入合并财务报表的合并范围。

以控制为基础确定合并财务报表的合并范围，应当强调实质重于形式，综合考虑所有相关事实和因素进行判断，如投资者的持股情况、投资者之间的相互关系、公司治理结构、潜在表决权等。

（二）母公司控制的特殊目的主体也应纳入合并财务报表的合并范围。判断母公司能否控制特殊目的主体应当考虑如下主要因素：

1. 母公司为融资、销售商品或提供劳务等特定经营业务的需要直接或间接设立特殊目的主体。

2. 母公司具有控制或获得控制特殊目的主体或其资产的决策权。比如，母公司拥有单方面终止特殊目的主体的权力、变更特殊目的主体章程的权力、对变更特殊目的主体章程的否决权等。

3. 母公司通过章程、合同、协议等具有获取特殊目的主体大部分利益的权力。

4. 母公司通过章程、合同、协议等承担了特殊目的主体的大部分风险。

（三）不能控制的被投资单位，不纳入合并财务报表的合并范围。

原采用比例合并法的合营企业，应当改用权益法核算。

二、合并报表格式

合并财务报表的格式及其中各项目，涵盖了母公司和从事各类经济业务的子公司的情况，包括一般企业、商业银行、保险公司和证券公司等。

合并资产负债表、合并利润表、合并现金流量表、合并所有者权益变动表的格式如下：

合并资产负债表

会合 01 表

编制单位：　　　　年　　月　　日　　　　单位：元

资　　产	期末余额	年初余额	负债和所有者权益（或股东权益）	期末余额	年初余额
流动资产：			流动负债：		
货币资金			短期借款		
结算备付金			向中央银行借款		
拆出资金			吸收存款及同业存放		
交易性金融资产			拆入资金		
应收票据			交易性金融负债		
应收账款			应付票据		
预付款项			应付账款		
应收保费			预收款项		
应收分保账款			卖出回购金融资产款		
应收分保合同准备金			应付手续费及佣金		
应收利息			应付职工薪酬		
其他应收款			应交税费		
买入返售金融资产			应付利息		
存货			其他应付款		
一年内到期的非流动资产			应付分保账款		
其他流动资产			保险合同准备金		
流动资产合计			代理买卖证券款		
非流动资产：			代理承销证券款		
发放贷款及垫款			一年内到期的非流动负债		
可供出售金融资产			其他流动负债		
持有至到期投资			流动负债合计		
长期应收款			非流动负债：		
长期股权投资			长期借款		
投资性房地产			应付债券		
固定资产			长期应付款		
在建工程			专项应付款		

（续表）

资　　产	期末余额	年初余额	负债和所有者权益(或股东权益)	期末余额	年初余额
工程物资			预计负债		
固定资产清理			递延所得税负债		
生产性生物资产			其他非流动负债		
油气资产			非流动负债合计		
无形资产			负债合计		
开发支出			所有者权益(或股东权益)：		
商誉			实收资本(或股本)		
长期待摊费用			资本公积		
递延所得税资产			减:库存股		
其他非流动资产			盈余公积		
非流动资产合计			一般风险准备		
			未分配利润		
			外币报表折算差额		
			归属于母公司所有者权益合计		
			少数股东权益		
			所有者权益合计		
资产总计			负债和所有者权益总计		

合并利润表

会合 02 表

编制单位：　　　　　　　　年　　月　　　　　　　　单位:元

项　　目	本期金额	上期金额
一、营业总收入		
其中:营业收入		
利息收入		
已赚保费		
手续费及佣金收入		
二、营业总成本		
其中:营业成本		
利息支出		
手续费及佣金支出		
退保金		
赔付支出净额		
提取保险合同准备金净额		
保单红利支出		
分保费用		
营业税金及附加		
销售费用		
管理费用		
财务费用		
资产减值损失		
加:公允价值变动收益(损失以"—"号填列)		

（续表）

项　　目	本期金额	上期金额
投资收益（损失以“－”号填列）		
其中：对联营企业和合营企业的投资收益		
汇兑收益（损失以“－”号填列）		
三、营业利润（亏损以“－”号填列）		
加：营业外收入		
减：营业外支出		
其中：非流动资产处置损失		
四、利润总额（亏损总额以“－”号填列）		
减：所得税费用		
五、净利润（净亏损以“－”号填列）*		
归属于母公司所有者的净利润		
少数股东损益		
六、每股收益：		
（一）基本每股收益		
（二）稀释每股收益		

注：(1) 合并利润表收入、费用项目按照各类企业利润表的相同口径填列。

(2) 同一控制下企业合并的当期，还应单独列示被合并方在合并前实现的净利润。

合并现金流量表

会合 03 表

编制单位：　　　　年　　月　　　　单位：元

项　　目	本期金额	上期金额
一、经营活动产生的现金流量：		
销售商品、提供劳务收到的现金		
客户存款和同业存放款项净增加额		
向中央银行借款净增加额		
向其他金融机构拆入资金净增加额		
收到原保险合同保费取得的现金		
收到再保险业务现金净额		
保户储金及投资款净增加额		
处置交易性金融资产净增加额		
收取利息、手续费及佣金的现金		
拆入资金净增加额		
回购业务资金净增加额		
收到的税费返还		
收到其他与经营活动有关的现金		
经营活动现金流入小计		
购买商品、接受劳务支付的现金		
客户贷款及垫款净增加额		
存放中央银行和同业款项净增加额		
支付原保险合同赔付款项的现金		

（续表）

项　　目	本期金额	上期金额
支付利息、手续费及佣金的现金		
支付保单红利的现金		
支付给职工以及为职工支付的现金		
支付的各项税费		
支付其他与经营活动有关的现金		
经营活动现金流出小计		
经营活动产生的现金流量净额		
二、投资活动产生的现金流量：		
收回投资收到的现金		
取得投资收益收到的现金		
处置固定资产、无形资产和其他长期资产收回的现金净额		
处置子公司及其他营业单位收到的现金净额		
收到其他与投资活动有关的现金		
投资活动现金流入小计		
购建固定资产、无形资产和其他长期资产支付的现金		
投资支付的现金		
质押贷款净增加额		
取得子公司及其他营业单位支付的现金净额		
支付其他与投资活动有关的现金		
投资活动现金流出小计		
投资活动产生的现金流量净额		
三、筹资活动产生的现金流量：		
吸收投资收到的现金		
其中：子公司吸收少数股东投资收到的现金		
取得借款收到的现金		
发行债券收到的现金		
收到其他与筹资活动有关的现金		
筹资活动现金流入小计		
偿还债务支付的现金		
分配股利、利润或偿付利息支付的现金		
其中：子公司支付给少数股东的股利、利润		
支付其他与筹资活动有关的现金		
筹资活动现金流出小计		
筹资活动产生的现金流量净额		
四、汇率变动对现金及现金等价物的影响		
五、现金及现金等价物净增加额		
加：期初现金及现金等价物余额		
六、期末现金及现金等价物余额		

合并所有者权益变动表

会合:04 表

编制单位:　　　　　　　　　　　　　　年度　　　　　　　　　　　　　　单位:元

项　　目	本年金额									上年金额								
	归属于母公司所有者权益							少数股东权益	所有者权益合计	归属于母公司所有者权益							少数股东权益	所有者权益合计
	实收资本(或股本)	资本公积	减:库存股	盈余公积	一般风险准备	未分配利润	其他			实收资本(或股本)	资本公积	减:库存股	盈余公积	一般风险准备	未分配利润	其他		
一、上年年末余额																		
加:会计政策变更																		
前期差错更正																		
二、本年年初余额																		
三、本年增减变动金额(减少以"一"号填列)																		
(一)净利润																		
(二)直接计入所有者权益的利得和损失																		
1. 可供出售金融资产公允价值变动净额																		
2. 权益法下被投资单位其他所有者权益变动的影响																		
3. 与计入所有者权益项目相关的所得税影响																		
4. 其他																		
上述(一)和(二)小计																		
(三)所有者投入和减少资本																		
1. 所有者投入资本																		
2. 股份支付计入所有者权益的金额																		
3. 其他																		
(四)利润分配																		

（续表）

项目	本年金额									上年金额								
	归属于母公司所有者权益							少数股东权益	所有者权益合计	归属于母公司所有者权益							少数股东权益	所有者权益合计
	实收资本（或股本）	资本公积	减:库存股	盈余公积	一般风险准备	未分配利润	其他			实收资本（或股本）	资本公积	减:库存股	盈余公积	一般风险准备	未分配利润	其他		
1. 提取盈余公积																		
2. 提取一般风险准备																		
3. 对所有者（或股东）的分配																		
4. 其他																		
（五）所有者权益内部结转																		
1. 资本公积转增资本（或股本）																		
2. 盈余公积转增资本（或股本）																		
3. 盈余公积弥补亏损																		
4. 其他																		
四、本年年末余额																		
（三）所有者投入和减少资本																		
1. 所有者投入资本																		
2. 股份支付计入所有者权益的金额																		
3. 其他																		
（四）利润分配																		
1. 提取盈余公积																		
2. 提取一般风险准备																		
3. 对所有者（或股东）的分配																		
4. 其他																		
（五）所有者权益内部结转																		
1. 资本公积转增资本（或股本）																		
2. 盈余公积转增资本（或股本）																		
3. 盈余公积弥补亏损																		
4. 其他																		
四、本年年末余额																		

三、合并报表附注

企业应当按照规定披露附注信息，主要包括下列内容：

（一）企业集团的基本情况

（二）财务报表的编制基础

（三）遵循企业会计准则的声明

（四）重要会计政策和会计估计

（五）会计政策和会计估计变更以及差错更正的说明

（六）报表重要项目的说明

（七）或有事项

（八）资产负债表日后事项

（九）关联方关系及其交易

（十）风险管理

以上（一）至（十）项，应当比照《企业会计准则第30号——财务报表列报》应用指南的相关规定进行披露。合并现金流量表，还应遵循《企业会计准则第31号——现金流量表》应用指南的相关规定进行披露。

（十一）母公司和子公司信息

1. 子公司有关信息的披露格式如下：

子公司名称	注册地	业务性质	注册资本	本企业合计持股比例	本企业合计享有的表决权比例
1.					
……					

2. 母公司拥有被投资单位表决权不足半数但能对被投资单位形成控制的原因。

3. 母公司直接或通过其他子公司间接拥有被投资单位半数以上的表决权但未能对其形成控制的原因。

4. 子公司所采用的会计政策与母公司不一致的，母公司编制合并财务报表的处理方法。

5. 子公司与母公司会计期间不一致的，母公司编制合并财务报表的处理方法。

6. 本期不再纳入合并范围的原子公司，说明原子公司的名称、注册地、业务性质、母公司的持股比例和表决权比例，本期不再成为子公司的原因。

原子公司在处置日和上一会计期间资产负债表日资产、负债和所有者权益的金额以及本期期初至处置日的收入、费用和利润的金额。

7. 子公司向母公司转移资金的能力受到严格限制的情况。

8. 作为子公司纳入合并范围的特殊目的主体的业务性质、业务活动等。

三十、《企业会计准则第34号——每股收益》应用指南

《企业会计准则第34号——每股收益》应用指南

一、发行在外普通股加权平均数的计算

根据本准则第五条规定，计算发行在外普通股加权平均数，作为权数的已发行时间、报告期时间和已回购时间通常按天数计算；在不影响计算结果合理性的前提下，也可以采用简化的计算方法，如按月数计算。

二、稀释每股收益的计算

根据本准则第七条规定，企业存在稀释性潜在普通股的，应当计算稀释每股收益。潜在普通股主要包括：可转换公司债券、认股权证和股份期权等。

（一）可转换公司债券。对于可转换公司债券，计算稀释每股收益时，分子的调整项目为可转换公司债券当期已确认为费用的利息等的税后影响额；分母的调整项目为假定可转换公司债券当期期初或发行日转换为普通股的股数加权平均数。

（二）认股权证和股份期权。根据本准则第十条规定，认股权证、股份期权等的行权价格低于当期普通股平均市场价格时，应当考虑其稀释性。

计算稀释每股收益时，作为分子的净利润金额一般不变；分母的调整项目为按照本准则第十条中规定的公式所计算的增加的普通股股数，同时还应考虑时间权数。

公式中的行权价格和拟行权时转换的普通股股数，按照有关认股权证合同和股份期权合约确定。公式中的当期普通股平均市场价格，通常按照每周或每月具有代表性的股票交易价格进行简单算术平均计算。在股票价格比较平稳的情况下，可以采用每周或每月股票的收盘价作为代表性价格；在股票价格波动较大的情况下，可以采用每周或每月股票最高价与最低价的平均值作为代表性价格。无论采用何种方法计算平均市场价格，一经确定，不得随意变更，除非有确凿证据表明原计算方法不再适用。当期发行认股权证或股份期权的，普通股平均市场价格应当自认股权证或股份期权的发行日起计算。

（三）多项潜在普通股

根据本准则第十二条规定，稀释性潜在普通股应当按照其稀释程度从大到小的顺序计入稀释每股收益，直至稀释每股收益达到最小值。其中"稀释程度"，根据不同潜在普通股转换的增量股的每股收益大小进行衡量，即：假定稀释性潜在普通股转换为普通股时，将增加的归属于普通股股东的当期净利润除以增加的普通股股数加权平均数所确定的金额。

在确定计入稀释每股收益的顺序时，通常应首先考虑股份期权和认股权证的影响。

每次发行的潜在普通股应当视为不同的潜在普通股，分别判断其稀释性，而不能将其作为一个总体考虑。

三、计算每股收益时应考虑的其他调整因素

（一）企业派发股票股利、公积金转增资本、拆股或并股等，会增加或减少其发行在外普通股或潜在普通股的数量，但不影响所有者权益总额，也不改变企业的盈利能力。企业应当在相关报批手续全部完成后，按调整后的股数重新计算各列报期间的每股收益。上述变化发生于资产负债表日至财务报告批准报出日之间的，应当以调整后的股数重新计算各列报期间的每股收益。

（二）企业当期发生配股的情况下，计算基本每股收益时，应当考虑配股中包含的送股因素，据以调整各列报期间发行在外普通股的加权平均数。计算公式如下：

每股理论除权价格＝（行权前发行在外普通股的公允价值＋配股收到的款项）÷行权后发行在外的普通股股数调整系数＝行权前每股公允价值÷每股理论除权价格因配股重新计算的上年度基本每股收益＝上年度基本每股收益÷调整系数

本年度基本每股收益＝归属于普通股股东的当期净利润÷（行权前发行在外普通股股数×调整系数×行权前普通股发行在外的时间权数＋行权后发行在外普通股加权平均数）

存在非流通股的企业可以采用简化的计算方法，不考虑配股中内含的送股因素，而将配股视为发行新股处理。

四、以合并财务报表为基础计算和列报每股收益

本准则第三条规定，合并财务报表中，企业应当以合并财务报表为基础计算和列报每股收益。其中，计算基本每股收益时，分子为归属于母公司普通股股东的合并净利润，分母为母公司发行在外普通股的加权平均数。

三十一、《企业会计准则第 35 号——分部报告》应用指南

《企业会计准则第 35 号——分部报告》应用指南

一、主要报告形式和次要报告形式

根据本准则第十三条规定，企业应当区分主要报告形式和次要报告形式披露分部信息。在确定分部信息的主要报告形式和次要报告形式时，应当以企业的风险和报酬的主要来源和性质为依据，同时结合企业的内部组织结构、管理结构以及向董事会或类似机构的内部报告制度。

企业的风险和报酬的主要来源和性质，主要与其提供的产品或劳务，或者经营所在国家或地区密切相关。企业在分析其所承担的风险和报酬时，应当注意以下相关因素：(1) 所生产产品或提供劳务的性质、过程、客户类型、销售方式等；(2) 所生产产品或提供劳务受法律、行政法规的影响等；(3) 所处经济、政治环境等。

企业的内部组织结构、管理结构以及向董事会或类似机构内部报告制度的安排，通常会考虑或结合企业风险和报酬的主要来源和性质等相关因素。

二、分部收入

根据本准则第十四条规定，分部收入是指可归属于分部的对外交易收入和对其他分部交易收入。分部收入主要由可归属于分部的对外交易收入构成，通常为营业收入，下列项目不包括在内：

（一）利息收入和股利收入，如采用成本法核算的长期股权投资的股利收入（投资收益）、债券投资的利息收入、对其他分部贷款的利息收入等。但是，分部的日常活动是金融性质的除外。

（二）采用权益法核算的长期股权投资在被投资单位实现的净利润中应享有的份额以及处置投资产生的净收益。但是，分部的日常活动是金融性质的除外。

（三）营业外收入，如处置固定资产、无形资产等产生的净收益。

三、分部费用

根据本准则第十四条规定，分部费用是指可归属于分部的对外交易费用和对其他分部交易费用。分部费用主要由可归属于分部的对外交易费用构成，通常包括营业成本、营业税金及附加、销售费用等，下列项目不包括在内：

（一）利息费用，如发行债券、向其他分部借款的利息费用等。但是，分部的日常活动是金融性质的除外。

（二）采用权益法核算的长期股权投资在被投资单位发生的净损失中应承担的份额以及处置投资发生的净损失。但是，分部的日常活动是金融性质的除外。

（三）与企业整体相关的管理费用和其他费用。但是，企业代所属分部支付的、与分部经营活动相关的、且能直接归属于或按合理的基础分配给该分部的费用，属于分部费用。

（四）营业外支出，如处置固定资产、无形资产等发生的净损失。

（五）所得税费用。

三十二、《企业会计准则第37号——金融工具列报》应用指南

《企业会计准则第37号——金融工具列报》应用指南

一、权益工具及所有者权益

（一）权益工具，是指能证明拥有某个企业在扣除所有负债后的资产中的剩余权益的合同。比如，企业发行的普通股，以及企业发行的、使持有者有权以固定价格购入固定数量本企业普通股的认股权证等。

企业发行权益工具收到的对价扣除交易费用后，应当确认为股本（或实收资本）、资本公积（股本溢价或资本溢价）等。其中，交易费用是可直接归属于发行权益工具新增的外部费用，包括支付给代理机构、咨询公司、券商等的手续费和佣金及其他必要支出。

（二）企业发行的权益工具通常构成所有者权益的重要组成内容。所有者权益包括股本（或实收资本）、资本公积（含股本溢价或资本溢价、其他资本公积）、盈余公积和未分配利润。商业银行、保险公司、证券公司等金融机构在净利润中提取的一般风险准备，也构成其所有者权益。

其他资本公积，是指股本溢价（或资本溢价）以外的资本公积，主要包括以下内容：

1. 可供出售金融资产公允价值变动；

2. 企业根据以权益结算的股份支付协议授予职工或其他方的权益工具的公允价值；

3. 现金流量套期中，有效套期工具的公允价值变动；

4. 长期股权投资采用权益法核算的，在持股比例不变的情况下，被投资单位除净损益以外的其他所有者权益变动引起的长期股权投资账面价值的变动；

5. 自用房地产或存货转换为采用公允价值模式计量的投资性房地产时，转换日投资性房地产的公允价值大于原账面价值的差额。

（三）企业回购自身权益工具支付的对价和交易费用，应当减少所有者权益。

股份有限公司按法定程序报经批准采用收购本公司股票方式减资的，按注销股票面值总额减少股本，购回股票支付的价款（含交易费用）超过面值总额的部分，应依次冲减资本公积（股本溢价）、盈余公积和未

分配利润;购回股票支付的价款低于面值总额的,低于面值总额的部分增加资本公积(股本溢价)。

(四)企业对权益工具持有方的各种分配(不包括股票股利),如现金股利,应当减少所有者权益。

(五)企业发行的某些非衍生金融工具(如可转换公司债券等)既含有负债成分,又含有权益成分。对这些金融工具,应在初始确认时,将相关负债和权益成分进行分拆,先对负债成分的未来现金流量进行折现确定负债成分的初始确认金额,再按发行收入扣除负债成分初始金额的差额确认权益成分的初始确认金额。发行非衍生金融工具发生的交易费用,应当在负债成分和权益成分之间按其初始确认金额的相对比例进行分摊。

二、金融资产和金融负债的相互抵销

根据本准则第十三条规定,金融资产和金融负债应当在资产负债表内分别列示,通常不得相互抵销。

以下列举了金融资产和金融负债不应相互抵销的交易或事项:

(一)企业将浮动利率长期债券与收取浮动利息、支付固定利息的互换组合在一起,合成为一项固定利率长期债券。这种组合的各单项金融工具形成的金融资产或金融负债不能相互抵销。

(二)企业将某项金融资产充作金融负债的担保物,该金融资产不能与被担保的金融负债抵销。

(三)企业与外部交易对手进行多项金融工具交易,同时签订"总抵销协议"。根据该协议,一旦某单项金融工具交易发生违约或解约,企业可以将所有金融工具交易以单一净额进行结算,以减少交易对手可能无法履约造成损失的风险。在这种情况下,只有交易对手违约或解约时,相关的金融资产和金融负债可以相互抵销;否则,不得相互抵销。

(四)保险公司在保险合同下的应收分保保险责任准备金,不能与相关保险责任准备金抵销。

三十三、《企业会计准则第38号——首次执行企业会计准则》应用指南

《企业会计准则第38号——首次执行企业会计准则》应用指南

一、首次执行日采用追溯调整法有关项目的处理

(一)预计的资产弃置费用

根据本准则第七条规定,企业在预计首次执行日前尚未计入资产成本的弃置费用时,应当满足预计负债的确认条件,选择该项资产初始确认时适用的折现率,以该项预计负债折现后的金额增加资产成本,据此计算确认应补提的固定资产折旧(或油气资产折耗),同时调整期初留存收益。

折现率的选择应当考虑货币时间价值和相关期间通货膨胀等因素的影响。

预计弃置费用的范围,适用《企业会计准则第4号——固定资产》、《企业会计准则第27号——石油天然气开采》等限定的资产范围。

(二)可行权日在首次执行日或之后的股份支付

根据本准则第十条规定,授予职工以权益结算的股份支付,应当按照权益工具在授予日的公允价值调整期初留存收益,相应增加资本公积;授予日的公允价值不能可靠计量的,应当按照权益工具在首次执行日的公允价值计量。

授予职工以现金结算的股份支付,应当按照权益工具在等待期内首次执行日之前各资产负债表日的公允价值调整期初留存收益,相应增加应付职工薪酬。上述各资产负债表日的公允价值不能可靠计量的,应当按照权益工具在首次执行日的公允价值计量。

授予其他方的股份支付,在首次执行日比照授予职工的股份支付处理。

(三)所得税

根据本准则第十二条规定,在首次执行日,企业应当停止采用应付税款法或原纳税影响会计法,改按《企业会计准则第18号——所得税》规定的资产负债表债务法对所得税进行处理。

原采用应付税款法核算所得税费用的,应当按照企业会计准则相关规定调整后的资产、负债账面价值与其计税基础进行比较,确定应纳税暂时性差异和可抵扣暂时性差异,采用适用的税率计算递延所得税负债和递延所得税资产的金额,相应调整期初留存收益。

原采用纳税影响会计法核算所得税费用的,应当根据《企业会计准则第18号——所得税》的相关规定,计算递延所得税负债和递延所得税资产的金额,同时冲销递延税款余额,根据上述两项金额之间的差额调

整期初留存收益。

在首次执行日，企业对于能够结转以后年度的可抵扣亏损和税款抵减，应以很可能获得用来抵扣可抵扣亏损和税款抵减的未来应纳税所得额为限，确认相应的递延所得税资产，同时调整期初留存收益。

（四）金融工具的分拆

根据本准则第十七条规定，对于嵌入衍生金融工具，按照《企业会计准则第22号——金融工具确认和计量》规定应从混合工具中分拆的，应当在首次执行日按其在该日的公允价值，将其从混合工具中分拆并单独处理。首次执行日嵌入衍生金融工具的公允价值难以合理确定的，应当将该混合工具整体指定为以公允价值计量且其变动计入当期损益的金融资产或金融负债。

企业发行的包含负债和权益成分的非衍生金融工具，在首次执行日按照《企业会计准则第37号——金融工具列报》进行分拆时，先按该项负债在首次执行日的公允价值作为其初始确认金额，再按该项金融工具的账面价值扣除负债公允价值后的金额，作为权益成分的初始确认金额。首次执行日负债成分的公允价值难以合理确定的，不应对该项金融工具进行分拆，仍然作为负债处理。

二、首次执行日采用未来适用法有关项目的处理

根据本准则第四条规定，除本准则第五条至第十九条规定要求追溯调整的项目外，其他项目不应追溯调整，应当自首次执行日起采用未来适用法。

（一）借款费用

对于处于开发阶段的内部开发项目、处于生产过程中的需要经过相当长时间才能达到预定可销售状态的存货（如飞机和船舶），以及营造、繁殖需要经过相当长时间才能达到预定可使用或可销售状态的生物资产，首次执行日之前未予资本化的借款费用，不应追溯调整。上述尚未完成开发或尚未完工的各项资产，首次执行日及以后发生的借款费用，符合《企业会计准则第17号——借款费用》规定的资本化条件的部分，应当予以资本化。

（二）超过正常信用条件延期付款（或收款）、实质上具有融资性质的购销业务

对于首次执行日处于收款过程中的采用递延收款方式、实质上具有融资性质的销售商品或提供劳务收入，比如采用分期收款方式的销售，首次执行日之前已确认的收入和结转的成本不再追溯调整。首次执行日后的第一个会计期间，企业应当将尚未确认但符合收入确认条件的合同或协议剩余价款部分确认为长期应收款，按其公允价值确认为营业收入，两者的差额作为未实现融资收益，在剩余收款期限内采用实际利率法进行摊销。在确认收入的同时，应当相应地结转成本。

首次执行日之前购买的固定资产、无形资产在超过正常信用条件的期限内延期付款、实质上具有融资性质的，首次执行日之前已计提的折旧和摊销额，不再追溯调整。在首次执行日，企业应当以尚未支付的款项与其现值之间的差额，减少资产的账面价值，同时确认为未确认融资费用。首次执行日后，企业应当以调整后的资产账面价值作为认定成本并以此为基础计提折旧，未确认融资费用应当在剩余付款期限内采用实际利率法进行摊销。

（三）无形资产

首次执行日处于开发阶段的内部开发项目，首次执行日之前已经费用化的开发支出，不应追溯调整；根据《企业会计准则第6号——无形资产》规定，首次执行日及以后发生的开发支出，符合无形资产确认条件的，应当予以资本化。

企业持有的无形资产，应当以首次执行日的摊余价值作为认定成本，对于使用寿命有限的无形资产，应当在剩余使用寿命内根据《企业会计准则第6号——无形资产》的规定进行摊销。对于使用寿命不确定的无形资产，在首次执行日后应当停止摊销，按照《企业会计准则第6号——无形资产》的规定处理。

首次执行日之前已计入在建工程和固定资产的土地使用权，符合《企业会计准则第6号——无形资产》的规定应当单独确认为无形资产的，首次执行日应当进行重分类，将归属于土地使用权的部分从原资产账面价值中分离，作为土地使用权的认定成本，按照《企业会计准则第6号——无形资产》的规定处理。

（四）开办费

首次执行日企业的开办费余额，应当在首次执行日后第一个会计期间内全部确认为管理费用。

（五）职工福利费

首次执行日企业的职工福利费余额，应当全部转入应付职工薪酬（职工福利）。首次执行日后第一个会

计期间，按照《企业会计准则第 9 号——职工薪酬》规定，根据企业实际情况和职工福利计划确认应付职工薪酬(职工福利)，该项金额与原转入的应付职工薪酬(职工福利)之间的差额调整管理费用。

三、首份中期财务报告和首份年度财务报表的列报

根据本准则第二十条和第二十一规定，企业应当按照《企业会计准则第 30 号——财务报表列报》、《企业会计准则第 31 号——现金流量表》、《企业会计准则第 32 号——中期财务报告》和《企业会计准则第 33 号——合并财务报表》等准则及其应用指南的规定，编制首份中期财务报告和首份年度财务报表。

(一) 首份中期财务报告和首份年度财务报表

1. 首份中期财务报告至少应当包括资产负债表、利润表、现金流量表和附注，上年度可比中期的财务报表也应当按照企业会计准则列报。

2. 首份年度财务报表应当是一套完整的财务报表，至少包括资产负债表、利润表、现金流量表、所有者权益变动表和附注。在首份年度财务报表中，至少应当按照企业会计准则列报上年度全部比较信息。

3. 母公司执行企业会计准则、但子公司尚未执行企业会计准则的，母公司在编制合并财务报表时，应当按照企业会计准则的规定调整子公司的财务报表。

母公司尚未执行企业会计准则、而子公司已执行企业会计准则的，母公司在编制合并财务报表时，可以将子公司的财务报表按照母公司的会计政策进行调整后合并，也可以将子公司按照企业会计准则编制的财务报表直接合并。

(二) 首份中期财务报告和首份年度财务报表的附注企业在首份中期财务报告和首份年度财务报表的附注中，应当以列表形式详细披露下列数据的调节过程：

1. 按原会计制度或准则列报的比较报表最早期间的期初所有者权益，调整为按企业会计准则列报的所有者权益。

2. 按原会计制度或准则列报的最近年度年末所有者权益，调整为按企业会计准则列报的所有者权益。

3. 按原会计制度或准则列报的最近年度损益，调整为按企业会计准则列报的损益。

4. 比较中期期末按原会计制度或准则列报的所有者权益，调整为按企业会计准则列报的所有者权益。

5. 比较中期按原会计制度或准则列报的损益(可比中期和上年初至可比中期期末累计数)，调整为同一期间按企业会计准则列报的损益。

执行企业会计准则后首份季报(或首份半年报)，需要披露上述 1 至 5 项数据的调节过程，其他季度季报(或半年报)只需提供上述 4、5 项数据的调节过程。首份年度财务报表中只需提供上述 1 至 3 项数据的调节过程。

第九部分　会计科目和主要账务处理

一、会计科目

一、会计科目

会计科目和主要账务处理依据企业会计准则中确认和计量的规定制定，涵盖了各类企业的交易或者事项。企业在不违反会计准则中确认、计量和报告规定的前提下，可以根据本单位的实际情况自行增设、分拆、合并会计科目。企业不存在的交易或者事项，可不设置相关会计科目。对于明细科目，企业可以比照本附录中的规定自行设置。会计科目编号供企业填制会计凭证、登记会计账簿、查阅会计账目、采用会计软件系统参考，企业可结合实际情况自行确定会计科目编号。

顺序号	编号	会计科目名称
		一、资产类
1	1001	库存现金
2	1002	银行存款
3	1003	存放中央银行款项
4	1011	存放同业
5	1012	其他货币资金
6	1021	结算备付金
7	1031	存出保证金
8	1101	交易性金融资产
9	1111	买入返售金融资产
10	1121	应收票据
11	1122	应收账款
12	1123	预付账款
13	1131	应收股利
14	1132	应收利息
15	1201	应收代位追偿款
16	1211	应收分保账款
17	1212	应收分保合同准备金
18	1221	其他应收款
19	1231	坏账准备
20	1301	贴现资产
21	1302	拆出资金
22	1303	贷款
23	1304	贷款损失准备
24	1311	代理兑付证券
25	1321	代理业务资产
26	1401	材料采购
27	1402	在途物资
28	1403	原材料
29	1404	材料成本差异

（续表）

顺序号	编号	会计科目名称
30	1405	库存商品
31	1406	发出商品
32	1407	商品进销差价
33	1408	委托加工物资
34	1411	周转材料
35	1421	消耗性生物资产
36	1431	贵金属
37	1441	抵债资产
38	1451	损余物资
39	1461	融资租赁资产
40	1471	存货跌价准备
41	1501	持有至到期投资
42	1502	持有至到期投资减值准备
43	1503	可供出售金融资产
44	1511	长期股权投资
45	1512	长期股权投资减值准备
46	1521	投资性房地产
47	1531	长期应收款
48	1532	未实现融资收益
49	1541	存出资本保证金
50	1601	固定资产
51	1602	累计折旧
52	1603	固定资产减值准备
53	1604	在建工程
54	1605	工程物资
55	1606	固定资产清理
56	1611	未担保余值
57	1621	生产性生物资产
58	1622	生产性生物资产累计折旧
59	1623	公益性生物资产
60	1631	油气资产
61	1632	累计折耗
62	1701	无形资产
63	1702	累计摊销
64	1703	无形资产减值准备
65	1711	商誉
66	1801	长期待摊费用
67	1811	递延所得税资产
68	1821	独立账户资产
69	1901	待处理财产损溢
		二、负债类
70	2001	短期借款

（续表）

顺序号	编号	会计科目名称
71	2002	存入保证金
72	2003	拆入资金
73	2004	向中央银行借款
74	2011	吸收存款
75	2012	同业存放
76	2021	贴现负债
77	2101	交易性金融负债
78	2111	卖出回购金融资产款
79	2201	应付票据
80	2202	应付账款
81	2203	预收账款
82	2211	应付职工薪酬
83	2221	应交税费
84	2231	应付利息
85	2232	应付股利
86	2241	其他应付款
87	2251	应付保单红利
88	2261	应付分保账款
89	2311	代理买卖证券款
90	2312	代理承销证券款
91	2313	代理兑付证券款
92	2314	代理业务负债
93	2401	递延收益
94	2501	长期借款
95	2502	应付债券
96	2601	未到期责任准备金
97	2602	保险责任准备金
98	2611	保户储金
99	2621	独立账户负债
100	2701	长期应付款
101	2702	未确认融资费用
102	2711	专项应付款
103	2801	预计负债
104	2901	递延所得税负债
		三、共同类
105	3001	清算资金往来
106	3002	货币兑换
107	3101	衍生工具
108	3201	套期工具
109	3202	被套期项目
		四、所有者权益类
110	4001	实收资本

（续表）

顺序号	编号	会计科目名称
111	4002	资本公积
112	4101	盈余公积
113	4102	一般风险准备
114	4103	本年利润
115	4104	利润分配
116	4201	库存股
		五、成本类
117	5001	生产成本
118	5101	制造费用
119	5201	劳务成本
120	5301	研发支出
121	5401	工程施工
122	5402	工程结算
123	5403	机械作业
		六、损益类
124	6001	主营业务收入
125	6011	利息收入
126	6021	手续费及佣金收入
127	6031	保费收入
128	6041	租赁收入
129	6051	其他业务收入
130	6061	汇兑损益
131	6101	公允价值变动损益
132	6111	投资收益
133	6201	摊回保险责任准备金
134	6202	摊回赔付支出
135	6203	摊回分保费用
136	6301	营业外收入
137	6401	主营业务成本
138	6402	其他业务成本
139	6403	营业税金及附加
140	6411	利息支出
141	6421	手续费及佣金支出
142	6501	提取未到期责任准备金
143	6502	提取保险责任准备金
144	6511	赔付支出
145	6521	保单红利支出
146	6531	退保金
147	6541	分出保费
148	6542	分保费用
149	6601	销售费用
150	6602	管理费用

（续表）

顺序号	编号	会计科目名称
151	6603	财务费用
152	6604	勘探费用
153	6701	资产减值损失
154	6711	营业外支出
155	6801	所得税费用
156	6901	以前年度损益调整

二、主要账务处理

(二)主要账务处理

资 产 类

1001　库存现金

一、本科目核算企业的库存现金。企业有内部周转使用备用金的，可以单独设置“备用金”科目。

二、企业增加库存现金，借记本科目，贷记“银行存款”等科目；减少库存现金做相反的会计分录。

三、企业应当设置“现金日记账”，根据收付款凭证，按照业务发生顺序逐笔登记。每日终了，应当计算当日的现金收入合计额、现金支出合计额和结余额，将结余额与实际库存额核对，做到账款相符。

四、本科目期末借方余额，反映企业持有的库存现金。

1002　银行存款

一、本科目核算企业存入银行或其他金融机构的各种款项。银行汇票存款、银行本票存款、信用卡存款、信用证保证金存款、

存出投资款、外埠存款等，在“其他货币资金”科目核算。二、企业增加银行存款，借记本科目，贷记“库存现金”、“应收账款”等科目；减少银行存款做相反的会计分录。

三、企业可按开户银行和其他金融机构、存款种类等设置“银行存款日记账”，根据收付款凭证，按照业务的发生顺序逐笔登记。每日终了，应结出余额。“银行存款日记账”应定期与“银行对账单”核对，至少每月核对一次。企业银行存款账面余额与银行对账单余额之间如有差额，应编制“银行存款余额调节表”调节相符。四、本科目期末借方余额，反映企业存在银行或其他金融机构的各种款项。

1003　存放中央银行款项

一、本科目核算企业(银行)存放于中国人民银行(以下简称“中央银行”)的各种款项，包括业务资金的调拨、办理同城票据交换和异地跨系统资金汇划、提取或缴存现金等。

企业(银行)按规定缴存的法定准备金和超额准备金存款，也通过本科目核算。

二、本科目可按存放款项的性质进行明细核算。

三、企业增加在中央银行的存款，借记本科目，贷记“吸收存款”、“清算资金往来”等科目；减少在中央银行的存款做相反的会计分录。

四、本科目期末借方余额，反映企业(银行)存放在中央银行的各种款项。

1011　存放同业

一、本科目核算企业(银行)存放于境内、境外银行和非银行金融机构的款项。企业(银行)存放中央银行的款项，在“存放中央银行款项”科目核算。

二、本科目可按存放款项的性质和存放的金融机构进行明细核算。

三、企业增加在同业的存款，借记本科目，贷记“存放中央银行款项”等科目；减少在同业的存款做相反的会计分录。

四、本科目期末借方余额，反映企业(银行)存放在同业的各种款项。

1012　其他货币资金

一、本科目核算企业的银行汇票存款、银行本票存款、信用卡存款、信用证保证金存款、存出投资款、外

埠存款等其他货币资金。

二、企业增加其他货币资金,借记本科目,贷记“银行存款”科目;减少其他货币资金,借记有关科目,贷记本科目。

三、本科目可按银行汇票或本票、信用证的收款单位,外埠存款的开户银行,分别“银行汇票”、“银行本票”、“信用卡”、“信用证保证金”、“存出投资款”、“外埠存款”等进行明细核算。

四、本科目期末借方余额,反映企业持有的其他货币资金。

1021 结算备付金

一、本科目核算企业(证券)为证券交易的资金清算与交收而存入指定清算代理机构的款项。企业(证券)向客户收取的结算手续费、向证券交易所支付的结算手续费,也通过本科目核算。企业(证券)因证券交易与清算代理机构办理资金清算的款项等,可以单独设置“证券清算款”科目。

二、本科目可按清算代理机构,分别“自有”、“客户”等进行明细核算。

三、结算备付金的主要账务处理。

(一) 企业将款项存入清算代理机构,借记本科目,贷记“银行存款”等科目;从清算代理机构划回资金做相反的会计分录。

(二) 接受客户委托,买入证券成交总额大于卖出证券成交总额的,应按买卖证券成交价的差额加上代扣代交的相关税费和应向客户收取的佣金等之和,借记“代理买卖证券款”等科目,贷记本科目(客户)、“银行存款”等科目。按企业应负担的交易费用,借记“手续费及佣金支出”科目,按应向客户收取的手续费及佣金,贷记“手续费及佣金收入”科目,按其差额,借记本科目(自有)、“银行存款”等科目。

接受客户委托,卖出证券成交总额大于买入证券成交总额的,应按买卖证券成交价的差额减去代扣代交的相关税费和应向客户收取的佣金等后的余额,借记本科目(客户)、“银行存款”等科目,贷记“代理买卖证券款”等科目。按企业应负担的交易费用,借记“手续费及佣金支出”科目,按应向客户收取的手续费及佣金,贷记“手续费及佣金收入”科目,按其差额,借记本科目(自有)、“银行存款”等科目。

(三) 在证券交易所进行自营证券交易的,应在取得时根据持有证券的意图等对其进行分类,比照“交易性金融资产”、“持有至到期投资”、“可供出售金融资产”等科目的相关规定进行处理。

四、本科目期末借方余额,反映企业存在指定清算代理机构的款项。

1031 存出保证金

一、本科目核算企业(金融)因办理业务需要存出或交纳的各种保证金款项。

二、本科目可按保证金的类别以及存放单位或交易场所进行明细核算。

三、企业存出保证金,借记本科目,贷记“银行存款”、“存放中央银行款项”、“结算备付金”、“应收分保账款”等科目;减少或收回保证金时做相反的会计分录。

四、本科目期末借方余额,反映企业存出或交纳的各种保证金余额。

1101 交易性金融资产

一、本科目核算企业为交易目的所持有的债券投资、股票投资、基金投资等交易性金融资产的公允价值。企业持有的直接指定为以公允价值计量且其变动计入当期损益的金融资产,也在本科目核算。

企业(金融)接受委托采用全额承购包销、余额承购包销方式承销的证券,应在收到证券时将其进行分类。划分为以公允价值计量且其变动计入当期损益的金融资产的,应在本科目核算;划分为可供出售金融资产的,应在“可供出售金融资产”科目核算。

衍生金融资产在“衍生工具”科目核算。

二、本科目可按交易性金融资产的类别和品种,分别“成本”、“公允价值变动”等进行明细核算。

三、交易性金融资产的主要账务处理。

(一) 企业取得交易性金融资产,按其公允价值,借记本科目(成本),按发生的交易费用,借记“投资收益”科目,按已到付息期但尚未领取的利息或已宣告但尚未发放的现金股利,借记“应收利息”或“应收股利”科目,按实际支付的金额,贷记“银行存款”、“存放中央银行款项”、“结算备付金”等科目。

(二) 交易性金融资产持有期间被投资单位宣告发放的现金股利,或在资产负债表日按分期付息、一次还本债券投资的票面利率计算的利息,借记“应收股利”或“应收利息”科目,贷记“投资收益”科目。

(三) 资产负债表日,交易性金融资产的公允价值高于其账面余额的差额,借记本科目(公允价值变动)，贷记“公允价值变动损益”科目；公允价值低于其账面余额的差额做相反的会计分录。

（四）出售交易性金融资产，应按实际收到的金额，借记“银行存款”、“存放中央银行款项”、“结算备付金”等科目，按该金融资产的账面余额，贷记本科目，按其差额，贷记或借记“投资收益”科目。同时，将原计入该金融资产的公允价值变动转出，借记或贷记“公允价值变动损益”科目，贷记或借记“投资收益”科目。

四、本科目期末借方余额，反映企业持有的交易性金融资产的公允价值。

1111　买入返售金融资产

一、本科目核算企业(金融)按照返售协议约定先买入再按固定价格返售的票据、证券、贷款等金融资产所融出的资金。

二、本科目可按买入返售金融资产的类别和融资方进行明细核算。

三、买入返售金融资产的主要账务处理。

（一）企业根据返售协议买入金融资产，应按实际支付的金额，借记本科目，贷记“存放中央银行款项”、“结算备付金”、“银行存款”等科目。

（二）资产负债表日，按照计算确定的买入返售金融资产的利息收入，借记“应收利息”科目，贷记“利息收入”科目。

（三）返售日，应按实际收到的金额，借记“存放中央银行款项”、“结算备付金”、“银行存款”等科目，按其账面余额，贷记本科目、“应收利息”科目，按其差额，贷记“利息收入”科目。

四、本科目期末借方余额，反映企业买入的尚未到期返售金融资产摊余成本。

1121　应收票据

一、本科目核算企业因销售商品、提供劳务等而收到的商业汇票，包括银行承兑汇票和商业承兑汇票。

二、本科目可按开出、承兑商业汇票的单位进行明细核算。

三、应收票据的主要账务处理。

（一）企业因销售商品、提供劳务等而收到开出、承兑的商业汇票，按商业汇票的票面金额，借记本科目，按确认的营业收入，贷记“主营业务收入”等科目。涉及增值税销项税额的，还应进行相应的处理。

（二）持未到期的商业汇票向银行贴现，应按实际收到的金额(即减去贴现息后的净额)，借记“银行存款”等科目，按贴现息部分，借记“财务费用”等科目，按商业汇票的票面金额，贷记本科目或“短期借款”科目。

（三）将持有的商业汇票背书转让以取得所需物资，按应计入取得物资成本的金额，借记“材料采购”或“原材料”、“库存商品”等科目，按商业汇票的票面金额，贷记本科目，如有差额，借记或贷记“银行存款”等科目。涉及增值税进项税额的，还应进行相应的处理。

（四）商业汇票到期，应按实际收到的金额，借记“银行存款”科目，按商业汇票的票面金额，贷记本科目。

四、企业应当设置“应收票据备查簿”，逐笔登记商业汇票的种类、号数和出票日、票面金额、交易合同号和付款人、承兑人、背书人的姓名或单位名称、到期日、背书转让日、贴现日、贴现率和贴现净额以及收款日和收回金额、退票情况等资料。商业汇票到期结清票款或退票后，在备查簿中应予注销。

五、本科目期末借方余额，反映企业持有的商业汇票的票面金额。

1122　应收账款

一、本科目核算企业因销售商品、提供劳务等经营活动应收取的款项。企业(保险)按照原保险合同约定应向投保人收取的保费，可将本科目改为“1122 应收保费”科目，并按照投保人进行明细核算。企业(金融)应收取的手续费和佣金，可将本科目改为“1124 应收手续费及佣金”科目，并按照债务人进行明细核算。因销售商品、提供劳务等，采用递延方式收取合同或协议价款、实质上具有融资性质的，在“长期应收款”科目核算。

二、本科目可按债务人进行明细核算。

三、企业发生应收账款，按应收金额，借记本科目，按确认的营业收入，贷记“主营业务收入”、“手续费及佣金收入”、“保费收入”等科目。收回应收账款时，借记“银行存款”等科目，贷记本科目。涉及增值税销项税额的，还应进行相应的处理。

代购货单位垫付的包装费、运杂费，借记本科目，贷记“银行存款”等科目。收回代垫费用时，借记“银行存款”科目，贷记本科目。

四、企业与债务人进行债务重组，应当分别债务重组的不同方式进行处理。

（一）收到债务人清偿债务的款项小于该项应收账款账面价值的，应按实际收到的金额，借记“银行存款”等科目，按重组债权已计提的坏账准备，借记“坏账准备”科目，按重组债权的账面余额，贷记本科目，按其差额，借记“营业外支出”科目。

收到债务人清偿债务的款项大于该项应收账款账面价值的，应按实际收到的金额，借记“银行存款”等科目，按重组债权已计提的坏账准备，借记“坏账准备”科目，按重组债权的账面余额，贷记本科目，按其差额，贷记“资产减值损失”科目。

以下债务重组涉及重组债权减值准备的，应当比照此规定进行处理。

（二）接受债务人用于清偿债务的非现金资产，应按该项非现金资产的公允价值，借记“原材料”、“库存商品”、“固定资产”、“无形资产”等科目，按重组债权的账面余额，贷记本科目，按应支付的相关税费和其他费用，贷记“银行存款”、“应交税费”等科目，按其差额，借记“营业外支出”科目。涉及增值税进项税额的，还应进行相应的处理。

（三）将债权转为投资，应按享有股份的公允价值，借记“长期股权投资”科目，按重组债权的账面余额，贷记本科目，按应支付的相关税费和其他费用，贷记“银行存款”、“应交税费”等科目，按其差额，借记“营业外支出”科目。

（四）以修改其他债务条件进行清偿的，应按修改其他债务条件后债权的公允价值，借记本科目，按重组债权的账面余额，贷记本科目，按其差额，借记“营业外支出”科目。

五、本科目期末借方余额，反映企业尚未收回的应收账款；期末如为贷方余额，反映企业预收的账款。

1123 预付账款

一、本科目核算企业按照合同规定预付的款项。预付款项情况不多的，也可以不设置本科目，将预付的款项直接记入“应付账款”科目。企业进行在建工程预付的工程价款，也在本科目核算。企业（保险）从事保险业务预先支付的赔付款，可将本科目改为“1123 预付赔付款”科目，并按照保险人或受益人进行明细核算。

二、本科目可按供货单位进行明细核算。

三、预付账款的主要账务处理。

（一）企业因购货而预付的款项，借记本科目，贷记“银行存款”等科目。

收到所购物资，按应计入购入物资成本的金额，借记“材料采购”或“原材料”、“库存商品”等科目，按应支付的金额，贷记本科目。补付的款项，借记本科目，贷记“银行存款”等科目；退回多付的款项做相反的会计分录。涉及增值税进项税额的，还应进行相应的处理。

（二）企业进行在建工程预付的工程价款，借记本科目，贷记“银行存款”等科目。按工程进度结算工程价款，借记“在建工程”科目，贷记本科目、“银行存款”等科目。

（三）企业（保险）预付的赔付款，借记本科目，贷记“银行存款”等科目。转销预付的赔付款，借记“赔付支出”、“应付分保账款”等科目，贷记本科目。

四、本科目期末借方余额，反映企业预付的款项；期末如为贷方余额，反映企业尚未补付的款项。

1131 应收股利

一、本科目核算企业应收取的现金股利和应收取其他单位分配的利润。

二、本科目可按被投资单位进行明细核算。

三、应收股利的主要账务处理。

（一）企业取得交易性金融资产，按支付的价款中所包含的、已宣告但尚未发放的现金股利，借记本科目，按交易性金融资产的公允价值，借记“交易性金融资产——成本”科目，按发生的交易费用，借记“投资收益”科目，按实际支付的金额，贷记“银行存款”、“存放中央银行款项”、“结算备付金”等科目。

交易性金融资产持有期间被投资单位宣告发放的现金股利，按应享有的份额，借记本科目，贷记“投资收益”科目。

（二）取得长期股权投资，按支付的价款中所包含的、已宣告但尚未发放的现金股利，借记本科目，按确定的长期股权投资成本，借记“长期股权投资——成本”科目，按实际支付的金额，贷记“银行存款”等科目。

持有期间被投资单位宣告发放现金股利或利润的，按应享有的份额，借记本科目，贷记“投资收益”（成本法）或“长期股权投资——损益调整”科目（权益法）。

被投资单位宣告发放的现金股利或利润属于其在取得本企业投资前实现净利润的分配额，借记本科目，贷记“长期股权投资——成本”等科目。

（三）取得可供出售的金融资产，按支付的价款中所包含的、已宣告但尚未发放的现金股利，借记本科目，按可供出售金融资产的公允价值与交易费用之和，借记“可供出售金融资产——成本”科目，按实际支付的金额，贷记“银行存款”、“存放中央银行款项”、“结算备付金”等科目。

可供出售权益工具持有期间被投资单位宣告发放的现金股利，按应享有的份额，借记本科目，贷记“投资收益”科目。

（四）实际收到现金股利或利润，借记“银行存款”等科目，贷记本科目等。四、本科目期末借方余额，反映企业尚未收回的现金股利或利润。

1132　应收利息

一、本科目核算企业交易性金融资产、持有至到期投资、可供出售金融资产、发放贷款、存放中央银行款项、拆出资金、买入返售金融资产等应收取的利息。

企业购入的一次还本付息的持有至到期投资持有期间取得的利息，在“持有至到期投资”科目核算。

二、本科目可按借款人或被投资单位进行明细核算。

三、应收利息的主要账务处理。

（一）企业取得的交易性金融资产，按支付的价款中所包含的、已到付息期但尚未领取的利息，借记本科目，按交易性金融资产的公允价值，借记“交易性金融资产——成本”科目，按发生的交易费用，借记“投资收益”科目，按实际支付的金额，贷记“银行存款”、“存放中央银行款项”、“结算备付金”等科目。

（二）取得的持有至到期投资，应按该投资的面值，借记“持有至到期投资——成本”科目，按支付的价款中包含的、已到付息期但尚未领取的利息，借记本科目，按实际支付的金额，贷记“银行存款”、“存放中央银行款项”、“结算备付金”等科目，按其差额，借记或贷记“持有至到期投资——利息调整”科目。

资产负债表日，持有至到期投资为分期付息、一次还本债券投资的，应按票面利率计算确定的应收未收利息，借记本科目，按持有至到期投资摊余成本和实际利率计算确定的利息收入，贷记“投资收益”科目，按其差额，借记或贷记“持有至到期投资——利息调整”科目。

持有至到期投资为一次还本付息债券投资的，应于资产负债表日按票面利率计算确定的应收未收利息，借记“持有至到期投资——应计利息”科目，按持有至到期投资摊余成本和实际利率计算确定的利息收入，贷记“投资收益”科目，按其差额，借记或贷记“持有至到期投资——利息调整”科目。

（三）取得的可供出售债券投资，比照（二）的相关规定进行处理。

（四）发生减值的持有至到期投资、可供出售债券投资的利息收入，应当比照“贷款”科目相关规定进行处理。

（五）企业发放的贷款，应于资产负债表日按贷款的合同本金和合同利率计算确定的应收未收利息，借记本科目，按贷款的摊余成本和实际利率计算确定的利息收入，贷记“利息收入”科目，按其差额，借记或贷记“贷款——利息调整”科目。

（六）应收利息实际收到时，借记“银行存款”、“存放中央银行款项”等科目，贷记本科目。四、本科目期末借方余额，反映企业尚未收回的利息。

1201　应收代位追偿款

一、本科目核算企业（保险）按照原保险合同约定承担赔付保险金责任后确认的代位追偿款。

二、本科目可按被追偿单位（或个人）进行明细核算。

三、应收代位追偿款的主要账务处理。

（一）企业承担赔付保险金责任后确认的代位追偿款，借记本科目，贷记“赔付支出”科目。

（二）收回应收代位追偿款时，按实际收到的金额，借记“库存现金”、“银行存款”等科目，按其账面余额，贷记本科目，按其差额，借记或贷记“赔付支出”科目。已计提坏账准备的，还应同时结转坏账准备。

四、本科目期末借方余额，反映企业已确认尚未收回的代位追偿款。

1211　应收分保账款

一、本科目核算企业（保险）从事再保险业务应收取的款项。

二、本科目可按再保险分出人或再保险接受人和再保险合同进行明细核算。

三、再保险分出人应收分保账款的主要账务处理。

（一）企业在确认原保险合同保费收入的当期，按相关再保险合同约定计算确定的应向再保险接受人摊回的分保费用，借记本科目，贷记“摊回分保费用”科目。

（二）在确定支付赔付款项金额或实际发生理赔费用而冲减原保险合同相应未决赔款准备金、寿险责任准备金、长期健康险责任准备金余额的当期，按相关再保险合同约定计算确定的应向再保险接受人摊回的赔付成本金额，借记本科目，贷记“摊回赔付支出”科目。

（三）在因取得和处置损余物资、确认和收到应收代位追偿款等而调整原保险合同赔付成本的当期，按相关再保险合同约定计算确定的摊回赔付支出的调整金额，借记或贷记“摊回赔付支出”科目，贷记或借记本科目。

（四）计算确定应向再保险接受人收取纯益手续费的，按相关再保险合同约定计算确定的纯益手续费，借记本科目，贷记“摊回分保费用”科目。

（五）在原保险合同提前解除的当期，按相关再保险合同约定计算确定的摊回分保费用的调整金额，借记“摊回分保费用”科目，贷记本科目。

（六）对于超额赔款再保险等非比例再保险合同，在能够计算确定应向再保险接受人摊回的赔付成本时，按摊回的赔付成本金额，借记本科目，贷记“摊回赔付支出”科目。

四、再保险接受人应收分保账款的主要账务处理。

（一）企业确认再保险合同保费收入时，借记本科目，贷记“保费收入”科目。

（二）收到分保业务账单时，按账单标明的金额对分保费收入进行调整，按调整增加额，借记本科目，贷记“保费收入”科目；按调整减少额做相反的会计分录。

按照账单标明的再保险分出人扣存本期分保保证金，借记“存出保证金”科目，贷记本科目。按账单标明的再保险分出人返还上期扣存分保保证金，借记本科目，贷记“存出保证金”科目。

（三）计算存出分保保证金利息，借记本科目，贷记“利息收入”科目。

五、再保险分出人、再保险接受人结算分保账款时，按应付分保账款金额，借记“应付分保账款”科目，按应收分保账款金额，贷记本科目，按其差额，借记或贷记“银行存款”科目。

六、本科目期末借方余额，反映企业从事再保险业务应收取的款项。

1212　应收分保合同准备金

一、本科目核算企业（再保险分出人）从事再保险业务确认的应收分保未到期责任准备金，以及应向再保险接受人摊回的保险责任准备金。

企业（再保险分出人）可以单独设置“应收分保未到期责任准备金”、“应收分保未决赔款准备金”、“应收分保寿险责任准备金”、“应收分保长期健康险责任准备金”等科目。

二、本科目可按再保险接受人和再保险合同进行明细核算。

三、应收分保合同准备金的主要账务处理。

（一）企业在确认非寿险原保险合同保费收入的当期，按相关再保险合同约定计算确定的相关应收分保未到期责任准备金金额，借记本科目，贷记“提取未到期责任准备金”科目。

资产负债表日，调整原保险合同未到期责任准备金余额，按相关再保险合同约定计算确定的应收分保未到期责任准备金的调整金额，借记“提取未到期责任准备金”科目，贷记本科目。

（二）在提取原保险合同未决赔款准备金、寿险责任准备金、长期健康险责任准备金的当期，按相关再保险合同约定计算确定的应向再保险接受人摊回的保险责任准备金金额，借记本科目，贷记“摊回保险责任准备金”科目。

（三）在确定支付赔付款项金额或实际发生理赔费用而冲减原保险合同相应未决赔款准备金、寿险责任准备金、长期健康险责任准备金余额的当期，按相关应收分保保险责任准备金的相应冲减金额，借记“摊回保险责任准备金”科目，贷记本科目。

（四）在对原保险合同未决赔款准备金、寿险责任准备金、长期健康险责任准备金进行充足性测试补提保险责任准备金时，按相关再保险合同约定计算确定的应收分保保险责任准备金的相应增加额，借记本科目，贷记“摊回保险责任准备金”科目。

（五）在原保险合同提前解除而转销相关未到期责任准备金余额的当期，借记“提取未到期责任准备金”科目，贷记本科目。

在原保险合同提前解除而转销相关寿险责任准备金、长期健康险责任准备金余额的当期，按相关应收分保保险责任准备金余额，借记“摊回保险责任准备金”科目，贷记本科目。

四、本科目期末借方余额，反映企业从事再保险业务确认的应收分保合同准备金余额。

1221　其他应收款

一、本科目核算企业除存出保证金、买入返售金融资产、应收票据、应收账款、预付账款、应收股利、应收利息、应收代位追偿款、应收分保账款、应收分保合同准备金、长期应收款等以外的其他各种应收及暂付款项。

二、本科目可按对方单位（或个人）进行明细核算。

三、采用售后回购方式融出资金的，应按实际支付的金额，借记本科目，贷记“银行存款”科目。销售价格与原购买价格之间的差额，应在售后回购期间内按期计提利息费用，借记本科目，贷记“财务费用”科目。按合同约定返售商品时，应按实际收到的金额，借记“银行存款”科目，贷记本科目。

四、企业发生其他各种应收、暂付款项时，借记本科目，贷记“银行存款”、“固定资产清理”等科目；收回或转销各种款项时，借记“库存现金”、“银行存款”等科目，贷记本科目。

五、本科目期末借方余额，反映企业尚未收回的其他应收款项。

1231　坏账准备

一、本科目核算企业应收款项的坏账准备。

二、本科目可按应收款项的类别进行明细核算。

三、坏账准备的主要账务处理。

（一）资产负债表日，应收款项发生减值的，按应减记的金额，借记“资产减值损失”科目，贷记本科目。本期应计提的坏账准备大于其账面余额的，应按其差额计提；应计提的坏账准备小于其账面余额的差额做相反的会计分录。

（二）对于确实无法收回的应收款项，按管理权限报经批准后作为坏账，转销应收款项，借记本科目，贷记“应收票据”、“应收账款”、“预付账款”、“应收分保账款”、“其他应收款”、“长期应收款”等科目。

（三）已确认并转销的应收款项以后又收回的，应按实际收回的金额，借记“应收票据”、“应收账款”、“预付账款”、“应收分保账款”、“其他应收款”、“长期应收款”等科目，贷记本科目；同时，借记“银行存款”科目，贷记“应收票据”、“应收账款”、“预付账款”、“应收分保账款”、“其他应收款”、“长期应收款”等科目。

对于已确认并转销的应收款项以后又收回的，也可以按照实际收回的金额，借记“银行存款”科目，贷记本科目。四、本科目期末贷方余额，反映企业已计提但尚未转销的坏账准备。

1301　贴现资产

一、本科目核算企业（银行）办理商业票据的贴现、转贴现等业务所融出的资金。企业（银行）买入的即期外币票据，也通过本科目核算。

二、本科目可按贴现类别和贴现申请人进行明细核算。

三、贴现资产的主要账务处理。

（一）企业办理贴现时，按贴现票面金额，借记本科目（面值），按实际支付的金额，贷记“存放中央银行款项”、“吸收存款”等科目，按其差额，贷记本科目（利息调整）。

（二）资产负债表日，按计算确定的贴现利息收入，借记本科目（利息调整），贷记“利息收入”科目。

（三）贴现票据到期，应按实际收到的金额，借记“存放中央银行款项”、“吸收存款”等科目，按贴现的票面金额，贷记本科目（面值），按其差额，贷记“利息收入”科目。存在利息调整金额的，也应同时结转。

四、本科目期末借方余额，反映企业办理的贴现、转贴现等业务融出的资金。

1302　拆出资金

一、本科目核算企业（金融）拆借给境内、境外其他金融机构的款项。

二、本科目可按拆放的金融机构进行明细核算。

三、企业拆出的资金，借记本科目，贷记“存放中央银行款项”、“银行存款”等科目；收回资金时做相反的会计分录。

四、本科目期末借方余额，反映企业按规定拆放给其他金融机构的款项。

1303 贷款

一、本科目核算企业（银行）按规定发放的各种客户贷款，包括质押贷款、抵押贷款、保证贷款、信用贷款等。

企业（银行）按规定发放的具有贷款性质的银团贷款、贸易融资、协议透支、信用卡透支、转贷款以及垫款等，在本科目核算；也可以单独设置“银团贷款”、“贸易融资”、“协议透支”、“信用卡透支”、“转贷款”、“垫款”等科目。

企业（保险）的保户质押贷款，可将本科目改为“1303 保户质押贷款”科目。企业（典当）的质押贷款、抵押贷款，可将本科目改为“1303 质押贷款”、“1305 抵押贷款”科目。企业委托银行或其他金融机构向其他单位贷出的款项，可将本科目改为“1303 委托贷款”科目。二、本科目可按贷款类别、客户，分别“本金”、“利息调整”、“已减值”等进行明细核算。三、贷款的主要账务处理。

（一）企业发放的贷款，应按贷款的合同本金，借记本科目（本金），按实际支付的金额，贷记“吸收存款”、“存放中央银行款项”等科目，有差额的，借记或贷记本科目（利息调整）。

资产负债表日，应按贷款的合同本金和合同利率计算确定的应收未收利息，借记“应收利息”科目，按贷款的摊余成本和实际利率计算确定的利息收入，贷记“利息收入”科目，按其差额，借记或贷记本科目（利息调整）。合同利率与实际利率差异较小的，也可以采用合同利率计算确定利息收入。

收回贷款时，应按客户归还的金额，借记“吸收存款”、“存放中央银行款项”等科目，按收回的应收利息金额，贷记“应收利息”科目，按归还的贷款本金，贷记本科目（本金），按其差额，贷记“利息收入”科目。存在利息调整余额的，还应同时结转。

（二）资产负债表日，确定贷款发生减值的，按应减记的金额，借记“资产减值损失”科目，贷记“贷款损失准备”科目。同时，应将本科目（本金、利息调整）余额转入本科目（已减值），借记本科目（已减值），贷记本科目（本金、利息调整）。

资产负债表日，应按贷款的摊余成本和实际利率计算确定的利息收入，借记“贷款损失准备”科目，贷记“利息收入”科目。同时，将按合同本金和合同利率计算确定的应收利息金额进行表外登记。

收回减值贷款时，应按实际收到的金额，借记“吸收存款”、“存放中央银行款项”等科目，按相关贷款损失准备余额，借记“贷款损失准备”科目，按相关贷款余额，贷记本科目（已减值），按其差额，贷记“资产减值损失”科目。

对于确实无法收回的贷款，按管理权限报经批准后作为呆账予以转销，借记“贷款损失准备”科目，贷记本科目（已减值）。按管理权限报经批准后转销表外应收未收利息，减少表外“应收未收利息”科目金额。

已确认并转销的贷款以后又收回的，按原转销的已减值贷款余额，借记本科目（已减值），贷记“贷款损失准备”科目。按实际收到的金额，借记“吸收存款”、“存放中央银行款项”等科目，按原转销的已减值贷款余额，贷记本科目（已减值），按其差额，贷记“资产减值损失”科目。

四、本科目期末借方余额，反映企业按规定发放尚未收回贷款的摊余成本。

1304 贷款损失准备

一、本科目核算企业（银行）贷款的减值准备。计提贷款损失准备的资产包括贴现资产、拆出资金、客户贷款、银团贷款、贸易融资、协议透支、信用卡透支、转贷款和垫款等。企业（保险）的保户质押贷款计提的减值准备，也在本科目核算。企业（典当）的质押贷款、抵押贷款计提的减值准备，也在本科目核算。企业委托银行或其他金融机构向其他单位贷出的款项计提的减值准备，可将本科目改为“1304 委托贷款损失准备”科目。

二、本科目可按计提贷款损失准备的资产类别进行明细核算。

三、贷款损失准备的主要账务处理。

（一）资产负债表日，贷款发生减值的，按应减记的金额，借记“资产减值损失”科目，贷记本科目。

（二）对于确实无法收回的各项贷款，按管理权限报经批准后转销各项贷款，借记本科目，贷记“贷款”、“贴现资产”、“拆出资金”等科目。

（三）已计提贷款损失准备的贷款价值以后又得以恢复，应在原已计提的贷款损失准备金额内，按恢复增加的金额，借记本科目，贷记“资产减值损失”科目。

四、本科目期末贷方余额，反映企业已计提但尚未转销的贷款损失准备。

1311　代理兑付证券

一、本科目核算企业（证券、银行等）接受委托代理兑付到期的证券。

二、本科目可按委托单位和证券种类进行明细核算。

三、代理兑付证券的主要账务处理。

（一）委托单位尚未拨付兑付资金而由企业垫付的，在收到客户交来的证券时，应按兑付金额，借记本科目，贷记“银行存款”等科目。向委托单位交回已兑付的证券并收回垫付的资金时，借记“银行存款”等科目，贷记本科目。

（二）收到客户交来的无记名证券时，应按兑付金额，借记本科目，贷记“库存现金”、“银行存款”等科目。向委托单位交回已兑付证券时，借记“代理兑付证券款”科目，贷记本科目。

四、本科目期末借方余额，反映企业已兑付但尚未收到委托单位兑付资金的证券金额。

1321　代理业务资产

一、本科目核算企业不承担风险的代理业务形成的资产，包括受托理财业务进行的证券投资和受托贷款等。企业采用收取手续费方式受托代销的商品，可将本科目改为“1321 受托代销商品”科目。

二、本科目可按委托单位、资产管理类别（如定向、集合和专项资产管理业务）、贷款对象，分别“成本”、“已实现未结算损益”等进行明细核算。

三、代理业务资产的主要账务处理。

（一）企业收到委托人的资金，应按实际收到的金额，借记“存放中央银行款项”、“吸收存款”等科目，贷记“代理业务负债”科目。

（二）以代理业务资金购买证券等，借记本科目（成本），贷记“存放中央银行款项”、“结算备付金——客户”、“吸收存款”等科目。

将购买的证券售出，应按实际收到的金额，借记“存放中央银行款项”、“结算备付金——客户”、“吸收存款”等科目，按卖出证券应结转的成本，贷记本科目（成本），按其差额，借记或贷记本科目（已实现未结算损益）。

定期或在合同到期与委托客户进行结算，按合同约定比例计算代理业务资产收益，结转已实现未结算损益，借记本科目（已实现未结算损益），贷记“代理业务负债”（委托客户的收益）、“手续费及佣金收入”（本企业的收益）等科目。

（三）发放受托的贷款，应按实际发放的金额，借记本科目（本金），贷记“吸收存款”、“银行存款”等科目。

收回受托贷款，应按实际收到的金额，借记“吸收存款”、“银行存款”等科目，贷记本科目（本金），按其差额，贷记本科目（已实现未结算损益）等。

定期或在合同到期与委托单位结算，按合同规定比例计算受托贷款收益，结算已实现未结算的收益，借记本科目（已实现未结算损益），贷记“代理业务负债”（委托客户的收益）、“手续费及佣金收入”（本企业的收益）等科目

（四）收到受托代销的商品，按约定的价格，借记“受托代销商品”科目，贷记“受托代销商品款”科目。

售出受托代销商品后，按实际收到或应收的金额，借记“银行存款”、“应收账款”等科目，贷记“受托代销商品”科目。计算代销手续费等收入，借记“受托代销商品款”科目，贷记“其他业务收入”科目。结清代销商品款时，借记“受托代销商品款”科目，贷记“银行存款”科目。

四、本科目期末借方余额，反映企业代理业务资产的价值。

1401　材料采购

一、本科目核算企业采用计划成本进行材料日常核算而购入材料的采购成本。采用实际成本进行材料日常核算的，购入材料的采购成本，在“在途物资”科目核算。委托外单位加工材料、商品的加工成本，在“委托加工物资”科目核算。

购入的工程用材料，在“工程物资”科目核算。

二、本科目可按供应单位和材料品种进行明细核算。

三、材料采购的主要账务处理。

（一）企业支付材料价款和运杂费等，按应计入材料采购成本的金额，借记本科目，按实际支付或应支付的金额，贷记“银行存款”、“库存现金”、“其他货币资金”、“应付账款”、“应付票据”、“预付账款”等科目。涉及增值税进项税额的，还应进行相应的处理。

（二）期末，企业应将仓库转来的外购收料凭证，分别下列不同情况进行处理：

1.对于已经付款或已开出、承兑商业汇票的收料凭证，应按实际成本和计划成本分别汇总，按计划成本，借记“原材料”、“周转材料”等科目，贷记本科目；将实际成本大于计划成本的差异，借记“材料成本差异”科目，贷记本科目；实际成本小于计划成本的差异做相反的会计分录。

2.对于尚未收到发票账单的收料凭证，应按计划成本暂估入账，借记“原材料”、“周转材料”等科目，贷记“应付账款——暂估应付账款”科目，下期初做相反分录予以冲回。下期收到发票账单的收料凭证，借记本科目，贷记“银行存款”、“应付账款”、“应付票据”等科目。涉及增值税进项税额的，还应进行相应的处理。

四、本科目期末借方余额，反映企业在途材料的采购成本。

1402　在途物资

一、本科目核算企业采用实际成本（或进价）进行材料、商品等物资的日常核算、货款已付尚未验收入库的在途物资的采购成本。

二、本科目可按供应单位和物资品种进行明细核算。

三、在途物资的主要账务处理。

（一）企业购入材料、商品，按应计入材料、商品采购成本的金额，借记本科目，按实际支付或应支付的金额，贷记“银行存款”、“应付账款”、“应付票据”等科目。涉及增值税进项税额的，还应进行相应的处理。

（二）所购材料、商品到达验收入库，借记“原材料”、“库存商品”等科目，贷记本科目。

库存商品采用售价核算的，按售价，借记“库存商品”科目，按进价，贷记本科目，进价与售价之间的差额，借记或贷记“商品进销差价”科目。

四、本科目期末借方余额，反映企业在途材料、商品等物资的采购成本。

1403　原材料

一、本科目核算企业库存的各种材料，包括原料及主要材料、辅助材料、外购半成品（外购件）、修理用备件（备品备件）、包装材料、燃料等的计划成本或实际成本。

收到来料加工装配业务的原料、零件等，应当设置备查簿进行登记。

二、本科目可按材料的保管地点（仓库）、材料的类别、品种和规格等进行明细核算。

三、原材料的主要账务处理。

（一）企业购入并已验收入库的材料，按计划成本或实际成本，借记本科目，按实际成本，贷记“材料采购”或“在途物资”科目，按计划成本与实际成本的差异，借记或贷记“材料成本差异”科目。

（二）自制并已验收入库的材料，按计划成本或实际成本，借记本科目，按实际成本，贷记“生产成本”科目，按计划成本与实际成本的差异，借记或贷记“材料成本差异”科目。

委托外单位加工完成并已验收入库的材料，按计划成本或实际成本，借记本科目，按实际成本，贷记“委托加工物资”科目，按计划成本与实际成本的差异，借记或贷记“材料成本差异”科目。

（三）生产经营领用材料，借记“生产成本”、“制造费用”、“销售费用”、“管理费用”等科目，贷记本科目。出售材料结转成本，借记“其他业务成本”科目，贷记本科目。发出委托外单位加工的材料，借记“委托加工物资”科目，贷记本科目。采用计划成本进行材料日常核算的，发出材料还应结转材料成本差异，将发出材料的计划成本调整为实际成本。

采用实际成本进行材料日常核算的，发出材料的实际成本，可以采用先进先出法、加权平均法或个别认定法计算确定。

四、本科目期末借方余额，反映企业库存材料的计划成本或实际成本。

1404　材料成本差异

一、本科目核算企业采用计划成本进行日常核算的材料计划成本与实际成本的差额。企业也可以在“原材料”、“周转材料”等科目设置“成本差异”明细科目。

二、本科目可以分别“原材料”、“周转材料”等，按照类别或品种进行明细核算。

三、材料成本差异的主要账务处理。

（一）入库材料发生的材料成本差异，实际成本大于计划成本的差异，借记本科目，贷记“材料采购”科目；实际成本小于计划成本的差异做相反的会计分录。

入库材料的计划成本应当尽可能接近实际成本。除特殊情况外，计划成本在年度内不得随意变更。

（二）结转发出材料应负担的材料成本差异，按实际成本大于计划成本的差异，借记“生产成本”、“管理费用”、“销售费用”、“委托加工物资”、“其他业务成本”等科目，贷记本科目；实际成本小于计划成本的差异做相反的会计分录。

发出材料应负担的成本差异应当按期（月）分摊，不得在季末或年末一次计算。发出材料应负担的成本差异，除委托外部加工发出材料可按期初成本差异率计算外，应使用当期的实际差异率；期初成本差异率与本期成本差异率相差不大的，也可按期初成本差异率计算。计算方法一经确定，不得随意变更。材料成本差异率的计算公式如下：

$$\begin{array}{l}\text{本期材料}\\\text{成本差异率}\end{array}=\left(\begin{array}{c}\text{期初结存材料}\\\text{的成本差异}\end{array}+\begin{array}{c}\text{本期验收入库}\\\text{材料的成本差异}\end{array}\right)\div\left(\begin{array}{c}\text{期初结存材料}\\\text{的计划成本}\end{array}+\begin{array}{c}\text{本期验收入库}\\\text{材料的计划成本}\end{array}\right)\times 100\%$$

期初材料成本差异率＝期初结存材料的成本差异÷期初结存材料的计划成本×100%

发出材料应负担的成本差异＝发出材料的计划成本×材料成本差异率

四、本科目期末借方余额，反映企业库存材料等的实际成本大于计划成本的差异；贷方余额反映企业库存材料等的实际成本小于计划成本的差异。

1405 库存商品

一、本科目核算企业库存的各种商品的实际成本（或进价）或计划成本（或售价），包括库存产成品、外购商品、存放在门市部准备出售的商品、发出展览的商品以及寄存在外的商品等。

接受来料加工制造的代制品和为外单位加工修理的代修品，在制造和修理完成验收入库后，视同企业的产成品，也通过本科目核算。

企业（房地产开发）的开发产品，可将本科目改为“1405 开发产品”科目。

企业（农业）收获的农产品，可将本科目改为“1405 农产品”科目。

二、本科目可按库存商品的种类、品种和规格等进行明细核算。

三、库存商品的主要账务处理。

（一）企业生产的产成品一般应按实际成本核算，产成品的入库和出库，平时只记数量不记金额，期（月）末计算入库产成品的实际成本。生产完成验收入库的产成品，按其实际成本，借记本科目、“农产品”等科目，贷记“生产成本”、“消耗性生物资产”、“农业生产成本”等科目。

产成品种类较多的，也可按计划成本进行日常核算，其实际成本与计划成本的差异，可以单独设置“产品成本差异”科目，比照“材料成本差异”科目核算。

采用实际成本进行产成品日常核算的，发出产成品的实际成本，可以采用先进先出法、加权平均法或个别认定法计算确定。

对外销售产成品（包括采用分期收款方式销售产成品），结转销售成本时，借记“主营业务成本”科目，贷记本科目。采用计划成本核算的，发出产成品还应结转产品成本差异，将发出产成品的计划成本调整为实际成本。

（二）购入商品采用进价核算的，在商品到达验收入库后，按商品进价，借记本科目，贷记“银行存款”、“在途物资”等科目。委托外单位加工收回的商品，按商品进价，借记本科目，贷记“委托加工物资”科目。

购入商品采用售价核算的，在商品到达验收入库后，按商品售价，借记本科目，按商品进价，贷记“银行存款”、“在途物资”等科目，按商品售价与进价的差额，贷记“商品进销差价”科目。委托外单位加工收回的商品，按商品售价，借记本科目，按委托加工商品的账面余额，贷记“委托加工物资”科目，按商品售价与进价的差额，贷记“商品进销差价”科目。

对外销售商品（包括采用分期收款方式销售商品），结转销售成本时，借记“主营业务成本”科目，贷记本科目。采用进价进行商品日常核算的，发出商品的实际成本，可以采用先进先出法、加权平均法或个别认定法计算确定。采用售价核算的，还应结转应分摊的商品进销差价。

（三）企业（房地产开发）开发的产品，达到预定可销售状态时，按实际成本，借记“开发产品”科目，贷记“开发成本”科目。期末，企业结转对外转让、销售和结算开发产品的实际成本，借记“主营业务成本”科目，贷记“开发产品”科目。

企业将开发的营业性配套设施用于本企业从事第三产业经营用房，应视同自用固定资产进行处理，并按营业性配套设施的实际成本，借记“固定资产”科目，贷记“开发产品”科目。

四、本科目期末借方余额，反映企业库存商品的实际成本（或进价）或计划成本（或售价）。

1406 发出商品

一、本科目核算企业未满足收入确认条件但已发出商品的实际成本（或进价）或计划成本（或售价）。采用支付手续费方式委托其他单位代销的商品，也可以单独设置“委托代销商品”科目。

二、本科目可按购货单位、商品类别和品种进行明细核算。

三、发出商品的主要账务处理。

（一）对于未满足收入确认条件的发出商品，应按发出商品的实际成本（或进价）或计划成本（或售价），借记本科目，贷记“库存商品”科目。

发出商品发生退回的，应按退回商品的实际成本（或进价）或计划成本（或售价），借记“库存商品”科目，贷记本科目。

（二）发出商品满足收入确认条件时，应结转销售成本，借记“主营业务成本”科目，贷记本科目。采用计划成本或售价核算的，还应结转应分摊的产品成本差异或商品进销差价。

四、本科目期末借方余额，反映企业发出商品的实际成本（或进价）或计划成本（或售价）。

1407 商品进销差价

一、本科目核算企业采用售价进行日常核算的商品售价与进价之间的差额。

二、本科目可按商品类别或实物管理负责人进行明细核算。

三、商品进销差价的主要账务处理。

（一）企业购入、加工收回以及销售退回等增加的库存商品，按商品售价，借记“库存商品”科目，按商品进价，贷记“银行存款”、“委托加工物资”等科目，按售价与进价之间的差额，贷记本科目。

（二）期（月）末分摊已销商品的进销差价，借记本科目，贷记“主营业务成本”科目。销售商品应分摊的商品进销差价，按以下公式计算：

商品进销差价率＝期末分摊前本科目余额÷（“库存商品”科目期末余额
＋“委托代销商品”科目期末余额＋“发出商品”科目期末余额
＋本期“主营业务收入”科目贷方发生额）×100%

本期销售商品应分摊的商品进销差价＝本期“主营业务收入”科目贷方发生额×商品进销差价率

企业的商品进销差价率各期之间比较均衡的，也可以采用上期商品进销差价率计算分摊本期的商品进销差价。年度终了，应对商品进销差价进行核实调整。

四、本科目的期末贷方余额，反映企业库存商品的商品进销差价。

1408 委托加工物资

一、本科目核算企业委托外单位加工的各种材料、商品等物资的实际成本。

二、本科目可按加工合同、受托加工单位以及加工物资的品种等进行明细核算。

三、委托加工物资的主要账务处理。

（一）企业发给外单位加工的物资，按实际成本，借记本科目，贷记“原材料”、“库存商品”等科目；按计划成本或售价核算的，还应同时结转材料成本差异或商品进销差价。

（二）支付加工费、运杂费等，借记本科目，贷记“银行存款”等科目；需要交纳消费税的委托加工物资，由受托方代收代交的消费税，借记本科目（收回后用于直接销售的）或“应交税费——应交消费税”科目（收回后用于继续加工的），贷记“应付账款”、“银行存款”等科目。

（三）加工完成验收入库的物资和剩余的物资，按加工收回物资的实际成本和剩余物资的实际成本，借记“原材料”、“库存商品”等科目，贷记本科目。

采用计划成本或售价核算的，按计划成本或售价，借记“原材料”或“库存商品”科目，按实际成本，贷记本科目，按实际成本与计划成本或售价之间的差额，借记或贷记“材料成本差异”或贷记“商品进销差价”科目。

采用计划成本或售价核算的，也可以采用上期材料成本差异率或商品进销差价率计算分摊本期应分摊的材料成本差异或商品进销差价。

四、本科目期末借方余额，反映企业委托外单位加工尚未完成物资的实际成本。

1411 周转材料

一、本科目核算企业周转材料的计划成本或实际成本，包括包装物、低值易耗品，以及企业（建造承包商）的钢模板、木模板、脚手架等。

企业的包装物、低值易耗品，也可以单独设置“包装物”、“低值易耗品”科目。

二、本科目可按周转材料的种类，分别“在库”、“在用”和“摊销”进行明细核算。

三、周转材料的主要账务处理。

（一）企业购入、自制、委托外单位加工完成并已验收入库的周转材料等，比照“原材料”科目的相关规定进行处理。

（二）采用一次转销法的，领用时应按其账面价值，借记“管理费用”、“生产成本”、“销售费用”、“工程施工”等科目，贷记本科目。

周转材料报废时，应按报废周转材料的残料价值，借记“原材料”等科目，贷记“管理费用”、“生产成本”、“销售费用”、“工程施工”等科目。

（三）采用其他摊销法的，领用时应按其账面价值，借记本科目（在用），贷记本科目（在库）；摊销时应按摊销额，借记“管理费用”、“生产成本”、“销售费用”、“工程施工”等科目，贷记本科目（摊销）。

周转材料报废时应补提摊销额，借记“管理费用”、“生产成本”、“销售费用”、“工程施工”等科目，贷记本科目（摊销）；同时，按报废周转材料的残料价值，借记“原材料”等科目，贷记“管理费用”、“生产成本”、“销售费用”、“工程施工”等科目；并转销全部已提摊销额，借记本科目（摊销），贷记本科目（在用）。

（四）周转材料采用计划成本进行日常核算的，领用等发出周转材料时，还应同时结转应分摊的成本差异。四、本科目期末借方余额，反映企业在库周转材料的计划成本或实际成本以及在用周转材料的摊余价值。

1421 消耗性生物资产

一、本科目核算企业（农业）持有的消耗性生物资产的实际成本。消耗性生物资产发生减值的，可以单独设置“消耗性生物资产跌价准备”科目，比照“存货跌价准备”科目进行处理。

二、本科目可按消耗性生物资产的种类、群别等进行明细核算。

三、消耗性生物资产的主要账务处理。

（一）外购的消耗性生物资产，按应计入消耗性生物资产成本的金额，借记本科目，贷记“银行存款”、“应付账款”、“应付票据”等科目。

（二）自行栽培的大田作物和蔬菜，应按收获前发生的必要支出，借记本科目，贷记“银行存款”等科目。自行营造的林木类消耗性生物资产，应按郁闭前发生的必要支出，借记本科目，贷记“银行存款”等科目。自行繁殖的育肥畜、水产养殖的动植物，应按出售前发生的必要支出，借记本科目，贷记“银行存款”等科目。

（三）取得天然起源的消耗性生物资产，应按名义金额，借记本科目，贷记“营业外收入”科目。

（四）产畜或役畜淘汰转为育肥畜的，按转群时的账面价值，借记本科目，按已计提的累计折旧，借记“生产性生物资产累计折旧”科目，按其账面余额，贷记“生产性生物资产”科目。已计提减值准备的，还应同时结转减值准备。

育肥畜转为产畜或役畜的，应按其账面余额，借记“生产性生物资产”科目，贷记本科目。已计提跌价准备的，还应同时结转跌价准备。

（五）择伐、间伐或抚育更新性质采伐而补植林木类消耗性生物资产发生的后续支出，借记本科目，贷记“银行存款”等科目。林木类消耗性生物资产达到郁闭后发生的管护费用等后续支出，借记“管理费用”科目，贷记“银行存款”等科目。

（六）农业生产过程中发生的应归属于消耗性生物资产的费用，按应分配的金额，借记本科目，贷记“农业生产成本”科目。

（七）消耗性生物资产收获为农产品时，应按其账面余额，借记“农产品”科目，贷记本科目。已计提跌价准备的，还应同时结转跌价准备。

（八）出售消耗性生物资产，应按实际收到的金额，借记“银行存款”等科目，贷记“主营业务收入”等科目。按其账面余额，借记“主营业务成本”等科目，贷记本科目。已计提跌价准备的，还应同时结转跌价准备。

四、本科目期末借方余额,反映企业消耗性生物资产的实际成本。

1431 贵金属

一、本科目核算企业(金融)持有的黄金、白银等贵金属存货的成本。企业(金融)为上市交易而持有的贵金属,比照"交易性金融资产"科目进行处理。

二、本科目可按贵金属的类别进行明细核算。

三、贵金属的主要账务处理。

(一)企业购买的贵金属,借记本科目,贷记"存放中央银行款项"等科目。

(二)出售的贵金属,应按实际收到的金额,借记"存放中央银行款项"等科目,贷记"其他业务收入"科目。按其账面余额,借记"其他业务成本"科目,贷记本科目。

四、本科目期末借方余额,反映企业持有贵金属存货的成本。

1441 抵债资产

一、本科目核算企业(金融)依法取得并准备按有关规定进行处置的实物抵债资产的成本。企业(金融)依法取得并准备按有关规定进行处置的非实物抵债资产(不含股权投资),也通过本科目核算。

二、本科目可按抵债资产类别及借款人进行明细核算。抵债资产发生减值的,可以单独设置"抵债资产跌价准备"科目,比照"存货跌价准备"科目进行处理。

三、抵债资产的主要账务处理。

(一)企业取得的抵债资产,按抵债资产的公允价值,借记本科目,按相关资产已计提的减值准备,借记"贷款损失准备"、"坏账准备"等科目,按相关资产的账面余额,贷记"贷款"、"应收手续费及佣金"等科目,按应支付的相关税费,贷记"应交税费"科目,按其差额,借记"营业外支出"科目。如为贷方差额,应贷记"资产减值损失"科目。

(二)抵债资产保管期间取得的收入,借记"库存现金"、"银行存款"、"存放中央银行款项"等科目,贷记"其他业务收入"等科目。保管期间发生的直接费用,借记"其他业务成本"等科目,贷记"库存现金"、"银行存款"、"存放中央银行款项"等科目。

(三)处置抵债资产时,应按实际收到的金额,借记"库存现金"、"银行存款"、"存放中央银行款项"等科目,按应支付的相关税费,贷记"应交税费"科目,按其账面余额,贷记本科目,按其差额,贷记"营业外收入"科目或借记"营业外支出"科目。已计提抵债资产跌价准备的,还应同时结转跌价准备。

(四)取得抵债资产后转为自用的,应在相关手续办妥时,按转换日抵债资产的账面余额,借记"固定资产"等科目,贷记本科目。已计提抵债资产跌价准备的,还应同时结转跌价准备。

四、本科目期末借方余额,反映企业取得的尚未处置的实物抵债资产的成本。

1451 损余物资

一、本科目核算企业(保险)按照原保险合同约定承担赔偿保险金责任后取得的损余物资成本。

二、本科目可按损余物资种类进行明细核算。

损余物资发生减值的,可以单独设置"损余物资跌价准备"科目,比照"存货跌价准备"科目进行处理。

三、损余物资的主要账务处理。

(一)企业承担赔偿保险金责任后取得的损余物资,按同类或类似资产的市场价格计算确定的金额,借记本科目,贷记"赔付支出"科目。

(二)处置损余物资时,按实际收到的金额,借记"库存现金"、"银行存款"等科目,按其账面余额,贷记本科目,按其差额,借记或贷记"赔付支出"科目。已计提跌价准备的,还应同时结转跌价准备。

四、本科目期末借方余额,反映企业承担赔偿保险金责任后取得的损余物资成本。

1461 融资租赁资产

一、本科目核算企业(租赁)为开展融资租赁业务取得资产的成本。

二、本科目可按承租人、租赁资产类别和项目进行明细核算。

三、融资租赁资产的主要账务处理。

(一)企业购入和以其他方式取得的融资租赁资产,借记本科目,贷记"银行存款"等科目。

(二)在租赁期开始日,按租赁开始日最低租赁收款额与初始直接费用之和,借记"长期应收款"科目,按未担保余值，借记“未担保余值”科目，按融资租赁资产的公允价值（最低租赁收款额与未担保余值的现值之和），贷记本科目，按发生的初始直接费用，贷记“银行存款”等科目，按其差额，贷记“未实现融资收益”科目。融资租赁资产的公允价值与其账面价值有差额的，还应借记“营业外支出”科目或贷记“营业外收入”科目。

四、本科目期末借方余额，反映企业融资租赁资产的成本。

1471　存货跌价准备

一、本科目核算企业存货的跌价准备。

二、本科目可按存货项目或类别进行明细核算。

三、存货跌价准备的主要账务处理。

（一）资产负债表日，存货发生减值的，按存货可变现净值低于成本的差额，借记“资产减值损失”科目，贷记本科目。

已计提跌价准备的存货价值以后又得以恢复，应在原已计提的存货跌价准备金额内，按恢复增加的金额，借记本科目，贷记“资产减值损失”科目。

发出存货结转存货跌价准备的，借记本科目，贷记“主营业务成本”、“生产成本”等科目。

（二）企业（建造承包商）建造合同执行中预计总成本超过合同总收入的，应按其差额，借记“资产减值损失”科目，贷记本科目。合同完工时，借记本科目，贷记“主营业务成本”科目。

四、本科目期末贷方余额，反映企业已计提但尚未转销的存货跌价准备。

1501　持有至到期投资

一、本科目核算企业持有至到期投资的摊余成本。

二、本科目可按持有至到期投资的类别和品种，分别“成本”、“利息调整”、“应计利息”等进行明细核算。

三、持有至到期投资的主要账务处理。

（一）企业取得的持有至到期投资，应按该投资的面值，借记本科目（成本），按支付的价款中包含的已到付息期但尚未领取的利息，借记“应收利息”科目，按实际支付的金额，贷记“银行存款”、“存放中央银行款项”、“结算备付金”等科目，按其差额，借记或贷记本科目（利息调整）。

（二）资产负债表日，持有至到期投资为分期付息、一次还本债券投资的，应按票面利率计算确定的应收未收利息，借记“应收利息”科目，按持有至到期投资摊余成本和实际利率计算确定的利息收入，贷记“投资收益”科目，按其差额，借记或贷记本科目（利息调整）。

持有至到期投资为一次还本付息债券投资的，应于资产负债表日按票面利率计算确定的应收未收利息，借记本科目（应计利息），按持有至到期投资摊余成本和实际利率计算确定的利息收入，贷记“投资收益”科目，按其差额，借记或贷记本科目（利息调整）。

持有至到期投资发生减值后利息的处理，比照“贷款”科目相关规定。

（三）将持有至到期投资重分类为可供出售金融资产的，应在重分类日按其公允价值，借记“可供出售金融资产”科目，按其账面余额，贷记本科目（成本、利息调整、应计利息），按其差额，贷记或借记“资本公积——其他资本公积”科目。已计提减值准备的，还应同时结转减值准备。

（四）出售持有至到期投资，应按实际收到的金额，借记“银行存款”、“存放中央银行款项”、“结算备付金”等科目，按其账面余额，贷记本科目（成本、利息调整、应计利息），按其差额，贷记或借记“投资收益”科目。已计提减值准备的，还应同时结转减值准备。

四、本科目期末借方余额，反映企业持有至到期投资的摊余成本。

1502　持有至到期投资减值准备

一、本科目核算企业持有至到期投资的减值准备。

二、本科目可按持有至到期投资类别和品种进行明细核算。

三、资产负债表日，持有至到期投资发生减值的，按应减记的金额，借记“资产减值损失”科目，贷记本科目。

已计提减值准备的持有至到期投资价值以后又得以恢复，应在原已计提的减值准备金额内，按恢复增加的金额，借记本科目，贷记“资产减值损失”科目。

四、本科目期末贷方余额，反映企业已计提但尚未转销的持有至到期投资减值准备。

1503　可供出售金融资产

一、本科目核算企业持有的可供出售金融资产的公允价值，包括划分为可供出售的股票投资、债券投资等金融资产。

二、本科目按可供出售金融资产的类别和品种，分别“成本”、“利息调整”、“应计利息”、“公允价值变动”等进行明细核算。

可供出售金融资产发生减值的，可以单独设置“可供出售金融资产减值准备”科目。

三、可供出售金融资产的主要账务处理。

（一）企业取得可供出售的金融资产，应按其公允价值与交易费用之和，借记本科目（成本），按支付的价款中包含的已宣告但尚未发放的现金股利，借记“应收股利”科目，按实际支付的金额，贷记“银行存款”、“存放中央银行款项”、“结算备付金”等科目。

企业取得的可供出售金融资产为债券投资的，应按债券的面值，借记本科目（成本），按支付的价款中包含的已到付息期但尚未领取的利息，借记“应收利息”科目，按实际支付的金额，贷记“银行存款”、“存放中央银行款项”、“结算备付金”等科目，按差额，借记或贷记本科目（利息调整）。

（二）资产负债表日，可供出售债券为分期付息、一次还本债券投资的，应按票面利率计算确定的应收未收利息，借记“应收利息”科目，按可供出售债券的摊余成本和实际利率计算确定的利息收入，贷记“投资收益”科目，按其差额，借记或贷记本科目（利息调整）。

可供出售债券为一次还本付息债券投资的，应于资产负债表日按票面利率计算确定的应收未收利息，借记本科目（应计利息），按可供出售债券的摊余成本和实际利率计算确定的利息收入，贷记“投资收益”科目，按其差额，借记或贷记本科目（利息调整）。

可供出售债券投资发生减值后利息的处理，比照“贷款”科目相关规定。

（三）资产负债表日，可供出售金融资产的公允价值高于其账面余额的差额，借记本科目（公允价值变动），贷记“资本公积——其他资本公积”科目；公允价值低于其账面余额的差额做相反的会计分录。

确定可供出售金融资产发生减值的，按应减记的金额，借记“资产减值损失”科目，按应从所有者权益中转出原计入资本公积的累计损失金额，贷记“资本公积——其他资本公积”科目，按其差额，贷记本科目（公允价值变动）。

对于已确认减值损失的可供出售金融资产，在随后会计期间内公允价值已上升且客观上与确认原减值损失事项有关的，应按原确认的减值损失，借记本科目（公允价值变动），贷记“资产减值损失”科目；但可供出售金融资产为股票等权益工具投资的（不含在活跃市场上没有报价、公允价值不能可靠计量的权益工具投资），借记本科目（公允价值变动），贷记“资本公积——其他资本公积”科目。

（四）将持有至到期投资重分类为可供出售金融资产的，应在重分类日按其公允价值，借记本科目，按其账面余额，贷记“持有至到期投资”科目，按其差额，贷记或借记“资本公积——其他资本公积”科目。已计提减值准备的，还应同时结转减值准备。

（五）出售可供出售的金融资产，应按实际收到的金额，借记“银行存款”、“存放中央银行款项”等科目，按其账面余额，贷记本科目（成本、公允价值变动、利息调整、应计利息），按应从所有者权益中转出的公允价值累计变动额，借记或贷记“资本公积——其他资本公积”科目，按其差额，贷记或借记“投资收益”科目。

四、本科目期末借方余额，反映企业可供出售金融资产的公允价值。

1511　长期股权投资

一、本科目核算企业持有的采用成本法和权益法核算的长期股权投资。

二、本科目可按被投资单位进行明细核算。

长期股权投资采用权益法核算的，还应当分别“成本”、“损益调整”、“其他权益变动”进行明细核算。

三、长期股权投资的主要账务处理。

（一）初始取得长期股权投资

同一控制下企业合并形成的长期股权投资，应在合并日按取得被合并方所有者权益账面价值的份额，借记本科目，按享有被投资单位已宣告但尚未发放的现金股利或利润，借记“应收股利”科目，按支付的合并对价的账面价值，贷记有关资产或借记有关负债科目，按其差额，贷记“资本公积——资本溢价或股本溢价”

科目；为借方差额的，借记“资本公积——资本溢价或股本溢价”科目，资本公积（资本溢价或股本溢价）不足冲减的，借记“盈余公积”、“利润分配——未分配利润”科目。

非同一控制下企业合并形成的长期股权投资，应在购买日按企业合并成本（不含应自被投资单位收取的现金股利或利润），借记本科目，按享有被投资单位已宣告但尚未发放的现金股利或利润，借记“应收股利”科目，按支付合并对价的账面价值，贷记有关资产或借记有关负债科目，按发生的直接相关费用，贷记“银行存款”等科目，按其差额，贷记“营业外收入”或借记“营业外支出”等科目。非同一控制下企业合并涉及以库存商品等作为合并对价的，应按库存商品的公允价值，贷记“主营业务收入”科目，并同时结转相关的成本。涉及增值税的，还应进行相应的处理。

以支付现金、非现金资产等其他方式（非企业合并）形成的长期股权投资，比照非同一控制下企业合并形成的长期股权投资的相关规定进行处理。

投资者投入的长期股权投资，应按确定的长期股权投资成本，借记本科目，贷记“实收资本”或“股本”科目。

（二）采用成本法核算的长期股权投资

长期股权投资采用成本法核算的，应按被投资单位宣告发放的现金股利或利润中属于本企业的部分，借记“应收股利”科目，贷记“投资收益”科目；属于被投资单位在取得本企业投资前实现净利润的分配额，应作为投资成本的收回，借记“应收股利”科目，贷记本科目。

（三）采用权益法核算的长期股权投资

1.长期股权投资的初始投资成本大于投资时应享有被投资单位可辨认净资产公允价值份额的，不调整已确认的初始投资成本。长期股权投资的初始投资成本小于投资时应享有被投资单位可辨认净资产公允价值份额的，应按其差额，借记本科目（成本），贷记“营业外收入”科目。

2.根据被投资单位实现的净利润或经调整的净利润计算应享有的份额，借记本科目（损益调整），贷记“投资收益”科目。被投资单位发生净亏损做相反的会计分录，但以本科目的账面价值减记至零为限；还需承担的投资损失，应将其他实质上构成对被投资单位净投资的“长期应收款”等的账面价值减记至零为限；除按照以上步骤已确认的损失外，按照投资合同或协议约定将承担的损失，确认为预计负债。发生亏损的被投资单位以后实现净利润的，应按与上述相反的顺序进行处理。

被投资单位以后宣告发放现金股利或利润时，企业计算应分得的部分，借记“应收股利”科目，贷记本科目（损益调整）。收到被投资单位宣告发放的股票股利，不进行账务处理，但应在备查簿中登记。

3.在持股比例不变的情况下，被投资单位除净损益以外所有者权益的其他变动，企业按持股比例计算应享有的份额，借记或贷记本科目（其他权益变动），贷记或借记“资本公积——其他资本公积”科目。

（四）长期股权投资核算方法的转换

将长期股权投资自成本法转按权益法核算的，应按转换时该项长期股权投资的账面价值作为权益法核算的初始投资成本，初始投资成本小于转换时占被投资单位可辨认净资产公允价值份额的差额，借记本科目（成本），贷记“营业外收入”科目。

长期股权投资自权益法转按成本法核算的，除构成企业合并的以外，应按中止采用权益法时长期股权投资的账面价值作为成本法核算的初始投资成本。

（五）处置长期股权投资

处置长期股权投资时，应按实际收到的金额，借记“银行存款”等科目，按其账面余额，贷记本科目，按尚未领取的现金股利或利润，贷记“应收股利”科目，按其差额，贷记或借记“投资收益”科目。已计提减值准备的，还应同时结转减值准备。

采用权益法核算长期股权投资的处置，除上述规定外，还应结转原记入资本公积的相关金额，借记或贷记“资本公积——其他资本公积”科目，贷记或借记“投资收益”科目。

四、本科目期末借方余额，反映企业长期股权投资的价值。

1512　长期股权投资减值准备

一、本科目核算企业长期股权投资的减值准备。

二、本科目可按被投资单位进行明细核算。

三、资产负债表日，长期股权投资发生减值的，按应减记的金额，借记“资产减值损失”科目，贷记本科目。

处置长期股权投资时，应同时结转已计提的长期股权投资减值准备。

四、本科目期末贷方余额，反映企业已计提但尚未转销的长期股权投资减值准备。

1521　投资性房地产

一、本科目核算企业采用成本模式计量的投资性房地产的成本。

企业采用公允价值模式计量投资性房地产的，也通过本科目核算。

采用成本模式计量的投资性房地产的累计折旧或累计摊销，可以单独设置“投资性房地产累计折旧(摊销)”科目，比照“累计折旧”等科目进行处理。

采用成本模式计量的投资性房地产发生减值的，可以单独设置“投资性房地产减值准备”科目，比照“固定资产减值准备”等科目进行处理。

二、本科目可按投资性房地产类别和项目进行明细核算。

采用公允价值模式计量的投资性房地产，还应当分别“成本”和“公允价值变动”进行明细核算。

三、采用成本模式计量投资性房地产的主要账务处理。

(一) 企业外购、自行建造等取得的投资性房地产，按应计入投资性房地产成本的金额，借记本科目，贷记“银行存款”、“在建工程”等科目。

(二) 将作为存货的房地产转换为投资性房地产的，应按其在转换日的账面余额，借记本科目，贷记“开发产品”等科目。已计提跌价准备的，还应同时结转跌价准备。

将自用的建筑物等转换为投资性房地产的，应按其在转换日的原价、累计折旧、减值准备等，分别转入本科目、“投资性房地产累计折旧(摊销)”、“投资性房地产减值准备”科目。

(三) 按期(月)对投资性房地产计提折旧或进行摊销，借记“其他业务成本”科目，贷记“投资性房地产累计折旧(摊销)”科目。取得的租金收入，借记“银行存款”等科目，贷记“其他业务收入”科目。

(四) 将投资性房地产转为自用时，应按其在转换日的账面余额、累计折旧、减值准备等，分别转入“固定资产”、“累计折旧”、“固定资产减值准备”等科目。

(五) 处置投资性房地产时，应按实际收到的金额，借记“银行存款”等科目，贷记“其他业务收入”科目。按该项投资性房地产的累计折旧或累计摊销，借记“投资性房地产累计折旧(摊销)”科目，按该项投资性房地产的账面余额，贷记本科目，按其差额，借记“其他业务成本”科目。已计提减值准备的，还应同时结转减值准备。

四、采用公允价值模式计量投资性房地产的主要账务处理。

(一) 企业外购、自行建造等取得的投资性房地产，按应计入投资性房地产成本的金额，借记本科目(成本)，贷记“银行存款”、“在建工程”等科目。

(二) 将作为存货的房地产转换为投资性房地产的，应按其在转换日的公允价值，借记本科目(成本)，按其账面余额，贷记“开发产品”等科目，按其差额，贷记“资本公积——其他资本公积”科目或借记“公允价值变动损益”科目。已计提跌价准备的，还应同时结转跌价准备。

将自用的建筑物等转换为投资性房地产的，按其在转换日的公允价值，借记本科目(成本)，按已计提的累计折旧等，借记“累计折旧”等科目，按其账面余额，贷记“固定资产”等科目，按其差额，贷记“资本公积——其他资本公积”科目或借记“公允价值变动损益”科目。已计提减值准备的，还应同时结转减值准备。

(三) 资产负债表日，投资性房地产的公允价值高于其账面余额的差额，借记本科目(公允价值变动)，贷记“公允价值变动损益”科目；公允价值低于其账面余额的差额做相反的会计分录。

取得的租金收入，借记“银行存款”等科目，贷记“其他业务收入”科目。

(四) 将投资性房地产转为自用时，应按其在转换日的公允价值，借记“固定资产”等科目，按其账面余额，贷记本科目(成本、公允价值变动)，按其差额，贷记或借记“公允价值变动损益”科目。

(五) 处置投资性房地产时，应按实际收到的金额，借记“银行存款”等科目，贷记“其他业务收入”科目。按该项投资性房地产的账面余额，借记“其他业务成本”科目，贷记本科目(成本)、贷记或借记本科目(公允价值变动)；同时，按该项投资性房地产的公允价值变动，借记或贷记“公允价值变动损益”科目，贷记或借记“其他业务收入”科目。按该项投资性房地产在转换日记入资本公积的金额，借记“资本公积——其他资本公积”科目，贷记“其他业务收入”科目。

五、投资性房地产作为企业主营业务的，应通过“主营业务收入”和“主营业务成本”科目核算相关的损益。

六、本科目期末借方余额，反映企业采用成本模式计量的投资性房地产成本。企业采用公允价值模式计量的投资性房地产，反映投资性房地产的公允价值。

1531　长期应收款

一、本科目核算企业的长期应收款项，包括融资租赁产生的应收款项、采用递延方式具有融资性质的销售商品和提供劳务等产生的应收款项等。

实质上构成对被投资单位净投资的长期权益，也通过本科目核算。

二、本科目可按债务人进行明细核算。

三、长期应收款的主要账务处理。

（一）出租人融资租赁产生的应收租赁款，在租赁期开始日，应按租赁开始日最低租赁收款额与初始直接费用之和，借记本科目，按未担保余值，借记“未担保余值”科目，按融资租赁资产的公允价值（最低租赁收款额和未担保余值的现值之和），贷记“融资租赁资产”科目，按融资租赁资产的公允价值与账面价值的差额，借记“营业外支出”科目或贷记“营业外收入”科目，按发生的初始直接费用，贷记“银行存款”等科目，按其差额，贷记“未实现融资收益”科目。

（二）采用递延方式分期收款销售商品或提供劳务等经营活动产生的长期应收款，满足收入确认条件的，按应收的合同或协议价款，借记本科目，按应收合同或协议价款的公允价值（折现值），贷记“主营业务收入”等科目，按其差额，贷记“未实现融资收益”科目。涉及增值税的，还应进行相应的处理。

（三）如有实质上构成对被投资单位净投资的长期权益，被投资单位发生的净亏损应由本企业承担的部分，在“长期股权投资”的账面价值减记至零以后，还需承担的投资损失，应以本科目中实质上构成了对被投资单位净投资的长期权益部分账面价值减记至零为限，继续确认投资损失，借记“投资收益”科目，贷记本科目。除上述已确认投资损失外，投资合同或协议中约定仍应承担的损失，确认为预计负债。

四、本科目的期末借方余额，反映企业尚未收回的长期应收款。

1532　未实现融资收益

一、本科目核算企业分期计入租赁收入或利息收入的未实现融资收益。

二、本科目可按未实现融资收益项目进行明细核算。

三、未实现融资收益的主要账务处理。

（一）出租人融资租赁产生的应收租赁款，在租赁期开始日，应按租赁开始日最低租赁收款额与初始直接费用之和，借记“长期应收款”科目，按未担保余值，借记“未担保余值”科目，按融资租赁资产的公允价值（最低租赁收款额的现值和未担保余值的现值之和），贷记“融资租赁资产”科目，按融资租赁资产的公允价值与账面价值的差额，借记“营业外支出”科目或贷记“营业外收入”科目，按发生的初始直接费用，贷记“银行存款”等科目，按其差额，贷记本科目。

采用实际利率法按期计算确定的融资收入，借记本科目，贷记“租赁收入”科目。

（二）采用递延方式分期收款、实质上具有融资性质的销售商品或提供劳务等经营活动产生的长期应收款，满足收入确认条件的，按应收的合同或协议价款，借记“长期应收款”科目，按应收的合同或协议价款的公允价值，贷记“主营业务收入”等科目，按其差额，贷记本科目。涉及增值税的，还应进行相应的处理。

采用实际利率法按期计算确定的利息收入，借记本科目，贷记“财务费用”科目。四、本科目期末贷方余额，反映企业尚未转入当期收益的未实现融资收益。

1541　存出资本保证金

一、本科目核算企业（保险）按规定比例缴存的资本保证金。

二、企业存出的资本保证金，借记本科目，贷记“银行存款”等科目。

三、本科目期末借方余额，反映企业缴存的资本保证金。

1601　固定资产

一、本科目核算企业持有的固定资产原价。建造承包商的临时设施，以及企业购置计算机硬件所附带的、未单独计价的软件，也通过本科目核算。

二、本科目可按固定资产类别和项目进行明细核算。融资租入的固定资产，可在本科目设置“融资租入固定资产”明细科目。

三、固定资产的主要账务处理。

(一) 企业购入不需要安装的固定资产，按应计入固定资产成本的金额，借记本科目，贷记“银行存款”等科目。购入需要安装的固定资产，先记入“在建工程”科目，达到预定可使用状态时再转入本科目。

购入固定资产超过正常信用条件延期支付价款、实质上具有融资性质的，按应付购买价款的现值，借记本科目或“在建工程”科目，按应支付的金额，贷记“长期应付款”科目，按其差额，借记“未确认融资费用”科目。

(二) 自行建造达到预定可使用状态的固定资产，借记本科目，贷记“在建工程”科目。已达到预定可使用状态、但尚未办理竣工决算手续的固定资产，应按估计价值入账，待确定实际成本后再进行调整。(三) 融资租入的固定资产，在租赁期开始日，按应计入固定资产成本的金额(租赁开始日租赁资产公允价值与最低租赁付款额现值两者中较低者，加上初始直接费用)，借记本科目或“在建工程”科目，按最低租赁付款额，贷记“长期应付款”科目，按发生的初始直接费用，贷记“银行存款”等科目，按其差额，借记“未确认融资费用”科目。

租赁期届满，企业取得该项固定资产所有权的，应将该项固定资产从“融资租入固定资产”明细科目转入有关明细科目。

(四) 固定资产存在弃置义务的，应在取得固定资产时，按预计弃置费用的现值，借记本科目，贷记“预计负债”科目。在该项固定资产的使用寿命内，计算确定各期应负担的利息费用，借记“财务费用”科目，贷记“预计负债”科目。

(五) 处置固定资产时，按该项固定资产账面价值，借记“固定资产清理”科目，按已提的累计折旧，借记“累计折旧”科目，按其账面原价，贷记本科目。已计提减值准备的，还应同时结转已计提的减值准备。

四、本科目期末借方余额，反映企业固定资产的原价。

1602 累计折旧

一、本科目核算企业固定资产的累计折旧。

二、本科目可按固定资产的类别或项目进行明细核算。

三、按期(月)计提固定资产的折旧，借记“制造费用”、“销售费用”、“管理费用”、“研发支出”、“其他业务成本”等科目，贷记本科目。处置固定资产还应同时结转累计折旧。四、本科目期末贷方余额，反映企业固定资产的累计折旧额。

1603 固定资产减值准备

一、本科目核算企业固定资产的减值准备。

二、资产负债表日，固定资产发生减值的，按应减记的金额，借记“资产减值损失”科目，贷记本科目。处置固定资产还应同时结转减值准备。

三、本科目期末贷方余额，反映企业已计提但尚未转销的固定资产减值准备。

1604 在建工程

一、本科目核算企业基建、更新改造等在建工程发生的支出。在建工程发生减值的，可以单独设置“在建工程减值准备”科目，比照“固定资产减值准备”科目进行处理。企业(石油天然气开采)发生的油气勘探支出和油气开发支出，可以单独设置“油气勘探支出”、“油气开发支出”科目。

二、本科目可按“建筑工程”、“安装工程”、“在安装设备”、“待摊支出”以及单项工程等进行明细核算。

三、企业在建工程发生的管理费、征地费、可行性研究费、临时设施费、公证费、监理费及应负担的税费等，借记本科目(待摊支出)，贷记“银行存款”等科目。

四、企业发包的在建工程，应按合理估计的发包工程进度和合同规定结算的进度款，借记本科目，贷记“银行存款”、“预付账款”等科目。将设备交付建造承包商建造安装时，借记本科目(在安装设备)，贷记“工程物资”科目。

工程完成时，按合同规定补付的工程款，借记本科目，贷记“银行存款”科目。

五、企业自营在建工程的主要账务处理。

(一) 自营的在建工程领用工程物资、原材料或库存商品的，借记本科目，贷记“工程物资”、“原材料”、“库存商品”等科目。采用计划成本核算的，应同时结转应分摊的成本差异。涉及增值税的，还应进行相应的处理。

在建工程应负担的职工薪酬，借记本科目，贷记“应付职工薪酬”科目。

辅助生产部门为工程提供的水、电、设备安装、修理、运输等劳务，借记本科目，贷记“生产成本——辅助生产成本”等科目。

在建工程发生的借款费用满足借款费用资本化条件的，借记本科目，贷记“长期借款”、“应付利息”等科目。

（二）在建工程进行负荷联合试车发生的费用，借记本科目（待摊支出），贷记“银行存款”、“原材料”等科目；试车形成的产品或副产品对外销售或转为库存商品的，借记“银行存款”、“库存商品”等科目，贷记本科目（待摊支出）。

（三）在建工程达到预定可使用状态时，应计算分配待摊支出，借记本科目（××工程），贷记本科目（待摊支出）；结转在建工程成本，借记“固定资产”等科目，贷记本科目（××工程）。

在建工程完工已领出的剩余物资应办理退库手续，借记“工程物资”科目，贷记本科目。

（四）建设期间发生的工程物资盘亏、报废及毁损净损失，借记本科目，贷记“工程物资”科目；盘盈的工程物资或处置净收益做相反的会计分录。

由于自然灾害等原因造成的在建工程报废或毁损，减去残料价值和过失人或保险公司等赔款后的净损失，借记“营业外支出——非常损失”科目，贷记本科目（建筑工程、安装工程等）。

六、企业（石油天然气开采）在油气勘探过程中发生的各项钻井勘探支出，借记“油气勘探支出”科目，贷记“银行存款”、“应付职工薪酬”等科目。属于发现探明经济可采储量的钻井勘探支出，借记“油气资产”科目，贷记“油气勘探支出”科目；属于未发现探明经济可采储量的钻井勘探支出，借记“勘探费用”科目，贷记“油气勘探支出”科目。

企业（石油天然气开采）在油气开发过程中发生的各项相关支出，借记“油气开发支出”科目，贷记“银行存款”、“应付职工薪酬”等科目。开发工程项目达到预定可使用状态时，借记“油气资产”科目，贷记“油气开发支出”科目。

七、本科目的期末借方余额，反映企业尚未达到预定可使用状态的在建工程的成本。

1605 工程物资

一、本科目核算企业为在建工程准备的各种物资的成本，包括工程用材料、尚未安装的设备以及为生产准备的工器具等。

二、本科目可按“专用材料”、“专用设备”、“工器具”等进行明细核算。工程物资发生减值的，可以单独设置“工程物资减值准备”科目，比照“固定资产减值准备”科目进行处理。

三、工程物资的主要账务处理。

（一）购入为工程准备的物资，借记本科目，贷记“银行存款”、“其他应付款”等科目。

（二）领用工程物资，借记“在建工程”科目，贷记本科目。工程完工后将领出的剩余物资退库时做相反的会计分录。已计提减值准备的，还应同时结转减值准备。

（三）工程完工后剩余的工程物资转作本企业存货的，借记“原材料”等科目，贷记本科目。

四、本科目期末借方余额，反映企业为在建工程准备的各种物资的成本。

1606 固定资产清理

一、本科目核算企业因出售、报废、毁损、对外投资、非货币性资产交换、债务重组等原因转出的固定资产价值以及在清理过程中发生的费用等。

二、本科目可按被清理的固定资产项目进行明细核算。

三、固定资产清理的主要账务处理。

（一）企业因出售、报废、毁损、对外投资、非货币性资产交换、债务重组等转出的固定资产，按该项固定资产的账面价值，借记本科目，按已计提的累计折旧，借记“累计折旧”科目，按其账面原价，贷记“固定资产”科目。已计提减值准备的，还应同时结转减值准备。

（二）清理过程中应支付的相关税费及其他费用，借记本科目，贷记“银行存款”、“应交税费——应交营业税”等科目。收回出售固定资产的价款、残料价值和变价收入等，借记“银行存款”、“原材料”等科目，贷记本科目。应由保险公司或过失人赔偿的损失，借记“其他应收款”等科目，贷记本科目。

（三）固定资产清理完成后，属于生产经营期间正常的处理损失，借记"营业外支出——处置非流动资产损失"科目，贷记本科目；属于自然灾害等非正常原因造成的损失，借记"营业外支出——非常损失"科目，贷记本科目。如为贷方余额，借记本科目，贷记"营业外收入"科目。

四、本科目期末借方余额，反映企业尚未清理完毕的固定资产清理净损失。

1611 未担保余值

一、本科目核算企业（租赁）采用融资租赁方式租出资产的未担保余值。

二、本科目可按承租人、租赁资产类别和项目进行明细核算。

未担保余值发生减值的，可以单独设置"未担保余值减值准备"科目。

三、未担保余值的主要账务处理。

（一）出租人融资租赁产生的应收租赁款，在租赁期开始日，应按租赁开始日最低租赁收款额与初始直接费用之和，借记"长期应收款"科目，按未担保余值，借记本科目，按融资租赁资产的公允价值（最低租赁收款额和未担保余值的现值之和），贷记"融资租赁资产"科目，按发生的初始直接费用，贷记"银行存款"等科目，按其差额，贷记"未实现融资收益"科目。

（二）租赁期限届满，承租人行使了优惠购买选择权的，企业（租赁）按收到承租人支付的购买价款，借记"银行存款"等科目，贷记"长期应收款"科目。存在未担保余值的，按未担保余值，借记"租赁收入"科目，贷记本科目。

承租人未行使优惠购买选择权，企业（租赁）收到承租人交还租赁资产，存在未担保余值的，按未担保余值，借记"融资租赁资产"科目，贷记本科目；存在担保余值的，按担保余值，借记"融资租赁资产"科目，贷记"长期应收款"科目。

（三）资产负债表日，确定未担保余值发生减值的，按应减记的金额，借记"资产减值损失"科目，贷记"未担保余值减值准备"科目。未担保余值价值以后又得以恢复的，应在原已计提的未担保余值减值准备金额内，按恢复增加的金额，借记"未担保余值减值准备"科目，贷记"资产减值损失"科目。

四、本科目期末借方余额，反映企业融资租出资产的未担保余值。

1621 生产性生物资产

一、本科目核算企业（农业）持有的生产性生物资产原价。

二、本科目可按"未成熟生产性生物资产"和"成熟生产性生物资产"，分别生物资产的种类、群别、所属部门等进行明细核算。

生产性生物资产发生减值的，可以单独设置"生产性生物资产减值准备"科目，比照"固定资产减值准备"科目进行处理。

三、生产性生物资产的主要账务处理。

（一）企业外购的生产性生物资产，按应计入生产性生物资产成本的金额，借记本科目，贷记"银行存款"等科目。

（二）自行营造的林木类生产性生物资产、自行繁殖的产畜和役畜，应按达到预定生产经营目的前发生的必要支出，借记本科目（未成熟生产性生物资产），贷记"银行存款"等科目。

（三）天然起源的生产性生物资产，应按名义金额，借记本科目，贷记"营业外收入"科目。

（四）育肥畜转为产畜或役畜，应按其账面余额，借记本科目，贷记"消耗性生物资产"科目。已计提跌价准备的，还应同时结转跌价准备。

产畜或役畜淘汰转为育肥畜，按转群时的账面价值，借记"消耗性生物资产"科目，按已计提的累计折旧，借记"生产性生物资产累计折旧"科目，按其账面余额，贷记本科目。已计提减值准备的，还应同时结转减值准备。

（五）未成熟生产性生物资产达到预定生产经营目的时，按其账面余额，借记本科目（成熟生产性生物资产），贷记本科目（未成熟生产性生物资产）。已计提减值准备的，还应同时结转减值准备。

（六）择伐、间伐或抚育更新等生产性采伐而补植林木类生产性生物资产发生的后续支出，借记本科目，贷记"银行存款"等科目。生产性生物资产达到预定生产经营目的后发生的管护、饲养费用等后续支出，借记"管理费用"科目，贷记"银行存款"等科目。

（七）处置生产性生物资产，应按实际收到的金额，借记"银行存款"等科目，按已计提的累计折旧，借记

“生产性生物资产累计折旧”科目，按其账面余额，贷记本科目，按其差额，借记“营业外支出——处置非流动资产损失”科目或贷记“营业外收入——处置非流动资产利得”科目。已计提减值准备的，还应同时结转减值准备。

四、本科目期末借方余额，反映企业生产性生物资产的原价。

1622　生产性生物资产累计折旧

一、本科目核算企业（农业）成熟生产性生物资产的累计折旧。

二、本科目可按生产性生物资产的种类、群别、所属部门等进行明细核算。

三、企业按期（月）计提成熟生产性生物资产的折旧，借记“农业生产成本”、“管理费用”等科目，贷记本科目。处置生产性生物资产还应同时结转生产性生物资产累计折旧。

四、本科目期末贷方余额，反映企业成熟生产性生物资产的累计折旧额。

1623　公益性生物资产

一、本科目核算企业（农业）持有的公益性生物资产的实际成本。

二、本科目可按公益性生物资产的种类或项目进行明细核算。

三、公益性生物资产的主要账务处理。

（一）企业外购的公益性生物资产，按应计入公益性生物资产成本的金额，借记本科目，贷记“银行存款”等科目。

（二）自行营造的公益性生物资产，应按郁闭前发生的必要支出，借记本科目，贷记“银行存款”等科目。

（三）天然起源的公益性生物资产，应按名义金额，借记本科目，贷记“营业外收入”科目。

（四）消耗性生物资产、生产性生物资产转为公益性生物资产的，应按其账面余额或账面价值，借记本科目，按已计提的生产性生物资产累计折旧，借记“生产性生物资产累计折旧”科目，按其账面余额，贷记“消耗性生物资产”、“生产性生物资产”等科目。已计提跌价准备或减值准备的，还应同时结转跌价准备或减值准备。

（五）择伐、间伐或抚育更新等生产性采伐而补植林木类公益性生物资产发生的后续支出，借记本科目，贷记“银行存款”等科目。林木类公益性生物资产郁闭后发生的管护费用等其他后续支出，借记“管理费用”科目，贷记“银行存款”等科目。四、本科目期末借方余额，反映企业公益性生物资产的原价。

1631　油气资产

一、本科目核算企业（石油天然气开采）持有的矿区权益和油气井及相关设施的原价。企业（石油天然气开采）可以单独设置“油气资产清理”科目，比照“固定资产清理”科目进行处理。企业（石油天然气开采）与油气开采活动相关的辅助设备及设施在“固定资产”科目核算。

二、本科目可按油气资产的类别、不同矿区或油田等进行明细核算。

三、油气资产的主要账务处理。

（一）企业购入油气资产（含申请取得矿区权益）的成本，借记本科目，贷记“银行存款”、“应付票据”、“其他应付款”等科目。

（二）自行建造的油气资产，在油气勘探、开发工程达到预定可使用状态时，借记本科目，贷记“油气勘探支出”、“油气开发支出”等科目。

（三）油气资产存在弃置义务的，应在取得油气资产时，按预计弃置费用的现值，借记本科目，贷记“预计负债”科目。在油气资产的使用寿命内，计算确定各期应负担的利息费用，借记“财务费用”科目，贷记“预计负债”科目。

（四）处置油气资产，应按该项油气资产的账面价值，借记“油气资产清理”科目，按已计提的累计折耗，借记“累计折耗”科目，按其账面原价，贷记本科目。已计提减值准备的，还应同时结转减值准备。

四、本科目期末借方余额，反映企业油气资产的原价。

1632　累计折耗

一、本科目核算企业（石油天然气开采）油气资产的累计折耗。

二、本科目可按油气资产的类别、不同矿区或油田进行明细核算。

三、企业按期（月）计提油气资产的折耗，借记“生产成本”等科目，贷记本科目。处置油气资产时，还应同时结转油气资产累计折耗。

四、本科目期末贷方余额，反映企业油气资产的累计折耗额。

1701 无形资产

一、本科目核算企业持有的无形资产成本，包括专利权、非专利技术、商标权、著作权、土地使用权等。

二、本科目可按无形资产项目进行明细核算。

三、无形资产的主要账务处理。

（一）企业外购的无形资产，按应计入无形资产成本的金额，借记本科目，贷记“银行存款”等科目。

自行开发的无形资产，按应予资本化的支出，借记本科目，贷记“研发支出”科目。

（二）无形资产预期不能为企业带来经济利益的，应按已计提的累计摊销，借记“累计摊销”科目，按其账面余额，贷记本科目，按其差额，借记“营业外支出”科目。已计提减值准备的，还应同时结转减值准备。

（三）处置无形资产，应按实际收到的金额等，借记“银行存款”等科目，按已计提的累计摊销，借记“累计摊销”科目，按应支付的相关税费及其他费用，贷记“应交税费”、“银行存款”等科目，按其账面余额，贷记本科目，按其差额，贷记“营业外收入——处置非流动资产利得”科目或借记“营业外支出——处置非流动资产损失”科目。已计提减值准备的，还应同时结转减值准备。

四、本科目期末借方余额，反映企业无形资产的成本。

1702 累计摊销

一、本科目核算企业对使用寿命有限的无形资产计提的累计摊销。

二、本科目可按无形资产项目进行明细核算。

三、企业按期（月）计提无形资产的摊销，借记“管理费用”、“其他业务成本”等科目，贷记本科目。处置无形资产还应同时结转累计摊销。

四、本科目期末贷方余额，反映企业无形资产的累计摊销额。

1703 无形资产减值准备

一、本科目核算企业无形资产的减值准备。

二、本科目可按无形资产项目进行明细核算。

三、资产负债表日，无形资产发生减值的，按应减记的金额，借记“资产减值损失”科目，贷记本科目。处置无形资产还应同时结转减值准备。

四、本科目期末贷方余额，反映企业已计提但尚未转销的无形资产减值准备。

1711 商誉

一、本科目核算企业合并中形成的商誉价值。商誉发生减值的，可以单独设置“商誉减值准备”科目，比照“无形资产减值准备”科目进行处理。

二、非同一控制下企业合并中确定的商誉价值，借记本科目，贷记有关科目。

三、本科目期末借方余额，反映企业商誉的价值。

1801 长期待摊费用

一、本科目核算企业已经发生但应由本期和以后各期负担的分摊期限在1年以上的各项费用，如以经营租赁方式租入的固定资产发生的改良支出等。

二、本科目可按费用项目进行明细核算。

三、企业发生的长期待摊费用，借记本科目，贷记“银行存款”、“原材料”等科目。摊销长期待摊费用，借记“管理费用”、“销售费用”等科目，贷记本科目。

四、本科目期末借方余额，反映企业尚未摊销完毕的长期待摊费用。

1811 递延所得税资产

一、本科目核算企业确认的可抵扣暂时性差异产生的递延所得税资产。

二、本科目应按可抵扣暂时性差异等项目进行明细核算。根据税法规定可用以后年度税前利润弥补的亏损及税款抵减产生的所得税资产，也在本科目核算。

三、递延所得税资产的主要账务处理。

（一）资产负债表日，企业确认的递延所得税资产，借记本科目，贷记“所得税费用——递延所得税费用”科目。资产负债表日递延所得税资产的应有余额大于其账面余额的，应按其差额确认，借记本科目，贷记“所得税费用——递延所得税费用”等科目；资产负债表日递延所得税资产的应有余额小于其账面余额的差额做相反的会计分录。

企业合并中取得资产、负债的入账价值与其计税基础不同形成可抵扣暂时性差异的，应于购买日确认递延所得税资产，借记本科目，贷记“商誉”等科目。

与直接计入所有者权益的交易或事项相关的递延所得税资产，借记本科目，贷记“资本公积——其他资本公积”科目。

（二）资产负债表日，预计未来期间很可能无法获得足够的应纳税所得额用以抵扣可抵扣暂时性差异的，按原已确认的递延所得税资产中应减记的金额，借记“所得税费用——递延所得税费用”、“资本公积——其他资本公积”等科目，贷记本科目。

四、本科目期末借方余额，反映企业确认的递延所得税资产。

1821　独立账户资产

一、本科目核算企业（保险）对分拆核算的投资连结产品不属于风险保障部分确认的独立账户资产价值。

二、本科目可按资产类别进行明细核算。

三、独立账户资产的主要账务处理。

（一）向独立账户划入资金，借记本科目（银行存款及现金），贷记“独立账户负债”科目。

（二）独立账户进行投资，借记本科目（债券、股票等），贷记本科目（银行存款及现金）。对独立账户投资进行估值，按估值增值，借记本科目（估值），贷记“独立账户负债”科目；估值减值的做相反的会计分录。

（三）按照独立账户计提的保险费，借记“银行存款”科目，贷记“保费收入”科目。同时，借记“独立账户负债”科目，贷记本科目（银行存款及现金）。

对独立账户计提账户管理费，借记“银行存款”科目，贷记“手续费及佣金收入”科目。同时，借记“独立账户负债”科目，贷记本科目（银行存款及现金）。

（四）支付独立账户资产，借记“独立账户负债”科目，贷记本科目（银行存款及现金）。

四、本科目期末借方余额，反映企业确认的独立账户资产价值。

1901　待处理财产损溢

一、本科目核算企业在清查财产过程中查明的各种财产盘盈、盘亏和毁损的价值。物资在运输途中发生的非正常短缺与损耗，也通过本科目核算。企业如有盘盈固定资产的，应作为前期差错记入“以前年度损益调整”科目。

二、本科目可按盘盈、盘亏的资产种类和项目进行明细核算。

三、待处理财产损溢的主要账务处理。

（一）盘盈的各种材料、产成品、商品、生物资产等，借记“原材料”、“库存商品”、“消耗性生物资产”等科目，贷记本科目。

盘亏、毁损的各种材料、产成品、商品、生物资产等，盘亏的固定资产，借记本科目，贷记“原材料”、“库存商品”、“消耗性生物资产”、“固定资产”等科目。材料、产成品、商品采用计划成本（或售价）核算的，还应同时结转成本差异（或商品进销差价）。涉及增值税的，还应进行相应处理。

（二）盘亏、毁损的各项资产，按管理权限报经批准后处理时，按残料价值，借记“原材料”等科目，按可收回的保险赔偿或过失人赔偿，借记“其他应收款”科目，按本科目余额，贷记本科目，按其借方差额，借记“管理费用”、“营业外支出”等科目。

盘盈的除固定资产以外的其他财产，借记本科目，贷记“管理费用”、“营业外收入”等科目。四、企业的财产损溢，应查明原因，在期末结账前处理完毕，处理后本科目应无余额。

负　债　类

2001　短期借款

一、本科目核算企业向银行或其他金融机构等借入的期限在1年以下（含1年）的各种借款。

二、本科目可按借款种类、贷款人和币种进行明细核算。

三、企业借入的各种短期借款，借记“银行存款”科目，贷记本科目；归还借款做相反的会计分录。资产负债表日，应按计算确定的短期借款利息费用，借记“财务费用”、“利息支出”等科目，贷记“银行存款”、“应付利息”等科目。

四、本科目期末贷方余额，反映企业尚未偿还的短期借款。

2002　存入保证金

一、本科目核算企业（金融）收到客户存入的各种保证金，如信用证保证金、承兑汇票保证金、保函保证金、担保保证金等。

二、本科目可按客户进行明细核算。

三、企业收到客户存入的保证金，借记“银行存款”、“存放中央银行款项”、“应付分保账款”等科目，贷记本科目；向客户归还保证金做相反的会计分录。

资产负债表日，应按计算确定的存入保证金利息费用，借记“财务费用”、“利息支出”等科目，贷记“银行存款”、“存放中央银行款项”等科目。

四、本科目期末贷方余额，反映企业接受存入但尚未返还的保证金。

2003　拆入资金

一、本科目核算企业（金融）从境内、境外金融机构拆入的款项。

二、本科目可按拆入资金的金融机构进行明细核算。

三、企业应按实际收到的金额，借记“存放中央银行款项”、“银行存款”等科目，贷记本科目；归还拆入资金做相反的会计分录。资产负债表日，应按计算确定的拆入资金的利息费用，借记“利息支出”科目，贷记“应付利息”科目。四、本科目期末贷方余额，反映企业尚未归还的拆入资金余额。

2004　向中央银行借款

一、本科目核算企业（银行）向中央银行借入的款项。

二、本科目可按借款性质进行明细核算。

三、企业应按实际收到的金额，借记“存放中央银行款项”科目，贷记本科目；归还借款做相反的会计分录。资产负债表日，应按计算确定的向中央银行借款的利息费用，借记“利息支出”科目，贷记“应付利息”科目。

四、本科目期末贷方余额，反映企业尚未归还中央银行借款的余额。

2011　吸收存款

一、本科目核算企业（银行）吸收的除同业存放款项以外的其他各种存款，包括单位存款（企业、事业单位、机关、社会团体等）、个人存款、信用卡存款、特种存款、转贷款资金和财政性存款等。

二、本科目可按存款类别及存款单位，分别“本金”、“利息调整”等进行明细核算。

三、吸收存款的主要账务处理。

（一）企业收到客户存入的款项，应按实际收到的金额，借记“存放中央银行款项”等科目，贷记本科目（本金），如存在差额，借记或贷记本科目（利息调整）。

（二）资产负债表日，应按摊余成本和实际利率计算确定的存入资金的利息费用，借记“利息支出”科目，按合同利率计算确定的应付未付利息，贷记“应付利息”科目，按其差额，借记或贷记本科目（利息调整）。实际利率与合同利率差异较小的，也可以采用合同利率计算确定利息费用。

（三）支付的存入资金利息，借记“应付利息”科目，贷记本科目。

支付的存款本金，借记本科目（本金），贷记“存放中央银行款项”、“库存现金”等科目，按应转销的利息调整金额，贷记本科目（利息调整），按其差额，借记“利息支出”科目。

四、本科目期末贷方余额，反映企业吸收的除同业存放款项以外的其他各项存款。

2012　同业存放

一、本科目核算企业（银行）吸收的境内、境外金融机构的存款。

二、本科目可按存放金融机构进行明细核算。

三、企业增加存款，应按实际收到的金额，借记“存放中央银行款项”等科目，贷记本科目。减少存款做相反的会计分录。

四、本科目期末贷方余额，反映企业吸收的同业存放款项。

2021　贴现负债

一、本科目核算企业（银行）办理商业票据的转贴现等业务所融入的资金。

二、本科目可按贴现类别和贴现金融机构，分别“面值”、“利息调整”进行明细核算。

三、贴现负债的主要账务处理。

(一)企业持贴现票据向其他金融机构转贴现,应按实际收到的金额,借记“存放中央银行款项”等科目,按贴现票据的票面金额,贷记本科目(面值),按其差额,借记本科目(利息调整)。

(二)资产负债表日,按计算确定的利息费用,借记“利息支出”科目,贷记本科目(利息调整)。

(三)贴现票据到期,应按贴现票据的票面金额,借记本科目(面值),按实际支付的金额,贷记“存放中央银行款项”等科目,按其差额,借记“利息支出”科目。存在利息调整的,也应同时结转。四、本科目期末贷方余额,反映企业办理的转贴现等业务融入的资金。

2101 交易性金融负债

一、本科目核算企业承担的交易性金融负债的公允价值。企业持有的直接指定为以公允价值计量且其变动计入当期损益的金融负债,也在本科目核算。衍生金融负债在“衍生工具”科目核算。

二、本科目可按交易性金融负债类别,分别“本金”、“公允价值变动”等进行明细核算。

三、交易性金融负债的主要账务处理。

(一)企业承担的交易性金融负债,应按实际收到的金额,借记“银行存款”、“存放中央银行款项”、“结算备付金”等科目,按发生的交易费用,借记“投资收益”科目,按交易性金融负债的公允价值,贷记本科目(本金)。

(二)资产负债表日,按交易性金融负债票面利率计算的利息,借记“投资收益”科目,贷记“应付利息”科目。

资产负债表日,交易性金融负债的公允价值高于其账面余额的差额,借记“公允价值变动损益”科目,贷记本科目(公允价值变动);公允价值低于其账面余额的差额做相反的会计分录。

(三)处置交易性金融负债,应按该金融负债的账面余额,借记本科目,按实际支付的金额,贷记“银行存款”、“存放中央银行款项”、“结算备付金”等科目,按其差额,贷记或借记“投资收益”科目。同时,按该金融负债的公允价值变动,借记或贷记“公允价值变动损益”科目,贷记或借记“投资收益”科目。

四、本科目期末贷方余额,反映企业承担的交易性金融负债的公允价值。

2111 卖出回购金融资产款

一、本科目核算企业(金融)按照回购协议先卖出再按固定价格买入的票据、证券、贷款等金融资产所融入的资金。

二、本科目可按卖出回购金融资产的类别和融资方进行明细核算。

三、卖出回购金融资产款的主要账务处理。

(一)企业根据回购协议卖出票据、证券、贷款等金融资产,应按实际收到的金额,借记“存放中央银行款项”、“结算备付金”、“银行存款”等科目,贷记本科目。

(二)资产负债表日,按照计算确定的卖出回购金融资产的利息费用,借记“利息支出”科目,贷记“应付利息”科目。

(三)回购日,按其账面余额,借记本科目、“应付利息”科目,按实际支付的金额,贷记“存放中央银行款项”、“结算备付金”、“银行存款”等科目,按其差额,借记“利息支出”科目。

四、本科目期末贷方余额,反映企业尚未到期的卖出回购金融资产款。

2201 应付票据

一、本科目核算企业购买材料、商品和接受劳务供应等开出、承兑的商业汇票,包括银行承兑汇票和商业承兑汇票。

二、本科目可按债权人进行明细核算。

三、应付票据的主要账务处理。

(一)企业开出、承兑商业汇票或以承兑商业汇票抵付货款、应付账款等,借记“材料采购”、“库存商品”等科目,贷记本科目。涉及增值税进项税额的,还应进行相应的处理。

(二)支付银行承兑汇票的手续费,借记“财务费用”科目,贷记“银行存款”科目。支付票款,借记本科目,贷记“银行存款”科目。

(三)银行承兑汇票到期,企业无力支付票款的,按应付票据的票面金额,借记本科目,贷记“短期借款”科目。

四、企业应当设置"应付票据备查簿"，详细登记商业汇票的种类、号数和出票日期、到期日、票面金额、交易合同号和收款人姓名或单位名称以及付款日期和金额等资料。应付票据到期结清时，在备查簿中应予注销。

五、本科目期末贷方余额，反映企业尚未到期的商业汇票的票面金额。

2202 应付账款

一、本科目核算企业因购买材料、商品和接受劳务等经营活动应支付的款项。

企业（金融）应支付但尚未支付的手续费和佣金，可将本科目改为"2202 应付手续费及佣金"科目，并按照对方单位（或个人）进行明细核算。

企业（保险）应支付但尚未支付的赔付款项，可以单独设置"应付赔付款"科目。

二、本科目可按债权人进行明细核算。

三、企业购入材料、商品等验收入库，但货款尚未支付，根据有关凭证（发票账单、随货同行发票上记载的实际价款或暂估价值），借记"材料采购"、"在途物资"等科目，按应付的款项，贷记本科目。

接受供应单位提供劳务而发生的应付未付款项，根据供应单位的发票账单，借记"生产成本"、"管理费用"等科目，贷记本科目。支付时，借记本科目，贷记"银行存款"等科目。

上述交易涉及增值税进项税额的，还应进行相应的处理。

四、企业与债权人进行债务重组，应当分别债务重组的不同方式进行处理。

（一）以低于重组债务账面价值的款项清偿债务的，应按应付账款的账面余额，借记本科目，按实际支付的金额，贷记"银行存款"科目，按其差额，贷记"营业外收入——债务重组利得"科目。

（二）以非现金资产清偿债务的，应按应付账款的账面余额，借记本科目，按用于清偿债务的非现金资产的公允价值，贷记"主营业务收入"、"其他业务收入"、"固定资产清理"、"无形资产"、"长期股权投资"等科目，按应支付的相关税费和其他费用，贷记"应交税费"、"银行存款"等科目，按其差额，贷记"营业外收入——债务重组利得"科目。

抵债资产为存货的，还应同时结转成本，记入"主营业务成本"、"其他业务成本"等科目；抵债资产为固定资产、无形资产的，其公允价值和账面价值的差额，记入"营业外收入——处置非流动资产利得"或"营业外支出——处置非流动资产损失"科目；抵债资产为可供出售金融资产、持有至到期投资、长期股权投资等的，其公允价值和账面价值的差额，记入"投资收益"科目。

（三）以债务转为资本，应按应付账款的账面余额，借记本科目，按债权人因放弃债权而享有股权的公允价值，贷记"实收资本"或"股本"、"资本公积——资本溢价或股本溢价"科目，按其差额，贷记"营业外收入——债务重组利得"科目。

（四）以修改其他债务条件进行清偿的，应将重组债务的账面余额与重组后债务的公允价值的差额，借记本科目，贷记"营业外收入——债务重组利得"科目。

五、本科目期末贷方余额，反映企业尚未支付的应付账款余额。

2203 预收账款

一、本科目核算企业按照合同规定预收的款项。预收账款情况不多的，也可以不设置本科目，将预收的款项直接记入"应收账款"科目。

企业（保险）收到未满足保费收入确认条件的保险费，可将本科目改为"2203 预收保费"科目，并按投保人进行明细核算；从事再保险分出业务预收的赔款，可以单独设置"预收赔付款"科目。

二、本科目可按购货单位进行明细核算。

三、预收账款的主要账务处理。

（一）企业向购货单位预收的款项，借记"银行存款"等科目，贷记本科目；销售实现时，按实现的收入，借记本科目，贷记"主营业务收入"科目。涉及增值税销项税额的，还应进行相应的处理。

（二）企业（保险）收到预收的保费，借记"银行存款"、"库存现金"等科目，贷记本科目。确认保费收入，借记本科目，贷记"保费收入"科目。

从事再保险业务转销预收的赔款，借记本科目，贷记"应收分保账款"科目。四、本科目期末贷方余额，反映企业预收的款项；期末如为借方余额，反映企业尚未转销的款项。

2211 应付职工薪酬

一、本科目核算企业根据有关规定应付给职工的各种薪酬。企业（外商）按规定从净利润中提取的职工奖励及福利基金，也在本科目核算。

二、本科目可按“工资”、“职工福利”、“社会保险费”、“住房公积金”、“工会经费”、“职工教育经费”、“非货币性福利”、“辞退福利”、“股份支付”等进行明细核算。

三、企业发生应付职工薪酬的主要账务处理。

（一）生产部门人员的职工薪酬，借记“生产成本”、“制造费用”、“劳务成本”等科目，贷记本科目。应由在建工程、研发支出负担的职工薪酬，借记“在建工程”、“研发支出”等科目，贷记本科目。管理部门人员、销售人员的职工薪酬，借记“管理费用”或“销售费用”科目，贷记本科目。

（二）企业以其自产产品发放给职工作为职工薪酬的，借记“管理费用”、“生产成本”、“制造费用”等科目，贷记本科目。

无偿向职工提供住房等固定资产使用的，按应计提的折旧额，借记“管理费用”、“生产成本”、“制造费用”等科目，贷记本科目；同时，借记本科目，贷记“累计折旧”科目。

租赁住房等资产供职工无偿使用的，按每期应支付的租金，借记“管理费用”、“生产成本”、“制造费用”等科目，贷记本科目。

（三）因解除与职工的劳动关系给予的补偿，借记“管理费用”科目，贷记本科目。

（四）企业以现金与职工结算的股份支付，在等待期内每个资产负债表日，按当期应确认的成本费用金额，借记“管理费用”、“生产成本”、“制造费用”等科目，贷记本科目。在可行权日之后，以现金结算的股份支付当期公允价值的变动金额，借记或贷记“公允价值变动损益”科目，贷记或借记本科目。企业（外商）按规定从净利润中提取的职工奖励及福利基金，借记“利润分配——提取的职工奖励及福利基金”科目，贷记本科目。

四、企业发放职工薪酬的主要账务处理。

（一）向职工支付工资、奖金、津贴、福利费等，从应付职工薪酬中扣还的各种款项（代垫的家属药费、个人所得税等）等，借记本科目，贷记“银行存款”、“库存现金”、“其他应收款”、“应交税费——应交个人所得税”等科目。

（二）支付工会经费和职工教育经费用于工会活动和职工培训，借记本科目，贷记“银行存款”等科目。

（三）按照国家有关规定缴纳社会保险费和住房公积金，借记本科目，贷记“银行存款”科目。

（四）企业以其自产产品发放给职工的，借记本科目，贷记“主营业务收入”科目；同时，还应结转产成品的成本。涉及增值税销项税额的，还应进行相应的处理。

支付租赁住房等资产供职工无偿使用所发生的租金，借记本科目，贷记“银行存款”等科目。

（五）企业以现金与职工结算的股份支付，在行权日，借记本科目，贷记“银行存款”、“库存现金”等科目。

（六）企业因解除与职工的劳动关系给予职工的补偿，借记本科目，贷记“银行存款”、“库存现金”等科目。五、本科目期末贷方余额，反映企业应付未付的职工薪酬。

2221　应交税费

一、本科目核算企业按照税法等规定计算应交纳的各种税费，包括增值税、消费税、营业税、所得税、资源税、土地增值税、城市维护建设税、房产税、土地使用税、车船使用税、教育费附加、矿产资源补偿费等。

企业代扣代交的个人所得税等，也通过本科目核算。

二、本科目可按应交的税费项目进行明细核算。应交增值税还应分别“进项税额”、“销项税额”、“出口退税”、“进项税额转出”、“已交税金”等设置专栏。

三、应交增值税的主要账务处理。

（一）企业采购物资等，按应计入采购成本的金额，借记“材料采购”、“在途物资”或“原材料”、“库存商品”等科目，按可抵扣的增值税额，借记本科目（应交增值税——进项税额），按应付或实际支付的金额，贷记“应付账款”、“应付票据”、“银行存款”等科目。购入物资发生退货做相反的会计分录。

（二）销售物资或提供应税劳务，按营业收入和应收取的增值税额，借记“应收账款”、“应收票据”、“银行存款”等科目，按专用发票上注明的增值税额，贷记本科目（应交增值税——销项税额），按确认的营业收入，贷记“主营业务收入”、“其他业务收入”等科目。发生销售退回做相反的会计分录。

（三）出口产品按规定退税的，借记“其他应收款”科目，贷记本科目（应交增值税——出口退税）。（四）

交纳的增值税，借记本科目(应交增值税——已交税金)，贷记“银行存款”科目。

企业(小规模纳税人)以及购入材料不能抵扣增值税的，发生的增值税计入材料成本，借记“材料采购”、“在途物资”等科目，贷记本科目。

四、企业按规定计算应交的消费税、营业税、资源税、城市维护建设税、教育费附加等，借记“营业税金及附加”科目，贷记本科目。实际交纳时，借记本科目，贷记“银行存款”等科目。

出售不动产计算应交的营业税，借记“固定资产清理”等科目，贷记本科目(应交营业税)。

五、企业转让土地使用权应交的土地增值税，土地使用权与地上建筑物及其附着物一并在“固定资产”等科目核算的，借记“固定资产清理”等科目，贷记本科目(应交土地增值税)。土地使用权在“无形资产”科目核算的，按实际收到的金额，借记“银行存款”科目，按应交的土地增值税，贷记本科目(应交土地增值税)，同时冲销土地使用权的账面价值，贷记“无形资产”科目，按其差额，借记“营业外支出”科目或贷记“营业外收入”科目。实际交纳土地增值税时，借记本科目，贷记“银行存款”等科目。

企业按规定计算应交的房产税、土地使用税、车船使用税、矿产资源补偿费，借记“管理费用”科目，贷记本科目。实际交纳时，借记本科目，贷记“银行存款”等科目。

六、企业按照税法规定计算应交的所得税，借记“所得税费用”等科目，贷记本科目(应交所得税)。交纳的所得税，借记本科目，贷记“银行存款”等科目。

七、本科目期末贷方余额，反映企业尚未交纳的税费；期末如为借方余额，反映企业多交或尚未抵扣的税费。

2231 应付利息

一、本科目核算企业按照合同约定应支付的利息，包括吸收存款、分期付息到期还本的长期借款、企业债券等应支付的利息。

二、本科目可按存款人或债权人进行明细核算。

三、资产负债表日，应按摊余成本和实际利率计算确定的利息费用，借记“利息支出”、“在建工程”、“财务费用”、“研发支出”等科目，按合同利率计算确定的应付未付利息，贷记本科目，按其差额，借记或贷记“长期借款——利息调整”、“吸收存款——利息调整”等科目。

合同利率与实际利率差异较小的，也可以采用合同利率计算确定利息费用。实际支付利息时，借记本科目，贷记“银行存款”等科目。

四、本科目期末贷方余额，反映企业应付未付的利息。

2232 应付股利

一、本科目核算企业分配的现金股利或利润。

二、本科目可按投资者进行明细核算。

三、企业根据股东大会或类似机构审议批准的利润分配方案，按应支付的现金股利或利润，借记“利润分配”科目，贷记本科目。实际支付现金股利或利润，借记本科目，贷记“银行存款”等科目。董事会或类似机构通过的利润分配方案中拟分配的现金股利或利润，不做账务处理，但应在附注中披露。

四、本科目期末贷方余额，反映企业应付未付的现金股利或利润。

2241 其他应付款

一、本科目核算企业除应付票据、应付账款、预收账款、应付职工薪酬、应付利息、应付股利、应交税费、长期应付款等以外的其他各项应付、暂收的款项。

企业(保险)应交纳的保险保障基金，也通过本科目核算。

二、本科目可按其他应付款的项目和对方单位(或个人)进行明细核算。

三、企业采用售后回购方式融入资金的，应按实际收到的金额，借记“银行存款”科目，贷记本科目。回购价格与原销售价格之间的差额，应在售后回购期间内按期计提利息费用，借记“财务费用”科目，贷记本科目。按照合同约定购回该项商品等时，应按实际支付的金额，借记本科目，贷记“银行存款”科目。

四、企业发生的其他各种应付、暂收款项，借记“管理费用”等科目，贷记本科目；支付的其他各种应付、暂收款项，借记本科目，贷记“银行存款”等科目。

五、本科目期末贷方余额，反映企业应付未付的其他应付款项。

2251 应付保单红利

一、本科目核算企业(保险)按原保险合同约定应付未付投保人的红利。

二、本科目可按投保人进行明细核算。

三、企业按原保险合同约定计提应支付的保单红利，借记“保单红利支出”科目，贷记本科目。向投保人支付的保单红利，借记本科目，贷记“库存现金”、“银行存款”等科目。四、本科目期末贷方余额，反映企业应付未付投保人的红利。

2261 应付分保账款

一、本科目核算企业（保险）从事再保险业务应付未付的款项。

二、本科目可按再保险分出人或再保险接受人和再保险合同进行明细核算。

三、再保险分出人应付分保账款的主要账务处理。

（一）企业在确认原保险合同保费收入的当期，按相关再保险合同约定计算确定的分出保费金额，借记“分出保费”科目，贷记本科目。

在原保险合同提前解除的当期，按相关再保险合同约定计算确定的分出保费的调整金额，借记本科目，贷记“分出保费”科目。对于超额赔款再保险等非比例再保险合同，按相关再保险合同约定计算确定的分出保费金额，借记“分出保费”科目，贷记本科目。

（二）发出分保业务账单时，按账单标明的扣存本期分保保证金，借记本科目，贷记“存入保证金”科目。按账单标明的返还上期扣存分保保证金，借记“存入保证金”科目，贷记本科目。

按期计算的存入分保保证金利息，借记“利息支出”科目，贷记本科目。

四、再保险接受人应付分保账款的主要账务处理。

（一）企业在确认分保费收入的当期，按相关再保险合同约定计算确定的分保费用金额，借记“分保费用”科目，贷记本科目。

收到分保业务账单时，按账单标明的金额对分保费用进行调整，按调整增加额，借记“分保费用”科目，贷记本科目；按调整减少额做相反的会计分录。

（二）计算确定应向再保险分出人支付纯益手续费的，按相关再保险合同约定计算确定的纯益手续费金额，借记“分保费用”科目，贷记本科目。

（三）收到分保业务账单的当期，按账单标明的分保赔付款项金额，借记“赔付支出”科目，贷记本科目。

五、再保险分出人、再保险接受人结算分保账款时，按应付分保账款金额，借记本科目，按应收分保账款金额，贷记“应收分保账款”科目，按其差额，借记或贷记“银行存款”科目。

六、本科目期末贷方余额，反映企业从事再保险业务应付未付的款项。

2311 代理买卖证券款

一、本科目核算企业（证券）接受客户委托，代理客户买卖股票、债券和基金等有价证券而收到的款项。

企业（证券）代理客户认购新股的款项、代理客户领取的现金股利和债券利息、代理客户向证券交易所支付的配股款等，也在本科目核算。

二、本科目可按客户类别等进行明细核算。

三、代理买卖证券款的主要账务处理。

（一）企业收到客户交来的款项，借记“银行存款——客户”等科目，贷记本科目；客户提取存款做相反的会计分录。

（二）接受客户委托，买入证券成交总额大于卖出证券成交总额的，应按买卖证券成交价的差额加上代扣代交的相关税费和应向客户收取的佣金等之和，借记本科目等，贷记“结算备付金——客户”、“银行存款”等科目。

接受客户委托，卖出证券成交总额大于买入证券成交总额的，应按买卖证券成交价的差额减去代扣代交的相关税费和应向客户收取的佣金等后的余额，借记“结算备付金——客户”、“银行存款”等科目，贷记本科目等。

（三）代理客户认购新股，收到客户交来的认购款项，借记“银行存款——客户”等科目，贷记本科目。将款项划付证券交易所，借记“结算备付金——客户”科目，贷记“银行存款——客户”科目。客户办理申购手续，按实际支付的金额，借记本科目，贷记“结算备付金——客户”科目。证券交易所完成中签认定工作，将未中签资金退给客户时，借记“结算备付金——客户”科目，贷记本科目。企业将未中签的款项划回，借记“银行存款——客户”科目，贷记“结算备付金——客户”科目。企业将未中签的款项退给客户，借记本科目，贷记“银行存款——客户”科目。

（四）代理客户办理配股业务，采用当日向证券交易所交纳配股款的，当客户提出配股要求时，借记本科目，贷记“结算备付金——客户”科目。采用定期向证券交易所交纳配股款的，在客户提出配股要求时，借记本科目，贷记“其他应付款——应付客户配股款”科目。与证券交易所清算配股款，按配股金额，借记“其他应付款——应付客户配股款”科目，贷记“结算备付金——客户”科目。

四、本科目期末贷方余额，反映企业接受客户存放的代理买卖证券资金。

2312 代理承销证券款

一、本科目核算企业（金融）接受委托，采用承购包销方式或代销方式承销证券所形成的、应付证券发行人的承销资金。

二、本科目可按委托单位和证券种类进行明细核算。

三、企业承销记名证券的主要账务处理。

（一）通过证券交易所上网发行的，在证券上网发行日根据承销合同确认的证券发行总额，按承销价款，在备查簿中记录承销证券的情况。

（二）与证券交易所交割清算，按实际收到的金额，借记“结算备付金”等科目，贷记本科目。

（三）承销期结束，将承销证券款项交付委托单位并收取承销手续费，按承销价款，借记本科目，按应收取的承销手续费，贷记“手续费及佣金收入”科目，按实际支付给委托单位的金额，贷记“银行存款”等科目。

（四）承销期结束有未售出证券、采用余额承购包销方式承销证券的，按合同规定由企业认购，应按承销价款，借记“交易性金融资产”、“可供出售金融资产”等科目，贷记本科目。承销期结束，应将未售出证券退还委托单位。

四、企业承销无记名证券，比照承销记名证券的相关规定进行处理。

五、本科目期末贷方余额，反映企业承销证券应付未付给委托单位的款项。

2313 代理兑付证券款

一、本科目核算企业（证券、银行等）接受委托代理兑付证券收到的兑付资金。

二、本科目可按委托单位和证券种类进行明细核算。

三、代理兑付证券款的主要账务处理。

（一）企业兑付记名证券，收到委托单位的兑付资金，借记“银行存款”等科目，贷记本科目。收到客户交来的证券，按兑付金额，借记本科目，贷记“库存现金”、“银行存款”等科目。兑付无记名证券的，还应通过“代理兑付证券”科目核算。

（二）收取代理兑付证券手续费收入，向委托单位单独收取的，按应收或已收取的手续费，借记“应收手续费及佣金”等科目，贷记“手续费及佣金收入”科目。

手续费与兑付款一并汇入的，在收到款项时，应按实际收到的金额，借记“结算备付金”等科目，按应兑付的金额，贷记本科目，按事先取得的手续费，贷记“其他应付款——预收代理兑付证券手续费”科目。兑付证券业务完成后确认手续费收入，借记“其他应付款——预收代理兑付证券手续费”科目，贷记“手续费及佣金收入”科目。

四、本科目期末贷方余额，反映企业已收到但尚未兑付的代理兑付证券款项。

2314 代理业务负债

一、本科目核算企业不承担风险的代理业务收到的款项，包括受托投资资金、受托贷款资金等。企业采用收取手续费方式收到的代销商品款，可将本科目改为“2314 受托代销商品款”科目。

二、本科目可按委托单位、资产管理类别（如定向、集合和专项资产管理业务）等进行明细核算。

三、代理业务负债的主要账务处理。

（一）企业收到的代理业务款项，借记“银行存款”、“存放中央银行款项”、“吸收存款”等科目，贷记本科目。

定期或在合同到期与委托客户进行结算，按合同约定比例计算代理业务资产收益，结转已实现未结算损益，借记“代理业务资产——已实现未结算损益”科目，按属于委托客户的收益，贷记本科目，按属于企业的收益，贷记“手续费及佣金收入”科目。

按规定划转、核销或退还代理业务资金，借记本科目，贷记“银行存款”、“存放中央银行款项”、“吸收存款"等科目。

(二) 收到受托代销的商品,按约定的价格,借记"受托代销商品"科目,贷记"受托代销商品款"科目。

售出受托代销商品后,按实际收到或应收的金额,借记"银行存款"、"应收账款"等科目,贷记"受托代销商品"科目。计算代销手续费等收入,借记"受托代销商品款"科目,贷记"其他业务收入"科目。结清代销商品款时,借记"受托代销商品款"科目,贷记"银行存款"科目。

四、本科目期末贷方余额,反映企业收到的代理业务资金。

2401　递延收益

一、本科目核算企业确认的应在以后期间计入当期损益的政府补助。

二、本科目可按政府补助的项目进行明细核算。

三、递延收益的主要账务处理。

(一) 企业收到或应收的与资产相关的政府补助,借记"银行存款"、"其他应收款"等科目,贷记本科目。在相关资产使用寿命内分配递延收益,借记本科目,贷记"营业外收入"科目。

(二) 与收益相关的政府补助,用于补偿企业以后期间相关费用或损失的,按收到或应收的金额,借记"银行存款"、"其他应收款"等科目,贷记本科目。在发生相关费用或损失的未来期间,按应补偿的金额,借记本科目,贷记"营业外收入"科目。用于补偿企业已发生的相关费用或损失的,按收到或应收的金额,借记"银行存款"、"其他应收款"等科目,贷记"营业外收入"科目。

四、本科目期末贷方余额,反映企业应在以后期间计入当期损益的政府补助。

2501　长期借款

一、本科目核算企业向银行或其他金融机构借入的期限在1年以上(不含1年)的各项借款。

二、本科目可按贷款单位和贷款种类,分别"本金"、"利息调整"等进行明细核算。

三、长期借款的主要账务处理。

(一) 企业借入长期借款,应按实际收到的金额,借记"银行存款"科目,贷记本科目(本金)。如存在差额,还应借记本科目(利息调整)。

(二) 资产负债表日,应按摊余成本和实际利率计算确定的长期借款的利息费用,借记"在建工程"、"制造费用"、"财务费用"、"研发支出"等科目,按合同利率计算确定的应付未付利息,贷记"应付利息"科目,按其差额,贷记本科目(利息调整)。

实际利率与合同利率差异较小的,也可以采用合同利率计算确定利息费用。

(三) 归还的长期借款本金,借记本科目(本金),贷记"银行存款"科目。同时,存在利息调整余额的,借记或贷记"在建工程"、"制造费用"、"财务费用"、"研发支出"等科目,贷记或借记本科目(利息调整)。

四、本科目期末贷方余额,反映企业尚未偿还的长期借款。

2502　应付债券

一、本科目核算企业为筹集(长期)资金而发行债券的本金和利息。企业发行的可转换公司债券,应将负债和权益成分进行分拆,分拆后形成的负债成分在本科目核算。

二、本科目可按"面值"、"利息调整"、"应计利息"等进行明细核算。

三、应付债券的主要账务处理。

(一) 企业发行债券,应按实际收到的金额,借记"银行存款"等科目,按债券票面金额,贷记本科目(面值)。存在差额的,还应借记或贷记本科目(利息调整)。

发行的可转换公司债券,应按实际收到的金额,借记"银行存款"等科目,按该项可转换公司债券包含的负债成分的面值,贷记本科目(可转换公司债券——面值),按权益成分的公允价值,贷记"资本公积——其他资本公积"科目,按其差额,借记或贷记本科目(利息调整)。

(二) 资产负债表日,对于分期付息、一次还本的债券,应按摊余成本和实际利率计算确定的债券利息费用,借记"在建工程"、"制造费用"、"财务费用"、"研发支出"等科目,按票面利率计算确定的应付未付利息,贷记"应付利息"科目,按其差额,借记或贷记本科目(利息调整)。对于一次还本付息的债券,应于资产负债表日按摊余成本和实际利率计算确定的债券利息费用,借记"在建工程"、"制造费用"、"财务费用"、"研发支出"等科目,按票面利率计算确定的应付未付利息,贷记本科目(应计利息),按其差额,借记或贷记本科目(利息调整)。实际利率与票面利率差异较小的,也可以采用票面利率计算确定利息费用。

（三）长期债券到期，支付债券本息，借记本科目（面值、应计利息）、“应付利息”等科目，贷记“银行存款”等科目。同时，存在利息调整余额的，借记或贷记本科目（利息调整），贷记或借记“在建工程”、“制造费用”、“财务费用”、“研发支出”等科目。

（四）可转换公司债券持有人行使转换权利，将其持有的债券转换为股票，按可转换公司债券的余额，借记本科目（可转换公司债券—面值、利息调整），按其权益成分的金额，借记“资本公积——其他资本公积”科目，按股票面值和转换的股数计算的股票面值总额，贷记“股本”科目，按其差额，贷记“资本公积——股本溢价”科目。如用现金支付不可转换股票的部分，还应贷记“银行存款”等科目。

四、企业应当设置“企业债券备查簿”，详细登记企业债券的票面金额、债券票面利率、还本付息期限与方式、发行总额、发行日期和编号、委托代售单位、转换股份等资料。企业债券到期兑付，在备查簿中应予注销。

五、本科目期末贷方余额，反映企业尚未偿还的长期债券摊余成本。

2601　未到期责任准备金

一、本科目核算企业（保险）提取的非寿险原保险合同未到期责任准备金。再保险接受人提取的再保险合同分保未到期责任准备金，也在本科目核算。

二、本科目可按保险合同进行明细核算。

三、未到期责任准备金的主要账务处理。

（一）企业确认原保费收入、分保费收入的当期，应按保险精算确定的未到期责任准备金，借记“提取未到期责任准备金”科目，贷记本科目。

（二）资产负债表日，按保险精算重新计算确定的未到期责任准备金与已确认的未到期责任准备金的差额，借记本科目，贷记“提取未到期责任准备金”科目。

（三）原保险合同提前解除的，按相关未到期责任准备金余额，借记本科目，贷记“提取未到期责任准备金”科目。四、本科目期末贷方余额，反映企业的未到期责任准备金。

2602　保险责任准备金

一、本科目核算企业（保险）提取的原保险合同保险责任准备金，包括未决赔款准备金、寿险责任准备金、长期健康险责任准备金。

再保险接受人提取的再保险合同保险责任准备金，也在本科目核算。

企业（保险）也可以单独设置“未决赔款准备金”、“寿险责任准备金”、“长期健康险责任准备金”等科目。

二、本科目可按保险责任准备金类别、保险合同进行明细核算。

三、保险责任准备金的主要账务处理。

（一）企业确认寿险保费收入，应按保险精算确定的寿险责任准备金、长期健康险责任准备金，借记“提取保险责任准备金”科目，贷记本科目。

投保人发生非寿险保险合同约定的保险事故当期，企业应按保险精算确定的未决赔款准备金，借记“提取保险责任准备金”科目，贷记本科目。

对保险责任准备金进行充足性测试，应按补提的保险责任准备金，借记“提取保险责任准备金”科目，贷记本科目。

（二）原保险合同保险人确定支付赔付款项金额或实际发生理赔费用的当期，应按冲减的相应保险责任准备金余额，借记本科目，贷记“提取保险责任准备金”科目。

再保险接受人收到分保业务账单的当期，应按分保保险责任准备金的相应冲减金额，借记本科目，贷记“提取保险责任准备金”科目。

（三）寿险原保险合同提前解除的，应按相关寿险责任准备金、长期健康险责任准备金余额，借记本科目，贷记“提取保险责任准备金”科目。

四、本科目期末贷方余额，反映企业的保险责任准备金。

2611　保户储金

一、本科目核算企业（保险）收到投保人以储金本金增值作为保费收入的储金。企业（保险）收到投保人投资型保险业务的投资款，可将本科目改为“2611 保户投资款”科目。企业（保险）应向投保人支付的储金或投资款增值，也在本科目核算。

二、本科目可按投保人进行明细核算。

三、企业收到投保人交纳的储金，借记“银行存款”、“库存现金”等科目，贷记本科目。向投保人支付储金做相反的会计分录。

四、本科目期末贷方余额，反映企业应付未付投保人储金。

2621 独立账户负债

一、本科目核算企业(保险)对分拆核算的投资连结产品不属于风险保障部分确认的独立账户负债。

二、本科目可按负债类别进行明细核算。

三、独立账户负债的主要账务处理。

(一) 向独立账户划入资金，借记“独立账户资产——银行存款及现金”科目，贷记本科目。

(二) 对独立账户投资进行估值，按估值增值，借记“独立账户资产”科目，贷记本科目；估值减值的做相反的会计分录。

(三) 按照独立账户计提的保险费，借记“银行存款”科目，贷记“保费收入”科目；同时，借记本科目，贷记“独立账户资产”科目。对独立账户计提账户管理费，借记“银行存款”科目，贷记“手续费及佣金收入”科目；同时，借记本科目，贷记“独立账户资产”科目。

(四) 支付独立账户资产，借记本科目，贷记“独立账户资产”科目。

四、本科目期末贷方余额，反映企业确认的独立账户负债。

2701 长期应付款

一、本科目核算企业除长期借款和应付债券以外的其他各种长期应付款项，包括应付融资租入固定资产的租赁费、以分期付款方式购入固定资产等发生的应付款项等。

二、本科目可按长期应付款的种类和债权人进行明细核算。

三、长期应付款的主要账务处理。

(一) 企业融资租入的固定资产，在租赁期开始日，按应计入固定资产成本的金额(租赁开始日租赁资产公允价值与最低租赁付款额现值两者中较低者，加上初始直接费用)，借记“在建工程”或“固定资产”科目，按最低租赁付款额，贷记本科目，按发生的初始直接费用，贷记“银行存款”等科目，按其差额，借记“未确认融资费用”科目。

按期支付的租金，借记本科目，贷记“银行存款”等科目。

(二) 购入有关资产超过正常信用条件延期支付价款、实质上具有融资性质的，应按购买价款的现值，借记“固定资产”、“在建工程”等科目，按应支付的金额，贷记本科目，按其差额，借记“未确认融资费用”科目。

按期支付的价款，借记本科目，贷记“银行存款”科目。四、本科目期末贷方余额，反映企业应付未付的长期应付款项。

2702 未确认融资费用

一、本科目核算企业应当分期计入利息费用的未确认融资费用。

二、本科目可按债权人和长期应付款项目进行明细核算。

三、未确认融资费用的主要账务处理。

(一) 企业融资租入的固定资产，在租赁期开始日，按应计入固定资产成本的金额(租赁开始日租赁资产公允价值与最低租赁付款额现值两者中较低者，加上初始直接费用)，借记“在建工程”或“固定资产”科目，按最低租赁付款额，贷记“长期应付款”科目，按发生的初始直接费用，贷记“银行存款”等科目，按其差额，借记本科目。

采用实际利率法分期摊销未确认融资费用，借记“财务费用”、“在建工程”等科目，贷记本科目。

(二) 购入有关资产超过正常信用条件延期支付价款、实质上具有融资性质的，应按购买价款的现值，借记“固定资产”、“在建工程”等科目，按应支付的金额，贷记“长期应付款”科目，按其差额，借记本科目。

采用实际利率法分期摊销未确认融资费用，借记“在建工程”、“财务费用”等科目，贷记本科目。

四、本科目期末借方余额，反映企业未确认融资费用的摊余价值。

2711 专项应付款

一、本科目核算企业取得政府作为企业所有者投入的具有专项或特定用途的款项。

二、本科目可按资本性投资项目进行明细核算。

三、企业收到或应收的资本性拨款，借记“银行存款”等科目，贷记本科目。将专项或特定用途的拨款用于工程项目，借记“在建工程”等科目，贷记“银行存款”、“应付职工薪酬”等科目。

工程项目完工形成长期资产的部分，借记本科目，贷记“资本公积——资本溢价”科目；对未形成长期资产需要核销的部分，借记本科目，贷记“在建工程”等科目；拨款结余需要返还的，借记本科目，贷记“银行存款”科目。

上述资本溢价转增实收资本或股本，借记“资本公积——资本溢价或股本溢价”科目，贷记“实收资本”或“股本”科目。四、本科目期末贷方余额，反映企业尚未转销的专项应付款。

2801 预计负债

一、本科目核算企业确认的对外提供担保、未决诉讼、产品质量保证、重组义务、亏损性合同等预计负债。

二、本科目可按形成预计负债的交易或事项进行明细核算。

三、预计负债的主要账务处理。

（一）企业由对外提供担保、未决诉讼、重组义务产生的预计负债，应按确定的金额，借记“营业外支出”等科目，贷记本科目。由产品质量保证产生的预计负债，应按确定的金额，借记“销售费用”科目，贷记本科目。

由资产弃置义务产生的预计负债，应按确定的金额，借记“固定资产”或“油气资产”科目，贷记本科目。在固定资产或油气资产的使用寿命内，按计算确定各期应负担的利息费用，借记“财务费用”科目，贷记本科目。

（二）实际清偿或冲减的预计负债，借记本科目，贷记“银行存款”等科目。

（三）根据确凿证据需要对已确认的预计负债进行调整的，调整增加的预计负债，借记有关科目，贷记本科目；调整减少的预计负债做相反的会计分录。

四、本科目期末贷方余额，反映企业已确认尚未支付的预计负债。

2901 递延所得税负债

一、本科目核算企业确认的应纳税暂时性差异产生的所得税负债。

二、本科目可按应纳税暂时性差异的项目进行明细核算。

三、递延所得税负债的主要账务处理。

（一）资产负债表日，企业确认的递延所得税负债，借记“所得税费用——递延所得税费用”科目，贷记本科目。资产负债表日递延所得税负债的应有余额大于其账面余额的，应按其差额确认，借记“所得税费用——递延所得税费用”科目，贷记本科目；资产负债表日递延所得税负债的应有余额小于其账面余额的做相反的会计分录。

与直接计入所有者权益的交易或事项相关的递延所得税负债，借记“资本公积——其他资本公积”科目，贷记本科目。

（二）企业合并中取得资产、负债的入账价值与其计税基础不同形成应纳税暂时性差异的，应于购买日确认递延所得税负债，同时调整商誉，借记“商誉”等科目，贷记本科目。

四、本科目期末贷方余额，反映企业已确认的递延所得税负债。

共同类

3001 清算资金往来

一、本科目核算企业(银行)间业务往来的资金清算款项。

二、本科目可按资金往来单位，分别“同城票据清算”、“信用卡清算”等进行明细核算。

三、同城票据清算业务的主要账务处理。

（一）提出借方凭证，借记本科目，贷记“其他应付款”科目。发生退票，借记“其他应付款”科目，贷记本科目。已过退票时间未发生退票，借记“其他应付款”科目，贷记“吸收存款”等科目。提出贷方凭证，借记“吸收存款”等科目，贷记本科目；发生退票做相反的会计分录。

（二）提入借方凭证，提入凭证正确无误的，借记“吸收存款”等科目，贷记本科目。因误提他行凭证等原因不能入账的，借记“其他应收款”科目，贷记本科目。再提出时，借记本科目，贷记“其他应收款”科目。

提入贷方凭证,提入凭证正确无误的,借记本科目,贷记“吸收存款”等科目。因误提他行票据等原因不能入账的,借记本科目,贷记“其他应付款”科目。退票或再提出时,借记“其他应付款”科目,贷记本科目。

(三) 将提出凭证和提入凭证计算轧差后为应收差额的,借记“存放中央银行款项”等科目,贷记本科目;如为应付差额做相反的会计分录。

四、发生的其他清算业务,收到的清算资金,借记“存放中央银行款项”等科目,贷记本科目;划付清算资金时做相反的会计分录。

五、本科目期末借方余额,反映企业应收的清算资金;本科目期末贷方余额,反映企业应付的清算资金。

3002　货币兑换

一、本科目核算企业(金融)采用分账制核算外币交易所产生的不同币种之间的兑换。

二、本科目按币种进行明细核算。

三、货币兑换的主要账务处理。

(一) 企业发生的外币交易仅涉及货币性项目的,应按相同币种金额,借记或贷记有关货币性项目科目,贷记或借记本科目。

(二) 发生的外币交易同时涉及货币性项目和非货币性项目的,按相同外币金额记入货币性项目和本科目(外币);同时,按交易发生日即期汇率折算为记账本位币的金额记入非货币性项目和本科目(记账本位币)。结算货币性项目产生的汇兑差额计入“汇兑损益”科目。

(三) 期末,应将所有以外币表示的本科目余额按期末汇率折算为记账本位币金额,折算后的记账本位币金额与本科目(记账本位币)余额进行比较,为贷方差额的,借记本科目(记账本位币),贷记“汇兑损益”科目;为借方差额的做相反的会计分录。

四、本科目期末应无余额。

3101　衍生工具

一、本科目核算企业衍生工具的公允价值及其变动形成的衍生资产或衍生负债。

衍生工具作为套期工具的,在“套期工具”科目核算。

二、本科目可按衍生工具类别进行明细核算。

三、衍生工具的主要账务处理。

(一) 企业取得衍生工具,按其公允价值,借记本科目,按发生的交易费用,借记“投资收益”科目,按实际支付的金额,贷记“银行存款”、“存放中央银行款项”等科目。

(二) 资产负债表日,衍生工具的公允价值高于其账面余额的差额,借记本科目,贷记“公允价值变动损益”科目;公允价值低于其账面余额的差额做相反的会计分录。

(三) 终止确认的衍生工具,应当比照“交易性金融资产”、“交易性金融负债”等科目的相关规定进行处理。

四、本科目期末借方余额,反映企业衍生工具形成资产的公允价值;本科目期末贷方余额,反映企业衍生工具形成负债的公允价值。

3201　套期工具

一、本科目核算企业开展套期保值业务(包括公允价值套期、现金流量套期和境外经营净投资套期)套期工具公允价值变动形成的资产或负债。

二、本科目可按套期工具类别进行明细核算。

三、套期工具的主要账务处理。

(一) 企业将已确认的衍生工具等金融资产或金融负债指定为套期工具的,应按其账面价值,借记或贷记本科目,贷记或借记“衍生工具”等科目。

(二) 资产负债表日,对于有效套期,应按套期工具产生的利得,借记本科目,贷记“公允价值变动损益”、“资本公积——其他资本公积”等科目;套期工具产生损失做相反的会计分录。

(三) 金融资产或金融负债不再作为套期工具核算的,应按套期工具形成的资产或负债,借记或贷记有关科目,贷记或借记本科目。

四、本科目期末借方余额,反映企业套期工具形成资产的公允价值;本科目期末贷方余额,反映企业套期工具形成负债的公允价值。

3202 被套期项目

一、本科目核算企业开展套期保值业务被套期项目公允价值变动形成的资产或负债。

二、本科目可按被套期项目类别进行明细核算。

三、被套期项目的主要账务处理。

（一）企业将已确认的资产或负债指定为被套期项目，应按其账面价值，借记或贷记本科目，贷记或借记“库存商品”、“长期借款”、“持有至到期投资”等科目。已计提跌价准备或减值准备的，还应同时结转跌价准备或减值准备。

（二）资产负债表日，对于有效套期，应按被套期项目产生的利得，借记本科目，贷记“公允价值变动损益”、“资本公积——其他资本公积”等科目；被套期项目产生损失做相反的会计分录。

（三）资产或负债不再作为被套期项目核算的，应按被套期项目形成的资产或负债，借记或贷记有关科目，贷记或借记本科目。

四、本科目期末借方余额，反映企业被套期项目形成资产的公允价值；本科目期末贷方余额，反映企业被套期项目形成负债的公允价值。

所有者权益类

4001 实收资本

一、本科目核算企业接受投资者投入的实收资本。股份有限公司应将本科目改为“4001 股本”科目。企业收到投资者出资超过其在注册资本或股本中所占份额的部分，作为资本溢价或股本溢价，在“资本公积”科目核算。

二、本科目可按投资者进行明细核算。企业(中外合作经营)在合作期间归还投资者的投资，应在本科目设置“已归还投资”明细科目进行核算。

三、实收资本的主要账务处理。

（一）企业接受投资者投入的资本，借记“银行存款”、“其他应收款”、“固定资产”、“无形资产”、“长期股权投资”等科目，按其在注册资本或股本中所占份额，贷记本科目，按其差额，贷记“资本公积——资本溢价或股本溢价”科目。

（二）股东大会批准的利润分配方案中分配的股票股利，应在办理增资手续后，借记“利润分配”科目，贷记本科目。

经股东大会或类似机构决议，用资本公积转增资本，借记“资本公积——资本溢价或股本溢价”科目，贷记本科目。

（三）可转换公司债券持有人行使转换权利，将其持有的债券转换为股票，按可转换公司债券的余额，借记“应付债券——可转换公司债券(面值、利息调整)”科目，按其权益成分的金额，借记“资本公积——其他资本公积”科目，按股票面值和转换的股数计算的股票面值总额，贷记本科目，按其差额，贷记“资本公积——股本溢价”科目。如有现金支付不可转换股票，还应贷记“银行存款”等科目。

企业将重组债务转为资本的，应按重组债务的账面余额，借记“应付账款”等科目，按债权人因放弃债权而享有本企业股份的面值总额，贷记本科目，按股份的公允价值总额与相应的实收资本或股本之间的差额，贷记或借记“资本公积——资本溢价或股本溢价”科目，按其差额，贷记“营业外收入——债务重组利得”科目。

（四）以权益结算的股份支付换取职工或其他方提供服务的，应在行权日，按根据实际行权情况确定的金额，借记“资本公积——其他资本公积”科目，按应计入实收资本或股本的金额，贷记本科目。

四、企业按法定程序报经批准减少注册资本的，借记本科目，贷记“库存现金”、“银行存款”等科目。

股份有限公司采用收购本公司股票方式减资的，按股票面值和注销股数计算的股票面值总额，借记本科目，按所注销库存股的账面余额，贷记“库存股”科目，按其差额，借记“资本公积——股本溢价”科目，股本溢价不足冲减的，应借记“盈余公积”、“利润分配——未分配利润”科目；购回股票支付的价款低于面值总额的，应按股票面值总额，借记本科目，按所注销库存股的账面余额，贷记“库存股”科目，按其差额，贷记“资本公积——股本溢价”科目。

五、企业(中外合作经营)根据合同规定在合作期间归还投资者的投资，借记本科目(已归还投资)，贷记“银行存款”等科目；同时，借记“利润分配——利润归还投资”科目，贷记“盈余公积——利润归还投资”科目。

中外合作经营清算，借记本科目、“资本公积”、“盈余公积”、“利润分配——未分配利润”等科目，贷记本科目（已归还投资）、“银行存款”等科目。

六、本科目期末贷方余额，反映企业实收资本或股本总额。

4002　资本公积

一、本科目核算企业收到投资者出资额超出其在注册资本或股本中所占份额的部分。直接计入所有者权益的利得和损失，也通过本科目核算。

二、本科目应当分别“资本溢价（股本溢价）”、“其他资本公积”进行明细核算。

三、资本公积的主要账务处理。

（一）企业接受投资者投入的资本、可转换公司债券持有人行使转换权利、将债务转为资本等形成的资本公积，借记有关科目，贷记“实收资本”或“股本”科目、本科目（资本溢价或股本溢价）等。

与发行权益性证券直接相关的手续费、佣金等交易费用，借记本科目（股本溢价）等，贷记“银行存款”等科目。经股东大会或类似机构决议，用资本公积转增资本，借记本科目（资本溢价或股本溢价），贷记“实收资本”或“股本”科目。

（二）同一控制下控股合并形成的长期股权投资，应在合并日按取得被合并方所有者权益账面价值的份额，借记“长期股权投资”科目，按享有被投资单位已宣告但尚未发放的现金股利或利润，借记“应收股利”科目，按支付的合并对价的账面价值，贷记有关资产科目或借记有关负债科目，按其差额，贷记本科目（资本溢价或股本溢价）；为借方差额的，借记本科目（资本溢价或股本溢价），资本公积（资本溢价或股本溢价）不足冲减的，借记“盈余公积”、“利润分配——未分配利润”科目。

同一控制下吸收合并涉及的资本公积，比照上述原则进行处理。

（三）长期股权投资采用权益法核算的，在持股比例不变的情况下，被投资单位除净损益以外所有者权益的其他变动，企业按持股比例计算应享有的份额，借记或贷记“长期股权投资——其他权益变动”科目，贷记或借记本科目（其他资本公积）。

处置采用权益法核算的长期股权投资，还应结转原记入资本公积的相关金额，借记或贷记本科目（其他资本公积），贷记或借记“投资收益”科目。

（四）以权益结算的股份支付换取职工或其他方提供服务的，应按照确定的金额，借记“管理费用”等科目，贷记本科目（其他资本公积）。

在行权日，应按实际行权的权益工具数量计算确定的金额，借记本科目（其他资本公积），按计入实收资本或股本的金额，贷记“实收资本”或“股本”科目，按其差额，贷记本科目（资本溢价或股本溢价）。

（五）自用房地产或存货转换为采用公允价值模式计量的投资性房地产，按照“投资性房地产”科目的相关规定进行处理，相应调整资本公积。

（六）将持有至到期投资重分类为可供出售金融资产，或将可供出售金融资产重分类为持有至到期投资的，按照“持有至到期投资”、“可供出售金融资产”等科目的相关规定进行处理，相应调整资本公积。

将可供出售金融资产重分类为采用成本或摊余成本计量的金融资产的，对于原记入资本公积的相关金额，还应分别不同情况进行处理：有固定到期日的，应在该项金融资产的剩余期限内，在资产负债表日，按采用实际利率法计算确定的摊销金额，借记或贷记本科目（其他资本公积），贷记或借记“投资收益”科目；没有固定到期日的，应在处置该项金融资产时，借记或贷记本科目（其他资本公积），贷记或借记“投资收益”科目。

可供出售金融资产的后续计量，按照“可供出售金融资产”科目的相关规定进行处理，相应调整资本公积。

（七）股份有限公司采用收购本公司股票方式减资的，按股票面值和注销股数计算的股票面值总额，借记“股本”科目，按所注销的库存股的账面余额，贷记“库存股”科目，按其差额，借记本科目（股本溢价），股本溢价不足冲减的，应借记“盈余公积”、“利润分配——未分配利润”科目；购回股票支付的价款低于面值总额的，应按股票面值总额，借记“股本”科目，按所注销的库存股的账面余额，贷记“库存股”科目，按其差额，贷记本科目（股本溢价）。

(八) 资产负债表日,满足运用套期会计方法条件的现金流量套期和境外经营净投资套期产生的利得或损失,属于有效套期的,借记或贷记有关科目,贷记或借记本科目(其他资本公积);属于无效套期的,借记或贷记有关科目,贷记或借记"公允价值变动损益"科目。

四、本科目期末贷方余额,反映企业的资本公积。

4101 盈余公积

一、本科目核算企业从净利润中提取的盈余公积。

二、本科目应当分别"法定盈余公积"、"任意盈余公积"进行明细核算。

外商投资企业还应分别"储备基金"、"企业发展基金"进行明细核算。

中外合作经营在合作期间归还投资者的投资,应在本科目设置"利润归还投资"明细科目进行核算。

三、盈余公积的主要账务处理。

(一) 企业按规定提取的盈余公积,借记"利润分配——提取法定盈余公积、提取任意盈余公积"科目,贷记本科目(法定盈余公积、任意盈余公积)。

外商投资企业按规定提取的储备基金、企业发展基金、职工奖励及福利基金,借记"利润分配——提取储备基金、提取企业发展基金、提取职工奖励及福利基金"科目,贷记本科目(储备基金、企业发展基金)、"应付职工薪酬"科目。

(二) 经股东大会或类似机构决议,用盈余公积弥补亏损或转增资本,借记本科目,贷记"利润分配——盈余公积补亏"、"实收资本"或"股本"科目。

经股东大会决议,用盈余公积派送新股,按派送新股计算的金额,借记本科目,按股票面值和派送新股总数计算的股票面值总额,贷记"股本"科目。

中外合作经营根据合同规定在合作期间归还投资者的投资,应按实际归还投资的金额,借记"实收资本——已归还投资"科目,贷记"银行存款"等科目;同时,借记"利润分配——利润归还投资"科目,贷记本科目(利润归还投资)。

四、本科目期末贷方余额,反映企业的盈余公积。

4102 一般风险准备

一、本科目核算企业(金融)按规定从净利润中提取的一般风险准备。

二、企业提取的一般风险准备,借记"利润分配——提取一般风险准备"科目,贷记本科目。用一般风险准备弥补亏损,借记本科目,贷记"利润分配——一般风险准备补亏"科目。

三、本科目期末贷方余额,反映企业的一般风险准备。

4103 本年利润

一、本科目核算企业当期实现的净利润(或发生的净亏损)。

二、企业期(月)末结转利润时,应将各损益类科目的金额转入本科目,结平各损益类科目。结转后本科目的贷方余额为当期实现的净利润;借方余额为当期发生的净亏损。

三、年度终了,应将本年收入和支出相抵后结出的本年实现的净利润,转入"利润分配"科目,借记本科目,贷记"利润分配——未分配利润"科目;如为净亏损做相反的会计分录。结转后本科目应无余额。

4104 利润分配

一、本科目核算企业利润的分配(或亏损的弥补)和历年分配(或弥补)后的余额。

二、本科目应当分别"提取法定盈余公积"、"提取任意盈余公积"、"应付现金股利或利润"、"转作股本的股利"、"盈余公积补亏"和"未分配利润"等进行明细核算。

三、利润分配的主要账务处理。

(一) 企业按规定提取的盈余公积,借记本科目(提取法定盈余公积、提取任意盈余公积),贷记"盈余公积——法定盈余公积、任意盈余公积"科目。

外商投资企业按规定提取的储备基金、企业发展基金、职工奖励及福利基金,借记本科目(提取储备基金、提取企业发展基金、提取职工奖励及福利基金),贷记"盈余公积——储备基金、企业发展基金"、"应付职工薪酬"等科目。

企业(金融)按规定提取的一般风险准备,借记本科目(提取一般风险准备),贷记"一般风险准备"科目。

(二) 经股东大会或类似机构决议,分配给股东或投资者的现金股利或利润,借记本科目(应付现金股利或利润),贷记"应付股利"科目。

经股东大会或类似机构决议,分配给股东的股票股利,应在办理增资手续后,借记本科目(转作股本的股利),贷记"股本"科目。

用盈余公积弥补亏损,借记"盈余公积——法定盈余公积或任意盈余公积"科目,贷记本科目(盈余公积补亏)。

企业(金融)用一般风险准备弥补亏损,借记"一般风险准备"科目,贷记本科目(一般风险准备补亏)科目。

四、年度终了,企业应将本年实现的净利润,自"本年利润"科目转入本科目,借记"本年利润"科目,贷记本科目(未分配利润),为净亏损的做相反的会计分录;同时,将"利润分配"科目所属其他明细科目的余额转入本科目"未分配利润"明细科目。结转后,本科目除"未分配利润"明细科目外,其他明细科目应无余额。

五、本科目年末余额,反映企业的未分配利润(或未弥补亏损)。

4201 库存股

一、本科目核算企业收购、转让或注销的本公司股份金额。

二、库存股的主要账务处理。

(一) 企业为减少注册资本而收购本公司股份的,应按实际支付的金额,借记本科目,贷记"银行存款"等科目。

(二) 为奖励本公司职工而收购本公司股份的,应按实际支付的金额,借记本科目,贷记"银行存款"等科目,同时做备查登记。

将收购的股份奖励给本公司职工属于以权益结算的股份支付,如有实际收到的金额,借记"银行存款"科目,按根据职工获取奖励股份的实际情况确定的金额,借记"资本公积——其他资本公积"科目,按奖励库存股的账面余额,贷记本科目,按其差额,贷记或借记"资本公积——股本溢价"科目。

(三) 股东因对股东大会作出的公司合并、分立决议持有异议而要求企业收购本公司股份的,企业应按实际支付的金额,借记本科目,贷记"银行存款"等科目。

(四) 转让库存股,应按实际收到的金额,借记"银行存款"等科目,按转让库存股的账面余额,贷记本科目,按其差额,贷记"资本公积——股本溢价"科目;为借方差额的,借记"资本公积——股本溢价"科目,股本溢价不足冲减的,应借记"盈余公积"、"利润分配——未分配利润"科目。

(五) 注销库存股,应按股票面值和注销股数计算的股票面值总额,借记"股本"科目,按注销库存股的账面余额,贷记本科目,按其差额,借记"资本公积——股本溢价"科目,股本溢价不足冲减的,应借记"盈余公积"、"利润分配——未分配利润"科目。

三、本科目期末借方余额,反映企业持有尚未转让或注销的本公司股份金额。

成本类

5001 生产成本

一、本科目核算企业进行工业性生产发生的各项生产成本,包括生产各种产品(产成品、自制半成品等)、自制材料、自制工具、自制设备等。

企业(农业)进行农业生产发生的各项生产成本,可将本科目改为"5001 农业生产成本"科目,并分别种植业、畜牧养殖业、林业和水产业确定成本核算对象(消耗性生物资产、生产性生物资产、公益性生物资产和农产品)和成本项目,进行费用的归集和分配。

企业(房地产开发)可将本科目改为"5001 开发成本"科目。

二、本科目可按基本生产成本和辅助生产成本进行明细核算。

基本生产成本应当分别按照基本生产车间和成本核算对象(产品的品种、类别、定单、批别、生产阶段等)设置明细账(或成本计算单,下同),并按照规定的成本项目设置专栏。

三、生产成本的主要账务处理。

(一) 企业发生的各项直接生产成本,借记本科目(基本生产成本、辅助生产成本),贷记"原材料"、"库存现金"、"银行存款"、"应付职工薪酬"等科目。

各生产车间应负担的制造费用,借记本科目(基本生产成本、辅助生产成本),贷记"制造费用"科目。

辅助生产车间为基本生产车间、企业管理部门和其他部门提供的劳务和产品,期(月)末按照一定的分配标准分配给各受益对象，借记本科目（基本生产成本）、“管理费用”、“销售费用”、“其他业务成本”、“在建工程”等科目，贷记本科目（辅助生产成本）。

企业已经生产完成并已验收入库的产成品以及入库的自制半成品，应于期（月）末，借记“库存商品”等科目，贷记本科目（基本生产成本）。

（二）生产性生物资产在产出农产品过程中发生的各项费用，借记“农业生产成本”科目，贷记“库存现金”、“银行存款”、“原材料”、“应付职工薪酬”、“生产性生物资产累计折旧”等科目。

农业生产过程中发生的应由农产品、消耗性生物资产、生产性生物资产和公益性生物资产共同负担的费用，借记“农业生产成本——共同费用”科目，贷记“库存现金”、“银行存款”、“原材料”、“应付职工薪酬”、“农业生产成本”等科目。

期（月）末，可按一定的分配标准对上述共同负担的费用进行分配，借记“农业生产成本——农产品”、“消耗性生物资产”、“生产性生物资产”、“公益性生物资产”等科目，贷记“农业生产成本——共同费用”科目。

应由生产性生物资产收获的农产品负担的费用，应当采用合理的方法在农产品各品种之间进行分配；如有尚未收获的农产品，还应当在已收获和尚未收获的农产品之间进行分配。

生产性生物资产收获的农产品验收入库时，按其实际成本，借记“农产品”科目，贷记本科目（农产品）。

四、本科目期末借方余额，反映企业尚未加工完成的在产品成本或尚未收获的农产品成本。

5101 制造费用

一、本科目核算企业生产车间（部门）为生产产品和提供劳务而发生的各项间接费用。企业行政管理部门为组织和管理生产经营活动而发生的管理费用，在“管理费用”科目核算。

二、本科目可按不同的生产车间、部门和费用项目进行明细核算。

三、制造费用的主要账务处理。

（一）生产车间发生的机物料消耗，借记本科目，贷记“原材料”等科目。

（二）发生的生产车间管理人员的工资等职工薪酬，借记本科目，贷记“应付职工薪酬”科目。

（三）生产车间计提的固定资产折旧，借记本科目，贷记“累计折旧”科目。

（四）生产车间支付的办公费、水电费等，借记本科目，贷记“银行存款”等科目。

（五）发生季节性的停工损失，借记本科目，贷记“原材料”、“应付职工薪酬”、“银行存款”等科目。

（六）将制造费用分配计入有关的成本核算对象，借记“生产成本（基本生产成本、辅助生产成本）”、“劳务成本”等科目，贷记本科目。

（七）季节性生产企业制造费用全年实际发生额与分配额的差额，除其中属于为下一年开工生产做准备的可留待下一年分配外，其余部分实际发生额大于分配额的差额，借记“生产成本——基本生产成本”科目，贷记本科目；实际发生额小于分配额的差额做相反的会计分录。

四、除季节性的生产性企业外，本科目期末应无余额。

5201 劳务成本

一、本科目核算企业对外提供劳务发生的成本。企业（证券）在为上市公司进行承销业务发生的各项相关支出，可将本科目改为“5201 待转承销费用”科目，并按照客户进行明细核算。

二、本科目可按提供劳务种类进行明细核算。

三、企业发生的各项劳务成本，借记本科目，贷记“银行存款”、“应付职工薪酬”、“原材料”等科目。建造承包商对外单位、专项工程等提供机械作业（包括运输设备）的成本，借记本科目，贷记“机械作业”科目。结转劳务的成本，借记“主营业务成本”、“其他业务成本”等科目，贷记本科目。

四、本科目期末借方余额，反映企业尚未完成或尚未结转的劳务成本。

5301 研发支出

一、本科目核算企业进行研究与开发无形资产过程中发生的各项支出。

二、本科目可按研究开发项目，分别“费用化支出”、“资本化支出”进行明细核算。

三、研发支出的主要账务处理。

（一）企业自行开发无形资产发生的研发支出，不满足资本化条件的，借记本科目（费用化支出），满足资本化条件的，借记本科目（资本化支出），贷记“原材料”、“银行存款”、“应付职工薪酬”等科目。

(二) 研究开发项目达到预定用途形成无形资产的，应按本科目(资本化支出)的余额，借记“无形资产”科目，贷记本科目(资本化支出)。

期(月)末，应将本科目归集的费用化支出金额转入“管理费用”科目，借记“管理费用”科目，贷记本科目(费用化支出)。

四、本科目期末借方余额，反映企业正在进行无形资产研究开发项目满足资本化条件的支出。

5401 工程施工

一、本科目核算企业(建造承包商)实际发生的合同成本和合同毛利。

二、本科目可按建造合同，分别“合同成本”、“间接费用”、“合同毛利”进行明细核算。

三、工程施工的主要账务处理。

(一) 企业进行合同建造时发生的人工费、材料费、机械使用费以及施工现场材料的二次搬运费、生产工具和用具使用费、检验试验费、临时设施折旧费等其他直接费用，借记本科目(合同成本)，贷记“应付职工薪酬”、“原材料”等科目。发生的施工、生产单位管理人员职工薪酬、固定资产折旧费、财产保险费、工程保修费、排污费等间接费用，借记本科目(间接费用)，贷记“累计折旧”、“银行存款”等科目。

期(月)末，将间接费用分配计入有关合同成本，借记本科目(合同成本)，贷记本科目(间接费用)。

(二) 确认合同收入、合同费用时，借记“主营业务成本”科目，贷记“主营业务收入”科目，按其差额，借记或贷记本科目(合同毛利)。

(三) 合同完工时，应将本科目余额与相关工程施工合同的“工程结算”科目对冲，借记“工程结算”科目，贷记本科目。四、本科目期末借方余额，反映企业尚未完工的建造合同成本和合同毛利。

5402 工程结算

一、本科目核算企业(建造承包商)根据建造合同约定向业主办理结算的累计金额。

二、本科目可按建造合同进行明细核算。

三、企业向业主办理工程价款结算，按应结算的金额，借记“应收账款”等科目，贷记本科目。

合同完工时，应将本科目余额与相关工程施工合同的“工程施工”科目对冲，借记本科目，贷记“工程施工”科目。

四、本科目期末贷方余额，反映企业尚未完工建造合同已办理结算的累计金额。

5403 机械作业

一、本科目核算企业(建造承包商)及其内部独立核算的施工单位、机械站和运输队使用自有施工机械和运输设备进行机械作业(包括机械化施工和运输作业等)所发生的各项费用。

企业及其内部独立核算的施工单位，从外单位或本企业其他内部独立核算的机械站租入施工机械发生的机械租赁费，在“工程施工”科目核算。

二、本科目可按施工机械或运输设备的种类等进行明细核算。

施工企业内部独立核算的机械施工、运输单位使用自有施工机械或运输设备进行机械作业所发生的各项费用，可按成本核算对象和成本项目进行归集。

成本项目一般分为：人工费、燃料及动力费、折旧及修理费、其他直接费用、间接费用(为组织和管理机械作业生产所发生的费用)。三、机械作业的主要账务处理。(一) 企业发生的机械作业支出，借记本科目，贷记“原材料”、“应付职工薪酬”、“累计折旧”等科目。

(二) 期(月)末，企业及其内部独立核算的施工单位、机械站和运输队为本单位承包的工程进行机械化施工和运输作业的成本，应转入承包工程的成本，借记“工程施工”科目，贷记本科目。对外单位、专项工程等提供机械作业(包括运输设备)的成本，借记“劳务成本”科目，贷记本科目。

四、本科目期末应无余额。

损 益 类

6001 主营业务收入

一、本科目核算企业确认的销售商品、提供劳务等主营业务的收入。

二、本科目可按主营业务的种类进行明细核算。

三、主营业务收入的主要账务处理。

(一) 企业销售商品或提供劳务实现的收入，应按实际收到或应收的金额，借记“银行存款”、“应收账款"、"应收票据"等科目，按确认的营业收入，贷记本科目。

采用递延方式分期收款、具有融资性质的销售商品或提供劳务满足收入确认条件的，按应收合同或协议价款，借记"长期应收款"科目，按应收合同或协议价款的公允价值（折现值），贷记本科目，按其差额，贷记"未实现融资收益"科目。

以库存商品进行非货币性资产交换（非货币性资产交换具有商业实质且公允价值能够可靠计量）、债务重组的，应按该产成品、商品的公允价值，借记有关科目，贷记本科目。

本期（月）发生的销售退回或销售折让，按应冲减的营业收入，借记本科目，按实际支付或应退还的金额，贷记"银行存款"、"应收账款"等科目。

上述销售业务涉及增值税销项税额的，还应进行相应的处理。

（二）确认建造合同收入，按应确认的合同费用，借记"主营业务成本"科目，按应确认的合同收入，贷记本科目，按其差额，借记或贷记"工程施工——合同毛利"科目。

四、期末，应将本科目的余额转入"本年利润"科目，结转后本科目应无余额。

6011 利息收入

一、本科目核算企业（金融）确认的利息收入，包括发放的各类贷款（银团贷款、贸易融资、贴现和转贴现融出资金、协议透支、信用卡透支、转贷款、垫款等）、与其他金融机构（中央银行、同业等）之间发生资金往来业务、买入返售金融资产等实现的利息收入等。

二、本科目可按业务类别进行明细核算。

三、资产负债表日，企业应按合同利率计算确定的应收未收利息，借记"应收利息"等科目，按摊余成本和实际利率计算确定的利息收入，贷记本科目，按其差额，借记或贷记"贷款——利息调整"等科目。

实际利率与合同利率差异较小的，也可以采用合同利率计算确定利息收入。

四、期末，应将本科目余额转入"本年利润"科目，结转后本科目无余额。

6021 手续费及佣金收入

一、本科目核算企业（金融）确认的手续费及佣金收入，包括办理结算业务、咨询业务、担保业务、代保管等代理业务以及办理受托贷款及投资业务等取得的手续费及佣金，如结算手续费收入、佣金收入、业务代办手续费收入、基金托管收入、咨询服务收入、担保收入、受托贷款手续费收入、代保管收入，代理买卖证券、代理承销证券、代理兑付证券、代理保管证券、代理保险业务等代理业务以及其他相关服务实现的手续费及佣金收入等。

二、本科目可按手续费及佣金收入类别进行明细核算。

三、企业确认的手续费及佣金收入，按应收的金额，借记"应收手续费及佣金"、"代理承销证券款"等科目，贷记本科目。实际收到手续费及佣金，借记"存放中央银行款项"、"银行存款"、"结算备付金"、"吸收存款"等科目，贷记"应收手续费及佣金"等科目。

四、期末，应将本科目余额转入"本年利润"科目，结转后本科目无余额。

6031 保费收入

一、本科目核算企业（保险）确认的保费收入。

二、本科目可按保险合同和险种进行明细核算。

三、保费收入的主要账务处理。

（一）企业确认的原保险合同保费收入，借记"应收保费"、"预收保费"、"银行存款"、"库存现金"等科目，贷记本科目。

非寿险原保险合同提前解除的，按原保险合同约定计算确定的应退还投保人的金额，借记本科目，贷记"库存现金"、"银行存款"等科目。

（二）确认的再保险合同分保费收入，借记"应收分保账款"科目，贷记本科目。

收到分保业务账单，按账单标明的金额对分保费收入进行调整，按调整增加额，借记"应收分保账款"科目，贷记本科目；调整减少额做相反的会计分录。

四、期末，应将本科目余额转入"本年利润"科目，结转后本科目无余额。

6041 租赁收入

一、本科目核算企业（租赁）确认的租赁收入。

二、本科目可按租赁资产类别进行明细核算。

三、企业确认的租赁收入,借记"未实现融资收益"、"应收账款"等科目,贷记本科目。取得或有租金,借记"银行存款"等科目,贷记本科目。

四、期末,应将本科目余额转入"本年利润"科目,结转后本科目无余额。

6051 其他业务收入

一、本科目核算企业确认的除主营业务活动以外的其他经营活动实现的收入,包括出租固定资产、出租无形资产、出租包装物和商品、销售材料、用材料进行非货币性交换(非货币性资产交换具有商业实质且公允价值能够可靠计量)或债务重组等实现的收入。

企业(保险)经营受托管理业务收取的管理费收入,也通过本科目核算。

二、本科目可按其他业务收入种类进行明细核算。

三、企业确认的其他业务收入,借记"银行存款"、"其他应收款"等科目,贷记本科目等。

四、期末,应将本科目余额转入"本年利润"科目,结转后本科目应无余额。

6061 汇兑损益

一、本科目核算企业(金融)发生的外币交易因汇率变动而产生的汇兑损益。

二、采用统账制核算的,各外币货币性项目的外币期(月)末余额,应当按照期(月)末汇率折算为记账本位币金额。按照期(月)末汇率折算的记账本位币金额与原账面记账本位币金额之间的差额,如为汇兑收益,借记有关科目,贷记本科目;如为汇兑损失做相反的会计分录。

采用分账制核算的,期(月)末将所有以外币表示的"货币兑换"科目余额按期(月)末汇率折算为记账本位币金额,折算后的记账本位币金额与"货币兑换——记账本位币"科目余额进行比较,为贷方差额的,借记"货币兑换——记账本位币"科目,贷记"汇兑损益"科目;为借方差额的做相反的会计分录。

三、期末,应将本科目的余额转入"本年利润"科目,结转后本科目应无余额。

6101 公允价值变动损益

一、本科目核算企业交易性金融资产、交易性金融负债,以及采用公允价值模式计量的投资性房地产、衍生工具、套期保值业务等公允价值变动形成的应计入当期损益的利得或损失。

指定为以公允价值计量且其变动计入当期损益的金融资产或金融负债公允价值变动形成的应计入当期损益的利得或损失,也在本科目核算。

企业开展套期保值业务的,有效套期关系中套期工具或被套期项目的公允价值变动,也可以单独设置"6102 套期损益"科目核算。

二、本科目可按交易性金融资产、交易性金融负债、投资性房地产等进行明细核算。

三、公允价值变动损益的主要账务处理。

(一)资产负债表日,企业应按交易性金融资产的公允价值高于其账面余额的差额,借记"交易性金融资产——公允价值变动"科目,贷记本科目;公允价值低于其账面余额的差额做相反的会计分录。

出售交易性金融资产时,应按实际收到的金额,借记"银行存款"、"存放中央银行款项"等科目,按该金融资产的账面余额,贷记"交易性金融资产"科目,按其差额,借记或贷记"投资收益"科目。同时,将原计入该金融资产的公允价值变动转出,借记或贷记本科目,贷记或借记"投资收益"科目。

(二)资产负债表日,交易性金融负债的公允价值高于其账面余额的差额,借记本科目,贷记"交易性金融负债"等科目;公允价值低于其账面余额的差额做相反的会计分录。

处置交易性金融负债,应按该金融负债的账面余额,借记"交易性金融负债"科目,按实际支付的金额,贷记"银行存款"、"存放中央银行款项"、"结算备付金"等科目,按其差额,贷记或借记"投资收益"科目。同时,按该金融负债的公允价值变动,贷记或借记本科目,借记或贷记"投资收益"科目。

(三)采用公允价值模式计量的投资性房地产、衍生工具、套期工具、被套期项目等形成的公允价值变动,按照"投资性房地产"、"衍生工具"、"套期工具"、"被套期项目"等科目的相关规定进行处理。

四、期末,应将本科目余额转入"本年利润"科目,结转后本科目无余额。

6111 投资收益

一、本科目核算企业确认的投资收益或投资损失。

企业(金融)债券投资持有期间取得的利息收入,也可在"利息收入"科目核算。

二、本科目可按投资项目进行明细核算。

三、投资收益的主要账务处理。

（一）长期股权投资采用成本法核算的，企业应按被投资单位宣告发放的现金股利或利润中属于本企业的部分，借记“应收股利”科目，贷记本科目；属于被投资单位在取得本企业投资前实现净利润的分配额，应作为投资成本的收回，借记“应收股利”等科目，贷记“长期股权投资”科目。

长期股权投资采用权益法核算的，应按根据被投资单位实现的净利润或经调整的净利润计算应享有的份额，借记“长期股权投资——损益调整”科目，贷记本科目。被投资单位发生净亏损的，比照“长期股权投资”科目的相关规定进行处理。

处置长期股权投资时，应按实际收到的金额，借记“银行存款”等科目，按其账面余额，贷记“长期股权投资”科目，按尚未领取的现金股利或利润，贷记“应收股利”科目，按其差额，贷记或借记本科目。已计提减值准备的，还应同时结转减值准备。

处置采用权益法核算的长期股权投资，除上述规定外，还应结转原记入资本公积的相关金额，借记或贷记“资本公积——其他资本公积”科目，贷记或借记本科目。

（二）企业持有交易性金融资产、持有至到期投资、可供出售金融资产期间取得的投资收益以及处置交易性金融资产、交易性金融负债、指定为以公允价值计量且其变动计入当期损益的金融资产或金融负债、持有至到期投资、可供出售金融资产实现的损益，比照“交易性金融资产”、“持有至到期投资”、“可供出售金融资产”、“交易性金融负债”等科目的相关规定进行处理。

四、期末，应将本科目余额转入“本年利润”科目，本科目结转后应无余额。

6201 摊回保险责任准备金

一、本科目核算企业（再保险分出人）从事再保险业务应向再保险接受人摊回的保险责任准备金，包括未决赔款准备金、寿险责任准备金、长期健康险责任准备金。

企业（再保险分出人）也可以单独设置“摊回未决赔款准备金”、“摊回寿险责任准备金”、“摊回长期健康险责任准备金”等科目。

二、本科目可按保险责任准备金类别和险种进行明细核算。

三、摊回保险责任准备金的主要账务处理。

（一）企业在提取原保险合同保险责任准备金的当期，应按相关再保险合同约定计算确定的应向再保险接受人摊回的保险责任准备金，借记“应收分保合同准备金”科目，贷记本科目。

对原保险合同保险责任准备金进行充足性测试补提保险责任准备金，应按相关再保险合同约定计算确定的应收分保保险责任准备金的相应增加额，借记“应收分保合同准备金”科目，贷记本科目。

（二）在确定支付赔付款项金额或实际发生理赔费用而冲减原保险合同相应保险责任准备金余额的当期，应按相关应收分保保险责任准备金的相应冲减金额，借记本科目，贷记“应收分保合同准备金”科目。

（三）在寿险原保险合同提前解除而转销相关寿险责任准备金、长期健康险责任准备金余额的当期，应按相关应收分保保险责任准备金余额，借记本科目，贷记“应收分保合同准备金”科目。

四、期末，应将本科目余额转入“本年利润”科目，结转后本科目无余额。

6202 摊回赔付支出

一、本科目核算企业（再保险分出人）向再保险接受人摊回的赔付成本。企业（再保险分出人）也可以单独设置“摊回赔款支出”、“摊回年金给付”、“摊回满期给付”、“摊回死伤医疗给付”等科目。

二、本科目可按险种进行明细核算。

三、摊回赔付支出的主要账务处理。

（一）企业在确定支付赔付款项金额或实际发生理赔费用而确认原保险合同赔付成本的当期，应按相关再保险合同约定计算确定的应向再保险接受人摊回的赔付成本金额，借记“应收分保账款”科目，贷记本科目。

（二）在因取得和处置损余物资、确认和收到应收代位追偿款等而调整原保险合同赔付成本的当期，应按相关再保险合同约定计算确定的摊回赔付成本的调整金额，借记或贷记本科目，贷记或借记“应收分保账款”科目。

（三）对于超额赔款再保险等非比例再保险合同，计算确定应向再保险接受人摊回的赔付成本的，应按摊回的赔付成本金额，借记"应收分保账款"科目，贷记本科目。

四、期末，应将本科目余额转入"本年利润"科目，结转后本科目无余额。

6203　摊回分保费用

一、本科目核算企业(再保险分出人)向再保险接受人摊回的分保费用。

二、本科目可按险种进行明细核算。

三、摊回分保费用的主要账务处理。

(一) 企业在确认原保险合同保费收入的当期，应按相关再保险合同约定计算确定的应向再保险接受人摊回的分保费用，借记"应收分保账款"科目，贷记本科目。

(二) 计算确定应向再保险接受人收取的纯益手续费的，应按相关再保险合同约定计算确定的纯益手续费，借记"应收分保账款"科目，贷记本科目。

(三) 在原保险合同提前解除的当期，应按相关再保险合同约定计算确定的摊回分保费用的调整金额，借记本科目，贷记"应收分保账款"科目。

四、期末，应将本科目余额转入"本年利润"科目，结转后本科目无余额。

6301　营业外收入

一、本科目核算企业发生的各项营业外收入，主要包括非流动资产处置利得、非货币性资产交换利得、债务重组利得、政府补助、盘盈利得、捐赠利得等。

二、本科目可按营业外收入项目进行明细核算。

三、企业确认处置非流动资产利得、非货币性资产交换利得、债务重组利得，比照"固定资产清理"、"无形资产"、"原材料"、"库存商品"、"应付账款"等科目的相关规定进行处理。

确认的政府补助利得，借记"银行存款"、"递延收益"等科目，贷记本科目。

四、期末，应将本科目余额转入"本年利润"科目，结转后本科目无余额。

6401　主营业务成本

一、本科目核算企业确认销售商品、提供劳务等主营业务收入时应结转的成本。

二、本科目可按主营业务的种类进行明细核算。

三、主营业务成本的主要账务处理。

(一) 期(月)末，企业应根据本期(月)销售各种商品、提供各种劳务等实际成本，计算应结转的主营业务成本，借记本科目，贷记"库存商品"、"劳务成本"等科目。

采用计划成本或售价核算库存商品的，平时的营业成本按计划成本或售价结转，月末，还应结转本月销售商品应分摊的产品成本差异或商品进销差价。

本期(月)发生的销售退回，如已结转销售成本的，借记"库存商品"等科目，贷记本科目。

(二) 确认建造合同收入，按应确认的合同费用，借记本科目，按应确认的合同收入，贷记"主营业务收入"科目，按其差额，借记或贷记"工程施工——合同毛利"科目。合同完工时，已计提存货跌价准备的，还应结转跌价准备。

四、期末，应将本科目的余额转入"本年利润"科目，结转后本科目无余额。

6402　其他业务成本

一、本科目核算企业确认的除主营业务活动以外的其他经营活动所发生的支出，包括销售材料的成本、出租固定资产的折旧额、出租无形资产的摊销额、出租包装物的成本或摊销额等。

除主营业务活动以外的其他经营活动发生的相关税费，在"营业税金及附加"科目核算。

采用成本模式计量投资性房地产的，其投资性房地产计提的折旧额或摊销额，也通过本科目核算。

二、本科目可按其他业务成本的种类进行明细核算。

三、企业发生的其他业务成本，借记本科目，贷记"原材料"、"周转材料"、"累计折旧"、"累计摊销"、"应付职工薪酬"、"银行存款"等科目。

四、期末，应将本科目余额转入"本年利润"科目，结转后本科目无余额。

6403　营业税金及附加

一、本科目核算企业经营活动发生的营业税、消费税、城市维护建设税、资源税和教育费附加等相关税费。房产税、车船使用税、土地使用税、印花税在"管理费用"科目核算，但与投资性房地产相关的房产税、土地使用税在本科目核算。

二、企业按规定计算确定的与经营活动相关的税费，借记本科目，贷记“应交税费”科目。

三、期末，应将本科目余额转入“本年利润”科目，结转后本科目无余额。

6411 利息支出

一、本科目核算企业（金融）发生的利息支出，包括吸收的各种存款（单位存款、个人存款、信用卡存款、特种存款、转贷款资金等）、与其他金融机构（中央银行、同业等）之间发生资金往来业务、卖出回购金融资产等产生的利息支出。

二、本科目可按利息支出项目进行明细核算。

三、资产负债表日，企业应按摊余成本和实际利率计算确定的利息费用金额，借记本科目，按合同利率计算确定的应付未付利息，贷记“应付利息”科目，按其差额，借记或贷记“吸收存款——利息调整”等科目。

实际利率与合同利率差异较小的，也可以采用合同利率计算确定利息费用。

四、期末，应将本科目余额转入“本年利润”科目，结转后本科目无余额。

6421 手续费及佣金支出

一、本科目核算企业（金融）发生的与其经营活动相关的各项手续费、佣金等支出。

二、本科目可按支出类别进行明细核算。

三、企业发生的与其经营活动相关的手续费、佣金等支出，借记本科目，贷记“银行存款”、“存放中央银行款项”、“存放同业”、“库存现金”、“应付手续费及佣金”等科目。

四、期末，应将本科目余额转入“本年利润”科目，结转后本科目无余额。

6501 提取未到期责任准备金

一、本科目核算企业（保险）提取的非寿险原保险合同未到期责任准备金和再保险合同分保未到期责任准备金。

二、本科目可按保险合同和险种进行明细核算。

三、提取未到期责任准备金的主要账务处理。

（一）企业在确认原保费收入、分保费收入的当期，应按保险精算确定的未到期责任准备金，借记本科目，贷记“未到期责任准备金”科目。

（二）资产负债表日，应按保险精算重新计算确定的未到期责任准备金与已确认的未到期责任准备金的差额，借记“未到期责任准备金”科目，贷记本科目。

（三）原保险合同提前解除的，应按相关未到期责任准备金余额，借记“未到期责任准备金”科目，贷记本科目。

（四）在确认非寿险原保险合同保费收入的当期，按相关再保险合同约定计算确定的相关应收分保未到期责任准备金金额，借记“应收分保合同准备金”科目，贷记本科目。

资产负债表日，调整原保险合同未到期责任准备金余额的，按相关再保险合同约定计算确定的应收分保未到期责任准备金的调整金额，借记本科目，贷记“应收分保合同准备金”科目。

四、期末，应将本科目余额转入“本年利润”科目，结转后本科目无余额。

6502 提取保险责任准备金

一、本科目核算企业（保险）提取的原保险合同保险责任准备金，包括提取的未决赔款准备金、提取的寿险责任准备金、提取的长期健康险责任准备金。

再保险接受人提取的再保险合同保险责任准备金，也在本科目核算。

企业（保险）也可以单独设置“提取未决赔款准备金”、“提取寿险责任准备金”、“提取长期健康险责任准备金”等科目。

二、本科目可按保险责任准备金类别、险种和保险合同进行明细核算。

三、提取保险责任准备金的主要账务处理。

（一）企业确认寿险保费收入，应按保险精算确定的寿险责任准备金、长期健康险责任准备金，借记本科目，贷记“保险责任准备金”科目。

投保人发生非寿险保险合同约定的保险事故当期，企业应按保险

精算确定的未决赔款准备金，借记本科目，贷记“保险责任准备金”科目。对保险责任准备金进行充足

性测试，应按补提的保险责任准备金，借记本科目，贷记“保险责任准备金”科目。

（二）原保险合同保险人确定支付赔付款项金额或实际发生理赔费用的当期，应按冲减的相应保险责任准备金余额，借记“保险责任准备金”科目，贷记本科目。

再保险接受人收到分保业务账单的当期，应按分保保险责任准备金的相应冲减金额，借记“保险责任准备金”科目，贷记本科目。

（三）寿险原保险合同提前解除的，应按相关寿险责任准备金、长期健康险责任准备金余额，借记“保险责任准备金”科目，贷记本科目。

四、期末，应将本科目余额转入“本年利润”科目，结转后本科目无余额。

6511　赔付支出

一、本科目核算企业（保险）支付的原保险合同赔付款项和再保险合同赔付款项。企业（保险）可以单独设置“赔款支出”、“满期给付”、“年金给付”、“死伤医疗给付”、“分保赔付支出”等科目。

二、本科目可按保险合同和险种进行明细核算。

三、赔付支出的主要账务处理。

（一）企业在确定支付赔付款项金额或实际发生理赔费用的当期，借记本科目，贷记“银行存款”、“库存现金”等科目。

（二）承担赔付保险金责任后应当确认的代位追偿款，借记“应收代位追偿款”科目，贷记本科目。

收到应收代位追偿款时，应按实际收到的金额，借记“库存现金”、“银行存款”等科目，按应收代位追偿款的账面余额，贷记“应收代位追偿款”科目，按其差额，借记或贷记本科目。已计提坏账准备的，还应同时结转坏账准备。

（三）承担赔偿保险金责任后取得的损余物资，应按同类或类似资产的市场价格计算确定的金额，借记“损余物资”科目，贷记本科目。

处置损余物资，应按实际收到的金额，借记“库存现金”、“银行存款”等科目，按损余物资的账面余额，贷记“损余物资”科目，按其差额，借记或贷记本科目。已计提跌价准备的，还应同时结转跌价准备。

（四）再保险接受人收到分保业务账单的当期，应按账单标明的分保赔付款项金额，借记本科目，贷记“应付分保账款”科目。

四、期末，应将本科目余额转入“本年利润”科目，结转后本科目无余额。

6521　保单红利支出

一、本科目核算企业（保险）按原保险合同约定支付给投保人的红利。

二、本科目可按保单红利来源进行明细核算。

三、企业按原保险合同约定计提应支付的保单红利，借记本科目，贷记“应付保单红利”科目。

四、期末，应将本科目余额转入“本年利润”科目，结转后本科目无余额。

6531　退保金

一、本科目核算企业（保险）寿险原保险合同提前解除时按照约定应当退还投保人的保单现金价值。

企业（保险）寿险原保险合同提前解除时应当退还投保人的不属于保单现金价值的款项，以及非寿险原保险合同提前解除时应当退还投保人的款项，在“保费收入”科目核算。

二、本科目可按险种进行明细核算。

三、企业寿险原保险合同提前解除的，应按原保险合同约定计算确定的应退还投保人的保单现金价值，借记本科目，贷记“库存现金”、“银行存款”等科目。

四、期末，应将本科目余额转入“本年利润”科目，结转后本科目无余额。

6541　分出保费

一、本科目核算企业（再保险分出人）向再保险接受人分出的保费。

二、本科目可按险种进行明细核算。

三、分出保费的主要账务处理。

（一）企业在确认原保险合同保费收入的当期，应按再保险合同约定计算确定的分出保费金额，借记本科目，贷记“应付分保账款”科目。

在原保险合同提前解除的当期，应按再保险合同约定计算确定的分出保费的调整金额，借记“应付分保账款”科目，贷记本科目。

(二) 对于超额赔款再保险等非比例再保险合同，应按再保险合同约定计算确定的分出保费金额，借记本科目，贷记“应付分保账款”科目。调整分出保费时，借记或贷记本科目，贷记或借记“应付分保账款”科目。

四、期末，应将本科目余额转入“本年利润”科目，结转后本科目无余额。

6542 分保费用

一、本科目核算企业(再保险接受人)向再保险分出人支付的分保费用。

二、本科目可按险种进行明细核算。

三、分保费用的主要账务处理。

(一) 企业在确认分保费收入的当期，应按再保险合同约定计算确定的分保费用金额，借记本科目，贷记“应付分保账款”科目。

收到分保业务账单，按账单标明的金额对分保费用进行调整，借记或贷记本科目，贷记或借记“应付分保账款”科目。

(二) 计算确定应向再保险分出人支付的纯益手续费的，应按再保险合同约定计算确定的纯益手续费，借记本科目，贷记“应付分保账款”科目。

四、期末，应将本科目余额转入“本年利润”科目，结转后本科目无余额。

6601 销售费用

一、本科目核算企业销售商品和材料、提供劳务的过程中发生的各种费用，包括保险费、包装费、展览费和广告费、商品维修费、预计产品质量保证损失、运输费、装卸费等以及为销售本企业商品而专设的销售机构(含销售网点、售后服务网点等)的职工薪酬、业务费、折旧费等经营费用。

企业发生的与专设销售机构相关的固定资产修理费用等后续支出，也在本科目核算。

企业(金融)应将本科目改为“6601 业务及管理费”科目，核算企业(金融)在业务经营和管理过程中所发生的各项费用，包括折旧费、业务宣传费、业务招待费、电子设备运转费、钞币运送费、安全防范费、邮电费、劳动保护费、外事费、印刷费、低值易耗品摊销、职工工资及福利费、差旅费、水电费、职工教育经费、工会经费、会议费、诉讼费、公证费、咨询费、无形资产摊销、长期待摊费用摊销、取暖降温费、聘请中介机构费、技术转让费、绿化费、董事会费、财产保险费、劳动保险费、待业保险费、住房公积金、物业管理费、研究费用、提取保险保障基金等。

企业(金融)不应设置“管理费用”科目。

二、本科目可按费用项目进行明细核算。

三、销售费用的主要账务处理。

(一) 企业在销售商品过程中发生的包装费、保险费、展览费和广告费、运输费、装卸费等费用，借记本科目，贷记“库存现金”、“银行存款”等科目。

(二) 发生的为销售本企业商品而专设的销售机构的职工薪酬、业务费等经营费用，借记本科目，贷记“应付职工薪酬”、“银行存款”、“累计折旧”等科目。

四、期末，应将本科目余额转入“本年利润”科目，结转后本科目无余额。

6602 管理费用

一、本科目核算企业为组织和管理企业生产经营所发生的管理费用，包括企业在筹建期间内发生的开办费、董事会和行政管理部门在企业的经营管理中发生的或者应由企业统一负担的公司经费(包括行政管理部门职工工资及福利费、物料消耗、低值易耗品摊销、办公费和差旅费等)、工会经费、董事会费(包括董事会成员津贴、会议费和差旅费等)、聘请中介机构费、咨询费(含顾问费)、诉讼费、业务招待费、房产税、车船使用税、土地使用税、印花税、技术转让费、矿产资源补偿费、研究费用、排污费等。

企业(商品流通)管理费用不多的，可不设置本科目，本科目的核算内容可并入“销售费用”科目核算。企业生产车间(部门)和行政管理部门等发生的固定资产修理费用等后续支出，也在本科目核算。

二、本科目可按费用项目进行明细核算。

三、管理费用的主要账务处理。

(一) 企业在筹建期间内发生的开办费，包括人员工资、办公费、培训费、差旅费、印刷费、注册登记费以及不计入固定资产成本的借款费用等在实际发生时，借记本科目（开办费），贷记“银行存款”等科目。

（二）行政管理部门人员的职工薪酬，借记本科目，贷记“应付职工薪酬”科目。

（三）行政管理部门计提的固定资产折旧，借记本科目，贷记“累计折旧”科目。

发生的办公费、水电费、业务招待费、聘请中介机构费、咨询费、诉讼费、技术转让费、研究费用，借记本科目，贷记“银行存款”、“研发支出”等科目。

按规定计算确定的应交矿产资源补偿费、房产税、车船使用税、土地使用税、印花税，借记本科目，贷记“应交税费”科目。

四、期末，应将本科目的余额转入“本年利润”科目，结转后本科目无余额。

6603　财务费用

一、本科目核算企业为筹集生产经营所需资金等而发生的筹资费用，包括利息支出（减利息收入）、汇兑损益以及相关的手续费、企业发生的现金折扣或收到的现金折扣等。

为购建或生产满足资本化条件的资产发生的应予资本化的借款费用，在“在建工程”、“制造费用”等科目核算。

二、本科目可按费用项目进行明细核算。

三、企业发生的财务费用，借记本科目，贷记“银行存款”、“未确认融资费用”等科目。发生的应冲减财务费用的利息收入、汇兑损益、现金折扣，借记“银行存款”、“应付账款”等科目，贷记本科目。四、期末，应将本科目余额转入“本年利润”科目，结转后本科目无余额。

6604　勘探费用

一、本科目核算企业（石油天然气开采）在油气勘探过程中发生的地质调查、物理化学勘探各项支出和非成功探井等支出。

二、本科目可按勘探项目进行明细核算。

三、企业油气勘探过程中发生的各项非钻井勘探支出，借记本科目，贷记“银行存款”、“累计折旧”、“应付职工薪酬”等科目。油气勘探过程中发生的各项钻井勘探支出中属于未发现探明经济可采储量的钻井勘探支出，借记本科目，贷记“油气勘探支出”科目。

四、期末，应将本科目余额转入“本年利润”科目，结转后本科目无余额。

6701　资产减值损失

一、本科目核算企业计提各项资产减值准备所形成的损失。

二、本科目可按资产减值损失的项目进行明细核算。

三、企业的应收款项、存货、长期股权投资、持有至到期投资、固定资产、无形资产、贷款等资产发生减值的，按应减记的金额，借记本科目，贷记“坏账准备”、“存货跌价准备”、“长期股权投资减值准备”、“持有至到期投资减值准备”、“固定资产减值准备”、“无形资产减值准备”、“贷款损失准备”等科目。

在建工程、工程物资、生产性生物资产、商誉、抵债资产、损余物资、采用成本模式计量的投资性房地产等资产发生减值的，应当设置相应的减值准备科目，比照上述规定进行处理。

四、企业计提坏账准备、存货跌价准备、持有至到期投资减值准备、贷款损失准备等，相关资产的价值又得以恢复的，应在原已计提的减值准备金额内，按恢复增加的金额，借记“坏账准备”、“存货跌价准备”、“持有至到期投资减值准备”、“贷款损失准备”等科目，贷记本科目。

五、期末，应将本科目余额转入“本年利润”科目，结转后本科目无余额。

6711　营业外支出

一、本科目核算企业发生的各项营业外支出，包括非流动资产处置损失、非货币性资产交换损失、债务重组损失、公益性捐赠支出、非常损失、盘亏损失等。

二、本科目可按支出项目进行明细核算。

三、企业确认处置非流动资产损失、非货币性资产交换损失、债务重组损失，比照“固定资产清理”、“无形资产”、“原材料”、“库存商品”、“应付账款”等科目的相关规定进行处理。

盘亏、毁损的资产发生的净损失，按管理权限报经批准后，借记本科目，贷记“待处理财产损溢”科目。

四、期末，应将本科目余额转入“本年利润”科目，结转后本科目无余额。

6801　所得税费用

一、本科目核算企业确认的应从当期利润总额中扣除的所得税费用。

二、本科目可按“当期所得税费用”、“递延所得税费用”进行明细核算。

三、所得税费用的主要账务处理。

（一）资产负债表日，企业按照税法规定计算确定的当期应交所得税，借记本科目（当期所得税费用），贷记“应交税费——应交所得税”科目。

（二）资产负债表日，根据递延所得税资产的应有余额大于“递延所得税资产”科目余额的差额，借记“递延所得税资产”科目，贷记本科目（递延所得税费用）、“资本公积——其他资本公积”等科目；递延所得税资产的应有余额小于“递延所得税资产”科目余额的差额做相反的会计分录。

企业应予确认的递延所得税负债，应当比照上述原则调整本科目、“递延所得税负债”科目及有关科目。

四、期末，应将本科目的余额转入“本年利润”科目，结转后本科目无余额。

6901 以前年度损益调整

一、本科目核算企业本年度发生的调整以前年度损益的事项以及本年度发现的重要前期差错更正涉及调整以前年度损益的事项。企业在资产负债表日至财务报告批准报出日之间发生的需要调整报告年度损益的事项，也可以通过本科目核算。

二、以前年度损益调整的主要账务处理。

（一）企业调整增加以前年度利润或减少以前年度亏损，借记有关科目，贷记本科目；调整减少以前年度利润或增加以前年度亏损做相反的会计分录。

（二）由于以前年度损益调整增加的所得税费用，借记本科目，贷记“应交税费——应交所得税”等科目；由于以前年度损益调整减少的所得税费用做相反的会计分录。

（三）经上述调整后，应将本科目的余额转入“利润分配——未分配利润”科目。本科目如为贷方余额，借记本科目，贷记“利润分配——未分配利润”科目；如为借方余额做相反的会计分录。

三、本科目结转后应无余额。

第十部分 财政部发布的实施会计准则配套规章

一、关于新企业会计准则实施有关问题答记者问

财政部会计司、中国证监会会计部负责人关于新企业会计准则实施有关问题答记者问

（2007 年 2 月 6 日）

我国适应社会主义市场经济发展进程、与国际财务报告准则趋同的企业会计准则体系（以下简称新准则）已于去年基本建成，自 2007 年 1 月 1 日起在上市公司实施。随着上市公司 2006 年年度报告的陆续披露，社会各界对新准则实施情况比较关注。近日，财政部会计司和中国证监会会计部负责人就新企业会计准则实施接受了记者的采访。

记者：从上市公司披露 2006 年的年报信息看，请介绍一下新准则实施的新旧转换情况如何？

负责人：根据新准则实施的相关规定，上市公司应当对 2006 年末相关数据按新准则进行调整，以调整后的年末数作为 2007 年执行新准则的年初数，从而标志新准则实施的全面启动。

截至 1 月底，沪、深两市 1400 多家上市公司中，已有 36 家上市公司披露了 2006 年年报，其中沪市 26 家、深市 10 家。总体而言，上市公司均已根据新准则对 2007 年 1 月 1 日的年初数进行了调整，沪、深两市已披露年报的 36 家上市公司，按新准则调整后的股东权益比按原制度计算的股东权益净增加 12.28 亿元，每家上市公司股东权益平均净增加约 0.34 亿元，平均增幅仅为 3.69%。对此市场反应良好，标志新准则实施实现了平稳过渡。

需要说明的是，从年报的“新旧会计准则股东权益差异调节表”汇总数据直接观察，36 家上市公司执行新准则后的股东权益净增加 34.30 亿元，其中 22.02 亿元属于少数股东权益在财务报表中列示方法的调整而导致的增加额，而不是真正增加股东权益，应当从净增加额中剔除，剔除这一因素后，36 家上市公司实施新准则净增加的股东权益总额为 12.28 亿元。

记者：新准则实施引起上市公司 2007 年年初股东权益增加的因素有哪些？

负责人：新准则实施导致上市公司 2007 年年初股东权益增加的因素主要包括两个方面：

第一，“以公允价值计量且其变动计入当期损益的金融资产以及可供出售金融资产”引起股东权益增加约 10.66 亿元，这部分主要是指上市公司从交易所购买的股票、债券、基金等交易性金融资产。原制度规定，企业用于短期投资的股票、债券、基金等，采用成本与市价孰低原则记账。新准则规定，对于这类为交易目的而持有的金融资产，要求将原来的按成本计量的股票、债券和基金等转为按公允价值计量，由于近期股市情况较好，由此提升了此类资产的价值，从而使股东权益增加。

第二，“因计提资产减值准备等原因形成递延所得税资产”导致股东权益净增加 3.26 亿元。根据原制度规定，绝大多数企业采用应付税款法计算所得税费用，据此计算税后利润，“利润表”中的所得税费用与当期应交所得税金额通常是一致的。企业计提的资产减值准备纳税时不能在税前抵扣，只有在相关资产发生实质性损失时才能从税前扣除。新准则规定，上市公司均采用资产负债表债务法计算所得税费用，不仅要计算当期的所得税费用，还应确认以后年度资产实际发生损失时因税前抵扣少交税款而形成的递延所得税收益和递延所得税资产，由此增加了股东权益。

记者：新准则实施引起上市公司 2007 年年初股东权益减少的因素有哪些？

负责人：新准则实施导致上市公司 2007 年年初股东权益减少的因素主要包括两个方面：

第一，“转销长期股权投资差额”引起股东权益净减少 1.51 亿元。长期股权投资差额是指企业对子公司、合营公司和联营公司的投资成本高于在被投资单位净资产中享有份额的差额。这一差额按原制度应在一定年限内进行摊销，减少当期投资收益。新准则规定，长期股权投资不确认长期股权投资差额，原有的长期股权投资差额的余额在 2007 年 1 月 1 日全额转销，从而相应减少了股东权益。

第二，“因确认职工认股权、辞退补偿形成的负债”等导致股东权益净减少 0.15 亿元。原制度不要求预

计职工认股权、辞退补偿支出，而在实际发生时计入当期成本费用。新准则规定，只要存在职工认股权、辞退补偿，就应当预计相关支出，计入成本费用和相关的负债，从而减少了股东权益。

记者：新准则今年在上市公司范围内全面实施，确保新准则的贯彻实施十分重要，业界和有关方面也给予了广泛关注。财政部和证监会对此还将采取哪些措施？

负责人：首先是建立新准则实施的专家工作组的工作机制，针对新准则实施情况和问题，及时进行研究，形成专家工作组意见后向社会公布，以便指导上市公司和会计师事务所正确理解和执行新准则。

其次是继续追踪信息披露，做好财务报告分析。在未来的三个月，上市公司 2006 年的年报信息将大量披露，我们将继续密切跟踪分析。待新旧转换工作全部完成后，今后工作重心将转向 2007 年中期报告（特别是一季度季报和半年报）的跟踪与分析，特别关注新准则对 2007 年上市公司利润的影响，促进上市公司全面、正确贯彻实施新准则。

二、企业会计准则解释第 1 号

财政部关于印发《企业会计准则解释第 1 号》的通知

（财会[2007]14 号）

国务院有关部委、有关直属机构，各省、自治区、直辖市、计划单列市财政厅（局），新疆生产建设兵团财务局，有关中央管理企业：

为了进一步贯彻实施企业会计准则，根据企业会计准则执行情况和有关问题，我部制定了《企业会计准则解释第 1 号》，现予印发，请遵照执行。

附件：企业会计准则解释第 1 号

财政部

二〇〇〇七年十一月十六日

企业会计准则解释第 1 号

一、企业在编制年报时，首次执行日有关资产、负债及所有者权益项目的金额是否要进一步复核？原同时按照国内及国际财务报告准则对外提供财务报告的 B 股、H 股等上市公司，首次执行日如何调整？

答：企业在编制首份年报时，应当对首次执行日有关资产、

负债及所有者权益项目的账面余额进行复核，经注册会计师审计后，在附注中以列表形式披露年初所有者权益的调节过程以及作出修正的项目、影响金额及其原因。

原同时按照国内及国际财务报告准则对外提供财务报告的 B 股、H 股等上市公司，首次执行日根据取得的相关信息，能够对因会计政策变更所涉及的交易或事项的处理结果进行追溯调整的，以追溯调整后的结果作为首次执行日的余额。

二、中国境内企业设在境外的子公司在境外发生的有关交易或事项，境内不存在且受相关法律法规等限制或交易不常见，企业会计准则未作规范的，如何进行处理？

答：中国境内企业设在境外的子公司在境外发生的交易或事项，境内不存在且受法律法规等限制或交易不常见，企业会计准则未作出规范的，可以将境外子公司已经进行的会计处理结果，在符合《企业会计准则——基本准则》的原则下，按照国际财务报告准则进行调整后，并入境内母公司合并财务报表的相关项目。

三、经营租赁中出租人发生的初始直接费用以及融资租赁中承租人发生的融资费用应当如何处理？出租人对经营租赁提供激励措施的，如提供免租期或承担承租人的某些费用等，承租人和出租人应当如何处理？企业（建造承包商）为订立建造合同发生的相关费用如何处理？

答：（一）经营租赁中出租人发生的初始直接费用，是指在租赁谈判和签订租赁合同过程中发生的可归属于租赁项目的手续费、律师费、差旅费、印花税等，应当计入当期损益；金额较大的应当资本化，在整个经营租赁期间内按照与确认租金收入相同的基础分期计入当期损益。

承租人在融资租赁中发生的融资费用应予资本化或是费用化，应按《企业会计准则第 17 号——借款费

用》处理，并按《企业会计准则第 21 号——租赁》进行计量。

（二）出租人对经营租赁提供激励措施的，出租人与承租人应当分别下列情况进行处理：

1. 出租人提供免租期的，承租人应将租金总额在不扣除免租期的整个租赁期内，按直线法或其他合理的方法进行分摊，免租期内应当确认租金费用；出租人应将租金总额在不扣除免租期的整个租赁期内，按直线法或其他合理的方法进行分配，免租期内出租人应当确认租金收入。

2. 出租人承担了承租人某些费用的，出租人应将该费用自租金收入总额中扣除，按扣除后的租金收入余额在租赁期内进行分配；承租人应将该费用从租金费用总额中扣除，按扣除后的租金费用余额在租赁期内进行分摊。

（三）企业（建造承包商）为订立合同发生的差旅费、投标费等，能够单独区分和可靠计量且合同很可能订立的，应当予以归集，待取得合同时计入合同成本；未满足上述条件的，应当计入当期损益。

四、企业发行的金融工具应当在满足何种条件时确认为权益工具？

答：企业将发行的金融工具确认为权益性工具，应当同时满足下列条件：

（一）该金融工具应当不包括交付现金或其他金融资产给其他单位，或在潜在不利条件下与其他单位交换金融资产或金融负债的合同义务。

（二）该金融工具须用或可用发行方自身权益工具进行结算的，如为非衍生工具，该金融工具应当不包括交付非固定数量的发行方自身权益工具进行结算的合同义务；如为衍生工具，该金融工具只能通过交付固定数量的发行方自身权益工具换取固定数额的现金或其他金融资产进行结算。其中，所指的发行方自身权益工具不包括本身通过收取或交付企业自身权益工具进行结算的合同。

五、嵌入保险合同或嵌入租赁合同中的衍生工具应当如何处理？

答：根据《企业会计准则第 22 号——金融工具确认和计量》的规定，嵌入衍生工具相关的混合工具没有指定为以公允价值计量且其变动计入当期损益的金融资产或金融负债，同时满足有关条件的，该嵌入衍生工具应当从混合工具中分拆，作为单独的衍生工具处理。该规定同样适用于嵌入在保险合同中的衍生工具，除非该嵌入衍生工具本身属于保险合同。

按照保险合同约定，如果投保人在持有保险合同期间，拥有以固定金额或是以固定金额和相应利率确定的金额退还保险合同选择权的，即使其行权价格与主保险合同负债的账面价值不同，保险人也不应将该选择权从保险合同中分拆，仍按保险合同进行处理。但是，如果退保价值随同某金融变量或者某一与合同一方不特定相关的非金融变量的变动而变化，嵌入保险合同中的卖出选择权或现金退保选择权，应适用《企业会计准则第 22 号——金融工具确认和计量》；如果持有人实施卖出选择权或现金退保选择权的能力取决于上述变量变动的，嵌入保险合同中的卖出选择权或现金退保选择权，也适用《企业会计准则第 22 号——金融工具确认和计量》。

嵌入租赁合同中的衍生工具，应当按照《企业会计准则第 22 号——金融工具确认和计量》进行处理。

六、企业如有持有待售的固定资产和其他非流动资产，如何进行确认和计量？

答：《企业会计准则第 4 号——固定资产》第二十二条规定，企业对于持有待售的固定资产，应当调整该项固定资产的预计净残值，使该固定资产的预计净残值反映其公允价值减去处置费用后的金额，但不得超过符合持有待售条件时该项固定资产的原账面价值，原账面价值高于调整后预计净残值的差额，应作为资产减值损失计入当期损益。

同时满足下列条件的非流动资产应当划分为持有待售：一是企业已经就处置该非流动资产作出决议；二是企业已经与受让方签订了不可撤销的转让协议；三是该项转让将在一年内完成。

符合持有待售条件的无形资产等其他非流动资产，比照上述原则处理，但不包括递延所得税资产、《企业会计准则第 22 号——金融工具确认和计量》规范的金融资产、以公允价值计量的投资性房地产和生物资产、保险合同中产生的合同权利。

持有待售的非流动资产包括单项资产和处置组，处置组是指作为整体出售或其他方式一并处置的一组资产。

七、企业在确认由联营企业及合营企业投资产生的投资收益时，对于与联营企业及合营企业发生的内部交易损益应当如何处理？首次执行日对联营企业及合营企业投资存在股权投资借方差额的，计算投资损益时如何进行调整？企业在首次执行日前持有对子公司的长期股权投资，取得子公司分派现金股利或利润如何处理？

答:(一) 企业持有的对联营企业及合营企业的投资，按照《企业会计准则第 2 号——长期股权投资》的规定，应当采用权益法核算，在按持股比例等计算确认应享有或应分担被投资单位的净损益时，应当考虑以下因素：

投资企业与联营企业及合营企业之间发生的内部交易损益按照持股比例计算归属于投资企业的部分，应当予以抵销，在此基础上确认投资损益。投资企业与被投资单位发生的内部交易损失，按照《企业会计准则第 8 号——资产减值》等规定属于资产减值损失的，应当全额确认。投资企业对于纳入其合并范围的子公司与其联营企业及合营企业之间发生的内部交易损益，也应当按照上述原则进行抵销，在此基础上确认投资损益。

投资企业对于首次执行日之前已经持有的对联营企业及合营企业的长期股权投资，如存在与该投资相关的股权投资借方差额，还应扣除按原剩余期限直线摊销的股权投资借方差额，确认投资损益。

投资企业在被投资单位宣告发放现金股利或利润时，按照规定计算应分得的部分确认应收股利，同时冲减长期股权投资的账面价值。

(二) 企业在首次执行日以前已经持有的对子公司长期股权投资，应在首次执行日进行追溯调整，视同该子公司自最初即采用成本法核算。执行新会计准则后，应当按照子公司宣告分派现金股利或利润中应分得的部分，确认投资收益。

八、企业在股权分置改革过程中持有的限售股权如何进行处理?

答:企业在股权分置改革过程中持有对被投资单位在重大影响以上的股权，应当作为长期股权投资，视对被投资单位的影响程度分别采用成本法或权益法核算；企业在股权分置改革过程中持有对被投资单位不具有控制、共同控制或重大影响的股权，应当划分为可供出售金融资产，其公允价值与账面价值的差额，在首次执行日应当追溯调整，计入资本公积。

九、企业在编制合并财务报表时，因抵销未实现内部销售损益在合并财务报表中产生的暂时性差异是否应当确认递延所得税？母公司对于纳入合并范围子公司的未确认投资损失，执行新会计准则后在合并财务报表中如何列报?

答:(一) 企业在编制合并财务报表时，因抵销未实现内部销售损益导致合并资产负债表中资产、负债的账面价值与其在所属纳税主体的计税基础之间产生暂时性差异的，在合并资产负债表中应当确认递延所得税资产或递延所得税负债，同时调整合并利润表中的所得税费用，但与直接计入所有者权益的交易或事项及企业合并相关的递延所得税除外。

(二) 执行新会计准则后，母公司对于纳入合并范围子公司的未确认投资损失，在合并资产负债表中应当冲减未分配利润，不再单独作为“未确认的投资损失”项目列报。

十、企业改制过程中的资产、负债，应当如何进行确认和计量?

答:企业引入新股东改制为股份有限公司，相关资产、负债应当按照公允价值计量，并以改制时确定的公允价值为基础持续核算的结果并入控股股东的合并财务报表。改制企业的控股股东在确认对股份有限公司的长期股权投资时，初始投资成本为投出资产的公允价值及相关费用之和。

三、企业会计准则实施问题专家工作组意见(2007 年 2 月 1 日)

企业会计准则实施问题专家工作组意见

近期，就有关部门、上市公司、会计师事务所等提出的新会计准则执行过程中的问题，企业会计准则实施问题专家工作组进行了讨论，并就以下问题达成了一致意见。

一、问:如何认定同一控制下的企业合并?

答:企业应当按照《企业会计准则第 20 号——企业合并》及其应用指南的相关规定，对同一控制下的企业合并进行判断。通常情况下，同一控制下的企业合并是指发生在同一企业集团内部企业之间的合并。除此之外，一般不作为同一控制下的企业合并。

二、问:企业持有的非同一控制下企业合并产生的对子公司的长期股权投资，在首次执行日及执行新会计准则后，按照《企业会计制度》及投资准则(以下简称“原制度”)核算的股权投资借方差额的余额如何处理?

答:企业持有的非同一控制下企业合并产生的对子公司的长期股权投资,按照原制度核算的股权投资借方差额的余额,在首次执行日应当执行《企业会计准则第38号——首次执行企业会计准则》的相关规定。

上述对子公司投资的股权投资借方差额的余额,执行新会计准则后,在编制合并财务报表时应区别情况处理:

(一)企业无法可靠确定购买日被购买方可辨认资产、负债公允价值的,应将按原制度核算的股权投资借方差额的余额,在合并资产负债表中作为商誉列示。

(二)企业能够可靠确定购买日被购买方可辨认资产、负债等的公允价值的,应将属于因购买日被购买方可辨认资产、负债公允价值与其账面价值的差额扣除已摊销金额后在首次执行日的余额,按合理的方法分摊至被购买方各项可辨认资产、负债,并在被购买方可辨认资产的剩余使用年限内计提折旧或进行摊销,有关折旧或摊销计入合并利润表相关的投资收益项目;无法将该余额分摊至被购买方各项可辨认资产、负债的,可在原股权投资差额的剩余摊销年限内平均摊销,计入合并利润表相关的投资收益项目,尚未摊销完毕的余额在合并资产负债表中作为"其他非流动资产"列示。

企业合并成本大于购买日应享有被购买方可辨认净资产公允价值份额的差额在首次执行日的余额,在合并资产负债表中作为商誉列示。

三、问:首次执行日确认递延所得税资产或递延所得税负债时,如何确定适用的所得税税率?税率变动时如何处理?

答:在首次执行日,企业按照《企业会计准则第38号——首次执行企业会计准则》的规定确认递延所得税资产或递延所得税负债时,应以现行国家有关税收法规为基础确定适用税率。

未来期间适用税率发生变更的,应当按照新的税率对原已确认的递延所得税资产和递延所得税负债进行调整,有关调整金额计入变更当期的所得税费用等。

四、问:企业根据国家有关规定计提的安全费在首次执行日以及执行新会计准则后如何处理?

答:企业根据国家有关规定计提的安全费余额在首次执行日不予调整,即原记入"长期应付款"科目的安全费在首次执行日的余额不变。

执行新会计准则后,企业应继续按照国家规定的标准计提安全费,计入生产成本,同时确认为负债,记入"长期应付款"科目。

企业在未来期间使用已计提的安全费时,冲减长期应付款。如能确定有关支出最终将形成固定资产的,应通过"在建工程"科目归集。待有关安全项目完工后,结转为固定资产;同时,按固定资产的实际成本,借记"长期应付款"科目,贷记"累计折旧"科目。该项固定资产在以后期间不再计提折旧。

五、问:上市公司在清欠过程中,控股股东通过放弃持有的对上市公司的股权抵偿其对上市公司的债务,上市公司作为减资的,会计上应当如何处理?

答:上市公司及其控股股东应分别进行以下处理:

(一)上市公司取得控股股东用于抵偿债务的股权按照法定程序减资的,在办理有关的减资手续后,应当按照减资比例减少股本,所清偿应收债权的账面价值与减少的股本之间的差额,相应调整资本公积(股本溢价),资本公积(股本溢价)的余额不足冲减的,应当冲减留存收益。

(二)控股股东以持有的对上市公司的股权抵偿其对上市公司债务,应冲减的抵债股权的账面价值与偿付的应付债务账面价值之间的差额调整资本公积(资本溢价或股本溢价)。

六、问:首次执行日,企业原确认的股权分置流通权余额如何处理?

答:(一)股权分置流通权余额的处理

首次执行日,企业在股权分置改革中形成的股权分置流通权的余额,属于与对联营企业、合营企业、子公司的长期股权投资相关的,以及与仍处于限售期的权益性投资相关的,应当全额转至长期股权投资(投资成本);除此之外,首次执行日应将其余额及相关的权益性投资账面价值一并按照《企业会计准则第22号——金融工具确认和计量》的规定进行划分,作为交易性金融资产或可供出售金融资产。

划分为交易性金融资产或可供出售金融资产的金融资产,在首次执行日的公允价值与其账面价值的差额,应按照《企业会计准则第38号——首次执行企业会计准则》的规定处理。其中对于可供出售金融资产,其公允价值与账面价值的差额在调整了首次执行日的留存收益后,应同时将该差额自留存收益转入资本公积(其他资本公积)。

(二) 2007年1月1日以后,企业根据经批准的股权分置方案,以支付现金方式取得的流通权,应当计入与其相关的长期股权投资或其他金融资产的账面价值,不再单设"股权分置流通权"科目进行核算。

七、问:保险公司分红保险和万能寿险账户中金融资产的公允价值变动如何处理?

答:对保险公司经营的分红保险和万能寿险账户中可供出售金融资产的公允价值变动,采用合理的方法将归属于保单持有人的部分确认为有关负债,将归属于公司股东的部分确认为资本公积(其他资本公积);对以公允价值计量且其变动计入当期损益的金融资产的公允价值变动,采用合理的方法将归属于保单持有人的部分确认为有关负债,将归属于公司股东的部分计入当期损益。

八、问:企业自其子公司的少数股东处购买股权应如何进行处理?

答:企业自其子公司的少数股东处购买股权,应区别个别财务报表和合并财务报表进行处理:

(一) 在个别财务报表中对增加的长期股权投资应当按照《企业会计准则第2号——长期股权投资》第四条的规定处理。

(二) 在合并财务报表中,子公司的资产、负债应以购买日(或合并日)开始持续计算的金额反映。

因购买少数股权增加的长期股权投资成本,与按照新取得的股权比例计算确定应享有子公司在交易日可辨认净资产公允价值份额之间的差额,在合并资产负债表中作为商誉列示。

因购买少数股权新增加的长期股权投资成本,与按照新取得的股权比例计算确定应享有子公司自购买日(或合并日)开始持续计算的可辨认净资产份额之间的差额,除确认为商誉的部分以外,应当调整合并资产负债表中的资本公积(资本溢价或股本溢价),资本公积(资本溢价或股本溢价)的余额不足冲减的,调整留存收益。

九、问:企业将消耗性生物资产或生产性生物资产转换为公益性生物资产,应如何进行结转?

答:企业将消耗性生物资产或生产性生物资产转换为公益性生物资产时,应当按照相关准则规定,考虑其是否发生减值,发生减值的,应当首先计提跌价准备或减值准备,并以计提跌价准备或减值准备后的账面价值作为公益性生物资产的入账价值。

十、问:原同时按照国内会计准则及国际财务报告准则提供财务报告的B股、H股等上市公司,首次执行日如何衔接?

答:原同时按照国内会计准则及国际财务报告准则对外提供财务报告的B股、H股等上市公司,首次执行日根据取得的相关信息、能够对因会计政策变更所涉及的有关交易和事项进行追溯调整的,如持有至到期投资、借款费用等,以追溯调整后的结果作为首次执行日的余额。

未发行B股、H股的金融企业可比照处理。

财政部会计准则委员会
二○○七年二月一日

四、企业会计准则实施问题专家工作组意见(2007年4月30日)

企业会计准则实施问题专家工作组意见

(2007年4月30日)

企业会计准则体系(以下简称"新准则")实施以来,经过各方面的共同努力,较好实现了新旧转换和平稳过渡,市场反映良好。新准则实施已过一个季度,为了深入贯彻新准则,针对近期上市公司、会计师事务所等方面提出的新准则执行中的问题,企业会计准则实施问题专家工作组进行了讨论,达成一致意见,现予发布。

一、问:如何正确地对投资性房地产进行后续计量?

答:企业通常应当采用成本模式对投资性房地产进行后续计量,在符合新准则规定的条件下,才允许采用公允价值模式。同一企业只能采用一种模式对所有投资性房地产进行后续计量,不得同时采用两种计量模式。

采用公允价值计量的投资性房地产,应当同时满足以下条件:

一是投资性房地产所在地有活跃的房地产交易市场。"所在地"一般是指投资性房地产所在的大中型城市的城区。

二是企业能够从活跃的房地产交易市场上取得同类或类似房地产的市场价格及其他相关信息，从而对投资性房地产的公允价值作出合理的估计。“同类或类似的房地产”，对建筑物而言，是指所处地理位置和地理环境相同、性质相同、结构类型相同或相近、新旧程度相同或相近、可使用状况相同或相近的建筑物；对土地使用权而言，是指同一城区、同一位置区域、所处地理环境相同或相近、可使用状况相同或相近的土地。

不具备上述条件的，不得采用公允价值模式。

二、问：如何正确地根据辞退福利计划确认和计量应付职工薪酬？

答：(一) 辞退福利是在职工劳动合同尚未到期前，企业决定解除与职工的劳动关系而给予的补偿，或为鼓励职工自愿接受裁减而给予的补偿。辞退福利必须同时满足下列条件，才能确认预计负债：

1. 企业已经制定正式的解除劳动关系计划或提出自愿裁减建议，并即将实施。该计划或建议应当包括：拟解除劳动关系或裁减的职工所在部门、职位及数量；根据有关规定按工作类别或职位确定的解除劳动关系或裁减补偿金额；拟解除劳动关系或裁减的时间等。

辞退计划或建议应当经过董事会或类似权力机构的批准，除因付款程序等原因使部分付款推迟至一年以上外，辞退工作一般应当在一年内实施完毕。

2. 企业不能单方面撤回解除劳动关系计划或裁减建议。

(二) 企业如有实施的职工内部退休计划，虽然职工未与企业解除劳动关系，但由于这部分职工未来不能给企业带来经济利益，企业承诺提供实质上类似于辞退福利的补偿，符合上述辞退福利计划确认预计负债条件的，比照辞退福利处理。企业应当将自职工停止提供服务日至正常退休日的期间拟支付的内退人员工资和缴纳的社会保险费等，确认为应付职工薪酬(辞退福利)，不得在职工内退后各期分期确认因支付内退职工工资和为其缴纳社会保险费而产生的义务。

(三) 辞退工作在一年内实施完毕、补偿款项超过一年支付的辞退计划(含内退计划)，企业应当选择恰当的折现率，以折现后的金额进行计量，计入当期管理费用。折现后的金额与实际应支付的辞退福利的差额，作为未确认融资费用，在以后各期实际支付辞退福利款项时计入财务费用。应付辞退福利款项与其折现后金额相差不大的，也可不予折现。

三、问：如何正确地进行交易性金融资产和可供出售金融资产的分类和会计处理？

答：交易性金融资产主要是指企业为了近期内出售而持有的金融资产。通常情况下，企业以赚取差价为目的从二级市场购入的股票、债券和基金等，应当分类为交易性金融资产。交易性金融资产在活跃的市场上有报价且持有期限较短，应当按照公允价值计量，公允价值变动计入当期损益。

可供出售金融资产主要是指企业没有划分为以公允价值计量且其变动计入当期损益的金融资产、持有至到期投资、贷款和应收款项的金融资产。企业购入的在活跃市场上有报价的股票、债券和基金等，没有划分为以公允价值计量且其变动计入当期损益的金融资产、持有至到期投资等金融资产的，可以归为此类。相对于交易性金融资产而言，可供出售金融资产的持有意图不明确。可供出售金融资产在初始确认时，应当按其公允价值以及交易费用之和入账，公允价值变动计入所有者权益，如可供出售金融资产的公允价值发生非暂时性下跌，应当将原计入所有者权益的公允价值下降形成的累计损失一并转出计入当期损益。可供出售金融资产持有期间实现的利息或现金股利，也应计入当期损益。

企业管理层在取得金融资产时，应当正确地进行分类，不得随意变更。交易性金融资产和可供出售金融资产的分类情况，应当以正式书面文件记录，并在附注中加以说明。

四、问：企业应当采用何种税率计算确认递延所得税资产和递延所得税负债？

答：递延所得税资产和递延所得税负债应当按照预期收回该资产或清偿该负债期间的适用税率计量。适用税率是指按照税法规定，在暂时性差异预计转回期间执行的税率。

《中华人民共和国企业所得税法》已于 2007 年 3 月 16 日通过，自 2008 年 1 月 1 日起实施。企业在进行所得税会计处理时，资产、负债的账面价值与其计税基础之间产生暂时性差异、这些暂时性差异预计在 2008 年 1 月 1 日以后转回的，应当按照新税法规定的适用税率对原已确认的递延所得税资产和递延所得税负债进行重新计量，除原确认时产生于直接计入所有者权益的交易或事项应当调整所有者权益(资本公积)以外，其他情况下产生的递延所得税资产和递延所得税负债的调整金额，应当计入当期所得税费用。

五、问：企业按原制度核算的资本公积执行新准则后应当如何处理？

答:企业按照原制度核算的资本公积,执行新准则后应当分别下列情况进行处理:

(一)原资本公积中的资本溢价或股本溢价,执行新准则后仍应作为资本公积(资本溢价或股本溢价)进行核算。

(二)原资本公积中因被投资单位除净损益外其他所有者权益项目的变动产生的股权投资准备,执行新准则后应当转入新准则下按照权益法核算的长期股权投资产生的资本公积(其他资本公积)。

(三)原资本公积中除上述以外的项目,包括债务重组收益、接受捐赠的非现金资产、关联交易差价、按照权益法核算的长期股权投资因初始投资成本小于应享有被投资单位账面净资产的份额计入资本公积的金额等,执行新准则后应在资本公积(其他资本公积)中单设"原制度资本公积转入"进行核算,该部分金额在执行新准则后,可用于增资、冲减同一控制下企业合并产生的合并差额等。

六、问:售后租回交易中,资产售价与其账面价值之间的差额如何处理?出租人对经营租赁提供激励措施的,如提供免租期、承担承租人的某些费用等,承租人和出租人应当如何处理?

答:(一)售后租回交易中,资产售价与其账面价值之间的差额应当记入"递延收益"科目,售后租回交易认定为融资租赁的,记入"递延收益"的金额应按租赁资产的折旧进度进行分摊,作为折旧费用的调整。

售后租回交易认定为经营租赁的,记入"递延收益"科目的金额,应在租赁期内按照与确认租金费用相一致的方法进行分摊,作为租金费用的调整。但有确凿证据表明售后租回交易是按照公允价值达成的,资产售价与其账面价值之间的差额应当计入当期损益。

(二)出租人对经营租赁提供激励措施的,出租人与承租人应当分别下列情况进行处理:

1.出租人提供免租期的,承租人应将租金总额在不扣除免租期的整个租赁期内,按直线法或其他合理的方法进行分摊,免租期内应当确认租金费用;出租人应将租金总额在不扣除免租期的整个租赁期内,按直线法或其他合理的方法进行分配,免租期内出租人应当确认租金收入。

2.出租人承担了承租人某些费用的,出租人应将该费用自租金收入总额中扣除,按扣除后的租金收入余额在租赁期内进行分配;承租人应将该费用从租金费用总额中扣除,按扣除后的租金费用余额在租赁期内进行分摊。

七、问:企业在编制合并财务报表时,因抵销未实现内部销售损益在合并财务报表中产生的暂时性差异是否应当确认递延所得税?母公司对于纳入合并范围的子公司的未确认投资损失,执行新准则后在合并财务报表中如何列报?

答:(一)企业在编制合并财务报表时,因抵销未实现内部销售损益导致合并资产负债表中资产、负债的账面价值与其在纳入合并范围的企业按照适用税法规定确定的计税基础之间产生暂时性差异的,在合并资产负债表中应当确认递延所得税资产或递延所得税负债,同时调整合并利润表中的所得税费用,但与直接计入所有者权益的交易或事项及企业合并相关的递延所得税除外。

(二)执行新准则后,母公司对于纳入合并范围的子公司的未确认投资损失,在合并资产负债表中应当冲减未分配利润,不再单独作为"未确认的投资损失"项目列报。

企业在编制执行新准则后的首份报表时,对于比较合并财务报表中的"未确认的投资损失"项目金额,应当按照企业会计准则的列报要求进行调整,相应冲减合并资产负债表中的"未分配利润"项目和合并利润表中的"净利润"及"归属于母公司所有者的净利润"项目。

八、问:2007年7月1日起执行新准则的证券投资基金,其持有的资产、负债和所有者权益以及实现的收入、发生的费用应当如何进行会计处理和编制财务报告?如何实现新旧转换?

答:证券投资基金(以下简称基金)属于独立的会计主体,其资产、负债、所有者权益(基金净值)、收入和费用等,应当按照新准则的规定进行确认、计量和报告。

(一)基金持有的金融资产和承担的金融负债,通常分类为以公允价值计量且其变动计入当期损益的金融资产和金融负债,应当采用公允价值进行初始和后续计量,公允价值的变动以及取得时发生的相关交易费用计入当期损益。

基金持有的除上述划分为以公允价值计量且其变动计入当期损益的金融资产和金融负债之外的其他金融资产或金融负债,包括买入返售金融资产和卖出回购金融资产款等,应当按照《企业会计准则第22号——金融工具确认和计量》等相关规定处理。

基金涉及金融资产转移和套期保值的,应当分别执行《企业会计准则第23号——金融资产转移》和《企业会计准则第 24 号——套期保值》。

（二）基金的所有者权益（基金净值），是指基金的资产减去负债后的余额，包括实收基金、未分配利润等。在基金募集、申购、转换转入、基金红利再投资等时，应当增加相应的实收基金；在基金赎回或转换转出等时，应当减少相应的实收基金。基金在期末应当根据当期实现的净利润（或亏损）增加（或减少）未分配利润；根据利润分配数，减少未分配利润。

（三）基金应当按照新准则的规定设置会计科目，并按照所附的报表格式定期编制财务报告。基金财务报告应当包括：资产负债表、利润表、所有者权益（基金净值）变动表、附注和其他应当在财务报告中披露的相关信息和资料。基金可以根据实际需要在不违反企业会计准则中确认、计量和报告规定的前提下自行设置相关会计科目。附注的编制应当遵循《企业会计准则第 30 号——财务报表列报》和《企业会计准则第 37 号——金融工具列报》及其应用指南等规定。

（四）基金在新旧转换时，应当按照下列要求进行处理：

在首次执行日，基金应当对所有资产、负债和所有者权益项目按照新准则进行重新分类、确认和计量，编制期初资产负债表。

因首次执行新准则而导致会计政策发生变更的，应当采用追溯调整法进行处理，根据会计政策变更的累积影响数调整列报前期最早期初留存收益（未分配利润），其他相关项目的期初金额和列报前期的比较数据也应一并调整。确定会计政策变更对列报前期影响数不切实可行的，应当从可追溯调整的最早期间期初开始应用变更后的会计政策。在首次执行日确定会计政策变更对以前各期累积影响数不切实可行的，应当采用未来适用法处理。

（五）其他类似基金或类似于证券投资基金运作方式的产品（除企业年金基金），比照本意见进行会计处理。

附录

一、基金会计科目表

顺序号	编号	会计科目名称
		一、资产类
1	1002	银行存款
2	1021	结算备付金
3	1031	存出保证金
4	1101	交易性金融资产
5	1111	买入返售金融资产
6	1131	应收股利
7	1132	应收利息
8	1202	应收申购款
9	1221	其他应收款
		二、负债类
10	2001	短期借款
11	2101	交易性金融负债
12	2111	卖出回购金融资产款
13	2204	应付赎回款
14	2206	应付管理人报酬
15	2207	应付托管费
16	2208	应付销售服务费
17	2209	应付佣金

续表

顺序号	编号	会计科目名称
18	2221	应交税费
19	2231	应付利息
20	2232	应付利润
21	2241	其他应付款
		三、共同类
21	3001	证券清算款
22	3101	衍生工具
23	3201	套期工具
24	3202	被套期项目
		四、所有者权益类
25	4001	实收基金
26	4103	本期利润
27	4104	利润分配
		五、损益类
28	6011	利息收入
29	6101	公允价值变动损益
30	6111	投资收益
31	6302	其他收入
32	6403	管理人报酬
33	6404	托管费
34	6406	销售服务费
35	6407	交易费用
36	6411	利息支出
37	6605	其他费用
38	6901	以前年度损益调整

二、基金资产负债表、利润表、所有者权益(基金净值)变动表格式

资产负债表

会证基 01 表

编制单位：　　　　　　　　　　　　年　　月　　日　　　　　　　　　　　　单位:元

资产	期末余额	年初余额	负债和所有者权益	期末余额	年初余额
资　产：			负　债：		
银行存款			短期借款		
结算备付金			交易性金融负债		
存出保证金			衍生金融负债		
交易性金融资产			卖出回购金融资产款		
其中:股票投资			应付证券清算款		
债券投资			应付赎回款		
资产支持证券投资			应付管理人报酬		
衍生金融资产			应付托管费		
买入返售金融资产			应付销售服务费		

（续表）

资产	期末余额	年初余额	负债和所有者权益	期末余额	年初余额
应收证券清算款			应付佣金		
应收利息			应交税费		
应收股利			应付利息		
应收申购款			应付利润		
其他资产			其他负债		
负债合计					
			所有者权益：		
			实收基金		
			未分配利润		
			所有者权益合计		
资产总计			负债和所有者权益总计		

基金份额净值　　元，基金份额总额　　份。

利润表

会证基02表

编制单位：　　年　　月　　单位：元

项　　目	本期金额	上期金额
一、收入		
1. 利息收入		
其中：存款利息收入		
债券利息收入		
资产支持证券利息收入		
买入返售金融资产收入		
2. 投资收益（损失以"一"号填列）		
其中：股票投资收益		
债券投资收益		
基金投资收益		
资产支持证券投资收益		
衍生工具收益		
股利收益		
3. 公允价值变动收益（净损失以"一"号填列）		
4. 其他收入		
二、费用		
1. 管理人报酬		
2. 托管费		
3. 销售服务费		
4. 交易费用		
5. 利息支出		
其中：卖出回购金融资产支出		
6. 其他费用		
三、净利润		

五、企业会计准则实施问题专家工作组意见(2008年1月21日)

企业会计准则实施问题专家工作组意见

(2008年1月21日)

近期正值上市公司、会计师事务所编制和审计2007年年报,针对上市公司和会计师事务所在此过程中提出的问题,企业会计准则实施问题专家工作组进行了讨论,达成一致意见,现予发布。

一、问:企业持有上市公司限售股权(不包括股权分置改革持有的限售股权,下同)且对上市公司不具有控制、共同控制或重大影响的,应当如何进行会计处理?

答:企业持有上市公司限售股权且对上市公司不具有控制、共同控制或重大影响的,应当按照《企业会计准则第22号——金融工具确认和计量》的规定,将该限售股权划分为可供出售金融资产,除非满足该准则规定条件划分为以公允价值计量且其变动计入当期损益的金融资产。

对于首次执行日之前持有的上市公司限售股权且对上市公司不具有控制、共同控制或重大影响的,企业应当在首次执行日进行追溯调整。

企业在确定上市公司限售股权公允价值时,应当遵循《企业会计准则第22号——金融工具确认和计量》的相关规定,对于存在活跃市场的,应当根据活跃市场的报价确定其公允价值;不存在活跃市场的,应当采用估值技术确定其公允价值,估值技术应当是市场参与者普遍认同且被以往市场实际交易价格验证具有可靠性的估值技术,采用估值技术时应当尽可能使用市场参与者在金融工具定价时所使用的所有市场参数。上市公司限售股权的公允价值通常应当以其公开交易的流通股股票的公开报价为基础确定,除非有足够的证据表明该公开报价不是公允价值的,应当对该公开报价作适当调整,以确定其公允价值。

二、问:企业发行认股权和债券分离交易的可转换公司债券,其认股权应当如何进行会计处理?

答:企业发行认股权和债券分离交易的可转换公司债券(以下简称分离交易可转换公司债券),所发行的认股权符合《企业会计准则第22号——金融工具确认和计量》及《企业会计准则第37号——金融工具列报》有关权益工具定义及其确认与计量规定的,应当确认为一项权益工具(资本公积),并以发行价格减去不附认股权且其他条件相同的公司债券公允价值后的净额进行计量。

对于首次执行日之前已经发行的分离交易可转换公司债券,应当进行追溯调整。

三、问:企业在首次执行日之前持有的对子公司长期股权投资,如何按照《企业会计准则解释第1号》进行追溯调整?

答:企业在首次执行日之前已经持有的对子公司长期股权投资,按照《企业会计准则解释第1号》(财会[2007]14号)的规定进行追溯调整,视同该子公司自取得时即采用变更后的会计政策,对其原账面核算的成本、原摊销的股权投资差额、按照权益法确认的损益调整及股权投资准备等均进行追溯调整;对子公司长期股权投资,其账面价值在公司设立时已折合为股本或实收资本等资本性项目的,有关追溯调整应以公司设立时为限,即对于公司设立时长期股权投资的账面价值已折成股份或折成资本的不再追溯调整。合并财务报表的编制也应采用上述同一原则处理。

首次执行日之前持有的对子公司长期股权投资进行追溯调整不切实可行的,应当按照《企业会计准则第38号——首次执行企业会计准则》的相关规定,在首次执行日对其账面价值进行调整,在此基础上合并财务报表的编制按照2007年2月1日发布的专家工作组意见执行。

首次执行日按照上述原则对子公司长期股权投资进行调整后,相关调整情况应当在附注中说明。

四、问:国有企业进行公司制改建的,有关资产、负债的价值如何确定?

答:国有企业经批准进行公司制改建为股份有限公司的,应当按照《企业会计准则解释第1号》(财会[2007]14号)的规定,采用公允价值计量相关资产、负债。国有企业经批准改建为有限责任公司的,比照上述原则处理。

五、问:证券投资基金、信托项目以及其他类似基金、产品等,应当如何进行会计处理?

答:证券投资基金、信托项目以及其他类似基金、产品等需要单独进行会计确认、计量和报告的,属于独立的会计主体,均应执行企业会计准则、应用指南、解释及有关专家工作组意见,对该主体的各项资产、负债、所有者权益(基金净值、净资产)、收入、费用和利润进行确认、计量和报告。

所有者权益(基金净值)变动表

会证基 03 表

编制单位：　年　月　单位:元

项　目	本期金额			上期金额		
	实收基金	未分配利润	所有者权益合计	实收基金	未分配利润	所有者权益合计
一、期初所有者权益(基金净值)						
二、本期经营活动产生的增减变动额(本期净利润)						
三、本期基金份额交易产生的增减变动额						
(减少以“—”号填列)						
其中：1. 基金申购款						
2. 基金赎回款						
四、本期向基金份额持有人分配利润产生的增减变动额						
五、期末所有者权益(基金净值)						

六、财政部关于贯彻实施企业会计准则和审计准则体系有关问题的通知

财政部关于贯彻实施企业会计准则和审计准则体系有关问题的通知

(财会[2006]22 号)

国务院有关部委、有关直属机构，各省、自治区、直辖市、计划单列市财政厅(局)，新疆生产建设兵团财务局，有关中央管理企业：

2006 年 2 月 15 日和 10 月 30 日，财政部发布了企业会计准则和审计准则、会计准则应用指南和审计准则指南，标志着适应我国社会主义市场经济发展进程、与国际准则趋同的会计审计准则体系基本建立。为了确保两大准则体系的平稳过渡和贯彻实施，各有关部门、单位要积极行动起来，扎扎实实做好各项工作。现就有关事项通知如下：

一、统一思想，提高认识，切实重视两大准则体系的贯彻实施

会计、审计工作是经济工作的重要基础。企业会计准则和审计准则体系的建立，坚持高标准、高起点、高要求，有助于进一步规范会计审计行为、提高会计信息和审计质量，实现了与国际准则的趋同。这是完善我国社会主义市场经济体制、保护投资者和社会公众利益、促进企业改革和资本市场长远发展的重要举措和基础性工程。

企业会计准则和审计准则体系发布后，各有关部门、单位已经做了大量前期准备工作，为准则的实施奠定了扎实基础。但是，两大准则体系的贯彻实施是一项系统工程，情况复杂，任务艰巨，需要有关方面齐心协力。希望各部门、各单位继续高度重视新准则的贯彻实施工作，重视相关配套措施的跟进和落实，密切关注新旧准则衔接和转换过程中的新情况、新问题，积极采取应对措施，指导、督促有关单位实施好新准则，做到思想认识到位，贯彻实施到位，技术手段到位，监管措施到位，实现会计审计改革的预期目标。

二、统筹规划，周密部署，扎实抓好两大准则体系贯彻实施中的相关工作

(一) 财政部门和注册会计师协会，应当加强对新准则贯彻实施的政策业务指导

各级财政部门和注册会计师协会要根据《会计法》和《注册会计师法》的规定，切实依法履行职责，切实做好新准则的指导和推动落实工作。

1.加强专业技术队伍建设，指定专人负责，落实责任制，重视和培养业务骨干，全面熟悉和掌握新准则的内容，做好对企业、会计师事务所等的政策和技术指导。

2.建立迅捷高效的问题预警、反应和处理机制，选定准则实施联系点，密切跟踪上市公司、有关企业和会计师事务所执行新准则情况，发现问题，立即跟进，迅速反应和处理。

3.继续深化对两大准则体系的宣传培训工作，培训对象为上市公司和会计师事务所，同时将培训范围扩大到国有企业、外商投资企业、民营企业等，将学习新准则纳入会计人员和注册会计师的继续教育范围，采用多种形式，努力形成广泛宣传学习、认真贯彻新准则的良好氛围。

（二）上市公司和相关企业要深刻领会新准则的精神实质，全面准确地执行好企业会计准则

各上市公司和相关企业是实施新准则的主体，应当扎扎实实、缜密规划，组织好新准则的学习，不仅财会人员要深入学习新准则，单位负责人也应掌握新准则的主要内容。

各上市公司和相关企业应当根据准则及其指南的规定，结合本单位的实际情况，调整和完善内部控制和相关制度，细化核算内容，规范实务操作，扎实做好资产负债全面核查，按规定调整有关科目和金额，积极稳妥地做好新旧准则的衔接。同时要及时更新信息系统，改造业务流程，提升工作效率和财务会计报告质量。

根据《会计法》规定，单位负责人是企业会计工作和财务报告的责任主体，应当高度重视财会工作和财会业务骨干人才的培养工作，改善财会人员的知识结构，提高业务水平和职业判断能力，确保准则在本单位的贯彻落实。

（三）会计师事务所要强化责任意识，严格按照新准则规定开展审计鉴证和相关服务工作

遵循准则，依法执业，是会计师事务所和注册会计师的神圣职责。会计师事务所和注册会计师要继续抓好新准则的学习培训工作，将准则变化与审计理念、方法、程序等的变化密切结合起来；要强化审计独立性，保持应有的职业谨慎态度，遵守职业道德规范；要树立风险意识，切实贯彻风险导向审计理念，严格审计程序，强化审计工作记录，提高识别和应对风险的能力；要改善事务所内部管理，加强质量控制，全面提升审计质量和其他服务质量。

三、加强协调，形成合力，做好两大准则体系贯彻实施的监督检查

严格、科学、高效的监督检查，是确保会计审计准则体系贯彻到位的有力保证。财政部门、其他有关政府部门和注册会计师协会要加强协调、齐抓共管，形成合力，认真做好两大准则体系贯彻实施的监督检查和指导工作：

要加强对上市公司和执行新准则的国有大型企业集团的会计信息质量检查工作，加大对会计师事务所，尤其是具有执行证券期货业务资格会计师事务所的执业质量的检查力度，重点检查在2006年末新旧准则转换之际的不规范行为，以及2007年度执行新准则情况。对于执行准则不到位的，要督促整改、重点监控；问题严重的，要公开曝光并依法处理。

要积极主动地争取其他政府部门的支持和配合，共同推动新准则实施的指导和监督检查工作，做好企业会计准则与政府审计、证券、银行、保险监管以及税收政策的协调与衔接，以及部门之间的协调工作，形成监管合力，提高监管效能，确保两大准则体系的平稳过渡和全面实施。

二〇〇六年十二月三十一日

七、非上市银行业金融机构执行《企业会计准则》有关衔接规定

财政部关于印发《非上市银行业金融机构执行〈企业会计准则〉有关衔接规定》的通知

（财会[2007]16号）

国务院有关部委、有关直属机构，各省、自治区、直辖市、计划单列市财政厅（局），新疆生产建设兵团财务局，有关金融机构：

为了非上市银行业金融机构执行企业会计准则，确保新旧会计准则平稳过渡，根据《中华人民共和国会计法》和《企业会计准则——基本准则》等国家有关法律法规，我部制定了《非上市银行业金融机构执行〈企

业会计准则〉有关衔接规定》,现予印发。执行企业会计准则的非上市银行业金融机构不再执行原来的相关准则、制度、办法。执行中有何问题,请及时反馈我部。

二〇〇七年十二月二十九日

附件

非上市银行业金融机构执行《企业会计准则》有关衔接规定

非上市银行业金融机构执行《企业会计准则——基本准则》、38 项具体准则、会计准则应用指南及解释(以下简称新会计准则)的,有关衔接问题规定如下:

一、执行新会计准则有关会计政策变更的处理

非上市银行业金融机构在新会计准则首次执行日,因会计政策变更的下列事项应当进行追溯调整:

(一) 根据《企业会计准则第 8 号——资产减值》和《企业会计准则第 22 号——金融工具确认和计量》的规定,应当计提固定资产、投资性房地产、无形资产、在建工程、长期股权投资、抵债资产、金融资产等减值准备的,或者由于会计政策的原因导致减值准备计提不足的,按照新会计准则的要求应当计提或补提相应的减值准备,并调整期初留存收益。

对于未使用、不需用固定资产未计提折旧的,应当按照《企业会计准则第 4 号——固定资产》的规定补提相应的折旧额,并调整期初留存收益。

(二) 对于所持有的金融资产(不含《企业会计准则第 2 号——长期股权投资》规范的投资),应当按照《企业会计准则第 22 号——金融工具确认和计量》的规定,划分为以公允价值计量且其变动计入当期损益的金融资产、持有至到期投资、贷款和应收款项、可供出售金融资产;对于所持有的金融负债,应当划分为以公允价值计量且其变动计入当期损益的金融负债、其他金融负债。

划分为持有至到期投资、贷款和应收款项的,应当按照实际利率法采用摊余成本计量,并将账面价值与按实际利率法计算的摊余成本的差额调整期初留存收益。如果在首次执行日之前采用名义利率法计量相关金融资产的账面价值,且有客观证据表明与按照实际利率法计量的摊余成本相差较小的,可以不作调整。

划分为可供出售金融资产的,应当在首次执行日按照公允价值计量,并将账面价值与公允价值的差额调整期初资本公积。

对于应当采用摊余成本进行后续计量的金融负债,应当按照实际利率法采用摊余成本计量,并将账面价值与按实际利率法计算的摊余成本的差额调整期初留存收益。如果在首次执行日之前采用名义利率法计量相关金融负债的账面价值,且有客观证据表明与按照实际利率法计量的摊余成本相差较小的,可以不作调整。

(三) 原采用成本法核算的对联营企业、合营企业的长期股权投资,按照《企业会计准则第 2 号——长期股权投资》应当改为权益法核算,并相应调整期初留存收益或资本公积。

除上述(一)至(三)之外的其他项目,应当按照《企业会计准则第 38 号——首次执行企业会计准则》及其应用指南、解释的规定执行。

二、执行新会计准则有关财务报表列报的要求

在首次执行日后按照企业会计准则编制的首份中期财务报告或首份年度财务报表,应当遵循《企业会计准则第 38 号——首次执行企业会计准则》及其应用指南、解释的规定。

第十一部分　证监会发布的实施会计准则配套规章

一、关于证券公司执行《企业会计准则》的通知

中国证券监督管理委员会关于证券公司执行《企业会计准则》的通知

证监会计字[2006]22号

各证券公司、相关会计师事务所：

2006年2月，财政部颁布了新的《企业会计准则》(以下简称新会计准则)，要求自2007年1月1日起在上市公司范围内施行，同时鼓励其他企业执行。为了提高证券行业的会计信息质量，强化证券公司风险管理意识，促进证券行业更好地发展，我会决定从2007年起在证券公司(以下简称公司)范围内执行新会计准则。现就有关事项通知如下：

一、关于公司2006年年度报告的编制事宜

(一) 公司应按照现行《金融企业会计制度》和编制年度报告的相关规定要求编制2006年年度报告。已上市公司除遵循上述要求外，尚需执行上市公司相关规定。

(二) 公司应按照《企业会计准则第38号一首次执行企业会计准则》及相关规定，编制新旧会计准则的差异调节表，以反映执行新会计准则对公司2006年度财务状况、经营成果及现金流量的影响。该调节表须由具有证券期货相关业务资格的会计师事务所审阅并发表审阅意见后，报证监会会计部、机构部、风险办备案。该调节表暂不列入公开披露范围。

(三) 公司应根据新会计准则的规定并结合自身业务情况，在2006年年度报告的“管理层报告”部分，分析和披露执行新会计准则后可能发生的会计政策变更、会计估计变更及其对公司财务状况和经营成果的影响。

二、关于公司2007年执行新会计准则的安排

(一) 为了使新会计准则实施工作高效、稳妥地进行，2007年6月30日之前作为过渡期，其间公司仍按现行《金融企业会计制度》和相关规定报送有关报告，并报告新旧会计准则存在重大差异的事项及影响数。同时，公司应将会计核算系统等调整到位，做好新旧系统对接、协调工作。6月30日之后同时按照新旧会计准则编制有关报告。

(二) 公司应按照新会计准则和编制年报的相关规定要求编制2007年年报。

三、新会计准则施行工作中的几点注意事项

(一) 公司应严格按照新会计准则的要求，稳健选用适当的公允价值计量模式，并建立、健全确定公允价值的内部控制制度。公司不得利用公允价值计量模式调节利润，也不得要求相关中介机构出具虚假鉴证报告。

(二) 公司应全面执行新会计准则的各项规定，不得根据需要选择执行。公司应根据新会计准则的有关要求和公司实际情况，制定合理的会计政策，做出恰当的会计估计，明确区分会计政策变更、会计估计变更和会计准则变化造成的影响，不得相互混淆，也不得利用会计政策变更、会计估计变更和会计差错更正人为调节利润。

(三) 公司应在金融工具初始确认时客观分析持有意图，合理划分各项金融工具，并形成明确的书面结论；在后续计量过程中如涉及采用估值模型确定公允价值，公司应谨慎选用相关计算参数。公司不得利用金融工具的重新分类人为调节利润。

(四) 新会计准则的施行是证券行业的一件大事，各公司负责人应给予足够重视，全力支持，保证按照要求完成新会计准则施行工作，公司相关业务部门应围绕真实、公允、完整反映公司经营与财务活动的目标，对公司核算和新旧会计准则接轨工作给予大力支持和配合，确保转轨工作如期、顺利完成。

(五) 各公司应认真组织学习新会计准则，深入理解新旧会计准则、制度之间的差异，在施行阶段全面贯彻落实新会计准则精神，保证新旧会计准则、制度体系之间的顺利衔接，同时还要保证日常工作的完成，

高标准满足各项业务及监管要求。

（六）各公司应配合新会计准则施行工作，完善公司管理制度，调整相关内控制度，保证新会计准则的长期有效执行。

（七）各公司应积极参加我会在下一阶段组织的新会计准则施行培训工作，做好内部学习、讨论、消化，提高会计核算和风险控制水平。

为保证新会计准则的顺利施行，我会成立了新会计准则施行工作领导小组和工作小组。各公司应加强与工作小组的沟通，新会计准则施行过程中的有关问题应及时向工作小组反映，工作小组将给予研究，提出解决方案。公司如有对新会计准则施行工作的建议，请一并向工作小组提出。领导小组成员包括：

组长：

证监会副主席　庄心一

副组长：

证监会首席会计师、会计部主任　张为国

证监会机构部主任　黄红元

成员：

证监会会计部　李树华

证监会机构部　李东平

证监会机构部　李宇白

证监会机构部　张凤文

证监会机构部　吴年文

证监会会计部　赵善学

证监会机构部　童卫华

证券公司代表

会计师事务所代表

二〇〇六年十一月二十七日

二、关于证券公司执行《企业会计准则》有关新旧衔接事宜的通知

中国证券监督管理委员会关于证券公司执行《企业会计准则》有关新旧衔接事宜的通知

（证监会计字[2007]7号）

各证券公司、相关会计师事务所：

根据《关于证券公司执行〈企业会计准则〉的通知》（证监会计字[2006]22号，以下简称《通知》）的要求，证券公司将于2007年起全面执行财政部新颁布的《企业会计准则》（以下简称新会计准则）。为了使新会计准则施行工作稳妥、高效地进行，保证会计信息和监管信息的质量，现就过渡期间有关事宜通知如下：

一、非上市证券公司（被托管和行政清理的除外）应按照现行《金融企业会计制度》及相关规定编制2006年年报，同时按照《企业会计准则第38号—首次执行企业会计准则》及本通知附件要求，编制股东（所有者）权益调节表，反映重大差异的调节过程。调节表应当经会计师审阅并连同审阅意见报我会会计部、机构部或风险办及公司注册地证监局备案。

二、2007年6月30日以前，非上市证券公司仍按现行《金融企业会计制度》及相关规定进行账务处理，并按现行方式报送月度报表相关信息。同时，每月以书面和电子表格的形式向我会机构部或风险办及注册地证监局报送股东（所有者）权益调节表，并对重大差异加以解释。月度调节表不需审计。

三、非上市证券公司应于2007年6月30日之前完成财务系统调整，按照新会计准则及指南的要求，结合自身特点，设置会计核算科目。自2007年7月1日起，所有证券公司应按照新会计准则进行会计核算，编制和报送相关月度报表。

四、上市证券公司公开披露财务会计信息，执行《关于做好与新会计准则相关财务会计信息披露工作

的通知》(证监发[2006]136 号);2007 年 6 月 30 日之前向我会机构部和注册地证监局报送的月度资产负债表和利润表可按新会计准则编制,并以书面和电子表格的形式报送,其他月度报表报送要求不变,但月度报表中确有与新会计准则不相匹配不能按原有要求或格式填报的,暂以书面和电子表格的形式报送报表及详细说明。

五、所有证券公司应按照新会计准则及相关规定编制 2007 年年度报告。

二〇〇七年一月十七日

股东(所有者)权益差异调节表及编制要求股东(所有者)权益调节表

编号	项目名称	金额
	2006 年 12 月 31 日股东(所有者)权益(现行会计准则)	
1	以公允价值计量且其变动计入当期损益的金融资产以及可供出售金融资产	
2	以公允价值计量且其变动计入当期损益的金融负债	
3	金融工具分拆增加的权益	
4	衍生金融工具	
5	长期股权投资差额	
	其中:同一控制下企业合并形成的长期股权投资差额	
	其他采用权益法核算的长期股权投资贷方差额	
6	拟以公允价值模式计量的投资性房地产	
7	符合预计负债确认条件的辞退补偿	
8	股份支付	
9	符合预计负债确认条件的重组义务	
10	企业合并	
	其中:同一控制下企业合并商誉的账面价值	
	根据新准则计提的商誉减值准备	
11	所得税	
12	其他	
	2007 年 1 月 1 日股东(所有者)权益(新会计准则)	

差异调节表编制要求

1. 证券公司应当按照《企业会计准则第 38 号—首次执行企业会计准则》的规定,结合自身特点和具体情况编制差异调节表,对相应的栏目进行调整,包括增加或减少栏目。

需要编制合并财务报表的公司,原则上应以合并财务报表为基础,依据重要性原则编制和披露差异调节表。

2. 证券公司在编制差异调节表时,应对重要项目以附注形式进行说明。

3. 主要项目编制说明如下:

第 1、2 项,对于以公允价值计量且其变动计入当期损益的金融资产和金融负债,应按 2007 年 1 月 1 日该金融资产或金融负债的公允价值与其账面价值的差额调增或调减留存收益;对于可供出售金融资产,应按 2007 年 1 月 1 日该金融资产的公允价值与其账面价值的差额调增或调减留存收益。

第 3 项,金融工具分拆增加的权益部分的价值,调增所有者权益相关项目(比如包括负债和权益成分的非衍生金融工具,应按归属于权益成分的金额调增资本公积)。

第 4 项,对于未在资产负债表内确认、或已按成本计量的衍生金融工具,应根据 2007 年 1 月 1 日公允价值与其账面价值的差额调增或调减留存收益。

第 5 项,根据同一控制下企业合并产生的长期股权投资差额和其他采用权益法核算的长期股权投资贷方差额填列。其中,同一控制下企业合并产生的长期股权投资差额调增或调减留存收益,其他继续采用权益法核算的长期股权投资贷方差额调增留存收益。

第 6 项,对于拟以公允价值计量的投资性房地产,应根据 2007 年 1 月 1 日公允价值与其账面价值的差额调增或调减留存收益。

第 7 项,对于 2007 年 1 月 1 日存在的解除与职工的劳动关系计划,满足预计负债确认条件的,应根据预计负债的金额调减留存收益。

第8项，对于可行权日在2007年1月1日或之后的股份支付，若以权益结算，以前年度应确认的成本费用在调减留存收益的同时，增加资本公积；若以现金结算，应将以前年度确认的成本费用调减留存收益。

第9项，公司应将在2007年1月1日满足预计负债确认条件的重组义务，调减留存收益。

第10项，公司应将同一控制下企业合并商誉的原账面价值冲销，调减留存收益；对于非同一控制下企业合并形成的商誉，应根据《企业会计准则第8号——资产减值》规定进行减值测试，需要计提减值准备的，调减留存收益，并以扣减减值准备后的金额作为2007年1月1日商誉的认定成本。

第11项，2007年1月1日执行新会计准则增加递延所得税负债的，调减留存收益；增加递延所得税资产的，调增留存收益。

第12项，除上述调整事项之外根据《企业会计准则第38号——首次执行企业会计准则》需调整的其他事项；需要编制合并财务报表的，还应按照新会计准则调整少数股东权益，并在调节表内单列项目反映。

三、关于证券公司执行《企业会计准则》有关核算问题的通知

中国证券监督管理委员会关于证券公司执行《企业会计准则》有关核算问题的通知

（证监会计字[2007]34号）

各证券公司、各有关会计师事务所：

2006年11月26日，我会下发了《关于证券公司执行〈企业会计准则〉的通知》（证监会计字[2006]22号），规定证券公司自2007年起执行《企业会计准则》（以下简称新会计准则）。为规范证券公司的会计核算，保障证券公司会计信息的可比性、可靠性和信息披露质量，现就有关会计核算问题通知如下：

一、证券公司应当严格执行新会计准则，在谨慎性原则的基础上，真实、公允地反映公司的财务状况和经营成果；应当认真分析可能发生的风险和减值迹象，足额计提各项风险准备和减值准备。

会计师事务所应当认真执行《中国注册会计师执业准则2006》，按照风险导向审计理念，完善审计执业规程，督促证券公司提高会计信息质量。

二、证券公司相关资产的确认和计量应当遵循如下规定：

（一）证券公司持有的对上市公司具有重大影响以上的限售股权，应当作为长期股权投资，视对上市公司的影响程度分别采用成本法或权益法核算；证券公司持有的对上市公司不具有控制、共同控制或重大影响的限售股权，应当划分为可供出售金融资产。

证券公司持有的集合理财产品，应当划分为可供出售金融资产。

直接投资业务形成的投资，在被投资公司股票上市前，应当作为长期股权投资，视对被投资公司的影响程度分别采用成本法或权益法核算；在被投资公司股票上市后，如对被投资公司存在控制、共同控制或重大影响，应当继续作为长期股权投资，并视对被投资公司的影响程度分别采用成本法或权益法核算；如对被投资公司不具有控制、共同控制或重大影响，应当于被投资公司股票上市之日将该项投资转作可供出售金融资产，并按《企业会计准则第22号——金融工具确认和计量》进行初始及后续计量。

上述划分为可供出售金融资产的投资，限售期结束后不得重新分类至其他类别金融资产。

（二）对存在活跃市场的投资品种，如报表日有成交市价，应当以当日收盘价作为公允价值。如报表日无成交市价、且最近交易日后经济环境未发生重大变化的，应当以最近交易日收盘价作为公允价值；如报表日无成交市价、且最近交易日后经济环境发生了重大变化的，应当在谨慎性原则的基础上采用适当的估值技术，审慎确定公允价值。

对交易明显不活跃的投资品种，应当采用适当的估值技术，审慎确定公允价值。

附有限售条件的股票等投资的公允价值，应当按《关于证券投资基金执行〈企业会计准则〉估值业务及份额净值计价有关事项的通知》（证监会计字[2007]21号）中规定的原则确定。

三、证券公司证券经纪业务佣金收入和证券自营业务收入应当在证券买卖交易日予以确认。

四、证券公司管理的集合理财产品的会计核算应当参照证券投资基金会计核算的有关规定执行。

五、证券公司缴纳的证券投资者保护基金，应当在"管理费"科目中设置二级科目核算；支付给银行的

“资金三方存管”费用，应当在“手续费及佣金支出”科目中设置二级科目核算。

六、证券公司因申购新股或基金被暂时冻结的资金，应当在“其他货币资金”科目核算，并待资金解冻后从该科目转出。

二〇〇七年十二月十八日

四、关于基金管理公司及证券投资基金实施《企业会计准则》的通知

中国证券监督管理委员会关于基金管理公司及证券投资基金实施《企业会计准则》的通知

证监会计字[2006]23号

各基金管理公司、各基金托管银行、相关会计师事务所：

2006年2月，财政部颁布了新的《企业会计准则》(以下简称新会计准则)，要求自2007年1月1日起在上市公司范围内施行，同时鼓励其他企业执行。为了提高基金行业的会计信息质量，强化基金管理公司风险管理意识，促进基金行业更好地发展，我会决定基金管理公司(以下简称公司)自2007年1月1日起执行新会计准则。2007年6月30日之前，公司可以沿用现有会计核算系统生成财务会计报表，但须按照新会计准则对财务会计报表进行调整，使之符合新会计准则的要求；自2007年7月1日起全面按新会计准则进行账务处理。证券投资基金(以下简称基金)自2007年7月1日起执行新会计准则。现就有关事项通知如下：

一、施行计划

(一) 2006年年度报告的编制。

1. 公司应按照现行《金融企业会计制度》和编制年度报告的相关规定要求编制2006年年度报告。

2. 公司应按照《企业会计准则第38号一首次执行企业会计准则》及相关规定，编制新旧会计准则的差异调节表，以反映执行新会计准则对公司2006年度财务状况、经营成果及现金流量的影响。该调节表须由具有证券期货相关业务资格的会计师事务所审阅并报证监会会计部、基金部备案。

3. 基金应按照现行《金融企业会计制度》和编制年度报告的相关规定编制2006年年度报告。

(二) 2007年半年报、年报的编制。

1. 公司应按照新会计准则和编制年度报告的相关规定要求编制当年财务会计报表。

2. 基金2007年半年报应按照现行制度和相关规定要求编制，2007年年报的编制应按照新会计准则和编制年报的相关规定要求编制。

二、新会计准则施行工作的几点注意事项

(一) 公司应严格按照新会计准则的要求，选用适当的公允价值计量模式，并建立、健全确定公允价值的内部控制制度，不得利用公允价值计量模式调节公司利润或基金资产净值，也不得要求相关中介机构出具虚假鉴证报告。

(二) 公司及基金托管银行(以下简称托管行)应全面执行新会计准则的各项规定，不得根据需要选择执行。公司及托管行应根据新会计准则的有关要求和公司实际情况，制定合理的会计政策，做出恰当的会计估计，明确区分会计政策、会计估计变更和会计准则变化造成的影响，不得相互混淆，也不得利用会计政策、会计估计变更和会计差错更正人为调节公司利润或基金资产净值。

(三) 公司及托管行应在金融工具初始确认时客观分析持有意图，合理划分各项金融工具，并形成明确的书面结论；在后续计量过程中如涉及采用估值模型确定公允价值，公司及托管行应谨慎选用相关计算参数，不得利用金融工具的重新分类人为调节公司利润或基金资产净值。

(四) 公司不得利用关联方交易等手段侵吞公司资产或操纵公司利润。公司及托管行也不得将关联方交易非关联化，掩盖实质上的关联方关系及交易，损害公司股东或基金份额持有人的利益。

三、新会计准则施行工作的几点要求

(一) 新会计准则的施行是基金行业的一件大事，各公司及托管行负责人应给予足够重视，全力支持，保证按照要求完成施行工作。

（二）各公司及托管行应组织认真学习新会计准则，深入理解新旧会计准则、制度之间的差异，在施行阶段全面贯彻落实新会计准则精神，保证新旧会计准则、制度体系之间的顺利衔接，同时还要保证日常工作的完成，高标准满足各项业务及监管要求。

（三）各公司应配合新会计准则施行，完善公司管理制度，调整相关内控制度，保证新会计准则的长期有效执行。

（四）各公司及托管行应积极参加我会在下一阶段组织的新会计准则施行培训工作，提高会计业务水平。

（五）为保证新会计准则的顺利施行，我会成立了新会计准则施行工作领导小组和工作小组。各公司及托管行应加强与施行工作小组的沟通，新会计准则施行过程中的有关问题应及时向工作小组反映，工作小组将给予研究，提出解决方案。公司及托管行如有对新会计准则施行工作的建议，请一并向工作小组提出。领导小组成员包括：

组长：

证监会副主席　桂敏杰

副组长：

证监会首席会计师、会计部主任　张为国

证监会基金部副主任　李正强

证监会基金部副主任　洪　磊

成员：

证监会会计部　李树华

证监会基金部　韩　勇

证监会基金部　汤进喜

证监会会计部　路子尧

证监会基金部　林晓征

基金管理公司代表

基金托管银行代表

会计师事务所代表

二〇〇六年十一月二十七日

五、关于基金管理公司执行《企业会计准则》有关新旧衔接事宜的通知

中国证券监督管理委员会关于基金管理公司执行《企业会计准则》有关新旧衔接事宜的通知

证监会计字[2007]3号

各基金管理公司、各相关会计师事务所：

根据《关于基金管理公司及证券投资基金执行〈企业会计准则〉的通知》（证监会计字[2006]23号，以下简称《通知》）要求，基金管理公司（以下简称公司）自2007年1月1日起执行《企业会计准则》（以下简称新会计准则）。为了保证新会计准则施行工作高效、稳妥地进行，提高会计信息的相关性及监管信息的有效性，现就过渡期间有关事宜通知如下：

一、公司2006年度财务报告应按照现行《金融企业会计制度》编制。同时，公司应按照《企业会计准则第38号—首次执行企业会计准则》的要求，编制新旧会计准则的股东权益差异调节表以反映股东权益重大差异的调节过程（以下简称差异调节表，格式见附件）。差异调节表应当经具有证券、期货相关业务资格的会计师事务所审阅，并连同审阅意见报证监会会计部、基金部及公司注册地证监局备案。

二、公司应按照新会计准则和证监会的相关要求，结合自身特点，设置会计核算科目，于2007年6月30日之前将会计核算系统等调整到位。2007年7月1日以后，公司应按照新会计准则进行账务处理。

三、《基金管理公司年度财务报备表（2006年度）》（以下简称报备表）将于近期发布。同时我会将通过

2006年度报备表向公司提供符合新会计准则要求的《基金管理公司会计科目设置指南》。为保证公司顺利完成新会计准则下会计科目的设置工作，保证行业整体基础财务信息质量，提高财务信息的准确透明度，便于财务信息、监管信息的报送，公司应按照《基金管理公司会计科目设置指南》设置公司财务系统一级、二级科目，并参考《基金管理公司会计科目设置指南》设置三级及以下级别的会计科目。

四、公司应认真执行新会计准则，按照财务报备表提供的格式编制2007年年度报告。

二〇〇七年一月十七日

股东权益差异调节表及编制要求股东权益差异调节表

编号	项目名称	金额
	2006年12月31日股东权益（按现行会计准则）	
	按新会计准则对2006年12月31日股东权益的相关调节事项：	
1	以公允价值计量且其变动计入当期损益的金融资产、金融负债	
2	可供出售金融资产	
3	金融工具分拆增加的权益	
4	衍生金融工具	
5	长期股权投资差额	
	其中：同一控制下企业合并形成的长期股权投资差额	
	其他采用权益法核算的长期股权投资贷方差额	
6	拟以公允价值模式计量的投资性房地产	
7	符合预计负债确认条件的辞退补偿	
8	股份支付	
9	符合预计负债确认条件的重组义务	
10	企业合并	
	其中：同一控制下企业合并商誉的账面价值	
	根据新准则计提的商誉减值准备	
11	所得税	
12	其他	
	2007年1月1日股东权益（按新会计准则）	

股东权益差异调节表编制要求

1. 基金管理公司应当按照《企业会计准则第38号——首次执行企业会计准则》的规定，结合自身特点和具体情况编制差异调节表，对相应的栏目进行调整，包括增加或减少栏目。

需要编制合并财务报表的公司，原则上应以合并财务报表为基础，依据重要性原则编制和披露差异调节表。

2. 基金管理公司在编制差异调节表时，应以附注的形式对差异调节表的重要项目进行说明。

3. 主要项目编制说明如下：

第1项，对于以公允价值计量且其变动计入当期损益的金融资产和金融负债，应按2007年1月1日该金融资产或金融负债的公允价值与其账面价值的差额调增或调减留存收益。

第2项，对于可供出售金融资产，应按2007年1月1日该金融资产的公允价值与其账面价值的差额调增或调减留存收益。

第3项，金融工具分拆增加的权益部分的价值，调增所有者权益相关项目（比如包括负债和权益成分的非衍生金融工具，应按归属于权益成分的金额调增资本公积）。

第4项，对于未在资产负债表内确认、或已按成本计量的衍生金融工具，2007年1月1日公允价值与其账面价值的差额调增或调减留存收益。

第5项，根据同一控制下企业合并产生的长期股权投资差额和其他采用权益法核算的长期股权投资贷方差额填列。其中，同一控制下企业合并产生的长期股权投资差额调增或调减留存收益，其他继续采用权益法核算的长期股权投资贷方差额调增留存收益。

第6项，对于拟以公允价值计量的投资性房地产，应根据2007年1月1日公允价值与其账面价值的差额调增或调减留存收益。

第7项，对于2007年1月1日存在的解除与职工的劳动关系计划，满足预计负债确认条件的，应根据预计负债的金额调减留存收益。

第8项，对于可行权日在2007年1月1日或之后的股份支付，若以权益结算，以前年度应确认的成本费用在调减留存收益的同时，增加资本公积；若以现金结算，应将以前年度确认的成本费用调减留存收益。

第9项，公司应将在2007年1月1日满足预计负债确认条件的重组义务，调减留存收益。

第10项，公司应将同一控制下企业合并商誉的原账面价值冲销，调减留存收益；对于非同一控制下企业合并形成的商誉，应根据《企业会计准则第8号——资产减值》规定进行减值测试，需要计提减值准备的，调减留存收益，并以扣减减值准备后的金额作为2007年1月1日商誉的认定成本。

第11项，2007年1月1日执行新会计准则增加递延所得税负债的，调减留存收益；增加递延所得税资产的，调增留存收益。

第12项，除上述调整事项之外根据《企业会计准则第38号——首次执行企业会计准则》需调整的其他事项；需要编制合并财务报表的，还应按照新会计准则调整少数股东权益，并在调节表内单列项目反映。

六、关于证券投资基金执行《企业会计准则》有关衔接事宜的通知

中国证券监督管理委员会关于证券投资基金执行《企业会计准则》有关衔接事宜的通知

各基金管理公司、基金托管银行、相关会计师事务所：

2006年11月26日，我会下发了《关于基金管理公司及证券投资基金执行〈企业会计准则〉的通知》(证监会计字[2006]23号)，规定证券投资基金(以下简称基金)自2007年7月1日起执行《企业会计准则》(以下简称新会计准则)。为保障新会计准则的顺利实施，切实保护基金份额持有人的合法权益，现就有关事宜通知如下：

一、基金管理公司和托管银行应高度重视新会计准则的施行工作，及时做好核算和估值业务系统的开发和测试工作，不断完善相关业务流程和内部控制制度，加强员工业务培训，积极防范业务风险，确保新会计准则及时、顺利施行。

二、基金管理公司和托管银行务必于2007年6月30日前将基金的会计核算和估值业务系统调整到位。2007年5月28日至6月15日，基金管理公司和托管银行应使用实际交易数据对部分基金(见附件1)进行核对测试，根据测试结果及时调整业务系统。相关托管银行应于6月19日前将测试情况报告我会基金监管部和会计部。未列入名单的基金管理公司也应制定并实施业务系统的测试计划，发现重大问题应及时报告我会。

三、为避免首次执行新会计准则造成基金资产净值大幅波动，基金管理公司应测算首次全面使用公允价值计量可能导致的基金资产净值的增减变化。测算结果表明对净值影响较大的，基金管理公司应事先在投资运作、基金份额申购安排等方面采取各种合理措施，确保投资者利益不受损害。2007年7月1日，基金投资组合的公允价值与原账面价值的差额绝对值占基金资产净值的比例不得超过0.5%。

四、在2007年6月30日之前，基金管理公司应全面梳理所管理的基金参与银行间市场交易至2007年7月1日尚未到期的合同，并将该类交易合同交由会计核算部门，核实相关账务处理。对此前未按经济实质计为回购业务的交易，应在2007年6月30日前按新会计准则进行调整。2007年7月1日后新发生的回购交易，均应按新会计准则的要求根据经济实质进行账务处理。

五、2007年6月30日，基金管理公司和托管银行结转基金损益并封账后，应将原有科目调整至新会计准则科目框架下(见附件2)，调整后的科目余额作为2007年7月1日的期初余额。鉴于7月1日为非交易日，只须对固定收益投资品种进行利息确认等账务处理，无须对证券投资进行重新估值。

六、2007年7月1日起，基金管理公司和托管银行应按新会计准则及其配套文件和我会的相关规定，设置会计科目，进行会计核算，开展基金估值，编制会计报表，披露相关信息。中国证券业协会为指导、规范基金核算业务而牵头制定并发布的相关规定，基金管理公司和托管银行应遵照执行。

七、除我会特别规定外，基金在执行新会计准则后，未分配利润中的未实现部分，包括基金经营活动产生的未实现收益和基金份额交易产生的未实现平准金，不得用于分配。

八、根据《关于2006年度证券投资基金和基金管理公司年度报告编制及审计工作有关事项的通知》（证监会计字[2007]11号）要求，暂存于以基金管理公司名义开立的相关账户中的基金认购、申购款等资金在2006年1月1日至2007年6月30日期间（简称利息期间）生成的利息，应按以下公式在各基金之间分摊，并于2007年6月30日前划入基金资产（对最后一次结息日至6月30日期间的利息，记应收）：

$$\text{某只基金应摊得的利息}=\text{该基金在利息期间认申购金额占全部基金在利息期间认申购总金额的百分比}\times\left(\text{利息期间相关账户生成的利息总额}-\text{已支付的相关手续费和账户维护费等费用}\right)$$

自2007年7月1日起，对存于以基金管理公司名义开立的账户的申购款，在登记注册业务规则规定的份额确认日（含）至划入托管账户日（不含）期间孳生的利息，基金应按期计提。

九、基金执行新会计准则后，对未按相关规定进行基金会计处理，出现基金净值计算错误、基金披露信息不实或基金运作存在较大风险的，我会将依法责令相关机构进行整改，暂停办理相关业务，对相关主管人员和直接责任人员采取相应的处罚措施。

特此通知。

二〇〇七年五月十七

附件1

系统测试基金名单

基金管理公司	基金名称	基金托管银行
博时基金管理公司	博时现金收益基金	交通银行
长城基金管理公司	长城货币市场基金	华夏银行
长盛基金管理公司	长盛中信全债指数增强型基金	农业银行
长信基金管理公司	长信金利趋势基金	浦发银行
大成基金管理公司	大成货币市场基金	光大银行
国泰基金管理公司	国泰金龙债券基金	浦发银行
国投瑞银基金管理公司	国投瑞银融华债券型基金	光大银行
	国投瑞银景气行业基金	光大银行
华安基金管理公司	华安宝利配置基金	交通银行
	华安MSCI中国A股基金	工商银行
	华安180ETF	建设银行
华宝兴业基金管理公司	宝康灵活配置基金	建设银行
华夏基金管理公司	华夏50ETF	工商银行
	华夏中小板ETF基金	建设银行
汇添富基金管理公司	汇添富货币市场基金	浦发银行
嘉实基金管理公司	嘉实货币市场基金	中国银行
建信基金管理公司	建信货币市场基金	工商银行
交银施罗德基金管理公司	交银精选股票基金	农业银行
南方基金管理公司	南方货币市场基金	工商银行
	南方宝元债券基金	工商银行
融通基金管理公司	融通易支付货币市场基金	民生银行
诺安基金管理公司	诺安平衡基金	工商银行
	诺安中短债基金	华夏银行
鹏华基金管理公司	鹏华普丰基金	工商银行
兴业基金管理公司	兴业可转债基金	工商银行
	兴业趋势基金	兴业银行

（续表）

基金管理公司	基金名称	基金托管银行
易方达基金管理公司	易方达月月收益基金	中国银行
	易方达深证100ETF	中国银行
友邦华泰基金管理公司	友邦中短债基金	招商银行
招商基金管理公司	招商优质成长股票型基金	中信银行
	招商货币市场基金	招商银行

附件2

新旧科目对照表

新科目体系		旧科目体系		备注
		一、资产类		
1002	银行存款	101	银行存款	
1021	结算备付金	102	清算备付金	
1031	存出保证金	103	交易保证金	
1102	股票投资	121	股票投资	原161(估值增值)科目按品种明细分别计入股票投资“估值增值”。
1103	债券投资	122	债券投资	原161(估值增值)科目按品种明细分别计入债券投资“估值增值”。
1104	资产支持证券投资(新)			
1105	基金投资(新)			
1106	权证投资	141	配股权证	原161(估值增值)科目按品种明细分别计入权证投资“估值增值”。
1202	买入返售金融资产	131	买入返售证券	
1203	应收股利	112	应收股利	
1204	应收利息	113	应收利息	
1207	应收申购款	114	应收申购款	
1221	其他应收款	119	其他应收款	
	无	142	待回购债券	将142待回购债券的余额转入1103债券投资科目
1501	待摊费用	151	待摊费用	
		二、负债类		
2001	短期借款	241	短期借款	
2101	交易性金融负债(新)			
2202	卖出回购金融资产款	231	卖出回购证券款	
2203	应付赎回款	201	应付赎回款	
2204	应付赎回费	202	应付赎回费	
2206	应付管理人报酬	211	应付管理人报酬	
2207	应付托管费	212	应付托管费	
2208	应付销售服务费	213	应付营销费	
2209	应付交易费用	221	应付佣金	
2221	应交税费	227	应交税金	
2231	应付利息	223	应付利息	

（续表）

新科目体系		旧科目体系		备 注
2232	应付利润	225	应付收益	
2241	其他应付款	229	其他应付款	
	无	242	待返售债券	将242待返售债券的余额冲销1103债券投资科目，直至1103债券投资科目冲平，未冲销部分转入2101交易性金融负债科目
2501	预提费用	251	预提费用	
三、共同类				
3003	证券清算款	111	证券清算款	原为资产类科目，在新准则中归入共同类；原119下的“新股申购款”转入3003下的“新股申购款”。
3101	远期投资（新）			
3102	其他衍生工具（新）			
3201	套期工具（新）			
3202	被套期项目（新）			
四、所有者权益类				
4001	实收基金	301	实收基金	
4011	损益平准金	313	损益平准金	原311科目（未实现利得）中的申购赎回转入4011（损益平准金）中的“未实现”科目，原313科目（损益平准金）转入4011（损益平准金）中的“已实现”科目。
4103	本期利润	321	本期收益	
4104	利润分配	331	收益分配	原311科目（未实现利得）中的估值增值转入4101（利润分配）的“未实现”科目。
五、损益类				
6011	利息收入	411	债券利息收入	利息收入下按债券利息收入、资产支持证券利息收入、存款利息收入、买入返售证券收入等设明细。
		412	存款利息收入	
		431	买入返售证券收入	
6101	公允价值变动损益（新）	311	未实现利得	
6111	投资收益（新）	421	股利收入	投资收益科目下按股利收益、股票差价收益、债券差价收益、资产支持证券差价收益、基金差价收益、衍生工具收益等设明细。
		401	股票差价收入	
		402	债券差价收入	
6302	其他收入	439	其他收入	
6403	管理人报酬	441	管理人报酬	
6404	托管费	442	基金托管费	
6406	销售服务费	443	营销费	
6407	交易费用			此科目在旧准则中属于“其他费用”明细科目。
6411	利息支出	452	利息支出	利息支出科目下按银行借款利息支出、交易性金融负债利息支出、卖出回购金融资产支出等设明细。
		451	卖出回购证券支出	
6605	其他费用	459	其他费用	
6901	以前年度损益调整	461	以前年度损益调整	

七、关于证券投资基金执行《企业会计准则》估值业务及份额净值计价有关事项的通知

中国证券监督管理委员会关于证券投资基金执行《企业会计准则》估值业务及份额净值计价有关事项的通知

（证监会计字[2007]21号）

各基金管理公司、基金托管银行：

2006年11月26日，我会下发了《关于基金管理公司及证券投资基金执行〈企业会计准则〉的通知》（证监会计字[2006]23号），规定证券投资基金（以下简称基金）自2007年7月1日起执行《企业会计准则》（以下简称新会计准则）。为规范基金各类投资品种的估值业务，确保基金执行新会计准则后及时、准确地进行份额净值计价，更好地保护基金份额持有人的合法权益，现就基金执行新会计准则后估值业务和份额净值计价的有关事项通知如下：

一、估值业务基本要求

（一）基金估值的目的是为了准确、真实地反映基金相关金融资产和金融负债的公允价值。开放式基金份额申购、赎回价格应按基金估值后确定的基金份额净值计算。

（二）为准确、及时进行基金估值和份额净值计价，基金管理公司应制定基金估值和份额净值计价的业务管理制度，明确基金估值的原则和程序；建立健全估值决策体系；使用合理、可靠的估值业务系统；加强对业务人员的培训，确保估值人员熟悉各类投资品种的估值原则及具体估值程序；不断完善相关风险监测、控制和报告机制；根据基金投资策略定期审阅估值原则和程序，确保其持续适用性。

（三）托管银行在复核、审查基金资产净值、基金份额申购、赎回价格之前，应认真审阅基金管理公司采用的估值原则和程序。当对估值原则或程序有异议时，托管银行有义务要求基金管理公司作出合理解释，通过积极商讨达成一致意见。

（四）基金管理公司在对活跃市场上没有市价的投资品种、不存在活跃市场的投资品种进行估值时，应综合各估值影响因素，充分理解相关估值模型及假设，经与托管银行协商，谨慎确定公允价值，并按相关法规的规定，在定期报告中充分披露确定公允价值的方法、相关估值假设等信息。

（五）为提高估值的合理性和可靠性，行业需成立基金估值工作小组。工作小组应定期评估行业的估值原则和程序。在充分征求行业意见，履行向我会报备程序后，工作小组可对活跃市场上没有市价的投资品种、不存在活跃市场的投资品种提出估值意见。工作小组的组成及运作由中国证券业协会负责协调。

基金管理公司和托管银行在进行基金估值、计算基金份额净值及相关复核工作时，可参考工作小组的意见，但不能免除相关责任。

（六）货币市场基金应按本通知的有关估值原则确定投资品种的影子价格。

二、估值的基本原则

（一）对存在活跃市场的投资品种，如估值日有市价的，应采用市价确定公允价值。估值日无市价，但最近交易日后经济环境未发生重大变化的，应采用最近交易市价确定公允价值。估值日无市价，且最近交易日后经济环境发生了重大变化的，应参考类似投资品种的现行市价及重大变化因素，调整最近交易市价，确定公允价值。有充足证据表明最近交易市价不能真实反映公允价值的，应对最近交易的市价进行调整，确定公允价值。

（二）对不存在活跃市场的投资品种，应采用市场参与者普遍认同，且被以往市场实际交易价格验证具有可靠性的估值技术确定公允价值。运用估值技术得出的结果，应反映估值日在公平条件下进行正常商业交易所采用的交易价格。采用估值技术确定公允价值时，应尽可能使用市场参与者在定价时考虑的所有市场参数，并应通过定期校验，确保估值技术的有效性。

（三）有充足理由表明按以上估值原则仍不能客观反映相关投资品种的公允价值的，基金管理公司应根据具体情况与托管银行进行商定，按最能恰当反映公允价值的价格估值。

三、具体投资品种的估值

（一）交易所上市、交易品种的估值。交易所上市股票和权证以收盘价估值，上市债券以收盘净价估

值，期货合约以结算价格估值。交易所以大宗交易方式转让的资产支持证券，采用估值技术确定公允价值，在估值技术难以可靠计量公允价值的情况下，按成本进行后续计量。

（二）交易所发行未上市品种的估值。首次发行未上市的股票、债券和权证，采用估值技术确定公允价值，在估值技术难以可靠计量公允价值的情况下，按成本计量；送股、转增股、配股和公开增发新股等发行未上市股票，按交易所上市的同一股票的市价估值；首次公开发行有明确锁定期的股票，同一股票在交易所上市后，按交易所上市的同一股票的市价估值；非公开发行有明确锁定期的股票，按本文附件确定公允价值。

（三）交易所停止交易等非流通品种的估值。因持有股票而享有的配股权，以及停止交易、但未行权的权证，采用估值技术确定公允价值。

（四）全国银行间债券市场交易的债券、资产支持证券等固定收益品种，采用估值技术确定公允价值。

四、计价错误的处理及责任承担

（一）基金管理公司应制定估值及份额净值计价错误的识别及应急方案。当估值或份额净值计价错误实际发生时，基金管理公司应立即纠正，及时采取合理措施防止损失进一步扩大。当错误达到或超过基金资产净值的 0.25%时，基金管理公司应及时报告我会。

（二）基金管理公司和托管银行在进行基金估值、计算或复核基金份额净值的过程中，未能遵循相关法律法规规定或基金合同约定，给基金财产或基金份额持有人造成损害的，应分别对各自行为依法承担赔偿责任；因共同行为给基金财产或基金份额持有人造成损害的，应承担连带赔偿责任。

特此通知。

二〇〇七年六月八日

附件

非公开发行有明确锁定期股票的公允价值[1]的确定方法

如果估值日非公开发行有明确锁定期的股票的初始取得成本高于在证券交易所上市交易的同一股票的市价，应采用在证券交易所上市交易的同一股票的市价作为估值日该股票的价值。

如果估值日非公开发行有明确锁定期的股票的初始取得成本低于在证券交易所上市交易的同一股票的市价，应按以下公式确定该股票的价值：

$$FV=C+(P-C)\times(D_1-D_r)/D_1$$

其中：

FV 为估值日该非公开发行有明确锁定期的股票的价值；

C 为该非公开发行有明确锁定期的股票的初始取得成本（因权益业务导致市场价格除权时，应于除权日对其初始取得成本作相应调整）；

P 为估值日在证券交易所上市交易的同一股票的市价；

$D1$ 为该非公开发行有明确锁定期的股票锁定期所含的交易所的交易天数；

Dr 为估值日剩余锁定期，即估值日至锁定期结束所含的交易所的交易天数（不含估值日当天）。

注：[1]对 2006 年 11 月 20 日前已投资的非公开发行股票，按《关于进一步加强基金投资非公开发行股票风险控制有关问题的通知》（基金部通知[2006]37 号）规定进行估值。

八、关于期货经纪公司执行《企业会计准则》的通知

证监会计字[2006]24 号

各期货经纪公司、相关会计师事务所：

2006 年 2 月，财政部颁布了新的《企业会计准则》（以下简称新会计准则），要求自 2007 年 1 月 1 日起在上市公司范围内施行，同时鼓励其他企业执行。为了规范期货经纪公司（以下简称公司）的会计核算，提高公司会计信息质量，强化公司风险管理意识，促进期货行业更快更好地发展，我会决定从 2007 年 1 月 1 日起在期货经纪公司范围内施行新会计准则。现就有关事项通知如下：

一、新会计准则施行计划

（一）2006 年年度报告的编制

1. 公司应按照现行《金融企业会计制度》、《期货经纪公司商品期货业务会计处理暂行规定》（财会[2000]19 号）的要求如实核算账务，按照《期货经纪公司年度报告参考内容与格式》（证监会计字[2000]3 号）、《关于对〈期货经纪公司年度报告参考内容与格式〉做出部分调整的通知》（证监期货字[2002]9 号）的要求编制 2006 年年度报告。

2. 公司应按照《企业会计准则第 38 号－首次执行企业会计准则》及相关规定，编制新旧会计准则的差异调节表，以反映执行新会计准则对公司 2006 年度财务状况、经营成果及现金流量的影响。该调节表须由具有证券期货相关业务资格的会计师事务所审阅并发表审阅意见后，报证监会会计部、期货部备案。

3. 公司应根据新会计准则的规定并结合自身业务情况，在 2006 年年度报告的"管理层报告"部分，分析和披露执行新会计准则后可能发生的会计政策、会计估计变更及其对公司财务状况和经营成果的影响。

（二）2007 年施行新会计准则的安排

1. 为了使新会计准则施行工作高效、稳妥地进行，给予公司半年时间做好相关准备工作，各公司可以推迟到 2007 年 6 月 30 日前将会计核算系统等调整到位。在会计核算系统调整到位之前，各公司可以沿用现行的会计核算系统生成财务会计报表，但须针对新旧会计准则的差异点，调整财务会计报表使之符合新会计准则的要求。

2. 公司应按照新会计准则以及期货经纪公司年度报告编制的要求核算账务，编制 2007 年年度报告。

二、新会计准则施行工作的几点注意事项

（一）公司应严格按照新会计准则的要求，选用适当的公允价值计量模式，并建立、健全确定公允价值的内部控制制度。公司不得利用公允价值计量模式调节利润，也不得要求相关中介机构出具虚假鉴证报告。

（二）公司应全面执行新会计准则的各项规定，不得根据需要选择执行。公司应根据新会计准则的有关要求和公司实际情况，制定合理的会计政策，做出恰当的会计估计，明确区分会计政策、会计估计变更和会计准则变化造成的影响，不得相互混淆，也不得利用会计政策、会计估计变更和会计差错更正人为调节利润。

（三）公司应在金融工具初始确认时客观分析持有意图，合理划分各项金融工具，并形成明确的书面结论；在后续计量过程中如涉及采用估值模型确定公允价值，公司应谨慎选用相关计算参数。公司不得利用金融工具的重新分类人为调节利润。

（四）公司应建立、健全资产减值准备计提和各项损失核销的内部控制制度，对公司各项资产的潜在损失做出适当估计，合理计提减值准备，恰当进行会计处理。公司不得利用计提资产减值准备人为调节各期利润，不得随意变更计提方法和计提比例。

三、新会计准则施行工作的几点要求

（一）新会计准则的施行是期货行业的一件大事，各公司负责人应给予足够重视，全力支持，保证按照要求完成工作。

（二）各公司应组织认真学习新会计准则，深入理解新旧会计准则、制度之间的差异，在施行阶段全面贯彻落实新会计准则精神，保证新旧准则、制度体系之间的顺利衔接，同时还要保证日常工作的完成，高标准满足各项业务及监管要求。

（三）各公司应配合新会计准则施行，完善公司管理制度，建立健全相关内控制度，保证新会计准则的长期有效执行。

（四）各公司应积极参加我会在下一阶段组织的新会计准则施行培训工作，提高会计业务水平。

（五）为保证新会计准则的顺利施行，我会成立了新会计准则施行工作领导小组和工作小组。各公司应加强与施行工作小组的沟通，新会计准则施行过程中的有关问题应及时向工作小组反映，工作小组将给予研究，提出解决方案。公司如有对新会计准则施行工作的建议，请一并向工作小组提出。领导小组成员包括：

组长：

证监会主席助理　　姜　洋

副组长：

证监会首席会计师、会计部主任　　张为国

证监会期货部副主任　　黄运成

成员：

证监会会计部　　李树华

证监会期货部	鲁东升
证监会期货部	程 苹
证监会会计部	王美玲
期货交易所代表	
期货经纪有限公司代表	
会计师事务所代表	

二〇〇六年十一月二十七日

九、关于期货经纪公司执行《企业会计准则》有关新旧衔接事宜的通知

中国证券监督管理委员会关于期货经纪公司执行《企业会计准则》有关新旧衔接事宜的通知

（证监会计字[2007]8号）

各期货经纪公司、相关会计师事务所：

根据《关于期货经纪公司执行〈企业会计准则〉的通知》（证监会计字[2006]24号）的要求，期货经纪公司于2007年起全面执行财政部新颁布的《企业会计准则》（以下简称新会计准则）。为了使新会计准则施行工作高效、稳妥地进行，保证会计信息和监管信息的质量，现就过渡期间有关事宜通知如下：

一、期货经纪公司应按照现行《金融企业会计制度》及编制年报的相关规定编制2006年度报告，同时按照《企业会计准则第38号—首次执行企业会计准则》及本通知附件要求，编制股东（所有者）权益差异调节表（以下简称差异调节表），反映重大差异的调节过程。差异调节表应当经会计师审阅并连同审阅意见报我会会计部、期货部及公司注册地证监局备案。

二、期货经纪公司应按照新会计准则和我会的相关要求，结合自身特点，设置会计核算科目，于2007年6月30日之前将会计核算系统等调整到位。在会计核算系统等调整到位之前，期货经纪公司可继续采用现行的会计核算系统进行账务处理。自2007年7月1日起，期货经纪公司应按照新会计准则进行账务处理。

三、自2007年1月1日起期货经纪公司应按新会计准则报送月度会计报表相关信息。

四、在2007年1月已经按新会计准则的要求将会计核算系统等调整到位的期货经纪公司，按新会计准则进行账务处理和月度会计报表相关信息报送。

五、期货经纪公司应按照新会计准则及编制年报的相关规定编制2007年年报。

二〇〇七年一月二十三日

股东（所有者）权益差异调节表

编号	项目名称	金额
	2006年12月31日股东（所有者）权益（按现行会计准则	
1	符合资产减值条件应确认尚未确认的资产减值金额	
2	以公允价值计量且其变动计入当期损益的金融资产以及可供出售金融资产	
3	以公允价值计量且其变动计入当期损益的金融负债	
4	金融工具分拆增加的权益	
5	衍生金融工具	
6	长期股权投资差额	
	其中：同一控制下企业合并形成的长期股权投资差额	
	其他采用权益法核算的长期股权投资贷方差额	

（续表）

编号	项目名称	金额
7	拟以公允价值模式计量的投资性房地产	
8	符合预计负债确认条件的辞退补偿	
9	符合预计负债确认条件的重组义务	
10	企业合并	
	其中：同一控制下企业合并商誉的账面价值	
	根据新准则计提的商誉减值准备	
11	所得税	
12	其他	
	2007年1月1日股东（所有者）权益（按新会计准则）	

差异调节表编制要求：

1. 期货经纪公司应当按照《企业会计准则第38号—首次执行企业会计准则》的规定，结合自身特点和具体情况编制差异调节表，对相应的栏目进行调整，包括增加或减少栏目。

需要编制合并财务报表的公司，原则上应以合并财务报表为基础，依据重要性原则编制和披露差异调节表。

2. 期货经纪公司在编制差异调节表时，应以附注的形式对差异调节表的重要项目进行说明。

3. 主要项目编制说明如下：

第1项，包括按照《企业会计准则第22号—金融工具确认和计量》要求应计提的金融资产减值准备，以及按照《企业会计准则第8号—资产减值》要求应计提的固定资产、无形资产、在建工程等长期资产减值准备等。

第2、3项，对于以公允价值计量且其变动计入当期损益的金融资产和金融负债，应按2007年1月1日该金融资产或金融负债的公允价值与其账面价值的差额调增或调减留存收益；对于可供出售金融资产，应按2007年1月1日该金融资产的公允价值与其账面价值的差额调增或调减留存收益。

第4项，金融工具分拆增加的权益部分的价值，调增所有者权益相关项目（比如包括负债和权益成分的非衍生金融工具，应按归属于权益成分的金额调增资本公积）。

第5项，对于未在资产负债表内确认、或已按成本计量的衍生金融工具，应根据2007年1月1日公允价值与其账面价值的差额调增或调减留存收益。

第6项，根据同一控制下企业合并产生的长期股权投资差额和其他采用权益法核算的长期股权投资贷方差额填列。其中，同一控制下企业合并产生的长期股权投资差额调增或调减留存收益，其他继续采用权益法核算的长期股权投资贷方差额调增留存收益。

第7项，对于拟以公允价值计量的投资性房地产，应根据2007年1月1日公允价值与其账面价值的差额调增或调减留存收益。

第8项，对于2007年1月1日存在的解除与职工的劳动关系计划，满足预计负债确认条件的，应根据预计负债的金额调减留存收益。

第9项，公司应将在2007年1月1日满足预计负债确认条件的重组义务，调减留存收益。

第10项，公司应将同一控制下企业合并商誉的原账面价值冲销，调减留存收益；对于非同一控制下企业合并形成的商誉，应根据《企业会计准则第8号——资产减值》规定进行减值测试，需要计提减值准备的，调减留存收益，并以扣减减值准备后的金额作为2007年1月1日商誉的认定成本。

第11项，2007年1月1日执行新会计准则增加递延所得税负债的，调减留存收益；增加递延所得税资产的，调增留存收益。

第12项，除上述调整事项之外根据《企业会计准则第38号——首次执行企业会计准则》需调整的其他事项；需要编制合并财务报表的，还应按照新会计准则调整少数股东权益，并在调节表内单列项目反映。

十、关于做好与新会计准则相关财务会计信息披露工作的通知

关于做好与新会计准则相关财务会计信息披露工作的通知

证监发[2006]136 号

各上市公司、拟上市公司、相关会计师事务所：

今年，财政部陆续颁布了新的企业会计准则及其应用指南(以下简称“新会计准则”)，并将于 2007 年 1 月 1 日起在上市公司范围内实施。为保证新会计准则的顺利实施，做好新会计准则和现行企业会计准则、企业会计制度(以下统称“新旧会计准则”)过渡期间上市公司和拟首次公开发行股票并上市的公司(以下简称“拟上市公司”)财务会计信息披露工作，现就有关事项通知如下：

一、高度重视、认真学习、全力以赴做好新会计准则实施前的各项准备工作

由于新会计准则的实施将对会计、审计、内部控制及公司治理产生重大影响，各上市公司、拟上市公司以及相关会计师事务所务必高度重视，采取有效方式组织董事、监事、高级管理人员以及其他相关业务人员对新会计准则进行学习，并在此基础上，积极结合新会计准则的要求，调整相关会计核算系统、内部控制制度及公司治理架构。

在新旧会计准则过渡期间，上市公司应积极与年报审计机构进行沟通，拟上市公司也应积极与申报会计师事务所进行沟通，提前做好各类账项调整准备工作，确保执行新会计准则后的财务会计信息披露质量。与此同时，公司也应积极做好相关的投资者关系管理工作。

二、切实做好新会计准则实施前后的信息披露工作，确保新旧会计准则平稳过渡

(一) 上市公司 2006 年度财务报告的编制和披露

上市公司应严格按照现行企业会计准则和企业会计制度(以下简称“现行会计准则”)编制 2006 年度财务报告，经具有证券期货相关业务资格的会计师事务所审计后进行披露。在此基础上，为反映执行新会计准则的影响，上市公司应结合新会计准则的规定及自身业务特点，在 2006 年年度报告的“管理层讨论与分析”部分，详细分析并披露执行新会计准则后可能发生的会计政策、会计估计变更及其对公司的财务状况和经营成果的影响。同时，还应按照《企业会计准则第 38 号—首次执行企业会计准则》及本通知附件要求，在年度财务报告的“补充资料”部分以列表形式披露重大差异的调节过程。差异调节表应当经具有证券期货相关业务资格的会计师事务所审阅并发表审阅意见。上市公司应在差异调节表前披露上述审阅意见。

(二) 2007 年发行证券的上市公司相关财务会计信息的披露

上市公司公开发行证券的，如在 2007 年第一季度报告披露前刊登募集说明书，其募集说明书中的近三年财务报表按现行会计准则编制和披露。同时，应在募集说明书“财务会计信息”部分披露 2006 年度新旧会计准则差异调节表和注册会计师的审阅意见；在“管理层讨论与分析”部分披露执行新会计准则后可能发生的会计政策、会计估计变更以及对公司财务状况和经营成果的影响，并作“重大事项提示”。

上市公司公开发行证券的，如在 2007 年第一季度报告披露后刊登募集说明书，其募集说明书中的近三年财务报表按现行会计准则编制和披露，最近一期的比较式财务报表应按新会计准则编制并单独披露。上市公司应在募集说明书“财务会计信息”部分披露 2006 年度新旧会计准则差异调节表和注册会计师的审阅意见，以及最近一期财务报告中可比中期的新旧会计准则差异调节过程。同时，应在“管理层讨论与分析”部分披露执行新会计准则后已发生的会计政策、会计估计变更以及对公司财务状况和经营成果的影响。

上市公司非公开发行证券的，发行人申报的财务资料应比照公开发行证券的要求处理。

(三) 首次公开发行证券的相关财务会计信息披露

发行人在 2007 年 1 月 1 日之后刊登招股意向书的，原则上应当采用新会计准则作为申报财务报表的编制基础。其中，在 2007 年 3 月 31 日前刊登招股意向书的，可以按现行会计准则编制申报财务报表，但应在招股意向书“管理层讨论与分析”中分析披露执行新会计准则后可能发生的会计政策、会计估计变更以及对公司财务状况和经营成果的影响，并作“重大事项提示”。

(四) 上市公司重大资产重组申报的财务报告的编制与披露

上市公司在 2007 年第一季度报告披露前刊登购买、出售、置换资产报告书的，近三年财务报表应按现

行会计准则编制和披露，同时，应在“其他能够影响股东及其他投资者做出合理判断的、有关本次交易的所有信息”部分披露执行新会计准则后可能发生的会计政策、会计估计变更，以及对公司财务状况和经营成果的影响，并视影响的程度作“特别风险提示”。

上市公司在2007年第一季度报告披露后刊登购买、出售、置换资产报告书的，近三年财务报表应按现行会计准则编制和披露，最近一期的比较式财务报表应按新会计准则编制并单独披露，同时，应在“其他能够影响股东及其他投资者做出合理判断的、有关本次交易的所有信息”部分披露执行新会计准则后已发生的会计政策、会计估计变更，以及对公司财务状况和经营成果的影响；在“财务会计信息”部分披露新旧会计准则的差异调节表，并视差异的情况编制附注进行解释说明。

上市公司的盈利预测应按新会计准则编制，同时应说明执行新会计准则后已发生的会计政策、会计估计变更，以及对公司财务状况和经营成果的影响，并视影响的程度作“特别风险提示”。

上市公司发行证券购买资产申报的财务报告的编制与披露要求参照重大资产重组和非公开发行的要求处理。

三、充分估计新会计准则执行中可能存在的问题，采取切实可行的措施，做好新旧会计准则的衔接工作

新旧会计准则过渡期间，上市公司应以重要性原则为基础，遵循谨慎性原则，对执行新会计准则过程中的重点问题予以充分关注，确保财务会计信息披露的真实、准确和完整。

注册会计师应秉承风险导向审计理念，严格执行新的《中国注册会计师执业准则(2006)》，科学选用鉴证方法和技术，全面了解被鉴证单位及其环境，审慎关注重大错报风险，充分履行控制测试和实质性程序，为发表合理的鉴证结论获取充分、适当的证据。

（一）谨慎适度选用公允价值计量模式

上市公司应建立、健全同公允价值计量相关的决策体系。严格按照新会计准则的要求，谨慎适度选用公允价值计量模式。在依据新会计准则采用公允价值模式对财务报表的重要资产、负债项目进行计量时，公司管理层应综合考虑包括活跃市场交易在内的各项影响因素，对能否持续可靠地取得公允价值做出科学合理的评价，董事会应在充分讨论的基础上形成决议。公司应在此基础上充分披露确定公允价值的方法、相关估值假设以及主要参数的选取原则。

上市公司不得为了粉饰财务状况和经营成果，利用公允价值计量模式调节各期利润；也不得出于不当动机，要求相关中介机构出具虚假鉴证报告。

注册会计师在鉴证业务过程中应履行充分的鉴证程序，对公司公允价值选用的合理性，包括公司的决策程序、公允价值的确定方法及披露的充分性给予关注，并做出独立的专业判断。公允价值显失公允，公司又拒绝调整的，注册会计师应考虑对鉴证结论的影响。

（二）根据实际情况合理制定会计政策，做出恰当的会计估计

上市公司应全面执行新会计准则，包括基本准则、具体准则及其应用指南的各项规定，并根据新会计准则的有关要求和公司实际情况，合理制定会计政策，做出恰当的会计估计。上市公司在披露相关影响时，应明确区分原有会计政策、会计估计变更和执行新会计准则造成的影响，不得相互混淆，也不得利用会计政策变更、会计估计差错调节利润。

注册会计师在鉴证业务中应保持必要的执业谨慎，严格按照鉴证业务准则的要求实施鉴证程序，获取充分、适当的鉴证证据，对上市公司选用的会计政策、做出的会计估计及其合理性、适当性做出实质性判断，并恰当地发表鉴证意见。

（三）合理确认债务重组和非货币性资产交换损益

上市公司应当关注债务重组中交易各方的权利义务，合理确定债务重组损益。在非货币性资产交换中，应严格按照新会计准则的要求确定其是否具有商业实质，并谨慎判断相关资产的公允价值能否可靠计量，如实进行充分的信息披露。

在交易对方为关联方的情况下，上市公司应考虑该项交易的背景及交易价格的公允性，并做出恰当的会计处理。

注册会计师在鉴证过程中应对交易背景和真实性予以必要的关注。对于明显异常的债务重组协议，不具有商业实质或公允价值不能可靠计量的非货币性资产交换要予以重点关注。

（四）严格划分投资性房地产的范围，谨慎选择后续计量方法

上市公司应严格对照新会计准则的要求合理划分投资性房地产的范围，谨慎选择投资性房地产的后续计量方法。通常应当采用成本模式对投资性房地产进行后续计量，也可以采用公允价值模式对投资性房地产进行后续计量。但同一企业只能用一种模式对所有投资性房地产进行后续计量，不得同时采用两种计量模式。如选用公允价值计量模式，公司应对其公允价值的确定方法和确定过程进行充分披露。

上市公司不得随意将成本计量模式变更为公允价值计量模式，也不得通过随意变更房地产用途等手段进行利润操纵。公司董事会应就重要投资性房地产项目后续计量模式的选择、变更以及投资性房地产用途转换等事项做出决议。

注册会计师应履行充分的鉴证程序，就上市公司投资性房地产确认标准、计量模式选择的合理性获取充分、适当的鉴证证据。对于上市公司变更房地产用途以及后续计量模式的转换应重点关注。

（五）严格履行资产减值准备计提和转回的决策程序

z认司行会计准则，上市公司应建立、健全资产减值准备相关的内部控制制度，形成科学合理的决策程序。上市公司2006年度应按照现行会计准则的要求充分计提相关资产减值准备。对于2006年的大额资产减值准备转回，公司管理层应向董事会提供充分表明转回的合理性和资产价值恢复的证据，董事会应就此进行审议并形成决议。如无充分证据表明原计提减值准备的合理性，应按前期差错更正的原则进行会计处理。

在新会计准则实施后，上市公司应密切关注其长期资产是否存在减值迹象，并根据有关规定对存在减值迹象的资产进行减值测试。上市公司2007年及以后年度出现重大资产处置，导致计提的资产减值准备在短期内大额转出的，应提出充分证据证明原减值准备计提的合理性，否则按前期差错更正的原则进行处理。

上市公司不得在2006年底前突击转回长期资产的减值准备。不得利用计提资产减值准备的机会“一次亏足”，或在前期巨额计提后大额转回，随意调节利润；也不得随意变更计提方法。

注册会计师应根据相关鉴证业务准则的要求实施鉴证程序，获取充分、适当的鉴证证据，在此基础上对上市公司的会计政策、会计估计及相关会计处理的适当性做出实质性判断，对于2006年的重大资产减值准备转回的，要给予重点关注。对于转回理由不充分或存在减值迹象而公司未合理计提准备的，注册会计师应提请公司予以调整，公司拒绝调整的，注册会计师应考虑对鉴证结论的影响。

（六）严格履行决策程序，合理划分各项金融工具

上市公司董事会和管理层应严格依照法律法规和公司章程规定的决策权限，履行相应决策程序，根据金融工具的持有意图和风险管理目标，合理划分类别并形成明确的书面结论。在后续计量过程中如涉及采用估值模型确定公允价值，上市公司应谨慎选用相关计算参数，并做出充分的信息披露。

上市公司不得利用金融工具分类进行利润操纵，对于已经确定类别的金融工具，不得随意变更其类别；发生变更的，上市公司应提出充分证据，并在附注中充分披露。上市公司不得利用金融工具的重分类人为调节各期利润。

注册会计师应就金融工具的相关业务合理制定鉴证计划，充分履行鉴证程序，对公司及其环境、可能存在的重大错报风险等给予合理关注，并对金融工具类别变更给予重点关注。对于变更理由不充分，公司拒绝调整的，注册会计师应考虑对鉴证结论的影响。

（七）严格区分各类收益性支出和资本性支出

上市公司应根据其业务情况和资金实际使用情况，谨慎确定借款费用资本化的资产范围。对于涉及一般借款的借款费用资本化，应由公司董事会审查并做出决议。上市公司应按照财务会计信息披露规范的要求，在财务报表附注中充分披露借款费用资本化的范围、期间以及金额，不得将不符合资本化条件的借款费用予以资本化。

上市公司应按照新会计准则的有关要求区分无形资产的研究阶段和开发阶段，并根据实际情况合理确定开发阶段的支出是否符合资本化条件，不得利用提供虚假或不实资料等手段将本应费用化的开发阶段支出资本化；在对无形资产进行后续计量的过程中，上市公司应根据资产、技术等各方面实际情况合理确定无形资产使用寿命、摊销方法，并在会计期末对其进行定期复核。

注册会计师在鉴证业务过程中，应保持必要的执业谨慎，关注公司收益性支出与资本性支出划分的合理性，对借款费用资本化、研究阶段和开发阶段的划分及相关费用的会计处理方法给予重点关注。

（八）合理估计并确定同股份支付相关的参数

上市公司应严格按照新会计准则的要求对股份支付相关业务进行会计处理。公司应当以最佳估计为基础，合理确定股份支付相关的各项计算参数以及计入成本费用的金额，并按照财务信息披露规范的要求对股份支付协议的基本情况、相关计算参数的选取等进行充分披露。

上市公司管理层不得操纵利润以获取管理层激励利益。

注册会计师应履行必要鉴证程序，对上市公司股份支付相关参数的选择、账务处理的正确性以及信息披露的充分性做出实质性判断。

（九）严格采用资产负债表债务法进行所得税会计处理

上市公司应按照新会计准则的有关要求，严格采用资产负债表债务法进行所得税会计处理，不得继续采用应付税款法和原纳税影响会计法。

上市公司应按照新会计准则的规定，合理确定各项资产、负债的账面价值，并根据税法规定计算计税基础。对于账面价值和计税基础之间的差额形成的暂时性差异，企业应分别按照对未来纳税义务产生的影响确认递延所得税负债和递延所得税资产。需要确认递延所得税资产的，必须有确凿证据表明企业未来能够获得足够的应纳税所得额。

注册会计师在鉴证业务过程中，应重点关注企业各项资产、负债计税基础确定的正确性；对确需确认递延所得税资产的，应保持必要的执业谨慎，充分履行鉴证程序，获取有关未来应纳税所得额的鉴证证据。

（十）充分披露企业合并及合并财务报表相关信息

上市公司应严格执行新会计准则关于企业合并的相关规定。对于同一控制下的企业合并，应在最近一期定期报告中充分披露企业合并对公司当期财务状况和经营成果的影响程度；对于非同一控制下的企业合并，应在定期报告中充分披露合并时点被合并方资产、负债的公允价值及其后续变动情况，及其对财务状况和经营成果的影响程度。

上市公司不得随意变更合并财务报表的合并范围，或对合并范围内公司之间的交易不做充分抵销，人为调节利润。

注册会计师应获取充分、适当的鉴证证据，重点关注企业合并的类型以及相应会计处理的正确性，同时应关注企业合并相关信息披露的充分性。

（十一）正确计算和披露每股收益

上市公司和拟上市公司应按照新会计准则以及相关财务会计信息披露规范的要求，正确计算每股收益并进行充分适当的信息披露。

注册会计师在鉴证业务过程中，应判断公司每股收益数据计算的准确性，对发行可转换公司债券、认股权证、股份期权等潜在普通股的，应对其稀释性给予重点关注。

（十二）规范关联方交易及其信息披露

上市公司应按照新会计准则的有关要求确定关联方关系，对关联方及其交易情况进行充分披露。

上市公司的关联方不得利用关联方交易等手段侵吞上市公司资产或操纵上市公司利润，也不得将关联方交易非关联化，掩盖实质上的关联方关系及交易，规避相关信息披露。

注册会计师在鉴证业务过程中应当关注交易的真实性、价格的公允性和信息披露的充分性。对于公司与非正常业务关系单位或个人发生的偶发性交易或重大交易、缺乏明显商业理由的交易、实质与形式明显不符的交易，以及交易价格、条件、形式等明显异常或显失公允的交易应当予以重点关注，并视重要性程度考虑其对鉴证结论的影响。

二〇〇六年十一月二十七日

附件

新旧会计准则股东权益差异调节表及编制要求股东权益调节表

编号	项目名称	金额
	2006年12月31日股东权益（现行会计准则）	
1	长期股权投资差额	
	其中：同一控制下企业合并形成的长期股权投资差额	
	其他采用权益法核算的长期股权投资贷方差额	

（续表）

编号	项目名称	金额
2	拟以公允价值模式计量的投资性房地产	
3	因预计资产弃置费用应补提的以前年度折旧等	
4	符合预计负债确认条件的辞退补偿	
5	股份支付	
6	符合预计负债确认条件的重组义务	
7	企业合并	
	其中：同一控制下企业合并商誉的账面价值	
	根据新准则计提的商誉减值准备	
8	以公允价值计量且其变动计入当期损益的金融资产以及可供出售金融资产	
9	以公允价值计量且其变动计入当期损益的金融负债	
10	金融工具分拆增加的权益	
11	衍生金融工具	
12	所得税	
13	其他	
	2007年1月1日股东权益（新会计准则）	

差异调节表编制要求

1. 上市公司应当按照《企业会计准则第38号——首次执行企业会计准则》第五条至第十九条的规定，结合自身特点和具体情况编制差异调节表，对相应的栏目进行调整，包括增加或减少栏目。

需要编制合并财务报表的公司，原则上应以合并财务报表为基础，依据重要性原则编制和披露差异调节表。

2. 上市公司在编制差异调节表时，应对重要项目以附注形式进行说明。

3. 主要项目编制说明如下：

第1项，根据同一控制下企业合并产生的长期股权投资差额和其他采用权益法核算的长期股权投资贷方差额填列。其中，同一控制下企业合并产生的长期股权投资差额调增或调减留存收益，其他继续采用权益法核算的长期股权投资贷方差额调增留存收益。

第2项，对于拟以公允价值计量的投资性房地产，应根据2007年1月1日公允价值与其账面价值的差额调增或调减留存收益。

第3项，对于满足预计负债确认条件且在2007年1月1日之前尚未计入资产成本的弃置费用，由此产生以前年度应补提的折旧（或折耗）及应计入以前年度损益的财务费用，调减留存收益。

第4项，对于2007年1月1日存在的解除与职工的劳动关系计划，满足预计负债确认条件的，应根据预计负债的金额调减留存收益。

第5项，对于可行权日在2007年1月1日或之后的股份支付，若以权益结算，以前年度应确认的成本费用在调减留存收益的同时，增加资本公积；若以现金结算，应将以前年度确认的成本费用调减留存收益。

第6项，公司应将在2007年1月1日满足预计负债确认条件的重组义务，调减留存收益。

第7项，公司应将同一控制下企业合并商誉的原账面价值冲销，调减留存收益；对于非同一控制下企业合并形成的商誉，应根据《企业会计准则第8号——资产减值》规定进行减值测试，需要计提减值准备的，调减留存收益，并以扣减减值准备后的金额作为2007年1月1日商誉的认定成本。

第8、9项，对于以公允价值计量且其变动计入当期损益的金融资产和金融负债，应按2007年1月1日该金融资产或金融负债的公允价值与其账面价值的差额调增或调减留存收益；对于可供出售金融资产，应按2007年1月1日该金融资产的公允价值与其账面价值的差额调增或调减留存收益。

第10项，金融工具分拆增加的权益部分的价值，调增所有者权益相关项目（比如包括负债和权益成份的非衍生金融工具，应按归属于权益成份的金额调增资本公积）。

第 11 项，对于未在资产负债表内确认、或已按成本计量的衍生金融工具，2007 年 1 月 1 日公允价值与其账面价值的差额调增或调减留存收益。

第 12 项，2007 年 1 月 1 日执行新会计准则增加递延所得税负债的，调减留存收益；增加递延所得税资产的，调增留存收益。

第 13 项，除上述调整事项之外根据《企业会计准则第 38 号——首次执行企业会计准则》需调整的其他事项；需要编制合并财务报表的，还应按照新会计准则调整少数股东权益，并在调节表内单列项目反映。

十一、关于发布新旧会计准则过渡期间比较财务会计信息的编制和披露的通知

中国证券监督管理委员会关于发布《公开发行证券的公司信息披露规范问答第 7 号——新旧会计准则过渡期间比较财务会计信息的编制和披露》的通知

（证监会计字[2007]10 号）

各上市公司、拟上市公司、相关会计师事务所：

2006 年，财政部陆续颁布了新的企业会计准则及其应用指南（以下简称"新会计准则"），并于 2007 年 1 月 1 日起在上市公司范围内实施。为保证上市公司和拟首次公开发行股票并上市的公司（以下简称"拟上市公司"）财务会计信息披露质量，我会制定了《公开发行证券的公司信息披露规范问答第 7 号——新旧会计准则过渡期间比较财务会计信息的编制和披露》，现予以发布，自发布之日起执行。

中国证券监督管理委员会
二〇〇七年二月十五日

公开发行证券的公司信息披露规范问答第 7 号——新旧会计准则过渡期间比较财务会计信息的编制和披露

背景

2006 年，财政部陆续颁布了新的企业会计准则及其应用指南（以下简称"新会计准则"），并于 2007 年 1 月 1 日起在上市公司范围内实施。为了保证新会计准则的顺利实施，做好新旧会计准则过渡期间财务会计信息披露工作，我会于 2006 年 11 月 28 日下发了《关于做好与新会计准则相关财务会计信息披露工作的通知》（证监发[2006]136 号，以下简称《通知》）。《通知》对新旧会计准则过渡期间，上市公司 2006 年度财务报告的编制和披露、2007 年发行证券的上市公司相关财务会计信息的披露、首次公开发行证券的相关财务会计信息披露和上市公司重大资产重组申报的财务报告的编制与披露做出了规定。《通知》下发后，多家公司、会计师事务所来电、来函，询问新旧会计准则过渡期间比较财务会计信息的编制和披露要求。

相关规定

《公开发行证券的公司信息披露内容与格式准则第 1 号——招股说明书》、《公开发行证券的公司信息披露内容与格式准则第 2 号——年度报告的内容与格式》、《公开发行证券的公司信息披露内容与格式准则第 3 号——中期报告的内容与格式》、《公开发行证券的公司信息披露编报规则第 13 号——季度报告内容与格式特别规定》、《企业会计准则第 38 号——首次执行企业会计准则》、《关于做好与新会计准则相关财务会计信息披露工作的通知》（证监发[2006]136 号）等。

问题：新旧会计准则过渡期间，上市公司和拟上市公司如何编制和披露比较财务会计信息？

解答：按照有关规定，上市公司 2007 年各定期报告需要披露比较财务数据的，应当按照证监发[2006]136 号文规定的原则确定 2007 年 1 月 1 日的资产负债表期初数，并以此为基础，分析《企业会计准则第 38 号——首次执行企业会计准则》第五条至第十九条对上年同期利润表和可比期初资产负债表的影响，按照追溯调整的原则，编制调整后的利润表和可比期初的资产负债表，并将调整后的利润表作为可比期间的利润表进行列报。

2007 年各定期报告中需披露会计报表附注的，上市公司应在会计报表附注中披露利润差异调节表，分

项列示对上年同期利润表的追溯调整情况。同时，为了进一步提高财务会计信息的可比性，给投资者提供更多的参考信息，上市公司还应当假定比较期初开始执行新会计准则第1号至第37号，以上述可比期初资产负债表为起点，对《企业会计准则第38号——首次执行企业会计准则》第五条至第十九条之外的不需要追溯调整的事项，分析模拟执行新会计准则的净利润与原准则下净利润是否存在重大差异，如存在重大差异的，应在调节表中分项列示。

拟上市公司在编制和披露三年又一期比较财务报表时，应当采用与上市公司相同的原则，确认2007年1月1日的资产负债表期初数，并以此为基础，分析《企业会计准则第38号——首次执行企业会计准则》第五条至第十九条对可比期间利润表和可比期初资产负债表的影响，按照追溯调整的原则，将调整后的可比期间利润表和资产负债表，作为可比期间的申报财务报表。

同时，拟上市公司还应假定自申报财务报表比较期初开始全面执行新会计准则，以上述方法确定的可比期间最早期初资产负债表为起点，编制比较期间的备考利润表，并在招股说明书的"财务会计信息"一节和会计报表附注中披露。

上市公司在披露调整前的相关财务指标的同时，应按照调整后的比较财务报表列报的数据重新计算并披露相关财务指标；拟上市公司应按照申报报表列报的数据计算并披露相关财务指标。

举　例

上市公司甲公司2006年度净利润为1 000万元，2006年12月31日所有者权益为10 000万元。

2005年12月31日甲公司合并乙公司，甲、乙公司同受丙企业控制。合并后，甲公司持有乙公司80%股权，甲公司合并成本为1 800万元，乙公司账面净资产为2 000万元，甲公司对该股权投资差额分10年期摊销。

2006年初甲公司收购丁公司60%股权，收购成本为1 000万元，丁公司净资产账面价值和公允价值均为1 500万元，甲公司对该股权投资差额分10年摊销，甲公司和丁公司不属于同一控制下的公司。另外，甲公司于8月购得一处房产，拟用于持有增值，收购成本为1 000万元，计提折旧后12月31日账面余额为960万元，12月31日、2007年1月1日该处房产公允价值为1 400万元。

另外，2006年1—8月甲公司投入研究费用3 000万元，研究一项软件，并形成研究报告；9—12月投入1 000万元用于软件开发，12月底开发成功，产品开始投入市场，甲公司9月份投入开发费用时符合资本化确认条件。2006年7月发生一项债务重组，甲公司欠A公司5 000万元货款，此项欠款系2004年欠付的款项，A公司同意豁免500万元，余款4 500万元必须一次付清，2006年8月甲公司付清了这笔欠款。本例中，不考虑企业所得税的影响，也不考虑少数股东权益、少数股东应享损益对股东权益、净利润的影响。

1、甲公司应在2006年年报的补充资料部分披露新旧会计准则股东权益差异调节表

新旧会计准则股东权益差异调节表

编号	项目名称	金额
	2006年12月31日股东权益（原会计准则）	10 000
1	长期股权投资差额	−180
	其中：同一控制下企业合并形成的长期股权投资差额	−180
	拟以公允价值模式计量的投资性房地产	440
2	2007年1月1日股东权益（新会计准则）	20 260

2. 甲公司应在2007年年报的比较财务报表中披露调整后的比较利润表，比较利润表的调整过程如下：

利润表调整项目

（2006年度）

项　　目	调整前	调整后
营业成本	Z	Z—40
公允价值变动收益	0	400
投资收益	Y	Y+20
净利润	1 000	1 460

（注：投资收益为甲公司对乙公司股权投资差额的摊销额；营业成本为2006年购入房产当年计提的折旧。）

3. 甲公司应在2007年年报会计报表附注中披露2006年模拟执行新会计准则的净利润和2006年年报披露的净利润的差异调节表

2006年度净利润差异调节表

项 目	金 额
2006年度净利润(原会计准则)	1 000
追溯调整项目影响合计数	460
其中:营业成本	+40
公允价值变动收益	+400
投资收益	+20
2006年度净利润(新会计准则)	1 460
假定全面执行新会计准则的备考信息	
其他项目影响合计数	1 510
其中:开发费用	+1 000
债务重组收益	+500
投资收益	+10
2006年度模拟净利润	2 970

(注:其他项目影响数中的投资收益为甲公司对丁公司股权投资差额的摊销额。)

4. 甲公司应在2007年年报中按照比较利润表中的数据重新计算并披露2006年各项财务指标,下面以全面摊薄的净资产收益率为例:

2006年年报中披露的全面摊薄的净资产收益率为1000/10000=10%;

2007年年报中披露的2006年调整后的全面摊薄的净资产收益率为1460/10260=14.23%。

十二、修订公开发行证券公司信息披露编报规则的通知

关于发布《公开发行证券的公司信息披露编报规则第15号——财务报告的一般规定(2007年修订)》等3项信息披露规则的通知

证监会计字[2007]9号

各上市公司、拟上市公司、相关会计师事务所:

2006年,财政部陆续颁布了新的企业会计准则及其应用指南(以下简称"新会计准则"),并于2007年1月1日起在上市公司范围内实施。为配合新会计准则的施行,保证上市公司、拟首次公开发行股票并上市的公司和其他公开发行证券的公司(以下简称"拟上市公司")财务会计信息披露质量,我会对《公开发行证券的公司信息披露编报规则第15号——财务报告的一般规定》(证监发[2001]160号)、《公开发行证券的公司信息披露编报规则第9号——净资产收益率和每股收益的计算及披露》(证监发[2001]11号)、《公开发行证券的公司信息披露规范问答第1号——非经常性损益》(证监会计字[2004]4号)进行了修订,修订后的规定适用于按新会计准则编制并披露财务报告的上市公司和拟上市公司,现予发布,自发布之日起施行。

中国证券监督管理委员会
二〇〇七年二月二日

十三、财务报告的一般规定

公开发行证券的公司信息披露编报规则第15号——财务报告的一般规定

第一章 总 则

第一条 为规范公开发行证券的公司财务信息披露行为,保护投资者的合法权益,依据《公司法》、《证券法》等法律、法规,《企业会计准则》及中国证券监督管理委员会(以下简称"中国证监会")的有关规定,制

定本规定。

第二条 凡在中华人民共和国境内公开发行证券并在证券交易所上市的股份有限公司(以下简称“公司”),按照有关规定需要披露年度财务报告或需要参照年度财务报告披露有关财务信息时,应遵循本规定。

第三条 本规定是对财务报告披露的最低要求。不论本规定是否有明确要求,凡对投资者进行投资决策有重大影响的财务信息,公司均应予以充分披露。

本规定某些具体要求对公司确实不适用的,公司可根据实际情况,在不影响披露内容完整性的前提下做出适当修改,但应在财务报表附注中做出说明。

第四条 由于商业秘密等原因导致本规定某些信息确实不便披露的,首次公开发行股票公司可向中国证监会申请豁免,已经公开发行股票并在证券交易所上市的公司可向证券交易所申请豁免,经批准并报中国证监会备案后,可以不予披露。

第五条 公司编制和对外提供的财务报告,不得含有虚假的信息或者隐瞒重要事实。公司董事会、监事会及董事、监事、高级管理人员承诺提供的财务报告不存在虚假的记载、误导性陈述或重大遗漏,并就财务报告的真实性、准确性、完整性承担个别和连带的法律责任。

第六条 公司年度财务报告应由具有证券期货相关业务资格的会计师事务所审计,有关审计报告由上述会计师事务所盖章及由两名或两名以上注册会计师签名盖章。

编制合并财务报表的公司,纳入合并范围的子公司和特殊目的主体的年度财务报告,以及对公司财务报告有重大影响的联营公司、合营公司的年度财务报告,也应由具有证券期货相关业务资格的会计师事务所审计。

补充资料原则上应由具有证券期货相关业务资格的会计师事务所审计,证监会另有规定的除外。

第七条 特殊行业公司财务报告的披露除需遵守本规定外,还需遵循其财务报告的特别规定。

第二章 财务报表

第八条 公司应按企业会计准则的要求编制财务报表,并遵循相关信息披露规范的规定。

第九条 本规定要求披露的财务报表包括资产负债表、利润表、现金流量表和所有者权益(或股东权益)变动表。

第十条 编制合并财务报表的公司,除提供合并财务报表外,还应提供母公司财务报表。

第十一条 公司提供的财务报表中会计数据的排列应自左至右,最左侧为最近一期数据;表内各主要报表项目应标有附注编号,并与财务报表附注编号相一致;年度报告摘要部分中引用编号应与财务报表附注的编号一致。

第十二条 公司提供的财务报表应加盖公司公章,由公司法定代表人、主管会计工作的公司负责人、公司会计机构负责人(会计主管人员)签名并盖章。若公司设置总会计师的,总会计师应签名并盖章。

第三章 财务报表附注

第十三条 公司应按照有关企业会计准则和本规定的要求,编制和披露财务报表附注。公司编制和披露附注时应遵循重要性原则。

第十四条 财务报表附注应当对财务报表中相关数据涉及的交易、事项做出真实、完整、明晰的说明。

第一节 公司的基本情况

第十五条 首次公开发行证券的公司应简述公司历史沿革、改制情况、行业性质、经营范围、主要产品或提供的劳务、主业变更、公司的基本组织架构等。

首次公开发行证券的公司若从其设立为股份有限公司时起运行不足3年的,应说明设立为股份有限公司之前各会计期间的财务报表主体及其确定方法和所有者权益(或股东权益)变动情况。

第十六条 上市公司披露定期报告时至少应简述公司历史沿革、所处行业、经营范围、主要产品或提供的劳务等。公司在报告期间内主营业务发生变更的,应予以说明。

第二节 会计政策、会计估计和前期差错

第十七条 公司应着重说明编制财务报告所采用的重要会计政策和会计估计变更的内容和原因,及其对公司财务状况、经营成果和现金流量的影响。公司应说明前期重大会计差错的性质、累计影响数和财务报表中各个比较期间受影响的项目名称和更正金额,无法进行追溯重述的,应说明该事实和原因,及对前期差错开始进行更正的时点和对更正时点财务状况或本期经营成果的影响。

第十八条　公司应根据《企业会计准则第30号——财务报表列报》等相关准则要求，披露报告期内采用的重要会计政策和会计估计。同时，按本规定要求并结合公司实际进行披露：

（一）遵循企业会计准则的声明。

（二）财务报表的编制基础。

（三）会计期间。

（四）记账本位币。若记账本位币为人民币以外的其他货币的，说明选定记账本位币的考虑因素及折算成人民币时的折算方法。

（五）计量属性在本期发生变化的报表项目及其本期采用的计量属性。

（六）编制现金流量表时现金等价物的确定标准。

（七）发生外币交易时以及在资产负债表日采用的折算方法，以及汇兑损益的处理方法。

（八）金融资产的分类方法；金融工具的确认依据和计量方法；金融资产转移的确认依据和计量方法；主要金融资产的公允价值确定方法、减值测试方法和减值准备计提方法。

金融负债的分类方法；主要金融负债公允价值的确定方法。

本期内将尚未到期的持有至到期投资重分类为可供出售金融资产的，说明持有意图或能力发生改变的依据。

披露承担汇率波动风险的金融工具的汇率风险。

（九）应收款项坏账准备的确认标准、计提方法。

（十）存货分类依据；发出存货的计价方法；确定不同类别存货可变现净值的依据及存货跌价准备的计提方法；存货的盘存制度以及低值易耗品和包装物的摊销方法。

（十一）投资性房地产的种类和计量模式；采用成本模式的，投资性房地产的折旧或摊销方法以及减值准备计提依据；采用公允价值模式的，应披露该项会计政策选择的依据，包括投资性房地产所在地有活跃的房地产交易市场的合理证据；公司能够从房地产交易市场取得同类或类似房地产的市场价格及其他相关信息，从而对投资性房地产的公允价值进行估计的证据；同时说明对投资性房地产的公允价值进行估计时涉及的关键假设和主要不确定因素。

（十二）固定资产的确认条件、分类、折旧方法，各类固定资产的使用寿命、预计净残值和折旧率。如存在闲置固定资产应说明其认定标准、折旧方法。认定融资租赁的依据，融资租入固定资产的计价方法、折旧方法。

（十三）在建工程的类别、结转为固定资产的标准和时点。

（十四）生物资产的确定标准、分类，各类生物资产的使用寿命和预计净残值的确定依据、折旧方法和减值准备计提方法。采用公允价值计量生物资产的，应披露采用公允价值的依据。

（十五）无形资产的计价方法；使用寿命有限的无形资产，其使用寿命估计情况；使用寿命不确定的无形资产，使用寿命不确定的判断依据；对使用寿命不确定的无形资产，还应说明每一个会计期间对该无形资产使用寿命进行复核的程序，以及针对该项无形资产的减值测试结果；划分公司内部研究开发项目研究阶段支出和开发阶段支出的具体标准。

（十六）除存货、投资性房地产及金融资产外，其他主要类别资产的资产减值准备确定方法。

（十七）资产组产生的主要现金流入独立于其他资产或资产组的现金流入的依据；计提应收款项坏账准备、存货跌价准备依据，计提可供出售金融资产、持有至到期投资、长期股权投资、固定资产、在建工程、生物资产、无形资产、商誉及其他资产减值的依据。

（十八）长期股权投资的初始计量、后续计量及收益确认方法；确定对被投资单位具有共同控制、重大影响的依据。

（十九）借款费用资本化的确认原则、资本化期间、暂停资本化期间以及借款费用资本化金额的计算方法。

计算各项利息费用时利率的确定方法，采用实际利率计算利息费用的，说明实际利率的计算过程。

（二十）股份支付的种类及权益工具公允价值的确定方法；确认可行权权益工具最佳估计的依据。

（二十一）销售商品、提供劳务及让渡资产使用权等交易的收入确认方法。按完工百分比法确认提供劳务的收入时，确定完工进度的方法；公司确认让渡资产使用权收入的依据；建造合同的结果能够可靠估计的依据和确定合同完工进度的方法。

(二十二)确认递延所得税资产的依据。

(二十三)编制合并报表时,合并范围发生变更的理由。

(二十四)公司年金计划的主要内容及重大变化。

(二十五)金融资产转移、非金融资产证券化业务的主要会计处理方法。

(二十六)公司应说明被套期项目、对应的套期工具、指定该套期关系的会计期间,以及套期有效性评价方法。

第三节 税项

第十九条 按税种分项说明报告期执行的法定税率。

各分公司、分厂异地独立缴纳所得税的,应说明各分公司、分厂执行的所得税税率。本期内所得税税率的变化、税率优惠政策,若税率、税率优惠政策较上期没有发生变化,也应说明。

第二十条 存在各税种的税负减免的,应按税种分项说明相关法律法规或政策依据、批准机关、批准文号、减免幅度及有效期限。对于超过法定纳税期限尚未缴纳的税款,应列示主管税务机关的批准文件。享有其他特殊税收优惠政策的,应说明该政策的有效期限、累计获得的税收优惠以及已获得但尚未执行的税收优惠。

第四节 企业合并及合并财务报表

第二十一条 公司应披露其所控制的境内外重要子公司的全称、注册地、业务性质、注册资本、经营范围以及本公司期末对其实际投资额、实质上构成对子公司的净投资的余额、持股比例和表决权比例等。对于通过企业合并取得的子公司,应分别"通过同一控制下的企业合并取得的子公司"和"通过非同一控制下的企业合并取得的子公司"两大类别做上述披露。

第二十二条 对纳入合并范围但母公司拥有其半数或半数以下表决权的子公司,应说明纳入合并范围的原因。对于母公司拥有半数以上表决权,但未能对其形成控制的被投资单位,应说明未形成控制的原因。

第二十三条 公司报告期内合并范围如发生变更的,应当披露变更原因,并披露报告期内新纳入合并范围公司以及报告期内不再纳入合并范围公司的净资产和净利润。

第二十四条 说明属于"同一控制下企业合并"的判断依据,披露同一控制的实际控制人。本期发生同一控制下企业合并的,应披露被合并方自合并本期期初至合并日的收入、净利润、现金流量等情况。

第二十五条 披露非同一控制下企业合并中商誉(负商誉)的金额和确定方法。若发生非同一控制下的购买、出售股权而增加或减少子公司的,应说明购买日或出售日的确定方法。同时,还应说明相关交易公允价值的确定方法。

第二十六条 报告期内发生吸收合并的,应披露其主要资产、负债项目的入账价值确定方法。对同一子公司的股权在连续两个会计年度买入再卖出,或卖出再买入时,应披露相关的会计处理。

第二十七条 分别列示各个重要子公司少数股东权益、少数股东权益中用于冲减少数股东损益的金额,以及从母公司所有者权益冲减子公司少数股东分担的本期亏损超过少数股东在该子公司期初所有者权益中所享有份额后的余额。

第二十八条 合并报表中包含境外经营实体时,应披露各主要财务报表项目的折算汇率以及外币报表折算差额的处理方法。

第五节 财务报表项目附注的要求

第二十九条 编制合并财务报表的公司,应按照本规定对合并财务报表项目进行注释,还应对母公司财务报表的主要项目进行注释。

第三十条 对资产负债表中的资产、负债项目,注释最近期间的期末、期初比较数据,所有者权益(或股东权益)项目、利润表和现金流量表项目应按照比较财务报表逐期列示并说明各期重要数据变动情况。因担保或其他原因造成所有权或使用权受到限制的资产项目,应在其附注中充分披露。

第三十一条 以外币标示的货币资金、应收款项、应付款项、预收款项和预付款项等,应列示其原币金额以及折算汇率。

第三十二条 具体的报表项目应按以下要求进行注释:

(一)按现金、银行存款、其他货币资金分别列示货币资金情况。因抵押或冻结等对使用有限制、存放在境外、有潜在回收风险的款项应单独说明。

（二）交易性金融资产分别交易性债券投资、交易性权益工具投资、指定为以公允价值计量且其变动计入本期损益的金融资产、衍生金融资产等类别，披露其期初公允价值和期末公允价值。

应说明交易性金融资产投资变现是否存在重大限制，以及相应原因。

（三）列示应收票据的种类、金额。已用于质押的应收票据，应单独列示出票单位、出票日期、到期日、金额等重要事项。充分披露有追索权的票据背书、以票据为标的资产的资产证券化安排。因出票人无力履约而将票据转为应收账款的票据，以及期末公司已经背书给他方但尚未到期的票据，按票据的出票单位、出票日期、到期日、金额等重要事项进行逐项披露，或者合并披露此类票据总额、到期日区间。

（四）分项列示1年以上应收未收的应收股利、应收利息金额，对其中金额较大的，应分别被投资单位或投资项目说明每项应收股利未收回的原因和对相关款项是否发生减值的判断；分别贷款单位说明每项应收利息未收回的原因和对相关款项是否发生减值所作的判断。

（五）分别单项金额重大的应收款项、单项金额不重大但按信用风险特征组合后该组合的风险较大的应收款项、其他不重大应收款项，列示这三类应收款项金额、占应收款项总额的比例、坏账准备计提比例和金额。

对应收款项应说明如下事项：

1. 单项金额重大的应收款项，应单独说明其计提的比例及其理由；单项金额不重大但按信用风险特征组合后该组合的风险较大的应收款项，应说明确定该组合的依据；

2. 以前年度已全额计提坏账准备，或计提坏账准备的比例较大，但在本年度又全额或部分收回的，或通过重组等其他方式收回的应收款项，应说明其原因，原估计坏账准备计提比例的理由，以及原估计坏账准备计提比例的合理性；

3. 本年度实际核销的应收款项性质、原因及其金额。若实际核销的款项是因关联交易产生的，应单独披露；

4. 应收款项中如有持公司5%（含5%）以上表决权股份的股东单位欠款，应予以说明，并单独列示；如无此类欠款，也应予以说明；

5. 金额较大的其他应收款项，应说明其性质或内容；

6. 列示金额（按欠款方合并后的金额）位列前五名的应收账款和其他应收款项及其对应的欠款年限、占应收账款总额或其他应收款总额的比例。

7. 应收关联方款项占应收款项总额的比例。

8. 不符合终止确认条件的应收款项的转移，应在附注中单独列示其金额。

9. 以应收款项为标的资产进行资产证券化的，需简要说明相关交易安排。

（六）应按不同账龄列示预付账款余额及各账龄余额占预付账款总额的比例。账龄超过1年的重要预付账款，应逐项说明未及时结算的原因。

预付账款中如有预付持公司5%（含5%）以上表决权股份的股东单位的款项，应单独列示。金额较大的预付账款（占期末预付账款总额的30%及以上），应说明其性质和内容。

若各会计期间的期末预付账款余额比上期期末预付账款余额增加或减少超过30%或预付账款期末余额超过资产总额的10%的，应说明其原因。

（七）对属于证券化标的且不符合终止确认条件的金融工具，应分项披露其金额。

（八）分项列示存货期初、期末金额及对应的跌价准备，披露计提存货跌价准备的依据及本期转回存货跌价准备的原因、本期转回金额占该项存货期末余额的比例。存货期末余额含有借款费用资本化金额的，应予披露。

（九）金额较大的其他流动资产，应列示其内容、性质。

（十）分别持有至到期投资、贷款和应收款项、可供出售金融资产，列示其期初金额、期末金额。持有至到期投资重分类为可供出售金融资产时，列示重分类的持有至到期投资金额及该金额占可供出售金融资产总额的比例。披露本期内出售但尚未到期的持有至到期投资金额，及其占该项投资在出售前金额的比例。

可供出售金融资产的长期债权投资，按其种类列示长期债权投资的面值、年利率、初始投资成本、到期日、本期利息、累计应收或已收利息、期末余额。

（十一）分别融资租赁、分期收款销售商品、分期收款提供劳务披露对应的长期应收款金额。

（十二）分别对合营企业投资、对联营企业投资披露被投资单位名称及主要财务信息。主要财务信息按合营企业、联营企业的报表数列示。合营企业、联营企业的重要会计政策、会计估计与公司的会计政策、会计估计存在重大差异的，应予以披露。

（十三）公司对被投资公司持股比例与其在被投资单位表决权比例不一致的，应说明原因。

分别披露按成本法核算和按权益法核算的长期股权投资，并按被投资单位披露长期股权投资的初始金额、期初余额、期末余额、增减变动情况等。若股权投资采用权益法核算，还应列示从被投资单位分得的现金红利。

公司应按被投资单位披露长期股权投资的减值情况。

（十四）采用成本计量模式的投资性房地产，分项列示其原价、累计折旧、减值准备累计金额以及账面价值的期初额、本期增加额、本期减少额、期末额。

（十五）分项列示固定资产的原价、累计折旧、减值准备累计金额以及账面价值的期初额、本期增加额、本期减少额和期末额。

公司应披露本期在建工程完工转入固定资产的情况。公司还应披露暂时闲置固定资产的账面原值、累计折旧、减值准备和账面净值，若未对该暂时闲置固定资产计提减值准备，应披露未计提减值准备的原因以及预计何时投入正常生产经营。公司应披露未办妥产权证书的固定资产有关情况。

通过融资租赁租入的固定资产应披露每类租入资产的账面原值、累计折旧、账面净值。通过经营租赁租出的固定资产应披露每类租出资产的账面价值。

（十六）列示重要的在建工程名称、预算数、期初余额、本期增加额、本期转入固定资产额、其他减少额、期末余额、资金来源、工程投入占预算的比例。

分项列示在建工程期初余额、本期增加额、本期转入固定资产、其他减少额、期末余额中所包含的借款费用资本化金额。

用于确定借款费用资本化金额的资本化率应单独披露。

披露主要工程项目的资金来源，资金来源应区分募股资金、金融机构贷款和其他来源等。

分项列示计提在建工程减值准备的金额及计提的原因。

（十七）分项列示各类工程物资的期初、期末余额。

（十八）分项列示公司转入清理但尚未清理完毕的固定资产清理账面价值及转入清理的原因。

（十九）分项披露生物资产、油气资产的期初额、本期增加额、本期减少额、期末额。

（二十）分项披露无形资产的累计减值准备金额、账面价值的期初额、本期增加额、本期减少额、期末额。同时，披露本期发生的内部研究开发项目支出总额，以及计入研究阶段支出金额和计入开发阶段的金额。

在报告期内发生的单项价值在100万元以上的无形资产，若该资产原始价值是以评估值作为入账依据的，还应披露评估机构名称、评估方法。对于通过非同一控制下企业合并形成的商誉，应列示商誉的计算过程。

（二十一）分项列示公司除以上长期资产项目外的其他长期资产的金额。金额较大的其他长期资产，还应列示其内容。

（二十二）分别引起暂时性差异的资产或负债项目，列示对应的暂时性差异金额。

（二十三）资产减值准备明细表按《企业会计准则第30号》应用指南的规定列报。

（二十四）按借款条件（信用借款、抵押借款、保证借款、质押借款等）分项列示短期借款金额。

对已到期未偿还的短期借款，应单独列示贷款单位、贷款金额、贷款利率、贷款资金用途、未按期偿还的原因及预计还款期，并在期后事项中反映报表日后是否已偿还。若已到期的短期借款获得展期，应说明展期条件、新的到期日。

（二十五）分别发行的交易性债券、指定为以公允价值计量且其变动计入本期损益的金融负债、衍生金融负债、其他金融负债列示其期初公允价值、期末公允价值。

（二十六）按应付票据的种类分项列示其金额，并说明下一会计期间将到期的金额。

（二十七）对于应付款项，包括应付账款、预收账款和其他应付款等，说明有无欠持有本公司5%（含5%）以上表决权股份的股东单位或关联方的款项；如无此类欠款，也应说明。

账龄超过1年的大额应付账款、预收账款及其他应付款，应说明未偿还或未结转的原因，并在资产负债表日后事项中说明是否偿还。金额较大的其他应付款，也应说明其性质或内容。

（二十八）分别工资、奖金、津贴和补贴、职工福利、社会保险费、住房公积金等项目，披露对应的期初账面余额、本期增加额、本期支付额、期末账面余额。

披露应付职工薪酬中属于拖欠性质或工效挂钩的部分。

（二十九）分别所得税、增值税等税种，披露其期初账面余额、期末账面余额。

所在地税务机关同意各分公司、分厂之间应纳税所得额相互调剂的，应说明税款计算过程。

（三十）按主要投资者列示欠付的应付股利金额并说明原因。

（三十一）分项列示其他应付款的期末余额、性质。

（三十二）按费用类别披露预提费用年末结存余额的原因。

（三十三）列示预计负债的种类、形成原因以及各类预计负债的期初、期末余额和本期变动额。

（三十四）分项列示 1 年内到期的长期借款、应付债券、长期应付款，其附注要求同“长期借款”、“应付债券”、“长期应付款”。对于逾期借款，分别贷款单位、借款金额、逾期时间、年利率披露；同时，还应说明逾期未偿还的原因和预期还款期，并在期后事项中反映报表日后是否已偿还。逾期借款获得展期的，说明展期条件、新的到期日。

（三十五）按币种、借款条件（信用借款、抵押借款、保证借款、质押借款等）、贷款单位分项列示长期借款金额。

（三十六）分项列示应付债券的种类、期限、发行日期、面值总额、溢价（折价）额、应计利息总额、期末余额。说明可转换公司债券的转股条件、转股时间。

（三十七）分项列示各项长期应付款的金额及其期限。

（三十八）分项列示专项应付款的种类、期初余额、本期结转金额、期末余额等。

（三十九）说明报告期股本的变动情况。如果报告期内有增资行为的，应披露执行验资的会计师事务所名称和验资报告文号。

运行不足 3 年的股份有限公司，设立前的年份只需说明净资产情况。

有限责任公司整体变更为股份公司应说明公司设立时的验资情况。

（四十）公司应披露与库存股相关的如下信息：

1. 回购本公司股份的原因及对应的库存股成本确定方法；

2. 因库存股注销而减少的股本；

3. 注销的库存股成本高于对应股本成本的，披露依次冲减的资本公积、盈余公积、未分配利润的金额；注销的库存股成本低于对应股本成本的，披露增加的资本公积金额；

4. 库存股转让时，转让收入高于库存股成本的，披露增加的资本公积金额；转让收入低于库存股成本的，披露依次冲减的资本公积、盈余公积、未分配利润的金额；

5. 因实行股权激励回购本公司股份的，应披露本期回购股份占本公司已发行股份的总比例和累计库存股占已发行股份的总比例。

（四十一）分项列示报告期资本公积的变动情况及其原因、依据。若用资本公积转增股本，应说明其履行的法律程序及有关决议。

（四十二）分项列示报告期盈余公积的变动情况。用盈余公积转增股本、弥补亏损、分派股利的，应说明有关决议。

（四十三）列示报告期利润分配比例以及未分配利润的增减变动情况。若有对以前年度损益调整致使期初未分配利润变动的情况，应对变动内容、变动原因、依据和影响做出说明。

对于首次公开发行证券的公司，如果发行前的滚存利润经股东大会决议由新老股东共同享有，应明确予以说明；如果发行前的滚存利润经股东大会决议在发行前进行分配并由老股东享有，公司应明确披露应付股利项目中列示的老股东享有的经审计的利润数。

（四十四）分别主营业务收入和其他业务收入列示其本期发生额、上期发生额。同时，按产品或业务类别列示主营业务收入、主营业务成本及营业利润情况。

应披露公司前五名客户的销售收入总额，以及占公司全部销售收入的比例。

（四十五）分别固定造价合同、成本加成合同列示各项合同项目的合同总金额、累计已发生成本、累计已确认毛利（亏损为负数）、已办理结算的价款金额。

（四十六）分项列示营业税费的计缴标准及金额。

（四十七）分项列示公允价值变动损益的内容和金额。

（四十八）按投资单位分项列示投资收益的有关情况，包括投资收益的增减变动及其原因。同时，应说明投资收益汇回的重大限制。若不存在重大限制，也应做出说明。

（四十九）分项列示资产减值损失的内容及其本期发生额、上期发生额。

（五十）分项列示营业外收入和营业外支出的内容和金额。

（五十一）披露所得税中"本期所得税费用"和"递延所得税费用"的金额。

（五十二）披露公司本期取得的政府补助种类及金额。

（五十三）列示基本每股收益和稀释每股收益的计算过程。

（五十四）支付或收到的其他与经营活动、筹资活动、投资活动有关的现金，对于其中价值较大的应分项单独列示。同时，企业应当披露将净利润调节为经营活动现金流量的信息。

第六节　母公司财务报表有关项目附注

第三十三条　母公司财务报表有关项目包括应收账款、其他应收款、长期股权投资、营业收入和营业成本、投资收益等项目。营业收入、营业成本应按主营业务种类分别披露，其他项目应参照上述相应项目的要求加以注释。

第七节 资产证券化业务的会计处理

第三十四条　公司应根据《信贷资产证券化试点管理办法》和《企业会计准则第23号——金融资产转移》，披露金融资产证券化业务的主要交易安排及其会计处理。涉及非金融资产的资产证券化业务，参照《信贷资产证券化试点管理办法》和《企业会计准则第23号——金融资产转移》的有关规定，披露资产证券化业务的主要交易安排及其会计处理。同时，应详细说明资产证券化业务的破产隔离条款。

第三十五条　公司作为发起机构对特定目的主体具有控制权的，或者虽然不具有控制权但实质上承担其风险的，应当披露特定目的主体名称及主要财务信息。对作为证券化标的资产的金融工具，应说明公司是否转移了与该金融工具所有权有关的几乎所有风险和报酬，并说明该金融工具是全部还是部分符合终止确认条件。按公允价值计量时，说明公允价值的取得方式或所采用的估值技术及依据。

第八节　关联方关系及其交易

第三十六条　公司应按企业会计准则和中国证监会的相关规定，说明其关联方的认定标准。公司应披露关联方的组织机构代码。

第三十七条　关联方关系及其交易，除按关联方披露准则及其有关规定进行披露外，还应披露各类关联交易占公司全部同类交易的金额比例。

第九节　股份支付

第三十八条　公司应披露本期授予、行权和失效的各项权益工具总额；期末发行在外的股份期权或其他权益工具行权价格的范围和合同剩余期限。

第三十九条　以权益结算的股份支付的，应披露授予日权益工具公允价值的确定方法；等待期内每个资产负债表日对可行权权益工具数量的最佳估计的确定方法。本期估计与上期估计有重大差异的，应说明原因。公司还应披露资本公积中以权益结算的股份支付的累计金额。

第四十条　以现金结算的股份支付的，应披露公司承担的、以股份或其他权益工具为基础计算确定的负债的公允价值确定方法。公司应披露负债中因以现金结算的股份支付产生的累计负债金额。

第四十一条　公司应披露本期以权益结算的股份支付和以现金结算的股份支付而确认的费用总额，以及以股份支付换取的职工服务总额、其他服务总额。

第四十二条　公司对股份支付进行修改的，应披露修改原因、主要修改条款。

第十节　或有事项

第四十三条　或有负债应按未决诉讼或仲裁形成的或有负债、对外提供担保形成的或有负债、其他或有负债(不包括极小可能导致经济利益流出公司的或有负债)等分项披露该事项形成的原因、预计产生的财务影响(如无法预计，应说明理由)、获得补偿的可能性。

第四十四条　说明预计负债的期初余额、期末余额和本期变动情况及本期确认的预期补偿金额。必要时，披露可能导致预计负债最佳估计数发生变化的各种因素。

第四十五条　如果公司没有需要在财务报表附注中说明的或有事项，也应予以说明。

第十一节　承诺事项

第四十六条　对于资产负债表日存在的重大承诺事项，应在财务报表附注中按已签订的尚未履行或尚未完全履行的对外投资合同及有关财务支出、已签订的正在或准备履行的大额发包合同、已签订的正在或准备履行的租赁合同及财务影响、已签订的正在或准备履行的并购协议、已签订的正在或准备履行的重组计划、其他重大财务承诺等分项说明其存在的原因和金额。

第四十七条　公司应说明前期承诺的履行情况。如果公司没有需要说明的承诺事项，也应予以说明。

第十二节　资产负债表日后事项

第四十八条　公司应按有关资产负债表日后事项准则的规定，说明资产负债表日后股票和债券的发行、对一个公司的巨额投资、协商中的并购或重组计划、一年内实施的重大经营战略调整、金额重大的债务重组、自然灾害导致的资产损失以及外汇汇率发生较大变动等非调整事项的内容，估计对财务状况、经营成果的影响；如无法做出估计，应说明其原因。

第十三节　其他重要事项

第四十九条　非货币性资产交换、债务重组、股份支付、企业合并、租赁、金融工具、现金流量表应按相关企业会计准则和中国证监会的有关规定进行披露。

第五十条　报告期内发生资产置换、转让及出售行为的公司，应专项披露资产置换的详细情况，包括资产账面价值、转让金额、转让原因以及对公司财务状况、经营成果的影响等。

第五十一条　政府补助有附加性限制条件的，应同时披露附加性限制条件。对政府补助限定了用途及会计处理的，也应做出说明。

第五十二条　其他对投资者决策有影响的重要事项，应分项说明。

第四章　补充资料

第五十三条　按照有关规定需要披露境内、境外财务报告差异的公司，应按以下格式编制净资产、净利润的差异调节表（以国际财务报告准则为例），说明按境内、外会计准则计算的报告期末净资产和报告期净利润的差异原因。

编制合并报表的公司，按照上述格式编制合并净资产、合并净利润的差异调节表。

对已经境外审计机构审计的数据进行差异比较的，应注明该境外机构的名称。

第五十四条　按照中国证监会有关信息披露规则的要求，分别列示全面摊薄和加权平均计算的净资产收益率及基本每股收益和稀释每股收益。

第五十五条　金额异常或年度间变动异常的报表项目（如两个期间的数据变动幅度达30%以上，或占公司报表日资产总额5%或报告期利润总额10%以上的）、非会计准则指定的报表项目、名称反映不出其性质或内容的报表项目，应说明该项目的具体情况及变动原因。

第五章　附则

第五十六条　本规定自发布之日起施行。

十四、净资产收益率和每股收益的计算及披露

公开发行证券公司信息披露编报规则第9号
——净资产收益率和每股收益的计算及披露

（2007年修订）

第一条　为规范公开发行证券公司（以下简称“公司”）的信息披露行为，真实反映公司的盈利能力，提高净资产收益率和每股收益指标计算的合理性和可比性，特制订本规则。

第二条　公司招股说明书、年度财务报告、中期财务报告等公开披露信息中的净资产收益率和每股收益应按本规则进行计算或披露。

第三条　公司编制以上报告时，应以如下表格形式，分别列示按全面摊薄法和加权平均法计算的净资产收益率，以及基本每股收益和稀释每股收益。

第四条 全面摊薄净资产收益率的计算公式如下：

全面摊薄净资产收益率 $=P\div E$

其中，P 为归属于公司普通股股东的净利润或扣除非经常性损益后归属于公司普通股股东的净利润；E 为归属于公司普通股股东的期末净资产。

公司编制和披露合并报表的，“归属于公司普通股股东的净利润”不包括少数股东损益金额；“扣除非经常性损益后归属于公司普通股股东的净利润”以扣除少数股东损益后的合并净利润为基础，扣除母公司非经常性损益(应考虑所得税影响)、各子公司非经常性损益(应考虑所得税影响)中母公司普通股股东所占份额；“归属于公司普通股股东的期末净资产”不包括少数股东权益金额。

第五条 加权平均净资产收益率的计算公式如下：

加权平均净资产收益率 $=P/(E_0+NP\div 2+E_i\times M_i\div M_0-E_j\times M_j\div M_0\pm E_k\times M_k\div M_0)$

其中：P 分别对应于归属于公司普通股股东的净利润、扣除非经常性损益后归属于公司普通股股东的净利润；NP 为归属于公司普通股股东的净利润；E_0 为归属于公司普通股股东的期初净资产；Ei 为报告期发行新股或债转股等新增的、归属于公司普通股股东的净资产；E_j 为报告期回购或现金分红等减少的、归属于公司普通股股东的净资产；M_0 为报告期月份数；M_i 为新增净资产下一月份起至报告期期末的月份数；M_j 为减少净资产下一月份起至报告期期末的月份数；E_k 为因其他交易或事项引起的净资产增减变动；M_k 为发生其他净资产增减变动下一月份起至报告期期末的月份数。

第六条 基本每股收益可参照如下公式计算：

基本每股收益 $=P\div S$

$$S=S_0+S_1+S_i\times M_i\div M_0-S_j\times M_j\div M_0-S_k$$

其中：P 为归属于公司普通股股东的净利润或扣除非经常性损益后归属于普通股股东的净利润；S 为发行在外的普通股加权平均数；S_0 为期初股份总数；S_1 为报告期因公积金转增股本或股票股利分配等增加股份数；S_i 为报告期因发行新股或债转股等增加股份数；S_j 为报告期因回购等减少股份数；S_k 为报告期缩股数；M_0 报告期月份数；M_i 为增加股份下一月份起至报告期期末的月份数；M_j 为减少股份下一月份起至报告期期末的月份数。

第七条 公司存在稀释性潜在普通股的，应当分别调整归属于普通股股东的报告期净利润和发行在外普通股加权平均数，并据以计算稀释每股收益。

在发行可转换债券、股份期权、认股权证等稀释性潜在普通股情况下，稀释每股收益可参照如下公式计算：

稀释每股收益＝[P＋(已确认为费用的稀释性潜在普通股利息－转换费用)
×(1－所得税率)]/($S_0+S_1+S_i\times M_i\div M_0-S_j\times M_j\div M_0-S_k$
＋认股权证、股份期权、可转换债券等增加的普通股加权平均数)

其中，P 为归属于公司普通股股东的净利润或扣除非经常性损益后归属于公司普通股股东的净利润。公司在计算稀释每股收益时，应考虑所有稀释性潜在普通股的影响，直至稀释每股收益达到最小。

第八条 公司在编制比较财务数据时，上期净资产收益率和每股收益应按本规则进行计算。公司招股说明书、年度财务报告、中期财务报告等公开披露文件正文应包括这些指标的计算过程，摘要可省略计算过程。

第九条 公司公开列示的净资产收益率或每股收益指标若引自经审计或审核(若规定需要)的财务报告，注册会计师应检查这些指标计算的真实性、准确性和完整性。

第十条 本规则自发布之日起施行。

十五、非经常性损益信息披露

公开发行证券的公司信息披露规范问答第1号——非经常性损益

(2007年修订)

背景

为准确考核上市公司、拟上市公司(以下简称公司)的经营、盈利能力，我会在相关融资法规及多项信息披露规范中使用了“非经常性损益”的概念。2001 年 4 月 25 日中国证监会颁布了《公开发行证券的公司信息披露规范问答第 1 号一非经常性损益》，对非经常性损益的含义和内容作了较为清晰的界定，并于 2004 年 1 月 15 日对部分内容做出修订。目前，财政部已正式颁布了企业会计准则及应用指南(以下简称“新会计准则”)，自 2007 年 1 月 1 日起在上市公司范围内施行。结合新会计准则中相关规定的变化，我们相应对非经常性损益做出了修订。

问题

何为非经常性损益？它包括哪些项目？

解答

一、非经常性损益是指公司发生的与主营业务和其他经营业务无直接关系，以及虽与主营业务和其他经营业务相关，但由于该交易或事项的性质、金额和发生频率，影响了正常反映公司经营、盈利能力的各项交易、事项产生的损益。

二、非经常性损益应包括以下项目：

（一）非流动资产处置损益；

（二）越权审批或无正式批准文件的税收返还、减免；

（三）计入当期损益的政府补助，但与公司业务密切相关，按照国家统一标准定额或定量享受的政府补助除外；

（四）计入当期损益的对非金融企业收取的资金占用费，但经国家有关部门批准设立的有经营资格的金融机构对非金融企业收取的资金占用费除外；

（五）企业合并的合并成本小于合并时应享有被合并单位可辨认净资产公允价值产生的损益；

（六）非货币性资产交换损益；

（七）委托投资损益；

（八）因不可抗力因素，如遭受自然灾害而计提的各项资产减值准备；

（九）债务重组损益；

（十）企业重组费用，如安置职工的支出、整合费用等；

（十一）交易价格显失公允的交易产生的超过公允价值部分的损益；

（十二）同一控制下企业合并产生的子公司期初至合并日的当期净损益；

（十三）与公司主营业务无关的预计负债产生的损益；

（十四）除上述各项之外的其他营业外收支净额；

（十五）中国证监会认定的其他非经常性损益项目。

三、公司在编报招股说明书、定期报告或发行证券的申报材料时，应将上述项目作为非经常性损益处理，并对非经常性损益项目内容及金额予以充分披露。

四、注册会计师为公司招股说明书、定期报告、申请发行新股材料中的财务报告出具审计报告或审核报告时，应单独对非经常性损益项目予以充分关注，对公司在财务报告附注中所披露的非经常性损益的真实性、准确性与完整性进行核实。

第十二部分　其他部门发布的实施会计准则配套规章

一、银监会关于银行金融机构全面执行《企业会计准则》的通知

中国银监会关于银行业金融机构全面执行《企业会计准则》的通知

（银监通[2007]22号）

各银监局，各政策性银行、国有商业银行、股份制商业银行，各资产管理公司，邮政储蓄银行，银监会直接监管的信托公司、财务公司、租赁公司，各省级农村信用联社，北京、天津、上海农村商业银行，天津农村合作银行：

2006年2月，财政部颁布了新的《企业会计准则》（以下简称新会计准则），要求自2007年1月1日在上市公司范围内施行，同时鼓励其他企业执行。为提高会计信息质量和可比性，完善风险管理，提高经营水平，加强银行业监管，促进我国银行业快速、健康发展，中国银监会决定银行业金融机构全面执行新会计准则。现就有关事项通知如下：

一、统一思想，提高执行新会计准则的自觉性

新会计准则反映了我国市场经济发展的要求，更加全面、系统地规范了企业会计确认、计量和报告行为，并与国际会计准则趋同。目前，银行业金融机构执行的会计制度存在较大差异，不同类型机构的相同业务、同一类型的不同机构采用不同的会计处理方法损害了会计信息的可比性、有用性，不利于分析和评价风险状况、财务成果，也不利于开展各项银行监管工作。各单位要统一思想，正确认识执行新会计准则的必然性和紧迫性，提高执行新会计准则的自觉性，早准备、早布置，保证银行业会计标准的平稳转换。

二、执行新会计准则的时间表

考虑到我国银行业金融机构众多，各银行业金融机构会计管理水平、人员素质、财务承受能力等方面存在着较大的差距，银行业金融机构应分层次实施新会计准则，并逐步建立适应新会计准则要求的内部管理流程和信息处理系统。按照财政部的总体要求，综合考虑各类型银行业金融机构的业务特点、管理水平和财务状况等实际情况，银行业金融机构应按以下时间表执行新会计准则：

（一）已经上市银行业金融机构要全面执行新会计准则，继续完善内部管理制度和业务流程，提高执行新会计准则的质量。

（二）政策性银行、中国农业银行、非上市的股份制银行、中国邮政储蓄银行、城市商业银行、信托公司、财务公司、金融租赁公司、汽车金融公司、货币经纪公司、外资银行等从2008年起按照新会计准则编制财务报告。

（三）农村商业银行、农村合作银行、农村信用社、城市信用社、三类新型农村金融机构等从2009年起按照新会计准则编制财务报告，具备条件的可以提前执行。

（四）金融资产管理公司待转制完成后的次年按新会计准则编制财务报告，但不得晚于2009年。

三、执行新会计准则必须注意的几个问题

（一）审慎使用公允价值。一是合理确定公允价值计量模式的使用范围。各银行业金融机构应严格按照新会计准则的要求，对于尚不存在活跃市场或不能持续可靠取得市场价格的金融工具不能使用公允价值计量。二是科学合理地确定公允价值。对决定使用公允价值计量的，要综合考虑活跃市场的各项因素，科学设定估值假设和主要参数。三是建立运用公允价值计量的内部控制制度，记录公允价值计量的依据和过程，确保公允价值计量的准确性、可靠性。

（二）健全贷款减值评估体系。各银行业金融机构应完善贷款风险管理，全面收集贷款减值的历史数据，健全价值评估内部控制政策、程序和方法，准确计提贷款减值准备，不得利用贷款减值准备调节利润。

（三）合理进行金融工具分类。各银行业金融机构在金融工具初始确认时应客观分析持有意图，准确划分各类金融工具，并严格按照新会计准则进行核算。

四、精心准备，不断提高执行新会计准则的能力

(一) 各银行业金融机构主要负责人要亲自抓执行新会计准则的准备工作。执行新会计准则不仅仅是会计部门的工作，还涉及各项业务，需要各个部门的配合，主要负责人必须高度重视，亲自负责，主动协调。要成立专门工作小组，制定规划，明确分工，加强协作，周密部署，既要保证按时执行新会计准则，又要确保各项业务和会计工作正常、有序地运转。各银行业金融机构(已经上市的除外)要于2007年底前将执行新会计准则的实施规划报直接监管的监管机构备案，并及时报告组织实施情况。

(二) 各银行业金融机构要加大对会计人员和相关业务人员、管理人员的培训力度，不仅要学习新会计准则的具体内容、主要变化和应用要求，还要紧密结合本单位实际，研究新会计准则对本单位管理制度、业务流程和信息系统的影响和应对措施，不断提高执行新会计准则的能力。

(三) 各银行业金融机构要做好执行新会计准则的衔接工作。一是制度衔接工作。在执行新会计准则前，必须按老制度开展各项会计核算工作，不得在新会计准则和老制度间选择使用。二是披露衔接工作。要保证信息披露的连续性和一致性，有关会计信息口径的变化要有准确的记录和说明。

(四) 农村信用社执行新会计准则的工作统一由各省联合社组织。

五、加强领导，促进高质量地执行新会计准则

(一) 中国银监会成立实施新会计准则领导小组，指导和协调银行业金融机构执行新会计准则的有关工作。领导小组组长为银监会郭利根副主席，银监会财务会计部及各监管部门负责人为领导小组成员，办公室设在财务会计部。办公室主任由银监会财务会计部汤小青主任担任，副主任由银监会财务会计部杨树润副主任担任，各监管部门派专人参加办公室的日常工作。

(二) 各银监局要成立领导小组，跟踪辖内银行业金融机构执行新会计准则的准备和执行情况，重点做好辖内中小银行业金融机构执行新会计准则的指导、协调和服务工作。

(三) 各银监局要按照各银行业金融机构执行新会计准则的时间表，积极开展各项会计监管工作，重点检查银行业金融机构执行会计准则情况，分析财务变化状况，查处利用新会计准则操纵利润的行为。

(四) 各银监局要认真组织监管人员培训工作，掌握新会计准则的内容、方法，研究执行新会计准则可能出现的问题和监管措施，进一步提高监管能力。

(五) 银行业金融机构执行新会计准则后，银监会的各项监管政策、制度保持不变。各银监局必须继续督促银行业金融机构提高五级分类的质量，做实利润。

同时，银监会将根据实施新会计准则带来的变化，在保持监管资本属性不变的前提下，对计算资本充足率涉及的部分会计数据进行调整，以准确计算资本充足率，避免执行新会计准则导致的资本充足率波动。考虑到新会计准则关于减值准备计提方法的变化，为增强减值准备计提的操作性、可靠性和可比性，银监会将另行发布减值准备计提和监管指引，对减值准备计提过程中的关键环节、重点因素进行规范。

各银行业金融机构在执行新会计准则过程中发现的任何问题，请及时反馈银监会领导小组办公室。

联系电话：010－66279033，传真：010－66299193。

请各银监局将本文转发至辖内银行业金融机构。

附件：银行业金融机构执行新会计准则时间表

二〇〇七年九月二十九日

附件

银行业金融机构执行新会计准则时间表

机构类别	执行新准则时间	备注
上市银行(14家)	2007年	工行、中行、建行、交行、华夏、招商、浦发、深发、民生、中信、兴业、北京、南京、宁波银行
农业银行	2008年	
邮政储蓄银行	2008年	
政策性银行	2008年	
股份制银行	2008年	

城市商业银行	2008年	
信托公司	2008年	安信信托、陕西国投已经上市
财务公司	2008年	
金融租赁公司	2008年	
汽车金融公司	2008年	
货币经纪公司	2008年	
外资银行	2008年	
农村商业银行	2009年	鼓励具备条件的提前执行。
农村合作银行	2009年	
农村信用社	2009年	
城市信用社	2009年	
三类新型农村金融机构	2009年	
金融资产管理公司	改制完成后的次年	不晚于2009年

二、保监会关于保险业实施《企业会计准则》的通知

中国保监会关于保险业实施新会计准则有关事项的通知

（保监发[2006]96号）

各保监局，各保险公司、保险资产管理公司：

2006年2月15日，财政部颁布了39项企业会计准则（以下简称“新会计准则”），要求自2007年1月1日起在上市公司范围内施行，同时鼓励其他企业执行。为了提高保险公司的会计信息质量和内部管理水平，促进保险业又快又好发展，我会决定从2007年1月1日起全行业同时执行新会计准则。现就有关事项通知如下：

一、新会计准则总体实施方案

新会计准则的总体实施方案为“同时切换，分步到位”。所谓“同时切换”，是指全行业统一从2007年1月1日同时切换到新会计准则。所谓“分步到位”，就是将全部实施过程分为两个阶段，先易后难。分两个阶段实施是最低要求，是完成实施工作的最后期限，有条件的公司可以一步到位，也可以分步提前完成。

第一阶段：2007年1月1日起实现“会计报表层面的切换”。各公司在现行会计核算系统生成会计报表的基础上，针对新旧会计准则的差异点，将旧制度下的会计报表切换成新会计准则下的会计报表，即调表不调账。

第二阶段：2008年1月1日之前实现“管理流程层面的切换”和“会计账目层面的切换”。各公司应当根据新会计准则对产品开发、精算、投资、内控程序、风险管理等管理流程进行必要的调整，将新会计准则贯彻到管理流程层面。在实现管理流程再造的基础上，各公司应当完成对会计核算系统的调整，实现会计核算系统的切换。

二、新会计准则实施领导小组

为了保证新会计准则的顺利实施，我会成立了新会计准则实施领导小组（以下简称“领导小组”）。领导小组负责对行业实施新会计准则进行指导和协调，包括系统研究和全面清理新旧会计标准的差异点；研究制定有关技术标准，为保险公司实施新会计准则提供政策和技术上的指导；拟定新会计准则的培训计划和标准，统一规划，统筹管理。领导小组办公室设在我会财务会计部财务监管处，承担领导小组的日常工作。领导小组人员构成如下：

组长：李克穆　保监会副主席

副组长：王新棣　保监会财务会计部主任

江先学　保监会财务会计部副主任

裴　光　保监会统计信息部副主任

高　艳　保监会资金运用监管部副主任

成员：庄作瑾　中国人寿保险（集团）公司副总裁

王银成　中国人民财产保险股份有限公司副总裁

沈喜忠　中国再保险(集团)公司副总经理

汤大生　中国太平洋保险(集团)股份有限公司副总经理

任汇川　中国平安保险(集团)股份有限公司财务总监

顾　强　美国美亚保险公司上海分公司财务总监

李汉雄　中宏人寿保险股份有限公司财务总监

林同文　普华永道中天会计师事务所合伙人

宋晨阳　毕马威华振会计师事务所合伙人

颜颖慈　毕马威华振会计师事务所合伙人

徐英伟　安永华明会计师事务所合伙人

三、具体要求

(一)提高思想认识,促进保险业又快又好发展

各保监局、保险公司、保险资产管理公司应当充分提高认识,把新会计准则的实施作为贯彻落实《国务院关于保险业改革发展的若干意见》的一项重点工作来抓,以实施新会计准则为契机,带动公司管理水平的提高和管理流程的改造,促进保险业又快又好地发展。

(二)加强组织领导,保证各项工作顺利开展

新会计准则的实施涉及到公司财务、产品开发、精算、投资、信息技术、内控、风险管理等环节,各公司应当成立以公司领导为负责人的新会计准则实施工作小组,统一组织和协调,责任落实到人,确保新会计准则实施工作的顺利进行。

(三)认真研究学习,全面掌握新会计准则的内涵和精神实质

各保监局、保险公司、保险资产管理公司应当在我会的统一组织和协调下,做好新会计准则的学习、培训工作,培养一大批真正全面掌握、深入理解新会计准则内涵和精神实质的干部队伍和业务骨干。新会计准则培训方案另行发布。

(四)做好统筹安排,狠抓落实,保证新会计准则的顺利实施

新会计准则的实施工作时间紧,任务重,各项工作应按照“同时切换,分步到位”总体实施方案的进度要求,尽早制定工作计划,确定工作重点,统筹安排,狠抓落实,既要提高实施效率,也要保证工作质量,确保新会计准则按期顺利实施。

如有新会计准则实施方面的建议或实施过程中遇到问题,请及时与我会财务会计部财务监管处联系。

联系人:栗利玲　高明

电话:010－66286183,66288363

二○○六年九月二十日

三、国资委关于央企执行《企业会计准则》的通知

国务院国有资产监督管理委员会关于中央企业执行《企业会计准则》有关事项的通知

(国资发评价[2007]38号)

各中央企业:

2006年财政部陆续颁布了新的会计准则及其应用指南(以下简称新会计准则),于2007年1月1日起在上市公司范围内实施,部分中央企业在2007年也率先执行新会计准则。为积极稳妥推动企业认真执行新会计准则,进一步规范企业会计核算,加强企业财务管理,现将有关事项通知如下:

一、统一思想认识,加强执行新会计准则的组织领导

为适应我国市场经济发展和企业国际化经营的需要,财政部颁布了一系列新会计准则,推动了我国会计准则体系与国际会计准则趋同。执行新会计准则,对于规范企业会计确认、计量和报告行为,提高会计信息质量,提升企业现代化管理和国际化经营水平,推动企业稳健经营,具有十分重要的意义。新会计准则的实施要求企业会计核算体系、财务信息系统作相应调整,对企业会计、审计、内部控制、公司治理结构以及财

务状况与经营成果均会产生重大影响，对财务管理水平和会计人员素质等也提出了更高的要求。各中央企业要积极发挥执行新会计准则的表率带动作用，高度重视执行新会计准则工作，统一思想认识，加强组织领导，明确工作机构和职责分工，层层落实工作责任；主要领导要亲自抓组织协调，企业总会计师或分管财务工作的负责人要做好具体实施工作，财务及相关业务部门要加强协调配合。各企业在执行新会计准则工作中要做到早准备、早布置，统一政策，加强督导，督促指导所属子企业全面贯彻新会计准则的各项规定，充分估计新会计准则执行中可能存在的问题，采取切实可行的措施，确保新会计准则的平稳过渡和有效执行。

二、按照总体工作安排，积极稳妥地执行新会计准则

为保证执行新会计准则各项工作有序进行，各中央企业执行新会计准则工作将在2008年之前分批组织实施。具体安排如下：

（一）各企业所属上市公司，按照财政部的有关工作要求，自2007年1月1日起执行。集团总部应加强对上市公司执行新会计准则的监督和指导，按规定汇集和报送上市公司执行新会计准则对集团财务状况的影响情况，确保集团内部会计核算的统一与对外信息披露的衔接。

（二）2007年1月1日起率先全面执行新会计准则的企业应当按照本通知及《关于执行〈企业会计准则〉有关问题的复函》（国资厅评价[2007]9号）有关要求，进一步完善各项基础工作，按规定要求完成相关材料备案及企业财务快报、2006年度财务决算和2007年度财务预算编制与报送工作。

（三）拟于2008年1月1日执行新会计准则的企业，要认真研究制订执行新会计准则的实施方案，在2007年底前全面完成人员培训、户数清理、资产清查、制度修订、会计信息系统改造等各项基础工作，并按照本通知要求做好有关事项的备案审核工作。

三、认真做好执行新会计准则的各项基础工作

各中央企业应当根据国资委总体工作部署和要求，采取积极有效措施，认真做好执行新会计准则的各项基础工作。

（一）认真组织新会计准则的学习培训工作。国资委将于2007年分批组织开展相关业务培训（有关安排另行通知）。各企业应当将学习和掌握新会计准则作为提高经营管理水平、完善企业内控机制建设的重要基础工作来抓，认真、扎实地组织开展新会计准则层层培训工作。在培训范围上，既要包括各级企业财务、审计人员，也要对企业各级领导以及相关业务部门开展培训；在培训内容上，既要学习了解新会计准则的具体内容、主要变化和应用要求，还要紧密结合本企业实际情况，深入研究探讨新会计准则对企业经营管理等方面的影响及其应对措施。

（二）全面开展企业户数清理工作。按照新会计准则规定，母公司能够控制的全部子企业均应当纳入合并范围。因此，各中央企业应当按照产权或财务隶属关系自上而下分级组织做好子企业户数清理核实工作，对下属企业（单位）的户数、管理级次、股权结构、经营状况等要认真组织清理，做到全面彻底、不重不漏，为规范界定合并范围和企业级次奠定基础，不得存在应纳入未纳入合并范围的子企业。中央企业所属各级子企业，包括各级全资及控股子企业，以及各类独立核算的分支机构、事业单位、金融企业、境外企业和基建项目等都应当纳入户数清理范围。

（三）认真做好资产负债清查工作。各企业应当按规定对各项资产和负债进行认真盘点、全面清查和质量核实，特别是对各类借款、长短期投资、投资性房地产、表外核算资产等应作为重点清查对象，并严格划分各类资产的范围，如实反映各类资产负债状况及潜在财务风险，为规范其初始确认和后续计量，准确执行新会计准则奠定基础。

（四）进一步完善企业内部控制制度。各企业应当结合执行新会计准则要求和自身实际情况，及时梳理和改造业务流程，调整完善各项内部控制政策、程序及措施，尤其是要补充完善新会计准则规定的公允价值计量、金融工具核算、职工薪酬管理等内控管理规范。各中央企业应当定期开展内部控制的有效性评估工作，及时发现内部控制的缺陷和薄弱环节，促进完善制度、加强管理、堵塞漏洞。

四、切实做好执行新会计准则有关衔接工作

各中央企业应当在全面开展户数清理和资产清查工作的基础上，进一步规范各项会计基础工作，认真做好内部会计核算办法修订、科目转换与账务调整、会计信息系统改造等工作，确保新旧会计准则的顺利衔接和平稳过渡。

（一）统一修订内部会计核算办法。应当全面贯彻执行新会计准则的各项规定，不得选择执行和降低标准。要统一修订企业内部会计核算办法，细化会计核算内容，合理选择会计政策和会计估计，确保企业会计确认、计量和报告行为制度化、规范化。企业的会计政策、会计估计一经确定，不得随意变更；确需变更的，应当在编制年度财务决算报表前向国资委报备。

（二）认真做好有关账务衔接工作。应当结合会计核算的变化情况，制定新旧会计准则会计科目转换办法，完善企业内部会计科目核算体系，明确核算口径和确认原则，并在首次执行新会计准则时，对原会计准则有关科目按新会计准则要求进行余额转换，确保新旧会计科目顺利衔接，重分类科目可追溯。

（三）及时调整会计信息系统。应当按照执行新会计准则会计科目的变化及其衔接办法，及时对原有会计核算软件和会计信息系统进行调试，以便实现数据转换，方便会计信息的对外披露，确保新旧账套的平稳过渡。

五、谨慎适度选用公允价值计量模式

各中央企业应当根据新会计准则的有关规定，建立健全公允价值计量相关的内部控制制度，严格相关决策程序和会计核算办法，统一规范企业内部公允价值计量管理。

（一）合理确定公允价值计量模式的选用范围。选用公允价值计量模式的业务范围和资产负债项目要与企业主要业务或资产市场交易特点、行业发展特征、资产质量状况相符合，对于尚不存在活跃市场条件或不能持续可靠地取得可比市场价格的业务和资产负债项目，不得采用公允价值模式计量。要审慎选择公允价值计量的主要业务范围和资产负债项目，一经确定不得随意变更；确需调整的，应当按照有关规定报国资委核准。

（二）科学确定公允价值估值方法。在依据新会计准则有关规定采用公允价值对相关业务和资产负债项目进行计量时，应当综合考虑包括活跃市场交易在内的各项影响因素，科学合理地确定相关估值假设以及主要参数选取原则，对于公允价值显失公允导致经营成果严重不实的，国资委将要求企业重新编报财务决算。

（三）建立完善的公允价值计量备查簿。对有关业务和资产负债项目采用公允价值进行计量时，应当建立完整的公允价值计量备查簿，认真记录公允价值计量的依据和过程，确保公允价值计量的准确性、可靠性。

六、认真核实企业资产质量

各中央企业应当在认真开展资产清查和主要资产质量核实的基础上，综合分析企业资产整体质量状况，客观、公允判断企业资产的真实价值和潜在增值能力，以及企业存在的经营风险状况，为出资人财务监管、经营考核等工作提供决策依据。

（一）定期开展资产质量核实工作。应当在认真开展资产清查的基础上，认真分析各项资产质量，客观判断是否存在可能发生减值的迹象，并按规定进行减值测试，合理估计资产的可收回金额，及时确认资产减值损失，不得出现新的潜亏挂账。难以对单项资产可收回金额进行估计的，应当以其所属资产组为基础进行估计。资产组范围一经确定，各个会计期间应当保持一致，未经备案不得随意变更。

（二）规范资产减值准备管理。应当根据新会计准则有关规定，统一修订内部资产减值准备计提和财务核销管理办法，明确各项减值准备计提及财务核销的范围、标准、依据和程序，按规定合理计提减值准备，不得利用减值准备计提、转回调节利润。凡执行新会计准则前突击转回大额资产减值准备且不能提供充分证据证明其转回合理性的，国资委将在经营成果确认中予以扣除。

七、规范建立金融工具初始确认和后续计量管理制度

各中央企业应当根据新会计准则有关规定，结合企业实际情况，制定适合本企业特点的金融工具初始确认和后续计量管理办法，统一规范金融工具管理。

（一）合理划分金融资产和金融负债类别。应当在认真清查、准确核实的基础上，根据经济业务实质和业务经营的特点，合理划分金融资产或金融负债类别；对于在初始确认时划分为以公允价值计量且其变动计入当期损益的金融资产或金融负债，不得随意变更其类别。

（二）科学确定金融工具后续计量估值方法。在依据新会计准则有关规定采用公允价值对金融资产、金融负债项目进行计量时，应当综合考虑包括活跃市场交易在内的各项影响因素，科学合理地确定相关估值假设以及主要参数选取原则，一经确定后，不得随意调整。对于公允价值显失公允导致经营成果严重不实的，国资委将在经营成果确认中予以扣除。

八、加强职工薪酬核算管理

各中央企业应当对提供给职工的各类形式的货币性报酬或非货币性福利进行全面清理和分类核实,按规定全面、完整地反映企业支付职工薪酬的情况,特别是量化或提供给职工的非货币性福利及辞退福利都应当按规定纳入职工薪酬核算范围,规范各项报酬的计提与发放,建立健全内部控制管理制度,加强人工成本控制与管理。各企业应当按照国资委有关工作要求,严格控制职工薪酬增长幅度,其中:经济效益下降的企业,不得扩大职工薪酬规模。

九、及时做好企业财务会计信息披露衔接工作

各中央企业应当根据本企业实际执行的企业会计制度或准则规定,认真做好2006年度财务决算报表、2007年度财务快报的编制工作以及2007年度财务预算报表的调整工作。执行新会计准则的企业应当按照新会计准则的要求,将控制范围内的全部子企业纳入编报范围。对于母公司尚未执行新会计准则而所属子企业执行新会计准则的,母公司编制合并财务报表时,可以对子企业按新会计准则编制的报表进行直接合并。

(一)关于企业月度财务快报工作。执行新会计准则的企业(含各级上市公司)均应当按照新会计准则及国资委《关于做好新会计准则过渡期间企业财务快报工作的通知》(国资发评价[2007]12号)要求编制月度财务快报;未执行新会计准则的企业及其所属子企业,仍按《关于印发中央企业2004年度企业财务快报的通知》(国资评价[2003]126号)的有关规定填报。

(二)关于2006年度财务决算工作。各企业应当按照《关于印发2006年度中央企业财务决算报表的通知》(国资发评价[2006]193号)有关规定做好2006年度财务决算报表编制工作。其中,2007年1月1日起执行新会计准则的企业,应根据新会计准则的有关规定及相关指标解释口径编报《中央企业执行新会计准则期初数申报表》及报表重要项目说明(见附件1、2),经中介机构审计并出具专项审计报告后,于2007年5月31日之前报国资委审核认定,以确定执行新会计准则的期初数。有关软件参数,请从国资委网站下载。

(三)关于2007年度财务预算调整工作。2007年1月1日起执行新会计准则的企业,在编制2007年度财务预算时尚未考虑执行新会计准则影响的,可按照新会计准则有关规定及国资委《关于印发2007年度中央企业财务预算报表的通知》(国资发评价[2006]182号)的要求编制《2007年度预算调整主要指标表》,于2007年8月12日前随财务快报一并报送国资委,并对执行新会计准则对企业经营成果的影响进行分析说明,有关分析材料的电子文档随电子数据一并报送。

十、按时上报执行新会计准则重要事项的备案资料

国资委将建立执行新会计准则重要财务事项备案管理制度。经批准于2007年1月1日起执行新会计准则的企业,应于2007年4月15日之前将下述第(三)项内容报国资委备案;其他企业应当于2007年11月30日之前将以下文件资料报国资委备案。

(一)执行新会计准则的报告,主要内容包括执行新会计准则的时间、范围,执行新会计准则对企业财务状况和经营成果的影响及预计影响金额,执行新会计准则的各项准备工作情况等;

(二)企业决策机构批准执行新会计准则的决议;

(三)企业统一修订的《会计核算办法》及修订情况的专项说明,包括会计政策、会计估计发生变更情况,新旧会计科目衔接对照表等。

各中央企业应当认真落实执行新会计准则有关工作要求,进一步规范会计核算,完善内部控制机制建设,强化对各级子企业的财务监管,促进提高企业会计信息质量,努力提高企业经营管理水平。在执行和准备执行新会计准则过程中发生的有关情况和问题,请及时反馈国资委(评价局),电子邮箱:qyyc@sasac.gov.cn。

附件1:中央企业执行新会计准则期初数申报表(表式)及编报说明 (略)

附件2:中央企业执行新会计准则期初数申报表重要项目说明(参考格式) (略)

国务院国有资产监督管理委员会

二〇〇七年三月六日

四、国资委关于央企执行《企业会计准则》的补充通知

国务院国有资产监督管理委员会办公厅关于中央企业执行《企业会计准则》有关事项的补充通知

（国资厅发评价[2007]60号）

各中央企业：

为推动中央企业执行《企业会计准则》(以下简称新准则)工作，我们对部分企业试点过程中普遍反映的问题进行了认真研究，现将有关事项通知如下：

一、企业应当加强内部退休人员支出管理，按规定从严审核内部退休计划；在首次执行日，对不符合规定条件的内部退休人员支出不得进行追溯调整。

（一）在首次执行日，企业按照《企业会计准则第9号一职工薪酬准则》对内部退休人员支出确认预计负债并进行追溯调整，应当满足以下条件：

1. 内部退休计划在首次执行日之前已经过企业董事会或类似权力机构批准并已实施，不包括在首次执行日之后批准实施的内部退休计划；

2. 内部退休人员为距法定退休年龄不足5年或者工龄已满30年的企业职工；

3. 内部退休人员支出仅包括自首次执行日至法定退休日企业拟支付给职工的基本生活费和按规定应缴纳的社会保险费。

（二）在首次执行日，企业如申报符合预计负债确认条件的内部退休人员支出，应当同时提供详细的内部退休计划、人员清单、费用项目、补偿标准、折现率等相关材料，并由会计师事务所出具专项经济鉴证说明；国资委将依据企业申报材料和会计师事务所鉴证意见进行审核确认。

二、企业承担的离退休职工基本养老保险和补充养老保险应当按照新会计准则有关规定进行处理，承担的离退休职工其他支出(如统筹外费用等)，不应当作为辞退福利确认预计负债。

三、企业应当加强职工福利费和工资总额管理，严格控制人工成本增长幅度，按规定使用应付福利费余额和应付工资余额，不得随意扩大职工福利费开支范围和提高开支标准。

四、企业应当根据新准则的有关规定及相关指标解释口径编报《中央企业执行新会计准则期初数申报表》及报表重要项目说明，经会计师事务所审计并出具专项审计报告后报国资委审核认定。会计师事务所出具的专项审计报告应包括报告正文和相关附表及附件。专项审计报告中应当重点披露以下内容：

（一）企业的会计责任和会计师事务所的审计责任；

（二）审计依据、审计方法、审计范围和已实施的审计程序；

（三）对企业资产负债及所有者权益变动核实结果及处理意见；

（四）依据新准则，企业会计政策、会计估计的调整情况；

（五）执行新准则有可能对企业的财务状况产生重大影响的事项。

对境外子企业、上市公司确实难以出具专项审计报告的，应当参照专项审计报告披露格式出具专项鉴证报告。

五、根据国资委《关于中央企业执行〈企业会计准则〉有关事项的通知》(国资发评价[2007]38号)规定，首次执行日期初数申报表具体报送要求如下：

（一）企业集团应当报送集团合并《中央企业执行新会计准则期初数申报表》及报表重要项目说明、专项审计报告的纸质文件与电子文档，加盖企业公章。纸质申报表以“万元”为金额单位打印。

（二）二级子企业应当报送《中央企业执行新会计准则期初数申报表》及报表重要项目说明、专项审计报告的电子文档。

（三）三级子企业(含按规定应报送的三级以下重要子企业)仅报送《中央企业执行新会计准则期初数申报表》的电子文档。

六、2007年度率先执行新准则的企业应当以2007年1月1日为首次执行日。

国务院国有资产监督管理委员会办公厅

二〇〇七年七月三日

第十三部分　企业常用的会计制度①

一、企业会计制度

企业会计制度

第一章　总　则

第一条　为了规范企业的会计核算，真实、完整地提供会计信息，根据《中华人民共和国会计法》及国家其他有关法律和法规，制定本制度。

第二条　除不对外筹集资金、经营规模较小的企业，以及金融保险企业以外，在中华人民共和国境内设立的企业（含公司，下同），执行本制度。

第三条　企业应当根据有关会计法律、行政法规和本制度的规定，在不违反本制度的前提下，结合本企业的具体情况，制定适合于本企业的会计核算办法。

第四条　企业填制会计凭证、登记会计账簿、管理会计档案等要求，按照《中华人民共和国会计法》、《会计基础工作规范》和《会计档案管理办法》的规定执行。

第五条　会计核算应以企业发生的各项交易或事项为对象，记录和反映企业本身的各项生产经营活动。

第六条　会计核算应当以企业持续、正常的生产经营活动为前提。

第七条　会计核算应当划分会计期间，分期结算账目和编制财务会计报告。会计期间分为年度、半年度、季度和月度。年度、半年度、季度和月度均按公历起讫日期确定。半年度、季度和月度均称为会计中期。

本制度所称的期末和定期，是指月末、季末、半年末和年末。

第八条　企业的会计核算以人民币为记账本位币。

业务收支以人民币以外的货币为主的企业、可以选定其中一种货币作为记账本位币，但是编报的财务会计报告应当折算为人民币。

在境外设立的中国企业向国内报送的财务会计报告，应当折算为人民币。

第九条　企业的会计记账采用借贷记账法。

第十条　会计记录的文字应当使用中文。在民族自治地方，会计记录可以同时使用当地通用的一种民族文字。在中华人民共和国境内的外商投资企业、外国企业和其他外国组织的会计记录可以同时使用一种外国文字。

第十一条　企业在会计核算时，应当遵循以下基本原则：

（一）会计核算应当以实际发生的交易或事项为依据，如实反映企业的财务状况、经营成果和现金流量。

（二）企业应当按照交易或事项的经济实质进行会计核算，而不应当仅仅按照它们的法律形式作为会计核算的依据。

（三）企业提供的会计信息应当能够反映企业的财务状况、经营成果和现金流量，以满足会计信息使用者的需要。

（四）企业的会计核算方法前后各期应当保持一致，不得随意变更。如有必要变更，应当将变更的内容和理由、变更的累积影响数，以及累积影响数不能合理确定的理由等，在会计报表附注中予以说明。

（五）企业的会计核算应当按照规定的会计处理方法进行，会计指标应当口径一致、相互可比。

（六）企业的会计核算应当及时进行，不得提前或延后。

---

①　虽然新的企业会计准则已经颁布并且在上市公司和部分大型国有企业执行，并且执行的范围逐步扩大，但是还有相当多的企业在执行会计制度，所以编者保留了会计制度的内容。

（七）企业的会计核算和编制的财务会计报告应当清晰明了，便于理解和利用。

（八）企业的会计核算应当以权责发生制为基础。凡是当期已经实现的收入和已经发生或应当负担的费用，不论款项是否收付，都应当作为当期的收入和费用；凡是不属于当期的收入和费用，即使款项已在当期收付，也不应当作为当期的收入和费用。

（九）企业在进行会计核算时，收入与其成本、费用应当相互配比，同一会计期间内的各项收入和与其相关的成本、费用，应当在该会计期间内确认。

（十）企业的各项财产在取得时应当按照实际成本计量。其后，各项财产如果发生减值，应当按照本制度规定计提相应的减值准备。除法律、行政法规和国家统一的会计制度另有规定者外，企业一律不得自行调整其账面价值。

（十一）企业的会计核算应当合理划分收益性支出与资本性支出的界限。凡支出的效益仅及于本年度（或一个营业周期）的，应当作为收益性支出；凡支出的效益及于几个会计年度（或几个营业周期）的，应当作为资本性支出。

（十二）企业在进行会计核算时，应当遵循谨慎性原则的要求，不得多计资产或收益、少计负债或费用，但不得计提秘密准备。

（十三）企业的会计核算应当遵循重要性原则的要求，在会计核算过程中对交易或事项应当区别其重要程度，采用不同的核算方式。对资产、负债、损益等有较大影响，并进而影响财务会计报告使用者据以作出合理判断的重要会计事项，必须按照规定的会计方法和程序进行处理，并在财务会计报告中予以充分、准确地披露；对于次要的会计事项，在不影响会计信息真实性和不至于误导财务会计报告使用者作出正确判断的前提下，可适当简化处理。

第二章　资　产

第十二条　资产，是指过去的交易、事项形成并由企业拥有或者控制的资源，该资源预期会给企业带来经济利益。

第十三条　企业的资产应按流动性分为流动资产、长期投资、固定资产、无形资产和其他资产。

第一节　流动资产

第十四条　流动资产，是指可以在1年或者超过1年的一个营业周期内变现或耗用的资产，主要包括现金、银行存款、短期投资、应收及预付款项、待摊费用、存货等。

本制度所称的投资，是指企业为通过分配来增加财富，或为谋求其他利益而将资产让渡给其他单位所获得的另一项资产。

第十五条　企业应当设置现金和银行存款日记账。按照业务发生顺序逐日逐笔登记。银行存款应按银行和其他金融机构的名称和存款种类进行明细核算。

有外币现金和存款的企业，还应当分别按人民币和外币进行明细核算。

现金的账面余额必须与库存数相符；银行存款的账面余额应当与银行对账单定期核对，并按月编制银行存款余额调节表调节相符。

本制度所称的账面余额，是指某科目的账面实际余额，不扣除作为该科目备抵的项目（如累计折旧、相关资产的减值准备等）。

第十六条　短期投资，是指能够随时变现并且持有时间不准备超过1年（含1年）的投资，包括股票、债券、基金等。短期投资应当按照以下原则核算：

（一）短期投资在取得时应当按照投资成本计量。短期投资取得时的投资成本按以下方法确定：

1. 以现金购入的短期投资，按实际支付的全部价款，包括税金、手续费等相关费用。实际支付的价款中包含的已宣告但尚未领取的现金股利、或已到付息期但尚未领取的债券利息，应当单独核算，不构成短期投资成本。

已存入证券公司但尚未进行短期投资的现金，先作为其他货币资金处理，待实际投资时，按实际支付的价款或实际支付的价款减去已宣告但尚未领取的现金股利或已到付息期但尚未领取的债券利息，作为短期投资的成本。

2. 投资者投入的短期投资，按投资各方确认的价值，作为短期投资成本。

3. 企业接受的债务人以非现金资产抵偿债务方式取得的短期投资，或以应收债权换入的短期投资，按应收债权的账面价值加上应支付的相关税费，作为短期投资成本。如果所接受的短期投资中含有已宣告但尚未领取的现金股利，或已到付息期但尚未领取的债券利息，按应收债权的账面价值减去应收股利或应收利息，加上应支付的相关税费后的余额，作为短期投资成本。涉及补价的，按以下规定确定受让的短期投资成本：

(1) 收到补价的，按应收债权账面价值减去补价，加上应支付的相关税费，作为短期投资成本；

(2) 支付补价的，按应收债权的账面价值加上支付的补价和应支付的相关税费，作为短期投资成本。

本制度所称的账面价值，是指某科目的账面余额减去相关的备抵项目后的净额。如短期投资科目的账面余额减去相应的跌价准备后的净额，为短期投资的账面价值。

4. 以非货币性交易换入的短期投资，按换出资产的账面价值加上应支付的相关税费，作为短期投资成本。涉及补价的，按以下规定确定换入的短期投资成本：

(1) 收到补价的，接换出资产的账面价值加上应确认的收益和应支付的相关税费减去补价后的余额，作为短期投资成本；

(2) 支付补价的，接换出资产的账面价值加上应支付的相关税费和补价，作为短期投资成本。

以原材料换入的短期投资，如该项原材料的进项税额不可抵扣的，则换入的短期投资的入账价值还应当加上不可抵扣的增值税进项税额。以原材料换入的存货、固定资产等，按同一原则处理。

(二) 短期投资的现金股利或利息，应于实际收到时，冲减投资的账面价值，但已记入应收股利或应收利息科目的现金股利或利息除外。

(三) 企业应当在期末时对短期投资按成本与市价孰低计量，对市价低于成本的差额，应当计提短期投资跌价准备。

企业计提的短期投资跌价准备应当单独核算，在资产负债表中，短期投资项目按照减去其跌价准备后的净额反映。

(四) 处置短期投资时，应将短期投资的账面价值与实际取得价款的差额，作为当期投资损益。

企业的委托贷款，应视同短期投资进行核算。但是，委托贷款应按期计提利息，计入损益；企业按期计提的利息到付息期不能收回的，应当停止计提利息，并冲回原已计提的利息。期末时，企业的委托贷款应按资产减值的要求，计提相应的减值准备。

第十七条 应收及预付款项，是指企业在日常生产经营过程中发生的各项债权，包括：应收款项（包括应收票据、应收账款、其他应收款）和预付账款等。

第十八条 应收及预付款项应当按照以下原则核算：

(一) 应收及预付款项应当按照实际发生额记账，并按照往来户名等设置明细账，进行明细核算。

(二) 带息的应收款项，应于期末按照本金（或票面价值）与确定的利率计算的金额，增加其账面余额，并确认为利息收入，计入当期损益。

(三) 到期不能收回的应收票据，应按其账面余额转入应收账款，并不再计提利息。

(四) 企业与债务人进行债务重组的，按以下规定处理：

1. 债务人在债务重组时以低于应收债权的账面价值的现金清偿的，企业实际收到的金额小于应收债权账面价值的差额，计入当期营业外支出。

2. 以非现金资产清偿债务的，应按应收债权的账面价值等作为受让的非现金资产的入账价值。

如果接受多项非现金资产的，应按接受的各项非现金资产的公允价值占非现金资产公允价值总额的比例，对应收债权的账面价值进行分配，并按照分配后的价值作为所接受的各项非现金资产的入账价值。

3. 以债权转为股权的，应按应收债权的账面价值等作为受让的股权的入账价值。

如果涉及多项股权的，应按各项股权的公允价值占股权公允价值总额的比例，对应收债权的账面价值进行分配，并按照分配后的价值作为所接受的各项股权的入账价值。

4. 以修改其他债务条件清偿债务的，应将未来应收金额小于应收债权账面价值的差额，计入当期营业外支出；如果修改后的债务条款涉及或有收益的，则或有收益不应当包括在未来应收金额中。待实际收到或有收益时，计入收到当期的营业外收入。

如果修改其他债务条件后，未来应收金额等于或大于重组前应收债权账面余额的，则在债务重组时不作账务处理，但应当在备查簿中进行登记。修改债务条件后的应收债权，按本制度规定的一般应收债权进行会计处理。

本制度所称的债务重组，是指债权人按照其与债务人达成的协议或法院的裁决同意债务人修改债务条件的事项。或有收益，是指依未来某种事项出现而发生的收益，未来事项的出现具有不确定性。

(五) 企业应于期末时对应收款项(不包括应收票据，下同)计提坏账准备。

坏账准备应当单独核算，在资产负债表中应收款项按照减去已计提的坏账准备后的净额反映。

第十九条　待摊费用，是指企业已经支出，但应当由本期和以后各期分别负担的、分摊期在1年以内(含1年)的各项费用，如低值易耗品摊销、预付保险费、一次性购买印花税票和一次性购买印花税税额较大需分摊的数额等。

待摊费用应按其受益期限在1年内分期平均摊销，计入成本、费用。如果某项待摊费用已经不能使企业受益，应当将其摊余价值一次全部转入当期成本、费用，不得再留待以后期间摊销。

待摊费用应按费用种类设置明细账，进行明细核算。

第二十条　存货，是指企业在日常生产经营过程中持有以备出售，或者仍然处在生产过程，或者在生产或提供劳务过程中将消耗的材料或物料等，包括各类材料、商品、在产品、半成品、产成品等。存货应当按照以下原则核算。

(一) 存货在取得时，应当按照实际成本入账。实际成本按以下方法确定：

1. 购入的存货，按买价加运输费、装卸费、保险费、包装费、仓储费等费用、运输途中的合理损耗、入库前的挑选整理费用和按规定应计入成本的税金以及其他费用，作为实际成本。

商品流通企业购入的商品，按照进价和按规定应计入商品成本的税金，作为实际成本，采购过程中发生的运输费、装卸费、保险费、包装费、仓储费等费用、运输途中的合理损耗、入库前的挑选整理费用等，直接计入当期损益。

2. 自制的存货，按制造过程中的各项实际支出，作为实际成本。

3. 委托外单位加工完成的存货，以实际耗用的原材料或者半成品以及加工费、运输费、装卸费和保险费等费用以及按规定应计入成本的税金，作为实际成本。

商品流通企业加工的商品，以商品的进货原价、加工费用和按规定应计入成本的税金，作为实际成本。

4. 投资者投入的存货，按照投资各方确认的价值，作为实际成本。

5. 接受捐赠的存货，按以下规定确定其实际成本：

(1) 捐赠方提供了有关凭据(如发票、报关单、有关协议)的，按凭据上标明的金额加上应支付的相关税费，作为实际成本。

(2) 捐赠方没有提供有关凭据的，按如下顺序确定其实际成本：

① 同类或类似存货存在活跃市场的，按同类或类似存货的市场价格估计的金额，加上应支付的相关税费作为实际成本；

② 同类或类似存货不存在活跃市场的，按所接受捐赠的存货的预计未来现金流量现值，作为实际成本：

6. 企业接受的债务人以非现金资产抵偿债务方式取得的存货，或以应收债权换入存货的。按照应收债权的账面价值减去可抵扣的增值税进项税额后的差额，加上应支付的相关税费，作为实际成本。涉及补价的，按以下规定确定受让存货的实际成本：

(1) 收到补价的，按应收债权的账面价值减去可抵扣的增值税进项税额和补价，加上应支付的相关税费，作为实际成本；

(2) 支付补价的，按应收债权的账面价值减去可抵扣的增值税进项税额，加上支付的补价和应支付的相关税费，作为实际成本。

7. 以非货币性交易换入的存货，按换出资产的账面价值减去可抵扣的增值税进项税额后的差额，加上应支付的相关税费，作为实际成本。涉及补价的，按以下规定确定换入存货的实际成本：

(1) 收到补价的，按换出资产的账面价值减去可抵扣的增值税进项税额后的差额，加上应确认的收益和应支付的相关税费。减去补价后的余额，作为实际成本；

(2) 支付补价的，按换出资产的账面价值减去可抵扣的增值税进项税额后的差额，加上应支付的相关税费和补价，作为实际成本。

8. 盘盈的存货，按照同类或类似存货的市场价格，作为实际成本。

（二）按照计划成本（或售价，下同）进行存货核算的企业，对存货的计划成本和实际成本之间的差异，应当单独核算。

（三）须用或发出的存货，按照实际成本核算的，应当采用先进先出法、加权平均法、移动平均法、个别计价法或后进先出法等确定其实际成本；按照计划成本核算的，应按期结转其应负担的成本差异，将计划成本调整为实际成本。

低值易耗品和周转使用的包装物、周转材料等应在领用时摊销，摊销方法可以采用一次摊销或者分次摊销。

（四）存货应当定期盘点，每年至少盘点一次。盘点结果如果与账面记录不符，应于期末前查明原因，并根据企业的管理权限，经股东大会或董事会，或经理（厂长）会议或类似机构批准后，在期末结账前处理完毕。盘盈的存货，应冲减当期的管理费用；盘亏的存货，在减去过失人或者保险公司等赔款和残料价值之后，计入当期管理费用，属于非常损失的，计入营业外支出。

盘盈或盘亏的存货，如在期末结账前尚未经批准的，应在对外提供财务会计报告时先按上述规定进行处理，并在会计报表附注中作出说明；如果其后批准处理的金额与已处理的金额不一致，应按其差额调整会计报表相关项目的年初数。

（五）企业的存货应当在期末时按成本与可变现净值孰低计量，对可变现净值低于存货成本的差额，计提存货跌价准备。

在资产负债表中，存货项目按照减去存货跌价准备后的净额反映。

第二节 长期投资

第二十一条 长期投资，是指除短期投资以外的投资，包括持有时间准备超过1年（不含1年）的各种股权性质的投资、不能变现或不准备随时变现的债券、长期债权投资和其他长期投资。

长期投资应当单独进行核算，并在资产负债表中单列项目反映。

第二十二条 长期股权投资应当按照以下原则核算：

（一）长期股权投资在取得时应当按照初始投资成本入账。初始投资成本按以下方法确定：

1. 以现金购入的长期股权投资，按实际支付的全部价款（包括支付的税金、手续费等相关费用），作为初始投资成本；实际支付的价款中包含已宣告但尚未领取的现金股利，按实际支付的价款减去已宣告但尚未领取的现金股利后的差额，作为初始投资成本。

2. 企业接受的债务人以非现金资产抵偿债务方式取得的长期股权投资，或以应收债权换入长期股权投资的，按应收债权的账面价值加上应支付的相关税费，作为初始投资成本。涉及补价的，按以下规定确定受让的长期股权投资的初始投资成本：

（1）收到补价的，按应收债权的账面价值减去补价，加上应支付的相关税费，作为初始投资成本；

（2）支付补价的，按应收债权的账面价值加上支付的补价和应支付的相关税费，作为初始投资成本。

3. 以非货币性交易换入的长期股权投资，按换出资产的账面价值加上应支付的相关税费，作为初始投资成本。涉及补价的，应按以下规定确定换入长期股权投资的初始投资成本：

（1）收到补价的，按换出资产的账面价值加上应确认的收益和应支付的相关税费减去补价后的余额，作为初始投资成本；

（2）支付补价的，按换出资产的账面价值加上应支付的相关税费和补价，作为初始投资成本。

4. 通过行政划拨方式取得的长期股权投资，按划出单位的账面价值，作为初始投资成本。

（二）企业的长期股权投资，应当根据不同情况，分别采用成本法或权益法核算。企业对被投资单位无控制、无共同控制且无重大影响的，长期股权投资应当采用成本法核算；企业对被投资单位具有控制、共同控制或重大影响的，长期股权投资应当采用权益法核算。通常情况下，企业对其他单位的投资占该单位有表决权资本总额20%或20%以上，或虽投资不足20%但具有重大影响的，应当采用权益法核算。企业对其他单位的投资占该单位有表决权资本总额20%以下，或对其他单位的投资虽占该单位有表决权资本总额20%或20%以上，但不具有重大影响的，应当采用成本法核算。

（三）采用成本法核算时，除追加投资、将应分得的现金股利或利润转为投资或收回投资外，长期股权投资的账面价值一般应当保持不变。被投资单位宣告分派的利润或现金股利，作为当期投资收益。企业确认的投资收益，仅限于所获得的被投资单位在接受投资后产生的累积净利润的分配额，所获得的被投资单位宣告分派的利润或现金股利超过上述数额的部分，作为初始投资成本的收回，冲减投资的账面价值。

(四) 采用权益法核算时，投资最初以初始投资成本计量，投资企业的初始投资成本与应享有被投资单位所有者权益份额之间的差额，作为股权投资差额处理，按一定期限平均摊销，计入损益。

股权投资差额的摊销期限，合同规定了投资期限的，按投资期限摊销。合同没有规定投资期限的，初始投资成本超过应享有被投资单位所有者权益份额之间的差额，按不超过10年的期限摊销；初始投资成本低于应享有被投资单位所有者权益份额之间的差额，按不低于10年的期限摊销。

采用权益法核算时，企业应当在取得股权投资后，按应享有或应分担的被投资单位当年实现的净利润或发生的净亏损的份额（法律、法规或公司章程规定不属于投资企业的净利润除外，如承包经营企业支付的承包利润、外商投资企业按规定按照净利润的一定比例计提作为负债的职工奖励及福利基金等），调整投资的账面价值，并作为当期投资损益。企业按被投资单位宣告分派的利润或现金股利计算应分得的部分，减少投资的账面价值。企业在确认被投资单位发生的净亏损时，应以投资账面价值减记至零为限；如果被投资单位以后各期实现净利润，投资企业应在计算的收益分享额超过未确认的亏损分担额以后，按超过未确认的亏损分担额的金额，恢复投资的账面价值。

企业按被投资单位净损益计算调整投资的账面价值和确认投资损益时，应当以取得被投资单位股权后发生的净损益为基础。

对被投资单位除净损益以外的所有者权益的其他变动，也应当根据具体情况调整投资的账面价值。

(五) 企业因追加投资等原因对长期股权投资的核算从成本法改为权益法，应当自实际取得对被投资单位控制、共同控制或对被投资单位实施重大影响时，按股权投资的账面价值作为初始投资成本，初始投资成本与应享有被投资单位所有者权益份额的差额，作为股权投资差额，并按本制度的规定摊销，计入损益。

企业因减少投资等原因对被投资单位不再具有控制、共同控制或重大影响时，应当中止采用权益法核算，改按成本法核算，并按投资的账面价值作为新的投资成本。其后，被投资单位宣告分派利润或现金胜利时，属于已记入投资账面价值的部分，作为新的投资成本的收回，冲减投资的账面价值。

(六) 企业改变投资目的，将短期投资划转为长期投资。应按短期投资的成本与市价孰低结转，并按此确定的价值作为长期投资初始投资成本。拟处置的长期投资不调整至短期投资，待处置时按处置长期投资进行会计处理。

(七) 处置股权投资时，应将投资的账面价值与实际取得价款的差额，作为当期投资损益。

第二十三条　长期债权投资应当按照以下原则核算：

(一) 长期债权投资在取得时，应按取得时的实际成本作为初始投资成本。初始投资成本按以下方法确定：

1. 以现金购入的长期债权投资，按实际支付的全部价款（包括税金、手续费等相关费用）减去已到付息期但尚未领取的债权利息，作为初始投资成本。如果所支付的税金、手续费等相关费用金额较小，可以直接计入当期财务费用，不计入初始投资成本。

2. 企业接受的债务人以非现金资产抵偿债务方式取得的长期债权投资，或以应收债权换入长期债权投资的，应按应收债权的账面价值，加上应支付的相关税费，作为初始投资成本。涉及补价的，应按以下规定确定换入长期债权投资的初始投资成本：

(1) 收到补价的，按应收债权的账面价值减去补价，加上应支付的相关税费，作为初始投资成本；

(2) 支付补价的，按应收债权的账面价值加上支付的补价和应支付的相关税费，作为初始投资成本。

3. 以非货币性交易换入的长期债权投资，按换出资产的账面价值加上应支付的相关税费，作为初始投资成本。涉及补价的，应按以下规定确定换入长期债权投资的初始投资成本：

(1) 收到补价的，按换出资产的账面价值加上应确认的收益和应支付的相关税费减去补价后的余额，作为初始投资成本；

(2) 支付补价的，按换出资产的账面价值加上应支付的相关税费和补价，作为初始投资成本。

(二) 长期债权投资应当按照票面价值与票面利率按期计算确认利息收入。

长期债券投资的初始投资成本减去已到付息期但尚未领取的债券利息、未到期债券利息和计入初始投资成本的相关税费，与债券面值之间的差额，作为债券溢价或折价；债券的溢价或折价在债券存续期间内于确认相关债券利息收入时摊销。摊销方法可以采用直线法，也可以采用实际利率法。

（三）持有可转换公司债券的企业，可转换公司债券在购买以及转换为股份之前，应按一般债券投资进行处理。当企业行使转换权利，将其持有的债券投资转换为股份时，应按其账面价值减去收到的现金后的余额，作为股权投资的初始投资成本。

（四）处置长期债权投资时，按实际取得的价款与长期债权投资账面价值的差额，作为当期投资损益。

第二十四条 企业的长期投资应当在期末时按照其账面价值与可收回金额孰低计量，对可收回金额低于账面价值的差额，应当计提长期投资减值准备。

在资产负债表中，长期投资项目应当按照减去长期投资减值准备后的净额反映。

第三节 固定资产

第二十五条 固定资产，是指企业使用期限超过1年的房屋、建筑物、机器、机械、运输工具以及其他与生产、经营有关的设备、器具、工具等。不属于生产经营主要设备的物品，单位价值在2 000元以上，并且使用年限超过2年的，也应当作为固定资产。

第二十六条 企业应当根据固定资产定义，结合本企业的具体情况，制定适合于本企业的固定资产目录、分类方法、每类或每项固定资产的折旧年限、折旧方法，作为进行固定资产核算的依据。

企业制定的固定资产目录、分类方法、每类或每项固定资产的预计使用年限、预计净残值、折旧方法等，应当编制成册，并按照管理权限，经股东大会或董事会，或经理（厂长）会议或类似机构批准，按照法律、行政法规的规定报送有关各方备案，同时备置于企业所在地，以供投资者等有关各方查阅。企业已经确定并对外报送，或备置于企业所在地的有关固定资产目录、分类方法、预计净残值、预计使用年限、折旧方法等，一经确定不得随意变更，如需变更，仍然应当按照上述程序，经批准后报送有关各方备案，并在会计报表附注中予以说明。

未作为固定资产管理的工具、器具等，作为低值易耗品核算。

第二十七条 固定资产在取得时，应按取得时的成本入账。取得时的成本包括买价、进口关税、运输和保险等相关费用，以及为使固定资产达到预定可使用状态前所必要的支出。固定资产取得时的成本应当根据具体情况分别确定：

（一）购置的不需要经过建造过程即可使用的固定资产，按实际支付的买价、包装费、运输费、安装成本、交纳的有关税金等，作为入账价值。

外商投资企业因采购国产设备而收到税务机关退还的增值税款，冲减固定资产的入账价值。

（二）自行建造的固定资产，按建造该项资产达到预定可使用状态前所发生的全部支出，作为入账价值。

（三）投资者投入的固定资产，按投资各方确认的价值，作为入账价值。

（四）融资租入的固定资产，按租赁开始日租赁资产的原账面价值与最低租赁付款额的现值两者中较低者，作为入账价值。

本制度所称的最低租赁付款额，是指在租赁期内，企业（承租人）应支付或可能被要求支付的各种款项（不包括或有租金和履约成本），加上由企业（承租人）或与其有关的第三方担保的资产余值。但是，如果企业（承租人）有购买租赁资产的选择权，所订立的购价预计将远低于行使选择权时租赁资产的公允价值，因而在租赁开始日就可以合理确定企业（承租人）将会行使这种选择权，则购买价格也应包括在内。其中，资产余值是指租赁开始日估计的租赁期届满时租赁资产的公允价值。

企业（承租人）在计算最低租赁付款额的现值时，如果知悉出租人的租赁内含利率，应采用出租人的内含利率作为折现率；否则，应采用租赁合同规定的利率作为折现率。如果出租人的租赁内含利率和租赁合同规定的利率均无法知悉，应当采用同期银行贷款利率作为折现率。

如果融资租赁资产占企业资产总额比例等于或低于30%的，在租赁开始日，企业也可按最低租赁付款额，作为固定资产的入账价值。

（五）在原有固定资产的基础上进行改建、扩建的，按原固定资产的账面价值，加上由于改建、扩建而使该项资产达到预定可使用状态前发生的支出，减去改建、扩建过程中发生的变价收入，作为入账价值。

（六）企业接受的债务人以非现金资产抵偿债务方式取得的固定资产，或以应收债权换入固定资产的，按应收债权的账面价值加上应支付的相关税费，作为入账价值。涉及补价的，按以下规定确定受让的固定资产的入账价值：

1. 收到补价的，按应收债权的账面价值减去补价，加上应支付的相关税费，作为入账价值；

2. 支付补价的，按应收债权的账面价值加上支付的补价和应支付的相关税费，作为入账价值。

（七）以非货币性交易换入的固定资产，按换出资产的账面价值加上应支付的相关税费，作为入账价值。涉及补价的，按以下规定确定换入固定资产的入账价值：

1. 收到补价的，按换出资产的账面价值加上应确认的收益和应支付的相关税费减去补价后的余额，作为入账价值；

2. 支付补价的，按换出资产的账面价值加上应支付的相关税费和补价，作为入账价值。

（八）接受捐赠的固定资产，应按以下规定确定其入账价值：

1. 捐赠方提供了有关凭据的，按凭据上标明的金额加上应支付的相关税费，作为入账价值。

2. 捐赠方没有提供有关凭据的，按如下顺序确定其入账价值：

(1) 同类或类似固定资产存在活跃市场的，按同类或类似固定资产的市场价格估计的金额，加上应支付的相关税费，作为入账价值；

(2) 同类或类似固定资产不存在活跃市场的，按该接受捐赠的固定资产的预计未来现金流量现值，作为入账价值。

3. 如受赠的系旧的固定资产，按照上述方法确认的价值，减去按该项资产的新旧程度估计的价值损耗后的余额，作为入账价值。

（九）盘盈的固定资产，按同类或类似固定资产的市场价格，减去按该项资产的新旧程度估计的价值损耗后的余额，作为入账价值。

（十）经批准无偿调入的固定资产，按调出单位的账面价值加上发生的运输费、安装费等相关费用，作为入账价值。

固定资产的入账价值中，还应当包括企业为取得固定资产而交纳的契税、耕地占用税、车辆购置税等相关税费。

第二十八条　企业为在建工程准备的各种物资，应当按照实际支付的买价、增值税额、运输费、保险费等相关费用，作为实际成本，并按照各种专项物资的种类进行明细核算。

工程完工后剩余的工程物资，如转作本企业库存材料的，按其实际成本或计划成本，转作企业的库存材料。如可抵扣增值税进项税额的，应按减去增值税进项税额后的实际成本或计划成本，转作企业的库存材料。

盘盈、盘亏、报废、毁损的工程物资，减去保险公司、过失人赔偿部分后的差额，工程项目尚未完工的，计入或冲减所建工程项目的成本；工程已经完工的，计入当期营业外收支。

第二十九条　企业的在建工程，包括施工前期准备、正在施工中的建筑工程、安装工程、技术改造工程、大修理工程等。工程项目较多且工程支出较大的企业，应当按照工程项目的性质分项核算。

在建工程应当按照实际发生的支出确定其工程成本，并单独核算。

第三十条　企业的自营工程，应当按照直接材料、直接工资、直接机械施工费等计量；采用出包工程方式的企业，按照应支付的工程价款等计量。设备安装工程，按照所安装设备的价值、工程安装费用、工程试运转等所发生的支出等确定工程成本。

第三十一条　工程达到预定可使用状态前因进行试运转所发生的净支出，计入工程成本。企业的在建工程项目在达到预定可使用状态前所取得的试运转过程中形成的、能够对外销售的产品，其发生的成本，计入在建工程成本，销售或转为库存商品时，按实际销售收入或按预计售价冲减工程成本。

第三十二条　在建工程发生单项或单位工程报废或毁损，减去残料价值和过失人或保险公司等赔款后的净损失，计入继续施工的工程成本；如为非常原因造成的报废或毁损，或在建工程项目全部报废或毁损，应将其净损失直接计入当期营业外支出。

第三十三条　所建造的固定资产已达到预定可使用状态，但尚未办理竣工决算的，应当自达到预定可使用状态之日起，根据工程预算、造价或者工程实际成本等，按估计的价值转入固定资产，并按本制度关于计提固定资产折旧的规定，计提固定资产的折旧。待办理了竣工决算手续后再作调整。

第三十四条　下列固定资产应当计提折旧：

（一）房屋和建筑物；

（二）在用的机器设备、仪器仪表、运输工具、工具器具；

（三）季节性停用、大修理停用的固定资产；

（四）融资租入和以经营租赁方式租出的固定资产。

达到预定可使用状态应当计提折旧的固定资产，在年度内办理竣工决算手续的，按照实际成本调整原来的暂估价值，并调整已计提的折旧额，作为调整当月的成本、费用处理。如果在年度内尚未办理竣工决算的，应当按照估计价值暂估入账，并计提折旧；待办理了竣工决算手续后，再按照实际成本调整原来的暂估价值，调整原已计提的折旧额，同时调整年初留存收益各项目。

第三十五条 下列固定资产不计提折旧：

（一）房屋、建筑物以外的未使用、不需用固定资产；

（二）以经营租赁方式租入的固定资产；

（三）已提足折旧继续使用的固定资产；

（四）按规定单独估价作为固定资产入账的土地。

第三十六条 企业应当根据固定资产的性质和消耗方式，合理地确定固定资产的预计使用年限和预计净残值，并根据科技发展、环境及其他因素，选择合理的固定资产折旧方法，按照管理权限，经股东大会或董事会，或经理（厂长）会议或类似机构批准，作为计提折旧的依据。同时，按照法律、行政法规的规定报送有关各方备案，并备置于企业所在地，以供投资者等有关各方查阅。企业已经确定并对外报送，或备置于企业所在地的有关固定资产预计使用年限和预计净残值、折旧方法等，一经确定不得随意变更，如需变更，仍然应当按照上述程序，经批准后报送有关各方备案，并在会计报表附注中予以说明。

固定资产折旧方法可以采用年限平均法、工作量法、年数总和法、双倍余额递减法等。折旧方法一经确定，不得随意变更。如需变更，应当在会计报表附注中予以说明。

企业因更新改造等原因而调整固定资产价值的，应当根据调整后价值，预计尚可使用年限和净残值，按选用的折旧方法计提折旧。

对于接受捐赠旧的固定资产，企业应当按照确定的固定资产入账价值、预计尚可使用年限，预计净残值，按选用的折旧方法计提折旧。

融资租入的固定资产，应当采用与自有应计折旧资产相一致的折旧政策。能够合理确定租赁期届满时将会取得租赁资产所有权的，应当在租赁资产尚可使用年限内计提折旧；无法合理确定租赁期届满时能够取得租赁资产所有权的，应当在租赁期与租赁资产尚可使用年限两者中较短的期间内计提折旧。

第三十七条 企业一般应按月提取折旧，当月增加的固定资产，当月不提折旧，从下月起计提折旧；当月减少的固定资产，当月照提折旧，从下月起不提折旧。

固定资产提足折旧后，不论能否继续使用，均不再提取折旧；提前报废的固定资产，也不再补提折旧。所谓提足折旧，是指已经提足该项固定资产应提的折旧总额。应提的折旧总额为固定资产原价减去预计残值加上预计清理费用。

第三十八条 企业应当定期对固定资产进行大修理，大修理费用可以采用预提或待摊的方式核算。大修理费用采用预提方式的，应当在两次大修理间隔期内各期均衡地预提预计发生的大修理费用，并计入有关的成本、费用；大修理费用采用待摊方式的，应当将发生的大修理费用在下一次大修理前平均摊销，计入有关的成本、费用。

固定资产日常修理费用，直接计入当期成本、费用。

第三十九条 由于出售、报废或者毁损等原因而发生的固定资产清理净损益，计入当期营业外收支。

第四十条 企业对固定资产应当定期或者至少每年实地盘点一次。对盘盈、盘亏、毁损的固定资产，应当查明原因，写出书面报告，并根据企业的管理权限，经股东大会或董事会，或经理（厂长）会议或类似机构批准后，在期末结账前处理完毕。盘盈的固定资产，计入当期营业外收入；盘亏或毁损的固定资产，在减去过失人或者保险公司等赔款和残料价值之后，计入当期营业外支出。

如盘盈、盘亏或毁损的固定资产，在期末结账前尚未经批准的，在对外提供财务会计报告时应按上述规定进行处理，并在会计报表附注中作出说明；如果其后批准处理的金额与已处理的金额不一致，应按其差额调整会计报表相关项目的年初数。

第四十一条 企业对固定资产的购建、出售、清理、报废和内部转移等，都应当办理会计手续，并应当设置固定资产明细账（或者固定资产卡片）进行明细核算。

第四十二条　企业的固定资产应当在期末时按照账面价值与可收回金额孰低计量，对可收回金额低于账面价值的差额，应当计提固定资产减值准备。

在资产负债表中，固定资产减值准备应当作为固定资产净值的减项反映。

第四节　无形资产和其他资产

第四十三条　无形资产，是指企业为生产商品或者提供劳务、出租给他人、或为管理目的而持有的、没有实物形态的非货币供长期资产。无形资产分为可辨认无形资产和不可辨认无形资产。可辨认无形资产包括专利权、非专利技术、商标权、著作权、土地使用权等；不可辨认无形资产是指商誉。

企业自创的商誉，以及未满足无形资产确认条件的其他项目，不能作为无形资产。

第四十四条　企业的无形资产在取得时，应按实际成本计量。取得时的实际成本应按以下方法确定：

（一）购入的无形资产，按实际支付的价款作为实际成本。

（二）投资者投入的无形资产，按投资各方确认的价值作为实际成本。但是，为首次发行股票而接受投资者投入的无形资产，应按该无形资产在投资方的账面价值作为实际成本。

（三）企业接受的债务人以非现金资产抵偿债务方式取得的无形资产，或以应收债权换入无形资产的，按应收债权的账面价值加上应支付的相关税费，作为实际成本。涉及补价的，按以下规定确定受让的无形资产的实际成本：

1. 收到补价的，按应收债权的账面价值减去补价，加上应支付的相关税费，作为实际成本；

2. 支付补价的，按应收债权的账面价值加上支付的补价和应支付的相关税费，作为实际成本。

（四）以非货币性交易换入的无形资产，按换出资产的账面价值加上应支付的相关税费，作为实际成本。涉及补价的，按以下规定确定换入无形资产的实际成本：

1. 收到补价的，按换出资产的账面价值加上应确认的收益和应支付的相关税费减去补价后的余额，作为实际成本；

2. 支付补价的，接换出资产的账面价值加上应支付的相关税费和补价，作为实际成本。

（五）接受捐赠的无形资产，应按以下规定确定其实际成本：

1. 捐赠方提供了有关凭据的，按凭据上标明的金额加上应支付的相关税费，作为实际成本。

2. 捐赠方没有提供有关凭据的，按如下顺序确定其实际成本：

（1）同类或类似无形资产存在活跃市场的，按同类或类似无形资产的市场价格估计的金额，加上应支付的相关税费，作为实际成本；

（2）同类或类似无形资产不存在活跃市场的，按该接受捐赠的无形资产的预计未来现金流量现值，作为实际成本。

第四十五条　自行开发并按法律程序申请取得的无形资产，按依法取得时发生的注册费、聘请律师费等费用，作为无形资产的实际成本。在研究与开发过程中发生的材料费用、直接参与开发人员的工资及福利费、开发过程中发生的租金、借款费用等，直接计入当期损益。

已经计入各期费用的研究与开发费用，在该项无形资产获得成功并依法申请取得权利时，不得再将原已计入费用的研究与开发费用资本化。

第四十六条　无形资产应当自取得当月起在预计使用年限内分期平均摊销，计入损益。如预计使用年限超过了相关合同规定的受益年限或法律规定的有效年限，该无形资产的摊销年限按如下原则确定：

（一）合同规定受益年限但法律没有规定有效年限的，摊销年限不应超过合同规定的受益年限；

（二）合同没有规定受益年限但法律规定有效年限的，摊销年限不应超过法律规定的有效年限；

（三）合同规定了受益年限，法律也规定了有效年限的，摊销年限不应超过受益年限和有效年限两者之中较短者。

如果合同没有规定受益年限，法律也没有规定有效年限的，摊销年限不应超过10年。

第四十七条　企业购入或以支付土地出让金方式取得的土地使用权，在尚未开发或建造自用项目前，作为无形资产核算，并按本制度规定的期限分期摊销。房地产开发企业开发商品房时，应将土地使用权的账面价值全部转入开发成本；企业因利用土地建造自用某项目时，将土地使用权的账面价值全部转入在建工程成本。

第四十八条　企业出售无形资产，应将所得价款与该项无形资产的账面价值之间的差额，计入当期损益。

企业出租的无形资产，应当按照本制度有关收入确认原则确认所取得的租金收入；同时，确认出租无形资产的相关费用。

第四十九条 无形资产应当按照账面价值与可收回金额孰低计量，对可收回金额低于账面价值的差额，应当计提无形资产减值准备。

在资产负债表中，无形资产项目应当按照减去无形资产减值准备后的净额反映。

第五十条 其他资产，是指除上述资产以外的其他资产，如长期待摊费用。

长期待摊费用，是指企业已经支出，但摊销期限在1年以上(不含1年)的各项费用，包括固定资产大修理支出、租入固定资产的改良支出等。应当由本期负担的借款利息、租金等，不得作为长期待摊费用处理。

长期待摊费用应当单独核算，在费用项目的受益期限内分期平均摊销。大修理费用采用待摊方式的，应当将发生的大修理费用在下一次大修理前平均摊销；租入固定资产改良支出应当在租赁期限与租赁资产尚可使用年限两者孰短的期限内平均摊销；其他长期待摊费用应当在受益期内平均摊销。

股份有限公司委托其他单位发行股票支付的手续费或佣金等相关费用，减去股票发行冻结期间的利息收入后的余额，从发行股票的溢价中不够抵消的，或者无溢价的，若金额较小的，直接计入当期损益；若金额较大的，可作为长期待摊费用，在不超过2年的期限内平均摊销，计入损益。

除购建固定资产以外，所有筹建期间所发生的费用，先在长期待摊费用中归集，待企业开始生产经营当月起一次计入开始生产经营当月的损益。

如果长期待摊的费用项目不能使以后会计期间受益的，应当将尚未摊销的该项目的摊余价值全部转入当期损益。

第五节 资产减值

第五十一条 企业应当定期或者至少于每年年度终了，对各项资产进行全面检查，并根据谨慎性原则的要求，合理地预计各项资产可能发生的损失，对可能发生的各项资产损失计提资产减值准备。

企业应当合理地计提各项资产减值准备，但不得计提秘密准备。如有确凿证据表明企业不恰当地运用了谨慎性原则计提秘密准备的，应当作为重大会计差错予以更正，并在会计报表附注中说明事项的性质、调整金额，以及对企业财务状况、经营成果的影响。

第五十二条 企业应当在期末对各项短期投资进行全面检查。短期投资应按成本与市价孰低计量，市价低于成本的部分，应当计提短期投资跌价准备。

企业在运用短期投资成本与市价孰低时，可以根据其具体情况，分别采用按投资总体、投资类别或单项投资计提跌价准备，如果某项短期投资比较重大(如占整个短期投资10%及以上)，应按单项投资为基础计算并确定计提的跌价准备。

企业应当对委托贷款本金进行定期检查，并按委托贷款本金与可收回金额孰低计量，可收回金额低于委托贷款本金的差额，应当计提减值准备。在资产负债表上，委托贷款的本金和应收利息减去计提的减值准备后的净额，并入短期投资或长期债权投资项目。

本制度所称的可收回金额，是指资产的销售净价与预期从该资产的持续使用和使用寿命结束时的处置中形成的预计未来现金流量的现值两者之中的较高者。其中，销售净价是指资产的销售价格减去所发生的资产处置费用后的余额。对于长期投资而言，可收回金额是指投资的出售净价与预期从该资产的持有和投资到期处置中形成的预计未来现金流量的现值两者之中较高者。其中，出售净价是指出售投资所得价款减去所发生的相关税费后的金额。

第五十三条 企业应当在期末分析各项应收款项的可收回性，并预计可能产生的坏账损失。对预计可能发生的坏账损失，计提坏账准备。企业计提坏账准备的方法由企业自行确定。企业应当制定计提坏账准备的政策，明确计提坏账准备的范围、提取方法、账龄的划分和提取比例，按照法律、行政法规的规定报有关各方备案，并备置于企业所在地。坏账准备计提方法一经确定，不得随意变更。如需变更，应当在会计报表附注中予以说明。

在确定坏账准备的计提比例时，企业应当根据以往的经验、债务单位的实际财务状况和现金流量等相关信息予以合理估计。除有确凿证据表明该项应收款项不能够收回或收回的可能性不大外(如债务单位已撤销、破产、资不抵债、现金流量严重不足、发生严重的自然灾害等导致停产而在短时间内无法偿付债务等，

以及3年以上的应收款项),下列各种情况不能全额计提坏账准备:

(一)当年发生的应收款项;

(二)计划对应收款项进行重组;

(三)与关联方发生的应收款项;

(四)其他已逾期,但无确凿证据表明不能收回的应收款项。

企业的预付账款,如有确凿证据表明其不符合预付账款性质,或者因供货单位破产、撤销等原因已无望再收到所购货物的,应当将原计入预付账款的金额转入其他应收款,并按规定计提坏账准备。

企业持有的未到期应收票据,如有确凿证据证明不能够收回或收回的可能性不大时,应将其账面余额转入应收账款,并计提相应的坏账准备。

第五十四条 企业应当在期末对存货进行全面清查,如由于存货毁损、全部或部分陈旧过时或销售价格低于成本等原因,使存货成本高于可变现净值的,应按可变现净值低于存货成本部分,计提存货跌价准备。可变现净值,是指企业在正常经营过程中,以估计售价减去估计完工成本及销售所必需的估计费用后的价值。

存货跌价准备应按单个存货项目的成本与可变现净值计量,如果某些存货具有类似用途并与在同一地区生产和销售的产品系列相关,且实际上难以将其与该产品系列的其他项目区别开来进行估价的存货,可以合并计量成本与可变现净值;对于数量繁多、单价较低的存货,可以按存货类别计量成本与可变现净值。当存在以下一项或若干项情况时,应当将存货账面价值全部转入当期损益:

(一)已霉烂变质的存货;

(二)已过期且无转让价值的存货;

(三)生产中已不再需要,并且已无使用价值和转让价值的存货;

(四)其他足以证明已无使用价值和转让价值的存货。

第五十五条 当存在下列情况之一时,应当计提存货跌价准备:

(一)市价持续下跌,并且在可预见的未来无回升的希望;

(二)企业使用该项原材料生产的产品的成本大于产品的销售价格;

(三)企业因产品更新换代,原有库存原材料已不适应新产品的需要,而该原材料的市场价格又低于其账面成本;

(四)因企业所提供的商品或劳务过时或消费者偏好改变而使市场的需求发生变化,导致市场价格逐渐下跌;

(五)其他足以证明该项存货实质上已经发生减值的情形。

第五十六条 企业应当在期末对长期投资、固定资产、无形资产逐项进行检查,如果由于市价持续下跌、被投资单位经营状况恶化,或技术陈旧、损坏、长期闲置等原因、导致其可收回金额低于其账面价值的,应当计提长期投资、固定资产、无形资产减值准备。

长期投资、固定资产和无形资产减值准备,应按单项项目计提。

第五十七条 对有市价的长期投资可以根据下列迹象判断是否应当计提减值准备:

(一)市价持续2年低于账面价值;

(二)该项投资暂停交易1年或1年以上;

(三)被投资单位当年发生严重亏损;

(四)被投资单位持续2年发生亏损;

(五)被投资单位进行清理整顿、清算或出现其他不能持续经营的迹象。

第五十八条 对无市价的长期投资可以根据下列迹象判断是否应当计提减值准备:

(一)影响被投资单位经营的政治或法律环境的变化,如税收、贸易等法规的颁布或修订,可能导致被投资单位出现巨额亏损;

(二)被投资单位所供应的商品或提供的劳务因产品过时或消费者偏好改变而使市场的需求发生变化,从而导致被投资单位财务状况发生严重恶化;

(三)被投资单位所在行业的生产技术等发生重大变化,被投资单位已失去竞争能力,从而导致财务状况发生严重恶化,如进行清理整顿、清算等;

（四）有证据表明该项投资实质上已经不能再给企业带来经济利益的其他情形。

第五十九条 如果企业的固定资产实质上已经发生了减值，应当计提减值准备。对存在下列情况之一的固定资产，应当全额计提减值准备：

（一）长期闲置不用，在可预见的未来不会再使用，且已无转让价值的固定资产；

（二）由于技术进步等原因，已不可使用的固定资产；

（三）虽然固定资产尚可使用，但使用后产生大量不合格品的固定资产；

（四）已遭毁损，以至于不再具有使用价值和转让价值的固定资产；

（五）其他实质上已经不能再给企业带来经济利益的固定资产。

已全额计提减值准备的固定资产，不再计提折旧。

第六十条 当存在下列一项或若干项情况时，应当将该项无形资产的账面价值全部转入当期损益：

（一）某项无形资产已被其他新技术等所替代，并且该项无形资产已无使用价值和转让价值；

（二）某项无形资产已超过法律保护期限，并且已不能为企业带来经济利益；

（三）其他足以证明某项无形资产已经丧失了使用价值和转让价值的情形。

第六十一条 当存在下列一项或若干项情况时，应当计提无形资产的减值准备：

（一）某项无形资产已被其他新技术等所替代，使其为企业创造经济利益的能力受到重大不利影响；

（二）某项无形资产的市价在当期大幅下跌，在剩余摊销年限内预期不会恢复；

（三）某项无形资产已超过法律保护期限，但仍然具有部分使用价值；

（四）其他足以证明某项无形资产实质上已经发生了减值的情形。

第六十二条 企业计算的当期应计提的资产减值准备金额如果高于已提资产减值准备的账面余额，应按其差额补提减值准备；如果低于已提资产减值准备的账面余额，应按其差额冲回多提的资产减值准备，但冲减的资产减值准备，仅限于已计提的资产减值准备的账面余额。实际发生的资产损失，冲减已提的减值准备。

已确认并转销的资产损失，如果以后又收回，应当相应调整已计提的资产减值准备。

如果企业滥用会计估计，应当作为重大会计差错，按照重大会计差错更正的方法进行会计处理，即企业因滥用会计估计而多提的资产减值准备，在转回的当期，应当遵循原渠道冲回的原则（如原追溯调整的、当期转回时仍然追溯调整至以前各期；原从上期利润中计提的，当期转回时仍然调整上期利润），不得作为增加当期的利润处理。

第六十三条 处置已经计提减值准备的各项资产，以及债务重组、非货币性交易、以应收款项进行交换等，应当同时结转已计提的减值准备。

第六十四条 企业对于不能收回的应收款项、长期投资等应当查明原因，追究责任。对有确凿证据表明确实无法收回的应收款项、长期投资等，如债务单位或被投资单位已撤销、破产、资不抵债、现金流量严重不足等，根据企业的管理权限，经股东大会或董事会，或经理（厂长）会议或类似机构批准作为资产损失，冲销已计提的相关资产减值准备。

第六十五条 企业在建工程预计发生减值时，如长期停建并且预计在3年内不会重新开工的在建工程，也应当根据上述原则计提资产减值准备。

第三章 负 债

第六十六条 负债，是指过去的交易、事项形成的现时义务，履行该义务预期会导致经济利益流出企业。

第六十七条 企业的负债应按其流动性，分为流动负债和长期负债。

第一节 流动负债

第六十八条 流动负债，是指将在1年（含1年）或者超过1年的一个营业周期内偿还的债务，包括短期借款、应付票据、应付账款、预收账款、应付工资、应付福利费、应付股利、应交税金、其他暂收应付款项、预提费用和一年内到期的长期借款等。

第六十九条 各项流动负债，应按实际发生额入账。短期借款、带息应付票据、短期应付债券应当按照借款本金或债券面值，按照确定的利率按期计提利息，计入损益。

第七十条 企业与债权人进行债务重组时，应按以下规定处理：

（一）以现金清偿债务的，支付的现金小于应付债务账面价值的差额，计入资本公积；

（二）以非现金资产清偿债务的，应按应付债务的账面价值结转。应付债务的账面价值与用于抵偿债务的非现金资产账面价值的差额，作为资本公积，或者作为损失计入当期营业外支出。

（三）以债务转为资本的，应当分别以下情况处理：

1. 股份有限公司，应按债权人放弃债权而享有股份的面值总额作为股本，按应付债务账面价值与转作股本的金额的差额，作为资本公积；

2. 其他企业，应按债权人放弃债权而享有的股权份额作为实收资本，按债务账面价值与转作实收资本的金额的差额，作为资本公积。

（四）以修改其他债务条件进行债务重组的，修改其他债务条件后未来应付金额小于债务重组前应付债务账面价值的，应将其差额计入资本公积；如果修改后的债务条款涉及或有支出的，应将或有支出包括在未来应付金额中，含或有支出的未来应付金额小于债务重组前应付债务账面价值的，应将其差额计入资本公积。在未来偿还债务期间内未满足债务重组协议所规定的或有支出条件，即或有支出没有发生的，其已记录的或有支出转入资本公积。

修改其他债务条件后未来应付金额等于或大于债务重组前应付债务账面价值的，在债务重组时不作账务处理。对于修改债务条件后的应付债务，应按本制度规定的一般应付债务进行会计处理。

本制度所称的或有支出，是指依未来某种事项出现而发生的支出。未来事项的出现具有不确定性。

第二节　长期负债

第七十一条　长期负债，是指偿还期在 1 年或者超过 1 年的一个营业周期以上的负债，包括长期借款、应付债券、长期应付款等。

各项长期负债应当分别进行核算，并在资产负债表中分列项目反映。将于 1 年内到期偿还的长期负债，在资产负债表中应当作为一项流动负债，单独反映。

第七十二条　长期负债应当以实际发生额入账。

长期负债应当按照负债本金或债券面值，按照规定的利率按期计提利息，并按本制度的规定，分别计入工程成本或当期财务费用。

按照纳税影响会计法核算所得税的企业，因时间性差异所产生的应纳税或可抵减时间性差异的所得税影响，单独核算，作为对当期所得税费用的调整。

第七十三条　发行债券的企业，应当按照实际的发行价格总额，作负债处理；债券发行价格总额与债券面值总额的差额，作为债券溢价或折价，在债券的存续期间内按实际利率法或直线法于计提利息时摊销，并按借款费用的处理原则处理。

第七十四条　发行可转换公司债券的企业，可转换公司债券在发行以及转换为股份之前，应按一般公司债券进行处理。当可转换公司债券持有人行使转换权利，将其持有的债券转换为股份或资本时，应按其账面价值结转；可转换公司债券账面价值与可转换股份面值的差额，减去支付的现金后的余额，作为资本公积处理。

企业发行附有赎回选择权的可转换公司债券，其在赎回日可能支付的利息补偿金，即债券约定赎回期届满日应当支付的利息减去应付债券票面利息的差额，应当在债券发行日至债券约定赎回届满日期间计提应付利息，计提的应付利息，按借款费用的处理原则处理。

第七十五条　融资租入的固定资产，应在租赁开始日按租赁资产的原账面价值与最低租赁付款额的现值两者较低者，作为融资租入固定资产的入账价值，按最低租赁付款额作为长期应付款的入账价值，并将两者的差额，作为未确认融资费用。

如果融资租赁资产占企业资产总额的比例等于或低于 30％的，应在租赁开始日按最低租赁付款额作为融资租赁固定资产和长期应付款的入账价值。

第七十六条　企业收到的专项拨款作为专项应付款处理，待拨款项目完成后，属于应核销的部分，冲减专项应付款；其余部分转入资本公积。

第七十七条　企业所发生的借款费用，是指因借款而发生的利息、折价或溢价的摊销和辅助费用，以及因外币借款而发生的汇兑差额。因借款而发生的辅助费用包括手续费等。

除为购建固定资产的专门借款所发生的借款费用外，其他借款费用均应于发生当期确认为费用，直接计入当期财务费用。

本制度所称的专门借款，是指为购建固定资产而专门借入的款项。

为购建固定资产的专门借款所发生的借款费用，按以下规定处理：

（一）因借款而发生的辅助费用的处理：

1. 企业发行债券筹集资金专项用于购建固定资产的，在所购建的固定资产达到预定可使用状态前，将发生金额较大的发行费用（减去发行期间冻结资金产生的利息收入），直接计入所购建的固定资产成本；将发生金额较小的发行费用（减去发行期间冻结资金产生的利息收入），直接计入当期财务费用。

向银行借款而发生的手续费，按上述同一原则处理。

2. 因安排专门借款而发生的除发行费用和银行借款手续费以外的辅助费用，如果金额较大的，属于在所购建固定资产达到预定可使用状态之前发生的，应当在发生时计入所购建固定资产的成本；在所购建固定资产达到预定可使用状态后发生的，直接计入当期财务费用。对于金额较小的辅助费用，也可以于发生当期直接计入财务费用。

（二）借款利息、折价或溢价的摊销，汇兑差额的处理

1. 当同时满足以下三个条件时，企业为购建某项固定资产而借入的专门借款所发生的利息、折价或溢价的摊销、汇兑差额应当开始资本化，计入所购建固定资产的成本：

(1) 资产支出（只包括为购建固定资产而以支付现金、转移非现金资产或者承担带息债务形式发生的支出）已经发生；

(2) 借款费用已经发生；

(3) 为使资产达到预定可使用状态所必要的购建活动已经开始。

2. 企业为购建固定资产而借入的专门借款所发生的借款利息、折价或溢价的摊销、汇兑差额，满足上述资本化条件的，在所购建的固定资产达到预定可使用状态前所发生的，应当予以资本化，计入所购建固定资产的成本；在所购建的固定资产达到预定可使用状态后所发生的，应于发生当期直接计入当期财务费用。每一会计期间利息资本化金额的计算公式如下：

$$\text{每一会计期间利息的资本化金额}=\text{至当期末止购建固定资产累计支出加权平均数}\times\text{资本化率}$$

$$\text{累计支出加权平均数}=\sum\left(\text{每笔资产支出金额}\times\text{每笔资产支出实际占用的天数}\backslash\text{会计期间涵盖的天数}\right)$$

为简化计算，也可以月数作为计算累计支出加权平均数的权数。

资本化率的确定原则为：企业为购建固定资产只借入一笔专门借款，资本化率为该项借款的利率；企业为购建固定资产借入一笔以上的专门借款，资本化率为这些借款的加权平均利率。加权平均利率的计算公式如下：

$$\text{加权平均利率}=\text{专门借款当期实际发生的利息之和专门借款本金加权平均数}\times 100\%$$

$$\text{专门借款本金加权平均数}=\sum\left(\text{每笔专门借款本金}\times\text{每笔专门借款实际占用的天数会计期间涵盖的天数}\right)$$

为简化计算，也可以月数作为计算专门借款本金加权平均数的权数。

在计算资本化率时，如果企业发行债券发生债券折价或溢价的，应当将每期应摊销的折价或溢价金额，作为利息的调整额，对资本化率作相应调整，其加权平均利率的计算公式如下：加权平均利率＝专门借款当期实际发生的利息之和＋（或－）折价（或溢价）摊销额专门借款本金加权平均数×100％

3. 企业为购建固定资产而借入的外币专门借款，其每一会计期间所产生的汇兑差额（指当期外币专门借款本金及利息所发生的汇兑差额），在所购建固定资产达到预定可使用状态前，予以资本化，计入所购建固定资产的成本；在该项固定资产达到预定可使用状态后，计入当期财务费用。

4. 企业发行债券，如果发行费用小于发行期间冻结资金所产生的利息收入，按发行期间冻结资金所产生的利息收入减去发行费用后的差额，视同发行债券的溢价收入，在债券存续期间于计提利息时摊销。

5. 企业每期利息和折价或溢价摊销的资本化金额，不得超过当期为购建固定资产的专门借款实际发生的利息和折价或溢价的摊销金额。

在确定借款费用资本化金额时，与专门借款有关的利息收入不得冲减所购建的固定资产成本，所发生的利息收入直接计入当期财务费用。

6. 企业以非借款方式募集的资金专项用于购建某项固定资产的，如专用拨款、发行股票募集的资金等，在募集资金尚未到达前借入的专门用于购建该项固定资产的资金，其发生的借款费用，在募集资金到达前，按借款费用的处理原则处理；募集资金到达后，在购建该项资产的实际支出未超过以非借款方式募集的资金时，所发生的借款费用直接计入当期财务费用。实际支出超过以非借款方式募集的资金时，专门借款所发生的借款费用，按借款费用的处理原则处理，但在计算该项资产的累计支出加权平均数时，应将以非借款方式募集的资金扣除。

7. 如果某项建造的固定资产的各部分分别完工（指每一单项工程或单位工程，下同），每部分在其他部分继续建造过程中可供使用，并且为使该部分达到预定可使用状态所必要的购建活动实质上已经完成，则这部分资产所发生的借款费用不再计入所建造的固定资产成本，直接计入当期财务费用；如果某项建造的固定资产的各部分分别完工，但必然等到整体完工后才可使用，则应当在该资产整体完工时，其所发生的借款费用不再计入所建造的固定资产成本，而直接计入当期财务费用。

8. 如果某项固定资产的购建发生非正常中断，并且中断时间连续超过3个月（含3个月），应当暂停借款费用的资本化，其中断期间所发生的借款费用，不计入所购建的固定资产成本，将其直接计入当期财务费用，直至购建重新开始，再将其后至固定资产达到预定可使用状态前所发生的借款费用，计入所购建固定资产的成本。

如果中断是使购建的固定资产达到预定可使用状态所必要的程序，则中断期间所发生的借款费用仍应计入该项固定资产的成本。

当所购建的固定资产达到预定可使用状态时，应当停止借款费用的资本化；以后发生的借款费用应于发生当期直接计入财务费用。

第七十八条　本制度所称的达到预定可使用状态，是指固定资产已达到购买方或建造方预定的可使用状态。当存在下列情况之一时，可认为所购建的固定资产已达到预定可使用状态：

（一）固定资产的实体建造（包括安装）工作已经全部完成或者实质上已经全部完成；

（二）已经过试生产或试运行，并且其结果表明资产能够正常运行或者能够稳定地生产出合格产品时，或者试运行结果表明能够正常运转或营业时；

（三）该项建造的固定资产上的支出金额很少或者几乎不再发生；

（四）所购建的固定资产已经达到设计或合同要求，或与设计或合同要求相符或基本相符，即使有极个别地方与设计或合同要求不相符，也不足以影响其正常使用。

第四章　所有者权益

第七十九条　所有者权益，是指所有者在企业资产中享有的经济利益，其金额为资产减去负债后的余额。所有者权益包括实收资本（或者股本）、资本公积、盈余公积和未分配利润等。

第八十条　企业的实收资本是指投资者按照企业章程，或合同、协议的约定，实际投入企业的资本。

（一）一般企业实收资本应按以下规定核算：

1. 投资者以现金投入的资本，应当以实际收到或者存入企业开户银行的金额作为实收资本入账。实际收到或者存入企业开户银行的金额超过其在该企业注册资本中所占份额的部分，计入资本公积。

2. 投资者以非现金资产投入的资本，应按投资各方确认的价值作为实收资本入账。为首次发行股票而接受投资者投入的无形资产，应按该项无形资产在投资方的账面价值入账。

3. 投资者投入的外币，合同没有约定汇率的，按收到出资额当日的汇率折合；合同约定汇率的，按合同约定的汇率折合，因汇率不同产生的折合差额，作为资本公积处理。

4. 中外合作经营企业依照有关法律、法规的规定，在合作期间归还投资者投资的，对已归还的投资应当单独核算，并在资产负债表中作为实收资本的减项单独反映。

1. 公司的股本应当在核定的股本总额及核定的股份总额的范围内发行股票取得。公司发行的股票，应按其面值作为股本，超过面值发行取得的收入；其超过面值的部分，作为股本溢价，计入资本公积。

2. 境外上市公司以及在境内发行外资股的公司，按确定的人民币股票面值和核定的股份总额的乘积计算的金额，作为股本入账，按收到股款当日的汇率折合的人民币金额与按人民币计算的股票面值总额的差额，作为资本公积处理。

第八十一条　企业资本（或股本）除下列情况外，不得随意变动：

（一）符合增资条件，并经有关部门批准增资的，在实际取得投资者的出资时，登记入账。

（二）企业按法定程序报经批准减少注册资本的，在实际发还投资时登记入账。采用收购本企业股票方式减资的，在实际购入本企业股票时，登记入账。

企业应当将因减资而注销股份、发还股款，以及因减资需更新股票的变动情况，在股本账户的明细账及有关备查簿中详细记录。

投资者按规定转让其出资的，企业应当于有关的转让手续办理完毕时，将出让方所转让的出资额，在资本（或股本）账户的有关明细账户及各备查登记簿中转为受让方。

第八十二条 资本公积包括资本（或股本）溢价、接受捐赠资产、拨款转入、外币资本折算差额等。资本公积项目主要包括：

（一）资本（或股本）溢价，是指企业投资者投入的资金超过其在注册资本中所占份额的部分；

（二）接受非现金资产捐赠准备，是指企业因接受非现金资产捐赠而增加的资本公积；

（三）接受现金捐赠，是指企业因接受现金捐赠而增加的资本公积；

（四）股权投资准备，是指企业对被投资单位的长期股权投资采用权益法核算时，因被投资单位接受捐赠等原因增加的资本公积，企业按其持股比例计算而增加的资本公积；

（五）拨款转入，是指企业收到国家拨入的专门用于技术改造、技术研究等的拨款项目完成后，按规定转入资本公积的部分。企业应按转入金额入账；

（六）外币资本折算差额，是指企业接受外币投资因所采用的汇率不同而产生的资本折算差额；

（七）其他资本公积，是指除上述各项资本公积以外所形成的资本公积，以及从资本公积各准备项目转入的金额。债权人豁免的债务也在本项目核算。

资本公积各准备项目不能转增资本（或股本）。

第八十三条 盈余公积按照企业性质，分别包括以下内容：

（一）一般企业和股份有限公司的盈余公积包括：

1. 法定盈余公积，是指企业按照规定的比例从净利润中提取的盈余公积；

2. 任意盈余公积，是指企业经股东大会或类似机构批准按照规定的比例从净利润中提取的盈余公积；

3. 法定公益金，是指企业按照规定的比例从净利润中提取的用于职工集体福利设施的公益金，法定公益金用于职工集体福利时，应当将其转入任意盈余公积。

企业的盈余公积可以用于弥补亏损、转增资本（或股本）。符合规定条件的企业，也可以用盈余公积分派现金股利。

1. 储备基金，是指按照法律、行政法规规定从净利润中提取的、经批准用于弥补亏损和增加资本的储备基金；

2. 企业发展基金，是指按照法律、行政法规规定从净利润中提取的、用于企业生产发展和经批准用于增加资本的企业发展基金；

3. 利润归还投资，是指中外合作经营企业按照规定在合作期间以利润归还投资者的投资。

第五章 收 入

第八十四条 收入，是指企业在销售商品、提供劳务及让渡资产使用权等日常活动中所形成的经济利益的总流入，包括主营业务收入和其他业务收入。收入不包括为第三方或者客户代收的款项。

企业应当根据收入的性质，按照收入确认的原则，合理地确认和计量各项收入。

第一节 销售商品及提供劳务收入

第八十五条 销售商品的收入，应当在下列条件均能满足时予以确认：

（一）企业已将商品所有权上的主要风险和报酬转移给购货方；

（二）企业既没有保留通常与所有权相联系的继续管理权，也没有对已售出的商品实施控制；

（三）与交易相关的经济利益能够流入企业；

（四）相关的收入和成本能够可靠地计量。

第八十六条 销售商品的收入，应按企业与购货方签订的合同或协议金额或双方接受的金额确定。现金折扣在实际发生时作为当期费用；销售折让在实际发生时冲减当期收入。

现金折扣，是指债权人为鼓励债务人在规定的期限内付款，而向债务人提供的债务减让；销售折让，是指企业因售出商品的质量不合格等原因而在售价上给予的减让。

第八十七条 企业已经确认收入的售出商品发生销售退回的,应当冲减退回当期的收入;年度资产负债表日及以前售出的商品,在资产负债表日至财务会计报告批准报出日之间发生退回的,应当作为资产负债表日后调整事项处理,调整资产负债表日编制的会计报表有关收入、费用、资产、负债、所有者权益等项目的数字。

第八十八条 在同一会计年度内开始并完成的劳务,应当在完成劳务时确认收入。如劳务的开始和完成分属不同的会计年度,在提供劳务交易的结果能够可靠估计的情况下,企业应当在资产负债表日按完工百分比法确认相关的劳务收入。完工百分比法,是指按照劳务的完成程度确认收入和费用的方法。

当以下条件均能满足时,劳务交易的结果能够可靠地估计:

(一)劳务总收入和总成本能够可靠地计量;

(二)与交易相关的经济利益能够流入企业;

(三)劳务的完成程度能够可靠地确定。

劳务的完成程度应按下列方法确定:

(一)已完工作的测量;

(二)已经提供的劳务占应提供劳务总量的比例;

(三)已经发生的成本占估计总成本的比例。

第八十九条 在提供劳务交易的结果不能可靠估计的情况下,企业应当在资产负债表日对收入分别以下情况予以确认和计量:

(一)如果已经发生的劳务成本预计能够得到补偿,应按已经发生的劳务成本金额确认收入,并按相同金额结转成本;

(二)如果已经发生的劳务成本预计不能全部得到补偿,应按能够得到补偿的劳务成本金额确认收入,并按已经发生的劳务成本,作为当期费用,确认的金额小于已经发生的劳务成本的差额,作为当期损失;

(三)如果已经发生的劳务成本全部不能得到补偿,应按已经发生的劳务成本作为当期费用,不确认收入。

第九十条 提供劳务的总收入,应按企业与接受劳务方签订的合同或协议的金额确定。现金折扣应当在实际发生时作为当期费用。

第九十一条 让渡资产使用权而发生的收入包括利息收入和使用费收入。

(一)利息和使用费收入,应当在以下条件均能满足时予以确认:

1. 与交易相关的经济利益能够流入企业;

2. 收入的金额能够可靠地计量。

(二)利息和使用费收入,应按下列方法分别予以计量:

1. 利息收入,应按让渡现金使用权的时间和适用利率计算确定;

2. 使用费收入,应按有关合同或协议规定的收费时间和方法计算确定。

第二节 建造合同收入

第九十二条 建造合同,是指为建造一项资产或者在设计、技术、功能、最终用途等方面密切相关的数项资产而订立的合同。

(一)固定造价合同,是指按照固定的合同价或固定单价确定工程价款的建造合同。

(二)成本加成合同,是指以合同允许或其他方式议定的成本为基础,加上该成本的一定比例或定额费用确定工程价款的建造合同。

第九十三条 建造工程合同收入包括合同中规定的初始收入和因合同变更、索赔、奖励等形成的收入。

合同变更,是指客户为改变合同规定的作业内容而提出的调整。因合同变更而增加的收入,应当在客户能够认可因变更而增加的收入,并且收入能够可靠地计量时予以确认。

索赔款,是指因客户或第三方的原因造成的、由建造承包商向客户或第三方收取的、用以补偿不包括在合同造价中的成本的款项。企业只有在预计对方能够同意这项索赔(根据谈判情况判断),并且对方同意接受的金额能够可靠计量的情况下,才能将因索赔款而形成的收入予以确认。

奖励款,是指工程达到或超过规定的标准时,客户同意支付给建造承包商的额外款项。企业应当根据目前合同完成情况,足以判断工程进度和工程质量能够达到或超过既定的标准,并且奖励金额能够可靠地计量时,才能将因奖励而形成的收入予以确认。

第九十四条 建造承包商建造工程合同成本应当包括从合同签订开始至合同完成止所发生的、与执行合同有关的直接费用和间接费用。

直接费用包括耗用的人工费用、耗用的材料费用、耗用的机械使用费和与设计有关的技术援助费用、施工现场材料的二次搬运费、生产工具和用具使用费、检验试验费、工程定位复测费、工程点交费用、场地清理费用等其他直接费用。

间接费用是企业下属的施工单位或生产单位为组织和管理施工生产活动所发生的费用,包括临时设施摊销费用和施工、生产单位管理人员工资、奖金、职工福利费、劳动保护费、固定资产折旧费及修理费、物料消耗、低值易耗品摊销、取暖费、水电费、办公费、差旅费。财产保险费、工程保修费、排污费等。

企业行政管理部门为组织和管理生产经营活动所发生的管理费用、船舶等制造企业的销售费用、企业筹集生产经营所需资金而发生的财务费用和因订立合同而发生的有关费用,应当直接计入当期费用。

直接费用在发生时应当直接计入合同成本,间接费用应当在期末按照系统、合理的方法分摊计入合同成本。与合同有关的零星收益,如合同完成后处置残余物资取得的收益,应当冲减合同成本。

第九十五条 建造承包商建造工程合同收入及费用应按以下原则确认和计量;

(一)如果建造合同的结果能够可靠地估计,企业应当根据完工百分比法在资产负债表日确认合同收入和费用。完工百分比法,是指根据合同完工进度确认收入与费用的方法。

1. 固定造价合同的结果能够可靠估计,是指同时具备以下4项条件:

(1)合同总收入能够可靠地计量;

(2)与合同相关的经济利益能够流入企业;

(3)在资产负债表日合同完工进度和为完成合同尚需发生的成本能够可靠地确定;

(4)为完成合同已经发生的合同成本能够清楚地区分和可靠地计量,以便实际合同成本能够与以前的预计成本相比较。

2. 成本加成合同的结果能够可靠估计,是指同时具备以下2项条件:

(1)与合同相关的经济利益能够流入企业;

(2)实际发生的合同成本能够清楚地区分并且能够可靠地计量。

(二)当期完成的建造合同,应按实际合同总收入减去以前会计年度累计已确认的收入后的余额作为当期收入,同时按累计实际发生的合同成本减去以前会计年度累计已确认的费用后的余额作为当期费用。

(三)如果建造合同的结果不能可靠地估计,应当区别以下情况处理:

1. 合同成本能够收回的,合同收入根据能够收回的实际合同成本加以确认,合同成本在其发生的当期作为费用;

2. 合同成本不可能收回的,应当在发生时立即作为费用,不确认收入。

(四)在一个会计年度内完成的建造合同,应当在完成时确认合同收入和合同费用。

(五)如果合同预计总成本将超过合同预计总收入,应当将预计损失立即作为当期费用。

第九十六条 合同完工进度可以按累计实际发生的合同成本占合同预计总成本的比例、已经完成的合同工作量占合同预计总工作量的比例、已完合同工作的测量等方法确定。

采用累计实际发生的合同成本占合同预计总成本的比例确定合同完工进度时,累计实际发生的合同成本包括:

(1)与合同未来活动相关的合同成本;

(2)在分包工程总工作量完成之前预付给分包单位的款项。

第九十七条 房地产开发企业自行开发商品房对外销售收入的确定,按照销售商品收入的确认原则执行;如果符合建造合同的条件,并且有不可撤销的建造合同的情况下,也可按照建造合同收入确认的原则,按照完工百分比法确认房地产开发业务的收入。

第九十八条 企业的收入,应当按照重要性原则,在利润表中反映。

第六章 成本和费用

第九十九条 费用,是指企业为销售商品、提供劳务等日常活动所发生的经济利益的流出;成本,是指企业为生产产品、提供劳务而发生的各种耗费。

企业应当合理划分期间费用和成本的界限。期间费用应当直接计入当期损益;成本应当计入所生产的产品、提供劳务的成本。

企业应将当期已销产品或已提供劳务的成本转入当期的费用;商品流通企业应将当期已销商品的进价转入当期的费用。

第一百条　企业在生产经营过程中所耗用的各项材料,应按实际耗用数量和账面单价计算,计入成本、费用。

第一百零一条　企业应支付职工的工资,应当根据规定的工资标准、工时、产量记录等资料,计算职工工资,计入成本、费用。企业按规定给予职工的各种工资性质的补贴,也应计入各工资项目。

企业应当根据国家规定,计算提取应付福利费,计入成本、费用。

第一百零二条　企业在生产经营过程中所发生的其他各项费用,应当以实际发生数计入成本、费用。凡应当由本期负担而尚未支出的费用,作为预提费用计入本期成本、费用;凡已支出,应当由本期和以后各期负担的费用,应当作为待摊费用,分期摊入成本、费用。

第一百零三条　企业应当根据本企业的生产经营特点和管理要求,确定适合本企业的成本核算对象、成本项目和成本计算方法。成本核算对象、成本项目以及成本计算方法一经确定,不得随意变更,如需变更,应当根据管理权限,经股东大会或董事会,或经理(厂长)会议或类似机构批准,并在会计报表附注中予以说明。

第一百零四条　企业的期间费用包括营业费用、管理费用和财务费用。期间费用应当直接计入当期损益,并在利润表中分别项目列示。

(一) 营业费用,是指企业在销售商品过程中发生的费用,包括企业销售商品过程中发生的运输费、装卸费、包装费、保险费、展览费和广告费,以及为销售本企业商品而专设的销售机构(含销售网点,售后服务网点等)的职工工资及福利费、类似工资性质的费用、业务费等经营费用。

商品流通企业在购买商品过程中所发生的进货费用,也包括在内。

(二) 管理费用,是指企业为组织和管理企业生产经营所发生的管理费用,包括企业的董事会和行政管理部门在企业的经营管理中发生的,或者应当由企业统一负担的公司经费(包括行政管理部门职工工资、修理费、物料消耗、低值易耗品摊销、办公费和差旅费等)、工会经费、待业保险费、劳动保险费、董事会费、聘请中介机构费、咨询费(含顾问费)、诉讼费、业务招待费、房产税、车船使用税、土地使用税、印花税、技术转让费、矿产资源补偿费、无形资产摊销、职工教育经费、研究与开发费、排污费、存货盘亏或盘盈(不包括应计入营业外支出的存货损失)、计提的坏账准备和存货跌价准备等。

(三) 财务费用,是指企业为筹集生产经营所需资金等而发生的费用,包括应当作为期间费用的利息支出(减利息收入)、汇兑损失(减汇兑收益)以及相关的手续费等。

第一百零五条　企业必须分清本期成本、费用和下期成本、费用的界限,不得任意预提和摊销费用。工业企业必须分清各种产品成本的界限,分清在产品成本和产成品成本的界限,不得任意压低或提高在产品和产成品的成本。

第七章　利润及利润分配

第一百零六条　利润,是指企业在一定会计期间的经营成果,包括营业利润、利润总额和净利润。

(一) 营业利润,是指主营业务收入减去主营业务成本和主营业务税金及附加,加上其他业务利润,减去营业费用、管理费用和财务费用后的金额。

(二) 利润总额,是指营业利润加上投资收益、补贴收入、营业外收入,减去营业外支出后的金额。

(三) 投资收益,是指企业对外投资所取得的收益,减去发生的投资损失和计提的投资减值准备后的净额。

(四) 补贴收入,是指企业按规定实际收到退还的增值税,或按销量或工作量等依据国家规定的补助定额计算并按期给予的定额补贴,以及属于国家财政扶持的领域而给予的其他形式的补贴。

(五) 营业外收入和营业外支出,是指企业发生的与其生产经营活动无直接关系的各项收入和各项支出。营业外收入包括固定资产盘盈、处置固定资产净收益、处置无形资产净收益、罚款净收入等。营业外支出包括固定资产盘亏、处置固定资产净损失、处置无形资产净损失、债务重组损失、计提的无形资产减值准备、计提的固定资产减值准备、计提的在建工程减值准备、罚款支出、捐赠支出、非常损失等。

营业外收入和营业外支出应当分别核算，并在利润表中分列项目反映。营业外收入和营业外支出还应当按照具体收入和支出设置明细项目，进行明细核算。

（六）所得税，是指企业应计入当期损益的所得税费用。

（七）净利润，是指利润总额减去所得税后的金额。

第一百零七条 企业的所得税费用应当按照以下原则核算：

（一）企业应当根据具体情况，选择采用应付税款法或者纳税影响会计法进行所得税的核算。

1. 应付税款法，是指企业不确认时间性差异对所得税的影响金额，按照当期计算的应交所得税确认为当期所得税费用的方法。在这种方法下，当期所得税费用等于当期应交的所得税。

2. 纳税影响会计法，是指企业确认时间性差异对所得税的影响金额，按照当期应交所得税和时间性差异对所得税影响金额的合计，确认为当期所得税费用的方法。在这种方法下，时间性差异对所得税的影响金额，递延和分配到以后各期。采用纳税影响会计法的企业，可以选择采用递延法或者债务法进行核算。在采用递延法核算时，在税率变动或开征新税时，不需要对原已确认的时间性差异的所得税影响金额进行调整，但是，在转回时间性差异的所得税影响金额时，应当按照原所得税率计算转回；在采用债务法核算时，在税率变动或开征新税时，应当对原已确认的时间性差异的所得税影响金额进行调整，在转回时间性差异的所得税影响金额时，应当按照现行所得税率计算转回。

（二）在采用纳税影响会计法下，企业应当合理划分时间性差异和永久性差异的界限：

1. 时间性差异，是指由于税法与会计制度在确认收益、费用或损失时的时间不同而产生的税前会计利润与应纳税所得额的差异。时间性差异发生于某一会计期间，但在以后一期或若干期内能够转回。时间性差异主要有以下几种类型：

(1) 企业获得的某项收益，按照会计制度规定应当确认为当期收益，但按照税法规定需待以后期间确认为应纳税所得额，从而形成应纳税时间性差异。这里的应纳税时间性差异是指未来应增加应纳税所得额的时间性差异。

(2) 企业发生的某项费用或损失，按照会计制度规定应当确认为当期费用或损失，但按照税法规定待以后期间从应纳税所得额中扣减，从而形成可抵减时间性差异。这里的可抵减时间性差异是指未来可以从应纳税所得额中扣除的时间性差异。

(3) 企业获得的某项收益，按照会计制度规定应当予以后期间确认收益，但按照税法规定需计入当期应纳税所得额，从而形成可抵减时间性差异。

(4) 企业发生的某项费用或损失，按照会计制度规定应当于以后期间确认为费用或损失，但按照税法规定可以从当期应纳税所得额中扣减，从而形成应纳税时间性差异。

2. 永久性差异，是指某一会计期间，由于会计制度和税法在计算收益、费用或损失时的口径不同，所产生的税前会计利润与应纳税所得额之间的差异。这种差异在本期发生，不会在以后各期转回。永久性差异有以下几种类型：

(1) 按会计制度规定核算时作为收益计入会计报表，在计算应纳税所得额时不确认为收益；

(2) 按会计制度规定核算时不作为收益计入会计报表，在计算应纳税所得额时作为收益，需要交纳所得税；

(3) 按会计制度规定核算时确认为费用或损失计入会计报表，在计算应纳税所得额时则不允许扣减；

(4) 按会计制度规定核算时不确认为费用或损失，在计算应纳税所得额时则允许扣减。

（三）采用递延法时，一定时期的所得税费用包括：

1. 本期应交所得说；

2. 本期发生或转回的时间性差异所产生的递延税款贷项或借项。

上述本期应交所得税，是指按照应纳税所得额和现行所得税率计算的本期应交所得税；本期发生或转回的时间性差异所产生的递延税款贷项或借项，是指本期发生的时间性差异用现行所得税率计算的未来应交的所得税和未来可抵减的所得税金额，以及本期转回原确认的递延税款借项或贷项。按照上述本期所得税费用的构成内容，可列示公式如下：

本期所得税费用＝本期应交所得税＋本期发生的时间性差异所产生的递延税款贷项金额
－本期发生的时间性差异所产生的递延税款借项金额
＋本期转回的前期确认的递延税款借项金额
－本期转回的前期确认的递延税款贷项金额

本期发生的时间性差异所产生的递延税款贷项金额＝本期发生的应纳税时间性差异×现行所得税率

本期发生的时间性差异所产生的递延税款借项金额＝本期发生的可抵减时间性差异×现行所得税率

本期转回的前期确认的递延税款借项金额＝本期转回的可抵减本期应纳税所得额的时间性差异(即前期确认本期转回的可抵减时间性差异)×前期确认递延税款时的所得税率

本期转回的前期确认的递延税款贷项金额＝本期转回的增加本期应纳税所得额的时间性差异(即前期确认本期转回的应纳税时间性差异)×前期确认递延税款时的所得税率

(四) 采用债务法时，一定时期的所得税费用包括：

1. 本期应交所得税；

2. 本期发生或转回的时间性差异所产生的递延所得税负债或递延所得税资产；

3. 由于税率变更或开征新税，对以前各期确认的递延所得税负债或递延所得税资产账面余额的调整数。

按照上述本期所得税费用的构成内容，可列示公式如下：本期所得税费用＝本期应交所得税＋本期发生的时间性差异所产生的递延所得税负债－本期发生的时间性差异所产生的递延所得税资产＋本期转回的前期确认的递延所得税资产－本期转回的前期确认的递延所得税负债＋本期由于税率变动或开征新税调减的递延所得税资产或调增的递延所得税负债－本期由于税率变动或开征新税调增的递延所得税资产或调减的递延所得税负债。

本期由于税率变动或开征新税调增或调减的递延所得税资产或递延所得税负债＝累计应纳税时间性差异或累计可抵减时间性差异×(现行所得税率－前期确认应纳税时间性差异或可抵减时间性差异时适用的所得税率

或者＝递延税款账面余额－已确认递延税款金额的累计时间性差异×现行所得税率

(五) 采用纳税影响会计法时，在时间性差异所产生的递延税款借方金额的情况下，为了慎重起见，如在以后转回时间性差异的时期内(一般为3年)，有足够的应纳税所得额予以转回的，才能确认时间性差异的所得税影响金额，并作为递延税款的借方反映，否则，应于发生当期视同永久性差异处理。

投资于符合国家产业政策的技术改造项目的企业，其项目所需国产设备投资按一定比例可以从企业技术改造项目设备购置当年比前一年新增的企业所得税中抵免的部分，以及已经享受投资抵免的国产设备在规定期限内出租、转让应补交的所得税，均作为永久性差异处理；企业按规定以交纳所得税后的利润再投资所应退回的所得税，以及实行先征后返所得税的企业，应当于实际收到退回的所得税时，冲减退回当期的所得税费用。

第一百零八条　企业一般应按月计算利润，按月计算利润有困难的企业，可以按季或者按年计算利润。

第一百零九条　企业董事会或类似机构决议提请股东大会或类似机构批准的年度利润分配方案(除股票股利分配方案外)，在股东大会或类似机构召开会议前，应当将其列入报告年度的利润分配表。股东大会或类似机构批准的利润分配方案，与董事会或类似机构提请批准的报告年度利润分配方案不一致时，其差额应当调整报告年度会计报表有关项目的年初数。

第一百一十条　企业当期实现的净利润，加上年初未分配利润(或减去年初未弥补亏损)和其他转入后的余额，为可供分配的利润。可供分配的利润，按下列顺序分配：

(一) 提取法定盈余公积；

(二) 提取法定公益金。

外商投资企业应当按照法律、行政法规的规定按净利润提取储备基金、企业发展基金、职工奖励及福利基金等。

中外合作经营企业按规定在合作期内以利润归还投资者的投资，以及国有工业企业按规定以利润补充的流动资本，也从可供分配的利润中扣除。

第一百一十一条　可供分配的利润减去提取的法定盈余公积、法定公益金等后，为可供投资者分配的利润。可供投资者分配的利润，按下列顺序分配：

（一）应付优先股股利，是指企业按照利润分配方案分配给优先股股东的现金股利。

（二）提取任意盈余公积，是指企业按规定提取的任意盈余公积。

（三）应付普通股股利，是指企业按照利润分配方案分配给普通股股东的现金股利。企业分配给投资者的利润，也在本项目核算。

（四）转作资本（或股本）的普通股股利，是指企业按照利润分配方案以分派股票股利的形式转作的资本（或股本）。企业以利润转增的资本，也在本项目核算。

可供投资者分配的利润，经过上述分配后，为未分配利润（或未弥补亏损）。未分配利润可留待以后年度进行分配。企业如发生亏损，可以按规定由以后年度利润进行弥补。

企业未分配的利润（或未弥补的亏损）应当在资产负债表的所有者权益项目中单独反映。

第一百一十二条 企业实现的利润和利润分配应当分别核算，利润构成及利润分配各项目应当设置明细账，进行明细核算。企业提取的法定盈余公积、法定公益金（或提取的储备基金、企业发展基金、职工奖励及福利基金）、分配的优先股股利、提取的任意盈余公积、分配的普通股股利、转作资本（或股本）的普通股股利，以及年初未分配利润（或未弥补亏损）、期末未分配利润（或来弥补亏损）等，均应当在利润分配表中分别列项予以反映。

第八章 非货币性交易

第一百一十三条 非货币性交易，是指交易双方以非货币性资产进行的交换（包括股权换股权，但不包括企业合并中所涉及的非货币性交易）。这种交换不涉及或只涉及少量的货币性资产。

货币性资产，是指持有的现金及将以固定或可确定金额的货币收取的资产，包括现金、应收账款和应收票据以及准备持有至到期的债券投资等。非货币性资产，是指货币性资产以外的资产，包括存货、固定资产、无形资产、股权投资以及不准备持有至到期的债券投资等。

在确定涉及补价的交易是否为非倾向性交易时，收到补价的企业，应当按照收到的补价占换出资产公允价值的比例等于或低于 25 确定；支付补价的企业，应当按照支付的补价占换出资产公允价值加上支付的补价之和的比例等于或低于 25 确定。其计算公式如下：

收到补价的企业：收到的补价÷换出资产公允价值≤25

支付补价的企业：支付的补价÷（支付的补价＋换出资产公允价值）≤25

第一百一十四条 在进行非货币性交易的核算时，无论是一项资产换入一项资产，或者一项资产同时换入多项资产，或者同时以多项资产换入一项资产，或者以多项资产换入多项资产，均按换出资产的账面价值加上应支付的相关税费，作为换入资产入账价值。

如果涉及补价，支付补价的企业，应当以换出资产账面价值加上补价和应支付的相关税费，作为换入资产入账价值；收到补价的企业，应当以换出资产账面价值减去补价，加上应确认的收益和应支付的相关税费，作为换入资产入账价值。换出资产应确认的收益按下列公式计算确定：

应确认的收益＝（1－换出资产账面价值÷换出资产公允价值）×补价

本制度所称的公允价值，是指在公平交易中，熟悉情况的交易双方，自愿进行资产交换或债务清偿的金额。

上述换入的资产如为存货的，按上述规定确定的入账价值，还应减去可抵扣的增值税进项税额。

第一百一十五条 在非货币性交易中，如果同时换入多项资产，应当按照换入各项资产的公允价值与换入资产公允价值总额的比例，对换出资产的账面价值总额进行分配，以确定各项换入资产的入账价值。

第一百一十六条 在资产交换中，如果换入的资产中涉及应收款项的，应当分别以下情况处理：

（一）以一项资产换入的应收款项，或多项资产换入的应收款项，应当按照换出资产的账面价值作为换入应收款项的入账价值。如果换入的应收款项的原账面价值大于换出资产的账面价值的，应当按照换入应收款项的原账面价值作为换入应收款项的入账价值，换入应收款项的入账价值大于换出资产账面价值的差额，作为坏账准备。

（二）企业以一项资产同时换入应收款项和其他多项资产，或者以多项资产换入应收款项和其他多项资产的，应当按照换入应收款项的原账面价值作为换入应收款项的入账价值，换入除应收款项外的各项其他资产的入账价值，按照各项其他资产的公允价值与换入的其他资产的公允价值总额的比例，对换出全部资产的账面价值总额加上应支付的相关税费（如果涉及补价，还应当减去补价加上应确认的收益，或者加上补价)，减去换入的应收款项入账价值后的余额进行分配，并按分配价值作为其换入的各项其他资产的入账价值。

涉及补价的，如收到的补价小于换出应收款项账面价值的，应将收到的补价先冲减换出应收款项的账面价值后，再按上述原则进行处理；如收到的补价大于换出应收款项账面价值的，应将收到的补价首先冲减换出应收款项的账面价值，再按非货币性交易的原则进行处理。

第九章 外币业务

第一百一十七条 外币业务，是指以记账本位币以外的货币进行的款项收付、往来结算等业务。

第一百一十八条 企业在核算外币业务时，应当设置相应的外币账户。外币账户包括外币现金、外币银行存款、以外币结算的债权(如应收票据、应收账款、预付账款等)和债务(如短期借款、应付票据、应付账款、预收账款、应付工资、长期借款等)，应当与非外币的各该相同账户分别设置，并分别核算。

第一百一十九条 企业发生外币业务时，应当将有关外币金额折合为记账本位币金额记账。除另有规定外，所有与外币业务有关的账户，应当采用业务发生时的汇率，也可以采用业务发生当期期初的汇率折合。

企业发生外币业务时，如无法直接采用中国人民银行公布的人民币对美元、日元、港币等的基准汇率作为折算汇率时，应当按照下列方法进行折算：

美元、日元、港币等以外的其他货币对人民币的汇率，根据美元对人民币的基准汇率和国家外汇管理局提供的纽约外汇市场美元对其他主要外币的汇率进行套算，按照套算后的汇率作为折算汇率。美元对人民币以外的其他货币的汇率，直接采用国家外汇管理局提供的纽约外汇市场美元对其他主要货币的汇率。

美元、人民币以外的其他货币之间的汇率，按国家外汇管理局提供的纽约外汇市场美元对其他主要外币的汇率进行套算，按套算后的汇率作为折算汇率。

第一百二十条 各种外币账户的外币金额，期末时应当按照期末汇率折合为记账本位币。按照期末汇率折合的记账本位币金额与账面记账本位币金额之间的差额，作为汇兑损益，计入当期损益；属于筹建期间的、计入长期待摊费用；属于与购建固定资产有关的借款产生的汇兑损益，按照借款费用资本化的原则进行处理。

第十章 会计调整

第一百二十一条 会计调整，是指企业因按照国家法律、行政法规和会计制度的要求，或者因特定情况下按照会计制度规定对企业原采用的会计政策、会计估计，以及发现的会计差错、发生的资产负债表日后事项等所作的调整。

会计政策，是指企业在会计核算时所遵循的具体原则以及企业所采纳的具体会计处理方法。具体原则，是指企业按照国家统一的会计核算制度所制定的、适合于本企业的会计制度中所采用的会计原则；具体会计处理方法，是指企业在会计核算中对于诸多可选择的会计处理方法中所选择的、适合于本企业的会计处理方法。例如，长期投资的具体会计处理方法、坏账损失的核算方法等。

会计估计，是指企业对其结果不确定的交易或事项以最近可利用的信息为基础所作的判断。例如，固定资产预计使用年限与预计净残值、预计无形资产的受益期等。

会计差错，是指在会计核算时，在确认、计量、记录等方面出现的错误。

(一)资产负债表日后事项，是指自年度资产负债表日至财务会计报告批准报出日之间发生的需要调整。

(二)这种变更能够提供有关企业财务状况、经营成果和现金流量等更可靠、更相关的会计信息。

第一百二十三条 下列各项不属于会计政策变更：

(一)本期发生的交易或事项与以前相比具有本质差别而采用新的会计政策；

(二)对初次发生的或不重要的交易或事项采用新的会计政策。

第一百二十四条 企业按照法律或会计制度等行政法规、规章要求变更会计政策时，应按国家发布的相关会计处理规定执行，如果没有相关的会计处理规定，应当采用追溯调整法进行处理。企业为了能够提供更可靠、更相关的会计信息而变更会计政策时，应当采用追溯调整法进行处理。

追溯调整法，是指对某项交易或事项变更会计政策时，如同该交易或事项初次发生时就开始采用新的会计政策，并以此对相关项目进行调整的方法。在采用追溯调整法时，应当将会计政策变更的累积影响数调整期初留存收益，会计报表其他相关项目的期初数也应一并调整，但不需要重编以前年度的会计报表。

第一百二十五条 会计政策变更的累积影响数，是指按变更后的会计政策对以前各项追溯计算的变更年度期初留存收益应有的金额与现有的金额之间的差额。会计政策变更的累积影响数，是假设与会计政策变更相关的交易或事项在初次发生时即采用新的会计政策，而得出的变更年度期初留存收益应有的金额，与现有的金额之间的差额。本制度所称的会计政策变更的累积影响数，是变更会计政策所导致的对净损益的累积影响，以及由此导致的对利润分配及未分配利润的累积影响金额，不包括分配的利润或股利。留存收益包括法定盈余公积、法定公益金、任意盈余公积及未分配利润（外商投资企业包括储备基金、企业发展基金）。累积影响数通常可以通过以下各步计算获得：

第一步，根据新的会计政策重新计算受影响的前期交易或事项；

第二步，计算两种会计政策下的差异；

第三步，计算差异的所得税影响金额（如果需要调整所得税影响金额的）；

第四步，确定前期中的每一期的税后差异；

第五步，计算会计政策变更的累积影响数。

如果累积影响数不能合理确定，会计政策变更应当采用未来适用法。未来适用法，是指对某项交易或事项变更会计政策时，新的会计政策适用于变更当期及未来期间发生的交易或事项的方法。采用未来适用法时，不需要计算会计政策变更产生的累积影响数，也无须重编以前年度的会计报表。企业会计账簿记录及会计报表上反映的金额，变更之日仍然保留原有金额，不因会计政策变更而改变以前年度的既定结果，企业应当在现有金额的基础上按新的会计政策进行核算。

第一百二十六条 在编制比较会计报表时，对于比较会计报表期间的会计政策变更，应当调整各该期间的净损益和其他相关项目，视同该政策在比较会计报表期间一直采用。对于比较会计报表可比期间以前的会计政策变更的累积影响数，应当调整比较会计报表最早期间的期初留存收益，会计报表其他相关项目的数字也应一并调整。

第一百二十七条 企业应当在会计报表附注中披露会计政策变更的内容和理由、会计政策变更的影响数，以及累积影响数不能合理确定的理由。

第二节 会计估计变更

第一百二十八条 由于企业经营活动中内在不确定因素的影响，某些会计报表项目不能精确地计量，而只能加以估计。如果赖以进行估计的基础发生了变化，或者由于取得新的信息、积累更多的经验以及后来的发展变化，可能需要对会计估计进行修订。

第一百二十九条 会计估计变更时，不需要计算变更产生的累积影响数，也不需要重编以前年度会计报表，但应当对变更当期和未来期间发生的交易或事项采用新的会计估计进行处理。

第一百三十条 会计估计的变更，如果仅影响变更当期，会计估计变更的影响数应计入变更当期与前期相同的相关项目中；如果既影响变更当期又影响未来期间，会计估计变更的影响数应计入变更当期和未来期间与前期相同的相关项目中。

第一百三十一条 会计政策变更和会计估计变更很难区分时，应当按照会计估计变更的处理方法进行处理。

第一百三十二条 企业应当在会计报表附注中披露会计估计变更的内容和理由、会计估计变更的影响数，以及会计估计变更的影响数不能确定的理由。

第三节 会计差错更正

第一百三十三条 本期发现的会计差错，应按以下原则处理：

（一）本期发现的与本期相关的会计差错，应当调整本期相关项目。

（二）本期发现的与前期相关的非重大会计差错，如影响损益，应当直接计入本期净损益，其他相关项目也应当作为本期数一并调整；如不影响损益，应当调整本期相关项目。

重大会计差错，是指企业发现的使公布的会计报表不再具有可靠性的会计差错。重大会计差错一般是指金额比较大，通常某项交易或事项的金额占该类交易或事项的金额10及以上，则认为金额比较大。

（三）本期发现的与前期相关的重大会计差错，如影响损益，应当将其对损益的影响数调整发现当期的期初留存收益，会计报表其他相关项目的期初数也应一并调整；如不影响损益，应当调整会计报表相关项目的期初数。

（四）年度资产负债表日至财务会计报告批准报出日之间发现的报告年度的会计差错及以前年度的非重大会计差错，应当按照资产负债表日后事项中的调整事项进行处理。

年度资产负债表日至财务会计报告批准报出日之间发现的以前年度的重大会计差错，应当调整以前年度的相关项目。

第一百三十四条　在编制计较会计报表时，对于比较会计报表期间的重大会计差错，应当调整各该期间的净损益和其他相关项目；对于比较会计报表期间以前的重大会计差错，应当调整比较会计报表最早期间的期初留存收益，会计报表其他相关项目的数字也应一并调整。

第一百三十五条　企业应当在会计报表附注中披露重大会计差错的内容和重大会计差错的更正金额。

第一百三十六条　企业滥用会计政策、会计估计及其变更，应当作为重大会计差错予以更正。

第四节　资产负债表日后事项

第一百三十七条　资产负债表日后获得新的或进一步的证据，有助于对资产负债表日存在状况的有关金额作出重新估计，应当作为调整事项，据此对资产负债表日所反映的收入、费用、资产、负债以及所有者权益进行调整。以下是调整事项的例子：

（一）已证实资产发生了减损；

（二）销售退回；

（三）已确定获得或支付的赔偿。

资产负债表日后董事会或者经理（厂长）会议，或者类似机构制订的利润分配方案中与财务会计报告所属期间有关的利润分配，也应当作为调整事项，但利润分配方案中的股票股利（或以利润转增资本）应当作为非调整事项处理。

第一百三十八条　资产负债表日后发生的调整事项，应当如同资产负债表所属期间发生的事项一样，作出相关账务处理，并对资产负债表日已编制的会计报表作相应的调整。这里的会计报表包括资产负债表、利润表及其相关附表和现金流量表的补充资料内容，但不包括现金流量表正表。资产负债表日后发生的调整事项，应当分别以下情况进行账务处理：

（一）涉及损益的事项，通过“以前年度损益调整”科目核算。调整增加以前年度收益或调整减少以前年度亏损的事项，及其调整减少的所得税，记入“以前年度损益调整”科目的贷方；调整减少以前年度收益或调整增加以前年度亏损的事项，以及调整增加的所得税，记入“以前年度损益调整”科目的借方。“以前年度损益调整”科目的贷方或借方余额，转入“利润分配——未分配利润”科目。

（二）涉及利润分配调整的事项，直接通过“利润分配——未分配利润”科目核算。

（三）不涉及损益以及利润分配的事项，调整相关科目。

（四）通过上述账务处理后，还应同时调整会计报表相关项目的数字，包括：

1. 资产负债表日编制的会计报表相关项目的数字；

2. 当期编制的会计报表相关项目的年初数；

3. 提供比较会计报表时，还应调整有关会计报表的上年数；

4. 经过上述调整后，如果涉及会计报表附注内容的，还应当调整会计报表附注相关项目的数字。

第一百三十九条　资产负债表日以后才发生或存在的事项，不影响资产负债表日存在状况，但如不加以说明，将会影响财务会计报告使用者作出正确估计和决策，这类事项应当作为非调整事项，在会计报表附注中予以披露。以下是非调整事项的例子：

（一）股票和债券的发行；

（二）对一个企业的巨额投资；

（三）自然灾害导致的资产损失；

（四）外汇汇率发生较大变动。

非调整事项，应当在会计报表附注中说明其内容、估计对财务状况、经营成果的影响；如无法作出估计，应当说明其原因。

第十一章　或有事项

第一百四十条　或有事项，是指过去的交易或事项形成的一种状况，其结果须通过未来不确定事项的发生或不发生予以证实。

或有负债，是指过去的交易或事项形成的潜在义务，其存在须通过未来不确定事项的发生或不发生予以证实；或过去的交易或事项形成的现时义务，履行该义务不是很可能导致经济利益流出企业或该义务的金额不能可靠地计量。

或有资产，是指过去的交易或事项形成的潜在资产，其存在须通过未来不确定事项的发生或不发生予以证实。

第一百四十一条　如果与或有事项相关的义务同时符合以下条件，企业应当将其作为负债：

（一）该义务是企业承担的现时义务；

（二）该义务的履行很可能导致经济利益流出企业；

（三）该义务的金额能够可靠地计量。

符合上述确认条件的负债，应当在资产负债表中单列项目反映。

第一百四十二条　符合上述确认条件的负债，其金额应当是清偿该负债所需支出的最佳估计数。如果所需支出存在一个金额范围，则最佳估计数应按该范围的上、下限金额的平均数确定；如果所需支出不存在一个金额范围，则最佳估计数应按如下方法确定：

（一）或有事项涉及单个项目时，最佳估计数按最可能发生的金额确定；

（二）或有事项涉及多个项目时，最佳估计数按各种可能发生额及其发生概率计算确定。

第一百四十三条　如果清偿符合上述确认条件的负债所需支出全部或部分预期由第三方或其他方补偿，则补偿金额只能在基本确定能收到时，作为资产单独确认，但确认的补偿金额不应当超过所确认负债的账面价值。

符合上述确认条件的资产，应当在资产负债表中单列项目反映。

第一百四十四条　企业不应当确认或有负债和或有资产。

第一百四十五条　企业应当在会计报表附注中披露如下或有负债形成的原因，预计产生的财务影响（如无法预计，应当说明理由），以及获得补偿的可能性：

（一）已贴现商业承兑汇票形成的或有负债；

（二）未决诉讼、仲裁形成的或有负债；

（三）为其他单位提供债务担保形成的或有负债；

（四）其他或有负债（不包括极小可能导致经济利益流出企业的或有负债）。

第一百四十六条　或有资产一般不应当在会计报表附注中披露。但或有资产很可能会给企业带来经济利益时，应当在会计报表附注中披露其形成的原因；如果能够预计其产生的财务影响，还应当作相应披露。

在涉及未决诉讼、仲裁的情况下，按本章规定如果披露全部或部分信息预期会对企业造成重大不利影响，则企业无需披露这些信息，但应披露未决诉讼、仲裁的形成原因。

第十二章　关联方关系及其交易

第一百四十七条　在企业财务和经营决策中，如果一方有能力直接或间接控制、共同控制另一方或对另一方施加重大影响，则他们之间存在关联方关系；如果两方或多方同受一方控制，则他们之间也存在关联方关系。关联方关系主要存在于：

（一）直接或间接地控制其他企业或受其他企业控制，以及同受某一企业控制的两个或多个企业（例如，母公司、子公司、受同一母公司控制的子公司之间）。

母公司，是指能直接或间接控制其他企业的企业；子公司，是指被母公司控制的企业。

（二）合营企业。

合营企业，是指按合同规定经济活动由投资双方或若干方共同控制的企业。

（三）联营企业。

联营企业，是指投资者对其具有重大影响，但不是投资者的子公司或合营企业的企业。

（四）主要投资者个人、关键管理人员或与其关系密切的家庭成员。

主要投资者个人，是指直接或间接地控制一个企业10或以上表决权资本的个人投资者；关键管理人员，是指有权力并负责进行计划、指挥和控制企业活动的人员；关系密切的家庭成员，是指在处理与企业的交易时有可能影响某人或受其影响的家庭成员。

（五）受主要投资者个人、关键管理人员或与其关系密切的家庭成员直接控制的其他企业。

国家控制的企业间不应当仅仅因为彼此同受国家控制而成为关联方，但企业间存有上述（一）至（三）的关系，或根据上述（五）受同一关键管理人员或与其关系密切的家庭成员直接控制时，彼此应视为关联方。

第一百四十八条　在存在控制关系的情况下，关联方如为企业时，不论他们之间有无交易，都应当在会计报表附注中披露企业类型、名称、法定代表人、注册地、注册资本及其变化、企业的主营业务、所持股份或权益及其变化。

第一百四十九条　在企业与关联方发生交易的情况下，企业应当在会计报表附注中披露关联方关系的性质、交易类型及其交易要素。这些要素一般包括：交易的金额或相应比例、未结算项目的金额或相应比例、定价政策（包括没有金额或只有象征性金额的交易）。

关联方交易应当分别关联方以及交易类型予以披露，类型相同的关联方交易，在不影响财务会计报告使用者正确理解的情况下可以合并披露。

第一百五十条　下列关联方交易不需要披露：

（一）在合并会计报表中披露包括在合并会计报表中的企业集团成员之间的交易；

（二）在与合并会计报表一同提供的母公司会计报表中披露关联方交易。

第十三章　财务会计报告

第一百五十一条　企业应当按照《企业财务会计报告条例》的规定，编制和对外提供真实、完整的财务会计报告。

第一百五十二条　企业的财务会计报告分为年度、半年度、季度和月度财务会计报告。月度、季度财务会计报告是指月度和季度终了提供的财务会计报告；半年度财务会计报告是指在每个会计年度的前6个月结束后对外提供的财务会计报告；年度财务会计报告是指年度终了对外提供的财务会计报告。

本制度将半年度、季度和月度财务会计报告统称为中期财务会计报告。

第一百五十三条　企业的财务会计报告由会计报表、会计报表附注和财务情况说明书组成（不要求编制和提供财务情况说明书的企业除外）。企业对外提供的财务会计报告的内容、会计报表种类和格式、会计报表附注的主要内容等，由本制度规定；企业内部管理需要的会计报表由企业自行规定。

季度、月度中期财务会计报告通常仅指会计报表，国家统一的会计制度另有规定的除外。

半年度中期财务会计报告中的会计报表附注至少应当披露所有重大的事项，如转让子公司等。半年度中期财务会计报告报出前发生的资产负债表日后事项、或有事项等，除特别重大事项外，可不作调整或披露。

第一百五十四条　企业向外提供的会计报表包括：

（一）资产负债表；

（二）利润表；

（三）现金流量表；

（四）资产减值准备明细表；

（五）利润分配表；

（六）股东权益增减变动表；

（七）分部报表；

（八）其他有关附表。

第一百五十五条　会计报表附注至少应当包括下列内容：

（一）不符合会计核算基本前提的说明；

（二）重要会计政策和会计估计的说明；

（三）重要会计政策和会计估计变更的说明；

（四）或有事项和资产负债表日后事项的说明；

（五）关联方关系及其交易的披露；

（六）重要资产转让及其出售的说明；

（七）企业合并、分立的说明；

（八）会计报表中重要项目的明细资料；

（九）有助于理解和分析会计报表需要说明的其他事项。

第一百五十六条 财务情况说明书至少应当对下列情况作出说明：

（一）企业生产经营的基本情况；

（二）利润实现和分配情况；

（三）资金增减和周转情况；

（四）对企业财务状况、经营成果和现金流量有重大影响的其他事项。

第一百五十七条 月度中期财务会计报告应当于月度终了后 6 天内（节假日顺延，下同）对外提供；季度中期财务会计报告应当于季度终了后 15 天内对外提供；半年度中期财务会计报告应当于年度中期结束后 60 天内（相当于两个连续的月份）对外提供；年度财务会计报告应当于年度终了后 4 个月内对外提供。

会计报表的填列，以人民币"元"为金额单位，"元"以下填至"分"。

第一百五十八条 企业对其他单位投资如占该单位资本总额 50 以上（不含 50），或虽然占该单位注册资本总额不足 50 但具有实质控制权的，应当编制合并会计报表。合并会计报表的编制原则和方法，按照国家统一的会计制度中有关合并会计报表的规定执行。

企业在编制合并会计报表时，应当将合营企业合并在内，并按照比例合并方法对合营企业的资产、负债、收入、费用、利润等予以合并。

第一百五十九条 企业对外提供的会计报表应当依次编定页数，加具封面，装订成册，加盖公章。封面上应当注明：企业名称、企业统一代码、组织形式、地址、报表所属年度或者月份、报出日期，并由企业负责人和主管会计工作的负责人、会计机构负责人（会计主管人员）签名并盖章；又设置总会计师的企业，还应当由总会计师签名并盖章。

第一百六十条 本制度自 2001 年 1 月 1 日起施行。

二、金融企业会计制度①

金融企业会计制度

第一章 总 则

第一条 为了规范金融企业的会计核算，提高会计信息质量，根据《中华人民共和国会计法》、《企业财务会计报告条例》等有关法律、法规，制定本制度。

第二条 本制度适用于中华人民共和国境内依法成立的各类金融企业（简称金融企业，下同），包括银行（含信用社，下同）、保险公司、证券公司、信托投资公司、期货公司、基金管理公司、租赁公司、财务公司等。

第三条 金融企业的会计核算应当以持续、正常的经营活动为前提。

第四条 金融企业的会计核算应当划分会计期间，分期结算账目和编制财务会计报告。会计期间分为年度、半年度、季度和月度。年度、半年度、季度和月度均按公历起讫日期确定。半年度、季度和月度均称为会计中期。

本制度所称的期末，是指月末、季末、半年末和年末。

第五条 金融企业的会计核算以人民币为记账本位币。

业务收支以人民币以外的货币为主的金融企业，可以选定其中一种货币作为记账本位币，但是编报的财务会计报告应当折算为人民币。

在境外设立的中国金融企业向国内报送的财务会计报告，应当折算为人民币。

第六条 金融企业的会计记账采用借贷记账法。

第七条 金融企业的会计核算，应当遵循以下基本原则：

（一）金融企业的会计核算应当以实际发生的交易或事项为依据，如实反映其财务状况、经营成果和现金流量。

（二）金融企业应当按照交易或事项的实质和经济现实进行会计核算，不应当仅仅按照它们的法律形

---

① 银监会和保监会已经发布了各自管辖的金融企业执行《企业会计准则》的时间表，但是目前还有很多金融机构仍然在执行《金融企业会计制度》，所以编者对本法规予以保留。

式作为会计核算的依据。

(三) 金融企业提供的会计信息应当能够反映其财务状况、经营成果和现金流量,以满足会计信息使用者的需要。

(四) 金融企业的会计核算方法前后各期应当保持一致,不得随意变更。如有必要变更,应当将变更的内容和理由、变更的累积影响数,以及累积影响数不能合理确定的理由等,在会计报表附注中予以说明。

(五) 金融企业应当按照规定的会计处理方法进行会计核算,会计指标应当口径一致、相互可比。

(六) 金融企业的会计核算应当及时进行,不得提前或延后。

(七) 金融企业的会计核算应当清晰明了,便于理解和利用。

(八) 金融企业的会计核算应当以权责发生制为基础。凡是当期已经实现的收入和已经发生或应当负担的费用,不论款项是否收付,都应当作为当期的收入和费用;凡是不属于当期的收入和费用,即使款项已在当期收付,也不应当作为当期的收入和费用。

(九) 金融企业在进行会计核算时,收入与其成本、费用应当相互配比,同一会计期间内的各项收入和与其相关的成本、费用,应当在该会计期间内确认。

(十) 金融企业的各项财产在取得时应当按照实际成本计量。各项财产如果发生减值,应当按照本制度规定计提相应的减值准备。除法律、行政法规和国家统一的会计制度另有规定者外,金融企业一律不得自行调整其账面价值。

(十一) 金融企业的会计核算,应当遵循谨慎性原则,不得多计资产或收益,也不得少计负债或费用。

(十二) 金融企业的会计核算应当合理划分收益性支出与资本性支出。凡支出的效益仅与本会计年度相关的,应当作为收益性支出;凡支出的效益与几个会计年度相关的,应当作为资本性支出。

(十三) 金融企业的会计核算应当遵循重要性原则,对资产、负债、损益等有较大影响,进而影响财务会计报告使用者据以做出合理判断的重要会计事项,必须按照规定的会计方法和程序进行处理,并在财务会计报告中予以充分的披露;对于次要的会计事项,在不影响会计信息真实性和不至于误导会计信息使用者作出正确判断的前提下,可适当简化处理。

第八条　金融企业应当根据有关会计法律、行政法规和本制度的规定,在不违反本制度的前提下,结合本企业的具体情况,制定适合于本企业的会计核算办法。

第二章　资　　产

第九条　资产,是指过去的交易、事项形成并由企业拥有或者控制的资源,该资源预期会给企业带来经济利益。

金融企业的资产应按流动性进行分类,主要分为流动资产、长期投资、固定资产、无形资产和其他资产。从事存贷款业务的金融企业,还应按发放贷款的期限划分为短期贷款、中期贷款和长期贷款。

第一节　流 动 资 产

第十条　流动资产,是指可以在1年内(含1年)变现或耗用的资产。

第十一条　金融企业的流动资产,主要包括库存现金、存放款项、拆放同业、贴现、应收利息、应收股利、应收保费、应收分保款、应收信托手续费、存出保证金、自营证券、清算备付金、代发行证券、代兑付债券、买入返售证券、短期投资、短期贷款等。

(一) 存放款项,是指金融企业在中央银行、其他银行或非银行金融机构存入的用于支付清算、提取及缴存现金的款项,以及按吸收存款的一定比例缴存中央银行的准备金存款等,包括存放中央银行款项和存放同业款项。存放款项,应按实际存放的金额入账。

(二) 拆放同业,是指金融企业因资金周转需要而在金融机构之间借出的资金头寸。资金拆放应按实际拆出的金额入账。

(三) 贴现,是指金融企业向持有未到期商业汇票的客户或其他金融机构办理贴现的款项。金融企业办理贴现,应按票面金额入账。

(四) 应收利息,是指金融企业发放贷款及购买债券等,按照适用利率和计息期限计算应收取的利息以及其他应收取的利息。应收利息应按当期发放贷款本金、购买债券面值等和适用利率计算并确认的金额入账。

(五) 应收股利,是指金融企业因股权投资而应收取的现金股利。应收股利应按当期应收金额入账。

（六）应收保费，是指金融企业应向投保人收取但尚未收到的保费。应收保费应按当期应收金额入账。

（七）应收分保款，是指金融企业之间开展分保业务发生的各种应收款项。应收分保款应于收到分保业务账单时，按照分保业务账单标明的金额入账。

（八）应收信托手续费，是指从事信托业务的金融企业应收的各项手续费。应收信托手续费应按当期应收的手续费金额入账。

（九）存出保证金，是指金融企业按规定交存的保证金，包括交易保证金、存出分保准备金、存出理赔保证金、存出共同海损保证金、存出其他保证金等。存出保证金应按实际存出的金额入账。

（十）自营证券，是指金融企业为了获取证券买卖差价收入而买入的、能随时变现的且持有期间不准备超过1年或虽不能随时变现但其发行期或购入至到期日的剩余期限不满1年（含1年）的股票、债券、基金和权证等经营性证券。自营证券应当按照清算日买入时的实际成本入账。实际成本包括买入时成交的价款和交纳的相关税费。

（十一）清算备付金，是指从事证券业务的金融企业为证券交易的资金清算与交收而存入指定清算代理机构的款项。清算备付金应按实际交存的金额入账。

（十二）代发行证券，是指金融企业接受委托代理发行的股票、债券等。代发行证券应当按照承销合同规定的价格入账。

（十三）代兑付债券，是指金融企业接受委托代理兑付债券而实际支付或垫付的款项。代兑付债券应按实际兑付的金额入账。

（十四）买入返售证券，是指金融企业按规定进行证券回购业务而融出的资金。买入返售证券应当按照实际支付的款项入账。

（十五）短期投资，是指能够随时变现并且持有时间不准备超过1年（含1年）的债券等。

1. 短期投资在取得时应当按照初始投资成本计量。短期投资初始投资成本按以下方法确定：

（1）以现金购入的短期投资，按实际支付的全部价款，包括税金、手续费等相关费用作为短期投资初始投资成本。实际支付的价款中包含的已到付息期但尚未领取的债券利息等，应当作为应收款项单独核算，不构成短期投资初始投资成本。

（2）收到投资者作为投入资金的债券等，如为短期投资，按投资各方确认的价值作为短期投资初始投资成本。

2. 短期投资的利息，应当于实际收到时，冲减投资的账面价值，但已记入应收利息的除外。

3. 金融企业应当在期末时对短期投资按成本与市价孰低计量。

4. 处置短期投资时，应当将短期投资的账面价值与实际取得价款等的差额，确认为当期投资损益。

第二节　贷　款

第十二条　贷款，是指金融企业对借款人提供的按约定的利率和期限还本付息的货币资金。

金融企业发放的贷款，主要包括短期贷款、中期贷款和长期贷款。

（一）短期贷款，是指金融企业根据有关规定发放的、期限在1年以下（含1年）的各种贷款，包括质押贷款、抵押贷款、保证贷款、信用贷款、进出口押汇等。从事信托业务的金融企业用自有资金发放的1年期（含1年）以内的贷款也包括在内。

短期贷款本金按实际贷出的贷款金额入账。期末，按照贷款本金和适用的利率计算应收利息。抵押贷款应按实际贷给借款人的金额入账。

（二）中期贷款，是指金融企业发放的贷款期限在1年以上5年以下（含5年）的各种贷款。

（三）长期贷款，是指金融企业发放的贷款期限在5年（不含5年）以上的各种贷款。

第十三条　金融企业发放的中长期贷款的核算，应当遵循以下原则：

（一）本息分别核算。金融企业发放的中长期贷款，应当按照实际贷出的贷款金额入账。期末，应当按照贷款本金和适用的利率计算应收取的利息，并分别贷款本金和利息进行核算。

（二）商业性贷款与政策性贷款分别核算。

（三）自营贷款与委托贷款分别核算。自营贷款是指金融企业以合法方式筹集的资金自主发放的贷款，其风险由金融企业承担，并由金融企业收取本金和利息。委托贷款是指委托人提供资金，由金融企业（受托人）根据委托人确定的贷款对象、用途、金额、期限、利率等而代理发放、监督使用并协助收回的贷款，其风险由委托人承担。金融企业发放委托贷款时，只收取手续费，不得代垫资金。金融企业因发放委托贷款而收取的手续费，按收入确认条件予以确认。

(四) 应计贷款和非应计贷款分别核算。非应计贷款是指贷款本金或利息逾期 90 天没有收回的贷款。应计贷款是指非应计贷款以外的贷款。当贷款的本金或利息逾期 90 天时，应单独核算。

当应计贷款转为非应计贷款时，应将已入账的利息收入和应收利息予以冲销。

从应计贷款转为非应计贷款后，在收到该笔贷款的还款时，首先应冲减本金；本金全部收回后，再收到的还款则确认为当期利息收入。

第十四条　金融企业发放的贷款应当在期末按本制度规定计提贷款损失准备。

在资产负债表中，应计贷款与非应计贷款应当分别列示。

第三节　长期投资

第十五条　长期投资，是指除短期投资以外的投资，包括持有时间准备超过 1 年(不含 1 年)的各种股权性质的投资、不能变现或不准备随时变现的债券投资、其他债权投资和其他长期投资。

长期投资应当单独核算，并在资产负债表中单列项目反映。

第十六条　金融企业的长期股权投资应当按照以下规定核算：

(一) 长期股权投资在取得时按照初始投资成本入账。

1. 以现金购入的长期股权投资，按实际支付的全部价款(包括支付的税金、手续费等相关费用)作为初始投资成本；实际支付的价款中包含已宣告但尚未领取的现金股利，按实际支付的价款减去已宣告但尚未领取的现金股利后的差额，作为初始投资成本。

2. 通过行政划拨方式取得的长期股权投资，按划出单位的账面价值，作为初始投资成本。

3. 以非现金资产换入的长期股权投资，按换出资产的账面价值加上应支付的相关税费，作为初始投资成本。

4. 以债转股的方式取得的长期股权投资，按实际债转股应收债权的账面价值，作为初始投资成本。

(二) 长期股权投资的核算，应当根据不同情况，分别采用成本法或权益法。

金融企业对被投资单位无控制、无共同控制且无重大影响的，长期股权投资应当采用成本法核算；金融企业对被投资单位具有控制、共同控制或重大影响的，长期股权投资应当采用权益法核算。通常情况下，金融企业对其他单位的投资占该单位有表决权资本总额 20%或 20%以上，或虽投资不足 20%但有重大影响的，应当采用权益法核算。金融企业对其他单位的投资占该单位有表决权资本总额 20%以下，或对其他单位的投资虽占该单位有表决权资本总额 20%或 20%以上但不具有重大影响的，应当采用成本法核算。

(三) 采用成本法核算时，除追加投资(例如，将应分得的现金股利或利润转为投资)或收回投资外，长期股权投资的账面价值一般应当保持不变。被投资单位宣告分派的利润或现金股利，作为当期投资收益。

(四) 采用权益法核算时，投资最初以初始投资成本计量，以后根据投资企业享有被投资单位所有者权益份额的变动，对投资的账面价值进行调整。

1. 采用权益法核算时，初始投资成本与应享有被投资单位所有者权益份额之间的差额，作为股权投资差额处理，按一定期限平均摊销，计入损益。

股权投资差额的摊销期限，合同规定了投资期限的，按投资期限摊销。合同没有规定投资期限的，初始投资成本超过应享有被投资单位所有者权益份额之间的差额，按不超过 10 年的期限摊销；初始投资成本低于应享有被投资单位所有者权益份额之间的差额，按不低于 10 年的期限摊销。

2. 采用权益法核算时，应当在取得股权投资后，按应享有或应分担的被投资单位当年实现的净利润或发生的净亏损的份额(法律、法规或公司章程规定不属于投资企业的净利润除外)，调整投资的账面价值，并作为当期投资损益。金融企业按被投资单位宣告分派的利润或现金股利计算应分得的部分，减少投资的账面价值。金融企业在确认被投资单位发生的净亏损时，应以投资账面价值减记至零为限；如果被投资单位以后各期实现净利润，投资的企业应在计算的收益分享额超过未确认的亏损分担额以后，按超过未确认的亏损分担额的金额，恢复投资的账面价值。

金融企业按被投资单位净损益计算调整投资的账面价值和确认投资损益时，应当以取得被投资单位股权后发生的净损益为基础。对被投资单位除净损益以外的所有者权益的其他变动，也应当根据具体情况调整投资的账面价值。

3. 因追加投资等原因对长期股权投资的核算从成本法改为权益法，应当自实际取得对被投资单位控制、共同控制或对被投资单位实施重大影响时，按经追溯调整后股权投资的账面价值加上追加投资成本作为初始投资成本，初始投资成本与应享有被投资单位所有者权益份额的差额，作为股权投资差额，并按本制度的规定摊销，计入损益。

金融企业因减少投资等原因对被投资单位不再具有控制、共同控制或重大影响时，应当中止采用权益法核算，改按成本法核算，并按投资的账面价值作为新的投资成本。其后，被投资单位宣告分派利润或现金股利时，属于已记入投资账面价值的部分，作为新的投资成本的收回，冲减投资成本。

（五）金融企业改变投资目的，将短期投资（含自营证券）划转为长期投资，应按短期投资（含自营证券）的成本与市价孰低结转，并按此确定的价值作为长期投资新的投资成本。拟处置的长期投资不调整至短期投资（含自营证券），待处置时按处置长期投资进行会计处理。

（六）处置股权投资时，应将投资的账面价值与实际取得价款等的差额，作为当期投资损益。

第十七条 金融企业的长期债权投资应当按照以下规定进行核算：

（一）长期债权投资在取得时，应按取得时的实际成本，作为初始投资成本。

以现金购入的长期债券投资，按实际支付的全部价款（包括税金、手续费等相关费用）减去已到期但尚未领取的债券利息，作为初始投资成本。如果所支付的税金、手续费等相关费用金额较小，可以直接计入当期投资收益，不计入初始投资成本。

（二）长期债权投资应当按照票面价值与票面利率按期计算确认利息收入。

长期债券投资的初始投资成本减去已到付息期但尚未领取的债券利息、未到期债券利息和计入初始投资成本的相关税费，与债券面值之间的差额，作为债券溢价或折价；债券的溢价或折价在债券存续期间内于确认相关债券利息收入时摊销。摊销方法可以采用直线法，也可以采用实际利率法。

（三）持有可转换公司债券的金融企业，可转换公司债券在购买以及转换为股份之前，应按一般债券投资进行处理。当金融企业行使转换权利，将其持有的债券投资转换为股份时，应按其账面价值减去收到的现金后的余额，作为股权投资的初始投资成本。

（四）处置长期债权投资时，按实际取得的价款与长期债权投资账面价值等的差额，作为当期投资损益。

第十八条 金融企业的长期投资应当在期末时按照账面价值与可收回金额孰低计量。

第四节 固定资产

第十九条 金融企业的固定资产，是指同时具有以下特征的有形资产：

（一）为生产商品、提供劳务、出租或经营管理而持有的；

（二）使用年限超过1年；

（三）单位价值较高。

第二十条 金融企业应当根据固定资产定义，结合本企业的具体情况，制定适合于本企业的固定资产目录、分类方法、每类或每项固定资产的折旧年限、折旧方法，作为进行固定资产核算的依据。

金融企业制定的固定资产目录、分类方法、每类或每项固定资产的预计使用年限、预计净残值（预计残值减去预计清理费用，下同）、折旧方法等，应当编制成册，并按照管理权限，经股东大会或董事会，或行长（经理）会议或类似机构批准，按照法律、行政法规的规定报送有关各方备案，同时备置于金融企业所在地，以供投资者等有关各方查阅。金融企业已经确定并对外报送，或备置于金融企业所在地的有关固定资产目录、分类方法、预计净残值、预计使用年限、折旧方法等，一经确定不得随意变更，如需变更，仍然应当按照上述程序，经批准后报送有关各方备案，并在会计报表附注中予以说明。

未作为固定资产管理的工具、器具等，作为低值易耗品核算。

第二十一条 金融企业取得固定资产时，应按取得时的成本入账。取得时的成本包括买价、进口关税、运输和保险等相关费用，以及为使固定资产达到预定可使用状态前所必要的支出。固定资产取得时的成本应当根据具体情况分别确定：

（一）购置的不需要经过建造过程即可使用的固定资产，按实际支付的买价、包装费、运输费、安装成本、交纳的有关税金等作为入账价值。

如果以一笔款项购入多项没有单独标价的固定资产，按各项固定资产公允价值的比例对总成本进行分配，分别确定各项固定资产的入账价值。

（二）自行建造的固定资产，按建造该项资产达到预定可使用状态前所发生的全部支出，作为入账价值。

（三）收到投资者作为投入资金投入的固定资产，按投资各方确认的价值，作为入账价值。

（四）融资租入的固定资产，按租赁开始日租赁资产的原账面价值与最低租赁付款额的现值两者中较低者，作为入账价值。如果融资租赁资产占企业资产总额比例等于或小于30%的，在租赁开始日，企业也可按最低租赁付款额，作为固定资产的入账价值。

（五）在原有固定资产的基础上进行改建、扩建的（包括技术改造、更新改造等，下同），按原固定资产的账面价值，加上由于改建、扩建而使该项资产达到预定可使用状态前发生的支出，减去改建、扩建过程中发生的变价收入，作为入账价值。

（六）接受的债务人以非现金资产抵偿债务方式取得的固定资产，按实际抵债部分的账面价值加上应支付的相关税费，作为入账价值。

（七）接受捐赠的固定资产，应按以下规定确定其入账价值：

1. 捐赠方提供了有关凭据的，按凭据上标明的金额加上应支付的相关税费，作为入账价值。

2. 捐赠方没有提供有关凭据的，按如下顺序确定其入账价值：

（1）同类或类似固定资产存在活跃市场的，按同类或类似固定资产的市场价格估计的金额，加上应支付的相关税费，作为入账价值；

（2）同类或类似固定资产不存在活跃市场的，按该接受捐赠的固定资产的预计未来现金流量现值，作为入账价值。

3. 如受赠的系旧的固定资产，按照上述方法确认的价值，减去按该项资产的新旧程度估计的价值损耗后的余额，作为入账价值。

（八）盘盈的固定资产，按以下规定确定其入账价值：

1. 同类或类似固定资产存在活跃市场的，按同类或类似固定资产的市场价格，减去按该项资产的新旧程度估计的价值损耗后的余额作为入账价值。

2. 同类或类似固定资产不存在活跃市场的，按该项固定资产的预计未来现金流量现值，作为入账价值。

（九）经批准无偿调入的固定资产，按调出单位的账面价值加上发生的运输费、安装费等相关费用，作为入账价值。

固定资产的入账价值中，还应当包括金融企业为取得固定资产而交纳的契税、耕地占用税、车辆购置税等相关税费。

第二十二条　金融企业为在建工程准备的各种物资，应当按照实际支付的买价、增值税额、运输费、保险费等相关费用作为实际成本，并按照各种专项物资的种类进行明细核算。

工程完工后剩余的工程物资，转作本企业库存材料的，按其实际成本或计划成本，转作库存材料。如可抵扣增值税进项税额的，应按减去增值税进项税额后的实际成本或计划成本，转作库存材料。

盘盈、盘亏、报废、毁损的工程物资，减去保险公司、过失人赔偿部分后的差额，工程项目尚未完工的，计入或冲减所建工程项目的成本；工程已经完工的，计入当期营业外收支。

第二十三条　金融企业的在建工程，包括施工前期准备、正在施工中的建筑工程、安装工程、技术改造工程、大修理工程等。工程项目较多且工程支出较大的金融企业，应当按照工程项目的性质分项核算。

在建工程应当按照实际发生的支出确定其工程成本，并单独核算。

第二十四条　金融企业的自营工程，应当按照直接材料、直接工资、直接机械施工费等计量；采用出包工程方式的金融企业，按照应当支付的工程价款等计量。设备安装工程，按照所安装设备的价值、工程安装费用、工程试运转等所发生的支出确定工程成本。

第二十五条　金融企业的在建工程达到预定可使用状态前因进行试运转所发生的净支出，计入工程成本。在建工程项目在达到预定可使用状态前所取得的试运转过程中形成的、能够对外销售的产品，其发生的成本，计入在建工程成本，销售或转为库存商品时，按实际销售收入或按预计售价冲减工程成本。

第二十六条　金融企业的在建工程发生单项或单位工程报废或毁损，减去残料价值和过失人或保险公司等赔款后的净损失，计入继续施工的工程成本；如为非常原因造成的报废或毁损，或在建工程项目全部报废或毁损，应将其净损失直接计入当期营业外支出。

第二十七条 金融企业所建造的固定资产已达到预定可使用状态，但尚未办理竣工决算的，应当自达到预定可使用状态之日起，按照工程预算、造价或者工程实际成本等，按估计的价值转入固定资产，并按本制度关于计提固定资产折旧的规定，计提固定资产的折旧。待办理了竣工决算手续后再作调整。

第二十八条 金融企业下列固定资产应当计提折旧：

（一）房屋和建筑物；

（二）各类设备；

（三）大修理停用的固定资产；

（四）融资租入和以经营租赁方式租出的固定资产。

达到预定可使用状态应当计提折旧的固定资产，在年度内办理竣工决算手续的，按照实际成本调整原来的暂估价值，并调整已计提的折旧额，作为调整当月的费用处理。如果在年度内尚未办理竣工决算的，应当按照估计价值暂估入账，并计提折旧；待办理了竣工决算手续后，再按照实际成本调整原来的暂估价值，调整原已计提的折旧额，同时调整年初留存收益各项目。

第二十九条 金融企业下列固定资产不计提折旧：

（一）以经营租赁方式租入的固定资产；

（二）已提足折旧继续使用的固定资产；

（三）按规定单独估价作为固定资产入账的土地。

第三十条 金融企业应当根据固定资产的性质和消耗方式，合理地确定固定资产的预计使用年限和预计净残值，并根据科技发展、环境及其他因素，选择合理的固定资产折旧方法。

固定资产折旧方法可以采用年限平均法、工作量法、年数总和法、双倍余额递减法等。折旧方法一经确定，不得随意变更。如需变更，应当在会计报表附注中予以说明。

金融企业因改建、扩建等原因而调整固定资产价值的，应当根据调整后价值，预计尚可使用年限和净残值，按选定的折旧方法计提折旧。

对于接受捐赠旧的固定资产，应当按照规定的固定资产入账价值、预计尚可使用年限、预计净残值，以及所选用的折旧方法，计提折旧。

第三十一条 金融企业一般应按月提取折旧，当月增加的固定资产，当月不提折旧，从下月起计提折旧；当月减少的固定资产，当月照提折旧，从下月起不提折旧。

固定资产提足折旧后，不论能否继续使用，均不再提取折旧；提前报废的固定资产，也不再补提折旧。所谓提足折旧，是指已经提足该项固定资产应提的折旧总额。应提的折旧总额为固定资产原价减去预计净残值；如果已对固定资产计提减值准备的，还应当扣除已计提的固定资产减值准备。

第三十二条 与固定资产有关的后续支出，如果使可能流入企业的经济利益超过了原先的估计，如延长了固定资产的使用寿命，或者使产品质量实质性提高，或者使产品成本实质性降低，则应当计入固定资产账面价值，其增计金额不应超过该固定资产的可收回金额。

除上述以外的与固定资产有关的后续支出，应当作为费用直接计入当期损益。

第三十三条 金融企业由于出售、报废或者毁损等原因而发生的固定资产清理净损益，计入当期营业外收支。

第三十四条 金融企业对固定资产应当定期或者至少每年实地盘点一次。对盘盈、盘亏、毁损的固定资产，应当查明原因，写出书面报告，并根据金融企业的管理权限，经股东大会或董事会，或行长（经理）会议或类似机构批准后，在期末结账前处理完毕。盘盈的固定资产，计入当期营业外收入；盘亏或毁损的固定资产，在减去过失人或者保险公司等赔款和残料价值之后，计入当期营业外支出。

如盘盈、盘亏或毁损的固定资产，在期末结账前尚未经批准的，在对外提供财务会计报告时应按上述规定进行处理，并在会计报表附注中作出说明；如果其后批准处理的金额与已处理的金额不一致，应按其差额调整会计报表相关项目的年初数。

第三十五条 金融企业对固定资产的购建、出售、清理、报废和内部转移等，都应当办理会计手续，并应当设置固定资产明细账（或者固定资产卡片）进行明细核算。

第三十六条　金融企业的固定资产应当在期末时按照账面价值与可收回金额孰低计量，可收回金额低于账面价值的差额，应当计提固定资产减值准备。

在资产负债表上，固定资产减值准备应当作为固定资产净值的减项反映。

第五节　无形资产和其他资产

第三十七条　金融企业的无形资产，是指为提供劳务、出租给他人、或为管理目的而持有的、没有实物形态的非货币性长期资产。无形资产分为可辨认无形资产和不可辨认无形资产。可辨认无形资产包括专利权、非专利技术、商标权、著作权、土地使用权等；不可辨认无形资产是指商誉。

金融企业自创的商誉，以及未满足无形资产确认条件的其他项目，不能作为无形资产。

第三十八条　金融企业的无形资产在取得时，应按实际成本入账。取得时的实际成本应按以下方法确定：

（一）购入的无形资产，按实际支付的价款作为实际成本。

（二）收到投资者作为投入资金投入的无形资产，按投资各方确认的价值作为实际成本。首次发行股票而接受投资者投入的无形资产，应按该项无形资产在投资方的账面价值作为实际成本。

（三）接受捐赠的无形资产，应按以下规定确定其实际成本：

1. 捐赠方提供了有关凭据的，按凭据上标明的金额加上应支付的相关税费，作为实际成本。

2. 捐赠方没有提供有关凭据的，按如下顺序确定其实际成本：

(1) 同类或类似无形资产存在活跃市场的，按同类或类似无形资产的市场价格估计的金额，加上应支付的相关税费，作为实际成本；

(2) 同类或类似无形资产不存在活跃市场的，按该接受捐赠的无形资产的预计未来现金流量现值，作为实际成本。

第三十九条　金融企业自行开发并按法律程序申请取得的无形资产，按依法取得时发生的注册费、聘请律师费等费用，作为无形资产的实际成本。在研究与开发过程中发生的材料费用、直接参与开发人员的工资及福利费、开发过程中发生的租金、借款费用等，直接计入当期损益。

已经计入各期费用的研究与开发费用，在该项无形资产获得成功并依法申请取得权利时，不得再将原已计入费用的研究与开发费用资本化。

第四十条　金融企业的无形资产应当自取得当月起在预计使用年限内分期平均摊销，计入损益。如预计使用年限超过了相关合同规定的受益年限或法律规定的有效年限，该无形资产的摊销年限按如下原则确定：

（一）合同规定受益年限但法律没有规定有效年限的，摊销期不应超过合同规定的受益年限；

（二）合同没有规定受益年限但法律规定有效年限的，摊销期不应超过法律规定的有效年限；

（三）合同规定了受益年限，法律也规定了有效年限的，摊销期不应超过受益年限和有效年限两者之中较短者。

如果合同没有规定受益年限，法律也没有规定有效年限的，摊销期不应超过10年。

第四十一条　金融企业购入或以支付土地出让金方式取得的土地使用权，在尚未开发或建造自用项目前，作为无形资产核算，并按本制度规定的期限分期摊销。金融企业因利用土地建造自用项目时，将土地使用权的账面价值全部转入该在建工程。

第四十二条　金融企业出售无形资产，应将所得价款与该项无形资产的账面价值之间的差额，计入当期损益。

金融企业出租的无形资产，应当按照本制度有关收入确认原则确认所取得的租金收入；同时，确认出租无形资产的相关费用。

第四十三条　金融企业的无形资产应当按照账面价值与可收回金额孰低计量，可收回金额低于账面价值的差额，计提无形资产减值准备。

第四十四条　金融企业的其他资产，是指除上述资产以外的其他资产，如长期待摊费用、存出资本保证金、抵债资产、应收席位费等。

（一）长期待摊费用，是指金融企业已经支出，但摊销期限在1年以上（不含1年）的各项费用，包括租入固定资产的改良支出等。应当由本期负担的借款利息、租金等，不得作为长期待摊费用处理。

长期待摊费用应当单独核算，在费用项目的受益期限内分期平均摊销。租入固定资产改良支出应当在租赁期限与租赁资产尚可使用年限两者孰短的期限内平均摊销；其他长期待摊费用应当在受益期内平均摊销。

股份有限公司委托其他单位发行股票支付的手续费或佣金等相关费用，减去股票发行冻结期间的利息收入后的余额，从发行股票的溢价中不够抵销的，或者无溢价的，若金额较小的，直接计入当期损益；若金额较大的，可作为长期待摊费用，在不超过2年的期限内平均摊销，计入损益。

除购建固定资产以外，所有筹建期间所发生的费用，先在长期待摊费用中归集，待金融企业开始经营当月起一次计入开始经营当月的损益。

如果长期待摊的费用项目不能使以后会计期间受益的，应当将尚未摊销的该项目的摊余价值全部转入当期损益。

（二）存出资本保证金，是指金融企业从事保险业务按规定比例缴存的、用于清算时清偿债务的保证金。存出资本保证金应于金融企业成立后按注册资本的20%提取，在实际发生时，按实际发生额入账。

（三）金融企业取得抵债资产时，按实际抵债部分的贷款本金和已确认的利息作为抵债资产的入账价值。待处理抵债资产应单独核算。

抵债资产处置时，如果取得的处置收入大于抵债资产账面价值，其差额计入营业外收入；如果取得的处置收入小于抵债资产账面价值，其差额计入营业外支出；保管过程中发生的费用直接计入营业外支出。处置过程中发生的费用，从处置收入中抵减。

抵债资产在期末应当按照账面价值与可收回金额孰低计量。

（四）应收席位费，是指金融企业向法定交易场所支付的交易席位费用。交易席位费用应当按照实际支付的金额入账，并按10年的期限平均摊销。

第六节 资 产 减 值

第四十五条 金融企业应当定期或者至少于每年年度终了时对各项资产进行检查，根据谨慎性原则，合理地预计各项资产可能发生的损失，对可能发生的各项资产损失计提资产减值准备。

各项资产减值准备应当合理计提，但不得设置秘密准备。如有确凿证据表明金融企业不恰当地运用了谨慎性原则设置秘密准备的，应当作为重大会计差错予以更正，并在会计报表附注中说明事项的性质、调整金额，以及对金融企业财务状况、经营成果的影响。

第四十六条 金融企业的短期投资应按成本与市价孰低计量，市价低于成本的部分，应当计提短期投资跌价准备。

金融企业在采用短期投资成本与市价孰低计价时，可以根据其具体情况，分别采用按投资总体、投资类别或单项投资计提跌价准备，如果某项短期投资比较重大（如占整个短期投资10%及以上），应以单项投资为基础计算并确定计提的跌价准备。

从事证券业务的金融企业，其自营证券也按上述原则计提跌价准备。

第四十七条 金融企业应当在期末分析各项应收款项（含拆出资金、应收保费等，但不包括贷款的应收利息）的可收回性，并预计可能产生的坏账损失。对预计可能发生的坏账损失，计提坏账准备。计提坏账准备的方法由金融企业自行确定。金融企业应当制定计提坏账准备的政策，明确计提坏账准备的范围、提取方法、账龄的划分和提取比例，按照法律、行政法规的规定报有关各方备案，并备置于金融企业所在地。坏账准备提取方法一经确定，不得随意变更。如需变更，应当在会计报表附注中予以说明。

在确定坏账准备的计提比例时，应当根据以往的经验、债务单位的实际财务状况和现金流量等相关信息予以合理估计。除有确凿证据表明该项应收款项不能够收回或收回的可能性不大外（如债务单位已撤销、破产、资不抵债、现金流量严重不足、发生严重的自然灾害等导致停产而在短时间内无法偿付债务等，以及3年以上的应收款项），下列各种情况不能全额提取坏账准备：

（一）当年发生的应收款项；

（二）计划对应收款项进行重组；

（三）与关联方发生的应收款项；

（四）其他已逾期，但无确凿证据表明不能收回的应收款项。

第四十八条 金融企业应当在期末分析各项贷款（不包括保户质押贷款和委托贷款，下同）的可收回性，并预计可能产生的贷款损失。对预计可能产生的贷款损失，计提贷款损失准备。贷款损失准备应根据借款人的还款能力、贷款本息的偿还情况、抵押品的市价、担保人的支持力度和金融企业内部信贷管理等因素，分析其风险程度和回收的可能性，合理计提。

贷款损失准备包括专项准备和特种准备两种。专项准备按照贷款五级分类结果及时、足额计提；具体比例由金融企业根据贷款资产的风险程度和回收的可能性合理确定。特种准备是指金融企业对特定国家发放贷款计提的准备，具体比例由金融企业根据贷款资产的风险程度和回收的可能性合理确定。

提取的贷款损失准备计入当期损益，发生贷款损失冲减已计提的贷款损失准备。已冲销的贷款损失，以后又收回的，其核销的贷款损失准备予以转回。

计提贷款损失准备的资产，是指金融企业承担风险和损失的贷款（含抵押、质押、保证、无担保贷款）、银行卡透支、贴现、信用垫款（如银行承兑汇票垫款、担保垫款、信用证垫款等）、进出口押汇等。

对由金融企业转贷并承担对外还款责任的国外贷款，包括国际金融组织贷款、外国买方信贷、外国政府贷款、日本国际协力银行不附条件贷款和外国政府混合贷款等资产，也应当计提贷款损失准备。

金融企业对不承担风险的委托贷款等，不计提贷款损失准备。

第四十九条　金融企业应当在期末对长期投资、固定资产、无形资产逐项进行检查。

如果由于市价持续下跌、被投资单位经营状况恶化，导致其可收回金额低于其账面价值的，应当计提长期投资减值准备；如果由于技术陈旧、损坏、长期闲置等原因，导致其可收回金额低于其账面价值的，应当计提固定资产减值准备；如果由于新技术的产生等原因，导致其可收回金额低于其账面价值的，应当计提无形资产减值准备。

本制度所称的可收回金额，是指资产的销售净价与预期从该资产的持续使用和使用寿命结束时的处置中形成的预计未来现金流量的现值两者之中的较高者。其中，销售净价是指资产的销售价格减去所发生的资产处置费用后的余额。

长期投资、固定资产和无形资产减值准备，应按单项项目计提。

第五十条　对有市价的长期投资可以根据下列迹象判断是否应当计提减值准备：

（一）市价持续2年低于账面价值；

（二）该项投资暂停交易1年或1年以上；

（三）被投资单位当年发生严重亏损；

（四）被投资单位持续2年发生亏损；

（五）被投资单位进行清理整顿、清算或出现其他不能持续经营的迹象。

第五十一条　对无市价的长期投资可以根据下列迹象判断是否应当计提减值准备：

（一）影响被投资单位经营的政治或法律环境的变化，如税收、贸易等法规的颁布或修订，可能导致被投资单位出现巨额亏损；

（二）被投资单位所供应的商品或提供的劳务因产品过时或消费者偏好改变而使市场的需求发生变化，从而导致被投资单位财务状况发生严重恶化；

（三）被投资单位所在行业的生产技术等发生重大变化，被投资单位已失去竞争能力，从而导致财务状况发生严重恶化，如进行清理整顿、清算等；

（四）有证据表明该项投资实质上已经不能再给金融企业带来经济利益的其他情形。

第五十二条　如果金融企业的固定资产实质上已经发生了减值，应当计提减值准备。对存在下列情况之一的固定资产，应当全额计提减值准备：

（一）长期闲置不用，在可预见的未来不会再使用，且已无转让价值的固定资产；

（二）由于技术进步等原因，已不可使用的固定资产；

（三）其他实质上已经不能再给金融企业带来经济利益的固定资产。

已全额计提减值准备的固定资产，不再计提折旧。

第五十三条　金融企业在建工程预计发生减值时，如长期停建并且预计在3年内不会重新开工的在建工程，也应当根据上述原则计提资产减值准备。

第五十四条　当存在下列一项或若干项情况时，应当将该项无形资产的账面价值全部转入当期损益：

（一）该无形资产已被其他新技术等所替代，且已不能为金融企业带来经济利益；

（二）该无形资产不再受法律的保护，且不能为金融企业带来经济利益。

第五十五条 当存在下列一项或若干项情况时，应当计提无形资产的减值准备：

（一）该无形资产已被其他新技术等所替代，使其为金融企业创造经济利益的能力受到重大不利影响；

（二）该无形资产的市价在当期大幅下跌，在剩余摊销年限内预期不会恢复；

（三）其他足以表明该无形资产的账面价值已超过可收回金额的情形。

第五十六条 金融企业应当在期末对抵债资产逐项进行检查，如果抵债资产实质上已经发生了减值，应当计提减值准备。

第五十七条 金融企业计算的当期应计提的资产减值准备如果高于已提资产减值准备的账面余额，应按其差额补提减值准备；如果低于已计提资产减值准备的账面余额，应按其差额冲回多提的资产减值准备，但冲减的资产减值准备，仅限于已计提的资产减值准备的账面余额。

已确认并转销的资产损失，如果以后又收回，应当相应调整已计提的资产减值准备。

第五十八条 如果金融企业滥用会计估计，应当作为重大会计差错，按照重大会计差错更正的方法进行会计处理，即金融企业因滥用会计估计而多提或少提的资产减值准备，在转回的当期，应当遵循原渠道冲回或补计的原则（如原追溯调整的，当期转回时仍然追溯调整至以前各期；原从上期利润中计提的，当期转回时仍然调整上期利润），不得作为增加当期的利润处理。

第五十九条 处置已经计提减值准备的各项资产，应当同时结转已计提的减值准备。

金融企业对于不能收回的应收款项、贷款、长期投资等应当查明原因，追究责任。对有确凿证据表明确实无法收回的应收款项、贷款、长期投资等，如债务单位或被投资单位已撤销、破产、资不抵债、现金流量严重不足等，根据金融企业的管理权限，经股东大会或董事会，或行长（经理）会议或类似机构批准作为资产损失，冲销已提取的相关资产减值准备。

第三章 负 债

第六十条 负债，是指过去的交易、事项形成的现时义务，履行该义务预期会导致经济利益流出企业。

第六十一条 金融企业的负债按其流动性，可分为流动负债、应付债券、长期准备金和其他长期负债等。

第一节 流动负债

第六十二条 流动负债，是指将在1年（含1年）内偿还的债务。

第六十三条 金融企业的流动负债，主要包括活期存款、1年（含1年）以下的定期存款、向中央银行借款、票据融资、同业存款、同业拆入、应付利息、应付佣金、应付手续费、预收保费、应付分保款、预收分保赔款、应付保户红利、存入保证金、未决赔款准备金、未到期责任准备金、存入分保准备金、质押借款、代买卖证券款、代发行证券款、代兑付债券款、卖出回购证券款、应付款项、应付工资、应交税金、其他暂收应付款项和预提费用等。

（一）活期存款，是指金融企业吸收存款单位和居民个人存入的可随时取用的存款。单位和居民个人活期存款应按实际存入的款项入账。

（二）向中央银行借款，是指金融企业向中央银行借入的临时周转借款、季节性借款、年度性借款以及因特殊需要经批准向中央银行借入的特种借款等。向中央银行借款应按实际借入款项入账。

（三）票据融资，是指金融企业以客户贴现的未到期商业汇票向中央银行办理再贴现和向其他商业银行办理转贴现而获得的资金。票据融资应按票面金额入账。

（四）同业存款，是指金融企业之间因发生日常结算往来而存入本企业的清算款项。同业存款应按实际存入本企业的款项入账。

（五）同业拆入，是指金融企业从金融机构拆入的款项。同业拆入应按实际拆入的款项入账。

（六）应付利息，是指金融企业根据存款或债券金额及其存续期限和规定的利率，按期计提应支付给单位和个人的利息。应付利息应按已计但尚未支付的金额入账。

（七）应付佣金，是指金融企业应向个人代理人和保险经纪公司支付的报酬。应付佣金应按实际发生额入账。

（八）应付手续费，是指金融企业应向受其委托并在其授权范围内，代为办理保险业务的保险代理人支付的报酬。应付手续费应按实际发生额入账。

（九）预收保费，是指金融企业在保险责任生效前向投保人预收的保险费。预收保费应按实际发生额入账。

（十）应付分保款，是指金融企业之间开展分保业务发生的各种应付款项。应付分保款应于收到分保业务账单时，按照分保业务账单标明的金额入账。

（十一）预收分保赔款，是指金融企业分出分保业务按保险合同约定预收的分保赔款。预收分保赔款应于收到分保账单时，按照分保业务账单标明的金额入账。

（十二）应付保户红利，是指金融企业按保险合同约定发生的应付给保户的红利。应付保户红利应按实际发生额入账。

（十三）存入保证金，是指金融企业按保险合同约定接受存入的保证金，包括存入理赔保证金、存入信用险保证金。存入保证金应按实际存入的金额入账。

（十四）未决赔款准备金，是指金融企业对保险事故已发生已报案或已发生未报案而按规定对未决赔款提存的准备金。未决赔款准备金，应于期末按估计保险赔款额入账。

（十五）未到期责任准备金，是指金融企业对 1 年期以内（含 1 年）的保险业务，为承担未来保险责任而按规定提取的准备金。未到期责任准备金，应于期末按保险精算结果入账。

（十六）存入分保准备金，是指金融企业的再保险业务按合同约定，由分保分出人扣存分保接受人部分分保费以应付未了责任的准备金。存入分保准备金应于收到分保业务账单时，按照分保业务账单标明的金额入账。

（十七）质押借款，是指金融企业用自营证券向其他金融机构质押而借入的各种短期借款本金。质押借款应按实际借入的款项入账。

（十八）代买卖证券款，是指金融企业接受客户委托，代客户买卖有价证券而由客户交存的款项。代买卖证券款应按实际收到的金额入账。

（十九）代发行证券款，是指金融企业接受委托，采用余额承购包销方式或代销方式代发行证券所形成的应付证券发行人的承销资金。代发行证券款应按实际发生额入账。

（二十）代兑付债券款，是指金融企业接受委托，代理兑付债券业务而收到委托单位预付的兑付资金。代兑付债券款应按实际收到的款项入账。

（二十一）卖出回购证券款，是指金融企业按规定进行证券回购业务所融入的资金。卖出回购证券款应当按照卖出证券实际收到的金额入账。

第六十四条　各种短期存款、借款、短期应付债券等，应当按照本金或债券面值以及确定的利率按期计提利息，计入损益。

第二节　应付债券

第六十五条　金融企业发行债券，应当按照实际的发行价格总额，作负债处理；债券发行价格总额与债券面值总额之间的差额，作为债券溢价或折价，在债券的存续期间内按实际利率法或直线法于计提利息时摊销，并按借款费用的处理原则处理。

第六十六条　金融企业发行可转换债券，可转换债券在发行以及转换为股份之前，应按一般应付债券进行处理。当可转换债券持有人行使转换权利，将其持有的债券转换为股份或资本时，应按其账面价值结转；可转换债券账面价值与可转换股份面值之间的差额，减去支付的现金后的余额，作为资本公积处理。

第六十七条　金融企业发行附有赎回选择权的可转换债券，其在赎回日可能支付的利息补偿金，即债券约定赎回期届满日应当支付的利息减去应付债券票面利息的差额，应当在债券发行日至债券约定赎回届满日期间计提应付利息，计提的应付利息，按借款费用的处理原则处理。

第六十八条　金融企业发行债券，如果发行费用小于发行期间冻结资金所产生的利息收入，按发行期间冻结资金所产生的利息收入减去发行费用后的差额，视同发行债券的溢价收入，在债券存续期间于计提利息时摊销。

第六十九条　金融企业所发生的借款费用，是指因借款而发生的利息、借款折价或溢价的摊销和辅助费用，以及因外币借款而发生的汇兑差额。因借款而发生的辅助费用包括手续费等。

除为购建固定资产而借入的专门借款所发生的借款费用外，其他借款费用均应于发生当期确认为费用，直接计入当期损益。

本制度所称的专门借款，是指为购建固定资产而专门借入的款项。

为购建固定资产而借入的专门借款所发生的借款费用，按以下规定处理：

（一）因借款而发生的辅助费用的处理

1. 金融企业发行债券筹集资金专项用于购建固定资产时，在所购建的固定资产达到预定可使用状态前发生的发行费用，将发生金额较大的（减去发行期间冻结资金产生的利息），直接计入所购建固定资产的成本；将发生金额较小的（减去发行期间冻结资金产生的利息），直接计入当期损益。

向银行借款而发生的手续费，按上述同一原则处理。

2. 因安排专门借款而发生的除发行费用和银行借款手续费以外的辅助费用，如果金额较大的，属于在所购建固定资产达到预定可使用状态之前发生的，应当在发生时计入所购建固定资产的成本；在所购建固定资产达到预定可使用状态后发生的辅助费用，直接计入当期损益。对于金额较小的辅助费用，也可以于发生当期直接计入损益。

（二）借款利息、折价或溢价的摊销、汇兑差额的处理

1. 当同时满足以下三个条件时，金融企业为购建某项固定资产而借入的专门借款所发生的利息、折价或溢价的摊销、汇兑差额应当开始资本化，计入所购建固定资产的成本：

（1）资产支出已经发生（只包括为购建固定资产而以支付现金、转移非现金资产或者承担带息债务形式发生的支出）；

（2）借款费用已经发生；

（3）为使资产达到预定可使用状态所必要的购建活动已经开始。

2. 金融企业为购建固定资产而借入的专门借款所发生的借款利息、折价或溢价的摊销，满足上述资本化条件的，在所购建的固定资产达到预定可使用状态前所发生的，应当予以资本化，计入所购建固定资产的成本；在所购建的固定资产达到预定可使用状态后所发生的，应于发生当期直接计入当期利息支出。每一会计期间利息资本化金额的计算公式如下：

$$\begin{matrix}\text{每一会计期间利}\\\text{息的资本化金额}\end{matrix}=\begin{matrix}\text{至当期末止购建固定资}\\\text{产累计支出加权平均数}\end{matrix}\times\text{资本化率}$$

$$\begin{matrix}\text{累计支出}\\\text{加权平均数}\end{matrix}=\sum\left[\begin{matrix}\text{每笔资产}\\\text{支出金额}\end{matrix}\times\frac{\text{每笔资产支出实际占用的天数}}{\text{会计期间涵盖的天数}}\right]$$

为简化计算，也可以月数作为计算累计支出加权平均数的权数。

资本化率的确定原则为：金融企业为购建固定资产只借入一笔专门借款时，资本化率为该项借款的利率；金融企业为购建固定资产借入一笔以上的专门借款时，资本化率为这些借款的加权平均利率。加权平均利率的计算公式如下：

$$\text{加权平均利率}=\frac{\text{专门借款当期实际发生的利息之和}}{\text{专门借款本金加权平均数}}\times100\%$$

$$\begin{matrix}\text{专门借款本金}\\\text{加权平均数}\end{matrix}=\sum\left[\begin{matrix}\text{每笔专门}\\\text{借款本金}\end{matrix}\times\frac{\text{每笔专门借款实际占用的天数}}{\text{会计期间涵盖的天数}}\right]$$

为简化计算，也可以月数作为计算专门借款本金加权平均数的权数。

在计算加权平均利率时，如果金融企业发行债券发生债券折价或溢价的，应当将每期应摊销的折价或溢价金额，作为利息的调整额，对资本化率作相应调整，其加权平均利率的计算公式如下：

$$\text{加权平均利率}=\frac{\text{专门借款当期实际发生的利息之和}+(\text{或}-)\text{折价(或溢价)摊销额}}{\text{专门借款本金加权平均数}}\times100\%$$

3. 金融企业为购建固定资产而借入的外币专门借款，其每一会计期间所产生的汇兑差额，满足上述资本化条件的，在所购建固定资产达到预定可使用状态前，予以资本化，计入所购建固定资产的成本；在该项固定资产达到预定可使用状态后，计入当期利息支出。

4. 金融企业每期利息和折价或溢价摊销的资本化金额，不得超过当期为购建固定资产的专门借款实际发生的利息和折价或溢价的摊销金额。

在确定借款费用资本化金额时，与专门借款有关的利息收入不得冲减所购建的固定资产成本，所发生的利息收入直接冲减当期利息支出。

5. 金融企业以非借款方式筹集的资金专项用于购建某项固定资产的，如专用拨款、发行股票募集的资

金等，在募集资金尚未到达前借入的专门用于购建该项固定资产的资金，其发生的借款费用，在募集资金到达前，按借款费用的处理原则处理；募集资金到达后，在购建该项资产的实际支出未超过以非借款方式募集的资金时，所发生的借款费用直接计入当期财务费用。实际支出超过以非借款方式募集的资金时，专门借款所发生的借款费用，按借款费用的处理原则处理，但在计算该项资产的累计加权平均数时，应将以非借款方式募集的资金扣除。

6. 如果某项建造的固定资产的各部分分别完工(指每一单项工程或单位工程，下同)，每部分在其他部分继续建造过程中可供使用，并且为使该部分达到预定可使用状态所必需的活动实质上已经完成，则这部分资产所发生的借款费用不再计入所建造的固定资产成本，直接计入当期损益；如果某项建造的固定资产的各部分分别完工，但必须等到整体完工后才可使用，则应当在该资产整体完工时，其所发生的借款费用不再计入所建造的固定资产成本，而直接计入当期损益。

7. 如果某项固定资产的购建发生非正常中断，并且中断时间超过3个月(含3个月)，应当暂停借款费用的资本化，其中断期间所发生的借款费用，不计入所购建的固定资产成本，将其直接计入当期损益，直至购建重新开始，再将其后至固定资产达到预定可使用状态前所发生的借款费用，计入所购建固定资产的成本。

如果中断是使购建的固定资产达到预定可使用状态所必要的程序，则中断期间所发生的借款费用仍应计入该项固定资产的成本。

当所购建的固定资产达到预定可使用状态时，应当停止借款费用的资本化；以后发生的借款费用应于发生当期直接计入当期损益。

第七十条 本制度所称的达到预定可使用状态，是指固定资产已达到购买方或建造方预定的可使用状态。当存在下列情况之一时，可认为所购建的固定资产已达到预定可使用状态：

(一) 资产的实体建造(包括安装)工作已经全部完成或者实质上已经全部完成；

(二) 已经过试生产或试运行，并且其结果表明资产能够正常运行或者能够稳定地生产出合格产品时，或者试运行结果表明能够正常运转或营业时；

(三) 该项建造的固定资产上的支出金额很少或者几乎不再发生；

(四) 所购建的固定资产已经达到设计或合同要求，或与设计或合同要求相符或基本相符，即使有极个别地方与设计或合同要求不相符，也不足以影响其正常使用。

第三节 长期准备金

第七十一条 从事保险业务的金融企业，其长期准备金主要包括长期责任准备金、寿险责任准备金、长期健康险责任准备金和保险保障基金等。

第七十二条 长期责任准备金，是指金融企业对1年(不含1年)以上的长期财产险业务和再保险业务，为承担未来保险责任而按规定提取的准备金。长期责任准备金，应于期末按系统合理的方法计算的结果入账。

第七十三条 寿险责任准备金，是指金融企业对人寿保险业务为承担未来保险责任而按规定提存的准备金。寿险责任准备金，应于期末按保险精算结果入账。

第七十四条 长期健康险责任准备金，是指金融企业对长期性健康保险业务为承担未来保险责任而按规定提存的准备金。长期健康险责任准备金，应于期末按保险精算结果入账。

第七十五条 保险保障基金，是指金融企业按规定提取的保险保障基金。保险保障基金，应于年末按当年自留保费收入的规定比例提取。

第四节 其他长期负债

第七十六条 其他长期负债，主要包括长期存款、保户储金、长期借款和长期应付款等。

(一) 长期存款，是指金融企业吸收存款单位和居民个人存入的1年(不含1年)以上的定期存款。

(二) 保户储金，是指保险公司以储金利息作为保费的保险业务，收到保户缴存的储金。

(三) 长期借款，是指金融企业向中央银行或其他金融机构借入的期限在1年以上(不含1年)的各项借款。

(四) 长期应付款，是指金融企业除长期借款和应付债券以外的其他各种长期应付款项。

第七十七条 其他长期负债应当以实际发生额入账。

其他长期负债应当按照负债本金以及确定的利率按期计提利息，分别计入工程成本或当期利息支出。

第四章 所有者权益

第七十八条 所有者权益，是指所有者在企业资产中享有的经济利益，其金额为资产减去负债后的余额。

金融企业的所有者权益，主要包括实收资本(或股本)、资本公积、盈余公积和未分配利润等。

从事存贷款业务的金融企业计提的一般准备、从事保险业务的金融企业计提的总准备金、从事证券业务的金融企业计提的一般风险准备，以及从事信托业务的金融企业计提的信托赔偿准备也是所有者权益的组成部分。

一般准备，是指从事存贷款业务的金融企业按一定比例从净利润中提取的一般风险准备。

总准备金，是指从事保险业务的金融企业按规定从净利润中提取的风险准备金。

一般风险准备，是指从事证券业务的金融企业按规定从净利润中提取，用于弥补亏损的风险准备。

信托赔偿准备，是指从事信托业务的金融企业按规定从净利润中提取，用于赔偿信托业务损失的风险准备。

第七十九条 金融企业的实收资本是指投资者按照企业章程，或合同、协议的约定，实际投入金融企业的资本。

(一) 股份制金融企业的股本，应按以下规定核算：

1. 股份制金融企业的股本应当在核定的股本总额及核定的股份总额的范围内发行股票或股东出资取得。公司发行的股票，应按其面值作为股本，超过面值发行取得的收入，其超过面值的部分，作为股本溢价，计入资本公积。

2. 境外上市公司以及在境内发行外资股的上市公司，按确定的人民币股票面值和核定的股份总额的乘积计算的金额，作为股本入账，按收到股款当日的汇率折合的人民币金额与按人民币计算的股票面值总额的差额，作为资本公积处理。

(二) 非股份制金融企业的实收资本应按以下规定核算：

1. 投资者以现金投入的资本，应当以实际收到或者存入企业开户银行的金额作为实收资本入账。实际收到或者存入企业开户银行的金额超过其在该金融企业注册资本中所占份额的部分，计入资本公积。

2. 投资者以非现金资产投入的资本，应按投资各方确认的价值作为实收资本入账。首次发行股票而接受投资者投入的无形资产，应按该项无形资产在投资方的账面价值入账。

3. 投资者投入的外币，合同没有约定汇率的，按收到出资额当日的汇率折合；合同约定汇率的，按合同约定的汇率折合，因汇率不同产生的折合差额，作为资本公积处理。

第八十条 金融企业资本(或股本)除下列情况外，不得随意变动：

(一) 符合增资条件，并经有关部门批准增资的，在实际取得股东的出资时，登记入账。

(二) 金融企业按法定程序报经批准减少注册资本的，在实际发还投资时登记入账；采用收购本企业股票方式减资的，在实际购入本企业股票时，登记入账。

金融企业应当将因减资而注销股份、发还股款，以及因减资需更新股票的变动情况，在股本账户的明细账及有关备查簿中详细记录。

股东按规定转让其出资的，金融企业应当于有关的转让手续办理完毕时，将出让方所转让的出资额，在资本(或股本)账户的有关明细账户及各备查登记簿中转为受让方。

第八十一条 资本公积主要包括：

(一) 资本(或股本)溢价，是指金融企业投资者投入的资金超过其在注册资本中所占份额的部分。

(二) 接受非现金资产捐赠准备，是指金融企业因接受非现金资产捐赠而增加的资本公积。

(三) 接受现金捐赠，是指金融企业因接受现金资产捐赠而增加的资本公积。

(四) 股权投资准备，是指金融企业对被投资单位的长期股权投资采用权益法核算时，因被投资单位接受捐赠等原因增加的资本公积，金融企业按其持股比例计算而增加的资本公积。

(五) 外币资本折算差额，是指金融企业接受外币投资因所采用的汇率不同而产生的资本折算差额。

(六) 关联交易差价，是指上市的金融企业与关联方之间的交易，对显失公允的交易价格部分而形成的资本公积。这部分资本公积不得用于转增资本或弥补亏损。

(七) 其他资本公积，是指除上述各项资本公积以外所形成的资本公积，以及从资本公积各准备项目转入的金额。债权人豁免的债务，也在本项目核算。

资本公积各准备项目不能转增资本(或股本)。

第八十二条　盈余公积分别包括以下内容：

（一）法定盈余公积，是指金融企业按照规定的比例从净利润中提取的盈余公积。

（二）任意盈余公积，是指金融企业经股东大会或类似机构批准按照规定的比例从净利润中提取的盈余公积。

（三）法定公益金，是指金融企业按照规定的比例从净利润中提取的用于职工集体福利设施的公益金。法定公益金用于职工集体福利时，应当将其转入任意盈余公积。

金融企业的盈余公积可以用于弥补亏损、转增资本（或股本）。符合规定条件的金融企业，也可以用盈余公积分派现金股利。

第五章　收　　入

第八十三条　收入，是指企业在销售商品、提供劳务及让渡资产使用权等日常活动中所形成的经济利益的总流入。

金融企业提供金融商品服务所取得的收入，主要包括利息收入、金融企业往来收入、手续费收入、贴现利息收入、保费收入、证券发行差价收入、证券自营差价收入、买入返售证券收入、汇兑收益和其他业务收入。收入不包括为第三方或者客户代收的款项，如企业代垫的工本费、代邮电部门收取的邮电费。

金融企业应当根据收入的性质，按照收入确认的条件，合理地确认和计量各项收入。

第八十四条　金融企业提供金融产品服务取得的收入，应当在以下条件均能满足时予以确认：

1. 与交易相关的经济利益能够流入企业；

2. 收入的金额能够可靠地计量。

第八十五条　金融企业发放的贷款，应按期计提利息并确认收入。发放贷款到期（含展期，下同）90天后尚未收回的，其应计利息停止计入当期利息收入，纳入表外核算；已计提的贷款应收利息，在贷款到期90天后仍未收回的，或在应收利息逾期90天后仍未收到的，冲减原已计入损益的利息收入，转作表外核算。非银行金融企业除贷款以外的融出资金，其计提的利息按上述原则处理。

第八十六条　手续费收入，应当在向客户提供相关服务时确认。

第八十七条　证券发行差价收入，应于发行期结束后，与发行人结算发行价款时确认。

第八十八条　证券自营差价收入，应在与证券交易所清算时按成交价扣除买入成本、相关税费后的净额确认。

第八十九条　利息收入、金融企业往来收入等，应按让渡资金使用权的时间和适用利率计算确定。

第九十条　保费、分保费收入应在下列条件均能满足时予以确认：

1. 保险合同成立并承担相应保险责任；

2. 与保险合同相关的经济利益能够流入；

3. 与保险合同相关的收入和成本能够可靠地计量。

第六章　成本和费用

第九十一条　费用是指企业为销售商品、提供劳务等日常活动所发生的经济利益的流出；成本是指企业为提供劳务和产品而发生的各种耗费。不包括为第三方或客户垫付的款项。

第九十二条　金融企业的营业成本，是指在业务经营过程中发生的与业务经营有关的支出，包括利息支出、金融企业往来支出、手续费支出、卖出回购证券支出、汇兑损失、赔款支出、死伤医疗给付、满期给付、年金给付、分保赔款支出、分保费用支出、未决赔款准备金提转差、未到期责任准备金提转差、长期责任准备金提转差等。

第九十三条　营业费用，是指金融企业在业务经营及管理工作中发生的各项费用，包括：固定资产折旧、业务宣传费、业务招待费、电子设备运转费、安全防卫费、企业财产保险费、邮电费、劳动保护费、外事费、印刷费、公杂费、低值易耗品摊销、理赔勘查费、职工工资、差旅费、水电费、租赁费（不包括融资租赁费）、修理费、职工福利费、职工教育经费、工会经费、房产税、车船使用税、土地使用税、印花税、会议费、诉讼费、公证费、咨询费、无形资产摊销、长期待摊费用摊销、待业保险费、劳动保险费、取暖费、审计费、技术转让费、研究开发费、绿化费、董事会费、上交管理费、广告费、银行结算费等。

第九十四条　金融企业应支付职工的工资，应当根据规定的工资标准等资料，计算职工工资，计入成本费用。企业按规定给予职工的各种工资性质的补贴，也应计入各工资项目。

第九十五条 金融企业在经营过程中所发生的其他各项费用，应当以实际发生数计入成本费用。凡应当由本期负担而尚未支出的费用，作为预提费用计入本期成本费用；凡已支出，应当由本期和以后各期负担的费用，应当作为待摊费用，分期摊入成本费用。

第九十六条 金融企业必须分清本期营业成本、营业费用和下期营业成本、营业费用的界限，不得任意预提和摊销费用。

第七章 利润及利润分配

第九十七条 利润是指企业在一定会计期间的经营成果，包括营业利润、利润总额和净利润。

（一）营业利润，是指营业收入减去营业成本和营业费用加上投资净收益后的净额。

（二）利润总额，是指营业利润减去营业税金及附加，加上营业外收入，减去营业外支出后的金额。

营业外收入和营业外支出，是指金融企业发生的与其经营业务活动无直接关系的各项收入和各项支出。营业外收入包括固定资产盘盈、处置固定资产净收益、处置无形资产净收益、处置抵债资产净收益、罚款收入等。营业外支出包括固定资产盘亏、处置固定资产净损失、处置无形资产净损失、抵债资产保管费用、处置抵债资产净损失、债务重组损失、罚款支出、捐赠支出、非常损失等。

营业外收入和营业外支出应当分别核算，并在利润表中分别反映。

（三）资产损失，是指金融企业按规定提取（或转回）的贷款损失和其他各项资产损失。

（四）扣除资产损失后利润总额，是指利润总额减去（或加上）提取（或转回）的资产损失后的金额。

（五）所得税，是指金融企业应计入当期损益的所得税费用。

（六）净利润，是指扣除资产损失后利润总额减去所得税后的金额。

第九十八条 金融企业的所得税费用应当按照以下规定进行核算：

（一）金融企业应当根据具体情况，选择采用应付税款法或者纳税影响会计法进行所得税的核算：

1. 应付税款法，是指企业不确认时间性差异对所得税的影响金额，按照当期计算的应交所得税确认为当期所得税费用的方法。在这种方法下，当期所得税费用等于当期应交的所得税。

2. 纳税影响会计法，是指企业确认时间性差异对所得税的影响金额，按照当期应交所得税和时间性差异对所得税影响金额的合计，确认为当期所得税费用的方法。在这种方法下，时间性差异对所得税的影响金额，递延和分配到以后各期。采用纳税影响会计法的企业，可以选择采用递延法或者债务法进行核算。在采用递延法核算时，在税率变动或开征新税时，不需要对原已确认的时间性差异对所得税的影响金额进行调整，但是，在转回时间性差异对所得税的影响金额时，应当按照原所得税率计算转回；在采用债务法核算时，在税率变动或开征新税时，应当对原已确认的时间性差异对所得税的影响金额进行调整，在转回时间性差异对所得税的影响金额时，应当按照现行所得税率计算转回。

（二）在采用纳税影响会计法下，企业应当合理划分时间性差异和永久性差异的界限：

1. 时间性差异，是指税法与会计制度在确认收益、费用或损失时的时间不同而产生的税前会计利润与应纳税所得额的差异。时间性差异发生于某一会计期间，但在以后一期或若干期内能够转回。时间性差异主要有以下几种类型：

(1) 金融企业获得的某项收益，按照会计制度规定应当确认为当期收益，但按照税法规定需待以后期间确认为应纳税所得额，从而形成应纳税时间性差异。这里的应纳税时间性差异是指未来应增加应纳税所得额的时间性差异。

(2) 金融企业发生的某项费用或损失，按照会计制度规定应当确认为当期费用或损失，但按照税法规定待以后期间从应纳税所得额中扣减，从而形成可抵减时间性差异。这里的可抵减时间性差异是指未来可以从应纳税所得额中扣除的时间性差异。

(3) 金融企业获得的某项收益，按照会计制度规定应当于以后期间确认收益，但按照税法规定需计入当期应纳税所得额，从而形成可抵减时间性差异。

(4) 金融企业发生的某项费用或损失，按照会计制度规定应当于以后期间确认为费用或损失，但按照税法规定可以从当期应纳税所得额中扣减，从而形成应纳税时间性差异。

2. 永久性差异，是指某一会计期间，由于会计制度和税法在计算收益、费用或损失时的口径不同，所产生的税前会计利润与应纳税所得额之间的差异。这种差异在本期发生，不会在以后各期转回。永久性差异有以下几种类型：

(1) 按会计制度规定核算时作为收益计入会计报表，在计算应纳税所得额时不确认为收益。

(2) 按会计制度规定核算时不作为收益计入会计报表，在计算应纳税所得额时作为收益，需要交纳所得税。

(3) 按会计制度规定核算时确认为费用或损失计入会计报表，在计算应纳税所得额时则不允许扣减。

(4) 按会计制度规定核算时不确认为费用或损失，在计算应纳税所得额时则允许扣减。

(三) 采用递延法时，一定时期的所得税费用包括：

(1) 本期应交所得税；

(2) 本期发生或转回的时间性差异所产生的递延税款贷项或借项。

上述本期应交所得税，是指按照应纳税所得额和现行所得税率计算的本期应交所得税；本期发生或转回的时间性差异所产生的递延税款贷项或借项，是指本期发生的时间性差异用现行所得税率计算的未来应交的所得税和未来可抵减的所得税金额，以及本期转回原确认的递延税款借项或贷项。按照上述本期所得税费用的构成内容，可列示公式如下：

本期所得税费用＝本期应交所得税＋本期发生的时间性差异所产生的递延税款贷项金额－本期发生的时间性差异所产生的递延税款借项金额＋本期转回的前期确认的递延税款借项金额－本期转回的前期确认的递延税款贷项金额

本期发生的时间性差异所产生的递延税款贷项金额＝本期发生的应纳税时间性差异×现行所得税率

本期发生的时间性差异所产生的递延税款借项金额＝本期发生的可抵减时间性差异×现行所得税率

本期转回的前期确认的递延税款借项金额＝本期转回的可抵减本期应纳税所得额的时间性差异(即前期确认本期转回的可抵减时间性差异)×前期确认递延税款时的所得税率

本期转回的前期确认的递延税款贷项金额＝本期转回的增加本期应纳税所得额的时间性差异(即前期确认本期转回的应纳税时间性差异)×前期确认递延税款时的所得税率

(四) 采用债务法时，一定时期的所得税费用包括：

(1) 本期应交所得税；

(2) 本期发生或转回的时间性差异所产生的递延所得税负债或递延所得税资产；

(3) 由于税率变更或开征新税，对以前各期确认的递延所得税负债或递延所得税资产账面余额的调整数。

按照上述本期所得税费用的构成内容，可列示公式如下：

本期所得税费用＝本期应交所得税＋本期发生的时间性差异所产生的递延所得税负债－本期发生的时间性差异所产生的递延所得税资产＋本期转回的前期确认的递延所得税资产－本期转回的前期确认的递延所得税负债＋本期由于税率变动或开征新税调减的递延所得税资产或调增的递延所得税负债－本期由于税率变动或开征新税调增的递延所得税资产或调减的递延所得税负债

本期由于税率变动或开征新税调增或调减的递延所得税资产或递延所得税负债＝累计应纳税时间性差异或累计可抵减时间性差异×(现行所得税率－前期确认应纳税时间性差异或可抵减时间性差异时适用的所得税率)

或者＝递延税款账面余额－已确认递延税款金额的累计时间性差异×现行所得税率

(五) 采用纳税影响会计法时，在时间性差异所产生的递延税款借方金额的情况下，为了慎重起见，如在以后转回时间性差异的时期内(一般为三年)，有足够的应纳税所得额予以转回的，才能确认时间性差异的所得税影响金额，并作为递延税款的借方反映，否则，应于发生当期视同永久性差异处理。

第九十九条　金融企业一般应按月计算利润，按月计算利润有困难的金融企业，可以按季或者按年计算利润。

第一百条　金融企业董事会或类似机构决议提请股东大会或类似机构批准的年度利润分配方案，在股东大会或类似机构召开会议前，应当将其列入报告年度的利润分配表。股东大会或类似机构批准的利润分配方案，与董事会或类似机构提请批准的报告年度利润分配方案不一致时，其差额应当调整报告年度会计报表有关项目的年初数。

第一百零一条　金融企业当期实现的净利润，加上年初未分配利润(或减去年初未弥补亏损)和其他转入后的余额，为可供分配的利润，并作下列分配：

(一) 提取法定盈余公积；

（二）提取法定公益金。

从事存贷款业务的金融企业，按规定提取的一般准备也应作为利润分配处理。

从事保险业务的金融企业，应按本年实现净利润的一定比例提取总准备金，用于巨灾风险的补偿，不得用于分红、转增资本。

从事证券业务的金融企业，应按本年实现净利润的一定比例提取一般风险准备，用于弥补亏损，不得用于分红、转增资本。

从事信托投资业务的金融企业，应按本年实现净利润的一定比例提取信托赔偿准备，用于弥补亏损，不得用于分红、转增资本。

外商投资金融企业应当按照法律、行政法规的规定，按净利润提取储备基金、企业发展基金、职工奖励及福利基金等。

可供投资者分配的利润减去提取的法定盈余公积、法定公益金等后，并作如下分配：

（一）应付优先股股利，是指金融企业按照利润分配方案分配给优先股股东的现金股利。

（二）提取任意盈余公积，是指金融企业按规定提取的任意盈余公积。

（三）应付普通股股利，是指金融企业按照利润分配方案分配给普通股股东的现金股利。金融企业分配给投资者的利润，也在本项目核算。

（四）转作资本（或股本）的普通股股利，是指金融企业按照利润分配方案以分派股票股利的形式转作的资本（或股本）。金融企业以利润转增的资本，也在本项目核算。

可供投资者分配的利润经过上述分配后，为未分配利润（或未弥补亏损）。未分配利润可留待以后年度进行分配。金融企业如发生亏损，可以按规定由以后年度利润进行弥补。

金融企业未分配的利润（或未弥补的亏损）应当在资产负债表的所有者权益项目中单独反映。

第一百零二条 金融企业实现的利润和利润分配应当分别核算，利润构成及利润分配各项目应当设置明细账，进行明细核算。金融企业提取的法定盈余公积、法定公益金、分配的优先股股利、提取的任意盈余公积、分配的普通股股利、转作资本（或股本）的普通股股利，以及年初未分配利润（或未弥补亏损）、期末未分配利润（或未弥补亏损）等，均应当在利润分配表中分别列项予以反映。

第八章 外币业务

第一百零三条 外币业务，是指以记账本位币以外的货币进行的款项收付、往来结算等业务。

第一百零四条 有外币业务的金融企业，日常核算可以按照本制度采用外币统账制或外币分账制核算。

采用外币分账制核算的金融企业，应按业务发生时的各种原币填制凭证、登记账簿、编制会计报表。

金融企业发生结售汇、外币买卖以及各种货币之间的兑换及账务间的联系均通过外币买卖科目，并按业务发生时的汇率记账。外币买卖科目应采用多栏式账簿，同时记录外币金额、汇率等。

期末，金融企业应将以原币编制的财务会计报告，折算为人民币。具体折算方法如下：

资产负债表，除权益类项目外，其他项目按照期末汇率折合为人民币；权益类项目按照历史汇率折合为人民币。不同汇率之间形成的差额，作为外币折算差额单列项目反映。

利润表，按期末汇率折合为人民币。

第一百零五条 采用外币统账制核算的金融企业，应分别记账本位币和各种外币进行明细核算。金融企业发生外币业务时，应当将有关外币金额折合为记账本位币记账。除另有规定外，所有与外币业务有关的账户，应当采用业务发生时的汇率，或业务发生当期期初的汇率折合。

各种外币账户的外币余额，期末时应当按照期末汇率折合为记账本位币。按照期末汇率折合的记账本位币金额与账面记账本位币金额之间的差额，作为汇兑损益，计入当期损益；属于筹建期间的，计入长期待摊费用；属于与购建固定资产有关的借款产生的汇兑损益，按照借款费用资本化的原则进行处理。

金融企业发生外币业务时，如无法直接采用中国人民银行公布的人民币对美元、日元、港币等的基准汇率作为折算汇率时，应当按照下列方法进行折算：

美元、日元、港币等以外的其他货币对人民币的汇率，根据美元对人民币的基准汇率和国家外汇管理局提供的纽约外汇市场美元对其他主要外币的汇率进行套算，按照套算后的汇率作为折算汇率。美元对人民币以外的其他货币的汇率，直接采用国家外汇管理局提供的纽约外汇市场美元对其他主要货币的汇率。

美元、人民币以外的其他货币之间的汇率，按国家外汇管理局提供的纽约外汇市场美元对其他主要外币的汇率进行套算，按套算后的汇率作为折算汇率。

第九章　会计调整

第一百零六条　会计调整，是指金融企业因按照国家法律、行政法规和会计制度等的要求，或者因特定情况下按照会计制度规定对金融企业原采用的会计政策、会计估计，以及发现的会计差错、发生的资产负债表日后事项等所作的调整。

会计政策，是指金融企业在会计核算时所遵循的具体原则以及金融企业所采用的具体会计处理方法。具体原则，是指金融企业按照国家统一的会计核算制度所制定的、适合于本企业的会计制度中所采用的会计原则；具体会计处理方法，是指金融企业在会计核算中对于诸多可选择的会计处理方法中所选择的、适合于本企业的会计处理方法。例如，长期投资的具体会计处理方法、坏账损失的核算方法等。

会计估计，是指金融企业对其结果不能确定的交易或事项以最近可利用的信息为基础所作的判断。例如，固定资产预计使用年限与预计净残值、预计无形资产的受益期、精算假设等。

会计差错，是指在会计核算时，在计量、确认、记录等方面出现的错误。

资产负债表日后事项，是指自年度资产负债表日至财务会计报告批准报出日之间发生的需要调整或说明的事项，包括调整事项和非调整事项两类。

第一节　会计政策变更

第一百零七条　会计政策的变更，必须符合下列条件之一：

（一）法律或会计制度等行政法规、规章的要求；

（二）这种变更能够提供有关金融企业财务状况、经营成果和现金流量等更可靠、更相关的会计信息。

第一百零八条　下列各项不属于会计政策变更：

（一）本期发生的交易或事项与以前相比具有本质差别而采用新的会计政策；

（二）对初次发生的或不重要的交易或事项采用新的会计政策。

第一百零九条　金融企业按照法律或会计制度等行政法规、规章要求变更会计政策时，应按国家发布的相关会计处理规定执行，如果没有相关的会计处理规定，应当采用追溯调整法进行处理。金融企业为了能够提供更可靠、更相关的会计信息而变更会计政策时，应当采用追溯调整法进行处理。

追溯调整法，是指对某项交易或事项变更会计政策时，如同该交易或事项初次发生就开始采用新的会计政策，并以此对相关项目进行调整的方法。在采用追溯调整法时，应当将会计政策变更的累积影响数调整期初留存收益，会计报表其他相关项目的期初数也一并调整，但不需要重编以前年度的会计报表。

第一百一十条　会计政策变更的累积影响数，是指按变更后的会计政策对以前各项追溯计算的变更年度期初各有关留存收益项目应有的金额与现有的金额之间的差额。会计政策变更的累积影响数，是假设与会计政策变更相关的交易或事项在初次发生时即采用新的会计政策，而得出的变更年度期初留存收益应有的金额，与现有的金额之间的差额。本制度所称的留存收益包括法定盈余公积、法定公益金、任意盈余公积及未分配利润（外商投资金融企业包括储备基金、企业发展基金），不包括分配的利润或股利。累积影响数通常可以通过以下各步计算获得：

第一步，根据新的会计政策重新计算受影响的前期交易或事项；

第二步，计算两种会计政策下的差异；

第三步，计算差异的所得税影响金额（如果需要调整所得税影响金额的）；

第四步，确定前期中的每一期的税后差异；

第五步，计算会计政策变更的累积影响数。

如果累积影响数不能合理确定，会计政策变更应当采用未来适用法。未来适用法，是指对某项交易或事项变更会计政策时，新的会计政策适用于变更当期及未来期间发生的交易或事项。采用未来适用法时，不需要计算会计政策变更产生的累积影响数，也无须重编以前年度的会计报表。金融企业会计账簿记录及会计报表上反映的金额，变更之日仍然保留原有金额，不因会计政策变更而改变以前年度的既定结果，金融企业应当在现有金额的基础上按新的会计政策进行核算。

第一百一十一条　在编制比较会计报表时，对于比较会计报表期间的会计政策变更，应当调整各该期间的净损益和其他相关项目，视同该政策在比较会计报表期间一直采用。对于比较会计报表可比期间以前的会计政策变更的累积影响数，应当调整比较会计报表最早期间的期初留存收益，会计报表其他相关项目的数字也应当一并调整。

第一百一十二条　金融企业应当在会计报表附注中披露会计政策变更的内容和理由、会计政策变更的影响数，或累积影响数不能合理确定的理由。

第二节　会计估计变更

第一百一十三条　由于金融企业经营活动中内在不确定因素的影响，某些会计报表项目不能精确地计量，而只能加以估计。如果赖以进行估计的基础发生了变化，或者由于取得新的信息、积累更多的经验以及后来的发展变化，可能需要对会计估计进行修订。

第一百一十四条　会计估计变更时，不需要计算变更产生的累积影响数，也不需要重编以前年度会计报表，但应当对变更当期和未来期间发生的交易或事项采用新的会计估计进行处理。

第一百一十五条　会计估计的变更，如果仅影响变更当期，会计估计变更的影响数应计入变更当期与前期相同的相关项目中；如果既影响变更当期又影响未来期间，会计估计变更的影响数应计入变更当期和未来期间与前期相同的相关项目中。

第一百一十六条　会计政策变更和会计估计变更很难区分时，应当按照会计估计变更的处理方法进行处理。

第一百一十七条　金融企业应当在会计报表附注中披露会计估计变更的内容和理由、会计估计变更的影响数，或会计估计变更的影响数不能确定的理由。

第三节　会计差错更正

第一百一十八条　本期发现的会计差错，应按以下原则处理：

（一）本期发现的与本期相关的会计差错，应当调整本期相关项目。

（二）本期发现的与前期相关的非重大会计差错，如影响损益，应当直接计入本期净损益，其他相关项目也应当作为本期数一并调整；如不影响损益，应当调整本期相关项目。

重大会计差错，是指金融企业发现的使公布的会计报表不再具有可靠性的会计差错。

（三）本期发现的与前期相关的重大会计差错，如影响损益，应当将其对损益的影响数调整发现当期的期初留存收益，会计报表其他相关项目的期初数也应当一并调整；如不影响损益，应当调整会计报表相关项目的期初数。

（四）年度资产负债表日至财务会计报告批准报出日之间发现的报告年度的会计差错及以前年度的非重大会计差错，应当按照资产负债表日后事项中的调整事项进行处理。

年度资产负债表日至财务会计报告批准报出日之间发现的以前年度的重大会计差错，应当调整以前年度的相关项目。

第一百一十九条　在编制比较会计报表时，对于比较会计报表期间的重大会计差错，应当调整各该期间的净损益和其他相关项目；对于比较会计报表期间以前的重大会计差错，应当调整比较会计报表最早期间的期初留存收益，会计报表其他相关项目的数字也应当一并调整。

第一百二十条　金融企业应当在会计报表附注中披露重大会计差错的内容和重大会计差错的更正金额。

第一百二十一条　金融企业滥用会计政策、会计估计及其变更的，应当作为重大会计差错予以更正。

第四节　资产负债表日后事项

第一百二十二条　资产负债表日后获得新的或进一步的证据，有助于对资产负债表日存在状况的有关金额作出重新估计，应当作为调整事项，据此对资产负债表日所反映的收入、费用、资产、负债以及所有者权益进行调整。以下是调整事项的例子：

（一）已证实资产发生了减损；

（二）已确定获得或支付的赔偿。

资产负债表日后董事会或者行长（经理）会议，或者类似机构制订的利润分配方案中与财务会计报告所属期间有关的利润分配，也应当作为调整事项，但利润分配方案中的股票股利（或以利润转增资本）应当作为非调整事项处理。

第一百二十三条　资产负债表日后发生的调整事项，应当如同资产负债表所属期间发生的事项一样，作出相关账务处理，并对资产负债表日已编制的会计报表作相应的调整。这里的会计报表包括资产负债表、利润表及其相关附表和现金流量表的补充资料内容，但不包括现金流量表正表。资产负债表日后发生的调整事项，应当分别以下情况进行账务处理：

（一）涉及损益的事项，通过以前年度损益调整科目核算。调整增加以前年度收益或调整减少以前年度亏损的事项，及其调整减少的所得税，记入以前年度损益调整科目的贷方；调整减少以前年度收益或调整增加以前年度亏损的事项，以及调整增加的所得税，记入以前年度损益调整科目的借方。以前年度损益调整科目的贷方或借方余额，转入利润分配——未分配利润科目。

（二）涉及利润分配调整的事项，直接通过利润分配——未分配利润科目核算。

（三）不涉及损益以及利润分配的事项，调整相关科目。

（四）通过上述账务处理后，还应同时调整会计报表相关项目的数字，包括：

1. 资产负债表日编制的会计报表相关项目的数字；

2. 当期编制的会计报表相关项目的年初数；

3. 提供比较会计报表时，还应调整相关会计报表的上年数；

4. 经过上述调整后，如果涉及会计报表附注内容的，还应当调整会计报表附注相关项目的数字。

第一百二十四条　资产负债表日以后才发生或存在的事项，不影响资产负债表日存在状况，但如不加以说明，将会影响财务会计报告使用者作出正确估计和决策，这类事项应当作为非调整事项，在会计报表附注中予以披露。以下是非调整事项的例子：

（一）股票和债券的发行；

（二）对一个企业的巨额投资；

（三）自然灾害导致的资产损失；

（四）外汇汇率发生较大变动。

非调整事项，应当在会计报表附注中说明其内容、估计对财务状况、经营成果的影响；如无法作出估计，应当说明其原因。

第十章　或有事项

第一百二十五条　或有事项，是指过去的交易或事项形成的一种状况，其结果须通过未来不确定事项的发生或不发生予以证实。

或有负债，是指过去的交易或事项形成的潜在义务，其存在须通过未来不确定事项的发生或不发生予以证实；或过去的交易或事项形成的现时义务，履行该义务不是很可能导致经济利益流出金融企业或该义务的金额不能可靠地计量。

或有资产，是指过去的交易或事项形成的潜在资产，其存在须通过未来不确定事项的发生或不发生予以证实。

第一百二十六条　如果与或有事项相关的义务同时符合以下条件，金融企业应当将其作为负债：

（一）该义务是金融企业承担的现时义务；

（二）该义务的履行很可能导致经济利益流出金融企业；

（三）该义务的金额能够可靠地计量。

符合上述确认条件的负债，应当在资产负债表单列项目反映。

第一百二十七条　符合上述确认条件的负债，其金额应当是清偿该负债所需支出的最佳估计数。如果所需支出存在一个金额范围，则最佳估计数应按该范围的上、下限金额的平均数确定；如果所需支出不存在一个金额范围，则最佳估计数应按如下方法确定：

（一）或有事项涉及单个项目时，最佳估计数按最可能发生的金额确定；

（二）或有事项涉及多个项目时，最佳估计数按各种可能发生额及其发生概率计算确定。

第一百二十八条　如果按规定确认的预计负债所需支出全部或部分预期由第三方或其他方补偿，则补偿金额只能在基本确定能收到时，作为资产单独确认，但确认的补偿金额不应当超过所确认负债的账面价值。

符合上述确认条件的资产，应当在资产负债表单列项目反映。

第一百二十九条　金融企业不应当确认或有负债和或有资产。

第一百三十条 金融企业应当在会计报表附注中披露如下事项形成的原因，预计产生的财务影响（如无法预计，应当说明理由），以及获得补偿的可能性：

（一）已承兑商业汇票形成的或有负债；

（二）未决诉讼、仲裁形成的或有负债；

（三）为其他单位提供债务担保形成的或有负债；

（四）其他或有负债（不包括极小可能导致经济利益流出金融企业的或有负债）。

第一百三十一条 或有资产很可能会给金融企业带来经济利益时，应当在会计报表附注中披露其形成的原因；如果能够预计其产生的财务影响，还应当作相应披露。

在涉及未决诉讼、仲裁的情况下，按本制度规定如果披露全部或部分信息预期会对金融企业造成重大不利影响，则金融企业无需披露这些信息，但应披露未决诉讼、仲裁的原因。

第十一章 关联方关系及其交易

第一百三十二条 在企业财务和经营决策中，如果一方有能力直接或间接控制、共同控制另一方或对另一方施加重大影响，则他们之间存在关联方关系；如果两方或多方同受一方控制，则他们之间也存在关联方关系。关联方关系主要存在于：

（一）直接或间接地控制其他企业或受其他企业控制，以及同受某一企业控制的两个或多个企业（例如，母公司、子公司、受同一母公司控制的子公司之间）。

母公司是指能直接或间接控制其他企业的企业；子公司是指被母公司控制的企业。

（二）合营企业，是指按合同规定经济活动由投资双方或若干方共同控制的企业。

（三）联营企业，是指投资者对其具有重大影响，但不是投资者的子公司或合营企业的企业。

（四）主要投资者个人、关键管理人员或与其关系密切的家庭成员。

主要投资者个人，是指直接或间接地控制一个企业10%或以上表决权资本的个人投资者；关键管理人员，是指有权力并负责进行计划、指挥和控制企业活动的人员；关系密切的家庭成员，是指在处理与企业的交易时有可能影响某人或受其影响的家庭成员。

（五）受主要投资者个人、关键管理人员或与其关系密切的家庭成员直接控制的其他企业。

国家控制的企业间不应当仅仅因为彼此同受国家控制而成为关联方，但企业间存有上述（一）至（三）的关系，或根据上述（五）受同一关键管理人员或与其关系密切的家庭成员直接控制时，彼此应当视为关联方。

第一百三十三条 在存在控制关系的情况下，关联方如为企业时，不论他们之间有无交易，都应当在会计报表附注中披露企业类型、名称、法定代表人、注册地、注册资本及其变化、企业的主营业务、所持股份或权益及其变化。

第一百三十四条 在企业与关联方发生交易的情况下，企业应当在会计报表附注中披露关联方关系的性质、交易类型及其交易要素。这些要素一般包括：交易的金额或相应比例、未结算项目的金额或相应比例、定价政策（包括没有金额或只有象征性金额的交易）。

关联方交易应当分别关联方以及交易类型予以披露，类型相同的关联方交易，在不影响会计报表使用者正确理解的情况下可以合并披露。

第一百三十五条 下列关联方交易不需要披露：

（一）在合并会计报表中披露包括在合并会计报表中的企业集团成员之间的交易；

（二）在与合并会计报表一同提供的母公司会计报表中披露关联方交易。

第十二章 财务会计报告

第一百三十六条 金融企业应当按照《企业财务会计报告条例》的规定，编制和对外提供真实、完整的财务会计报告。

第一百三十七条 金融企业的财务会计报告分为年度、半年度、季度和月度财务会计报告。月度、季度财务会计报告是指月度和季度终了提供的财务会计报告；半年度财务会计报告是指在每个会计年度的前六个月结束后对外提供的财务会计报告；年度财务会计报告是指年度终了对外提供的财务会计报告。

本制度将半年度、季度和月度财务会计报告统称为中期财务会计报告。

第一百三十八条 金融企业的财务会计报告由会计报表、会计报表附注和财务情况说明书组成（不要求编制和提供财务情况说明书的金融企业除外）。金融企业对外提供的财务会计报告的内容、会计报表的种类和格式、会计报表附注的主要内容等，由本制度规定；金融企业内部管理需要的会计报表由金融企业自行规定。

季度、月度中期财务会计报告通常仅指会计报表，国家统一的会计制度另有规定的除外。

半年度中期财务会计报告中的会计报表附注至少应当披露所有重大的事项，如转让子公司等。半年度中期财务会计报告报出前发生的资产负债表日后事项、或有事项等，除特别重大事项外，可不作调整或披露。

第一百三十九条　金融企业向外提供的会计报表包括：

1. 资产负债表；

2. 利润表；

3. 现金流量表；

4. 利润分配表；

5. 所有者权益变动表；

6. 分部报表；

7. 信托资产管理会计报表；

8. 其他有关附表。

第一百四十条　会计报表附注至少应当包括下列内容：

（一）会计报表编制基准不符合会计核算基本前提的说明：

1. 会计报表不符合会计核算基本前提的事项；

2. 对编制合并会计报表的企业，应说明纳入合并范围的子公司的名称、业务性质、注册地、注册资本、实际投资额、母公司所持有的权益性资本的比例及合并期间。报告期纳入合并范围的子公司有增减变动的，还应说明增减变动的情况以及合并范围变动的基准日。对纳入合并范围但母公司持股未达到50%以上的子公司，应说明纳入合并范围的原因。

（二）重要会计政策和会计估计的说明：

1. 贷款的种类和范围；

2. 计提贷款损失准备的范围和方法。根据个别款项的实际情况认定的准备，应说明认定的依据，如根据对借款人还款能力、财务状况、抵押担保充分性等的评价；

3. 回售证券的计价方法、收益确认方法；

4. 收入确认原则；

5. 对于外汇交易合约、利率期货、远期汇率合约、货币和利率套期、货币和利率期权等衍生金融工具，应说明其计价方法；

6. 会计年度、记账本位币、记账基础和计价原则、外币业务折算方法、外币报表折算方法、现金等价物的确定标准、合并会计报表的编制方法、短期投资核算方法、坏账核算方法、存货核算方法、长期投资核算方法、固定资产计价和折旧方法、在建工程核算方法、委托贷款计价以及委托贷款减值准备的确认标准及计提方法、无形资产计价及摊销政策、长期待摊费用的摊销政策、借款费用的会计处理方法、应付债券的核算方法、收入确认的方法、所得税的会计处理方法等。

（三）重要会计政策和会计估计变更的说明；

（四）或有事项和资产负债表日后事项的说明；

（五）关联方关系及其交易的披露；

（六）重要资产转让及其出售的说明；

（七）金融企业合并、分立的说明；

（八）会计报表中重要项目的明细资料：

1. 分类列示存放中央银行款项，披露计算依据；

2. 按存放境内、境外同业披露存放同业款项；

3. 按拆放境内、境外同业披露拆放同业款项；

4. 按贷款性质（如信用、保证、抵押、质押等）披露短期贷款；

5. 按性质（如国债、金融债券回购）披露回购证券；

6. 按信用贷款、保证贷款、抵押贷款、质押贷款分别披露不同期限的中长期贷款；

7. 按信用贷款、保证贷款、抵押贷款、质押贷款分别披露贷款的期初数、期末数；

8. 按贷款风险分类的结果披露贷款的期初数、期末数；

9. 披露贷款损失准备的期初、本期计提、本期转回、本期核销、期末数；一般准备、专项准备和特种准备应分别披露；

10. 按境内、境外披露同业拆入期初数、期末数；

11. 披露存入承兑汇票保证金、信用证开证保证金、外汇买卖交易保证金等短期保证金期初数、期末数；

12. 披露发行的短期债券名称、面值、发行日期、到期日、发行金额；

13. 披露银行承兑汇票、融资保函、非融资保函、贷款承诺、开出即期信用证、开出远期信用证、金融期货、金融期权等表外项目，包括它们的年末余额及其他具体情况；

14. 披露委托交易的期初数、期末数；

15. 披露金融工具的风险头寸，如信贷风险、货币风险、利率风险、流动性风险等；

16. 未决赔款准备金估计的基础、未到期责任准备金计提的方法、对采用贴现方法提取准备金的说明(使用的贴现率及确定依据)、长期责任准备金的计提方法、寿险责任准备金和长期健康险责任准备金的精算方法及采用的主要精算假设；

17. 关于投资连结产品，应披露独立账户财务状况、经营成果、净资产变动情况以及独立账户资产估值方法、单位净资产、单位卖出价和买入价等情况；

18. 关于万能寿险产品，应披露保单持有人利益等情况；

19. 分红保险产品，应披露可供分配的分红产品收益、公司留存的分红产品收益、分红比率等情况；

20. 投资型财产险，应披露保证收益率等情况；

21. 披露自营证券分类、计价依据，以及自营证券成本结转方法；

22. 分类披露代买卖证券款的期初数、期末数；

23. 按承销方式披露代发行证券款的期初数、本期承购数、本期支付发行人数和期末数；

24. 按债券种类披露代兑付债券款的期初数、本期收到兑付资金、本期已兑付债券、本期抵扣手续费收入和期末数；

25. 因信托投资公司自身责任而导致的信托资产损失等。

(九) 有助于理解和分析会计报表需要说明的其他事项。

第一百四十一条 财务情况说明书至少应当对下列情况作出说明：

(一) 金融企业经营的基本情况；

(二) 利润实现和分配情况；

(三) 资金增减和周转情况；

(四) 对金融企业财务状况、经营成果和现金流量有重大影响的其他事项。

第一百四十二条 月度财务会计报告应当于月度终了后6天内(节假日顺延，下同)对外提供；季度财务会计报告应当于季度终了后15天内对外提供；半年度财务会计报告应当于年度中期结束后60天内(相当于两个连续的月度)对外提供；年度财务会计报告应当于年度终了后4个月内对外提供。

会计报表的填列，以人民币元为金额单位，元以下填至分。

第一百四十三条 金融企业对其他单位投资如占该单位资本总额50%以上(不含50%)，或虽然占该单位注册资本总额不足50%但具有实质控制权的，应当编制合并会计报表。合并会计报表的编制原则和方法，按照国家统一的会计制度中有关合并会计报表的规定执行。

金融企业在编制合并会计报表时，应当将合营金融企业合并在内，并按照比例合并方法对合营金融企业的资产、负债、收入、费用、利润等予以合并。

第一百四十四条 金融企业对外提供的会计报表应当依次编定页数，加具封面，装订成册，加盖公章。封面上应当注明：金融企业名称、金融企业统一代码、组织形式、地址、报表所属年度或者月份、报出日期，并由金融企业负责人和主管会计工作的负责人、会计机构负责人(会计主管人员)签名并盖章；设置总会计师的金融企业，还应当由总会计师签名并盖章。

第十三章 证券投资基金

第一百四十五条 基金管理公司管理的证券投资基金(以下简称基金),应当以基金为会计核算主体,独立建账、独立核算,保证不同基金之间在名册登记、账户设置、资金划拨、账簿记录等方面相互独立。

保险公司从事投资连结产品业务,应设置独立账户,单独核算。

第一百四十六条 基金管理公司应于估值日计算基金净值和基金单位净值,并按国家有关规定予以公告。基金净值=基金资产－基金负债,基金净值按基金单位总份额平均分割,得出基金单位净值。

第一百四十七条 基金管理公司应按下列估值原则对基金资产进行估值:

(一) 任何上市流通的有价证券,以其估值日在证券交易所挂牌的市价(平均价或收盘价)估值;估值日无交易的,以最近交易日的市价估值。

(二) 未上市的股票应区分以下情况处理:

1. 配股和增发新股,按估值日在证券交易所挂牌的同一股票的市价估值;

2. 首次公开发行的股票,按成本估值。

(三) 配股权证,从配股除权日起到配股确认日止,按市价高于配股价的差额估值;如果市价低于配股价,不估值。

(四) 如有确凿证据表明按上述方法进行估值不能客观反映其公允价值,基金管理公司应根据具体情况与基金托管人商定后,按最能反映公允价值的价格估值。

(五) 如有新增事项,按国家最新规定估值。

保险公司从事投资连结产品业务,其独立账户资产应比照上述原则进行估值。

第一百四十八条 股票投资应按下列规定进行确认和计量:

(一) 买入股票应于成交日确认为股票投资。股票投资按成交日应支付的全部价款(包括成交总额和相关费用)入账;资金交收日,按实际支付的价款与证券登记结算机构进行清算。

(二) 卖出股票应于成交日确认股票差价收入。股票差价收入按卖出股票成交总额与其成本和相关费用的差额入账。卖出股票应逐日结转成本,结转的方法采用移动加权平均法。

(三) 股票持有期间分派的股票股利,应于除权日根据上市公司股东大会决议公告,按股权登记日持有的股数及送股或转增比例,计算确定增加的股票数量,在股票投资账户进行记录。

(四) 股票投资应分派的现金股利,在除息日确认为股利收入。

(五) 估值日,对股票投资和配股权证进行估值时产生的估值增值或减值,应确认为未实现利得。

第一百四十九条 债券投资应按下列规定进行确认和计量:

(一) 买入上市债券应于成交日确认债券投资。债券投资按成交日应支付的全部价款入账,应支付的全部价款中包含债券起息日或上次除息日至购买日止的利息,应作为应收利息单独核算,不构成债券投资成本。资金交收日,按实际支付的价款与证券登记结算机构进行资金交收。

(二) 买入非上市债券应于实际支付价款时确认债券投资。债券投资按实际支付的全部价款入账,如果实际支付的价款中包含债券起息日或上次除息日至购买日止的利息,应作为应收利息单独核算,不构成债券投资成本。

(三) 卖出上市债券应于成交日确认债券差价收入。债券差价收入按卖出债券应收取的全部价款与其成本、应收利息和相关费用的差额入账。卖出债券的成本应逐日进行结转,结转的方法采用移动加权平均法。

(四) 卖出非上市债券应于实际收到全部价款时确认债券差价收入,债券差价收入按实际收到的全部价款与其成本、应收利息的差额入账。卖出债券的成本应逐日进行结转,结转的方法采用移动加权平均法。

(五) 估值日,对债券投资进行估值时产生的估值增值或减值,应确认为未实现利得。

第一百五十条 实收基金应按下列规定进行确认和计量:

(一) 封闭式基金事先确定发行总额,在封闭期内基金单位总数不变。基金成立时,实收基金按实际收到的基金单位发行总额入账。基金发行费收入扣除相关费用后的结余,作为其他收入处理。

(二) 开放式基金的基金单位总额不固定,基金单位总数随时增减。基金成立时,实收基金按实际收到的基金单位发行总额入账;基金成立后,实收基金应于基金申购、赎回确认日,根据基金契约和招募说明书中载明的有关事项进行确认和计量。

第一百五十一条 基金申购、赎回应按下列规定进行确认和计量：

（一）基金管理公司应于收到基金投资人申购或赎回申请之日起在规定的工作日内，对该交易的有效性进行确认。确认日，按照实收基金、未实现利得、未分配收益和损益平准金的余额占基金净值的比例，将确认有效的申购款项分割为三部分，分别确认为实收基金、未实现利得、损益平准金的增加或减少。

（二）基金管理公司应当在接受基金投资人有效申请之日起，在规定的工作日内收回申购款项，尚未收回之前作为应收申购款入账。

（三）办理申购业务的机构按规定收取的申购费，如在基金申购时收取的，由办理申购业务的机构直接向投资人收取，不纳入基金会计核算范围；如在基金赎回时收取的，待基金投资人赎回时从赎回款中抵扣。

（四）基金管理公司应当在接受基金投资人有效申请之日起，在规定的工作日内支付赎回款项，尚未支付之前作为应付赎回款入账。

（五）开放式基金按规定收取的赎回费，其中基本手续费部分归办理赎回业务的机构所有，尚未支付之前作为应付赎回费入账；赎回费在扣除基本手续费后的余额归基金所有，作为其他收入入账。

第一百五十二条 基金收入包括股票差价收入、债券差价收入、债券利息收入、存款利息收入、股利收入、卖出回购证券收入和其他收入，应按下列规定进行确认和计量：

（一）股票差价收入应于卖出股票成交日确认，并按卖出股票成交总额与其成本和相关费用的差额入账。

（二）债券差价收入应分别以下情况进行处理：

1. 卖出上市债券，应于成交日确认债券差价收入，并按应收取的全部价款与其成本、应收利息和相关费用的差额入账。

2. 卖出非上市债券，应于实际收到价款时确认债券差价收入，并按应收取的全部价款与其成本、应收利息的差额入账。

（三）债券利息收入应在债券实际持有期内逐日计提，并按债券票面价值与票面利率计提的金额入账。

（四）存款利息收入应逐日计提，并按本金与适用的利率计提的金额入账。

（五）股利收入应于除息日确认，并按上市公司宣告的分红派息比例计算的金额入账。

（六）买入返售证券收入应在证券持有期内采用直线法逐日计提，并按计提的金额入账。

第一百五十三条 基金费用应按下列规定进行确认和计量：

（一）费用包括管理人报酬、基金托管费、卖出回购证券支出、利息支出和其他费用。

（二）管理人报酬和基金托管费应按照基金契约和招募说明书规定的方法和标准计提，并按计提的金额入账。

（三）卖出回购证券支出应在该证券持有期内采用直线法逐日计提，并按计提的金额入账。

（四）利息支出应在借款期内逐日计提，并按借款本金与适用的利率计提的金额入账。

（五）其他费用是指除上述费用以外的其他各项费用，包括注册登记费、上市年费、信息披露费、审计费用、律师费用等。发生的其他费用如果影响基金单位净值小数点后第五位的，即发生的其他费用大于基金净值十万分之一，应采用待摊或预提的方法，待摊或预提计入基金损益。发生的其他费用如果不影响基金单位净值小数点后第五位的，即发生的其他费用小于基金净值十万分之一，应于发生时直接计入基金损益。

（六）基金管理人和基金托管人因未履行义务导致的费用支出或资产的损失，以及处理与基金运作无关的事项发生的费用等不得列入费用。

第一百五十四条 基金财务会计报告由会计报表和会计报表附注组成。对外提供的会计报表包括：资产负债表、经营业绩表、基金净值变动表及其附表。会计报表附注至少应披露主要会计政策及其变更的影响数、关联方关系及其交易和主要报表项目说明等内容。关联方关系及其交易应披露基金与基金管理人、基金托管人、基金发起人、基金管理公司的股东等关联方在报告期内存在的关系与交易等。

（一）资产负债表应分别资产、负债、持有人权益披露其年初数和期末数。

（二）经营业绩表应分别收入、费用、基金净收益、基金经营业绩披露其本月数和本年累计数。

（三）基金净值变动表应披露下列项目产生的基金净值变动：

1. 经营活动产生的基金净值变动；

2. 基金单位交易产生的基金净值变动；

3. 向基金持有人分配收益产生的基金净值变动。

第十四章　信 托 业 务

第一百五十五条　信托资产不属于信托投资公司的自有资产，也不属于信托投资公司对受益人的负债。信托投资公司终止时，信托资产不属于其清算资产。

第一百五十六条　信托投资公司的自有资产与信托资产应分开管理，分别核算。信托投资公司管理不同类别的信托业务，应分别按项目设置信托业务明细账进行核算管理。

第一百五十七条　信托投资公司对不同信托资产来源和运用，应设置相应会计科目进行核算反映，来源类科目应按其类别、委托人等设置明细账。运用类科目应按其类别、使用人和委托人等设置明细账。信托投资公司对信托货币资金应设置专用银行账户予以反映。

第一百五十八条　信托资产来源分为短期信托资产来源、长期信托资产来源。

短期信托资产来源包括应付信托账款、代扣代缴税金、待分配信托收益、应付受托人收益及应付其他受益人款项等。

长期信托资产来源包括资金信托、财产信托、财产权信托、公益信托、投资基金信托、有价证券信托等。

第一百五十九条　信托资产运用分为短期信托资产运用、长期信托资产运用。

短期信托资产运用包括信托货币资金、拆出信托资金、短期信托贷款、短期信托投资、信托财产等。

长期信托资产运用包括长期信托贷款、长期信托投资、信托租赁财产等。

第一百六十条　因办理某项信托业务而发生的费用，可直接归属于该项信托资产的，由该项信托资产承担；不能直接归属于该项信托资产的，由信托投资公司承担。

第一百六十一条　信托业务产生的收益，在未给受益人和受托人分配之前，应在待分配信托收益中核算。

第一百六十二条　信托资产管理会计报告由信托管理会计报表和会计报表附注组成。对外提供的信托资产管理会计报表包括：信托资产来源、运用表，信托业务利润表及其附表等。

信托投资公司应按季或按信托计划约定，定期向委托人或受益人报送其信托资产运用及收益情况表。

第一百六十三条　从事信托业务时，有下列情况使受益人或公司受到损失的，按以下方式处理：

（一）属于信托公司违反信托目的、违背管理职责、管理信托事务不当造成信托资产损失的，以信托赔偿准备金赔偿。

（二）属于委托人自身原因导致对其信托资产司法查封、冻结，且须以其信托资产对第三人进行补偿的，其补偿额仅以其信托资产（扣除原约定费用和对未到期信托资产进行处置的违约金及相关费用后的资产）为限。

第十五章　附　　则

第一百六十四条　本制度自2002年1月1日起施行。

三、小企业会计制度（节选）

小企业会计制度

一、总说明

（一）为了规范小企业的会计核算，提高会计信息质量，根据《中华人民共和国会计法》、《企业财务会计报告条例》及其他有关法律和法规，制定本制度。

（二）本制度适用于在中华人民共和国境内设立的不对外筹集资金、经营规模较小的企业。本制度中所称“不对外筹集资金、经营规模较小的企业”，是指不公开发行股票或债券，符合原国家经济贸易委员会、原国家发展计划委员会、财政部、国家统计局2003年制定的《中小企业标准暂行规定》（国经贸中小企［2003］143号）中界定的小企业，不包括以个人独资及合伙形式设立的小企业。

（三）符合本制度规定的小企业可以按照本制度进行核算，也可以选择执行《企业会计制度》。

1. 按照本制度进行核算的小企业，不能在执行本制度的同时，选择执行《企业会计制度》的有关规定；选择执行《企业会计制度》的小企业，不能在执行《企业会计制度》的同时，选择执行本制度的有关规定。

2. 集团公司内部母子公司分属不同规模的情况下，为统一会计政策及合并报表等目的，集团内小企业应执行《企业会计制度》。

3. 按照本制度进行核算的小企业，如果需要公开发行股票或债券等，应转为执行《企业会计制度》；如果因经营规模的变化导致连续三年不符合小企业标准的，应转为执行《企业会计制度》。

（四）小企业可以根据有关会计法律、法规和本制度的规定，在不违反本制度规定的前提下，结合本企业的实际情况，制定适合于本企业的具体会计核算办法。

（五）小企业应当根据会计业务的需要设置会计机构，或者在有关机构中设置会计人员并指定会计主管人员；不具备设置条件的，应当委托经批准设立从事会计代理记账业务的中介机构代理记账。

（六）小企业填制会计凭证、登记会计账簿、管理会计档案等，应按照《会计基础工作规范》和《会计档案管理办法》的规定执行。

（七）小企业的会计核算应当以持续、正常的生产经营活动为前提。会计核算应当划分会计期间，分期结算账目，会计期末编制财务会计报告。

本制度所称的会计期间分为年度和月度，年度和月度均按公历起讫日期确定。会计期末，是指月末和年末。

（八）小企业的会计核算以人民币为记账本位币。业务收支以人民币以外的货币为主的小企业，可以选定其中一种货币作为记账本位币，但编报的财务会计报告应当折算为人民币。

小企业发生外币业务时，应当将有关外币金额折合为记账本位币金额记账。除另有规定外，所有与外币业务有关的账户，应当采用业务发生时的汇率或业务发生当期期初的汇率折合。期末，小企业的各种外币账户的外币余额应当按照期末汇率折合为记账本位币。

（九）小企业的会计记账采用借贷记账法。

（十）小企业会计记录的文字应当使用中文。在民族自治地方，会计记录可以同时使用当地通用的一种民族文字。

（十一）小企业在会计核算时，应当遵循以下基本原则：

1. 小企业的会计核算应当以实际发生的交易或事项为依据，如实反映其财务状况和经营成果。

2. 小企业应当按照交易或事项的经济实质进行会计核算，而不应仅以法律形式作为会计核算的依据。

3. 小企业提供的会计信息应当能够满足会计信息使用者的需要。

4. 小企业的会计核算方法前后各期应当保持一致，不得随意变更。如有必要变更，应将变更的内容和理由、变更的累积影响数，或累积影响数不能合理确定的理由等，在会计报表附注中予以说明。

5. 小企业的会计核算应当按照规定的会计处理方法进行，会计指标应当口径一致、相互可比。

6. 小企业的会计核算应当及时进行，不得提前或延后。

7. 小企业的会计核算和编制的财务会计报告应当清晰明了，便于理解和运用。

8. 小企业的会计核算应当以权责发生制为基础。凡在当期已经实现的收入和已经发生或应当负担的费用，不论款项是否收付，都应作为当期的收入和费用；凡是不属于当期的收入和费用，即使款项已在当期收付，也不应作为当期的收入和费用。

9. 小企业在进行会计核算时，收入与其成本、费用应当相互配比，同一会计期间内的各项收入与其相关的成本、费用，应当在该会计期间内确认。期末，小企业的各种外币账户的外币余额应当按照期末汇率折合为记账本位币。

10. 小企业的各项资产在取得时应当按照实际成本计量。其后，各项资产账面价值的调整，应按照本制度的规定执行。除法律、法规和国家统一会计制度另有规定外，企业不得自行调整其账面价值。

11. 小企业的会计核算应当合理划分收益性支出与资本性支出的界限。凡支出的效益仅及于本年度（或一个营业周期）的，应当作为收益性支出；凡支出的效益及于几个会计年度（或几个营业周期）的，应当作为资本性支出。

12. 小企业在进行会计核算时，应当遵循谨慎性原则。

13. 小企业的会计核算应当遵循重要性原则，在会计核算过程中对交易或事项应当区别其重要性程度，采用不同的核算方法。

（十二）小企业如发生非货币性交易，应按以下原则处理：

1. 以换出资产的账面价值，加上应支付的相关税费，作为换入资产的入账价值。

2. 非货币性交易中如果发生补价,应区别不同情况处理:

(1) 支付补价的小企业,应以换出资产的账面价值加上补价和应支付的相关税费,作为换入资产的入账价值。

(2) 收到补价的小企业,应按以下公式确定换入资产的入账价值和应确认的损益:换入资产入账价值＝换出资产账面价值－(补价÷换出资产公允价值)x换出资产账面价值－(补价÷换出资产公允价值)×应交的税金及教育费附加＋应支付的相关税费应确认的损益＝补价×[1－(换出资产账面价值＋应交的税金及教育费附加)÷换出资产公允价值]

3. 在非货币性交易中,如果同时换入多项资产,应按换入各项资产的公允价值占换入资产公允价值总额的比例,对换出资产的账面价值总额和应支付的相关税费等进行分配,以确定各项换入资产的入账价值。

(十三) 小企业如发生债务重组事项,应按以下规定处理:

1. 以低于债务账面价值的现金清偿某项债务的,债务人应将重组债务的账面价值与支付的现金之间的差额,确认为资本公积;债权人应将重组债权的账面价值与收到的现金之间的差额,确认为当期损失。

2. 以非现金资产清偿债务的,债务人应将重组债务的账面价值与转让的非现金资产账面价值和相关税费之和的差额,确认为资本公积或当期损失;债权人应将重组债权的账面价值作为受让的非现金资产的入账价值。如果债务人以多项非现金资产清偿债务的,债权人应按取得的各项非现金资产的公允价值占非现金资产公允价值总额的比例,对重组应收债权的账面价值和应支付的相关税费之和进行分配,按分配后的价值作为各项非现金资产的入账价值。

3. 以债务转为资本的,债务人应将重组债务的账面价值与债权人因放弃债权而事有的股权的账面价值之间的差额确认为资本公职;债权人应将重组债权的账面价值作为受让的股权的入账价值。

4. 以修改其他债务条件进行债务重组的,应分别情况处理:

(1) 作为债务人,如果重组债务的账面价值大于将来应付金额,应将重组债务的账面价值减记至将来应付金额,减记的金额确认为资本公积;如果重组债务的账面价值等于或小于将来应付金额,则不作账务处理。

(2) 作为债权人,如果重组债权的账面价值大于将来应收金额,应将重组债权的账面价值减记至将来应收金额,减记的金额确认为当期损失;如果重组债权的账面余额等于或小于将来应收金额,则不作账务处理。

(十四) 本制度中所称的账面余额,是指某科目的账面实际余额,不扣除作为该科目的备抵项目(如坏账准备等);账面价值,是指某科目的账面余额减去相关的备抵项目后的金额。

(十五) 小企业应按本制度的规定,设置和使用会计科目:

1. 在不影响对外提供统一财务会计报告的前提下,可以根据实际情况自行增设或减少某些会计科目。

2. 明细科目的设置,除本制度已有规定外,在不违反本制度统一要求的前提下,可以根据需要自行确定。

3. 本制度统一规定会计科目的编号,以便于编制会计凭证,登记账簿,查阅账目,实行会计电算化。企业不应随意打乱重编。某些会计科目之间留有空号,供增设会计科目之用。

(十六) 小企业年度财务会计报告,除应当包括本制度规定的基本会计报表外,还应提供会计报表附注的内容。本制度中规定的基本会计报表是指资产负债表和利润表。企业也可以根据需要编制现金流量表。小企业应按照本制度规定,对外提供真实、完整的财务会计报告。企业不得违反规定,随意改变财务会计报告的编制基础、编制依据、编制原则和方法,不得随意改变本制度规定的财务会计报告有关数据的会计口径。

(十七) 执行本制度的小企业,转为执行《企业会计制度》时,应按会计政策及其变更的相关规定进行处理。

二、会计科目名称和编号

顺序号	编　号	名　称
		(一)　资产类
1	1001	现金
2	1002	银行存款
3	1009	其他货币资金
	100901	外埠存款

（续表）

顺序号	编 号	名 称
	100902	银行本票存款
	100903	银行汇票存款
	100904	信用卡存款
	100905	信用证保证金存款
	100906	存出投资款
4	1101	短期投资
	110101	股票
	110102	债券
	110103	基金
	110110	其他
5	1102	短期投资跌价准备
6	1111	应收票据
7	1121	应收股息
8	1131	应收账款
9	1133	其他应收款
10	1141	坏账准备
11	1201	在途物资
12	1211	材料
13	1231	低值易耗品
14	1243	库存商品
15	1244	商品进销差价
16	1251	委托加工物资
17	1261	委托代销商品
18	1281	存货跌价准备
19	1301	待摊费用
20	1401	长期股权投资
	140101	股票投资
	140102	其他股权投资
21	1402	长期债权投资
	140201	债券投资
	140202	其他债权投资
22	1501	固定资产
23	1502	累计折旧
24	1601	工程物资
25	1603	在建工程
	160301	建筑工程
	160302	安装工程
	160303	技术改造工程
	160304	其他支出
26	1701	固定资产清理
27	1801	无形资产
28	1901	长期待摊费用

（续表）

顺序号	编　　号	名　　称
		（二）负债类
29	2101	短期借款
30	2111	应付票据
31	2121	应付账款
32	2151	应付工资
33	2153	应付福利费
34	2161	应付利润
35	2171	应交税金
	217101	应交增值税
	21710101	进项税额
	21710102	已交税金
	21710103	减免税款
	21710104	出口抵减内销产品应纳税额
	21710105	转出未交增值税
	21710106	销项税额
	21710107	出口退税
	21710108	进项税额转出
	21710109	转出多交增值税
	217102	未交增值税
	217103	应交营业税
	217104	应交消费税
	217105	应交资源税
	217106	应交所得税
	217107	应交土地增值税
	217108	应交城市维护建设税
	217109	应交房产税
	217110	应交土地使用税
	217111	应交车船使用税
	217112	应交个人所得税
36	2176	其他应交款
37	2181	其他应付款
38	2191	预提费用
39	2201	待转资产价值
	220101	接受捐赠货币性资产价值
	220102	接受捐赠非货币性资产价值
40	2301	长期借款
41	2321	长期应付款
		（三）所有者权益类
42	3101	实收资本
43	3111	资本公积
	311101	资本溢价
	311102	接受捐赠非现金资产准备

（续表）

顺序号	编　号	名　称
	311106	外币资本折算差额
	311107	其他资本公积
44	3121	盈余公积
	312101	法定盈余公积
	312102	任意盈余公积
	312103	法定公益金
45	3131	本年利润
46	3141	利润分配
	314101	其他转入
	314102	提取法定盈余公积
	314103	提取法定公益金
	314109	提取任意盈余公积
	314110	应付利润
	314111	转作资本的利润
	314115	未分配利润
		（四） 成本类
47	4101	生产成本
	410101	基本生产成本
	410102	辅助生产成本
48	4105	制造费用
		（五） 损益类
49	5101	主营业务收入
50	5102	其他业务收入
51	5201	投资收益
52	5301	营业外收入
53	5401	主营业务成本
54	5402	主营业务税金及附加
55	5405	其他业务支出
56	5501	营业费用
57	5502	管理费用
58	5503	财务费用
59	5601	营业外支出
60	5701	所得税

附注：

小企业可以根据实际需要，对上述科目作必要的增减或合并：

1. 采用计划成本进行材料日常核算的小企业，可以增设“物资采购”和“材料成本差异”科目。
2. 预收款项和预付款项较多的小企业，可设置“预收账款”和“预付账款”科目。
3. 低值易耗品较少的小企业，可以将其并入“材料”科目。
4. 小企业内部各部门周转使用的备用金，可以增设“备用金”科目。
5. 小企业接受其他单位委托代销商品，可以增设“受托代销商品”、“代销商品款”科目。
6. 小企业根据自身的规模和管理等要求，可以将“生产成本”、“制造费用”科目合并为“生产费用”科目，并设置相关的明细科目。

7. 对外提供劳务较多的小企业，可以增设“劳务成本”科目核算所提供劳务的成本。

三、会计科目使用说明(略)

四、会计报表格式

编号	会计报表名称	编报期
会企 01 表	资产负债表	月度报告、年度报告
会企 02 表	利润表	月度报告、年度报告
会企 03 表	现金流量表	年度报告(按需要选择编制)
会企 01 表附表 1	应交增值税明细表	月度报告、年度报告适用于增值税一般纳税企业

报表格式(略)。

五、会计报表编制说明(略)

四、其他企业会计制度

虽然各行业执行《企业会计准则》是大势所趋，但是下列会计制度及其相关法规还在相当大的范围内执行，编者把法规名称和文号提供给读者。

财政部关于印发《农民专业合作社财务会计制度(试行)》的通知	财会[2007]15 号
财政部关于印发《工业企业执行〈企业会计制度〉有关问题衔接规定》的通知	财会[2003]31 号
财政部关于印发《关于执行〈企业会计制度〉和相关会计准则有关问题解答》的通知	财会[2002]18 号
财政部关于印发《铁路运输企业会计核算办法》的通知	财会[2004]4 号
《证券公司会计制度》问题解答	2000 年财政部会计司
保险公司会计制度	财会字[1998]60 号
财政部、中国人民银行关于印发《城市合作银行会计制度》的通知	财会字[1997]3 号)
财政部关于物业管理企业执行《房地产开发企业会计制度》有关问题的通知	财会字[1999]44 号
财政部关于印发《证券公司执行〈金融企业会计制度〉有关问题衔接规定》的通知	财会[2003]17 号
公路经营企业会计制度	财会字[1998]19 号

第十四部分　企业会计核算办法

一、施工企业会计核算办法

施工企业会计核算办法

财会[2003]27号

一、总说明

（一）为了统一规范施工企业的会计核算，根据《中华人民共和国会计法》、《企业财务会计报告条例》、《企业会计制度》和国家有关

法律、法规，并结合施工企业的实际情况，特制定《施工企业会计核算办法》（以下简称“办法”）。

（二）中华人民共和国境内的施工企业在执行《企业会计制度》的同时，执行本办法。

二、补充会计科目使用说明

（一）会计科目的设置

1．本办法在《企业会计制度》的基础上增设了“周转材料”、“临时设施”、“临时设施摊销”、“临时设施清理”、“工程结算”、“工程施工”和“机械作业”科目。

2．根据《企业会计制度》规定，施工企业确认的工程合同收入和工程合同费用分别通过“主营业务收入”和“主营业务成本”科目核算，本办法对其核算内容进行了补充。工程施工合同预计损失准备通过在“存货跌价准备”科目下增设“合同预计损失准备”明细科目核算。

3．施工企业可以根据需要自行设置“拨付所属资金”、“上级拨入资金”和“内部往来”等科目。

（二）补充会计科目的使用说明

1233　周转材料

一、本科目核算施工企业库存和在用的各种周转材料的实际成本或计划成本。

周转材料是指施工企业在施工过程中能够多次使用，并可基本保持原来的形态而逐渐转移其价值的材料，主要包括钢模板、木模板、脚手架和其他周转材料等。

二、本科目应设置“在库周转材料”、“在用周转材料”和“周转材料摊销”三个明细科目，并按周转材料的种类设置明细账，进行明细核算。采用一次转销法的，可以不设置以上三个明细科目。

三、购入、自制、委托外单位加工完成并已验收入库的周转材料、施工企业接受的债务人以非现金资产抵偿债务方式取得的周转材料、非货币性交易取得的周转材料等，以及周转材料的清查盘点，比照“原材料”科目的相关规定进行账务处理。

四、施工企业应当根据具体情况对周转材料采用一次转销、分期摊销、分次摊销或者定额摊销的方法。

（一）一次转销法。一般应限于易腐、易糟的周转材料，于领用时一次计入成本、费用。

（二）分期摊销法。根据周转材料的预计使用期限分期摊入成本、费用。

（三）分次摊销法。根据周转材料的预计使用次数摊入成本、费用。

（四）定额摊销法。根据实际完成的实物工作量和预算定额规定的周转材料消耗定额，计算确认本期摊入成本、费用的金额。

五、领用、摊销和退回周转材料时，应分别以下情况进行账务处理：

（一）采用一次转销法的，领用时，将其全部价值计入有关的成本、费用，借记“工程施工”等科目，贷记本科目。

（二）采用其他摊销法的，领用时，按其全部价值，借记本科目（在用周转材料），贷记本科目（在库周转材料）；摊销时，按摊销额，借记“工程施工”等科目，贷记本科目（周转材料摊销）；退库时，按其全部价值，借记本科目（在库周转材料），贷记本科目（在用周转材料）。

六、周转材料报废时，应分别以下情况进行账务处理：

（一）采用一次转销法的，将报废周转材料的残料价值作为当月周转材料转销额的减少，冲减有关成本、费用，借记“原材料”等科目，贷记“工程施工”等科目。

（二）采用其他摊销法的，将补提摊销额，借记“工程施工”等科目，贷记本科目（周转材料摊销）；将报废周转材料的残料价值作为当月周转材料摊销额的减少，冲减有关成本、费用，借记“原材料”等科目，贷记“工程施工”等有关科目，同时，将已提摊销额，借记本科目（周转材料摊销），贷记本科目（在用周转材料）。

七、采用计划成本核算的施工企业，月度终了，应结转当月领用周转材料应分摊的成本差异，通过“材料成本差异”科目，记入有关成本、费用科目。

八、在用周转材料，以及使用部门退回仓库的周转材料，应当加强实物管理，并在备查簿上进行登记。

九、本科目期末借方余额，反映施工企业在库周转材料的实际成本或计划成本，以及在用周转材料的摊余价值。

1281　存货跌价准备

一、本科目核算施工企业提取的存货跌价准备。

二、在本科目下设置“合同预计损失准备”明细科目，核算工程施工合同计提的损失准备。

三、如果合同预计总成本将超过合同预计总收入，应将预计损失立即确认为当期费用，借记“管理费用”科目，贷记“存货跌价准备——合同预计损失准备”科目。合同完工确认工程合同收入、费用时，应转销合同预计损失准备，按确认的工程合同费用，借记“主营业务成本”科目，按确认的工程合同收入，贷记“主营业务收入”科目，按其差额，借记或贷记“工程施工——合同毛利”科目。同时，按相关工程施工合同预计损失准备，借记“

存货跌价准备——合同预计损失准备”科目，贷记“管理费用”科目。

四、“存货跌价准备——合同预计损失准备”科目应按施工合同设置明细账，进行明细核算。

五、“存货跌价准备——合同预计损失准备”科目期末贷方余额，反映尚未完工工程施工合同已计提的损失准备。

1506　临时设施

一、本科目核算施工企业为保证施工和管理的正常进行而购建的各种临时设施的实际成本。

二、施工企业购置临时设施发生的各项支出，借记本科目，贷记“银行存款”等科目。需要通过建筑安装才能完成的临时设施，发生的各有关费用，先通过“在建工程”科目核算，工程达到预定可使用状态时，再从“在建工程”科目转入本科目。

三、出售、拆除、报废和毁损不需用或者不能继续使用的临时设施通过“临时设施清理”科目核算，按临时设施账面价值，借记“临时设施清理”科目，按已提摊销额，借记“临时设施摊销”科目，按其账面原价，贷记本科目。取得的变价收入和收回的残料价值，借记“银行存款”、“原材料”等科目，贷记“临时设施清理”科目。发生的清理费用，借记“临时设施清理”科目，贷记“银行存款”等科目。临时设施清理后，如为清理净损失，借记“营业外支出”科目，贷记“临时设施清理”科目；如为清理净收益，借记“临时设施清理”科目，贷记“营业外收入”科目。

四、本科目应按临时设施种类和使用部门设置明细账，进行明细核算。

五、本科目期末借方余额，反映施工企业期末临时设施的账面原价。

1507　临时设施摊销

一、本科目核算施工企业各种临时设施的累计摊销额。

二、施工企业的各种临时设施应当在工程建设期间内按月进行摊销，摊销方法可以采用工作量法，也可以采用工期法。当月增加的临时设施，当月不摊销，从下月起开始摊销；当月减少的临时设施，当月继续摊销，从下月起停止摊销。摊销时，按摊销额，借记“工程施工”等科目，贷记本科目。

三、本科目只进行总分类核算，不进行明细分类核算。需要查明某项临时设施的累计摊销额，可以根据临时设施卡片上所记载的该项临时设施的原价、摊销率和实际使用年限等资料进行计算。

四、本科目期末贷方余额，反映施工企业临时设施累计摊销额。

1702　临时设施清理

一、本科目核算施工企业因出售、拆除、报废和毁损等原因转入清理的临时设施价值及其在清理过程中所发生的清理费用和清理收入等。

二、出售、拆除、报废和毁损不需用或者不能继续使用的临时设施，按临时设施账面价值，借记本科目，按已提摊销额，借记“临时设施摊销”科目，按其账面原价，贷记“临时设施”科目。取得的变价收入和收回的残料价值，借记“银行存款”、“原材料”等科目，贷记本科目。

发生的清理费用，借记本科目，贷记“银行存款”等科目。临时设施清理后，如为清理净损失，借记“营业外支出”科目，贷记本科目；如为清理净收益，借记本科目，贷记“营业外收入”科目。

三、本科目应按被清理的临时设施名称设置明细账，进行明细核算。

四、本科目期末余额，反映尚未清理完毕临时设施的价值以及清理净收入（清理收入减去清理费用）。

2123　工程结算

一、本科目核算施工企业根据工程施工合同的完工进度向业主开出工程价款结算单办理结算的价款。

二、向业主开出工程价款结算单办理结算时，按结算单所列金额，借记“应收账款”科目，贷记本科目。工程施工合同完工后，将本科目余额与相关工程施工合同的“工程施工”科目对冲，借记本科目，贷记“工程施工”科目。

三、本科目应按工程施工合同设置明细账，进行明细核算。

四、本科目期末贷方余额，反映尚未完工工程已开出工程价款结算单办理结算的价款。

4104　工程施工

一、本科目核算施工企业实际发生的工程施工合同成本和合同毛利。

二、本科目应设置以下两个明细科目：

（一）合同成本

本科目核算各项工程施工合同发生的实际成本，一般包括施工企业在施工过程中发生的人工费、材料费、机械使用费、其他直接费、间接费用等。该科目应按成本核算对象和成本项目进行归集。

成本项目一般包括人工费、材料费、机械使用费、其他直接费和间接费用。其他直接费包括有关的设计和技术援助费用、施工现场材料的二次搬运费、生产工具和用具使用费、检验试验费、工程定位复测费、工程点交费用、场地清理费用、临时设施摊销费用、水电费等。间接费用是企业下属各施工单位为组织和管理施工生产活动所发生的费用，包括施工、生产单位管理人员工资、奖金、职工福利费、劳动保护费、固定资产折旧费及修理费、物料消耗、低值易耗品摊销、取暖费、办公费、差旅费、财产保险费、工程保修费、排污费等。其中，属于人工费、材料费、机械使用费和其他直接费等直接成本费用，直接计入有关工程成本，间接费用可先在本科目（合同成本）下设置“间接费用”明细科目进行核算，月份终了，再按一定分配标准，分配计入有关工程成本。

（二）合同毛利

本科目核算各项工程施工合同确认的合同毛利。

三、施工企业进行施工发生的各项费用，借记本科目（合同成本），贷记“应付工资”、“原材料”等科目。按规定确认工程合同收入、费用时，借记“主营业务成本”科目，贷记“主营业务收入”科目，按其差额，借记或贷记本科目（合同毛利）科目。

四、合同完工结清“工程施工”和“工程结算”账户时，借记“工程结算”科目，贷记本科目。

五、本科目期末借方余额，反映尚未完工工程施工合同成本和合同毛利。

4110　机械作业

一、本科目核算施工企业及其内部独立核算的施工单位、机械站和运输队使用自有施工机械和运输设备进行机械作业（包括机械化施工和运输作业等）所发生的各项费用。

施工企业及其内部独立核算的施工单位，从外单位或本企业其他内部独立核算的机械站租入施工机械，按照规定的台班费定额支付的机械租赁费，直接记入“工程施工”科目，不通过本科目核算。

二、本科目应设置“承包工程”和“机械作业”两个明细科目，并按施工机械或运输设备的种类等成本核算对象设置明细账，按规定的成本项目分设专栏，进行明细核算。

三、施工企业内部独立核算的机械施工、运输单位使用自有施工机械或运输设备进行机械作业所发生的各项费用，应按成本核算对象和成本项目进行归集。成本核算对象一般应以施工机械和运输设备的种类确定。成本项目一般分为：人工费、燃料及动力费、折旧及修理费、其他直接费、间接费用（为组织和管理机械作业生产所发生的费用）。

四、发生的机械作业支出，借记本科目，贷记“原材料”、“应付工资”、“累计折旧”等科目。月份终了，分别以下情况进行分配和结转：

（一）施工企业及其内部独立核算的施工单位、机械站和运输队为本单位承包的工程进行机械化施工和运输作业的成本，应转入承包工程的成本，借记"工程施工"科目，贷记本科目。

（二）对外单位、本企业其他内部独立核算单位以及专项工程等提供机械作业（包括运输设备）的成本，借记"其他业务支出"等科目，贷记本科目。

五、本科目在月份终了时，一般应无余额。

5101　主营业务收入　5401　主营业务成本

一、这两个科目分别核算施工企业的工程合同收入和工程合同费用。

二、如果工程施工合同的结果能够可靠地估计，企业应当根据完工百分比法在资产负债表日确认工程合同收入和工程合同费用。如果工程施工合同的结果不能够可靠地估计，应当区别情况处理：若合同成本能够收回的，工程合同收入根据能够收回的实际合同成本加以确认，合同成本在其发生的当期确认为工程合同费用；若合同成本不能够收回的，不能收回的金额应当在发生时立即作为工程合同费用，不确认收入。

三、按规定确认工程合同收入和工程合同费用时，按当期确认的工程合同费用，借记"主营业务成本"科目，按当期确认的工程合同收入，贷记"主营业务收入"科目，按其差额，借记或贷记"工程施工——合同毛利"科目。合同完工确认工程合同收入、费用时，应转销合同预计损失准备，按累计实际发生的合同成本减去以前会计年度累计已确认的工程合同费用后的余额，借记"主营业务成本"科目，按实际合同总收入减去以前会计年度累计已确认的工程合同收入后的余额，贷记"主营业务收入"科目，按其差额，借记或贷记"工程施工——合同毛利"科目。同时，按相关工程施工合同已计提的预计损失准备，借记"存货跌价准备——合同预计损失准备"科目，贷记"管理费用"科目。

四、这两个科目应按施工合同设置明细账，进行明细核算。

五、期末，应将这两个科目的余额转入"本年利润"科目，结转后这两个科目应无余额。

三、补充报表项目及编制说明

（一）"周转材料"科目余额应列入资产负债表中的"存货"项目，并在会计报表附注中说明周转材料的摊销方法。

（二）在资产负债表中的"存货"项目下，增加"其中：已完工尚未结算款"项目，反映施工企业在建施工合同已完工部分但尚未办理结算的价款。本项目根据有关在建施工合同的"工程施工"科目余额减"工程结算"科目余额后的差额填列。并在会计报表附注中披露下列信息：在建施工合同累计已发生的成本、累计已确认的毛利以及累计已结算的价款。

（三）在资产负债表的"其他长期资产"项目下，增设"其中：临时设施"项目，反映临时设施的摊余价值、尚未清理完毕临时设施的价值以及清理净收入。本项目根据"临时设施"和"临时设施清理"科目余额之和减"临时设施摊销"科目余额后的金额填列。在会计报表附注中说明临时设施的摊销方法、临时设施的原价、累计摊销额以及清理情况。

（四）在资产负债表中的"预收账款"项目下，增加"其中：已结算尚未完工工程"项目，反映施工企业在建施工合同未完工部分已办理了结算的价款。本项目根据有关在建施工合同的"工程结算"科目余额减"工程施工"科目余额后的差额填列。在会计报表附注中披露下列信息：在建施工合同已结算的价款、累计已发生的成本和累计已确认的毛利。

（五）在资产减值准备明细表中的"三、存货跌价准备合计"项目所属"原材料"项目下，增加"合同预计损失准备"项目。

（六）施工企业还应在会计报表附注中披露当期确认的合同收入、合同费用以及确定合同完工进度的方法。

二、民航企业会计核算办法

民航企业会计核算办法

一、总说明

一、为了统一规范民航企业的会计核算，根据《中华人民共和国会计法》、《企业财务会计报告条例》、《企业会计制度》和国家有关法律、法规，并结合民航企业实际情况，特制定《民航企业会计核算办法》（以下简称"办法")。

二、中华人民共和国境内的公共航空运输企业(即"航空公司")、民用机场和从事民航相关业务的企业(以下简称"民航企业")在执行《企业会计制度》的同时,执行本办法。

三、本办法所称民用机场是指专供民用航空器起飞、降落、滑行、停放以及进行其他活动使用的划定区域,包括附属建筑物、装置和设施。民用机场不包括临时机场。临时机场的会计核算可参照本办法执行。

四、本办法中的票证是指运输凭证。即与从事民用航空运输活动相关的凭据,包括客票及行李票、航空货运单、逾重行李票、航空邮运结算单、退票、误机、变更收费单和旅费证等用于航空运输的纸质凭证。电子票证结算办法另行规定。

五、航空公司为生产运营储备的航空器材作为流动资产管理。航空公司应加强航空器材的实物管理,逐步形成以计算机系统为主要手段的管理模式。

本办法不涉及航空公司内部航空器材的调拨、移库、核算等。有关办法可由航空公司自行制定。

六、民航企业应在国家规定的民航基础设施建设基金的征收期限内计算提取民航基础设施建设基金。

二、补充会计科目使用说明

(一)会计科目设置

1215 航材消耗件

1216 高价消耗件

1232 材料成本差异

2126 国内票证结算

2128 国际票证结算

2173 应交民航基础设施建设基金

2181 其他应付款

5101 主营业务收入

5102 其他业务收入

5403 民航基础设施建设基金

5405 其他业务支出

三、补充报表格式及编制说明

补充报表格式及编制说明

资产负债表

利润表

利润分配表

应上交应弥补款项表

主营业务收支明细表

主营业务收入表

运输成本表

通用航空成本表

间接营运费用明细表

机场服务费用表

营业费用表

管理费用表

财务费用表

其他业务利润、营业外收支明细表

航空公司收入水平情况表

机型收支明细表

任务成本表

工资总额及工资基金表

基建借款及专用借款表

固定资产、存货及运输生产指标表

航空公司分航线、机型收入数据采集表

航空公司生产业务数据采集表

资产负债表编制说明(会企 01 表)

利润表编制说明(会企 02 表)

利润分配表编制说明(会企 02 表附表 1)

主营业务收支明细表编制说明(民航企 01 表)

主营业务收入表编制说明(民航企 02 表)

运输成本表编制说明(民航企 03 表)

通用航空成本表编制说明(民航企 04 表)

间接营运费用表编制说明(民航企 05 表)

机场服务费用表编制说明(民航企 06 表)

营业费用表编制说明(民航企 07 表)

管理费用表编制说明(民航企 08 表)

财务费用表编制说明(民航企 09 表)

其他业务利润、营业外收支明细表编制说明(民航企 10 表)

航空公司收入水平情况表编制说明(民航企 11 表)

机型收支明细表编制说明(民航企 12 表)

任务成本表编制说明(民航企 13 表)

工资总额及工资基金表编制说明(民航企 14 表)

基建借款及专用借款表编制说明(民航企 15 表)

固定资产、存货及运输生产指标表编制说明(民航企 16 表)

航空公司分航线、机型收入数据采集表编制说明(民航企 20 表)

航空公司生产业务数据采集表编制说明(民航企 21 表)

航空公司航线经营成果分析表编制说明(民航企 22 表)

三、新闻出版业会计核算办法

一、总说明

(一) 为了统一规范新闻出版业的会计核算，真实、完整地反映新闻出版业的会计信息，有利于新闻出版业的公平竞争，根据《中华人民共和国会计法》、《企业财务会计报告条例》、《企业会计制度》和国家有关法律、法规，并结合新闻出版业特点及实际情况，特制定《新闻出版业会计核算办法》(以下简称“办法”)。

(二) 中华人民共和国境内从事新闻出版工作(含图书、报纸、期刊、音像制品和电子出版物的出版、发行、印刷、复制加工、物资供应等活动)的经营单位，在执行《企业会计制度》的同时，执行本办法。

(三) 本办法仅对新闻出版业主营业务的会计核算方法进行规范，由《出版单位会计核算办法》、《发行企业会计核算办法》、《报业单位会计核算办法》、《印刷、复制企业成本核算办法》和《印刷物资供应企业成本核算办法》组成。从事图书、期刊、音像制品、电子出版物、网络出版物、投影片(含缩微制品)等出版业务的单位(以下简称“出版单位”)、发行企业、报业单位、印刷、复制企业、印刷物资供应企业应根据其经营特点，执行相应的会计核算办法。

二、出版单位会计核算办法

(一) 说明

1. 出版单位在执行《企业会计制度》的同时，执行本办法。出版单位所属具有法人资格并独立核算的下属单位，在执行《企业会计制度》时，应执行相应的会计核算办法。

2. 出版单位内部单独核算、不具有法人资格的发行、期刊、印刷等机构，参照执行相应的会计核算办法，并在出版单位统一的会计账簿体系之内分别设置相应的明细账，进行明细核算，按照有关规定定期进行账账、账实核对。

3. 出版单位根据出版物的特点，可对库存图书、期刊、音像制品、电子出版物、投影片（含缩微制品）等的呆滞损失实行分年核价、提取提成差价的办法。

4. 出版物经审批报废时，应按报废清单设置辅助账。再销售时，其收入在“营业外收入”科目中核算。

5. 出版单位非独立核算的发行机构经销外版出版物，属受托代销商品的，应按《企业会计制度》有关规定进行核算。属非受托代销的，应将购进出版物视同本版出版物进行管理与核算，其中采用售价核算的，可在“库存商品”、“商品进销差价”等科目中设置相应的明细科目进行核算。

6. 原在“编录经费”科目核算的可以反映单一出版物的费用作为出版物的直接成本，在“生产成本——其他直接费用”科目核算。

不能反映单一出版物的费用通过“编录经费”科目核算，并按照合理分配方法分配计入相关出版物的成本。

7. 出版单位以提供广告服务、专有出版权使用再许可版权使用费（含租型）、版权贸易为主营业务的，其广告收入、专有出版权使用再许可版权使用费收入（含租型收入）、版权贸易收入，在“主营业务收入”科目中核算；否则，在“其他业务收入”科目中核算。

8. 出版单位委托有关单位协助进行出版物的宣传推广，可视同委托代销方式按合同规定以推销出版物总定价（码洋）的一定比例支付宣传推广费。

（二）补充会计科目使用说明

1. 会计科目的设置

本办法在《企业会计制度》的基础上，增设了“应计生产成本”、“编录经费”等科目，并对“库存商品”、“产品成本差异”、“委托代销商品”、“存货跌价准备”、“其他应交款”、“资本公积”、“生产成本”、“主营业务收入”、“补贴收入”等科目的明细科目设置和核算内容进行了补充规定。

2. 补充会计科目的使用说明

1243 库存商品

一、本科目应按出版物类别、品种分版（印、批、期）次、定价设置明细账，进行明细核算。库房应按品种分版（印、批、期）次、定价设置实物明细卡片，记录库存出版物的进销存情况。

二、库存商品的计价可采用定价法（或计划成本法，下同）或实际成本法。

（一）采用定价法核算库存出版物

1. 出版物完工入库时，按入库出版物定价，借记本科目，按实际生产成本，贷记“生产成本”科目，按定价与实际成本的差额，贷记“产品成本差异”科目。

2. 采取委托代销（寄销）或分期收款销售方式发出出版物时，按发出出版物定价，借记“委托代销商品”或“分期收款发出商品”科目，贷记本科目。

3. 结转当期出版物销售成本时，借记“主营业务成本”、“产品成本差异”等科目，贷记本科目“委托代销商品”、“分期收款发出商品”等科目。

（二）采用实际成本法核算库存出版物

1. 出版物完工入库时，借记本科目，贷记“生产成本”科目。

2. 采取委托代销（寄销）或分期收款销售方式发出出版物时，按实际成本，借记“委托代销商品”或“分期收款发出商品”科目，贷记本科目。

3. 结转当期出版物销售成本时，借记“主营业务成本”科目，贷记本科目、“委托代销商品”、“分期收款发出商品”等科目。

4. 单品种销售成本的结转，可采用移动平均法、加权平均法、先进先出法、后进先出法等方法确定已销出版物的销售成本，核算方法一经确定，不得随意变更。如需变更，应在会计报表附注中予以说明。

三、销售退回出版物的核算

（一）采用定价法核算

1. 未确认收入的已发出出版物的退回，借记本科目，贷记“委托代销商品”、“分期收款发出商品”等科目。

2. 已确认收入的销售出版物的退回，对销售收入在当期已确认，但销售成本尚未结转的，借记“主营业务收入”和“应交税金—应交增值税（销项税额）”科目，贷记“银行存款”、“应收账款”、“预收账款”等科目；对于销售成本已结转的，还应同时，按退回出版物的定价，借记本科目、“委托代销商品”、“分期收款发出商品”等科目，贷记“主营业务成本”、“产品成本差异”科目。

3. 资产负债表日及之前售出的出版物在资产负债表日至财务会计报告批准报出日之间发生退回的，应当作为资产负债表日后事项的调整事项处理，调整报告年度的收入、成本等。

（二）采用实际成本法核算

1. 未确认收入的已发出出版物的退回，借记本科目，贷记“委托代销商品”、“分期收款发出商品”等科目。

2. 已确认收入的销售出版物的退回，对销售收入在当期已确认，但销售成本尚未结转的，借记“主营业务收入”和“应交税金——应交增值税（销项税额）”科目，贷记“银行存款”、“应收账款”、“预收账款”等科目；对于销售成本已结转的，还应同时，按退回出版物的成本，借记本科目、“委托代销商品”、“分期收款发出商品”等科目，贷记“主营业务成本”科目。

3. 资产负债表日及之前售出的出版物在资产负债表日至财务会计报告批准报出日之间发生退回的，应当作为资产负债表日后事项的调整事项处理，调整报告年度的收入、成本等。

1244 产品成本差异

一、本科目核算出版单位按定价法（或计划成本法，下同）核算库存出版物时，库存出版物的实际成本与定价（或计划成本，下同）的差异。

二、出版物完工入库时，按定价，借记“库存商品”科目，按实际成本，贷记“生产成本”科目，按定价与实际成本的差异，贷记本科目；结转当期出版物销售成本时，借记“主营业务成本”科目，按应分摊的成本差异，借记本科目，按本期销售出版物的定价，贷记“库存商品”、“委托代销商品”、“分期收款发出商品”等科目。

三、本期销售出版物应分摊产品成本差异的计算公式如下：

$$\text{产品成本差异}=\text{本期销售出版物总定价}\times\text{产品成本差异率}$$

$$\text{本期产品成本差异率}=\frac{\text{期初产品成本差异}+\text{本期产品成本差异贷方发生额}}{\text{期初出版物总定价}+\text{本期入库出版物总定价}}$$

其中，出版物总定价包括库存出版物、委托代销出版物、分期收款销售发出出版物的销售总定价。

四、本科目应按库存出版物的种类或经营部门设置明细账，进行明细核算。

五、本科目期末贷方余额，反映出版单位库存出版物、委托代销出版物和分期收款销售发出出版物的实际成本小于总定价的差异。

1261 委托代销商品

一、本科目按照出版物的品种分版（印、批、期）次、定价及受托单位分别进行数量和金额的明细核算。

二、采用定价法核算委托代销（寄销）出版物

（一）采用定价法核算的，可按“实洋”和“折扣”设置明细科目。

（二）出版物发出时，按发出出版物定价，借记本科目，贷记“库存商品”科目。

（三）结转当月出版物销售成本时，借记“主营业务成本”、“产品成本差异”等科目，贷记本科目。

三、采用实际成本法核算委托代销（寄销）出版物

（一）出版物发出时，按发出出版物实际成本，借记本科目，贷记“库存商品”科目。

（二）结转当月出版物销售成本时，借记“主营业务成本”科目，贷记本科目。

1281 存货跌价准备

一、出版单位应在本科目设置“出版物提成差价”明细科目，核算对库存出版物提取的呆滞损失准备。

二、出版物包括库存图书、期刊（杂志）、音像制品、电子出版物、投影片（含缩微制品）。

三、出版单位应于每年年度终了，对库存出版物存货进行全面清查并实行分年核价，按规定的比例提取提成差价。出版单位首次提取提成差价时，借记“管理费用——出版物提成差价”科目，贷记本科目，以后年度末应计提的金额大于本科目的期末余额时，应按差额，借记“管理费用——出版物提成差价”科目，贷记本科目；应提取的金额小于本科目的期末余额时，应冲回差额，借记本科目，贷记“管理费用——出版物提成差价”科目。

四、提成差价的计提标准：

（一）纸质图书，分三年提取，当年出版的不提；前一年出版的，按年末库存图书总定价提取10%～20%；前二年出版的，按年末库存图书总定价提取20%～30%；前三年及三年以上的，按年末库存图书总定

价提取30%～40%。

（二）纸质期刊（包括年鉴）和挂历、年画，当年出版的，按年末库存实际成本提取。

（三）音像制品、电子出版物和投影片（含缩微制品），按年末库存实际成本的10%～30%提取，如遇上述出版物升级，升级后的原有出版物仍有市场的，保留该出版物库存实际成本10%；升级后的原有出版物已无市场的，全部报废。

（四）所有各类提成差价的累计提取额不得超过实际成本。

五、出版物经批准报废时，在出版物提成差价中列支。

（一）采用定价法报废核算时，按实际成本，借记本科目，按定价与实际成本的差额，借记"产品成本差异"科目，按定价，贷记"库存商品"科目。

（二）采用实际成本法报废核算时，借记本科目，贷记"库存商品"科目。

六、"存货跌价准备——出版物提成差价"科目期末贷方余额，反映出版单位提取的库存出版物的呆滞损失准备。

2176 其他应交款

一、出版单位应在本科目设置"文化事业建设费"明细科目，核算出版单位根据国家有关规定，按照广告收入一定比例计算交纳的文化事业建设费。

二、出版单位按广告收入提取文化事业建设费时，借记"其他业务支出"科目，贷记本科目（文化事业建设费）；实际交纳时，借记本科目（文化事业建设费），贷记"银行存款"科目。

2192 应计生产成本

一、本科目核算出版单位期末归集当期完工产品生产成本时（出版物已入库、已发货或已销售），按照权责发生制原则的要求，以合同、付印通知单、协议工价、市场材料价、稿酬计算标准等为计算依据，应计入生产成本但尚未结算的款项。

二、应计入本期完工产品生产成本的各项支出，借记"生产成本"科目，贷记本科目。根据真实性原则的要求，应计的生产成本应尽可能接近实际成本，不得以应计成本代替实际成本。

三、应计生产成本项目实际结算时，应根据实际结算金额与应计成本的差额对库存商品或本期销售成本进行调整。

（一）采用定价法核算库存商品时，按应计成本，借记本科目，按实际结算金额与应计成本的差额，借记"产品成本差异"科目，按实际结算金额，贷记"银行存款"等科目。

（二）采用实际成本法核算库存商品时，如果相关出版物尚有库存，按应计成本，借记本科目，按实际结算金额与应计成本的差额，借记"库存商品"、"委托代销商品"、"分期收款发出商品"等科目，按实际结算金额，贷记"银行存款"等科目；如果出版物已经出售完毕，按应计成本，借记本科目，按差额，借记"主营业务成本"科目，按实际结算金额，贷记"银行存款"等科目。

四、本科目应按出版物单一品种、分版（印、批、期）次设置明细账，进行明细核算。

五、本科目期末贷方余额，反映已计入生产成本但尚未结算的款项。

3111 资本公积

一、出版单位应在本科目设置"宣传文化发展专项资金"明细科目，核算出版单位根据国家有关规定获得的宣传文化发展专项资金拨款和专项贴息资金。

二、出版单位收到财政部门或主管部门拨付的宣传文化发展专项资金拨款和专项贴息资金时，借记"银行存款"科目，贷记本科目。

4101 生产成本

一、本科目应按"稿酬及校订费"、"租型费用"、"原材料及辅助材料"、"制版费用"、"印装（制作）费用"、"出版损失"、"编录经费"、"其他直接费用"等项目设置明细科目。其中：

（一）稿酬及校订费，是指支付给著者、译者、校订者的基本稿酬、印数稿酬、版税、额定稿酬等所有报酬及翻译文字的校订费用；

（二）租型费用，是指从境内外出版单位租赁型版、本单位印制发行而支付给出租型版单位的专有出版权再许可使用费；

（三）原材料及辅助材料，是指出版物生产所需的纸张、装帧用料等原材料以及辅助用料的成本；

（四）制版费用，是指在出版物的排版、制版以及纸型、胶片、母片、母带的型版生产过程中支付的各种加工费用；

（五）印装（制作）费用，是指在出版物生产过程中支付的纸质出版物印刷费用、装订费用，音像制品、电子出版物的复制刻录费用、印刷费用、包装费用，投影片（含缩微制品）的复制费用和装帧费用等；

（六）出版损失，是指生产过程中某种产品尚未完工之前发现的各种废品扣除过失人应承担的赔偿或保险公司赔款和残料价值后的报废净损失，包括由于出版单位的责任形成的重新生产所支付的原材料、辅助材料及加工、退稿等费用，以及非管理原因造成的报废损失等；

（七）编录经费，是指按照合理的分配方法分配计入的编录经费；

（八）其他直接费用，是指除上述各项费用以外的其他直接成本，包括选题策划、开发、设计制图、编辑加工、专题会议、音像制品和电子出版物的实验以及各类专项费用等。

以包印张（件）方式进行结算的，应根据有关部门提供的计算清单或合理的比例按本科目所设置的明细科目分解记入相应成本。

二、确定成本核算对象时，图书应按品种分版（印）次核算，期刊按单一品种分期次核算，音像制品、电子出版物及投影片（含缩微制品）按品种分批次核算。

三、成本的归集与分配

（一）发生书配盘（带）或盘（带）配书时，以有定价的一方作为成本核算对象，无定价的一方视为另一方的成本组成部分。书或盘都有定价的，应分别核算。

（二）正在制作过程中的同批（印）次出版物需增加制作数量时，如果能同批（印）次制作，应当将增加的数量、成本并入本批（印）次出版物；如果不能同批（印）次制作的，应按新的批（印）次核算。

（三）纸质出版物为刊登广告而加版、加页的生产成本，可按广告成本单独核算，不计入生产成本。

（四）期末，出版单位应将完工品种的生产成本全部转入库存商品，不得仅按已售产品或部分生产成本结转。完工出版物品种根据入库、发货、销售清单（包含非本社库和作者包销）确认；纸质期刊根据收到的样刊确认。

四、实际发生或应计的各项生产费用，借记本科目，贷记“现金”、“银行存款”、“原材料”、“委托加工物资”、“应计生产成本”等科目。

4106　编录经费

一、本科目核算出版单位编录部门所发生的、无法直接计入某一种出版物成本的各项间接生产费用，如人员工资、办公费、编录用品等费用。总编辑及总编室、设计、校对、绘图、印制、材料等人员工资、社会保险、职工福利、办公费、差旅费、会议费、图书资料等费用作为期间费用，应在“管理费用”科目核算，不在本科目核算。

二、编录经费中能直接确定为某种出版物费用的，直接计入其生产成本；不能直接确定为某种出版物费用的，按编录部门归集分摊。期末，归集当期完工产品生产成本时，应按总印张或总定价、总初版字数、盒数、总印数等一种方法或多种方法组合进行分配。年度内，出版数量不均衡，也可在本年度的1～11月份（或1～3季度）按计划定额分配，全年实际编录费用减去1～11月份（或1～3季度）累计已分配数后的余额，在12月份一次分配完毕。

出版单位具体采用何种分配方法，由出版单位自行决定。分配方法一经确定，不得随意变更。如需变更，应当在会计报表附注中予以说明。

三、发生编录经费时，借记本科目，贷记“现金”、“银行存款”、“原材料”、“应付工资”、“低值易耗品”、“待摊费用”等科目。

四、期末，在完工产品之间分配编录经费，借记“生产成本”科目，贷记本科目。

五、本科目可分别按编录部门、个人及费用项目等，进行明细核算。

六、编录经费按实际发生数分配的，本科目期末应无余额；采用计划定额分配的，期末编制资产负债表时，本科目如有余额，并入“存货”项目。

5101　主营业务收入

一、本科目应按品种分版（印、批、期）次、类别进行数量和金额核算。

二、出版单位应按以下规定确认销售出版物收入实现，并按已实现的收入记账，计入当期损益。

（一）出版单位销售出版物的收入，应当在下列条件均能满足时予以确认：

1. 出版单位已将出版物所有权上的主要风险和报酬转移给购买方；

2. 出版单位既没有保留通常与所有权相联系的继续管理权，也没有对已售出的出版物实施控制；

3. 与交易相关的经济利益能够流入出版单位；

4. 相关的收入和成本能够可靠地计量。

销售出版物的收入应按出版单位与购货方签订的合同或协议金额或双方接受的金额确定。

（二）采取直接收款方式销售出版物时，通常以取得索取货款的凭据，并将提单交给购买方时确认销售出版物收入。

（三）采取托收承付和委托银行收款方式销售出版物时，通常以发出出版物并办妥托收手续时确认销售出版物收入。

（四）采取赊销和分期收款销售方式销售出版物时，应按合同约定的收款日期分期确认收入。同时，按商品全部销售成本与全部销售收入的比率，计算出本期应结转的销售成本。

（五）采取委托代销（寄销）方式销售出版物时，分为视同买断和收取手续费两种情况确认收入：

1. 视同买断方式，是指由委托方和受托方签订协议，委托方按协议价收取所代销出版物的货款，实际售价可由受托方自定，实际售价与协议价之间的差额归受托方所有的销售方式。在这种销售方式下，委托方在交付出版物时不确认收入，受托方也不作为购进出版物处理。受托方将出版物售出后，应按实际售价确认为销售收入，并向委托方开具代销清单。委托方收到代销清单时，再确认收入。

2. 收取手续费方式，是指受托方根据所代销的出版物数量向委托方收取手续费的销售方式。在这种代销方式下，委托方应在受托方将出版物销售后，并向委托方出具代销清单时，确认收入；受托方在出版物销售后，按应收取的手续费确认收入。

（六）附有销售退回条件的销售出版物，是指购买方依照有关协议有权退货的销售方式。在这种销售方式下，如果出版单位能够按照以往的经验对退货的可能性作出合理估计的，应在发出出版物时，将估计不会发生退货的部分确认收入，估计可能发生退货的部分，不确认收入；如果出版单位不能合理确定退货的可能性，则在售出出版物的退货期满时确认收入。

（七）采取预交定金方式销售出版物时，以发出出版物确认收入。

（八）出口出版物

1. 采取离岸价方式销售出版物时，以办妥报关、发运手续，货物装上船或飞机确认收入；

2. 采取到岸价方式销售出版物时，以购买方开具的收货凭据确认收入；

3. 采取代销（寄销）方式销售出版物时，以收到货款确认收入。

三、出版单位对外提供劳务，其收入按以下规定确认：

（一）在同一会计年度内开始并完成的劳务，应当在完成劳务时确认收入。

（二）如果劳务的开始和完成分属不同的会计年度，在提供劳务交易的结果能够可靠估计的情况下，应当在资产负债表日按完工百分比法确认相关的劳务收入．当劳务总收入和总成本能够可靠地计量、与交易相关的经济利益能够流入出版单位、劳务的完成程度能够可靠地确定时，则交易的结果能够可靠地估计。

（三）在提供劳务交易的结果不能可靠估计的情况下，应当在资产负债表日对收入分别以下两种情况确认和计量：

1. 如果已经发生的劳务成本预计能够得到补偿，应按已经发生的劳务成本金额确认收入，并按相同金额结转成本；

2. 如果已经发生的劳务成本预计不能全部得到补偿，应按能够得到补偿的劳务成本金额确认收入，并按已经发生的劳务成本作为当期费用。确认的收入金额小于已经发生的劳务成本的差额，作为当期损失；

3. 如果已经发生的劳务成本预计全部不能得到补偿，应按已经发生的劳务成本作为当期费用，不确认收入。

四、采取出租型版方式取得专有出版权使用再许可版权使用费，以收到货款或将销售凭单交给承租型版单位时确认出版物销售收入实现。

专有出版权使用再许可版权使用费中包含著译者版权收入时，根据版权使用协议，应按扣除著译者版权收入后的部分确认收入。

五、采取刊登广告方式取得广告收入，应在相关的广告刊出或商业行为开始出现于公众面前时予以确认收入。出版单位委托广告公司等中介机构代理广告业务，广告收入按扣除代理费后的金额确认收入。

六、采取版权贸易出口版权和合作出版境外销售方式，以收到境外销售单位支付的款项确认出版物销售收入。

七、出版单位根据应确认的收入金额，借记“银行存款”、“现金”、“应收账款”、“预收账款”等科目，贷记本科目、“应交税金——应交增值税(销项税额)”科目。

八、期末，应将本科目的余额转入“本年利润”科目，结转后本科目应无余额。

5203　补贴收入

一、出版单位应在本科目设置“增值税返还款”和“其他补贴收入”明细科目，用于核算出版单位取得的增值税返还款以及出版物出版补贴等专项补助。

二、出版单位取得增值税返还款和专项补助时，借记“银行存款”科目，贷记本科目。

(三) 报表项目补充编制说明

1. “编录经费”科目余额应列入资产负债表中的“存货”项目。

2. “应计生产成本”科目余额应列入资产负债表中的“应付账款”项目。

3. 出版单位应在会计报表附注中说明库存出版物的构成及提成差价的计提标准。

三、发行企业会计核算办法

(一) 说明

1. 本办法对发行企业有关存货、收入的核算方法作了补充规定。

2. 发行企业可以采用售价(或码价)核算，也可以采用进价核算。

3. 发行企业出版物的采购业务可以不通过“物资采购”科目核算，直接通过“库存商品”科目核算。

4. 发行企业包装物的采购与摊销业务可以不通过“包装物”科目核算，直接通过“营业费用”、“其他业务支出”科目核算。

(二) 补充会计科目使用说明

1. 会计科目的设置

本办法在《企业会计制度》的基础上，对“库存商品”、“商品进销差价”、“委托代销商品”、“受托代销商品”、“主营业务收入”等科目的明细科目设置和核算内容进行了补充规定。

2. 补充会计科目的使用说明

1243　库存商品

一、本科目核算发行企业从供货方购进的出版物的实际成本(或进价)、或计划成本(或售价)、或明码标印的定价(码价)。凡所有权不属于本企业的出版物，不在本科目核算。

二、本科目可以按照“期刊”、“教材”、“图书”、“年(历)画”、“音像制品”、“出租商品”等出版物的种类设置明细科目，进行明细核算。

三、库存商品采用售价(或码价)核算

1. 期刊、教材、图书、年(历)画、音像制品的核算

(1) 发行企业购进出版物验收入库时，借记本科目，贷记“应付账款”、“现金”、“银行存款”、“预付账款”、“商品进销差价”等科目。

(2) 发行企业购进出版物委托外单位代销，商品发出时，借记“委托代销商品”科目，贷记本科目。

(3) 期末，结转当期出版物销售成本时，借记“主营业务成本”、“商品进销差价”科目，贷记本科目、“委托代销商品”等科目。

2. 出租商品的核算

(1) 发行企业应在“出租商品”明细科目下，按照“出租商品售价(或码价)”、“出租商品摊销”设置三级明细科目，进行明细核算。

(2) 发行企业购进出版物对外出租时，借记本科目(出租商品售价或码价)，贷记本科目、“商品进销差价”科目。

(3) 期末，摊销出租出版物成本时，借记“主营业务成本”、“商品进销差价”科目，贷记本科目(出租商品摊销)。

(4) 出租出版物报废时,按已摊销的价值,借记本科目(出租商品摊销),按未摊销的价值,借记“营业费用”、“商品进销差价”科目,贷记本科目(出租商品售价或码价)。

四、库存商品采用进价核算

1. 期刊、教材、图书、年(历)画、音像制品的核算

(1) 发行企业购进出版物验收入库时,借记本科目,贷记“应付账款”、“现金”、“银行存款”、“预付账款”等科目。

(2) 发行企业购进出版物委托外单位代销,商品发出时,借记“委托代销商品”科目,贷记本科目。

(3) 期末,结转当期出版物销售成本时,借记“主营业务成本”科目,贷记本科目、“委托代销商品”等科目。

2. 出租商品的核算

(1) 发行企业应在“出租商品”明细科目下,按照“出租商品进价”、“出租商品摊销”设置三级明细科目,进行明细核算。

(2) 发行企业购进出版物对外出租时,借记本科目(出租商品进价),贷记本科目。

(3) 期末,摊销出租出版物成本时,借记“主营业务成本”科目,贷记本科目(出租商品摊销)。

(4) 出租出版物报废时,按已摊销的价值,借记本科目(出租商品摊销),按未摊销的价值,借记“营业费用”科目,按进价,贷记本科目(出租商品进价)。

1244 商品进销差价

一、本科目核算发行企业采用售价(或码价)核算的出版物售价(或码价)与进价之间的差额。

二、本科目设置“进销差价”、“进项税额”明细科目。

三、发行企业购进出版物验收入库时,按出版物的售价(或码价),借记“库存商品”科目,按售价(或码价)与含税进价之间的差额,贷记本科目(进销差价),按含税进价与不含税进价的差额,贷记本科目(进项税额),按不含税进价,贷记“应付账款”等科目。

结转当期出版物销售成本时,借记“主营业务成本”科目、本科目(进销差价、进项税额),贷记“库存商品”、“委托代销商品”、“受托代销商品”等科目。

四、本科目可以按照出版物的种类设置三级明细科目。

五、本科目的期末贷方余额,反映尚未销售也尚未摊销的出版物的进销差价。

1271 受托代销商品

一、本科目核算发行企业按照寄销方式接受外单位委托,代其销售出版物的进价或售价(或码价)。

二、本科目可以按照受托代销出版物的种类设置明细科目,进行明细核算。将受托代销出版物委托外单位代销,可以按照委托代销单位设置明细科目,进行明细核算。

三、受托代销商品的核算

1. 受托代销商品采用进价核算

(1) 发行企业收到受托代销出版物验收入库时,按进价,借记本科目(按受托代销出版物类别设置的明细科目),贷记“代销商品款”科目。

(2) 发行企业将受托代销出版物委托外单位代销,出版物发出时,借记本科目(按委托代销单位设置的明细科目),贷记本科目(按受托代销出版物类别设置的二级科目)。

(3) 结转当月销售成本时,借记“主营业务成本”科目,贷记本科目(按受托代销出版物类别或委托代销单位设置的明细科目)。

(4) 期末,根据受托代销出版物销售汇总单结转应付账款,借记“代销商品款”科目,贷记“应付账款”科目。

(5) 受托代销单位向发行企业发生退货时,借记本科目(按受托代销出版物类别设置的明细科目),贷记本科目(按委托代销单位设置的明细科目)。

(6) 发行企业向委托代销单位办理退货时,借记“代销商品款”科目,贷记本科目(按受托代销出版物类别设置的二级明细科目)。

2. 受托代销采用售价(或码价)核算

(1) 发行企业收到受托代销出版物验收入库时,按售价(或码价),借记本科目(按受托代销出版物类别

设置的明细科目），贷记"代销商品款"科目。

（2）发行企业将受托代销出版物委托外单位代销，出版物发出时，借记本科目（按委托代销单位设置的明细科目），贷记本科目（按受托代销出版物类别设置的明细科目）。

（3）结转当月销售成本时，借记"主营业务成本"、"商品进销差价"科目，贷记本科目（按受托代销出版物类别或委托代销单位设置的明细科目）。

（4）期末，根据受托代销出版物销售汇总单结转应付账款，借记"代销商品款"科目，贷记"商品进销差价"、"应付账款"科目。

（5）委托代销单位发生退货时，借记本科目（按受托代销出版物类别设置的明细科目），贷记本科目（按委托代销单位设置的明细科目）。

（6）向委托代销单位办理退货时，借记"代销商品款"科目，贷记本科目（按受托代销出版物类别设置的明细科目）。

四、本科目期末借方余额，反映发行企业受托代销出版物的进价或售价（码价）。

5101　主营业务收入

一、本科目核算发行企业在出版物销售活动中所取得的销售收入、出租商品收入。托收货款过程取得付款方滞纳金收入不在本科目核算，应作为营业外收入核算。

商品销售收入的确认原则，应执行《企业会计制度》相关规定。

二、本科目可以按照核算内容设置"商品销售收入"、"出租商品收入"、"销售折让"、"销项税额"等明细科目。

三、主营业务收入的核算

（一）采用进价核算库存出版物

1. 实现出版物销售收入时，按实际售价，借记"应收账款"、"现金"、"银行存款"、"预收账款"等科目，贷记本科目（商品销售收入）。

2. 出租出版物实现收入时，借记"现金"等科目，贷记本科目（出租商品收入）。

3. 期末，根据"商品销售收入"、"出租商品收入"等明细科目的本期发生额计算销项税额，借记本科目（销项税额），贷记"应交税金"科目。

（二）采用码价核算库存出版物

1. 实现出版物销售收入时，按实际售价，借记"应收账款"、"现金"、"银行存款"、"预收账款"等科目，按码价与实际售价的差额，借记本科目（销售折让），按码价，贷记本科目（商品销售收入）。

2. 出租出版物实现收入时，借记"现金"等科目，贷记本科目（出租商品收入）。

3. 期末，根据"商品销售收入"、"出租商品收入"、"销售折让"等明细科目的本期发生额计算销项税额，借记本科目（销项税额），贷记"应交税金"科目。

四、期末，应将本科目的余额转入"本年利润"科目，结转后本科目应无余额。

四、报业单位会计核算办法

（一）说明

1. 报业集团、报社（以下简称"报业单位"）在执行《企业会计制度》的同时，执行本办法。

2. 报业单位中具有独立法人资格的出版社、杂志社、发行公司、广告公司、印务公司等单位，执行《企业会计制度》及相应的会计核算办法。

3. 报业单位承接外部报刊等印刷业务时，由委托印刷单位自购提供新闻纸等印刷材料的，单独设置"代管新闻纸"等备查簿登记，进行收、付、结存的核算。

（二）补充会计科目使用说明

1. 会计科目的设置

本办法在《企业会计制度》的基础上增设了"拨付所属资金"、"社会公益往来"、"上级拨入资金"、"采编费用"、"记者站经费"科目，并对"其他应交款"、"资本公积"、"生产成本"、"主营业务收入"、"其他业务支出"、"营业费用"等科目的明细科目设置和核算内容进行了补充规定。

2. 补充会计科目的使用说明

1441　拨付所属资金

一、本科目核算报业单位对所属的非独立法人单位拨付的经营等项目所需资金。

二、报业单位向所属单位拨付资金时，借记本科目，贷记“银行存款”等科目。

三、本科目期末借方余额，反映报业单位向所属单位投入的资金总额。

2176 其他应交款

一、报业单位应在本科目设置“文化事业建设费”明细科目，核算报业单位根据国家有关规定，按照广告收入的一定比例计算交纳的文化事业建设费。

二、报业单位按广告收入提取文化事业建设费时，借记“其他业务支出”科目，贷记本科目（文化事业建设费）；实际交纳时，借记本科目（文化事业建设费），贷记“银行存款”科目。

2182 社会公益往来

一、本科目核算报业单位与国家机关、社会团体、企事业单位及个人以报纸为载体联合举办社会公益性活动的经费。

二、本科目应按社会公益活动项目名称设置明细科目，进行明细核算。

三、报业单位收到专项公益活动赞助款时，借记“银行存款”或“现金”科目，贷记本科目。专项活动发生费用支出时，借记本科目，贷记“银行存款”、“现金”科目。

待该专项活动结束时，本科目如为借方余额，借记“营业外支出”科目，贷记本科目；本科目如为贷方余额，借记本科目，贷记“营业外收入”科目。

四、本科目期末贷方余额，反映报业单位尚未结束的社会公益活动的经费余额。在编制资产负债表时，本科目余额应在“其他流动负债”项目列示。

3102 上级拨入资金

一、本科目由报业单位所属的非独立法人单位使用。

二、所属单位收到报业单位拨入的资金时，借记“银行存款”、“现金”等科目，贷记本科目。

三、本科目属于所有者权益类科目，期末余额在资产负债表中单列“上级拨入资金”项目列示。

四、运用“拨付所属资金”和“上级拨入资金”科目对报业单位进行内部核算时，期末，报业单位在编制汇总会计报表时两个科目余额相互抵销。

3111 资本公积

一、报业单位应在本科目设置“宣传文化发展专项资金或新闻出版发展基金”明细科目，核算报业单位根据国家有关规定取得的专项资金拨款。

二、报业单位收到财政部门或主管部门拨付的专项资金拨款时，借记“银行存款”科目，贷记本科目。

4101 生产成本

一、本科目核算报业单位报纸的生产成本。

二、报纸的生产成本可按纸张费、排版、传版费、印制费、采编费、其他费用等成本项目进行核算，反映报纸编辑、印刷等过程中发生的费用。一般报纸的单位成本以千对开印张（简称“千对开”）为核算对象。其中：

（一）纸张费，是指报纸印刷全部用纸成本。

（二）排版、传版费，是指报纸照排费用、委托印刷所发生的版面传输费用。

（三）印制费，是指报业单位印刷机构和委托印刷等发生的费用。

（四）采编费，是指归集采编费用、记者站经费等发生的费用。

（五）其他费用，是指除上述费用以外，应计入报纸生产成本的其他直接费用。

相关费用发生时，借记本科目，贷记“银行存款”、“现金”等科目。

三、月末，将归集完整的费用全部转入“库存商品”科目，借记“库存商品”科目，贷记本科目。期末结转后本科目应无余额。

4106 采编费用

一、本科目核算报业单位采编部门开展新闻采访、报纸编辑业务所发生的费用，主要包括采编部门人员工资及附加、福利费、稿费、办公费、差旅费、邮电通讯费、美术摄影费、图书资料费、通联费、业务招待费、外事经费、折旧费、租赁费、修理费、物业管理费、低值易耗品摊销、水电费、社会保险费等。

其中，稿费包括出版稿件支付的稿费，内部采编人员非职务撰稿及非采编人员撰稿的稿酬，按规定支付的审稿费以及对来稿摘编向投稿者支付的信息费等。通联费包括采编部门组织大型读者活动以及为作者、通讯员组织大型业务交流、培训活动的各项费用等。

二、本科目应按费用项目类别设置明细科目，进行明细核算。

三、采编费用发生时，借记本科目，贷记“现金”、“银行存款”、“应付工资”、“待摊费用”、“累计折旧”等科目。

四、月末，应将本科目余额转入“生产成本”科目，结转后本科目应无余额。

4108　记者站经费

一、本科目核算报业单位驻外记者站所发生各项费用，主要包括各驻站记者及工作人员工资及附加、福利费、办公费、差旅费、交通费、邮电通讯费、图书资料费、通联费、房屋租赁费(物业管理费)、折旧费、低值易耗品摊销、修理费、水电费、社会保险费等。

二、本科目应按费用项目类别设置明细科目，进行明细核算。

三、记者站发生费用时，借记本科目，贷记“现金”、“银行存款”等科目。

四、月末，应将本科目余额转入“生产成本”科目，结转后本科目应无余额

5101　主营业务收入

一、本科目核算报业单位的报纸发行收入。报业单位承接外部报刊印刷等取得的印刷收入也在本科目核算。广告收入不在本科目核算，应在“其他业务收入”科目核算。

二、本科目应按收入项目设置明细科目，进行明细核算。

三、报纸发行收入的金额应为报业单位与邮局或发行机构实际应结算的金额。

四、报业单位预收的报刊费在报纸实际出版发行时，确认为报纸发行收入。

五、期末，应将本科目的余额转入“本年利润”科目，结转后本科目应无余额。

5405　其他业务支出

一、报业单位应在本科目设置“广告成本”明细科目，核算报业单位的广告成本。

二、报业单位为客户刊出广告所支付的费用，包括组稿费、广告业务费、设计制作费、专设广告机构人员工资及附加、福利费、办公费、差旅费等。广告的制版、印刷费等一般不单独计算。如采用加版、加页等方式刊登的广告，则应计算所有费用。

相关费用发生时，借记本科目，贷记“银行存款”、“现金”等科目。

三、期末，应将本科目的余额转入“本年利润”科目，结转后本科目应无余额。

5501　营业费用

一、本科目核算报业单位在报纸发行、销售业务过程中支付的各项费用，主要包括发行人员的工资及附加、福利费、办公费、差旅费、宣传推广费、业务招待费、租赁费、运输费、发行网点费、其他等项目。

其中，宣传推广费，是指报纸发行过程中，为促进和扩大发行量，支付给其他媒体或协助报纸推广的部门的相关费用、劳务费，为报纸发行、推介组织各类活动所支付的费用等。发行网点费，是指为组织报纸发行工作而设置的门市、经销网点、投送网点所发生的各项业务经费等。

二、相关费用发生时，借记本科目，贷记“现金”、“银行存款”等科目。

三、期末，应将本科目余额转入“本年利润”科目，结转后本科目应无余额。

五、印刷、复制企业成本核算办法

(一) 说明

1. 为了规范印刷、复制企业的会计核算，正确计算印刷、复制企业的产品成本，根据《企业会计制度》有关规定，特制定《印刷、复制企业成本核算办法》(以下简称“办法”)。

2. 本办法适用于书刊、报纸印刷、音像电子出版复制(复录)等企业。包装装潢、铁制罐和塑料等其他印刷制品企业可参照执行。

(二) 书刊、报纸印刷成本核算

1. 印刷具有连续、多品种生产和分阶段结算产品的特点，要求印刷产品成本核算采用分类与分批相结合的方法。在实际工作中，一般按产品类别、定单、批量等作为成本核算对象。在分批核算成本的基础上，也可按“本”、“件”、“张”计算成本。

2. 企业在生产经营过程中发生的各项费用，按实际发生数计入本期成本、费用。如采用计划成本法或定额成本法等方法核算的，应在规定的成本核算期内调整为实际成本。

3. 为正确计算印刷产品的生产成本，企业应按各个生产车间（包括独立工段、独立小组，下同）在生产过程中所担负的任务，划分为基本生产与辅助生产。

（1）基本生产，是指为完成各类印刷产品加工任务而直接进行的生产，例如电脑制版、胶印印刷、装订等基本生产车间，分别核算各基本生产车间产品生产时所发生的生产费用。

（2）辅助生产，是指为本企业基本生产服务而进行的生产，单独核算企业内部为印刷产品生产提供劳务时所发生的生产费用。

4. 为便于按加工步骤计算分类产品的分段成本和总成本，对具有几个生产工段多生产步骤的基本生产车间，企业还可按各工段在生产中担负的任务划分为基本工段和辅助工段。

（1）基本工段，是指直接为各类印刷产品进行生产加工，并能按产品的批别分别统计工时消耗且工时所占比重较大的主要生产工段，如制版车间的电脑排版、电分，或CTP直接制版等工段，印刷车间的轮转胶印、平印、零件印刷、上光、贴塑、过油等工段，装订车间的骑马订、平装、精装、联动机等工段。

（2）辅助工段，是指为基本工段提供劳务或对基本工段的产品进行检验的附属工段或工序，如制版车间的整版、磨版等工段或工序，印刷车间的晒版、调墨、成品检查、文字检查等工段或工序，装订车间的烊胶、毛（光）本检查、磨刀等工段或工序。

5. 为统一印刷产品的计量单位，企业计算分类产品单位成本时，应采用实物产量，个别不便统计产量的特殊产品可用百元产值；计算分批产品的单位成本和机种单位成本时，应采用实物产量。

印刷产品基本分类及计量单位，示例如下：

电脑排版（万字）

制 版（四开块、十六开块）

书版轮转胶印印刷（包括上版）（令）

书版双面胶印印刷（包括上版）（令）

单色胶印印刷（包括制上车版）（对开色令）

彩色胶印印刷（包括制上车版）（对开色令）

零印印刷（百元产值）

骑马装订（千本－32开、令）

平装装订（串线订、无线胶订）（万页－32开、令）

精装装订（万页－32开、令）

特种装订（百元产值）

上 光（或过油）（令）

压 膜（平方米、令）

外购商品

纸张代料

其他

其中，外购商品，是指本企业向其他单位购入的不经过本企业任何加工或装配，或为客户发外加工后加收管理费的商品。

6. 印刷产品生产成本核算，应设置以下成本项目：

（1）原材料，是指直接用于产品生产，虽不构成产品实体，但有助于产品形成的各种原材料及辅助材料，如制版用的软片和各种药水，印刷用的油墨、橡皮布、PS版，装订用的热熔胶、线、布，压膜用的塑料薄膜、胶水等。

（2）印刷用纸，是指为委印单位代垫纸张进行产品加工时，该产品实际耗用的纸张成本。

（3）燃料和动力，是指直接用于产品生产的燃气和动力费用。

（4）工资及福利费，是指直接从事产品生产人员的工资、奖金、津贴以及其他各种属于工资性质的补贴和职工福利费。

（5）废品损失，是指在生产过程中发生的报废损失，包括纸张超伸放、产品缺交与补版和重制重印的损失。

（6）制造费用，是指生产车间为加工产品和提供劳务而发生的各项间接费用，包括车间管理人员工资和职工福利费、折旧费、租赁费、修理费、机物料消耗、水电费、办公费、差旅费、保险费、劳动保护费、季节性和修理期间的停工损失等。

(7) 委托外加工，是指委托外加工时所发生的各项费用。

7. 企业进行印刷产品加工生产，应按生产过程中各项生产费用的用途，分别设置“生产成本”、“制造费用”科目，及相应的“生产成本——基本生产成本”、“生产成本——辅助生产成本”和“制造费用”等明细账予以归集。

(1) 基本生产明细账，应按各个基本生产车间及其所属各个基本工段和各分类产品别设置，分别按成本项目进行归集登记。

对基本生产车间所属各辅助工段的生产费用，可以合并设置一个账户予以归集；辅助工段只设置工资及福利费一个成本项目，其他各项生产费用并入“制造费用”明细账进行核算。

(2) 辅助生产明细账，应按各个辅助生产车间、部门，以及为受益部门提供的劳务或产品别由厂部统一设置，分别按成本项目进行归集登记。

(3) 制造费用明细账，应按各个基本生产车间及所属工段分别设置，并按制造费用细目进行归集。

8. 原材料成本的归集与分配

(1) 企业生产过程中耗用的原材料，应按车间、部门、工段和用途别归集的“材料耗用汇总表”，据以登记“生产成本”、“制造费用”等有关明细账。

(2) 基本生产车间一个基本工段生产两类或两类以上的产品，且耗用同一种原材料，应尽可能分别统计各类产品的实耗数，并按实耗数计入产品成本；如不能划分而又必须分配的，可按实物产量、工时比例或产值比例进行分配，计入有关产品成本。

9. 人工成本的归集与分配

(1) 基本生产车间的工资及福利费，应按车间、部门的“工资汇总表”，据以登记“生产成本——基本生产成本”、“生产成本——辅助生产成本” 和“制造费用”等有关明细账。

(2) 基本生产车间的一个基本工段生产两类或两类以上产品，各类产品的人工成本，可按该工段的实耗工时(或实物产量)工资率乘各类产品的实耗工时数(或实物产量)计算后求得。计算公式如下：

$$基本工段实耗工时(或实物产量)工资率=\frac{工资及福利费总额}{实耗工时(或实物产量)总数}$$

(3) 基本生产车间的几个基本工段共同完成的同一类产品，其人工成本应按各工段的实耗工时(或实物产量)工资率乘各工段实耗工时数(或实物产量)，分段计算各个工段成本，经加总后计入该类产品成本。

(4) 基本生产车间辅助工段的工资及福利费，按各受益工段的受益程度采取定额法比例分配。

辅助工段发生对外供应劳务收入，不得直接冲减基本生产成本；对外供应劳务应负担的工资和福利费，可以根据实耗工时及工时工资率或定额成本进行分配。

(三) 音像电子出版物复制成本核算

1. 音像电子出版物的复制，是将母带、母盘上的信息进行批量翻录的生产活动，要求企业按产品载体形式(产品品种)归集产品生产费用，一般将母带、子带、C D母盘、C D子盘、DVD母盘、DVD子盘等品种作为产品成本的核算对象。企业可按上述分类产品分别核算产品成本。

2. 音像电子出版物产品的复制成本，应设置以下成本项目：

(1) 原材料，是指直接用于产品生产、构成产品实体的原料和主要材料，外购半成品，修理用备件，燃料及动力，以及有助于产品形成的辅助材料。如磁带复制企业的C—O外盒、印刷品(唱词等)、书型盒、饼带、A B贴、包装膜、PP盒、粘接带、封口胶、打包带、纸箱等，光盘复制企业的聚碳酸酯、银靶、硅靶、铝靶、镍靶、感光胶、胶水、油墨、网框、网布、包装盒、纸箱、打包带等。

(2) 委托加工母盘，是指光盘复制企业委托外部加工制作的母盘。

(3) 动力，是指直接用于产品生产的动力费用。

(4) 工资及福利费，是指直接从事产品生产人员的工资、奖金、津贴以及其他各种属于工资性质的补贴和职工福利费。

(5) 制造费用，是指直接用于产品生产但不便于直接计入产品成本，以及间接用于产品生产的各项费用。包括车间管理人员工资和职工福利费、折旧费、租赁费、修理费、机物料消耗、水电费和办公费、劳动保护费等。

3. 音像电子出版物复制成本的计量单位：磁带制品为“盒”、光盘制品为“张”。

4. 复制企业生产过程中发生的各项生产费用，按照生产步骤进行归集，分别按成本项目设置专栏进行归集登记。生产步骤一般包括：母盘（带）制作、子盘（带）复制、盘面印刷、包装装潢等。

5. 原材料的归集与分配

产品生产耗用的原材料，应根据各生产步骤的领料凭证和“材料耗用汇总表”，直接计入该产品的生产成本；如不能直接计入的，可按各产品的产量、重量、定额消耗量或定额费用比例等确定分配标准，分配计入各有关产品成本。

6. 委托加工的归集与分配

企业应根据委托购入母盘的实际成本，直接计入该产品的生产成本。

7. 动力费用的归集与分配

实际发生的动力费用，应根据仪表记录耗用动力的数量以及动力的平均单价计算，直接计入该产品成本项目；如没有仪表记录的，可按生产实物产量和工时比例、机器功率时数（机器功率×机器时数）比例，或定额消耗量比例等确定分配标准，分配计入各个有关产品成本。

8. 人工费用的归集与分配

（1）计件工资，应根据工资结算凭证和“工资分配表”，直接计入产品生产成本；计时工资，应根据人工工种的不同，按不同工种生产各类产品的生产工时（实际工时）比例，分配计入各生产步骤的有关生产成本。

（2）奖金、津贴、补贴和计提职工福利费，以及特殊情况下支付的工资等，应按计入的工资额比例或生产工时比例，分配计入各生产步骤的有关生产成本。

9. 制造费用的归集与分配

（1）根据车间、部门分别设立制造费用明细账进行归集与分配。

（2）按车间、部门受益情况分别核算，不得将各车间、部门的制造费用汇总后统一分配。

（3）月末，根据各类费用的项目性质和特点，确定制造费用的分配方法。计算后将制造费用分配记入各有关产品成本。

常用的分配方法有以下几种：生产工人工时比例分配法、生产工人工资比例分配法、机器工时比例分配法和年度计划分配率法等。

10. 月末，企业根据“生产成本——基本生产成本”等有关明细账和费用分配表以及各类单据，进行复制成本的计算与分配。

（1）每个步骤产品完工经检验合格后，由车间填制完工产品转移通知单，分别作为财会部门成本计算的依据和下道工序或仓库接收的凭证，以及车间产品转移记录的备查单据。

（2）财会部门依据最终产品车间送来的完工产品转移通知单、仓库产品入库单、产品成本明细账和有关原始凭证资料，选用移动平均法等产品计价方法，编制产品成本计算表，据以计算产成品的单位成本和总成本。

（3）根据复制企业的生产特点，一般不计算各步骤在产品成本。月末，如有在产品及可回收废品，可按其完工程度折合成约当产量，并结合已完工产品产量，与总生产成本相配比，最终计算在产品成本和可回收废品的成本。

11. 产品销售成本，应按该产品销售数量和该产成品单位成本计算后结转。

六、印刷物资供应企业成本核算办法

（一）说明

为了规范印刷物资供应企业的会计核算，正确计算印刷物资供应企业的商品成本，根据《企业会计制度》有关规定，特制定《印刷物资供应企业成本核算办法》（以下简称“办法”）。

（二）印刷物资供应企业成本核算

1. 印刷物资供应属于商品流通领域，其成本核算包括印刷物资销售成本和期间费用的核算。

（1）印刷物资销售成本，是指企业经营过程中购进商品的价格，以及属于价格性质的价外支出。

（2）期间费用，是指其他不属于价格性质的经营支出。

2. 印刷物资供应企业的成本核算对象，为当期实现销售收入的全部商品。

印刷物资销售成本可按印刷物资的属性划分为：印刷机械设备类、印刷器材类（版材、感光材料、配件等)、印刷耗材类(油墨、包装材料等)、纸张类、木浆类、光盘材料类和其他物资类等。

3. 企业根据实际经营情况和各类商品的性质,对印刷物资销售成本可采用不同的核算方法。一般按类选用以下核算方法:

(1) 印刷机械类物资,因单价大、购销数量和次数少,适用进价计价的个别计价法核算成本。

(2) 耗材类物资,因品种多、单价小而杂,且销售数量大、进货批次多,但销价较稳定,适用售价计价的分类进销差价率的方法核算成本。

(3) 纸张、木浆和光盘材料类等物资,因进销数量大,品种少、批次多,价格较单一,适用进价计价的加权平均法(或后进先出法等)核算成本。

4. 印刷物资销售成本应与当期实现的商品销售收入相配比。企业当期商品销售成本核算一般按出版系统内外划分:

(1) 供应系统外的物资销售,以当期实现销售的商品作为成本计算的依据;

(2) 供应系统内的物资销售,以出版社、供应方和承印厂确认付印单上的数量,并按供应结算金额确认的销售收入部分,作为当期成本计算的依据。

5. 商品销售成本的核算

(1) 根据销售收入情况,分别计算当期各类商品物资的销售数量或金额。

(2) 按确定的成本核算方法,计算各类商品物资当期销售成本。主要方法如下:

① 按进销差价率的方法计算成本

$$\text{某类商品进销差价率}=\frac{\text{某类商品期初进销差价}+\text{当期购入商品进销差价}}{\text{某类商品期初库存商品金额}+\text{当期购入库存商品金额}}\times 100\%$$

$$\text{某类商品销售成本}=\text{该类商品当期销售收入}\times(1-\text{该类商品进销差价率})$$

② 按加权平均法的方法计算成本

$$\text{商品销售成本}=\sum(\text{某商品当期销售数量}\times\text{按用加权平均法计算的进货单价})$$

③ 月末,企业汇总各类商品销售成本后,计算出当期全部销售成本。

6. 期间费用的计算

企业经营过程中发生非价格属性的费用,一般作为期间费用,直接计入当期损益。期间费用按经济用途划分为"营业费用"、"管理费用"和"财务费用"。

(1) 营业费用,是指企业销售商品过程中发生的各项费用以及为销售本企业商品而专设的销售机构的经营费用,以及购买商品过程中发生的进货费用。一般包括:

① 商品销售费用,是指企业在商品销售过程中发生的包装费、运输费、装卸费、保险费等。

② 商品促销费用,是指为扩大商品销售所发生的促销费用,包括展览费、广告费、经营租赁费、销售服务费等。

③ 商品仓储费,是指仓库在储存货物过程中发生的费用和仓库租赁费用。

④ 销售部门的费用,是指为销售商品专设的销售机构(含销售网点、售后服务网点等销售部门)有关人员工资及福利费、业务费、质量检测费用等。

⑤ 委托代销费用,指委托其他单位代销商品时,按代销合同规定支付的委托代销手续费。

⑥ 商品进货费用,是指企业在进货过程中发生的运输费、装卸费、包装费、保险费以及运输途中合理损耗和入库前挑选整理等。

(2) 管理费用,是指企业为组织和管理商品经营活动所发生的各种管理费用。一般包括:

① 工资性支出和管理费用,是指管理人员的工资及福利费、修理费、办公费、差旅费、物料消耗、低值易耗品摊销、工会经费、职工教育经费、劳动保险费、待业保险费、审计费、诉讼费、咨询费、聘请中介机构费等。

② 无形资产摊销。

③ 业务招待费,是指企业正常业务经营活动发生合理的支付,如招待费、业务费用等。

④ 损失或准备,是指企业存货盘点时发现盘亏、盘盈的净额损失以及按规定计提的坏账准备、存货跌价准备等。

⑤ 各项税费,是指按规定计入管理费用的房产税、车船使用税、土地使用税、印花税等。

⑥ 其他费用。

（3）财务费用，是指企业为筹集生产经营所需资金等而发生的费用，包括应当作为期间费用的利息支出（减利息收入）、汇兑损失（减汇兑收益）及相关手续费等。

四、铁路运输企业会计核算办法

一、总说明

（一）为了统一规范铁路运输企业的会计核算，根据《中华人民共和国会计法》、《企业财务会计报告条例》、《企业会计制度》和国家有关法律、法规，并结合铁路运输企业的实际情况，特制定《铁路运输企业会计核算办法》（以下简称"本办法"）。

（二）中华人民共和国境内所有铁路运输企业在执行《企业会计制度》的同时，执行本办法。

本办法中的铁路运输企业（以下简称"企业"）是指中华人民共和国境内从事铁路运输服务的企业（城市轨道交通除外）。

（三）国务院铁路主管部门可根据铁路运输生产和经营管理的特点和国家对交通运输重要基础设施运营监管的要求，在不违背《企业会计制度》及本办法的前提下制定铁路运输企业内部核算办法。

（四）由于铁路线路中的部分资产具有通过大修实现局部更新的特点，为避免成本重复列支，对线路中的钢轨（包括道岔）、轨枕和道碴不计提折旧，其后续支出予以费用化，计入当期损益。

除上述三类资产以外的固定资产的下列后续支出分别按其性质划分为费用性和资本性支出：为消除病害对桥梁、隧道进行的局部修理支出，路基病害整治支出，机、客、货车和大型养路机械入厂修理、段做厂修、大部件大修支出，灾害复旧支出，以及各项设备的大修支出，予以费用化；各项设备的制式改变或升级支出，根据设备技术标准和行车安全需要必须发生的机车车辆加装改造支出，予以资本化；机车车辆加装改造与入厂修理或段做厂修同时进行的，属于大修性质的支出予以费用化，不属于大修性质的支出予以资本化。

（五）企业为运输设备等固定资产修理而储备的价值较高、使用期限较长且可反复修理使用的高价互换配件，购入时作为固定资产核算，在预计可使用年限内按类别计提折旧。对其它互换配件，购入时作为原材料核算，领用时一次计入当期损益。

（六）企业运输收入是指企业在从事客货运输服务等日常经营活动中所形成的经济利益的总流入（不包括代收的铁路建设基金和其他代收款），按以下原则确认：

1. 旅客和货物（含行包）运输，无论是否收讫价款，都应当在售出车票或办理承运手续并出具运输票据后确认收入；

2. 对先运输后办理手续的军事运输和政府指令性运输等特殊运输业务，应当以实际运输后的后付票据确认收入；

3. 两个及以上企业联合完成的运输业务，以及企业之间互相提供相关服务，按照国务院铁路主管部门制定的收入清算办法或联合运输合同、协议，根据全国铁路运输收入清算机构出具的收入结算凭证，或者企业间互相认定的结算金额，确认各自的收入。

二、补充会计科目设置及其使用说明

（一）会计科目的设置

本办法在《企业会计制度》的基础上增设"拨付所属投资"、"特准储备物资"、"应交铁路建设基金"、"运输进款结算"、"内部往来"、"特准储备资金"、"上级拨入投资"和"完成工作清算"科目，并对"其他货币资金"、"原材料"、"委托加工物资"、"固定资产"、"长期待摊费用"、"主营业务收入"、"主营业务成本"、"管理费用"、"财务费用"、"营业外支出"等科目的明细科目设置和核算内容进行了补充规定。

（二）补充会计科目的使用说明

1009　其他货币资金

一、本科目增设"在途货币资金"明细科目，核算企业运输进款解缴过程中产生的在途货币资金，包括车站未存款、车站银行存款、汇缴途中款等。

二、本明细科目的核算方法

企业内部上级核算单位根据相关运输进款凭证，对尚未收到的款项，借记本科目（在途货币资金），贷记"运输进款结算"科目。实际收到款项时，借记"银行存款"科目，贷记本科目（在途货币资金）。

1211　原材料

一、本科目设置以下明细科目：

（一）燃料。核算机车用燃料及生产、生活用燃料（包括各种用途的固体燃料、液体燃料和气体燃料，以及可以作为燃料使用的废料）的实际成本或计划成本。

（二）线上料。核算除旧轨料以外的线路上部建筑材料（含备用轨料）的实际成本或计划成本。

（三）库存其它互换配件。核算库存其它互换配件的实际成本或计划成本。

（四）旧轨料。核算陈旧可用的线路上部建筑材料、旧钢梁的实际成本或计划成本，包括旧钢轨及其连接零件、成组道岔、辙叉尖轨、防爬器、轨距杆、旧钢梁等。

（五）库存制服及制服料。核算加工完成验收入库的制服和制服用料。

（六）一般材料。核算除上述四种材料以外的各种材料的实际成本或计划成本。

二、旧轨料的核算方法

（一）线路维修、大中修等拆下的旧轨料，凡能直接使用或经整修后仍可继续使用的，根据点收记录确认的数量和规定的价格，借记本科目（旧轨料），贷记“主营业务成本”等科目；不能使用的，根据点收记录确认的数量和残料价格，借记本科目（一般材料），贷记“主营业务成本”等科目。

（二）旧轨料整修时所发生的收集、拆卸、整理和运输等整修费用，借记“主营业务成本”等科目，贷记“银行存款”等科目。

（三）领用旧轨料时，按账面价值，借记“主营业务成本”等科目，贷记本科目（旧轨料）。

（四）出售旧轨料时，按售价，借记“银行存款”等科目，贷记“其他业务收入”科目，按账面价值，借记“其他业务支出”科目，贷记本科目（旧轨料）。

（五）在国家铁路运输企业之间无偿划转旧轨料，按账面价值，划出方借记“上级拨入投资”科目，贷记本科目（旧轨料）。划入方借记本科目（旧轨料），贷记“上级拨入投资”科目。划入、划出单位所发生的装卸、运输等费用，借记“主营业务成本”等科目，贷记“银行存款”等科目。

1251　委托加工物资

一、本科目应设置“制服加工”明细科目，核算委托外单位加工制服的实际成本。

二、本明细科目的核算方法

（一）发给外单位加工制服用料，按计划成本或实际成本，借记本科目（制服加工），贷记“原材料”科目。按计划成本核算的企业，还应当结转材料成本差异。

（二）企业支付加工费用、运杂费等，借记本科目（制服加工），贷记“银行存款”等科目。

（三）加工完成验收入库的制服和剩余的制服用料，按加工收回制服和剩余制服用料的实际成本或计划成本，借记“原材料”科目，贷记本科目（制服加工）。按计划成本核算的企业，还应当结转材料成本差异。

1453　拨付所属投资

一、本科目核算企业拨付所属单位投资的增加或减少，包括拨付所属单位投资款，国家铁路运输企业之间按规定无偿划转资产，基本建设项目移交资产等。

二、本科目的核算方法

（一）对所属单位拨出投资，借记本科目，贷记“银行存款”等科目。

（二）企业所属单位之间无偿划转资产，企业借记本科目（资产划入单位），贷记本科目（资产划出单位）。企业所属的资产划入单位借记“固定资产”等科目，贷记“上级拨入投资”科目；企业所属的资产划出单位借记“上级拨入投资”科目，贷记“固定资产”等科目。

（三）接收基本建设项目移交资产并下转所属单位，借记本科目，贷记“上级拨入投资”科目。

三、本科目的期末借方余额，反映企业拨付所属单位的投资额。

1501　固定资产

一、本科目核算企业固定资产的原价。固定资产是指单位价值较高，使用期限超过 1 年，为生产商品、提供劳务、出租或经营管理持有的有形资产。

购入为运输设备等固定资产修理而储备的高价互换配件按类别作为固定资产核算。

新购机车、车辆的随机配件，在发票账单中注明价格或另开发票账单可以单独计价的，且符合高价互换配件条件的作为固定资产核算。

未作为固定资产管理的工具、器具、其它互换配件等，作为低值易耗品核算。

二、企业应制定高价互换配件目录，列明各种高价互换配件的类别、名称、规格、单价和预计使用年限等，作为高价互换配件核算的标准和依据。高价互换配件目录一经确定，不得随意变更。

三、本科目设置以下明细科目：

（一）机车车辆；

（二）集装箱；

（三）线路；

（四）信号设备；

（五）房屋；

（六）建筑物；

（七）机械动力设备；

（八）运输起重设备；

（九）传导设备；

（十）电气化供电设备；

（十一）仪器仪表；

（十二）工具及器具；

（十三）信息技术设备；

（十四）高价互换配件

（十五）土地；

（十六）其他。

四、本科目的核算方法

（一）企业高价互换配件按类别进行明细核算，原则上不计提减值准备。如果确因技术进步等原因造成该类高价互换配件已无使用价值和转让价值时，应当按照该类高价互换配件的账面价值计提固定资产减值准备。由于设备转型等原因造成该类高价互换配件已无使用价值和转让价值时，应将其账面价值计入当期损益。

（二）国家铁路运输企业间无偿划转固定资产，划出单位按固定资产账面价值，借记"上级拨入投资"科目，按已提折旧，借记"累计折旧"科目，按已计提的减值准备，借记"固定资产减值准备"科目，按固定资产原价，贷记本科目；所发生的拆卸费、运输费等相关费用计入当期损益。划入单位按划出单位的账面价值和本单位发生的拆卸费、运输费、安装费等相关费用作为划入固定资产的入账价值，借记本科目或"在建工程"科目，贷记"上级拨入投资"等科目。

（三）基本建设项目移交固定资产的核算。建设项目竣工后，由建设单位向接管企业提供估价资料，企业根据资产分布情况将估价资料转至资产列账单位。列账单位将资产按估价入账，借记本科目，贷记"上级拨入投资"和"实收资本"等科目。建设项目正式验收后，交接双方应根据项目竣工决算办理资产交接手续，资产接管单位按实际价值，调整已估价入账资产的价值、已计提的折旧和上级拨入投资额等。

按《国有建设单位会计制度》核算的铁路基本建设业务，在形成资产经过正式验收并交付企业时，企业应分别其不同的具体资产项目和对应的权益或负债纳入会计核算。

1901 长期待摊费用

一、本科目应设置"待摊制服补贴"明细科目，核算应由企业负担的，需要在以后年度分期摊销的制服补贴。

二、本明细科目的核算方法

（一）发放职工制服时，按企业应当负担的制服补贴，借记本科目（待摊制服补贴），按职工应当负担的部分，借记"其他应收款"等科目，按制服价值，贷记"原材料"等科目。

（二）按期制服补贴摊销时，借记"主营业务成本"、"管理费用"等科目，贷记本科目（待摊制服补贴）。

1902 特准储备物资

一、本科目核算按规定储备的，用于战备、防汛等特定用途物资的实际成本。

二、本科目的核算方法

（一）特准储备物资增加

1. 调入特准储备物资，根据实际成本，借记本科目，贷记“特准储备资金”科目。

2. 购入特准储备物资时，按发票账单支付物资价款、税金和运杂费，借记本科目，贷记“银行存款”等科目。

3. 按照要求将企业原材料等转作特准储备物资时，借记本科目，贷记“原材料”等科目。

（二）特准储备物资减少

1. 调出特准储备物资时，借记“特准储备资金”等科目，贷记本科目。

2. 经批准出售特准储备物资时，按照出售物资的账面价值，借记“特准储备资金”科目，贷记本科目；同时按照收到的价款，借记“银行存款”等科目，贷记“特准储备资金”科目。

3. 减少特准储备物资储备定量，将其转为生产储备时，借记“原材料”等科目，贷记本科目。

4. 根据上级要求，将特准储备物资用于战备、防汛等特定用途时，借记有关科目，贷记本科目。

（三）根据规定调整特准储备物资价格，溢价时，借记本科目，贷记“特准储备资金”科目；折价时，作相反的分录。

（四）企业要加强对特准储备物资的管理，定期对特准储备物资进行清查，由于管理不善造成特准储备物资的损失，由企业或个人承担，借记“营业外支出”、“其他应收款”等科目，贷记本科目。发生特准储备物资的盘盈，按程序逐级审批后，借记本科目，贷记“特准储备资金”科目。

三、本科目的期末借方余额，反映企业特准储备物资的实际成本。

2178　应交铁路建设基金

一、本科目核算企业应上交的铁路建设基金及其利息。

二、本科目设置以下明细科目：

（一）铁路建设基金；

（二）铁路建设基金利息。

三、本科目的核算方法

企业结算应交铁路建设基金时，借记“运输进款结算”科目，贷记本科目（铁路建设基金）。收到利息时，借记“银行存款”科目，贷记本科目（铁路建设基金利息）。上交时，借记本科目，贷记“银行存款”或“内部往来”科目。

四、本科目的期末贷方余额，反映企业应交未交的铁路建设基金及其利息。

2185　运输进款结算

一、本科目核算企业办理客货运输业务过程中向旅客、托运人或收货人等核收的全部款项及其结算。该科目贷方反映应收取的全部款项，借方反映已结算的款项。

二、本科目的核算方法

（一）根据相关运输进款凭证，借记“银行存款”、“其他货币资金—在途货币资金”、“内部往来”等科目，贷记本科目。

（二）根据相关运输进款凭证，借记本科目，按应交上级运输进款，贷记“内部往来—上级单位”科目，按应交铁路建设基金，贷记“应交铁路建设基金”科目，按各项代收款项，贷记“其他应付款”等科目，按本企业独立完成运输业务取得的收入，贷记“内部往来”科目。

三、本科目年末应无余额。

2236　内部往来

一、本科目核算企业内部具有财务隶属关系的单位间相互往来的款项，包括运输进款、运营资金、代垫所属单位资金、收入清算、上交税金、利润分配等款项的往来。

二、本科目按照往来单位和款项类别进行明细核算。

三、本科目的核算方法

（一）运输进款往来款项

1. 收到所属单位上交的运输进款时，借记“银行存款”科目，贷记本科目（下级单位）或“其他货币资金”科目。

2. 根据相关运输进款凭证转列运输进款时，借记本科目（下级单位），贷记“运输进款结算”科目。

3. 本企业独立完成运输业务取得的收入，根据相关运输进款凭证，借记“运输进款结算”科目，贷记本科目。

4. 结算运输进款时，借记本科目（上级单位），贷记“银行存款”科目。

5. 拨付运营资金时，借记本科目，贷记“银行存款”科目。

6. 运输进款垫付事故款项等，借记“应收账款”等科目，贷记本科目（下级单位）或“其他货币资金”科目。

（二）运营往来款项

1. 收到拨付的运营资金时，借记“银行存款”科目，贷记本科目。

2. 上级单位向所属单位拨付或为所属单位垫付资金时，借记本科目（下级单位），贷记“银行存款”等科目；下级单位收到上级单位拨付资金或垫付资金时，借记“银行存款”、“物资采购”、“原材料”等科目，贷记本科目（上级单位）。

3. 企业独立完成运输任务取得的收入，按进款部门的通知书，借记本科目，贷记“应收账款（资金清算中心）”科目。

4. 按规定进行收入结算或完成工作清算时，上级单位，借记“完成工作清算”科目，贷记本科目（下级单位）；下级单位，借记本科目（上级单位），贷记“主营业务收入”或“完成工作清算”等科目。

5. 上交税金及附加、分配利润时，上级单位，借记本科目（下级单位），贷记“应交税金”、“利润分配”等科目；下级单位，借记“应交税金”、“应付股利”等科目，贷记本科目（上级单位）。

四、本科目的期末借方余额，反映应收未收的往来款项；期末贷方余额，反映应付未付的往来款项。

2332 特准储备资金

一、本科目核算按规定储备战备、防汛等特定用途物资的资金。

二、本科目的核算方法

（一）特准储备资金增加

1. 调入特准储备物资，借记“特准储备物资”科目，贷记本科目。

2. 收到特准储备资金时，借记“银行存款”等科目，贷记本科目。

（二）特准储备资金减少

1. 上交特准储备资金时，借记本科目，贷记“银行存款”或“内部往来”等科目。

2. 经批准减少特准储备物资定量，调整为生产储备，资金不再上交时，借记本科目，贷记“资本公积”科目。

3. 向下级单位转拨特准储备资金，拨出时，借记本科目，贷记“银行存款”或“内部往来”等科目；收回该项资金时，作相反的分录。

（三）其余主要会计事项比照“特准储备物资”科目的有关规定进行核算。

三、本科目的期末贷方余额，反映企业特准储备资金的实际结存金额。

3102 上级拨入投资

一、本科目核算上级拨入投资的增加或减少，包括上级拨入投资款，国家铁路运输企业之间按规定无偿划转资产，基本建设项目移交资产等。

二、科目的核算方法

（一）企业收到上级拨入投资时，借记“银行存款”等科目，贷记本科目。

（二）国家铁路运输企业之间按规定无偿划转资产时，划出单位，借记本科目等，贷记“固定资产”等科目；划入单位，借记“固定资产”等科目，贷记本科目。

（三）基本建设项目竣工接收资产时，借记“固定资产”、“原材料”等科目，贷记本科目。

（四）按批准的投资数额转增实收资本时，借记本科目，贷记“实收资本”科目。

三、本科目的期末贷方余额，反映企业尚未转增实收资本的投资额或所属非法人单位收到上级累计拨入的投资额。

5101 主营业务收入

一、本科目核算企业提供旅客、货物运输及相关服务等日常活动所取得的收入，包括旅客运输收入、货物运输收入、行包运输收入、提供运输服务收费收入、其他运输收入等。

二、本科目按照提供的运输产品和运输服务项目进行明细核算。

三、本科目的核算方法

(一) 企业独立完成运输任务取得的收入,按进款部门的通知书,借记“内部往来”科目,贷记“应收账款(资金清算中心)”科目;按资金清算中心下转的资料,借记“应收账款(资金清算中心)”科目,贷记本科目。

(二) 企业与其他企业共同完成运输任务,按规定清算取得的收入,借记“内部往来—上级单位”科目,贷记本科目。

(三) 企业提供相关服务取得的收入,借记“应收账款”等科目,贷记本科目。

四、期末,应将本科目的余额转入“本年利润”科目,结转后本科目应无余额。

5103 完成工作清算

一、本科目核算企业内部具有财务隶属关系的单位对完成运输工作进行的内部清算。

二、办理清算时,上级单位,借记本科目,贷记“内部往来—下级单位”科目;下级单位,借记“内部往来—上级单位”科目,贷记本科目。

三、期末,应将本科目的余额转入“本年利润”科目,结转后本科目应无余额。

5401 主营业务成本

一、本科目核算企业提供旅客、货物运输以及相关服务等日常活动而发生的实际成本。

二、本科目设置以下明细科目:

(一) 旅客运输成本。核算为旅客运输直接发生的各种支出,包括旅客列车服务人员工资、客车运用和维护费用、相关服务付费及其他支出。

(二) 货物运输成本。核算为货物运输直接发生的各种支出,包括货物发送、运行、中转、到达作业费用,货车、集装箱运用和维护费用,货车使用费,相关服务付费及其他支出。

(三) 行包运输成本。核算为行李、包裹运输发生的各种直接支出,包括行包发送、运行、中转、到达作业费用,专用行包车辆运用和维护费用,相关服务付费及其他支出。

(四) 基础设施成本。核算铁路路网、行车指挥等基础设施运用和维护所发生的各种直接支出,包括铁路线路设备等行车设施运用、养护费,行车指挥调度费及其他支出。

(五) 其他成本。核算企业生产中发生的除旅客、货物、行包运输成本和路网成本以外的各种支出。

三、本科目的核算方法

运输生产领用材料、燃料、低值易耗品,借记本科目,贷记“原材料”、“低值易耗品”等科目。支付生产人员工资,借记本科目,贷记“应付工资”科目。支付生产用水、用电等其他费用,借记本科目,贷记“银行存款”等科目。按规定计提固定资产折旧费,借记本科目,贷记“累计折旧”科目。其他业务应分摊的间接费用,借记“其他业务支出”科目,贷记本科目。支付相关服务费,借记本科目,贷记“银行存款”等科目。

四、期末,应将本科目的余额转入“本年利润”科目,结转后本科目应无余额。

5502 管理费用

一、本科目核算企业为组织和管理企业生产经营所发生的管理费用,除《企业会计制度》规定的内容外,还包括住房公积金、防疫经费、制服补贴、客货营销费用、上交上级管理费、上交营业外单位支出附加费等。

二、本科目按照费用项目进行明细核算。

三、本科目的核算方法

(一) 企业发生的各项管理费用,借记本科目,贷记“现金”、“银行存款”、“应付工资”、“累计折旧”、“无形资产”等科目。

(二) 企业上交上级管理费、营业外单位支出附加费时,借记本科目,贷记“内部往来”等科目。

四、期末,应将本科目的余额转入“本年利润”科目,结转后本科目应无余额。

5503 财务费用

一、本科目核算企业为筹集生产经营所需资金等而发生的费用,包括利息收入、利息支出、汇兑损益、铁路内部单位之间资金占用费、铁道资金结算机构内部调剂资金占用费以及相关的手续费用等。

二、本科目设置以下明细科目:

(一) 利息收入。核算企业在金融机构的存款利息收入。

(二) 利息支出。核算企业筹集生产经营所需资金等而发生的利息支出,包括借款利息(含交付使用资产的借款利息)、应收票据贴现利息、发行债券利息等。

(三)汇兑损益。核算企业外币折算产生的汇兑损益。

(四)资金占用费收入。核算铁路内部单位之间的资金占用费收入以及铁道资金结算机构向内部单位发放调剂资金而收取的资金占用费。

(五)资金占用费支出。核算铁路内部单位之间的资金占用费支出以及铁道资金结算机构吸收内部单位的存款而支付的资金占用费。

(六)其他财务费用。核算企业支付给金融机构、铁道资金结算机构的手续费以及铁道资金结算机构收取的手续费。

三、本科目的核算方法

(一)支付借款利息时,借记本科目(利息支出),贷记"银行存款"、"预提费用"等科目。收取金融机构存款利息收入,借记"银行存款"科目,贷记本科目(利息收入)。未到期应收票据向银行贴现,借记"银行存款"科目,贷记"应收票据"科目,借记或贷记本科目(利息支出或利息收入)。

(二)发生的汇兑损失,借记本科目(汇兑损益),贷记相关科目。企业发生的汇兑收益,借记相关科目,贷记本科目(汇兑损益)。

(三)铁道资金结算机构吸收内部单位存款而支付资金占用费,借记本科目(资金占用费支出),贷记相关科目。铁道资金结算机构向内部单位发放调剂资金而收取资金占用费,借记相关科目,贷记本科目(资金占用费收入)。

(四)支付资金占用费,借记本科目(资金占用费支出),贷记相关科目。收取资金占用费,借记相关科目,贷记本科目(资金占用费收入)。

(五)支付金融机构、铁道资金结算机构手续费,借记本科目(其他财务费用),贷记"银行存款"等科目。铁道资金结算机构收取手续费,借记"银行存款"等科目,贷记本科目(其他财务费用)。

四、期末,应将本科目的余额转入"本年利润"科目,结转后本科目应无余额。

5601 营业外支出

一、本科目核算企业发生的与其生产经营无直接关系的各项支出,除《企业会计制度》规定的内容外,还包括特准储备物资养护费,中小学、技工学校、公安机关、检察院、法院、疗养院等单位的直接支出以及与有关部门协议规定的补贴支出等。

二、本科目按照支出项目进行明细核算。

三、本科目的核算方法

(一)企业的中小学、技工学校、公安机关、检察院、法院、疗养院等单位发生直接支出时,借记本科目,贷记"银行存款"等科目。

(二)企业按照与有关部门签订的协议,对移交地方管理的中小学、技工学校、医院等单位支付补贴时,借记本科目,贷记"银行存款"科目。

(三)发生特准储备物资养护支出时,借记本科目,贷记"银行存款"、"原材料"等科目。

四、期末,应将本科目的余额转入"本年利润"科目,结转后本科目应无余额。

三、补充会计科目表及报表披露说明(略)

五、水运企业会计核算办法

财政部关于印发《水运企业会计核算办法》的通知

财会[2004]30号

国务院有关部委,各省、自治区、直辖市、计划单列市财政厅(局),新疆生产建设兵团财务局:

为了规范水运企业的会计核算,提高水运企业会计信息质量,根据《中华人民共和国会计法》、《企业财务会计报告条例》、《企业会计制度》以及国家有关法律、法规,结合水运企业的实际情况,我部制定了《水运企业会计核算办法》,现予印发。于2005年1月1日起在已执行《企业会计制度》的各水运企业执行。执行中有何问题,请及时反馈我部。

二〇〇四年十二月九日

水运企业会计核算办法

第一章　总　说　明

一、为了统一规范水运企业的会计核算，真实、完整地提供企业的会计信息，根据《中华人民共和国会计法》、《企业财务会计报告条例》、《企业会计制度》和国家有关法律、法规，并结合水运企业实际情况，特制定《水运企业会计核算办法》（以下简称“本办法”）。

二、中华人民共和国境内的从事内河、海洋旅客、货物运输业务的水上运输企业（以下简称“航运企业”）和从事旅客接送、货物装卸、堆存及相关港务管理业务的港口、码头企业（以下简称“港口企业”）在执行《企业会计制度》的同时，执行本办法。

三、本办法中使用的术语，其定义分别如下：

1. 运输业务，是指利用船舶等浮运工具提供水上旅客与货物运送的劳务。

2. 航次租船业务，是指船舶所有人向租船人出租船舶一个或数个航次运输的业务，属于运输经营方式的一种。

3. 定期租船业务，是指船舶所有人向租船人出租船舶一定期间运输的业务，属于运输经营方式的一种。

4. 光租船业务，是指船舶所有人将“光船”出租给租船人使用的业务，属于资产租赁性质。

5. 港口装卸业务，是指利用装卸机械在码头泊位或锚地上对船舶或车辆进行装货与卸货的劳务。

6. 港口堆存业务，是指利用港口库、场设施对暂时不能出港的货物进行收存保管的劳务。

7. 港务管理业务，是指对港口基础性设施（包括港口的水域设施、系船设施、港口交通和配套设施）进行维护和管理的劳务。

8. 航次，是指船舶在营运中完成的一个完整的运输生产过程的周期。一般从船舶在终点港卸货或下客完毕时起，经装货或上客后，驶至新的终点港卸货或下客完毕时止，作为一个航次。

9. 客运量，是指航运企业在一定期间船舶实际运送的旅客人数，以“人”为计算单位。

10. 旅客周转量，是指航运企业在一定期间船舶实际运送的每位旅客与该旅客运送距离的乘积之和，以“人公里”为计算单位。

11. 货运量，是指航运企业在一定期间船舶实际运送的货物重量，以“吨”为计算单位。

12. 货物周转量，是指航运企业在一定期间船舶实际运送的每批货物重量与该批货物运送距离乘积之和，以“吨公里”为计算单位。

13. 集装箱运量，是指航运企业在一定期间船舶实际运送的集装箱数量，通常按折合为20英尺集装箱的数量计算，以“TEU”为计算单位。

14. 集装箱周转量，是指航运企业在一定期间船舶实际运送的每个集装箱与该集装箱运送距离乘积之和，以“TEU公里”为计算单位。

15. 换算周转量，是指航运企业在一定期间船舶实际进行旅客运输与货物运输的工作总量，按统一比例换算成同一计量单位后加总求得，以“换算吨公里”为计算单位。换算比例为：货物周转量1吨公里＝1换算吨公里，铺位旅客周转量1人公里＝1换算吨公里，座位旅客周转量3人公里＝1换算吨公里。

16. 货物吞吐量，是指在一定期间经由水运进、出港区范围并经过港口企业装卸的货物数量，以“吨”为计算单位。

17. 装卸量，是指在一定期间经由水运或陆运进、出港区范围并经过港口企业装卸的货物数量，以“吨、TEU”为计算单位。

18. 操作量，是指在一定期间港口企业装卸作业中，完成“一个完整的操作过程”的货物数量，以“吨”为计算单位。在一个完整的操作过程中，一吨货物不论经过几部机械或几组工人操作，也不论其装卸工艺、搬运距离远近，或是否有辅助作业，均只能计算一个操作量。

19. 货物堆存数量，是指港口企业在一定期间使用仓库、堆场所堆存的货物数量，以“吨、TEU”为计算单位。

20. 货物堆存吨（TEU）天数，是指港口企业在一定期间使用仓库、堆场所堆存的货物数量与其实际堆存天数乘积之和，以“吨天、TEU天”为计算单位。

21. 运输佣金，是指企业为有助于运输业务的完成而向代理人支付的款项，包括订舱佣金、操作佣金和揽货佣金等。其中订舱佣金是指企业通过船舶代理人接受托运预约而向其支付的款项；操作佣金是指企业委托船舶代理人办理船舶进、出港口和水域的申报手续，联系安排引航、泊位等业务而支付给其的款项；揽货佣金是指企业支付给货物代理人代为招揽货源的款项。

22. 速遣费，是指装卸工作在规定的时间前完成，从而缩短了船舶在港停泊时间，船方应向有关方支付的奖励金。

23. 滞期费，是指装卸工作超过规定的时间，从而延长了船舶在港停泊时间，有关方应向船方支付的罚金。

24. 与营运业务成本无关费用，是指水运企业在营运过程中发生的与运输、装卸等营运业务无关的费用，如救援遇难船舶等发生的费用。

第二章　补充会计科目使用说明

一、会计科目的设置

1. 本办法在《企业会计制度》的基础上增设了“营业往来”、“辅助营运费用”、“营运间接费用”、“船舶共同费用”、“船舶维护费用”、“船舶固定费用”、“集装箱固定费用”等科目；对“应收账款”、“预付账款”、“备用金”、“应付账款”、“预收账款”、“主营业务收入”、“主营业务成本”、“其他业务收入”、“其他业务支出”、“营业费用”、“管理费用”、“固定资产”等科目的明细科目设置和核算内容进行了补充规定；将“原材料”科目分拆为“材料(编号1213)”与“燃料(编号1214)”两个科目，具体会计处理按“原材料”的规定执行。

水运企业应交的港口建设费、应交的客货运附加费等在“其他应交款”科目核算；水运企业代收的其他运输单位款与货物保险费等在“其他应付款”科目核算。

2. 企业可根据需要自行设置“拨付所属资金”、“上级拨入资金”、“内部往来”、“特准储备物资”等科目。

3. 各企业可根据实际情况，在确保会计核算真实、完整、管理需要的基础上，对本办法中所补充会计科目的明细科目进行必要的增减、合并。

二、补充会计科目的使用说明

1131　应收账款

一、本科目核算企业因营运等业务，应向托运人、收货人、代理单位、航运单位或购货单位收取的营运收入款项，以及不能收回的应收票据转入款项。

不单独设置“预收账款”科目的企业，预收的账款也在本科目核算。

二、企业发生应收账款时，按应收金额，借记本科目，按实现的营运收入，贷记“主营业务收入——运输收入”、“主营业务收入——装卸收入”、“主营业务收入——堆存收入”、“主营业务收入——港务管理收入”、“其他业务收入”或“营业往来”等科目。需要交纳增值税的，企业应按专用发票注明的增值税额，贷记“应交税金——应交增值税(销项税额)”科目。

三、应收账款的其他账务处理按《企业会计制度》的规定执行。

四、本科目应按托运人、收货人、代理单位、航运单位或购货单位设置明细账进行明细核算。

五、本科目期末借方余额，反映企业尚未收回的应收账款；期末如为贷方余额，反映不设置预收账款科目的企业预收的账款。

1134　备用金

一、本科目核算企业拨付所属营运船舶、营业站点、业务部门日常经营周转用以及职工借支差旅费的备用金。

二、本科目应按拨付的船舶、营业站点或个人设置明细科目，进行明细核算。企业也可以增设以下明细科目进行核算：

(一) 船舶业务备用金

(二) 船舶伙食备用金

(三) 营业站点备用金

(四) 其他备用金

三、企业拨付备用金时，借记本科目，贷记“现金”等科目；

收回各种款项时，借记“现金”等科目，贷记本科目。船舶航次结束报销有关费用或职工出差结束报销差旅费时，如实际支出金额大于借支备用金金额，按差额，借记“主营业务成本——运输支出”、“管理费用”等科目，贷记现金；同时，按拨付备用金的金额，借记“主营业务成本——运输支出”、“管理费用”等科目，贷记本科目。如果实际支出金额小于拨付备用金金额，按实际支出金额，借记“主营业务成本——运输支出”、“管理费用”等科目，贷记本科目，同时，按差额，借记“现金”等科目，贷记本科目。

实行定额备用金制度的企业，对于领用的备用金应当定期向财务会计部门报销。财务会计部门根据报销数用现金补足备用金定额时，借记“主营业务成本——运输支出”、“管理费用”等科目，贷记“现金”科目，报销数和拨补数都不再通过本科目核算。

四、企业期末备用金不计提坏账准备。

五、本科目应按备用金的类别以及拨付备用金的船舶、营业站点、业务部门或个人设置明细账，进行明细核算。

六、本科目期末借方余额反映企业尚未收回的备用金。

1151 预付账款

一、本科目核算企业按照合同或协议预付给物资供应单位的款项、代理单位的款项和修理单位的款项。

二、本科目可以设置以下明细科目进行核算：

（一）预付购货款

（二）预付代理费用款

（三）预付修理款

三、企业因购货而预付购货款、因修理设备预付修理费等款项时，借记本科目，贷记“银行存款”等科目。收到所购物资或船舶修理完工验收时，根据发票账单等列明的金额，需要补付款项时，借记本科目，贷记“银行存款”科目；按照货款或修船费全额，借记“物资采购”科目，按专用发票上注明的可抵扣的增值税额，借记“应交税金——应交增值税（进项税额）”科目或“主营业务成本——运输支出”等科目，贷记本科目。如发生退回多付款项时，借记“银行存款”科目，贷记本科目。

四、预付款项情况不多的企业，也可以将预付的款项直接记入“应付账款”科目的借方，不设置本科目。

五、预付账款的其他账务处理按《企业会计制度》的规定执行。

六、本科目应按预付款项的类别以及代理单位、供应单位和修理单位设置明细账，进行明细核算。

七、本科目期末借方余额，反映企业实际预付的款项；期末如为贷方余额，反映企业尚未补付的款项。

1501 固定资产

一、本科目核算企业固定资产的原价。固定资产，是指单位价值较高，使用年限超过一年，为营运生产、出租或经营管理而持有的有形资产。包括船舶、集装箱、港务与库场设施、装卸机械、车辆、通讯设备、房屋与建筑物以及其他与营运生产有关的设备、器具、工具等。

未作为固定资产管理的工具、器具等，作为低值易耗品核算。

二、固定资产的确认和计量，按照《企业会计制度》的规定执行。

对于由不同功能的独立部件系统构成的大型固定资产，如果各自具有不同的使用寿命或以不同的方式为企业提供经济利益，从而适用不同的折旧率或折旧方法，应当单独确定为固定资产，如大型运输船舶，可以将船舶的船体、栖装中的靠泊系统、主辅机系统、螺旋桨与轴系、空调系统、电气设备、电信设备、起货系统、救生系统等作为主要部件进行计价。

按部件分别确认的固定资产应按其主要部件以及各个主要部件的预计折旧年限分别计提折旧。

对于按部件分别确认的固定资产，企业应当制定这类固定资产主要部件的划分标准、折旧年限、折旧方法，作为部件计价与计提折旧的依据。

三、固定资产的其他账务处理按《企业会计制度》的规定执行。

四、本科目期末借方余额，反映企业期末固定资产的账面原价。

2121 应付账款

一、本科目核算企业因购买燃料、材料物资、接受劳务或者修理等而应付给供应单位或修理单位的款项。

二、企业因固定资产修理而发生的应付未付款项，根据修理单位的发票账单，借记“主营业务支出——

运输支出”、“主营业务支出——装卸支出”、“主营业务支出——港务管理支出”、“其他业务支出”、“管理费用”等科目，贷记本科目；支付时，借记本科目，贷记“银行存款”等科目。

三、应付账款的其他账务处理按《企业会计制度》的规定执行。

四、本科目应按供应单位与修理单位设置明细账进行明细核算。

五、本科目期末贷方余额，反映企业尚未支付的应付账款。

2131 预收账款

一、本科目核算企业按照合同或协议规定向托运人、收货人、代理单位、港口单位、航运单位或购货单位等预收的营运收入款项、为其他运输单位代为预收的收入款项、为其他有关方面代为预收的款项。

预收账款不多的企业，可以不设本科目，将收取的款项直接记入“应收账款”科目的贷方。

二、本科目可以设置以下明细科目进行分类核算：

（一）预收的收入款

（二）预收的其他运输单位款

（三）预收的其他应交款

（四）预收的其他应付款（如代办的货物运输保险费等）

三、企业向托运人、收货人、代理单位、港口单位、航运单位或购货单位等预收款项时，借记“银行存款”等科目，贷记本科目；营运收入实现时，按实现的营运收入，借记本科目，贷记“主营业务收入——运输收入”、“主营业务收入——装卸收入”、“主营业务收入——堆存收入”、“主营业务收入——港务管理收入”、“其他业务收入”等科目；结转代收的各项款项时，按结转额，借记本科目，贷记“其他应付款——其他运输单位款”、“其他应交款”、“其他应付款——货物运输保险费”等科目。物料销售还需按专用发票上注明的增值税额，贷记“应交税金——应交增值税（销项税额）”。

四、预收账款的其他账务处理按《企业会计制度》的规定执行。

五、本科目应按预收账款的类别以及托运人、收货人、代理单位、港口单位、航运单位或购货单位等设置明细账，进行明细核算。

六、本科目期末贷方余额，反映企业向托运人、收货人、代理单位、港口单位、航运单位或购货单位等预收的款项；期末如为借方余额，反映企业应由托运人、收货人、代理单位、港口单位、航运单位或购货单位等补付的款项。

4108 辅助营运费用

一、本科目核算航运企业、港口企业的辅助生产船舶所发生的辅助船舶费用和企业其他辅助生产部门生产产品、提供劳务所发生的辅助生产费用。

二、本科目应分别设置“辅助船舶费用”和“辅助生产费用”明细科目。

辅助船舶费用，是指企业所属辅助营运部门为营运生产服务的辅助船舶，包括由轮驳等部门集中管理的拖轮、驳船、浮吊、燃物料（淡水）供应船、交通船等发生的各项费用。辅助船舶费用应按单船（或船舶类型）设置三级明细科目，并按工资、职工福利费、燃料、润料、材料、折旧费、修理费、保险费、港口费、事故损失、税金、劳动保护费、其他等费用项目，设置专栏进行明细核算。

辅助生产费用，是指企业所属辅助生产部门为营运生产提供工业性产品和劳务（如制造工具、备件，修理车、船、装卸机械，供应水、电、气等）所发生的各种辅助生产费用。企业可按辅助生产部门、生产的产品和劳务等设置三级明细科目，按照《企业会计制度》的有关规定，进行明细核算。

三、企业发生的辅助船舶费用和其他辅助生产部门发生的产品、劳务成本，能直接记入各项营运业务成本的，应直接记入有关业务成本；不能直接记入的，按一定的分配标准分配记入各项营运业务成本。

发生辅助营运费用时，借记本科目，贷记“应付工资”、“应付福利费”、“燃料”、“材料”、“银行存款”、“营运间接费用”等科目。月末，按照规定的分配标准由各项受益业务对象负担时，借记“主营业务成本——运输支出”、“主营业务成本——装卸支出”、“主营业务成本——堆存支出”、“主营业务成本——港务管理支出”、“其他业务支出”、“在建工程”等科目，贷记本科目。

四、本科目期末一般应无余额。若有余额，则反映从事工业性产品生产的辅助生产部门期末尚未完工的产品成本。

4109 营运间接费用

一、本科目核算企业日常生产经营过程中所发生的，应由所经营业务承担的不能直接记入有关营运业务成本的各种间接费用，如实行内部独立核算单位的船队、码头作业区管理费用、装卸队费用、自营港埠费用、船员管理部门费用等。企业行政管理部门发生的管理费用和企业辅助生产部门发生的辅助营运费用不通过本科目核算。

二、本科目应按照发生费用的不同部门设置明细科目，并分别按工资、职工福利费、燃润料、材料、低值易耗品、折旧费、修理费、办公费、水电费、业务费、差旅费等费用项目，设置专栏进行明细核算。

三、企业应于各项营运间接费用发生时，借记本科目，贷记“现金”、“银行存款”、“材料”、“应付工资”、“应付福利费”、“累计折旧”等科目。

四、期末，将本期实际发生数在有关受益对象间进行分配。海洋运输企业借记“船舶共同费用——营运间接费用”，贷记本科目；内河运输企业借记“主营业务成本——运输支出（营运间接费用）”科目，贷记本科目；港口企业借记“主营业务成本一装卸支出（营运间接费用）”、“主营业务成本——堆存支出（营运间接费用）”、“主营业务成本——港务管理支出（营运间接费用）”等科目，贷记本科目。企业其他业务分配负担的营运间接费用，借记“其他业务支出”科目，贷记本科目。

五、本科目期末应无余额。

4111　船舶共同费用

一、本科目核算从事海洋运输业务的企业发生的所有运输船舶共同受益，但不能分船直接负担，需经过分配由各船负担的费用。

二、本科目应分别按工资、职工福利费、职工教育经费、工会经费、养老保险基金、失业保险基金、船员服装费、船员差旅费、文体宣传费、单证资料费、通讯导航费、研究试验费、专有技术使用费、营运间接费用、其他等费用项目，设置专栏进行明细核算。

三、发生各项船舶共同费用时，借记本科目，贷记“应付工资”、“应付福利费”、“其他应付款”、“无形资产”、“现金”、“银行存款”、“预提费用”、“待摊费用”以及“营运间接费用”等科目。

期末，应按规定的分配标准，分配于各运输船舶承担，借记“船舶固定费用——××轮”科目，贷记本科目。

船舶共同费用分配，可以按各船的营运艘天、吨天比例或其它比例分配。

四、本科目期末分配结转后应无余额。

4113　船舶维护费用

一、本科目核算有封冻、枯水等非通航期的内河运输企业所发生的，应由通航期成本负担的船舶维护费用。

企业在非通航期从事其他业务等所发生的费用，应记入“其他业务支出”等科目，不通过本科目核算。

二、本科目应按船舶类型（或单船）设置明细科目，并按工资、职工福利费、燃料、材料、保卫费、破冰费、其他等费用项目，设置专栏进行明细核算。

三、发生船舶维护费用时，借记本科目，贷记“应付工资”、“应付福利费”、“燃料”、“材料”、“银行存款”、“应付账款”等科目。

通航期按规定的方法分配时，根据规定的分配标准，据以计算通航期每月份应负担的船舶维护费用，借记“主营业务成本——运输支出”科目，贷记本科目。实际发生的船舶维护费用与计划分配数相差较大时，应及时调整分配标准。

企业在非通航期发生的船舶维护费用，航期前的费用视同“待摊费用”处理，航期后的费用视同“预提费用”处理。

年度终了，企业应将全年的船舶维护费用实际发生数与分配数的差额，在本年度内调整有关运输业务成本，实际发生数大于分配数的差额，借记“主营业务成本——运输支出”科目，贷记本科目；实际发生数小于分配数的差额，用红字分录冲回。

四、本科目年末应无余额。

4115　船舶固定费用

一、本科目核算计算航次成本的海洋运输企业为保持船舶适航状态所发生的费用，包括船员工资、职工福利费、润料费、物料费、保险费、修理费、折旧费、备品配件、车船使用税、租费等费用。

海洋运输船舶的航次运行费用，发生时应直接记入“主营业务成本一运输支出”科目，不通过本科目核算。

二、本科目应按单船设置明细科目，并分别按工资、职工福利费、润料、物料、折旧费、修理费、保险费、税金、船舶非营运期费用、船舶共同费用、其他等费用项目，设置专栏进行明细核算。

如果企业租入按合同需要负担船舶固定费用的船舶（如光租租入船舶），应视同自有船舶，设置明细科目。

三、发生船舶固定费用时，借记本科目，贷记“应付工资”、“应付福利费”、“材料”、“银行存款”、“待摊费用”、“预提费用”、“累计折旧”、“应付账款”、“其他应付款”等科目。

期末按照船舶共同费用分配表列明的各船舶（或船舶类型）分配负担的船舶共同费用金额，借记本科目，贷记“船舶共同费用”科目。

期末，按照规定的分配标准和方法，分配由航次成本或出租业务负担的船舶固定费用时，借记“主营业务成本——运输支出——××轮——××航次”等科目，贷记本科目。

如果企业出租部分舱（箱）位，应按出租舱（箱）位占该船舱（箱）位总数的比例，计算舱（箱）位出租成本应负担的固定费用。

年末未完航次也应按年度内实际营运天数分担当年固定费用。

四、本科目期末分配结转后，应无余额。

4117 集装箱固定费用

一、本科目核算企业自有或租入的集装箱及其底盘车在营运过程中发生的固定费用。

集装箱货物费（包括集装箱装卸、绑扎、拆箱、换装、整理等费用）应直接在“主营业务成本——运输支出”科目核算，不通过本科目核算。

二、企业应按集装箱和底盘车存放的港口、地区或国家分别设置明细科目，并分别集装箱费用（按空箱保管费、折旧费、修理费、保险费、租费、底盘车费用分摊、共同费用分摊、其他等费用项目）和底盘车费用（按底盘车保管费、折旧费、修理费、保险费、租费、其他等费用项目）设置三级明细科目进行核算。

对于不能直接按港口、地区或国家归集的集装箱租金、折旧、修理费等费用的核算，应单独设置“集装箱共同费用”明细科目核算。

三、发生的集装箱固定费用，借记本科目，贷记“银行存款”、“应付账款”、“累计折旧”、“其他应付款”等科目。

期末，应将通过本科目（集装箱共同费用）明细科目归集的集装箱共同费用，分配记入各港口、地区和国家的集装箱固定费用和各船舶航次成本，借记本科目（××港口——集装箱共同费用分摊）”、“主营业务成本——运输支出——××轮——××航次”等科目，贷记本科目（集装箱共同费用）等科目。

底盘车一般在航区（线）内使用。期末，应先将当期发生的底盘车费用，结转至所在港口的集装箱费用，借记本科目（××港口——集装箱费用——底盘车费用分摊），贷记本科目（××港口——底盘车费用）。

期末，将各港口、地区或国家发生的集装箱固定费用（以下简称“区域集装箱费用”），分配由有关船舶的航次成本和集装箱出租成本负担，借记“主营业务成本——运输支出——××轮——××航次”和“其他业务支出”科目，贷记本科目。

若底盘车出租，参照上述集装箱出租的计算办法，先按当月出租车天数，将出租期内由底盘车出租成本负担的底盘车费用，从所在港口当月发生的全部底盘车费用内扣除，余额再转入该港集装箱费用，分配记入运输业务成本。

四、本科目期末应无余额。

5101 主营业务收入

一、本科目核算航运企业经营旅客、货物运输业务，港口企业经营装卸、堆存、港务管理等日常经营活动中所产生的收入。

二、企业应按照《企业会计制度》的规定，确认主营业务收入，并按所确认实现的营业收入，记入当期损益。

对于海洋运输收入，在同一会计年度内开始并完成的航次，运输收入应当在航次结束时确认；对于开始和完成分别属于不同会计年度的航次即年末未完航次，则在航次的结果能够可靠估计的情况下，应按完工百分比法确认航次收入。完工百分比法，是指按照航次的完成程度确认运输收入和费用的方法。对于开始和完成分别属于不同会计年度的航次，如果历年的航次及相关收入较为均衡，也可以按照航次结束时确认收入。当以下条件均能满足时，航次的结果能够可靠地估计：

（一）航次的运输总收入和总成本能够可靠地计量；

（二）与航次相关的经济利益能够流入企业；

（三）航次的完成程度能够可靠地确定。

航次的完成程度按航次已发生的成本与估计的总成本的比例确定。

在航次的结果不能可靠估计的情况下，应按航次已经发生并已确定的成本对收入进行确认与计量。

对于属于航运收入的租船业务收入，业务在同一会计年度内开始并完成，应在业务完成时确认；业务的开始和完成分属于不同的会计年度（如跨年度的定期租船业务），企业应按开始和完成分别属于不同会计年度的航次运输收入相同的确认方法进行确认。

对于内河运输收入与港内短途运输收入，应在运输业务完成时确认。

港口企业向货方收取的装卸费、堆存费、货物港务费以及向船方收取的装船费、卸船费、速遣费、货运代理费及停泊费、系解缆费等，出口船舶在整船装船完毕时确认有关港口业务收入的实现；进口船舶，向船方收取的费用在整船卸船完毕时确认有关港口业务收入的实现，向货方收取的费用在收货人提货时确认收入实现。

港口向船方收取的引航费、拖带费、移泊费、理货费，及其他应船方申请提供服务而收取的费用，应在完成作业经船方签署确认后确认有关港口业务收入的实现。

三、本科目的明细科目

（一）本科目应按经营的业务类别设置如下明细科目：

1. 运输收入，核算企业从事内河或海洋旅客、货物运输业务所取得的收入，包括航次租船与定期租船的船舶出租收入；

2. 装卸收入，核算企业从事港口装卸业务所取得的收入，包括装卸，集装箱拆、装箱，散货灌包、绞包，联运货物换装，装卸杂作业，过驳，港区范围内火车和汽车的倒载收入，以及速遣收入；

3. 堆存收入，核算企业从事仓库、堆场的货物存储业务所取得的收入；

4. 港务管理收入，核算企业从事港口管理业务所取得的收入，包括货物港务费收入、旅客港务费收入、引航收入、系解缆收入、停泊费收入、铁路使用费收入等；

5. 其他收入，核算企业经营的不属于上述业务收入的其他主要业务收入。

（二）航运企业按照运输类型（旅客、货物）、船舶经营方式（自营、出租）等设置以下三级明细科目，进行明细核算：

1. 货运收入

2. 客运收入

3. 船舶出租收入（包括期租、舱位出租收入）

4. 其他运输收入（包括邮件收入、行李包裹收入、海难救助的有偿收入等）

海洋运输企业，还可以设置“以前年度运输收入”明细科目核算年末已完航次未达收入。

企业可以按照货物类别（集装箱、干杂货、散货、液体货）、船舶经营方式（自营、出租）、运输贸易性质（内贸运输、外贸运输）等设置四级明细科目核算运输收入，还可以按照船舶名称、航次设置明细科目进行明细核算。

（三）港口企业对所经营的装卸业务应按照业务收入性质、内容和管理需要分别设置以下三级明细科目，进行明细核算：

1. 外贸装卸收入，核算对从事国际航运船舶运输的国外进出口货物进行装卸获得的收入；

2. 内贸装卸收入，核算对从事国内航运船舶运输的国内进出口货物进行装卸获得的收入；

3. 速遣收入，核算企业因缩短船舶在港时间向订有速遣协议的船东或货主收取速遣费而获得的收入；

4. 包干费收入，核算企业以定额包干方式向货主、委托人或代理单位一次性收取的货物在港装卸、堆存、以及货物进出港按规定计付的其他常规费用而取得的收入。装卸收入还可以按照专业作业区或主要货种进行明细分类核算。

（四）港口企业对堆存业务收入核算，可以设置以下三级明细科目，进行明细核算：

1. 一般堆存费收入，核算对堆存在港口仓库、堆场的货物收取的一般堆存费所获得的收入；

2. 累进堆存费收入，核算对堆存在港口仓库、堆场的货物收取的累进堆存费所获得的收入。

企业也可以按照堆存库场、设施的不同，划分为专用库场堆存收入（油库、冷藏库、危险品库、散装筒仓、煤场、木场、集装箱堆场）与普通库场堆存收入；按照主要货种划分为各主要货种堆存收入。

（五）港口企业对所从事的港务管理业务应按照所提供的具体港口服务项目分别设置以下三级明细科目，进行明细核算：

1. 货物港务费收入，核算对由水路进出港口的货物征收货物港务费而获得的收入；

2. 旅客港务费收入，核算对由水路进出港口的旅客征收旅客港务费所获得的收入；

3. 引航收入，核算对进出港口的船舶提供引航服务所取得的收入；

4. 系解缆收入，核算对靠离港口码头、浮筒的船舶提供系解缆服务所取得的收入；

5. 停泊收入，核算对停泊在港口码头、浮筒泊位的船舶收取停泊费所取得的收入；

6. 助泊费收入，核算对提供帮助船舶停泊港口码头、浮筒服务而收取助泊费所取得的收入；

7. 防污费收入，核算对停泊在港口码头、浮筒泊位的船舶收取的污染费收入；

8. 铁路使用费收入，核算对使用港区铁路的单位收取费用所获得的收入；

9. 其他收入，核算不属于以上业务的港务管理收入。

四、本科目的账务处理如下：

（一）企业对取得的各项运输、装卸、堆存以及港务管理等主营业务收入，根据企业与托运人、货主或其代理单位签订的合同、协议，运输单证（包括运单、班轮提单、船票、外贸计费账单、进口货物现提申请单、现金账单、各种杂项作业签证单等），港口码头各项计费单、作业单等单证，按实际收到或应收的金额，借记“银行存款”、“应收账款”、“应收票据”等科目，贷记本科目及所属明细科目。

（二）发生退票、退运以及退回多收费用等业务，应根据经本企业有关业务主管部门出具并经签认的退费单证，冲减发生退费当期的业务收入，借记本科目，贷记“银行存款”、“应收账款”等科目。

（三）航运企业按协议给予代理单位的运输佣金，不得抵减运输收入，应当作为费用，借记“营业费用”科目。

（四）港口企业按协议支付给船方的滞期费不应从装卸收入中扣除，应作为装卸业务成本，在“主营业务成本”科目核算。

（五）航运企业采取包干费方式收取的货物运输收入，应按包干净收入金额确定运输收入。付给次段运输单位的工程运费不列入运输收入。

（六）对于海洋运输业务，期末结算或决算时，船舶营运航次已完成、运费单证尚未寄达，根据有关资料预估收入入账时，借记“已完航次未达收入”科目，贷记本科目（运输收入）。待运费单证到达，以红字冲回上述分录，按运费单证借记“应收账款”、“银行存款”等科目，贷记本科目（运输收入）。如运费单证到达时，年度决算已经办竣，应根据运费单证，借记“应收账款”、“银行存款”等科目，贷记本科目（运输收入——以前年度运输收入）；同时按上年预估入账数以红字借记“已完航次未达收入”科目，贷记本科目（运输收入）。

（七）港口企业采取包干费方式一次收取的货物包干费收入，能够分清包干收费中各项不同业务计费的，应分别装卸业务、堆存业务、港务管理业务和其他业务确定不同业务的金额，贷记本科目及所属明细科目、“其他业务收入”；不能分清包干收费中各项不同业务金额的，按包干收费全部金额，贷记本科目（包干费收入）。

（八）货物堆存业务在免费堆存期内，不予确认堆存收入。堆存费应与货主和代理单位按每计费单位每天加以计算，定期结算（每月至少一次），开出堆存费收单据，确认堆存收入，借记“应收账款”、“应收票据”、“银行存款”等科目，贷记本科目。

六、期末，除海洋运输企业以及需要确认跨年度的年末未完劳务收入的企业外，应将本科目的余额转入“本年利润”科目，结转后本科目应无余额。

海洋运输企业如果年末未完航次对本年损益影响不大，期末应将当期全部已完航次的收入和以前年度运输收入转入“本年利润”科目，本科目贷方余额反映为未完航次的已收款项，作为“未完航次收入”在资产负债表上并同“预收账款”项目反映。

海洋运输企业如果年末未完航次对本年损益影响较大，在航次的结果能够可靠估计的情况下，按已发生的航次成本与估计的航次总成本的比例确定属于本年的运输收入，将其结转“本年利润”科目。也即本年年末应确认的未完航次收入为：

未完航次收入本年年末应确认的＝估计的本航次总成本该航次已发生的成本×总收入估计的该航次

在航次的结果不能可靠估计的情况下，年末未完航次收入应按航次已发生的成本进行确认，将其结转“本年利润”科目。

需要确认年末未完航次收入的海洋运输企业与其他需要确认年末未完劳务收入的企业，年末本科目若为贷方余额，在资产负债表上并同“预收账款”项目反映；若为借方余额，在资产负债表上并同“应收账款”项目反映。

5102　其他业务收入

一、本科目核算企业经营除主营业务以外的其他业务所取得的收入。

二、本科目设置的明细科目及其核算内容：

（一）代理收入，核算企业经营船舶或货运代理业务所取得的收入；

（二）旅客服务收入，核算企业客运船舶经营的餐务、商品销售、卧具出租、以及港口客运站经营小卖部、行李寄存、搬运等业务收入；

（三）租赁收入，核算企业经营租赁性质出租船舶、装卸机械、库场等所取得的收入；

（四）理货收入，核算企业从事国轮、外轮理货和上门理货业务所取得的收入；

（五）供应服务收入，核算企业经营对外供油、供水、供电等业务所取得的收入；

（六）通讯服务收入，核算企业的通讯部门对外提供通讯服务所取得的收入；

（七）外派劳务收入，核算企业向其他单位派遣劳务人员取得的收入；

（八）销售收入，核算企业从事材料物资销售、车船及机械修理等业务取得的收入；

（九）其他收入，核算不属于上述业务收入的其他业务收入。

三、企业应按有关规定确认其他业务收入的实现。本期已实现的其他业务收入，应按实际收到或应收的金额，借记“银行存款”、“应收账款”、“应收票据”等科目，贷记本科目。

四、期末，企业应将本科目的余额转入“本年利润”科目，结转后本科目应无余额。

5401　主营业务成本

一、本科目核算水运企业经营运输、装卸、堆存、港务管理等业务所发生的各项费用。

二、本科目设置以下明细科目：

（一）本科目设置的明细科目及其核算内容：

1. 运输支出，核算海洋、内河运输企业经营旅客、货物运输业务所发生的各项费用；

2. 装卸支出，核算海、河港口企业经营装卸业务所发生的各项费用；

3. 堆存支出，核算企业经营仓库和堆场业务所发生的各项费用；

4. 港务管理支出，核算海、河港口企业所发生的各项港务管理费用；

5. 其他支出，核算企业经营的不属于上述业务的其他主要业务所发生的费用。

（二）海洋运输企业应按运输工具类型（如集装箱船、货轮、客货轮、油轮、拖轮、驳船等）或单船设置三级明细科目，核算运输业务成本。对远洋运输业务计算航次成本时，还应按各船舶的航次设立明细核算。

对于各运输业务进行成本核算，应按航次运行费用、船舶固定费用、船舶租费、舱（箱）位租费、集装箱固定费用等成本项目分别设置明细科目进行明细核算。

本科目还可分船舶另设“以前年度运输支出”明细科目，归集和核算本期登记入账的属以前年度发生的船舶经营成本费用。

（三）内河运输企业应按运输船舶、或船舶类型（如集装箱船、货轮、客货轮、油轮、拖或推轮、驳船等）、或船队、或运输业务类别（如客运、货运、油运、驳运、排运、集装箱运输等）设置三级明细科目，并按船舶直接费用、船舶维护费用、集装箱固定费用、营运间接费用等成本项目进行明细核算。

（四）港口企业对所经营的装卸业务应按专业作业区或货种等设置三级明细科目，并按装卸直接费用、营运间接费用等成本项目进行明细核算。

（五）港口企业对所经营的堆存业务，应按照装卸作业区、仓库、堆场设备种类（如堆场、油罐、筒仓、货棚等）等设置三级明细科目，并按堆存直接费用、营运间接费用等成本项目项目进行明细核算。

（六）港口企业对所经营的港务管理业务，应按港务管理设施种类或单项港务管理业务（如码头管理、引航管理、航道管理、铁路专用线管理、系解缆管理等）设置三级明细科目，并按港务管理直接费用、营运间接费用等成本项目进行明细核算。

三、本科目的账务处理如下：

（一）海洋运输企业经营运输业务所发生的各项费用，能够直接归属航次的各项费用，包括货物费、集装箱货物费、港口费、中转费、速遣及滞期费等，按规定的成本核算对象和成本项目汇集，借记本科目（运输支出——××船——××航次），贷记“预付账款”、“备用金”等科目；对于不能直接归属航次的各项费用，先在“船舶固定费用”、“集装箱固定费用”等科目归集核算，期末，再将这些费用按规定的分配标准，分配记入有关业务成本，按分配记入运输业务成本负担的金额，借记本科目（运输支出——××船——××航次），贷记“船舶固定费用”、“集装箱固定费用”等有关科目。

企业运输船舶领用、补给燃料、润料时，根据有关凭证，借记本科目（运输支出——××船——××航次），贷记“燃料”、“材料”、“应付账款”等科目，会计期末应实地盘存，查明实际结存量，根据实际盘存量和规定的单价，冲减有关业务成本，借记“燃料（船存燃料）”、“材料（润料）”科目，贷记本科目（运输支出——××船——××航次）。下月初将前述分录转回，借记本科目（运输支出——××船——××航次），贷记“燃料（船存燃料）”、“材料（润料）”科目。实地盘存资料难以取得时，可以各船舶最接近期末的已完成航次结束后船舶轮机日志报告记录的燃料、润料结存数量作为期末结存数量，也可据此经必要的推算确定期末结存量。

运输船舶在营运生产中从事与运输无关业务，如旅客服务业务，港内作业，救援遇难船舶等发生的费用，属于“与运输成本无关费用”，不应记入运输业务成本。能够分清属于非运输工作的其它业务的船舶费用，如燃料费用、港口费用等，应直接记入其他业务成本，不通过本科目核算。不能够分清属于非运输工作的其它费用，期末应按各船舶本期从事运输工作和非运输工作天数的比例，计算和确定“与运输成本无关费用”的金额，借记“其他业务支出”等有关科目，贷记本科目（运输支出——××船——××航次）。

运输船舶因故（如厂修、自修、事故停航等）停航期间发生的燃料费、港口费等有关费用应作为船舶非营运期费用，应通过“船舶固定费用”科目“非营运期费用”项目单独归集和核算。

期末结算或决算时，如果船舶航次已完、运输支出单证尚未收到，应根据有关资料，预估支出入账时，借记本科目（运输支出——××船——××航次），贷记“已完航次未达支出”科目。当运输支出单证到达时，以红字冲回上述分录，按运输支出单证借记本科目（运输支出——××船——××航次），贷记“预付账款”、“燃料”、“应付账款”等科目。如运输支出单证到达时，年度决算已经办竣，应根据运输支出单证，借记本科目（运输支出——以前年度运输支出），贷记“预付账款”、“燃料”、“应付账款”等科目。同时按上年已预估入账数以红字借记本科目（运输支出——以前年度运输支出），贷记“已完航次未达支出”科目。

期末，对所有已完航次的成本结转“本年利润”科目。年终，对于开始和完成分别属于不同会计年度的航次即年末未完航次，如果对运输收入进行确认的情况下，应相应地确认未完航次的成本，即按已发生的航次成本结转“本年利润”科目。

海洋运输企业本科目期末若为借方余额，在资产负债表上并同“存货”项目反映。

（二）内河运输企业运输船舶所发生的船舶直接费用应根据原始凭证和有关费用分配表，借记本科目（运输支出），贷记“燃料”、“材料”、“待摊费用”、“预提费用”、“应付工资”、“应付福利费”、“应付账款”、“银行存款”等科目。

有封冻、枯水等非通航期的企业，运输船舶在封冻、枯水等非通航期发生的船舶费用应通过“船舶维护费用”科目核算。

因发生洪水或建设水利、水电设施造成断航，船舶在断航期用于船舶照明、取暖等所耗用的燃料、船舶维护耗用材料以及留船船员工资和职工福利费等船舶直接费用，应记入“营业外支出”科目。

船舶临时从事非运输工作（如救援、临时出租、短期征用等）所发生的与运输业务无关的直接费用，于费用发生时一并在本科目归集，期末按规定方法计算予以扣除，借记“其他业务支出”等科目，贷记本科目（运输支出）。

计算扣除各类运输船舶的与运输成本无关的费用（临时从事非运输工作所应负担的船舶直接费用），客轮、客货轮、货轮、油轮、驳船应按每营运吨天的船舶直接费用和船舶从事非运输工作营运吨天计算。拖（推）轮应按每营运千瓦天船舶直接费用和船舶从事非运输工作营运千瓦天计算。

企业的交通工作船舶、供应船舶、流动修理船舶以及自营港埠的港作船舶、趸船等发生的费用应分别在“辅助营运费用”和“营运间接费用”科目核算，不通过本科目核算。

期末，内河运输企业应将本科目余额转入“本年利润”科目，结转后本科目应无余额。

（三）港口企业经营装卸、堆存以及港务管理等业务发生的各项业务费用，应按区分不同业务成本的费用，分别记入装卸、堆存以及港务管理等业务成本。能直接记入不同业务成本项目的费用，借记本科目（装卸支出、堆存支出、港务管理支出），贷记各有关科目；不能直接记入的费用应在“营运间接费用”等科目核算。月份终了，再将这些费用按规定的分配标准，分配记入有关业务成本，借记本科目（装卸支出、堆存支出、港务管理支出），贷记“营运间接费用”等科目。

企业装卸队、机械队、工具队等装卸生产部门从事另有收费来源的杂项作业（如机械出租等），应根据非装卸作业的工时记录、机械台时记录、工具领用记录和规定的单位费用或结算价格，编制“与装卸业务无关费用分配表”，据以扣除与装卸业务无关支出，结转由其他业务支出负担，借记“其他业务支出”，贷记本科目（装卸支出）。为了简化核算工作，也可按所取得的非装卸收入的一定比例作为扣除标准。

对企业仓库、堆场设施对外出租等与堆存无关业务，期末企业应根据业务部门提供的仓库、堆场及堆存设备的出租资料，按规定的计算方法计算与堆存无关业务应负担的费用金额，并借记“其他业务支出”科目，贷记本科目（堆存支出）。

期末，港口企业应将本科目的余额转入“本年利润”科目，结转后本科目一般应无余额。

（四）企业发生的事故费用、损失，除全损事故在“固定资产清理”科目核算外，其余海损、机损、货损、货差、污染、行车事故和人身伤亡等事故费用，包括施救、修理、赔偿、善后等直接损失，发生时，借记本科目（运输支出、装卸支出、堆存支出、港务管理支出——事故损失），贷记“银行存款”、“其他应付款”等科目；应由保险公司负担的保险赔偿以及办理共同海损收回的赔偿款，以及应由事故对方或过失人负担的部分，借记“银行存款”、“其他应收款”等科目，贷记本科目（运输支出、装卸支出、堆存支出、港务管理支出——事故损失）。年终，对于当年不能结案的事故，企业可根据实际情况及有关资料，合理估计事故净损失预提事故费用，列入当年的运输成本，借记本科目（运输支出、装卸支出、堆存支出、港务管理支出——事故损失），贷记“预提费用”科目；待事故结案时，将实际费用、损失与预提数的差额，调整结案年度的运输成本。

发生的货损、货差等质量事故损失（包括货物在运输过程中，因企业的责任所发生的货物丢失、短缺、毁损、受潮、污染、差错等事故，以及受损货物的削价损失费用等），在扣除过失人支付的赔偿金额后，按净损失记入有关成本、费用的“事故损失”项目，借记本科目（运输支出、装卸支出、堆存支出、港务管理支出——事故损失），贷记“银行存款”、“其他应付款”等科目。属于不可抗力造成的质量事故损失，按实际损失扣除残值和保险公司赔款后的净损失，记入当期营业外支出。

5405　其他业务支出

一、本科目核算企业除基本营运业务以外的其他业务所发生的各项支出，包括相关的成本、费用、营业税金及附加等。

二、本科目应按其他业务种类设置二级明细科目，并按直接费用、营运间接费用等成本项目进行明细核算。

三、企业经营其他业务所发生的直接费用，应根据有关凭证按业务类别直接记入“其他业务支出”相应费用项目，借记本科目，贷记“应付工资”、“应付福利费”、“累计折旧”、“材料”、“银行存款”、“燃料”、“其他应交款”、“应交税金”等科目；不能直接记入的，可先在“营运间接费用”、“辅助营运费用”等科目核算。月份终了，再将这些费用按规定的分配标准，分配记入有关业务成本，借记本科目，贷记“营运间接费用”、“辅助营运费用”等科目。

四、期末，应将本科目余额转入“本年利润”科目，结转后本科目应无余额。

5501　营业费用

一、本科目核算企业在营运过程中为了组织货源、客源而专设的揽货业务机构经费和其他为揽货而发生的费用。包括：专设揽货机构人员工资及福利费、折旧费、租赁费、差旅费、办公费、其他业务费，及其按约定支付给其他单位或代理人的揽货业务代理费（佣金）、外付劳务费、航运信息公告费、展览费用、广告费和资料印刷费等。

二、本科目应按费用项目设置明细账，进行明细核算。

三、企业发生的各项营业费用，借记本科目，贷记“现金”、“银行存款”、“待摊费用”、“预提费用”、“累计折旧”、“应付工资”、“应付福利费”、“应收账款”等科目。

四、期末，应将本科目的余额转入“本年利润”科目，结转后本科目应无余额。

5502　管理费用

一、本科目核算企业为组织和管理企业生产经营所发生的管理费用，包括企业的董事会和行政管理部门在企业的经营管理中发生的，或者应由企业统一负担的公司经费（包括行政管理部门职工工资、折旧费、修理费、物料消耗、低值易耗品摊销、办公费和差旅费等）、工会经费、待业保险费、劳动保险费、董事会费（包括董事会成员津贴、会议费和差旅费等）、聘请中介机构费、咨询费（含顾问费）、上市公司信息披露与公告费、诉讼费、业务招待费、房产税、车船使用税（不包括运输船舶的使用税）、土地（海域）使用税（费）、印花税、技术转让费、无形资产摊销、职工教育经费、研究与开发费、排污费、存货盘亏或盘盈（不包括应记入营业外支出的存货损失和应记入运输支出的船存燃料亏缺）、计提的坏账准备和存货跌价准备等。

二、本科目应按费用项目设置明细账，进行明细核算。

三、本科目的账务处理按照《企业会计制度》的规定执行。

四、期末，应将本科目的余额转入“本年利润”科目，结转后本科目应无余额。

第三章　关于水运企业营运成本、费用核算的规定

为了规范水运企业营运成本、费用的核算，对水运企业营运成本、费用的构成、营运成本、费用核算的原则、营运成本、费用的具体核算、有关水运业务的成本计算对象、成本计算单位、成本计算期、成本项目、成本费用的归集与分摊方法、成本的计算进行如下规定。

企业应根据《企业会计制度》，结合水运企业的生产经营特点和管理的需要对营运成本、费用进行核算。

第一节　营运成本、费用的构成

营运费用，是指企业在从事运输、装卸、堆存、港务管理和其他业务等日常营运活动中所发生的经济利益的总流出。营运费用不包括资本性支出、对外投资损失、营业外支出以及国家规定的不得列入费用的其他支出。

营运费用按照其能否归属于某项业务的耗费分为营运成本和期间费用两部分。

营运成本，是指能归属于某项营运业务的耗费的营运费用，是企业为从事运输、装卸、堆存、港务管理和其他业务所发生的各种耗费；期间费用是指不能归属于某项营运业务的耗费的营运费用。期间费用包括营业费用、管理费用和财务费用。

营业费用，是指企业在营运过程中为了组织货源、客源而专设的揽货业务机构经费和其他为揽货而发生的费用，包括专设揽货机构人员工资及福利费、折旧费、租赁费、差旅费、办公费、其他业务费，及其按约定支付给其他单位或代理人的揽货业务代理费（佣金）、外付劳务费、航运信息公告费、展览费用、广告费和资料印刷费等。

管理费用，是指企业为组织和管理企业生产经营所发生的管理费用，包括企业的董事会和行政管理部门在企业的经营管理中发生的，或者应由企业统一负担的公司经费（包括行政管理部门职工工资、折旧费、修理费、物料消耗、低值易耗品摊销、办公费和差旅费等）、工会经费、待业保险费、劳动保险费、董事会费（包括董事会成员津贴、会议费和差旅费等）、聘请中介机构费、咨询费（含顾问费）、上市公司信息披露与公告费、诉讼费、业务招待费、房产税、车船使用税（不包括运输船舶的使用税）、土地（海域）使用税（费）、印花税、技术转让费、无形资产摊销、职工教育经费、研究与开发费、排污费、存货盘亏或盘盈（不包括应记入营业外支出的存货损失和应记入运输支出的船存燃料亏缺）、计提的坏账准备和存货跌价准备等。

财务费用，是指企业为筹集生产经营所需资金等而发生的费用，包括应当作为期间费用的利息支出（减利息收入）、汇兑损失（减汇兑收益）、承诺费以及相关的手续费等。

第二节　营运成本、费用的核算原则

1. 企业应按照“权责发生制”的原则，根据各项费用受益期间来确定应由本期营运费用负担的各项支出。凡应由本期有关营运业务成本或期间费用负担的支出，不论款项是否支付，均应记入本期的相关业务成本或期间费用；凡不属于本期有关营运业务成本或期间费用负担的支出，即使款项已经支付，也不应记入本期的相关业务成本或期间费用。

2. 企业应将当期完成的营运业务的成本转入当期损益，期间费用应直接记入当期损益。

3. 企业经营多种业务时，必须分别各项营运业务计算成本，凡能分清应由某项营运业务负担的耗费，则直接记入该种业务成本；凡不能分清的耗费，则应采用适当的分配方法，分配记入各项营运业务成本。

4. 企业应按照各项营运业务耗费的实际发生额确定各项营运业务的营运成本，企业不得以计划成本、估计成本、定额成本代替实际成本。采用计划成本或者定额成本核算的，应按照规定的成本计算期及时将计划成本或者定额成本调整为实际成本。

第三节　营运费用的核算（略）

六、电影企业会计核算办法

财政部关于印发《电影企业会计核算办法》的通知

财会[2004]30 号

国务院有关部委，各省、自治区、直辖市、计划单列市财政厅（局），新疆生产建设兵团财务局：

为了规范企业企业的会计核算，提高电影企业会计信息质量，根据《中华人民共和国会计法》、《企业财务会计报告条例》、《企业会计制度》以及国家有关法律、法规，结合电影企业的实际情况，我部制定了《电影企业会计核算办法》，现予印发，于 2005 年 1 月 1 日起在已执行《企业会计制度》的各电影企业执行。执行中有何问题，请及时反馈我部。

二〇〇四年十二月九日

电影企业会计核算办法

总说明

一、为了统一规范电影企业的会计核算，真实、完整地提供企业的会计信息，根据《中华人民共和国会计法》、《企业财务会计报告条例》、《企业会计制度》和国家有关法律、法规，并结合电影企业的实际情况，特制定《电影企业会计核算办法》（以下简称“本办法”）。

二、中华人民共和国境内从事营业性电影片的制片、洗印、进口、出口、发行和放映等业务活动的电影企业（以下简称“电影企业”），在执行《企业会计制度》的同时，执行本办法。

电影机械制造企业、电影专用器材（物资）供销企业、电影设备安装施工企业和电影杂志、刊物出版企业，以及电影企业所属专业技术、艺术院校等单位，不执行本办法。

三、本办法所称电影片，包括电影企业拥有或控制的各种形式、不同载体和长、宽度的电影片，也包括电视剧片及其他电视专题片等（以下简称“影片”）。

四、电影企业所拥有或控制的影片（包括影片著作权、使用权等），在法定或合同约定的有效期内，均作为流动资产核算。

五、本办法由“电影制片、洗印企业会计核算办法”和“电影发行、放映企业会计核算办法”组成。各电影企业应当根据自身业务特点，执行相应的核算办法。

六、电视制片企业的会计核算可参照本办法执行。

电影制片、洗印企业会计核算办法

一、说明

（一）电影企业中从事影片制片、洗印业务活动的企业，在执行《企业会计制度》的同时，执行本办法。

1. 电影制片企业，指从事故事片（含艺术片、舞台片、戏剧片等）、纪录片（含风光旅游片等）、科教片（含杂志片）、美术片（含动画片、木偶片、剪纸片等）、译制片、专题片和其他电视剧片、广告片等各种影片生产的企业。

2. 电影洗印企业，指专门从事影片的拷贝、播映带或其他载体物的冲印、制作、加工、字幕印制等生产活动的企业。

母公司、制片企业内部专门从事影片洗印生产业务的后期制作部门、车间等，应视同电影洗印企业进行有关会计核算。

（二）企业除自制拍摄影片外，从事与境内外其他单位合作摄制影片业务的，应按以下规定和方法执行：

1. 从事合作摄制影片的形式：

（1）联合摄制，指企业与其他投资方共同出资（含现金、劳务、实物或以广告时段作价等），并按各自出资比例或按合同约定分享利益及分担风险的摄制业务。

（2）受托摄制，指企业接受其他单位的全额出资，代为制作影片的摄制业务。

（3）委托摄制，指企业全额出资，委托其他制片单位代为制作影片的摄制业务。

（4）协作摄制，指由其他制片单位全额出资，企业仅以提供设备、器材、场地、劳务等方式给予协助的摄制业务。

企业在受托或协作摄制业务中，如双方在合同中约定按该片销售收入的一定比例充抵受托或协作价款的，应视同联合摄制方式进行核算。

2. 合作摄制中收到的制片款的处理：

（1）联合摄制业务中，企业负责摄制成本核算的，在收到合作方按合同约定预付的制片款项，应先通过"预收制片款"科目进行核算；当影片完成摄制结转入库时，再将该款项转作影片库存成本的备抵，并在结转销售成本时予以冲抵。其他合作方负责摄制成本核算的，企业按合同约定支付合作方的拍片款，参照委托摄制业务处理。

（2）受托摄制业务中，企业收到委托方按合同约定预付的制片款项，应先通过"预收制片款"科目进行核算。当影片完成摄制并提供给委托方时，将该款项冲减该片的实际成本。

（3）在委托摄制业务中，企业按合同约定预付给受托方的制片款项，应先通过"预付制片款"科目进行核算；当影片完成摄制并收到受托方出具的经审计或双方确认的有关成本、费用结算凭据或报表时，按实际结算金额将该款项转作影片库存成本。

（4）企业的协作摄制业务，按租赁、收入等会计准则中相关规定进行会计处理。

（三）企业在影片完成摄制前采取全部或部分买断，或者承诺给予影片首（播）映权等方式，预售影片发行权、放（播）映权或其他权利所取得的款项，不属于合作摄制性质。企业在此类预售业务活动中已收到的预售款项，应先记入"预收账款"科目；待影片完成摄制并按合同约定提供给预付款人使用时，再将预售款项转作销售收入。

同时具备以下特征的应当视为预售业务：

1. 付款人的目的是以买断方式取得合同约定时期和范围内的影片使用权；

2. 付款人不享有或不承担该影片在前款规定时期和范围以外的经济收益或经济损失；

3. 付款人的预付款项与影片摄制成本无直接关联，制片方无须向付款人提供影片摄制成本的结算凭据或报表。

（四）企业在影片的创作生产活动中，接受有关方面、企事业单位、社会团体、个人所提供的，给予指定影片专项资助的款项，应先作为负债，记入"制片资助款"科目，在结转入库时，将该款项转作影片库存成本的备抵，并在结转销售成本时予以冲抵。

企业应当在会计报表附注中披露影片接受资助的片名、资助方、资助金额以及该款项的当期使用情况等相关信息。

（五）企业结转影片成本，应当遵循配比原则和谨慎性原则。

1. 国产影片（包括合拍片）在完成后期制作，进口影片在提供原拷贝（带）和译制拷贝（带），并经电影行政主管部门审查通过，取得《电影片公映许可证》或《电视剧发行许可证》（以下简称《许可证》）后，方可结转入库。

2. 影片（含拷贝、播映带和其他载体）已结转入库的全部实际成本，企业应当自符合收入确认条件之日起，按以下方法和规定结转销售成本：

（1）企业一次性买断国内全部著作权，在收到买断价款时，应将其全部实际成本一次性结转销售成本；采用分期收款销售方式的，按《企业会计制度》的规定执行。

（2）企业采用按票款、发行收入等分账结算方式，或采用多次、局部（特定院线或一定区域、一定时期内)将发行权、放映权转让给部分电影院线(发行公司)或电视台等,且仍可继续向其他单位发行、销售的影片,应在符合收入确认条件之日起,不超过24个月的期间内(主要提供给电视台播映的美术片、电视剧片可在不超过五年的期间内),采用计划收入比例法将其全部实际成本逐笔(期)结转销售成本。计划收入比例应当尽可能接近实际。计划收入比例除有特殊情况应当随时调整外,在年度内一般不作变动。如果企业预计影片不再拥有发行、销售市场,应将未结转的成本予以全部结转。

影片成本的结转,可以采用计划收入比例法,也可以采用零毛利法和固定比例法。采用零毛利法时,如果取得的收入大于剩余成本,应将剩余成本一次结转完毕,如果预计在成本结转期内不能完全转销该影片的库存成本,则应在到期前的最后一次结转时将剩余成本全部结转计入销售成本。

采用计划收入比例法、固定比例法时,企业应按谨慎性原则进行会计估计,合理确定预计收入总额、成本结转比例,按期结转销售成本。

以上方法和结转比例一经确定,不得随意变更,如需变更,应当在会计报表附注中予以披露。

(3) 企业在尚拥有影片著作权时,可在"库存商品"中象征性保留1元余额。

(六) 企业在以分账、代理结算等方式发行和销售影片活动中取得的片款或发生的支出,应设置"待结算业务收入"和"待结算业务支出"科目进行核算。具体核算参照发行、放映企业会计核算办法的规定执行。

二、会计科目的补充及使用说明

(一) 本办法在《企业会计制度》的基础上,增设"制片备用金"、"预付制片款"、"影视剧本"、"预收制片款"、"制片资助款"等科目。并且,对"库存商品"、"生产成本"、"主营业务收入"、"主营业务成本"等科目的明细科目设置和核算作了补充规定。

(二) 增设的会计科目及使用说明

1134　制片备用金

一、本科目核算企业摄制组为影片拍摄所需的差旅费、劳务费、零星采购等开支,经批准而预支的备用金。本科目可按影片的片名设置明细科目,进行明细分类核算。

经核准拨付给企业内各管理部门、材料和物资采购部门等定额周转用的备用金,以及非电影拍摄所需而短期临时借用的备用金,应通过"其他应收款—备用金"科目核算。

二、经批准拨付制片备用金时,按领用金额,借记本科目,贷记"现金"、"银行存款"等科目。经审核后批准报销时,按核准的应报销金额,借记"生产成本"科目,贷记本科目。应报销金额大于已领用金额需补足差额的,按应补差额,借记本科目,贷记"现金"、"银行存款"科目;应报销金额小于已领用制片备用金需收回差额时,按收回差额,借记"现金"、"银行存款"科目,贷记本科目。

三、对已经查明原因和处理后确实无法收回的制片备用金,属于摄制组管理和当事人的过失造成的,在减去过失人等赔款后,借记"生产成本"科目,贷记本科目;属于自然灾害等非人为过失造成的,借记"营业外支出—非常损失"科目,贷记本科目。

四、本科目期末借方余额,反映企业尚未收回的制片备用金款。

1152　预付制片款

一、本科目核算企业在委托和联合摄制业务中,按照合同规定预付给代为制作并负责成本核算的受托方的款项。本科目应当按合作摄制的影片的片名设置明细科目,进行明细分类核算。

二、企业因委托或联合摄制而预付款项时,按预付金额,借记本科目,贷记"银行存款"科目。

三、企业委托或联合摄制的影片制作完成时,按企业应承担的实际成本进行如下处理:

1. 影片已经审查通过并取得发行、放(播)映《许可证》时,按企业应承担的实际成本,借记"库存商品",贷记本科目。

2. 影片尚未审查通过和取得发行、放(播)映《许可证》时,按企业应承担的实际成本,借记"生产成本"科目,贷记本科目。待审查通过并取得发行、放(播)映《许可证》时,再按其实际成本,借记"库存商品"科目,贷记"生产成本"科目。

四、在委托或联合摄制影片业务中,由于合同变更、索赔、奖励等原因,发生企业应承担的实际成本大于初始预付制片款,需补付差额时,借记本科目,贷记"银行存款"科目;若企业应承担的实际成本小于初始预付制片款,在收回差额时,借记"银行存款"科目,贷记本科目。

五、企业预付制片款项后,如因受托方破产或政策性调整等非常原因导致停拍且不能续拍时,应将已预付的拍片款项转入“其他应收款”科目,借记“其他应收款(预付制片款转入)”科目,贷记本科目。

六、本科目期末借方余额,反映企业因委托或联合摄制影片而实际预付给受托方的款项。

1212　影视剧本

一、本科目核算企业计划提供拍摄电影或电视剧的文学剧本的实际成本。本科目应当按文学剧本的剧名设置明细科目,进行明细核算。

文学剧本的成本,包括剧本策划、组稿、创作过程中发生的原著版权费、剧本稿酬,编剧和编辑人员的工资、福利费、其他劳务补贴费,以及为组织剧本而发生的审稿费、退稿费、差旅费、办公费、印刷费等各项支出。

在企业下达投产通知或生产令,进入影片拍摄准备阶段后,导演和主创人员为编写、修改分镜头剧本所发生的各项费用,应直接记入“生产成本—剧本费及酬金”科目,不在本科目核算。

二、发生文学剧本创作的各项成本、费用支出,或为取得其他单位或个人的剧本版权、使用权和改编权而支付转让费时,按实际支付的金额或合同规定应支付的金额,借记本科目,贷记“现金”、“银行存款”或“应付账款”等科目。

三、文学剧本定稿和审查通过,并按企业下达的投产通知或生产令投入影片拍摄使用时,按该投拍文学剧本的账面价值,借记“生产成本(剧本费及酬金)”科目,贷记本科目。

四、企业向其他单位或个人有偿转让文学剧本时,应按合同规定的转让价格,借记“银行存款”、“应收账款”等科目,贷记“主营业务收入(影视剧本转让收入)”科目;按被转让剧本的账面价值,借记“主营业务成本(影视剧本转让成本)”科目,贷记本科目。

五、文学剧本在定稿前因故废止、未获审查通过而作废以及已经审查通过已满三年仍未投拍的,应当作报废处理,按其账面价值,借记“管理费用(剧本损失费)”科目,贷记本科目。

六、本科目期末借方余额,反映企业储备的或尚未定稿的文学剧本的实际成本。

2132　预收制片款

一、本科目核算企业在联合摄制、受托摄制、协作摄制等合作摄制业务中,按合同约定预收其他合作方应承担的摄制成本款项。本科目应当按合作摄制的影片的片名设置明细科目,进行明细分类核算。

二、企业在收到合作方预付的摄制成本款项时,按实际收到的金额,借记“银行存款”科目,贷记本科目。

三、企业合作摄制业务的影片,在摄制完成并经审查通过取得发行、放(播)映《许可证》后,应及时向其他合作方出具该影片摄制成本、费用的结算凭据或报表,并据以办理有关转账和结算手续:

1. 企业联合摄制的影片,在按实际成本结转入库时,借记“库存商品”科目,贷记“生产成本”科目。同时,应按该片合作方应承担的成本金额,借记本科目,贷记“库存商品(成本备抵)”科目。

2. 企业受托摄制的影片,采用差额收费办法的,在将影片提供给委托方时,按应收委托方拍片款金额,借记本科目,按实际发生的成本,贷记“生产成本”科目,按应确认的收入,贷记“主营业务收入”科目。采用收取固定承制费办法的,在将影片提供给委托方时,按应收委托方拍片款金额,借记本科目,按实际发生的成本,贷记“生产成本”科目;同时,按应确认的收入,借记“银行存款”或“应收账款”科目,贷记“主营业务收入”科目。

四、本科目期末贷方余额,反映企业在合作拍片业务中,向拍片合作方或委托方预收的款项。期末如为借方余额,则反映企业应由付款方补付的款项。

2332　制片资助款

一、本科目归集和核算企业实际收到的有关方面、企事业单位、社会团体、个人无偿提供给指定影片的资助款项。

企业收到的未指定片目的资助款,按国家规定先征后返的增值税,国家财政扶持而直接给予企业的定额补贴,对重点制片基地的设备和技术改造的借款或资助,以及收到其他合作方应承担的合作拍片成本的款项,不在本科目核算。

二、本科目应当按照资助单位等设置明细科目,并按受资助影片的片名等进行归集和核算。

三、企业接受以货币资金方式资助的,按实际收到的资助金额,借记“银行存款”科目,贷记本科目;企业接受以非货币方式资助的,应按照《企业会计制度》有关接受捐赠资产价值的规定确定其实际成本,借记

“原材料”、“低值易耗品”、“库存商品”、“固定资产”等有关科目，贷记本科目。

四、企业在接受资助的影片摄制完成结转入库时，按该片发生的全部成本，借记“库存商品”科目，贷记“生产成本”科目；按该片接受资助款的金额，借记本科目，贷记“库存商品（成本备抵）”科目。

五、本科目期末贷方余额，反映企业已收到尚未结转的影片摄制成本资助款。

（三）《企业会计制度》有关会计科目的补充及使用说明

1243　库存商品

一、本科目补充设置“电影片”、“电视片”、“成本备抵”等明细科目，核算企业电影片、电影拷贝及其后产品、电视剧等各种产成品的实际成本。企业应当按影片的片名，以及各种产成品的名称等设置明细科目，进行明细分类核算。

二、企业库存商品的核算：

1. 企业自制的影片，在完成摄制入库时，按实际生产成本，借记本科目，贷记“生产成本”科目。

2. 企业以联合摄制或接受资助方式所摄制的影片，在完成摄制入库时，按实际生产成本，借记本科目，贷记“生产成本”科目。同时，按合作方应承担的出资额或接受资助的金额，借记“预收制片款”或“制片资助款”科目，贷记本科目（成本备抵）。

3. 企业以委托摄制或联合摄制方式，委托受托方进行制作和核算成本的影片，在完成摄制入库时，按企业应承担的实际成本，借记本科目，贷记“预付制片款”科目。

4. 企业影片其他后产品的核算，按照《企业会计制度》中“库存商品”科目的使用说明，进行有关会计处理。

三、企业在影片发行和销售时，按本办法说明中有关影片销售成本的结转方法，进行结转。

1. 企业自制的影片，在结转销售成本时，按应结转的实际成本，借记“主营业务成本”科目，贷记本科目。

2. 企业接受资助和联合摄制的影片，在结转销售成本时，按影片应结转的实际成本扣除其成本备抵额后的差额，借记“主营业务成本”科目，按应结转成本备抵额，借记本科目（成本备抵），按应结转实际成本额，贷记本科目。

四、已经审查通过和取得电影电视行政主管部门颁发的发行、放（播）映《许可证》，并已入库的影视片及其产品，如果发生补拍、修改、删剪、印制等情况而形成新的成本和费用时，应按实际发生额对该影片库存账面成本作追加调整。

如果影片被禁止发行或放（播）映，企业应当将该影片作报废处理。在报废处理时，按该影片实际库存的账面价值，借记“营业外支出（影视片损失）”科目，贷记本科目。

若按禁止决定已作报废处理的影片，又重新获准公开发行、放（播）映时，则企业应按正常发行、销售影片处理。

4101　生产成本

一、本科目核算企业在影片制片、译制、洗印等生产过程所发生的各项生产费用。

二、企业发生的各项生产费用，应按成本核算对象的名称和成本项目进行归集与核算。本科目按成本项目应当设置的明细科目为：

1. 故事片的成本项目：

“剧本费及酬金”——用于归集摄制组所用文学剧本的成本，以及分镜头剧本等所发生的有关费用和酬金。

“基本人员工资及劳务”——用于归集摄制组支付给导演、翻译、摄影、制片、剧（场）务、录音、照明、置景、道具、服装、美术、化妆、烟火、剪接、会计（核算）等人员的工资、劳务费和酬金。

“演员劳务及酬金”——用于归集摄制组支付给主、配角演员，以及其他临时、群众、特技、替身、武打、舞蹈、配音等演员的工资、劳务费和酬金。

“临时协助人员费”——用于归集摄制组临时聘用的辅助工，以及向社会管理部门、场景提供单位临时外请协助人员所支付的各种津贴、报酬等。

“食宿费”——用于归集摄制组在拍片期间，为演职人员提供的伙食、或者按规定办法和标准发放伙食费补贴、津贴和防暑防寒所需饮料，以及住宿等费用。

"差旅费"——用于归集摄制组在拍片期间，演职人员因采景、体验生活、拍摄、送审等发生的各种交通、住宿、补贴等费用。

"胶片"——用于归集摄制组拍片耗用的彩色与黑白底片、正片、声片等各类胶片费用。

"磁片及磁带"——用于归集摄制组磁片及制作中耗用的各类磁片、磁带等费用。

"化妆费"——用于归集摄制组直接购买或领用所消耗的化妆用材料、用品、工器具，以及造型作业等发生的费用。

"服装费"——用于归集摄制组为拍片所需服装进行设计、加工、购置、租赁、损耗等发生的费用。

"道具费"——用于归集摄制组为拍片所需，进行道具设计、制作、加工、维修、购置、租赁、损耗等所发生的费用。

"布景费"——用于归集摄制组为拍片所需，进行布景和场景设计、搭置、加工、维修等所发生各种费用。

"烟火枪械费"——用于归集摄制组为拍片所需耗用的烟火材料与弹药以及租赁、维修、赔偿枪械等所发生的费用。

"车辆运输费"——用于归集摄制组在拍片期间，因运输而发生的各种费用。

"场租费"——用于归集摄制组为拍片所需，租(借)用各种场所、场地所发生的各种费用。

"摄影费"——用于归集摄制组使用各类摄影专用的器材及消耗物品等所发生的各种费用。

"录音费"——用于归集摄制组在摄制期间使用的录音场地和录音用器材、设备、音频工作站、材料消耗物品等所发生的费用。

"剪接费"——用于归集摄制组使用各类剪接器材、设备、材料、视频工作站、胶转磁设备和消耗物品等所发生的费用。

"照明费"——用于归集摄制组在拍摄现场使用各类照明器材、设备、发电车、材料和消耗物品等所发生的费用。

"常规特技费"——用于归集摄制组拍摄常规特技(非电脑数码制作)镜头而使用的有关摄影器材、设备、材料(不包括胶片、磁片和特技烟火材料)、场棚和消耗物品等所发生的费用。

"数码特技费"——用于归集摄制组委托电脑数码制作单位加工影片数码特技镜头所支付的各种费用。

"音乐费"——用于归集摄制组为影片作词作曲、配制音乐、聘请乐队、指挥、独奏演员、歌唱演员，以及取得音乐作品使用权等所发生的费用。

"放映费"——用于归集摄制组因观摩学习和后期制作审查样片、双片、完成片放映所支付的放映费用。

"剧照费"——用于归集摄制组为拍片选景和制作剧照所耗用的照相器材、设备、胶卷，以及冲印、放扩照片所发生的费用。

"字幕费"——用于归集摄制组为所拍摄的影片加工、制作片头和片中字幕所发生的费用。

"洗印费"——用于归集摄制组为洗印彩色和黑白的底片、正片、声片、中间片等发生的各种洗印加工费用。

"军事费"——用于归集摄制组经申报批准，由军队、武警部队提供人员、武器、弹药、军车(舰、机)、军械、场地和器材设备等协助拍摄，按剧用军事预算所支付的费用。

"剧杂费"——用于归集摄制组在拍片期间，所发生的文具用品、资料打印和复印、邮电通讯、书报杂志、学习观摩等各种费用。

"赔偿费"——用于归集摄制组因影片拍摄需要，导致所租用的场所、场地、设备、器材、服装、道具、物品等发生毁损或失灭，经协商支付的各种赔(补)偿费用。

"其他费用"——用于归集摄制组在拍片期间，所发生的不属于以上各明细科目核算的其他费用。

2. 译制片、纪录片、科教片、专题片的成本项目，企业可以结合自身片种的译、摄制业务特点，参照故事片成本项目选择确定。

3. 美术片的成本项目，企业除参照故事片成本项目进行选用外，可增加以下项目：

"外加工费"——用于归集摄制组委托外单位或个人进行部分动画片段、木偶等设计、绘制、制作、加工，按合同规定所支付的各种费用。

"绘制费"——用于归集动画、描线、上色、木偶和剪纸等制作(含电脑制作)车间等，为摄制组提供的各种劳务费用。

“辅助材料费”——用于归集摄制组在美术片摄制中，为制作人物、服装、道具、布景等，购入和耗用的纸张、颜料、布料、木料、五金零配件等所发生的各种费用。

4. 影片洗印的成本项目：

“工资及附加”——用于归集支付给直接从事印制影片及其拷贝生产人员的工资、加班工资和津贴、职工福利费等工资性附加的各种费用。

“胶片及磁带”——用于归集印制影片底片、正片、声片、发行拷贝等所耗用的各种彩色、黑白胶片，以及磁片、磁带等所发生的费用。

“药料”——用于归集影片印制生产中，耗用的各种化学药料所发生的费用（可采用分摊方法计入产品成本）。

“燃料及动力”——用于归集影片印制生产中，消耗的水、电和各种燃料、动力所发生的费用。

“制造费用”——用于归集影片印制生产中，消耗的清洁用具和物品、零配部件等各种辅助物料等，每月按规定分配方法计算后，转入应由产品成本承担的各种费用。

三、企业发生各项生产费用的核算：

1. 制片企业，按发生的实际金额，借记本科目，贷记“现金”、“银行存款”、“应付工资”、“原材料”、“低值易耗品”、“制片备用金”、“影视剧本”等有关科目。

2. 洗印企业，按发生的实际金额，借记本科目（基本生产成本、辅助生产成本），贷记“现金”、“银行存款”、“应付工资”、“原材料”、“低值易耗品”等有关科目。

为影片洗印提供环保处理、水电动力、机械维修，以及化学药品、胶片供应等辅助生产车间或部门发生的直接费用，应当在本科目“辅助生产成本”明细科目核算后，再转入本科目“基本生产成本”明细科目。各辅助生产车间或部门，为基本生产车间、企业管理部门和其他部门提供的物品和劳务等，月度终了，按照一定的分配标准分配给各受益对象时，借记本科目（基本生产成本）、“管理费用”、“其他业务支出”、“在建工程”等科目，贷记本科目（辅助生产成本）。

3. 企业在影片拷贝（载体）销售过程中，所需的片箱、片盒、片夹、片轴、塑料（纸）袋等包装物，不应计入影片的生产成本中。随同影视片拷贝（载体）销售且不单独计价的包装物，按实际成本，借记“营业费用”科目，贷记“包装物”科目。企业单独计价出售的包装物，则应按收到的金额，借记“银行存款”科目，贷记“其他业务收入”科目。同时，按出售包装物的实际成本，借记“其他业务支出”科目，贷记“包装物”科目。

4. 企业在影片创作生产或影片拷贝洗印过程中，已经耗用和计入生产成本的胶片，以及从电影洗印废水（定影液）中电解而提取的白银等，其出售处理所回收的款项，可以采用直接或分摊方法冲减生产成本，借记“现金”、“银行存款”等科目，贷记本科目或本科目（辅助生产成本）。

四、企业摄制完成并已取得许可证的影片，按实际成本结转入库。结转时，借记“库存商品”科目，贷记本科目。

五、制片企业在影片投产开拍后，中途因故停拍且以后不再续拍，以及影片已经摄制完成，经审查后未通过的，须将该影片作报废处理。经核准报废时，按其账面价值，借记“营业外支出（影视片损失）”科目，贷记本科目。

六、本科目所补充的明细科目期末借方余额，反映企业尚未完成影片的各种成本。

5101　主营业务收入

一、本科目补充设置“电影片收入”、“电视片收入”、“剧本转让收入”“拷贝洗印收入”、“影视基地服务收入”、“其他媒体业务收入”、“音像制品收入”、“影片后产品收入”等明细科目。用于核算企业在影片发行和销售、剧本转让、洗印加工、影视基地服务和其他与电影主业有关的业务中形成的收入。

“电影片收入”——核算企业在电影片发行和销售活动中取得的收入。

“电视片收入”——核算企业在电视剧片发行和销售活动中取得的收入。

“剧本转让收入”——核算企业在向外单位出售或有偿转让影视剧本中取得的收入。

“拷贝洗印收入”——核算企业在提供电影底片、正片、声片、发行拷贝印制、加工等经营和劳务活动中取得的收入。

“影视基地服务收入”——核算企业附属影视基地在提供器材、场地租赁或人员劳务服务等活动中取得的收入。

“其他媒体业务收入”——核算企业在电影频道和互联网络业务中，提供广告制作、插播，影片的收费点播和下载，以及接受其他网站链接等相关销售、服务活动中取得的收入。

“音像制品收入”——核算企业销售录像带、CD、VCD、DVD等音像制品所取得的收入。

“影片后产品收入”——核算企业销售除音像制品外，与影片相关的电影形象产品等取得的收入。

二、企业主营业务收入的核算：

1. 符合确认条件的本期主营业务收入，应按实际收到或应收的金额，借记“银行存款”、“应收账款”、“应收票据”、“预收账款”、“待结算业务收入”等科目，贷记本科目。

2. 企业委托其他制作(代理)方销售的影片收入，应当根据受托(代理)方出具的有关结算凭据和清单，按应实现的收入，借记“银行存款”、“应收账款”科目，贷记本科目；按应承担的销售费用，借记“营业费用”科目，贷记有关科目。

5401 主营业务成本

一、本科目补充设置“电影片成本”、“电视片成本”、“剧本转让成本”、“拷贝洗印成本”、“影视基地服务成本”、“其他媒体业务成本”、“音像制品成本”、“影片后产品成本”等明细科目，用于核算企业在影片发行、剧本转让、洗印加工、影视基地服务和其他与电影主业有关的业务中发生的实际成本。

“电影片成本”——核算企业在电影片剧目、电影广告片等发行和销售活动中发生的实际成本。

“电视片成本”——核算企业在电视片剧目、电视广告片等发行和销售活动中发生的实际成本。

“剧本转让成本”——核算企业转让的影视剧本的实际成本。

“拷贝洗印成本”——核算企业在提供电影底片、正片、声片、发行拷贝印制、加工等经营和劳务活动中发生的实际成本。

“影视基地服务成本”——核算企业在提供影视基地服务中发生的实际成本。

“其他媒体业务成本”——核算企业在电影频道和互联网络业务中，提供广告制作、插播，影片的收费点播和下载，以及接受其他网站链接等销售、服务活动中发生的实际成本。

“音像制品成本”——核算企业因出售各种音像制品而发生的实际成本。

“影片后产品成本”——核算企业销售除音像制品外，与影片相关的电影形象产品等发生的实际成本。

二、期末，企业应当根据本月影片和其他产品的销售收入，以及提供影片制作、洗印、加工的各种劳务等的实际成本，计算出应结转的主营业务成本，借记本科目，贷记“待结算业务支出”、“库存商品”、“影视剧本”、“生产成本”、“劳务成本”等科目。

企业委托其他制片(代理)方销售的影片成本和销售费用，应当根据受托方出具的有关结算凭据或报表，按应实现的收入，借记“银行存款”、“应收账款”科目，贷记“主营业务收入”科目；按应承担的销售费用，借记“营业费用”科目，贷记有关科目；同时，按本办法有关影片销售成本结转的规定，计算出应结转的销售成本，借记本科目，贷记“库存商品”科目。

三、报表项目补充编制说明

(一)“制片备用金”科目余额应列入资产负债表中的“存货”项目。

(二)“预付制片款”科目余额应列入资产负债表中的“预付账款”项目。

(三)“影视剧本”科目余额应列入资产负债表中的“存货”项目。

(四)“预收制片款”科目余额应列入资产负债表中的“预收账款”项目。

(五)“制片资助款”科目余额应列入资产负债表中的“存货”项目的减项。

电影发行、放映企业会计核算办法

一、说明

(一)电影企业中从事影片进口、出口、发行、放映业务活动的企业，在执行《企业会计制度》的同时，执行本办法。

1. 电影发行企业，指以分账、买断、代理等方式取得境内外影片的发行权，并在规定时期和范围内从事为放映企业或电视台等放(播)映单位提供影片的拷贝、播映带(硬盘、光碟)、网络传输等业务活动的企业。

2. 电影放映企业，指拥有符合国家规定标准的电影放映设备和相应的放映场所，从事营业性电影放映业务的企业。包括采取向社会公众售票或包场方式进行电影放映的专业电影院、兼映的影剧院、文化宫

(馆)以及对外开放的礼堂、俱乐部等单位。

(二) 企业通过发行、放映影片,影片后产品开发与销售,以及转让除发行权、放映权、播映权、网络传播权、后产品开发权以外的其他著作权等方式形成的与电影主业有关的收入均为发行放映企业的主营业务收入。

1. 发行收入是指以影片发行权、放映权、播映权、网络传播权等为销售对象而取得的各种收入,包括分账收入、卖断收入、片租收入、代理费收入、播映权转让收入、网络传播权转让收入等。

2. 放映收入是指直接公开再现影片而取得的各种收入,包括影院票房收入以及其他直接以社会公众为受众的收入。不包括影片在电视、网络等媒介上的播映收入。

企业的广告收入、附设的“小商店”销售收入、出租场地收入等与电影没有直接关系的收入通过“其他业务收入”核算。

(三) 企业按以下规定进行影片片款的结算:

1. 与提供影片的制作方、发行权方及其他权利方(统称“供片方”)进行影片片款的结算方式:

(1) 分账结算,指企业按合同、协议约定的比例,将影片发行、放映业务中取得的收入和发生的费用进行分配,与供片方共同分享和分担的结算方式。

(2) 片租结算,指企业按合同、协议约定的租价或定额,向供片方交付片款的结算方式。

(3) 买断结算,指企业按合同、协议约定的价款,向供片方买取一定时期和范围内的影片发行权、放映权,取得的收入无需与他人分享的结算方式。包括:

① 发行权交易结算,即企业仅买取影片的发行权、放映权,所需拷贝等载体由企业自行定制并承担费用的结算方式。

② 单拷贝交易结算,即企业按包括发行权和放映权在内的单个电影拷贝计价,向供片方购买电影拷贝的结算方式。

(4) 代理结算,指企业仅收取固定代理费,影片的收益和费用均由供片方享有和承担的结算方式。

2. 企业以分账、片租及代理结算方式取得的片款或发生的支出,按合同、协议约定需与供片方进行分配或分担的,应先在“待结算业务收入”和“待结算业务支出”科目中归集,然后再按合同、协议的约定,在本企业与供片方之间进行结算。

发行企业应当依据放映企业提供的营业报表和每部影片结算单(简称“片结单”),或者依据接受供片的发行企业提供的影片发行收入结算表,办理有关影片收入的结算。

(四) 放映企业采用电影卡、兑换券等方式预售电影票的,出售卡、券取得的收入,应先记入“预收账款”科目,待卡、券持有人兑换电影票时,再确认收入,并进行有关款项的结转;已售卡、券期满,尚未用以兑换电影票的卡、券收入,应全额转入当期主营业务收入。

(五) 企业以买断结算方式取得影片成本的结转应当遵循配比原则和谨慎性原则。

1. 合同、协议约定了发行、放映期限的,从符合收入确认条件之日起,在剩余合同、协议约定期限和24个月孰短的期间内,采用零毛利法、计划收入比例法、固定比例法将其全部实际成本逐笔(期)结转销售成本。采用零毛利法时,如果取得的收入大于剩余成本,应将剩余成本一次结转完毕,如果预计在成本结转期内不能完全转销该影片的库存成本,则应在到期前最后一次结转时将剩余成本全部结转计入销售成本。采用计划收入比例法、固定比例法时,企业应按谨慎性原则进行会计估计,合理确定预计收入总额、成本结转比例,按期结转销售成本。

以上方法和结转比例一经确定,不得随意变更,如需变更,应当在会计报表附注中予以披露。

2. 合同、协议未约定发行、放映期限的,应从符合收入确认条件之日起24个月内,按照上述方法和原则结转销售成本。

3. 企业以单拷贝交易结算方式购入的影片,再以单拷贝交易结算方式向其他发行、放映企业出售的,应当在确认收入的同时将其购入的实际成本一次性结转销售成本。如果采用分期收款销售方式的,按照《企业会计制度》的规定执行。

企业以单拷贝交易结算方式购入的影片,如有规定场次定额的,可依据所购电影拷贝或其他载体的场次定额,采取按实际放映场次计算、结转销售成本的方法。

4. 企业在尚拥有影片著作权时,可在“库存商品”中象征性保留1元余额。

（六）企业按照国家规定提取并上缴的国家电影事业发展专项资金，通过“电影专项资金”和“应付电影专项资金”两个科目核算。

（七）企业改建、装修电影院发生的支出，应区别以下情况进行核算：

1. 企业对自有电影院（厅）进行装修所发生的固定资产装修费用，符合资本化条件的，应当在“固定资产”科目下单设“固定资产装修”明细科目核算，并在两次装修期间与固定资产尚可使用年限两者孰短的期间内，采用直线平均法单独计提折旧。

2. 企业以经营租赁方式租入房屋或场地，改建、装修为电影院（厅）发生的租入固定资产改良支出，应单独设置“经营租入固定资产改良”科目进行核算，并在剩余租赁期与租赁资产尚可使用年限两者孰短的期间内，采用直线平均法计提折旧。

企业在改建或装修电影院（厅）的过程中，用于电影放映专用设备（包括电影放映设备、舞台设备、空调设备、坐椅等）的支出，应单独作为固定资产核算和管理，并按照《企业会计制度》和本办法附录《电影企业固定资产折旧方法和折旧年限表》的有关规定执行。

二、会计科目的补充及使用说明

（一）本办法在《企业会计制度》的基础上，增设了“待结算业务支出”、“应交电影专项资金”、“待结算业务收入”、“电影专项资金”、“影片业务支出”等科目。并对“库存商品”、“固定资产”、“经营租入固定资产改良”、“主营业务收入”、“主营业务成本”等科目的明细科目设置和核算作了补充规定。

（二）增设的会计科目及使用说明

1311 待结算业务支出

一、本科目核算企业采用分账结算、片租结算、代理结算等方式发行或放映的影片，款项已经支付，但尚需按合同、协议约定与供片方结算和分担的各种支出。

企业以买断结算方式取得的影片，所发生的各种无需由其他单位承担的支出，不在本科目核算。

二、本科目应当设置“影片发行支出”、“影片放映支出”、“电视剧片发行支出”、“税金及附加支出”、“电影专项资金支出”等明细科目，并按影片的片名进行归集和核算。

三、企业发生按合同、协议约定需要与供片方分别承担的费用支出时，按实际支付的金额，借记本科目，贷记“现金”、“银行存款”科目。

企业依据有关规定计提税金及附加时，按应交税金及附加的金额，借记本科目（税金及附加支出），贷记“应交税金”、“其他应交款”等科目。

企业按规定计提国家电影事业发展专项资金时，借记本科目（电影专项资金支出），贷记“应交电影专项资金”科目。

四、月度终了，企业应将本科目中各明细科目的合计发生额，依据合同、协议的约定，计算出由本企业和供片方各自应承担的金额，并进行相应的结转。结转时，按本企业应承担的金额，借记“主营业务成本”、“主营业务税金及附加”、“电影专项资金”、“营业费用”等科目，按供片方应承担的金额，借记“应收账款—××供片方”科目，按本科目当月合计发生额，贷记本科目。

五、本科目期末结转后，应无余额。

2122 应交电影专项资金

一、本科目核算企业按国家规定提取并应缴纳的国家电影事业发展专项资金。

二、提取应缴纳的国家电影事业发展专项资金时，借记“电影专项资金”或“待结算业务支出”科目，贷记本科目。

三、缴纳时，按实际金额借记本科目，贷记“银行存款”科目。

四、本科目期末贷方余额，反映企业提取的尚未缴纳的国家电影事业发展专项资金。

2221 待结算业务收入

一、本科目核算企业采用分账结算、片租结算、代理结算方式发行或放映的影片，已经取得但尚需按合同、协议约定与供片方结算和分享的各种收入。

企业以买断结算方式取得的影片，所发生的各种无需由供片方分享的收入，不在本科目核算。

二、本科目应当设置“影片发行收入”、“影片放映收入”、“电视剧片发行收入”等明细科目，并按影片的片名进行归集和核算。

三、企业取得电影发行或放映收入时，应对发行或放映企业提供的营业报表或片结单，按影片的片名进行核对、归集和汇总，计算和确认待结算业务收入。按确认的收入，借记“银行存款”、“应收账款—××单位”等科目，贷记本科目。

四、月度终了，企业应将本科目中各明细科目的合计发生额，依据合同、协议的约定，计算出由本企业和供片方各自应分享的收入，并进行相应的结转。结转时，按本科目当月合计发生额，借记本科目，按本企业应得的金额，贷记“主营业务收入”科目，按供片方应得的金额，贷记“应付账款—××供片方”科目。

五、本科目期末结转后，应无余额。

5403　电影专项资金

一、本科目核算企业应交纳的按国家规定提取的国家电影事业发展专项资金。

二、企业应当按照国家电影事业发展专项资金管理办法的规定，进行有关款项的核算：

1. 企业提取国家电影事业发展专项资金时，借记本科目或“待结算业务支出”科目，贷记“应交电影专项资金”科目。

2. 月度终了，在结转“待结算业务支出”科目发生额时，应将其中依据合同约定由本企业承担的金额，借记本科目，由供片方应承担的金额，借记“应收账款——××供片方”科目，贷记“待结算业务支出”科目。

3. 期末，应将本科目余额转入“本年利润”科目，结转后本科目应无余额。

5406　影片业务支出

一、本科目核算企业在发行、放映业务中发生的首映活动费、宣传推介费、宣传品制作费，以及在上述活动中发生的劳务费、交通费等支出。

本科目核算内容不包括企业为自身形象宣传所发生的费用。企业为出售而制作的电影形象商品成本在“库存商品”科目核算。

二、本科目按影片名称、支出项目设置明细科目，进行明细分类核算。

三、企业实际发生上述支出时，借记本科目，贷记“现金”、“银行存款”科目。

四、期末，应将本科目的余额转入“本年利润”科目，结转后本科目应无余额。

（三）补充的会计科目及使用说明

1243　库存商品

一、本科目补充设置“库存影视片”、“音像制品”、“影片后产品制品”等明细科目，并按影片的片名、各种产品的名称等进行归集和核算。

“库存影视片”——核算企业以买断结算方式购入的影片的实际成本。采用发行权交易结算方式所支付给供片方的影片节目发行权费，应当与企业定制的电影拷贝（或其他载体）的成本合并后计入本科目。

“音像制品”——核算企业购入影片的录像带、CD、VCD、DVD等可供播映的音像制品，所支付给制作方或供货方的实际成本。

“影片后产品制品”——核算企业在电影促销业务中，定制或购入的各种电影形象产品等的实际成本。

二、企业购入的影片或商品到达验收入库后，按供片或供货方开具的发票，并经仓库管理人员验收、核准的实际支付（进价）成本，借记本科目，贷记“银行存款”、“应付账款”等科目。

三、企业在结转影片发行、放映或销售商品等业务活动的实际成本时，借记“主营业务成本”科目，贷记本科目。

四、企业购入的影片在合同、协议约定的发行放映期限内未实现销售，应在期满之日作资产损失处理。在处理时，按购入影片的实际成本，借记“管理费用”科目，贷记本科目。

五、如果影片被禁止发行或放（播）映，企业应当将该影片作报废处理。在处理时，按该影片实际库存的账面价值，借记“营业外支出（影视片损失）”科目，贷记本科目。

1501　固定资产

一、本科目补充设置“固定资产装修”明细科目，核算企业自有电影院（厅）所发生的装修、装饰工程的实际成本。

二、企业发生装修、装饰等工程支出时，应先将有关款项通过“在建工程”科目进行归集和核算，待固定资产达到预定可使用状态时，再将全部工程成本结转本科目。结转时，按固定资产装修、装饰所发生的实际成本，借记本科目（固定资产装修），贷记“在建工程”科目。

三、企业发生的固定资产装修支出，应在两次装修期间与固定资产尚可使用年限两者孰短的期间内，采用直线平均法计提折旧。计提折旧时，借记“营业费用”、“管理费用”、“其他业务支出”等科目，贷记“累计折旧”科目。

如果企业重新对固定资产进行装饰、装修并符合资本化条件时，相关“固定资产装修”明细科目尚有余额的，将该余额一次全部计入当期损益，借记“营业外支出”科目，贷记本科目。再将装修工程的完工成本转入本科目。

1503 经营租入固定资产改良

一、本科目核算企业以经营租赁方式租入房屋或场地，为改建、装修电影院(厅)所发生的改建、装修等改良工程的实际支出。

二、经营租赁固定资产改良工程，在施工过程中发生的各项改良支出，应先通过“在建工程”科目进行归集和核算，待改良工程完工交付使用时，再结转到本科目。

三、企业经营租赁方式租入的固定资产发生的改良支出，转入本科目核算后，应当在剩余租赁期与租赁资产尚可使用年限两者孰短的期间内，采用直线平均法计提折旧。计提折旧时，借记“营业费用”、“管理费用”、“其他业务支出”等科目，贷记本科目。

如果企业在经营租赁期内重新对租入电影院(厅)进行全面装修、改良时，应将本科目尚未摊完的余额，一次性全部计入当期损益，借记“营业外支出”科目，贷记本科目。再将发生的改良工程支出转入本科目，并在剩余租赁期与租赁资产尚可使用年限两者孰短的期间内，采用直线平均法计提折旧。

经营租赁期内发生的其它维修、装饰、装修等不能予以资本化的支出，应直接计入当期损益，不在本科目核算。

四、本科目期末借方余额，反映企业经营租赁固定资产改良成本的账面价值。

5101 主营业务收入

一、本科目补充设置“电影发行收入”、“电影放映收入”、“音像制品收入”、“影片后产品收入”等明细科目，并按影片的片名、产品的名称等进行归集和核算。

“电影发行收入”——核算发行企业在发行影片业务中取得的各种归属于企业的营业收入，包括分账收入、卖断收入、片租收入、播映权转让收入、网络传播权转让收入、后电影开发权转让收入、影片代理收入等。

“电影放映收入”——核算放映企业通过放映影片取得的各种归属于企业的营业收入，包括分账收入、片租收入、包场放映费收入、出租场地加映影片收入等。

“音像制品收入”——核算企业销售录像带、CD、VCD、DVD等音像制品所取得的各种收入。

“影片后产品收入”——核算企业销售除音像制品外，与影片相关的电影形象产品等取得的收入。

二、企业实现的主营业务收入，按实际收到或应收的金额入账。

1. 企业采用分账结算、片租结算、代理结算方式取得的影片，企业按合同、协议约定与供片方结算后的收入，结转时，借记“待结算业务收入”科目，贷记本科目。

2. 企业以买断结算方式取得的影片，在发行中取得的各种无需与供片方分享的收入，可直接借记“银行存款”、“应收账款”等科目，贷记本科目。

3. 放映企业发售的可兑换卡券，在兑换电影票时，借记“预收账款”科目，贷记本科目。

三、期末，应将本科目各补充科目的余额转入“本年利润”科目，结转后各补充科目应无余额。

5401 主营业务成本

一、本科目补充设置“电影发行成本”、“电影放映成本”、“音像制品成本”、“影片后产品成本”等明细科目，并按影片的片名、各种产品的名称等，进行归集和核算。

“电影发行成本”——核算企业发行影片而应结转的库存影片等的实际成本。

“电影放映成本”——核算放映企业放映影片而应结转的库存影片等的实际成本。

“音像制品成本”——核算企业因销售各种音像制品而发生的实际成本。

“影片后产品成本”——核算企业销售除音像制品外，与影片相关的电影形象产品等发生的实际成本。

二、月度终了，企业应当根据本月电影发行、放映业务取得的主营业务收入，按照本办法有关结转销售成本的规定和办法，计算和结转主营业务成本。结转时，借记本科目，贷记“库存商品”、“待结算业务支出”等科目。

其他商品主营业务成本的结转，按照《企业会计制度》的规定执行。

三、期末，应将本科目各补充科目的余额转入"本年利润"科目，结转后各补充科目应无余额。

三、报表项目补充编制说明

"应交电影专项资金"科目余额，应列入资产负债表中的"其他应交款"项目。

附录：

电影企业固定资产折旧方法和折旧年限表

一、电影企业固定资产折旧方法

1. 固定资产折旧方法一般采用年限平均法。专用的特技、动画制作，以及网络信息传输用计算机、数码摄像和录制设备、通讯程控交换机，经批准也可以采用双倍余额递减法或者年数总和法。

2. 影视放映场所(院、厅)的放映设备、舞台设备、空调设备和坐椅，可以采用按场提取折旧方法。实行按场提取折旧的每场提取折旧额，可由企业根据同类固定资产折旧年限和每年放映场次不大于1,850场进行换算确定。

3. 计提折旧所使用的净残值率由企业根据实际情况合理确定，一经确定，不得随意变更，如需变更，应在会计报表附注中予以说明。

二、电影企业固定资产折旧年限表

固定资产分类	折旧年限
(一) 通用设备	
1. 机械设备	8—12年
2. 动力设备	5—15年
3. 传导设备	8—15年
4. 运输设备	4—10年
5. 自动化控制及仪器仪表	
(1) 自动化、半自动化控制设备	5—10年
(2) 电子计算机	2—5年
(3) 通用测试仪器、设备	5—10年
6. 工业炉窑	5—10年
7. 工具及其他生产用具	3—12年
8. 非生产用设备及器具	
(1) 设备及工、器具	8—15年
(2) 电视机、录像机、传真机、复印机、扫描仪、文字处理机	3—8年
(二) 专用设备	
1. 印刷及传版设备	
(1) 激光照排设备	3—8年
(2) 远程数据传版设备	3—8年
(3) 电子分色设备	8—15年
(4) 印刷设备	8—15年
(5) 生产用复印设备	3—5年
2. 编辑、采访设备	
(1) 传真机	2—6年
(2) 照相机及附件	3—8年
(3) 资料存储、检索设备	3—8年
(4) 卫星接收设备	3—8年
(5) 其他编辑、采访、通讯设备	3—8年
3. 专用录音设备	
(1) 调音台及附属设备	5—10年

（续表）

固定资产分类	折旧年限
(2) 专业录音机及附属设备	3—8年
(3) 话筒、扬声器	2—5年
(4) 录音外围设备	3—8年
(5)声画编辑机	8—10年
(6) 其他录音设备及附件	4—6年
4. 组合音像设备	

七、信托业务会计核算办法

财政部关于印发《信托业务会计核算办法》的通知

财会[2005]1号

各省、自治区、直辖市、计划单列市财政厅(局)，新疆生产建设兵团财务局，国务院有关部委、有关直属机构，有关中央管理企业：

为规范和加强信托业务的会计核算，保护信托财产安全，维护委托人、受托人、受益人的合法权益，根据《中华人民共和国会计法》、《金融企业会计制度》及国家其他有关法律和法规，我部制定了《信托业务会计核算办法》，现予印发，自发布之日起在涉及信托业务的所有相关单位(包括委托人、受托人、受益人)及信托项目施行。

执行中有何问题，请及时函告我部。

二〇〇五年一月五日

附件

信托业务会计核算办法

一、信托项目的会计处理

(一) 信托项目是指受托人根据信托文件的约定，单独或者集合管理运用、处分信托财产的基本单位。

(二) 信托项目应作为独立的会计核算主体，以持续经营为前提，独立核算信托财产的管理运用和处分情况。各信托项目应单独记账，单独核算，单独编制财务报告。不同信托项目在账户设置、资金划拨、账簿记录等方面应相互独立。

信托财产是受托人承诺信托而取得的财产；受托人因信托财产的管理运用、处分或者其他情形而取得的财产，也归入信托财产。

信托财产应与属于受托人所有的财产(以下简称固有财产)相区别，不得归入受托人的固有财产或者成为固有财产的一部分。信托财产应与委托人未设立信托的其他财产相区别。

(三) 信托项目的会计要素包括信托资产、信托负债、信托权益、信托项目收入、信托项目费用、信托项目利润。

(四) 信托资产是指根据信托文件的要求，由受托人受托管理运用、处分信托财产而形成的各项资产，包括银行存款、短期投资、应收账款、长期股权投资、客户贷款、固定资产、无形资产等。

信托项目对委托人未终止确认的信托财产，应设置备查簿进行登记(包括信托财产的性质、信托设立日的账面原价或余额、已计提的减值准备，信托文件约定的价值、信托期间等)，并按本办法的规定予以确认和计量。如委托人未终止确认的信托财产为固定资产、无形资产，仍应由委托人计提折旧或进行摊销，信托项目不应对该固定资产或无形资产计提折旧或进行摊销；如委托人未终止确认的信托财产为权益法核算的长期股权投资，仍应由委托人采用权益法核算，信托项目不应对该长期股权投资采用权益法核算。会计期末，信托项目对委托人未终止确认的信托财产不应计提减值准备。

(五) 信托负债是指信托项目管理运用、处分信托财产而形成的负债,包括应付受托人报酬、应付受益人收益、应付托管费、卖出回购信贷资产款等。

(六) 信托权益是指信托受益人在信托财产中享有的经济利益,其金额为信托资产减去信托负债后的余额,包括实收信托、资本公积、未分配利润等。

(七) 信托项目收入是指信托项目管理运用、处分信托财产而形成的收入。信托项目收入包括利息收入、投资收益、租赁收入和其他收入。信托项目收入不包括为第三方或受托人代收的款项。

(八) 信托项目费用是指信托文件约定由信托项目承担的各项费用。信托文件中没有作出约定的,信托项目费用指受托人与委托人协商达成的书面协议约定由信托项目承担的各项费用。

(九) 信托项目利润是指信托项目在一定会计期间的经营成果。

信托项目利润应按信托文件的约定,分配给信托受益人。

(十) 信托终止,受托人应对信托项目作出处理信托事务的清算报告。受益人或者信托财产的权利归属人在信托文件约定的期限内对清算报告无异议的,受托人对信托项目就清算报告所列事项解除责任,并按信托文件的规定书面通知受益人或信托财产归属人,取回信托清算后的全部信托财产。但法律、行政法规另有规定者除外。

信托终止的,信托财产归属于信托文件规定的人;信托文件未规定的,按下列顺序确定归属:(1) 受益人或其继承人;(2) 委托人或其继承人。已核销的信托资产在信托终止清算后又收回的,应返还给信托文件规定的信托财产归属人;如信托文件未规定已核销、后又收回信托财产归属人的,也应按上述顺序确定归属。

未被取回的信托财产,在由受托人负责保管期间取得的收益,应归属于信托财产的归属人;发生的保管费用由归属人承担。

(十一) 信托项目会计档案是记录和反映信托业务的重要资料和证据,具体包括会计凭证、会计账簿、财务报告、信托项目清算报告等。

信托项目会计档案的立卷、保管、调阅、销毁以及保管期限,应符合财政部和国家档案局联合印发的《会计档案管理办法》(财会字[1998]32 号)有关规定。

(十二) 信托项目的会计年度自公历 1 月 1 日起至 12 月 31 日止。

(十三) 信托项目与其关联方(该关联方为上市公司)发生交易形成的损益,按《关联方之间出售资产等有关会计处理问题暂行规定》(财会[2001]64 号)所规定的原则办理。

二、委托人信托业务的会计处理

(一) 委托人设立信托时,应视信托财产所有权上相关的风险和报酬是否已实质性转移,判断信托财产是否应终止确认(即,将信托财产从其账上和资产负债表内转出,下同)。

1. 委托人不是受益人且受益人支付对价取得信托受益权的,如委托人将该信托财产所有权上的风险和报酬已实质性转移给了信托项目,则应终止确认该信托财产;否则不应终止确认该信托财产。

(1) 信托财产终止确认的,委托人应将收到的对价与信托财产账面价值的差额,确认为资产处置损益,计入当期损益。

(2) 信托财产未终止确认的,委托人仍应将其保留在账上和资产负债表内,同时将收到的对价分别确认为一项资产和一项负债。

① 委托人应在原对应的会计科目下增设“信托财产”明细科目核算,并设置备查簿进行登记,内容包括:信托财产的性质、信托设立日的账面原价或余额、已计提的减值准备,信托文件约定的价值、信托期间,以及收取的对价等。

② 如未终止确认的信托财产为固定资产、无形资产等资产,仍应按未设立信托前确定的会计政策进行折旧或摊销,并于期末合理地计提减值准备;如未终止确认的信托财产为采用权益法核算的长期股权投资,仍应采用权益法核算,并于期末合理地计提减值准备。

对未终止确认的固定资产、无形资产等计提折旧或进行摊销时,应将计提的折旧额或摊销额通过“其他业务支出”等科目核算。

③ 委托人收到受益人支付的对价,应在“其他应付款”科目下增设“信托融资款”明细科目核算;委托人

属于企业以外的其他单位或组织的，应在类似科目下增设“信托融资款”明细科目核算。

在资产负债表上，信托融资款应列入“其他应付款”项目；如信托融资款的期限超过1年，则应并入“其他长期负债”项目。

在信托存续期间，委托人应对所确认的信托融资款按期确认利息费用，并通过“财务费用”等科目核算。

④ 委托人在会计报表附注中，应披露未终止确认的信托财产的性质、资产负债表日的账面价值或余额、当期期末计提的减值准备、当期计提的折旧或摊销金额等。

⑤ 信托终止日，委托人应将信托财产的清算价值低于信托财产在委托人账上的账面价值之间的差额，确认为资产减值损失。

2. 委托人不是受益人且受益人没有支付对价取得信托受益权的，委托人应终止确认该信托财产，将信托财产视同对外捐赠，确认为当期营业外支出。

3. 委托人同是受益人且委托人是唯一受益人的，委托人不应终止确认信托财产，仍应将其保留在账上和资产负债表内。

未终止确认的信托财产的核算及披露、信托终止时的核算，比照上述“(一)1.(2)”的有关规定处理。

信托项目宣布分派信托利润时，委托人应按享有的份额确认信托收益，并通过“其他业务收入－信托收益”等科目核算。

4. 委托人同是受益人但不是唯一受益人、且其他受益人支付对价取得信托受益权的情况下，应按如下原则处理：

(1) 如委托人将该信托财产所有权上部分相关风险和报酬已实质性转移给了信托项目，委托人应将该信托财产的账面价值在终止确认和持续确认两部分之间按其相对公允价值进行分摊，并比照上述“(一)1”的有关规定处理；

(2) 如委托人未将该信托财产所有权上相关的风险和报酬实质性转移给信托项目，委托人应比照“(一)1.(2)”的有关规定处理。

5. 委托人同是受益人但不是唯一受益人、且其他受益人未支付对价取得信托受益权的情况下，委托人应将该信托财产的账面价值在终止确认和持续确认两部分之间按其相对公允价值进行分摊，并分别比照上述“(一)1”和“(一)2”的有关规定处理。

(二) 委托人为上市公司且为受益人的，如与其他受益人(委托人不是唯一受益人的情况下)或受托人存在关联方关系的，其信托收益的计量，按《关联方之间出售资产等有关会计处理问题暂行规定》(财会[2001]64号)所规定的原则办理。

(三) 委托人对信托项目具有控制权的，应将其纳入合并会计报表的合并范围。

三、受托人信托业务的会计处理

(一) 受托人应按信托文件规定的计提方法、计提标准，计算确认应由信托项目承担的受托人报酬。

受托人为上市公司，且与委托人或受益人存在关联方关系的，其受托人报酬的计量，按《关联方之间出售资产等有关会计处理问题暂行规定》(财会[2001]64号)所规定的原则办理。

(二) 受托人发生的为信托项目代垫的信托营业费用，应确认为对信托项目的债权。

(三) 受托人按规定计提的信托赔偿准备金，通过“信托赔偿准备金”科目核算；按信托文件的约定向受益人支付赔偿款时，按实际支付额，冲减“信托赔偿准备金”科目余额，不足冲减的部分直接计入营业外支出。

(四) 受托人对于已终止信托项目未被取回的信托财产，应作为代保管业务进行管理和核算，如信托财产是货币资金的，应开立银行存款专户存储。

(五) 由委托人等有关当事人直接承担的受托人报酬，应按相关合同直接记入受托人的“手续费收入”科目，不与信托项目发生往来。

四、受益人信托业务的会计处理

(一) 受益人不是委托人且受益人没有支付对价取得信托受益权的，受益人应将该信托受益权视同接受捐赠，按信托项目最近公布的信托权益中属于该受益人享有的份额，确定该信托受益权的入账价值。

受益人对取得的信托受益权，应设置“信托受益权”科目核算。取得信托受益权时，借记“信托受益权”科目，贷记“资本公积－信托收益权转入”科目；信托受益权处置完毕时，应将“资本公积－信托收益权转入”

科目余额全部转入“资本公积—其他资本公积”科目。

(二) 受益人不是委托人且受益人支付对价取得信托受益权的，受益人应按支付的对价确认该信托受益权的入账价值。

受益人取得信托受益权时，借记“信托受益权”科目，贷记“银行存款”等科目。

(三) 受益人是委托人的，受益人应按本办法中“二、委托人信托业务的会计处理”的有关规定进行处理。

(四) 信托项目宣布分派信托利润时，受益人应按享有的份额确认信托收益，通过“其他业务收入—信托收益”等科目核算。

(五) 受益人应定期或至少于每年年度终了，对信托项目运营情况进行查询；如有证据表明信托受益权已发生减值，受益人应对信托受益权合理计提减值准备。对信托受益权计提减值准备，借记“营业外支出”、“资产减值损失”等科目，贷记“信托受益权减值准备”科目。

如有客观证据表明，已计提减值准备的信托受益权的价值其后又得以恢复，应按不考虑减值因素情况下计算确定的信托受益权账面价值与其可收回金额进行比较，以两者中较低者，与价值恢复前的信托受益权账面价值之间的差额，借记“信托受益权减值准备”科目，贷记“营业外支出”、“资产减值损失”等科目。

(六) 受益人不应在信托存续期间对信托收益权价值进行摊销。

受益人于信托期间实际收到的相当于信托收益权价值返还的金额，应冲减信托收益权的账面余额。

(七) 信托收益权持有期限未超过1年的，在期末资产负债表中“一年内到期的长期债权投资”项目之后、“其他流动资产”项目之前单列“信托收益权”项目反映，并在会计报表附注中予以说明。

信托收益权持有期限超过1年的，在期末资产负债表中“无形资产及其他资产”项目之后、“递延税项”项目之前单列“信托收益权”项目反映，并在会计报表附注中予以说明。

(八) 信托终止，受益人取得信托清算财产的价值与“信托受益权”账面价值的差额，确认为当期营业外收入或营业外支出。

(九) 受益人为上市公司，且与委托人或受托人存在关联方关系的，其信托收益的计量，按《关联方之间出售资产等有关会计处理问题暂行规定》(财会[2001]64号)所规定的原则办理。

(十) 受益人对信托项目具有控制权的，应将其纳入合并会计报表的合并范围。

五、信托项目会计科目和财务报告(略)

八、其他会计核算办法

还有相当多的会计核算办法仍在执行，编者给出名称和文号，供读者参考。

《农业企业会计核算办法》	财会[2004]5号
《电信企业会计核算办法》	财会[2002]17号
《农业企业会计核算办法》	财会[2004]5号
《企业商品期货业务会计处理暂行规定》	财会字[1997]51号
《投资公司会计核算办法》	财会[2004]14号
《担保企业会计核算办法》	财会[2005]17号
《证券投资基金会计核算办法》	财会[2001]53号
《信托业务会计核算办法》	财会[2005]1号
《从事银行卡跨行信息转接业务的企业会计核算办法》	财会[2003]23号
《保险中介公司会计核算办法》	财会[2004]10号

第十五部分　企业涉税会计法规

一、财政部、国家税务总局关于执行《企业会计准则》有关企业所得税政策问题的通知

财政部、国家税务总局关于执行《企业会计准则》有关企业所得税政策问题的通知

（财税[2007]80号）

各省、自治区、直辖市、计划单列市财政厅（局），国家税务局，地方税务局，新疆生产建设兵团财务局，财政部驻各省、自治区、直辖市、计划单列市财政监察专员办事处：

为便于企业执行2006年财政部发布的企业会计准则（以下称新会计准则），协调会计与税收之间的政策差异，现就执行新会计准则的企业所得税政策问题明确如下：

一、企业对持有至到期投资、贷款等按照新会计准则规定采用实际利率法确认的利息收入，可计入当期应纳税所得额。对于采用实际利率法确认的与金融负债相关的利息费用，应按照现行税收有关规定的条件，未超过同期银行贷款利率的部分，可在计算当期应纳税所得额时扣除，超过的部分不得扣除。

二、企业按照国务院财政、税务主管部门有关文件规定，实际收到具有专门用途的先征后返所得税税款，按照会计准则规定应计入取得当期的利润总额，暂不计入取得当期的应纳税所得额。

三、企业以公允价值计量的金融资产、金融负债以及投资性房地产等，持有期间公允价值的变动不计入应纳税所得额，在实际处置或结算时，处置取得的价款扣除其历史成本后的差额应计入处置或结算期间的应纳税所得额。

四、企业发生的借款费用，符合会计准则规定的资本化条件的，应当资本化，计入相关资产成本，按税法规定计算的折旧等成本费用可在税前扣除。

本通知自2007年1月1日起执行，以前的政策规定与本通知规定不一致的，按本通知规定执行。

财　政　部
国家税务总局
二〇〇七年七月七日

二、纳税人财务会计报表报送管理办法

国家税务总局关于印发《纳税人财务会计报表报送管理办法》的通知

（国税发[2005]20号）

各省、自治区、直辖市和计划单列市国家税务局、地方税务局，扬州税务进修学院，局内各单位：

现将《纳税人财务会计报表报送管理办法》（以下简称《办法》，见附件一）印发给你们，并就有关问题明确如下：

一、认清意义，狠抓规范。针对长期以来税务机关要求纳税人报送资料过多、过滥的积弊，总局从去年开始进行清理整顿，力求逐步解决纳税人重复报送涉税资料的问题。这次规范纳税人财务会计报表报送管理是减轻纳税人负担的第一步，它不仅有利于改善和优化纳税服务，而且有助于规范税务机关的基础工作，逐步实现纳税人报送信息在税务机关内部的共享。各级税务机关务必对此高度重视，切实贯彻落实《办法》的各项规定，认真清理自行要求纳税人重复报送的各种涉税资料，力求使得“重复报送、重复采集”信息的问题在近期能够取得明显改观。

二、统一报送，信息共享。今后凡依照法律、行政法规以及总局的规定（文号见附件二）要求纳税人报送的财务会计报表，均由《办法》规定的统一报送方式替代，不再分税种单独报送。即同一种报表纳税人按规定原则上只报送一次，由税务机关统一采集、录入信息系统，按照“一户式”存储的要求进行管理。目前，各省市在财务会计报表之外要求纳税人报送的同类报表，凡财务会计报表数据能够满足工作需要的，一律取消；凡与财务会计报表数据有部分重复的，要立即修改报表内容并重新发布，以避免重复报送。确属税收管理特殊需要而报表数据又不能满足的，县级税务局可以统一确定由纳税人另行提供。与此同时，“一户式”存储的纳税人报送的所有财务会计数据，各级税务机关应当根据各个部门工作职责、使用需求确定权限，授权使用，实行信息共享，并要切实加强各个部门之间协调配合，深入细致地做好基础性工作，防止出现管理上的“真空”。

三、力求文件、软件同步。《办法》涉及的软件修改将在2005年5月1日《办法》生效前完成，确保文件、软件能够同步执行。总局今后下发涉及报表修改的文件，将在确定业务操作流程与业务、技术标准并对相应的应用软件（包括纳税人使用的报表报送软件和税务机关使用的接受报表的软件）修改完成时同步执行，以便纳税人和基层税务机关操作。省以下各级税务局业务变化涉及软件修改的，也要照此原则办理。涉及纳税人使用的报表报送软件，凡由税务机关组织开发的，由税务机关负责修改维护；凡由商业开发的，则由税务机关公开发布修订的业务与技术标准和使用时间要求，由此类软件的开发商负责修改维护，并提供纳税人使用。涉及税务机关使用的接受报表的软件，凡使用总局综合征管软件的，由总局负责修改软件；凡使用省市开发的征管软件的，由相关省市根据总局颁布的业务技术标准自行修改软件。

四、及时公告周知纳税人。各地要将报表清理情况按照不同的纳税人适用类型列出清单，明确报送哪些、废止哪些，连同财务会计报表统一报送的意义以及《办法》有关报送报表的具体规定等，编写成专题信函，发送到每一个报送财务会计报表的纳税人；同时，可通过电视、广播、网站和12366特服电话以及在办税服务厅内张贴等方式宣传，以便于纳税人的理解与遵从，也便于社会的监督与支持。

五、狠抓数据应用，提高管理水平。各级税务机关对于纳税人报送的财务会计报表载明的各项数据，要与所掌握的其他数据信息有机结合应用，切实把死数据变成管理需要的活信息，使之在审核审批、纳税评估、行业分析、税源监控、税务稽查、税收收入预测和辅助决策等各项工作中最大限度地发挥作用。

六、《办法》执行中遇到的问题，要及时向总局反馈，以便改进和完善。

国家税务总局
二〇〇五年三月一日

附件1

纳税人财务会计报表报送管理办法

第一章　总　则

第一条　为了统一纳税人财务会计报表报送，规范税务机关对财务会计报表数据的接收、处理及应用维护，减轻纳税人负担，夯实征管基础，根据《中华人民共和国税收征收管理法》（以下简称《征管法》）及其实施细则以及其他相关法律、法规的规定，制定本办法。

第二条　本办法所称纳税人是指《征管法》第十五条所规定的从事生产、经营的纳税人。实行定期定额征收方式管理的纳税人除外。

第三条　本办法所称财务会计报表是指会计制度规定编制的资产负债表、利润表、现金流量表和相关附表。

前款所称会计制度是指国务院颁布的《中华人民共和国企业财务会计报告条例》以及财政部制定颁发的各项会计制度。

第四条　纳税人应当按照国家相关法律、法规的规定编制和报送财务会计报表，不得编制提供虚假的财务会计报表。纳税人的法定代表人或负责人对报送的财务会计报表的真实性和完整性负责。

第五条　纳税人应当在规定期间，按照现行税收征管范围的划分，分别向主管国家税务局、地方税务局报送财务会计报表。除有特殊要求外，同样的报表只报送一次。

主管税务机关应指定部门采集录入，实行“一户式”存储，实现信息共享，不得要求纳税人按税种或者在办理其它涉税事项时重复报送财务会计报表。

第六条 税务机关应当依法对取得的纳税人财务会计报表数据保密，不得随意公开或用于税收以外的用途。

第二章 报表报送

第七条 纳税人无论有无应税收入、所得和其他应税项目，或者在减免税期间，均必须依照《征管法》第二十五条的规定，按其所适用的会计制度编制财务报表，并按本办法第八条规定的时限向主管税务机关报送；其所适用的会计制度规定需要编报相关附表以及会计报表附注、财务情况说明书、审计报告的，应当随同财务会计报表一并报送。

适用不同的会计制度报送财务会计报表的具体种类，由省、自治区、直辖市和计划单列市国家税务局和地方税务局联合确定。

第八条 纳税人财务会计报表报送期间原则上按季度和年度报送。确需按月报送的，由省、自治区、直辖市和计划单列市国家税务局和地方税务局联合确定。

第九条 纳税人财务会计报表的报送期限为：按季度报送的在季度终了后 15 日内报送；按年度报送的内资企业在年度终了后 45 天，外商投资企业和外国企业在年度终了后 4 个月内报送。

第十条 纳税人经批准延期办理纳税申报的，其财务会计报表报送期限可以顺延。

第十一条 纳税人可以直接到税务机关办理财务会计报表的报送，也可以按规定采取邮寄、数据电文或者其他方式办理上述报送事项。

第十二条 纳税人采取邮寄方式办理财务会计报表报送的，以邮政部门收据作为报送凭据。邮寄报送的，以寄出日的邮戳日期为实际报送日期。

第十三条 纳税人以磁盘、IC 卡、U 盘等电子介质（以下简称电子介质）或网络方式报送财务会计报表的，税务机关应当提供数据接口。凡使用总局软件的，数据接口格式标准由总局公布；未使用总局软件的，也必须按总局标准对自行开发软件作相应调整。

第十四条《中华人民共和国电子签名法》正式施行后，纳税人可按照税务机关的规定只报送财务会计报表电子数据。在此之前，纳税人以电子介质或网络方式报送财务会计报表的，仍按照税务机关规定，相应报送纸质报表。

第三章 接收处理

第十五条 纳税人报送的纸质财务会计报表，由税务机关的办税服务厅或办税服务室（以下简称办税厅）负责受理、审核、录入和归档；以电子介质报送的电子财务会计报表由办税厅负责接收、读入、审核和存储；以网络方式报送的财务会计报表电子数据由税务机关指定的部门通过系统接收、读入、校验。

第十六条 主管税务机关应当对不同形式报送的财务会计报表分别审核校验：

（一）办税厅对于纸质财务会计报表，实行完整性和时效性审核通过后在综合征管软件系统中作报送记录。凡符合规定的，当场打印回执凭证交纳税人留存；凡不符合规定的，要求纳税人在限期内补正，限期内补正的，视同按规定期限报送财务会计报表。

（二）办税厅对于电子介质财务会计报表，实行安全过滤并进行系统校验性审核。凡符合规定的，当场打印回执凭证交纳税人留存；凡不符合规定的，要求纳税人在限期内补正，限期内补正的，视同按规定期限报送财务会计报表。

（三）主管税务机关对于通过网络报送的财务会计报表电子数据，必须实施安全过滤后实时进行系统性校验。凡符合规定的，系统提示纳税人报送成功，并提供电子回执凭证；凡不符合要求的，系统提示报送不成功，纳税人应当及时检查纠正，重新报送。

第十七条 办税厅应当及时将纳税人当期报送的纸质财务会计报表的各项数据，准确、完整地采集和录入。

税务机关指定的部门对于纳税人当期报送的财务会计报表电子数据，应当按照“一户式”存储的管理要求，统一存储，数据共享，并负责数据安全和数据备份。

第十八条　有条件的地区，国家税务局和地方税务局可将各自采集的纳税人财务会计报表数据进行交换和比对，以提高财务会计报表数据的真实性和完整性。

第十九条　财务会计报表报送期届满，主管税务机关应当将综合征管信息系统生成的未报送财务会计报表的纳税人清单分送纳税人所辖税务机关，由所辖税务机关负责督促税收管理员逐户催报。

第二十条　纳税人报送的财务会计报表由主管税务机关根据税收征管法及其实施细则和相关法律、法规规定的保存期限归档和销毁。

第四章　数 据 维 护

第二十一条　总局对各地反馈上报要求在财务会计报表之外增加的数据需求，应当按照《国家税务总局工作规则》的规定，由总局征收管理司（以下简称征管司）组织相关司局进行分析、确认，并提出具体的解决建议，报经局长办公会或局务会批准后，方可增加。涉及软件修改的，由征管司组织相关司局编制业务需求。

第二十二条　总局信息中心根据征管司组织相关司局编制的业务需求，负责进行需求分析，提出技术要求并分别作出处理：

（一）涉及税务机关的业务内容变化，直接安排修改总局综合征管软件；同时将需要修改的内容标准化，下发未使用总局综合征管软件的税务机关自行修改软件。

（二）涉及纳税人的业务变化，将需要修改的内容标准化并向社会公布，同时公布软件接口标准，以便商用软件开发商修改软件，及时为纳税人更新申报软件版本。

第二十三条　使用自行开发软件地区需要进行数据维护的，可参照本办法第二十一、二十二条的规则办理。

第二十四条　总局临时性需下级税务机关报送的各类调查表、统计表，涉及纳税人财务会计报表指标的，由征管司确认，凡可从已有的财务会计报表公共信息中提取，主管税务机关不再采集。

第五章　法 律 责 任

第二十五条　纳税人有违反本办法规定行为的，主管税务机关应当责令限期改正。责令限期改正的期限最长不超过15天。

第二十六条　纳税人未按照规定期限报送财务会计报表，或者报送的财务会计报表不符合规定且未在规定的期限内补正的，由主管税务机关依照《征管法》第六十二条的规定处罚。

第二十七条　纳税人提供虚假的财务会计报表，或者拒绝提供财务会计报表的，由主管税务机关依照《征管法》第七十条的规定处罚。

第二十八条　由于税务机关原因致使纳税人已报送的纸质或电子财务会计报表遗失或残缺，税务机关应当向纳税人道歉，并由纳税人重新报送。

第六章　附　　则

第二十九条　纳税人按规定需要报送的财务会计报表，可以委托具有合法资质的中介机构报送。

第三十条　本办法所称日内均含本日，遇有法定公休日、节假日，按照税收征管法及其实施细则的规定顺延。

第三十一条　各省、自治区、直辖市和计划单列市国家税务局、地方税务局可根据本办法制定具体实施细则，并报国家税务总局备案。

第三十二条　本办法由国家税务总局负责解释。

第三十三条　本办法自2005年5月1日起执行。

附件2

总局涉及报送财务会计报表的文件清单

1.《国家税务总局关于增值税一般纳税人纳税申报办法》附件八、附件九（国税发[2003]53号）

2.《国家税务总局关于印发新修订的外商投资企业和外国企业所得税汇算清缴工作规程的通知》（国税发[2003]12号）

3.《国家税务总局关于印发新修订的外商投资企业和外国企业所得税汇算清缴管理办法》（国税发[2003]13号）

三、东北地区扩大增值税抵扣范围有关会计处理规定

财政部关于印发《东北地区扩大增值税抵扣范围有关会计处理规定》的通知

（财会[2004]11号）

各省、自治区、直辖市、计划单列市财政厅(局)、新疆生产建设兵团财务局，国务院有关部委：

根据“财政部国家税务总局关于印发《东北地区扩大增值税抵扣范围若干问题的规定》的通知”(财税[2004]156号)，我们制定了《东北地区扩大增值税抵扣范围有关会计处理规定》，请布置本地区企业执行。执行中有何问题，请及时反馈我部。

附件：东北地区扩大增值税抵扣范围有关会计处理规定

中华人民共和国财政部

二〇〇四年九月二十二日

附件

东北地区扩大增值税抵扣范围有关会计处理规定

根据“财政部国家税务总局关于印发《东北地区扩大增值税抵扣范围若干问题的规定》的通知”(财税[2004]156号，以下简称《规定》)的规定，现就东北地区扩大增值税抵扣范围有关会计处理规定如下：

会计科目

（一）实行扩大增值税抵扣范围的企业，应在“应交税金”科目下增设“应抵扣固定资产增值税”明细科目，并在该明细科目下增设“固定资产进项税额”、“固定资产进项税额转出”、“已抵扣固定资产进项税额”等专栏。

“固定资产进项税额”专栏，记录企业购入固定资产或应税劳务等而支付的、准予抵扣的增值税进项税额。企业购入固定资产或应税劳务支付的进项税额，用蓝字登记；退回所购固定资产应冲销的进项税额，用红字登记。

“固定资产进项税额转出”专栏，记录企业购进的固定资产因某些原因而不能抵扣，按规定转出的进项税额。

“已抵扣固定资产进项税额”专栏，记录企业已抵扣的固定资产增值税进项税额。

（二）实行扩大增值税抵扣范围的企业，应在“应交税金——应交增值税”科目下增设“新增增值税额抵扣固定资产进项税额”专栏，该专栏用于记录企业以当年新增的增值税额抵扣的固定资产进项税额。

账务处理

（一）企业国内采购的固定资产，按照专用发票上注明的增值税额，借记“应交税金——应抵扣固定资产增值税(固定资产进项税额)”科目，按照专用发票上记载的应计入固定资产价值的金额，借记“固定资产”等科目，按照应付或实际支付的金额，贷记“应付账款”、“应付票据”、“银行存款”、“长期应付款”等科目。购入固定资产发生的退货，作相反的会计分录。

（二）企业接受捐赠转入的固定资产，按照专用发票上注明的增值税额，借记“应交税金——应抵扣固定资产增值税(固定资产进项税额)”科目，按照确认的固定资产价值(已扣除增值税，下同)，借记“固定资产”、“工程物资”等科目，如果捐出方代为支付了固定资产进项税额，则按照增值税进项税额与固定资产价值的合计数，贷记“待转资产价值”等科目，如果接受捐赠企业自行支付固定资产增值税，则应按支付的固定资产增值税进项税额，贷记“银行存款”等科目，按接受捐赠固定资产的价值，贷记“待转资产价值”科目。如果接受捐赠企业另支付其他费用，如运输费等，还应贷记“银行存款”等科目。

（三）企业接受投资转入的固定资产，按照专用发票上注明的增值税额，借记“应交税金——应抵扣固定资产增值税(固定资产进项税额)”科目，按照确认的固定资产价值，借记“固定资产”、“工程物资”等科目，按照增值税与固定资产价值的合计数，贷记“实收资本”等科目。

（四）企业购进用于自制固定资产的货物，按照专用发票上注明的增值税额，借记“应交税金——应抵扣固定资产增值税(固定资产进项税额)”科目，按照专用发票上记载的应计入工程物资成本的金额，借记

"工程物资"科目，按照应付或实际支付的金额，贷记"应付账款"、"应付票据"、"银行存款"、"长期应付款"等科目。购入货物发生的退货，作相反的会计分录。

企业购入作为存货核算的原材料等，如用于自行建造固定资产，则应按该部分存货的成本，借记"在建工程"等科目，贷记"原材料"等科目，对于与该部分原材料相对应的增值税进项税额，应借记"应交税金——应抵扣固定资产增值税（固定资产进项税额）"科目，贷记"应交税金——应交增值税（进项税额转出）"科目。

（五）企业接受用于自制固定资产的应税劳务，按照专用发票上注明的增值税额，借记"应交税金——应抵扣固定资产增值税（固定资产进项税额）"科目，按照专用发票上记载的应计入在建工程成本的金额，借记"在建工程"科目，按照应付或实际支付的金额，贷记"应付账款"、"应付票据"、"银行存款"等科目。

（六）企业进口固定资产，按照海关提供的完税凭证上注明的增值税额，借记"应交税金——应抵扣固定资产增值税（固定资产进项税额）"科目，按照专用发票上记载的应计入固定资产价值的金额，借记"固定资产"、"工程物资"等科目，按照应付或实际支付的金额，贷记"应付账款"、"应付票据"、"银行存款"、"长期应付款"等科目。

（七）为购进固定资产所支付的运输费用，按照可以抵扣的金额，借记"应交税金——应抵扣固定资产增值税（固定资产进项税额）"科目，按照应计入固定资产、工程物资等价值的金额，借记"固定资产"、"在建工程"、"工程物资"等科目，按照应付或实际支付的金额，贷记"应付账款"、"应付票据"、"银行存款"、"长期应付款"等科目。

（八）企业将自制或委托加工的固定资产用于非应税或免税项目，应视同销售货物计算应交增值税，借记"在建工程"等科目，贷记"应交税金——应交增值税（销项税额）"科目。

（九）企业将自制、委托加工或购进的固定资产（包括接受捐赠取得的固定资产及投资者投入的固定资产）作为投资，提供给其他单位或个体经营者，应按视同销售货物计算应交的增值税，借记"长期股权投资"科目，贷记"应交税金——应交增值税（销项税额）"科目。

（十）企业将自制、委托加工或购进的固定资产分配给股东或投资者，应按视同销售货物计算应交的增值税，借记"利润分配——应付普通股股利"科目，贷记"应交税金——应交增值税（销项税额）"科目。

（十一）企业将自制、委托加工的固定资产用于集体福利和个人消费，应按视同销售货物计算应交的增值税，借记"应付福利费"等科目，贷记"应交税金——应交增值税（销项税额）"科目。

（十二）企业将自制、委托加工或购进的固定资产无偿赠送他人，应按视同销售货物计算应交的增值税，借记"营业外支出"科目，贷记"应交税金——应交增值税（销项税额）"科目。

（十三）企业购入固定资产时已按规定将增值税进项税额记入"应交税金——应抵扣固定资产增值税（固定资产进项税额）"科目的，如果相关固定资产专用于非应税项目，或专用于免税项目和专用于集体福利和个人消费，以及将固定资产供未纳入《规定》适用范围的机构使用等，应将原已记入"应交税金——应抵扣固定资产增值税（固定资产进项税额）"科目的金额予以转出，借记有关科目，贷记"应交税金——应抵扣固定资产增值税（固定资产进项税额转出）"科目。

企业购进的固定资产，其不得抵扣的进项税额，应计入固定资产的成本，并按企业会计制度及相关准则的规定进行会计处理。

（十四）企业销售本企业已使用过的固定资产，如该项固定资产原取得时，其增值税进项税额已记入"应交税金——应抵扣固定资产增值税（固定资产进项税额）"科目的，销售时计算确定的增值税销项税额，应借记"固定资产清理"科目，贷记"应交税金——应交增值税（销项税额）"科目。

企业销售本企业已使用过的固定资产，如该项固定资产原取得时，其增值税进项税额未记入"应交税金——应抵扣固定资产增值税（固定资产进项税额）"科目的，但按税法规定在销售时允许抵扣的增值税进项税额，应借记"应交税金——应抵扣固定资产增值税（固定资产进项税额）"，贷记"固定资产清理"科目；销售时计算确定的增值税销项税额，应借记"固定资产清理"科目，贷记"应交税金——应交增值税（销项税额）"科目。

（十五）按照规定，将应抵扣的固定资产进项税额抵减未交增值税时，借记"应交税金——应交增值税（未交增值税）"科目，贷记"应交税金——应抵扣固定资产增值税（已抵扣固定资产进项税额）"科目。

（十六）期末，企业以当期新增增值税税额抵扣固定资产进项税额时，应借记"应交税金——应交增值税（新增增值税额抵扣固定资产进项税额）"科目，贷记"应交税金——应抵扣固定资产增值税（已抵扣固定资产进项税额)”科目。但对于2004年按照税务部门的规定采取退税办法的情况下,企业首先应按规定计算商品销售应交纳的增值税并按照企业会计制度及相关准则的规定进行会计处理。待收到国家退还的2004年新增固定资产应抵扣的进项税额时,应按实际收到的金额,借记“银行存款”科目,贷记“应交税金——应抵扣固定资产增值税(已抵扣固定资产进项税额)”科目。

四、国家税务总局关于执行《企业会计制度》需要明确的有关所得税问题的通知

国家税务总局关于执行《企业会计制度》需要明确的有关所得税问题的通知

(国税发[2003]45号)

各省、自治区、直辖市和计划单列市国家税务局、地方税务局:

自2001年《企业会计制度》(财会字[2000]25号)执行以来,基层税务机关和许多企业财务人员普遍反映,税法与会计制度适度分离是必要的,但差异也需要协调。为减轻纳税人财务核算成本和降低征纳双方遵从税法的成本,有利于企业所得税政策的贯彻执行和加强征管,经与财政部等有关部门共同研究,根据《中华人民共和国企业所得税暂行条例》的有关规定,现就贯彻执行企业会计制度需要调整的若干所得税政策问题通知如下:

一、关于企业投资的借款费用

纳税人为对外投资而发生的借款费用,符合《中华人民共和国企业所得税暂行条例》第六条和《企业所得税税前扣除办法》(国税发[2000]84号)第三十六条规定的,可以直接扣除,不需要资本化计入有关投资的成本。

二、关于企业捐赠

(一)企业将自产、委托加工和外购的原材料、固定资产、无形资产和有价证券(商业企业包括外购商品)用于捐赠,应分解为按公允价值视同对外销售和捐赠两项业务进行所得税处理。

企业对外捐赠,除符合税收法律法规规定的公益救济性捐赠外,一律不得在税前扣除。

(二)企业接受捐赠的货币性资产,须并入当期的应纳税所得,依法计算缴纳企业所得税。

(三)企业接受捐赠的非货币性资产,须按接受捐赠时资产的入账价值确认捐赠收入,并入当期应纳税所得,依法计算缴纳企业所得税。企业取得的捐赠收入金额较大,并入一个纳税年度缴税确有困难的,经主管税务机关审核确认,可以在不超过5年的期间内均匀计入各年度的应纳税所得。

企业接受捐赠的存货、固定资产、无形资产和投资等,在经营中使用或将来销售处置时,可按税法规定结转存货销售成本、投资转让成本或扣除固定资产折旧、无形资产摊销额。

三、关于企业提取的准备金

(一)企业所得税前允许扣除的项目,原则上必须遵循真实发生的据实扣除原则,除国家税收规定外,企业根据财务会计制度等规定提取的任何形式的准备金(包括资产准备、风险准备或工资准备等)不得在企业所得税前扣除。

(二)企业已提取减值、跌价或坏账准备的资产,如果申报纳税时已调增应纳税所得,因价值恢复或转让处置有关资产而冲销的准备应允许企业做相反的纳税调整;上述资产中的固定资产、无形资产,可按提取准备前的账面价值确定可扣除的折旧或摊销金额。

(三)企业已提并作纳税调整的各项准备,如因确凿证据表明属于不恰当地运用了谨慎原则,并已作为重大会计差错进行了更正的,可作相反纳税调整。

企业年终申报纳税前发生的资产负债表日后事项,所涉及的应纳所得税调整,应作为会计报告年度的纳税调整;企业年终申报纳税汇算清缴后发生的资产负债表日后事项,所涉及的应纳所得税调整,应作为本年度的纳税调整。

四、关于企业资产永久或实质性损害

(一)企业的各项资产当有确凿证据证明已发生永久或实质性损害时,扣除变价收入、可收回的金额以及责任和保险赔偿后,应确认为财产损失。

(二)企业须及时申报扣除财产损失,需要相关税务机关审核的,应及时报核,不得在不同纳税年度人

为调剂。企业非因计算错误或其他客观原因，而有意未及时申报的财产损失，逾期不得扣除。确因税务机关原因未能按期扣除的，经主管税务机关审核批准后，必须调整所属年度的申报表，并相应抵退税款，不得改变财产损失所属纳税年度。

（三）税务机关受理的企业申报的各项财产损失，原则上必须在年终申报纳税之前履行审核审批手续，各级税务机关须按规定时限履行审核程序，除非对资产是否发生永久或实质性损害的判断发生争议，不得无故拖延，否则将按《中华人民共和国税收征收管理法》和税收执法责任制的有关规定追究责任；发生争议的，应及时请示上级税务机关。

（四）当存货发生以下一项或若干情况时，应当视为永久或实质性损害：

1. 已霉烂变质的存货；

2. 已过期且无转让价值的存货；

3. 经营中已不再需要，并且已无使用价值和转让价值的存货；

4. 其他足以证明已无使用价值和转让价值的存货。

（五）出现下列情况之一的固定资产，应当视为永久或实质性损害：

1. 长期闲置不用，在可预见的未来不会再使用，且已无转让价值的固定资产；

2. 由于技术进步等原因，已不可使用的固定资产；

3. 已遭毁损，不再具有使用价值和转让价值的固定资产；

4. 因固定资产本身原因，使用将产生大量不合格品的固定资产；

5. 其他实质上已经不能再给企业带来经济利益的固定资产。

（六）当无形资产存在以下一项或若干情况时，应当视为永久或实质性损害：

1. 已被其他新技术所替代，并且已无使用价值和转让价值的无形资产；

2. 已超过法律保护期限，并且已不能为企业带来经济利益的无形资产；

3. 其他足以证明已经丧失使用价值和转让价值的无形资产。

（七）当投资存在以下一项或若干情况时，应当视为永久或实质性损害：

1. 被投资单位已依法宣告破产；

2. 被投资单位依法撤销；

3. 被投资单位连续停止经营3年以上，并且没有重新恢复经营的改组等计划；

4. 其他足以证明某项投资实质上已经不能再给企业带来经济利益的情形。

五、关于养老、医疗、失业保险

（一）企业为全体雇员按国务院或省级人民政府规定的比例或标准缴纳的补充养老保险、补充医疗保险，可以在税前扣除。

（二）企业为全体雇员按国务院或省级人民政府规定的比例或标准补缴的基本或补充养老、医疗和失业保险，可在补缴当期直接扣除；金额较大的，主管税务机关可要求企业在不低于三年的期间内分期均匀扣除。

六、关于企业改组

（一）符合《国家税务总局关于企业股权投资业务若干所得税问题的通知》（国税发[2000]118号）和《国家税务总局关于企业合并分立业务有关所得税问题的通知》（国税发[2000]119号）暂不确认资产转让所得的企业整体资产转让、整体资产置换、合并和分立等改组业务中，取得补价或非股权支付额的企业，应将所转让或处置资产中包含的与补价或非股权支付额相对应的增值，确认为当期应纳税所得。

（二）符合《国家税务总局关于企业股权投资业务若干所得税问题的通知》（国税发[2000]118号）第四条第（二）款规定转让企业暂不确认资产转让所得或损失的整体资产转让改组，接受企业取得的转让企业的资产的成本，可以按评估确认价值确定，不需要进行纳税调整。

（三）企业为合并而回购本公司股，回购价格与发行价格之间的差额，属于企业权益的增减变化，不属于资产转让损益，不得从应纳税所得中扣除，也不计入应纳税所得。

七、关于租赁的分类标准

（一）企业在对租赁资产进行税务处理时，须正确区分融资租赁与经营租赁。

（二）区分融资租赁与经营租赁标准按《企业会计制度》执行。

八、关于坏账准备的提取范围

《企业所得税税前扣除办法》(国税发[2000]84号)第四十六条规定,企业可提取5‰的坏账准备金在税前扣除。为简化起见,允许企业计提坏账准备金的范围按《企业会计制度》的规定执行。

九、企业发生的销售退回,只要购货方提供退货的适当证明,可冲销退货当期的销售收入

十、企业发给停止实物分房以前参加工作的未享受福利分房待遇的无房老职工的一次性住房补贴资金,省级人民政府未规定标准的,由省一级国税局、地税局参照其他省份及有关部门标准协商确定

企业发给职工与取得应纳税收入有关的办公通讯费用标准,由省级国税局、地税局协商确定。

十一、本通知自2003年1月1日起执行,以前的政策规定与本通知规定不一致的,按本通知规定执行

国家税务总局

二〇〇三年四月二十四日

五、财政部关于《减免和返还流转税的会计处理规定的通知》的补充规定

财政部关于《减免和返还流转税的会计处理规定的通知》的补充规定

(2001年1月1日)

一、企业实际收到即征即退、先征后退、先征税后返还的营业税、消费税,借记"银行存款"科目,贷记"产品销售税金及附加"、"商品销售税金及附加"、"营业税金及附加"等科目。

对于直接减免的营业税、消费税,不作账务处理。

二、企业实际收到即征即退、先征后退,先征税后返还的增值税,借记"银行存款"科目,贷记"补贴收入"科目。

对于直接减免的增值税,借记"应交税金——应交增值税(减免税款)"科目,贷记"补贴收入"科目。

未设置"补贴收入"会计科目的企业,应增设"补贴收入"科目。

三、企业应在"应交增值税明细表""已交税金"项目下,增设"减免税款"项目(8行),反映企业按规定减免的增值税款,应根据"应交税金——应交增值税"科目的记录填列。

六、车辆购置税会计处理规定

中华人民共和国财政部关于印发《车辆购置税会计处理规定》的通知

(财会[2000]18号)

国务院有关部委,各省、自治区、直辖市、计划单列市财政厅(局),新疆生产建设兵团:

现将《车辆购置税会计处理规定》印发给你们,自2001年1月1日起执行。执行中有何问题,请及时函告我部。

中华人民共和国财政部

二〇〇〇年十一月三十日

附件

车辆购置税会计处理规定

《中华人民共和国车辆购置税暂行条例》已经发布,为了规范相关会计核算,现对有关车辆购置税的会计处理规定如下:

一、企业购置(包括购买、进口、自产、受赠、获奖或者以其他方式取得并自用)应税车辆,按规定交纳的车辆购置税,借记"固定资产"等科目,贷记"银行存款"科目。

二、企业购置的减税、免税车辆改制后用途发生变化的,按规定应补交的车辆购置税,借记"固定资产"科目,贷记"银行存款"科目。

三、现行会计制度中有关车辆购置附加费的核算内容废止。

七、股份有限公司税收返还等有关会计处理规定

财政部关于印发《股份有限公司税收返还等有关会计处理规定》的通知

(财会[2000]3号)

国务院有关部、委,各省、自治区、直辖市、计划单列市财政厅(局),新疆生产建设兵团:

现将《股份有限公司税收返还等有关会计处理规定》印发给你们,请遵照执行。执行中有何问题,请及时函告我部。

财政部

二○○○年七月四日

附件

股份有限公司税收返还等有关会计处理规定

为了规范股份有限公司税收返还及其他各项补助的会计核算,根据"国务院关于纠正地方自行制定税收先征后返政策的通知"(国发[2000]2号)及其他有关规定,现对股份有限公司税收返还及其他各项补助的会计处理规定如下:

一、按照国家规定实行所得税先征后返的公司,应当在实际收到返还的所得税时,冲减收到当期的所得税费用,借记"银行存款"等科目,贷记"所得税"科目。

公司收到的先征后返的消费税、营业税等原记入"主营业务税金及附加"科目的各项税金,应于收到当期冲减"主营业务税金及附加"科目,借记"银行存款"科目,贷记"主营业务税金及附加"科目;公司收到的先征后返的增值税,应于实际收到时,计入补贴收入,借记"银行存款"科目,贷记"补贴收入"科目。

二、对于国家拨入的具有专门用途的拨款,如专项用于技术改造、技术研究等,公司应于实际收到时,借记"银行存款"科目,贷记"长期应付款"科目;拨款项目完成后,形成各项资产的部分,应按实际成本,借记"固定资产"等科目,贷记有关科目;同时,借记"长期应付款"科目,贷记"资本公积——拨款转入"科目。未形成资产需核销的部分,报经批准后,冲销"长期应付款"科目,借记"长期应付款"科目,贷记有关科目;拨款项目完成后,如有拨款结余需上交的,借记"长期应付款"科目,贷记"银行存款"项目。

三、除上述情况外,如属于按销量或工作量等和国家规定的补助定额计算并按期给予的定额补贴,应于中期期末和年度终了,按应收的补助金额,借记"应收补贴款"科目,贷记"补贴收入"科目;收到定额补助时,借记"银行存款"科目,贷记"应收补贴款"科目。除此之外,属于国家财政扶持的领域而给予的其他形式补助,公司应于收到时,计入补贴收入,借记"银行存款"科目,贷记"补贴收入"科目。

八、国家税务总局关于开征烟叶税有关税收会计统计核算问题的通知

国家税务总局关于开征烟叶税有关税收会计统计核算问题的通知

(国税函[2006]448号)

各省、自治区、直辖市和计划单列市国家税务局、地方税务局:

《中华人民共和国烟叶税暂行条例》已于近日公布施行,现将有关税收会计、统计核算和票证管理工作

事项通知如下：

一、税收会计核算

各税收会计核算单位应在“应征税收、待征税收、减免税金、上解税收、入库税收、提退税金、待清理呆账税金、待处理损失税金、损失税金核销”等会计科目下增设“烟叶税”明细科目，用以核算烟叶税的征收和入库情况。

二、税收会计、统计报表

（一）在《入库税金明细月报表》、《应征税金明细月报表》、《提退税金明细月报表》、《减免税金明细月报表》、《多缴、待解、在途、待处理损失税金及损失税金核销明细月报表》、《查补税金及税款滞纳金、罚款收入明细月报表》、《滞纳金明细月报表》、《代征代扣税款明细月报表》、《待清理呆账税金明细月报表》、《税收收入分企业类型统计月报总表》的“税收收入合计”项目下分别增设“19. 烟叶税”项目，以全面反映烟叶税开征后其税收资金运动及分企业类型等收入明细情况。因缴纳烟叶税而增加的纳税户数反映在《纳税登记户数统计年报表》中增设的“19. 烟叶税”项目中。

（二）删除《入库税金明细月报表》中“三、其他收入合计”项目下的“7. 农业五税”项目，依次增设“7. 契税”和“8. 耕地占用税”两个项目，并将原“8. 其他”项目调整为“9. 其他”项目。

（三）在《税收电月报》的“税收收入合计”项目下增设“（十九）烟叶税”，其对应的排列序号为141，“二、出口退税”及以后各项目依次后移。

（四）“烟叶税”项目反映税务机关根据《中华人民共和国烟叶税暂行条例》对收购烟叶的纳税人所征收的烟叶税；“契税”项目反映税务机关根据《中华人民共和国契税暂行条例》征收的契税；“耕地占用税”项目反映税务机关根据《中华人民共和国耕地占用税暂行条例》征收的耕地占用税。以上三项税收的预算级次划分问题，依据财政部有关规定办理。

三、税收票证使用和管理

烟叶税的税款征收开票、完税凭证和章戳使用等，执行《国家税务总局关于印发〈税收票证管理办法〉的通知》（国税发[1998]32号）的相关规定。

上述各项规定，自《中华人民共和国烟叶税暂行条例》施行之日起执行。各类报表从7月份报送6月份数据时开始上报，具体报表任务请各地从总局FTP上下载使用。各地在执行中发现新情况、新问题，请及时上报国家税务总局。

国家税务总局

二〇〇六年五月十五日

第十六部分　其他企业会计法规

一、上市公司股权分置改革相关会计处理暂行规定

财政部关于印发《上市公司股权分置改革相关会计处理暂行规定》的通知

（财会[2005]18号）

各省、自治区、直辖市、计划单列市财政厅（局），新疆生产建设兵团财务局，国务院有关部委、有关直属机构，有关中央管理企业：

为配合我国上市公司股权分置改革，根据上市公司股权分置改革相关文件，我部制定了《上市公司股权分置改革相关会计处理暂行规定》，现予印发，请遵照执行。执行中有何问题，请及时反馈我部。

附件：上市公司股权分置改革相关会计处理暂行规定

二〇〇五年十一月十四日

附件

上市公司股权分置改革相关会计处理暂行规定

为了进一步贯彻国务院《关于推进资本市场改革开放和稳定发展的若干意见》（国发[2004]3号），根据上市公司股权分置改革等相关文件，现就股权分置改革中非流通股股东（以下简称企业）有关会计处理规定如下：

一、会计科目设置及支付对价的会计处理

企业应当设置"股权分置流通权"和"应付权证"科目，分别核算企业以各种方式支付对价取得的在证券交易所挂牌交易的流通权（以下简称流通权）和企业为取得流通权而发行权证的价值。

（一）以支付现金方式取得的流通权。

企业根据经批准的股权分置方案，以支付现金的方式取得的流通权，应当按照所支付的金额，借记"股权分置流通权"科目，贷记"银行存款"等科目。

（二）以送股或缩股方式取得的流通权。

企业根据经批准的股权分置方案，以送股或缩股的方式取得的流通权，以成本法核算该项长期投资的，应当按照送股或缩股部分所对应的长期股权投资账面价值，借记"股权分置流通权"科目，贷记"长期股权投资"科目；以权益法核算该项长期投资的，在贷记"长期股权投资"科目时应当按比例贷记相关明细科目（下同）。

（三）以发行认购权证方式取得的流通权。

1. 将认购权证直接送给流通股股东的。

企业根据经批准的股权分置方案，通过发行认购权证直接送给流通股股东方式取得的流通权，发行的认购权证在相关备查登记簿中予以登记。

认购权证持有人行使认购权向企业购买股份时，企业应按照收到的价款，借记"银行存款"科目，按照行权价低于股票市场价格的差额，借记"股权分置流通权"科目，按照减少股份部分所对应的长期股权投资账面价值，贷记"长期股权投资"科目，按其差额，贷记或借记"投资收益"科目。

认购权证持有人行使认购权，要求以现金结算行权价低于股票市场价格的差价部分的，企业应按照实际支付的金额，借记"股权分置流通权"科目，贷记"银行存款"科目。在备查登记簿中应同时注销相关认购权证的记录。

2. 将认购权证以一定价格出售给流通股股东的。

企业根据经批准的股权分置方案，以一定价格发行认购权证方式取得的流通权，应按照实际收到的金

额，借记“银行存款”科目，贷记“应付权证”科目。

认购权证持有人行使认购权向企业购买股份时，企业应按照收到的价款，借记“银行存款”科目，按照行权价低于股票市场价格的差额，借记“股权分置流通权”科目，按照行权部分对应全部发行权证的比例计算的金额，借记“应付权证”科目，按照减少股份部分所对应的长期股权投资账面价值，贷记“长期股权投资”科目，按其差额，贷记或借记“投资收益”科目。

认购权证持有人行使认购权，要求以现金结算行权价低于股票市场价格的差价部分的，应按照行权部分对应全部发行权证的比例计算的金额，借记“应付权证”科目，按照实际支付的金额，贷记“银行存款”科目，按其差额，借记“股权分置流通权”科目。

认购权证存续期满，“应付权证”科目的余额应首先冲减“股权分置流通权”科目，“股权分置流通权”科目的余额冲减至零后，“应付权证”科目的余额计入“资本公积”科目。

(四) 以发行认沽权证方式取得的流通权。

1. 将认沽权证直接送给流通股股东的。

企业根据经批准的股权分置方案，通过发行认沽权证直接送给流通股股东的方式取得的流通权，发行的认沽权证在相关备查登记簿中予以登记。

认沽权证持有人行使出售权将股份出售给企业时，企业应按行权价高于股票市场价格的差额，借记“股权分置流通权”科目，按照支付的价款，贷记“银行存款”科目，按其差额，借记“长期股权投资”或“短期投资”科目。

认沽权证持有人行使出售权，要求以现金结算行权价高于股票市场价格的差价部分的，企业应按照实际支付的金额，借记“股权分置流通权”科目，贷记“银行存款”科目。在备查登记簿中应同时注销相关认沽权证的记录。

2. 将认沽权证以一定价格出售给流通股股东的。

企业根据经批准的股权分置方案，以一定价格发行认沽权证方式取得的流通权，应按照实际收到的金额，借记“银行存款”科目，贷记“应付权证”科目。

认沽权证持有人行使出售权将股份出售给企业时，企业应按行权价高于股票市场价格的差额，借记“股权分置流通权”科目，按照行权部分对应全部发行权证的比例计算的金额，借记“应付权证”科目，按照支付的价款，贷记“银行存款”科目，按其差额，借记“长期股权投资”或“短期投资”科目。

认沽权证持有人行使出售权，要求以现金结算行权价高于股票市场价格的差价部分的，应按照行权部分对应全部发行权证的比例计算的金额，借记“应付权证”科目，按照实际支付的金额，贷记“银行存款”科目，按其差额，借记“股权分置流通权”科目。

认沽权证存续期满，“应付权证”科目的余额应首先冲减“股权分置流通权”科目，“股权分置流通权”科目的余额冲减至零后，“应付权证”科目的余额计入“资本公积”科目。

(五) 以上市公司资本公积转增或派发股票股利形成的股份，送给流通股股东的方式取得的流通权。

企业根据经过批准的股权分置方案，将上市公司资本公积转增或派发股票股利形成的股份中非流通股股东分得的部分，送给流通股东，应首先按照上市公司资本公积金转增或派发股票股利进行会计处理。然后，企业比照本规定第(二)款的规定对向流通股股东赠送股份进行会计处理。

(六) 以向上市公司注入优质资产、豁免上市公司债务、替上市公司承担债务的方式取得的流通权。

企业根据经过批准的股权分置方案，向上市公司注入优质资产、豁免上市公司债务、替上市公司承担债务的，应按照注入资产、豁免债务、承担债务的账面价值，借记“股权分置流通权”科目，贷记相关资产或负债科目。

(七) 以承诺方式取得的流通权。

企业根据股权分置方案，以承诺的方式，取得非流通股的流通权，只在相关备查簿中予以登记，待承诺实现时再按照本规定的原则进行相关的会计处理。

二、取得流通权的非流通股份出售的会计处理

企业取得的流通权，平时不进行结转，一般也不计提减值准备，待取得流通权的非流通股出售时，再按出售的部分按比例予以结转。企业出售取得流通权的非流通股时，按照收到的金额，借记“银行存款”科目，按照出售股份部分所对应的长期股权投资账面价值，贷记“长期股权投资”科目，按其差额，贷记或借记“投资收益"科目。同时,按应结转的股权分置流通权成本,借记"投资收益"科目,贷记"股权分置流通权"科目。

三、财务报表的列报

企业应在其资产负债表中的长期资产项目内单列"股权分置流通权"项目反映;应在流动负债项目内单列"应付权证"项目反映。对于以承诺方式或发行权证方式取得的非流通股的流通权,应在财务报表附注中予以披露,说明承诺的具体内容;对于发行的认购权证或认沽权证,也应在财务报表附注中说明发行的认购权证或认沽权证的具体内容。

二、信贷资产证券化试点会计处理规定

财政部关于印发《信贷资产证券化试点会计处理规定》的通知

(财会[2005]12号)

各省、自治区、直辖市、计划单列市财政厅(局),新疆生产建设兵团财务局,国务院有关部委、有关直属机构,有关中央管理企业:

为规范信贷资产证券化试点工作,保护投资人及相关当事人的合法权益,根据《中华人民共和国会计法》、《中华人民共和国信托法》、《信贷资产证券化试点管理办法》等法律及相关法规,我部制定了《信贷资产证券化试点会计处理规定》,现予印发,请遵照执行。

二〇〇五年五月十六日

附件

信贷资产证券化试点会计处理规定

第一章 总 则

第一条 为规范信贷资产证券化试点工作,保护投资人及相关当事人的合法权益,根据《中华人民共和国会计法》、《中华人民共和国信托法》、《信贷资产证券化试点管理办法》等法律及相关法规,制定本规定。

第二条 在中国境内,银行业金融机构作为发起机构,将信贷资产信托给受托机构,由受托机构以资产支持证券的形式向投资机构发行受益证券,以该财产所产生的现金支付资产支持证券收益的结构性融资活动,适用本规定。

第二章 发起机构的会计处理

第三条 发起机构是通过设立特定目的信托转让信贷资产的金融机构。

第四条 发起机构已将信贷资产所有权上几乎所有(通常指95%或者以上的情形,下同)的风险和报酬转移时,应当终止确认该信贷资产,并将该信贷资产的账面价值与因转让而收到的对价之间的差额,确认为当期损益。终止确认是指将信贷资产从发起机构的账上和资产负债表内转出。

转让该信贷资产时如取得了某项新资产或者承担了某项新负债(如因提供保证承担的预计负债等,下同),应当在转让日按公允价值确认该新资产或者新负债,并将该新资产扣除新负债后的净额作为上述对价的组成部分。

公允价值是指在公平交易中,熟悉情况的交易双方自愿进行资产交换或者债务清偿的金额。上述新资产或者新负债有活跃市场的,发起机构应当按市场报价确定该新资产或者新负债的公允价值;没有活跃市场的,发起机构应当比照类似资产或者负债的市场报价,或者按未来现金流量现值,或者按市场上普遍认同的计价模型计算的结果,确定该新资产或者新负债的公允价值。

第五条 发起机构保留了信贷资产所有权上几乎所有的风险和报酬时,不应当终止确认该信贷资产;转让该信贷资产收到的对价,应当确认为一项负债。

在随后的会计期间,发起机构应当继续确认该信贷资产的收益及其相关负债的费用。

第六条 不属于第四条和第五条情形的,发起机构应当分别以下两种情况进行处理:

(一)发起机构放弃了对该信贷资产控制的,应当在转让日终止确认该信贷资产,并将该信贷资产的账面价值与因转让而收到的对价之间的差额,确认为当期损益。

转让该信贷资产时如取得了某项新资产或者承担了某项新负债，应当在转让日按公允价值确认该新资产或者新负债，并将该新资产扣除新负债后的净额作为上述对价的组成部分。

以下条件全部符合时，表明发起机构放弃了对所转让信贷资产的控制：

1. 发起机构与该信贷资产实现了破产隔离；

2. 特定目的信托受托机构按信托合同约定，能够单独将该信贷资产出售给予其不存在关联方关系的第三方，且没有额外条件对该项出售加以限制。

（二）发起机构仍保留对该信贷资产控制的，应当在转让日按其继续涉入该信贷资产的程度确认有关资产，并相应确认有关负债。发起机构继续涉入该信贷资产的程度，是指该信贷资产价值变动使发起机构面临的风险水平。

发起机构通过对该信贷资产提供保证的方式继续涉入的，其涉入程度为该信贷资产的账面价值和保证金额两者之中的较低者。保证金额是指发起机构所收到的对价中，可能被要求偿还的最高金额。

发起机构应当在转让日按上述较低金额确认继续涉入所产生的资产，同时按保证金额与保证合同的公允价值(通常为提供保证所收取的费用)之和确认有关负债。

第七条 信贷资产部分转让符合终止确认条件的，应当将该信贷资产整体的账面价值在终止确认部分和未终止确认部分之间，按转让日各自的相对公允价值进行分摊，并将终止确认部分的账面价值与终止确认部分的对价(因该转让取得的新资产扣除承担的新负债后的净额包括在内)之间的差额，确认为当期损益。

发起机构将该信贷资产整体的账面价值在终止确认部分和未终止确认部分进行分摊时，未终止确认部分没有市场报价且最近市场上也没有与其有关的实际成交价格的，该未终止确认部分的公允价值，按该信贷资产整体的公允价值扣除终止确认部分的对价之后的差额确定；该信贷资产整体的公允价值无法取得时，按其账面价值扣除终止确认部分的对价之后的差额确定。

上述未终止确认部分应当在转让日按整体账面价值分摊后的金额确认。

第八条 发起机构仅继续涉入信贷资产一部分的，应当将该信贷资产整体的账面价值，在继续涉入仍确认的部分和终止确认部分之间，按转让日各自的相对公允价值进行分摊，并将终止确认部分的账面价值与终止确认部分的对价之间的差额，确认为当期损益。

第九条 发起机构对特定目的信托具有控制权的，应当将其纳入合并会计报表。

第十条 发起机构未终止确认所转让信贷资产，或者按继续涉入信贷资产程度确认某项资产的，应当在会计报表附注中作如下披露：

(一) 资产的性质；

(二) 发起机构仍保留的信贷资产所有权上风险和报酬的性质(如信用风险等)；

(三) 发起机构继续确认所转让信贷资产整体的，应当披露所转让信贷资产的账面价值和相关负债的账面价值；

(四) 发起机构继续涉入所转让信贷资产的，应当披露所转让信贷资产整体的账面价值、继续确认资产的账面价值以及相关负债的账面价值。

第三章 特定目的信托的会计处理

第十一条 特定目的信托应当作为独立的会计主体，以持续经营为前提，独立核算资产证券化信贷资产的管理、运用和处分情况。

第十二条 受托机构因承诺信托而取得的信贷资产是信托财产，独立于发起机构、受托机构、贷款服务机构、资金保管机构、证券登记机构及其他为证券化交易提供服务的机构的固有财产。

受托机构、贷款服务机构、资金保管机构及其为证券化交易提供服务的机构因特定目的信托财产的管理、运用或其他情形而取得的财产和收益，应当归入信托财产。

第十三条 特定目的信托的会计要素包括信托资产、信托负债、信托权益、信托项目收入、信托项目费用、信托项目利润。

信托项目利润应按信托合同的约定，分配给资产支持证券投资机构。

第十四条 特定目的信托应当单独记账、单独核算、单独编制财务会计报告。不同特定目的信托在账户设置、资金划拨、账簿记录等方面应当相互独立。

第十五条　信托终止,受托机构应当对特定目的信托作出处理信托事务的清算报告。

第十六条　特定目的信托的其他相关业务或事项,应当根据《信托业务会计核算办法》(财会[2005]1号)进行会计处理。

第四章　受托机构的会计处理

第十七条　受托机构是承诺信托而负责管理特定目的信托财产并发行资产支持证券的机构。

第十八条　受托机构应当按信托合同规定的计提方法、计提标准,计算确认应当由特定目的信托承担的受托机构报酬。

第十九条　受托机构发生的为特定目的信托代垫的信托营业费用,应当确认为对特定目的信托的债权。

第二十条　受托机构对于已终止特定目的信托未被取回的信托财产,应当作为代保管业务进行管理和核算。

第二十一条　受托机构的其他相关业务或事项,应当根据《信托业务会计核算办法》(财会[2005]1号)进行会计处理。

第五章　资金保管机构的会计处理

第二十二条　资金保管机构是接受受托机构委托,负责保管信托财产账户资金的机构。

第二十三条　资金保管机构应当按有关资金保管合同的约定确认和计量保管收入。

第二十四条　资金保管机构在向投资机构支付信托财产收益的间隔内,只能按照合同约定的方式和受托机构指令,将信托财产收益投资于流动性好、变现能力强的国债、政策性金融债以及中国人民银行允许投资的其他金融产品。

上述投资形成的收益,应当存入特定目的信托银行账户。

第二十五条　资金保管机构应当按照保管合同约定,定期向受托机构提供资金保管报告,报告资金管理情况和资产支持证券收益支付情况。

第六章　贷款服务机构的会计处理

第二十六条　贷款服务机构是接受受托机构委托,负责管理贷款的机构。

第二十七条　贷款服务机构应当按照有关贷款服务合同确认和计量服务收入。

第二十八条　贷款服务机构对作为信托财产的信贷资产单独设账,单独管理。

第二十九条　贷款服务机构应当定期向受托机构提供服务报告,报告作为信托财产的信贷资产信息。

第七章　投资机构的会计处理

第三十条　投资机构在取得资产支持证券时,应当按实际支付价款确认一项资产支持证券投资。

第三十一条　投资机构取得信托收益时,应当区分属于资产支持证券投资本金部分和证券投资收益部分,并分别进行会计处理。

第三十二条　会计期末,投资机构应当对所持有资产支持证券的账面价值进行检查,发现账面价值高于其可收回金额的,应当计提减值准备。

第三十三条　资产支持证券在投资机构期末资产负债表内应当按其流动性,单列"资产支持证券"项目反映。

第八章　附　　则

第三十四条　本规定由中华人民共和国财政部负责解释。

第三十五条　本规定自发布之日起施行。

三、民航基础设施建设基金有关会计处理规定

民航基础设施建设基金有关会计处理规定

(财会[2004]8号)

为加强民航基础设施建设,促进民航事业发展,根据《国务院关于印发民航体制改革方案的通知》(国发[2002]6号),财政部制定下发了《民航基础设施建设基金征收使用管理暂行办法》(财综[2004]38号)。为

做好民航基础设施建设基金(以下简称“民航基金”)的会计核算,现对有关会计处理规定如下:

企业应在“主营业务成本”科目下增设“应交民航基础设施建设基金”明细科目,在“其他应交款”科目下增设“应交民航基础设施建设基金”明细科目。

航空运输企业收到民航总局清算机构开具的账单,借记“主营业务成本——民航基础设施建设基金”科目,贷记“其他应交款——应交民航基础设施建设基金”科目;上缴时,借记“其他应交款——应交民航基础设施建设基金”科目,贷记“银行存款”科目。

在资产负债表“其他应交款”项目下增设“其中:应交民航基础设施建设基金”项目,取消资产负债表中“应交民航基础设施建设基金”项目及其说明,其余额转入“其他应交款”项目内的“其中:应交民航基础设施建设基金”项目。

取消利润表中“其中:民航基础设施建设基金”和“转作民航基础设施建设基金”项目及其说明。

取消主营业务收支明细表中“民航基础设施建设基金”项目及其说明。

取消主营业务收入表中“2. 民航基础设施建设基金”有关项目及其说明;取消航空公司分航线、机型收入数据采集表中“民航基金”栏目。

在运输成本本表中“1、直接营运费”内的“制服费”项目下增设“民航基础设施建设基金”项目,并在本报表编制说明中增加“民航基础设施建设基金”项目,反映企业按照国家规定,从运输成本中列支的民航基础设施建设基金。

《财政部关于印发〈民航企业会计核算办法〉的通知》(财会[2003]18号)有关民航基础设施建设基金的会计核算规定同时废止。

四、民航机场管理建设费征收管理方式改革后有关会计处理规定

民航机场管理建设费征收管理方式改革后有关会计处理规定

(财会[2004]8号)

为方便旅客乘机,提高机场运营效率,财政部、民航总局日前发出通知,改革民航机场管理建设费(以下简称“机场费”)征收方式,由原在机场办理乘机手续时缴纳,改为在购买机票时一并缴纳,在机票价外单列项目反映,并由实际承运的航空运输企业负责代收。为做好机场费征管方式改革后的会计核算,现对国内运输航空公司代征代缴机场费的会计处理规定如下:

企业应在“其他应交款”科目下增设“应交民航机场管理建设费”明细科目。

各航空运输企业在代收机场费时,按规定标准代收的机场费,借记“银行存款”、“应收账款”科目,贷记“其他应交款——应交民航机场管理建设费”科目;根据民航总局清算机构开具的账单上缴机场费时,借记“其他应交款——应交民航机场管理建设费”科目,贷记“银行存款”科目。

各航空运输企业因少收、漏收、误收,以及支线机型与非支线机型之间变更,导致“其他应交款——应交民航机场管理建设费”科目出现借、贷方余额的,如为借方余额,借记“营业外支出”科目,贷记“其他应交款——应交民航机场管理建设费”科目;如为贷方余额,借记“其他应交款——应交民航机场管理建设费”科目,贷记“营业外支出”科目。

航空运输企业正常票证结算的会计核算,仍按现行规定执行。

财政部关于印发《关于企业与银行等金融机构之间从事应收债权融资等有关业务会计处理的暂行规定》的通知

(财会[2003]14号)

各省、自治区、直辖市、计划单列市财政厅(局),国务院有关部委,有关企业:

为规范企业与银行等金融机构之间进行的融资业务的会计处理,现将《关于企业与银行等金融机构之间从事应收债权融资等有关业务会计处理的暂行规定》印发给你们,请遵照执行。执行中有何问题,请及时反馈我部。

附件:关于企业与银行等金融机构之间从事应收债权融资等有关业务会计处理的暂行规定

二〇〇三年五月十五日

附件

关于企业与银行等金融机构之间从事应收债权融资等有关业务会计处理的暂行规定

为规范企业与银行等金融机构之间从事的融资业务的会计核算,现对有关业务的会计处理规定如下:

一、应收债权融资业务的会计处理原则

企业将其按照销售商品、提供劳务的销售合同所产生的应收债权出售给银行等金融机构,在进行会计核算时,应按照"实质重于形式"的原则,充分考虑交易的经济实质。对于有明确的证据表明有关交易事项满足销售确认条件,如与应收债权有关的风险、报酬实质上已经发生转移等,应按照出售应收债权处理,并确认相关损益。否则,应作为以应收债权为质押取得的借款进行会计处理。

二、以应收债权为质押取得借款的会计处理

企业如将其按照销售商品、提供劳务的销售合同所产生的应收债权提供给银行作为其向银行借款的质押,在此情况下,与应收债权有关的风险和报酬并未转移,仍由持有应收债权的企业向客户收款,并由企业自行承担应收债权可能产生的风险,同时企业应定期支付自银行等金融机构借入款项的本息。

在以应收债权取得质押借款的情况下,企业应按照实际收到的款项,借记"银行存款"科目,按实际支付的手续费,借记"财务费用"科目,按银行贷款本金并考虑借款期限,贷记"短期借款"等科目。

企业在收到客户偿还的款项时,应借记"现金"、"银行存款"等科目,贷记"应收账款"科目。

企业发生的借款利息及向银行等金融机构偿付借入款项的本息时的会计处理,应按照《企业会计制度》关于借款的相关规定执行。

由于上述与用于质押的应收债权相关的风险和报酬并没有发生实质性变化,企业应根据债务单位的情况,按照《企业会计制度》的规定合理计提用于质押的应收债权的坏账准备。对于发生的与用于质押的应收债权相关的销售退回、销售折让及坏账等,应按照《企业会计制度》及相关会计准则的规定处理。

企业应设置备查簿,详细记录质押的应收债权的账面金额、质押期限及回款情况等。

三、应收债权出售的会计处理

(一) 不附追索权的应收债权出售的会计处理

企业将其按照销售商品、提供劳务相关的销售合同所产生的应收债权出售给银行等金融机构,根据企业、债务人及银行之间的协议不附有追索权的,即在所售应收债权到期无法收回时,银行等金融机构不能够向出售应收债权的企业进行追偿,所售应收债权的风险完全由银行等金融机构承担的情况下,应按以下规定进行会计处理:

企业应按与银行等金融机构达成的协议,按实际收到的款项,借记"银行存款"等科目,按照协议中约定预计将发生的销售退回和销售折让(包括现金折扣,下同)的金额,借记"其他应收款"科目,按售出应收债权已提取的坏账准备金额,借记"坏账准备"科目,按照应支付的相关手续费的金额,借记"财务费用"科目,按售出应收债权的账面余额,贷记"应收账款"科目,差额借记"营业外支出——应收债权融资损失 "或贷记"营业外收入——应收债权融资收益"科目。

企业实际发生的与所售应收债权相关的销售退回及销售折让如果等于原已记入"其他应收款"科目的金额,则应按实际发生的销售退回及销售折让的金额,借记"主营业务收入"(如为现金折扣,应借记"财务费用"科目,下同)等科目,按可冲减的增值税销项税额,借记"应交税金——应交增值税(销项税额)"科目,按原记入"其他应收款"科目的预计销售退回和销售折让金额,贷记"其他应收款"科目;企业实际发生的与所售应收债权相关的销售退回及销售折让与原已计入"其他应收款"科目的金额如有差额,除按上述规定进行会计处理外,对应补付给银行等金融机构的销售退回及销售折让款,通过"其他应付款"或"银行存款"科目核算。对应向银行等金融机构收回的销售退回及销售折让款,通过"其他应收款"或"银行存款"科目核算。

企业上述销售退回或销售折让如属于资产负债表日后事项,应按《企业会计制度》及相关会计准则的规定处理。

（二）附追索权的应收债权出售的会计处理

企业在出售应收债权的过程中如附有追索权，即在有关应收债权到期无法从债务人处收回时，银行有权力向出售应收债权的企业追偿，或按照协议约定，企业有义务按照约定金额自银行等金融机构回购部分应收债权，应收债权的坏账风险由售出应收债权的企业负担。在这种情况下，应按本规定中关于对以应收债权为质押取得借款的会计处理原则执行。

四、应收债权贴现的会计处理

按照企业与银行等金融机构签订的协议，如实质上构成应收债权贴现，其会计处理应比照《企业会计制度》关于应收票据贴现的有关规定进行处理。

五、关于以应收债权为基础的出售、融资业务的披露

企业如以应收债权为基础进行上述各类出售、融资等业务，应将有关业务的具体情况在会计报表附注中进行披露。具体包括：

（一）与银行等金融机构签订的出售、融资协议的主要内容；

（二）所涉及出售、融资业务的应收债权的基本情况，包括其金额、账龄、已提取的坏账准备等；

（三）以应收债权为基础取得的质押借款的具体情况，如借款金额、利率、借款期限、用于质押的应收债权的账面价值等；

（四）作为销售确认的应收债权出售交易，对当期净损益的影响金额；

（五）已贴现的应收债权的账面金额、贴现收到的金额、贴现期限等。

五、银行会计基本规范指导意见

中国人民银行关于印发《银行会计基本规范指导意见》的通知

（银发[2002]370号）

中国人民银行各分行、营业管理部、省会（首府）城市中心支行，深圳市中心支行，各政策性银行、国有独资商业银行、股份制商业银行：

为了规范银行会计工作，中国人民银行制定了《银行会计基本规范指导意见》，现印发给你们，自2003年1月1日起实施。中国人民银行1987年制定的《全国银行统一会计基本制度（试行）》同时废止。

执行中若有问题，请及时报告中国人民银行。

请中国人民银行各分行、营业管理部、省会（首府）城市中心支行将本通知转发至辖区内各城市商业银行、农村商业银行、城乡信用社。

中国人民银行

二〇〇二年十二月十日

附件

银行会计基本规范指导意见

一、总　　则

第一条　为规范银行会计工作，根据《中华人民共和国会计法》、《中华人民共和国中国人民银行法》、《中华人民共和国商业银行法》和其他有关法律法规，制订本指导意见。

第二条　中华人民共和国境内的各类中资银行机构（含城乡信用社，以下统称银行）办理会计业务，执行本指导意见。

第三条　银行会计的基本任务是正确组织会计核算，依法实施会计监督，真实提供会计信息。

第四条　中国人民银行依照有关法律、法规的规定，对银行的会计资料实施监督检查，并协调银行业的会计业务。

二、会 计 机 构

第五条　银行应根据会计核算和管理要求设置会计机构，指定会计机构负责人；不具备单独设置会计机构条件的，应在有关机构中设置负责会计工作的组织，并指定会计主管人员。

会计机构应按照效率和控制原则科学合理地设置会计岗位。

第六条　会计机构对本单位的会计业务实施统一管理、指导、监督和检查。

第七条　银行根据经营管理需要和电子化发展水平合理确定会计核算体系。银行附属单位的会计核算，可由会计机构采取并账或并表方式集中反映。

第八条　会计机构负责人的任免、调动，应经上级行会计部门同意。会计机构负责人也可由上级行委派。

第九条　会计机构裁撤、合并，应及时办妥会计业务交接。

三、会计科目

第十条　会计科目按资金性质、业务特点、经营管理和核算要求设置。

第十一条　会计科目分为资产类、负债类、资产负债共同类、所有者权益类、损益类及表外科目。

表外科目核算银行表外业务。

第十二条　银行应根据国家统一的金融企业会计制度和财政部、中国人民银行制定的统一会计科目，结合本行实际制定会计科目，并报中国人民银行备案。

第十三条　会计科目修改变更，在年度中间通过分录结转；年度终了时，采用新旧科目结转对照表方式办理结转。

四、会计凭证

第十四条　会计凭证是银行业务活动的原始记录和记账依据。

第十五条　会计凭证分为原始凭证和记账凭证。记账凭证应根据原始凭证填制，对于具备记账凭证基本要素的原始凭证，可作为记账凭证使用。

银行根据需要可采用单式记账凭证或复式记账凭证。

第十六条　会计凭证应符合以下要求：要素齐全、内容完整、反映真实、数字准确。

记账凭证基本要素主要包括：填制凭证的日期；收、付款人的户名、账号和开户行；货币、金额及借贷方向；经济业务摘要和附件张数；银行办理业务的印章及经办、复核人员的签名或盖章；凭证编号等。

原始凭证的要素由各银行根据业务需要自行规定，中国人民银行另有规定的除外。

第十七条　银行电子网络传输的记账信息，应具备规定的要素，并采取相应的安全防范措施，必要时需经会计主管或其授权人员确认，事后应根据监督和管理需要按规定的格式打印纸质凭证。

第十八条　记账过程中，纸凭证转为电子信息，或电子信息转为纸凭证，均不得改变凭证基本要素和内容。

第十九条　会计凭证上由银行填写和由客户填写的内容应有明显区分，由客户填写的，未经客户授权，银行工作人员不得代办。

第二十条　会计凭证传递应符合业务特点，做到准确及时、手续严密、先外后内、先急后缓。内部凭证由专门人员负责传递，不得通过客户传递。

第二十一条　会计凭证按照方便查阅的原则顺序装订。

五、账务核算

第二十二条　银行应制定严格的核对办法，建立严密的核算程序，确保账务正确无误。

第二十三条　银行账务核算，是根据所发生的业务事项按账户登记分户明细账和按会计科目生成总账的过程。

手工记账以记账凭证分别登记分户账，编制科目日结单，再按科目日结单登记总账。

第二十四条　银行账簿分为基本账簿和辅助账簿。基本账簿主要包括：

流水账：按照业务发生时间的先后顺序逐日逐笔登记的账簿。

分户账：按照账户连续记载各项交易的明细记录。

总账：按照会计科目设置，每日按会计科目借、贷发生额分别记载，并结出余额的账簿。

辅助账簿主要包括：

登记簿：为了对某些业务备忘、控制和管理而分户设置的辅助性账簿账卡。

余额表：反映每日营业终了分户账最后余额的表式。

辅助账簿由银行自行选择使用。

第二十五条 账务核对包括账账、账款、账实、账表、账据、账簿、账卡(折)和内外账务核对。经办人员和会计主管人员在账务核对全部相符后,应在有关账、簿、卡上签章。

第二十六条 银行应至少按月核对同业往来账务及系统内往来账务,至少按季与开户单位核对账务。对账相符的应由核对人员和会计主管人员签章确认,核对不符的应及时查明原因并做相应调整。

第二十七条 银行计算机账务核算系统应具有操作权限控制、监督功能和故障应急处理及数据恢复措施。

六、记账规则

第二十八条 现金收入,先收款后记账;现金付出,先记账后付款;转账业务,先记借后记贷;代收他行票据,收妥抵用。

第二十九条 银行应于营业日当日结账。

第三十条 银行应指定专人负责记账,并经过复核。记账、复核人员和会计主管应根据本行权限管理的规定,在已记载的账页上确认。

第三十一条 外币业务的记账方法可采用外币分账制或外币统账制,银行只能选择其一。

第三十二条 已经记账的账务数据发生差错需要更改时,应填制冲正凭证办理更正。错账冲正影响计息的,应计算应加、应减积数,并对积数进行相应调整。

错账冲正及调整计息积数应经会计主管或其授权人审批后办理。

七、计息规则

第三十三条 银行应根据规定的利率、结息日期和计息方法结计利息。

第三十四条 银行于结息日结计利息,所计利息应入结息日次日账。

第三十五条 银行采用积数计息法的,应按实际天数结计利息。计算公式是:

利息=累计计息积数×日利率

累计计息积数=每日余额累计数

第三十六条 年利率换算为日利率的关系是:

日利率(0/10 000)=年利率(%)÷360

第三十七条 定期存款(或贷款)到期日为节假日,在节假日前最后一个营业日支取(或归还),应扣除到期日与支取(归还)日之间的天数(算头不算尾,下同)按合同利率计算的利息。

节假日后支取存款,按过期支取存款计算利息。

节假日后第一个营业日归还贷款,按合同利率加收到期日与归还日之间天数的利息,节假日后第一个营业日未归还贷款,从该日起按逾期贷款计算利息。

法律、法规另有规定的,从其规定。

八、年度决算

第三十八条 银行应在会计年度终了办理年度决算,通过年度决算报表对银行各项业务和财务活动进行总结反映。

第三十九条 每年 12 月 31 日为年度决算日,如遇节假日仍以该日为决算日。

第四十条 年度决算前银行应清理各项临时和过渡性资金,清查各项财产,全面检查、核对内外账务,核实财务收支。

第四十一条 全年账务处理结束后,编制年度会计报表。

第四十二条 年终决算时,外币记账的业务应折算为人民币,编制汇总的人民币决算表。原币有中国人民银行公布的人民币对该种货币基准汇率的,直接采用基准汇率折成人民币,无人民币对该种货币基准汇率的,通过其对美元的汇率套算折成人民币。

九、会计报告

第四十三条 会计报告是反映银行资金营运、财务状况、经营成果的书面文件,必须真实,完整,及时,准确。银行机构负责人应对会计报告的真实性、完整性负责。

会计报告包括会计报表及其附注或说明。

第四十四条 银行会计报表主要包括:

1. 资产负债表,根据当期业务状况报告表各科目的余额及有关账户余额归并后编制。

2. 利润表,根据损益科目分户账结转前的余额编制。

3. 利润分配表,由法人机构按年编制。

4. 现金流量表,根据资产负债表和利润表的有关项目及其他相关资料分析编制。

5. 业务状况报告表,根据总账各科目上期末余额及本期累计发生额和本期末余额编制。

6. 其他会计报表。

第四十五条　银行会计报表附注主要提供有助于理解和分析会计报表内容而需要说明的事项。包括:主要会计政策及其变更、或有事项以及会计报表中主要项目的明细资料等。

第四十六条　银行对其直接或间接投资的企业拥有实质上的控制权时,应编制合并会计报表。

第四十七条　银行应将其境外分支机构会计报表按规定的汇率和方法折算为人民币后,并入全行汇总的会计报表。

十、会计签章

第四十八条　会计签章是银行在会计凭证或其他会计核算资料上表明并确认自己真实身份及交易合法性的标识,包括印章、签名等。

第四十九条　银行会计凭证、会计账册、会计报告等会计资料应按规定加盖印章或签名。采用计算机系统处理的会计资料,可通过设置可输出的代码代替经办、复核及会计主管人员的签章。

根据需要加编密押或密码的会计凭证,可不再进行签章,法律法规另有规定的,从其规定。

第五十条　银行应对会计印章实行分级管理,全国范围内统一使用的印章由各银行总行统一设计管理。

第五十一条　银行应指定专人严密保管和使用会计印章,严格执行管理制度。严禁超范围使用会计印章,严禁在空白会计凭证、账表上预先留盖印章。

第五十二条　会计印章及密押、密码的编制方法在未启用、停用或待销毁期间应加封,由会计主管人员或指定专人妥善保管。总行统一管理的印章在停止使用后,应交至总行授权的机构集中销毁,并报总行备案。

十一、会计档案

第五十三条　会计档案是银行各项业务活动的会计记录,也是银行的重要史料和证据,包括:会计凭证、会计账簿、会计报告和其他应当保存的会计资料。

第五十四条　银行会计档案可采用纸介质、磁介质、光盘、缩微胶片形式保存,以其他介质保存的,需报经中国人民银行总行核准。

第五十五条　银行会计档案保管期分为永久保管和定期保管两类,定期保管分为三年、五年、十五年三档。

第五十六条　内部调阅会计档案需经会计部门主管人员和档案管理部门主管人员批准;法律、法规规定有档案查阅权的部门查阅会计档案,必须持有效证件及相关证明材料,并按规定经银行机构负责人或其授权人核准。

第五十七条　各银行应定期检查会计档案并根据保管需要进行复制。会计档案保管期满,应按照规定程序销毁。

十二、附　　则

第五十八条　本指导意见由中国人民银行解释和修改。

第五十九条　本指导意见自2003年1月1日起施行。

六、其他常用会计法规列表

有些会计法规曾经应用的非常广泛,但随着新的《企业会计准则》的实施,应用的范围越来越小,编者在此仅提供法规名称和文号,有兴趣的读者可到互联网上查阅全文。

法规名称	文　号
《合并会计报表暂行规定》	财会字[1995]11号
《关于企业与银行等金融机构之间从事应收债权融资等有关业务会计处理的暂行规定》	财会[2003]14号
《农村合作金融机构银行承兑汇票、债券返售(回购)业务会计核算手续》	银监办发[2004]347号
《农村合作金融机构外汇业务会计核算暂行办法》	银监发[2004]25号
《国有商业银行年度财务会计报告披露办法(试行)》	财金[2003]57号
《公开发行证券的商业银行有关业务会计处理补充规定》	财会[2000]20号
《就业机构就业经费会计处理规定》	财会字[1999]46号
《关于企业收取的一次性入网费会计处理的规定》	财会[2003]16号
《国有企业试行破产有关会计处理问题暂行规定》	财会字[1997]28号
《国内信用证会计核算手续》	银发[1997]265号

第十七部分　内部会计控制规范

一、内部会计控制规范——基本规范(试行)

内部会计控制规范——基本规范(试行)

(财会[2001]41号)

第一章　总　　则

第一条　为了促进各单位内部会计控制建设,加强内部会计监督,维护社会主义市场经济秩序,根据《中华人民共和国会计法》(以下简称《会计法》)等法律法规,制定本规范。

第二条　本规范所称内部会计控制是指单位为了提高会计信息质量,保护资产的安全、完整,确保有关法律法规和规章制度的贯彻执行等而制定和实施的一系列控制方法、措施和程序。

第三条　本规范适用于国家机关、社会团体、公司、企业、事业单位和其他经济组织(以下统称单位)。

第四条　国务院有关部门可以根据国家有关法律法规和本规范,制定本部门或本系统的内部会计控制规定。

各单位应当根据国家有关法律法规和本规范,结合部门或系统的内部会计控制规定,建立适合本单位业务特点和管理要求的内部会计控制制度,并组织实施。

第五条　单位负责人对本单位内部会计控制的建立健全及有效实施负责。

第二章　内部会计控制的目标和原则

第六条　内部会计控制应当达到以下基本目标:

(一)规范单位会计行为,保证会计资料真实、完整。

(二)堵塞漏洞、消除隐患,防止并及时发现、纠正错误及舞弊行为,保护单位资产的安全、完整。

(三)确保国家有关法律法规和单位内部规章制度的贯彻执行。

第七条　内部会计控制应当遵循以下基本原则:

(一)内部会计控制应当符合国家有关法律法规和本规范,以及单位的实际情况。

(二)内部会计控制应当约束单位内部涉及会计工作的所有人员,任何个人都不得拥有超越内部会计控制的权力。

(三)内部会计控制应当涵盖单位内部涉及会计工作的各项经济业务及相关岗位,并应针对业务处理过程中的关键控制点,落实到决策、执行、监督、反馈等各个环节。

(四)内部会计控制应当保证单位内部涉及会计工作的机构、岗位的合理设置及其职责权限的合理划分,坚持不相容职务相互分离,确保不同机构和岗位之间权责分明、相互制约、相互监督。

(五)内部会计控制应当遵循成本效益原则,以合理的控制成本达到最佳的控制效果。

(六)内部会计控制应随着外部环境的变化、单位业务职能的调整和管理要求的提高,不断修订和完善。

第三章　内部会计控制的内容

第八条　内部会计控制的内容主要包括:货币资金、实物资产、对外投资、工程项目、采购与付款、筹资、销售与收款、成本费用、担保等经济业务的会计控制。

第九条　单位应当对货币资金收支和保管业务建立严格的授权批准制度,办理货币资金业务的不相容岗位应当分离,相关机构和人员应当相互制约,确保货币资金的安全。

第十条　单位应当建立实物资产管理的岗位责任制度,对实物资产的验收入库、领用、发出、盘点、保管及处置等关键环节进行控制,防止各种实物资产被盗、毁损和流失。

第十一条　单位应当建立规范的对外投资决策机制和程序,通过实行重大投资决策集体审议联签等责任制度,加强投资项目立项、评估、决策、实施、投资处置等环节的会计控制,严格控制投资风险。

第十二条 单位应当建立规范的工程项目决策程序，明确相关机构和人员的职责权限，建立工程项目投资决策的责任制度，加强工程项目的预算、招投标、质量管理等环节的会计控制，防范决策失误及工程发包、承包、施工、验收等过程中的舞弊行为。

第十三条 单位应当合理设置采购与付款业务的机构和岗位，建立和完善采购与付款的会计控制程序，加强请购、审批、合同订立、采购、验收、付款等环节的会计控制，堵塞采购环节的漏洞，减少采购风险。

第十四条 单位应当加强对筹资活动的会计控制，合理确定筹资规模和筹资结构、选择筹资方式，降低资金成本，防范和控制财务风险，确保筹措资金的合理、有效使用。

第十五条 单位应当在制定商品或劳务等的定价原则、信用标准和条件、收款方式等销售政策时，充分发挥会计机构和人员的作用，加强合同订立、商品发出和账款回收的会计控制，避免或减少坏账损失。

第十六条 单位应当建立成本费用控制系统，做好成本费用管理的各项基础工作，制定成本费用标准，分解成本费用指标，控制成本费用差异，考核成本费用指标的完成情况，落实奖罚措施，降低成本费用，提高经济效益。

第十七条 单位应当加强对担保业务的会计控制，严格控制担保行为，建立担保决策程序和责任制度，明确担保原则、担保标准和条件、担保责任等相关内容，加强对担保合同订立的管理，及时了解和掌握被担保人的经营和财务状况，防范潜在风险，避免或减少可能发生的损失。

第四章 内部会计控制的方法

第十八条 内部会计控制的方法主要包括：不相容职务相互分离控制、授权批准控制、会计系统控制、预算控制、财产保全控制、风险控制、内部报告控制、电子信息技术控制等。

第十九条 不相容职务相互分离控制要求单位按照不相容职务相分离的原则，合理设置会计及相关工作岗位，明确职责权限，形成相互制衡机制。

不相容职务主要包括：授权批准、业务经办、会计记录、财产保管、稽核检查等职务。

第二十条 授权批准控制要求单位明确规定涉及会计及相关工作的授权批准的范围、权限、程序、责任等内容，单位内部的各级管理层必须在授权范围内行使职权和承担责任，经办人员也必须在授权范围内办理业务。

第二十一条 会计系统控制要求单位依据《会计法》和国家统一的会计制度，制定适合本单位的会计制度，明确会计凭证、会计账簿和财务会计报告的处理程序，建立和完善会计档案保管和会计工作交接办法，实行会计人员岗位责任制，充分发挥会计的监督职能。

第二十二条 预算控制要求单位加强预算编制、执行、分析、考核等环节的管理，明确预算项目，建立预算标准，规范预算的编制、审定、下达和执行程序，及时分析和控制预算差异，采取改进措施，确保预算的执行。

预算内资金实行责任人限额审批，限额以上资金实行集体审批。严格控制无预算的资金支出。

第二十三条 财产保全控制要求单位限制未经授权的人员对财产的直接接触，采取定期盘点、财产记录、账实核对、财产保险等措施，确保各种财产的安全完整。

第二十四条 风险控制要求单位树立风险意识，针对各个风险控制点，建立有效的风险管理系统，通过风险预警、风险识别、风险评估、风险分析、风险报告等措施，对财务风险和经营风险进行全面防范和控制。

第二十五条 内部报告控制要求单位建立和完善内部报告制度，全面反映经济活动情况，及时提供业务活动中的重要信息，增强内部管理的时效性和针对性。

第二十六条 电子信息技术控制要求运用电子信息技术手段建立内部会计控制系统，减少和消除人为操纵因素，确保内部会计控制的有效实施；同时要加强对财务会计电子信息系统开发与维护、数据输入与输出、文件储存与保管、网络安全等方面的控制。

第五章 内部会计控制的检查

第二十七条 单位应当重视内部会计控制的监督检查工作，由专门机构或者指定专门人员具体负责内部会计控制执行情况的监督检查，确保内部会计控制的贯彻实施。内部会计控制检查的主要职责是：

（一）对内部会计控制的执行情况进行检查和评价。

（二）写出检查报告，对涉及会计工作的各项经济业务、内部机构和岗位在内部控制上存在的缺陷提出改进建议。

（三）对执行内部会计控制成效显著的内部机构和人员提出表彰建议，对违反内部会计控制的内部机构和人员提出处理意见。

第二十八条　单位可以聘请中介机构或相关专业人员对本单位内部会计控制的建立健全及有效实施进行评价，接受委托的中介机构或相关专业人员应当对委托单位内部会计控制中的重大缺陷提出书面报告。

第二十九条　国务院财政部门和县级以上地方各级人民政府财政部门应当根据《会计法》和本规范，对本行政区域内各单位内部会计控制的建立和执行情况进行监督检查。

第六章　附　则

第三十条　本规范由财政部负责解释。

第三十一条　本规范自发布之日起施行。

二、内部会计控制规范——货币资金（试行）

内部会计控制规范——货币资金（试行）

（财会[2001]41 号）

第一章　总　则

第一条　为了加强对单位货币资金的内部控制和管理，保证货币资金的安全，根据《中华人民共和国会计法》和《内部会计控制规范——基本规范》等法律法规，制定本规范。

第二条　本规范所称货币资金是指单位所拥有的现金、银行存款和其他货币资金。

第三条　本规范适用于国家机关、社会团体、公司、企业、事业单位和其他经济组织（以下统称单位）。

第四条　国务院有关部门可以根据国家有关法律法规和本规范，制定本部门或本系统的货币资金内部控制规定。

各单位应当根据国家有关法律法规和本规范，结合部门或系统的货币资金内部控制规定，建立适合本单位业务特点和管理要求的货币资金内部控制制度，并组织实施。

第五条　单位负责人对本单位货币资金内部控制的建立健全和有效实施以及货币资金的安全完整负责。

第二章　岗位分工及授权批准

第六条　单位应当建立货币资金业务的岗位责任制，明确相关部门和岗位的职责权限，确保办理货币资金业务的不相容岗位相互分离、制约和监督。

出纳人员不得兼任稽核、会计档案保管和收入、支出、费用、债权债务账目的登记工作。

单位不得由一人办理货币资金业务的全过程。

第七条　单位办理货币资金业务，应当配备合格的人员，并根据单位具体情况进行岗位轮换。

办理货币资金业务的人员应当具备良好的职业道德，忠于职守，廉洁奉公，遵纪守法，客观公正，不断提高会计业务素质和职业道德水平。

第八条　单位应当对货币资金业务建立严格的授权批准制度，明确审批人对货币资金业务的授权批准方式、权限、程序、责任和相关控制措施，规定经办人办理货币资金业务的职责范围和工作要求。

第九条　审批人应当根据货币资金授权批准制度的规定，在授权范围内进行审批，不得超越审批权限。

经办人应当在职责范围内，按照审批人的批准意见办理货币资金业务。对于审批人超越授权范围审批的货币资金业务，经办人员有权拒绝办理，并及时向审批人的上级授权部门报告。

第十条　单位应当按照规定的程序办理货币资金支付业务。

（一）支付申请。单位有关部门或个人用款时，应当提前向审批人提交货币资金支付申请，注明款项的用途、金额、预算、支付方式等内容，并附有效经济合同或相关证明。

（二）支付审批。审批人根据其职责、权限和相应程序对支付申请进行审批。对不符合规定的货币资金支付申请，审批人应当拒绝批准。

（三）支付复核。复核人应当对批准后的货币资金支付申请进行复核，复核货币资金支付申请的批准范围、权限、程序是否正确，手续及相关单证是否齐备，金额计算是否准确，支付方式、支付单位是否妥当等。复核无误后，交由出纳人员办理支付手续。

（四）办理支付。出纳人员应当根据复核无误的支付申请，按规定办理货币资金支付手续，及时登记现金和银行存款日记账。

第十一条 单位对于重要货币资金支付业务，应当实行集体决策和审批，并建立责任追究制度，防范贪污、侵占、挪用货币资金等行为。

第十二条 严禁未经授权的机构或人员办理货币资金业务或直接接触货币资金。

第三章 现金和银行存款的管理

第十三条 单位应当加强现金库存限额的管理，超过库存限额的现金应及时存入银行。

第十四条 单位必须根据《现金管理暂行条例》的规定，结合本单位的实际情况，确定本单位现金的开支范围。不属于现金开支范围的业务应当通过银行办理转账结算。

第十五条 单位现金收入应当及时存入银行，不得用于直接支付单位自身的支出。因特殊情况需坐支现金的，应事先报经开户银行审查批准。

单位借出款项必须执行严格的授权批准程序，严禁擅自挪用、借出货币资金。

第十六条 单位取得的货币资金收入必须及时入账，不得私设"小金库"，不得账外设账，严禁收款不入账。

第十七条 单位应当严格按照《支付结算办法》等国家有关规定，加强银行账户的管理，严格按照规定开立账户，办理存款、取款和结算。

单位应当定期检查、清理银行账户的开立及使用情况，发现问题，及时处理。

单位应当加强对银行结算凭证的填制、传递及保管等环节的管理与控制。

第十八条 单位应当严格遵守银行结算纪律，不准签发没有资金保证的票据或远期支票，套取银行信用；不准签发、取得和转让没有真实交易和债权债务的票据，套取银行和他人资金；不准无理拒绝付款，任意占用他人资金；不准违反规定开立和使用银行账户。

第十九条 单位应当指定专人定期核对银行账户，每月至少核对一次，编制银行存款余额调节表，使银行存款账面余额与银行对账单调节相符。如调节不符，应查明原因，及时处理。

第二十条 单位应当定期和不定期地进行现金盘点，确保现金账面余额与实际库存相符。发现不符，及时查明原因，作出处理。

第四章 票据及有关印章的管理

第二十一条 单位应当加强与货币资金相关的票据的管理，明确各种票据的购买、保管、领用、背书转让、注销等环节的职责权限和程序，并专设登记簿进行记录，防止空白票据的遗失和被盗用。

第二十二条 单位应当加强银行预留印鉴的管理。财务专用章应由专人保管，个人名章必须由本人或其授权人员保管。严禁一人保管支付款项所需的全部印章。

按规定需要有关负责人签字或盖章的经济业务，必须严格履行签字或盖章手续。

第五章 监督检查

第二十三条 单位应当建立对货币资金业务的监督检查制度，明确监督检查机构或人员的职责权限，定期和不定期地进行检查。

第二十四条 货币资金监督检查的内容主要包括：

（一）货币资金业务相关岗位及人员的设置情况。重点检查是否存在货币资金业务不相容职务混岗的现象。

（二）货币资金授权批准制度的执行情况。重点检查货币资金支出的授权批准手续是否健全，是否存在越权审批行为。

（三）支付款项印章的保管情况。重点检查是否存在办理付款业务所需的全部印章交由一人保管的现象。

（四）票据的保管情况。重点检查票据的购买、领用、保管手续是否健全，票据保管是否存在漏洞。

第二十五条 对监督检查过程中发现的货币资金内部控制中的薄弱环节，应当及时采取措施，加以纠正和完善。

第六章　附　　则

第二十六条　本规范由财政部负责解释。

第二十七条　本规范自发布之日起施行。

三、内部会计控制规范——采购与付款(试行)

内部会计控制规范——采购与付款(试行)

第一章　总　　则

第一条　为了加强对单位采购与付款的内部控制,规范采购与付款行为,防范采购与付款过程中的差错和舞弊,根据《中华人民共和国会计法》和《内部会计控制规范——基本规范(试行)》等法律法规,制定本规范。

第二条　本规范适用于国家机关、社会团体、公司、企业、事业单位和其他经济组织(以下统称单位)。已纳入政府采购范围的采购与付款业务。还应当执行政府采购方面的有关规定。

第三条　国务院有关部门可以根据国家有关法律法规和本规范,制定本部门或本系统的采购与付款内部控制规定。

各单位应当根据国家有关法律法规和本规范,结合部门或系统有关采购与付款内部控制的规定,建立适合本单位业务特点和管理要求的采购与付款内部控制制度,并组织实施。

第四条　单位负责人对本单位采购与付款内部控制的建立健全和有效实施以及采购与付款业务的真实性、合法性负责。

第二章　岗位分工与授权批准

第五条　单位应当建立采购与付款业务的岗位责任制,明确相关部门和岗位的职责、权限,确保办理采购与付款业务的不相容岗位相互分离、制约和监督。

采购与付款业务不相容岗位至少包括:

(一)请购与审批;

(二)询价与确定供应商;

(三)采购合同的订立与审计;

(四)采购与验收;

(五)采购、验收与相关会计记录;

(六)付款审批与付款执行。

单位不得由同一部门或个人办理采购与付款业务的全过程。

第六条　单位应当配备合格的人员办理采购与付款业务。办理采购与付款业务的人员应当具备良好的业务素质和职业道德。

单位应当根据具体情况对办理采购与付款业务的人员进行岗位轮换。

第七条　单位应当对采购与付款业务建立严格的授权批准制度,明确审批人对采购与付款业务的授权批准方式、权限、程序、责任和相关控制措施,规定经办人办理采购与付款业务的职责范围和工作要求。

第八条　审批人应当根据采购与付款业务授权批准制度的规定,在授权范围内进行审批,不得超越审批权限。

经办人应当在职责范围内,按照审批人的批准意见办理采购与付款业务。对于审批人超越授权范围审批的采购与付款业务,经办人员有权拒绝办理,并及时向审批人的上级授权部门报告。

第九条　单位对于重要和技术性较强的采购业务,应当组织专家进行论证,实行集体决策和审批,防止出现决策失误而造成严重损失。

第十条　严禁未经授权的机构或人员办理采购与付款业务。

第十一条　单位应当按照请购、审批、采购、验收、付款等规定的程序办理采购与付款业务,并在采购与付款各环节设置相关的记录、填制相应的凭证,建立完整的采购登记制度,加强请购手续、采购订单(或采购合同)、验收证明、入库凭证、采购发票等文件和凭证的相互核对工作。

第三章 请购与审批控制

第十二条 单位应当建立采购申请制度，依据购置物品或劳务等类型，确定归口管理部门，授予相应的请购权，并明确相关部门或人员的职责权限及相应的请购程序。

第十三条 单位应当加强采购业务的预算管理。对于预算内采购项目，具有请购权的部门应当严格按照预算执行进度办理请购手续；对于超预算和预算外采购项目，具有请购权的部门应对需求部门提出的申请进行审核后再行办理请购手续。

第十四条 单位应当建立严格的请购审批制度。对于超预算和预算外采购项目，应当明确审批权限，由审批人根据其职责、权限以及单位实际需要等对请购申请进行审批。

第四章 采购与验收控制

第十五条 单位应当建立采购与验收环节的管理制度，对采购方式确定、供应商选择、验收程序等作出明确规定，确保采购过程的透明化。

第十六条 单位应当根据物品或劳务等的性质及其供应情况确定采购方式。一般物品或劳务等的采购应采用订单采购或合同订货等方式，小额零星物品或劳务等的采购可以采用直接购买等方式。

单位应当制定例外紧急需求的特殊采购处理程序。

第十七条 单位应当充分了解和掌握供应商的信誉、供货能力等有关情况，采取由采购、使用等部门共同参与比质比价的程序，并按规定的授权批准程序确定供应商。小额零星采购也应由经授权的部门事先对价格等有关内容进行审查。

第十八条 单位应当根据规定的验收制度和经批准的订单、合同等采购文件，由独立的验收部门或指定专人对所购物品或劳务等的品种、规格、数量、质量和其他相关内容进行验收，出具验收证明。

对验收过程中发现的异常情况，负责验收的部门或人员应当立即向有关部门报告；有关部门应查明原因，及时处理。

第五章 付款控制

第十九条 单位应当按照《现金管理暂行条例》、《支付结算办法》和《内部会计控制规范——货币资金（试行）》等规定办理采购付款业务。

第二十条 单位财会部门在办理付款业务时，应当对采购发票、结算凭证、验收证明等相关凭证的真实性、完整性、合法性及合规性进行严格审核。

第二十一条 单位应当建立预付账款和定金的授权批准制度，加强预付账款和定金的管理。

第二十二条 单位应当加强应付账款和应付票据的管理，由专人按照约定的付款日期、折扣条件等管理应付款项。已到期的应付款项须经有关授权人员审批后方可办理结算与支付。

第二十三条 单位应当建立退货管理制度，对退货条件、退货手续、货物出库、退货货款回收等作出明确规定，及时收回退货货款。

第二十四条 单位应当定期与供应商核对应付账款、应付票据、预付账款等往来款项。如有不符，应查明原因，及时处理。

第六章 监督检查

第二十五条 单位应当建立对采购与付款内部控制的监督检查制度，明确监督检查机构或人员的职责权限，定期或不定期地进行检查。

单位监督检查机构或人员应通过实施符合性测试和实质性测试检查采购与付款业务内部控制制度是否健全，各项规定是否得到有效执行。

第二十六条 采购与付款内部控制监督检查的内容主要包括：

（一）采购与付款业务相关岗位及人员的设置情况。重点检查是否存在采购与付款业务不相容职务混岗的现象。

（二）采购与付款业务授权批准制度的执行情况。重点检查大宗采购与付款业务的授权批准手续是否健全，是否存在越权审批的行为。

（三）应付账款和预付账款的管理。重点审查应付账款和预付账款支付的正确性、时效性和合法性。

（四）有关单据、凭证和文件的使用和保管情况。重点检查凭证的登记、领用、传递、保管、注销手续是否健全，使用和保管制度是否存在漏洞。

第二十七条　对监督检查过程中发现的采购与付款内部控制中的薄弱环节，单位应当采取措施，及时加以纠正和完善。

第七章　附　　则

第二十八条　本规范由财政部负责解释。

第二十九条　本规范自发布之日起施行。

四、内部会计控制规范——销售与收款(试行)

内部会计控制规范——销售与收款(试行)

第一章　总　　则

第一条　为了加强对单位销售与收款的内部控制，规范销售与收款行为，防范销售与收款过程中的差错和舞弊，根据《中华人民共和国会计法》和《内部会计控制规范——基本规范(试行)》等法律法规，制定本规范。

第二条　本规范适用于公司、企业和有销售业务的其他单位(以下统称单位)。

第三条　国务院有关部门可以根据国家有关法律法规和本规范，制定本部门或本系统的销售与收款内部控制规定。

各单位应当根据国家有关法律法规和本规范，结合部门或系统有关销售与收款内部控制的规定，建立适合本单位业务特点和管理要求的销售与收款内部控制制度，并组织实施。

第四条　单位负责人对本单位销售与收款内部控制的建立健全和有效实施以及销售与收款业务的真实性、合法性负责。

第二章　岗位分工与授权批准

第五条　单位应当建立销售与收款业务的岗位责任制，明确相关部门和岗位的职责、权限，确保办理销售与收款业务的不相容岗位相互分离、制约和监督。

第六条　单位应当将办理销售、发货、收款三项业务的部门(或岗位)分别设立。

(一) 销售部门(或岗位)主要负责处理订单、签订合同、执行销售政策和信用政策、催收货款。

(二) 发货部门(或岗位)主要负责审核销售发货单据是否齐全并办理发货的具体事宜。

(三) 财会部门(或岗位)主要负责销售款项的结算和记录、监督管理货款回收。

单位不得由同一部门或个人办理销售与收款业务的全过程。

第七条　有条件的单位应当建立专门的信用管理部门或岗位，负责制定单位信用政策，监督各部门信用政策执行情况。信用管理岗位与销售业务岗位应分设。

第八条　单位应当配备合格的人员办理销售与收款业务。办理销售与收款业务的人员应当具备良好的业务素质和职业道德。

单位应当根据具体情况对办理销售与收款业务的人员进行岗位轮换。

第九条　单位应当对销售与收款业务建立严格的授权批准制度，明确审批人员对销售与收款业务的授权批准方式、权限、程序、责任和相关控制措施，规定经办人的职责范围和工作要求。

第十条　审批人应当根据销售与收款授权批准制度的规定，在授权范围内进行审批，不得超越审批权限。

经办人应当在职责范围内，按照审批人的批准意见办理销售与收款业务。对于审批人超越授权范围审批的销售与收款业务，经办人员有权拒绝办理，并及时向审批人的上级授权部门报告。

第十一条　对于超过单位既定销售政策和信用政策规定范围的特殊销售业务，单位应当进行集体决策，防止决策失误而造成严重损失。

第十二条　严禁未经授权的机构和人员经办销售与收款业务。

第三章　销售和发货控制

第十三条　单位对销售业务应当建立严格的预算管理制度，制定销售目标，确立销售管理责任制。

第十四条　单位应当建立销售定价控制制度，制定价目表、折扣政策、付款政策等并予以执行。

第十五条　单位在选择客户时，应当充分了解和考虑客户的信誉、财务状况等有关情况，降低账款回收中的风险。

第十六条 单位应当加强对赊销业务的管理。赊销业务应遵循规定的销售政策和信用政策。对符合赊销条件的客户，应经审批人批准后方可办理赊销业务；超出销售政策和信用政策规定的赊销业务，应当实行集体决策审批。

第十七条 单位应当按照规定的程序办理销售和发货业务。

销售谈判。单位在销售合同订立前，应当指定专门人员就销售价格、信用政策、发货及收款方式等具体事项与客户进行谈判。谈判人员至少应有两人以上，并与订立合同的人员相分离。销售谈判的全过程应有完整的书面记录。

合同订立。单位应当授权有关人员与客户签订销售合同。签订合同应符合《中华人民共和国合同法》的规定。金额重大的销售合同的订立应当征询法律顾问或专家的意见。

合同审批。单位应当建立健全销售合同审批制度。审批人员应对销售价格、信用政策、发货及收款方式等严格把关。

组织销售。单位销售部门应按照经批准的销售合同编制销售计划，向发货部门下达销售通知单，同时编制销售发票通知单，并经审批后下达给财会部门，由财会部门根据销售发票通知单向客户开出销售发票。编制销售发票通知单的人员与开具销售发票的人员应相互分离。

组织发货。发货部门应当对销售发货单据进行审核，严格按照销售通知单所列的发货品种和规格、发货数量、发货时间、发货方式组织发货，并建立货物出库、发运等环节的岗位责任制，确保货物的安全发运。

销货退回。单位应当建立销售退回管理制度。单位的销售退回必须经销售主管审批后方可执行。

销售退回的货物应由质检部门检验和仓储部门清点后方可入库。质检部门应对客户退回的货物进行检验并出具检验证明；仓储部门应在清点货物、注明退回货物的品种和数量后填制退货接收报告，

财会部门应对检验证明、退货接收报告以及退货方出具的退货凭证等进行审核后办理相应的退款事宜。

第十八条 单位应当在销售与发货各环节设置相关的记录、填制相应的凭证，建立完整的销售登记制度，并加强销售合同、销售计划、销售通知单、发货凭证、运货凭证、销售发票等文件和凭证的相互核对工作。

销售部门应设置销售台账，及时反映各种商品、劳务等销售的开单、发货、收款情况。销售台账应当附有客户订单、销售合同、客户签收回执等相关购货单据。

第四章 收款控制

第十九条 单位应当按照《现金管理暂行条例》、《支付结算办法》和《内部会计控制规范——货币资金（试行）》等规定，及时办理销售收款业务。

第二十条 单位应将销售收入及时入账，不得账外设账，不得擅自坐支现金。

销售人员应当避免接触销售现款。

第二十一条 单位应当建立应收账款账龄分析制度和逾期应收账款催收制度。销售部门应当负责应收账款的催收，财会部门应当督促销售部门加紧催收。对催收无效的逾期应收账款可通过法律程序予以解决。

第二十二条 单位应当按客户设置应收账款台账，及时登记每一客户应收账款余额增减变动情况和信用额度使用情况。

单位对长期往来客户应当建立起完善的客户资料，并对客户资料实行动态管理，及时更新。

第二十三条 单位对于可能成为坏账的应收账款应当报告有关决策机构，由其进行审查，确定是否确认为坏账。单位发生的各项坏账，应查明原因，明确责任，并在履行规定的审批程序后作出会计处理。

第二十四条 单位注销的坏账应当进行备查登记，做到账销案存。已注销的坏账又收回时应当及时入账，防止形成账外款。

第二十五条 单位应收票据的取得和贴现必须经由保管票据以外的主管人员的书面批准。

单位应当有专人保管应收票据，对于即将到期的应收票据，应及时向付款人提示付款；已贴现票据应在备查簿中登记，以便日后追踪管理。

单位应制定逾期票据的冲销管理程序和逾期票据追踪监控制度。

第二十六条 单位应当定期与往来客户通过函证等方式核对应收账款、应收票据、预收账款等往来款

项，如有不符，应查明原因，及时处理。

第五章　监督检查

第二十七条　单位应当建立对销售与收款内部控制的监督检查制度，明确监督检查机构或人员的职责权限，定期或不定期地进行检查。

单位监督检查机构或人员应通过实施符合性测试和实质性测试检查销售与收款业务内部控制制度是否健全，各项规定是否得到有效执行。

第二十八条　销售与收款内部控制监督检查的内容主要包括：

（一）销售与收款业务相关岗位及人员的设置情况。重点检查是否存在销售与收款业务不相容职务混岗的现象。

（二）销售与收款业务授权批准制度的执行情况。重点检查授权批准手续是否健全，是否存在越权审批行为。

（三）销售的管理情况。重点检查信用政策、销售政策的执行是否符合规定。

（四）收款的管理情况。重点检查单位销售收入是否及时入账，应收账款的催收是否有效，坏账核销和应收票据的管理是否符合规定。

（五）销售退回的管理情况。重点检查销售退回手续是否齐全、退回货物是否及时入库。

第二十九条　对监督检查过程中发现的销售与收款内部控制中的薄弱环节，单位应当采取措施，及时加以纠正和完善。

第六章　附　　则

第三十条　本规范由财政部负责解释。

第三十一条　本规范自发布之日起施行。

五、内部会计控制规范——担保(试行)

内部会计控制规范——担保(试行)

第一章　总　　则

第一条　为了加强单位对担保业务的内部控制，规范担保行为，防范担保风险，根据《中华人民共和国会计法》和《内部会计控制规范——基本规范(试行)》等法律法规，制定本规范。

第二条　本规范适用于公司、企业和有对外担保业务的其他单位(以下统称单位)。

国家有关法律法规对担保业务另有规定的，从其规定。

第三条　国务院有关部门可以根据国家有关法律法规和本规范，制定本部门或本系统的担保业务内部控制规定。

各单位应当按照国家有关法律法规和本规范，结合部门或系统有关担保业务内部控制的规定，建立适合本单位业务特点和管理要求的担保业务内部控制制度，明确担保评估、审批、执行等环节的控制方法、措施和程序。

第四条　单位应当制定担保政策，明确担保的对象、范围、条件、程序、担保限额和禁止担保的事项，定期检查担保政策的执行情况及效果。

单位负责人对本单位担保业务内部控制的建立健全及有效实施负责。

第二章　岗位分工与授权批准

第五条　单位应当对担保业务建立严格的岗位责任制，明确相关部门和岗位的职责、权限，确保办理担保业务的不相容岗位相互分离、制约和监督。

担保业务不相容岗位至少包括：

（一）担保业务的评估与审批；

（二）担保业务的审批与执行。

单位不得由同一部门或个人办理担保业务的全过程。

第六条　单位办理担保业务的人员应当具备良好的职业道德，了解担保法等相关法律法规，熟悉担保业务流程，掌握担保专业知识。

第七条　单位应当对担保业务建立授权批准制度，明确授权批准的方式、程序和相关控制措施，规定审批人的权限、责任以及经办人的职责范围和工作要求。

第八条　审批人应当根据担保业务授权批准制度的规定，在授权范围内进行审批，不得超越权限审批。

经办人应当在职责范围内，按照审批人的批准意见办理担保业务。对于审批人超越权限审批的担保业务，经办人有权拒绝办理，并及时向审批人的上级授权部门报告。

严禁未经授权的机构或人员办理担保业务。

第九条　单位应当建立担保业务责任追究制度，对在担保中出现重大决策失误、未履行集体审批程序和不按规定执行担保业务的部门及人员，应当追究相应的责任。

第十条　单位应当制定担保业务流程，明确担保业务的评估、审批、执行等环节的内部控制要求，并设置相应的记录或凭证，如实记载各环节业务的开展情况，确保担保业务全过程得到有效控制。

第三章　担保评估与审批控制

第十一条　单位应当对担保业务进行风险评估，确保担保业务符合国家法律法规和本单位的担保政策，防范担保业务风险。

第十二条　单位提供担保业务，应当由相关部门或人员对申请担保人是否符合担保政策进行审查；对符合单位担保政策的申请担保人，单位可自行或委托中介机构对其资产质量、偿债能力、财务信用及申请担保事项的合法性进行评估，形成书面评估报告；评估报告应当全面反映评估人员的意见，并经评估人员签章。

单位要求申请担保人提供反担保的，还应对与反担保有关的资产进行评估。

第十三条　单位应当根据评估报告以及法律顾问或专家的意见，对担保业务进行集体审批。

严禁任何个人擅自决定提供担保或者改变集体审批意见。

单位向关联方提供担保的，与关联方存在经济利益或近亲属关系的有关人员在审批环节应予回避。

第十四条　被担保人要求变更担保事项的，单位应当重新履行评估与审批程序。

第四章　担保执行控制

第十五条　单位有关部门或人员应当根据集体审批意见，按规定的程序订立担保合同。订立担保合同前，应当征询法律顾问或专家的意见，确保合同条款符合《中华人民共和国合同法》、《中华人民共和国担保法》和单位担保政策的规定。

申请担保人同时向多方申请担保的，单位应与其在担保合同中明确约定本单位的担保份额，并落实担保责任。

单位应当在担保合同中明确要求被担保人定期提供财务会计报告，并及时报告担保事项的实施情况。

第十六条　单位应当建立担保业务执行情况的监测报告制度，加强对被担保人财务风险及担保事项实施情况的监测，定期形成书面报告，发现异常情况，应及时采取有效措施化解风险。

第十七条　单位应当加强对反担保财产的管理，妥善保管被担保人用于反担保的财产和权利凭证，定期核实财产的存续状况和价值，确保反担保财产安全、完整。

第十八条　单位应当在担保合同到期时全面清理用于担保的财产、权利凭证，按照合同约定及时终止担保关系。

第十九条　单位应当按照国家统一的会计制度关于担保业务的处理规定，对担保业务进行核算和披露。

第五章　监督检查

第二十条　单位应当建立对担保业务内部控制的监督检查制度，明确监督检查机构或人员的职责权限，定期或不定期地进行检查。

第二十一条　担保业务内部控制监督检查的内容主要包括：

（一）担保业务相关岗位及人员的设置情况。重点检查是否存在担保业务不相容职务混岗的现象。

（二）担保业务授权批准制度的执行情况。重点检查担保对象是否符合规定，担保业务评估是否科学合理，担保业务的审批手续是否符合规定，是否存在越权审批的行为。

（三）担保业务的审批情况。重点检查担保业务审批过程是否符合规定的程序。

（四）担保业务监测报告制度的落实情况。重点检查对被担保人财务风险及被担保事项的实施情况是否定期提交监测报告，以及反担保财产的安全、完整是否得到保证。

（五）担保合同到期是否及时办理终结手续。

第二十二条　对监督检查过程中发现的担保业务内部控制中的薄弱环节，负责监督检查的部门应当及时报告，有关部门应当查明原因，采取措施加以纠正和完善。

单位监督检查部门应当按照单位内部管理权限报告担保业务内部控制监督检查情况和有关部门的整改情况。

第六章　附　　则

第二十三条　本规范由财政部负责解释。

第二十四条　本规范自发布之日起施行。

六、内部会计控制规范——对外投资（试行）

内部会计控制规范——对外投资（试行）

第一章　总　　则

第一条　为了加强单位对外投资的内部控制，规范对外投资行为，防范对外投资风险，保证对外投资的安全，提高对外投资的效益，根据《中华人民共和国会计法》和《内部会计控制规范——基本规范（试行）》等法律法规，制定本规范。

第二条　本规范适用于公司、企业和有对外长期投资业务的其他单位（以下统称单位）。对外短期投资业务的内部控制可参照执行。

国家有关法律法规对单位对外投资业务另有规定的，从其规定。

第三条　国务院有关部门可以根据国家有关法律法规和本规范，制定本部门或本系统的对外投资内部控制规定。

各单位应当根据国家有关法律法规和本规范，结合部门或系统的对外投资内部控制规定，建立适合本单位业务特点和管理要求的对外投资内部控制制度，明确对外投资决策、执行、处置等环节的控制方法、措施和程序。

第四条　单位负责人对本单位对外投资内部控制的建立健全和有效实施负责。

第二章　岗位分工与授权批准

第五条　单位应当建立对外投资业务的岗位责任制，明确相关部门和岗位的职责、权限，确保办理对外投资业务的不相容岗位相互分离、制约和监督。

对外投资不相容岗位至少包括：

（一）对外投资项目可行性研究与评估；

（二）对外投资的决策与执行；

（三）对外投资处置的审批与执行。

第六条　单位办理对外投资业务的相关人员应当具备良好的职业道德，掌握金融、投资、财会、法律等方面的专业知识。

单位对办理对外投资业务的人员，可以根据具体情况定期进行岗位轮换。

第七条　单位应当建立对外投资业务授权批准制度，明确授权批准的方式、程序和相关控制措施，规定审批人的权限、责任以及经办人的职责范围和工作要求。

严禁未经授权的部门或人员办理对外投资业务。

第八条　审批人应当根据对外投资授权审批制度的规定，在授权范围内进行审批，不得超越权限审批。

经办人应当在职责范围内，按照审批人的批准意见办理对外投资业务。对于审批人超越授权范围审批的对外投资业务，经办人有权拒绝办理，并及时向审批人的上级授权部门报告。

第九条　单位应当建立对外投资责任追究制度，对在对外投资中出现重大决策失误、未履行集体审批程序和不按规定执行对外投资业务的部门及人员，应当追究相应的责任。

第十条　单位应当根据不同的对外投资业务制定相应的业务流程，明确各环节的控制要求，设置相应的记录或凭证，如实记载各环节业务的开展情况，加强内部审计，确保对外投资全过程得到有效控制。

单位应当加强对审批文件、投资合同或协议、投资方案书、对外投资处置决议等文件资料的管理，明确各种文件资料的取得、归档、保管、调阅等各个环节的管理规定及相关人员的职责权限。

第三章 对外投资可行性研究、评估与决策控制

第十一条 单位应当加强对外投资可行性研究、评估与决策环节的控制，对投资建议的提出、可行性研究、评估、决策等作出明确规定，确保对外投资决策合法、科学、合理。

第十二条 单位应当编制对外投资建议书，由相关部门或人员对投资建议项目进行分析与论证，并对被投资单位资信情况进行调查或实地考察。对外投资项目如有其他投资者的，应根据情况对其他投资者的资信情况进行了解或调查。

第十三条 单位应当由相关部门或人员或委托具有相应资质的专业机构对投资项目进行可行性研究，重点对投资项目的目标、规模、投资方式、投资的风险与收益等作出评价。

第十四条 单位应当由相关部门或人员或委托具有相应资质的专业机构对可行性研究报告进行独立评估，形成评估报告。评估报告应当全面反映评估人员的意见，并由所有评估人员签章。

第十五条 对外投资实行集体决策，决策过程应有完整的书面记录。

严禁任何个人擅自决定对外投资或者改变集体决策意见。

第四章 对外投资执行控制

第十六条 单位应当制定对外投资实施方案，明确出资时间、金额、出资方式及责任人员等内容。对外投资实施方案及方案的变更，应当经单位最高决策机构或其授权人员审查批准。

对外投资业务需要签订合同的，应当征询单位法律顾问或相关专家的意见，并经授权部门或人员批准后签订。

第十七条 以委托投资方式进行的对外投资，应当对受托单位的资信情况和履约能力进行调查，签订委托投资合同，明确双方的权力、义务和责任，并建立相应的风险防范措施。

第十八条 单位应当加强对资产(含现金和非现金资产，下同)投出环节的控制。办理资产投出应当符合财政部制定的相关内部会计控制规范的规定。

第十九条 单位应当指定专门的部门或人员对投资项目进行跟踪管理，掌握被投资单位的财务状况和经营情况，定期组织对外投资质量分析，发现异常情况，应及时向有关部门和人员报告，并采取相应措施。

单位可根据需求和有关规定向被投资单位派出董事、监事、财务或其他管理人员。

第二十条 单位应当对派驻被投资单位的有关人员建立适时报告、业绩考评与轮岗制度。

第二十一条 单位应当加强投资收益的控制，对外投资获取的利息、股利以及其他收益，均应纳入单位会计核算体系，严禁设置账外账。

第二十二条 单位应当加强对外投资有关权益证书的管理，指定专门部门或人员保管权益证书，建立详细的记录。未经授权人员不得接触权益证书。财会部门应定期和不定期地与相关管理部门和人员清点核对有关权益证书。

第二十三条 单位应当定期和不定期地与被投资单位核对有关投资账目，保证对外投资的安全、完整。

第五章 对外投资处置控制

第二十四条 单位应当加强对外投资处置环节的控制，对投资收回、转让、核销等的决策和授权批准程序作出明确规定。

第二十五条 对外投资的收回、转让与核销，应当实行集体决策，并履行相关审批手续。

对应收回的对外投资资产，要及时足额收取。

转让对外投资应由相关机构或人员合理确定转让价格，并报授权批准部门批准；必要时，可委托具有相应资质的专门机构进行评估。

核销对外投资，应取得因被投资单位破产等原因不能收回投资的法律文书和证明文件。

第二十六条 单位财会部门应当认真审核与对外投资处置有关的审批文件、会议记录、资产回收清单等相关资料，并按照规定及时进行对外投资处置的会计处理，确保资产处置真实、合法。

第六章 监督检查

第二十七条 单位应当建立对外投资内部控制的监督检查制度，明确监督检查机构或人员的职责权限，定期或不定期地进行检查。

第二十八条　对外投资内部控制监督检查的内容主要包括：

（一）对外投资业务相关岗位设置及人员配备情况。重点检查岗位设置是否科学、合理，是否存在不相容职务混岗的现象，以及人员配备是否合理。

（二）对外投资业务授权审批制度的执行情况。重点检查分级授权是否合理，对外投资的授权批准手续是否健全、是否存在越权审批等违反规定的行为。

（三）对外投资业务的决策情况。重点检查对外投资决策过程是否符合规定的程序。

（四）对外投资的执行情况。重点检查各项资产是否按照投资方案投出；投资期间获得的投资收益是否及时进行会计处理，以及对外投资权益证书和有关凭证的保管与记录情况。

（五）对外投资的处置情况。重点检查投资资产的处置是否经过集体决策并符合授权批准程序，资产的回收是否完整、及时，资产的作价是否合理。

（六）对外投资的会计处理情况。重点检查会计记录是否真实、完整。

第二十九条　对监督检查过程中发现的对外投资业务内部控制中的薄弱环节，负责监督检查的部门应当及时报告，有关部门应当查明原因，采取措施加以纠正和完善。

单位监督检查部门应当按照单位内部管理权限报告对外投资业务内部控制监督检查情况和有关部门的整改情况。

第七章　附　　则

第三十条　本规范由财政部负责解释。

第三十一条　本规范自发布之日起施行。

七、内部会计控制规范——工程项目（试行）

第一章　总　　则

第一条　为了加强对工程项目的内部控制，防范工程项目管理中的差错与舞弊，提高资金使用效益，根据《中华人民共和国会计法》和《内部会计控制规范——基本规范（试行）》等法律法规，制定本规范。

第二条　本规范适用于国家机关、社会团体、公司、企业、事业单位和其他经济组织（以下统称单位）。

国家有关法律法规对工程项目另有规定的，从其规定。

第三条　国务院有关部门可以根据国家有关法律法规和本规范，制定本部门或本系统的工程项目内部控制规定。

各单位应当根据国家有关法律法规和本规范，结合部门或系统的工程项目内部控制规定，建立适合本单位业务特点和管理要求的工程项目内部管理制度，并组织实施。

第四条　单位负责人对本单位工程项目内部控制的建立健全和有效实施负责。

第二章　岗位分工与授权批准

第五条　单位应当建立工程项目业务的岗位责任制，明确相关部门和岗位的职责、权限，确保办理工程项目业务的不相容岗位相互分离、制约和监督。

工程项目业务不相容岗位一般包括：

（一）项目建议、可行性研究与项目决策；

（二）概预算编制与审核；

（三）项目实施与价款支付；

（四）竣工决算与竣工审计。

第六条　单位应当根据工程项目的特点，配备合格的人员办理工程项目业务。办理工程项目业务的人员应当具备良好的业务素质和职业道德。

单位应当配备专门的会计人员办理工程项目会计核算业务，办理工程项目会计业务的人员应当熟悉国家法律法规及工程项目管理方面的专业知识。

第七条　单位应当对工程项目相关业务建立严格的授权批准制度，明确审批人的授权批准方式、权限、程序、责任及相关控制措施，规定经办人的职责范围和工作要求。

第八条　审批人应当根据工程项目相关业务授权批准制度的规定，在授权范围内进行审批，不得超越审批权限。

经办人应当在职责范围内，按照审批人的批准意见办理工程项目业务。对于审批人超越授权范围审批的工程项目业务，经办人有权拒绝办理，并及时向审批人的上级授权部门报告。

第九条　严禁未经授权的机构或人员办理工程项目业务。

第十条　单位应当制定工程项目业务流程，明确项目决策、概预算编制、价款支付、竣工决算等环节的控制要求，并设置相应的记录或凭证，如实记载各环节业务的开展情况，确保工程项目全过程得到有效控制。

第三章　项目决策控制

第十一条　单位应当建立工程项目决策环节的控制制度，对项目建议书和可行性研究报告的编制、项目决策程序等作出明确规定，确保项目决策科学、合理。

第十二条　单位应当组织工程、技术、财会等部门的相关专业人员对项目建议书和可行性研究报告的完整性、客观性进行技术经济分析和评审，出具评审意见。

第十三条　单位应当建立工程项目的集体决策制度，决策过程应有完整的书面记录。

严禁任何个人单独决策工程项目或者擅自改变集体决策意见。

第十四条　单位应当建立工程项目决策及实施的责任制度，明确相关部门及人员的责任，定期或不定期地进行检查。

第四章　概预算控制

第十五条　单位应当建立工程项目概预算环节的控制制度，对概预算的编制、审核等作出明确规定，确保概预算编制科学、合理。

第十六条　单位应当组织工程、技术、财会等部门的相关专业人员对编制的概预算进行审核，重点审查编制依据、项目内容、工程量的计算、定额套用等是否真实、完整、准确。

第五章　价款支付控制

第十七条　单位应当建立工程进度价款支付环节的控制制度，对价款支付的条件、方式以及会计核算程序作出明确规定，确保价款支付及时、正确。

第十八条　单位办理工程项目价款支付业务，应当符合《内部会计控制规范——货币资金（试行）》的有关规定。

单位办理工程项目采购业务，应当符合《内部会计控制规范——采购与付款（试行）》的有关规定。

第十九条　单位会计人员应对工程合同约定的价款支付方式、有关部门提交的价款支付申请及凭证、审批人的批准意见等进行审查和复核。复核无误后方可办理价款支付手续。

单位会计人员在办理价款支付业务过程中发现拟支付的价款与会同约定的价款支付方式及金额不符，或与工程实际完工情况不符等异常情况，应当及时报告。

第二十条　单位因工程变更等原因造成价款支付方式及金额发生变动的应提供完整的书面文件和其他相关资料。单位会计人员应对工程变更价款支付业务进行审核。

第二十一条　单位应当加强对工程项目资金筹集与运用、物资采购与使用、财产清理与变动等业务的会计核算，真实、完整地反映工程项目资金流入流出情况及财产物资的增减变动情况。

第六章　竣工决算控制

第二十二条　单位应当建立竣工决算环节的控制制度，对竣工清理、竣工决算、竣工审计、竣工验收等作出明确规定，确保竣工决算真实、完整、及时。

第二十三条　单位应当建立竣工清理制度，明确竣工清理的范围、内容和方法，如实填写并妥善保管竣工清理清单。

第二十四条　单位应当依据国家法律法规的规定及时编制竣工决算。

单位应当组织有关部门及人员对竣工决算进行审核，重点审查决算依据是否完备，相关文件资料是否齐全，竣工清理是否完成，决算编制是否正确。

第二十五条　单位应当建立竣工决算审计制度，及时组织竣工决算审计。

未实施竣工决算审计的工程项目，不得办理竣工验收手续。

第二十六条　单位应当及时组织工程项目竣工验收，确保工程质量符合设计要求。

单位应当对竣工验收进行审核，重点审查验收人员、验收范围、验收依据、验收程序等是否符合国家有关规定。

第二十七条　验收合格的工程项目，应当及时编制财产清单，办理资产移交手续，并加强对资产的管理。

第七章　监督检查

第二十八条　单位应当建立对工程项目内部控制的监督检查制度，明确监督检查机构或人员的职责权限，定期或不定期地进行检查。

第二十九条　工程项目内部控制监督检查的内容主要包括：

（一）工程项目业务相关岗位及人员的设置情况。重点检查是否存在不相容职务混岗的现象。

（二）工程项目业务授权批准制度的执行情况。重点检查重要业务的授权批准手续是否健全，是否存在越权审批行为。

（三）工程项目决策责任制的建立及执行情况。重点检查责任制度是否健全，奖惩措施是否落实到位。

（四）概预算控制制度的执行情况。重点检查概预算编制的依据是否真实，是否按规定对概预算进行审核。

（五）各类款项支付制度的执行情况。重点检查工程款、材料设备款及其他费用的支付是否符合相关法规、制度和合同的要求。

（六）竣工决算制度的执行情况。重点检查是否按规定办理竣工决算、实施决算审计。

第三十条　对监督检查过程中发现的工程项目内部控制中的问题和薄弱环节，单位应当采取措施，及时加以纠正和完善。

第八章　附　则

第三十一条　本规范由财政部负责解释。

第三十二条　本规范自发布之日起施行。

第十八部分　企业会计人员管理法规

一、中央企业总会计师工作职责管理暂行办法

国务院国有资产监督管理委员会令

（第13号）

《中央企业总会计师工作职责管理暂行办法》已经国务院国有资产监督管理委员会第37次主任办公会议审议通过，现予公布，自2006年5月14日起施行。

国务院国有资产监督管理委员会主任　李荣融

二〇〇六年四月十四日

中央企业总会计师工作职责管理暂行办法

第一章　总　则

第一条　为加强对国务院国有资产监督管理委员会（以下简称国资委）所出资企业（以下简称企业）总会计师工作职责管理，规范企业财务会计工作，促进建立健全企业内部控制机制，有效防范企业经营风险，依据《企业国有资产监督管理暂行条例》和国家有关规定，制定本办法。

第二条　企业总会计师工作职责管理，适用本办法。

第三条　本办法所称总会计师是指具有相应专业技术资格和工作经验，在企业领导班子成员中分工负责企业会计基础管理、财务管理与监督、财会内控机制建设、重大财务事项监管等工作，并按照干部管理权限通过一定程序被任命（或者聘任）为总会计师的高级管理人员。

第四条　本办法所称总会计师工作职责是指总会计师在企业会计基础管理、财务管理与监督、财会内控机制建设，以及企业投融资、担保、大额资金使用、兼并重组等重大财务事项监管工作中的职责。

第五条　企业及其各级子企业应当按规定建立和完善总会计师管理制度，明确总会计师的工作权限与责任，加强总会计师工作职责履行情况的监督管理。

第六条　国资委依法对企业总会计师工作职责履行情况进行监督管理。

第二章　职位设置

第七条　企业应当按照规定设置总会计师职位，配备符合条件的总会计师有效履行工作职责。符合条件的各级子企业，也应当按规定设置总会计师职位。

（一）现分管财务工作的副总经理（副院长、副所长、副局长），符合总会计师任职资格和条件的，可以兼任或者转任总会计师，人选也可以通过交流或公开招聘等方式及时配备。

（二）设置属于企业高管层的财务总监、首席财务官等类似职位的企业或其各级子企业，可不再另行设置总会计师职位，但应当明确指定其履行总会计师工作职责。

第八条　企业总会计师的任免按照国资委有关规定办理：

（一）已设立董事会的国有独资公司和国有控股公司的总会计师，应当经董事会审议批准，并按照有关干部管理权限与程序任命。

（二）未设立董事会的国有独资公司、国有独资企业的总会计师，按照有关干部管理权限与程序任命。

第九条　企业可以按照有关规定对其各级子企业实施总会计师或者财务总监委派等方式，积极探索完善总会计师工作职责监督管理的有效途径和方法。

第十条　担任企业总会计师应当具备以下条件：

（一）具有相应政治素养和政策水平，坚持原则、廉洁奉公、诚信至上、遵纪守法；

（二）大学本科以上文化程度，一般应当具有注册会计师、注册内部审计师等职业资格，或者具有高级

会计师、高级审计师等专业技术职称或者类似职称；

（三）从事财务、会计、审计、资产管理等管理工作8年以上，具有良好的职业操守和工作业绩；

（四）分管企业财务会计工作或者在企业（单位）财务、会计、审计、资产管理等相关部门任正职3年以上，或者主管子企业或单位财务、会计、审计、资产管理等相关部门工作3年以上；

（五）熟悉国家财经法规、财务会计制度，以及现代企业管理知识，熟悉企业所属行业基本业务，具备较强组织领导能力，以及较强的财务管理能力、资本运作能力和风险防范能力。

第十一条　具有下列情形之一的，不得担任总会计师：

（一）不具备第十条规定的；

（二）曾严重违反法律法规和国家有关财经纪律，有弄虚作假、贪污受贿、挪用公款等重大违法行为，被判处刑罚或者受过党纪政纪处分的；

（三）曾因渎职或者决策失误造成企业重大经济损失的；

（四）对企业财务管理混乱、经营成果严重不实负主管或直接责任的；

（五）个人所负企业较大数额债务到期未清偿的；

（六）党纪、政纪、法律法规规定的其他情形。

第十二条　具有下列情形之一的，总会计师任职或者工作应当回避：

（一）按照国家关于干部任职回避工作有关规定应当进行任职回避的；

（二）除国资委或公司董事会批准外，在所在企业或其各级子企业、关联企业拥有股权，以及可能影响总会计师正常履行职责的其他重要利益的；

（三）在重大项目投资、招投标、对外经济技术合作等工作中，涉及与本人及本人亲属利益的。

第三章　职责权限

第十三条　企业应当结合董事会建设，积极推动建立健全内部控制机制，逐步规范企业主要负责人、总会计师、财务机构负责人的职责权限，促进建立分工协作、相互监督、有效制衡的经营决策、执行和监督管理机制。

第十四条　总会计师的主要职责包括：企业会计基础管理、财务管理与监督、财会内控机制建设和重大财务事项监管等。

第十五条　企业会计基础管理职责主要包括：

（一）贯彻执行国家方针政策和法律法规，遵守国家财经纪律，运用现代管理方法，组织和规范本企业会计工作；

（二）组织制定企业会计核算方法、会计政策，确定企业财务会计管理体系；

（三）组织实施企业财务收支核算与管理，开展财务收支的分析、预测、计划、控制和监督等工作，组织开展经济活动分析，提出加强和改进经营管理的具体措施；

（四）组织制定财会人员管理制度，提出财会机构人员配备和考核方案；

（五）组织企业会计诚信建设，依法组织编制和及时提供财务会计报告；

（六）推动实施财务信息化建设，及时掌控财务收支状况。

第十六条　企业财务管理与监督职责主要包括：

（一）组织制定企业财务管理规章制度，并监督各项财务管理制度执行情况；

（二）组织制定和实施财务战略，组织拟订和下达财务预算，评估分析预算执行情况，促进企业预算管理与发展战略实施相连接，推行全面预算管理工作；

（三）组织编制和审核企业财务决算，拟订公司的利润分配方案和弥补亏损方案；

（四）组织制定和实施长短期融资方案，优化企业资本结构，开展资产负债比例控制和财务安全性、流动性管理。

（五）制定企业增收节支、节能降耗计划，组织成本费用控制，落实成本费用控制责任；

（六）制定资金管控方案，组织实施大额资金筹集、使用、催收和监控工作，推行资金集中管理；

（七）及时评估监测集团及其各级子企业财务收支状况和财务管理水平，组织开展财务绩效评价，组织实施企业财务收支定期稽核检查工作。

（八）定期向股东会或者出资人、董事会、监事会和相关部门报告企业财务状况和经济效益情况。

第十七条 企业财会内控机制建设职责主要包括：

（一）研究制定本企业财会内部控制制度，促进建立健全企业财会内部控制体系；

（二）组织评估、测试财会内部控制制度的有效性；

（三）组织建立多层次的监督体制，落实财会内部控制责任，对本单位经济活动的全过程进行财务监督和控制；

（四）组织建立和完善企业财务风险预警与控制机制。

第十八条 企业重大财务事项监管职责主要包括：

（一）组织审核企业投融资、重大经济合同、大额资金使用、担保等事项的计划或方案；

（二）对企业业务整合、技术改造、新产品开发及改革改制等事项组织开展财务可行性论证分析，并提供资金保障和实施财务监督；

（三）对企业重大投资、兼并收购、资产划转、债务重组等事项组织实施必要的尽职调查，并独立发表专业意见；

（四）及时报告重大财务事件，组织实施财务危机或者资产损失的处理工作。

第十九条 企业应当赋予总会计师有效履行职责的相应工作权限，具体包括：对企业重大事项的参与权、重大决策和规章制度执行情况的监督权、财会人员配备的人事建议权，以及企业大额资金支出联签权。

第二十条 总会计师对企业重大事项的参与权是指总会计师应参加总经理办公会议或者企业其他重大决策会议，参与表决企业重大经营决策，具体包括：

（一）拟定企业年度经营目标、中长期发展规划以及企业发展战略；

（二）制定企业资金使用和调度计划、费用开支计划、物资采购计划、筹融资计划以及利润分配（派）、亏损弥补方案；

（三）贷款、担保、对外投资、企业改制、产权转让、资产重组等重大决策和企业资产管理工作；

（四）企业重大经济合同的评审。

第二十一条 总会计师对重大决策和规章制度执行情况的监督权具体包括：

（一）按照职责对董事会或总经理办公会议批准的重大决策执行情况进行监督；

（二）对企业的财务运作和资金收支情况进行监督、检查，有权向董事会或者总经理办公会提出内部审计或委托外部审计建议；

（三）对企业的内部控制制度和程序的执行情况进行监督。

第二十二条 财会人员配备的人事权是指企业财务部门负责人的任用、晋升、调动、奖惩，应当事先征求总会计师的意见。企业总会计师应当参与组织财务部门负责人或下一级企业总会计师的业务培训和考核工作。

第二十三条 总会计师大额资金支出联签权是指企业按规定对大额资金使用，应当建立由总会计师与企业主要负责人联签制度；对于应当实施联签的资金，未经总会计师签字或者授权，财会人员不得支出。

第二十四条 企业行为有下列情形之一的，总会计师有权拒绝签字：

（一）违反法律法规和国家财经纪律；

（二）违反企业财务管理规定；

（三）违反企业经营决策程序；

（四）对企业可能造成经济损失或者导致国有资产流失。

第二十五条 总会计师对企业作出的重大经营决策应当发表独立的专业意见，有不同意见或者有关建议未被采纳可能造成经济损失或者国有资产流失的情况，应当及时向国资委报告。

第四章 履职评估

第二十六条 为督促企业总会计师正确履行工作职责，应当建立规范的企业总会计师工作履职评估制度。

第二十七条 总会计师履职评估工作分为年度述职和任期履职评估。年度述职应当结合企业年度财务决算工作和下一年度财务预算工作，对总会计师年度履职情况予以评估；任期履职评估应当结合经济责任审计工作，对总会计师任职期间的履职情况进行评估。

第二十八条 设立董事会的公司，总会计师应当在会计年度终了向董事会述职，董事会应当对总会计师工作进行履职评议，董事会评议结果及总会计师述职报告应当抄报股东会或者出资人备案；未建立董事会的企业，总会计师应当将述职报告报送出资人，出资人根据企业财会管理状况对总会计师工作进行履职评估。

第二十九条　总会计师年度述职报告应当围绕企业当年重大经营活动、财务状况、资产质量、经营风险、内控机制等全面报告本人的履职情况，对本人在其中发挥的监督制衡作用进行自我评价，并提出改进措施。

第三十条　企业应当按照人事管理权限，做好对其各级子企业总会计师履职评估工作。

第三十一条　对总会计师履职情况评估，应当根据总会计师在企业中的职责权限，全面考核总会计师职责的履行情况，具体应当包括以下内容：

（一）企业会计核算规范性、会计信息质量，以及企业财务预算、决算和财务动态编制工作质量情况；

（二）企业经营成果及财务状况，资金管理和成本费用控制情况；

（三）企业财会内部控制制度的完整性和有效性，企业财务风险控制情况；

（四）在企业重大经营决策中的监督制衡情况，有无重大经营决策失误；

（五）财务信息化建设情况；

（六）其他需考核的事项。

第三十二条　为充分发挥企业总会计师财务监督管理作用，建立健全企业内部控制机制，企业应当保障总会计师相应的工作权限。

第五章　工作责任

第三十三条　企业主要负责人对企业提供和披露的财务会计报告信息的真实性、完整性负领导责任；总会计师对企业提供和披露的财务会计报告信息的真实性、完整性负主管责任；企业财务机构负责人对企业提供和披露的财务会计信息的真实性、完整性负直接责任。对可能存在问题的财务会计报告，总会计师有责任提请总经理办公会讨论纠正，有责任向董事会、股东会（出资人）报告。

第三十四条　企业总会计师对下列事项负有主管责任：

（一）企业提供和披露的财务会计信息的真实性、完整性；

（二）企业会计核算规范性、合理性以及财务管理合规性、有效性；

（三）企业财会内部控制机制的有效性；

（四）企业违反国家财经法规造成严重后果的财务会计事项。

第三十五条　总会计师对下列事项负有相应责任：

（一）企业管理不当造成的重大经济损失；

（二）企业决策失误造成的重大经济损失；

（三）企业财务联签事项形成的重大经济损失。

第三十六条　企业总会计师应当严格遵守国家法律法规规定。对于企业出现严重违反法律法规和国家财经纪律行为的，以及企业内部控制制度存在严重缺陷的，应当依法追究企业总会计师的工作责任；造成重大损失的，应当追究其法律责任。

第三十七条　在企业财务会计工作中，对于违反国家法律法规和财经纪律行为，总会计师不抵制、不制止、不报告的，应当依法追究总会计师工作责任；造成重大损失的，应当追究其法律责任。

第三十八条　企业总会计师未履行或者未正确履行工作职责，致使出现下列情形之一的，应当引咎辞职：

（一）企业财务会计信息严重失真的；

（二）企业财务基础管理混乱且在规定时间内整改不力的；

（三）企业出现重大财务决策失误造成重大资产损失的。

第三十九条　在企业重大经营决策过程中，总会计师未能正确履行责任造成失误的，根据情节轻重，给予通报批评、经济处罚、撤职等处分，或给予职业禁入处理；涉嫌犯罪的，依法移交司法机关处理。

企业总会计师认真履行职责，成绩突出的，由本企业或者由本企业建议国资委给予表彰奖励。

第四十条　对于企业总会计师玩忽职守，造成企业财务会计工作严重混乱的，或以权谋私、滥用职权、徇私舞弊以及其他渎职行为致使国有资产遭受损失的，依照国家有关规定给予相应纪律处分；涉嫌犯罪的，依法移交司法机关处理。

第四十一条 在追究总会计师工作责任时，发现企业负责人、财务审计部门负责人和其他有关人员应当承担相关责任的，一并进行工作责任追究。

第四十二条 企业未按规定设置总会计师职位，或者未按规定明确分管财务负责人及类似职位人员兼任总会计师并履行总会计师工作职责的，或者企业总会计师未被授予必要管理权限有效履行工作职责的，本办法第三十五条、第三十六条、第三十七条、第三十八条规定的工作责任应当由企业主要负责人承担。

第六章 附 则

第四十三条 各企业可结合本企业实际情况，制定总会计师工作职责管理具体实施细则。

第四十四条 各省、自治区、直辖市国有资产监督管理机构可以参照本办法，制定本地区所出资企业总会计师工作职责管理相关工作规范。

第四十五条 本办法自2006年5月14日起施行。

二、财政部关于开展高级会计人才培训的通知

财政部关于开展高级会计人才培训的通知

（财会[2005]15号）

党中央有关部委，国务院有关部委、有关直属机构，北京、上海、厦门国家会计学院，各省、自治区、直辖市、计划单列市财政厅（局）：

为贯彻《会计法》关于“对会计人员的教育和培训工作应当加强”的规定，实施人才强国战略，加快我国高级会计人才培养，着力造就一批符合社会经济发展要求的高素质、复合型高级会计人才，我部在组织、指导全国高级会计人才培训工作的同时，决定依托国家会计学院定期组织高级会计人才培训班，请省级财政部门、中央有关主管单位协助我部做好政策宣传、培训对象选拔、考核等工作。现将有关事项通知如下：

一、组织领导

财政部成立全国高级会计人才培训工作领导小组（以下简称“领导小组”），负责指导高级会计人才培训工作开展。领导小组下设全国高级会计人才培训工作领导小组办公室（设在财政部会计司，以下简称“领导小组办公室”），负责培训的组织和协调工作，制定高级会计人才能力框架，组织协调开发培训教材，建立高级会计人才信息库，对学员实行跟踪管理，指导北京、上海、厦门国家会计学院的培训工作。

各省、自治区、直辖市、计划单列市财政厅（局）、中央有关主管单位在组织开展本地区、本部门会计人才培训的同时，负责培训对象的选拔推荐、考试考核和后期管理等工作。

北京、上海、厦门三家国家会计学院负责高级会计人才培训的实施，具体负责培训课程开发、教学组织、结业考核、学员档案库建设、教务管理等。

二、培训对象的选拔

各省级财政部门、中央有关主管单位根据《财政部关于高级会计人才培训实施方案》（附件1）规定的培训对象选拔条件、程序等要求，认真选拔、考核、推荐培训学员。有关要求如下：

1. 申请与资格审查。具备条件的学员，由本人申请，经所在单位同意，填写《全国高级会计人才培训项目申请表》，按照会计从业资格证书管理体制，报省级财政部门和中央有关主管单位。具体报名方式由各省级财政部门和中央有关主管单位确定。省级财政部门和中央有关主管单位对申请培训学员的基本条件进行初审，确定拟报送培训人选，原则上为5—10人。

2. 组织考试。省级财政部门和中央有关主管单位组织对培训人选进行集中考试。由领导小组办公室统一组织命题，考试范围为会计、企业内部控制、企业管理综合知识和英语。考试为闭卷考试，考试时间为2005年10月29日上午8:30—12:00，考试地点由省级财政部门、中央有关主管单位确定并提前通知学员。

3. 确定培训对象。省级财政部门和中央有关部门将考试试卷连同申请人申报材料于2005年11月2日前，一并报送领导小组办公室，领导小组办公室组织专家对报送的试卷和申请材料进行评卷和审核，确定培训人选。

三、培训时间与地点

从2005年开始，拟分期对全国通过选拔方式确定的培养对象进行培训。3年为一个培训周期，每周期

第1年先集中培训1个月，其后实行在职学习、实践考核与跟踪培训相结合，领导小组办公室和国家会计学院对学员的在职学习、实践、研究等情况实行跟踪管理。集中培训地点在北京、上海、厦门国家会计学院。为确保培训质量，不断完善培训方案，2005年12月，在上海国家会计学院试办1期培训班，具体开学时间和有关要求，由上海国家会计学院通知学员。

四、培训费用

学员在培训期间的食宿费自理，可由学员所在单位按标准给予补贴。培训期间发生的其他培训费用由国家会计学院专项经费解决。

财政部

二〇〇五年九月一日

三、财政部关于高级会计人才培训实施方案

财政部关于高级会计人才培训实施方案

一、培训目标

实施人才强国战略，适应我国市场经济和会计行业发展要求，培养和造就一批精通业务、善于管理、熟悉国际惯例、具有国际视野和战略思维的高素质、复合型会计人才，发挥高级会计人才在强化会计职能、宣传会计政策、组织继续教育、研究实务问题等方面的组织推动和辐射作用，促进我国会计队伍整体素质的全面提高。

二、培训对象

主要培训对象为具有高级会计师资格或高级会计师资格考评结合考试成绩合格者。具体包括：

1. 国有大、中型企业总会计师或会计机构负责人的后备人员（国有大中型企业现任总会计师、会计机构负责人也可参加）；

2. 在国有大、中型企业担任副职的总会计师和机构负责人；

3. 大、中型企业中有一定工作经历、具有发展潜力的中青年高级财务会计人员。

三、培训对象的选拔

（一）基本条件

1. 遵守《会计法》等相关法律法规，诚实守信。

2. 具有开拓创新意识，担任过一个单位财务会计管理工作，或从事过企业内部会计制度设计、重要课题项目研究；有较强的组织协调能力、分析研究能力。

3. 具有经济管理类专业大学本科以上学历，有较高的政策水平和较丰富的财务工作经验，从事财务会计工作5年以上；具有高级会计师职务资格或通过高级会计师资格考评结合考试。

4. 具有一定的英语基础，能够使用英语获取必要的信息。

5. 年龄原则上不超过40岁；身体健康。

（二）选拔程序

1. 申请与推荐。具备条件的学员由本人申请，经所在单位同意，填写《全国高级会计人才培训项目申请表》（见附表），按照会计从业资格证书管理体制，报单位所在地省级财政部门、中央有关主管单位。具体报名方式由各省级财政部门和中央有关主管单位确定。

2. 资格审查。省级财政部门和中央有关主管单位对申请人的基本条件进行初审，并确定培训人选5—10人。

3. 选拔考试。省级财政部门和中央有关主管单位负责组织对培训人选进行集中考试。考试由领导小组办公室统一组织命题，考试范围为会计、企业内部控制、企业管理综合知识和英语。考试为闭卷考试，考试时间为3个半小时。2005年选拔考试统一于10月29日上午8:30—12:00进行，考试地点由各省级财政部门、中央有关主管单位确定。

4. 确定人选。省级财政部门和中央有关主管单位将考试试卷连同申请人申报材料，一并报送领导小组办公室，领导小组办公室组织专家对报送的试卷和申请材料进行评卷和审核，确定培训人选。

四、培训方式

按照因材施教、学用结合的原则，实行集中培训与在职学习实践相结合、课堂教学与应用研究相结合的培训方式，通过建立学习、研究、实践、交流平台，全面培养和提升培训对象的综合素质。

（一）3年为一个培训周期，每周期第1年先集中培训1个月，其后实行在职学习与跟踪培训相结合的培训模式

集中培训以专题讲座、专题研讨、论坛等方式为主，主要是通过在国家会计学院的学习和交流，夯实基础理论、提升知识结构、更新经营观念、拓展管理视野，搭建起学员之间和学员与培训师资之间的沟通平台，同时，通过培训和综合考察，确定学员在职学习的方向和参与科研、实践的具体任务。集中培训结束时，由国家会计学院提供自学书目、课题项目和网上辅导服务，指导学员理论联系实际，深化培训内容。

集中培训结束后，学员按照国家会计学院提供的自学书目、课题项目进行自学，定期参与专属网络论坛的讨论，按时参加领导小组办公室要求的各项活动，定期向领导小组办公室报送学习心得体会、业绩报告、专业论文、案例研究报告、调研报告、考察报告等(1年内报送材料的数量不得少于2篇)，边工作，边学习，努力把学到的理论知识运用到工作中去。

（二）在职学习的跟踪管理

建立高级会计人才学习、研究、实践、交流平台，引导学员在结束集中培训后，持续进行在职学习，进一步提升学员的理论联系实际、解决实际问题的能力。具体措施是：

1. 建立高级会计人才信息库和培训学员档案，对学员实行动态跟踪管理。在培训周期内，财政部或国家会计学院每年与学员联系1—2次，了解学员学习、工作、科研等情况。

2. 组织、引导学员参加科研和社会实践活动。国家会计学院有计划、有针对性地组织学员到国内外知名企业实地考察、研究，学习先进管理经验。同时，组织学员根据培训情况和所在单位实际，撰写研究报告，国家会计学院提供学术指导。另外，培训周期内和培训期满后，根据学员特点和所在单位实际情况，组织优秀学员参加财政部、财政部会计准则委员会、中国会计学会、国家会计学院的课题项目、学术研究、调查研究、出国考察、准则制度征求意见、学术会议等活动，承担国家会计学院授课任务，逐步使学员成长为宣传会计政策的专家、研究会计准则制度的专家、培训辅导会计准则制度的专家、财政部了解基层实际情况的专家，给学员提供进一步施展才能的平台。

3. 建立培训后持续跟踪评价体系。定期了解学员完成培训后的职业岗位变化，听取学员对学习课程的建议，为测评培训实施效果提供基础数据。

五、培训教材

根据每期培训学员的特点和需求，"量身定做"培训方案和培训内容。

（一）以高级会计人才能力框架为指导，交流讲授高级会计人才应具备的知识和技能。

（二）以学员的实际需求为出发点，学以致用，解决学员在工作中遇到的实际问题。在国家会计学院近年来组织的高级会计培训课程的基础上，制定《高级会计人才培训大纲》，印发学员征求意见，并根据学员反馈的意见，进行修改、完善。

（三）关注社会经济热点问题。结合企业改革、经济改革和会计改革等热点问题，组织系列专题讲座和互动研讨等，拓展学员视野。

（四）以国家会计学院为主导，开发高级会计人才培训系列辅导教材，形成一套高级会计人才教材库，并根据学科发展趋势、我国经济管理和财务会计工作的发展进程、学员参与学习的效果等情况，定期对培训教材进行充实、修订、完善。

六、对学员的考核与管理

（一）国家会计学院负责培训期间学员的日常管理。国家会计学院应当建立学员档案，系统记载学员在培训期间的学习、科研等情况。

（二）实行政府资助与考核挂钩制度。参加培训的学员，培训周期结束考核合格的，其培训期间的培训费用由国家会计学院专项资金资助。未能按照规定定期向领导小组办公室报送学习心得体会、业绩报告、专业论文、案例研究报告、调研报告、考察报告等的，视为自动放弃继续参加培训的权利。

（三）引入淘汰机制。根据学员在每个3年培训周期中的综合表现，择优选拔可塑性强、表现优秀的学员参加下一周期更高层次培训。每一周期的学员淘汰比例不低于10%。

（四）颁发全国高级会计人才培训证书。学员学习期满，完成教学计划规定的全部课程，考核合格者予以结业。学员结业时，由财政部用印、国家会计学院颁发全国高级会计人才培训证书。

（五）培养与使用相结合。取得全国高级会计人才培训证书者，将择优聘任为财政部会计准则咨询专家组成员，申请成为中国会计学会个人会员，优先参加财政部、中国会计学会、国家会计学院组织的科研、学术等活动。

七、培训时间、地点与规模

（一）培训时间。从2005年下半年起，拟对选拔的高级会计人才进行分期分批培训，3年为1个培训阶段，每阶段第1年集中培训1个月。

（二）培训地点。北京、上海、厦门国家会计学院。

（三）培训人数。2005年试办1期50人左右，积累经验后，逐步扩大培训规模。

第十九部分　企业财务管理法规

一、企业财务通则

中华人民共和国财政部令

（第41号）

根据《国务院关于〈企业财务通则〉、〈企业会计准则〉的批复》的（国函[1992]178号）规定，财政部对《企业财务通则》（财政部令第4号）进行了修订，修订后的《企业财务通则》已经财政部部务会议讨论通过，现予公布，自2007年1月1日起施行。

部长：金人庆

二〇〇六年十二月四日

企业财务通则

第一章　总　　则

第一条　为了加强企业财务管理，规范企业财务行为，保护企业及其相关方的合法权益，推进现代企业制度建设，根据有关法律、行政法规的规定，制定本通则。

第二条　在中华人民共和国境内依法设立的具备法人资格的国有及国有控股企业适用本通则。金融企业除外。

其他企业参照执行。

第三条　国有及国有控股企业（以下简称企业）应当确定内部财务管理体制，建立健全财务管理制度，控制财务风险。

企业财务管理应当按照制定的财务战略，合理筹集资金，有效营运资产，控制成本费用，规范收益分配及重组清算财务行为，加强财务监督和财务信息管理。

第四条　财政部负责制定企业财务规章制度。

各级财政部门（以下通称主管财政机关）应当加强对企业财务的指导、管理、监督，其主要职责包括：

（一）监督执行企业财务规章制度，按照财务关系指导企业建立健全内部财务制度。

（二）制定促进企业改革发展的财政财务政策，建立健全支持企业发展的财政资金管理制度。

（三）建立健全企业年度财务会计报告审计制度，检查企业财务会计报告质量。

（四）实施企业财务评价，监测企业财务运行状况。

（五）研究、拟订企业国有资本收益分配和国有资本经营预算的制度。

（六）参与审核属于本级人民政府及其有关部门、机构出资的企业重要改革、改制方案。

（七）根据企业财务管理的需要提供必要的帮助、服务。

第五条　各级人民政府及其部门、机构，企业法人、其他组织或者自然人等企业投资者（以下通称投资者），企业经理、厂长或者实际负责经营管理的其他领导成员（以下通称经营者），依照法律、法规、本通则和企业章程的规定，履行企业内部财务管理职责。

第六条　企业应当依法纳税。企业财务处理与税收法律、行政法规规定不一致的，纳税时应当依法进行调整。

第七条　各级人民政府及其部门、机构出资的企业，其财务关系隶属同级财政机关。

第二章　企业财务管理体制

第八条　企业实行资本权属清晰、财务关系明确、符合法人治理结构要求的财务管理体制。

企业应当按照国家有关规定建立有效的内部财务管理级次。企业集团公司自行决定集团内部财务管理体制。

第九条　企业应当建立财务决策制度，明确决策规则、程序、权限和责任等。法律、行政法规规定应当通过职工（代表）大会审议或者听取职工、相关组织意见的财务事项，依照其规定执行。

企业应当建立财务决策回避制度。对投资者、经营者个人与企业利益有冲突的财务决策事项，相关投资者、经营者应当回避。

第十条　企业应当建立财务风险管理制度，明确经营者、投资者及其他相关人员的管理权限和责任，按照风险与收益均衡、不相容职务分离等原则，控制财务风险。

第十一条　企业应当建立财务预算管理制度，以现金流为核心，按照实现企业价值最大化等财务目标的要求，对资金筹集、资产营运、成本控制、收益分配、重组清算等财务活动，实施全面预算管理。

第十二条　投资者的财务管理职责主要包括：

（一）审议批准企业内部财务管理制度、企业财务战略、财务规划和财务预算。

（二）决定企业的筹资、投资、担保、捐赠、重组、经营者报酬、利润分配等重大财务事项。

（三）决定企业聘请或者解聘会计师事务所、资产评估机构等中介机构事项。

（四）对经营者实施财务监督和财务考核。

（五）按照规定向全资或者控股企业委派或者推荐财务总监。

投资者应当通过股东（大）会、董事会或者其他形式的内部机构履行财务管理职责，可以通过企业章程、内部制度、合同约定等方式将部分财务管理职责授予经营者。

第十三条　经营者的财务管理职责主要包括：

（一）拟订企业内部财务管理制度、财务战略、财务规划，编制财务预算。

（二）组织实施企业筹资、投资、担保、捐赠、重组和利润分配等财务方案，诚信履行企业偿债义务。

（三）执行国家有关职工劳动报酬和劳动保护的规定，依法缴纳社会保险费、住房公积金等，保障职工合法权益。

（四）组织财务预测和财务分析，实施财务控制。

（五）编制并提供企业财务会计报告，如实反映财务信息和有关情况。

（六）配合有关机构依法进行审计、评估、财务监督等工作。

第三章　资金筹集

第十四条　企业可以接受投资者以货币资金、实物、无形资产、股权、特定债权等形式的出资。其中，特定债权是指企业依法发行的可转换债券、符合有关规定转作股权的债权等。

企业接受投资者非货币资产出资时，法律、行政法规对出资形式、程序和评估作价等有规定的，依照其规定执行。

企业接受投资者商标权、著作权、专利权及其他专有技术等无形资产出资的，应当符合法律、行政法规规定的比例。

第十五条　企业依法以吸收直接投资、发行股份等方式筹集权益资金的，应当拟订筹资方案，确定筹资规模，履行内部决策程序和必要的报批手续，控制筹资成本。

企业筹集的实收资本，应当依法委托法定验资机构验资并出具验资报告。

第十六条　企业应当执行国家有关资本管理制度，在获准工商登记后30日内，依据验资报告等向投资者出具出资证明书，确定投资者的合法权益。

企业筹集的实收资本，在持续经营期间可以由投资者依照法律、行政法规以及企业章程的规定转让或者减少，投资者不得抽逃或者变相抽回出资。

除《公司法》等有关法律、行政法规另有规定外，企业不得回购本企业发行的股份。企业依法回购股份，应当符合有关条件和财务处理办法，并经投资者决议。

第十七条　对投资者实际缴付的出资超出注册资本的差额（包括股票溢价），企业应当作为资本公积管理。

经投资者审议决定后，资本公积用于转增资本。国家另有规定的，从其规定。

第十八条　企业从税后利润中提取的盈余公积包括法定公积金和任意公积金，可以用于弥补企业亏损或者转增资本。法定公积金转增资本后留存企业的部分，以不少于转增前注册资本的25%为限。

第十九条 企业增加实收资本或者以资本公积、盈余公积转增实收资本，由投资者履行财务决策程序后，办理相关财务事项和工商变更登记。

第二十条 企业取得的各类财政资金，区分以下情况处理：

（一）属于国家直接投资、资本注入的，按照国家有关规定增加国家资本或者国有资本公积。

（二）属于投资补助的，增加资本公积或者实收资本。国家拨款时对权属有规定的，按规定执行；没有规定的，由全体投资者共同享有。

（三）属于贷款贴息、专项经费补助的，作为企业收益处理。

（四）属于政府转贷、偿还性资助的，作为企业负债管理。

（五）属于弥补亏损、救助损失或者其他用途的，作为企业收益处理。

第二十一条 企业依法以借款、发行债券、融资租赁等方式筹集债务资金的，应当明确筹资目的，根据资金成本、债务风险和合理的资金需求，进行必要的资本结构决策，并签订书面合同。

企业筹集资金用于固定资产投资项目的，应当遵守国家产业政策、行业规划、自有资本比例及其他规定。

企业筹集资金，应当按规定核算和使用，并诚信履行合同，依法接受监督。

第四章 资产营运

第二十二条 企业应当根据风险与收益均衡等原则和经营需要，确定合理的资产结构，并实施资产结构动态管理。

第二十三条 企业应当建立内部资金调度控制制度，明确资金调度的条件、权限和程序，统一筹集、使用和管理资金。企业支付、调度资金，应当按照内部财务管理制度的规定，依据有效合同、合法凭证，办理相关手续。

企业向境外支付、调度资金应当符合国家有关外汇管理的规定。

企业集团可以实行内部资金集中统一管理，但应当符合国家有关金融管理等法律、行政法规规定，并不得损害成员企业的利益。

第二十四条 企业应当建立合同的财务审核制度，明确业务流程和审批权限，实行财务监控。

企业应当加强应收款项的管理，评估客户信用风险，跟踪客户履约情况，落实收账责任，减少坏账损失。

第二十五条 企业应当建立健全存货管理制度，规范存货采购审批、执行程序，根据合同的约定以及内部审批制度支付货款。

企业选择供货商以及实施大宗采购，可以采取招标等方式进行。

第二十六条 企业应当建立固定资产购建、使用、处置制度。

企业自行选择、确定固定资产折旧办法，可以征询中介机构、有关专家的意见，并由投资者审议批准。固定资产折旧办法一经选用，不得随意变更。确需变更的，应当说明理由，经投资者审议批准。

企业购建重要的固定资产、进行重大技术改造，应当经过可行性研究，按照内部审批制度履行财务决策程序，落实决策和执行责任。

企业在建工程项目交付使用后，应当在一个年度内办理竣工决算。

第二十七条 企业对外投资应当遵守法律、行政法规和国家有关政策的规定，符合企业发展战略的要求，进行可行性研究，按照内部审批制度履行批准程序，落实决策和执行的责任。

企业对外投资应当签订书面合同，明确企业投资权益，实施财务监管。依据合同支付投资款项，应当按照企业内部审批制度执行。

企业向境外投资的，还应当经投资者审议批准，并遵守国家境外投资项目核准和外汇管理等相关规定。

第二十八条 企业通过自创、购买、接受投资等方式取得的无形资产，应当依法明确权属，落实有关经营、管理的财务责任。

无形资产出现转让、租赁、质押、授权经营、连锁经营、对外投资等情形时，企业应当签订书面合同，明确双方的权利义务，合理确定交易价格。

第二十九条 企业对外担保应当符合法律、行政法规及有关规定，根据被担保单位的资信及偿债能力，按照内部审批制度采取相应的风险控制措施，并设立备查账簿登记，实行跟踪监督。

企业对外捐赠应当符合法律、行政法规及有关财务规定，制定实施方案，明确捐赠的范围和条件，落实执行责任，严格办理捐赠资产的交接手续。

第三十条　企业从事期货、期权、证券、外汇交易等业务或者委托其他机构理财，不得影响主营业务的正常开展，并应当签订书面合同，建立交易报告制度，定期对账，控制风险。

第三十一条　企业从事代理业务，应当严格履行合同，实行代理业务与自营业务分账管理，不得挪用客户资金、互相转嫁经营风险。

第三十二条　企业应当建立各项资产损失或者减值准备管理制度。各项资产损失或者减值准备的计提标准，一经选用，不得随意变更。企业在制订计提标准时可以征询中介机构、有关专家的意见。

对计提损失或者减值准备后的资产，企业应当落实监管责任。能够收回或者继续使用以及没有证据证明实际损失的资产，不得核销。

第三十三条　企业发生的资产损失，应当及时予以核实、查清责任，追偿损失，按照规定程序处理。

企业重组中清查出的资产损失，经批准后依次冲减未分配利润、盈余公积、资本公积和实收资本。

第三十四条　企业以出售、抵押、置换、报废等方式处理资产时，应当按照国家有关规定和企业内部财务管理制度规定的权限和程序进行。其中，处理主要固定资产涉及企业经营业务调整或者资产重组的，应当根据投资者审议通过的业务调整或者资产重组方案实施。

第三十五条　企业发生关联交易的，应当遵守国家有关规定，按照独立企业之间的交易计价结算。投资者或者经营者不得利用关联交易非法转移企业经济利益或者操纵关联企业的利润。

第五章　成本控制

第三十六条　企业应当建立成本控制系统，强化成本预算约束，推行质量成本控制办法，实行成本定额管理、全员管理和全过程控制。

第三十七条　企业实行费用归口、分级管理和预算控制，应当建立必要的费用开支范围、标准和报销审批制度。

第三十八条　企业技术研发和科技成果转化项目所需经费，可以通过建立研发准备金筹措，据实列入相关资产成本或者当期费用。

符合国家规定条件的企业集团，可以集中使用研发费用，用于企业主导产品和核心技术的自主研发。

第三十九条　企业依法实施安全生产、清洁生产、污染治理、地质灾害防治、生态恢复和环境保护等所需经费，按照国家有关标准列入相关资产成本或者当期费用。

第四十条　企业发生销售折扣、折让以及支付必要的佣金、回扣、手续费、劳务费、提成、返利、进场费、业务奖励等支出的，应当签订相关合同，履行内部审批手续。

企业开展进出口业务收取或者支付的佣金、保险费、运费，按照合同规定的价格条件处理。

企业向个人以及非经营单位支付费用的，应当严格履行内部审批及支付的手续。

第四十一条　企业可以根据法律、法规和国家有关规定，对经营者和核心技术人员实行与其他职工不同的薪酬办法，属于本级人民政府及其部门、机构出资的企业，应当将薪酬办法报主管财政机关备案。

第四十二条　企业应当按照劳动合同及国家有关规定支付职工报酬，并为从事高危作业的职工缴纳团体人身意外伤害保险费，所需费用直接作为成本（费用）列支。

经营者可以在工资计划中安排一定数额，对企业技术研发、降低能源消耗、治理“三废”、促进安全生产、开拓市场等作出突出贡献的职工给予奖励。

第四十三条　企业应当依法为职工支付基本医疗、基本养老、失业、工伤等社会保险费，所需费用直接作为成本（费用）列支。

已参加基本医疗、基本养老保险的企业，具有持续盈利能力和支付能力的，可以为职工建立补充医疗保险和补充养老保险，所需费用按照省级以上人民政府规定的比例从成本（费用）中提取。超出规定比例的部分，由职工个人负担。

第四十四条　企业为职工缴纳住房公积金以及职工住房货币化分配的财务处理，按照国家有关规定执行。

职工教育经费按照国家规定的比例提取，专项用于企业职工后续职业教育和职业培训。

工会经费按照国家规定比例提取并拨缴工会。

第四十五条　企业应当依法缴纳行政事业性收费、政府性基金以及使用或者占用国有资源的费用等。

企业对没有法律法规依据或者超过法律法规规定范围和标准的各种摊派、收费、集资，有权拒绝。

第四十六条 企业不得承担属于个人的下列支出：

（一）娱乐、健身、旅游、招待、购物、馈赠等支出。

（二）购买商业保险、证券、股权、收藏品等支出。

（三）个人行为导致的罚款、赔偿等支出。

（四）购买住房、支付物业管理费等支出。

（五）应由个人承担的其他支出。

第六章 收益分配

第四十七条 投资者、经营者及其他职工履行本企业职务或者以企业名义开展业务所得的收入，包括销售收入以及对方给予的销售折扣、折让、佣金、回扣、手续费、劳务费、提成、返利、进场费、业务奖励等收入，全部属于企业。

企业应当建立销售价格管理制度，明确产品或者劳务的定价和销售价格调整的权限、程序与方法，根据预期收益、资金周转、市场竞争、法律规范约束等要求，采取相应的价格策略，防范销售风险。

第四十八条 企业出售股权投资，应当按照规定的程序和方式进行。股权投资出售底价，参照资产评估结果确定，并按照合同约定收取所得价款。在履行交割时，对尚未收款部分的股权投资，应当按照合同的约定结算，取得受让方提供的有效担保。

上市公司国有股减持所得收益，按照国务院的规定处理。

第四十九条 企业发生的年度经营亏损，依照税法的规定弥补。税法规定年限内的税前利润不足弥补的，用以后年度的税后利润弥补，或者经投资者审议后用盈余公积弥补。

第五十条 企业年度净利润，除法律、行政法规另有规定外，按照以下顺序分配：

（一）弥补以前年度亏损。

（二）提取10%法定公积金。法定公积金累计额达到注册资本50%以后，可以不再提取。

（三）提取任意公积金。任意公积金提取比例由投资者决议。

（四）向投资者分配利润。企业以前年度未分配的利润，并入本年度利润，在充分考虑现金流量状况后，向投资者分配。属于各级人民政府及其部门、机构出资的企业，应当将应付国有利润上缴财政。

国有企业可以将任意公积金与法定公积金合并提取。股份有限公司依法回购后暂未转让或者注销的股份，不得参与利润分配；以回购股份对经营者及其他职工实施股权激励的，在拟订利润分配方案时，应当预留回购股份所需利润。

第五十一条 企业弥补以前年度亏损和提取盈余公积后，当年没有可供分配的利润时，不得向投资者分配利润，但法律、行政法规另有规定的除外。

第五十二条 企业经营者和其他职工以管理、技术等要素参与企业收益分配的，应当按照国家有关规定在企业章程或者有关合同中对分配办法作出规定，并区别以下情况处理：

（一）取得企业股权的，与其他投资者一同进行企业利润分配。

（二）没有取得企业股权的，在相关业务实现的利润限额和分配标准内，从当期费用中列支。

第七章 重组清算

第五十三条 企业通过改制、产权转让、合并、分立、托管等方式实施重组，对涉及资本权益的事项，应当由投资者或者授权机构进行可行性研究，履行内部财务决策程序，并组织开展以下工作：

（一）清查财产，核实债务，委托会计师事务所审计。

（二）制订职工安置方案，听取重组企业的职工、职工代表大会的意见或者提交职工代表大会审议。

（三）与债权人协商，制订债务处置或者承继方案。

（四）委托评估机构进行资产评估，并以评估价值作为净资产作价或者折股的参考依据。

（五）拟订股权设置方案和资本重组实施方案，经过审议后履行报批手续。

第五十四条 企业采取分立方式进行重组，应当明晰分立后的企业产权关系。

企业划分各项资产、债务以及经营业务，应当按照业务相关性或者资产相关性原则制订分割方案。对不能分割的整体资产，在评估机构评估价值的基础上，经分立各方协商，由拥有整体资产的一方给予他方适当经济补偿。

第五十五条 企业可以采取新设或者吸收方式进行合并重组。企业合并前的各项资产、债务以及经营业务，由合并后的企业承继，并应当明确合并后企业的产权关系以及各投资者的出资比例。

企业合并的资产税收处理应当符合国家有关税法的规定，合并后净资产超出注册资本的部分，作为资本公积；少于注册资本的部分，应当变更注册资本或者由投资者补足出资。

对资不抵债的企业以承担债务方式合并的，合并方应当制定企业重整措施，按照合并方案履行偿还债务责任，整合财务资源。

第五十六条 企业实行托管经营，应当由投资者决定，并签订托管协议，明确托管经营的资产负债状况、托管经营目标、托管资产处置权限以及收益分配办法等，并落实财务监管措施。

受托企业应当根据托管协议制订相关方案，重组托管企业的资产与债务。未经托管企业投资者同意，不得改组、改制托管企业，不得转让托管企业及转移托管资产、经营业务，不得以托管企业名义或者以托管资产对外担保。

第五十七条 企业进行重组时，对已占用的国有划拨土地应当按照有关规定进行评估，履行相关手续，并区别以下情况处理：

（一）继续采取划拨方式的，可以不纳入企业资产管理，但企业应当明确划拨土地使用权权益，并按规定用途使用，设立备查账簿登记。国家另有规定的除外。

（二）采取作价入股方式的，将应缴纳的土地出让金转作国家资本，形成的国有股权由企业重组前的国有资本持有单位或者主管财政机关确认的单位持有。

（三）采取出让方式的，由企业购买土地使用权，支付出让费用。

（四）采取租赁方式的，由企业租赁使用，租金水平参照银行同期贷款利率确定，并在租赁合同中约定。

企业进行重组时，对已占用的水域、探矿权、采矿权、特许经营权等国有资源，依法可以转让的，比照前款处理。

第五十八条 企业重组过程中，对拖欠职工的工资和医疗、伤残补助、抚恤费用以及欠缴的基本社会保险费、住房公积金，应当以企业现有资产优先清偿。

第五十九条 企业被责令关闭、依法破产、经营期限届满而终止经营的，或者经投资者决议解散的，应当按照法律、法规和企业章程的规定实施清算。清算财产变卖底价，参照资产评估结果确定。国家另有规定的，从其规定。

企业清算结束，应当编制清算报告，委托会计师事务所审计，报投资者或者人民法院确认后，向相关部门、债权人以及其他的利益相关人通告。其中，属于各级人民政府及其部门、机构出资的企业，其清算报告应当报送主管财政机关。

第六十条 企业解除职工劳动关系，按照国家有关规定支付的经济补偿金或者安置费，除正常经营期间发生的列入当期费用以外，应当区别以下情况处理：

（一）企业重组中发生的，依次从未分配利润、盈余公积、资本公积、实收资本中支付。

（二）企业清算时发生的，以企业扣除清算费用后的清算财产优先清偿。

第八章 信息管理

第六十一条 企业可以结合经营特点，优化业务流程，建立财务和业务一体化的信息处理系统，逐步实现财务、业务相关信息一次性处理和实时共享。

第六十二条 企业应当逐步创造条件，实行统筹企业资源计划，全面整合和规范财务、业务流程，对企业物流、资金流、信息流进行一体化管理和集成运作。

第六十三条 企业应当建立财务预警机制，自行确定财务危机警戒标准，重点监测经营性净现金流量与到期债务、企业资产与负债的适配性，及时沟通企业有关财务危机预警的信息，提出解决财务危机的措施和方案。

第六十四条 企业应当按照有关法律、行政法规和国家统一的会计制度的规定，按时编制财务会计报告，经营者或者投资者不得拖延、阻挠。

第六十五条 企业应当按照规定向主管财政机关报送月份、季度、年度财务会计报告等材料，不得在报送的财务会计报告等材料上作虚假记载或者隐瞒重要事实。主管财政机关应当根据企业的需要提供必要的培训和技术支持。

企业对外提供的年度财务会计报告，应当依法经过会计师事务所审计。国家另有规定的，从其规定。

第六十六条 企业应当在年度内定期向职工公开以下信息：

（一）职工劳动报酬、养老、医疗、工伤、住房、培训、休假等信息。

（二）经营者报酬实施方案。

（三）年度财务会计报告审计情况。

（四）企业重组涉及的资产评估及处置情况。

（五）其他依法应当公开的信息。

第六十七条 主管财政机关应当建立健全企业财务评价体系，主要评估企业内部财务控制的有效性，评价企业的偿债能力、盈利能力、资产营运能力、发展能力和社会贡献。评估和评价的结果可以通过适当方式向社会发布。

第六十八条 主管财政机关及其工作人员应当恰当使用所掌握的企业财务信息，并依法履行保密义务，不得利用企业的财务信息谋取私利或者损害企业利益。

第九章 财务监督

第六十九条 企业应当依法接受主管财政机关的财务监督和国家审计机关的财务审计。

第七十条 经营者在经营过程中违反本通则有关规定的，投资者可以依法追究经营者的责任。

第七十一条 企业应当建立、健全内部财务监督制度。

企业设立监事会或者监事人员的，监事会或者监事人员依照法律、行政法规、本通则和企业章程的规定，履行企业内部财务监督职责。

经营者应当实施内部财务控制，配合投资者或者企业监事会以及中介机构的检查、审计工作。

第七十二条 企业和企业负有直接责任的主管人员和其他人员有以下行为之一的，县级以上主管财政机关可以责令限期改正、予以警告，有违法所得的，没收违法所得，并可以处以不超过违法所得3倍、但最高不超过3万元的罚款；没有违法所得的，可以处以1万元以下的罚款。

（一）违反本通则第三十九条、四十条、四十二条第一款、四十三条、四十六条规定列支成本费用的。

（二）违反本通则第四十七条第一款规定截留、隐瞒、侵占企业收入的。

（三）违反本通则第五十条、五十一条、五十二条规定进行利润分配的。但依照《公司法》设立的企业不按本通则第五十条第一款第二项规定提取法定公积金的，依照《公司法》的规定予以处罚。

（四）违反本通则第五十七条规定处理国有资源的。

（五）不按本通则第五十八条规定清偿职工债务的。

第七十三条 企业和企业负有直接责任的主管人员和其他人员有以下行为之一的，县级以上主管财政机关可以责令限期改正、予以警告。

（一）未按本通则规定建立健全各项内部财务管理制度的。

（二）内部财务管理制度明显与法律、行政法规和通用的企业财务规章制度相抵触，且不按主管财政机关要求修正的。

第七十四条 企业和企业负有直接责任的主管人员和其他人员不按本通则第六十四条、第六十五条规定编制、报送财务会计报告等材料的，县级以上主管财政机关可以依照《公司法》、《企业财务会计报告条例》的规定予以处罚。

第七十五条 企业在财务活动中违反财政、税收等法律、行政法规的，依照《财政违法行为处罚处分条例》（国务院令第427号）及有关税收法律、行政法规的规定予以处理、处罚。

第七十六条 主管财政机关以及政府其他部门、机构有关工作人员，在企业财务管理中滥用职权、玩忽职守、徇私舞弊或者泄露国家机密、企业商业秘密的，依法进行处理。

第十章 附 则

第七十七条 实行企业化管理的事业单位比照适用本通则。

第七十八条 本通则自2007年1月1日起施行。

二、财政部关于实施修订后的《企业财务通则》有关问题的通知

财政部关于实施修订后的《企业财务通则》有关问题的通知

财企[2007]48 号

为了贯彻实施修订后的《企业财务通则》(财政部令第 41 号)，做好企业新旧财务制度的转换工作，推进企业财务制度的改革，现就有关问题通知如下：

一、关于职工福利费财务制度改革的衔接问题

修订后的《企业财务通则》实施后，企业不再按照工资总额 14%计提职工福利费，2007 年已经计提的职工福利费应当予以冲回。截至 2006 年 12 月 31 日，应付福利费账面余额(不含外商投资企业从税后利润中提取的职工福利及奖励基金余额)区别以下情况处理，上市公司另有规定的，从其规定：

(一) 余额为赤字的，转入 2007 年年初未分配利润，由此造成年初未分配利润出现负数的，依次以任意公积金和法定公积金弥补，仍不足弥补的，以 2007 年及以后年度实现的净利润弥补。

(二) 余额为结余的，继续按照原有规定使用，待结余使用完毕后，再按照修订后的《企业财务通则》执行。如果企业实行公司制改建或者产权转让，则应当按照《财政部关于〈公司制改建有关国有资本管理与财务处理的暂行规定〉有关问题的补充通知》(财企[2005]12 号)转增资本公积。

二、关于修订后的《企业财务通则》的组织实施问题

各地区、各部门、各企业集团公司应当认真组织实施修订后的《企业财务通则》，结合本地区、本部门、本集团的具体情况开展业务培训，做好企业财务制度改革的政策宣传工作，按照修订后的《企业财务通则》(财政部令第 41 号)的规定调整、修订和完善企业财务管理制度，确保企业新旧财务制度实现顺利转换。

财政部

二〇〇七年三月二十日

三、财政部关于《公司法》施行后有关财务处理问题的通知

财政部关于《公司法》施行后有关企业财务处理问题的通知

财企[2006]67 号

各省、自治区、直辖市、计划单列市财政厅(局)，新疆生产建设兵团财务局，国务院各部委、各直属机构，各中央管理企业：

我国第三次修订通过的《公司法》于 2006 年 1 月 1 日起施行，现就有关企业财务处理问题通知如下：

一、关于以非货币资产件价出资的评估问题

根据《公司法》第 27 条的规定，企业以实物、知识产权、土地使用权等非货币资产出资设立公司的，应当评估作价，核实资产。国有及国有控股企业以非货币资产出资或者接受其他企业的非货币资产出资，应当遵守国家有关资产评估的规定，委托有资格的资产评估机构和执业人员进行；其他的非货币资产出资的评估行为，可以参照执行。

二、关于公益金余额处理问题

从 2006 年 1 月 1 日起，按照《公司法》组建的企业根据《公司法》第 167 条进行利润分配，不再提取公益金；同时，为了保持企业间财务政策的一致性，国有企业以及其他企业一并停止实行公益金制度。企业对 2005 年 12 月 31 日的公益金结余，转作盈余公积金管理使用；公益金赤字，依次以盈余公积金、资本公积金、以前年度未分配利润弥补，仍有赤字的，结转未分配利润账户，用以后年度实现的税后利润弥补。

企业经批准实施住房制度改革，应当严格按照财政部《关于企业住房制度改革中有关财务处理问题的通知》(财企[2000]295 号)及财政部《关于企业住房制度改革中有关财务处理问题的补充通知》(财企[2000]878 号)的相关规定执行。企业按照国家统一规定实行住房分配货币化改革后，不得再为职工购建

住房，盈余公积金不得列支相关支出。

尚未实行分离办社会职能或者主辅分离、辅业改制的企业，原属于公益金使用范围的内设职工食堂、医务室、托儿所等集体福利机构所需固定资产购建支出，应当严格履行企业内部财务制度规定的程序和权限进行审批，并按照企业生产经营资产的相关管理制度执行。

企业停止实行公益金制度以后，外商投资企业的职工奖励及福利基金，经董事会确定继续提取的，应当明确用途、使用条件和程序，作为负债管理。

三、关于股份有限公司收购本公司股票的财务处理问题

股份有限公司根据《公司法》第 143 条规定回购股份，应当按照以下要求进行财务处理：

（一）公司回购的股份在注销或者转让之前，作为库存股管理，回购股份的全部支出转作库存股成本。但与持有本公司股份的其他公司合并而导致的股份回购，参与合并各方在合并前及合并后如均属于同一股东最终控制的，库存股成本按参与合并的其他公司持有本公司股份的相关投资账面价值确认；如不属于同一股东最终控制的，库存股成本按参与合并的其他公司持有本公司股份的相关投资公允价值确认。

库存股注销时，按照注销的股份数量减少相应股本，库存股成本高于对应股本的部分，依次冲减资本公积金、盈余公积金、以前年度未分配利润；低于对应股本的部分，增加资本公积金。

库存股转让时，转让收入高于库存股成本的部分，增加资本公积金；低于库存股成本的部分，依次冲减资本公积金、盈余公积金、以前年度未分配利润。

（二）因实行职工股权激励办法而回购股份的，回购股份不得超过本公司已发行股份总额的百分之五，所需资金应当控制在当期可供投资者分配的利润数额之内。

股东大会通过职工股权激励办法之日与股份回购日不在同一年度的，公司应当于通过职工股权激励办法时，将预计的回购支出在当期可供投资者分配的利润中作出预留，对预留的利润不得进行分配。

公司回购股份时，应当将回购股份的全部支出转作库存股成本，同时按回购支出数额将可供投资者分配的利润转入资本公积金。

（三）库存股不得参与公司利润分配，股份有限公司应当将其作为所有者权益的备抵项目反映。

四、本通知自 2006 年 4 月 1 日起施行。执行中有何问题，请随时向我部反映。

四、企业国有资本与财务管理暂行办法

财政部关于印发《企业国有资本与财务管理暂行办法》的通知

财企[2001]325 号

为了适应建立现代企业制度的需要，规范企业国有资本与财务管理行为，我们制定了《企业国有资本与财务管理暂行办法》。现印发给你们，请遵照执行。在执行中有何问题，请及时向我部反映。

附件：企业国有资本与财务管理暂行办法

附件：企业国有资本与财务管理暂行办法

第一章 总 则

第一条 为适应建立现代企业制度的需要，加强企业国有资本与财务管理，根据我国有关法律、行政法规的规定，制定本办法。

第二条 本办法适用于持有国有资本的各类非金融企业（以下统称企业）。金融企业国有资本与财务管理办法由财政部另行制定。

第三条 按照国家所有、分级管理、授权经营、分工监管的原则，各级主管财政机关根据本级人民政府赋予的职权，负责企业国有资本与财务管理；企业按照国家有关国有资本与财务管理的规章制度，承担国有资本保值增值的责任。

第四条 企业应当按照建立现代企业制度的要求，明晰产权，理顺和规范资本与财务管理关系。

企业拥有子公司的，要建立母子公司资本与财务管理体制，母公司以其出资额为限对子公司承担责任。

第五条 本办法所称“国有资本”，是指国家对企业各种形式的投资和投资所形成的权益，以及依法认定为国家所有的其他权益。

本办法所称"主管财政机关"，是指负责企业国有资本与财务管理的各级人民政府财政部门。其中：中央管理企业的主管财政机关是指财政部；地方管理企业的主管财政机关是指地方同级财政部门。

本办法所称"母公司"，是指直接持有国有资本的各类集团公司、总公司以及国家授权投资的机构。

本办法所称"子公司"，是指由母公司直接投资或者由各级人民政府划转母公司直接管理并取得控制权的企业。

第二章　管理职责与权限

第六条　财政部负责制定国家统一的企业国有资本与财务管理的各项规章、制定。各级主管财政机关的主要职责如下：

（一）核定企业国有资本，监管国有资本变动事宜；

（二）参与企业制度改革，负责国有股权管理；

（三）组织清产核资和产权界定，办理国有资产产权登记；

（四）负责国有资产产权纠纷调处；

（五）指导财产评估业务，监管国有资产评估；

（六）制定企业税后利润分配制度，监缴国有资本收益；

（七）制定企业财务考核指标体系，组织国有资本营运效绩评价；

（八）监管国有资本保值增值情况，防止国有资产流失；

（九）指导和督促企业建立健全内部资本与财务管理办法；

（十）各级政府授予行使的企业国有资本与财务管理的其他职责。

第七条　母公司的主要职责如下：

（一）执行国家有关企业国有资本与财务管理的各项规章制度，建立健全内部资本与财务管理办法；

（二）确定企业内容财务管理体制；

（三）编制企业年度财务预算和财务会计报告；

（四）按照规定的程序和权限处置企业各项资产；

（五）按照国家政策确定企业内部工资分配制度；

（六）拟订母公司增加或减少注册资本的方案，依法决定子公司注册资本增加或减少事宜；

（七）拟订子公司资产重组方案，依法审定子公司以下企业的资产重组事项；

（八）实行企业内部资金集中统一管理，依法管理子公司投资、融资事项；

（九）制订企业对外担保管理措施，依法审议子公司及其以下企业对外担保事项；

（十）制订母公司的税后利润分配方案和弥补亏损方案，依法审定子公司税后利润分配和弥补亏损事宜；

（十一）组织内部财务考核和评价，落实国有资本保值增值的责任；

（十二）统一向主管财政机关报送财务会计报表和年度财务预算、申办企业国有资本与财务审批事项；

（十三）按照主管财政机关的规定行使其他有关企业国有资本与财务管理的职责。

第八条　主管财政机关对企业国有资本与财务的部分管理职能，可以委托给母公司。

母公司可向全资子公司或者通过子公司董事会向拥有控制权的子公司委派财务主管或财务总监。

第九条　企业合并、分立、转让、中外合资合作、公司制改建等涉及国有资本变动的，应当按以下权限报经批准：

（一）母公司国有资本变动的，中央管理企业报请国务院批准，地方管理企业报请地市级以上（含地市级）人民政府批准；

（二）子公司国有资本变动的，属于集团内部结构调整的，由母公司审批，涉及集团外部的，由母公司报主管财政机关审批；

（三）子公司以下企业国有资本变动的，由母公司审批的。

股份有限公司国有股设置方案和上市公司国有股减持的，按照国务院和财政部的有关规定执行。

第十条　企业国有资本与财务管理的重大事项，包括合并、分立、转让、中外合资合作、公司制改建、注册资本变动、重大投融资、对外担保、工资制度、财务预算等，应当由有关业务部门提出方案，经过财务部门审核提出意见，报企业董事会审议决定；没有设立董事会的企业，由经理办公会研究决定。对工资制度、社会保障、职工安置等涉及职工合法权益的财务事项，应当按照国家法律、行政法规的有关规定事先听取职工代表大会的意见。

企业董事会或经理办公会研究，审议国有资本与财务管理事项，必须作出会议纪要。企业财务部门负责人应当出席或者列席企业董事会或经理办公会等相关的会议。

第十一条 企业对于按规定需要报告主管财政机关的国有资本与财务管理的重大事项，以书面形式报送，并附送相关资料。

第三章 国有资本投入的管理

第十二条 企业依照国家有关规定进行清产核资时，所持有的国有资本按照经主管财政机关审核的结果调整；发生产权变动时，企业持有的国有资本按照实际交易价格调整。

第十三条 国家对企业注册的国有资本实行保全原则。

企业在持续经营期间，对注册的国有资本除依法转让以外，不得抽回，并且以出资额为限承担责任。持续经营的子公司发生资不抵债情形时，母公司对其未确认的股权投资损失，不能冲减所持有的国有资本；如需注入资本的，按国家有关规定及公司章程执行。

第十四条 企业拟定以盈余公积、资本公积转增实收资本的，国有企业和国有独资企公司由企业董事会或者经理办公会决定，并报主管财政机关备案；股份有限公司和有限责任公司由董事会决定，并经股东大会或者股东会审议通过。

第十五条 国有资本在不同企业法人单位之间的转移，实行有偿转让，国家另有规定的除外。

第十六条 企业必须按规定办理国有资产产权登记。国有资产产权登记证(表)是国有资本的出资证明，也是企业持有并经营国有资本的法律凭证。

第四章 国有资本营运的管理

第十七条 企业对年度内的资本营运与各项财务活动，应当实行财务预算管理制度。

母公司编制执行的年度财务预算以及预算调整方案，应当报主管财政机关备案。

第十八条 企业应当制定各项人工、材料、物料的消耗定额，编制各项经营管理费用预算，健全各项原始记录及相关的稽核制度，建立有效的内部控制制度。

企业大宗原辅材料或商品物资的采购、固定资产的购建和工程建设一般应当按照公开、公正、公平的原则，采取招标方式进行。

第十九条 企业应当执行国家规定的工资政策。在工资总额增长幅度不超过本企业经济效益增长幅度、职工实际平均增长幅度不超过本企业劳动生产率增长幅度的前提下，企业可以自主确定内部工资分配办法。

企业高级管理人员经批准可以实行年薪制、股票期权等分配制度。

第二十条 企业借款必须坚持适度筹措的原则，注意防范财务风险，并纳入财务预算管理。

母公司应当建立以现金流为核心的内部资金管理制度，对企业资金实行统一集中管理，明确资金高度的权限和程序，控制负债规模并改善债务结构，降低企业资金成本。

第二十一条 企业对外提供担保，应符合《中华人民共和国担保法》的规定，充分考虑被担保单位的资信和偿债能力，并按照企业内部管理制度规定的程序、权限审议决定。

对企业向外提供的各种类型的担保，财务部门要设置备查簿逐笔登记，并进行跟踪监督。

第二十二条 企业对外投资必须符合国家产业政策和企业发展战略，做好可行性研究，纳入财务预算管理，并明确投资项目决策者和实施者应承担的责任。

企业投入中外合资、合作经营企业的财产，必须在中外合资、合作经营项目批准后 30 日内，到主管财政机关办理中方财产转移申报手续。涉及国有划拨土地使用权的，企业应当按照国家有关规定办理。

企业向境外投资，应当符合国家有关规定，办理境外资产权属关系，承担有限责任。

第二十三条 企业合并、分立、转让、公司制改建等，应当在做好可行性研究的基础上，对各项资产进行全面清查，编制清查日资产负债表、财产清册和债权债务清单，与债权银行依法订立债务保全协议，制定包括职工安置、债权债务承继、转让价款结算、企业重整等内容的方案。

第二十四条 企业合并前，各方企业欠缴的职工社会保险费、税款和尚未归还的银行借款以及其他债务随同各项债权及其他资产，经审计、评估后一并转入合并后的企业。

企业分立前的各项债权及其他资产按照业务相关性原则划分，对不宜分割的整体资产，由持有的一方给另一方相应的价值补偿；企业欠缴的职工社会保险费、税款和尚未归还的银行借款以及其他债务，根据人员、业务相关性原则，随同资产由分立后的企业分别承担。

第二十五条　企业实施产权转让，转让方应当对受让方的资质、信誉、财务状况进行调查，确认受让方具有支付产权转让价款、承担债务、安置职工的能力。对持续经营但已资不抵债的企业，受让方具有实际资金投入、能够妥善安置职工并征得主要债权人同意的，可以采取承担企业债务的方式对企业进行兼并。

第二十六条　企业实行公司制改建，母体企业或者存续企业必须与公司制企业实行人、财、物和经营业务分开，防止国有资产流失。子公司实行公司制改建时，对没有纳入改建范围的国有资本，应当划转给母公司其他全资子公司持有。

第二十七条　企业发生对外投资、合并、分立、转让、公司制改建等行为的，必须委托相关中介机构进行资产评估，并以评估价值作为确定资产交易价格的基础。

第五章　国有资本收益的管理

第二十八条　国有资本收益是指注册的国有资本分享的企业税后利润以及国家法律、行政法规规定的其他国有资本收益。

第二十九条　企业实现的年度净利润，归企业投资者所有，必须按规定进行分配。以前年度未分配利润，并入本年度可向投资者分配的利润进行分配。

母公司制订的年度利润分配方案，应当报主管财政机关备案。母公司向主管财政机关上缴利润的具体办法，由财政部根据国务院的决定制定。

第三十条　企业发生的年度经营亏损，依法用以后年度实现的利润弥补。连续5年不足弥补的，用税后利润弥补，或者经企业董事会或经理办公会审议后，依次用企业盈余公积、资本公积弥补。

企业在以前年度亏损未弥补之前，不得向投资者分配利润。

第三十一条　企业发生的资产损失，包括坏账损失、存货损失、股权投资损失、固定资产及在建工程损失、担保(抵押)损失以及经营证券、期货、外汇交易损失等，由有关部门及时按财务制度等规定予以核实，查清责任。

对核实清楚的资产损失，企业可区别以下情况处理：生产经营的损失计入本期损益；清算期间的损失计入清算费用；公司制改建中的损失，可以冲减所有者权益。

第三十二条　转让母公司国有资本所得收益，上缴主管财政机关；企业转让子公司股权所得收益与其对子公司股权投资的差额，作为投资损益处理。

上市公司国有股减持所得收益，按国务院规定执行。

第三十三条　企业被责令关闭、依法破产或者经营期限届满终止经营或解散的，应当按照法律、行政法规的规定实施清算。

企业清算净收益归投资者所有，其中：子公司清算所得净收益，投资者分享的份额与其对子公司股权投资的差额，作为投资收益处理；母公司清算所得净收益，上缴主管财政机关。

第六章　财务考核与评价

第三十四条　企业财务考核评价以国有资本保值增值能力为核心，内容包括财务效益、资产营运、偿债能力和发展能力四个方面，具体指标和方法，按照《国有资本金效债评价规则》和《国有资本金效绩评价操作细则》执行。

企业财务考核与评价指标的标准值，由财政部制定发布。

第三十五条　企业财务考核与评价分为外部考评与内部考评。

企业外部考评由主管财政机关会同政府有关部门组织进行。

企业内部考评由母公司组织进行，主要检查、分析企业年度财务预算执行情况，按照国家统一制定的评价方法和评价标准考核各预算执行单位的经营业绩，并作为企业内部人力资源管理的一项重要依据。

第三十六条　主管财政机关会同政府有关部门对母公司进行年度财务考核与评价后，向同级人民政府以及负责管理企业领导人员的部门提交财务考核与评价报告，作为对企业领导人员的奖惩及任免的参考。

企业符合国家规定条件，经政府有关部门批准，可以对经营者产行年薪制等激励政策；对已批准实行年薪制的企业,可以财务考核与评价结果作为确定年薪的基本依据。

第三十七条 企业财务考核与评价以企业会计报告为基础。

企业财务会计报告应当经过会计师事务所审计。财政部另有规定的,从其规定。

企业委托的会计师事务所,应当符合财政部规定的条件。

第三十八条 除国家法律、行政法规另有规定以外,主管财政机关对企业年度财务会计报告进行财务考核与评价的结果,可以一定的方式向社会发布。

第七章 法律责任

第三十九条 主管机关有权对企业的国有资本与财务管理和相关社会中介机构的执业质量进行检查监督,对违法、违规行为依法进行处罚。

第四十条 企业凡有以下行为之一的,主管财政机关根据《中华人民共和国行政处罚法》的规定,可以责令限期纠正、追回损失或者没收非法所得、通报批评:

(一) 企业不按规定进行资产评估,或者在评估中故意压低资产评估价值的;

(二) 企业违反规定,将财产低价出售或无偿处置给其他单位或个人的;

(三) 企业违反规定,将资产低价折股或者无偿量化给个人的;

(四) 企业取得资产不按规定办理资产转移手续造成资产损失的;

(五) 企业违反规定对外提供担保或抵押、对外投资、赊账经营、大宗商品物资采购及固定资产修建等,给企业造成损失的;

(六) 企业未经批准擅自实行产权激励制度,或者违反国家有关规定发放薪酬,侵蚀国有资本权益的;

(七) 国有股持股单位、中方出资者或合作者及其委派的股权代表与他人串通,损害国有资本权益或者对损害国有资本权益的行为不反对、不制止的;

(八) 企业违反规定,隐瞒、截留国有资本收益,或者拖延应缴国有资本收益超过180天的。

第四十一条 企业未按照规定建立并实施内部控制制度,或者不按规定报送财务会计报表、不如实提供有关情况的,主管财政机关根据《中华人民共和国会计法》、《企业财务会计报告条例》的规定予以处罚。

第四十二条 企业凡有以下行为之一的,主管财政机关根据《中华人民共和国行政处罚法》的规定,可以责令限期改正:

(一) 企业制定的内部资本与财务管理办法不按规定报主管财政机关备案的;

(二) 不按规定编报年度财务预算的;

(三) 不按规定申报国有资本变动事项,但尚未造成国有资本损失的;

(四) 不按规定委托相关中介机构办理审计、评估业务,或者不按规定提交审计报告、资产评估报告的。

第四十三条 企业不按规定办理产权登记的,主管财政机关根据《企业国有资产产权登记管理办法》的规定予以处罚。

第四十四条 企业编制、对外提供虚假的或者隐瞒重要事实的财务会计报告的,或者拒绝主管财政机关对财务会计报告依法监督检查的,主管财政机关根据《中华人民共和国会计法》、《企业财务会计报告条例》的规定予以处罚。

第四十五条 主管财政机关对企业违法、违规行为进行财政处罚时,对负有直接责任的主管人员和其他人员,可建议人事管理部门给予行政处分。构成犯罪的,移交司法机关依法追究刑事责任。

第四十六条 主管财政机关的有关工作人员,在国有资本与财务管理中滥用职权、玩忽职守、徇私舞弊或者泄露国家机密、商业秘密,给予行政处分。构成犯罪的,移交司法机关依法追究刑事责任。

第八章 附 则

第四十七条 各省、自治区、直辖市及计划单列市财政厅(局)可以根据本办法,结合本地区实际情况制定实施细则,并报财政部备案。

第四十八条 企业应当根据本办法及国家其他有关规定,制定内部资本与财务管理办法,并报主管财政机关备案。

第四十九条 本办法自发布之日起执行。

五、企业公司制改建有关国有资本管理与财务处理的暂行规定

财政部关于印发《企业公司制改建有关国有资本管理与财务处理的暂行规定》的通知

财企[2002]313号

国务院各部委，各省、自治区、直辖市、计划单列市财政厅（局），中央直管企业：

为了适应建立现代企业制度的需要，促进国有经济结构调整，规范企业在公司制改建中有关国有资本与财务处理的行为，根据《中华人民共和国公司法》、《财政部关于印发〈企业国有资本与财务管理暂行办法〉的通知》（财企[2001]325号）以及国家其他有关法律、行政法规的规定，我们制定了《企业公司制改建有关国有资本管理与财务处理的暂行规定》。现发给你们，请遵照执行。执行中有何问题，请及时向我部反映。

企业公司制改建有关国有资本管理与财务处理的暂行规定

第一条 为适应建立现代企业制度的需要，促进国有经济结构调整，规范企业公司制改建中国有资本管理与财务处理行为，根据《中华人民共和国公司法》、《企业国有资本与财务管理暂行办法》以及国家有关法律、行政法规，制定本规定。

第二条 本规定所称公司制改建，是指国有企业经批准改建为有限责任公司（含国有独资公司）或者股份有限公司。

本规定所称改建企业，是指经批准实行公司制改建的国有企业。

本规定所称公司制企业，是指实行公司制改建以后依法设立的有限责任公司（含国有独资公司）或者股份有限公司。

本规定所称国有资本持有单位，是指直接持有或者直接管理改建企业国有资本的国家授权的部门或者国家授权投资的机构、国有企业以及其他组织。

本规定所称存续企业，是指企业采取分立式改建后继续保留的企业。

第三条 企业实行公司制改建，应当由国有资本持有单位负责组织实施，并遵循《企业国有资本与财务管理暂行办法》第十条规定的内部议事规范。

第四条 改建企业的产权应当清晰。对于权属关系不明确或者存在产权纠纷的改建企业，应当按照国家有关规定先进行产权界定或者产权纠纷调处。

对于出资证据齐全但尚未明确产权归属关系的，应当由原占有单位按照国家规定补办相应手续。

第五条 改建企业应当对各类资产进行全面清查登记，对各类资产以及债权债务进行全面核对查实，编制改建日的资产负债表及财产清册。

在资产清查中，对拥有实际控制权的长期投资，应当延伸清查至被投资企业。

资产清查的结果由国有资本持有单位委托中介机构进行审计。委托中介机构所发生的费用由改建企业支付。

第六条 改建企业清查出来的资产损失，包括坏账损失、存货损失、固定资产及在建工程损失、担保损失、股权投资损失或者债权投资损失以及经营证券、期货、外汇交易损失等，按照财政部有关企业资产损失管理的规定确认处理。

第七条 企业实行公司制改建，国有资本持有单位应当按照国家有关规定委托具有相应资格的评估机构，对改建企业所涉及的全部资产，应当按照《国有资产评估管理办法》（1991年11月16日国务院令第91号）、《国有资产评估管理若干问题的规定》（2001年12月31日财政部令第14号）等有关规定进行评估。

第八条 资产评估结果是国有资本持有单位出资折股的依据，自评估基准日起一年内有效。

自评估基准日到公司制企业设立登记日的有效期内，原企业实现利润而增加的净资产，应当上缴国有资本持有单位，或经国有资本持有单位同意，作为公司制企业国家独享资本公积管理，留待以后年度扩股时转增国有股份；对原企业经营亏损而减少的净资产，由国有资本持有单位补足，或者由公司制企业用以后年度国有股份应分得的股利补足。

企业超过有效期未能注册登记，或者在有效期内被评估资产价值发生重大变化的，应当重新进行评估。

第九条 企业实行公司制改建，不得将国有资本低价折股或者低价转让给经营者及其他职工个人。

企业实行整体改建的，改建企业的国有资本应当按照评估结果全部折算为国有股份，由原企业国有资本持有单位持有，并将改建企业全部资产转入公司制企业。

企业实行分立式改建的，应当按照转入公司制企业的资产、负债经过评估后的净资产折合为国有股份，并可以由原企业国有资本持有单位持有，也可以由存续企业持有。分立后没有纳入改建范围的资产，按照本规定第十四条进行处理。

企业实行合并式改建的，经过评估后的净资产折合的国有股份，合并前各方如果属于同一投资主体，应当由原共同的国有资本持有单位一并持有；如果分属不同投资主体，应当有合并前各方原国有资本持有单位分别持有。企业合并后没有纳入改建范围的资产，按照本规定第十四条进行处理。

第十条 企业实行公司制改建的股权设置方案，应当由国有资本持有单位制定；在存在两个或者两个以上国有资本持有单位的情况下，应当由具有控制权的国有资本持有单位会同其他的国有资本持有单位协商制定。

股权设置方案应当载明以下内容：

（一）股本总数及其股权结构；

（二）国有资本折股以及股份认购；

（三）股份转让条件及其定价；

（四）其他规定。

第十一条 企业国有资本持有单位应当按照《企业国有资本与财务管理暂行办法》第九条规定的权限，向国有资本变动的审批单位提出书面报告，并附送以下文件资料：

（一）企业实行公司制改建的批准文件；

（二）改建企业的国有资产产权登记证；

（三）改建企业董事会或经理办公会议决议；

（四）改建企业资产清理结果以及资产重组方案；

（五）改建企业工会或者职工代表大会通过的职工安置方案；

（六）资产评估报告核准文件或者备案表；

（七）公司制企业国有股权设置方案；

（八）公司制企业股东认购股份的协议；

（九）公司制企业的公司章程。

设立股份有限公司应当报送的资料，按照财政部《关于股份有限公司国有股权管理工作有关问题的通知》（财管字［2000］200号）执行。

第十二条 经批准实行内部职工持股的企业，内部职工股份的认购应当符合《中华人民共和国公司法》的有关规定。改建企业或者公司制企业不得为个人认购股份垫付款项，也不得为个人贷款提供担保。

内部职工（包括经营者）持有股份尚未缴付认股资金的，不得参与分红；超过法律规定期限尚未缴付认股资金的，应当调整公司制企业的股权比例，并依法承担出资违约的责任。

第十三条 企业实行公司制改建，对占有的国有划拨土地应当进行评估并按照土地主管机关的规定履行相关手续后，区别以下情况处理：

（一）采取作价入股方式的，评估后将国有土地使用权作价投资，随同改建企业国有资本一并折股，增加公司制企业的国有股份；

（二）采取出让方式的，由公司制企业购买国有土地使用权，按照规定支付土地使用权出让金；

（三）采取租赁方式的，由公司制企业租赁使用，按照规定支付租金。

第十四条 国有资本持有单位对没有纳入改建企业范围、具备经营条件的剥离资产，可以其组建企业法人，独立核算，依法经营；对不具备经营条件的剥离资产，可以按以下方法处置：

（一）整体出售，即以资产评估结果为作价基础，向其他单位和个人公开出售。出售价格低于评估结果10%以上的，国有资本持有单位应当向国有资本变动的审批单位作出书面说明。所得出售净收益，应当作为本期损益处理。

（二）租赁经营，即向公司制企业或者有条件的其他单位和个人租赁经营，并签定租赁合同。租赁费可以参照同期银行贷款利率约定。国有资本持有单位所得租赁收益，应当按照规定纳入财务预算管理。

（三）无偿移交，即与当地政府部门充分协商后，将改建企业原承担社会职能的相关资产，无偿移交当地政府有关部门或所在地社区管理，相应核减改建企业的国有资本。

凡是不能按照前款规定处置的剥离资产，可以由存续企业管理，也可以由国有资本持有单位直接管理。

第十五条 改建企业清理核实的各项债权债务，应当按照以下要求确定债权债务承继关系，并与债务人或者债权人订立债务保全协议：

（一）企业实行整体改建，应当由公司制企业承继原企业的全部债权债务；

（二）企业实行分立式改建，应当由分立的各方承继原企业的相关债权债务；

（三）企业实行合并式改建，应当由合并后的企业承继合并前各方的全部债权债务。

第十六条 企业实行公司改建时，经批准或者与债权人协商，可以实施债权转为股权。

（一）经国家批准的各金融资产管理公司持有的债权，可以实行债权转股权，原企业相应的债务转为金融资产管理公司的股权，企业相应增加实收资本或者资本公积；

（二）经银行以外的其他债权人协商同意，可以按照有关协议和公司章程将其债权转为股权，企业相应增加实收资本或者资本公积。

改建企业经过充分协商，债权人同意给予全部豁免或者部分豁免的债务，应当转作资本公积。

第十七条 改建企业账面原有的应付福利费、职工教育经费余额，仍作为流动负债管理，不得转为职工个人投资。因医疗费超支产生的职工福利费不足部分，可以依次以公益金、盈余公积金、资本公积金和资本金弥补。

改建企业账面原有应付工资余额中欠发职工工资部分，在符合国家政策、职工自愿的条件下，依法扣除个人所得税后可转为个人投资。不属于欠发职工工资的应付工资余额，作为工资基金使用，不得转为个人投资。

改建企业未退还的职工集资款、欠缴的社会保险费，应当以现有资产清偿。在符合国家政策、职工自愿的条件下，改建企业也可以将未退还的职工集资款转作个人投资。

第十八条 改建企业原由国家财政专项拨款、其他各类财政性资金投入以及实行先征后返政策返给企业的税收等，按照规定形成资本公积的，应当计入国有资本。对其中尚未形成资本公积而在专项应付款账户单独反映的部分，继续作为负债管理，形成资本公积后作为国家投资单独反映，留待以后年度按规定程序转增国有股份。

公司制企业享受国家财政扶持政策，收到财政拨给的资本性补助资金按照前款规定执行。

第十九条 在公司制改建过程中，企业依照国家有关规定支付解除劳动合同的职工的经济补偿金，以及为移交社会保障机构管理的职工一次性缴付的社会保险费，可从改建企业净资产中扣除或者以改建企业剥离资产的出售收入优先支付。

企业支付的经济补偿金，所在地县级以上人民政府有规定标准的，按照规定执行；没有规定标准的，按照原劳动部印发的《违反和解除劳动关系的经济补偿办法》（劳部发［1994］481号）规定的标准执行。企业支付的社会保险费，按照省级人民政府确定的缴费比例执行。

第二十条 企业实行分立式改建，应当理顺存续企业与公司制企业的产权关系，明确存续企业及分立的公司制企业国有股权持有单位。

存续企业和分立后的公司制企业应当根据资产相关性和业务相关性的原则分离资产及其债权、债务，不得相互转嫁债权、债务。

存续企业和分离后的公司制企业之间的业务往来，应当严格按照独立企业之间的业务活动和市场价格结算，不得相互转移收入。

存续企业和分离后的公司制企业应当实行人员分开，经营人员不得相互兼职、转嫁工资性费用。

存续企业和分离后的公司制企业应当按照国家有关规定，严格分账，建立新账，分别编制企业财务会计报告。

第二十一条 企业实行公司制改建后，应当及时依法办理国有产权登记。

第二十二条 公司制企业吸收新的股东而增资，或者由部分股东增资，新增出资应当按照公司制企业账面每股净资产折股，或者按照原有股东协商的比例折股。

第二十三条 经批准实行内部职工持股的公司制企业，因吸收其他单位投资或者进行资本重组、经营者任期届满或者任期未满而离职、因故调离、解除职务或者离退休时，经与股份持有人协商一致，有关股份可以在公司制企业内部转让。

第二十四条 公司制企业应当按照《中华人民共和国公司法》和企业资本与财务管理制度的规定进行利润分配。向投资者分配利润，应当坚持同股同利的原则，国家股红利的具体收缴办法按财政部、原国家国有资产管理局、中国人民银行《关于颁发〈国有资产收益收缴管理办法〉的通知》[(94)财工字第295号]及财政部其他有关规定执行。

第二十五条 企业整体或者合并改建为公司制企业的，改建前的会计档案、资料应当由公司制企业按照有关规定保管、处理。

第二十六条 主管财政机关对企业实行公司制改建中涉及的国有资本变动行为，应当进行检查监督。

企业未经批准擅自实行公司制改建的，或者在公司制改建过程中未按照本规定执行导致国有资产流失的，主管财政机关按照《中华人民共和国公司法》及国家其他有关法律、行政法规的规定给予处罚；涉嫌犯罪的，移交司法机关依法处理。

第二十七条 各省、自治区、直辖市及计划单列市主管财政机关可以结合本地区实际情况，制定具体实施办法，并报财政部备案。

第二十八条 本规定自2002年8月27日起执行。财政部《关于印发〈国有企业公司制改建有关财务问题的暂行规定〉的通知》(财工字[1995]第29号)文件即予废止。财政部、原国家国有资产管理局此前发布的有关规定与本规定相抵触的，以本规定为准。

六、财政部关于《企业公司制改建有关国有资本管理与财务处理的暂行规定》有关问题的补充通知

财政部关于《企业公司制改建有关国有资本管理与财务处理的暂行规定》有关问题的补充通知

财企[2005]12号

国务院各部委、各直属机构，中直管理局，各省、自治区、直辖市、计划单列市财政厅(局)，新疆生产建设兵团财务局，各中央管理企业：

财政部制定的《企业公司制改建有关国有资本管理与财务处理的暂行规定》(财企[2002]313号)发布后，对规范企业公司制改建中有关国有资本管理与财务处理行为，促进现代企业制度的建立和国有经济结构的调整，发挥了积极的作用。随着企业重组改制的深入进行，在执行中出现了一些新情况、新问题，需要加以完善。现就有关问题补充通知如下：

一、关于企业应付工资、应付福利费、职工教育经费余额的财务处理

改建企业账面原有的应付工资余额中，属于应发未发职工的工资部分，应予清偿；在符合国家政策、职工自愿的条件下，依法扣除个人所得税后，可转为个人投资。属于实施“工效挂钩”等办法提取数大于应发数形成的工资基金结余部分，应当转增资本公积金，不再作为负债管理，也不得转为个人投资。

改建企业账面原有的应付福利费、职工教育经费余额，应当转增资本公积金，不再作为负债管理，也不得转为个人投资。因医疗费超支产生的职工福利费不足部分，可以依次以公益金、盈余公积金、资本公积金和资本金弥补。

二、关于预提企业内退人员生活费及社会保险费等的财务处理

改建企业根据国家有关规定，对未达到法定退休年限的在册职工实行内部退养的，所需内退人员生活费及社会保险费等，应当作为管理费用，据实处理。

国有企业在分立式改建情况下，改建企业内退人员实行统一管理的，经批准可以从改建企业国有净资产中预提所需的内退人员生活费及社会保险费等，并实行专户管理。预提数额以改建企业可支付的国有净资产为限，不足部分作为管理费用，由内退人员的统一管理单位据实承担。

三、关于母公司对子公司在公司制改建中核销国有权益的财务处理

在企业集团内部，子公司实行公司制改建，由于资产损失或产权转让等原因，经核实批准实际折股的国有权益或国有产权转让作价少于原有账面价值的，母公司相应核销对子公司的股权投资，投资损失可以转入年初未分配利润，依次以结余的年初未分配利润及公益金、盈余公积金、资本公积金弥补，不足部分用以后年度实现的税后利润弥补。

七、企业资产损失财务处理暂行办法

企业资产损失财务处理暂行办法

财企[2003]233 号

国务院各部委、各直属机构、各省、自治区、直辖市，计划单列市财政厅(局)，各中央管理企业：

为了建立、健全企业内部控制制度，规范企业资产损失处理行为，加强企业财务管理，根据《企业财务通则》的有关规定，我们制定了《企业资产损失财务处理暂行办法》，现予印发。执行中有什么问题，请及时向我部反映。

二〇〇三年九月三日

附件

企业资产损失财务处理暂行办法

第一条　为了建立、健全企业内部控制制度，规范企业资产损失财务管理行为，加强企业财务管理，根据《企业财务通则》的规定，制定本办法。

第二条　资产损失是指企业实际发生的各项资产的灭失，包括坏账损失、存货损失、固定资产及在建工程损失、担保损失、股权投资或者债权投资损失以及经营证券、期货、外汇交易损失等。

第三条　坏账损失是指企业确定不能收回的各种应收款项，企业坏账损失根据《财政部 关于建立健全企业应收款项管理制度的通知》(财企[2002]513 号)的规定确认。

第四条　存货、固定资产及在建工程等实物资产盘盈、盘亏净损失，依据完整、有效的清查盘点明细资料和企业内部有关责任部门审定结果确认。

存货、固定资产及在建工程等实物资产毁损、报废、霉烂变质、超过保持期且无转让价值，经过专业的质量检测或者技术鉴定的，扣除残值、保险赔偿和责任人员赔偿后的余额，根据质量检测结果、保险理赔资料等确认为资产损失。车辆、船舶、锅炉、电梯等资产毁损、报废，国家另有规定的，从其规定。

第五条　企业发生的股权投资损失，分别以下情况确认：

(一) 对不具有控制权的股权投资，投资期限届满或者投资期限已超过 10 年，且被投资单位因 3 连贯年经营亏损导致资不抵债的，企业根据被投资单位经注册会计师审计的资产负债表、损益表确认投资损失；被投资单位破产、注销工商登记或者县级以上人民政府决定关闭等，企业根据取得的相关法律文件、资料确认投资损失。

(二) 对具有控制权的股权投资，被投资企业由于经营亏损的，企业就当按照权益法核算投资损失；被投资企业由于违法经营或其他原因导致终止的，企业依据被投资企业注销工商登记或者被依法关闭、宣告破产等法律文件及其清算报告确认投资损失；如果转让股权投资，企业依据第一次的股权转让协议、被投资企业董事会决议确认投资损益。

第六条　企业发生的债权投资损失，属于债券投资的，按照本办法第九条的规定确认：属于债券以外的其他债权投资的，区别以下情形确认：

(一) 被投资方已经终止的，根据被投资方清算报告确认。

(二) 被投资方尚未终止的，可以根据与有关当事方千分之一的债权转让或者清偿协议确认，但投资期限未满的，有关协议就当进行公证；如果涉诉，就当根据有关法律文件、资料确认。

第七条　由于自然灾害或者其他意外事故等不可抗力因素造成的资产损失，扣除残值、保险赔款或者其他责任赔偿后的余额，企业就当根据自然灾害或者意外事故的证据、保险理赔资料，确认为资产损失。

由于刑事犯罪造成的资产损失，企业就当根据司法机关结案材料，扣除残值、保险赔款或者其他责任赔偿后，将余额确认为资产损失。

第八条 企业对外担保承担连带责任导致资产损失，应当依法行使索权，落实内部迫债责任。对追回的债权，按照本办法第三条的规定确认坏账损失。

第九条 企业经营期货、证券、外汇交易发生的损失，根据企业内部业务授权资料，依据有关交易结算机构提供的合法的交易资金结算单据逐笔确认。超出内部业务授权范围的交易损失，企业就当追究业务人员的经济责任。

第十条 企业发生资产损失，就当按照以下内部程序处理：

（一）企业内部有关责任部门经过取证，提出报告，阐明资产损失的原因和事实；

（二）企业内部审计（监察）部门经过迫查责任，提出结案意见；

（三）涉及诉讼的资产损失，企业就当委托律师出具法律意见书；

（四）企业财务管理部门经过审核后，对确认的资产损失提出财务处理意见，按照企业内部管理制度提交董事会或者经理（厂长）办公会审定。

第十一条 企业对属于违法，违纪行为造成的资产损失，就当按照有关法律、法规以及党纪、政纪和企业内部管理规章的规定，对负有直接责任的主管人员和其他直接责任人员予以处理；涉嫌犯罪的，应当移交司法机关追究其法律责任。

第十二条 企业在生产经营期间发生的资产损失，应当及时清查核实，作为本期损益处理，按照会计制度规定的方法进行核算。

企业处理的资产损失，注册会计师在审计企业财务报告时予以重点关注，并在财务会计报告中予以披露。

第十三条 企业由于以下情形而清查全部资产的，清查的资产损失可以核销所有者权益：

（一）企业合并或者分立；

（二）实施公司制改建；

（三）非公司制企业整体出售；

（四）根据有关规定清产核资；

（五）依法清理整顿或者变更管理关系；

（六）其他依法改变企业组织形式行为。

第十四条 国有企业涉及本办法第十三条规定可以核销所有者权益的资损失，应当根据企业董事会或者经理（厂长）办公会审定的意见，上报企业国有资本持有单位按《企业国有资产监督管理条例》有关规定处理。

国有资产监督管理机构对由其履行出资人职责的国有企业审批核销国有权益，应当抄送企业的主管财政机关，其中审批处理的资产损失涉及企业损益的，应当事先征求管财政机关的意见。

第十五条 依法宣告破产的企业，进入破产程序以后，不得自行核销资产损失，在人民法院受理破案前6个月至破产宣告之日的期间内，破产企业以下行为无效，由此造成损失的资产应当由清算机构依法追回：

（一）隐匿、私分或者无偿转让资产；

（二）非正常压价出售资产；

（三）对原来没有资产担保的债务提供资产担保；

（四）提前清偿未到期债务；

（五）放弃自己的债权。

第十六条 各省、自治区、直辖市、计划单列财政厅（局）可以根据本办法，结合本地区具体情况制定实施细则。

第十七条 本办法自2003年10月5日起执行。

八、金融企业财务规则

金融企业财务规则

（财政部令第42号）

《金融企业财务规则》已经部务会议讨论通过，现予公布，自2007年1月1日起施行。

部　长　金人庆

二〇〇六年十二月七日

金融企业财务规则

第一章　总　则

第一条　为了加强金融企业财务管理，规范金融企业财务行为，促进金融企业法人治理结构的建立和完善，防范金融企业财务风险，保护金融企业及其相关方合法权益，维护社会经济秩序，根据有关法律、行政法规和国务院相关规定，制定本规则。

第二条　在中华人民共和国境内依法设立的国有及国有控股金融企业、金融控股公司、担保公司，城市商业银行、农村商业银行、农村合作银行、信用社（以下简称金融企业）适用本规则。

其他金融企业参照本规则执行。

第三条　金融企业应当根据本规则的规定，以及自身发展的需要，建立健全内部财务管理制度，设置财务管理职能部门，配备专业财务管理人员，综合运用规划、预测、计划、预算、控制、监督、考核、评价和分析等方法，筹集资金，营运资产，控制成本，分配收益，配置资源，反映经营状况，防范和化解财务风险，实现持续经营和价值最大化。

第四条　各级人民政府财政部门（以下简称财政部门）依法指导、管理和监督本级金融企业的财务管理工作。

省级以上人民政府财政部门的派出机构，应当在规定职责范围内依法履行指导、管理和监督金融企业财务管理工作的职责。

金融企业在完成工商登记后30日内，应当向同级财政部门提交设立批准证书、营业执照、验资证明、章程等文件的复印件。

金融企业发生分立、合并、设立分支机构，以及主要工商登记事项发生变更时，在依法完成工商变更登记后30日内，应当向同级财政部门提交有关的变更文件复印件。

第五条　金融企业应当依法纳税。金融企业财务处理与税收法律、行政法规规定不一致的，纳税时应当依法进行调整。

第二章　职责、职权

第六条　财政部门履行下列财务管理职责：

（一）监督金融企业执行本规则以及其他的财务管理规定，指导、督促金融企业建立健全内部财务管理制度；

（二）指导、督促金融企业建立健全财务风险控制体系，监测金融企业财务风险及其营运状况，监督金融企业的财务行为；

（三）加强金融企业财务信息管理，实施金融企业财务评价；

（四）监督金融企业接受社会审计和资产评估；

（五）制定并实施促进金融企业改革和发展的财政、财务政策，组织金融企业财务管理人员的业务培训；

（六）有关法律、行政法规规定的其他财务管理职责。

第七条　金融企业的投资者（以下简称投资者）一般通过股东（大）会、董事会或者其他形式的治理机构行使下列财务管理职权：

（一）执行并督促经营者执行国家有关金融企业财务管理的规定；

（二）决定内部财务管理制度，明确经营者的财务管理权限；

（三）决定财务管理职能部门的设置；

（四）决定财务计划和财务预算，决定筹资、投资、处置重大资产、依法提供除主营担保业务范围以外的担保、捐赠、重组、经营者报酬、利润分配等重大财务事项；

（五）对经营者实施财务监督和财务考核，决定聘任或者解聘财务负责人；

（六）决定聘用或者解聘承办社会审计和资产评估等业务的社会中介机构；

（七）按照章程的规定，行使其他财务管理职权。

投资者可以通过制度规范、章程约定等方式，将投资者财务管理职权全部或者部分授予经营者。

金融企业按规定可以向其控股的企业委派或者推荐财务总监。

第八条 金融企业的经营者（以下简称经营者）按照规定行使下列财务管理职权：

（一）执行国家有关金融企业财务管理的规定；

（二）拟订内部财务管理制度，经投资者议定后报同级财政部门备案，并具体组织实施；

（三）组织财务预测，编制财务计划和财务预算草案，实施财务控制、分析和考核；

（四）组织实施筹资、投资、处置重大资产、担保、捐赠、重组和利润分配等财务管理方案；

（五）组织财务事项审批；

（六）组织缴纳税金、规费；

（七）执行国家有关职工劳动报酬和劳动保护的规定，依法缴纳社会保险费、住房公积金等，保障职工合法权益；

（八）归集财务信息，依法组织编制和报送财务会计报告；

（九）提请聘任或者解聘财务负责人；

（十）配合有关机构依法实施的审计、评估和监督检查；

（十一）按照章程的规定，以及股东（大）会或者董事会的要求，行使其他财务管理职权。

第三章 财务风险

第九条 金融企业应当根据本规则的规定，以及内部财务管理制度的要求，建立健全包括识别、计量、监测和控制等内容的财务风险控制体系，明确财务风险管理的权限、程序、应急方案和具体措施，以及财务风险形成当事人应承担的责任，防范和化解财务风险。

第十条 金融企业应当建立规范有效的资本补充机制，保持业务规模与资本规模相适应，在资本充足率、偿付能力等方面满足有关法律、法规的要求。

从事商业银行业务的金融企业，资本充足率不得低于8%，核心资本充足率不得低于4%；从事保险业务的金融企业，偿付能力充足率不得低于规定的数额；从事证券业务的金融企业，净资本负债率应满足规定的数额要求。

第十一条 金融企业应当按照保障相关各方利益、保证支付能力、实现持续经营的原则，根据有关法律、法规的规定，控制资产负债比例，足额提留用于清偿债务的资金。

从事银行业务的金融企业，应按规定交存存款准备金，留足备付金；从事保险业务的金融企业，应按注册资本的20%提取资本保证金，存入指定银行，除清算时用于清偿债务外，不得动用；从事证券业务的金融企业，负债与净资产的比例应满足规定的数额要求。

第十二条 金融企业应当定期或者至少于每年年终对各类资产进行评价，并逐步实现动态评价，按照规定进行风险分类，对可收回金额低于账面价值的部分，按照国家有关规定计提资产减值准备。

金融企业对计提减值准备的资产，应当落实监管责任。对能够收回或者继续使用的，应当收回或者使用；对已经损失的，应当按照规定的程序核销；对已经核销的，应当实行账销案存管理。

第十三条 金融企业应当及时分析市场利率、汇率波动情况，预计可能发生的风险，并按照规定的程序，运用金融衍生工具，减少利率、汇率风险损失。

第十四条 金融企业发生关联交易，必须履行规定的程序，并按照规定控制总量和规模，遵循公开、公平、公正的原则，确定并及时结算资源、劳务或者义务的价款，不得利用关联交易操纵利润、逃避税收。

第十五条 金融企业委托其他机构理财或者从事其他业务，应当进行风险评估，依法签订书面合同，明确业务授权和具体操作程序,定期对账,制定风险防范的具体措施。

金融企业委托其他机构理财或者从事其他业务,投入的资金不得影响主营业务的开展,取得的收入应当纳入账内核算。

第十六条 金融企业依法受托发放贷款、经营衍生产品、进行证券期货交易、买卖黄金、管理资产以及开展其他业务,应当与自营业务分开管理,按照合同约定分配收益、承担责任,不得挪用客户资金,不得转嫁经营风险。

第十七条 金融企业对外提供担保应当符合法律、行政法规的规定,根据被担保对象的资信及偿债能力,采取相应的风险控制措施,并设立备查账簿登记,及时跟踪监督。

金融企业提供除主营担保业务范围以外的担保,应当由股东(大)会或者董事会决议;为金融企业投资者或者实际控制人提供担保的,应当由股东(大)会决议。

第十八条 金融企业应当根据资本规模控制表外业务总量。

金融企业应当按照风险程度对表外业务进行授权,并严格按照授权执行,禁止违规操作。

金融企业应当及时、完整记录所有表外业务,跟踪检查表外业务变动情况,预计可能发生的损失,并按照有关规定进行披露。

第十九条 金融企业设立分支机构,应当按照规定拨付与分支机构经营规模相适应的营运资金,并不得超过规定的限额。

金融企业应当对分支机构实行统一核算,统一调度资金,分级管理的财务管理制度。条件具备的,可以实行统一核算,统一调度资金,业务单元制管理的财务管理制度。

金融企业应当加强对分支机构的财务监管,关注资金异常变动,监督并跟踪分析分支机构财务指标的情况,督促境外分支机构遵守所在国家(地区)关于金融企业财务管理的规定。

第四章 资金筹集

第二十条 金融企业筹集资本金,应当符合国家有关资本金管理的规定,根据发展战略和经营规划拟定筹资方案,履行规定的程序。

金融企业在国家法律、行政法规允许的范围内,可以接受货币出资,也可以接受实物、知识产权、土地使用权等可以用货币估价并可以依法转让的非货币财产出资,或者采取发行股票等方式筹集资本金。

金融企业接受非货币财产出资,应当进行评估作价,核实财产,按照评估确认或者合同约定的价值计价;采取发行股票方式筹集的资本金,按照股票面值计价。

金融企业筹集资本金,应当聘请会计师事务所验资。办理工商登记后,应当向投资者出具出资证明书。

第二十一条 金融企业筹集的资本金,在持续经营期间,投资者除依法进行转让外,不得以任何方式抽走。

金融企业在筹集资本金活动中,投资者缴付的出资额超出资本金的差额(包括发行股票的溢价净收入),计入资本公积。

经投资者决议后,资本公积用于转增资本金。

第二十二条 金融企业以借款、吸收存款、发行债券、融资租赁、向人民银行再贷款等方式筹集资金,应当符合国家有关规定,明确筹资目的,考虑资金需求和债务风险,签订书面合同,不得擅自提高或者变相提高利率以及付费标准,并应适时合理调整负债结构,降低筹资成本。

第二十三条 金融企业取得国家投资、财政补助等财政资金,区分以下情况处理:

(一)属于国家直接投资的,按照国家有关规定增加国家资本金或者资本公积;

(二)属于投资补助的,增加资本公积或者资本金。国家拨款时对权属有规定的,按规定执行。没有规定的,由全体投资者共同享有;

(三)属于贷款贴息、专项经费补助的,作为收益处理;

(四)属于弥补亏损、救助损失或者其他用途的,作为收益处理;

(五)属于政府转贷、偿还性资助的,作为负债管理。

第五章 资产营运

第二十四条 金融企业应当统一管理资金账户,明确资金调度的条件、权限和程序。调度资金应当按照内部财务管理制度,依据有效合同和合法凭证办理手续,不得私存私放资金。

向境外调度资金必须符合国家外汇管理的有关规定，并履行相应的审批程序。

第二十五条 金融企业管理库存现金、库存金银、存放中央银行与同业的款项，以及其他形式的现金资产，应当满足流动性要求，并控制现金资产总量。

第二十六条 金融企业应当按照内部财务管理制度对合同进行财务审核，跟踪履约情况，明确债权，制定收账政策，及时清收应收款项。

第二十七条 金融企业在法律、法规允许的范围内，经股东（大）会或者董事会决议，可以用货币对外投资，也可以用实物、知识产权、土地使用权等可以用货币估价并可以依法转让的非货币财产对外投资，但不得以国家授予的特许经营权对外投资。

用非货币财产对外投资的，应当聘请资产评估机构进行评估并按评估确认后的价值计价。

对外投资应当签订书面合同，明确投资权益，按照内部财务管理制度规定的程序支付投资款项，所需资金纳入财务预算管理，不得在成本费用或者营业外支出中列支，并及时监控和考核投资项目的效益，落实项目决策者和实施者的责任。

向境外投资的，应当符合国家境外投资项目核准和外汇管理等相关规定。

第二十八条 金融企业收取、保管和处置抵债资产，应当按照内部财务管理制度规定的工作程序办理。

收取抵债资产应当按照规定确定接收价格，核实产权。

保管抵债资产应当按照安全、完整、有效的原则，及时进行账务处理，定期检查、账实核对。

处置抵债资产应当按照公开、透明的原则，聘请资产评估机构评估作价。一般采用公开拍卖的方式进行处置。采用其他方式的，应当引入竞争机制选择抵债资产买受人。

抵债资产不得转为自用。因客观条件需要转为自用的，应当履行规定的程序后，纳入相应的资产进行管理。

第二十九条 金融企业应当按照内部财务管理制度规定，定期清查核实各类固定资产，落实使用和管理责任。

购建重要固定资产、实施重大技术改造，应当进行可行性论证，并落实决策和执行责任。

固定资产折旧可以依据产业发展态势和技术进步的要求，结合固定资产经济寿命及其使用状况，确定折旧年限，选用折旧方法，按季（月）计提。固定资产折旧政策一经选用，一般不得变更，确需变更的，应当经股东（大）会或者董事会决议后执行。有关法律、行政法规规定必须披露变更理由的，应当及时披露。

已交付使用而未办理竣工决算的在建工程项目，应当比照固定资产进行管理。

金融企业固定资产账面价值和在建工程账面价值之和占净资产的比重，从事银行业务的最高不得超过40%，从事保险及其他非银行业务的最高不得超过50%。国家另有规定的，从其规定。

第三十条 金融企业通过自创、购买、接受投资等方式取得的商标权、著作权、专利权及专有技术等无形资产，应当依法明确权属，落实经营和管理责任。

变更无形资产权属时应当进行评估，并签订书面合同。

第三十一条 金融企业发生的资产损失，包括信贷资产损失、坏账损失、投资损失、固定资产及在建工程损失等，应当及时核实，查清责任，追偿损失，并按照国家有关规定进行处理。

金融企业以出售、出租、抵押、置换、报废等方式处置资产，应当根据有关法律、法规的规定，履行相应程序。

处置主营业务所用资产，涉及业务调整或者资产重组的，应当根据发展战略和经营规划，制订业务调整或者资产重组方案，履行规定的程序后执行。

金融企业对外捐赠应当符合有关法律、法规的规定，明确捐赠的范围和条件，落实执行责任，严格办理捐赠资产的交接手续。

第六章 成本、费用

第三十二条 金融企业应当结合自身特点，按照内部财务管理制度，强化成本费用预算约束，实行成本费用全员管理和全过程控制。

金融企业的成本费用支出应当按照国家规定纳入账内核算，不得违反规定进行调整。

第三十三条 金融企业在经营过程中发生的与经营有关的支出，包括各项利息支出（含贴息）扣除允许资本化的部分、手续费支出、佣金支出、业务给付支出、业务赔款支出、保护（保障、保险）基金支出、应计入损益的各种准备金和其他有关支出，应当按照国家有关规定计入当期损益。

第三十四条　金融企业的成本核算，应当严格区分本期成本与下期成本的界限、成本支出与营业外支出的界限、收益性支出与资本性支出的界限。

金融企业的成本核算，应当以季(月)、年为计算期。同一计算期内，核算成本和营业收入的起止日期、计算范围和口径应当一致。

第三十五条　金融企业应当注重费用支出与经济效益的配比，实行费用支出的归口、分级管理和预算控制，确定必要的费用支出范围、标准和报销审批程序。

除国家规定的专用账户外，金融企业每一独立核算单位分币种只能设立一个费用存款专户，除税金及附加、折旧、资产摊销、准备金和坏账损失以外的各项费用，应当从费用专户中开支。

金融企业应当强化费用支出约束，对业务宣传费、业务招待费、差旅费、会议费、通讯费、维修费、出国经费、董事会经费、捐赠等实行重点监控。

金融企业的业务宣传费、委托代办手续费、防预费、业务招待费一律按规定据实列支，不得预提。

第三十六条　金融企业技术研发和实施科技成果产业化所需经费应当纳入财务预算，形成的资产应当纳入相应的资产进行管理。

第三十七条　金融企业应当按照国家有关规定，以及与职工签订的劳动合同，核定和计发职工薪酬。

金融企业根据有关法律、法规和政策的规定，经股东(大)会或者董事会决议，可以对经营者、核心技术人员和核心管理人员实行与其他职工不同的薪酬办法。

金融企业经股东(大)会或者董事会决议，可以在工资计划中安排一定数额，对研发核心技术、促进安全营运、开拓市场等作出突出贡献的职工给予奖励。

第三十八条　金融企业根据有关法律、法规和政策的规定，为职工缴纳的基本医疗保险、基本养老保险、失业保险和工伤保险等社会保险费用，应当据实列入成本(费用)。

参加基本医疗保险、基本养老保险且按时足额缴费的金融企业，具有持续盈利能力和支付能力的，可以根据有关法律、法规的规定，为职工建立补充医疗保险和补充养老保险(企业年金)制度，相关费用应当按照国家有关规定列支。

第三十九条　金融企业为职工缴纳住房公积金以及职工住房货币化分配的处理，按照国家有关规定执行。

工会经费按照国家规定的比例提取，拨交工会使用。

职工教育经费按照国家规定的比例提取，用于职工教育和职业培训。

第四十条　金融企业应当依法缴纳行政事业性收费、政府性基金以及使用或者占用国有资源的费用等。

金融企业有权拒绝没有法律、法规和规章依据，或者超过法律、法规和规章规定范围和标准的收费。

第四十一条　金融企业根据经营情况支付必要的佣金、手续费等支出，应当签订合同，明确支出标准和执行责任。除对个人代理人外，不得以现金支付。

第七章　收益、分配

第四十二条　金融企业经营业务范围内的各项收入和其他营业收入、营业外收入，应当在依法设置的会计账簿上按照国家有关规定统一登记、核算，不得存放其他单位，或者以任何理由坐支。

投资者、经营者及其他职工履行本单位职务所得收入，包括业务收入以及对方给予的佣金、手续费等，全部属于金融企业，应当纳入账内核算，不得隐匿、转移、私存私放、坐支或者擅自用于职工福利。

第四十三条　金融企业发生年度亏损的，可以用下一年度的税前利润弥补；下一年度的税前利润不足以弥补的，可以逐年延续弥补；延续弥补期超过法定税前弥补期限的，可以用缴纳所得税后的利润弥补。

第四十四条　金融企业本年实现净利润(减弥补亏损，下同)，应当按照提取法定盈余公积金、提取一般(风险)准备金、向投资者分配利润的顺序进行分配。法律、行政法规另有规定的从其规定。

法定盈余公积金按照本年实现净利润的10%提取，法定盈余公积金累计达到注册资本的50%时，可不再提取。

从事银行业务的，应当于每年年终根据承担风险和损失的资产余额的一定比例提取一般准备金，用于弥补尚未识别的可能性损失；从事其他业务的，应当按照国家有关规定从本年实现净利润中提取风险准备金,用于补偿风险损失。

以前年度未分配的利润,并入本年实现净利润向投资者分配。其中,股份有限公司按照下列顺序分配:

(一)支付优先股股利;

(二)提取任意盈余公积金;

(三)支付普通股股利;

(四)转作资本(股本)。

资本充足率、偿付能力充足率、净资本负债率未达到有关法律、行政法规规定标准的,不得向投资者分配利润。

任意盈余公积金按照公司章程或者股东(大)会决议提取和使用。

经股东(大)会决议,金融企业可以用法定盈余公积金和任意盈余公积金弥补亏损或者转增资本。法定盈余公积金转为资本时,所留存的该项公积金不得少于转增前金融企业注册资本的25%。

第四十五条 金融企业根据有关法律、法规的规定,经股东(大)会决议,可以对经营者和核心技术人员、核心管理人员实行股权激励。

经营者及其他职工以劳动、技术、管理等要素参与收益分配的,分配办法应当符合有关法律、法规和政策的规定,经股东(大)会决议后,区别以下情况处理:

(一)取得股权的,与其他投资者一同分配利润;

(二)没有取得股权的,在相关业务实现的利润限额和分配标准内,从当期费用中列支。

第八章 重组、清算

第四十六条 金融企业根据有关法律、法规的规定,可以通过分立、合并等方式进行重组。

实施重组应当进行可行性论证,履行规定程序,组织开展财产清查,聘请会计师事务所进行审计、资产评估机构进行资产评估,组织与债权人协商,制订债务处置或者承继、股权设置、资本重组的实施方案。

第四十七条 金融企业分立,应当按照资产相关性或者业务相关性原则分割财产、承担债务,并明确分立后的产权关系。

对不能分割的财产,在评估的基础上,经各方协商,由拥有财产的一方给予其他方经济补偿。

第四十八条 金融企业合并,应当由合并后存续的金融企业或者新设的金融企业承继合并各方的债权、债务,并明确合并后的产权关系。

金融企业合并净资产超出注册资本的部分,作为资本公积;少于注册资本的部分,应当变更注册资本或者由投资者补足出资。

对资不抵债金融企业以承担债务方式合并的,合并方应当采取重整措施,按照合并方案履行偿债义务。

第四十九条 金融企业实行托管经营,应当签订托管经营合同,明确被托管企业的财务状况、托管经营目标、托管财产处置权限以及收益分配办法等,并落实财务监管责任。

受托金融企业应当根据托管经营合同制定相关方案,重组托管金融企业的财产与债务、调整业务、安置职工。

托管经营合同没有约定且未经托管金融企业股东(大)会同意,受托金融企业不得擅自改组、改制、转让托管金融企业,不得非法转移托管金融企业的财产和业务,不得以托管金融企业名义或者以托管财产对外担保。

第五十条 金融企业进行重组时,对已占用的国有划拨土地应当按照有关规定进行评估,履行相关手续后,区别以下情况处理:

(一)继续采取划拨方式的,可以不纳入资产管理,但应当明确划拨土地使用权权益,并按规定用途使用,设立备查账簿登记;

(二)采取作价入股方式的,将应缴纳的土地出让金转作国家资本,形成的国有股权由重组前的国有资本持有单位或者财政部门确认的单位持有;

(三)采取出让方式的,由金融企业购买土地使用权,支付出让费用;

(四)采取租赁方式的,由金融企业租赁使用,租金水平参照银行同期贷款利率确定,并在租赁合同中约定。

金融企业进行重组时,对已占用的特许经营权等国有资源,依法可以转让的,比照前款处理。

第五十一条 金融企业重组过程中，对拖欠职工的工资和医疗、伤残补助、抚恤费用以及欠缴的基本社会保险费、住房公积金、工会经费等，应当以金融企业现有资产优先清偿。

第五十二条 金融企业被责令关闭、依法破产或者经营期限届满终止经营或者解散的，应当按照国家法律、行政法规和金融企业章程的规定实施清算。

金融企业自愿清算的，由金融企业股东(大)会决议后执行。

金融企业依法进行清算，应当对非货币财产进行资产评估。

第五十三条 金融企业的清算财产支付清算费用后，按照国家有关法律、行政法规规定的顺序清偿债务。

第五十四条 金融企业清算完毕，应当编制清算报告，聘用会计师事务所审计，并将清算报告和审计报告报投资者决议或者人民法院确认后，向相关部门、债权人以及其他利益相关人通告。

第五十五条 金融企业与职工解除劳动合同，应当按照国家有关规定支付职工经济补偿金，除正常经营期间发生的列入当期费用以外，应当区别以下情况处理：

(一)重组中发生的，依次从未分配利润、盈余公积、资本公积、实收资本中支付；

(二)清算时发生的，以扣除清算费用后的清算财产优先清偿。

第九章 财务信息

第五十六条 金融企业应当在会计电算化的基础上，整合业务和信息流程，推行财务管理信息化，逐步实现财务、业务相关信息一次性处理和实时共享。

第五十七条 金融企业应当根据有关法律、行政法规的规定，以及财政部的统一要求编制中期财务会计报告和年度财务会计报告，并通过内部审核，在规定期限内向财政部门以及其他与金融企业有关的使用者报送，不得拒绝、拖延财务信息的披露。

第五十八条 金融企业报送的年度财务会计报告应当经会计师事务所审计。

金融企业不得编制和对外提供虚假的或者隐瞒重要事实的财务信息。

金融企业负责人对本企业财务信息的真实性、完整性负责。

第五十九条 财政部门应当建立健全金融企业财务评价制度，对金融企业资本充足状况、偿付能力状况、资产质量状况、盈利状况和社会贡献等进行评价。评价结果作为制定有关金融企业财务管理政策和考核有关金融企业的依据。

金融企业应当按财务评价制度的要求，对财务状况和经营成果进行总结、评价和考核。

第六十条 财政部门及其工作人员应当履行保密义务，谨慎、合法地保管、使用金融企业提供的财务信息，不得利用未公开的财务信息牟取利益或者损害金融企业利益。

第十章 罚 则

第六十一条 金融企业有下列情形之一的，由财政部门责令限期改正，或者予以通报批评：

(一)不按规定提交设立、变更文件的；

(二)财务风险控制未达到规定要求的；

(三)筹集和运用资金不符合规定要求的；

(四)不按规定开设和管理资金账户的；

(五)资产管理不符合规定，形成账外资产的；

(六)不按规定列支经营成本、费用的；

(七)不按规定确认经营收益的；

(八)不按规定计提减值准备、提留准备金、分配利润的；

(九)不按规定处理财政资金、国有资源的；

(十)不按规定顺序清偿债务、处理财产的；

(十一)不按规定处理职工社会保险费、经济补偿金的；

(十二)其他违反金融企业财务管理有关规定的。

第六十二条 金融企业有下列情形之一的，由财政部门责令限期改正，并对金融企业及其负责人和其他直接责任人员给予警告：

(一)不按照规定建立内部财务管理制度的；

（二）内部财务管理制度明显与国家法律、法规和统一的财务管理规章制度相抵触，且不按财政部门要求修改的；

（三）不按照规定提供财务信息的；

（四）拒绝、阻扰依法实施的财务监督的。

第六十三条 金融企业违反本规则，有关法律、法规另有规定的，依照其规定处理、处罚。

财政部门在依法实施财务监督中，对不属于本部门职责范围的事项，应当依法移送相关管理部门。

第六十四条 财政部门工作人员在履行财务管理职责过程中滥用职权、玩忽职守、徇私舞弊，或者泄露国家秘密、商业秘密的，依法进行处理。

第十一章 附 则

第六十五条 各省、自治区、直辖市、计划单列市财政部门可以依据本规则和财政部的其他规定，结合本地区金融企业实际，制定具体的实施办法，报财政部备案。

第六十六条 本规则自 2007 年 1 月 1 日起施行，《金融保险企业财务制度》((93)财商字第 11 号)、《保险公司财务制度》(财债字[1999]8 号)、《证券公司财务制度》(财债字[1999]215 号)、《金融资产管理公司财务制度(试行)》(财金[2000]17 号)同时废止。

九、金融资产管理公司托管业务有关财务管理问题的规定

金融资产管理公司托管业务有关财务管理问题的规定

财金[2004]108 号

中国人民银行，中国银监会，中国证监会，中国保监会，中国华融资产管理公司，中国长城资产管理公司，中国东方资产管理公司，中国信达资产管理公司：

为规范金融资产管理公司托管业务财务管理工作，强化风险控制，保证托管业务的有序发展，现将《金融资产管理公司托管业务有关财务管理问题的规定》印发你们，请遵照执行。

中华人民共和国财政部

二〇〇四年十月三十日

附件

金融资产管理公司托管业务有关财务管理问题的规定

为规范金融资产管理公司(以下简称“资产公司”)托管业务财务管理工作，强化风险控制，现就有关问题规定如下：

一、资产公司托管业务，指资产公司在批准的业务范围内受政府部门、企业的委托，按商业化原则对受托的机构和资产等依法实施托管的经营活动。

二、资产公司托管业务，属于资产公司委托代理业务范畴，应遵循审慎经营原则，严格执行《财政部关于印发金融资产管理公司有关业务风险管理办法的通知》(财金[2004]40 号)和《财政部关于金融资产管理公司开展投资委托代理和商业化收购业务有关财务问题的通知》(财金[2004]61 号)的有关规定。

三、资产公司应严格区分托管业务和其他业务，做好托管资产的接收和登记工作，对托管资产应在清理、确认后纳入表外核算，实行分账管理，加强托管业务的内部控制，有效隔离财务风险。

四、根据现行资产公司财务制度和会计制度，资产公司托管业务的收入和支出分别通过“其他收入—中间业务收入”和“其他支出—中间业务支出”科目核算，纳入公司损益，在年度决算中专门进行详细说明。

五、资产公司托管业务，遵循“谁委托谁付费”原则。

对政府部门委托的托管业务，由政府部门提出委托费方案，经同级财政部门审核同意后，与资产公司签订委托协议。

对企业委托的托管业务，根据托管资产规模、预计工作量、预计成本等，由企业与资产公司按照商业化

原则商定委托费，并签订委托协议。

资产公司签订上述委托协议后报财政部备案。

六、资产公司托管业务支出，指实施托管过程中发生的直接费用，包括相关的业务费用、直接管理费用等，从委托费收入中列支。托管业务支出不得挤占资产处置业务成本。

业务费用包括因实施托管需要而聘请法律、评估等中介机构开展调查、取证、评估、管理等工作所列支的费用，及其他直接相关的业务费用。

直接管理费用限于实施托管所直接相关的差旅费、招待费、会议费、办公用品费。托管业务支出中不得列支资产公司人员费用。

资产公司托管机构清算业务发生的费用，纳入机构清算费用中核算。

七、资产公司应加强托管业务委托费的核算，单独设立资金清算账户，定期对结算情况进行检查。

八、本规定适用于资产公司自 2004 年 1 月 1 日起受托办理的托管业务。

十、禁止金融机构设置“小金库”的财务管理规定

财政部关于印发《禁止金融机构设置“小金库”的财务管理规定》的通知

财金[2005]67 号

国家开发银行，中国农业发展银行，中国进出口银行，中国工商银行，中国农业银行，中国银行，中国建设银行，交通银行，招商银行，中国民生银行，中国华融资产管理公司，中国长城资产管理公司，中国东方资产管理公司，中国信达资产管理公司，中国建银投资有限责任公司，中国中信集团公司，中诚信托投资股份有限公司，中国光大(集团)总公司，中国银河证券有限责任公司，中国人保控股公司，中国人寿保险(集团)公司，中国再保险(集团)公司，中国出口信用保险公司，中国保险(控股)有限公司，各省、自治区、直辖市、计划单列市财政厅(局)：

为进一步规范和强化金融机构财务管理，严肃国家财经纪律，切实防止设置各种形式的“小金库”，现将《禁止金融机构设置“小金库”的财务管理规定》印发给你们，请遵照执行。

同时，请各省、自治区、直辖市、计划单列市财政厅(局)将规定转发所属银行、保险公司、证券公司、基金管理公司、信托投资公司、期货公司、财务公司、信用社和担保机构等金融机构，并监督执行。

附件：禁止金融机构设置“小金库”的财务管理规定

附件

禁止金融机构设置“小金库”的财务管理规定

第一章　总　　则

第一条　为进一步规范和强化金融机构财务管理，严肃国家财经纪律，禁止金融机构设置“小金库”，根据《中华人民共和国会计法》、《财政违法行为处罚处分条例》和其他有关法律、法规，制定本规定。

第二条　本规定所称金融机构，是指在中华人民共和国境内依法设立的银行、金融资产管理公司、保险公司、证券公司、基金管理公司、信托投资公司、期货公司、财务公司、信用社、担保机构等(以下简称金融机构)。

第三条　本规定所称“小金库”，是指违反国家财经法规及其他有关规定，侵占、截留国家和金融机构的收入，未纳入金融机构法定会计账簿内(以下简称账内)核算的资产，私存私放的各项资金。

第四条　金融机构财会部门应当统一负责金融机构银行账户的开设和管理工作，做好财务会计管理的各项基础工作，根据实际发生的经济业务事项进行会计核算，做到原始记录准确、完整，禁止以虚假的经济业务事项和资料进行会计核算。

金融机构财会部门应当严格遵守财务会计管理制度，将各项收支纳入账内管理和核算，做到账账、账证、账款、账实、账表相符，禁止设置“小金库”。

第二章　收 入 管 理

第五条　凡属金融机构经营业务范围内的各项收入，应当在依法设置的会计账簿上统一登记、核算，禁

止违反《中华人民共和国会计法》和国家统一的会计制度的规定设置会计账簿登记、核算。

第六条 金融机构各项贷款应当按照国家规定的适用利率计算利息收入，按照财务会计制度规定核算应收利息。对转入表外科目核算的应收未收利息，应当按照国家有关规定进行严格管理。禁止少计漏计、少收漏收。

禁止将贷款与存款等不同业务在同一账户内轧差处理。

第七条 金融机构应当按照规定确认和核算金融机构往来利息收入，禁止将利息收入转移到其他单位和境外，用于其他支出。

金融机构系统内各级机构之间相互融通拆借的资金往来，按市场利率或者规定的系统内资金往来利率计收的利息，应当及时、准确、完整地纳入收入核算。

金融机构存放在同业的存款，以及拆放给系统外金融机构的资金，所得利息应当全额入账。

第八条 金融资产管理公司应当按照规定及时上划、汇总办事处处置资产回收的现金，并全部纳入账内核算。禁止在资产处置后故意延期收款，或者将回收资金存放在其他单位、另设账户私存私放。

第九条 金融机构应当按照规定的范围、标准和费率收取各项手续费，并将手续费收入全部纳入账内核算。禁止将手续费收入存放在其他单位，或者以任何理由坐收坐支。

金融机构手续费收入应当按照会计制度有关规定，按结算业务手续费收入、委托贷款手续费收入、外汇买卖和结售汇业务手续费收入、信用卡签购手续费收入、股票、债券、基金代理业务手续费收入、代理房地产信贷手续费收入、保管箱业务收入、代征代缴证券交易印花税手续费收入等，设置明细账进行核算。

第十条 金融机构投资收益、汇兑收益、证券买卖差价收入及其他营业收入，应当严格按照财务会计制度规定，及时、准确、完整地入账。对收回已经核销的呆账，应当按照有关规定纳入账内核算。禁止以少计漏计等方式截留、转移收入。

第十一条 金融机构营业外收入应当按照形成原因如数纳入对应账户核算，包括盘盈清理固定资产净收入、罚款罚没收入、出纳长款收入、抵债资产变现净收入高出抵债资产账面价值的差额收入、其他营业外收入等。

第十二条 金融机构经营各项业务所获得的回扣、佣金、好处费等收入一律纳入账内核算，禁止隐匿或者转移、私存私放、坐收坐支、私自用于个人福利。

第三章 支出管理

第十三条 金融机构各项支出，包括成本费用支出、资本性支出和营业外支出，应当严格按照财务会计制度规定，据实列入对应账户核算，禁止虚列、多列或者作其他账务处理。

第十四条 金融机构以负债形式筹集的各类资金，应当按照国家规定的适用利率分档次提取应付利息，并按照规定结息，禁止多提或者少提应付利息。

第十五条 金融机构支付金融机构往来利息支出，包括向人民银行借入资金、办理再贴现业务、同业往来和其他金融机构借入资金的利息支出，以及金融机构系统内部资金往来发生的利息支出，一律采取转账结算，直接汇划到对方的结算账户，禁止支付现金或者另设账户结算。

第十六条 金融机构财会部门应当严格控制各项成本费用支出标准，费用支出一律纳入账内核算。禁止虚列费用支出套取现金，用于其他支出或者转移存放到其他单位和境外。

金融机构财会部门应当按照规定使用费用科目，禁止以错用会计科目等手段调配、转移、列支成本费用，通过账外设账的形式私存私放资金。

金融机构委托代办手续费、业务宣传费、业务招待费、防灾费一律据实列支，禁止预提。

第十七条 保险公司必须严格执行国家法律、法规和规章对代理手续费和佣金支出标准的规定。

除个人代理人外，保险公司必须以转账方式支付代理手续费，禁止以现金方式支付代理手续费，或者在代理手续费和佣金中列支与此无关的、应当由保险公司自行支付的工资奖金、招待费等费用。

保险公司应当严格按照合同规定，支付保险中介机构代理手续费。

保险公司必须要求保险中介机构设置独立的代收保费账户，并由保险公司和保险中介机构共同管理，保险中介机构不得单独动用该账户上的资金。

禁止保险公司及其职工向投保人提供保险费折扣、其他利益，或者超范围、超标准向保险代理人支付代理手续费，变相设置"小金库"。

第十八条　禁止保险公司通过扩大保险理赔金额、虚假理赔、编造保险标的及出险原因等，套取现金设置“小金库”。

第十九条　金融机构营业外支出应当按照发生原因如数纳入对应账户核算，包括盘亏清理固定资产净损失、出纳短款、抵债资产变现净收入低于抵债资产账面价值的差额、院校经费支出、非常损失、违约和赔偿支出、公益救济性捐款支出、其他营业外支出等。

第四章　其他管理

第二十条　金融机构应当建立和健全抵债资产管理制度，严格资产价值的核算，抵债资产经营和处置获得的收入一律纳入账内核算，禁止抵债资产收取后隐瞒不报，账外设账进行管理。

第二十一条　金融机构应当严格控制资本性支出，加强固定资产管理。固定资产严格按照财务会计制度规定的原则计价和计提折旧。禁止私自处理金融机构固定资产。

固定资产购建过程中所获得的回扣、佣金、好处费等收入，一律纳入账内核算，禁止通过任何形式隐匿或者转移、私存私放、坐收坐支。

金融机构以购买、租赁等方式获取大宗物品、工程和服务时，应当进行集中采购，禁止违反规定进行采购。

禁止侵占国家和金融机构资产、私揽业务获取账外收入。

第二十二条　金融机构应当严格执行国家有关现金管理制度，加强现金管理，控制现金使用，做到库存现金账面余额与库存金额相符。禁止用不符合财务会计制度规定的凭证顶替库存现金、使用转账凭证套换现金、利用账户套取现金，将资金转移到账外。

第二十三条　金融机构与境外金融机构业务往来中收取的回惠、回佣和回扣等必须纳入金融机构账内统一核算。

金融机构与境外机构签订委托代理等业务合同时，应当要求境外机构将回惠、回佣和回扣等汇回境内，统一作收入处理，禁止利用积分等方式进行境外培训、考察。

金融机构到境外培训、考察的费用，以及境外业务需要的招待费等正常支出，按规定渠道列支。

金融机构财会部门要切实加强对境外分支机构的财务管理，禁止通过各种渠道在境外设置“小金库”。

第二十四条　金融机构应当建立健全财会监督制度，建立职责分明、相互监督的制约机制，严格各项业务的财务核算，从根源上消除形成“小金库”的各种隐患。

金融机构应当加强对财务的检查、考核力度，强化对业务单证及会计凭证的检查。加大集中出单、集中核保力度。

金融机构应当加强对自办经济实体的管理，禁止利用自办经济实体私存私放资金、坐收坐支自办经济实体经营收入。

第五章　监督检查

第二十五条　金融机构应当建立、健全内部财务会计监督制度，明确记账人员与经济业务事项和会计事项的审批人员、经办人员、财物保管人员的职责权限，并相互分离、相互制约；明确重要经济业务事项的决策和执行的相互监督、相互制约程序；明确财产清查的范围、期限和组织程序；明确对会计资料定期进行内部审计的办法和程序。

第二十六条　主管财政部门依法对金融机构实施财务监督检查。发现金融机构设置的“小金库”要及时责令改正，调整有关会计科目，追回资产和资金，没收非法所得。对使用“小金库”资金向个人发放的奖金、实物、津贴、补贴等，责成金融机构依法追回。

主管财政部门对金融机构设置“小金库”的行为，按照《财政违法行为处罚处分条例》有关规定进行处理。对涉嫌犯罪的，移送公安、司法机关处理。

第二十七条　金融机构设置“小金库”涉嫌违反税收法规的，按照《中华人民共和国税收征收管理法》有关规定处理。

第二十八条　主管财政部门工作人员实施监督检查中滥用职权、玩忽职守、徇私舞弊的，依法给予行政处分。构成犯罪的，依法追究刑事责任。

第六章　附　　则

第二十九条　本规定自2005年7月1日起施行。

十一、科技型中小企业技术创新基金财务管理暂行办法

科技型中小企业技术创新基金财务管理暂行办法

财企[2005]22号

第一章 总 则

第一条 为加强科技型中小企业技术创新基金(以下简称"创新基金")的财务管理工作,提高创新基金使用效益,依据《中华人民共和国预算法》、《中华人民共和国中小企业促进法》、《国务院办公厅转发科学技术部、财政部关于科技型中小企业技术创新基金的暂行规定的通知》(国办发[1999]47号)以及国家财政财务制度的有关规定,制定本办法。

第二条 创新基金是经国务院批准设立的支持科技型中小企业技术创新、促进科技成果转化的专项资金。国家设立创新基金旨在增强科技型中小企业创新能力,引导地方、企业、创业投资机构和金融机构对科技型中小企业技术创新的投资,逐步建立起符合社会主义市场经济规律、支持科技型中小企业技术创新的机制。

第三条 创新基金来源于中央财政预算拨款。创新基金的年度预算安排由财政部根据中央财政预算情况和创新基金年度工作计划确定。科学技术部会同财政部向国务院提交年度执行情况报告。

第四条 创新基金的使用和管理遵守国家有关法律、行政法规和相关规章制度,遵循诚实申请、公正受理、科学管理、择优支持、公开透明、专款专用的原则。

第二章 开支范围

第五条 创新基金主要用于支持科技型中小企业技术创新活动所需的支出。具体开支范围包括项目费、管理费及其他费用。

第六条 项目费是指用于支持符合《科技型中小企业技术创新基金若干重点项目指南》,经科学技术部、财政部审批立项的项目经费。根据科技型中小企业和项目的不同特点,分别以无偿资助、贷款贴息、资本金投入等方式给予支持。其中,创新基金对每个项目的无偿资助或贷款贴息数额一般不超过100万元人民币,个别重大项目不超过200万元人民币。

(一)无偿资助

主要用于技术创新项目研究开发及中试阶段的必要补助。包括人工费、仪器设备购置和安装费、商业软件购置费、租赁费、试制费、材料费、燃料及动力费、鉴定验收费、培训费等与技术创新项目直接相关的支出。

(二)贷款贴息

主要用于支持产品具有一定的技术创新性、需要中试或扩大规模、形成小批量生产、银行已经贷款或有贷款意向的项目。项目立项后,根据项目承担企业提供的有效借款合同及项目执行期内的有效付息单据核拨贴息资金。

(三)资本金投入方式的具体办法另行制定。

第七条 管理费是指用于科学技术部科技型中小企业技术创新基金管理中心(以下简称"管理中心")从事创新基金项目的评审、评估和日常管理工作的经费。包括基本支出(项目管理所需的人员经费和日常公用经费)和项目支出两部分,具体按《中央本级基本支出预算管理办法》(财预[2002]355号)和《中央本级项目支出预算管理办法》(财预[2004]84号)执行。

管理费实行预决算管理。管理中心年度管理费预算通过科学技术部报财政部审批后,列入创新基金预算。年度管理费决算经审计后,通过科学技术部报财政部。

第八条 其他费用是指经财政部批准开支的与创新基金有关的其他支出。

第三章 项目审批和资金拨付

第九条 企业依照《科技型中小企业技术创新基金项目管理暂行办法》申请创新基金。管理中心具体负责项目的受理、评审和监管。

第十条 企业在申报项目时须经省级科技主管部门推荐。出具推荐意见前,须征求同级财政部门对项

目的意见，并将推荐项目名单抄送省级财政部门备案。

第十一条　通过受理审查的项目，管理中心组织专家和评估机构进行评审、评估。根据评审、评估意见，管理中心本着“择优支持”的原则，提出创新基金支持的项目和金额建议，报科学技术部、财政部审批。经科学技术部、财政部审批的项目正式立项。

第十二条　创新基金项目实行合同管理，正式立项的项目由管理中心与项目承担企业、推荐单位签订合同。

第十三条　创新基金项目资金在合同签订后分两次拨付。

采用无偿资助方式支持的项目立项后拨付70%，项目验收合格后再拨付其余资金(第二次拨款)；采用贷款贴息方式支持的项目立项后按企业有效借款合同及付息单据核定的应贴息数额拨付80%，项目验收合格后再拨付其余资金(第二次拨款)。

第十四条　管理中心依据合同金额每年分批编制立项项目用款计划，报财政部审批。

第十五条　管理中心每年根据项目验收情况分批编制二次拨款计划，报财政部审核。

第十六条　财政部对管理中心报送的立项项目用款计划和二次拨款计划审核后，将创新基金项目资金指标下达到项目所在地省级财政部门，并按照财政国库管理制度的有关规定办理资金支付。

第四章　监督管理与检查

第十七条　省级科技主管部门负责当地创新基金项目的日常监督管理和验收工作；省级财政部门负责对当地创新基金的运作和使用进行监督、检查，参与项目的验收工作；管理中心负责制订项目监督管理和验收的工作规范，组织实施项目监督管理和验收工作，分析总结项目执行情况。

第十八条　项目承担企业应按要求定期填报监理信息调查表(半年报、年报)。省级科技主管部门可委托地市级科技主管部门或国家级高新技术产业开发区管委会对项目执行情况进行检查和监理。管理中心根据企业监理信息调查表、省级科技主管部门的监理意见、省级财政部门的检查意见、实地检查情况等，提出项目执行情况分析报告，报送科学技术部、财政部。

第十九条　省级财政部门、科技主管部门应加强对创新基金项目的跟踪问效。科技主管部门应将本地区项目监理信息汇总情况抄送省级财政部门。省级财政部门要定期抽查项目执行情况，对于所辖地区创新基金使用管理情况提出年度执行情况报告，下一年度4月底前报送财政部，同时抄送管理中心。

第二十条　项目承担企业应严格执行国家有关财经法规、财务规章制度，认真履行合同，科学、合理、有效地安排和使用创新基金拨款，保证专款专用，严禁截留、挪用。

十二、高危行业企业安全生产费用的财务管理暂行办法

财政部 安全生产监管总局关于印发《高危行业企业安全生产费用财务管理暂行办法》的通知

财企[2006]478号

各省、自治区、直辖市、计划单列市财政厅(局)、安全生产监督管理局，新疆生产建设兵团财务局，有关中央管理企业：

为了建立高危行业企业安全生产投入长效机制，加强企业安全生产费用财务管理，根据《国务院关于进一步加强安全生产工作的决定》(国发[2004]2号)，财政部、国家安全生产监督管理总局联合制定了《高危行业企业安全生产费用财务管理暂行办法》。现予印发，请遵照执行。

附件：高危行业企业安全生产费用财务管理暂行办法

二〇〇六年十二月八日

附件

高危行业企业安全生产费用财务管理暂行办法

第一章　总　则

第一条　为了建立高危行业企业安全生产投入长效机制，加强企业安全生产费用财务管理，维护企业、

职工以及社会公共利益，根据有关法律和国务院有关决定，制定本办法。

第二条 在中华人民共和国境内从事矿山开采、建筑施工、危险品生产以及道路交通运输的企业以及其他经济组织(以下简称企业)适用本办法。

国家对煤炭开采企业和烟花爆竹生产企业另有规定的，从其规定。地热、温泉、矿泉水、卤盐开采矿山和河道采砂、采金船作业、小型砖瓦粘土矿等危险性较小的非煤矿山，不适用本办法。

第三条 企业应当建立安全生产费用管理制度。

安全生产费用(以下简称安全费用)是指企业按照规定标准提取，在成本中列支，专门用于完善和改进企业安全生产条件的资金。

第四条 安全费用按照“企业提取、政府监管、确保需要、规范使用”的原则进行财务管理。

第五条 本办法下列用语的含义是：

矿山开采是指石油和天然气、金属矿、非金属矿及其他矿产资源的勘探和生产、闭坑及有关活动。

建筑施工是指土木工程、建筑工程、井巷工程、线路管道和设备安装及装修工程的新建、扩建、改建以及矿山建设。

危险品是指列入国家标准《危险货物品名表》(GB12268)和国家有关部门确定并公布的《剧毒化学品目录》的物品，包括军工生产危险品和民用爆炸物品等。

道路交通运输是指以机动车为交通工具的旅客和货物运输。

第二章 安全费用的提取标准

第六条 矿山企业安全费用依据开采的原矿产量按月提取。各类矿山原矿单位产量安全费用提取标准如下：

(一) 石油，每吨原油17元；

(二) 天然气，每千立方米原气5元；

(三) 金属矿山，其中露天矿山每吨4元，井下矿山每吨8元；

(四) 核工业矿山，每吨22元；

(五) 非金属矿山，其中露天矿山每吨(立方米)1元，井下矿山每吨(立方米)2元；

(六) 小型露天采石场，即年采剥总量50万吨以下，且最大开采高度不超过50米，产品用于建筑、铺路的山坡型露天采石场，每吨0.5元。

原矿产量不含金属、非金属矿山尾矿库和废石场中用于综合利用的尾砂和低品位矿石。

第七条 煤系及与煤共(伴)生的金属非金属矿山、水体下开采矿山、有自然发火可能性的矿山、在需要保护的建(构)筑物和铁路下面开采的矿山，以及其他对安全生产有特殊要求的矿山，经省级安全生产监督管理局会同财政厅(局)核准后，可以在本办法第六条规定的基础上提高提取标准，但增加的提取标准不得超过原提取标准的50%。

第八条 建筑施工企业以建筑安装工程造价为计提依据。各工程类别安全费用提取标准如下：

(一) 房屋建筑工程、矿山工程为2.0%；

(二) 电力工程、水利水电工程、铁路工程为1.5%；

(三) 市政公用工程、冶炼工程、机电安装工程、化工石油工程、港口与航道工程、公路工程、通信工程为1.0%。

建筑施工企业提取的安全费用列入工程造价，在竞标时，不得删减。国家对基本建设投资概算另有规定的，从其规定。

总包单位应当将安全费用按比例直接支付分包单位，分包单位不再重复提取。

第九条 危险品生产企业以本年度实际销售收入为计提依据，采取超额累退方式按照以下标准逐月提取：

(一) 全年实际销售收入在1 000万元及以下的，按照4%提取；

(二) 全年实际销售收入在1 000万元至10 000万元(含)的部分，按照2%提取；

(三) 全年实际销售收入在10 000万元至100 000万元(含)的部分，按照0.5%提取；

(四) 全年实际销售收入在100 000万元以上的部分，按照0.2%提取。

第十条 道路交通运输企业以营业收入为计提依据，按照以下标准逐月提取：

（一）客运业务按照0.5%提取；

（二）普通货运业务按照1%提取；

（三）危险品等特殊货运业务按照1.5%提取。

第十一条　中小型企业和大型企业上年末安全费用专户结余分别达到本企业上年度销售收入的5%和2%时，经当地县级以上安全生产监督管理部门商财政部门同意，企业本年度可以缓提或少提安全费用。

企业规模划分标准按照原国家经贸委、原国家计委、财政部、国家统计局《关于印发中小企业标准暂行规定的通知》（国经贸中小企[2003]143号）和国家统计局《统计上大中小型企业划分办法（暂行）》（国统字[2003]17号）规定执行。

第十二条　本办法公布前，各省级政府已制定下发企业安全生产费用提取使用办法的，其提取标准如果低于本办法规定的标准，应当按照本办法进行调整；如果高于本办法规定的标准，按照原标准执行。

第三章　安全生产费用的使用和管理

第十三条　安全费用应当按照以下规定范围使用。

（一）完善、改造和维护安全防护设备、设施支出，其中：

1. 矿山企业安全设备设施是指矿山综合防尘、地质监控、防灭火、防治水、危险气体监测、通风系统，支护及防治边帮滑坡设备、机电设备、供配电系统、运输（提升）系统以及尾矿库（坝）等；

2. 危险品生产企业安全设备设施是指车间、库房等作业场所的监控、监测、通风、防晒、调温、防火、灭火、防爆、泄压、防毒、消毒、中和、防潮、防雷、防静电、防腐、防渗漏、防护围堤或者隔离操作等设施设备；

3. 道路交通运输企业安全设备设施是指运输工具安全状况检测及维护系统、运输工具附属安全设备等。

（二）配备必要的应急救援器材、设备和现场作业人员安全防护物品支出。

（三）安全生产检查与评价支出。

（四）重大危险源、重大事故隐患的评估、整改、监控支出。

（五）安全技能培训及进行应急救援演练支出。

（六）其他与安全生产直接相关的支出。

第十四条　在本办法规定的使用范围内，企业应当将安全费用优先用于满足安全生产监督管理部门对企业安全生产提出的整改措施或达到安全生产标准所需支出。

第十五条　企业提取安全费用应当专户核算，按规定范围安排使用。年度结余下年度使用，当年计提安全费用不足的，超出部分按正常成本费用渠道列支。

集团公司经过履行内部决策程序，可以对所属企业提取的安全费用按照一定比例集中管理，统筹使用。

第十六条　企业应当建立健全内部安全费用管理制度，明确安全费用使用、管理的程序、职责及权限，接受安全生产监督管理部门和财政部门的监督。

第十七条　企业利用安全费用形成的资产，应当纳入相关资产进行管理。

第十八条　企业应当为从事高空、高压、易燃、易爆、剧毒、放射性、高速运输、野外、矿井等高危作业的人员办理团体人身意外伤害保险或个人意外伤害保险。所需保险费用直接列入成本（费用），不在安全费用中列支。

企业为职工提供的职业病防治、工伤保险、医疗保险所需费用，不在安全费用中列支。

第十九条　矿山企业已提取维持简单再生产费用的，应当继续提取维持简单再生产费用，但其使用范围不再包含安全生产方面的用途。

第二十条　危险品生产企业转产、停产、停业或者解散的，应将安全费用结余用于处理转产、停产、停业或者解散前危险品生产或储存的设备、库存产品及生产原料所需支出。

第二十一条　企业由于产权转让、公司制改建等变更股权结构或者组织形式的，其结余的安全费用应当继续按照本办法管理使用。

企业调整业务、终止经营或者依法清算，其结余的安全费用应当结转本期收益或者清算收益。

第四章　财务监督

第二十二条　企业应当及时、足额提取安全费用，并按规定使用。在年度财务会计报告中，企业应当披露安全费用提取和使用的具体情况。

第二十三条 财政部门、安全生产监督管理部门对企业安全费用提取、管理、使用进行监督检查。

第二十四条 企业未按本办法提取和使用安全费用的，安全生产监督管理部门应当会同财政部门责令其限期改正、予以警告。逾期不改正的，由安全生产监督管理部门按照相关法规进行处理。

第五章 附 则

第二十五条 企业安全费用的会计处理，应当符合国家统一的会计制度的规定。

第二十六条 各省、自治区、直辖市财政部门和安全生产监督管理部门可以结合本地区实际情况，制订具体实施办法，并报财政部、国家安全生产监督管理总局备案。

第二十七条 本办法由财政部、国家安全生产监督管理总局负责解释。

第二十八条 本办法自 2007 年 1 月 1 日起施行。

第三编

注册会计师行业法律法规[①]

① 本书没有收录审计准则及其应用指南，主要考虑的是行政事业单位的会计人员很少有人要了解这部分内容，注册会计师基本上都有相关的资料。

第二十部分　注册会计师行业综合法律法规

一、中华人民共和国注册会计师法

中华人民共和国主席令

（第十三号）

《中华人民共和国注册会计师法》已由中华人民共和国第八届全国人民代表大会常务委员会第四次会议于1993年10月31日通过，现予公布，自1994年1月1日起施行。

中华人民共和国主席　江泽民

1993年10月31日

中华人民共和国注册会计师法

（1993年10月31日第八届全国人民代表大会常务委员会第四次会议通过）

第一章　总　　则

第一条　为了发挥注册会计师在社会经济活动中的鉴证和服务作用，加强对注册会计师的管理，维护社会公共利益和投资者的合法权益，促进社会主义市场经济的健康发展，制定本法。

第二条　注册会计师是依法取得注册会计师证书并接受委托从事审计和会计咨询、会计服务业务的执业人员。

第三条　会计师事务所是依法设立并承办注册会计师业务的机构。

注册会计师执行业务，应当加入会计师事务所。

第四条　注册会计师协会是由注册会计师组成的社会团体。中国注册会计师协会是注册会计师的全国组织，省、自治区、直辖市注册会计师协会是注册会计师的地方组织。

第五条　国务院财政部门和省、自治区、直辖市人民政府财政部门，依法对注册会计师、会计师事务所和注册会计师协会进行监督、指导。

第六条　注册会计师和会计师事务所执行业务，必须遵守法律、行政法规。

注册会计师和会计师事务所依法独立、公正执行业务，受法律保护。

第二章　考试和注册

第七条　国家实行注册会计师全国统一考试制度。注册会计师全国统一考试办法，由国务院财政部门制定，由中国注册会计师协会组织实施。

第八条具有高等专科以上学校毕业的学历、或者具有会计或者相关专业中级以上技术职称的中国公民，可以申请参加注册会计师全国统一考试；具有会计或者相关专业高级技术职称的人员，可以免予部分科目的考试。

第九条　参加注册会计师全国统一考试成绩合格，并从事审计业务工作二年以上的，可以向省、自治区、直辖市注册会计师协会申请注册。

除有本法第十条所列情形外，受理申请的注册会计师协会应当准予注册。

第十条　有下列情形之一的，受理申请的注册会计师协会不予注册：

（一）不具有完全民事行为能力的；

（二）因受刑事处罚，自刑罚执行完毕之日起至申请注册之日止不满五年的；

（三）因在财务、会计、审计、企业管理或者其他经济管理工作中犯有严重错误受行政处罚、撤职以上处分，自处罚、处分决定之日起至申请注册之日止不满二年的；

（四）受吊销注册会计师证书的处罚，自处罚决定之日起至申请注册之日止不满五年的；

（五）国务院财政部门规定的其他不予注册的情形的。

第十一条　注册会计师协会应当将准予注册的人员名单报国务院财政部门备案。国务院财政部门发现注册会计师协会的注册不符合本法规定的，应当通知有关的注册会计师协会撤销注册。

注册会计师协会依照本法第十条的规定不予注册的，应当自决定之日起十五日内书面通知申请人。申请人有异议的，可以自收到通知之日起十五日内向国务院财政部门或者省、自治区、直辖市人民政府财政部门申请复议。

第十二条　准予注册的申请人，由注册会计师协会发给国务院财政部门统一制定的注册会计师证书。

第十三条　已取得注册会计师证书的人员，除本法第十一条第一款规定的情形外，注册后有下列情形之一的，由准予注册的注册会计师协会撤销注册，收回注册会计师证书：

（一）完全丧失民事行为能力的；

（二）受刑事处罚的；

（三）因在财务、会计、审计、企业管理或者其他经济管理工作中犯有严重错误受行政处罚、撤职以上的处分的；

（四）自行停止执行注册会计师业务满一年的。

被撤销注册的当事人有异议的，可以自接到撤销注册、收回注册会计师证书的通知之日起十五日内向国务院财政部门或者省、自治区、直辖市人民政府财政部门申请复议。

依照第一款规定被撤销注册的人员可以重新申请注册，但必须符合本法第九条、第十条的规定。

第三章　业务范围和规则

第十四条　注册会计师承办下列审计业务：

（一）审查企业会计报表，出具审计报告；

（二）验证企业资本，出具验资报告；

（三）办理企业合并、分立、清算事宜中的审计业务，出具有关的报告；

（四）法律、行政法规规定的其他审计业务。

注册会计师依法执行审计业务出具的报告，具有证明效力。

第十五条　注册会计师可以承办会计咨询、会计服务业务。

第十六条　注册会计师承办业务，由其所在的会计师事务所统一受理并与委托人签订委托合同。

会计师事务所对本所注册会计师依照前款规定承办的业务，承担民事责任。

第十七条　注册会计师执行业务，可以根据需要查阅委托人的有关会计资料和文件，查看委托人的业务现场和设施，要求委托人提供其他必要的协助。

第十八条　注册会计师与委托人有利害关系的，应当回避；委托人有权要求其回避。

第十九条　注册会计师对在执行业务中知悉的商业秘密，负有保密义务。

第二十条　注册会计师执行审计业务，遇有下列情形之一的，应当拒绝出具有关报告：

（一）委托人示意其作不实或者不当证明的；

（二）委托人故意不提供有关会计资料和文件的；

（三）因委托人有其他不合理要求，致使注册会计师出具的报告不能对财务会计的重要事项作出正确表述的。

第二十一条　注册会计师执行审计业务，必须按照执业准则、规则确定的工作程序出具报告。

注册会计师执行审计业务出具报告时，不得有下列行为：

（一）明知委托人对重要事项的财务会计处理与国家有关规定相抵触，而不予指明；

（二）明知委托人的财务会计处理会直接损害报告使用人或者其他利害关系人的利益，而予以隐瞒或者作不实的报告；

（三）明知委托人的财务会计处理会导致报告使用人或者其他利害关系人产生重大误解，而不予指明；

（四）明知委托人的会计报表的重要事项有其他不实的内容，而不予指明。

对委托人有前款所列行为，注册会计师按照执业准则、规则应当知道的，适用前款规定。

第二十二条　注册会计师不得有下列行为：

（一）在执行审计业务期间，在法律、行政法规规定不得买卖被审计单位的股票、债券或者不得购买被审计单位或者个人的其他财产的期限内，买卖被审计的单位的股票、债券或者购买被审计单位或者个人所拥有的其他财产；

（二）索取、收受委托合同约定以外的酬金或者其他财物，或者利用执行业务之便，谋取其他不正当的利益；

（三）接受委托催收债款；

（四）允许他人以本人名义执行业务；

（五）同时在两个或者两个以上的会计师事务所执行业务；

（六）对其能力进行广告宣传以招揽业务；

（七）违反法律、行政法规的其他行为。

第四章　会计师事务所

第二十三条　会计师事务所可以由注册会计师合伙设立。

合伙设立的会计师事务所的债务，由合伙人按照出资比例或者协议的约定，以各自的财产承担责任。合伙人对会计师事务所的债务承担连带责任。

第二十四条　会计师事务所符合下列条件的，可以是负有限责任的法人：

（一）不少于三十万元的注册资本；

（二）有一定数量的专职从业人员，其中至少有五名注册会计师；

（三）国务院财政部门规定的业务范围和其他条件。

负有限责任的会计师事务所以其全部资产对其债务承担责任。

第二十五条　设立会计师事务所，由国务院财政部门或者省、自治区、直辖市人民政府财政部门批准。

申请设立会计师事务所，申请者应当向审批机关报送下列文件：

（一）申请书；

（二）会计师事务所的名称、组织机构和业务场所；

（三）会计师事务所章程，有合伙协议的并应报送合伙协议；

（四）注册会计师名单、简历及有关证明文件；

（五）会计师事务所主要负责人、合伙人的姓名、简历及有关证明文件；

（六）负有限责任的会计师事务所的出资证明；

（七）审批机关要求的其他文件。

第二十六条　审批机关应当自收到申请文件之日起三十日内决定批准或不批准。

省、自治区、直辖市人民政府财政部门批准的会计师事务所，应当报国务院财政部门备案。国务院财政部门发现批准不当的，应当自收到备案报告之日起三十日内通知原审批机关重新审查。

第二十七条　会计师事务所设立分支机构，须经分支机构所在地的省、自治区、直辖市人民政府部门批准。

第二十八条　会计师事务所依法纳税。

会计师事务所按照国务院财政部门的规定建立职业风险基金，办理职业保险。

第二十九条　会计师事务所受理业务，不受行政区域、行业的限制；但是，法律、行政法规另有规定的除外。

第三十条　委托人委托会计师事务所办理业务，任何单位和个人不得干预。

第三十一条　本法第十八条至第二十一条的规定，适用于会计师事务所。

第三十二条　会计师事务所不得有本法第二十二条第(一)项至第(四)项、第(六)项、第(七)项所列的行为。

第五章　注册会计师协会

第三十三条　注册会计师应当加入注册会计师协会。

第三十四条　中国注册会计师协会的章程由全国会员代表大会制定，并报国务院财政部门备案；省、自治区、直辖市注册会计师协会的章程由省、自治区、直辖市会员代表大会制定，并报省、自治区、直辖市人民政府财政部门备案。

第三十五条　中国注册会计师协会依法拟订注册会计师执业准则、规则，报国务院财政部门批准后施行。

第三十六条　注册会计师协会应当支持注册会计师依法执行业务，维护其合法权益，向有关方面反映其意见和建议。

第三十七条　注册会计师协会应当对注册会计师的任职资格和执业情况进行年度检查。

第三十八条　注册会计师协会依法取得社会团体法人资格。

第六章　法律责任

第三十九条　会计师事务所违反本法第二十条、第二十一条规定的，由省级以上人民政府财政部门给予警告，没收违法所得，可以并处违法所得一倍以上五倍以下的罚款；情节严重的，并可以由省级以上人民政府财政部门暂停其经营业务或者予以撤销。

注册会计师违反本法第二十条、第二十一条规定的，由省级以上人民政府财政部门给予警告；情节严重的，可以由省级以上人民政府财政部门暂停其执行业务或者吊销注册会计师证书。

会计师事务所、注册会计师违反本法第二十条、第二十一条的规定，故意出具虚假的审计报告、验资报告，构成犯罪的，依法追究刑事责任。

第四十条　对未经批准承办本法第十四条规定的注册会计师业务的单位，由省级以上人民政府财政部门责令其停止违法活动，没收违法所得，可以并处违法所得一倍以上五倍以下的罚款。

第四十一条　当事人对行政处罚决定不服的，可以在接到处罚通知之日起十五日内向作出处罚决定的机关的上一级机关申请复议；当事人也可以在接到处罚决定通知之日起十五日内直接向人民法院起诉。

复议机关应当在接到复议申请之日起六十日内作出复议决定。当事人对复议决定不服的，可以在接到复议决定之日起十五日内向人民法院起诉。复议机关逾期不作出复议决定的，当事人可以在复议期满之日起十五日内向人民法院起诉。

当事人逾期不申请复议，也不向人民法院起诉，又不履行处罚决定的，作出处罚决定的机关可以申请人民法院强制执行。

第四十二条　会计师事务所违反本法规定，给委托人、其他利害关系人造成损失的，应当依法承担赔偿责任。

第七章　附　则

第四十三条　在审计事务所工作的注册审计师，经认定为具有注册会计师资格的，可以执行本法规定的业务，其资格认定和对其监督、指导、管理的办法由国务院另行规定。

第四十四条　外国人申请参加中国注册会计师全国统一考试和注册，按照互惠原则办理。外国会计师事务所在中国境内设立常驻代表机构，须报国务院财政部门批准。外国会计师事务所与中国的会计师事务所共同举办中外合作会计师事务所，须经国务院对外经济贸易主管部门或者国务院授权的部门和省级人民政府审查同意后报国务院财政部门批准。

除前款规定的情形外，外国会计师事务所需要在中国境内临时办理有关业务的，须经有关的省、自治区、直辖市人民政府财政部门批准。

第四十五条　国务院可以根据本法制定实施条例。

第四十六条　本法自1994年1月1日起施行。1986年7月3日国务院发布的《中华人民共和国注册会计师条例》同时废止。

二、委托会计师事务所审计招标规范

财政部关于印发《委托会计师事务所审计招标规范》的通知

（财会[2006]2号）

各省、自治区、直辖市财政厅（局）深圳市财政局，国务院有关部委、有关直属机构，中央管理企业：

为了规范招标委托会计师事务所从事审计业务的活动，促进注册会计师行业的公平竞争，保护招标单位和投标会计师事务所的合法权益，我部制定了《委托会计师事务所审计招标规范》，现印发给你们。自2006年3月1日起执行。

附件：委托会计师事务所审计招标规范

中华人民共和国财政部

二〇〇六年一月二十六日

委托会计师事务所审计招标规范

第一条　为了规范招标委托会计师事务所(以下简称“事务所”)从事审计业务的活动,促进注册会计师行业的公平竞争,保护招标单位和投标事务所的合法权益,根据《中华人民共和国招标投标法》、《中华人民共和国注册会计师法》及相关法律,制定本规范。

第二条　招标单位采用招标方式委托事务所从事审计业务的,应当遵守《中华人民共和国招标投标法》,并符合本规范的规定。

第三条　招标投标活动应当遵循公开、公平、公正和诚实信用的原则。

任何单位和个人不得违反法律、行政法规规定,限制或者排斥事务所参加投标,不得以任何方式非法干涉招标投标活动。

事务所通过投标承接和执行审计业务的,应当遵守审计准则和职业道德规范,严格按照业务约定书履行义务、完成中标项目。

第四条　招标委托事务所从事审计业务,按照下列程序进行:

(一)招标,包括确定招标方式、发布招标公告(公开招标方式下)或发出投标邀请书(邀请招标方式下)、编制招标文件、向潜在投标事务所发出招标文件;

(二)开标;

(三)评标;

(四)确定中标事务所,发出中标通知书,与中标事务所签订业务约定书。

第五条　招标单位一般应当采用公开招标方式委托事务所。

对于符合下列情形之一的招标项目,可以采用邀请招标方式:

(一)具有特殊性,只能从有限范围的事务所中选择的;

(二)具有突发性,按公开招标程序无法在规定时间内完成委托事宜的。

第六条　采用公开招标方式的,应当发布招标公告。采用邀请招标方式的,应当向3家以上事务所发出投标邀请书。

招标公告和投标邀请书应当载明招标单位的名称和地址、招标项目的性质、数量、实施地点和时间以及获取招标文件的办法等事项。

第七条　招标单位可以根据招标项目本身的要求,在招标公告或者投标邀请书中,要求潜在投标事务所提供有关资质证明文件和业绩情况,并对潜在投标事务所进行资格审查。

在资格审查过程中,招标单位应当充分利用财政部门和注册会计师协会公开的行业信息,并执行财政部有关审计的管理规定。

第八条　招标单位应当根据招标项目的特点和需要编制招标文件。招标文件应当包括下列内容:

(一)招标项目介绍;

(二)对投标事务所资格审查的标准;

(三)投标报价要求;

(四)评标标准;

(五)拟签定业务约定书的主要条款。

第九条　招标单位应当在招标文件中详细披露便于投标事务所确定工作量、制定工作方案、提出合理报价、编制投标文件的招标项目信息,包括被审计单位的组织架构、所处行业、业务类型、地域分布、财务信息(如资产规模及结构、负债水平、年业务收入水平、其它相关财务指标)等。

第十条　招标单位应当根据招标项目要求,综合考虑投标事务所的工作方案、人员配备、相关工作经验、职业道德记录和质量控制水平、商务响应程度、报价等方面,合理确定评审内容、设定评审标准、设计各项评审内容分值占总分值的权重。投标事务所报价分值的权重不应高于20%。

评标标准的具体设计可以参考所附《评审内容及其权重设计参考表》。

第十一条　招标项目需要确定工期的,招标单位应当考虑注册会计师行业服务的特殊性,合理确定事务所完成相应工作的工期,并在招标文件中载明。

第十二条　招标单位可以根据招标项目的具体情况,组织潜在投标事务所座谈、答疑。潜在投标事务所需要查询招标项目详细资料的，招标单位应当在可能的情况下提供便利。

第十三条 招标单位在做出投标事务所编制投标文件的时限要求时，应当考虑注册会计师行业服务的特殊性，自招标文件开始发出之日起至投标事务所提交投标文件截止之日止，一般不得少于20日。

第十四条 招标单位应当公开进行开标，并邀请所有投标事务所参加。

第十五条 招标单位应当组建评标委员会，由评标委员会负责评标。

评标委员会由招标单位的代表和熟悉注册会计师行业的专家组成，与投标单位有利害关系的人不得进入相关项目的评标委员会。

评标委员会成员（以下简称“评委”）人数应当为5人以上单数，其中熟悉注册会计师行业的专家一般不应少于成员总数的2/3。

评委名单在中标结果确定前应当保密。

第十六条 招标单位应当采取必要的措施，保证评标在严格保密的情况下进行。任何单位和个人不得非法干预、影响评标的过程和结果。

第十七条 评委应当依据评标标准对投标事务所进行评分。

评标委员会应当按照各投标事务所得分高低次序排出名次，并根据名次推荐中标候选事务所。

第十八条 评标委员会完成评标后，应当向招标单位提出书面评标报告。

招标单位应当根据评标委员会提出的书面评标报告和推荐的中标候选事务所确定中标事务所。招标单位也可以授权评标委员会直接确定中标事务所。

第十九条 中标事务所确定后，招标单位应当向中标事务所发出中标通知书，同时将中标结果通知所有未中标的投标事务所。

第二十条 招标单位应当自中标通知书发出之日起30日内，以招标文件和中标事务所投标文件的内容为依据，与中标事务所签订业务约定书。

招标单位不得向中标事务所提出改变招标项目实质性内容、提高招标项目的技术要求、降低支付委托费用等要求，不得以各种名目向中标事务所索要回扣。

招标单位不得与中标事务所再行订立背离业务约定书实质性内容的其他协议。

第二十一条 财政部和各省、自治区、直辖市财政部门应当对审计招标投标活动进行监督，对审计招标投标活动中的违法违规行为予以制止并依法进行处理。

第二十二条 招标单位招标委托事务所从事其他鉴证业务和相关服务业务的，参照执行本规范。

第二十三条 本规范由财政部负责解释。

第二十四条 本规范自2006年3月1日起施行。

附表

评审内容及其权重设计参考表

评审内容	权重范围
工作方案	20%—30%
人员配备	20%—30%
相关工作经验	15%—25%
职业道德记录和质量控制水平	10%—15%
商务响应程度	5%
报价	10%—20%

注：对于报价的评审，应当以报价与平均报价差异的绝对值作为评审标准，差异绝对值越小，所得分值越高。

三、国资委统一委托会计师事务所工作试行办法

国务院国有资产监督管理委员会关于印发《国资委统一委托会计师事务所工作试行办法》的通知

（国资发评价[2004]289号）

各中央企业：

为加强国有资产监督管理，规范企业年度财务决算审计工作，提高企业会计信息质量，根据《中央企业

财务决算报告管理办法》(国资委令第5号)和《中央企业财务决算审计工作规则》(国资发评价[2004]173号)的有关规定，国资委将有计划、有步骤地对所出资企业试行统一委托会计师事务所进行年度财务决算审计工作。现将我委制定的《国资委统一委托会计师事务所工作试行办法》印发给你们，请将执行中的有关情况和问题及时反映。

二〇〇四年九月二十九日

国资委统一委托会计师事务所工作试行办法

第一条　为加强国有资产监督管理，有效履行出资人职责，规范国务院国有资产监督管理委员会(以下简称国资委)所出资企业(以下简称企业)年度财务决算审计工作，提高会计信息质量，根据《中央企业财务决算报告管理办法》(国资委令第5号)和《中央企业财务决算审计工作规则》(国资发评价[2004]173号)的有关规定，特制定本办法。

第二条　国资委根据出资人财务监督工作的需要，将有计划、有步骤地试行统一委托会计师事务所对企业年度财务决算审计工作。

第三条　国资委统一委托会计师事务所对企业年度财务决算审计工作，按照"公开、公平、公正"的原则，采取公开招标或邀请招标的方式进行。

第四条　按照国家有关招投标法律、法规及国资委有关财务决算审计规章制度的规定，国资委通过对外公开招标或者由被审计企业推荐报国资委核准的方式确定邀请招标对象，具体组织统一委托会计师事务所工作。

第五条　投标会计师事务所应具有以下资质要求：

(一) 经工商登记为企业法人，并具备国家主管部门颁发的执业资格；

(二) 会计师事务所应具备与被审计企业相适应的资质条件，并与被审计企业规模相适应；

(三) 在规定工作期间，有能力调配较强工作力量，按照国资委年度财务决算审计工作要求开展审计工作，并按时保质完成审计任务；

(四) 近三年内没有违法违规行为被国家有关部门予以处罚的记录，并在承担中央企业有关审计工作中没有出现重大审计质量问题和不良记录。

第六条　投标会计师事务所资质条件与被审计企业规模相适应是指承担企业审计业务的会计师事务所，其注册会计师人数不得少于40名，其中：

(一) 企业资产总额(合并口径，下同)在100～500亿元的，主审会计师事务所注册会计师人数不得少于60名；

(二) 企业资产总额在500～1 000亿元的，主审会计师事务所注册会计师人数不得少于80名；

(三) 企业资产总额在1 000亿元以上的，主审会计师事务所注册会计师人数不得少于100名。

第七条　企业资产总额在100亿元以下，原则上委托一家会计师事务所独立承担企业年度财务决算的审计业务；企业资产总额在100亿元以上且子企业户数较多、分布较广的，可委托一家或多家会计师事务所(最多不得超过5家)承担企业年度财务决算的审计业务。

第八条　投标方应按照国资委年度财务决算统一工作要求，在投标书中对以下方面作出明确的承诺或陈述：

(一) 同意承担招标书规定的工作内容；

(二) 审计工作方案及保证措施；

(三) 项目小组构成、项目负责人及成员简介(含近三年从事类似审计项目的工作业绩，主要成员应具有从事企业财务决算审计工作的经历)及其相关资格证书的复印件；

(四) 收取费用预算及支付方式(费用预算中人工费用、差旅费用、其他费用等应分别列示)；

(五) 按照国家有关规定和独立审计准则的要求，确保审计报告内容的真实性、合法性。

第九条　允许委托多家会计师事务所的被审计企业，可由多家会计师事务所组成共同投标人进行投标，并在投标书中明确主审会计师事务所与参审会计师事务所的职责分工。

第十条 投标。国资委根据确定的招标范围，向相关的会计师事务所发出招标邀请。投标方根据邀请招标的要求以及招标书中的规定审计对象其中之一进行投标。

会计师事务所应按照规定的程序及相关要求，在规定时间内将投标文件报送国资委。未密封的投标文件、迟报的投标文件等均视为投标无效。

第十一条 开标。在会计师事务所按规定投标后，由国资委密封保存，并于评标时在监票人员的监督下统一开标。

第十二条 评标。按照公平、公正、择优的原则进行评标，由国资委组织有关方面的专业人士组成评标委员会，在对投标会计师事务所执业情况初审的基础上，依据国家有关招投标法律、法规对会计师事务所的投标文件和陈述进行审核、比较和评分。

第十三条 以下情况作为废标处理：

（一）投标人以他人的名义投标、串通投标、以行贿手段谋取中标或者以其他弄虚作假方式投标的；

（二）投标文件不符合招标文件提出的全部实质性要求，未能在实质上响应的投标；

（三）投标文件出现重大偏差。

第十四条 评标程序：

（一）投标人情况介绍；

（二）评标委员会成员审核投标文件；

（三）评标委员会成员按照规定的程序和格式评标评分；

（四）现场统计投标人的评分情况，对投标人按得分高低顺序排出名次，并当场公布；

（五）在评标结果基础上，国资委按排名次序与相关会计师事务所协商企业财务决算审计具体工作组织等相关事宜；

（六）根据评标结果和协商情况，报经批准后与中标会计师事务所签定《业务约定书》。

第十五条 中标会计师事务所应于接到国资委中标通知的5个工作日内，与国资委签定《业务约定书》，国资委同时向被审计企业下达《委托审计通知书》。过期不签《业务约定书》的，视为该会计师事务所弃权。

第十六条 中标会计师事务所为多家会计师事务所共同组织投标的，由国资委与主审会计师事务所签，定《业务约定书》；参审会计师事务所与主审会计师事务所签定有关业务约定书，并报国资委备案。

第十七条 会计师事务所在承办企业的财务决算审计工作中，应严格遵守《中央企业财务决算审计工作规则》及国资委有关年度财务决算的工作要求。

第十八条 在实施审计过程中发现以下情形的，国资委有权更换会计师事务所：

（一）在投标中有故意隐瞒与投标书不符的重大事实的；

（二）将所中标业务再转包或分包给其他会计师事务所的；

（三）被国家有关部门予以处罚的。

第十九条 国资委在会计师事务所按规定程序执行审计任务并出具符合工作要求的审计报告后，根据国家有关规定及《业务约定书》有关费用条款支付相关审计费用。

第二十条 被审计企业应当按照国资委的相关工作要求认真做好推荐会计师事务所的工作。企业推荐的会计师事务所不得与企业及企业相关工作人员有利害关系。

第二十一条 国资委的相关工作人员在招投标过程中，应当严格执行相关工作纪律、工作要求和工作程序，加强监督，强化责任。国资委工作人员不得向企业推荐会计师事务所，不得影响和干预企业对会计师事务所的推荐工作。

第二十二条 参加评标工作的评委及监票等工作人员应当客观、公正地履行职责，严格执行评标工作纪律，并对所提出的评审意见承担责任。评委不得与任何投标人或者与招标结果有利害关系的人进行私下接触，不得透露投标评审及相关工作情况。

第二十三条 本办法从公布之日起施行。

四、中国注册会计师行业计算机广域网络系统管理暂行办法

中国注册会计师协会关于下发《中国注册会计师行业计算机广域网络系统管理暂行办法》的通知

（会协[2001]132 号）

各省、自治区、直辖市注册会计师协会：

为科学、有效地管理中国注册会计师行业管理计算机广域网络系统，促进网络系统安全的应用、高效运行，提高行业管理信息化水平，特制定《中国注册会计师行业计算机广域网络系统管理暂行办法》(见附件)，请遵照执行。

附件：中国注册会计师行业计算机广域网络系统管理暂行办法

中国注册会计师协会
2001 年 6 月 14 日

附件

中国注册会计师行业计算机广域网络系统管理暂行办法

第一章 总 则

第一条 为科学、有效地管理中国注册会计师行业计算机广域网络系统(以下简称行业广域网)，促进网络系统安全的应用、高效运行，提高行业管理信息化水平，制定本办法。

第二条 行业广域网的主要功能是，通过中注协、地方注协及各会计师事务所之间的网络信息传输，实现行业管理信息及时处理和信息资源的共同利用。

第三条 行业广域网由中注协按照统一技术、统一标准、统一管理的原则进行管理，地方注协组织实施。

第二章 硬件设备管理制度

第四条 机房管理制度

1. 路由器、交换机和服务器以及帧中继通信设备是行业广域网的关键设备，须放置计算机机房内，不得自行配置或更换，更不能挪作它用。

2. 计算机房要保持清洁、卫生，并由专人负责管理和维护，无关人员未经批准严禁进入机房。

3. 严禁易燃易爆和强磁物品及其它与机房工作无关的物品进入机房。

4. 建立机房登记制度，对本地局域网络、行业广域网的运行，建立档案，对所发生的故障、处理过程和结果等做好详细登记。

第五条 计算机管理制度

1. 信息部或专职网管人员统一管理计算机及其相关设备，完整保存计算机及其相关设备的驱动程序、保修卡及重要随机文件。

2. 计算机及其相关设备的报废需经过信息管理部门或专职人员鉴定，确认不符合使用要求后方可申请报废。

3. 使用人员如发现计算机系统运行异常，及时与信息管理部门或专职人员联系，非专业管理人员不得擅自拆开计算机调换设备配件。

第三章 软件应用管理

第六条 应购买和使用的软件正版软件。任何人私自安装盗版软件，责任自负。

第七条 对注册、考试及财务等业务数据应实行专人管理。软件使用人员应经过适当的操作培训和安全教育方能上岗操作。

第八条 制定系统数据管理制度。对系统数据实施严格的安全与保密管理，防止系统数据的非法生成、变更、泄露、丢失及破坏。设置系统管理员岗位，对系统数据实行专人管理。

第四章 网络管理制度

第九条 地方注协迁址时，应及时到当地电信部门办理广域网络端口迁址手续，同时报中注协备案，确

保系统运行稳定性、连续性。

第十条 中注协统一分配行业广域网络系统 IP 地址和 DNS 域名服务，地方注协组织实施。

第十一条 地方注协应建立本单位计算机局域网络。

第十二条 地方注协局域网络的运行由信息管理部门或专职人员负责。

第十三条 地方注协行业广域网出现故障，应及时向中注协报告，并协助搞好故障检测和维修。

第十四条 行业广域网内与国际互联网的连接，经由中注协网络机房统一接口，地方注协不得从行业广域网内自行建立出入口，以确保网络内数据信息的安全。地方注协自行建立的国际互联网网站，必须与行业广域网物理断开。

第五章 计算机病毒防范制度

第十五条 各单位应有较强的病毒防范意识，定期进行病毒检测，发现病毒立即处理并通知信息管理部门或专职人员。

第十六条 采用国家许可的正版防病毒软件并及时更新软件版本。

第十七条 新软件系统安装前应进行病毒例行检测。

第十八条 经远程通信传送的程序或数据(如:电子邮件)，必须经过检测确认无病毒后方可使用。

第六章 数据保密及数据备份制度

第十九条 数据保密

1. 根据数据的保密规定和用途，确定数据使用人员的存取权限、存取方式和审批手续。
2. 禁止泄露、外借和转移专业数据信息。
3. 各单位应制定业务数据的更改审批制度，未经批准不得随意更改业务数据。

第二十条 数据备份

1. 各单位对计算机内的重要数据应于每周五制作数据的备份并异地存放，确保系统一旦发生故障时能够快速恢复。
2. 备份数据不得更改。
3. 业务数据必须定期、完整、真实、准确地转储到不可更改的介质上(如报表，原始凭证)，并要求集中和异地保存，保存期限至少 10 年。
4. 备份的数据必须指定专人负责保管，由计算机信息技收入员按规定的方法同数据保管员进行数据的交接。交接后的备份数据应在指定的数据保管室或指定的场所保管。
5. 备份数据资料保管地点应有防火、防热、防潮、防尘、防磁、防盗设施。

第七章 操作规范

第二十一条 协会操作人员必须爱护电脑设备，保持办公室和电脑设备的清洁卫生。

第二十二条 协会操作人员必须懂得正确操作和使用计算机，加强计算机知识的学习。

第二十三条 协会操作人员必须注意保护自己的计算机信息系统，对部门登录系统的口令要注意保密。

第二十四条 不得让任何无关的人员使用自己计算机，不要擅自或让其他非专业技收入员修改自己计算机系统的重要设置。

第二十五条 工作时间禁止上网浏览任何与工作无关的信息。

第二十六条 严禁利用计算机系统上网发布、浏览、下载、传送反动、色情及暴力的信息。

第二十七条 严格遵守《中华人民共和国计算机信息网络国际联网管理暂行规定》，严禁利用计算机非法入侵他人或其他组织的计算机信息系统。

第二十八条 本制度自制订之日起开始实施。

五、国家公布取消、废止和失效的有关注册会计师、注册资产评估师行业的规章

国家公布取消、废止和失效的有关注册会计师、注册资产评估师行业的规章

一、国务院取消的有关注册会计师、注册资产评估师行业的行政审批项目

1. 项目名称:中国会计师事务所成为国际会计师事务所成员所、联系所审批

审批部门:财政部

设定依据:财政部关于允许国际会计师事务所在中国境内发展多个成员所的通知(财会协字[1996]9号)

2.项目名称:会计师事务所从事金融相关审计业务审批

审批部门:财政部

设定依据:中国人民银行、财政部关于印发《会计师事务所从事金融相关审计业务暂行办法》的通知(银发[2000]228号)

3.项目名称:从事金融审计业务会计师事务所资格审查

审批部门:中国人民银行

设定依据:中国人民银行、财政部关于印发《会计师事务所从事金融相关审计业务暂行办法》的通知(银发[2000]228号)

4.项目名称:保险公司委托会计师事务所开展审计业务备案

审批部门:保监会

设定依据:中国保险监督管理委员会关于保险公司委托会计师事务所开展审计业务有关问题的通知(保监发[1999]235号)

二、国务院决定改变管理方式的有关注册会计师、注册资产评估师行业的行政审批项目

项目名称:注册珠宝评估师执业资格认定

审批部门:财政部

设定依据:财政部关于印发《注册珠宝评估师执业资格认定办法》的通知(财会[2001]1038号)

三、财政部公布的废止和失效的有关注册会计师、注册资产评估师行业的财政规章和规范性文件及其废止和失效原因

(一)因被新文件替代而废止的

1.注册会计师全国统一考试办法(财政部财协字[1999]11号)

新文件:关于印发《注册会计师全国统一考试办法》的通知(财政部注册会计师考试委员会财会[2001]1053号)

2.关于印发《关于注册会计师执行证券期货相关业务实行许可证管理的暂行规定》的通知(财政部、中国证监会财会协字[1997]52号)

新文件:关于印发《注册会计师执行证券期货相关业务许可证管理规定》的通知(财政部、中国证监会财协字[2000]56号)

3.关于印发《注册资产评估师办理转所变更手续的暂行办法》的通知(国家国有资产管理局国资办发[1999]43号)

新文件:关于印发《注册资产评估师转所管理暂行办法》的通知(财政部财评协字[1997]7号)

4.关于印发《会计师事务所会计核算办法》的通知(财政部财会协字[1994]124号)

新文件:关于印发《会计师事务所、资产评估机构、税务师事务所会计核算办法》的通知(财政部财会[2001]61号)

5.关于尚未取得从事证券业务资格的会计师事务所和注册会计师能否对未公开发行股票的股份公司进行审计、验资业务的有关问题通告(财政部财会协字[1994]85号)

新文件:关于印发《注册会计师执行证券、期货相关业务许可证管理规定》的通知(财政部财协字[2000]56号)

6.会计师事务所新旧财务、会计制度衔接办法(财政部、中国注册会计师协会财协明传[1994]1222号)

新文件:关于印发《会计师事务所、资产评估机构、税务师事务所会计核算办法》的通知(财政部财会[2001]61号)

7.关于颁发重新修订的《资产评估机构管理暂行办法》的通知(国家国有资产管理局国资办发[1993]58号)

新文件:关于印发《资产评估机构管理暂行办法》的通知(财政部财评字[1999]118号)

8.关于从严审批资产评估机构评估资格的通知(国家国有资产管理局(90)国资办发第46号)

新文件:关于印发《资产评估机构管理暂行办法》的通知(财政部财评字[1999]118号)

9.关于会计师事务所扩大规模过程中有关事项的补充通知(财政部财会[2000]1031号)

新文件:关于会计师事务所跨省设立分所有关注册管理事项的通知(财政部财会[2001]1024号)

10.关于印发《中国注册会计师协会会费缴纳办法》的通知(财政部财会协字[1998]7号)

新文件:关于印发《中国注册会计师协会会费交纳试行办法》的通知(中国注册会计师协会会协字[2001]187号)

11.关于印发《注册会计师执行股份制试点企业有关业务的暂行规定》的通知(财政部、国家体改委(92)财办字第24号)

新文件:关于印发《会计师事务所、注册会计师从事证券相关业务许可证管理暂行办法》的通知(财政部、中国证监会财会协字[1996]11号)

(注:该文件也因被有关证券许可证管理办法替代而废止)

(二)适用当时情况、现已过时而失效的

1.关于做好1999年度外商投资企业会计报表注册会计师审计工作的通知(财政部财协字[2000]16号)

2.《关于中外合作会计师事务所中方事务听体制改革的若干规定》的补充规定(财政部、外经贸部财协字[2000]13号)

3.关于印发《会计师(审计)事务所脱钩改制实施意见》的通知(财政部财协字[1999]37号)

4.关于进一步明确资产评估机构脱钩改制有关问题的通知(财政部财评字[1999]565号)

5.关于资产评估机构脱钩改制工作程序的通知(财政部财评字[1999]322号)

6.关于资产评估机构脱钩改制有关政策问题的补充通知(财政部财评字[1999]321号)

7.关于资产评估机构脱钩改制的通知(财政部财评字[1999]119号)

8.关于执行证券期货相关业务的会计师事务所与挂靠单位脱钩的通知(财政部财会协字[1998]22号)

9.关于开展全国资产评估行业清理整顿工作的通知(财政部财评字[1998]101号)

10.关于进一步加快会计师事务所及审计事务所体制改革的通知(财政部财办字[1998]45号)

11.关于加强注册会计师注册管理严格会计师事务所审批程序的通知(财政部财会协字[1994]30号)

12.关于从事证券业务的会计师事务所对审计、验资报告复审、确认以及合作开展业务的通知(财政部、中国证监会(93)财会协字第112号)

13.关于中国工商银行所属经济信息咨询公司不能承办企业验资业务的通知(财政部(89)财会字第25号)

14.关于国营企业决算查账验证问题的复函(财政部(88)财会字第97号)

15.关于外商投资企业必须依法委托注册会计师验资、查账的通知(财政部(88)财会字第16号)

16.关于会计师事务所会计专业职务聘任工作有关问题的通知(财政部(87)财会字第53号)

17.关于中外合资经营企业、外国企业委托会计师查账问题的补充规定(财政部(84)财会字第21号)

18.关于中外合资经营企业、外国企业委托会计师查账问题的若干规定(财政部(83)财会字第48号)

(三)因缺乏法律依据、不符合有关法律规定而废止的

1.关于印发《会计师事务所年检暂行办法》的通知(财政部财会[2001]1080号)

具体原因:《注册会计师法》和其他有关法律法规中没有规定财政部门和注册会计师协会可以对会计师事务所进行年检,所以,该办法缺乏法律依据。

2.关于批准设立会计师事务所有关问题的通知(财政部财协字[2000]33号)

具体原因:该通知中有规定缺乏法律依据,如关于暂缓审批有限责任会计师事务所的规定没有法律依据。

3.关于发布《中国资产评估行业评估纠纷调处工作规则》的通知(国家国有资产管理局国资办发[1996]11号)

具体原因:(1)该《工作规则》将中国资产评估协会受理的评估纠纷扩大到非国有资产评估纠纷范围,没有法律依据。

(2)该《工作规则》中规定的"中国资产评估协会作出的裁决是终局裁决"不符合有关法律规定。

第二十一部分　会计师事务所管理法规

一、会计师事务所审批和监督暂行办法

财政部令

（第 24 号）

《会计师事务所审批和监督暂行办法》已经部务会议讨论通过，现予公布，自 2005 年 3 月 1 日起施行。

部长：金人庆

二〇〇五年一月十八日

会计师事务所审批和监督暂行办法

第一章　总　　则

第一条　为规范会计师事务所的审批，加强对会计师事务所的监督，促进注册会计师行业健康发展，根据《中华人民共和国注册会计师法》及相关法律，制定本办法。

第二条　财政部和省、自治区、直辖市人民政府财政部门（以下简称"省级财政部门"）审批和监督会计师事务所，适用本办法。

第三条　财政部和省级财政部门应当遵循公开、公平、公正、便民、高效的原则，依法审批会计师事务所，监督会计师事务所的业务活动。

第四条　会计师事务所、注册会计师应当遵守法律、行政法规，恪守职业道德，遵循执业规范。

第五条　会计师事务所、注册会计师依法独立、客观、公正执业，受法律保护，任何单位和个人不得违法干预。

第二章　会计师事务所的设立

第六条　注册会计师可以申请设立合伙会计师事务所或者有限责任会计师事务所。

第七条　设立合伙会计师事务所，应当具备下列条件：

（一）有 2 名以上的合伙人；

（二）有书面合伙协议；

（三）有会计师事务所的名称；

（四）有固定的办公场所。

第八条　设立有限责任会计师事务所，应当具备下列条件：

（一）有 5 名以上的股东；

（二）有一定数量的专职从业人员；

（三）有不少于人民币 30 万元的注册资本；

（四）有股东共同制定的章程；

（五）有会计师事务所的名称；

（六）有固定的办公场所。

第九条　会计师事务所的合伙人或者股东，应当具备下列条件：

（一）持有中华人民共和国注册会计师证书（以下简称"注册会计师证书"）；

（二）在会计师事务所专职执业；

（三）成为合伙人或者股东前 3 年内没有因为执业行为受到行政处罚；

（四）有取得注册会计师证书后最近连续 5 年在会计师事务所从事下列审计业务的经历，其中在境内会计师事务所的经历不少于 3 年：

1. 审查企业会计报表，出具审计报告；

2. 验证企业资本，出具验资报告；

3. 办理企业合并、分立、清算事宜中的审计业务，出具有关的报告；

4. 法律、行政法规规定的其他审计业务。

（五）成为合伙人或者股东前1年内没有因采取隐瞒或提供虚假材料、欺骗、贿赂等不正当手段申请设立会计师事务所而被省级财政部门作出不予受理、不予批准或者撤销会计师事务所的决定。

第十条 会计师事务所应当设立主任会计师。

合伙会计师事务所的主任会计师由执行会计师事务所事务的合伙人担任。

有限责任会计师事务所的主任会计师由法定代表人担任，法定代表人由股东担任。

第十一条 注册会计师在成为会计师事务所的合伙人或者股东之前，应当在省、自治区、直辖市注册会计师协会（以下简称“省级注册会计师协会”）办理完从原会计师事务所转出的手续。若为原会计师事务所合伙人或者股东，还应当按照有关法律、行政法规，以及合伙协议或者章程办理完退伙或者股权转让手续。

第十二条 会计师事务所的名称应当符合国家有关规定。未经同意，会计师事务所不得使用包含其他会计师事务所字号的名称。

第十三条 设立会计师事务所，应当由全体合伙人或者全体股东提出申请，由拟设立的会计师事务所所在地的省级财政部门批准。

第十四条 申请设立会计师事务所，应当向省级财政部门提交下列材料：

（一）设立会计师事务所申请表（附表1）；

（二）会计师事务所合伙人或者股东情况汇总表（附表2）；

（三）注册会计师情况汇总表（附表3）；

（四）工商行政管理部门出具的企业名称预先核准通知书复印件；

（五）全体合伙人或者全体股东现所在的省级注册会计师协会为其出具的从事本办法第九条第（四）项规定的审计业务情况的证明、已转出原会计师事务所证明，若合伙人或者股东为原会计师事务所合伙人或者股东的，还应提交退伙或者股权转让证明；

（六）会计师事务所注册会计师的注册会计师证书复印件；

（七）书面合伙协议或者股东共同制定的章程；

（八）办公场所的产权或者使用权的有效证明复印件。

设立有限责任会计师事务所，还应当提交验资证明。

因合并或者分立新设会计师事务所的，还应当提交合并协议或者分立协议。

申请人应当对申请材料内容的真实性负责。

第十五条 省级财政部门批准设立会计师事务所，应当按照下列程序办理：

（一）对申请人提交的申请材料进行审查，并核对有关复印件与原件是否相符。对申请材料不齐全或者不符合法定形式的，应当当场或者在5日内一次告知申请人需要补正的全部内容。对申请材料齐全、符合法定形式，或者申请人按照要求提交全部补正申请材料的应当受理。受理申请或者不予受理申请，应当向申请人出具加盖本行政机关专用印章和注明日期的书面凭证。

（二）对申请材料的内容进行审查，并将申请材料中有关会计师事务所名称以及合伙人或者股东执业资格及执业时间等情况予以公示。

（三）自受理申请之日起30日内作出批准或者不予批准设立会计师事务所的决定。

（四）作出批准设立会计师事务所决定的，应当自作出批准决定之日起10日内向申请人下达批准文件、颁发会计师事务所执业证书，并予以公告。批准文件中应当载明下列事项：

1. 会计师事务所的名称和组织形式；

2. 会计师事务所合伙人或者股东的姓名；

3. 会计师事务所主任会计师的姓名；

4. 有限责任会计师事务所的注册资本；

5. 会计师事务所的办公场所；

6. 会计师事务所的业务范围。

省级财政部门下达的批准文件应当抄送所在地的省级注册会计师协会。

省级财政部门作出不予批准设立会计师事务所决定的，应当自作出不予批准决定之日起10日内书面通知申请人。书面通知中应当说明不予批准的理由，并告知申请人享有依法申请行政复议或者提起行政诉讼的权利。

第十六条　省级财政部门作出批准设立会计师事务所决定的，应当自作出批准决定之日起30日内将批准文件连同下列材料报送财政部、中国注册会计师协会：

(一) 批准设立会计师事务所有关情况表(附表4)；

(二) 会计师事务所合伙人或者股东情况汇总表(附表2)。

财政部发现批准不当的，应当自收到备案材料之日起30日内书面通知省级财政部门重新审查。

第十七条　经省级财政部门批准设立的会计师事务所，应当依法办理工商登记手续。

第十八条　会计师事务所的合伙人或者股东应当自会计师事务所办理完工商登记手续之日起60日内办理完转入该会计师事务所的手续。

注册会计师在未办理完转入手续以前，不得在新设立的会计师事务所执业。

第十九条　因合并或者分立新设会计师事务所，按照本办法设立会计师事务所有关规定办理。

第三章　会计师事务所分所的设立

第二十条　会计师事务所设立分支机构应当按照本办法规定设立分所。

第二十一条　会计师事务所应当在人事、财务、执业标准、质量控制等方面对其设立的分所进行统一管理，并对分所的业务活动和债务承担法律责任。

第二十二条　会计师事务所设立分所，应当由分所所在地的省级财政部门批准。

第二十三条　设立分所的会计师事务所，应当具备下列条件：

(一) 依法成立3年以上，内部管理制度健全；

(二) 注册会计师数量(不包括拟到分所执业的注册会计师)不低于50名；

(三) 有限责任会计师事务所上年末的净资产和职业风险基金总额不低于人民币300万元，合伙会计师事务所上年末的净资产和职业风险基金总额不低于人民币150万元；

(四) 申请设立分所前3年内该会计师事务所及其已设立的分所没有因为执业行为受到行政处罚。

因合并或者分立新设的会计师事务所申请设立分所的，其成立时间可以合并或者分立前会计师事务所的成立时间为准。

第二十四条　会计师事务所设立的分所，应当具备下列条件：

(一) 分所负责人为会计师事务所的合伙人或者股东；

(二) 至少有5名注册会计师(含分所负责人)；

(三) 有固定的办公场所。

第二十五条　分所的名称应当采用"会计师事务所名称＋分所所在行政区划名＋分所"的形式。

第二十六条　会计师事务所申请设立分所，应当向拟设立分所所在地的省级财政部门提交下列材料：

(一) 会计师事务所设立分所申请表(附表5)；

(二) 会计师事务所全体合伙人或者股东会作出的设立分所的决议；

(三) 注册会计师情况汇总表(附表3)；

(四) 会计师事务所上年度资产负债表；

(五) 会计师事务所拟设立的分所注册会计师的注册会计师证书复印件；

(六) 会计师事务所对分所的管理办法；

(七) 分所办公场所的产权或者使用权的有效证明复印件。

合并后的会计师事务所于合并当年提出设立分所的，不需要提交前款第(四)项规定的材料，但应当提交合并协议和合并基准日的资产负债表。

第二十七条　省级财政部门批准会计师事务所设立分所的程序比照本办法第十五条规定办理。

跨省级行政区划设立分所的，分所所在地的省级财政部门应当就设立该分所的会计师事务所是否符合本办法第二十三条规定的条件，征求该会计师事务所所在地的省级财政部门的意见。该会计师事务所所在地的省级财政部门应当在10日内回复意见。

省级财政部门应当自受理设立分所申请之日起20日内作出是否批准的决定。批准设立会计师事务所分所的，应当向申请人下达批准文件、颁发会计师事务所分所执业证书，并将批准文件抄报财政部、中国注册会计师协会。

会计师事务所跨省级行政区划设立分所的，批准设立分所的省级财政部门还应当将批准文件抄送会计师事务所所在地的省级财政部门及省级注册会计师协会。

第二十八条　会计师事务所设立的分所经省级财政部门批准后，应当依法办理分所工商登记手续。

第四章　会计师事务所的变更、终止

第二十九条　会计师事务所发生下列事项之一的，应当自作出决议之日起20日内向所在地的省级财政部门备案：

（一）变更会计师事务所名称、办公场所（在省级行政区划内）、主任会计师；

（二）变更合伙会计师事务所合伙人；

（三）变更有限责任会计师事务所注册资本、股东。

会计师事务所变更分所名称、负责人、办公场所，或者撤销已设立的分所，应当自作出决议之日起20日内同时向会计师事务所和分所所在地的省级财政部门备案。

第三十条　会计师事务所及其分所发生本办法第二十九条所列变更事项之一的，应当向所在地的省级财政部门报送下列备案材料：

（一）会计师事务所变更事项情况表（附表6）或者会计师事务所分所变更事项情况表（附表7）；

（二）变更后的情况符合本办法第七条至第十二条、第二十四条和第二十五条规定的证明材料。

第三十一条　会计师事务所及其设立的分所变更名称的，应当同时向会计师事务所及其分所所在地的省级财政部门备案，提交工商行政管理部门出具的企业名称预先核准通知书复印件，交回原会计师事务所执业证书或者原会计师事务所分所执业证书，换取新的会计师事务所执业证书或者会计师事务所分所执业证书。

会计师事务所撤销已设立的分所，应当向会计师事务所及其分所所在地省级财政部门报送会计师事务所撤销分所情况表（附表8），并交回会计师事务所分所执业证书。

省级财政部门收到会计师事务所撤销分所情况表或者换发执业证书后，应当将有关情况予以公告。

第三十二条　因合并或者分立存续的会计师事务所，应当按照本办法第二十九条至第三十一条的规定向所在地的省级财政部门备案。

第三十三条　会计师事务所跨省级行政区划迁移办公场所，应当由迁入地的省级财政部门批准。

第三十四条　会计师事务所跨省级行政区划迁移办公场所，应当具备下列条件：

（一）符合法定设立条件；

（二）申请迁移时未正在接受财政部或省级财政部门检查，或者中国注册会计师协会或省级注册会计师协会调查。

第三十五条　会计师事务所跨省级行政区划迁移办公场所，应当向迁入地省级财政部门提交下列材料：

（一）会计师事务所跨省级行政区划迁移申请表（附表9）；

（二）会计师事务所合伙人或者股东情况汇总表（附表2）；

（三）注册会计师情况汇总表（附表3）；

（四）书面合伙协议或者股东共同制定的章程；

（五）全体合伙人或者股东的注册会计师证书复印件；

（六）迁入地办公场所的产权或者使用权的有效证明复印件；

（七）全体合伙人或者股东会作出的迁移办公场所决议。

迁移同时需要变更会计师事务所名称的，还应当提交迁入地的工商行政管理部门出具的企业名称预先核准通知书复印件。

第三十六条　省级财政部门批准会计师事务所跨省级行政区划迁移办公场所的程序比照本办法第十五条规定办理。

迁入地的省级财政部门应当就该会计师事务所是否符合本办法第三十四条规定的条件，征求迁出地的省级财政部门的意见。迁出地的省级财政部门应当在10日内回复意见。

省级财政部门应当自受理申请之日起20日内作出决定。批准会计师事务所迁入的，应当向申请人下达批准文件、换发会计师事务所执业证书，并在30日内与迁出地的省级财政部门办理该会计师事务所档案材料的移交手续。

省级财政部门下达的批准文件还应当抄报财政部、中国注册会计师协会，抄送迁出地的省级财政部门和省级注册会计师协会。

第三十七条 经批准跨省级行政区划迁移办公场所的会计师事务所设有分所的，应当向其分所所在地的省级财政部门备案，并交回原会计师事务所分所执业证书。省级财政部门应当为其换发新的会计师事务所分所执业证书。

第三十八条 省级财政部门应当在受理申请的办公场所将申请设立会计师事务所、会计师事务所分所和跨省级行政区划迁移办公场所的条件、应当提交的材料目录及要求、批准的程序及期限予以公示。

第三十九条 会计师事务所与境外会计师事务所签订协议，建立成员所或者联系所关系的，应当自签订协议之日起20日内，通过所在地的省级财政部门向财政部、中国注册会计师协会报送会计师事务所与境外会计师事务所建立合作关系情况表(附表10)以及会计师事务所与境外会计师事务所签定的协议复印件。

第四十条 会计师事务所有下列情形之一的，应当终止：

(一) 合伙协议或者章程规定的解散事由出现，自愿解散；

(二) 全体合伙人或者股东会决议解散；

(三) 因合并或者分立解散；

(四) 被依法宣告破产；

(五) 被依法注销、撤销或者吊销营业执照；

(六) 被依法撤销或者撤回会计师事务所执业证书；

(七) 法律、行政法规规定的其他终止情形。

第四十一条 会计师事务所发生应当终止的情形时，应当分别向会计师事务所及其分所所在地的省级财政部门备案，报送会计师事务所终止情况表(附表11)，同时交回会计师事务所执业证书和会计师事务所分所执业证书。

会计师事务所终止，应当按照有关法律、行政法规的规定进行清算。

第四十二条 省级财政部门收到会计师事务所报送的会计师事务所终止情况表并收回会计师事务所执业证书或者会计师事务所分所执业证书后，应当将会计师事务所或者分所终止的有关情况予以公告。

第五章 监督检查

第四十三条 财政部和省级财政部门依法对下列事项实施监督检查：

(一) 会计师事务所保持设立条件的情况；

(二) 会计师事务所应当向财政部和省级财政部门备案事项的报备情况；

(三) 会计师事务所和注册会计师的执业情况；

(四) 会计师事务所的质量控制制度；

(五) 法律、行政法规规定的其他监督检查事项。

第四十四条 财政部和省级财政部门在实施监督检查过程中应当严格遵守财政检查工作的有关规定，不得妨碍会计师事务所的正常经营活动，不得索取或者收受财物，不得谋取其他利益；应当在认定事实清楚、证据确凿、定性准确、法律依据充分的情况下依法处理。

第四十五条 财政部和省级财政部门在开展检查过程中，可以根据工作需要，聘用一定数量的专业人员协助检查。

第四十六条 财政部和省级财政部门及被聘用的专业人员对检查工作中知悉的国家秘密和商业秘密负有保密义务。

第四十七条 财政部应当加强对省级财政部门监督、指导注册会计师、会计师事务所工作的监督检查。

省级财政部门应当建立信息报告制度，对会计师事务所、注册会计师发生的重大违法违规案件及时上报财政部。

第四十八条 会计师事务所及其分所未保持设立条件的，应在 20 日内向所在地的省级财政部门备案，由所在地的省级财政部门责令其在 60 日内整改。未在规定期限内备案或者整改期满仍未达到设立条件的，由所在地的省级财政部门撤回设立许可。

第四十九条 会计师事务所和注册会计师存在下列情形之一的，财政部和省级财政部门应当进行重点监督检查：

（一）被投诉或者举报的；

（二）未保持设立条件的；

（三）在执业中有不良记录的；

（四）采取不正当竞争手段承接业务的。

第五十条 财政部和省级财政部门可以对会计师事务所依法进行实地检查，或者将有关材料调到本机关或检查人员办公地点进行核查。

调阅的有关材料应当在 3 个月内送还并保持完整。

第五十一条 财政部和省级财政部门在实施监督检查过程中，可以要求会计师事务所和注册会计师说明有关情况，调阅会计师事务所工作底稿及相关资料，向相关单位和人员调查、询问、取证和核实有关情况。

第五十二条 会计师事务所和注册会计师必须接受财政部和省级财政部门依法实施的监督检查，如实提供中文工作底稿以及有关资料，不得拒绝、阻挠、逃避检查，不得谎报、隐匿、销毁相关证据材料。

会计师事务所或者注册会计师有明显转移、隐匿有关证据材料迹象的，财政部和省级财政部门可以对证据材料先行登记保存。

第五十三条 对会计师事务所和注册会计师的违法违规行为，财政部和省级财政部门可以在作出行政处罚决定后予以公告。

第五十四条 会计师事务所应当于每年 5 月 31 日之前，向所在地的省级财政部门报送下列材料：

（一）会计师事务所基本情况表（附表 12）和会计师事务所分所基本情况表（附表 13）；

（二）会计师事务所上年末资产负债表和上年度利润表；

（三）会计师事务所合伙人或者股东情况汇总表（附表 2）；

（四）对分所的业务管理和执业质量控制情况的说明；

（五）会计师事务所出具审计报告情况表（附表 14）；

（六）会计师事务所及其注册会计师接受业务检查、被处罚情况；

（七）会计师事务所由于执行业务涉及法律诉讼情况。

会计师事务所与境外会计师事务所有成员所或者联系所合作关系的，还应当报送上年度与境外会计师事务所、境外会计师事务所其他成员所或者联系所合作开展业务的情况。

会计师事务所跨省级行政区划设有分所的，还应当将该分所有关材料报送分所所在地的省级财政部门。

第五十五条 省级财政部门收到会计师事务所按照本办法第五十四条的规定报送的材料后，应当对会计师事务所及其分所保持设立条件等情况进行汇总，并于 6 月 30 日之前报财政部、中国注册会计师协会。

第五十六条 会计师事务所和注册会计师必须按照执业准则、规则的要求，在实施必要的审计程序后，以经过核实的审计证据为依据，形成审计意见，出具审计报告，不得有下列行为：

（一）在未履行必要的审计程序，未获取充分适当的审计证据的情况下出具审计报告；

（二）对同一委托单位的同一事项，依据相同的审计证据出具不同结论的审计报告；

（三）隐瞒审计中发现的问题，发表不恰当的审计意见；

（四）未实施严格的逐级复核制度，未按规定编制和保存审计工作底稿；

（五）违反执业准则、规则的其他行为。

会计师事务所和注册会计师执行审计业务，遇到下列情形之一的，应当拒绝出具有关报告：

（一）委托人示意其作不实或者不当证明的；

（二）委托人故意不提供有关会计资料和文件的；

（三）因委托人有其他不合理要求，致使其出具的报告不能对财务会计的重要事项作出正确表述的。

第五十七条 注册会计师不得有下列行为：

(一) 在执行审计业务期间,在法律、行政法规规定不得买卖被审计单位的股票、债券或者不得购买被审计单位或者个人的其他财产的期限内,买卖被审计单位的股票、债券或者购买被审计单位或者个人所拥有的其他财产;

(二) 索取、收受委托合同约定以外的酬金或者其他财物,或者利用执行业务之便,谋取其他不正当利益;

(三) 接受委托催收债款;

(四) 允许他人以本人名义执行业务;

(五) 同时在两个或者两个以上的会计师事务所执行业务;

(六) 对其能力进行广告宣传以招揽业务;

(七) 违反法律、行政法规的其他行为。

第五十八条 会计师事务所不得有下列行为:

(一) 未经批准设立分所;

(二) 向省级以上财政部门提供虚假材料或者不及时报送相关材料;

(三) 雇用正在其他会计师事务所执业的注册会计师,或者明知本所的注册会计师在其他会计师事务所执业而不予制止;

(四) 允许本所注册会计师只在本所挂名而不在本所执行业务,或者明知本所注册会计师在其他单位从事获取工资性收入的工作而不予制止;

(五) 允许其他单位或者个人以本所名义承办业务;

(六) 采取强迫、欺诈等不正当方式招揽业务;

(七) 承办与自身规模、执业能力、承担风险能力不匹配的业务;

(八) 违反法律、行政法规的其他行为。

第六章 法律责任

第五十九条 会计师事务所或者注册会计师违反本办法规定的,由财政部或者省级财政部门依法给予行政处罚;违法情节轻微,没有造成危害后果的,可以采取下达关注函等方式进行处理或移送注册会计师协会处理。

第六十条 申请人隐瞒有关情况或者提供虚假材料提出申请的,省级财政部门不予受理或者不予批准,并给予警告。

第六十一条 会计师事务所及其分所采取欺骗、贿赂等不正当手段获得批准设立的,由所在地的省级财政部门予以撤销。

第六十二条 会计师事务所有下列情形之一的,责令限期改正,逾期不改正的予以公告:

(一) 会计师事务所设立后合伙人或者股东未在规定时间内办理完转入该所手续的;

(二) 未按照本办法规定办理有关事项备案手续的;

(三) 对分所的人事、财务、执业标准、质量控制等不实施统一管理的;

(四) 违反《中华人民共和国注册会计师法》第三十二条规定的;

(五) 违反本办法第十条、第五十八条规定的。

第六十三条 会计师事务所向财政部或者省级财政部门隐瞒有关情况、提供虚假材料或者拒绝提供反映其活动情况的真实材料的,给予警告。

第六十四条 会计师事务所违反本办法第五十六条规定的,给予警告,没收违法所得,可并处违法所得1倍以上5倍以下的罚款;情节严重的,可以暂停其经营业务或者予以撤销。

第六十五条 注册会计师违反本办法第五十六条规定的,给予警告;情节严重的,可以暂停其执行业务或者吊销注册会计师证书。

注册会计师违反本办法第五十七条规定的,责令限期改正,逾期不改正的予以公告。

第六十六条 会计师事务所或者注册会计师违反本办法第五十六条的规定,故意出具虚假的审计报告、验资报告,构成犯罪的,依法追究刑事责任。

第六十七条 公民、法人或者其他组织未经批准,擅自从事注册会计师法第十四条规定的注册会计师业务的,给予警告,并责令其停止违法活动,没收违法所得;情节严重的,可以并处1倍以上5倍以下的罚款。

第六十八条　财政部或者省级财政部门在作出较大数额罚款、暂停执业、吊销注册会计师证书或者撤销会计师事务所的决定之前，应当告知当事人有要求听证的权利；当事人要求听证的，应当按照《财政部行政处罚听证实施办法》的规定组织听证。

第六十九条　当事人对财政部或者省级财政部门审批和监督行为不服的，可依法申请行政复议或者提起行政诉讼。

第七十条　财政部或者省级财政部门的工作人员在实施审批和监督过程中，滥用职权、玩忽职守、徇私舞弊或者泄露国家秘密、商业秘密的，依法给予行政处分。

第七章　附　则

第七十一条　本办法规定的批准、备案期限均以工作日计算，不含法定节假日。

第七十二条　本办法有关申请材料规定中所指的“注册会计师证书复印件”均包括所有记录页的复印件。

第七十三条　境外人员申请设立会计师事务所适用本办法。

第七十四条　本办法施行前批准设立的会计师事务所及其分所发生变更事项，其变更后的情况应当符合本办法的规定。

第七十五条　本办法自2005年3月1日起施行。

自本办法施行之日起，以下文件同时废止：《合伙会计师事务所设立及审批试行办法》[(93)财会协字第110号]、《财政部关于明确合伙会计师事务所审批权限的通知》(财会协字[1997]46号)、《违反注册会计师法处罚暂行办法》(财法字[1998]1号)、《财政部关于会计师(审计)事务所终止的若干事项的通知》(财会协字[1998]23号)、《有限责任会计师事务所审批办法》(财会协字[1998]55号)、《注册会计师证书及事务所执业证书管理暂行办法》(财协字[1998]35号)、《财政部关于有限责任会计师事务所出资人资格有关问题的复函》(财协字[1999]140号)、《会计师事务所合并审批管理暂行办法》(财协字[2000]27号)、《会计师事务所分所审批管理暂行办法》(财协字[2000]28号)、《财政部关于会计师事务所设立分所有关问题的通知》(财会[2000]1017号)、《财政部关于会计师事务所的股东离开事务所后是否继续享有股东资格的批复》(财会[2001]1014号)、《财政部关于会计师事务所跨省设立分所有关注册管理事项的通知》(财会[2001]1024号)。

附表1：设立会计师事务所申请表（略）

附表2：会计师事务所合伙人或者股东情况汇总表（略）

附表3：注册会计师情况汇总表（略）

附表4：批准设立会计师事务所有关情况表（略）

附表5：会计师事务所设立分所申请表（略）

附表6:会计师事务所变更事项情况表（略）

附表7:会计师事务所分所变更事项情况表（略）

附表8：会计师事务所撤销分所情况表（略）

附表9：会计师事务所跨省级行政区划迁移申请表（略）

附表10：会计师事务所与境外会计师事务所建立合作关系情况表（略）

附表11：会计师事务所终止情况表（略）

附表12：会计师事务所基本情况表（略）

附表13：会计师事务所分所基本情况表（略）

附表14:会计师事务所出具审计报告情况表（略）

二、会计师事务所(分所)执业证书管理办法

财政部关于印发《会计师事务所(分所)执业证书管理办法》的通知

(财会[2007]5号)

各省、自治区、直辖市财政厅(局)，深圳市财政局：

为规范会计师事务所(分所)执业证书的管理，配合财政会计行业管理系统的推广运用，我部对会计师

事务所执业证书和会计师事务所分所执业证书进行了改版，并制定了《会计师事务所(分所)执业证书管理办法》，现予印发。有关事项通知如下：

一、自本办法印发之日起，审批机关新批会计师事务所(包括分所)发放证书，一律使用新版证书。旧版证书换发时间另行通知。

二、本办法中的"会计师事务所(分所)编号"为旧版证书中的"执业证书编号"。会计师事务所(分所)编号是每家会计师事务所(分所)的唯一标识号，由财政会计行业管理系统根据编号规则自动生成。

三、接到本办法后，各省级财政部门应当根据使用需要，及时向我部申领新版证书，申领数量一般不应超过一年的使用量。

四、本办法印发后，各审批机关应当严格按照本办法的规定履行证书管理职责。执行中有何问题，请及时向我部反映。

附件：会计师事务所(分所)执业证书管理办法

财　政　部

二○○七年四月三日

附件

会计师事务所(分所)执业证书管理办法

第一条　为规范会计师事务所(分所)执业证书管理，根据《中华人民共和国注册会计师法》、《会计师事务所审批和监督暂行办法》(财政部令第24号)规定，制定本办法。

第二条　会计师事务所执业证书和会计师事务所分所执业证书(以下统称执业证书)由财政部统一印制，由审批机关发放。

第三条　执业证书不得伪造、涂改、出租、出借、转让。

第四条　会计师事务所执业证书记载事项包括：事务所名称、主任会计师姓名、办公场所、组织形式、事务所编号、注册资本(出资额)、批准设立文号、批准设立日期、发证机关、发证日期。

会计师事务所分所执业证书记载事项包括：分所名称、负责人、办公场所、分所编号、批准设立文号、批准设立日期、发证机关、发证日期。

执业证书中各记载事项必须由发证机关填写完整，"发证机关"处应加盖发证机关印章。记载不完整或者未加盖印章的，执业证书无效。

第五条　会计师事务所(分所)编号遵循全国统一编号规则。

会计师事务所跨省级行政区划迁移(以下简称跨省迁移)，该所及其分所应重新编号。会计师事务所(分所)发生其他变更事项换发执业证书，或者因遗失补发执业证书，编号不变。

第六条　证书序号是每份执业证书唯一标识号，由财政部统一编列。发证机关发放执业证书时，应当记录所发证书序号。

会计师事务所执业证书序号范围为：000001～499999；会计师事务所分所执业证书序号范围为：500001～999999。

第七条　审批机关做出批准设立会计师事务所(分所)决定的，应当自决定之日起10个工作日内向申请人发放执业证书。

批准设立会计师事务所(分所)发放证书的，发证日期填批准设立日期。

第八条　会计师事务所(分所)根据《会计师事务所审批和监督暂行办法》(财政部令第24号)向原审批机关申请变更备案，变更事项涉及执业证书记载事项的，原审批机关应当自收到有关变更备案材料之日起3个工作日内换发执业证书。

变更备案发放证书的，发证日期填备案日期。

第九条　审批机关批准会计师事务所跨省迁移的，应当自决定之日起10个工作日内向申请人换发执业证书。

批准跨省迁移发放证书的，发证日期填批准迁移日期。

第十条 执业证书遗失的，会计师事务所(分所)应当在省级以上报刊和原审批机关指定网站上刊登遗失声明，申明证书作废。遗失声明应当标明遗失的证书序号。

会计师事务所(分所)应携带刊登遗失声明的报刊原件向原审批机关申请补发。原审批机关应当自收到申请之日起3个工作日内向申请人补发执业证书。

补发证书的，发证日期填决定补发证书日期。

第十一条 审批机关作出撤销会计师事务所(分所)、撤回会计师事务所(分所)设立许可决定的，应当通知会计师事务所(分所)限期交回执业证书。自作出撤销、撤回决定之日起，执业证书失效。

第十二条 会计师事务所(分所)因本办法第十一条规定以外的原因终止的，应当在向原审批机关报终止备案同时交回执业证书。

第十三条 审批机关应设专人管理执业证书，每次申领执业证书时，应对上次申领和使用情况进行说明。

第十四条 本办法自印发之日起施行。

附

会计师事务所(分所)编号规则

一、会计师事务所(以下简称事务所)编号为8位数字。前2位为事务所所在省级行政区划代码，第3、4位为所在地市级行政区划代码，后4位为同一地市内的顺序编号。

二、事务所分所编号为12位数字。前8位为所属事务所编号，第9、10位为分所所在省级行政区划代码，后2位为事务所在同一省级行政区划内设立分所的顺序编号。

三、事务所跨省迁移，应当按照第一条规定重新编号，其所属分所编号的前8位相应改变，后4位不变。

四、事务所终止、跨省迁移、分所终止，其原编号注销，不重新分配给其他事务所和分所。

五、行政区划代码执行国家标准《中华人民共和国行政区划代码》(GB2260)。各省级行政区划代码为：

北京市 11	天津市 12	河北省 13	山西省 14	内蒙古 15
辽宁省 21	吉林省 22	黑龙江 23	上海市 31	江苏省 32
浙江省 33	安徽省 34	福建省 35	江西省 36	山东省 37
河南省 41	湖北省 42	湖南省 43	广东省 44	广　西 45
海南省 46	重庆市 50	四川省 51	贵州省 52	云南省 53
西　藏 54	陕西省 61	甘肃省 62	青海省 63	宁　夏 64
新　疆 65				

三、财政部关于会计师事务所跨省设立分所有关注册管理事项的通知

财政部关于会计师事务所跨省设立分所有关注册管理事项的通知

财会[2001]1024号

各省、自治区、直辖市财政厅(局)，深圳市财政局：

为了加强对会计师事务所(以下简称事务所)跨省设立分所的注册管理工作，根据《中华人民共和国注册会计师法》等有关法规的规定，现就有关事项通知如下：

一、事务所跨省设立的分所的日常注册管理工作，按照属地管理原则，由分所所在地省、自治区、直辖市注册会计师协会(以下简称"省级注协")负责。

事务所设立分所后，总所的从业人员和注册会计师不应少于《会计师事务所分所审批管理暂行办法》(财协字[2000]28号)第六条的规定，并应设立健全的执业质量控制、业务开拓及培训等部门，在业务、管理等方面发挥调控作用。

二、事务所跨省合并的，有限责任事务所应当按照《中华人民共和国公司登记管理条例》第十七的规定，自省级以上财政部门批准之日起90天内，申请办理新设立或存续的事务所(以下简称"合并后事务所")

的工商登记或工商变更登记(以下统称"工商登记");合伙制事务所比照执行。逾期未办理工商登记的,合并批复失效。

合并后事务所办理工商登记后,原合并一方(或多方)不得以原所名义执行业务,并在90天内完成清算、工商注销工作。

三、合并后事务所工商登记后15日内,应将合并各方的注册会计师关系转至合并后事务所。

事务所设立分所的,应在分所办理工商登记后15日内,将有关注册会计师的关系转至分所。

逾期未办理注册会计师转所手续的,由所在地省级注协对合并后事务所予以通报。合并后事务所工商登记90天后,仍未办理注册会计师转所手续的,撤销对有关人员的注册。

四、在分所工作的人员符合注册会计师条件申请注册时,应经事务所审核同意盖章,由分所向其所在地省级注协申报。分所所在地省级注协审核批准后,在30日内将批准文件抄送中国注册会计师协会、事务所所在地省级注协备案。分所注册人员的注册会计师证书应注明"××会计师事务所××分所"字样,并加盖分所所在地省级注协、中国注册会计师协会印章。

五、注册会计师由事务所(含分所)转到其他事务所(含分所),或在事务所与分所、分所与分所之间调动并执业时,应按现行的注册会计师转所程序办理相关的手续。转所审批表中"调入所(或调出所)意见"一栏,应由事务所出具意见,或由分所出具意见并附事务所的核准意见;"调入(或调出)省级注协意见"一栏,按属地管理原则,由所在地省级注协出具意见。

分所所在地省级注协应在转入分所的注册会计师办理转所手续后,将有关情况抄送事务所所在地省级注协备案。

六、分所注册会计师年检由分所所在地省级注协负责。分所报送的有关年检材料,应经事务所审核同意盖章。年检合格的注册会计师,由分所所在地省级注协公告并抄送事务所所在地省级注协备案。

各省级注协在年检公告中应注明,本省事务所跨省设立的分所的注册会计师由分所所在地省级注协公告。

七、省级注协对注册会计师的统计,按属地管理原则。对外省事务所设在本省的分所的注册会计师应进行统计;不统计本省事务所在其他省所设分所的注册会计师。

八、未经批准设立的分所(或其他形式的分支机构),经所在地省级注协核实后,由所在地省级财政部门予以取缔;事务所提交虚假证明文件或者采取其他欺骗手段隐瞒重要事实设立分所的,由分所所在地省级财政部门撤销对设立分所的批复。

省级财政部门在做出上述处理后,在15日内抄送事务所所在地省级财政部门、中国注册会计师协会备案,并在三年内不再受理该事务所设立分所的申请。

九、分所设立后因违反规定被撤销的,其所在地省级财政部门三年内不再受理该事务所设立分所的申请。事务所三年内因违反规定被撤销三个以上(含三个)分所的,其所在地省级注协五年内不得为其出具跨省设立分所的证明文件。

十、财政部《关于会计师事务所扩大规模过程中有关事项的补充通知》(财会[2000]1031号)同时废止。

二〇〇一年五月二十四日

四、财政部、证监会关于会计师事务所从事证券、期货相关业务有关问题的通知

财政部、证监会关于会计师事务所从事证券、期货相关业务有关问题的通知

(财会[2007]6号)

各省、自治区、直辖市财政厅(局),深圳市财政局,中国证券监督管理委员会各派出机构:

为了规范会计师事务所从事证券、期货相关业务,维护证券市场秩序,保护投资者和社会公众的合法权益,现对会计师事务所从事证券、期货相关业务有关问题补充通知如下:

一、会计师事务所从事证券、期货相关业务资格的申请条件

会计师事务所从事证券、期货相关业务(以下简称证券业务),应当按照本通知规定取得证券、期货相关

业务资格(以下简称证券资格)。

会计师事务所申请证券资格,应当具备下列条件:

(一) 依法成立3年以上;

(二) 质量控制制度和内部管理制度健全并有效执行,执业质量和职业道德良好;

(三) 注册会计师不少于80人,其中通过注册会计师全国统一考试取得注册会计师证书的不少于55人,上述55人中最近5年持有注册会计师证书且连续执业的不少于35人;

(四) 有限责任会计师事务所净资产不少于500万元,合伙会计师事务所净资产不少于300万元;

(五) 会计师事务所职业保险的累计赔偿限额与累计职业风险基金之和不少于600万元;

(六) 上一年度审计业务收入不少于1 600万元;

(七) 持有不少于50%股权的股东,或半数以上合伙人最近在本机构连续执业3年以上;

(八) 不存在下列情形之一:

1. 在执业活动中受到行政处罚、刑事处罚,自处罚决定生效之日起至提出申请之日止未满3年;

2. 因以欺骗等不正当手段取得证券资格而被撤销该资格,自撤销之日起至提出申请之日止未满3年;

3. 申请证券资格过程中,因隐瞒有关情况或者提供虚假材料被不予受理或者不予批准的,自被出具不予受理凭证或者不予批准决定之日起至提出申请之日止未满3年。

会计师事务所具备前款第(一)项、第(七)项和第(八)项规定条件,并通过吸收合并具备前款第(二)项至第(六)项规定条件的,自吸收合并后工商变更登记之日起至提出申请之日止应当满一年。

会计师事务所发生吸收合并前已具备第二款规定条件的,不受第三款规定限制。

二、证券资格的申请材料

会计师事务所申请证券资格,应当提交下列材料(一式2份):

(一) 会计师事务所证券资格申请表(详见附件1);

(二) 会计师事务所营业执照副本复印件和执业证书复印件;

(三) 会计师事务所质量控制制度、内部管理制度及执行情况说明;

(四) 注册会计师证书复印件,经省(自治区、直辖市)注册会计师协会(以下简称省级注册会计师协会)确认的提出申请上月末注册会计师情况表(详见附件2);

(五) 由其他具有证券资格的会计师事务所出具的上一年度本机构财务报表的审计报告,审计报告后附的会计报表附注中应当包括对审计业务收入的单项说明;

(六) 职业保险保单复印件;

(七) 会计师事务所上一年度审计业务收费情况表(详见附件3);

(八) 自上年末至提出申请上月末净资产、职业风险基金变动情况说明。

属于本通知第一条第三款规定情形的,除提交前款规定材料外,还应当提交会计师事务所合并协议复印件。

属于本通知第一条第四款规定情形,且自吸收合并工商变更登记之日起至提出申请之日止未满一年的,除提交本条第一款规定材料外,还应当提交下列材料:

(九) 会计师事务所合并协议复印件;

(十) 合并前吸收方质量控制制度、内部管理制度及执行情况说明;

(十一) 经省级注册会计师协会确认的合并协议签署日合并各方注册会计师情况表;

(十二) 由其他具有证券资格的会计师事务所出具的发生合并行为上一年度吸收方财务报表的审计报告,会计报表附注中应当包括对审计业务收入的单项说明;

(十三) 自发生合并行为上年末至合并基准日上月末净资产、职业风险基金变动情况说明;

(十四) 合并前吸收方职业保险保单复印件;

(十五) 发生合并行为上一年度吸收方审计业务收费情况表。

申请人应当对申请材料内容的真实、完整负责。

财政部、中国证监会对会计师事务所提交的申请材料进行审查,必要时可以采取抽查工作底稿、实地调查等方式对申请材料的内容进行核实。

三、具有证券资格的会计师事务所的合并、分立

具有证券资格的会计师事务所合并后存续或者分立后存续,并且具备本通知第一条第二款规定条件的,

证券资格继续有效。该会计师事务所应当自工商变更登记之日起5个工作日内提交下列材料(一式2份):

(一)会计师事务所合并变更备案表(详见附件4)或者会计师事务所分立变更备案表(详见附件5);

(二)会计师事务所合并、分立协议复印件;

(三)合并、分立后会计师事务所营业执照副本复印件;

(四)经省级注册会计师协会确认的合并、分立后工商变更登记日注册会计师情况表;

(五)合并、分立后职业保险保单复印件;

(六)由其他具有证券资格的会计师事务所出具的合并、分立基准日资产负债表的审计报告。

具有证券资格的会计师事务所合并或者分立后新设的会计师事务所,不具有证券资格。

四、具有证券资格的会计师事务所重大事项报备

具有证券资格的会计师事务所变更名称的,应当自工商变更登记之日起5个工作日内交回证券资格证书,并提交下列材料(一式2份):

(一)会计师事务所名称变更登记表(详见附件6);

(二)会计师事务所营业执照副本复印件。

具有证券资格的会计师事务所变更名称的,财政部、证监会应当自收到材料和证券资格证书后换发新的证券资格证书,并予以公告。

具有证券资格的会计师事务所地址、主任会计师、股东或合伙人发生变更的,应当自变更之日起5个工作日内将有关情况报财政部、证监会备案(详见附件7)。

具有证券资格的会计师事务所设立或撤销分所,应当在分所工商登记之日起10个工作日内向财政部、证监会报送有关情况(详见附件8)。

五、具有证券资格的会计师事务所的年度报备

具有证券资格的会计师事务所应当于每年5月31日之前提交下列材料(一式2份):

(一)会计师事务所基本情况表(详见附件9);

(二)会计师事务所、分所营业执照副本复印件;

(三)会计师事务所质量控制制度、对分所管理制度和其他内部管理制度的执行情况以及上述制度的变动情况说明;

(四)经省级注册会计师协会确认的上年末注册会计师情况表;

(五)由其他具有证券资格的会计师事务所出具的上一年度本机构财务报表的审计报告,审计报告后附的会计报表附注中应当包括对审计业务收入的单项说明;

(六)职业保险保单复印件;

(七)上一年度证券业务情况表(详见附件10);

(八)上一年度审计业务收费情况表。

财政部、证监会应当对有关材料进行核查,必要时可以进行实地调查。

六、会计师事务所证券资格的监管

具有证券资格的会计师事务所在从事证券业务期间,应当持续具备本通知第一条第二款规定的条件。

发生不具备本通知第一条第二款第(二)项至第(五)项条件之一情形的,不得承接证券业务,并应当自出现该情形之日起5个工作日内提交会计师事务所整改计划书(详见附件11,一式2份)。该会计师事务所应当自出现上述情形之日起两个月内进行整改,并自整改结束之日起5个工作日内报送整改情况说明(一式2份)。未按规定提交会计师事务所整改计划书或者逾期仍未达到条件的,财政部、证监会撤回其证券资格。

发生不具备本通知第一条第二款第(六)项、第(七)项条件情形的,财政部、证监会撤回其证券资格。

具有证券资格的会计师事务所终止的,证券资格失效,应当在工商注销登记前交回证券资格证书。财政部、证监会应当自收到证券资格证书后将终止的具有证券资格的会计师事务所予以公告。

具有证券资格的会计师事务所,除被依法撤销、撤回资格的情形外,不再从事证券业务的,应当交回证券资格证书,并提交会计师事务所终止证券业务情况说明表(详见附件12,一式2份)。财政部、证监会应当自收到材料和证券资格证书后将不再从事证券业务的会计师事务所予以公告。

财政部、证监会依法对具有证券资格的会计师事务所从事证券业务的情况进行监督检查。会计师事务所及其注册会计师应当予以配合。

具有证券资格的会计师事务所存在下列情形之一的，财政部、证监会将给予特别关注：

（一）受到举报的；

（二）受到公众质疑，被有关媒体披露的；

（三）首次承接证券业务，或者最近1年内未从事证券业务的；

（四）注册会计师流动过于频繁的；

（五）股东或者合伙人之间关系不协调，可能对执业质量造成影响的；

（六）高层管理人员发生重大变动的；

（七）收费异常的；

（八）客户数量、规模与会计师事务所的执业能力、承担风险能力不相称的；

（九）发生合并或者分立的；

（十）在上市公司更换会计师事务所时承接业务的；

（十一）受到行政处罚、刑事处罚的；

（十二）不按规定进行业务报备的；

（十三）财政部、证监会认为需要给予特别关注的其他情形。

财政部、证监会应当建立会计师事务所从事证券业务诚信档案，记载会计师事务所、注册会计师的执业质量和质量控制情况，以及违法违规行为和对其采取的监管措施等内容，并予以公布。

具有证券资格的会计师事务所发生违反本通知规定行为的，财政部、证监会可以出具警示函并责令其整改；对会计师事务所负责人、直接负责的主管人员和其他直接责任人员，可以采取监管谈话、出具警示函、认定为不适宜从事证券业务人员等行政监管措施，并予以公告。

七、其他事项

（一）本通知所称证券业务，是指证券、期货相关机构的财务报表审计、净资产验证、实收资本（股本）的审验、盈利预测审核、内部控制制度审核、前次募集资金使用情况专项审核等业务。

（二）本通知所称证券、期货相关机构，是指上市公司、首次公开发行证券公司、证券及期货经营机构、证券及期货交易所、证券投资基金及其管理公司、证券登记结算机构等。

（三）本通知所称"以上"、"以下"、"以内"，均包括本数。

（四）会计师事务所按照本通知规定提交的有关附表和审计报告，应当同时报送电子文档；提交的有关材料为复印件的，应当加盖单位公章。

（五）本通知自印发之日起施行。持有原证券资格证书的会计师事务所，在本通知施行之日起60日内报送《会计师事务所基本情况表》，并应当在2008年1月1日之前达到本通知第一条第二款第（一）项至第（七）项条件。

附件：

1. 会计师事务所证券资格申请表
2. 注册会计师情况表
3. 会计师事务所年度审计业务收费情况表
4. 会计师事务所合并变更备案表
5. 会计师事务所分立变更备案表
6. 会计师事务所名称变更登记表
7. 会计师事务所其他重要事项变更登记表
8. 证券资格会计师事务所设立分所备案表
9. 会计师事务所基本情况表
10. 会计师事务所年度证券业务情况表
11. 会计师事务所整改计划表
12. 会计师事务所终止证券业务情况说明表

中华人民共和国财政部

中国证券监督管理委员会

二〇〇七年四月九日

五、会计师事务所从事基本建设工程预算、结算、决算审核暂行办法

财政部关于《会计师事务所从事基本建设工程预算、结算、决算审核暂行办法》的通知

（财协字[1999]103 号）

各省、自治区、直辖市财政厅(局)：

为了进一步提高基本建设工程预算、结算、决算编报与审核质量，充分发挥社会中介机构在投资监督体系中的作用，根据《中华人民共和国注册会计师法》和《国务院关于整顿会计工作秩序进一步提高会计工作质量的通知》(国发[1996]16 号)等规定，现将《会计师事务所从事基本建设工程预算、结算、决算审核暂行办法》印发给你们，请认真贯彻执行。原执行的《基本建设施工预决(结)算审计验证规则(试行)》(会协字[1996]399 号)同时废止。

财　政　部

一九九九年八月五日

会计师事务所从事基本建设工程预算、结算、决算审核暂行办法

第一章　总　　则

第一条　为了进一步提高基本建设工程预算、结算、决算编报质量，规范会计师事务所从事基本建设工程预算、结算、决算审核业务，适应社会主义市场经济发展的需要，根据《中华人民共和国注册会计师法》及国家其他有关法律、法规的规定，制定本办法。

第二条　本办法所称基本建设工程预算、结算、决算审核，是指会计师事务所接受委托，对基本建设工程预算、结算、决算及其相关资料进行审查与复核，并发表审核意见。

本办法所称被审核单位，是指对基本建设工程预算、结算、决算负责并接受审核的项目法人单位或其他单位。

本办法所称审核人员，是指在会计师事务所从事基本建设工程预算、结算、决算审核的注册会计师、造价工程师等专业人员。

本办法所称基本建设工程预算，是指根据施工图所确定的工程量，选套相应的预算定额、预算单价及有关的取费标准，预先估算工程项目价格的文件。

本办法所称基本建设工程结算，是指按工程进度、施工合同、施工监理情况办理的工程价款结算，以及根据工程实施过程中发生的超出施工合同范围的工程变更情况，调整施工图预算价格，确定工程项目最终结算价格的竣工结算文件。

本办法所称基本建设工程决算，是指在工程项目或单荐工程竣工后编制的，综合反映工程项目实际造价、建设成果的文件。

第三条　会计师事务所执行基本建设工程的其他审核业务或其他工程审核业务，除有关特定要求者外，应当参照本办法办理。

第二章　一 般 原 则

第四条　合理编制并充分披露基本建设工程预算、结算及决算，保证预算、结算、决算及相关资料的真实、合法、完整，是被审核单位的责任；按照本办法的要求出具基本建设工程预算、结算及决算审核报告，并保证审核报告的真实性、合法性，是会计师事务所及审核人员的责任。

审核报告的真实性是指审核报告应如实反映审核人员的审核范围、审核依据、已实施的主要审核程序和应发表的审核意见。

审核报告的合法性是指审核报告的编制和出具必须符合《中华人民共和国注册会计师法》和本办法的规定。

第五条　会计师事务所和审核人员承办基本建设工程预算、结算、决算审核业务，应当符合国家有关部门规定的条件，并取得相应的资格。

第六条　基本建设工程预算具有固有的不确定性，审核人员不应对预算结果的可实现程度做出保证。

第七条 审核人员执行基本建设工程结算、决算审核应当在国家认可的工程监理等质量管理部门对工程项目质量验证后进行。

第八条 审核人员应当将基本建设工程预算、结算、决算审核的过程及其结果记录于审核工作底稿，并进行必要的复核。

第三章 审核计划

第九条 在接受委托前，审核人员应当了解被审核单位及基本建设工程项目的基本情况，并考虑自身能力和能否保持独立性，初步评估审核风险，以确定是否接受委托。

如接受委托，会计师事务所应与委托人就基本建设工程预算、结算、决算审核的目的与范围，双方的责任与义务等事项进行商议，达成一致意见，并签订审核业务约定书。

第十条 审核人员应当了解所审核的基本建设工程项目的以下情况：

（一）工程项目性质、类别、规模、承建方式等情况；

（二）审核所需的相关资料的可获得性；

（三）工程材料的供应方式；

（四）工程价款结算情况；

（五）工程项目预算、结算、决算已审核情况及审核结果的处理；

（六）工程项目现场施工条件；

（七）建设期内工程预算定额、预算单价、取费标准等的变化情况；

（八）其他需要了解的情况。

第十一条 基本建设工程预算、结算、决算审核的范围应当根据有关法规的规定及业务约定书的要求确定。

第十二条 审核人员执行基本建设工程预算、结算、决算审核业务，应当在充分了解被审核单位有关情况和获取审核资料的基础上，合理制定审核计划，并根据审核过程中情况的变化，予以必要的修改或补充。

第十三条 在编制审核计划时，审核人员应当获取被审核单位基本建设工程预算、结算、决算及其编制所依据的以下资料：

（一）工程项目批准建设、监理、质量验收等有关文件；

（二）概算资料及招投标文件；

（三）合同、协议；

（四）施工图或竣工图；

（五）工程量计算书；

（六）材料费用资料；

（七）取费资料；

（八）付款资料；

（九）有关证照；

（十）施工组织设计；

（十一）工程变更签证资料；

（十二）隐蔽工程资料；

（十三）工程决算的财务资料；

（十四）其他影响工程造价的有关资料。

第四章 审核实施

第十四条 审核人员在审核基本建设工程预算时，应当重点审查以下事项：

（一）单项工程预算编制是否真实、准确，主要包括：

1.工程量计算是否符合规定的计算规则、是否准确；

2.分项工程预算定额选套是否合规，选用是否恰当；

3. 工程取费是否执行相应计算基数和费率标准；

4.设备、材料用量是否与定额含量或设计含量一致；

5.设备、材料是否按国家定价或市场价计价；

6. 利润和税金的计算基数、利润率、税率是否符合规定。

（二）预算项目是否与图纸相符；

（三）多个单项工程构成一个工程项目时，审查工程项目是否包含各个单项工程，费用内容是否正确；

（四）预算是否控制在概算允许范围以内。

第十五条　审核人员在审核基本建设工程结算时，应当在审查本办法第十四条规定的预算审查事项的基础上，重点审查对工程项目的价格产生影响的以下事项：

（一）工程实施过程中发生的设计变更和现场签证；

（二）工程材料和设备价格的变化情况；

（三）工程实施过程中的建筑经济政策变化情况；

（四）补充合同的内容。

第十六条　审核人员在审核基本建设工程决算时，应当在审查本办法第十五条规定的结算审查事项的基础上，重点审查以下事项：

（一）工程项目概算执行情况；

（二）工程项目资金的来源、支出及结余等财务情况；

（三）工程项目合同工期执行情况和合同质量等级控制情况；

（四）交付使用资产情况。

第十七条　会计师事务所接受政府有关部门委托，审核基本建设工程决算时，除重点审查本办法第十六条规定内容外，还应当审查以下事项：

（一）被审核单位是否有计划外建设项目，有无自行扩大投资规模和提高建设标准的情况；

（二）各项费用支出是否合法，有无混淆生产成本和建设成本的情况；

（三）交付使用资产是否符合条件，有无虚报完成及虚列应付债务或转移基建资金等情况；

（四）历年的各项基本建设拨款数额和结余资金是否真实、准确，应收回的设备材料以及拆除临时建筑和原有建筑的残值是否作价收回，对器材的盘盈、盘亏及销售盈亏是否按照有关规定及时处理；

（五）报废工程是否经主管部门审批；

（六）竣工投产时间是否符合国家计划规定；

（七）基本建设收入的来源、分配、上缴和留成及使用情况；

（八）有无隐匿、截留或拖延不交应交财政部门的包干结余、竣工结余及各项收入；

（九）尾工工程的预留工程款及建设情况；

（十）有必要审查的其他事项。

第十八条　审核人员在审核基本建设工程结算、决算过程中，必要时，应通过委托人会同建设单位、施工单位，对以下项目进行现场查勘核实：

（一）分部或分项工程；

（二）实际施工用料偏离结算的工程项目；

（三）变更设计的工程项目；

（四）必须丈量的工程项目；

（五）交付使用的资产；

（六）预留的尾工工程；

（七）需要查勘的其他事项。

第十九条　审核人员审核基本建设工程结算及决算遇到以下情况时，应当获取适当的证据：

（一）变更工程设计；

（二）建设单位提供材料和设备；

（三）施工中使用的工程材料或设备的价格与规定不符；

（四）变更不同资质的施工企业；

（五）改变工程项目的性质；

（六）提高或降低建设标准；

（七）计划外工程项目；

（八）其他应当获取证据的情况。

第二十条 审核人员审核基本建设工程结算及决算遇到以下情况时，应当获取必要的签证：

（一）施工情况与图纸不符；

（二）实物工程量与图纸不符；

（三）施工用料发生变化；

（四）施工情况与施工合同不符。

第二十一条 审核人员应当特别关注以下事项，以判断基本建设工程预算、结算是否运用了不合理定额和取费标准：

（一）对预算、结算有重大影响的；

（二）特别容易受关键因素变动影响的；

（三）具有高度不确定性的分项工程；

（四）预算定额没有列入或需要换算的。

第二十二条 审核人员在审核过程中没有责任专门就基本建设工程项目的定额标准、取费标准发表意见。

第二十三条 审核人员通常应当就审核后的意见与委托人、建设单位和施工单位会审，根据会审情况形成审核结论。经会审后，如果委托人、建设单位、施工单位对审核结论无异议，审核人员应提请其在"基本建设工程预算审核定案表"、"基本建设工程结算审核定案表"上签章确认。

第五章 审核报告

第二十四条 审核人员应当在实施必要的审核程序后，以经过核实的证据为依据，分析、评价审核结论，形成审核意见，出具审核报告。

第二十五条 审核报告应当包括以下基本内容：

（一）标题。标题应当统一规范为"基本建设工程预算审核报告"、"基本建设工程结算审核报告"或"基本建设工程决算审核报告"。

（二）收件人。收件人为审核业务的委托人，审核报告应当载明收件人的全称；

（三）范围段。范围段应当说明审核范围、被审核单位责任与审核责任、审核依据和已实施的主要审核程序；

（四）意见段。意见段应当明确说明审核意见；

（五）签章和会计师事务所地址。审核报告应当由审核人员签名、盖章，并加盖会计师事务所公章；

（六）报告日期。审核报告日期是指审核人员完成外勤审核工作的日期，审核报告日期不应早于被审核单位确认和签署基本建设工程预算、结算及决算的日期；

（七）附件。基本建设工程预算审核报告附件包括"基本建设工程预算审核定案表"，基本建设工程结算审核报告附件包括"基本建设工程结算审核定案表"。

第二十六条 审核人员应当在审核报告范围中明确指明已审核基本建设工程预算、结算及决算的名称、建设期间及建设单位、施工单位名称，工程项目质量验证情况。

第二十七条 审核人员应当在基本建设工程预算或工程结算审核报告的意见段中说明基本建设工程预算或结算金额、审定金额、核增或核减金额。

第二十八条 审核人员应当在基本建设工程决算审核报告的意见段中说明工程项目资金来源、支出及结余或超支等财务情况，概算执行情况，工程价款结算情况，尾工工程及未尽事宜处理情况，项目支出存在的问题，资产交付使用情况。

第二十九条 审核人员与委托人、建设单位、施工单位在审核意见方面存在异议，且无法协商一致时，或审核人员认为必要时，应当在意见段之后增列说明段予以说明。

第三十条 审核人员在出具基本建设工程预算审核报告时，应附送已审核的《基本建设工程预算书》。

审核人员在出具基本建设工程结算审核报告时，应附送已审核的《基本建设工程结算书》。

审核人员在出具基本建设工程决算审核报告时，应附送已审核的《基本建设项目竣工财务决算表》。

第六章 附 则

第三十一条 本办法由中国注册会计师协会负责解释。

第三十二条 本办法自发布之日起施行。

六、关于会计师事务所承办会计咨询、会计服务业务的有关问题的通知

关于会计师事务所承办会计咨询、会计服务业务的有关问题的通知

（1995 年 11 月 24 日 财政部财会协定 49 号发出）

最近，一些省市财政厅（局）、注册会计师协会以及会计师事务所的同志来函、来电，询问“注册会计师法可以承办会计咨询、会计服务业务”的具体内容。

为便于会计师事务所更好地执行《中华人民共和国注册会计师法》所规定的业务，现做以下规定：

会计师事务所可以承办会计咨询、会计服务业务，主要包括：

1. 设计会计制度；
2. 担任会计顾问；
3. 代理纳税申报；
4. 代理记账；
5. 办理投资评估、资产评估和项目可行性研究中的有关业务；
6. 提供会计咨询、税务咨询和管理咨询；
7. 代理申请工商注册登记，协助拟订合同、章程和其他业务文件；
8. 培训会计、审计和财务管理人员；
9. 其他的会计咨询、会计服务业务。

七、中国人民银行、财政部关于从事金融相关审计业务会计师事务所确认事宜的通知

中国人民银行、财政部关于从事金融相关审计业务会计师事务所确认事宜的通知

（银发[2002]212 号）

中国人民银行各分行、营业管理部，各省、自治区、直辖市财政厅（局），深圳市财政局：

为加强对金融机构的监督管理，充分发挥会计师事务所的鉴证和服务作用，根据《会计师事务所从事金融相关审计业务暂行办法》（银发[2000]228 号，以下简称《办法》）的有关规定，中国人民银行、财政部将对申请从事金融相关审计业务的会计师事务所进行确认。现就有关问题通知如下：

一、具备《办法》第四条规定条件、申请从事金融相关审计业务的会计师事务所（含以前年度确认的会计师事务所），应将申请材料一式两份，分别报送中国人民银行各分行、营业管理部（所辖范围见附件 1）和各省含自治区、直辖市，注册会计师协会；人民银行各分行、营业管理部和各省注册会计师协会审核后认为符合规定的，应出具证明函，连同会计师事务所报送的申请材料于 7 月 30 日前分别报送中国人民银行银行管理司和中国注册会计师协会。会计师事务所报送的申请材料包括：

（一）申请从事金融相关审计业务报告；

（二）会计师事务所基本情况表（附件 2）；

（三）注册会计师基本情况表（附件 3）；

（四）会计师事务所从事金融相关审计业务情况表（附件 4）；

（五）经过审计的上年度会计报表和审计报告。

二、具备《办法》第五条规定条件，申请从事金融相关审计业务的会计师事务所（含以前年度确认的会计师事务所），应将申请材料（同上）一式两份，分别报送中国人民银行各分行、营业管理部和各省注册会计师协会。人民银行各分行、营业管理部和各省注册会计师协会审核后，将符合规定的会计师事务所的名单及有关指标汇总后，填入《申请从事金融相关审计业务会计师事务所确认情况汇总表》（附件 5），连同电子文档（Excel 格式）于 8 月 20 日前报送中国人民银行银行管理司和中国注册会计师协会。

三、具备《办法》第四条或第五条规定条件、新申请从事金融相关审计业务的会计师事务所除按照本通

知一、二条规定报送有关材料外，还需报送熟悉金融业务注册会计师的个人简历和业务证明材料。

四、具备《办法》规定条件的会计师事务所，经中国人民银行、财政部批准和公告后，方可从事金融相关审计业务。

中国人民银行各分行、营业管理部和各省注册会计师协会，要认真做好此项工作，严格按《办法》规定对会计师事务所申请的材料进行审核，并在规定时间内将审核材料上报。

附件：

1. 中国人民银行各分行、营业管理部所辖范围表（略）
2. 会计师事务所基本情况表（略）
3. 注册会计师基本情况表（略）
4. 会计师事务所从事金融相关审计业务情况表（略）
5. 申请从事金融相关审计业务会计师事务所确认情况汇总表（略）

二〇〇二年七月九日

八、会计师事务所、资产评估机构、税务师事务所会计核算办法

财政部关于印发《会计师事务所、资产评估机构、税务师事务所会计核算办法》的通知

（财会[2001]61号）

国务院有关部委，各省、自治区、直辖市、计划单列市财政厅（局），新疆生产建设兵团财务局：

为了规范会计师事务所、资产评估机构、税务师事务所（以下简称“事务所”）的会计核算，提高事务所会计信息质量，根据国家有关规定，事务所于2002年1月1日起执行《企业会计制度》。为实现原事务所财务会计核算办法向《企业会计制度》的平稳过渡，保证《企业会计制度》的实施，我们起草了《会计师事务所、资产评估机构、税务师事务所会计核算办法》，请事务所遵照执行。律师事务所可参照执行。事务所执行《企业会计制度》及本规定后，有何问题，请及时函告我部。

附件：会计师事务所、资产评估机构、税务师事务所会计核算办法

中华人民共和国财政部

二00一年十一月二十九日

会计师事务所、资产评估机构、税务师事务所会计核算办法

为了规范会计师事务所、资产评估机构、税务师事务所（以下简称“事务所”）的会计核算，根据《中华人民共和国会计法》、《企业会计制度》和国家有关法律、法规，并结合事务所的实际情况，特制定本办法。

一、事务所应于2002年1月1日起执行《企业会计制度》，按照《企业会计制度》规范的会计要素确认、计量和记录要求，进行会计核算，并按照《企业会计制度》的规定编制财务会计报告。

二、事务所在执行《企业会计制度》的基础上，作如下调整：

（一）增设“2333职业风险基金”科目

“职业风险基金”科目核算事务所按规定提取的用于职业风险赔偿的准备金。事务所提取职业风险基金时，借记“管理费用－－职业风险基金”科目，贷记“职业风险基金”科目；事务所依法赔偿时，借记“职业风险基金”科目，贷记“银行存款”科目。如果所提取的职业风险基金不足以赔偿时，其差额直接计入当期损益。

（二）在“管理费用”科目下设置“职业责任保险费”明细科目

“管理费用－－职业责任保险费”科目核算事务所为抵御风险、保护有关当事人的利益而支付的各种保险费。事务所支付职业责任保险费时，借记“管理费用－－职业责任保险费”科目，贷记“银行存款”等科目。

（三）在“其他应付款”科目下设置“业务协作费”明细科目

“其他应付款－－业务协作费”科目核算事务所之间进行业务协作时一方支付给另一方的费用。事务所在确认收入时，不包括与其他事务所进行业务协作而需支付给其他事务所的费用。事务所应按应收取的

服务费用，借记"银行存款"等科目，按应支付给其他事务所的业务协作费，贷记"其他应付款——业务协作费"科目，按其差额，贷记"主营业务收入"科目。事务所支付的业务协作费，借记"其他应付款——业务协作费"科目，贷记"银行存款"等科目；事务所收到其他事务所支付的业务协作费，借记"银行存款"等科目，贷记"主营业务收入"科目。

（四）在"盈余公积"科目下设置"共同基金"明细科目

"盈余公积——共同基金"科目核算事务所按照一定比例从净利润中提取的用于事务所发展的基金。事务所提取共同基金时，借记"利润分配——提取法定盈余公积"科目，贷记"盈余公积——共同基金"科目。

取消"盈余公积"科目下的"法定盈余公积"、"任意盈余公积"、"法定公益金"明细科目；取消"利润分配"科目下的"提取任意盈余公积"、"提取法定公益金"明细科目。

三、财务会计报告

（一）资产负债表各项目应当按照《企业会计制度》规定的格式进行设置，并作如下调整：

1.在"专项应付款"项目下增设"职业风险基金"项目，反映事务所按照规定提取的用于职业风险赔偿的准备金余额；

2.取消"盈余公积"项目下的"其中：法定公益金"项目。其他会计报表中相关法定公益金、任意盈余公积的项目也一并取消。

（二）利润表各项目应当按照《企业会计制度》规定的格式进行设置，事务所各项收入、支出的具体内容按照分部报表的要求填报。

四、新旧会计制度衔接有关问题的规定

（一）事务所由于执行《企业会计制度》导致所采用的会计政策发生变更，除按本规定要求进行特别处理外，均采用追溯调整法进行处理。

（二）对于《企业会计制度》施行之日以前发生的投资业务，会计处理方法与《企业会计制度》规定的方法不同的，不予追溯调整。对于《企业会计制度》施行之日以前发生、但在施行之日仍然持有的投资，自《企业会计制度》施行之日起应按《企业会计制度》的规定处理，即在《企业会计制度》执行之前，按原事务所会计制度已确认的投资，不予追溯调整；其后对投资收益的确认和投资账面价值的调整等，应按《企业会计制度》的规定进行处理。

（三）已计提减值准备的固定资产在计提折旧时，应当按照该项固定资产的账面价值（即固定资产原价减去累计折旧和已计提的减值准备，下同），以及尚可使用年限重新计算确定折旧率和折旧额；如果已计提减值准备的固定资产价值又得以恢复，该项固定资产的折旧率和折旧额的确定方法，按照固定资产价值恢复后的账面价值，以及尚可使用年限重新计算确定折旧率和折旧额。因实施《企业会计制度》，按规定计提固定资产减值准备而调整固定资产折旧率和折旧额时，对未计提固定资产减值准备前已计提的累计折旧不作调整。

因无形资产计提减值准备而对其摊销额的影响，按上述同一原则处理。

（四）事务所在执行《企业会计制度》时，其他有关问题的处理，按以下规定执行：

1."递延资产"科目余额，应区别不同情况处理：属于尚未摊销的开办费以及不能使以后会计期间受益的部分，应将其余额直接转入期初留存收益，借记"利润分配——未分配利润"科目，贷记"递延资产"科目；其余"递延资产"科目的余额，全部转入"长期待摊费用"科目，借记"长期待摊费用"科目，贷记"递延资产"科目。

2."事业发展基金"和"合伙人共同基金"科目余额，转入"盈余公积——共同基金"科目。

九、会计师事务所职业风险基金管理办法

财政部关于印发《会计师事务所职业风险基金管理办法》的通知

（财会函[2007]9号）

各省、自治区、直辖市财政厅（局），深圳市财政局：

为规范会计师事务所职业风险基金的管理，促进会计师事务所增强职业责任风险意识，提高抵御职业责任风险的能力，根据《中华人民共和国注册会计师法》，我部制定了《会计师事务所职业风险基金管理办

法》，现予印发，自印发之日起施行。

财政部

二〇〇七年三月一日

附件

会计师事务所职业风险基金管理办法

第一条 为规范会计师事务所(以下简称事务所)职业风险基金的管理，促进事务所增强职业责任风险意识，提高抵御职业责任风险的能力，根据《中华人民共和国注册会计师法》，制定本办法。

第二条 事务所应当按照本办法规定提取和使用职业风险基金。事务所分所的职业风险基金，由事务所统一提取和使用。

第三条 事务所应当于每年年末，以本年度审计业务收入为基数，按照不低于5%的比例提取职业风险基金。

第四条 事务所可以通过购买职业保险方式提高抵御职业责任风险的能力。事务所购买职业保险的，实际缴纳的保险费可以按以下公式计算抵扣保险受益年度的应提职业风险基金金额：可抵扣金额＝当年度负担的保险费×15。可抵扣金额大于或者等于当年度应提职业风险基金金额的，当年度可以不提取职业风险基金。可抵扣金额小于当年度应提职业风险基金金额的，应当按其差额提取职业风险基金。事务所以保险费抵扣应提职业风险基金金额的，应当于每年5月31日前，将保单(含保险条款)复印件报所在地的省级财政部门、省级注册会计师协会备案。

第五条 中外合作事务所由国际总部统一办理职业保险的，该中外合作事务所应当于每年5月31日前将保险机构出具的、证明该中外合作事务所当年度交纳保险费金额的文件通过所在地省级财政部门报财政部、中国注册会计师协会备案。

第六条 事务所存续期间，职业风险基金只能用于下列支出：

(一) 因职业责任引起的民事赔偿；

(二) 与民事赔偿相关的律师费、诉讼费等法律费用。

第七条 有限责任事务所合并，合并各方合并前已提取的职业风险基金应当并入合并后事务所。

第八条 有限责任事务所分立，已提取的职业风险基金应当按照净资产分割比例在分立各方之间分割。分立各方另有约定的，从其约定。

第九条 事务所存续期间不得分配职业风险基金。

第十条 脱钩改制前事务所形成的职业风险基金，如果脱钩改制时事务所与挂靠单位签订了书面协议，明确该部分职业风险基金留给脱钩改制后事务所占有的，该部分职业风险基金纳入脱钩改制后形成的职业风险基金统一使用和分配。

第十一条 除第十条规定情形外，脱钩改制前事务所形成的职业风险基金留归脱钩改制后事务所的，该部分职业风险基金应当与脱钩改制后形成的职业风险基金分别核算，仅用于脱钩改制前业务引起的民事赔偿及相关法律费用。事务所清算时，该部分职业风险基金有结余的，应当交还原挂靠单位。原挂靠单位不存在的，应当上缴国库。

第十二条 除第十一条规定情形外，事务所清算时，职业风险基金应当纳入清算范围。

第十三条 事务所违反本办法规定的，由省级以上财政部门责令限期改正，逾期不改正的予以公告。

第十四条 本办法自印发之日起施行。

十、会计师事务所内部治理指南

中国注册会计师协会关于印发《会计师事务所内部治理指南》的通知

(会协[2007]34号)

各省、自治区、直辖市注册会计师协会：

为加强会计师事务所内部治理机制建设，支持和推动会计师事务所做大做强，2006年以来，我会启动了以制定会计师事务所内部治理指南为核心的事务所内部治理规范体系建设工作。日前,《会计师事务所内部治理指南》已经中注协第四届常务理事会审议通过,现予印发,自2008年1月1日起施行。

附件:会计师事务所内部治理指南

二〇〇七年五月二十六日

会计师事务所内部治理指南

第一章 总 则

第一条 为了加强会计师事务所(以下简称事务所)内部治理,建立健全事务所内部决策和管理机制,提高事务所风险管理和质量控制能力,为事务所做大做强奠定坚实的微观基础,根据《公司法》、《合伙企业法》、《注册会计师法》及相关法律法规,制定本指南。

第二条 本指南旨在为事务所加强章程(合伙事务所为合伙协议,以下统称章程)和制度建设、完善内部治理和内部管理提供指导。

除特别指明外,本指南条款同时适用于所有有限责任事务所和合伙事务所。

第三条 事务所内部治理应当以维护公众利益为宗旨,建立风险管理严格、质量控制有效、公开透明、相互制衡的治理结构和治理机制。

第四条 事务所内部治理应当以法律法规为依据,形成以章程为核心的、完善的内部决策和管理制度体系,以及尊重制度、执行制度的管理氛围。

第五条 事务所内部治理应当以"人合"为基础,尊重注册会计师的智力劳动和专业价值,充分发挥专业和知识在事务所内部决策和管理中的主导作用。

第六条 事务所内部治理应当以增进内部和谐为重点,合理规范和有效协调事务所股东(合伙人)之间、股东(合伙人)与注册会计师和员工之间以及其他各相关方面的关系,充分发挥事务所各层次管理机构的职能作用,保障事务所及各利益相关者的合法权益。

第七条 事务所内部治理应当以合伙文化为导向,积极树立"人合、事合、心合、志合"的事务所治理理念,推动形成诚信、合作、平等、协商的事务所合伙文化。

第二章 股东(合伙人)

第一节 股东(合伙人)的权利与义务

第八条 事务所应当在章程中约定股东(合伙事务所为合伙人,以下统称股东)应享有的权利及其应承担的义务。

第九条 事务所所有股东享有平等地位。股东之间应当相互信任,建立相互尊重、沟通协商、共谋发展的和谐关系。

第十条 股东享有股东会(合伙人会议)的表决权。股东有权查阅、复制事务所章程、股东会(合伙人会议)会议记录、董事会(合伙人管理委员会)会议决议和财务会计报告。

股东可以要求查阅事务所会计账簿。事务所有合理根据认为股东查阅会计账簿有不正当目的,可能损害事务所合法利益的,可以拒绝提供查阅,并说明理由。事务所拒绝提供查阅的,股东可以请求人民法院要求事务所提供查阅。

第十一条 股东对事务所可供分配利润以及清算后的剩余财产享有分配权。

事务所对每年可供股东分配的利润,应当在优先考虑事务所长远发展的基础上,充分尊重专业、知识和能力的价值贡献,在章程中约定合理的分配方式。

第十二条 股东应当合法行使权利、履行义务,不得滥用其权利损害事务所或其他股东的利益。

股东不得从事与本事务所相竞争或有其他利益冲突的业务,不得利用其股东身份和地位获得的各种业务信息及经营秘密,谋取属于所在事务所的商业机会,损害事务所的整体利益。

大股东不得利用其特殊地位损害事务所和其他股东的合法权益。

第十三条 股东违反法律法规、行业规范和事务所章程的规定,给事务所造成损害的,应当承担赔偿责任。

第十四条 事务所应当建立股东争议的解决协调机制。协商解决不成的,可向仲裁机构提请仲裁,或向有管辖权的人民法院起诉。

第二节 股东的加入与退出

第十五条 事务所股东除应当符合法律法规和行业规范规定的资格条件外，事务所可在章程中约定成为事务所股东在诚信记录、专业经历、议事能力和年龄条件等方面的要求。

第十六条 事务所应当在章程中约定新股东的加入程序，并明确新股东与原股东的权利与义务。未明确约定的，则享有同等权利、承担同等义务。

新股东的加入，应当经股东会同意，签订书面入股协议。

新股东加入时，原股东应当向新股东如实履行告知义务。

第十七条 事务所应当在章程中对股东退出的情形和程序作出约定。对于符合退出条件的股东，应当按约定程序准予退出。

事务所应当在章程中约定强制退出的情形，比如不在事务所专职执业、已离开事务所、超过约定的年龄界限、丧失股东资格条件等。

第十八条 事务所应当在章程中约定股东退出的财产份额的结算与退还办法。

对基于退出人退出前的原因发生的事务所债务，事务所应当明确其所应承担的清偿责任。

第十九条 事务所应当在章程中约定股东资格不可以继承。股东财产的合法继承人成为事务所的股东，应当具备事务所股东的资格条件，并按照章程约定的新股东加入的程序办理。

股东财产的合法继承人不能成为事务所股东的，事务所应当向其退还被继承股东的财产份额。

第三节 股东出资与股权(财产份额)转让

第二十条 事务所应当在章程中约定股东的出资方式、出资金额、出资比例、出资时间及相应的违约责任。

股东应当依法履行出资义务，按期足额缴纳约定的各自所认缴的出资额，不得以任何方式虚假出资、抽逃或者变相抽逃出资，不得以任何形式占有、转移事务所的财产。

第二十一条 股东应当直接持有事务所的股权，不得为他人代为持有股权，也不得委托他人持有自己的股权。

第二十二条 事务所应当在章程中约定股东之间或向股东以外的人转让其全部或者部分股权的程序和办法。

其他股东对转让股东转让的全部或部分股权享有优先购买权。

股东向股东以外的人转让其全部或者部分股权的，该受让人必须符合事务所章程约定的股东资格条件。

股东之间或股东以外的人依法受让股东在事务所中的全部或部分股权的，应当办理股权转让手续。

第二十三条 事务所应当在章程中约定股东不得以其在事务所中的股权出质。

第三章 决策与监督

第一节 股东会(合伙人会议)

第二十四条 股东会(合伙事务所为合伙人会议，以下统称股东会)是事务所的最高权力机构。事务所应当切实保障股东会的正常运转和职权行使，任何股东不得凌驾于股东会之上，不得越过股东会或者超越股东会的授权，代行股东会的职权。

事务所应当根据自身规模建立合理的股权结构。大中型事务所应当合理分散股权，防止出现绝对控股股东“一股独霸”的情况。

第二十五条 股东会的运转应当符合法律法规、行业规范和事务所章程的规定。

事务所应当在章程中约定股东会的职权范围、议事方式和表决程序，对股东会会议的召开、提案的审议、表决的程序、会议记录及其签署、决议的公布及其生效等议事规则应当进行详细约定，充分保障股东会按约定行使职权和有效运转。

第二十六条 股东会可以授权董事会(合伙人管理委员会)行使部分职权，但授权内容应当明确具体，并在事务所章程中作出约定或经股东会批准。

对于可能对事务所造成特别重大影响的事项，股东会应当谨慎授权。

第二十七条 股东会会议应当确保所有股东拥有充分参与议事、讨论和决策的权利，尊重股东提案，给予每个提案必要的讨论时间。

第二十八条　事务所应当根据行业“人合”的特性，在章程中约定股东会表决权的分配方式。

合伙事务所采取一人一票或其他体现“人合”特性的表决权分配方式。

有限责任事务所如果股权结构不能体现专业意见的决策作用，可采取一人一票、出资比例与股东人数相结合或其他体现“人合”特性的表决权分配方式。

第二十九条　事务所可根据表决事项的重要性程度，在章程中约定不同的股东会表决程序。

对一般事项，可约定经代表二分之一以上表决权的股东通过。

对涉及事务所重大利益的事项，比如修改章程，实施合并、分立、解散，变更事务所组织形式，增减注册资本，开设或撤销分所，股东加入与退出等，应当约定经代表三分之二以上或更高比例表决权的股东通过。

第二节　董事会（合伙人管理委员会）

第三十条　事务所设董事会（合伙事务所为合伙人管理委员会，以下统称董事会），由股东会在股东中选举产生，对股东会负责并向其报告工作。

规模较小的事务所可以不设立董事会，只设一名执行董事或执行事务合伙人。

第三十一条　董事会的运转应当符合法律法规、行业规范和事务所章程的规定。

事务所应当在章程中约定董事（合伙事务所为合伙人管理委员会成员，以下统称董事）的任职条件和产生程序、董事会的人数及人员构成、董事会的职权范围以及董事会的议事规则等，以确保董事会的高效运转和科学决策。

第三十二条　事务所选举的董事，应当具有良好的职业道德和诚信记录，具备履行职责所需的专业能力、管理能力、协调能力、议事能力和丰富的工作经验，能够忠实、勤勉地履行职责。

第三十三条　董事会及其成员，应当公平对待所有股东，并关注其他利益相关者的权益。

第三十四条　董事会审议有关事项应当确保充分的时间和完备的程序，实行一人一票的表决方式。

董事会会议应当由董事本人亲自出席。本人不能亲自出席的，可以书面委托董事会其他成员代为出席。授权委托书应当写明授权范围；涉及表决事项的，应当载明委托人的具体表决意见。

事务所可以在章程中对董事的委托表决次数以及弃权次数予以限制，以保障董事会会议的议事效率和决议质量。

第三十五条　董事会可以设发展战略委员会、风险管理和质量控制委员会、专业技术委员会、薪酬与考核委员会等专门委员会，并制定明确的工作规则和工作职责，为董事会决策提供参考意见，保证董事会职能的充分发挥。

规模较小的事务所可以不设专门委员会，但应当指定董事分工负责相关方面的工作。

第三节　监　事　会

第三十六条　有限责任事务所设监事会。规模较小的事务所可以不设监事会，只设一至二名监事。

第三十七条　事务所应当在章程中约定监事的任职条件、监事会的构成、监事会的职责以及监事会的工作规则，切实保障监事会职责的履行。

第三十八条　监事会应当包括股东代表和适当比例的员工代表，使其人员结构确保监事会能够独立有效地行使监督权。其中，监事会的员工代表由事务所员工选举产生。

事务所的监事应当具备与其职责相适应的专业知识、监督能力和工作经验，审慎、勤勉地履行职责。

事务所董事、高级管理人员不得担任本事务所的监事。

第三十九条　监事会应当对事务所的财务活动，以及事务所董事、高级管理人员履行职责的合法性、合规性等进行监督，维护事务所及各利益相关者的合法权益。

监事会应当重点关注涉及中小股东、员工和其他利益相关者权益的事项。

第四十条　事务所应当采取措施保障监事的知情权，并为监事会提供必要的工作保障。董事会以及其他任何个人不得干预、阻扰监事会行使职权。

监事有了解事务所运作情况以及有关重大决策的权利，并应承担相应的保密义务。

第四章　主任会计师

第四十一条　事务所设主任会计师。

合伙事务所的主任会计师由执行事务所事务的合伙人担任。

有限责任事务所的主任会计师由法定代表人担任，从董事中产生。

第四十二条 事务所应当约定主任会计师的任职条件、任职期限、产生办法、任免程序和职责权限。

第四十三条 主任会计师应当具有良好的职业道德和诚信记录、严谨的工作作风和职业精神、突出的领导能力和专业能力，德才兼备，身体力行，得到股东的充分认同，在事务所内部具有影响力和号召力。

第四十四条 主任会计师应当切实履行法定代表人或执行事务合伙人的职权，其中包括主持事务所全面的业务和管理工作、组织实施股东会和董事会的决议、组织拟订和实施事务所执业操作规程和质量控制等内部管理制度。

第五章 员 工

第四十五条 人才是事务所加强风险管理和质量控制、切实履行社会责任的核心力量。事务所应当积极制定和落实人才发展战略，根据自身的发展战略和专业发展目标，制定实施科学、合理的人力资源政策和专业人才结构规划，注重人力资源的有效使用、合理配置和战略储备，保证事务所专业队伍始终保持良好的职业素质和专业胜任能力。

第四十六条 事务所应当建立健全员工聘用管理和权益保障制度。

事务所可以结合当年业务总量、员工结构情况、事务所专业发展目标及客户群特征，编制员工发展计划，合理安排包括知识、技能、经验和年龄在内的人才结构。

事务所聘用员工应当重点考察其执业诚信和专业发展潜力。事务所对决定予以聘用的员工，应当签订劳动合同，明确约定员工的工资福利、社会保险、劳动保护、辞退辞职条件与程序等事项。

事务所研究决策有关工资福利、劳动保护、社会保险等涉及员工切身利益的重大问题时，应当充分听取员工的意见和建议。

第四十七条 事务所应当充分关注员工职业道德教育、专业胜任能力的保持及其职业发展，建立健全以岗前培训、继续教育和职业生涯开发为主要内容的员工培训体系。

事务所应当合理安排培训时间、培训方式、培训内容，保障员工培训质量，并为员工完成行业规定的继续教育任务提供支持和条件。对于新聘用的员工，应当经过岗前培训方能上岗。

事务所应当结合发展战略需要，在全面规划人才培养结构的同时，重视培养高层次专业人才和管理人才，为事务所的持续发展奠定坚实的人才基础。

第四十八条 事务所应当建立以质量为导向的、科学合理的员工业绩评价制度及奖惩制度，明确员工业绩评价标准、评价程序和要求，充分调动全体员工的积极性和创造性。

员工业绩评价标准应当客观、公正、全面，涵盖员工的执业质量、工作强度、工作效率、工作态度、职业道德、专业胜任能力、市场开拓能力、培训完成情况等因素。

第四十九条 事务所应当建立与业绩评价制度相结合的薪酬制度和晋升制度，“资合”与“人合”并重、责任与薪酬匹配、物质报酬与精神激励结合，不断保持和吸引优秀人才，支持员工成长和发展，建立与事务所发展战略、市场拓展、质量控制相适应的人才晋升机制。

第六章 质量控制

第五十条 执业质量是事务所的生命线，也是行业维护公众利益的专业基础和诚信义务。事务所应当按照质量控制准则的要求，制定实施科学、严谨的业务质量控制政策和程序，强化风险管理，保障质量控制落到实处。

第五十一条 事务所应当明确业务质量控制的领导责任和执行机构、控制制度体系和职业道德规范、风险领域和风险环节以及控制措施和程序等内容。

第五十二条 事务所应当强化董事会在制定和组织实施质量控制政策与程序中的责任，建立对重大项目、高风险业务、重大事项等的董事会审议决策制度。

主任会计师对事务所建立健全质量控制政策与程序以及业务质量控制等承担最终责任。

第五十三条 事务所应当建立风险管理和质量控制委员会或者设置专门机构，对事务所业务质量进行监控和把关。

规模较小的事务所可配备专职人员对事务所业务质量进行监控和把关。

第五十四条 事务所应当制定合理保障执业质量的收费标准，不得恶性压价，不得向他人支付佣金、回扣，杜绝收入分成，杜绝变相减少收费损害执业质量的行为。

第五十五条　事务所应当建立业务的风险评估制度。在业务承接与保持前，应当进行风险评估。

事务所对于决定承接的业务，应当进行统一的客户信息管理，为事务所统一业务质量控制提供充分的基础信息，杜绝事务所个人或部门垄断客户信息。客户信息应当包括客户的基本情况、业务执行过程及其结果。

第五十六条　事务所应当建立业务质量控制的分类管理制度，明确规定常规与非常规业务、一般风险业务与重大风险业务以及是否涉及公众利益的划分标准与识别标准，并制定相应的业务质量控制程序。

非常规业务、高风险业务以及涉及公众利益的业务，事务所应当制定更为严格的质量控制程序。

第五十七条　事务所应当建立执业的回避制度，明确规定在执业过程中可能损害独立性应予回避的情形及补救措施。

事务所应当保证其形式上和实质上的独立性，制定事务所及注册会计师独立性的总体要求、评价与保持独立性的制度规范，明确规定影响事务所和注册会计师独立性的重要因素及应采取的措施。

第五十八条　事务所应当建立重大风险事项的报告制度，各级专业人员在执业过程中应当向专门机构或专职人员、上级业务主管人员报告所发现的重大风险事项。

第五十九条　事务所应当建立专业咨询制度，就重大疑难问题或争议事项向内部或外部专家进行咨询。

第六十条　事务所应当建立项目质量控制复核制度，确定实施项目质量控制复核的业务类型、复核方法与复核内容等。

第六十一条　事务所应当建立业务报告签发制度，严格各类业务报告的签发人和签发程序，禁止出卖公章的行为。

第六十二条　事务所应当建立业务工作底稿的归档、管理和使用制度。

第六十三条　事务所应当对质量控制制度进行不断检查和完善，并建立业务质量检查与评价制度以及相应的业务质量责任追究与赔偿机制。

第六十四条　事务所应当按照《会计师事务所职业风险基金管理办法》的规定提取和使用职业风险基金。事务所可以通过购买职业保险方式提高抵御职业责任风险的能力，为维护公众利益提供责任保障。

事务所存续期间不得分配职业风险基金，只能用于列支因职业责任引起的民事赔偿及其相关的法律费用。

第六十五条　事务所应当统一调度和组织本所人力资源，根据项目的复杂程度与工作量，合理安排项目参与人员及时间，保障项目参与人员的专业胜任能力和工作精力。项目参与人员应当相对稳定，如有调整，应当确保前后任项目参与人员的衔接与沟通。

事务所应当充分关注时间压力对执业质量可能造成的影响，并考虑自身的业务承接能力，采取相应的缓解措施。

第七章　分　所

第六十六条　加强分所管理，有效控制分所的执业风险，是事务所做大做强新形势下内部治理面临的一项新的重大课题。事务所应当高度重视分所管理，切实控制与分所相关的连带风险。

第六十七条　事务所应当在人事、财务、执业标准、质量控制、员工培训等方面对其分所进行统一管理。

第六十八条　事务所应当建立项目授权管理制度，对分所明确授权范围和限度。对事务所可能产生重大影响的业务或事项，应当严格限制其范围和权限，以有效控制事务所运行和决策风险。

事务所应当明确规定分所业务项目承接、独立承办的授权标准和范围。对禁止分所承接、独立承办的非常规和高风险等特殊业务项目，应当予以特别强调。

分所承办授权项目，应当执行事务所统一制定的质量控制政策和程序。

事务所应当建立项目授权检查制度，重点对分所独立承办的业务项目进行定期或不定期的检查。

第六十九条　事务所应当统一委派分所负责人，由其对分所的运行和执业质量进行控制。分所负责人应当为事务所的股东。

第七十条　事务所应当建立分所重大事项的报告制度。分所应当及时向事务所报告执业过程中的重大事项、业务承接情况及结果、执业中发现的风险事项及重大不确定事项。

第七十一条　事务所应当重视和加强对分所从业人员的统一培训，确保事务所的执业标准、业务质量控制政策和程序等得到全面、正确地理解与执行。

第八章 合伙文化建设

第七十二条 合伙文化是保障事务所和谐、持续发展的内在力量。事务所应当继承传统文化的精髓，汲取现代管理的成果，构建符合注册会计师职业特征、有益于事务所健康发展的合伙文化。

第七十三条 合伙文化是事务所在发展过程中不断培育和形成的统一的职业定位、价值取向、发展理念、道德标准和行为规范。事务所应当大力倡导包括诚信、民主、尊重、平等、合作、包容、协商等在内的合伙文化要素。

第七十四条 董事会对事务所合伙文化的形成有着重要的影响力。董事会及其成员，以及董事会聘任的高级管理人员，应当带头垂范，讲诚信、重协商、谋合作，相互信任，相互包容，引导事务所形成积极向上的合伙文化。

第七十五条 制度是合伙文化的固化表现，同时也是合伙文化建设的保障。事务所应当把合伙文化的精髓融入各项制度和机制当中。

事务所应当重视治理机构的议事制度和沟通机制的建设，营造事务所决策、执行的民主氛围，增进理解、相互包容、化解矛盾、提升合力。

事务所应当建立与员工的平等对话机制，畅通员工参与事务所管理、监督事务所运行、服务事务所发展的渠道，形成尊重知识、尊重人才、尊重注册会计师的专业价值的良好风尚，增强员工的主人翁意识。

第七十六条 合伙文化的形成在于获得全体员工的充分认同和积极实践。事务所应当通过形象设计和推广、宣传和培训以及形式多样的文化活动，培育员工团队精神，增强事务所凝聚力，构建事务所诚信文化，建立形成积极、健康、向上的行为规范和工作氛围，大力弘扬诚信为本、操守为重的职业理念，牢固树立独立、客观、公正的职业形象。

第九章 信息沟通与披露

第七十七条 信息沟通与披露是监督和规范事务所治理行为、畅通与公众的联系、赢得公众信任的重要途径。事务所应当建立包括会计信息、治理信息等在内的信息沟通与披露制度，向各利益相关者有效沟通和披露相关信息。

第七十八条 事务所应当尊重股东对事务所重大事项的知情权和参与权。事务所应当向股东及时公开事务所的财务状况和经营管理情况、重要会议决定和重要制度、董事会成员的薪酬政策、重大事项的决策程序、可预见的重大风险、接受外部监督检查情况，以及其他有可能对股东产生实质性影响的信息。

事务所应当建立财务会计报告制度，在每一会计年度终了时编制财务会计报告，并依法接受独立审计。

第七十九条 事务所应当向员工公开包括事务所行为规范、业绩评价制度、薪酬制度、晋升制度、培训制度、质量控制政策和程序等在内的内部管理制度信息。

对于影响事务所未来发展的重大决策事项，事务所应当向员工通报。

第八十条 信息披露有助于增进公众对事务所道德标准和执业活动等方面的理解与信任。鼓励事务所建立信息披露制度，向公众披露事务所的内部治理状况、股东及注册会计师的基本情况、收费标准、事务所风险管理与质量控制体系建立情况、重大违规与接受处罚情况等方面的信息，接受公众的监督，提高事务所的公众信任度。

第八十一条 事务所应当对信息披露的质量、范围、流程以及披露权限和方式进行规范。

事务所对外披露信息应当不涉及商业秘密，不损害同行利益及客户利益。

第十章 附 则

第八十二条 注册会计师协会可以组织对事务所内部治理状况进行检查和评价。

第八十三条 本指南由中国注册会计师协会负责解释。

第八十四条 本指南自2008年1月1日起施行。

十一、会计师事务所综合评价办法(试行)

中国注册会计师协会关于发布《会计师事务所综合评价办法(试行)》的通知

各省、自治区、直辖市注册会计师协会，深圳市注册会计师协会：

《会计师事务所综合评价办法(试行)》已经中国注册会计师协会第四届常务理事会审议通过，现予发布，自发布之日起施行。

中国注册会计师协会
二〇〇六年十一月三日

会计师事务所综合评价办法(试行)

第一条　为综合评价会计师事务所(以下简称事务所)的整体质量，引导提升专业素质和执业水平，促进注册会计师行业健康快速发展，提高服务社会经济发展的能力，制定本办法。

第二条　中国注册会计师协会(以下简称中注协)负责组织事务所综合评价工作，并公布综合评价的有关信息。

第三条　事务所综合评价每年进行一次。

第四条　经批准设立的事务所，除具有下列情形之一者外，均可参加综合评价：

(一) 未持续达到规定的设立条件；

(二) 未按时履行会员义务；

(三) 填报综合评价信息严重失实；

(四) 因故终止；

(五) 中注协认定不能参加综合评价的其他情形。

第五条　符合本办法第四条规定的事务所，可自愿申请参加综合评价。每年3月31日前，填写《会计师事务所综合评价基本情况表》(以下简称《情况表》)，上报所在地的省、自治区、直辖市注册会计师协会(以下简称省级协会)审核。

事务所跨省级行政区设立的分所，每年3月31日前，填写《会计师事务所分所综合评价基本情况表》(以下简称《分所情况表》)，上报分所所在地的省级协会审核。

事务所在所在省级行政区内设立的分所的相关数据在《情况表》内合并填报。

第六条　事务所在填报《情况表》前已合并、分立的，可以以合并、分立后的事务所参加综合评价。

合并、分立的事务所应提交工商管理部门变更登记手续的证明、相关决议、协议等证明材料。

第七条　事务所及其分所应对《情况表》、《分所情况表》内容的真实性负责。

第八条　省级协会负责审核本地区事务所填报的《情况表》和本地区分所填报的《分所情况表》，在每年的4月30日前，上报中注协。

第九条　每年5月份，中注协根据情况进行抽查。如发现填报情况严重失实，取消事务所当年及下一年度综合评价资格，并通报批评。

第十条　每年6月份，中注协根据事务所上报的数据，按照本办法的规定，计算并确认事务所的综合评价得分。

第十一条　每年7月份，中注协通过认定的网站和报刊，公布综合评价得分前百家的信息。

对于在公布前终止的事务所的信息，不予公布。

第十二条　对事务所的综合评价包括：总收入、注册会计师人数、培训完成率、行业领军人才后备人选人数(以下称领军人才人数)、处罚和惩戒情况等五项指标。

(一) 总收入，是指事务所上报的、经过审计的上一年度会计报表数据，不包括具有独立法人资格的成员所的收入。

(二) 注册会计师人数，是指截至上一年12月31日，事务所在中注协认定的管理系统中登记的数据。

(三) 培训完成率，是指截至上一年12月31日，事务所完成规定继续教育学时的注册会计师人数占本所注册会计师人数的比率。

(四) 领军人才人数，是指事务所在填报《情况表》、《分所情况表》时，已通过中注协组织的测试并选拔的领军人才人数。

(五) 处罚和惩戒情况，是指截至上一年12月31日的前3年，事务所及其注册会计师在执业中受到刑事处罚、行政处罚和行业惩戒的情况。

第十三条　综合评价指标中的总收入、注册会计师人数、培训完成率，按照一定的权重计算得分。

领军人才人数为直接加分项，每名加0.5分。

处罚和惩戒为直接减分项，按照下列不同处罚和惩戒种类减分：

（一）事务所受到暂停业务处罚及与其他处罚并处的，一次减5分；单处警告、没收违法所得、罚款及以上三项或者两项处罚并处的，一次减4分；受到公开谴责的，一次减3分；受到通报批评的，一次减2分；受到训诫的，一次减1分。

（二）注册会计师受到吊销注册会计师证书、撤销会员资格的，减4分；受到其他行政处罚和行业惩戒的应减分值，分别按照事务所受到相应行政处罚和行业惩戒应减分值的50%计算；受到刑事处罚的，按照对事务所的最高处罚减分。

第十四条 综合得分的计算公式如下：

综合评价得分＝总收入得分 ＋注册会计师人数得分＋培训完成率得分＋领军人才人数得分－事务所和注册会计师的处罚、惩戒应减分值

（一）总收入得分＝（某事务所总收入/上一评价年度前100家事务所收入平均值）×70

（二）注册会计师人数得分＝（某事务所注册会计师人数/上一评价年度前100家事务所的注册会计师人数平均值）×10

（三）培训完成率得分＝（某事务所完成继续教育的注册会计师人数/该事务所的注册会计师人数）×20

（四）领军人才人数得分＝领军人才人数×0.5

（五）事务所和注册会计师的处罚、惩戒应减分值＝∑［刑事处罚、行政处罚和行业惩戒的次数（人数）×相关分值］

第十五条 本办法自发布之日起试行。

附表1： 会计师事务所综合评价基本情况表 （略）

附表2： 会计师事务所分所综合评价基本情况表 （略）

十二、会计师事务所与资产评估机构证券期货相关业务监管责任制

会计师事务所与资产评估机构证券期货相关业务监管责任制

（2005年11月21日 证监会计字［2005］13号）

第一章 总 则

第一条 为加强对会计师事务所、资产评估机构（以下简称“会计与评估机构”）及其相关人员执行证券、期货相关业务的监管，明确会计部与派出机构、证券及期货交易所的职责分工，对会计与评估机构形成有效的监管网络，加大对其监管力度，促进其诚信建设和提高执业质量，根据《中华人民共和国证券法》、《国务院批转证监会关于提高上市公司质量意见的通知》（国发［2005］34号）以及《派出机构监管工作职责》（证监发［2003］86号）的有关规定，制订本制度。

第二条 会计与评估机构监管责任制指在集中统一监管体制下，对会计与评估机构执行证券期货相关业务的监管建立一套分工科学、职责明确、协调有力的监管制度，以充分利用整体的监管资源，提高监管的针对性、有效性、协调性，形成监管合力，实现科学、有效监管。

第三条 本制度所称证券、期货相关业务，主要包括证券、期货相关机构的会计报表审计、净资产验证、实收资本（股本）的审验、盈利预测审核、非经常性损益审核、内部控制制度审核、前次募集资金使用情况专项审核等业务，以及涉及各类企业公开发行证券、上市公司购买、出售、置换资产，以及其他涉及证券、期货相关机构的资产评估业务。

本制度所称证券、期货相关机构，是指上市公司、首次公开发行证券的公司、证券及期货经营机构、证券投资咨询机构、证券及期货交易所、证券投资基金及其管理公司、证券登记结算机构等。

第四条 会计部全面负责对会计与评估机构证券期货相关业务执行情况的监管工作，包括监管工作的总体规划、监管政策法规的制订与解释、对会计与评估机构证券期货业务资格的审批与管理、监管工作的协调、建立统一的监管工作数据库，并负责安排、指导、培训、协调、督促、检查、考核各派出机构的相关监管工作等。

第五条　派出机构负责落实会计部的有关会计与评估机构执业资格方面的监管要求，对辖区内会计与评估机构的质量控制制度和内部管理制度进行巡回检查和专项检查，对会计与评估机构的证券期货相关业务活动进行监管，建立会计与评估机构的持续监管档案。

派出机构应按证监会有关规定设置专人或机构负责对会计与评估机构的监管工作。

第六条　证券及期货交易所在日常监管中发现会计与评估机构的问题应及时反馈给相应的派出机构及会计部。

第七条　会计部、派出机构、证券及期货交易所应明确监管人员岗位责任制，积极推进依法行政，建立责任追究制度。

第二章　监管职责与分工

第八条　对会计与评估机构证券期货相关业务执业资格的管理：

（一）会计部按照有关法律法规的规定，对会计与评估机构从事证券期货相关业务活动实施许可证管理制度，并对已获得批准的会计与评估机构后续执业资格情况进行持续监督与管理。在执业资格管理工作中，会计部可征求相关派出机构的意见，对有关会计与评估机构执业资格方面发现的疑点或问题，可以委托派出机构进行核查。

（二）派出机构应按照会计部的要求，对向中国证监会及财政部申请执业资格的会计与评估机构申报材料中存在的疑点进行核查，对已有执业资格的会计与评估机构的执业资格所存疑点进行核查，并将核查结果及时上报会计部，同时计入监管档案。

第九条　对会计与评估机构的质量控制制度和内部管理制度进行监管：

（一）会计部负责督促、检查、指导、协调派出机构对辖区内会计与评估机构的质量控制制度和内部管理制度的检查工作。会计部可以直接抽查会计与评估机构的质量控制制度和内部管理制度，抽查工作由会计部直接负责，可以组织相关派出机构参加。

（二）派出机构对辖区内会计与评估机构的质量控制制度和内部管理制度进行巡回检查或专项检查。派出机构的检查工作可以根据日常监管的需要进行安排，相关安排和检查情况应及时报告会计部。

第十条　对会计与评估机构的证券期货相关业务活动进行监管：

（一）会计部负责督促、检查、指导、协调派出机构对会计与评估机构证券期货相关业务活动的检查工作。会计部可以直接抽查会计与评估机构的证券期货相关业务活动，抽查工作由会计部直接负责，可以组织相关派出机构参加。

（二）派出机构在现场检查辖区内证券、期货相关机构时，应对相关会计与评估机构从事证券、期货业务活动情况进行检查；事后审核证券、期货相关机构信息披露文件、申报文件时，可对相关会计与评估机构从事证券、期货业务活动情况进行检查。

（三）派出机构应对会计与评估机构在辖区内从事证券、期货业务活动执行情况进行巡回检查或专项检查。

（四）派出机构对辖区外会计与评估机构在本辖区内从事证券期货业务活动应建立档案制度，对业务活动实施检查并将检查情况及时通报会计或评估机构注册地派出机构和相关证券及期货交易所。

（五）派出机构的检查工作可以根据日常监管的需要进行安排，相关安排和检查情况应及时报告会计部。

（六）派出机构在检查工作中发现的与上市公司有关的问题，应及时通报交易所，并对交易所在日常监管过程中产生的和会计与评估机构有关的监管协作需求予以及时回复。

第十一条　建立会计与评估机构持续监管档案

（一）会计部负责设计、建立会计与评估机构监管信息系统，实现监管信息网络化共享，提高监管效率。对于监管信息系统中的有关信息，会计部可以要求派出机构进行实地调查与核实。

（二）派出机构负责监管、督促辖区内注册的会计与评估机构真实、完整、及时地填报、更新中国证监会会计与评估机构监管信息系统所涉及的信息。设有分所、办事处等分支机构的会计与评估机构，由总所注册地派出机构负责监管、督促总所完成总所本部及其所有分支机构的监管系统填报与更新工作。

（三）派出机构在对会计与评估机构的监管过程中，应当建立持续监管档案，并将监管信息及时向会计部建立的监管系统中填报。会计与评估机构的整体监管档案由注册地派出机构负责建立。

（四）派出机构对于总所或分支机构注册地均不在本辖区内，但在本辖区内有证券期货业务活动的会计与评估机构，应要求其向业务活动地派出机构报备，对其执业情况要建立监管档案，在需要时提供给会计部或其他派出机构。

第十二条 构建对会计与评估机构的综合监管体系

（一）会计部负责与财政部、国务院国有资产监督管理委员会、国家审计署、国家税务总局、中国注册会计师协会、中国资产评估协会、中国土地估价师协会、中国房地产估价师与房地产经纪人学会等相关部门进行沟通与协作，联合发布规范性文件，协同各方力量监管会计与评估机构及其相关人员，构建综合监管体系，增强监管合力，提高监管效率。

（二）派出机构负责与辖区内地方政府以及财政部门及财政部专员办、审计部门、地方注册会计师协会和资产评估协会等有关部门的沟通与协作，协同各方力量监管会计与评估机构在本辖区从事的证券、期货相关业务活动。

（三）派出机构在与其他有关部门协同监管时，可以通过与其他有关部门签署监管合作备忘录、召开联席工作会议、下发会议纪要、组建监管协调机构、建立共享的监管信息系统、成立联合检查组等多种方式进行。

（四）证券及期货交易所在日常监管中发现会计与评估机构的问题应及时反馈给相应的派出机构及会计部，并根据派出机构与会计部的要求予以协助；必要时可以约见会计与评估机构及其相关人员谈话以澄清事实的真相。会计部对交易所遇到的业务问题给予业务指导和技术支持。

第十三条 建立良好的内部监管协作机制

（一）会计部负责制订、修改与解释会计与评估机构监管政策。在相关政策措施拟订过程中，会计部应视情况征求派出机构的意见。派出机构在执行政策过程中遇到问题应及时向会计部报告，还可就有关问题，结合监管实际主动向会计部提出政策性意见或建议。

（二）会计部负责指导、协调派出机构之间的监管协作，对派出机构的日常监管工作进行指导，统一部署和安排检查工作，对派出机构采取的重大监管措施、遇到的疑难监管问题及时给予专业指导和技术支持，督促、检查和考核派出机构的监管工作。

（三）派出机构应及时向会计部报告对会计与评估机构从事的证券、期货相关业务活动进行监管的重大监管事项，还应于每年 7 月底前向会计部汇总报告会计与评估机构监管工作情况。

（四）派出机构应当主动向相关派出机构通报监管情况，积极配合异地派出机构提出的协助监管事项。

（五）会计部与各地派出机构、各地派出机构之间应当密切协作，监管信息及时共享，定期或不定期地就监管协作情况进行沟通。

（六）会计部负责组织情况通报会、经验交流会，开展调研工作、组织个案研讨会及相关业务培训。

第十四条 监管措施

（一）派出机构对于监管中发现的问题，应视情节轻重采取包括谈话提醒、监管备忘录、限期整改以及下发警示函、认定不适宜从事证券期货相关业务、要求证券公司更换会计师事务所等方式。其中下发警示函、认定不适宜从事证券期货相关业务应经会计部同意。派出机构采取相应监管措施应报会计部备案。

（二）派出机构发现会计与评估机构存在涉嫌违法、违规行为的重大线索，可自行立案，同时向会机关稽查局、会计部履行备案程序；对查办过程中所存疑问，派出机构可征求会计部意见，会计部应给予指导。

（三）会计部除可采取派出机构所有的监管措施外，还可直接采取下发警示函、认定不适宜从事证券期货相关业务、撤回证券期货相关业务资格等监管措施。

（四）会计与评估机构未经批准，擅自从事证券业务的，依据《证券法》相关规定处理。

第三章 评价与考核

第十五条 建立相应的监管评价与考核机制

（一）会计部按照本制度制订对派出机构的评价标准，并负责评价各派出机构对会计与评估机构监管工作情况。会计部对派出机构的评价结果将作为证监会对派出机构综合考评的一部分。

（二）派出机构应将对会计与评估机构从事证券期货相关业务的考核纳入本单位监管人员的考核评价体系，并在本单位内进行考核与评价。

第四章 附 则

第十六条 本制度涉及的监管对象为境内所有从事证券、期货相关业务的会计与评估机构，包括在境内从事证券、期货相关业务的境外会计与评估机构。

第十七条　对土地评估机构以及其他评估中介机构从事证券、期货相关业务的监管可参照本制度执行。

第十八条　本制度由中国证监会会计部负责解释。

第十九条　本制度自发布之日起实施。

十三、最高人民法院关于审理涉及会计师事务所在审计业务活动中民事侵权赔偿案件的若干规定

中华人民共和国最高人民法院公告

《最高人民法院关于审理涉及会计师事务所在审计业务活动中民事侵权赔偿案件的若干规定》已于2007年6月4日由最高人民法院审判委员会第1428次会议通过，现予公布，自2007年6月15日起施行。

二〇〇七年六月十一日

最高人民法院关于审理涉及会计师事务所在审计业务活动中民事侵权赔偿案件的若干规定

（法释[2007]12号）

为正确审理涉及会计师事务所在审计业务活动中民事侵权赔偿案件，维护社会公共利益和相关当事人的合法权益，根据《中华人民共和国民法通则》、《中华人民共和国注册会计师法》、《中华人民共和国公司法》、《中华人民共和国证券法》等法律，结合审判实践，制定本规定。

第一条　利害关系人以会计师事务所在从事注册会计师法第十四条规定的审计业务活动中出具不实报告并致其遭受损失为由，向人民法院提起民事侵权赔偿诉讼的，人民法院应当依法受理。

第二条　因合理信赖或者使用会计师事务所出具的不实报告，与被审计单位进行交易或者从事与被审计单位的股票、债券等有关的交易活动而遭受损失的自然人、法人或者其他组织，应认定为注册会计师法规定的利害关系人。

会计师事务所违反法律法规、中国注册会计师协会依法拟定并经国务院财政部门批准后施行的执业准则和规则以及诚信公允的原则，出具的具有虚假记载、误导性陈述或者重大遗漏的审计业务报告，应认定为不实报告。

第三条　利害关系人未对被审计单位提起诉讼而直接对会计师事务所提起诉讼的，人民法院应当告知其对会计师事务所和被审计单位一并提起诉讼；利害关系人拒不起诉被审计单位的，人民法院应当通知被审计单位作为共同被告参加诉讼。

利害关系人对会计师事务所的分支机构提起诉讼的，人民法院可以将该会计师事务所列为共同被告参加诉讼。

利害关系人提出被审计单位的出资人虚假出资或者出资不实、抽逃出资，且事后未补足的，人民法院可以将该出资人列为第三人参加诉讼。

第四条　会计师事务所因在审计业务活动中对外出具不实报告给利害关系人造成损失的，应当承担侵权赔偿责任，但其能够证明自己没有过错的除外。

会计师事务所在证明自己没有过错时，可以向人民法院提交与该案件相关的执业准则、规则以及审计工作底稿等。

第五条　注册会计师在审计业务活动中存在下列情形之一，出具不实报告并给利害关系人造成损失的，应当认定会计师事务所与被审计单位承担连带赔偿责任：

（一）与被审计单位恶意串通；

（二）明知被审计单位对重要事项的财务会计处理与国家有关规定相抵触，而不予指明；

（三）明知被审计单位的财务会计处理会直接损害利害关系人的利益，而予以隐瞒或者作不实报告；

（四）明知被审计单位的财务会计处理会导致利害关系人产生重大误解，而不予指明；

（五）明知被审计单位的会计报表的重要事项有不实的内容，而不予指明；

（六）被审计单位示意其作不实报告，而不予拒绝。

对被审计单位有前款第（二）至（五）项所列行为，注册会计师按照执业准则、规则应当知道的，人民法院应认定其明知。

第六条 会计师事务所在审计业务活动中因过失出具不实报告，并给利害关系人造成损失的，人民法院应当根据其过失大小确定其赔偿责任。

注册会计师在审计过程中未保持必要的职业谨慎，存在下列情形之一，并导致报告不实的，人民法院应当认定会计师事务所存在过失：

（一）违反注册会计师法第二十条第（二）、（三）项的规定；

（二）负责审计的注册会计师以低于行业一般成员应具备的专业水准执业；

（三）制定的审计计划存在明显疏漏；

（四）未依据执业准则、规则执行必要的审计程序；

（五）在发现可能存在错误和舞弊的迹象时，未能追加必要的审计程序予以证实或者排除；

（六）未能合理地运用执业准则和规则所要求的重要性原则；

（七）未根据审计的要求采用必要的调查方法获取充分的审计证据；

（八）明知对总体结论有重大影响的特定审计对象缺少判断能力，未能寻求专家意见而直接形成审计结论；

（九）错误判断和评价审计证据；

（十）其他违反执业准则、规则确定的工作程序的行为。

第七条 会计师事务所能够证明存在以下情形之一的，不承担民事赔偿责任：

（一）已经遵守执业准则、规则确定的工作程序并保持必要的职业谨慎，但仍未能发现被审计的会计资料错误；

（二）审计业务所必须依赖的金融机构等单位提供虚假或者不实的证明文件，会计师事务所在保持必要的职业谨慎下仍未能发现其虚假或者不实；

（三）已对被审计单位的舞弊迹象提出警告并在审计业务报告中予以指明；

（四）已经遵照验资程序进行审核并出具报告，但被验资单位在注册登记后抽逃资金；

（五）为登记时未出资或者未足额出资的出资人出具不实报告，但出资人在登记后已补足出资。

第八条 利害关系人明知会计师事务所出具的报告为不实报告而仍然使用的，人民法院应当酌情减轻会计师事务所的赔偿责任。

第九条 会计师事务所在报告中注明“本报告仅供年检使用”、“本报告仅供工商登记使用”等类似内容的，不能作为其免责的事由。

第十条 人民法院根据本规定第六条确定会计师事务所承担与其过失程度相应的赔偿责任时，应按照下列情形处理：

（一）应先由被审计单位赔偿利害关系人的损失。被审计单位的出资人虚假出资、不实出资或者抽逃出资，事后未补足，且依法强制执行被审计单位财产后仍不足以赔偿损失的，出资人应在虚假出资、不实出资或者抽逃出资数额范围内向利害关系人承担补充赔偿责任。

（二）对被审计单位、出资人的财产依法强制执行后仍不足以赔偿损失的，由会计师事务所在其不实审计金额范围内承担相应的赔偿责任。

（三）会计师事务所对一个或者多个利害关系人承担的赔偿责任应以不实审计金额为限。

第十一条 会计师事务所与其分支机构作为共同被告的，会计师事务所对其分支机构的责任部分承担连带赔偿责任。

第十二条 本规定所涉会计师事务所侵权赔偿纠纷未经审判，人民法院不得将会计师事务所追加为被执行人。

第十三条 本规定自公布之日起施行。本院过去发布的有关会计师事务所民事责任的相关规定，与本规定相抵触的，不再适用。

在本规定公布施行前已经终审，当事人申请再审或者按照审判监督程序决定再审的会计师事务所民事侵权赔偿案件，不适用本规定。

在本规定公布施行后尚在一审或者二审阶段的会计师事务所民事侵权赔偿案件，适用本规定。

十四、最高人民法院关于会计师事务所为企业出具虚假验资证明应如何承担责任问题的批复

中华人民共和国最高人民法院公告

《最高人民法院关于会计师事务所为企业出具虚假验资证明应如何承担责任问题的批复》已于1998年6月19日由最高人民法院审判委员会第995次会议通过，现予公布，自1998年7月1日起施行。

一九九八年六月二十六日

最高人民法院关于会计师事务所为企业出具虚假验资证明应如何承担责任问题的批复

（1998年6月19日最高人民法院审判委员会第995次会议通过 法释[1998]13号）

山东省高级人民法院：

你院(1997)鲁法经第78号请示收悉。经研究，答复如下：

一、会计师事务所系国家批准的依法独立承担注册会计师业务的事业单位。会计师事务所为企业出具验资证明，属于依据委托合同实施的民事行为。依据《中华人民共和国民法通则》第一百零六条第二款规定，会计师事务所在1994年1月1日之前为企业出具虚假验资证明，给委托人、其他利害关系人造成损失的，应当承担相应的民事赔偿责任。

二、会计师事务所与案件的合同当事人虽然没有直接的法律关系，但鉴于其出具虚假验资证明的行为，损害了当事人的合法权益，因此，在民事责任的承担上，应当先由债务人负责清偿，不足部分，再由会计师事务所在其证明金额的范围内承担赔偿责任。

十五、最高人民法院关于会计师事务所为企业出具虚假验资证明应如何处理的复函

最高人民法院关于会计师事务所为企业出具虚假验资证明应如何处理的复函

（1996年4月4日　法函[1996]56号）

四川省高级人民法院：

你院(1994)川高法经请字第11号请示收悉，经研究，答复如下：

德阳市会计师事务所为德阳市东方企业贸易公司出具虚假验资证明，并在证明中明确承诺"以上货币资金及固定资产业经逐项验证属实，如有虚假，由我单位负责承担证明金额内的赔偿责任。"因德阳市东方企业贸易公司注册时，事实上并无资金和财产，因此德阳市会计师事务所应依其承诺对德阳市东方企业贸易公司的全部债务在其证明金额内承担赔偿责任。在山西太原南郊化工厂诉德阳市东方企业贸易公司购销合同货款纠纷案中，山西太原南郊化工厂申请追加德阳市会计师事务所为诉讼当事人，并要求其承担赔偿责任，符合法律规定。经审理判定德阳市东方企业贸易公司承担债务后，所清偿债务的不足部分由德阳市会计师事务所在其证明金额内承担赔偿责任。

此外，即使会计师事务所出具的虚假验资证明无特别注明，给委托人、其他利害关系人造成损失的，根据《中华人民共和国注册会计师法》第四十二条的规定，亦应当依法承担赔偿责任。

此复

第二十二部分　注册会计师管理法规

一、注册会计师全国统一考试办法

注册会计师全国统一考试办法

（财会[2001]1053号）

第一条　根据《中华人民共和国注册会计师法》的规定，国家实行注册会计师全国统一考试制度。为规范考试组织管理工作，制定本办法。

第二条　注册会计师全国统一考试是中华人民共和国国家级执业资格考试，其组织领导机构为财政部组织成立的注册会计师考试委员会（以下简称全国考委会）。全国考委会下设办公室为具体办事机构（以下简称全国考办），全国考办设在中国注册会计师协会。

各省、自治区、直辖市财政厅（局）组织成立的注册会计师考试委员会（以下简称地方考委会）是当地注册会计师考试组织领导机构，地方考委会办公室（以下简称地方考办）设在各省、自治区、直辖市注册会计师协会。

第三条　全国考委会组织领导注册会计师全国统一考试，确定考试组织工作原则，制定考试工作方针、政策及规则，审定《考试大纲》，确定考试命题原则，处理考试组织工作的重大问题，指导地方考委会工作。全国考办负责具体组织、实施考试工作，指导地方考办工作。

地方考委会贯彻、实施全国考委会的决定，组织、领导本地区的考试工作。地方考办负责具体组织、实施本地区的考试工作。

第四条　符合下列条件的人员，可以报名参加注册会计师全国统一考试：

（一）拥护《中华人民共和国宪法》，享有选举权和被选举权；

（二）具有完全行为能力；

（三）具有高等专科以上学校毕业学历、或者具有会计或者相关专业中级以上技术职称。

第五条　有下列情形之一的人员，不能报名参加注册会计师全国统一考试，已经办理报名手续的报名无效：

（一）因受过刑事处罚，自刑罚完毕之日起至申请报名之日止不满5年者；

（二）因吊销注册会计师证书，自处罚决定之日起至申请报名之日止不满5年者；

（三）以前年度参加注册会计师考试因作弊而受到停考处分期限未满者或终身不得参加注册会计师行业组织的各类考试者。

第六条　具有会计或者相关专业高级技术职称的人员，可以申请免予部分科目的考试。

第七条　考试科目为会计、审计、财务成本管理、经济法、税法。每科考试具体时间，在各年度全国考委会发布的《报名简章》中明确。

考试范围在全国考委会发布的各年度《考试大纲》中确定。

第八条　考试方式为闭卷、笔试。

第九条　报名参加考试的人员报名时需要交纳考试报名费。费用标准由各地物价部门会同财政部门本着以收抵支、收支平衡的原则核定。

根据《国家计委关于注册会计师考试收费标准问题的通知》（计价格[2001]527号）规定，由地方考办向考生收取的报名费中应包含上交全国考办的每人每科10元人民币的考务费，用于全国考办组织考试命题、试卷印制、发放及评阅、考试工作研究等项工作。

第十条　报名的具体时间在全国考委会印发的各年度《报名简章》中规定，地方考委会应据此确定本地区具体报名日期，并向社会公告。

第十一条　报名人员可在一次考试中同时报考五个科目，也可选择报考部分科目。

第十二条　全国考办根据《考试大纲》组织编写、出版考试辅导教材及其相关参考资料，由地方考办征订、发行。

第十三条　应考人员答卷由全国考办集中组织评阅，考试成绩由全国考委会负责认定，由地方考办复核后通知应考人员。

每科考试均实行百分制，六十分为成绩合格分数线。

单科成绩合格者，其合格成绩在取得单科合格成绩后的连续4次考试中有效。

第十四条　考生在规定的时间内取得全部应考科目合格成绩后，应及时到地方考办办理全科合格证书，并交纳全科合格证书工本费人民币6元。

在两个以上地区参加考试的考生，在规定的时间内取得全部应考科目合格成绩后，可向取得合格成绩的地方考办申请办理全科合格证书，并应提供在其他地区考试取得合格成绩的证明资料。

第十五条　报名参加注册会计师考试的人员及考试组织相关人员必须遵守全国考委会制定的相关规则、守则等，违者按《注册会计师全国统一考试违纪、作弊处罚规则》予以处罚。

第十六条　港、澳、台地区居民及外国籍公民参加中华人民共和国注册会计师全国统一考试办法，另行规定。

第十七条　本办法自发布之日起执行。

二、注册会计师注册办法

中华人民共和国财政部令

（第25号）

《注册会计师注册办法》已经部务会议讨论通过，现予公布，自2005年3月1日起施行。

部长：金人庆

二〇〇五年一月二十二日

附1

注册会计师注册办法

第一条　为了规范注册会计师注册工作，根据《中华人民共和国注册会计师法》及相关法律，制定本办法。

第二条　申请注册成为注册会计师适用本办法。

第三条　省、自治区、直辖市注册会计师协会（以下简称“省级注册会计师协会”）负责本地区注册会计师的注册及相关管理工作。中国注册会计师协会对省级注册会计师协会的注册管理工作进行指导。

注册会计师依法执行业务，应当取得财政部统一制定的中华人民共和国注册会计师证书（以下简称“注册会计师证书”）。

第四条　具备下列条件之一，并在中国境内从事审计业务工作2年以上者，可以向省级注册会计师协会申请注册：

（一）参加注册会计师全国统一考试成绩合格；

（二）经依法认定或者考核具有注册会计师资格。

第五条　注册申请人有下列情形之一的，不予注册：

（一）不具有完全民事行为能力的；

（二）因受刑事处罚，自刑罚执行完毕之日起至申请注册之日止不满5年的；

（三）因在财务、会计、审计、企业管理或者其他经济管理工作中犯有严重错误受行政处罚、撤职以上处分，自处罚、处分决定生效之日起至申请注册之日止不满2年的；

（四）受吊销注册会计师证书的处罚，自处罚决定生效之日起至申请注册之日止不满5年的；

（五）因以欺骗、贿赂等不正当手段取得注册会计师证书而被撤销注册，自撤销注册决定生效之日起至申请注册之日止不满3年的；

（六）不在会计师事务所专职执业的；

（七）年龄超过70周岁的。

第六条 注册申请人申请注册，应当通过所在的会计师事务所向会计师事务所所在地的省级注册会计师协会提交下列材料：

（一）注册会计师注册申请表(附表1)；

（二）注册会计师全国统一考试全科合格证书复印件；

（三）2名注册会计师出具的注册申请人从事审计业务2年以上证明表(附表2)；

（四）与所在会计师事务所签定的聘用合同复印件；

（五）有效身份证件或者身份证明复印件(外国人应当提交护照和签证复印件，香港、澳门特别行政区及台湾地区居民应当提交在香港、澳门特别行政区及台湾地区的身份证件复印件和中国出入境行政管理部门发放的通行证复印件替代此项材料)；

（六）有效人事档案证明或者退休证明复印件(外国人和香港、澳门特别行政区及台湾地区居民应当提交由中国劳动行政管理部门发放的就业证复印件替代此项材料)。

经依法认定或者考核具有注册会计师资格的，应当提交相关文件和符合认定或者考核条件的相关证明，替代前款第(二)项材料。

第七条 注册申请人和所在的会计师事务所应当对申请材料内容的真实性负责，证明人应当对证明材料内容的真实性负责。

第八条 省级注册会计师协会应当在受理注册申请的办公场所将申请注册应当提交的材料目录及要求、准予注册的程序及期限，以及不予注册的情形予以公示。

第九条 省级注册会计师协会收到注册申请人提交的申请材料后，应当对注册申请人提交的申请材料进行形式审查，并核对有关复印件与原件是否相符。对申请材料不齐全或者不符合法定形式的注册申请人，应当当场或者在5个工作日内一次告知其需要补正的全部材料及内容。

对申请材料齐全、符合法定形式，或者按照要求提交全部补正申请材料的注册申请人，应当受理其注册申请。

第十条 省级注册会计师协会受理或者不予受理注册申请，应当向注册申请人出具加盖本单位专用印章和注明日期的书面凭证。

第十一条 省级注册会计师协会应当对申请材料的内容进行审查，并自受理注册申请之日起20个工作日内作出准予或者不予注册的决定。20个工作日内不能作出决定的，经省级注册会计师协会负责人批准，可以延长10个工作日，并应当将延长期限的理由告知注册申请人。

第十二条 省级注册会计师协会作出准予注册决定的，应当自作出决定之日起10个工作日内向注册申请人颁发注册会计师证书。

省级注册会计师协会应当自作出准予注册决定之日起20个工作日内，将准予注册的决定和注册会计师注册备案表(附表3)报送财政部、中国注册会计师协会备案，抄报所在地的省、自治区、直辖市人民政府财政部门(以下简称“省级财政部门”)并将准予注册人员的名单在全国性报刊或者相关网站上予以公告。

第十三条 省级注册会计师协会作出不予注册决定的，应当自作出决定之日起15个工作日内书面通知注册申请人。书面通知中应当说明不予注册的理由，并告知注册申请人享有依法申请行政复议或者提起行政诉讼的权利。

第十四条 财政部依法对省级注册会计师协会的注册工作进行检查，发现注册不符合本办法规定的，应当通知省级注册会计师协会撤销注册。

第十五条 中国注册会计师协会和省级注册会计师协会应当对注册会计师的任职资格和执业情况进行监督检查，必要时可以进行实地检查。

第十六条 注册会计师有下列情形之一的，由所在地的省级注册会计师协会撤销注册，收回注册会计师证书：

（一）完全丧失民事行为能力的；

（二）受刑事处罚的；

（三）自行停止执行注册会计师业务满1年的；

（四）以欺骗、贿赂等不正当手段取得注册会计师证书的。

第十七条 省级注册会计师协会工作人员滥用职权、玩忽职守准予注册的，或者对不具备申请资格或不符合法定条件的申请人准予注册的，由省级注册会计师协会撤销注册，收回注册会计师证书。

第十八条 被撤销注册的人员可以重新申请注册，但必须符合本办法第四条规定条件，并且没有本办法第五条规定所列情形。

第十九条 注册会计师有下列情形之一的，由所在地的省级注册会计师协会注销注册：

（一）依法被撤销注册，或者吊销注册会计师证书的；

（二）不在会计师事务所专职执业的。

第二十条 省级注册会计师协会应当将注销注册的决定抄报财政部和所在地的省级财政部门、中国注册会计师协会，并自作出决定之日起10个工作日内将注销注册人员的名单在全国性报刊或者相关网站上予以公告。

第二十一条 注册会计师违反《中华人民共和国注册会计师法》第二十条、第二十一条规定，由财政部或者所在地的省级财政部门给予警告；情节严重的，可以由财政部或者所在地的省级财政部门暂停其执行业务或者吊销注册会计师证书。

财政部和省级财政部门应当按照《中华人民共和国行政处罚法》及有关规定实施行政处罚，并将行政处罚决定抄送中国注册会计师协会和注册会计师所在地的省级注册会计师协会。

第二十二条 受到行政处罚，或者被撤销注册或注销注册的当事人有异议的，可以依法申请行政复议或者提起行政诉讼。

第二十三条 香港、澳门特别行政区和台湾地区居民以及按照互惠原则确认的外国人申请注册，依照本办法办理。

第二十四条 本办法自2005年3月1日起施行。

自本办法施行之日起，《注册会计师注册审批暂行办法》[(93)财会协字第122号]、《外籍中国注册会计师注册审批暂行办法》(财协字[1998]9号)、《〈外籍中国注册会计师注册审批暂行办法〉的补充规定》(财会[2003]34号)同时废止。

附件：注册会计师申请注册材料 （略）

附表1：注册会计师注册申请表 （略）

附表2：注册申请人从事审计业务两年以上证明表 （略）

附表3：注册会计师注册备案表 （略）

三、中国注册会计师继续教育制度

中国注册会计师协会关于发布《中国注册会计师继续教育制度》的通知

（会协[2006]63号）

各省、自治区、直辖市注册会计师协会：

《中国注册会计师继续教育制度》已经中国注册会计师协会第四届常务理事会第三次会议通过，现予发布，自2007年1月1日起施行。

附件：

1. 中国注册会计师继续教育制度
2. 《中国注册会计师继续教育制度》起草说明

中国注册会计师协会

二〇〇六年九月十三日

中国注册会计师继续教育制度

第一章 总则

第一条 为保持和提升注册会计师的专业素质、执业能力和职业道德水平，加强注册会计师行业人才培养，建立一支在质量和数量上都能够满足我国经济和资本市场发展战略，以及现代企业制度需要的执业队伍，根据《中华人民共和国注册会计师法》、《中国注册会计师协会关于加强行业人才培养工作的指导意见》的有关规定，制定本制度。

第二条 注册会计师享有继续教育的权利，任何个人或机构不得以任何理由限制或剥夺注册会计师参加继续教育的权利。

继续教育贯穿于注册会计师的整个执业生涯，注册会计师应当按照本制度的要求接受继续教育。

第二章 继续教育的形式与学时要求

第三条 注册会计师可参加有组织形式及其他形式的继续教育活动。

第四条 有组织形式的继续教育包括：

（一）中国注册会计师协会（以下简称中注协）或各省、自治区、直辖市注册会计师协会（以下简称地方协会）举办，或者委托专业培训机构举办的各种类型的培训班、专业论坛、研讨会、学术报告会等；

（二）经所在地地方协会认可的会计师事务所（以下简称事务所）内部培训；

（三）中注协或地方协会通过远程教育直播系统提供的注册会计师培训；

（四）中注协或地方协会认可的其他方式。

第五条 其他形式的继续教育包括：

（一）完成专业著作或专业论文，并公开出版或发表；

（二）担当中注协、地方协会举办或委托举办的注册会计师继续教育培训的授课人、研讨会的主持人或演讲人；

（三）参加行业执业质量检查；

（四）承担学术团体、行业、政府部门组织的专业课题研究，并取得研究成果；

（五）在境外事务所实习期间接受当地组织的继续教育培训；

（六）参加会计相关专业的在职学位教育；

（七）经中注协或地方协会认可的专业论坛、研讨会；

（八）中注协或地方协会认可的其他方式。

第六条 注册会计师继续教育每两年为一个考核周期，即从起始年度的1月1日起至次年的12月31日止。在每个考核周期内接受的继续教育时间累计不得少于80个学时，且任何一年均不得少于30个学时。

有关职业道德的培训，每个周期不得少于4个学时。

上一考核周期超过的学时数不得滚动到下一考核周期。

第七条 注册会计师参加第四条所列的有组织形式的继续教育，至少45分钟为一个学时，按照实际参加时间确认。

第八条 注册会计师参加第五条所列的其他形式的继续教育，按下列标准确认学时：

（一）参加中注协或地方协会组织的执业质量检查，每天可折算1个学时，每年最多可确认30个学时；

（二）担当注册会计师继续教育培训班的授课人、研讨会的主持人或演讲人，可按实际授课、主持或演讲时间的三倍折算学时，每年最多可确认20个学时；

（三）公开出版专业著作、承担课题研究，每项可确定15个学时，每年最多可确认15个学时；

（四）公开发表专业论文，每篇可确认5个学时，每年最多可确认15个学时；

（五）在境外事务所实习期间接受培训，按照实际参加时间确认，每年最多可确认40个学时；

（六）参加在职学位教育，当年可确认30个学时；

（七）参加中注协或地方协会认可的专业论坛、研讨会，每半天可确认为4个学时，每年最多可确认20个学时。

在每个考核周期内，其他形式的培训学时最多确认60个学时。

本制度中未明确的其他形式的培训学时，由中注协或地方协会认定。其中，地方协会认定的，应当将其认定的其他继续教育形式及培训学时等情况报中注协备案。

第九条 参加第五条所列继续教育的，可填写学时确认申请表，连同有关证明材料一并提交所在地地方协会确认。

第十条 未按照本制度完成继续教育的注册会计师，存在下列情形之一的，可以向所在的地方协会提出书面申请，经批准可以不参加当年度的继续教育培训，但不得影响下一年度继续教育学时的完成。

(一) 在境外停留半年以上的；

(二) 生育休产假的；

(三) 因疾病半年以上无法正常工作的；

(四) 7月1日之后新注册的；

(五) 地方协会认可的其他情形。

注册会计师有以上情形，在考核周期内第一年免予接受继续教育的，次年应当接受不少于40个学时的继续教育；在考核周期内第二年的，在下一个考核周期按照本制度要求接受规定学时的继续教育。

第三章　继续教育的组织

第十一条　中注协和地方协会可以自行举办继续教育培训班。

第十二条　中注协和地方协会可以委托专业培训机构举办继续教育培训班。

受托举办培训班的培训机构，应当按照中注协或地方协会的规划和要求及本制度的规定，合理设计培训内容，选择科学适用的培训方式，聘请具有胜任能力的师资，并向协会报告注册会计师培训班实施情况。

培训机构应当向培训合格的注册会计师提供证明文件，并妥善保管相关资料。保管期至少五年。

第十三条　事务所或者事务所分所具备下列条件，可在每个考核周期起始年度的年初向所在地地方协会申请内部培训资格：

(一) 至少50名注册会计师；

(二) 具有健全的内部培训制度和科学的培训计划；

(三) 能够提供符合培训要求的师资、场地和设施；

(四) 地方协会要求的其他条件。

具有内部培训资格的事务所开展的内部培训，经地方协会认可，承认其有组织形式的继续教育学时。

事务所内部培训资格评估确认和管理办法由地方协会在本制度的基础上规定，并报中注协备案。

第十四条　跨省设立分所的事务所，如具有本制度所称的内部培训资格，跨省分所所在地地方协会可以根据本地区培训工作实际情况，在对总所培训质量进行考核、评估的基础上，决定是否确认分所注册会计师在总所接受的培训学时，并就确认程序和要求做出具体规定。

分所注册会计师接受总所培训并申请确认学时的，应当提交书面申请和有关证明材料。证明材料包括由总所所在地地方协会出据或者书面认可的学时证明、总所内部培训资格证明、培训师资及内容等。

第四章　继续教育学时的确认与考核

第十五条　地方协会负责确认和登记本地区注册会计师参加继续教育的学时，并考核其完成情况。

对未完成继续教育学时，且不符合本制度第十条规定情形的注册会计师，由地方协会进行公告，并限期接受强制培训。

第十六条　培训班实行结业考试、考核制度，考试、考核不合格者不计算培训学时，不发给结业证明，同时要将培训结果通报所在事务所。

第十七条　注册会计师应将继续教育的证明文件及相关资料至少保留3年，并在地方协会检查或抽查时予以提供。

第十八条　转会的注册会计师，转出地方协会已经确认的继续教育学时，转入地方协会应当予以认可。

第五章　附　　则

第十九条　本制度自2007年1月1日起实施。1996年1月16日发布的《注册会计师后续教育培训制度(试行)》同时废止。

附表1：中国注册会计师继续教育学时确认申请表　(略)

附表2：注册会计师培训学时证明表　(略)

四、注册会计师执行证券、期货相关业务许可证管理规定

财政部、证监会关于注册会计师执行证券期货相关业务许可证管理规定

各省、自治区、直辖市财政厅(局)，深圳市财政局，中国证券监督管理委员会各派出机构：

现将《注册会计师执行证券、期货相关业务许可证管理规定》印发给你们，请遵照执行。

本规定下发之前已经取得执行证券、期货相关业务许可证的会计师事务所，应于2000年换发证券、期货相关业务许可证之前，达到本规定所要求的条件。逾期达不到规定条件的，不予换发证券、期货相关业务许可证。

经查实尚未达到脱钩改制政策要求的会计师事务所，不得申请证券、期货相关业务许可证，已经取得证券、期货相关业务许可证的，不予换发证券、期货相关业务许可证。

二〇〇〇年六月十日

附件

注册会计师执行证券、期货相关业务许可证管理规定

第一章 总 则

第一条 为了规范注册会计师在证券、期货市场中的执业行为，维护投资者、债权人和社会公众的合法权益，根据《中华人民共和国注册会计师法》、《中华人民共和国证券法》及其他有关法律、行政法规的规定，制定本规定。

第二条 财政部和中国证券监督管理委员会（以下简称中国证监会）对注册会计师、会计师事务所执行证券、期货相关业务实行许可证管理。

注册会计师、会计师事务所执行证券、期货相关业务，必须取得证券、期货相关业务许可证（以下简称“证券许可证”）。

第三条 本规定所称证券、期货相关业务，是指证券、期货相关机构的会计报表审计、净资产验证、实收资本（股本）的审验及盈利预测审核等业务。

本规定所称证券、期货相关机构，是指上市公司，证券、期货经营机构，证券、期货交易所和证券投资基金管理公司等。

第四条 注册会计师、会计师事务所依法执行证券、期货相关业务，不受行政区域、行业限制，任何单位和个人不得干预。

证券、期货相关机构有权自主选择有证券许可证的会计师事务所。但是，证券、期货相关机构一旦确定了有证券许可证的会计师事务所，无正当理由不得任意更换。

第二章 证券许可证的申请条件

第五条 注册会计师申请证券许可证，应当符合下列条件：

（一）所在会计师事务所已取得证券许可证或者符合本规定第六条所规定的条件并已提出申请；

（二）具有证券、期货相关业务资格考试合格证书；

（三）取得注册会计师证书1年以上；

（四）不超过60周岁；

（五）执业质量和职业道德良好，在以往3年执业活动中没有违法违规行为。

注册会计师证券、期货相关业务资格考试办法，由财政部另行制定。

第六条 会计师事务所申请证券许可证，应当符合下列条件：

（一）依法成立3年以上，内部质量控制制度和其他管理制度健全并有效执行，执业质量和职业道德良好，在以往3年执业活动中没有违法违规行为；

（二）具有20名以上符合本规定第五条或者第十四条或者第十五条第二、三款相关条件的注册会计师；

（三）60周岁以内注册会计师不少于40人；

（四）上年度业务收入不低于800万元；

（五）有限责任会计师事务所的实收资本不低于200万元，合伙会计师事务所净资产不低于100万元。

第三章 证券许可证的申请与审批程序

第七条 注册会计师和会计师事务所申请证券许可证，应当由会计师事务所向财政部、中国证监会提

出申请。

财政部、中国证监会每年 9 月受理申请。

第八条　注册会计师、会计师事务所申请证券许可证，应当根据财政部、中国证监会的要求报送有关材料。

第九条　注册会计师申请证券许可证，应当报送下列材料：

（一）省级注册会计师协会同意注册会计师申请证券许可证的文件；

（二）注册会计师申请证券许可证申请表；

（三）证券、期货相关业务资格考试合格证书复印件；

（四）注册会计师证书复印件；

（五）身份证复印件；

（六）由人才交流中心等人事管理中介机构出具的有效人事证明或者退休证明复印件；

（七）财政部、中国证监会要求报送的其他材料。

第十条　会计师事务所申请证券许可证，应当报送下列材料：

（一）省级注册会计师协会同意会计师事务所申请证券许可证的文件；

（二）会计师事务所证券许可证申请报告；

（三）会计师事务所基本情况表；

（四）会计师事务所申请证券许可证注册会计师汇总表；

（五）注册会计师申请（变更、恢复）证券许可证申请表等有关材料；

（六）会计师事务所其他注册会计师及助理人员汇总表；

（七）经过其他会计师事务所审计的上年度会计报表和审计报告复印件；

（八）会计师事务所最近三年执业情况总结；

（九）会计师事务所内部质量控制制度及执行情况说明；

（十）财政部、中国证监会要求报送的其他材料。

第十一条　注册会计师、会计师事务所申请证券许可证的有关材料，应经省级注册会计师协会根据本规定第五条第一款、第六条的要求审查并出具有关文件后，一同报中国注册会计师协会一式两份。中国注册会计师协会审核后，报财政部、中国证监会批准。

中国注册会计师协会认为申请材料不足时，应当及时通知会计师事务所补充。

中国注册会计师协会、中国证监会对申请证券许可证的注册会计师、会计师事务所的执业质量、职业道德和其他资格条件进行抽查。

第十二条　财政部、中国证监会自收到申请材料之日起 30 日内作出同意或不同意的决定并通知会计师事务所。

第十三条　对于符合规定条件的注册会计师、会计师事务所，由财政部、中国证监会批准授予证券许可证，并对取得证券许可证的会计师事务所予以公告。中国注册会计师协会办理颁发证券许可证的有关事宜。

第四章　证券许可证的管理

第十四条　具有证券许可证的注册会计师离开原具有证券许可证的会计师事务所，转入其他具有证券许可证的会计师事务所，应当及时办理证券许可证的变更手续。

注册会计师变更证券许可证，应当由个人提出申请，现所在会计师事务所提出意见，经现所在省级注册会计师协会审查；送中国注册会计师协会审核；报财政部、中国证监会批准后．由中国注册会计师协会办理证券许可证变更手续。

第十五条　具有证券许可证的注册会计师离开原具有证券许可证的会计师事务所从事其他行业工作，或者转入未取得证券许可证的其他会计师事务所，其原所在会计师事务所应当将其证券许可证收回，送省级注册会计师协会转交中国注册会计师协会。

有前款所列情形的注册会计师，在证券许可证上交后 3 年内重新进入具有证券许可证或者符合证券许可证申报条件的会计师事务所，并符合本规定第五条第（四）、（五）项条件的，可以申请恢复证券许可证；超过 3 年的，经过省级以上注册会计师协会认可的培训、并符合本规定第五条第（四）、（五）项条件的、可以申请恢复证券许可证。

注册会计师恢复证券许可证，应当由个人提出申请，现所在会计师事务所提出意见，经现所在省级注册会计师协会审查，送中国注册会计师协会审核，报财政部、中国证监会批准后，由中国注册会计师协会办理证券许可证恢复手续。

第十六条 注册会计师变更、恢复证券许可证，应当报送下列材料：

（一）省级注册会计师协会同意注册会计师变更、恢复证券许可证的文件；

（二）注册会计师变更证券许可证申请表或者注册会计师恢复证券许可证申请表；

（三）原证券许可证或者证券资格批准文件复印件；

（四）注册会计师证书复印件；

（五）转所批准文件或转所登记表复印件；

（六）身份证复印件；

（七）由人才交流中心等人事管理中介机构出具的有效人事证明或者退休证明复印件；

（八）财政部、中国证监会要求报道的其他材料。

第十七条 注册会计师取得、变更、恢复证券许可证后，12个月之内不得变更。

第十八条 具有证券许可证的会计师事务所变更名称，涉及证券许可证变更的，应当由会计师事务所提出书面申请，经所在省级注册会计师协会审查，送中国注册会计师协会审核，报财政部、中国证监会批准后，由中国注册会计师协会办理证券许可证变更手续。

具有证券许可证的会计师事务所发生合并、分立等行为，涉及证券许可证变更的，应当由合并后或分立后符合证券许可证申请条件的一家会计师事务所提出书面申请，经其所在省级注册会计师协会审查，送中国注册会计师协会审核后，报财政部、中国证监会批准，决定保留、收回或者变更其证券许可证。

第十九条 注册会计师、会计师事务所的证券许可证实行年检制度。

证券许可证年捡办法另行规定。

第二十条 中国注册会计师协会、中国证监会对取得证券许可证的注册会计师、会计师事务所执行证券、期货相关业务的情况进行检查。

第五章 罚　　则

第二十一条 会计师事务所未取得证券许可证或者在暂停执行证券、期货相关业务期间，擅自执行证券、期货相关业务的，责令改正，给予警告，没收违法所得，可以并处违法所得1倍以上5倍以下的罚款。对有关责任人员根据有关法律、法规予以处罚。构成犯罪的，依法追究刑事责任。

注册会计师有前款行为的，责令改正，给予警告；情节严重的，永久不得执行证券、期货相关业务。构成犯罪的，依法追究刑事责任。

第二十二条 会计师事务所以欺骗或者其他不正当手段获得证券许可证的，收回其证券许可证，给予警告，没收违法所得，可以并处违法所得1倍以上5倍以下的罚款。对有关责任人员根据有关法律、法规予以处罚。构成犯罪的，依法追究刑事责任。

注册会计师有前款行为的，收回其证券许可证，给予警告；情节严重的，永久不得执行证券、期货相关业务。构成犯罪的；依法追究刑事责任。

第二十三条 会计师事务所在执行证券、期货相关业务中，违反《中华人民共和国注册会计师法》、《中华人民共和国证券法》及其他有关法律、法规，给予警告，没收违法所得，可以并处违法所得1倍以上5倍以下的罚款；情节严重的，暂停执行证券、期货相关业务或者吊销证券许可证。构成犯罪的，依法追究刑事责任。

注册会计师在执行证券、期货相关业务中有前款行为的，给予警告；情节严重的，暂停执行证券、期货相关业务或者吊销证券许可证。构成犯罪的，依法追究刑事责任。

第二十四条 对本规定第二十一条、第二十二条、第二十三条所列行为给予的行政处罚决定，由省级以上财政部门、中国证监会作出，其中，属于吊销证券许可证的行政处罚决定，由财政部会同中国证监会作出。

第二十五条 注册会计师、会计师事务所对行政处罚决定不服的，可以依法申请复议，或者依法直接向人民法院提起诉讼。

第二十六条 省级以上财政部门、中国证监会、省级以上注册会计师协会的工作人员，在实施证券许可证管理检查中滥用职权、玩忽职守、徇私舞弊或者故意刁难有关当事人的,依法给予行政处分。构成犯罪的,依法追究刑事资任。

第六章 附 则

第二十七条 本规定所称“以上”、“以下”、“以内”,均包括本数。

第二十八条 本规定由财政部会同中国证监会负责解释。

第二十九条 本规定自发布之日起施行。财政部、中国证监会 1997 年 12 月 3I 日发布的《关于注册会计师执行证券、期货相关业务实行许可证管理的暂行规定》(财会协字 [1997]52 号)同时废止。

2000 年 6 月 10 日

五、《注册会计师执行证券、期货相关业务许可证管理规定》的补充规定

财政部、中国证券监督管理委员会关于印发《〈注册会计师执行证券、期货相关业务许可证管理规定〉的补充规定》的通知

(财会[2003]22 号 2003 年 7 月 30 日)

各省、自治区、直辖市财政厅(局),深圳市财政局,上海证券交易所,中国证监会各派出机构:

现将《〈注册会计师执行证券、期货相关业务许可证管理规定〉的补充规定》印发给你们,请遵照执行。

附件

《注册会计师执行证券、期货相关业务许可证管理规定》的补充规定

为了进一步完善注册会计师执行证券、期货相关业务许可证(以下简称证券许可证)管理制度,现对《注册会计师执行证券、期货相关业务许可证管理规定》(以下简称《规定》)补充规定如下:

一、会计师事务所申请、变更、恢复证券许可证,注册会计师申请、变更、恢复证券许可证,应当符合《规定》的条件,并按《规定》要求报送相关材料,经所在省(自治区、直辖市)财政厅(局)审核后,报财政部、中国证监会批准。

对恢复证券许可证的会计师事务所,财政部、中国证监会将在其恢复证券许可证之后进行不定期复查。

二、具有证券许可证的会计师事务所发生合并,涉及证券许可证变更的,合并后的会计师事务所如果符合《规定》第六条规定的条件,由合并后的会计师事务所按《规定》第十条要求报送有关材料,经所在省(自治区、直辖市)财政厅(局)审核后,报财政部、中国证监会批准。

三、具有证券许可证的会计师事务所发生分立,分立后会计师事务所符合《规定》第六条第二至五款条件,并且第二款条件所指注册会计师的三分之二以上从事过证券、期货相关业务的,应按《规定》第十条要求报送有关证券许可证申请材料,并报送证明注册会计师从业经验的审计工作底稿复印件,经所在省(自治区、直辖市)财政厅(局)审核后,报财政部、中国证监会批准。

四、具有证券许可证的会计师事务所由于人员流动或其他原因导致具有证券许可证的注册会计师不足 20 人的,应当自事务所具有证券许可证的注册会计师不足 20 人之日起 10 日内,将转出具有证券许可证的注册会计师和现有具有证券许可证的注册会计师的相关情况报财政部、中国证监会备案。逾期未进行备案的,一经查实,收回该会计师事务所证券许可证。已经备案的会计师事务所,应当自具有证券许可证的注册会计师不足 20 人之日起 3 个月内,补足所缺具有证券许可证的注册会计师;3 个月内,会计师事务所在未补足具有证券许可证的注册会计师之前不得承揽证券期货相关业务;超过 3 个月,具有证券许可证的注册会计师仍不足 20 人的,收回会计师事务所证券许可证。

五、对会计师事务所为达到“具有 20 名以上证券资格注册会计师”条件,以欺诈手段获得证券许可证的,一经查实,吊销有关会计师事务所和涉及欺诈行为的注册会计师的证券许可证;尚未取得证券许可证的,不再受理其证券许可证申请。

六、具有证券许可证的会计师事务所因名称变更而变更证券许可证的,其注册会计师可一并办理证券许可证变更手续,不受《规定》第十七条关于变更、恢复证券许可证后 12 个月内不得再次变更的限制。

七、《规定》第六条所指业务收入限于审计和会计服务业务收入。

八、本补充规定与《规定》不一致的，以本补充规定为准。

财政部
中国证监会
2003 年 7 月 30 日

六、关于证券期货审计业务签字注册会计师定期轮换的规定

中国证券监督管理委员会、财政部关于印发《关于证券期货审计业务签字注册会计师定期轮换的规定》的通知

（证监会计字[2003]13 号）

各证券监管办公室、办事处、特派员办事处，各省、自治区、直辖市财政厅（局），深圳市财政局，各具有证券期货相关业务资格的会计师事务所，各上市公司：

为了维护证券期货相关机构审计工作的独立性，提高其经审计财务资料的质量，我们制定了《关于证券期货审计业务签字注册会计师定期轮换的规定》（以下简称《规定》），现予印发，请遵照执行。执行中遇到问题，请及时反馈给我们。

截止 2004 年 1 月 1 日，签字注册会计师及《规定》第十二条所指审计项目负责人的审计服务期限达到或超过五年的，也应当按照第三条至第八条的规定执行。

附件：《关于证券期货审计业务签字注册会计师定期轮换的规定》

中国证券监督管理委员会
财政部
二〇〇三年十月八日

关于证券期货审计业务签字注册会计师定期轮换的规定

第一条 为了维护注册会计师执行证券期货审计业务的独立性，提高证券期货相关机构（以下简称“相关机构”）经审计财务资料的质量，根据《中华人民共和国证券法》、《中华人民共和国注册会计师法》及其他有关规定，制定本规定。

第二条 本规定所指相关机构，是指上市公司、首次公开发行证券公司、证券及期货经营机构、证券及期货交易所、证券投资基金及其管理公司、证券登记结算机构等。

第三条 除本规定第七条外，签字注册会计师连续为某一相关机构提供审计服务，不得超过五年。

第四条 签字注册会计师由于工作单位变动，在不同会计师事务所连续为同一相关机构提供审计服务的期限应当合并计算。

第五条 为首次公开发行证券公司提供审计服务的签字注册会计师，在该公司上市后连续提供审计服务的期限，不得超过两个完整会计年度。

第六条 相关机构发生重大资产重组，为其提供审计服务的签字注册会计师未变更的，该签字注册会计师在该相关机构重组前后提供审计服务的期限应连续计算。

第七条 两名签字注册会计师为同一相关机构连续提供审计服务的期限在同一年度达到五年的，可以由一名签字注册会计师延期为该相关机构提供审计服务，但延期不得超过一年。

第八条 签字注册会计师已连续为同一相关机构提供五年审计服务并被轮换后，在两年以内，不得重新为该相关机构提供审计服务。根据本规定第七条延期的签字注册会计师延期后被轮换的，在两年以内，不得重新为该相关机构提供审计服务。

第九条 会计师事务所应当在每年 5 月 15 日以前向中国证券监督管理委员会（以下简称“中国证监会”）会计部、财政部会计司以及负责监管被审计相关机构的中国证监会派出机构报告证券期货审计业务签字注册会计师的轮换情况，并将有关信息填入中国证监会网站会计部“会计资产评估机构监管数据库”。

第十条 上市公司应当在定期报告中披露有关轮换签字注册会计师的事项。

第十一条　中国证监会派出机构应当检查辖区内会计师事务所执行本规定的情况，中国证监会、财政部可以对会计师事务所执行本规定的情况进行抽查。

第十二条　除签字注册会计师外，会计师事务所还设有相关机构审计项目负责人的，该审计项目负责人应按照以上有关签字注册会计师定期轮换的规定进行定期轮换。

第十三条　本规定自2004年1月1日起施行。

七、财政部关于注册会计师在审计报告上签名盖章有关问题的通知

财政部关于注册会计师在审计报告上签名盖章有关问题的通知

（财会[2001]1035号）

各省、自治区、直辖市财政厅（局），深圳市财政局：

为了规范注册会计师在审计报告上签名盖章的行为，强化会计师事务所的内部控制制度，维护注册会计师的合法权益，保证执业质量，根据《中华人民共和国注册会计师法》和《中国注册会计师独立审计准则》的有关规定，现就注册会计师在审计报告上签名盖章的有关问题通知如下：

一、会计师事务所应当建立健全全面质量控制政策与程序以及各审计项目的质量控制程序，严格按照有关规定和本通知的要求在审计报告上签名盖章。

二、审计报告应当由两名具备相关业务资格的注册会计师签名盖章并经会计师事务所盖章方为有效：

（一）合伙会计师事务所出具的审计报告，应当由一名对审计项目负最终复核责任的合伙人和一名负责该项目的注册会计师签名盖章；

（二）有限责任会计师事务所出具的审计报告，应当由会计师事务所主任会计师或其授权的副主任会计师和一名负责该项目的注册会计师签名盖章。

三、会计师事务所出具验资报告、盈利预测审核报告等具有法定证明效力的报告，应当遵照本通知执行。

四、本通知自发布之日起执行。

八、中国注册会计师协会会员诚信档案管理暂行办法

中国注册会计师协会会员诚信档案管理暂行办法

（会协[2004]15号 2004年1月9日）

第一条　为了加强行业诚信建设，提高行业诚信水平和社会公信力，贯彻《注册会计师、注册资产评估师行业诚信建设纲要》的精神，根据有关法律、法规的规定，制定本办法。

第二条　中国注册会计师协会会员诚信档案（以下简称会员诚信档案），是记载中国注册会计师协会个人会员和团体会员诚信状况的信息系统。

第三条　会员诚信档案由个人会员诚信档案和团体会员诚信档案构成。分别包括个人会员和团体会员的基本信息、提示信息、警示信息。

第四条　个人会员诚信档案采集的信息主要包括：

（一）个人会员基本信息：姓名、性别、学历、所在单位、执业资格、执业证书号及取得时间等。

（二）个人会员提示信息：向行业协会和有关管理部门提供虚假材料；因超龄或离开事务所以外的原因年检未通过；被投诉且已立案的事项；接受协会谈话提醒情况；挂名、兼职、跨所执业；拒绝接受行业协会依据有关规定对其检查、调查；无正当理由不履行法定义务和章程规定义务等对诚信有影响的情形。

（三）个人会员警示信息：违反法律、法规、职业道德、行业纪律所受的刑事处罚、行政处罚、行业惩戒和与执业行为相关的民事赔偿。

第五条　团体会员诚信档案采集的信息主要包括：

（一）团体会员基本信息：成立时间、名称、事务所代码、法定代表人或合伙人姓名、注册办公地址、联系电话、组织形式、执业的个人会员人数、执业资格等。

（二）团体会员提示信息：向行业协会和有关管理部门提供虚假材料；被投诉且已立案的事项；接受协会谈话提醒情况；超越批准执业范围执业；擅自设立分支机构；拒绝接受行业协会依据有关规定对其检查、调查；无正当理由不履行法定义务和章程规定义务等对诚信有影响的情形。

（三）团体会员警示信息：违反法律、法规、职业道德、行业纪律所受的刑事处罚、行政处罚、行业惩戒和与执业行为相关的民事赔偿。

第六条 中国注册会计师协会负责会员诚信档案管理制度制定、网络开发和维护、政策解释和培训，以及全行业诚信信息的分析、披露，并对各省级协会的会员诚信档案建设、管理工作进行监督指导。

省级协会负责本协会所属团体会员和个人会员诚信信息的归集、录入、分析、更新、维护等。

跨省设立分所的事务所，按照属地管理原则，其个人会员诚信信息由分所所在地省级协会记录、管理；其分所的诚信信息，由分所所在地省级协会转总所所在地省级协会记录、管理。

第七条 省级协会在日常管理中发现会员出现提示信息情形的，以及依据协会职能对会员作出惩戒或处理的，可直接将相关信息即时记入会员诚信档案。团体会员和个人会员在接到民事赔偿判决、立案或处罚通知之日起15日内，应向省级协会如实提供相应信息和资料，并对其真实合法性负责；省级协会在接到相应信息和资料之日起5日内对数据进行更新，并保存相应的文字（或电子文档）资料。

第八条 会员诚信档案信息记录的处理规则如下：

（一）会员一年中出现三种以上（含三种）提示信息情形的，以及其提示信息涉及事项出现最终处罚结果的，应由提示信息转为警示信息；提示信息满三年后消除相应记录，不再保存。

（二）会员受刑事处罚的自刑罚执行完毕之日起满五年、发生民事赔偿以及受行政处罚或行业惩戒的自处罚决定之日起满三年，应由警示信息转为系统永久保存，不再显示。

（三）会员诚信档案记录至个人不再执业或机构注销时止，转为系统永久保存。

第九条 团体会员和个人会员有充分证据证明会员诚信档案信息有误，可向省级协会提出书面申请，协会应在接到书面申请之日起15日内作出处理，并出具书面处理意见，告知申请人。

第十条 会员诚信档案目前主要用于协会对会员诚信状况的监督管理，同时将创造条件过渡到对外披露和查询。各级协会对会员诚信档案信息的管理应合理、客观、公正；对个人隐私和商业秘密负有保密义务；有关管理部门需依法对会员进行检查、调查、了解有关信息的，协会提供与检查、调查事项相关的诚信档案信息。

第十一条 各省级协会应设专人负责管理会员诚信档案，及时补充和更新会员诚信档案信息，以保证会员诚信档案的真实性和完整性。

第十二条 各省级协会应依据本办法制定内部操作程序，报中国注册会计师协会备案。

九、中国注册会计师协会会员执业违规行为惩戒办法

中国注册会计师协会关于发布《中国注册会计师协会会员执业违规行为惩戒办法》的通知

各省、自治区、直辖市注册会计师协会：

《中国注册会计师协会会员执业违规行为惩戒办法》已经中国注册会计师协会第四届常务理事会表决通过，现予公布，自2007年1月1日起施行。

中国注册会计师协会
二〇〇六年十二月二十四日

附件

中国注册会计师协会会员执业违规行为惩戒办法

第一章 总 则

第一条 为了加强注册会计师行业管理，规范对会员违规行为的惩戒，根据《中华人民共和国注册会计

师法》(以下简称《注册会计师法》)和《中国注册会计师协会章程》,制定本办法。

第二条　中国注册会计师协会(以下简称中注协)对会员违规行为实施行业惩戒,适用本办法。

本办法所称的会员,指团体会员和个人会员中的执业会员,即会计师事务所和注册会计师。

第三条　中注协实施惩戒,应当遵循客观、公正原则,坚持惩戒与教育相结合,保障法律、法规以及行业规范得到贯彻执行。

实施惩戒应当以事实为依据,与违规行为的性质、情节以及社会影响程度相当。

第四条　会员对中注协给予的惩戒,享有陈述和申辩权利;对惩戒不服的,可以提起申诉。

第二章　惩戒的种类与适用

第五条　中注协对会员违规行为给予惩戒的种类有:

(一) 训诫;

(二) 行业内通报批评;

(三) 公开谴责。

第六条　中注协认为会员的违规行为应当给予行政处罚或可能构成犯罪的,应当及时提请行政、司法机关调查处理。

第七条　会员具有下列违规行为之一的,应当给予行业惩戒:

(一) 违反《注册会计师法》有关规定的;

(二) 违反注册会计师职业道德规范的;

(三) 违反注册会计师业务准则的;

(四) 违反会计师事务所质量控制准则的;

(五) 应当给予惩戒的其他情形。

第八条　会员违反《注册会计师法》第二十条、第二十一条和第二十二条的规定的,视情节给予行业内通报批评或公开谴责。

第九条　会员违反注册会计师职业道德规范的要求,有下列行为之一的,视情节给予训诫、行业内通报批评或公开谴责:

(一) 由于经济利益、自我评价、关联关系和外界压力等因素导致违反独立性要求的;

(二) 宣称自己具有事实上不具备的专业知识、技能、经验或资质的;

(三) 泄漏客户商业秘密或利用客户商业秘密为自身或他人谋取利益的;

(四) 泄漏执业中获取的证券交易内幕信息或利用内幕信息为自身或他人谋取利益的;

(五) 对客户或其他单位和个人进行强迫、欺诈、利诱的;

(六) 除法律、法规另有规定外,以或有收费方式提供鉴证服务的;

(七) 在接任审计业务时蓄意侵害前任事务所合法权益的;

(八) 明示或暗示有能力影响司法机关、监管机构或其工作人员的;

(九) 利用与司法机关、监管机构或其他具有社会管理职能组织的关系,进行不正当竞争的;

(十) 为招揽客户而向推荐方支付佣金、回扣,或向第三方推荐客户而收取佣金的;

(十一) 以低于成本的收费承揽业务的;

(十二) 捏造、散布虚假事实,损害、诋毁其他会员声誉的。

前款所称自我评价,是指下列情形之一:

(一) 鉴证小组成员曾是鉴证客户的董事、经理、其他关键管理人员或能够对鉴证业务产生直接重大影响的员工;

(二) 为鉴证客户提供直接影响鉴证业务对象的其他服务;

(三) 为鉴证客户编制属于鉴证业务对象的数据或其他记录。

第十条　会员违反注册会计师业务准则的规定,有下列行为之一的,视情节给予训诫、行业内通报批评或公开谴责:

(一) 未以应有的职业谨慎计划和执行审计业务的;

(二) 未获取充分、适当的证据支持审计结论的;

(三) 因过失出具不恰当审计报告的;

（四）未按规定编制、归整合保存审计工作底稿的；

（五）隐瞒审计中发现的问题，出具不实审计报告的；

（六）与客户通同作弊，故意出具虚假审计报告的。

会员执行审阅业务、其他鉴证业务和相关服务业务，未遵守中国注册会计师审阅准则、中国注册会计师其他鉴证业务准则和中国注册会计师相关服务准则的，参照前款给予惩戒。

第十一条 会员违反会计师事务所质量控制准则的规定，有下列行为之一的，视情节给予训诫、行业内通报批评或公开谴责：

（一）未按规定制定质量控制制度的；

（二）未合理保证事务所及其人员遵守职业道德规范的；

（三）未合理保证事务所恰当接受或保持客户关系和具体业务的；

（四）未合理保证事务所和项目负责人按照法律法规、职业道德规范和业务准则的规定执行业务并出具恰当报告的；

（五）未要求对上市公司审计业务和其他规定的业务实施项目质量控制复核的；

（六）未使项目组在出具业务报告后按时将工作底稿归整为最终业务档案并按照规定的期限保存业务工作底稿的；

（七）未制定监控政策和程序对质量控制制度的有效性进行监控的。

第十二条 会员在执业中因违法违规行为受到行政处罚或刑事处罚的，相应给予行业内通报批评或公开谴责。

第十三条 会员阻挠或拒绝注册会计师协会的质量检查和调查的，给予行业内通报批评或公开谴责。

第十四条 会员有下列情形之一的，应当从重惩戒：

（一）同时具有两种或两种以上应予惩戒的行为的；

（二）在两年内发生两次或两次以上同一性质的应予惩戒的行为的；

（三）对投诉人、举报人、证人等有关人员打击报复的；

（四）违规行为发生后编造、隐匿、销毁证据的。

第十五条 会员有下列情形之一的，可以从轻、减轻惩戒：

（一）初次违规并且情节轻微的；

（二）主动报告其违规行为的；

（三）主动配合查处其违规行为的；

（四）自觉纠正违规行为，及时采取有效措施，防止或减轻不良后果的。

第三章　惩戒的实施机构和惩戒的回避

第十六条 中注协设立惩戒委员会。

惩戒委员会负责对直接查处的违规行为实施惩戒。

第十七条 中注协惩戒委员会的日常工作机构设在中注协秘书处，其职责是：

（一）受理投诉和相关部门移送的案件；

（二）负责违规行为的调查；

（三）负责召集惩戒委员会会议；

（四）负责惩戒委员会相关文书的制作、送达、整理归档；

（五）负责办理惩戒委员会委托的其他事项。

第十八条 惩戒委员会委员有下列情形之一的，应当自行回避，当事人、投诉人有权申请其回避：

（一）本人或近亲属与案件有直接利害关系的；

（二）与本案当事人在同一会计师事务所执业的；

（三）其他可能影响案件公正处理的。

前款规定，适用于惩戒委员会日常工作机构工作人员。

第十九条 惩戒委员会主任的回避，由惩戒委员会于惩戒会议开始时按多数票原则投票决定；惩戒委员会委员和其他办案人员的回避，由惩戒委员会主任在收到回避申请的10个工作日内作出决定。

第四章　惩戒的程序和决定

第二十条 对于直接查处的违规行为，由中注协惩戒委员会的日常工作机构组织调查后，向惩戒委员会提交调查报告。

第二十一条　惩戒委员会在作出惩戒决定前，应向当事人发送拟惩戒告知书，告知当事人初步认定的违规事实、拟作出的惩戒种类、理由及依据，并告知当事人享有陈述和申辩的权利。

当事人可在收到告知书后的15个工作日内向惩戒委员会提交书面的陈述与申辩理由；当事人不提交的，视为放弃陈述与申辩权利，不影响作出惩戒决定。

惩戒委员会应当充分听取当事人的意见；当事人提出的事实、理由或者证据成立的，惩戒委员会应当采纳。

第二十二条　惩戒委员会根据不同情况，分别作出以下决定：

（一）确认会员有违规行为的，作出给予训诫、行业内通报批评、公开谴责惩戒的决定。

（二）确认会员违规事实不成立或情节轻微，作出撤销案件或不予惩戒的决定。

第二十三条　惩戒委员会应当通过召开会议作出惩戒决定。会议至少应由三分之二的委员出席，决定应由出席会议委员的三分之二以上的多数通过。

第二十四条　惩戒决定通过后，惩戒委员会应当以中注协的名义制作惩戒决定书。惩戒决定书应当载明下列事项：

（一）被惩戒会员是个人会员的，写明姓名、性别、年龄、住所、注册会计师证书号码及其所在事务所的名称；被惩戒会员是团体会员的，写明事务所名称和办公地址；

（二）事实和证据；

（三）惩戒结论和依据；

（四）提起申诉的权利、期限；

（五）作出惩戒决定的日期。

第二十五条　惩戒委员会应在案件受理后的三个月内作出惩戒决定。

第二十六条　当事人逾期未提起申诉的，惩戒决定书发生效力。

第五章　惩戒的申诉

第二十七条　中注协设立申诉委员会。

申诉委员会负责受理会员的申诉，其日常工作机构设在中注协秘书处。

当事人对惩戒委员会作出的惩戒决定不服的，可以在收到惩戒决定书之日起15个工作日内向中注协申诉委员会提起申诉。

第二十八条　申诉委员会根据不同情况做出以下审议决定：

（一）认为原惩戒决定认定事实清楚，适用依据正确，程序适当的，维持原决定；

（二）认为原惩戒决定在程序上存在不足的，要求惩戒委员会进行补正；

（三）认为原惩戒决定认定事实不清，或适用依据错误，或程序严重不适当的，撤销原来的惩戒决定，重新作出惩戒决定；认为原惩戒决定认定事实不成立的，作出不予惩戒的决定。

审议决定通过后，申诉委员会应当以中注协的名义发出审议决定书。

第二十九条　申诉委员会应当在受理申诉后的二个月内作出审议决定。

第三十条　申诉委员会的审议决定是最终决定，送达当事人时即发生效力。

第六章　附　　则

第三十一条　会员的违规行为及惩戒决定，应当记入中国注册会计师协会会员诚信档案。

第三十二条　各省、自治区、直辖市注册会计师协会可以根据本办法，制定本地区的实施办法。

第三十三条　“当事人”是指被投诉、被立案调查、被惩戒的会员。

第三十四条　本办法自2007年1月1日起施行。

第二十三部分　注册会计师行业涉外法规

一、港、澳、台地区会计师事务所来内地临时执行审计业务的暂行规定

财政部关于印发《港、澳、台地区会计师事务所来内地临时执行审计业务的暂行规定》的通知

[94]财会协字第81号

各省、自治区、直辖市财政厅(局):

现将《港、澳、台地区会计师事务所来内地临时执行审计业务的暂行规定》印发给你们,请遵照执行。

附件:港、澳、台地区会计师事务所来内地临时执行审计业务的暂行规定

附件

港、澳、台地区会计师事务所来内地临时执行审计业务的暂行规定

一、根据《中华人民共和国注册会计师法》第四十四条第二款的规定,制定本规定。

二、本规定适用于来内地临时执行审计业务的香港、澳门、台湾地区会计师事务所和注册会计师。

三、凡未在内地设立可以承办审计业务机构的香港、澳门、台湾地区的会计师事务所和注册会计师,接受事务所所在地区或中国境外委托人委托,需要在内地临时办理审计业务的,应向办理审计业务所在地的省级财政部门提出书面申请;跨省(自治区、直辖市)临时办理审计业务,应向财政部提出申请,经批准后方可执行业务。财政部门委托注册会计师协会办理审批事宜。

四、要求办理临时执业许可证申请的书面内容及格式,由中国注册会计师协会统一制定,各地不再发布补充规定。

五、要求办理临时许可证的会计师事务所,应提交书面申请,同时附送该会计师事务所所在地区的开业证书副本,有关人员执业资格或合法身份的有效证明副本,以及委托人委托证明副本。经审查同意后,由审批单位发给中华人民共和国财政部统一制定的"港、澳、台地区会计师事务所临时执行审计业务许可证"。

六、香港、澳门、台湾地区的会计师事务所和注册会计师,经批准来内地临时执行审计业务,仅限于事务所所在地区或中国境外委托人委托之审计业务,只对内地以外的委托者负责,其所出具的报告,在内地不具有效力。中国法律、法规规定应由内地会计师事务所注册会计师执行的业务,香港、澳门、台湾地区的会计师事务所和注册会计师不得办理。

七、香港、澳门、台湾地区会计师事务所和注册会计师,来内地临时执行审计业务,应事先征得被审计单位董事会或其他管理机构同意,并在申请时予以说明。其所收取的费用,由委托者负担。

八、临时执业许可证的有效期自许可证发给之日起,半年内有效,逾期应另行申请批准。许可证持有者在有效期内从事审计业务,可不限于原申请项目,但事后应将申请项目的有关情况书面报告审批机关。

九、临时执业许可证以会计师事务所为单位办理申请手续。经批准后,在许可证有效期内,更换、增派人员,但应向原审批单位报告备案,并附送新增或更换人员的资格证明。

十、申请临时执业获得批准后,申领许可证时,应向审批单位缴纳许可证费200美元。省级审批单位在每年1月31日及7月31日前,将收取的许可证费的40%上缴中国注册会计师协会。

十一、各地审批单位在接到书面申请10天内,应确定批准或不批准。同时应加强检查、监督,发现未按规定办理许可证而执行审计业务的港、澳台地区会计事务所和注册会计师,按《中华人民共和国注册会计师法》第40条规定,责令停止违法活动,并处400美元以上1000美元以下罚款,连续三次以上,5年以内禁止其到内地执行注册会计师的一切业务。

十二、本规定自1994年7月1日起实施。

附:港、澳、台会计师事务所临时执行审计业务申请表

附件

港、澳、台会计师事务所临时执行审计业务申请表

申请机构：………………会计师事务所

地　　址：…………

电　　话：…………

图文传真：…………

委托客户名称	拟入境执行审计项目	执行工作所在地省 市/县	拟执行工作日期 由　至
…………	…………	…………	…………
…………	…………	…………	…………
…………	…………	…………	…………

有执业资格的执行审计事项工作人员

	姓名	性别	出生日期	身份证号码	会计师执业证书号码
(1)	…………	…………	…………	…………	…………
(2)	…………	…………	…………	…………	…………
(3)	…………	…………	…………	…………	…………

无执业资格的其他审计事项工作人员(名单见附页)

附件：

(1) 申请机构在当地开业的商业等级证书及由有关部门发出的注册事务所证书副本。

(2) 客户委托证明书副本。

(3) 执行审计事项工作人员执业资格证明(即执业会计师公会发出的会员证书或执业证书)副本。

(4) 其他无执业资格的工作人员由申请机构所发出的身份证明(见附页)。

………………　　　　………………

(公司印鉴)　　　　(申请机构签名)

(附页)

兹证明下述人员乃本会计师事务所聘用之非注册会计师专业资格工作人员：

姓名：…………

性别：…………

证件号码：…………

姓名：…………

性别：…………

证件号码：…………

姓名：…………

性别：…………

证件号码：…………

姓名：…………

性别：…………

证件号码：…………

………………　　　　………………

(公司印鉴)　　　　(申请机构签名)

二、《港、澳、台地区会计师事务所来内地临时执行审计业务的暂行规定》的补充规定

财政部关于印发《〈港、澳、台地区会计师事务所来内地临时执行审计业务的暂行规定〉的补充规定》的通知

(财会[2003]33号)

各省、自治区、直辖市财政厅(局)、深圳市财政局：

现将《〈港、澳、台地区会计师事务所来内地临时执行审计业务的暂行规定〉的补充规定》印发给你们，请遵照执行。

附件：《港、澳、台地区会计师事务所来内地临时执行审计业务的暂行规定》的补充规定

二〇〇三年十一月二十六日

附件

《港、澳、台地区会计师事务所来内地临时执行审计业务的暂行规定》的补充规定

为促进香港、澳门与内地建立更紧密经贸关系，根据国务院批准的《内地与香港关于建立更紧密经贸关系的安排》和《内地与澳门关于建立更紧密经贸关系的安排》，现就《港、澳、台地区会计师事务所来内地临时执行审计业务的暂行规定》[(94)财会协字第81号]做如下补充规定：

一、凡未在内地设立可以承办审计业务机构的香港、澳门、台湾地区会计师事务所，接受事务所所在地区或中国境外委托人委托，需要在内地临时办理审计业务的，应向办理审计业务所在地的省级财政部门提出书面申请，跨省(自治区、直辖市)临时办理审计业务，应向财政部提出申请，经批准后方可执行业务。

二、香港会计师事务所、澳门核数公司申请临时执行审计业务许可证自颁发之日起一年内有效。

三、申请临时执业的香港、澳门、台湾地区会计师事务所领取许可证时不再缴纳费用。

四、本补充规定自2004年1月1日起施行。

三、中外合作会计师事务所管理暂行办法

中外合作会计师事务所管理暂行办法

第一章　总　　则

第一条　根据《中华人民共和国注册会计师法》第四十四条的规定，制定本办法。

第二条　中外合作会计师事务所是经中国政府批准的，由国际会计师事务所或境外会计师事务所(以下简称合作外方)与境内会计师事务所(以下简称合作中方)在中国境内合作设立的会计师事务所(以下简称合作所)。合作所的一切活动，必须遵守中国的法律、法规的有关规定。

第三条　依照《中华人民共和国注册会计师法》的规定，合作所必须加入中国注册会计师协会，成为其团体会员，并接受其自律管理。

第四条　依照《中华人民共和国注册会计师法》的规定，合作所设立的批准机关为财政部。

第五条　财政部授权中国注册会计师协会办理审查、批准以及监督、管理合作所的有关事务。中国注册会计师协会可授权合作所所在地的省级注册会计师协会对其日常活动进行监督、管理。

第二章　合作所的设立

第六条　申请举办合作所必须具备以下条件：

(一) 合作外方：

1. 具有先进专业技术和良好的信誉；

2. 年收入不少于2 000万美元；

3. 审计专业人员不少于200人。

(二) 合作中方：

1. 在国内同行业中有较高的专业水平和较好的服务信誉；

2. 与原挂靠单位在职能、人员、财务上脱钩；

3. 具有从事执行证券业务的相关资格；

4. 年收入不少于1 000万元人民币；

5. 审计专业人员不少于100人。

第七条　申请成立合作所的程序：

(一) 通过合作中方所在地的省级财政部门向中国注册会计师协会提交下列申请文件：

1. 申请报告；

2. 所在地省级人民政府的批复；

3. 合作双方签定的合作协议；

4. 合作双方签定的经营合同；

5. 合作双方签定的合作所章程；

6. 可行性分析报告；

7. 拟任董事会成员的有效证明及其简历；

8. 拟任高级管理人员的有效证明及其简历；

9. 拟加入合作所的中国注册会计师人员名单、简历及有关证件复印件；

10. 办公场所租赁协议或使用权证明文件；

11. 中、外各方合法开业证书副本；

12. 中、外双方出资证明。

中国注册会计师协会接到上述申请文件后进行审查，并报请财政部在30天内作出批准或者不批准的决定。

（二）申请者接到财政部批准的决定后，通过合作中方所在地的省级外经贸管理部门向对外贸易经济合作部报送下列文件，申请外商投资企业批准证书：

1. 申请报告；

2. 可行性分析报告；

3. 协议、合同、章程；

4. 董事长、副董事长、董事人选名单；

5. 财政部的批准文件。

（三）经批准成立的合作所，应在取得批准证书后一个月内，到所在地工商行政管理部门及税务部门办理工商登记和税务登记手续。

第三章　合作所的管理

第八条　合作所一经批准成立，即是一个新的独立的会计师事务所，合作所内双方在中国境内均不得以原会计师事务所的名义从事法定的审计业务。

第九条　中国企业境内上市外资股的审计报告，应由中国注册会计师签发；境外承销机构要求境外会计师出具的审计报告，只在境外具有效力。所有在中国境内从事的审计业务，均应由合作所统一承揽、统一收取费用、统一进行核算、统一保管档案、统一安排人员。

第十条　中国企业在境外上市，其在中国境内生效的审计报告，应由中国注册会计师签发；境外证券机构要求境外会计师签署的报告，仅在境外具有效力。境外上市企业在中国境内的法定审计工作，均应由合作所统一承揽、统一收取费用、统一进行核算、统一管理档案、统一安排人员。

第十一条　合作所应于每年2月20日前，向中国注册会计师协会报送上年度承接上市公司审计项目一览表（见附表1），接受中国注册会计师协会对其执行业务的监督、检查。

第十二条　合作所应于每年2月20日前，向中国注册会计师协会报送所有注册会计师名单（见附表2），接受中国注册会计师协会对其人员变动情况的监督、检查。

第十三条　合作所主要负责人的变动，应经董事会批准，并报中国注册会计师协会备案。

第十四条　合作所因业务需要聘用外方人员，须经中外双方业务负责人同意，并报中国注册会计师协会备案（见附表3、4）。

第十五条　合作所应按中国注册会计师协会后续教育的有关要求，制定培训计划，组织培训工作，并于每年2月20日前向中国注册会计师协会报告上年度培训情况（见附表5）。

第十六条　合作所的中国注册会计师，应按中国注册会计师协会的要求，统一接受年检。

第十七条　合作所应根据《中华人民共和国会计法》的要求，设立财务会计部门，配备专职财会人员，保持完整的财务会计记录，并按财政部发布的《会计师事务所财务管理若干问题的暂行规定》和《会计师事务所会计核算办法》进行日常核算，编制会计报表。依法聘请本所以外的中国注册会计师查账验证并出具报告。

第十八条　合作所在中国境内从事业务的一切财务收支，均应纳入合作所会计账目进行核算，并按中国有关税法的要求依法纳税。

第十九条　合作双方应采取积极有效措施，加快合作所向合作外方国际成员所的过渡。本办法实施前已经成立的合作所，其向国际成员所过渡的时间，自本办法公布后，最长不得超过五年。

第四章　合作所的分支机构

第二十条　合作所因业务需要，可以申请成立分所。

合作所的分所，系指在合作所总部所在地以外的省级行政区域设立的分支机构。分所系非独立法人单位，以总所名义对外执行业务，接受总的的监督、指导，总所对分所执行的业务承担责任；分所的主要负责人由合作所董事会任命，并报中国注册会计师协会备案。

分所名称，应采用“总所名称＋地名＋分所”的称谓。

第二十一条　合作所申请设立分所，应当具备以下条件：

（一）总所已达到以下要求：

1. 董事会正常运转；

2. 中、外方总经理职能正常行使；

3. 中方经理级专业人员在全部经理级人员中至少达到50%；

4. 总所近三年财务会计工作符合有关财务会计法规的规定；

5. 近三年没有违法和违规行为。

（二）分所符合下述条件：

1. 有10名以上国家规定职龄以内的中方专职从业人员，其中至少有5名是中国注册会计师；

2. 有必须的营运资金；

3. 有固定的办公场所。

第二十二条　合作所申请设立分所时，应当报送以下申请文件：

1. 申请报告；

2. 符合第二十一条所列要求的书面情况报告；

3. 董事会对分所主要负责人的任命书；

4. 中国注册会计师及双方管理人员名单、简历及有关证明；

5. 办公场所的产权或使用权证明文件。

第二十三条　分所的申请与批准程序与总所相同。

第二十四条　设立分所后，其所在地的境外会计师事务所常驻代表机构应在3个月内撤销。

第二十五条　本办法自公布之日起施行。

中华人民共和国财政部

一九九六年三月二十八日

四、境外会计师事务所常驻代表机构管理暂行办法

财政部关于印发“境外会计师事务所常驻代表机构管理暂行办法”的通知

（1996年1月4日 财会协字[1996]1号）

北京市财政局，上海市财政局，广东省财政厅，深圳市财政局，辽宁省财政厅，福建省财政厅：

为加强对境外会计师事务所在华设立常驻代表机构的管理，现印发“境外会计师事务所常驻代表机构管理暂行办法”，请遵照执行。

执行中有何问题，望及时告我部。

附件

境外会计师事务所常驻代表机构管理暂行办法

根据境外会计师事务所常驻代表机构管理暂行办法《中华人民共和国注册会计师法》第四十四条的规定，制定本办法。

一、境外会计师事务所在中国境内设立常驻代表处(以下简称代表处)，必须经中华人民共和国财政部批准。

二、财政部授予中国注册会计师协会(以下简称中注协)办理审查申请及经批准后对代表处实行行业监督管理有关事项。对北京以外地区代表处的监督、管理有关事项可由中注协委托所在地省级注册会计师协会代行。

三、申请在华设立代表处应向中注协提供以下文件：

1. 该会计师事务所最高负责人签署的申请信(附中译文)。内容包括：代表机构在华注册中文名称(附英文原名)、驻在地点、首席代表及常驻代表姓名。

2. 该会计师事务所注册地有关当局出具的合法登记证书副本。

3. 与该会计师事务所有金融资信往来的银行、金融机构出具的资本信用证明书。

4. 该会计师事务所最高负责人签署委任首席代表或常驻代表的委任书；首席代表、常驻代表和常驻工作人员的教育、工作及专业简历；上述人员的护照或身份证及有关专业资格证书复印件。

5. 该会计师事务所章程、合伙人合同副本。

6. 代表处办公室租赁合同副本、办公室通讯地址、邮政编码、电话及传真号码。

7. 该会计师事务所简介。内容包括：办事处分布、合伙人和雇员情况、机构设置、客户行业及区域分布情况、年收入总额、收入分配方式、业务报告签署方式、成员所与总部之间业务介绍方式、费用收取方式、总部管理费用分摊方式等。

四、中注协接到申请材料后，应在2个月内决定批准或不批准。经审查合格的，由财政部发给批准证书。

五、境外会计师事务所常驻代表业务范围为：为该会计师事务所的外国客户来中国投资和开展业务提供会计、税务等方面的咨询服务；为国内有关单位提供外商资讯、国际税务等方面的咨询服务。

六、代表处批准证书有效期为三年，逾期不申请延期，该代表处自行取消。申请延期批准证书，应提前三个月办理。除需提交本办法第二条所规定的文件外，应附加三年业务报告及原批准证书、文件复印件。

七、一家会计师事务所申请在华设立代表处，不得以国际会计师事务所成员所的名义申请在华设立代表处。

八、代表处迁址、人员更换应提前一个月申请办理内容变更批准证书。

九、代表处常驻人员在华居住时间至少应在一年以上，并有一年以上居住所租赁合同书副本。

十、常驻工作人员委任书可由该事务所最高负责人或授权首席代表签署。

十一、代表处不得聘用中国注册会计师。

十二、境外会计师事务所在中国境内已设立中外合作会计师事务所或分支机构以及成员所的，不得在同一城市另行设立代表处，本办法公布前已经设立的，在本办法实施后三个月内予以撤销。

十三、代表处不得办理本办法第五条规定以外的业务。对非法从事审计业务者，按《中华人民共和国注册会计师法》第四十条之规定，由省级以上财政部门责令其停止违法活动，没收违法所得，并处以一倍以上五倍以下罚款。情节严重的，撤销其代表处注册登记并在五年内不批准该事务所在华设立代表处。

十四、办理代表处申请设立、延期、内容变更及常驻人员出入境签证邀请函电、居留等手续，应按规定交纳费用。

十五、代表处应在每年1月，向中注协提交上年度业务活动报告。

十六、香港、澳门、台湾地区会计师事务所申请在大陆设立代表处，比照此办法办理。

十七、本办法自发布之日起实施。

五、财政部关于取消外国会计师事务所在中国境内临时执行审计业务行政许可收费的通知

财政部关于取消外国会计师事务所在中国境内临时执行审计业务行政许可收费的通知

(2006年3月2日 财会[2006]7号)

各省、自治区、直辖市财政厅(局),深圳市财政局:

根据《注册会计师法》,外国会计师事务所需要在中国境内临时办理有关业务,须经有关省、自治区、直辖市人民政府财政部门批准。根据《行政许可法》,自本通知发布之日起,取消外国会计师事务所在中国境内临时执行审计业务的行政许可收费。

六、港澳台地区居民及外国籍公民参加中华人民共和国注册会计师统一考试办法

港澳台地区居民及外国籍公民参加中华人民共和国注册会计师统一考试办法

第一条 根据《中华人民共和国注册会计师法》的规定,制定本办法。

第二条 中华人民共和国注册会计师统一考试的组织领导机构为财政部注册会计师考试委员会(以下简称全国考试委员会),全国考试委员会办公室(以下简称全国考试办公室)设在中国注册会计师协会,具体负责考试组织工作。

第三条 本办法适用于香港、澳门、台湾地区居民及按互惠原则确认的外国籍公民。

第四条 具有全国考试委员会认可的境内、外高等专科以上学校毕业的学历或已取得境外法律认可的注册会计师资格(或其他相应资格)的人员,可申请参加中国注册会计师考试。

第五条 考试科目为会计、审计、财务成本管理、经济法、税法。

考试范围在全国考试委员会发布的《考试大纲》中确定。

第六条 报名时限、地点,具体科目考试时间在《报名简章》中规定。

第七条 报名人员可以在一次考试中同时报考5个科目,也可以选择报考部分科目。

第八条 报名人员报名时需交纳报名及考务费。每科80美元现钞(或等值人民币)。

第九条 全国考试办公室根据《考试大纲》组织编写、出版考试辅导教材和有关参考资料,免费向报名人员提供。

全国考试办公室根据需要,为报名人员集中举办考前辅导班。

有关考试辅导教材和参考资料的版权事项,按中国法律、法规办理。

严禁其他任何单位和个人以全国或地方考试委员会、考试办公室、考试委员会委员或考试命题专家的名义举办考前辅导班。

第十条 考试方式为闭卷、笔试。试题文字使用中文简体字。答题应使用中文,简、繁体不限。

第十一条 全国考试委员会为报名人员集中设定考场,组织考试。

第十二条 全国考试委员会及其办公室制定的有关考试规则适用于港澳台地区及外国籍报名人员。

第十三条 每科考试均实行百分制,60分为成绩合格分数线。

第十四条 试卷由全国考试办公室集中组织评阅,考试成绩由全国考试委员会认定,由全国考试办公室通知考生。

第十五条 全国考试委员会向全部应考科目成绩合格者,颁发全科合格证书。取得全科合格证书者,可申请成为中国注册会计师协会会员。

第十六条 中国注册会计师与境外相应资格的相互认可或对等免试事宜，按国际惯例和中国法律办理。

第十七条 本办法由全国考试委员会负责解释。

第十八条 本办法自发布之日起执行。

中华人民共和国财政部

一九九九年二月五日

第四编

行政事业单位会计法规

第二十四部分　行政事业单位会计制度

一、财政总预算会计制度

关于印发《财政总预算会计制度》的通知

财预字[1997]第287号

省、自治区、直辖市、计划单列城市财政厅(局)：

为了加强财政预算管理，进一步规范各级财政总预算会计核算，我部重新制定了《财政总预算会计制度》。现印发给你们，请即组织贯彻实施。新制度从1998年1月1日起执行，我部1988年制定的《财政机关总预算会计制度》同时废止。执行中如有问题，请及时函告我部。

财　政　部

1997年6月25日

附件

财政总预算会计制度

第一章　总　　则

第一条　为了规范各级财政部门总预算会计(以下简称总预算会计)的核算，充分发挥总预算会计的职能作用，根据《中华人民共和国会计法》、《中华人民共和国预算法》，制定本制度。

第二条　本制度适用于中央，省、自治区、直辖市，设区的市、自治州，县、自治县、不设区的市、市辖区，乡、民族乡、镇等各级财政部门的总预算会计。

第三条　总预算会计是各级政府财政部门核算、反映、监督政府预算执行和财政周转金等各项财政性资金活动的专业会计。

第四条　总预算会计的主要职责是进行会计核算，反映预算执行，实行会计监督，参与预算管理，合理调度资金。基本任务如下：

一、处理总预算会计的日常核算事务。办理财政各项收支、资金调拨及往来款项的会计核算工作；及时组织年度政府决算、行政事业单位决算的编审和汇总工作，进行上下级财政之间的年终结算工作。

二、调度财政资金。根据财政收支的特点，妥善解决财政资金库存和用款单位需求的矛盾，在保证按计划及时供应资金的基础上，合理调度资金，提高资金使用效益。

三、实行会计监督，参与预算管理。通过会计核算和反映，提出预算执行情况分析，并对总预算、部门预算和单位预算的执行实施会计监督。

协调参与预算执行的国库会计、收入征解会计等之间的业务关系，共同做好预算执行的核算、反映和监督工作。

四、组织和指导本行政区域预算会计工作。省、自治区、直辖市(含计划单列城市，下同)总预算会计在与本制度不相违背的前提下，负责制定或审定本行政区域预算会计有关具体核算办法的补充规定；组织预算会计人员的培训活动；组织检查、辅导本单位会计和下级总预算会计工作，不断提高政策、业务水平。

五、做好预算会计的事务管理工作。负责预算会计的基础工作管理，参与预算会计人员专业技术资格考试、评定及核发会计证工作。

第五条　各级财政部门应当根据工作需要，设置与其工作任务相适应的总预算会计机构，配备一定数量的专职总预算会计，负责组织与管理预算会计工作，并要保持相对的稳定。

第六条　总预算会计工作应按工作任务建立岗位责任制，明确会计人员分工。

总预算会计机构应建立健全内部稽核制度。

总预算会计人员，不得兼任单位会计，不得收付现金和经管收缴的物资。

第七条 总预算会计核算应当按会计期间结算账目和编制会计报表。会计期间分为年度、季度和月份。会计年度、季度和月份以公历起讫日期为准。

年度终了后，可根据工作特殊需要设置一定期限的上年决算清理期。清理期限和清理事项，由各省、自治区、直辖市财政部门，根据财政部规定的原则作出具体规定。

第八条 总预算会计记账采用借贷记账法。

第九条 总预算会计核算以人民币为记账本位币，以元为金额单位，元以下记至角、分。有外币收支的，在登记外币金额的同时应根据国家银行公布的人民币外汇汇率折算成人民币记账。

第十条 总预算会计记录文字使用中文，少数民族地区可以同时使用本民族文字。

第二章 一般原则

第十一条 总预算会计核算应当以实际发生的经济业务为依据，如实反映财政收支执行情况和结果。

第十二条 总预算会计信息，应当符合预算法的要求，适应国家宏观经济管理和上级财政部门及本级政府对财政管理的需要。

第十三条 总预算会计核算应当按照规定的会计处理方法进行。

第十四条 财政部门管理的各项财政资金（包括一般预算资金、纳入预算管理的政府性基金、专用基金、财政周转金等）都应当纳入总预算会计核算管理。

第十五条 总预算会计处理方法前后各期应当一致，不得随意变更。如确有必要变更，应将变更的情况、原因和对会计报表的影响在预算执行报告中说明。

第十六条 总预算会计核算，应当及时进行。

第十七条 总预算会计记录和会计报表应当清晰明了，便于理解；对于重要的经济业务，应当单独反映。

第十八条 总预算会计核算以收付实现制为基础。

第十九条 凡是有指定用途的资金，必须按规定用途使用。

第三章 资 产

第二十条 资产是一级财政掌管或控制的能以货币计量的经济资源。包括财政性存款、有价证券、暂付及应收款项、预拨款项、财政周转金放款、借出财政周转金以及待处理周转金等。

第二十一条 财政性存款是财政部门代表政府所掌管的财政资金。包括国库存款及其他财政存款。财政性存款的支配权属于同级政府财政部门，并由总预算会计负责管理，统一收付。总预算会计在管理财政性存款中，应当遵循以下原则：

一、集中资金，统一调度。各种应由财政部门掌管的资金，都应纳入总预算会计的存款账户。调度资金，应根据事业进度和资金使用情况，保证满足计划内各项正常支出的需求，并要充分发挥资金效益，把资金用活用好。

二、严格控制存款开户。财政部门的预算资金除财政部有明确规定者外，一律由总预算会计统一在国库或指定的银行开立存款账户。不得在国家规定之外将预算资金或其他财政性资金任意转存其他金融机构。

三、根据年度预算或季度分月用款计划拨付资金。不得办理超预算、无用款计划的拨款。

四、转账结算。总预算会计的各种会计凭证不得用以提取现金。

五、在存款余额内支付，不得透支。

第二十二条 有价证券是中央财政以信用方式发行的国家公债。各级财政只能用各项财政结余购买国家指定由地方各级政府购买的有价证券。

有价证券应按取得时实际支付的价款记账，购入有价证券（含债券收款单）应视同货币妥善保管。

当期取得有价证券的兑付利息及转让有价证券取得的收入与账面成本的差额，记入当期收入。

第二十三条 暂付及应收款项属于往来结算中形成的债权。包括在预算执行过程中上下级财政结算形成的债权以及对用款单位借垫款形成的债权。

暂付及应收款项应按实际发生数额记账，并应及时清理结算，不得长期挂账。

第二十四条 预拨款项是按规定预拨给用款单位的待结算资金，包括预拨经费和基建拨款。

预拨经费是用预算资金预拨给用款单位的款项。凡年度预算执行中总预算会计用预算资金预拨出应在以后各期列支的款项以及会计年度终了前预拨给用款单位的下年度经费款，均应作为预拨经费管理。

基建拨款是预拨给受托经办基本建设支出的专业银行或拨付基本建设财务管理部门的基本建设款项。

各项预拨款项应按实际预拨数额记账。预拨经费(不含预拨下年度经费)应在年终前转列支出或清理收回。基建拨款应按建设单位银行支出数(限额部分)和拨付建设单位数(非限额部分)转列支出账。

对行政事业单位拨款，应按照单位领报关系转拨。凡有上级主管部门的单位，不能作为主管会计单位，直接与各级财政部门发生领报关系。

第二十五条　财政周转金放款是直接贷付给用款单位的财政有偿资金。

借出财政周转金是指上级财政部门借给下级财政部门用于周转使用的有偿资金。

财政周转金的贷付、借出和回收，应按实际发生数额记账。

待处理财政周转金是指周转金放款超过约定的还款期限，经审核已成呆账，但尚未按规定程序报批核销的财政周转金。

待处理财政周转金应按实际转入数额记账。

第四章　负　　债

第二十六条　负债是一级财政所承担的能以货币计量、需以资产偿付的债务。包括应付及暂收款项、按法定程序及核定的预算举借的债务、借入财政周转金等。

第二十七条　应付及暂收款项是在预算执行期间，上下级财政或财政与其他部门结算中形成的债务，包括结算中发生的暂存款、与上级往来款以及收到其他性质不明的款项等。

第二十八条　按法定程序及核定的预算举借的债务，是指中央预算按全国人民代表大会批准的数额举借的国内和国外债务以及地方预算根据国家法律或国务院特别规定举借的债务。

第二十九条　借入财政周转金是指下级财政部门从上级财政部门借入的用于周转使用的有偿资金。

第三十条　各种负债应按实际发生数额和偿还数额记账。

第三十一条　各种债务应及时结算。属于应付暂收款及不明性质的款项应及时清理转账。

第五章　净　资　产

第三十二条　净资产是指资产减去负债的差额。包括各项结余、预算周转金及财政周转基金等。

第三十三条　结余是财政收支的执行结果。财政各项结余包括一般预算结余、基金预算结余和专用基金结余。

各项结余必须分别核算，不得混淆。

第三十四条　各项结余应每年结算一次。年终将各项收入与相应的支出冲销后，即成为该项资金的当年结余。当年结余加上年年末滚存结余为本年年末滚存结余。

第三十五条　预算周转金是为调剂预算年度内季节性收支差额，保证及时用款而设置的周转资金。预算周转金一般用年度预算结余资金设置、补充或由上级财政部门拨入。

第三十六条　财政周转基金是财政用于有偿使用的资金，在列报财政支出的同时转入。周转金的利息收入(或占用费收入)按规定扣除必要的业务费用后应用于补充财政周转金。

第六章　收　　入

第三十七条　财政收入是国家为实现其职能，根据法令和法规所取得的非偿还性资金，是一级财政的资金来源。收入包括一般预算收入、基金预算收入、专用基金收入、资金调拨收入和财政周转金收入等。

第三十八条　一般预算收入是通过一定的形式和程序，有计划组织的由国家支配，纳入预算管理的资金。预算收入项目的具体划分和内容，按《国家预算收入科目》办理。

各级预算收入的收纳、划分和报解，应通过国家金库，按《中华人民共和国国家金库条例》、《中华人民共和国国家金库条例实施细则》规定办理。

第三十九条　一般预算收入一般以本年度缴入基层国库(支金库)的数额为准。

已建乡(镇)国库的地区，乡(镇)财政的本级收入以乡(镇)国库收到数为准。县(含县本级)以上各级财政的各项预算收入(含固定收入与共享收入)仍以缴入基层国库数额为准。

未建乡(镇)国库的地区，乡(镇)财政的本级收入以乡(镇)总预算会计收到县级财政返回数额为准。

第四十条　基层国库在年度库款报解整理期内收到经收处报来的上年度收入，记入上年度账。整理期结束后，收到上年度收入一律记入新年度账。

第四十一条 基金预算收入是按规定收取、转入或通过当年财政安排，由财政管理并具有指定用途的政府性基金等。

各项基金预算收入以缴入国库数或总预算会计实际收到数额为准。

第四十二条 专用基金收入是指总预算会计管理的各项专用基金，如粮食风险基金。专用基金收入以总预算会计实际收到数额为准。

第四十三条 资金调拨收入是根据财政体制规定在各级财政之间进行资金调拨以及在本级财政各项资金之间的调剂所形成的收入。包括补助收入、上解收入和调入资金。

补助收入是上级财政按财政体制规定或因专项需要补助给本级财政的款项。

上解收入是按财政体制规定由下级财政上交给本级财政的款项。

调入资金是为平衡一般预算收支，从预算外资金结余调入预算的资金，以及按规定从其他渠道调入的资金。

乡(镇)财政部门收到由预算外资金财政专户拨付的自筹资金，视同调入资金处理。但乡镇财政的统筹资金不得作为调入资金，调入预算。

资金调拨收入应按上级财政部门的规定或实际发生数额记账。

第四十四条 财政周转金收入是指财政部门在办理财政周转金借出或放款业务中收取的资金占用费收入和利息收入。

财政周转金收入按实际收到数额记账。

第四十五条 各级总预算会计应加强各项收入的管理，严格会计核算手续。对于各项收入的事务处理必须以审核无误的国库入库凭证、预算收入日报表和其他合法的凭证为依据。发现错误，应在发现错误的月份按《中华人民共和国国家金库条例实施细则》及其他有关规定，及时通知有关单位共同更正。

对于已入库的预算收入和其他财政收入的退库，要严格把关，强化监督。凡不属于国家规定的退库项目，一律不得冲退预算收入。

属于国家规定的退库事项，按财政部规定的退库手续办理审批。

第七章 支 出

第四十六条 财政支出是一级政府为实现其职能，对财政资金的再分配。包括一般预算支出、基金预算支出、专用基金支出、资金调拨支出和财政周转金支出等。

第四十七条 一般预算支出是国家对集中的预算收入有计划地分配和使用而安排的支出。预算支出项目的具体划分和内容，按《国家预算支出科目》规定执行。

第四十八条 一般预算支出列报口径如下：

实行限额管理的基本建设支出按用款单位银行支出数列报支出。不实行限额管理的基本建设支出按拨付用款单位的拨款数列报支出。

对行政事业单位的非包干性支出和专项支出，平时按财政拨款数列报支出，清理结算收回拨款时，再冲销已列支出。对于收回以前年度已列支出的款项，除财政部门另有规定者外，应冲销当年支出。

除以上两款以外的其他各项支出均以财政拨款数列报支出。

第四十九条 凡是预拨以后各期的经费，不得直接按预拨数列作本期支出，应作为预拨款处理。到期后，按第四十八条规定的列报口径转列支出。

第五十条 总预算会计按拨款数办理预算支出必须认真做到以下几点：

一、严格执行《中华人民共和国预算法》。办理拨款支出必须以预算为准。预备费的动用必须经同级人民政府批准。

二、对主管部门(主管会计单位)提出的季度分月用款计划及分"款"、"项"填制的"预算经费请拨单"，应认真审核。根据经审核批准的拨款申请，结合库款余存情况按时向用款单位拨款。

三、总预算会计应根据预算管理要求和拨款的实际情况，分"款"、"项"核算、列报当期预算支出。

四、主管会计单位应按计划控制用款，不得随意改变资金用途。"款"、"项"之间如确需调剂，应填制"科目流用申请书"，报经同级财政部门核准后使用。总预算会计凭核定的流用数调整预算支出明细账。

总预算会计不得列报超预算的支出；不得任意调整预算支出科目；未拨付的经费，原则上不得列报当年支出。因特殊情况确需在当年预留的支出，应严格控制，并按规定的审批程序办理。

第五十一条　基金预算支出是用基金预算收入安排的支出。基金预算支出的会计事务处理，比照预算支出的有关规定办理。

专用基金支出是用专用基金收入安排的支出。

基金预算支出和专用基金支出应按规定的用途开支，并做到先收后支，量入为出。

第五十二条　资金调拨支出是根据财政体制规定在各级财政之间进行资金调拨以及在本级财政各项资金之间的调剂所形成的支出。资金调拨支出包括补助支出、上解支出、调出资金等等。

补助支出是本级财政按财政体制规定或因专项需要补助给下级财政的款项及其他转移支付的支出。

上解支出是按财政体制规定由本级财政上交给上级财政的款项。

调出资金是为平衡一般预算收支而从基金预算的地方财政税费附加收入结余中调出，补充预算的资金。

资金调拨支出按上级财政部门的规定或实际发生数额记账。

第五十三条　财政周转金支出是指地方财政部门从上级借入财政周转金所支付的占用费以及周转金管理使用过程中按规定开支的相关费用。

财政周转金支出应按实际支付数额记账。

第八章　会计科目

第五十四条　会计科目是各级总预算会计设置账户、确定核算内容的依据。各级总预算会计必须按以下要求使用会计科目：

一、各级总预算会计应按本制度规定设置会计科目，按本科目使用说明使用。不需要的可以不用，不得擅自更改科目名称。

二、明细科目的设置，除本制度已有规定者外，各级总预算会计可根据需要，自行设置。

三、为便于编制会计凭证、登记账簿、查阅账目和实行会计电算化，本制度统一规定了会计科目编码。各级总预算会计不得随意变更或打乱科目编码。

四、总预算会计在填制会计凭证、登记账簿时，应填列会计科目的名称或者同时填列名称和编码，不得只填编码，不填名称。

五、有关财政周转金的会计核算，可由各级财政的预算部门或专门管理机构按本制度规定的科目办理。

第五十五条　各级总预算会计适用的会计科目如下：

会计科目表

序号	编码	科目名称
		一、资产类
1	101	国库存款
2	102	其他财政存款
3	104	有价证券
4	105	在途款
5	111	暂付款
6	112	与下级往来
7	121	预拨经费
8	122	基建拨款
9	131	财政周转金放款
10	132	借出财政周转金
11	133	待处理财政周转金
		二、负债类
12	211	暂存款
13	212	与上级往来
14	222	借入款
15	223	借入财政周转金

		三、净资产
16	301	预算结余
17	305	基金预算结余
18	307	专用基金结余
19	321	预算周转金
20	322	财政周转基金
		四、收入类
21	401	一般预算收入
22	405	基金预算收入
23	407	专用基金收入
24	411	补助收入
25	412	上解收入
26	414	调入资金
27	425	财政周转金收入
		五、支出类
28	501	一般预算支出
29	505	基金预算支出
30	507	专用基金支出
31	511	补助支出
32	512	上解支出
33	514	调出资金
34	524	财政周转金支出

第五十六条　会计科目使用说明

（一）资产类

第101号科目　国库存款

1. 本科目核算各级总预算会计在国库的预算资金（含一般预算和基金预算）存款。

2. 本科目借方，记国库存款增加数；贷方，记国库存款减少数。本科目借方余额，反映国库存款的结存数。

3. 总预算会计收到预算收入时，根据国库报来的预算收入日报表入账。收到上级预算补助时，根据国库转来有关结算凭证入账。办理库款支付时，根据支付凭证回单入账。

4. 有外币收支业务的总预算会计应按外币的种类设置外币存款明细账。发生外币收支业务时，应根据中国人民银行公布的人民币外汇汇率折合为人民币记账，并登记外国货币金额和折合率。年度终了，应将外币账户余额按照期末国家银行颁布的人民币外汇汇价折合为人民币，作为外币账户期末人民币余额。调整后的各种外币账户人民币余额与原账面余额的差额，作为汇兑损益列入有关支出科目。

本科目可分一般预算和基金预算存款进行明细核算。

第102号科目　其他财政存款

1. 本科目核算各级总预算会计未列入"国库存款"科目反映的各项财政性存款。包括财政周转金、未设国库的乡（镇）财政在专业银行的预算资金存款以及部分由财政部指定存入专业银行的专用基金存款等。

2. 本科目借方，记其他财政存款增加数；贷方，记其他财政存款减少数。本科目借方余额，反映其他财政存款的实际结存数，其年终余额结转下年。

3. 总预算会计应根据经办行报来的收入日报表或银行收款通知入账。

总预算会计支付其他财政存款时，应根据有关支付凭证的回单入账。

4. 为便于分类管理，"其他财政存款"总账科目下应按交存地点和资金性质分设明细账。

第104号科目　有价证券

1. 本科目核算各级政府按国家统一规定用各项财政结余购买有价证券的库存数。

2. 购入有价证券，借记本科目，贷记"国库存款"、"其他财政存款"科目；到期兑付有价证券时，其兑付本金部分，借记“国库存款”、“其他财政存款”科目，贷记本科目。利息收入通过有关收入科目核算。

3. 本科目借方余额反映有价证券的实际库存数。

4. 本科目应按有价证券种类和资金性质设置明细账。

第105号科目　在途款

1. 本科目核算决算清理期和库款报解整理期内发生的上下年度收入、支出业务及需要通过本科目过渡处理的资金数。

2. 决算清理期内收到属于上年度收入时，借记本科目，贷记“一般预算收入”、“补助收入”、“上解收入”等收入科目；收回属于上年度拨款或支出时，借记本科目，贷记“预拨经费”或“一般预算支出”等科目；冲转在途款时，借记“国库存款”科目，贷记本科目。

第111号科目　暂付款

1. 本科目核算各级财政部门借给所属预算单位或其他单位临时急需的款项。

2. 借出时，借记本科目，贷记“国库存款”、“其他财政存款”科目；收回或转作预算支出时，借记“国库存款”、“其他财政存款”或有关支出科目，贷记本科目。

3. 本科目应及时清理结算。年终，原则上应无余额。

4. 本科目应按资金性质及借款单位名称设置明细账。

第112号科目　与下级往来

1. 本科目核算与下级财政的往来待结算款项。

2. 借给下级财政款时，借记本科目，贷记“国库存款”科目。体制结算中应由下级财政上交的收入数，借记本科目，贷记“上解收入”科目；借款收回、转作补助支出或体制结算应补助下级财政数时，借记“国库存款”、“补助支出”等有关科目，贷记本科目。

3. 本科目借方余额，反映下级财政应归还本级财政的款项；本科目贷方余额，反映本级财政欠下级财政的款项。

4. 本科目应及时清理结算。应转作补助支出的部分，应在当年结清；其他年终未能结清的余额，结转下年。

5. 本科目是往来性质的科目，如发生贷方余额，在编制“资产负债表”时应以负数反映。

6. 本科目应按资金性质和下级财政部门名称设置明细账。

第121号科目　预拨经费

1. 本科目核算财政部门预拨给行政事业单位、尚未列为预算支出的经费。

2. 预拨经费时，借记本科目，贷记“国库存款”科目（未设国库的乡（镇）总预算会计，贷记“其他财政存款”科目，下同）；转列支出或收到用款单位交回款数时，借记“一般预算支出”、“国库存款”等科目，贷记本科目。

3. 本科目借方余额反映尚未转列支出或尚待收回的预拨经费数。

4. 本科目应按拨款单位设明细账。

第122号科目　基建拨款

1. 本科目核算拨付给经办基本建设支出的专业银行或拨付基本建设财务管理部门的基本建设拨款和贷款数。直接拨给建设单位的基本建设资金，不通过本科目核算。

2. 拨出款项时，借记本科目，贷记“国库存款”科目；收到基本建设财务管理部门或受委托的专业银行报来拨付建设单位数及缴回财政数时，借记“一般预算支出”、“国库存款”等有关科目，贷记本科目。

3. 本科目借方余额反映尚未列报支出数。

4. 本科目应按拨款单位设明细账。

第131号科目　财政周转金放款

1. 本科目核算财政有偿资金的拨出、贷付及收回情况。

2. 将财政周转金贷给用款单位时，借记本科目，贷记“其他财政存款”科目；收回时，借记“其他财政存款”科目，贷记本科目。

3. 本科目借方余额，反映总预算会计掌握的财政有偿资金放款数。

4. 本科目应按拨（放）款的对象及放款期限设分户明细账。对于周转金放款业务较多的地区，可以由总预算会计或周转金管理机构进行总分类核算，财政业务部门进行明细核算。

第 132 号科目　借出财政周转金

1. 本科目核算上级财政部门借给下级财政部门周转金的借出和收回情况。

2. 借给下级财政部门周转金时，借记本科目，贷记“其他财政存款”科目；下级财政部门归还时作相反会计分录。

3. 本科目借方余额反映借出周转金尚未收回数。

4. 本科目应按借款对象设明细账。

第 133 号科目　待处理财政周转金

1. 本科目核算经审核已经成为呆账，但尚未按规定程序报批核销的逾期财政周转金转入和核销情况。

2. 逾期未还的周转金经批准转入时，借记本科目，贷记“财政周转金贷款”科目；按规定程序报经核销时，借记“财政周转基金”科目，贷记本科目。

3. 本科目借方余额反映尚待核销的待处理资金数。

4. 本科目应按欠款单位名称设明细账。

（二）负债类

第 211 号科目　暂存款

1. 本科目核算各级财政临时发生的应付、暂收和收到不明性质的款项。

2. 收到暂存款时，借记“国库存款”、“其他财政存款”科目，贷记本科目；冲转退还或转作收入时，借记本科目，贷记“国库存款”、“其他财政存款”或有关收入科目。

3. 本科目贷方余额，反映尚未结清的暂存款数额。

4. 本科目应按资金性质、债权单位或款项来源设明细账。

第 212 号科目　与上级往来

1. 本科目核算与上级财政的往来待结算款项。

2. 从上级财政借入款或体制结算中发生应上交上级财政款项时，借记“国库存款”或“上解支出”科目，贷记本科目；归还借款、转作上级补助收入数或体制结算中应由上级补给款项时，借记本科目，贷记“国库存款”、“补助收入”等科目。

3. 本科目贷方余额，为本级财政欠上级财政的款项；借方余额，为上级财政欠本级财政的款项。

4. 本科目应及时清理结算，年终未能结清的余额，结转下年。

5. 本科目是往来性质的科目，如发生借方余额，在编制“资产负债表”时，应以负数反映。

有基金预算往来的地区，可按资金性质分设明细账。

第 222 号科目　借入款

1. 本科目核算中央财政和地方财政按照国家法律、国务院规定向社会以发行债券等方式举借的债务。上下级财政之间临时性借垫款，不通过本科目核算。

2. 发行债券或举借债务时，借记“国库存款”科目，贷记本科目；到期偿还本金时，借记本科目，贷记“国库存款”科目。

3. 本科目贷方余额，反映尚未偿还的债务。

4. 本科目应按债券种类或债权人设明细账。

第 223 号科目　借入财政周转金

1. 本科目核算地方财政部门向上级财政部门借入有偿使用的财政周转金。

2. 借入时，借记“其他财政存款”科目，贷记本科目；还款时，作相反会计分录。

3. 本科目贷方余额，反映尚未归还的借入财政周转金数。

（三）净资产类

第 301 号科目　预算结余

1. 本科目核算各级财政预算收支的年终执行结果。

2. 年终转账时，财政部门应将“一般预算收入”、“补助收入——一般预算补助”、“上解收入”、“调入资金”等科目贷方余额转入本科目贷方；将“预算支出”、“补助支出——一般预算补助”、“上解支出”等科目借方余额转入本科目借方。

根据本年预算结余增设周转金时，按增设数借记本科目，贷记"预算周转金"。

3. 本科目年终贷方余额，反映本年的预算滚存结余(含有价证券)，转入下年度。

第 305 号科目　基金预算结余

1. 本科目核算各级财政管理的政府性基金收支的年终执行结果。

2. 年终转账时，应将"基金预算收入"、"补助收入——基金预算补助"科目余额转入本科目贷方；将"基金预算支出"、"补助支出——基金预算补助"、"调出资金"科目余额转入本科目借方。

3. 本科目年终贷方余额，反映本年基金预算滚存结余，转入下年度。

科目应根据基金预算科目所列的基金项目逐一反映各项基金的结余。

第 307 号科目　专用基金结余

1. 本科目用于核算总预算会计管理的专用基金收支的年终执行结果。

2. 年终转账时，将"专用基金收入"科目余额转入本科目，借记"专用基金收入"，贷记本科目；将"专用基金支出"科目余额转入本科目数，借记本科目，贷记"专用基金支出"科目。

3. 本科目年终贷方余额，反映本年专用基金的滚存结余，转入下年度。

第 321 号科目　预算周转金

1. 本科目核算各级财政设置的用于平衡季节性预算收支差额周转使用的资金。预算周转金应根据《中华人民共和国预算法》要求设置，并不得随意减少。

2. 设置和补充预算周转金时，借记"预算结余"科目，贷记本科目。本科目借方一般无发生额。

第 322 号科目　财政周转基金

1. 本科目核算各级财政部门设置的有偿使用资金。

2. 用预算资金增补有偿使用周转基金时，借记有关预算支出科目，贷记"国库存款"科目；同时借记"其他财政存款"科目，贷记本科目。收回财政周转基金时，借记本科目，贷记有关预算支出科目。用财政周转金收入补充财政周转基金时，借记"财政周转金收入"科目，贷记本科目。

3. 本科目贷方余额，反映财政部门财政周转基金总额，年终余额结转下年。

4. 本科目可根据实际需要设置相应的明细账。

(四) 收入类

第 401 号科目　一般预算收入

1. 本科目核算各级财政部门组织的纳入预算的各项收入。

2. 根据国库报来的预算收入日报表所列当日预算收入数，借记"国库存款"科目，贷记本科目；当日收入数为负数时，以红字记入(采用计算机记账的，用负数反映)。年终结账时，将本科目贷方余额全数转入"预算结余"科目，借记本科目，贷记"预算结余"科目。

3. 未设国库的乡(镇)总预算会计根据征收机关(如税务所)报来的预算收入日报表登记预算收入辅助账，待收到县财政返回收入时，再做收入的账务处理。

4. 本科目平时贷方余额，反映预算收入累计数。

5. 本科目应根据《国家预算收支科目》中的"一般预算收入科目"(不含一般预算调拨收入类)设置相应明细账。

第 405 号科目　基金预算收入

1. 本科目核算各级财政部门管理的政府性基金预算收入。

2. 取得基金预算收入时，借记"国库存款"科目，贷记本科目。

对于财政部明文规定在指定银行存储的基金，应按规定办理转存手续。基金预算收入在银行的存款利息收入，作为基金预算收入处理。

年终转账时，将本科目贷方余额全数转入"基金预算结余"科目，借记本科目，贷记"基金预算结余"科目。

3. 本科目平时贷方余额，反映当年基金预算收入累计数。

4. 本科目应按"基金预算收入科目"(不含基金预算调拨收入类)规定设置明细账。

第 407 号科目　专用基金收入

1. 本科目核算财政部门按规定设置或取得的专用基金收入。

2. 从上级财政部门或通过本级预算支出安排取得专用基金收入时，借记“其他财政存款”科目，贷记本科目；退回专用基金收入时，做相反的会计分录。

3. 年终转账时，将本科目余额全部转入“专用基金结余”科目，借记本科目，贷记“专用基金结余”科目。本科目年终无余额。

第411号科目　补助收入

1. 本科目核算上级财政部门拨来的补助款。包括：

(1) 税收返还收入；

(2) 按财政体制规定由上级财政补助的款项；

(3) 上级财政对本级的专项补助和临时性补助。

2. 收到上级拨入的补助款，借记“国库存款”科目，贷记本科目；从“与上级往来”科目转入本科目时，借记“与上级往来”科目，贷记本科目；退还上级补助，借记本科目，贷记“国库存款”等有关科目。年终本科目贷方余额，应转入“预算结余”科目，借记本科目，贷记“预算结余”科目。

3. 本科目平时贷方余额，反映上级补助收入累计数。

4. 上级财政的“补助支出”应与所属下级财政的“补助收入”的数额相等。

5. 有基金预算补助收入的地区，应将基金预算补助通过明细科目核算。

第412号科目　上解收入

1. 本科目核算下级财政上缴的预算上解款。包括：

(1) 按体制规定由国库在下级预算收入中直接划解给本级财政的款项；

(2) 按体制结算后由下级财政补缴给本级财政的款项和各种专项上解款项。

2. 收到下级上解款时，借记“国库存款”科目，贷记本科目；收入退还时，作相反的会计分录。年终，本科目贷方余额，应全数转入“预算结余”科目，借记本科目，贷记“预算结余”科目。

3. 本科目平时贷方余额，反映下级上解收入累计数。

4. 本级财政的“上解收入”应与所属下级财政的“上解支出”的数额相等。

5. 本科目应按上解地区设明细账。

第414号科目　调入资金

1. 本科目核算各级财政部门因平衡一般预算收支从预算外资金结余以及其他渠道调入的资金。

2. 调入资金，借记“国库存款”科目，贷记本科目。

3. 年终，本科目贷方余额转入“预算结余”科目，借记“调入资金”，贷记“预算结余”科目。

第425号科目　财政周转金收入

1. 本科目核算财政周转金利息及占用费的收入情况。

2. 本科目应设置“利息收入”和“占用费收入”二个明细科目。取得利息收入时，借记“其他财政存款”科目，贷记本科目(利息)；取得占用费收入时，借记“其他财政存款”科目，贷记本科目(占用费)。

3. 年终结账时，应将“财政周转金支出”科目余额转入本科目，借记本科目，贷记“财政周转金支出”科目。本科目余额为当年财政周转金收支结余数，应全数转入“财政周转基金”科目，借记本科目，贷记“财政周转基金”科目，结转后，本科目无余额。

(五) 支出类

第501号科目　一般预算支出

1. 本科目核算各级总预算会计办理的应由预算资金支付的各项支出。

2. 总预算会计办理预算直接支出时，借记本科目，贷记“国库存款”等有关科目；将预拨行政事业单位经费转列支出时，借记本科目，贷记“预拨经费”科目；办理基本建设支出时，实行限额管理的，根据建设银行报来的银行支出数借记本科目，不实行限额管理的，根据拨付用款单位数，借记本科目。支出收回或冲销转账时，借记有关科目，贷记本科目。年终，本科目借方余额应全数转入“预算结余”科目，借记“预算结余”科目，贷记本科目。

3. 本科目平时借方余额，反映预算支出累计数。

4. 本科目应根据《国家预算收支科目》中的“一般预算支出科目”(不含一般预算调拨支出类)分“款”、“项”设明细账。

第505号科目　基金预算支出

1. 本科目核算各级财政部门用基金预算收入安排的支出。

2. 发生基金预算支出时，借记本科目，贷记“国库存款（其他财政存款）”等有关科目；支出收回或冲销转账时，借记有关科目，贷记本科目。年终，本科目借方余额应全数转入“基金预算结余”科目冲销，借记“基金预算结余”科目，贷记本科目。

3. 本科目平时借方余额，反映基金预算支出累计数。

4. 本科目根据“基金预算支出科目”（不含基金预算调拨支出类）设置明细账。

第507号科目　专用基金支出

1. 本科目用于核算各级财政部门用专用基金收入安排的支出。

2. 发生专用基金支出时，借记本科目，贷记“国库存款”（对于根据国家规定将基金存在指定银行的，应为“其他财政存款”，下同）科目。支出收回时，做相反的会计分录。

3. 年终转账时，将本科目余额全部转入“专用基金结余”科目，借记“专用基金结余”科目，贷记本科目。

4. 本科目平时借方余额，反映专用基金支出累计数。

第511号科目　补助支出

1. 本科目核算本级财政对下级财政的补助支出。包括：

(1) 税收返还支出；

(2) 按原财政体制结算应补助给下级财政的款项；

(3) 专项补助或临时性补助。

2. 发生补助支出或从“与下级往来”科目转入时，借记本科目，贷记“国库存款”、“与下级往来”科目；支出退转时，作相反的会计分录。年终，本科目借方余额应转入“预算结余”科目冲销，借记“预算结余”科目，贷记本科目。

3. 本科目平时借方余额，反映补助支出累计数。

4. 本科目应按补助地区设明细账。

5. 用基金预算资金补助下级财政的地区，应分设基金预算补助明细账。

第512号科目　上解支出

1. 本科目核算解缴上级财政的款项。包括：

(1) 按体制由国库在本级预算收入中直接划解给上级财政的款项；

(2) 按体制结算补解给上级财政款项和各种专项上解款项。

2. 发生上解支出时，借记本科目，贷记“国库存款”等有关科目；支出退转时，借记有关科目，贷记本科目。年终，本科目借方余额转入“预算结余”科目，借记“预算结余”科目，贷记本科目。

3. 本科目平时借方余额，反映上解支出累计数。

4. 本科目一般可不设明细账。

第514号科目　调出资金

1. 本科目用于核算各级财政部门从基金预算的地方财政税费附加收入结余中调出，用于平衡预算收支的资金。

2. 调出基金预算结余时，借记本科目，贷记“调入资金”科目。凡是一般预算与基金预算分设存款账户的地区，应同时调整国库存款的明细账。

3. 年终转账时，应将本科目借方余额转入“基金预算结余”科目，借记“基金预算结余”，贷记本科目。

第524号科目　财政周转金支出

1. 本科目核算借入上级财政周转金支付的占用费及周转金管理使用过程中按规定开支的相关费用支出情况。

2. 本科目应设置“占用费支出”、“业务费支出”等二个明细科目。

“占用费支出”核算因借入上级财政周转金而支付的资金占用费；

“业务费支出”核算委托银行放款支付的手续费以及经财政部门确定的有关费用支出。

3. 支付占用费时，借记本科目（占用费支出），贷记“其他财政存款”科目；支付手续费时，借记本科目（手续费支出），贷记“其他财政存款”科目。

4. 本科目平时借方余额为已支付的周转金占用费及手续费。

5. 年终结账时将本科目借方余额转入“财政周转金收入”科目冲销，借记“财政周转金收入”科目，贷记本科目。年终结账后本科目无余额。

第九章　会计结账和结算

第五十七条　各级总预算会计应当定期、及时地进行会计结账。结账期限为每月一次。结账的具体方法，按《会计基础工作规范》办理。

第五十八条　各级总预算会计，在会计年度结束前，应当全面进行年终清理结算。年终清理结算的主要事项如下：

一、核对年度预算。预算数字是考核决算和办理收支结算的依据，也是进行会计结算的依据。年终前，各级总预算会计，应配合预算管理部门把本级财政总预算与上、下级财政总预算和本级各单位预算之间的全年预算数核对清楚。追加追减、上划下划数字，必须在年度终了前核对完毕。为了便于年终清理，本年预算的追加追减和企事业单位的上划下划，一般截至 11 月底为止。各项预算拨款，一般截至 12 月 25 日为止。

二、清理本年预算收支。凡属本年的一般预算收入，都要认真清理，年终前必须如数缴入国库。督促国库在年终库款报解整理期内，迅速报齐当年的预算收入。应在本年预算支领列报的款项，非特殊原因，应在年终前办理完毕。

理基金预算收支和专用基金收支。凡属应列入本年的收入，应及时催收，并缴入国库或指定的银行账户。

三、组织征收机关和国库进行年度对账。年度终了后，按照国库制度的规定，支库应设置十天的库款报解整理期(设置决算清理期的年度，库款报解整理期相应顺延)。各经收处 12 月 31 日前所收款项均应在“库款报解整理期”内报达支库，列入当年决算。同时，各级国库要按年度决算对账办法编制收入对账单，分送同级财政部门、征收机关核对签章。保证财政收入数字的一致。

四、清理核对当年拨款支出。各级总预算会计对本级各单位的拨款支出应与单位的拨款收入核对清楚。对于当年安排的非包干使用的拨款，其结余部分应根据具体情况处理。属于单位正常周转占用的资金，可仍作为预算支出处理；属于应收回的拨款，应及时收回，并按收回数相应冲减预算支出。属于预拨下年度的经费，不得列入当年预算支出。

五、清理往来款项。各级财政的暂收、暂付等各种往来款项，要在年度终了前认真清理结算，做到人欠收回，欠人归还。应转作各项收入或各项支出的款项，要及时转入本年有关收支账。

六、清理财政周转金收支。各级财政预算部门或周转金管理机构应对财政周转金收支款项、上下级财政之间的财政周转金借入借出款项进行清理。同时对于各项财政周转金贷放款进行清理。财政周转金明细账由财政业务部门核算的，各预算部门或周转金管理机构应与业务部门的明细账进行核对，做到账账相符。

七、进行年终财政结算。各级财政要在年终清理的基础上，结清上下级财政总预算之间的预算调拨收支和往来款项。要按照财政管理体制的规定，计算出全年应补助、应上解和应返还数额，与年度预算执行过程中已补助、已上解和已返还数额进行比较，结合借垫款项，计算出全年最后应补或应退数额，填制“年终财政决算结算单”，经核对无误后，作为年终财政结算凭证，据以入账。

第五十九条　各级总预算会计，对年终决算清理期内发生的会计事项，应当划清会计年度。属于清理上年度的会计事项，记入上年度账内；属于新年度的会计事项，记入新账。要防止错记漏记。

第六十条　经过年终清理和结算，把各项结算收支记入旧账后，即可办理年终结账。年终结账工作一般分为年终转账、结清旧账和记入新账三个环节，依次作账。

一、年终转账。计算出各账户 12 月份合计数和全年累计数，结出 12 月末余额，编制结账前的“资产负债表”。再将应对冲转账的各个收入、支出账户余额，填制 12 月份的记账凭证(凭证按 12 月份连续编号，填制实际处理日期)，分别转入“预算结余”、“基金预算结余”和“专用基金结余”科目冲销。将当年“财政周转金支出”转入“财政周转金收入”科目冲销，并将财政周转金收支相抵后的余额转入“财政周转基金”。

二、结清旧账。将各个收入和支出账户的借方、贷方结出全年总计数，然后在下面划双红线，表示本账户全部结清。

对年终有余额的账户，在“摘要”栏内注明“结转下年”字样，表示转入新账。

三、记入新账。根据本年度各个总账账户和明细账户年终转账后的余额编制年终决算“资产负债表”和有关明细表（不编记账凭证），将表列各账户的余额直接记入新年度有关总账和明细账各账户预留空行的余额栏内，并在“摘要”栏注明“上年结转”字样，以区别新年度发生数。

决算经本级人民代表大会常务委员会（或人民代表大会）审查批准后，如需更正原报决算草案收入、支出数字时，则要相应调整旧账，重新办理结账和记入新账。

第十章　会计报表的编审

第六十一条　总预算会计报表是各级预算收支执行情况及其结果的定期书面报告，是各级政府和上级财政部门了解情况、掌握政策、指导预算执行工作的重要资料，也是编制下年度预算的基础。

级总预算会计必须定期编制和汇总预算会计报表。

第六十二条　总预算会计报表有资产负债表、预算执行情况表、财政周转金收支情况表、财政周转金设放情况表、预算执行情况说明书及其他附表等。其他附表有基本数字表、行政事业单位收支汇总表以及所附会计报表。报表格式及说明详见本制度附件三。

各级总预算会计报表按旬、按月、按年编报。旬报、月报和年报的报送期限及编报内容应根据上级财政部门具体要求和本行政区域预算管理的需要办理。

第六十三条　各级总预算会计报表要做到数字正确，报送及时，内容完整。

一、各级总预算会计要加强日常会计核算工作，督促有关单位及时记账、结账。所有预算会计单位都应在规定的期限内报出报表，以便主管部门和财政部门及时汇总。

二、总预算会计报表的数字，必须根据核对无误的账户记录汇总。切实做到账表相符，有根有据。不能估列代编，更不能弄虚作假。

三、总预算会计报表要严格按照统一规定的种类、格式、内容、计算方法和编制口径填制，以保证全国统一汇总和分析。汇总报表的单位，要把所属单位的报表汇集齐全，防止漏报。

第六十四条　总预算会计的年报，即各级政府决算，反映着年度预算收支的最终结果。各级总预算会计在财政部门首长的领导下，参与或具体负责组织下列决算草案编审工作：

一、参与组织制定决算草案编审办法。根据上级财政部门的统一要求和本行政区域预算管理的需要，提出年终收支清理、数字编列口径、决算审查和组织领导等具体要求，并对财政结算、结余处理等具体问题规定处理办法。

与组织制定本级单位决算草案编审办法。

二、参与制发或根据上级财政部门的要求结合本行政区域的具体情况转（制）发本行政区域财政总决算统一表格和本级单位决算统一表格。协同财务部门设计基本数字表及其他附表。

三、办理全年各项收支、预拨款项、往来款项等会计对账、结账工作。

四、对下级财政部门和同级单位预算主管部门布置决算草案编审工作，并督促检查其及时汇总报送决算。

五、审查、汇总所属财政决算草案收支各表，并负责全部决算草案的审查汇总工作。

六、编写决算说明书，向上级财政部门汇报决算编审工作情况，进行上下级财政之间的财政体制结算以及财政总决算的文件归档工作。

第六十五条　各级财政部门应将汇总编制的本级决算草案及时报本级政府审定。各级财政部门应按照上级财政部门规定的时限和份数，将经本级人民政府审定的本行政区域决算草案逐级及时报送备案。计划单列城市的会计报表和年度财政决算在报送省级财政部门的同时，直接报送财政部。

第十一章　会计电算化

第六十六条　为了保证总预算会计电算化核算的准确、安全，省级（含省本级）以上财政部门必须制订相应的会计电算化管理办法并严格执行。省以下各级财政部门应相应制定有关具体实施办法。

第六十七条　随着计算机在会计领域的开发和运用，各级总预算会计人员要熟练掌握计算机在会计上的运用，实现会计操作技术的现代化。

第六十八条　总预算会计电算化软件，必须符合本制度规定的核算方法，并经财政部鉴定通过后，才能投入使用。

第十二章 会计监督

第六十九条 各级总预算会计应加强各项财政性资金的核算管理与会计监督。严格依法办事，对于不合法的会计事项，应及时予以纠正或及时向领导反映。

第七十条 各级总预算会计应自觉接受审计及监察部门的监督，按规定向审计及监察部门提供有关资料。

第七十一条 各级总预算会计应加强对用款单位拨出款项的管理，及时了解掌握有关单位的用款情况，发现问题及时纠正。

第十三章 附 则

第七十二条 本制度未规定的一般会计处理方法，按财政部发布的《会计基础工作规范》处理。会计档案的管理，按财政部、国家档案局颁发的《会计档案管理办法》执行。

第七十三条 有关预算外资金的核算，由我部另行发文规定。财政周转金由专设的周转金管理部门管理的，其核算应由周转金管理部门参照本制度的规定执行。

第七十四条 本制度解释权属财政部。

第七十五条 本制度自1998年1月1日起执行。财政部1988年制发的《财政机关总预算会计制度》及有关补充规定，同时废止。

附一：财政部门总预算会计凭证(略)

附二：财政部门总预算会计账簿(略)

附三：财政部门总预算会计报表(略)

二、《财政总预算制度》暂行补充规定

关于《财政总预算会计制度》暂行补充规定的通知

财库[2001]63号

各省、自治区、直辖市、计划单列市财政厅(局)：

为了进一步规范中央财政总预算会计核算，适应预算和国库支付制度改革的需要，我部对现行《财政总预算会计制度》作了相应的补充，特此通知。

附件一

《财政总预算会计制度》暂行补充规定

为了适应预算和国库收付制度改革的需要，进一步规范中央财政总预算会计核算，现对《财政总预算会计制度》作如下暂行补充规定(以下简称《补充规定》)：

一、财政总预算会计核算以收付实现制为主，但中央财政总预算会计的个别事项可以采用权责发生制。

二、中央财政总预算会计采用权责发生制的事项有：

1. 预算已经安排，由于政策性因素，当年未能实现的支出；
2. 预算已经安排，由于用款进度等原因，当年未能实现的支出；
3. 动支中央预备费安排，因国务院审批较晚，当年未能及时拨付的支出；
4. 为平衡预算需要，当年未能实现的支出；
5. 其他。

中央财政总预算会计采用权责发生制仅限于上述事项，除此之外其他事项均不得采用权责发生制。

三、财政总预算会计采用权责发生制对上述事项进行会计核算时，平时不作账务处理。待年终结账，经确认当年确实无法实现财政拨款，需结转下一年度支出时，应借记“一般预算支出”等科目，贷记“暂存款”科目；下年度实际支付时，借记“暂存款”科目，贷记“国库存款”等科目。

四、本《补充规定》自文发之日起施行。

附件二

关于“《财政总预算会计制度》暂行补充规定”的说明

为了更好地贯彻落实《〈财政总预算会计制度〉暂行补充规定》(以下简称《补充规定》),减少随意性,克服人为因素影响,特作如下说明:

一、《补充规定》仅适用于中央财政,地方各级财政不比照执行。

二、中央财政采用权责发生制的事项,仅限于《补充规定》中列示的五种情况,除此之外,其他任何事项均不得采用权责发生制。

(一)预算已经安排,由于政策性因素,当年未能实现的支出。是指国债投资项目支出。年初中央财政预算总盘子中已经安排,执行中由于国家计委未能按预算足额下达投资计划等原因,需作结转处理。

(二)预算已经安排,由于用款进度的原因,当年未能实现的支出。是指参加国库单一账户试点单位,由于用款进度的原因,年终有一部分资金留在财政总会计账上拨不出去,为了不虚增财政结余,需作结转处理。对于不实行国库单一账户试点的单位,财政总会计不得作结转处理。

(三)动支中央预备费安排,因国务院审批较晚,当年未能及时拨付的支出。

(四)为平衡预算需要,当年未能实现的支出。是指补充偿债基金支出。为了平衡预算,需要根据当年赤字规模和债务收支情况,确定补充偿债基金的具体数额,作当年支出处理。

(五)其他。主要是指除上述情况之外,根据国务院领导批示精神,需作结转处理的事项。

三、由于年终结账前,才能最后确定当年应支未支的数额,因此对于采用权责发生制的事项,平时不作账务处理,待年终结账时,根据经确认的结转数额,再作账务处理。

三、事业单位会计准则

财政部关于发布《事业单位会计准则(试行)》的通知

1997年05月28日［1997］财预字第286号

国务院各部委、直属机构,各省、自治区、直辖市、计划单列城市财政厅(局):

为了适应社会主义市场经济体制和社会事业发展的需要,规范事业单位会计核算行为,强化事业单位会计的管理与监督职能,推动社会事业稳步、健康发展。根据《中华人民共和国会计法》,我们制定了《事业单位会计准则(试行)》,现发给你们,请遵照执行。财政部1988年制发的《事业行政单位预算会计制度》同时废止。对于执行中发现的问题,请及时向我部反映。

附件:事业单位会计准则(试行)

第一章　总　则

第一条　为了适应我国社会主义市场经济体制和社会事业发展的需要,规范事业单位会计核算,保证会计信息质量,根据《中华人民共和国会计法》,制定本准则。

第二条　本准则适用于各级各类国有事业单位。

第三条　事业单位会计是预算会计的一个组成部分。事业单位的会计核算工作必须遵守国家有关法律、法规及本准则的规定。事业单位的各项资金和财产均应纳入单位的会计核算。

第四条　会计核算应当以事业单位自身发生的各项经济业务为对象,记录和反映事业单位自身的各项经济活动。

第五条　会计核算应当以事业单位各项业务活动持续正常地进行为前提。

第六条　会计核算应当划分会计期间,分期结算账目和编制会计报表。会计期间分为年度、季度和月份。会计年度、季度和月份的起讫日期采用公历日期。

第七条　会计核算以人民币为记账本位币。发生外币收支的,应当折算为人民币核算。

第八条　会计记账采用借贷记账法。

第九条　会计记录的文字应当使用中文,少数民族地区可以同时使用少数民族文字。

第二章　一般原则

第十条　会计核算应当以实际发生的经济业务为依据,客观真实地记录、反映各项收支情况和结果。

第十一条 会计信息应当符合国家宏观经济管理的要求，适应预算管理和有关方面了解事业单位财务状况及收支情况的需要，并有利于事业单位加强内部经营管理。

第十二条 会计核算应当按照规定的会计处理方法进行。同类单位会计指标应当口径一致，相互可比。

第十三条 会计处理方法应前后各期一致，不得随意变更。如确有必要变更，应将变更的情况、原因和对单位财务收支情况及结果的影响在会计报告中说明。

第十四条 会计核算应当及时进行。

第十五条 会计记录和会计报表应当清晰明了，便于理解和运用。

第十六条 会计核算一般采用收付实现制，但经营性收支业务核算可采用权责发生制。

第十七条 有经营活动的事业单位，其经营支出与相关的收入应当配比。

第十八条 对于国家指定用途的资金，应当按规定的用途使用，并单独核算反映。

第十九条 各项财产物资应当按照取得或购建时的实际成本计价。除国家另有规定者外，不得自行调整其账面价值。

第二十条 会计报表应当全面反映事业单位的财务收支情况及结果。对于重要的业务事项，应当单独反映。

第三章 资　产

第二十一条 资产是使用单位占有或者使用的能以货币计量的经济资源。包括各种财产、债券和其他权利。

第二十二条 事业单位的资产分为流动资产、对外投资、固定资产、无形资产等。

第二十三条 流动资产是指可以在一年内变现或者耗用的资产。包括现金、各种存款、应收及预付款项、存货等。

现金和各种存款按照实际收入和支出数额记账。

应收及预付款项包括应收票据、应收账款、其他应收款、预付账款等。

应收及预付款项应当按实际发生数额记账。

各项应收及预付款项应当定期与债务人对账核实，及时清算、催收。

存货是指事业单位在业务及其他活动过程中为耗用或者为销售而储存的各种资产。包括材料、产成品等。

各项存货应当按取得时的实际成本记账。

各项存货发出时，可以根据实际情况选择先进现出法、加权平均法等方法，确定其实际成本，计价入账。

各项存货应当定期进行清查盘点。对于发生的盘盈、盘亏以及过时、变质、毁损等报废的，应当计入当期收支。

第二十四条 对外投资是指事业单位利用货币资金、实物和无形资产等方式向其他单位的投资。包括债券投资和其他投资。

以货币资金对外投资，应当按实际支付的款项记账。

以实物和无形资产的方式对外投资，应当按评估确认的价值记账。

投资期内取得的利息、红利等各项投资收益，应当计入当期收入。

转让债券取得的价款或债券到期收回的本息与其账面成本的差额，应当计入当期收入。

第二十五条 固定资产是指使用年限在一年以上，单位价值在规定的标准以上，并在使用过程中基本保持原来物质形态的资产。包括房屋和建筑物、专用设备、一般设备、文物和陈列品、图书、其他固定资产等。

单位价值虽然不足规定标准，但耐用时间在一年以上的大批同类资产，应当作为固定资产核算。

购建的固定资产应当按照取得时的实际成本记账。固定资产借款利息和有关费用，以及外币借款的汇兑差额，在固定资产办理竣工决算之前发生的，应当计入固定资产价值；竣工决算之后发生的，计入当期支出或费用。

接受捐赠的固定资产应当按照同类资产的市场价格或者有关凭据确定固定资产价值。接受捐赠固定资产时发生的相关费用，应当计入固定资产价值。

融资租入的固定资产应当比照自有固定资产核算，并在会计报表附注中说明。

对固定资产进行改建、扩建，其净增值部分，应当计入固定资产价值。

固定资产应当定期进行清查盘点。固定资产转让、清理取得的收入和清理固定资产报废、毁损发生的损失应当相应增减修购基金。盘盈、盘亏固定资产，应当相应增减固定基金。

第二十六条 无形资产是指不具有实物形态而能为事业单位提供某种权利的资产。包括专利权、土地使用权、非专利技术、著作权、商标权、商誉等。

自行开发的无形资产，应当按开发过程中实际发生的支出记账；购入的无形资产，应当按实际成本记账。

实行内部成本核算的事业单位，无形资产应当在受益期内平均摊销，未摊销余额在会计报表中列示。

第四章 负 债

第二十七条 负债是指事业单位所承担的能以货币计量，需要以资产或劳务偿付的债务。包括借入款项、应付账款、预收账款、其他应付款、各种应缴款项等。

第二十八条 借入款项包括财政部门、上级单位、金融机构借款和向其他单位借入有偿使用的各种款项。

各种应缴款项包括按财政部门规定应缴预算的资金、应缴财政专户的预算外资金、应缴税金以及其他按上级单位规定应上缴的款项。

第二十九条 各种负债应当按实际发生数额记账。负债已经发生而数额需要预计确定的，应当合理预计，待实际数额确定后，进行调整。

第三十条 各种应付款项及应缴款项应及时清理并按规定办理结算，不得长期挂账。

第五章 商品化会计核算软件通过评审后的管理净资产

第三十一条 事业单位净资产是指资产减去负债的差额。包括事业基金、固定基金、专用基金、结余等。

第三十二条 事业基金是指事业单位拥有的非限定用途的净资产。主要包括滚存结余资金等。

事业基金按当期实际发生数额记账。

第三十三条 固定基金是指事业单位固定资产占用的基金。

固定基金应按实际发生数额记账。

第三十四条 专用基金是指事业单位按规定提取、设置的有专门用途的资金。主要包括修购基金、职工福利基金、医疗基金以及其他基金等。

专用基金增加应按当期实际提取转入的数额记账；减少应按当期实际支出数额记账。

第三十五条 结余是指事业单位在一定期间各项收入与支出相抵后的余额。主要包括事业结余和经营结余。

事业结余是指事业单位各项非经营收支相抵后的余额。

经营结余是指事业单位经营收支相抵后的余额。

事业单位结余应按规定进行分配。

第六章 收 入

第三十六条 收入是指事业单位为开展业务活动，依法取得的非偿还性资金。包括财政补助收入、上级补助收入、事业收入、经营收入、附属单位缴款、其他收入和基本建设拨款收入等。

第三十七条 财政补助收入是指事业单位按核定的预算和经费领报关系从财政部门取得的各类事业经费。

上级补助收入是指事业单位从主管部门和上级单位取得的费财政补助收入。

事业收入是指事业单位开展专业业务活动及辅助活动所取得的收入。其中按规定应上缴财政预算的资金和应缴财政专户的预算外资金不计入事业收入；从财政专户核拨的预算外资金和部分经财政部门核准不上缴财政专户管理的预算外资金，计入事业收入。

经营收入是指事业单位在专业业务活动及辅助活动之外开展非独立核算经营活动取得的收入。

附属单位缴款是指事业单位附属的独立核算单位按规定标准或比例缴纳的各项收入。

事业单位取得的投资收益、利息收入、捐赠收入等应当作为其他收入处理。

基本建设拨款收入是指国家投资于事业单位用于固定资产新建、改扩建工程的拨款。

第三十八条 事业单位的收入一般应当在收到款项时予以确认;对于采用权责发生制的单位取得的经营收入,可以在提供劳务或发出商品,同时收讫价款或者取得索取价款的凭据时予以确认。

对于长期项目的收入,应当根据年度完成进度予以合理确认。

第三十九条 事业单位取得收入为实物时,应当根据有关凭据确认其价值;没有凭据可供确认的,参照其市场价格确定。

第七章 支 出

第四十条 支出是指事业单位为开展业务活动和其他活动所发生的各项资金耗费及损失以及用于基本建设项目的开支。包括事业支出、经营支出、对附属单位补助、上缴上级支出、基本建设支出等。

第四十一条 事业支出是指事业单位开展各项专业业务活动及其辅助活动发生的支出。

经营支出是指事业单位在专业业务活动及其辅助活动之外开展非独立核算经营活动发生的支出。

对附属单位补助是指事业单位用非财政预算资金对附属单位补助发生的支出。

上缴上级支出是指事业单位按规定标准或比例上缴上级单位的支出。

基本建设支出是指事业单位列入基本建设计划,用国家基本建设资金或自筹资金安排的固定资产新建、扩建和改建形成的支出。

第四十二条 事业单位从事各项业务活动发生的支出,应当正确予以归集;无法直接归集的,应当按标准和规定的比例在事业支出和经营支出中进行合理分摊。

第四十三条 事业单位在实行内部成本核算中发生的各项费用应当正确予以归集。

第八章 会计报表

第四十四条 会计报表是反映事业单位财务状况和收支情况的书面文件。包括资产负债表、收入支出表、基建投资表、附表及会计报表附注和收支情况说明书等。

第四十五条 资产负债表是反映事业单位在某一特定日期财务状况的报表。资产负债表的项目应当按会计要素的类别,分别列示。

第四十六条 收入支出表是反映事业单位在一定期间的收支结余及其分配情况的报表。收入支出表的项目,应当按收支的构成和结余分配情况分项列示。

收入支出表的附表主要有事业支出明细表和结余支出明细表。支出明细表的项目应按"国家预算支出科目"列示。在事业支出明细表中,对于用财政拨款和预算外资金收入安排的支出应按财政部门的规定列示。

第四十七条 基建投资表是反映投入、借入的基本建设资金及其使用情况的报表。

第四十八条 会计报表可以采用前后期对比方式编列。上期项目分类和内容与本期不一致的,应当将上期数按本期项目和内容进行调整,必要时需加以说明。

第四十九条 会计报表应当根据登记完整、核对无误的账簿记录和其他有关资料编制,做到数字真实、计算准确、内容完整、报送及时。

第五十条 主管部门或单位应根据同级财政部门的要求,在认真审核所属事业单位会计报表的基础上,编制汇总会计报表。

第五十一条 会计报表附注是为帮助理解会计报表的内容而对报表的有关项目等所作的解释,其内容主要包括:特殊事项的说明,会计报表中有关重要项目的明细资料,其他有助于理解和分析会计报表需要说明的事项。

第九章 附 则

第五十二条 本准则不适应于事业单位附属的企业。已纳入企业会计核算体系的事业单位,按企业会计制度执行。

非国有事业单位可参照本准则执行。

事业单位设在中华人民共和国境外的分支机构应按本准则向国内有关方面和上级部门或单位编报会计报表。

第五十三条 全国统一的事业单位会计制度,由财政部根据本准则制定。行业特点特出的事业单位会计制度由财政部会同主管部门制定。

有关基本建设拨款与支出的财务会计核算，按现行有关制度执行。

第五十四条　本准则自1998年1月1日起试行。本准则由财政部负责解释。

四、事业单位会计制度

财预字[1997]288号

国务院各部委，直属机构，各省、自治区、直辖市、计划单列市财政厅(局)：

为了适应社会主义市场经济体制的需要，进一步规范事业单位会计核算，加强会计管理，促进社会各项事业健康、有序发展。根据《事业单位会计准则》(试行)我们制定了《事业单位会计制度》，现发给你们，请遵照执行。财政部1988年制发的《事业行政单位预算会计制度》同时废止。对于在执行过程中发现的问题，请及时向我部反映。

附件

事业单位会计制度

第一部分　总说明

一、为了贯彻《事业单位会计准则》(试行)，规范事业单位会计核算，特制定本制度。

二、本制度适用于中华人民共和国境内的国有事业单位。

根据财政部规定适用特殊行业会计制度的事业单位，不执行本制度；事业单位有关基本建设投资的会计核算，按有关规定执行，不执行本制度；已经纳入企业会计核算体系的事业单位，按有关企业会计制度执行。

三、国有事业单位的会计组织系统分为主管会计单位、二级会计单位和基层会计单位三级。向同级财政部门领报经费，并发生预算管理关系，下面有所属会计单位的，为主管会计单位；向主管会计单位或上级单位领报经费，并发生预算管理关系，下面有所属会计单位的，为二级会计单位；向上级单位领报经费，并发生预算管理关系，下面没有所属会计单位的，为基层会计单位。

以上三级会计单位实行独立会计核算，负责组织管理本部门、本单位的全部会计工作。不具备独立核算条件的，实行单据报账制度，作为“报销单位”管理。

四、事业单位应按本制度的规定设置和使用会计科目，不需用的科目可以不用。

本制度统一规定的会计科目编号，各单位不得打乱重编。

五、事业单位会计核算以人民币“元”为金额单位，元以下记至角、分。

六、事业单位会计档案的管理，按财政部和国家档案局制定的《会计档案管理办法》执行。

有关会计核算的一般要求及会计核算事宜，按财政部印发的《会计基础工作规范》办理。

七、本制度由中华人民共和国财政部负责解释。未经财政部批准，各地区、各部门不得自行制定事业单位会计制度。

八、本制度自1998年1月1日起执行。财政部1988年发布的《事业行政单位预算会计制度》同时废止。各地区、各部门在本制度生效前制定的会计制度，凡与本制度不一致的，应停止执行。

第二部分　事业单位通用会计科目

一、会计科目表

序号	编号	科目名称
		(一)资产类
1	101	现金
2	102	银行存款
3	105	应收票据
4	106	应收账款
5	108	预付账款
6	110	其他应收款
7	115	材料

8	116	产成品
9	117	对外投资
10	120	固定资产
11	124	无形资产
		(二) 负债类
12	201	借入款项
13	202	应付票据
14	203	应付账款
15	204	预收账款
16	207	其他应付款
17	208	应缴预算款
18	209	应缴财政专户款
19	210	应交税金
		(三) 净资产类
20	301	事业基金
21	302	固定基金
22	303	专用基金
23	306	事业结余
24	307	经营结余
25	308	结余分配
		(四) 收入类
26	401	财政补助收入
27	403	上级补助收入
28	404	拨入专款
29	405	事业收入
30	409	经营收入
31	412	附属单位缴款
32	413	其他收入
		(五) 支出类
33	501	拨出经费
34	502	拨出专款
35	503	专款支出
36	504	事业支出
37	505	经营支出
38	509	成本费用
39	512	销售税金
40	516	上缴上级支出
41	517	对附属单位补助
42	520	结转自筹基建

二、事业单位通用会计科目使用说明

(一) 资产类

第101号科目　现金

1. 本科目核算事业单位的库存现金。

2. 收到现金,借记本科目,贷记有关科目;支出现金,借记有关科目,贷记本科目。本科目借方余额反映库存现金数额。

3. 事业单位应设置"现金日记账",出纳人员根据原始凭证逐笔顺序登记。每日业务终了,应计算当日现金收入合计数、现金支出合计数和结余数，并将结余数与实际库存数核对，做到账款相符，并编制“库存现金日报表”。

现金收入业务较多，单独设有收款部门的单位，收款部门的收款员应将每天所收现金连同收款收据副联编制“现金收入日报表”，送会计部门的出纳员核收；或者将所收现金直接送存开户银行后，将收款收据副联、“现金收入日报表”和向银行送存现金的凭证一并交会计部门的会计员核收记账。

4. 有外币现金的事业单位，应分别按人民币、各种外币设置“现金日记账”进行明细核算。

第102号科目　银行存款

1. 本科目核算事业单位存入银行和其他金融机构的各种存款。事业单位应加强对本单位银行账户的管理，由会计部门统一在银行开户，避免多头开户。

2. 事业单位将款项存入银行或其他金融机构时，借记本科目，贷记有关科目；提取和支出存款时，借记有关科目，贷记本科目。本科目借方余额，反映事业单位银行存款数额。

3. 事业单位按开户银行和其他金融机构的名称以及存款种类等，分别设置“银行存款日记账”，由出纳人员根据收付款凭证逐笔顺序登记，每日终了应结出余额。银行存款日记账应定期与银行对账，至少每月核对一次。月终时，单位账面余额与银行对账单余额之间如有差额，应逐笔查明原因进行处理。属于未达账项，应编制“银行存款余额调节表”，调节相符。

4. 有外币存款的事业单位，应在本科目下分别按人民币和各种外币设置“银行存款日记账”进行明细核算。

事业单位发生的外币银行存款业务，应按当日中国人民银行颁布的人民币外汇汇率，将外币金额折合为人民币记账，并登记外国货币金额和折合率。年度终了(外币存款业务量大的单位可按季或月结算)，事业单位应将外币账户余额按照期末中国人民银行颁布的人民币外汇汇率折合为人民币，作为外币账户期末人民币余额。调整后的各种外币账户人民币余额与原账面余额的差额，作为汇兑损益列入事业支出科目。

第105号科目　应收票据

1. 本科目核算事业单位因从事经营活动销售产品而收到的商业汇票，包括商业承兑汇票和银行承兑汇票。

2. 事业单位收到应收票据，借记本科目，贷记“经营收入”等有关科目。应收票据到期收回的票面金额，借记“银行存款”科目，贷记本科目。本科目借方余额为应收票据未到期数额。

单位持未到期的应收票据向银行贴现，应按实际收到的金额(扣除贴现息后的净额)，借记“银行存款”等科目；按贴现息部分，借记“经营支出”科目，按应收票据的票面金额，贷记本科目。

3. 事业单位应设置“应收票据备查簿”，逐笔登记每一应收票据的种类、号数和出票日期、票面金额、付款人、承兑人、背书人的姓名或单位名称、到期日、收款日和收回金额等资料。

第106号科目　应收账款

1. 本科目核算事业单位因提供劳务、开展有偿服务及销售产品等业务应收取的款项。

2. 发生应收账款时，借记本科目，贷记“经营收入”、“其他收入”等科目；收到款项时，借记“银行存款”科目，贷记本科目。本科目借方余额反映待结算应收账款的累计数。

3. 本科目应按债务单位或个人名称设置明细账。

第108号科目　预付账款

1. 本科目核算按照购货、劳务合同规定预付给供应单位的款项。

2. 事业单位预付款项时，借记本科目，贷记“银行存款”科目。收到所购物品或劳务结算时，根据发票账单等所列的金额，借记“材料”等科目，贷记本科目。补付的货款，借记本科目，贷记“银行存款”科目；退回多付的货款，借记“银行存款”科目。贷记本科目。本科目借方余额为尚未结算的预付款项。

预付款项业务不多的单位也可以将预付的账款直接记入“应收账款”科目的借方，不设本科目。

3. 本科目应按供应单位名称设置明细账。

第110号科目　其他应收款

1. 本科目核算事业单位除应收票据、应收账款、预付账款以外的其他应收、暂付款项。包括：借出款、备用金、应向职工收取的各种垫付款项等。

2. 发生其他各种应收款项时，借记本科目，贷记有关科目；收回各种款项时，借记有关科目，贷记本科目。本科目借方余额为尚未结算的应收款项。

3. 本科目应按其他应收款的项目和债务人设置明细账。

第115号科目　材料

1. 本科目核算事业单位库存的物资材料以及达不到固定资产标准的工具、器具、低值易耗品等。

事业单位随买随用的零星办公用品，可在购进时直接列作支出，不适用本科目。

2. 材料入账价值的确认：

(1) 购入材料，应以购价、运杂费作为材料入账价格。

单位购入的自用材料，按实际支付的含税价格计算。

事业单位按《中华人民共和国增值税暂行条例》规定属于小规模纳税人（以下简称小规模纳税人）的，其购进材料应按实际支付的含税价格计算。

事业单位按《中华人民共和国增值税暂行条例》规定属于一般纳税人（以下简称一般纳税人）的，其购进的材料非自用部分按不含税价格计算。

(2) 材料出库可以根据实际情况选择先进先出法或加权平均法确定其实际成本。

3. 科目使用方法：

(1) 购入自用材料并已验收入库的，借记本科目，贷记“银行存款”等科目。领用出库时，借记“事业支出”等科目，贷记本科目。

(2) 属于小规模纳税人的事业单位购进材料并已验收入库的，借记本科目，贷记“银行存款”等科目。领用出库时，借记“事业支出”、“经营支出”等科目，贷记本科目。

(3) 属于一般纳税人的事业单位购入非自用材料并已验收入库的，按照采购材料专用发票上注明的增值税额，借记“应交税金——应交增值税（进项税额）”科目，按专用发票上记载的应计入采购成本的金额，借记本科目，按实际支付的金额，贷记“银行存款”、“应付账款”等科目。领用出库时，按采购成本（不含税）借记“事业支出”、“经营支出”等科目，贷记本科目。

4. 事业单位的材料，每年至少盘点一次，发生盘盈、盘亏等情况，属于正常的溢出或损耗，按照实际成本，作增加或减少材料处理，其中属于经营用材料同时相应冲减或增加“经营支出”，属于事业用材料应冲减或增加“事业支出”。

5. 本科目的期末借方余额为事业单位材料的实际库存数。

6. 本科目应按照材料的保管地点、材料的种类和规格设置明细账，并根据材料的收、发凭证逐笔登记。

第116号科目　产成品

1. 本科目核算事业单位生产并已验收入库产品的实际成本。从事劳务活动的单位，其劳务成果可视同产成品核算。

2. 生产完成验收入库的产成品，借记本科目，贷记“成本费用”科目。产品出库销售时，按先进先出法或加权平均法计算实际成本，借记“事业支出”或“经营支出”科目，贷记本科目。本科目借方余额，反映库存产成品的实际成本。

3. 清查盘点出现产成品盘盈或盘亏，作增加或减少产成品处理。盘盈时，借记本科目，贷记“事业支出”或“经营支出”科目；盘亏时，借记“事业支出”或“经营支出”科目，贷记本科目。

4. 本科目应按产成品的种类、品种和规格设置明细账。

第117号科目　对外投资

1. 本科目核算事业单位通过各种方式向其他单位的投资，包括债券投资和其他投资。

2. 事业单位购入各种债券形成的对外投资，应按实际支付的款项，借记本科目，贷记“银行存款”等科目；同时借记“事业基金——一般基金”科目，贷记“事业基金——投资基金”科目。

事业单位以固定资产对外投资，应按评估价或合同、协议确认的价值借记本科目，贷记“事业基金——投资基金”科目；按账面原价，借记“固定基金”，贷记“固定资产”科目。

属于一般纳税人的事业单位向其他单位投出材料，按合同协议确定的价值，借记本科目，按材料账面价值（不含增值税），贷记“材料”科目，贷记“应交税金——应交增值税（销项税额）”科目。按合同协议确定的价值扣除材料账面价值与应交增值税的销项税额的差额，借记或贷记“事业基金——投资基金”科目；同时按材料的账面价值借记“事业基金——一般基金”科目，贷记“事业基金——投资基金”科目。

属于小规模纳税人的事业单位对外投出材料，按合同协议确定的价值，借记本科目，按材料账面价值(含税)贷记“材料”科目。按合同协议确定的价值与材料账面价值的差额，借记或贷记“事业基金——投资基金”科目；同时，按材料账面价值，借记“事业基金——一般基金”科目，贷记“事业基金——投资基金”科目。

事业单位向其他单位投入的无形资产，按双方确定的价值，借记本科目，按账面原价，贷记“无形资产”科目，按其差额，借记或贷记“事业基金——投资基金”科目；同时按无形资产账面价值，借记“事业基金——一般基金”科目，贷记“事业基金——投资基金”科目。

事业单位以货币资金对外投资，借记本科目，贷记“银行存款”科目；同时借记“事业基金——一般基金”科目，贷记“事业基金——投资基金”科目。

3. 事业单位转让债券以及到期兑付的债券本息，按实际收到的金额，借记“银行存款”科目，按实际成本贷记本科目。实收金额与账面金额的差额，借记或贷记“其他收入”科目。同时，调整事业基金的明细科目。

4. 本科目应按债券种类和投资对象进行明细核算。

第120号科目　固定资产

1. 本科目核算事业单位固定资产的原价。

2. 事业单位应根据规定的固定资产标准和分类，结合本单位情况，制定固定资产目录，作为核算依据。

3. 事业单位的固定资产按下列规定的价值记账。

(1) 购入、调入的固定资产，按照实际支付的买价或调拨款、运杂费、安装费等记账。购置车辆按规定支付的车辆购置附加费计入购价之内。

(2) 自制的固定资产，按开支的工、料、费记账。

(3) 在原有固定资产基础上进行改建、扩建的固定资产，应按改建、扩建发生的支出减去改建、扩建过程中的变价收入后的净增加值，增记固定资产。

(4) 融资租入的固定资产，按租赁协议确定的设备价款、运杂费、安装费等记账。

(5) 接受捐赠的固定资产，按照同类固定资产的市场价格或根据所提供的有关凭据记账。接受固定资产时发生的相关费用，应当计入固定资产价值。

(6) 盘盈的固定资产，按重置完全价值入账。

(7) 已投入使用但尚未办理移交手续的固定资产，可先按估计价值入账，待确定实际价值后，再进行调整。

购置固定资产过程中发生的差旅费不计入固定资产价值。

4. 本科目使用方法：

(1) 事业单位购置固定资产时，应按资金来源分别借记“专用基金——修购基金”、“事业支出”、“专款支出”等科目，贷记“银行存款”科目，同时借记本科目，贷记“固定基金”科目。

(2) 单位接受捐赠的固定资产，借记本科目，贷记“固定基金”科目。

(3) 融资租入的固定资产，借记本科目，贷记“其他应付款”科目，支付租金时，借记有关支出科目，贷记“固定基金”科目；同时借记“其他应付款”科目，贷记“银行存款”科目。

(4) 盘盈的固定资产，按重置价借记本科目，贷记“固定基金”科目。

(5) 因报废、毁损及盘亏等原因减少的固定资产，按减少固定资产的原值，借记“固定基金”科目，贷记“固定资产”科目。

清理报废、毁损固定资产的残值变价收入和清理费用列入专用基金科目中的修购基金。

(6) 出售固定资产时，按实际收到的价款借记“银行存款”科目，贷记“专用基金——修购基金”科目，同时按原价借记“固定基金”科目，贷记本科目。

(7) 投资转出固定资产，按“对外投资”科目的有关规定处理。

5. 事业单位应按固定资产分类设置明细账和固定资产卡片进行明细核算。

第124号科目　无形资产

1. 本科目核算事业单位的专利权、非专利技术、著作权、商标权、土地使用权、商誉等各种无形资产的价值。

2. 事业单位购入或自行开发并按法律程序申请取得无形资产应按实际支出数，借记本科目，贷记“银行存款”等有关科目。

3. 各种无形资产应合理摊销。不实行内部成本核算的事业单位，其购入和自行开发的无形资产摊销时，应一次记入“事业支出”科目，借记“事业支出”科目，贷记本科目。对于实行内部成本核算的事业单位，其无形资产应在受益期内分期摊销，摊销时借记“经营支出”科目，贷记本科目。

4. 单位向外转让已入账的无形资产的所有权，其转让收入，借记“银行存款”科目，贷记“事业收入”科目，结转转让无形资产的成本，借记“事业支出——其他费用”科目，贷记本科目。

对外投资转出无形资产按“对外投资”科目的有关规定处理。

5. 本科目的期末余额为尚未摊销的无形资产的价值。

6. 本科目应按无形资产类别设明细账。

（二）负债类

第201号科目　借入款项

1. 本科目核算事业单位从财政部门、上级主管部门、金融机构借入的有偿使用的款项。

2. 借入款项时，借记“银行存款”等科目，贷记本科目；归还本金时，借记本科目，贷记“银行存款”科目；支付借款利息，借记“事业支出”、“经营支出”科目，贷记“银行存款”科目。

3. 本科目贷方余额反映尚未归还的借入款余额。

4. 本科目应按债权单位设置明细账。

第202号科目　应付票据

1. 本科目核算事业单位对外发生债务时所开出、承兑的商业汇票，包括银行承兑汇票和商业承兑汇票。

2. 单位开出、承兑汇票或以汇票抵付货款时，借记“材料”、“应付账款”等科目，贷记本科目。支付银行承兑汇票手续费，借记有关支出或费用科目，贷记“银行存款”科目。收到银行支付本息通知时，借记本科目和有关支出科目，贷记“银行存款”科目。

3. 各单位应设置“应付票据备查簿”，详细登记每一应付票据的种类、号数、签发日期、到期日、票面金额、收款人姓名或单位名称以及付款日期和金额等详细资料。应付票据到期付清时，应在备查簿内逐笔注销。

第203号科目　应付账款

1. 本科目核算事业单位因购买材料、物资或接受劳务供应而应付给供应单位的款项。

本科目适用于实行内部成本核算的事业单位。

2. 单位购入材料、物资等已验收入库，但货款尚未支付时，应根据有关凭证，借记“材料”等有关科目，贷记本科目。

单位接受其他单位提供的劳务而发生的应付未付款项，应根据供应单位提供的发票账单，借记有关支出（费用）科目，贷记本科目。

3. 单位偿付应付账款时，借记本科目，贷记“银行存款”等科目。

单位开出、承兑商业汇票抵冲应付账款时，借记本科目，贷记“应付票据”科目。

4. 本科目应按供应单位设明细账。

第204号科目　预收账款

1. 本科目核算事业单位按照合同规定向购货单位或接受劳务单位预收的款项。

2. 单位预收账款时，借记“银行存款”或“现金”科目，贷记本科目；货物销售实现（劳务兑现）时，借记本科目，贷记有关收入科目。退回多付的款项，作相反会计分录。

3. 预收账款业务不多的单位，也可将预收的账款直接记入“应付账款”科目的贷方，不设本科目。

4. 本科目应按购买单位设置明细账。

第207号科目　其他应付款

1. 本科目核算事业单位应付、暂收其他单位或个人的款项，如租入固定资产的租金、存入保证金、应付统筹退休金、个人交存的住房金等。

2. 单位发生的各种应付、暂收款项，借记“银行存款”、“事业支出”、“经营支出”等科目，贷记本科目；支付时，借记本科目，贷记“银行存款”等科目。

3. 本科目应按应付、暂收款项的类别或单位、个人设置明细账。

第 208 号科目　应缴预算款

1. 本科目核算事业单位按规定应缴入国家预算的收入。

应缴预算收入主要包括：事业单位代收的纳入预算管理的基金、行政性收费收入、罚没收入、无主财物变价收入和其他按预算管理规定应上缴预算的款项。

2. 取得应缴预算的各项收入时，借记“银行存款”等科目，贷记本科目；上缴时，借记本科目，贷记“银行存款”等科目。

3. 本科目贷方余额，反映应缴未缴数。年终本科目应无余额。

4. 本科目应按应缴预算款项类别设置明细账。

第 209 号科目　应缴财政专户款

1. 本科目核算事业单位按规定代收的应上缴财政专户的预算外资金。应上缴财政专户的预算外资金范围按财政部规定办理。

2. 收到应缴财政专户的各项收入时，借记“银行存款”等科目，贷记本科目；上缴财政专户时，作相反会计分录。实行预算外资金结余上缴办法的单位定期结算预算外资金结余时，借记“事业收入”科目，贷记本科目。

3. 本科目贷方余额，反映应缴未缴数。年终本科目无余额。

4. 本科目应按预算外资金的类别设置明细账。

第 210 号科目　应交税金

1. 本科目核算事业单位应交纳的各种税金。各单位应按所交纳的税金种类进行明细核算。其中属于一般纳税人的事业单位，其应交增值税明细账中应设置“进项税额”、“已交税金”、“销项税额”等专栏。

2. 单位一般在月份终了，计算出应交纳的税金（除一般纳税人缴纳的增值税）时，借记“销售税金”、“结余分配”等科目，贷记本科目；交纳税金时，借记本科目，贷记“银行存款”等科目。

有关应交增值税进项税额的核算，详见“材料”科目说明。有关增值税销项税额的核算，详见“经营收入”科目说明。

3. 本科目期末借方余额为多交的税金，贷方余额为应交未交的税金。

（三）净资产类

第 301 号科目　事业基金

1. 本科目核算事业单位拥有的非限定用途的净资产，主要包括滚存结余资金等。

本科目应按核算的业务内容下设“一般基金”和“投资基金”两个明细科目。“一般基金”主要用以核算滚存结余资金：“投资基金”用以核算对外投资部分的基金。

2. 年终，单位应将当期未分配结余转入本科目，借记“结余分配”科目，贷记本科目（一般基金）。

对于项目已经完成的拨入专款结余，按规定留归本单位使用的，转入本科目核算，借记“拨入专款”科目，贷记本科目（一般基金）。

3. 用固定资产对外投资时，应按评估价或合同、协议确定的价值，借记“对外投资”科目，贷记本科目（投资基金）；同时按固定资产账面原价，借记“固定基金”科目，贷记“固定资产”科目。

4. 用材料、无形资产对外投资，按“对外投资”科目的有关规定处理。

第 302 号科目　固定基金

1. 本科目核算事业单位因购入、自制、调入、融资租入（有所有权的）、接受捐赠以及盘盈固定资产所形成的基金。

2. 新建、购入固定资产时，借记有关支出科目，贷记“银行存款”等科目，同时借记“固定资产”科目，贷记本科目。

融资租入固定资产，按实际支付的租金，借记有关支出科目，贷记本科目。

接受捐赠的固定资产，借记“固定资产”科目，贷记本科目。

盘盈的固定资产，按重置完全价值借记“固定资产”科目，贷记本科目；盘亏的固定资产，按账面原价借记本科目，贷记“固定资产”科目。

出售、对外投资转出固定资产，借记本科目，贷记有关科目。

第303号科目　专用基金

1. 本科目核算事业单位按规定提取、设置的有专门用途的资金的收入、支出及结存情况。

2. 事业单位专用基金的种类主要包括：职工福利基金、医疗基金、修购基金、住房基金等。

3. 提取医疗基金时，借记“事业支出——社会保障费”、“经营支出——社会保障费”等科目，贷记“专用基金——医疗基金”科目。

提取修购基金时，借记“事业支出——修缮费、设备购置费”或“经营支出——修缮费、设备购置费”科目，贷记“专用基金——修购基金”科目；清理报废固定资产残值变价收入转入时，借记“银行存款”科目，贷记本科目；支付清理报废固定资产所发生的清理费用时，借记本科目，贷记“银行存款”科目。

年终，事业单位按规定比例从当年结余计提职工福利基金时，借记“结余分配——职工福利基金”等科目，贷记本科目。

事业单位收到各项住房基金收入（不包括个人缴纳的住房公积金）时，借记“银行存款”科目，贷记“专用基金——住房基金”科目。对于个人住房公积金缴存情况，单位应设置辅助账进行登记并核算其缴纳、使用及余存情况。

4. 使用专用基金时，借记本科目，贷记“银行存款”等有关科目。

5. 期末，本科目贷方余额为单位专用基金结存数。

6. 本科目应按专用基金种类设明细账。

第306号科目　事业结余

1. 本科目核算事业单位在一定期间除经营收支外各项收支相抵后的余额（不含实行预算外资金结余上缴办法的预算外资金结余）。

2. 期末，计算结余时，应将“财政补助收入”、“上级补助收入”、“附属单位缴款”、“事业收入”、“其他收入”等科目余额转入本科目，借记“财政补助收入”、“上级补助收入”、“附属单位缴款”、“事业收入”及“其他收入”科目，贷记本科目；将“拨出经费”、“事业支出”、“上缴上级支出”、“销售税金（非经营业务）”、“对附属单位补助”、“结转自筹基建”等科目余额转入本科目，借记本科目，贷记“拨出经费”、“事业支出”、“上缴上级支出”、“销售税金”、“对附属单位补助”、“结转自筹基建”等科目。

3. 本科目贷方余额为当期实现的结余。

4. 年度终了，单位应将当年实现的结余全数转入“结余分配”科目，结转后，本科目无余额。

第307号科目　经营结余

1. 本科目核算事业单位在一定期间各项经营收入与支出相抵后的余额。

2. 期末计算经营结余时，应将“经营收入”科目余额转入本科目，借记“经营收入”科目，贷记本科目；将“经营支出”、“销售税金”等科目余额转入本科目，借记本科目，贷记“经营支出”、“销售税金”科目。

3. 本科目贷方余额为实现的经营结余，如为借方余额，则为经营亏损。

4. 年度终了，单位应将实现的经营结余全数转入“结余分配”科目，结转后本科目无余额。如为亏损则不结转。

第308号科目　结余分配

1. 本科目核算事业单位当年结余分配的情况和结果。

2. 本科目一般应设置“应交所得税”、“提取专用基金”等明细科目。

有所得税缴纳业务的单位计算出应交纳的所得税，借记本科目（应交所得税），贷记“应交税金”科目。

单位计算出应提取的专用基金，借记本科目（提取专用基金），贷记“专用基金”科目。

3. 年终，应将当年事业结余和经营结余全数转入本科目，借记“事业结余”、“经营结余”科目，贷记本科目。

4. 本科目贷方余额，为未分配结余。

5. 分配后，单位应将当年未分配结余，全数转入“事业基金——一般基金”科目，借记本科目，贷记“事业基金——一般基金”科目。结转后，本科目应无余额。

6. 单位年终结账后发生以前年度会计事项的调整或变更，涉及以前年度结余的，凡国家有规定的，从其规定；没有规定的，应直接通过“事业基金”科目进行核算，并在会计报表上加以注明。

（四）收入类

第 401 号科目　财政补助收入

1. 本科目核算事业单位按照核定的预算和经费领报关系收到的由财政部门或上级单位拨入的各类事业经费。

为加强预算资金的核算管理，主管会计单位应编报季度分月用款计划。在申请当期财政补助时，应分“款”、“项”填写“预算经费请拨单”，报同级财政部门。事业单位在使用财政补助时，应按计划控制用款，不得随意改变资金用途。“款”、“项”用途如需调整，应填写“科目流用申请书”，报经同级财政部门批准后使用。

2. 收到财政补助收入时，借记“银行存款”等科目，贷记本科目；缴回时作相反的会计分录。平时本科目贷方余额反映财政补助收入累计数。

3. 年终结账时，将本科目贷方余额全数转入“事业结余”科目，借记本科目，贷记“事业结余”科目。

4. 年终结账后，本科目无余额。

5. 本科目应按“国家预算收入科目”的“款”级科目设明细账。

第 403 号科目　上级补助收入

1. 本科目核算事业单位收到上级单位拨入的非财政补助资金。

2. 收到上级补助收入时，借记“银行存款”科目，贷记本科目。

3. 年终将本科目余额全数转入“事业结余”科目，借记本科目，贷记“事业结余”科目。

4. 年终结账后，本科目无余额。

第 404 号科目　拨入专款

1. 本科目核算事业单位收到财政部门、上级单位或其他单位拨入的有指定用途，并需要单独报账的专项资金。

2. 收到拨款时，借记“银行存款”科目，贷记本科目；缴回拨款时，作相反的会计分录。平时，本科目贷方余额反映拨入专款累计数。

3. 年终结账时，对已完工的项目，将本科目与“拨出专款”、“专款支出”科目对冲，借记本科目，贷记“拨出专款”、“专款支出”科目，其余额按拨款单位规定办理。

4. 本科目应按资金来源和项目设明细账，进行明细核算。

第 405 号科目　事业收入

1. 本科目核算事业单位开展专业业务活动及辅助活动所取得的收入。单位收到的从财政专户核拨的预算外资金和部分经财政部门核准不上缴财政专户管理的预算外资金，也在本科目核算。但收到应返还所属单位的预算外资金，主管部门要通过“其他应付款”科目核算。

2. 收到款项或取得收入时，借记“银行存款”、“应收账款”等科目，贷记本科目；对属于一般纳税人的单位取得收入时，按实际收到的价款扣除增值税销项税额，贷记本科目，按计算出的应交增值税的销项税额，贷记“应交税金——应交增值税（销项税额）”。经财政部门核准，预算外资金实行按比例上缴财政专户办法的单位取得收入时，应按核定的比例分别贷记“应缴财政专户款”和本科目。

实行预算外资金结余上缴财政专户办法的单位，平时取得收入时，先全额通过本科目反映，定期结算出应缴财政专户资金结余时，再将应上缴财政专户部分扣出，借记本科目，贷记“应缴财政专户款”科目。

3. 期末，应将本科目余额转入“事业结余”科目，借记本科目，贷记“事业结余”科目。结转后本科目应无余额。

4. 事业单位应根据事业收入种类或来源，设置明细账。

第 409 号科目　经营收入

1. 本科目核算事业单位在专业业务活动及辅助活动之外开展非独立核算经营活动取得的收入。

2. 取得（或确认）经营收入时，借记“银行存款”、“应收账款”、“应收票据”等科目，属于小规模纳税人的单位，按实际收到的价款贷记本科目；属于一般纳税人的单位，按实际收到的价款扣除增值税销项税额，贷记本科目，按计算出的应交增值税的销项税额，贷记“应交税金——应交增值税（销项税额）”。

3. 发生销货退回，不论是否属于本年度销售的，都应冲减本期的经营收入，属于小规模纳税人的事业单位借记本科目，贷记“银行存款”科目；属于一般纳税人单位，按不含税价格借记本科目，按销售时计算出的应交增值税的销项税额，借记“应交税金——应交增值税（销项税额）”科目，贷记“银行存款”科目。

单位为取得经营收入而发生的折让和折扣，应当相应冲减经营收入。

4. 期末，应将本科目余额转入“经营结余”科目，结转后，本科目无余额。

5. 单位可根据收入种类设置明细科目，也可以并设若干总账科目。

第 412 号科目　附属单位缴款

1. 本科目核算事业单位收到附属单位按规定缴来的款项。

2. 单位实际收到款项时，借记“银行存款”科目，贷记本科目，发生缴款退回则作相反的会计分录。

3. 年终，将本科目贷方余额全数转入“事业结余”科目，借记本科目，贷记“事业结余”科目。结转后，本科目无余额。

4. 本科目应按缴款单位设置明细账。

第 413 号科目　其他收入

1. 本科目核算事业单位除上述各项收入以外的收入。如对外投资收益、固定资产出租、外单位捐赠未限定用途的财物、其他单位对本单位的补助以及其他零星杂项收入等。

2. 其他收入以单位实际收到数额予以确认。取得收入时，借记“银行存款”等科目，贷记本科目，收入退回时作相反的会计分录。

3. 年末，将本科目贷方余额全数转入“事业结余”科目，借记本科目，贷记“事业结余”科目。结转后本科目应无余额。

4. 本科目应按收入种类，如“投资收益”、“固定资产出租”、“捐赠收入”等设置明细账。

（五）支出类

第 501 号科目　拨出经费

1. 本科目核算事业单位按核定的预算拨付所属单位的预算资金。

2. 事业单位拨出经费时，借记本科目，贷记“银行存款”科目。收回拨出经费时，借记“银行存款”科目，贷记本科目。

3. 年终，将本科目借方余额全数转入“事业结余”科目，借记“事业结余”科目，贷记本科目。结转后本科目无余额。

4. 对附属单位拨付的非财政性补助资金或专项资金不通过本科目核算。

5. 本科目应按所属单位名称设置明细账。

第 502 号科目　拨出专款

1. 本科目核算主管部门或上级单位拨给所属单位的需要单独报账的专项资金。

2. 拨出专项资金时，借记本科目，贷记“银行存款”科目。收回时，做相反的会计分录。

3. 所属单位报销专款支出时，应区别情况处理。

(1) 专项资金如系上级单位拨入的，则借记“拨入专款”科目，贷记本科目。

(2) 属于本单位用自有资金设置对所属单位的专项拨款，按资金渠道借记有关科目，贷记本科目。

4. 本科目借方余额为所属单位尚未报销数。

5. 本科目按所属单位的名称或项目设置明细账。

第 503 号科目　专款支出

1. 本科目核算由财政部门、上级单位和其他单位拨入的指定项目或用途并需要单独报账的专项资金的实际支出数。

2. 专款支出主要有科研课题经费、挖潜改造资金、科技三项费用等指定项目或用途的支出。

3. 事业单位按指定的项目或用途开支工、料费时，借记本科目，贷记“银行存款”、“材料”等科目；项目完工向有关部门单独列报时，借记“拨入专款”科目，贷记本科目。

4. 本科目按专款的项目设明细账。

第 504 号科目　事业支出

1. 本科目核算事业单位开展各项专业业务活动及其辅助活动发生的实际支出。

有财政补助收入的事业单位，其财政补助资金必须按拟定的用途使用，不得自行改变资金用途。

2. 事业支出应按以下科目进行明细核算：基本工资、补助工资、其他工资、职工福利费、社会保障费、助学金、公务费、业务费、设备购置费、修缮费和其他费用。

3. 事业支出的报销口径规定如下：

(1) 对于发给个人的工资、津贴、补贴和抚恤救济费等，应根据实有人数和实发金额，取得本人签收的凭证后列报支出。

(2) 购入办公用品可直接列报支出。购入其他各种材料可在领用时列报支出。

(3) 社会保障费、职工福利费和管理部门支付的工会经费，按照规定标准和实有人数每月计算提取，直接列报支出。

(4) 固定资产修购基金按核定的比例提取，直接列报支出。

(5) 购入固定资产，经验收后列报支出，同时记入"固定资产"和"固定基金"科目。

(6) 其他各项费用，均以实际报销数列报支出。

4. 发生事业支出时，借记本科目，贷记"现金"、"银行存款"等科目。当年支出收回时作冲减事业支出处理。

实行内部成本核算的事业单位结转已销业务成果或产品成本时，按实际成本，借记本科目，贷记"产成品"科目。

5. 有经营活动的事业单位应正确划分事业支出和经营支出的界限。对于能分清的支出，要合理归集，对于不能分清的，应按一定标准进行分配，不得将应列入经营支出的项目列入事业支出，也不得将应列入事业支出的项目列入经营支出。

6. 年终，将本科目借方余额全数转入"事业结余"科目，借记"事业结余"科目，贷记本科目。结账后本科目无余额。

第505号科目　经营支出

1. 本科目核算事业单位在专业业务活动及其辅助活动之外开展非独立核算经营活动发生的各项支出以及实行内部成本核算单位已销产品实际成本。

2. 经营支出一般应按以下项目进行明细核算：基本工资、补助工资、其他工资、职工福利费、社会保障费、助学金、公务费、业务费、设备购置费、修缮费和其他费用等。经营业务种类较多的单位，应按经营业务的主要类别进行二级明细核算。

3. 事业单位发生各项经营支出时，借记本科目，贷记"银行存款"或有关科目。

实行内部成本核算的事业单位结转已销经营性劳务成果或产品时，按实际成本借记本科目，贷记"产成品"科目。

4. 期末应将本科目余额全部转入"经营结余"科目，借记"经营结余"，贷记本科目。

5. 本科目应按单位经营业务的主要类别设置明细账。

第509号科目　成本费用

1. 本科目核算实行内部成本核算的事业单位应列入劳务(产品、商品)成本的各项费用。

2. 业务活动或经营过程中发生的各项费用，借记本科目，贷记"材料"、"银行存款"等有关科目；产品验收入库时，借记"产成品"科目，贷记本科目。

3. 本科目应按经营类别或产品品种设置明细账。

4. 对于成本核算业务较复杂的单位，可根据需要自行设置必要的成本核算科目。

第512号科目　销售税金

1. 本科目核算事业单位提供劳务或销售产品应负担的税金及附加，包括营业税、城市维护建设税、资源税和教育费附加等。

2. 月末，事业单位按照规定计算出应负担的销售税金及附加，借记本科目，贷记"应交税金"、"其他应付款"科目；交纳税金及附加时，借记"应交税金"、"其他应付款"，贷记"银行存款"科目。

3. 期末，应将本科目余额转入"经营结余"或"事业结余"科目，借记"经营结余"或"事业结余"科目，贷记本科目。

4. 本科目应按产(商)品类别或品种设置明细账。

第516号科目　上缴上级支出

1. 本科目核算附属于上级单位的独立核算单位按规定的标准或比例上缴上级单位的支出。

2. 上缴时,借记本科目,贷记“银行存款”等科目。年终将本科目借方余额全数转入“事业结余”科目,借记“事业结余”科目,贷记本科目。结账后,本科目无余额。

第517号科目 对附属单位补助

1. 本科目核算事业单位用非财政预算资金对附属单位补助发生的支出。

2. 对附属单位补助时,借记本科目,贷记“银行存款”科目;补助收回时,做相反的会计分录。

3. 年终结账时,将本科目的借方余额全数转入“事业结余”科目,借记“事业结余”科目,贷记本科目。结转后本科目无余额。

4. 本科目应按接受补助的附属单位名称设置明细账。

第520号科目 结转自筹基建

1. 本科目核算事业单位经批准用财政补助收入以外的资金安排自筹基本建设,其所筹集并转存建设银行的资金。

2. 将自筹的基本建设资金转存建设银行时,根据转存数借记本科目,贷记“银行存款”科目。

3. 年终结账时,应将本科目借方余额全数转入“事业结余”科目,借记“事业结余”,贷记本科目。结转后,本科目年终无余额。

第三部分 年终清理结算和结账

事业单位在年度终了前,应根据财政部门或主管部门的决算编审工作要求,对各项收支账目、往来款项、货币资金和财产物资进行全面的年终清理结算,在此基础上办理年度结账,编报决算。

年终清理结算的主要事项包括:

清理、核对年度预算收支数字和各项缴拨款项、上交下拨款项数字。年终前,对财政部门、上级单位和所属各单位之间的全年预算数(包括追加追减和上、下划数字)以及应上交、拨补的款项等,都应按规定逐笔进行清理结算,保证上下级之间的年度预算数、领拨经费数和上交、下拨数一致。

为了准确反映各项收支数额,凡属本年度的应拨应交款项,应当在12月31日前汇达对方。主管会计单位对所属各单位的拨款应截至12月25日为止,逾期一般不再下拨。

凡属本年的各项收入都应及时入账。本年的各项应缴预算款和应缴财政专户的预算外资金收入,应在年终前全部上缴。属于本年的各项支出,应按规定的支出用途如实列报。

年度单位支出决算,一律以基层用款单位截至12月31日的本年实际支出数为准,不得将年终前预拨下年的预算拨款列入本年的支出,也不得以上级会计单位的拨款数代替基层会计单位的实际支出数。

事业单位的往来款项,年终前应尽量清理完毕。按照有关规定应当转作各项收入或各项支出的往来款项要及时转入各有关账户,编入本年决算。

事业单位年终应及时同开户银行对账,银行存款账面余额应同银行对账单的余额核对相符。现金账面余额应同库存现金核对相符。有价证券账面数字,一般应同实存的有价证券核对相符。

年终前,应对各项财产物资进行清理盘点。发生盘盈、盘亏的,应及时查明原因,按规定作出处理,调整账务,做到账实相符,账账相符。

事业单位在年终清理结算的基础上进行年终结账。年终结账包括年终转账、结清旧账和记入新账。

年终转账。账目核对无误后,首先计算出各账户借方或贷方的12月份合计数和全年累计数,结出12月末的余额。然后,编制结账前的“资产负债表”,试算平衡后,再将应对冲结转的各个收支账户的余额按年终冲转办法,填制12月31日的记账凭单办理结账冲转。

结清旧账。将转账后无余额的账户结出全年总累计数,然后在下面划双红线,表示本账户全部结清。对年终有余额的账户,在“全年累计数”下行的“摘要”栏内注明“结转下年”字样,再在下面划双红线,表示年终余额转入新账,旧账结束。

记入新账。根据本年度各账户余额,编制年终决算的“资产负债表”和有关明细表。将表列各账户的年终余额数(不编制记账凭单),直接记入新年度相应的各有关账户,并在“摘要”栏注明“上年结转”字样,以区别新年度发生数。

事业单位的决算经财政部门或上级单位审批后,需调整决算数字时,应作相应调整。

第四部分 会计报表的编审

事业单位会计报表是反映事业单位财务状况和收支情况的书面文件,是财政部门和上级单位了解情况、掌握政策、指导单位预算执行工作的重要资料，也是编制下年度单位财务收支计划的基础。各单位财务部门必须认真做好会计报表的编审工作。

事业单位会计报表主要包括资产负债表、收入支出表、附表及会计报表附注和收支情况说明书等。报表格式及说明详见本制度附件《事业单位会计凭证》、《事业单位会计账簿》和《事业单位会计报表》。对于有专款收支业务的单位，应根据财政部门或主管部门的要求编报专项资金收支情况表，报表格式另定。

事业单位会计报表应当根据登记完整、核对无误的账簿记录和其他有关资料编制，要做到数字正确，内容完整，报送及时。

一、各单位应当加强日常会计核算工作，会计报表的数字要根据经审核无误的会计账簿记录汇总，切实做到账表相符，有根有据，不得估列代编。

二、会计报表要层层汇总，上级单位要在编制本级会计报表的基础上，根据本级会计报表和经审查过的所属单位会计报表，编制汇总会计报表，并将上下级之间的对应科目数字冲销后，逐级汇总上报。上报上级单位和同级财政部门的会计报表必须经会计主管人员和单位负责人审阅签章并加盖公章。

三、国有事业单位应按本制度规定的格式、内容和期限，向财政部门或主管单位报送会计报表。中央各部门、各省、自治区、直辖市财政厅(局)可根据工作需要增设会计报表。事业单位内部管理需要的特殊会计报表，由单位自行规定。

四、会计报表分为月报、季报和年报(决算)三种。月份会计报表应于月份终了后三日报出；季度报表应于季度终了后五日报出；年度会计报表应按财政部决算通知规定及主管部门要求的格式和期限报出。年报应抄报同级国有资产管理部门。

第五部分　附　　件

附件一

事业单位会计凭证

一、原始凭证

原始凭证是经济业务发生时取得的书面证明，是会计事项的唯一合法凭证，是登记明细账的依据。事业单位原始凭证主要有：

1. 收款收据；
2. 借款凭证；
3. 预算拨款凭证；
4. 各种税票；
5. 材料出、入库单；
6. 固定资产出、入库单；
7. 开户银行转来的收、付款凭证；
8. 往来结算凭证；
9. 其他足以证明会计事项发生经过的凭证和文件等。

二、记账凭证

记账凭证是由会计人员根据审核后的原始凭证填制的，并作为登记账簿依据的凭证。事业单位的记账凭证主要包括收款凭证、付款凭证和转账凭证三种。

1. 记账凭证参考格式见格式一、格式二和格式三。(略)

2. 记账凭证编制方法

(1) 事业单位应根据经审核无误的原始凭证，归类整理编制记账凭证。

记账凭证的各项内容必须填列齐全，经复核后凭以记账。制证人必须签名或盖章。

(2) 记账凭证一般根据每项经济业务的原始凭证编制。当天发生的同类会计事项可以适当归并后编制。不同会计事项的原始凭证，不得合并编制一张记账凭证，也不得把几天的会计事项加在一起作一个记账凭证。

(3) 记账凭证必须附有原始凭证。一张原始凭证涉及几张记账凭证的，可以把原始凭证附在主要的一张记账凭证后面，在其他记账凭证上注明附有原始凭证的记账凭证的编号。结账和更正错误的记账凭证，可以不附原始凭证,但应经主管会计人员签章。

(4) 记账凭证必须清晰、工整、不得潦草。记账凭证由指定人员复核,并经会计主管人员签章后据以记账。

(5) 记账凭证应按照会计事项发生的日期,顺序整理制证记账。按照制证的顺序,每月从第一号起编一个连续号。

三、账簿使用要求

1. 会计账簿的使用,以每一会计年度为限。每一账簿启用时,应填写"经管人员一览表"和"账簿目录",附于账簿扉页上。

账簿经管人员一览表和账户目录样式见格式七、格式八。(略)

2. 手工记账必须使用蓝、黑色墨水书写,不得使用铅笔、圆珠笔。红色墨水除登记收入负数使用外,只能在划线、改错、冲账时使用。账簿必须按照编定的页数连续记载,不得隔页、跳行。如因工作疏忽发生跳行或隔页时,应当将空行、空页划线注销,并由记账人员签名盖章。

登记账簿要及时准确,日清月结,文字和数字的书写要清晰整洁。

3. 会计账簿应根据已经审核过的会计凭证登记。记账时,将记账凭证的编号记入账簿内;记账后,在记账凭证上用"√"符号注明,表示已登记入账。

4. 各种账簿记录应按月结账,求出本期发生额和余额。

四、错误更正

账簿记录如发生错误,不能挖补、涂抹、刮擦或用化学药水除迹。应按下列方法更正:手工记账发生文字或数字书写错误,用"划线更正法"更正,并由记账人员在更正处盖章。

由于记账凭证科目对应关系填错引起的,应按更正的记账凭证登记账簿。

附件二

事业单位会计报表

一、资产负债表

1. 资产负债表(格式九)是反映事业单位在某一特定日期财务状况的报表。本表按照"资产+支出=负债+净资产+收入"的平衡公式设置。左方为资产部类,右方为负债部类,左右两方总计数相等。

2. 事业单位应先编出本单位的资产负债表,然后与经审核无误的所属下级单位汇总的资产负债表汇总,编成本部门总的资产负债表。

二、收入支出表

收入支出表(格式十)是反映事业单位在一定期间的收支结余及其分配情况的报表。收入支出表的项目,应当按收支的构成和结余分配情况分项列示。

收入支出表的附表主要是事业支出明细表(格式十一)和经营支出明细表(格式十二)。支出明细表的项目应按"国家预算支出科目"列示。在事业支出明细表中,对于用财政拨款和预算外资金收入安排的支出应按财政部门的要求分别列示。

五、行政单位会计制度

财政部关于印发《行政单位会计制度》的通知

(财预字[1998]49号 1998年2月6日)

国务院各部委、各直属机构,各中直机关,各人民团体,全国人大常委会办公厅,全国政协办公厅,高法院,高检院,各省、自治区、直辖市、计划单列市财政厅(局):

为规范行政单位的会计核算行为,我部重新制定了《行政单位会计制度》,现发给你们。本制度从1998年1月1日起执行。我部1988年制发的《事业行政单位预算会计制度》同时废止。执行中有何问题,请及时函告我部。

附件:行政单位会计制度

附件

行政单位会计制度

第一章　总　则

第一条　为了适应我国社会主义市场经济发展的需要，规范行政单位会计核算行为，保证会计信息质量，根据《中华人民共和国会计法》，制定本制度。

第二条　本制度适用于中华人民共和国各级行政机关和实行行政财务管理的其他机关、政党组织（以下统称行政单位）。

第三条　行政单位会计是预算会计的组成部分。其会计核算必须遵守国家有关法律、法规及本制度的规定。

第四条　根据机构建制和经费领报关系，行政单位的会计组织系统，分为主管会计单位、二级会计单位和基层会计单位三级。

向财政部门领报经费，并发生预算管理关系的，为主管会计单位。

向主管会计单位或上一级会计单位领报经费，并发生预算管理关系，有下一级会计单位的，为二级会计单位。

向上一级会计单位领报经费，并发生预算管理关系，没有下级会计单位的，为基层会计单位。

向同级财政部门领报经费，没有下级会计单位的，视同基层会计单位。

主管会计单位、二级会计单位和基层会计单位实行独立会计核算，负责组织管理本部门、本单位的全部会计工作。

不具备独立核算条件的行政单位，实行单据报账制度，作为"报销单位"管理。

第五条　行政单位应当根据本单位的业务规模、人员编制以及负担的会计工作任务，设置相应的会计工作机构，配备会计人员，并应建立岗位责任制度和内部稽核制度。

第六条　会计核算应当以行政单位发生的各项经济业务为对象，记录和反映行政单位自身的各项经济活动。

行政单位的各项资金和财产，均应纳入行政单位会计核算。

第七条　会计核算应当划分会计期间，分期结算账目和编制会计报表。会计期间分为年度、季度和月份。会计年度、季度和月份采用公历日期。

第八条　会计核算以人民币为记账本位币。发生外币收支的，应当按照中国人民银行公布的当日人民币外汇汇率折算为人民币核算。业务收支以外币为主的，也可以选定某种外币为记账本位币。但编制会计报表时，应该按照编报日期的人民币外汇汇率折算为人民币反映。

第九条　会计记账采用借贷记账法。

第十条　会计记录应当使用中文，少数民族地区可以同时使用本民族文字。

第二章　一般原则

第十一条　会计核算应当以行政单位实际发生的经济业务为依据，客观真实地记录、反映各项收支情况及结果。

第十二条　会计信息应当符合国家宏观经济管理的要求，适应预算管理和有关方面了解行政单位财务状况及收支结果的需要，有利于单位加强内部财务管理。

第十三条　会计核算应当按照规定的会计处理方法进行。同类单位会计指标应当口径一致，相互可比。

第十四条　会计处理方法应当前后各期一致，不得随意变更。如确有必要变更，应当将变更的情况、原因和对单位财务收支情况及结果的影响在会计报表中说明。

第十五条　会计核算应当及时进行。

第十六条　会计记录和会计报表应当清晰明了，便于理解和运用。

第十七条　会计核算以收付实现制为基础。

第十八条　凡是指定用途的资金应按规定的用途使用，并单独核算反映。

第十九条　各项财产物资应当按照取得或购建时的实际成本计价。除国家另有规定者外，一律不得自行调整其账面价值。

第二十条 会计报表应当全面反映行政单位的财务收支情况及其结果。对于重要的业务事项，应当单独反映。

第三章 资 产

第二十一条 资产是行政单位占有或者使用的，能以货币计量的经济资源。包括流动资产和固定资产。

第二十二条 流动资产是指可以在一年内变现或者耗用的资产，包括现金、银行存款、暂付款、库存材料等。

现金和银行存款按照实际收入和支出数额记账。

行政单位必须严格银行存款的开户管理，禁止多头开户。预算经费应由财务部门统一在同级财政部门或上级主管部门指定的国家银行开户，不得自行转移资金。

暂付款是行政单位在业务活动中与其他单位、所属单位或本单位职工发生的临时性待结算款项。

暂付款按实际发生数额记账。

行政单位对暂付款业务要严格控制，健全手续，及时清理。属于临时性往来借欠款要及时结算，不得长期挂账。

库存材料是指行政单位大宗购入进入库存，并陆续耗用的行政用物资材料。库存材料应按实际耗用数列支。办公用品数量不大，随买随用的，按购入数直接列为支出。

行政单位的库存材料每年至少应当清点一次。如发生盘亏、盘盈，应当查明原因，作为增加或减少当期支出处理。

第二十三条 有价证券是指行政单位用结余资金购买的国债。行政单位购买的有价证券作为流动资产管理。

有价证券按取得时的实际成本记账。购入的有价证券应作为货币资金妥善保管，做到账券相符。

当期有价证券的利息以及转让有价证券取得的收入与其账面成本的差额，记入当期收入。

第二十四条 固定资产是指使用年限在一年以上，单位价值在规定标准以上，并在使用过程中基本保持原来物质形态的资产。包括房屋及建筑物、专用设备、一般设备、文物和陈列品、图书、其他固定资产。

单价虽然未达到规定标准，但使用时间在一年以上的大批同类物资，应作为固定资产核算。

固定资产应当按照取得或购建时的实际成本记账。盘盈和接受捐赠的固定资产应当按照同类资产的市场价格或者有关凭据确定固定资产价值。

对固定资产进行改建、扩建，其净增值部分，应当计入固定资产价值。

行政单位的固定资产不计提折旧。

第二十五条 行政单位对其占有或使用的固定资产，每年应当盘点一次。

固定资产报废、调拨和变卖，必须按规定的程序报经审批。

转让、毁损、报废及盘亏的固定资产，应当相应减少固定资产账面价值。有偿转让、变卖固定资产取得的变价收入和清理报废固定资产取得的变价收入，作为其他收入处理。清理固定资产所发生的费用，作为当期支出。出租固定资产取得的价款，应当记入其他收入。

第四章 负 债

第二十六条 负债是行政单位承担的能以货币计量，需要以资产偿付的债务，包括应缴预算款、应缴财政专户款、暂存款等。

第二十七条 应缴预算款是指行政单位在业务活动中按规定取得的应缴财政预算的各种款项，主要包括纳入预算管理的政府性基金、行政性收费罚款（指按国家规定由行政机关直接收缴的部分，下同）、没收财物变价款、无主财物变价款、赃款和赃物变价款、其他应缴预算的资金等。

行政单位取得的应缴预算款项应当按照规定及时、足额上缴国库。对于未达到缴款起点或需要定期清缴的，应及时存入银行存款账户。

行政单位的应缴预算款项应当按照同级财政部门规定的缴款方式、缴款期限及其他缴款要求及时办理缴库。每月月末不论是否达到缴款额度，均应清理结缴。任何单位不得缓缴、截留、挪用或自行坐支应缴预算款项。年终必须将当年的应缴预算款项全部清缴入库。

第二十八条 应缴财政专户款是指行政单位按规定代收的应上缴财政专户的预算外资金。应缴财政专户的预算外资金范围及管理办法，按国务院和财政部规定办理。

第二十九条 暂存款是行政单位在业务活动中与其他单位和个人发生的待结算款项。

各种应缴款及暂存款项应及时清理并按规定办理结算。不得长期挂账。

第三十条 各项负债应按实际发生数额记账。

第五章 净资产

第三十一条 净资产是指行政单位资产减负债和收入减支出的差额，包括固定基金、结余等。

第三十二条 固定基金是指行政单位固定资产所占用的基金。

固定基金按实际发生数额记账。

第三十三条 结余是行政单位各项收入与支出相抵后的余额。行政单位的正常经费结余与专项资金结余应分别核算。

第六章 收入

第三十四条 收入是指行政单位为开展业务活动，依法取得的非偿还性资金。包括拨入经费、预算外资金收入、其他收入等。

第三十五条 拨入经费是指行政单位按照经费领报关系，由财政部门或上级单位拨入的预算经费。

行政单位应根据经上级主管部门或财政部门核定的季度(分月)用款计划，按经费领报关系向上级主管部门或同级财政部门申请拨款。

拨入经费应按预算规定的用途使用，未经同级财政部门批准，不得擅自改变用途。

第三十六条 预算外资金收入是指财政部门按规定从财政专户核拨给行政单位的预算外资金和部分经财政部门核准不上缴预算外资金财政专户，而直接由行政单位按计划使用的预算外资金。

其他收入是指行政单位按规定收取的各种收入，以及其他来源形成的收入。

第三十七条 由财政部门拨入的经费和预算外资金收入中属于指定用途，用于完成专项工程或专项工作、并需要单独报账结算的资金，应当与正常的拨款区分开来，分别核算。

第三十八条 行政单位的各项收入应按实际发生数额记账。

第七章 支出

第三十九条 支出是指行政单位为开展业务活动所发生的各项资金耗费及损失。

第四十条 行政单位的支出根据资金管理要求分为经常性支出和专项支出。

经常性支出是指行政单位为维持正常运转和完成日常工作任务发生的支出；专项支出是行政单位为完成专项或特定工作任务发生的支出。经常性支出和专项支出的具体项目包括基本工资、补助工资、其他工资、职工福利费、社会保障费、公务费、业务费，修缮费、设备购置费、其他费用等。

行政单位收回本年度已列为经费支出的款项，冲减当年的经费支出；收回以前年度已经列为经费支出的款项，增加上年结余，不得冲减当年经费支出。

第四十一条 行政单位的各项支出按实际支出数额记账。

第八章 会计科目

第四十二条 行政单位会计科目使用要求：

一、本制度规定的会计科目，是汇总和检查行政单位资金活动情况和结果的总账科目。非经财政部同意，不得减并或自行增设，不得擅自更改科目名称。不需要的科目可以不用。

二、本制度统一规定会计科目编号。各行政单位在使用会计科目编号时，应与会计科目名称同时使用。可以只使用会计科目名称，不用科目编号，但不得只填科目编号，不写科目名称。

第四十三条 各行政单位适用的会计科目如下：

会计科目表

编号	科目名称
	一、资产类
101	现金
102	银行存款
103	有价证券
104	暂付款

105　　库存材料

106　　固定资产

二、负债类

201　　应缴预算款

202　　应缴财政专户款

203　　暂存款

三、净资产类

301　　固定基金

303　　结余

四、收入类

401　　拨入经费

404　　预算外资金收入

407　　其他收入

五、支出类

501　　经费支出

502　　拨出经费

505　　结转自筹基建

第四十四条　会计科目使用说明

（一）资产类

第101号科目　现金

1. 本科目核算行政单位的库存现金。

2. 收到现金，借记本科目，贷记有关科目；支出现金，借记有关科目，贷记本科目。

本科目借方余额，反映行政单位库存现金数额。

3. 行政单位应设置“现金日记账”，由出纳人员根据收付款凭证，按照业务的发生顺序逐笔登记。每日业务终了，应计算当日的现金收入合计数、现金支出合计数和结余数，并将结余数与实际库存数核对，做到账款相符。

4. 有外币现金的行政单位，应分别按人民币、各种外币设置“现金日记账”进行明细核算。具体参见“银行存款”科目。

第102号科目　银行存款

1. 本科目核算行政单位存入银行其他金融机构的各种款项。

2. 行政单位将款项存入银行或其他金融机构时，借记本科目，贷记“现金”等有关科目；提取和支出存款时，借记“现金”等有关科目，贷记本科目。

本科目借方余额，反映行政单位银行存款数额。

3. 行政单位应按开户银行、存款种类等，分别设置“银行存款日记账”。由出纳人员根据收付款凭证，按照业务的发生顺序逐笔登记，每日终了应结出余额。“银行存款日记账”应定期与银行对账，至少每月核对一次。月份终了，行政单位账面结余与银行对账单人余额之间如有差额，应逐笔查明原因，分别情况进行处理。属于未达账项，应按月编制“银行存款余调节表”，调节相符。

4. 有外币存款的行政单位，应在本科目下分别人民币和各种外币设置“银行存款日记账”进行明细核算。

行政单位发生的外币银行存款业务，应将外币金额折合为人民币记账，并登记外国货币金额和折合率。外国货币折合为人民币记账时，应按业务发生时的中国人民银行公布的人民币外汇汇率折算。年度终了（外币存款业务量大的机关可按季或月结算），行政单位应将外币账户余额按照期末中国人民银行公布的人民币外汇汇率折合为人民币，作为外币账户的期末人民币余额。调后的各外币账户人民币余额与原账面余额的差额，作为汇兑损益列入有关支出。

第103号科目　有价证券

1. 本科目核算行政单位购入的有价证券。

2. 购入有价证券时，按照实际支付的款项，借记本科目，贷记“银行存款”科目；兑付本息时，借记“银行存款”科目，贷记科目(本金)和“其他收入”(利息)科目。

本科目借方余额，反映尚未兑付的有价证券本金数。

第 104 号科目　暂付款

1. 本科目核算行政单位发生的待核销的结算款项。

2. 发生暂付款时，借记本科目，贷记“现金”、“银行存款”等有关科目；结算收回或核销转列支出时，借记“经费支出”等有关科目，贷记本科目。

本科目借方余额，反映尚等结算的暂付款累计数。

3. 本科目应按债务单位或个人名称设置明细账。

第 105 号科目　库存材料

1. 本科目核算行政单位大宗购入、需要库存的物资材料等。行政单位办公材料随买随用或没有大宗购入，不需要库存的，可以不设本科目。

2. 购入、有偿调入的材料，分别以购价、调拨价作为入账价格。材料采购、运输过程中发生的差旅费、运杂费等不计入库存材料价格，直接列入有关支出科目核算。

3. 购入材料并已验收入库时，借记本科目，贷记“银行存款”等有关科目；领用出库时，贷记本科目，借记有关支出科目。

本科目借方余额，反映行政单位库存材料的实际库存数。

4. 本科目应按库存材料的类别、品种等有关项目设置明细账，并根据库存材料入库、出库单逐笔登记。

5. 行政单位的库存材料，每年至少应盘点一次。对于发生的盘盈、盘亏等情况，应当查明原因，属于正常的溢出或损耗，作为减少或增加当期支出处理。盘盈时，借记本科目，贷记有关支出科目；盘亏时，借记有关支出科目，贷记本科目。属于非正常性的毁损，应按规定的程序报经批准后处理。

库存材料变价处理，恢复存款。变价发生损益，相应增减当期支出。

第 106 号科目　固定资产

1. 本科目核算行政单位固定资产的原价。

2. 行政单位的固定资产应按照下列规定确定其价值，登记入账：

(1) 购入、调入的固定资产，按实际支付的买价、调拨价以及运杂费、保险费、安装费、车辆购置附加费记账。

(2) 自行建造的固定资产，应按建造过程中实际发生的全部支出记账。

(3) 在原有固定资产基础上进行改建、扩建的固定资产，应按改建、扩建发生的支出，减去改建、扩建过程中发生的变价收入后的净增加值，增记固定资产。

(4) 接受捐赠的固定资产，应当按照同类固定资产的市场价格或者有关凭据记账。接受固定资产时发生的相关费用，应当记入固定资产价值。

(5) 无偿调入的固定资产，应当按估计价值记账。

(6) 盘盈的固定资产，按重置完全价值记账。

(7) 已投入使用但尚未办理移交手续的固定资产，可先按估计价值记账。待确定实际价值后，再进行调整。

购置固定资产过程中发生的差旅费，不计入固定资产价值。

3. 已经入账的固定资产，除发生下列情况外，不得任意变动：

(1) 根据国家规定对固定资产价值重新估价；

(2) 增加补充设备或改良装置的；

(3) 将固定资产的一部分拆除的；

(4) 根据实际价值调整原来暂估价值的；

(5) 发现原来记录固定资产价值有错误的。

4. 本科目的使用方法：

购建、有偿调入固定资产时，借记有关支出科目，贷记“银行存款”等科目；同时，借记本科目，贷记“固定基金”科目。

接受捐赠固定资产，借记本科目，贷记“固定基金”科目。

盘盈的固定资产，按重置完全价值，借记本科目，贷记“固定基金”科目。

有偿调出、变卖的固定资产，按其账面价值销账。借记“固定基金”，贷记“固定资产”科目。

盘亏、毁损、报废的固定资产，按减少固定资产的账面原值销账。毁损、报废固定资产清理过程中发生的收入记入“其他收入”科目，清理过程中的支出，记入有关支出科目。

5. 本科目借方余额，反映行政单位所有固定资产价值的总额。

6. 行政单位应设置“固定资产登记簿”或“固定资产卡片”，按固定资产类别进行明细核算。

（二）负债类

第 201 号科目　应缴预算款

1. 本科目核算行政单位按规定应缴入国家预算的款项。

行政单位的应缴预算款主要包括：纳入预算管理的政府性基金、行政性收费、罚款、没收财物变价款、无主财物变价款、赃款和赃物变价款、其他按照预算管理规定应上缴预算的款项。

2. 收到应缴预算款项时，借记“银行存款”等科目，贷记本科目；上缴时，借记本科目，贷记“银行存款”等科目。

本科目贷方余额，反映应缴未缴数。年终，本科目应无余额。

3. 本科目应按应缴预算款项的类别设置明细账。

第 202 号科目　应缴财政专户款

1. 本科目核算行政单位按规定代收的应上缴财政专户的预算外资金。

2. 收到应上缴财政专户的各项收入时，借记“银行存款”等科目，贷记本科目；上缴财政专户时，作相反的会计分录；实行预算外资金结余上缴财政专户办法的单位定期结算预算外资金结余时，应按结余数借记“预算外资金收入”科目，贷记本科目；实行按比例上缴财政专户的行政单位收到预算外资金收入时，应分别记入“应缴财政专户款”和“预算外资金收入”科目，借记“银行存款”科目，贷记“预算外资金收入”科目，贷记“应缴财政专户款”科目。

本科目贷方余额，反映应缴未缴数。年终，本科目应无余额。

3. 本科目应按预算外资金的类别设置明细账。

第 203 号科目　暂存款

1. 本科目核算行政单位发生的临时性暂存、应付等待结算款项。

2. 收到暂存款时，借记“银行存款”、“现金”等科目，贷记本科目；冲转或结算退还时，借记本科目，贷记“银行存款”、“现金”等科目。

本科目贷方余额，反映尚未结算的暂存款数额。

3. 本科目应按债权单位或个人名称设置明细账。

（三）净资产类

第 301 号科目　固定基金

1. 本科目核算行政单位因购入、调入、建造、接受捐赠以及盘盈固定资产所形成的基金。

2. 增加固定基金时，借记“固定资产”科目或有关科目，贷记本科目；减少固定资产基金时，借记本科目，贷记有关科目。

本科目贷方余额，反映行政单位固定基金总额。

第 303 号科目　结余

1. 本科目核算行政单位年度各项收支相抵后的累计余额。

2. 年终，将“拨入经费”（不含预拨下年经费）、“预算外资金收入”和“其他收入”科目的余额转入本科目的贷方，借记“拨入经费”、“预算外资金收入”、“其他收入”科目，贷记本科目；将“经费支出”（不含预拨下年经费）、“拨出经费”和“结转自筹基建”科目的余额转入本科目借方，借记本科目，贷记“经费支出”、“拨出经费”科目。有专项资金收支的单位，应将非专项的收支分别转入“结余”科目的“经常性结余”明细科目中；将专项收入和支出分别转入结余科目的“专项结余”明细科目中。

年终本科目贷方余额为行政单位滚存结余。

3. 有专项资金的单位应将结余分为经常性结余和专项结余进行明细核算。

（四）收入类

第 401 号科目 拨入经费

1. 本科目核算行政单位按照经费领报关系，由财政部门或上级单位拨入的预算经费。

2. 收到拨款时，借记"银行存款"科目，贷记本科目；缴回拨款时，借记本科目，贷记"银行存款"科目。平时贷方余额反映拨入经费累计数。

3. 年终结账时，将本科目贷方余额（不含收到财政部门或上级单位预拨下年度的经费）转入"结余"科目。借记本科目，贷记"结余"科目。

4. 本科目应按拨入经费的资金管理要求分别设置拨入经常性经费和拨入专项经费两个二级科目。二级科目下按"国家预算收支科目"的"款"级科目设明细账。行政单位收到非主管会计单位拨入的财政性资金（如公费医疗经费、住房基金等），应在"拨入专项经费"二级科目下按拨入的单位分别进行明细核算。

第 404 号科目 预算外资金收入

1. 本科目核算行政单位预算外资金的收入情况。

2. 行政单位收到从财政专户核拨本单位的预算外资金时，借记"银行存款"等有关科目，贷记本科目。主管部门收到财政专户核拨的属于应返还所属单位的预算外资金时，通过"暂存款"科目核算。

实行按确定的比例上缴预算外资金财政专户办法的行政单位收到预算外资金时，借记"银行存款"等科目，贷记"应缴财政专户款"科目，贷记本科目；实行结余上缴预算外资金财政专户办法的单位收到预算外资金收入时，借记"银行存款"科目，贷记本科目，定期结算应缴预算外资金结余时，借记本科目，贷记"应缴财政专户款"科目。

3. 年终结账时，将本科目贷方余额全数转入"结余"科目，结转后本科目无余额。

4. 本科目应按预算外资金收入管理要求分别设置经常性收入和专项收入二级科目，二级科目下按预算外资金项目设置明细账。

第 407 号科目 其他收入

1. 本科目核算行政单位其他资金收入的情况。包括：行政单位在业务活动中取得的不必上交财政的零星杂项收入、有偿服务收入、有价证券及银行存款利息收入等。

2. 发生其他收入时，借记"银行存款"、"现金"等科目，贷记本科目；冲销转出时，借记本科目，贷记有关科目。平时本科目贷方余额反映其他收入累计数。

年终结账时，本科目贷方余额全数转入"结余"科目，借记本科目，贷记"结余"科目。年终转账后，本科目无余额。

3. 本科目可按收入的主要类别设置明细账。

（五）支出类

第 501 号科目 经费支出

1. 本科目核算行政单位在业务活动中发生的各项支出。

2. 发生支出时，借记本科目，贷记"银行存款"、"现金"等科目；支出收回或冲销转出时，借记有关科目，贷记本科目。平时借方余额反映经费实际支出累计数。

3. 年终，本科目借方余额应转入"结余"科目，借记"结余"科目，贷记本科目。年终转账后，本科目无余额。

4. 本科目应按经常性支出和专项支出分设二级科目，二级科目下按财政部门统一规定的"目"、"节"级支出科目设置明细账。

第 502 号科目 拨出经费

1. 本科目核算行政单位按核定预算拨付所属单位的预算资金。

2. 转拨经费时，借记本科目，贷记"银行存款"等科目；收回或冲销转出时，借记有关科目，贷记本科目，平时本科目借方余额反映拨出经费累计数。

3. 年终结账时，将本科目借方余额（不含预拨下年经费）转入"结余"科目。

4. 本科目应按拨出经常性经费和拨出专项经费分设二级科目，并按所属拨款单位设置明细账。

第 505 号科目 结转自筹基建

1. 本科目用于核算行政单位经批准用拨入经费拨款以外的资金安排基本建设，其所筹集并转存建设银行的资金。

2. 将自筹的基本建设资金转存建设银行时，根据转存数借记本科目，贷记“银行存款”科目。基本建设项目完工后剩余资金收回时，做相反的会计分录。

3. 年终结账时，应将本科目借方余额全数转入“结余”科目，借记“结余”，贷记本科目。结转后，本科目年终无余额。

第九章　年终清理结算和结账

第四十五条　行政单位在年度终了前，应根据财政部门或主管部门的决算编审工作要求，对各项收支账目、往来款项、货币资金和财产物资进行全面的清理结算。并在此基础上办理年度结账，编报决算。

第四十六条　清理、核对年度预算收支数字和各项缴拨款，保证上下级之间的年度预算数和领拨经费数一致。

第四十七条　为了准确反映各项收支数额，凡属本年度的应拨款项，应当在 12 月 31 日前汇达对方。主管会计单位对所属各单位的预算拨款和预算外资金拨款，截止 12 月 25 日为止，逾期一般不再下拨。

第四十八条　凡属本年的各项收入，都要及时入账。本年的各项应缴预算款和应缴财政专户的预算外资金钉在年终前全部上缴。属于本年的各项支出，要按规定的支出渠道如实列报。

年度单位支出决算，一律以基层用款单位截止 12 月 31 日止的本年实际支出数为准，不得将年终前预拨下级单位的下年预算拨款列入本年的支出，也不得以上级会计单位的拨款数代替基层会计单位的实际支出数。

第四十九条　行政单位的往来款项，年终前应尽量清理完毕。按照有关规定应当转作各项收入或各项支出的往来款项要及时转入各有关账户，编入本年决算。主管单位收到财政专户核算的预算外资金属于应返还所属单位的部分应及时转拨所属单位，不得在“暂存款”挂账。

第五十条　行政单位年终要及时同开户银行对账，银行存款账面余额，要同银行对账单的余额核对相符。现金账面余额，要同库存现金核对相符。有价证券账面数额，要同实存的有价证券实际成本核对相符。

第五十一条　年终前，应对各项财产物资进行清理盘点，发生盘盈、盘亏的，要及时查明原因，按规定作出处理，调整账务，做到账实相符，账账相符。

第五十二条　行政单位在年终清理结算的基础上进行年终结账。年终结账包括年终转账、结清旧账和记入新账。

年终转账。账目核对无误后，首先计算出各账户借方或贷方的 12 月份合计数和全年累计数，结出 12 月末的余额。然后，编制结账前的“资产负债表”，试算平衡后，再将应对冲结转的各个收支账户的余额按年终转账办法，填制 12 月 31 日的记账凭单办理结账冲转。

结清旧账。将转账后无余额的账户结出全年总累计数，然后在下面划双红线，表示本账户全部结清。对年终有余额的账户，在“全年累计数”下行的“摘要”栏内注明“结转下年”字样，再在下面划双红线，表示年终余额转入新账，旧账结束。

记入新账。根据本年度各账户余额，编制年终决算的“资产负债表”和有关明细表，将表列各账户的年终余额数（不编制记账凭单），直接记入新年度相应的各有关账户，并在“摘要”栏注明“上年结转”字样，以区别新年度发生数。

第五十三条　行政单位的决算经财政部门或上级单位审核批复后，需调整决算数字时，应作相应调整。

第十章　会计报表的编审

第五十四条　会计报表是反映行政单位财务会计状况和预算执行结果的书面文件。包括资产负债表、收入支出总表、支出明细表、附表和报表说明书。具体报表格式见本制度所附《会计凭证、账簿、报表》。

有专款收支业务的，还应按专款的种类编报专项资金支出明细表。

第五十五条　资产负债表是反映行政单位在某一特定日期财务状况的报表。资产负债表的项目，应当按会计要素的类别分别列示。

收入支出总表是反映行政单位年度收支总规模的报表。收入支出总表按单位实有各项收支项目汇总列示。

支出明细表是反映行政单位在一定时期内预算执行情况的报表。支出明细表的项目，应当按“国家预算支出科目”列示。对于用财政拨款和预算外资金收入安排的支出应按支出的用途分别列示。

附表是指根据财政部门或主管会计单位的要求编报的补充性报表，如基本数字表。附表按财政部门和上级单位规定的项目列示。

第五十六条　行政单位应当按财政部门或上级单位的规定报送月度、季度和年度会计报表。

月报，是反映行政单位截止报告月度资金活动和经费收支情况的报表。月报要求编报资产负债表、支出明细表。

季报，是分析、检查行政单位季度资金活动情况和经费收支情况的报表，应在月报的基础上较详细地反映单位经费收支的全貌。各行政单位的季报，要求在月报的基础上加报基本数字表。

年报(年度决算)，是全面反映年度资金活动和经费收支执行结果的报表。年度决算报表种类和要求等，按照财政部门和上级单位下达的有关决算编审规定组织执行。

第五十七条　行政单位的会计报表，要保证数字准确、内容完整、报送及时。会计报表必须经会计主管人员在机关负责人审阅签章并加盖公章后上报。财政部门和上级单位对于屡催不报报表的单位，有权暂停其预算拨款或预算外资金的拨付。

第五十八条　基层单位的会计报表，应根据登记完整、核对无误的账簿记录和其他有关资料编制，切实做到账表相符，不得估列代编。

第五十九条　主管会计单位除根据会计账簿记录和有关资料编制本级的会计报表外，还应根据本级会计报表和经审查过的所属单位会计报表，编制汇总会计报表。

第六十条　行政单位在报送月报、季报、年报时都应编写报表说明书。报表说明书包括报表编制技术说明和报表分析说明。

报表技术说明主要包括：采用的主要会计处理方法，特殊事项的会计处理方法，会计处理方法的变更情况，变更原因以及对收支情况和结果的影响等。

报表分析说明一般包括：基本情况，影响预算执行、资金活动的原因，经费支出、资金活动的趋势，管理中存在的问题和改进措施，对上级会计单位工作的意见和建议。

第十一章　附　则

第六十一条　本制度没有特殊规定的一般会计处理方法，按财政部发布的《会计基础工作规范》办理。会计档案的管理，按财政部、国家档案局颁发的《会计档案管理办法》执行。

行政单位基本建设投资会计核算，按照有关规定办理。

第六十二条　本制度由财政部负责解释。

第六十三条　本制度从1998年1月1日起执行。财政部1988年制定的《事业行政单位预算会计制度》及其补充规定在行政单位同时停止执行。各部门自行制定的适用于行政单位的会计制度同时废止。

附件一　行政单位会计凭证(略)

附件二　行政单位会计账簿(略)

附件三　行政单位会计报表(略)

六、其他行政事业单位会计制度

受篇幅的限制，现把其他常用行政事业单位的会计制度名称和文号等信息提供给使用者。

法规名称	文　号
《高等学校会计制度(试行)》	财预字[1998]105号
《中小学校会计制度(试行)》	财预字[1998]104号
《医院会计制度》	财预字[1998]58号
《科学事业单位会计制度》	财预字[1997]288号
《国有林场与苗圃会计制度》(暂行)	(94)财农字第371号
《社会保险基金会计制度》	财会字[1999]20号
《彩票发行与销售机构会计制度》	财会[2001]63号
《国有建设单位会计制度》	财会字[1995]45号
《村集体经济组织会计制度》	财会[2004]12号
《监狱会计制度》	财农字[1997]14号
《水利工程管理单位会计制度》(暂行)	水财199211号

第二十五章　行政事业单位会计制度配套法规

一、行政事业单位决算报告制度

第一章　总　　则

第一条　为进一步加强行政事业单位各项资金和会计信息管理工作，规范行政事业单位会计决算行为，保证会计决算信息质量，根据《中华人民共和国会计法》、《中华人民共和国预算法》、《行政单位会计制度》、《事业单位会计制度》、《行政单位财务规则》和《事业单位财务规则》等法律规章，制定本制度。

第二条　行政事业单位会计决算报告制度的主要内容包括行政事业单位会计决算报告的编制范围、编制内容、工作组织、填报审核、汇总上报、质量核查及数据资料管理等方面的工作规范。

第三条　本制度所称行政事业单位会计决算报告指行政事业单位在每个会计年度终了，根据财政部门决算编审要求，在日常会计核算的基础上编制的、综合反映本单位财务收支状况和各项资金管理状况的总结性文件。

第四条　通过建立行政事业单位会计决算报告制度，收集汇总行政事业单位财务收支、经费来源与运用、资产与负债、机构、人员与工资等方面的基本数据，全面、真实反映行政事业单位财务状况和预算执行结果，为财政部门审查批复决算和编制后续年度财政预算提供基本依据，并满足国家财务会计监管、各项资金管理以及宏观经济决策等信息需要。

第五条　本制度适用于所有执行行政事业单位会计制度的行政事业单位；对于不执行行政事业单位会计制度、但纳入财政预算范围、且与各级财政有经常性经费领拨款关系的其他单位也适用于本制度。

第二章　会计决算报告工作组织

第六条　行政事业单位会计决算报告工作按照“科学、规范、统一、高效”的原则，由财政部实施统一管理，各部门、各地区依据财务管理关系或预算管理关系分别组织实施。

第七条　财政部是行政事业单位决算报告工作的主管部门。其职责主要是：

（一）制定行政事业单位会计决算管理的规章制度。

（二）制定下发统一的行政事业单位会计决算报告格式和工作处理软件，并组织全国行政事业单位会计决算报表与软件培训。

（三）组织全国行政事业单位会计决算报表的收集、审核、汇总和分析工作。

（四）负责全国行政事业单位会计决算信息上报和对外提供工作，并对全国行政事业单位会计决算信息披露实施统一管理。

（五）组织全国行政事业单位会计决算报告编制质量的核查工作。

（六）建立全国行政事业单位会计决算数据库和网络管理体系。

第八条　中央各部门（含中共中央有关部门、国务院各部委和直属机构、全国人大常委会办公厅、全国政协办公厅、最高人民法院、最高人民检察院、各人民团体和有关中央直管企业集团，下同）按照全国统一的工作程序、编报规范和时间要求，组织实施本部门所属行政事业单位会计决算报告的编报工作。其职责主要是：

（一）组织本部门行政事业单位会计决算报表的布置与培训工作。

（二）组织本部门行政事业单位会计决算报表的收集、审核、汇总和上报工作。

（三）组织本部门行政事业单位会计决算报告编制质量的核查工作。

（四）负责建立和管理本部门行政事业单位会计决算数据分库。

第九条　各地区（含各省、自治区、直辖市和计划单列市，下同）的财政部门按照统一的工作程序、编报规范和时间要求，负责组织实施本地区行政事业单位会计决算报告的编报工作。其职责主要是：

（一）组织本地区行政事业单位会计决算报表的布置与培训工作。

（二）组织本地区行政事业单位会计决算报表的收集、审核、汇总、分析和上报工作。

（三）组织本地区行政事业单位会计决算报告编制质量的核查工作。

（四）负责建立和管理本地区行政事业单位会计决算数据分库。

第三章　会计决算报告的内容

第十条　行政事业单位会计决算报告的内容主要包括：行政事业单位决算报表、报表附注和财务分析。

第十一条　行政事业单位决算报表包括：

（一）报表封面。

（二）主表。

（三）补充指标表。

第十二条　行政事业单位决算报表封面内容主要包括：行政事业单位名称、单位负责人、财务负责人、填表人、联系方式等文字信息，以及单位统一代码、基本性质、财政预算代码、预算管理级次、隶属关系、报表类型等相关信息。

第十三条　行政事业单位决算报表主表、补充指标表内容主要包括：行政事业单位各类收支与结余情况、资产与负债情况、人员与工资情况及财政部门规定的其他应上报的内容。主表适用于所有行政事业单位，补充指标表仅适用于相关业务的行政事业单位。

第十四条　行政事业单位决算报表附注用于注明需特别说明的有关报表编制事项，主要包括：报表编制基础、编制依据、编制原则和方法，以及特殊事项的说明和有关重要项目的明细资料。

第十五条　行政事业单位财务分析是对本单位收入支出、资产负债、净资产等主要财务指标增减变动情况和原因的分析。

第十六条　行政事业单位会计决算报告应当同时记载在纸介质和磁盘介质（或光盘介质）上。

第四章　会计决算报告的编制

第十七条　行政事业单位会计决算报告的统一编制时间点为每年的 12 月 31 日。

第十八条　各部门、各地区应按照财务管理关系或预算管理级次确定行政事业单位会计决算报告的基本报告单位。行政事业单位会计决算报告的基本报告单位应同时具备下列条件：

（一）具有独立法人资格。

（二）独立编制会计报表。

第十九条　行政事业单位会计决算报告的基本报告单位原则上应实行逐户录入。对于确实不具备基本报告单位逐户录入条件的，可按照财政部每年统一确定的原则适当调整录入级次。

第二十条　各级行政事业单位应在全面清理核实资产、负债、收入、支出，并办理年终结账的基础上，编制会计决算报告。

（一）应按照行政、事业单位财务会计制度规定及各级财政对单位预算的批复文件，及时清理收支账目、往来款项，核对年度预算收支和各项缴拨款项。各项收支应按规定要求进行年终结账。凡属本年的各项收入应及时入账，本年的各项应缴预算款和应缴财政专户的预算外资金应在年终前全部上缴。属于本年的各项支出，应按规定的支出渠道如实列报。

（二）应根据登记完整、核对无误的账簿记录和其他有关会计核算资料编制会计决算报告，做到数字真实、计算正确、内容完整、账表相符、表表相符。

第二十一条　各级行政事业单位应根据财政部统一下发的报表格式、编制说明及软件操作要求，认真编制会计决算报告。

（一）报表封面应按照国家统一标准和财政部统一规定如实填报。报表编制完毕后，须经单位负责人、财务负责人和报表编制人员审查、签字并盖章。单位公章应加盖单位行政公章，不得以财务专用章代替。

（二）报表各项指标应严格按照财政部统一制订的报表编制说明、指标解释认真编制，做到表内项目之间、表与表之间、本期数据与上期数据之间相互衔接。

第二十二条　各级财政部门、主管会计单位核拨经费给其他不属于会计决算报告编制范围的单位，由拨款单位代编决算，具体应按照财政部代编决算的有关规定执行。

第五章　会计决算报告的审核

第二十三条　会计决算报告的编制单位必须认真做好会计决算报告的审核工作，确保上报数据资料真实、完整、准确。

第二十四条 行政事业单位会计决算报告审核的主要内容包括：

（一）审核编制范围是否全面，是否有漏报和重复编报现象。

（二）审核编制方法是否符合国家统一的财务会计制度，是否符合行政事业单位会计决算报告的编制要求。

（三）审核编制内容是否真实、完整、准确，审核单位账簿与报表是否相符、金额单位是否正确，有无漏报、重报项目以及虚报和瞒报等弄虚作假现象。

（四）审核报表中的相关数据是否衔接一致，包括表间数据之间、分户数据与汇总数据之间、报表数据与计算机录入数据之间是否衔接一致。

（五）对报表与上年数据资料进行核对，审核数据变动是否合理。

第二十五条 会计决算报告审核的方法应采取人工审核与计算机审核相结合。

（一）人工审核：包括政策性审核和规范性审核。政策性审核主要以现行财务制度和有关政策规定为依据，对重点指标进行审核；规范性审核侧重于报告编制的正确性和真实性及勾稽关系等方面的审核。

（二）计算机审核：利用软件提供的数据审核功能，逐户审核报表的表内表间关系、检查数据的逻辑性及数据的完整性。

第二十六条 会计决算报告审核的工作方式可根据实际情况采取自行审核、集中会审、委托审核等多种形式。

（一）自行审核：各级行政事业单位在上报会计决算报告前应自行将本单位报表、磁盘以及有关数据资料，按统一规定的审核内容进行逐项复核。

（二）集中会审：各部门、各地区组织专门力量对行政事业单位编制的决算报表、磁盘及相关资料，按照统一的标准及要求进行集中对账或分户复核。

（三）委托审核：委托中介机构对行政事业单位决算报表数据及相关资料进行审核。

第二十七条 各部门、各地区要认真做好行政事业单位会计决算报告的审核工作，凡发现报告编制不符合规定，存在漏报、虚报、瞒报、错报以及相关数据不衔接等错误和问题，应要求有关单位立即纠正，并限期重报。

第六章 会计决算报告的汇总与上报

第二十八条 各级行政事业单位应按照财务管理关系或预算管理级次，采取自下而上方式，按时层层汇总上报。

第二十九条 各地区的财政部门应对下级财政部门上报的汇总会计决算报表、本级汇总会计决算报表及本级代编经费决算报表进行汇总，并对有关收入支出、内部往来项目等汇总虚增进行调整和剔除后，形成本地区汇总会计决算报表，并作为各级财政总决算相关数据的来源。

第三十条 中央各部门应对所属各级行政事业单位上报的会计决算报表、部门本级会计决算报表和本级代编经费决算报表进行汇总，并对有关收入支出、内部往来项目等汇总虚增进行调整和剔除后，形成本部门汇总会计决算报表。

第三十一条 各部门、各地区汇总会计决算报表要以所属各级行政事业单位上报的数据为准，不得随意调整数据和科目，更不能虚报、瞒报和随意结转。

第三十二条 各部门、各地区编制的行政事业单位汇总会计决算报告，应于次年3月底前上报财政部。

第七章 会计决算报告编制质量核查

第三十三条 会计决算报告编制质量核查是行政事业单位会计决算报告管理部门为加强会计决算管理，促进提高会计决算信息质量，依法组织开展对行政事业单位会计决算报告编制的真实性和完整性进行的抽样核查。

第三十四条 会计决算报告编制质量核查工作采取统一管理、分级实施原则，全国行政事业单位会计决算报告编制质量的核查工作由财政部组织实施，各地区行政事业单位会计决算报告编制质量的核查工作由各地区财政部门按照统一的工作要求分级组织实施。

第三十五条 会计决算报告编制质量核查的样本采集依据“随机抽取、适当调整”的原则，采取随机抽取与定向选择相结合的方式。

（一）随机抽取：通过计算机随机确定核查样本。

（二）定向选择：对会计决算报告存在明显质量问题或以往年份核查不合格单位，列为核查样本。

第三十六条　会计决算报告编制质量核查的内容由财政部每年根据行政事业单位会计决算报告编制情况以及财政检查工作要求统一规定。基本内容包括：报告编制范围是否齐全、会计决算报表与单位账簿是否一致、报表编制口径与汇总方法是否正确、向不同部门提供的报表数据是否一致等。各地区可结合本地区实际情况对核查内容进行补充。

第三十七条　被选定为核查对象的单位必须依照有关法律、法规，接受财政部门依法实施的核查，应按照核查工作的统一要求如实、及时提供所需会计凭证、会计账簿等有关会计资料，并如实反映有关情况。

第三十八条　财政部门对核查结果实行及时通报制度，对于会计决算报告不符合要求的单位给予通报批评，责令限期改正，并依法追究相应工作责任。

第八章　会计决算数据资料管理

第三十九条　会计决算数据资料包括行政事业单位会计决算报告中以各种介质存放的各类报表、编制说明、分析报告、总结材料。

第四十条　中央各部门和各地区财政部门要对行政事业单位上报的会计决算数据资料进行归类整理、建档建库，并从计算机中传出备份保存。

第四十一条　中央各部门和各地区财政部门要严格按照《会计档案管理办法》妥善保存行政事业单位会计决算数据资料。

第四十二条　各级财政部门应指定专门机构对行政事业单位会计决算数据资料进行管理和维护，配备必要的计算机技术人员，明确管理职责。

第四十三条　对于行政事业单位上报的分户会计决算数据资料，以及涉及国防、安全等国家保密部门的会计决算数据资料，要严格实行密级管理。

第四十四条　对外提供行政事业单位汇总会计决算数据资料，应有公函请求，并报经有关领导批准后方可提供。

第四十五条　各级财政部门不得发布上级财政部门管理范围内的行政事业单位会计决算信息。

第四十六条　各级财政部门应当在做好会计决算数据密级管理的同时，充分利用现代计算机和网络等先进技术，认真做好会计决算资料的“数据共享”，以提高会计决算信息的利用效率。

第四十七条　各级财政部门应加强会计决算信息专题研究分析，做好会计决算信息服务工作，按照规定的程序及时提供有关会计决算信息资料。

第九章　会计决算报告的工作责任

第四十八条　行政事业单位应当按照有关制度规定认真编制会计决算报告，全面、真实反映本单位会计决算信息。各单位负责人对本单位的会计工作和会计资料的真实性和完整性负责。

第四十九条　行政事业单位财务人员应当认真、如实编制会计决算报告，不得漏报、瞒报或因工作不认真错报有关会计决算信息，更不得编造虚假会计信息；行政事业单位负责人不得授意、指使、强令财务人员提供虚假会计决算信息，不得对拒绝、抵制编造虚假会计决算信息的人员进行打击报复。对于违反规定、提供虚假会计决算信息的单位及相关责任人，要按照《中华人民共和国会计法》等有关法律规定予以处理。

第五十条　各部门、各地区应当认真组织落实本部门、本地区行政事业单位会计决算报告工作。各级财政部门要加强对行政事业单位会计决算报告编制工作的考核，对在行政事业单位会计决算报告编制工作中成绩优秀的单位给予表彰；对因工作组织不力或不当，拖延报送会计决算报告或数据差错严重，给全国行政事业单位会计决算报告工作造成不良影响的单位，依据国家有关规定追究相关责任人的工作责任。

第十章　附　　则

第五十一条　各部门、各地区可依据本制度，结合工作实际，制定相应实施细则，并报财政部备案。

第五十二条　本制度由财政部负责解释。

第五十三条　本制度自发布之日起施行。

二、财政部关于政府收支分类改革后事业单位核算问题的通知

关于政府收支分类改革后事业单位核算问题的通知

财会[2006]10 号

各省、自治区、直辖市、计划单列市财政厅(局),新疆生产建设兵团财务局,国务院各部委、各直属机构,高法院,高检院,解放军总后勤部:

一、事业单位应在“财政补助收入”科目下设置“基本支出”和“项目支出”二级明细科目,并在二级明细科目下按照《2007 年政府收支分类科目》中“支出功能分类科目”的“项”级科目设置明细账,进行明细核算。

二、事业单位应在“事业支出”科目下设置“基本支出”和“项目支出”二级明细科目,并在二级明细科目下按照《2007 年政府收支分类科目》中“支出经济分类科目”的“款”级科目设置明细账,进行明细核算。

同时,事业单位应设置“财政拨款支出备查簿”,逐笔登记每一项财政拨款支出的具体情况,并反映每个会计期末的财政拨款结余情况。

三、执行《医院会计制度》、《测绘事业单位会计制度》、《高等学校会计制度》、《中小学校会计制度》、《科学事业单位会计制度》的事业单位,应按照上述方法作相应调整。

四、本通知自 2007 年 1 月 1 日起执行。今后政府收支分类科目如有变化,事业单位的会计核算应随之调整。

财政部

二〇〇六年四月十三日

三、财政部关于政府收支分类改革后行政单位核算问题的通知

财政部关于政府收支分类改革后行政单位核算问题的通知

财库[2006]26 号

一、“401 拨入经费”科目在基本支出和项目支出两个二级科目下,按《政府收支分类科目》中“支出功能分类科目”的“项”级科目设置明细账。

二、“404 预算外资金收入”科目在基本支出和项目支出两个二级科目下,按《政府收支分类科目》中“支出功能分类科目”的“项”级科目设置明细账。

三、“501 经费支出”科目在基本支出和项目支出两个二级科目下,按《政府收支分类科目》中“支出经济分类科目”的“款”级科目设置明细账。本通知自 2007 年 1 月 1 日起执行。执行中如果发现问题,请及时向财政部(国库司)反映。

四、财政部关于政府收支分类改革后财政总预算预算外资金财政专户核算问题的通知

财政部关于政府收支分类改革后财政总预算会计预算外资金财政专户会计核算问题的通知

财库[2006]25 号

一、财政总预算会计

(一)“305 基金预算结余”科目根据《政府收支分类科目》中“收入分类科目”下应列入基金预算收入的最低一级科目逐一反映各项基金的结余。

(二)“401 一般预算收入”科目根据《政府收支分类科目》中“收入分类科目”下应列入一般预算收入的类、款、项、目级科目分设相应明细账。

(三)“405 基金预算收入”科目根据《政府收支分类科目》中“收入分类科目”下应列入基金预算收入的

项、目级科目分设相应明细账。

（四）“501 一般预算支出”科目根据《政府收支分类科目》中“支出功能分类科目”下应列入一般预算支出的类、款、项科目分设相应明细账。

（五）“505 基金预算支出”科目根据《政府收支分类科目》中“支出功能分类科目”下应列入基金预算支出的类、款、项科目分设相应明细账。

二、预算外资金财政专户会计

（一）取消净资产类、收入类、支出类相关会计科目。

取消净资产类“专项预算外资金结余”、“一般预算外资金结余”和“乡统筹资金结余”科目；

取消收入类“专项预算外资金收入”、“一般预算外资金收入”、“乡统筹资金收入”和“其他收入”科目；

取消支出类“行政事业支出”、“专项支出”、“基本建设支出”、“乡统筹资金支出”和“其他支出”科目。

（二）增设净资产类、收入类、支出类相关会计科目。

增设净资产类“预算外结余”科目；

增设收入类“一般预算外收入”科目；

增设支出类“一般预算外支出”科目。

（三）“预算外结余”科目编码为 301。

本科目核算财政专户中各项预算外资金结余。

年终转账时，应将“一般预算外收入”、“上级补助收入”科目余额转入本科目贷方，即借记“一般预算外收入”、“上级补助收入”科目，贷记本科目。将“一般预算外支出”、“政府调剂支出”、“补助下级支出”科目余额转入本科目借方，即借记本科目，贷记“一般预算外支出”、“政府调剂支出”、“补助下级支出”科目。本科目年终贷方余额，反映预算外资金累计结余数额，转入下年度。

本科目根据管理需要，按部门和单位进行明细核算。

（四）“一般预算外收入”科目编码为 401。

本科目核算部门和单位缴入财政专户的各项预算外资金，包括缴入财政专户但未纳入预算管理的行政事业性收费、彩票公益金、财政专户存款利息、乡统筹资金收入、主管部门集中收入等。

取得一般预算外收入时，借记“财政专户存款”，贷记本科目。

年终转账时，应将本科目余额全部转入“预算外结余”科目，借记本科目，贷记“预算外结余”科目。

本科目平时贷方余额，反映当年一般预算外收入累计数。

本科目应按《政府收支分类科目》中“收入分类科目”的类、款、项、目级科目依次设置明细账。同时，根据管理需要，按部门和单位进行明细核算。

（五）“一般预算外支出”科目编码为 501。

本科目核算各级财政部门用一般预算外收入安排的支出。

拨付款项时，借记本科目，贷记“财政专户存款”科目。

年终转账时，将本科目余额全部转入“预算外结余”科目，借记“预算外结余”，贷记本科目。

本科目平时借方余额，反映本年一般预算外支出累计数。

本科目应按《政府收支分类科目》中“支出功能分类”科目的类、款、项级科目依次设置明细账。同时，根据管理需要，按部门和单位进行明细核算。

（六）关于新旧会计科目的衔接。

原“专项预算外资金结余”、“一般预算外资金结余”、“乡统筹资金结余”科目核算的内容，转入“预算外结余”科目核算。

原“专项预算外资金收入”、“一般预算外资金收入”、“乡统筹资金收入”和“其他收入”科目核算的内容，转入“一般预算外收入”科目核算。

原“行政事业支出”、“专项支出”、“基本建设支出”、“乡统筹资金支出”和“其他支出”科目核算的内容，转入“一般预算外支出”科目核算。

（七）资产负债表、预算外资金财政专户收支情况表和预算外资金财政专户收支项目表作相应调整（具体格式见附件）。

本通知自2007年1月1日起执行。执行中如果发现问题,请及时向财政部(国库司)反映。

中华人民共和国财政部
二〇〇六年四月十三日

附件1:资产负债表(略)

附件2:预算外资金财政专户收支情况表(略)

附件3:预算外资金财政专户收支项目表(略)

五、关于印发行政事业单位资产清查工作中有关问题解答的通知

关于印发行政事业单位资产清查工作中有关问题解答的通知

财办行[2007]7号

各省、自治区、直辖市、计划单列市财政厅(局),新疆生产建设兵团财务局,党中央有关部门财务司(局),国务院有关部委、有关直属机构财务司(局),全国人大常委会办公厅机关事务管理局,全国政协办公厅机关事务管理局,高法院司法行政装备管理局,高检院计划财务装备局,有关人民团体财务司(局):

目前,各地区、各部门正按照财政部有关部署组织开展行政事业单位资产清查工作(以下简称资产清查)。根据有关地区和部门反映的问题,为便于大家理解、掌握《全国行政事业单位资产清查工作方案》、《行政事业单位资产清查暂行办法》等有关政策要求,全面完成好资产清查各项工作任务,我们研究拟定了《行政事业单位资产清查工作中有关问题解答》,现印发给你们,请结合本地区、本部门的实际情况,认真贯彻执行。

二〇〇七年二月十三日

附件

行政事业单位资产清查工作中有关问题解答

1. 事业单位资产清查范围如何确定?

答:凡执行事业单位财务和会计制度的各级各类事业单位均应纳入本次资产清查范围。包括:执行事业单位财务和会计制度的财政补助和经费自理事业单位、执行事业单位财务和会计制度并由财政部门和主管部门代编预算的事业单位、执行事业单位财务和会计制度且只有基本支出经费拨款或不定期财政拨款(项目经费)的事业单位、企业集团下属执行事业单位财务和会计制度的事业单位等。

2. 驻外机构资产清查范围如何界定?

答:纳入本次资产清查的驻外机构,主要包括驻外使领馆、常驻联合国和其他国际组织代表团、中央行政事业单位驻外非外交性质代表机构等。中央人民政府及其他行政事业单位驻香港、澳门的机构,纳入本次资产清查范围。对于其他境外组织或个人占有使用的国有资产,不纳入本次资产清查范围,有关部门应切实采取措施加强管理,确保资产的安全和完整。

3. 行政事业单位合并后应如何进行资产清查?

答:纳入资产清查范围的独立核算的行政事业单位,均应逐户编制资产清查报表。涉及单位合并的,应以是否独立核算为标准,确定应否单独编制报表。例如:事业单位合并后,属于两块牌子一个机构的,按一个单位进行资产清查。

4. 中央垂直管理的行政事业单位应纳入中央级还是地方级资产清查范围?

答:按照要求,各级财政部门按行政隶属关系组织本级政府管辖范围的行政事业单位开展资产清查工作;各主管部门按照财务隶属关系负责组织所属单位资产清查工作。因此,中央垂直管理的行政事业单位应纳入中央级资产清查范围。

5. 依靠社会捐助和会员会费运转的社会团体是否纳入资产清查范围?

答:执行事业单位财务和会计制度,挂靠有关行政主管部门,并依靠社会捐助和会员会费运转的社会团体,不纳入本次资产清查范围。

6. 各级行政事业单位驻外地办事机构如何进行资产清查?

答:各级行政事业单位驻外地办事机构应列入本级资产清查范围,由派出单位负责组织开展资产清查工作。

7. 宗教资产应如何组织开展资产清查?

答:政府宗教管理机关作为政府职能部门,其资产和直接管理单位的资产应进行资产清查。现由宗教团体直接管理的资产,暂不列入本次资产清查范围;对于其中属于重点保护文物的,由政府宗教管理机关或文物管理机关,按国家文物主管部门的规定和要求,组织宗教团体进行实物登记、核对、造册。

8. 各级总工会资产应如何组织资产清查?

答:各级总工会资产中,凡由国家拨给工会使用的资产或由国家拨付资金形成的资产,应作为国有资产进行清查登记;由工会会员交纳的会费形成的资产可不进行清查登记。

其他群众团体的资产清查工作,参照上述办法处理。

9. 已进行住房改革,办理固定资产产权过户手续的职工住房,应如何进行资产清查?

答:对于在房改过程中已经出售的职工住房,应及时对单位固定资产账务进行调整。

以市场价或成本价出售并已作销账处理的职工住房,不需再进行清查登记。以标准价出售的职工住房,考虑到单位仍拥有部分产权,应在本次资产清查过程中一并组织清查,并在资产清查工作报告中对有关情况进行反映。

10. 各级人防部门管理的人防工程、指挥、通信、警报设备设施等是否纳入清查范围?

各级人防部门占有、使用的国有资产,应按照规定纳入本次资产清查范围。各级人防部门管理的人防工程、指挥、通信、警报设备设施等国有资产是战备资产,可暂不纳入本次资产清查范围;对此,各级人防部门、财政部门要切实采取措施加强管理,确保资产的安全和完整,并不断提高使用效益。

11. 行政事业单位为国家、其他单位或个人代储的财产物资,是否纳入清查范围?

行政事业单位占有使用的资产,应按照规定纳入本次资产清查范围。行政事业单位代国家、其他单位或个人代储的财产物资,不纳入清查范围;对此,有关部门和单位应按照规定加强管理。

12. 国家安全部门及公安、检察院、法院系统的枪支、弹药及其它保密资产如何进行资产清查?

答:国家安全部门及公检法系统的枪支、弹药及其它保密资产,按照有关保密规定,由本单位相关部门组织进行清查。有关单位上报资产清查报表及电子数据时,可报送汇总报表及有关汇总数据。

其他单位涉密资产的清查工作,参照上述办法处理。

13. 行政事业单位的基本建设项目是否纳入清查范围?

答:行政事业单位基本建设项目,不纳入本次资产清查范围。对于已投入使用但尚未办理竣工决算手续的房屋构筑物,行政事业单位应按照本次资产清查工作要求,填报有关信息。

14. 执行企业财务会计制度的事业单位的有关数据应如何上报?

答:按照要求,执行企业财务会计制度的事业单位,不纳入本次清查范围,但须由行政事业单位填报相关数据。具体上报方式如下:

(1) 行政单位所属、执行企业财务会计制度的事业单位的有关数据,由行政单位负责填报《行政单位未脱钩经济实体基本情况表》。

(2) 事业单位所属、执行企业财务会计制度的事业单位的有关数据,由事业单位负责填报《事业单位对外投资情况表》。

15. 行政单位附属后勤服务单位有关数据如何填报?

答:行政单位附属后勤服务单位基本情况,应由其主管行政单位负责填报《行政单位附属后勤服务单位基本情况表》。机关服务局或机关服务中心是独立核算事业单位的,还应根据要求,单独填报事业单位资产清查报表。

16. 事业单位兴办、控股、参股的企业和单位有关数据如何填报?

答:事业单位兴办、控股、参股的企业和单位的基本情况,应由主管事业单位负责填报有关报表。

17. 行政事业单位资产清查专项审计工作如何组织?

答:中央级资产清查专项审计工作,由财政部组织统一招标选择社会中介机构,并直接委派到相关中央部门开展专项审计。财政部委托审计范围之外的行政事业单位,是否还需要委托社会中介机构开展专项审计，由主管部门自行确定；有关费用按照"谁委托，谁付费"的原则执行。

地方各级财政部门组织开展本级资产清查时，自行确定社会中介机构参与工作的方式。

18. 如何确定行政事业单位具体应填报行政报表还是事业报表？

答：行政事业单位在选择应填报的资产清查报表时，应以所执行的会计制度为基本依据进行判断。执行行政单位会计制度的，填报行政报表；执行事业单位会计制度的，填报事业报表。

19. 资产清查报表封面信息中，"其他"会计制度选项应如何理解？

答："其他"会计制度选项，是指个别部门或单位存在既执行行政单位会计制度、又执行事业单位会计制度的情况。在此情况下，该部门或单位作为一个填报单位进行清查，应选择"其他"选项，并填报两套报表。

20. 货币资金、存货等有关清查数据如何填报？

答：对于资产清查报表中没有统一设置清查基础表的货币资金、存货等，各单位可根据工作需要自行设计表格进行清查，然后再按照工作要求将有关指标录入到资产清查报表中。

21. 事业单位对外投资情况表中"直属"与"控制"应如何理解？

答：《事业单位对外投资情况表》中，"直属"是指与被投资单位有直接缴拨关系，"控制"是指不存在直接缴拨关系，但有权决定被投资单位的财务和经营政策，并能据以从该单位的经营活动中获取利益。

六、地方财政实施财政国库管理制度改革年终预算结余资金处理的暂行规定

地方财政实施财政国库管理制度改革年终预算结余资金处理的暂行规定

财库[2003]126号

一、地方财政总预算核算仍然实行收付实现制，仅对地方财政实施财政国库管理制度改革试点形成的年终预算结余资金的财政总预算，按规定实行个别事项的权责发生制账务处理。

二、地方财政国库管理制度改革试点单位年终预算结余资金（以下简称结余资金），是指各级政府纳入改革试点的预算单位（以下简称预算单位）在预算年度内，按照本级财政部门批复的部门预算，当年尚未支用并按规定应留归预算单位继续使用的资金。结余资金包括行政事业单位经费结余、政府采购资金结余、留归预算单位使用的项目经费结余、基本建设项目竣工结余和投资包干结余，以及财政财务规章、制度规定的其他结余资金。

三、地方财政部门应当准确核定财政国库管理制度改革试点年终预算结余资金。

四、尚未实施财政国库管理制度改革的地区和单位，财政总预算会计不得采用权责发生制处理。

五、地方财政核定年终预算结余后，财政总预算会计进行会计核算时，根据有关核定结余资金的凭证，借记"一般预算支出"等科目，贷记"暂存款"科目；下年度实际支用后，冲抵"暂存款"科目，即借记："暂存款"科目，贷记"国库存款"等科目。

六、各地财政部门对采用权责发生制账务处理的有关事项，应当在财政决算报表编报说明中作出专题说明。

七、本规定自2003年度起实施。

七、事业单位住房补贴处理补充规定

事业单位住房补贴处理补充规定

财会[2003]28号

事业单位收到财政预算拨入的住房补贴，借记"银行存款"科目，贷记"财政补助收入——住房补贴"科目；收到财政专户拨入的住房补贴，借记"银行存款"科目，贷记"事业收入——住房补贴"科目。事业单位支付的住房补贴，借记"事业支出——基本支出（住房补贴）"科目，贷记"银行存款"科目。

参加财政国库管理制度改革试点的事业单位，对财政直接支付的住房补贴，根据财政国库支付执行机构委托代理银行转来的《财政直接支付入账通知》及原始凭证，借记"事业支出——基本支出（住房补贴）"科

目，贷记“财政补助收入——住房补贴”科目；对财政授权支付的住房补贴，事业单位根据代理银行盖章的《授权支付到账通知》与分月用款计划核对后记账，借记“零余额账户用款额度”科目，贷记“财政补助收入——住房补贴”科目；从零余额账户支付使用时，借记“事业支出——基本支出（住房补贴）”科目，贷记“零余额账户用款额度”科目。

年度结账时，事业单位将“财政补助收入——住房补贴”、“事业收入——住房补贴”、“事业支出——基本支出（住房补贴）”科目的余额全数转入“事业结余”科目，借记“财政补助收入——住房补贴”、“事业收入——住房补贴”科目，贷记“事业结余——住房补贴结余”科目；借记“事业结余——住房补贴结余”科目，贷记“事业支出——基本支出（住房补贴）”科目。

年度终了，事业单位将当年住房补贴收支相抵后的余额直接转入“事业基金——一般基金（住房补贴结余）”科目，借记“事业结余——住房补贴结余”科目，贷记“事业基金——一般基金（住房补贴结余）”科目（如果当年住房补贴支出大于收入，作相反会计分录）。

执行《医院会计制度》、《测绘事业单位会计制度》、《高等学校会计制度》、《中小学会计制度》、《科学事业单位会计制度》的事业单位，其住房补贴的会计核算按照上述方法作相应的调整。

除上述财政预算拨付和财政专户拨付的住房补贴外，事业单位其他住房资金收支，如自管住房出租收入、留归单位使用的售房收入、提取的住房公积金、住房资金利息收入、发放的购房补贴支出、自管房维修管理和改造支出等，仍在“专用基金——住房基金”科目核算。

八、外国政府赠款项目转赠会计核算办法（试行）

外国政府赠款项目转赠会计核算办法（试行）

财金[2002]179 号

第一章　总　　则

第一条　为加强外国政府赠款项目（以下简称“赠款项目”）的财务管理，确保项目顺利实施，提高项目执行的经济效益和社会效益，制定本办法。

第二条　本办法所称赠款项目，是指由外国政府、北欧投资银行和北欧发展基金会等区域性金融机构（以下简称“赠款提供方”）提供的，由财政部代表中国政府接受并进行管理的财政合作项下无偿援助资金项目。

第三条　本办法所称转赠机构，是指受财政部委托承担赠款项目转赠职责的各省、自治区、直辖市、计划单列市财政厅（局），新疆生产建设兵团财务局（以下简称“省级财政部门”）和中央各主管部门。省级以下部门不直接与财政部发生转赠或委托关系，而受转赠机构委托对赠款项目进行财务监管。

第四条　本办法所称执行机构，是指受转赠机构委托执行赠款项目的机构。

第五条　本办法所称赠款资金，包括货币性资金以及物资、技术性援助等非货币性资金。

第六条　本办法所称配套资金，包括各级地方政府筹集的货币性资金以及物资、劳务、土地等非货币性资金。

第七条　本办法适用于转赠机构，其他机构可参照执行。

第二章　项目准备与生效

第八条　赠款项目由财政部统一规划并对外提出申请。

第九条　项目经赠款提供方批准后，赠款提供方与财政部签署《两国间政府赠款协议》（以下简称《赠款协议》）。财政部委托省级财政部门或有关中央主管部门作为转赠机构。转赠机构应严格执行《赠款协议》关于转赠机构责任和义务方面的规定。

第十条　转赠机构与执行机构签署《转赠协议》，或经财政部授权与赠款提供方签署相关协议。赠款项目在满足赠款提供方有关要求后生效。

第十一条　转赠机构在收到财政部委托后 30 个工作日内完成建账工作，并报送项目提款授权签字人签字样本。

第十二条　转赠机构可根据有关规定和项目实际情况分别赠款项目在政策性银行、国有商业银行或国有控股商业银行设立赠款资金专用账户，并将设置情况及时报财政部备案。

第十三条 转赠机构可根据赠款提供方的要求和项目实际情况，牵头组织成立项目管理办公室，项目完工办理有关移交手续后解散项目管理办公室。

第十四条 转赠机构应严格审核项目提款报账材料，并负责办理赠款资金的提取、拨付手续。

第三章 资金管理

第十五条 转赠机构应组织筹措赠款项目所需配套资金，单独设账，单独管理。

第十六条 转赠机构应督促执行机构合理、有效地使用赠款资金和配套资金。赠款资金和配套资金的各项费用开支标准应严格按赠款协议和有关规定执行。

第十七条 赠款资金和配套资金必须严格按照赠款协议和有关规定专款专用，任何单位和个人都不得延压、截留或挪作他用。

第十八条 任何单位和个人不得将赠款资金用于支付税金、罚款或抵押。

第十九条 如赠款项目有以工代赈内容的，转赠机构应根据赠款提供方的有关要求确保以工代赈资金的及时足额发放。

第二十条 除国务院规定确需有偿使用赠款资金的情况外，赠款资金不得有偿使用。

第二十一条 在赠款项目准备、实施过程中，转赠机构可根据项目需要，按规定的赠款和配套资金总额0.5%～2%的比例从配套资金中一次性提取专用资金，用于从事必须由转赠机构牵头组织的评估、检查和培训活动，其他任何机构不得再次提取。专用资金支出应单独设账，单独管理，其实际收支情况应编制专用资金收支执行情况表，报财政部备案。项目生效前预支的专用资金支出应设置临时账簿核算，项目生效后转入专用资金支出账内。

第二十二条 赠款项目采购必须按照赠款提供方要求和有关规定进行。转赠机构负责牵头组织有关部门进行赠款项目的设备、工程招标采购工作。

第二十三条 转赠机构应对执行机构利用赠款资金和配套资金形成的实物资产进行严格的监督管理。执行机构应设置固定资产和低值易耗品台账，严格按照赠款协议和有关规定的范围使用，不得擅自变卖、转让或抵押。

第二十四条 转赠机构应按赠款协议规定和有关规定严格监督执行机构的项目实施进度。对于确需调整关账日期的项目，转赠机构应至少提前60个工作日向财政部提出书面申请。

第二十五条 赠款资金如有节余或需调整支付类别，应由转赠机构向财政部提出节余资金的使用方案或调整支付类别方案，报经财政部商赠款提供方批准后实施。

第四章 会计与审计

第二十六条 转赠机构应及时将赠款协议及其他有关文件报同级审计机关备案。转赠机构应按照赠款提供方的审计要求和有关规定准备相关会计资料并接受审计。

第二十七条 转赠机构应严格按照《外国政府赠款项目转赠会计核算办法（试行）》进行会计核算。

第二十八条 转赠机构负责审批项目的概（预）算，检查监督赠款资金和配套资金使用情况。根据赠款协议要求向赠款提供方报送项目进度报告和财务会计报告，同时报财政部备案。

第二十九条 审计机关完成审计工作后，由转赠机构将审计报告提交财政部和赠款提供方。

第五章 项目完工

第三十条 项目完工后，转赠机构应督促执行机构编制财务决算，并负责项目的清产核资和工程交付使用的核算、验收。对赠款项目形成的固定资产应按有关规定办理移交手续。

第三十一条 赠款项目关账后，转赠机构应在3个月之内组织验收，编制完工报告，总结项目执行完成情况，分析是否达到项目预定目标，研究存在的问题并提出建议。完工报告应及时报送财政部和赠款提供方。

第六章 附则

第三十二条 本办法自2003年1月1日起实施。

第三十三条 有关部门应根据本地区具体情况制定实施细则，报财政部备案。

九、事业单位住房基金和离退休经费会计核算规定

财政部关于印发《事业单位住房基金和离退休经费会计核算规定》的通知

财会字[1999]0032 号

一、住房基金的会计核算

(一) 事业单位按规定用于职工住房方面的资金,在"专用基金——住房基金"科目核算。

(二) 事业单位收到财政预算和预算外资金专户拨付的住房公积金、住房补贴和住房建设资金,收到上级主管部门拨付的住房资金,收到自管住房出租收入,收到住房方面的其他资金以及取得的住房基金利息收入,借记"银行存款"等科目,贷记"专用基金——住房基金"科目。

事业单位出售职工住房,按取得的售房收入,借记"银行存款"科目,贷记"专和基金——住房基金"科目;同时,按出售的固定资产的原价,借记"固定基金"科目,贷记"固定资产"科目。事业单位应将已出售职工住房的原价、出售收入等情况在备查簿中进行登记。

事业单位按规定提取的住宅共用部位共用设施设备维修基金、职工住房公积金和其他建房资金,借记有关支出及成本费用类科目,贷记"专用基金——住房基金"科目。

(三) 事业单位缴纳职工住房公积金,发放职工住房提租补贴或住房补贴,向物业管理企业划转已售住房共用部位共用设施设备维修费,支付自管住房维修、管理和改造费用,支付住房建设支出以及住房方面的其他支出,借记"专用基金——住房基金"科目,贷记"银行存款"等科目。

(四) 事业单位应增设"住房基金"备查簿,所有住房基金的来源以及运用均应在"住房基金"备查簿中登记。事业单位取得的财政预算和预算外资金专户拨付的住房公积金、住房补贴和住房建设资金,自管住房出租收入,留归事业单位使用的住房收入,按规定提取的职工住房公积金和其他建设资金,从单位售房收入中提取的住宅共用部位共用设施设备维修基金,原划转的住房折旧、维修和大修理资金,上级主管部门拨付的住房资金,住房方面的其他资金以及利息收入等均应在"住房基金"备查簿的贷方登记;事业单位缴纳职工住房公积金,发放职工住房提租补贴或住房补贴,划转已售住房共用部位共用设施设备维修费,支付自管住房维修、管理和改造费用,住房建设以及住房方面的其他支出等,均应在"住房基金"备查簿的借方登记,"住房基金"备查簿的期末贷方余额,反映事业单位可用于住房方面的资金。

二、实行离退休经费归口管理的中央级事业单位离退休经费的会计核算

(一) 执行《事业单位会计制度》的事业单位,会计核算规定如下:

1. 收到财政部门拨入的离退休经费,应在"财政补助收入"科目下增设"拨入离退休经费"明细科目进行核算;支付的离退休经费在"事业支出——社会保障费(离退休经费支出)"科目核算,并分别"拨入离退休经费支出"和"自筹离退休经费支出"进行明细核算。

2. 收到财政部门拨入的离退休经费,借记"银行存款"科目,贷记"财政补助收入——拨入离退休经费"科目。

支付各项离退休经费,借记"事业支出——社会保障费(离退休经费支出)"科目,贷记"现金"、"银行存款"科目。

3. 期末结账时,应将"财政补助收入——拨入离退休经费"科目余额转入"事业结余"科目,借记"财政补助收入——拨入离退休经费"科目,贷记"事业结余"科目;将"事业支出——社会保障费(离退休经费支出)"科目余额转入"事业结余"科目,借记"事业结余"科目,贷记"事业支出——社会保障费(离退休经费支出)"科目。

(二) 执行《医院会计制度》的事业单位,应在"财政补助收入"科目下增设"拨入离退休经费"明细科目;在"医疗支出——社会保障费(离退休经费支出)"和"药品支出——社会保障费(离退休经费支出)"科目下分别"拨入离退休经费支出"和"自筹离退休经费支出"进行明细核算。以上科目的核算内容和方法同上。

(三) 执行《测绘事业单位会计制度》的事业单位,应在"财政补助收入"科目下增设"拨入离退休经费"明细科目;在"事业支出——社会保障费(离退休经费支出)"科目下分别"拨入离退休经费支出"和"自筹离

退休经费支出”进行明细核算。以上科目的核算内容和方法同上，但期末结账时的账务处理不同。

在“财政补助结存”科目下增设“拨入离退休经费结存”明细科目。期末结账时，应将“财政补助收入——拨入离退休经费”科目余额转入“，财政补助结存——拨入离退休经费结存”科目，借记“财政补助收入——拨入离退休经费”科目，贷记“财政补助结存——拨入离退休经费结存”科目；将“事业支出——社会保障费（离退休经费支出）”科目中属于拨入离退休经费支出部分转入“财政补助结存——拨入离退休经费结存”科目，借记“财政补助结存——拨入离退休经费结存”科目，贷记“事业支出——社会保障费（离退休经费支出）”科目；将“事业支出——社会保障费（离退休经费支出）”科目中属于自筹离退休经费支出部分转入“事业结余”科目，借记“事业结余”科目，贷记“事业支出——社会保障费（离退休经费支出）”科目。

三、会计报表

（一）资产负债表

1. 按规定实行离退休经费归口管理的中央级事业单位，执行《事业单位会计制度》的，对于收到的财政部门拨入的离退休经费，应在“财政补助收入”项目下增设“其中：拨入离退休经费”项目予以反映。本项目应根据“财政补助收入”科目所属“拨入离退休经费”明细科目期末余额填列。对于支付的离退休经费，应在“事业支出”项目下增设“其中：拨入离退休经费支出”项目予以反映。本项目应根据“事业支出——社会保障费（离退休经费支出）”科目所属“拨入离退休经费支出”明细科目期末余额填列。对于财政部门拨入的离退休经费结存，应在“事业结余”项目下增设“其中：拨入离退休经费结存”项目予以反映。本项目应根据“事业结余”科目的期末余额填列。

2. 按规定实行离退休经费归口管理的中央级事业单位，执行《医疗会计制度》的，应在“财政专项补助结余”项目下“待分配结余”项目上增设“拨入离退休经费结存”项目。本项目反映的内容和填列方法同上。

3. 按规定实行离退休经费归口管理的中央级事业单位，执行《测绘事业单位会计制度》的，应在“财政补助收入”项目下增设“其中：拨入离退休经费”项目；在“事业支出”项目下增设“其中：拨入离退休经费支出”项目；在“财政补助结存”项目下增设“其中：拨入离退休经费结存”项目。以上项目反映的内容和填列方法同上。

（二）收入支出总表（《测绘事业单位会计制度》称“收入支出表”）

1. 按规定实行离退休经费归口管理的中央级事业单位，执行《事业单位会计制度》的，对于收到的财政部门拨入的离退休经费，应在“财政补助收入”项目下增设“其中：拨入离退休经费”项目予以反映。本项目应根据“财政补助收入”科目所属“拨入离退休经费”明细科目贷方发生额填列。对于支付的离退休经费，应在“事业支出”项目下增设“其中：拨入离退休经费支出”项目予以反映。本项目应根据“事业支出——社会保障费（离退休经费支出）”科目所属“拨入离退休经费支出”明细科目借方发生额填列。对于财政部门拨入的离退休经费结存，应在“事业结余”项目下增设“减：拨入离退休经费结存”项目予以反映。本项目应根据“其中：拨入离退休经费”项目与“其中：拨入离退休经费支出”项目的差额填列。

2. 按规定实行离退休经费归口管理的中央级事业单位，执行《医院会计制度》的，应在“财政补助收入”项目下增设“其中：拨入离退休经费”项目；在“医疗支出”项目下增设“其中：拨入离退休经费支出”项目；在“药品支出”项目下增设“其中：拨入离退休经费支出”项目；在“减：财政专项补助结余”项目下，“减：应缴超收款”项目上增设“减：拨入离退休经费结存”项目。以上项目反映的内容和填列方法同上。

3. 实行离退休经费归口管理的中央级事业单位，执行《测绘事业单位会计制度》的，应在“财政补助收入”项目下增设“其中：拨入离退休经费”项目；在“事业支出”项目下增设“其中：拨入离退休经费支出”项目。以上项目反映的内容和填列方法同上。

在“2. 本年财政补助结存（一）”项目下增设“其中：本年拨入离退休经费结存”项目；在“3. 结转以前年度财政补助结存（＋）”项目下增设“其中：结转以前年度拨入离退休经费结存”项目。“其中：本年拨入离退休经费结存”项目，应根据本年拨入离退休经费与从本年拨入离退休经费中开支的离退休经费支出的差额分析填列。“其中：结转以前年度拨入离退休经费结存”项目，应根据本年使用以前年度拨入离退休经费结存的数额分析填列。

十、行政事业单位工资和津贴补贴有关会计核算办法

行政事业单位工资和津贴补贴有关会计核算办法

财办库[2006]296 号

第一条 为了进一步加强和规范行政事业单位工资和津贴补贴发放会计管理，全面、准确地核算工资和津贴补贴发放业务活动，制定本办法。

第二条 本办法适用于各级行政事业单位(以下简称单位)。

第三条 单位发放给职工的工资(离退休费)、地方(部门)津贴补贴及其他个人收入按本办法规定设立专门账簿，进行核算。

工资是指行政单位按国家统一规定发放给在职人员的职务工资、级别工资、年终一次性奖金，事业单位按国家统一规定发放给在职人员的岗位工资、薪级工资、绩效工资，以及经国务院或人事部、财政部批准设立的津贴补贴。离退休费是指按国家统一规定发放给离退休人员的离休、退休费及经国务院或人事部、财政部批准设立的津贴补贴。

地方(部门)津贴补贴是指各地区各部门各单位出台的津贴补贴。

其他个人收入是指按国家规定发给个人除上述以外的其他收入，包括误餐费、夜餐费，出差人员伙食补助费、市内交通费，出国人员伙食费、公杂费、个人国外零用费，发放给个人的一次性奖励等。

使用工会经费发放给职工的相关收入应当由单位工会单独记账，另行反映。

第四条 在《行政单位会计制度》和《事业单位会计制度》负债类科目下增设“211 应付工资(离退休费)”、“212 地方(部门)津贴补贴”、“213 应付其他个人收入”科目。“211 应付工资(离退休费)”科目，核算向职工发放的工资或离退休费；“212 应付地方(部门)津贴补贴”科目，核算向职工发放的各类地方(部门)津贴补贴；“213 应付其他个人收入”科目，核算向职工发放除“211 应付工资(离退休费)”、“212 应付地方(部门)津贴补贴”以外的其他个人收入。相应的在资产负债表中“负债部类”下列示“211 应付工资(离退休费)”、“212 应付地方(部门)津贴补贴”、“213 应付其他个人收入”项目。

在“211 应付工资(离退休费)”、“212 应付地方(部门)津贴补贴”和“213 应付其他个人收入”科目下按“在职人员”、“离休人员”、“退休人员”设二级科目进行明细核算。

第五条 单位发放工资(离退休费)、地方(部门)津贴补贴、其他个人收入时，借记相关支出科目，贷记“211 应付工资(离退休费)”、“212 应付地方(部门)津贴补贴”或“213 应付其他个人收入”科目。同时，借记“211 应付工资(离退休费)”、“212 应付地方(部门)津贴补贴”或“213 应付其他个人收入”科目，贷记“银行存款”、“拨入经费(财政直接支付)”、“财政补助收入(财政直接支付)”、“零余额账户用款额度”或“现金”等科目。

第六条 增设上述科目后，《行政单位会计制度》“203 暂存款”、《事业单位会计制度》“207 其他应付款”科目不再核算新增科目核算的内容。

第七条 单位向职工发放工资(离退休费)、地方(部门)津贴补贴应以银行卡的形式发放，中央和省级单位一律以银行卡的形式发放，不得发放现金。

第八条 单位应当按照规定将发放工资(离退休费)、地方(部门)津贴补贴和其他个人收入情况在部门决算中单独反映。

第九条 对未按本办法核算、反映工资(离退休费)、地方(部门)津贴补贴和其他个人收入的单位和个人，依据《中华人民共和国会计法》和《财政违法行为处罚处分条例》(中华人民共和国国务院令第 427 号)处理。

第十条 本办法由财政部负责解释。

第十一条 本办法自 2006 年 7 月 1 日起执行。

十一、其他行政事业单位配套会计法规

限于篇幅，现把常用的其他行政事业单位配套法规的名称和文号等信息提供给使用者。

法规名称	文　号
《国库会计管理规定》	银发[2005]304 号
《国库会计核算业务操作规程》	银发[2005]305 号
《中国人民银行国库资金清算业务处理手续(试行)》	银办发[2002]234 号
《中国人民银行基本养老保险基金会计核算办法》	银发[2001]13 号
《世界银行贷款项目会计核算办法》	财际字[2000]0013 号
《社会保险基金会计核算若干问题补充规定》	财会[2003]19 号
《中央国家机关后勤事业单位财务制度》	国管财字[1999]161 号
《事业单位住房基金和离退休经费会计核算规定》	财会字[1999]32 号
《住房公积金会计核算办法》	财会字[1999]33 号
《外国政府赠款项目转赠会计核算办法(试行)》	财金[2002]179 号
《天然林保护工程财政资金会计处理规定》	财会[2000]23 号
《国际农业发展基金会贷款项目会计核算暂行办法》	财外字[1998]117 号
《公务员医疗补助资金和离休干部医药费处理会计规定》	财会[2003]1 号

第二十六部分　行政事业单位会计人员管理法规

一、中央国家机关会计从业资格管理实施办法

国务院机关事务管理局关于印发《中央国家机关会计从业资格管理实施办法》的通知

（国管财[2005]246号）

国务院各部委、各直属机构、中央管理的企业（集团）：

为了加强中央国家机关会计从业资格管理，规范会计人员行为，根据财政部重新颁布的《会计从业资格管理办法》(2005年财政部令第26号）的规定，结合中央国家机关实际，我们修订了《中央国家机关会计从业资格管理实施办法》，现印发你们，请遵照执行。在执行中有什么问题，请及时告我局。

二〇〇五年六月二十三日

中央国家机关会计从业资格管理实施办法

第一章　总　则

第一条　为了加强中央国家机关会计从业资格管理，规范会计人员行为，根据《中华人民共和国会计法》（以下简称《会计法》）和财政部颁发的《会计从业资格管理办法》（财政部令[2005]第26号）的规定，结合中央国家机关实际，制定本办法。

第二条　本办法适用于国务院各部委、各直属机构，全国人大常委会办公厅，全国政协办公厅，最高人民法院，最高人民检察院，各人民团体，中央管理的企业（集团）及其所属在京单位（以下简称各部门，财政部另有规定的除外）。

第三条　在各部门从事下列会计工作的人员必须取得会计从业资格：

（一）会计机构负责人（会计主管人员）；

（二）出纳；

（三）稽核；

（四）资本、基金核算；

（五）收入、支出、债权债务核算；

（六）工资、成本费用、财务成果核算；

（七）财产物资的收发、增减核算；

（八）总账；

（九）财务会计报告编制；

（十）会计电算化；

（十一）会计机构内会计档案管理。

第四条　各部门不得任用（聘用）不具备会计从业资格的人员从事会计工作。

不具备会计从业资格的人员，不得参加会计专业技术资格考试或评审、会计专业职务的聘任、申请取得会计人员荣誉证书。

第二章　会计从业资格管理部门

第五条　国务院机关事务管理局（以下简称国管局）负责各部门会计从业资格管理及会计从业资格证书颁发工作。

第六条　各部门应指定机构和人员负责本部门会计从业资格管理的具体实施工作，建立本部门会计人员档案信息库，归集上报会计人员注册登记资料和变更事项。

第七条　各部门未被其他单位聘用的离退休人员会计从业资格管理的具体事务性工作，由原所在部门

负责;临时聘用人员的会计从业资格管理由现所在部门负责。

第三章 会计从业资格考试

第八条 国家实行会计从业资格考试制度。

第九条 申请参加会计从业资格考试的人员,应当符合下列基本条件:

(一) 遵守会计和其他财经法律、法规;

(二) 具备良好的道德品质;

(三) 具备会计专业基础知识和技能。

因有《会计法》第四十二条、第四十三条、第四十四条所列违法情形,被依法吊销会计从业资格证书的人员,自被吊销之日起5年内(含5年)不得参加会计从业资格考试,不得重新取得会计从业资格证书。

因有提供虚假财务会计报告,做假账,隐匿或者故意销毁会计凭证、会计账簿、财务会计报告,贪污、挪用公款,职务侵占等与会计职务有关的违法行为,被依法追究刑事责任的人员,不得参加会计从业资格考试,不得取得或者重新取得会计从业资格证书。

第十条 申请人符合本实施办法第九条规定且具备国家教育行政主管部门认可的中专以上(含中专,下同)会计类专业学历(或学位)的,自毕业之日起2年内(含2年),免试会计基础、初级会计电算化。

会计类专业包括:会计学、会计电算化、注册会计师专门化、审计学、财务管理和理财学。

第十一条 会计从业资格考试科目为:财经法规与会计职业道德、会计基础、初级会计电算化。

第十二条 国管局负责组织实施会计从业资格考试的下列事项:

(一) 制定考试考务规则;

(二) 公布考试报名条件、报考办法、考试科目、考务规则及考试相关要求;

(三) 根据财政部会计从业资格考试大纲组织实施统一命题、统一印制试卷、统一制定标准答案和评分标准、统一阅卷等相关考务工作;

(四) 落实考场和考务人员,监督检查考试纪律;

(五) 考试结束后30日内,将会计从业资格考试试题报财政部备案。

第十三条 会计从业资格考试原则上每年进行两次,上半年1月份报名,5月份考试,下半年8月份报名,10月份考试。单科考试成绩合格者,其合格成绩当年有效,逾期成绩自行作废。

第十四条 报名参加会计从业资格考试的人员(以下简称考试人员),要填写《中央国家机关会计从业资格证书考试报名表》,在规定的时间内到国管局指定的地点报名。

第十五条 考试人员(除符合本办法第十条规定可免试科目外),其财经法规与会计职业道德、会计基础、初级会计电算化必须全部合格,才能申请取得会计从业资格证书。

第十六条 会计从业资格考试收费标准按照国家物价管理部门的有关规定执行。

第四章 会计从业资格的取得

第十七条 会计从业资格考试全科合格,申请取得会计从业资格证书的,应填写《中华人民共和国会计从业资格证书申请表》(以下简称《申请表》);各部门应当对申请人提交的《申请表》进行审查,确认填写内容真实后加盖主管部门公章。

申请人申请办理会计从业资格证书应持下列材料:

(一)《申请表》;

(二) 考试成绩合格证明;

(三) 有效身份证件原件及复印件;

(四) 学历或学位证书原件及复印件;

(五) 专业技术职称证书原件及复印件;

(六) 近期同一底片一寸免冠彩色证件照片两张。

香港特别行政区、澳门特别行政区、台湾地区居民及外国居民及出国留学人员的学历或学位须经中华人民共和国教育行政主管部门认可。

第十八条 申请人可以通过委托代理人申请会计从业资格证书。申请人应当对其申请材料实质内容的真实性负责。

第十九条 申请人的申请材料齐全、符合规定形式的,应当当场受理;申请材料不齐全或者不符合规定形式的，当场或者5日内向申请人出具《办理中央国家机关会计从业资格证书不予受理告知书》，一次性告知申请人需要补正的全部内容，并注明日期，加盖中央国家机关会计从业资格证书专用印章。逾期不告知的，自收到申请材料之日起即为受理。

第二十条　国管局能够当场作出决定的，当场决定颁发会计从业资格证书；不能当场作出决定的，自受理之日起20日内对申请人提交的申请材料进行审查，并作出是否颁发会计从业资格证书的决定。

第二十一条　国管局作出准予颁发会计从业资格证书的决定，自作出决定之日起10日内向申请人颁发会计从业资格证书。

作出不予颁发会计从业资格证书的决定，对申请人说明理由，出具《不予颁发中央国家机关会计从业资格证书通知书》，并告知申请人享有依法申请行政复议或者提起行政诉讼的权利。

第二十二条　会计从业资格证书由国管局根据财政部统一规定的样式和编号规则，进行印制、编号、颁发。并于次年1月30日前将上年度会计从业资格证书颁发情况报财政部备案。

第二十三条　会计从业资格证书是具备会计从业资格的证明文件，在全国范围内有效。持有会计从业资格证书的人员（以下简称“持证人员”）不得涂改、转让会计从业资格证书。

第五章　会计从业资格管理

第二十四条　会计从业资格证书实行注册登记制度。

第二十五条　持证人员从事会计工作，应当自从事会计工作之日起90日内，填写《中华人民共和国会计从业资格注册、变更、调转登记表》（以下简称《登记表》），并持会计从业资格证书和所在单位出具的从事会计工作的证明，到国管局办理注册登记。持证人员离开会计工作岗位超过6个月的，应当填写《登记表》，并持会计从业资格证书，向国管局备案。

第二十六条　持证人员因工作变动等原因在国管局管辖范围内调转工作单位，且继续从事会计工作的，应当自离开原工作单位之日起90日内，填写《登记表》，持会计从业资格证书及调入单位开具的从事会计工作的证明，办理调转登记。

持证人员调离国管局管辖范围，到其他会计从业资格管理机构管辖范围且继续从事会计工作的，填写《登记表》，持会计从业资格证书，及时向国管局办理转出手续；并自办理转出手续之日起90日内，持会计从业资格证书、《登记表》和调入单位开具的从事会计工作证明，向调入单位所在地区的会计从业资格管理机构办理转入手续。

持证人员由其他会计从业资格管理机构管辖范围调转到国管局管辖范围且继续从事会计工作的，填写《登记表》，持会计从业资格证书，及时向原注册登记的会计从业资格管理机构办理转出手续；并自办理转出手续之日起90日内，持会计从业资格证书、《登记表》和调入单位开具的从事会计工作证明以及《申请表》向国管局办理转入手续。

第二十七条　国管局负责建立持证人员从业档案信息系统，及时记载、定期更新持证人员下列信息：

（一）持证人员相关基础信息和注册、变更、调转登记情况；

（二）持证人员从事会计工作情况；

（三）持证人员接受继续教育情况；

（四）持证人员受到表彰奖励情况；

（五）持证人员因违反会计法律、法规、规章和会计职业道德被处罚情况。

持证人员的学历或学位、会计专业技术职务资格以及前款第（一）至第（五）项内容发生变更的，可以持相关有效证明和会计从业资格证书，向国管局办理从业档案信息变更手续，原则上每年11月集中办理。

各部门在次年1月30日前向国管局报送所属单位《持证人员信息年度统计表》。

第二十八条　国管局将申请会计从业资格证书和办理会计从业资格证书注册、变更、调转登记的条件、程序、期限以及需要提交的材料和相关申请登记表格示范文本等在办公场所公示。相关申请登记表格置放于办公场所，免费提供。申请人也可以从国管局网站 www.ggj.gov.cn 下载。

第二十九条　国管局对下列情况实施监督检查：

（一）从事会计工作的人员持有会计从业资格证书并注册登记情况；

（二）持证人员从事会计工作和执行国家统一的会计制度情况；

（三）持证人员遵守会计职业道德情况；

（四）持证人员接受继续教育情况。

国管局在实施监督检查时，各部门及持证人员应当如实提供有关材料，予以配合。

第三十条　单位和个人对违反本办法规定的行为有权检举，国管局负责及时核实、处理，并为检举人保密。

第六章　会计人员继续教育

第三十一条　持证人员应当接受继续教育，提高业务素质和会计职业道德水平。持证人员每年参加继续教育培训时间不得少于 24 小时。

第三十二条　国管局按照财政部公布的继续教育大纲，制定继续教育培训规划并组织实施。

第三十三条　国管局负责对继续教育工作的组织、监督、指导。各部门应鼓励持证人员按培训规划要求参加继续教育，保证学习时间，提供必要的学习条件。

第三十四条　国管局负责对开展会计人员继续教育培训单位进行监督和指导，督促培训单位严格培训纪律，优化培训服务，确保培训质量，并按有关规定如实上报培训信息。

第七章　法律责任

第三十五条　参加会计从业资格考试舞弊的，取消其该科目的考试成绩，情节严重的，取消其全部考试成绩。

第三十六条　用假学历、假证书等手段得以免试考试科目并取得会计从业资格证书的，一经发现，撤销其会计从业资格。

第三十七条　持证人员未按照本办法规定办理注册、调转登记的，责令其限期改正；逾期不改正的，予以公告。

第三十八条　持证人员有《会计法》第四十二条、第四十三条、第四十四条所列违法违纪情形之一，按照《会计法》的规定予以处理并向社会公告。

第三十九条　国管局发现各部门任用（聘用）未经注册、调转登记的人员从事会计工作的，责令其限期改正；逾期不改正的，予以公告。

单位任用（聘用）没有会计从业资格证书人员从事会计工作的，依据《会计法》第四十二条的规定处理。

第四十条　会计从业资格管理机构及工作人员在实施会计从业资格管理中滥用职权、玩忽职守、徇私舞弊的，依法给予行政处分。

第四十一条　会计从业资格管理机构工作人员违反本办法第三十条规定，将检举人姓名和检举材料转给被检举单位和被检举人个人的，由所在单位依法给予行政处分。

第八章　附　　则

第四十二条　本办法由国管局负责解释。

第四十三条　本办法自印发之日起施行。国管局 2001 年 2 月 14 日印发的《中央国家机关会计从业资格管理实施办法》（国管财字[2001]19 号）同时废止。

二、中央国家机关会计人员继续教育管理实施办法

国务院机关事务管理局关于印发《中央国家机关会计人员继续教育管理实施办法》的通知

（国管财[2007]68 号）

国务院各部委、各直属机构，中央管理的在京企业（集团）：

为进一步推进中央国家机关会计人员继续教育工作，根据财政部《会计人员继续教育规定》（财会[2006]19 号），结合中央国家机关实际，我们制定了《中央国家机关会计人员继续教育管理实施办法》，现印发你们，请按照执行。

二〇〇七年三月一日

中央国家机关会计人员继续教育管理实施办法

第一章 总 则

第一条 为推进中央国家机关会计人员继续教育科学化、制度化、规范化，培养造就高素质的会计队伍，提高会计人员专业胜任能力，促进会计工作水平提高，根据《中华人民共和国会计法》和财政部《会计人员继续教育规定》(财会[2006]19号)，结合中央国家机关实际情况，制定本办法。

第二条 本办法适用于国务院各部委、各直属机构，全国人大常委会办公厅，全国政协办公厅，最高人民法院，最高人民检察院，各人民团体(以下简称各部门，财政部另有规定的除外)取得并持有会计从业资格证书的人员。

第三条 会计人员继续教育是会计管理工作的重要组成部分，必须紧密结合经济社会和会计行业发展要求，统筹规划，分类指导，强化服务，注重质量，全面推进会计人才队伍建设，为经济社会和会计行业发展提供人才保证和智力支持。

第四条 会计人员继续教育坚持以人为本，按需施教；突出重点，提高能力；加强指导，创新机制的原则，主要内容如下：

(一) 把握会计行业发展趋势和会计人员从业基本要求，突出提升会计人员专业胜任能力，引导会计人员更新知识、拓展技能，提高解决实际问题的能力。

(二) 会计人员继续教育面向会计队伍，创造人人皆受教育、人人皆可成才的环境，全面提高会计人员整体素质。同时，突出高层次会计人才培养和提高综合能力培训，进一步改善会计队伍人才结构和知识结构。

(三) 要统筹规划，有效利用各种教育资源，不断创新继续教育内容，改进继续教育方式，提高继续教育质量，逐步形成主管部门规划指导、培训单位积极参与、用人单位支持督促的会计人员继续教育新格局。

第二章 继续教育管理部门

第五条 国务院机关事务管理局(以下简称国管局)是中央国家机关会计人员继续教育工作的主管部门。负责制定会计人员继续教育培训规划并组织实施；确定各部门对会计人员继续教育的职责和管理权限；组织推荐适合中央国家机关会计人员继续教育教材，或者选用财政部统一组织开发、推荐的全国会计人员继续教育重点教材；组织各类会计人才培训和会计人员继续教育师资培训；指导、监督会计人员继续教育工作，规范会计培训秩序。

第六条 各部门负责本部门会计人员继续教育的管理工作，应当遵循教育、考核、使用相结合的原则，支持、督促并组织本部门会计人员参加继续教育，保证学习时间，提供必要的学习条件。并将每年的工作情况于年末以书面形式报国管局。

第三章 继续教育对象

第七条 会计人员享有参加继续教育的权利和接受继续教育的义务。

第八条 会计人员继续教育分为高级、中级、初级。

(一) 高级会计人员继续教育的对象为取得或者受聘高级会计专业技术资格(职称)及具备相当水平的会计人员；

(二) 中级会计人员继续教育的对象为取得或者受聘中级会计专业技术资格(职称)及具备相当水平的会计人员；

(三) 初级会计人员继续教育的对象为取得或者受聘初级会计专业技术资格(职称)的会计人员，以及取得会计从业资格证书但未取得或者受聘初级会计专业技术资格(职称)的会计人员。

第四章 继续教育的内容

第九条 会计人员继续教育的内容主要包括会计理论、政策法规、业务知识、技能训练和职业道德等。

(一) 会计理论继续教育，重点加强会计基础理论和应用理论的培训，提高会计人员用理论指导实践的能力；

(二) 政策法规继续教育，重点加强会计法规制度及其他相关法规制度的培训，提高会计人员依法理财的能力；

(三) 业务知识培训和技能训练，重点加强履行岗位职责所必备的专业知识和经营管理、内部控制、信息化等方面的培训，提高会计人员的业务技能和实际工作能力；

（四）职业道德继续教育，重点加强会计职业道德的培训，提高会计人员职业道德水平。

第五章 继续教育的形式

第十条 会计人员继续教育的形式以接受培训为主。在职自学是会计人员继续教育的重要补充。

会计人员可以自愿选择参加国管局认可的接受培训的形式：

（一）参加在国管局备案并予认可和公布的会计人员继续教育培训单位组织的会计培训；

（二）参加国管局组织的会计人员继续教育师资培训和高级会计人员的专业培训；

（三）参加国管局认可的会计人员所在单位组织的会计类脱产培训；

（四）参加会计、审计、统计、经济专业技术资格考试，以及注册会计师、注册资产评估师、注册税务师考试并成绩合格的；

（五）国管局认可的其他形式。

第十一条 鼓励会计人员参加在职自学。在职自学形式包括：

（一）在普通院校或成人教育院校接受国家承认的会计专业学历教育；

（二）进行会计专业课题研究并取得研究成果；

（三）在省、部级以上（含省、部级）经济类报刊上发表财会类专业论文和文章；

（四）系统接受会计业务相关的远程教育和网上培训；

（五）国管局认可的其他形式。

各部门应当对会计人员在职自学提出要求，并提供必要的条件。

第十二条 会计人员每年接受培训（面授）的时间累计不应少于 24 小时。培训时间的计算以实际教学时间为准，当年接受多次培训的，可累计计算，但不能跨年度计算。

会计人员由于病假、在境外工作、生育等原因，无法达到当年接受培训时间要求的，可由本人提供有效证明，经所在部门核实盖章，报国管局审核确认后，其参加继续教育时间可以顺延至以后年度完成。

会计人员退休后不再继续从事会计工作，可自愿参加会计人员继续教育。

第十三条 开展会计人员继续教育应当根据会计人员的特点，综合运用讲授式、研究式、案例式、模拟式、体验式等教学方法，提高培训效果和质量。

第十四条 推广网络教育、远程教育、电化教育，提高会计人员继续教育教学和管理的信息化水平。

第六章 继续教育培训单位

第十五条 加强会计人员继续教育培训单位建设，构建分工明确、优势互补、布局合理、竞争有序的会计人员继续教育网络。充分发挥国家会计学院、会计学术团体等教育资源在会计人员继续教育中的主渠道作用，鼓励、引导高等院校、科研院所等社会办学单位参与会计人员继续教育工作。

第十六条 对承担中央国家机关会计人员继续教育培训的单位，实行备案登记制度。

（一）凡承担中央国家机关会计人员继续教育培训的单位，均须填写《中央国家机关会计人员继续教育培训单位登记备案表》，并提供相关材料，于每年一月份报国管局备案。国管局审查无误后，于每年三月公布会计人员继续教育培训单位名称等相关信息。

（二）培训单位于每年会计人员继续教育培训工作结束后 20 天内，将本年度的培训情况以书面形式（附电子版）上报国管局。

第十七条 会计人员继续教育培训单位必须同时符合下列条件：

（一）具备承担与培训工作相适应且固定的教学场所和较为完善的教学设施；

（二）拥有与承担培训工作相适应的较为稳定的师资队伍和专职从事会计人员继续教育管理的工作人员；

（三）能够完成所承担的培训任务，保证培训质量，注重社会效益，不以盈利为目的，接受国管局的指导、监督和检查。

第十八条 会计人员继续教育培训单位应当根据会计人员继续教育统一规划，改进培训方式，科学设置培训内容，加强教学管理，提高教学水平。

第七章 继续教育师资

第十九条 从事会计人员继续教育工作的师资，应当具有良好的职业道德修养、较高的理论政策水平、扎实的专业知识基础，有一定的实际工作经验，掌握现代成人教育培训理论和方法，具备较高的专业技能和教学水平，并熟悉现阶段会计工作的发展状况，分别具备以下条件：

（一）承担高级会计人员继续教育任务的教学人员，应具备经济类专业教授职称、高级专业技术资格，或者为具备相应水平的专家。

（二）承担中级会计人员继续教育任务的教学人员，应具备经济类专业副教授以上（含副教授）职称、高级专业技术资格，或者为具备相应水平的专家。

（三）承担初级会计人员继续教育任务的教学人员，一般应具备会计类专业讲师以上（含讲师）职称、中级以上（含中级）专业技术资格，或者为具备相应水平的专家。

第八章　继续教育教材

第二十条　加强会计人员继续教育教材建设，逐步形成会计人员继续教育教材体系，以适应不同级别会计人员继续教育的需要。

第二十一条　坚持会计人员继续教育教材的开发与利用相结合，按照统一的会计人员继续教育大纲，做到一纲多本、编审分开。加强教材开发的针对性和实用性。

第二十二条　国管局对会计人员继续教育教材的编写、评估、推荐、出版、发行、使用情况进行管理和监督。

第二十三条　参加继续教育的会计人员自愿选择会计人员继续教育教材。任何部门、单位和个人不得向会计人员强行推销、搭售培训教材。

第九章　继续教育考核登记

第二十四条　各部门要加强对会计人员参加继续教育情况的考核，并将考核结果作为评选先进会计工作者、颁发会计人员荣誉证书等的依据之一。

对未按规定参加继续教育或者未完成接受培训时间的会计人员，各部门督促其接受继续教育；对无正当理由仍不参加继续教育的，国管局可采取适当方式向社会公布。

第二十五条　各部门应当将会计人员参加继续教育情况作为会计人员任职、晋升的依据之一。

第二十六条　会计人员继续教育实行登记管理制度。会计人员按照要求接受培训，经考核合格并取得相关证明后，应在 30 天内持《会计从业资格证书》及相关证明到国管局办理继续教育事项登记（可委托培训单位代办）。

加强会计人员业务档案、诚信档案建设，如实记载会计人员接受继续教育情况。

第十章　继续教育监督检查

第二十七条　国管局定期对承担中央国家机关会计人员继续教育培训单位的继续教育情况进行检查、评估，并将检查、评估结果以适当方式进行公布。

第二十八条　会计人员继续教育培训单位有下列情形之一的，责令其限期整改；逾期不改正的，由国管局予以通报；情节严重的，从下一继续教育年度起三年内不予备案登记：

（一）采取虚假、欺诈等手段招揽生源的；

（二）以会计人员继续教育名义组织境内外公费旅游或者进行其他高消费活动的；

（三）违反国家有关规定擅自印发学历或学位证书、资格证书或培训证书的；

（四）违反本办法的其他行为。

第二十九条　各部门会计人员继续教育情况将列入《会计法》执行情况检查、会计从业资格情况检查的内容。

第十一章　附　则

第三十条　中央管理的在京企业（集团）及其所属单位取得并持有会计从业资格证书的人员依照本办法执行。

第三十一条　本办法由国管局负责解释。

第三十二条　本办法自发布之日起施行。此前印发的《中央国家机关会计人员继续教育暂行办法》（国管财字[1999]105 号）同时废止。

第二十七部分　行政事业单位财务管理法规

一、行政单位财务规则

行政单位财务规则

（1998年1月6日国务院批准 1998年1月19日财政部令第9号发布）

第一章　总　　则

第一条　为了规范行政单位的财务行为，加强行政单位的财务管理，保障行政单位工作任务的完成，制定本规则。

第二条　中华人民共和国境内各级行政机关和实行预算管理的其他机关、政党组织（以上统称行政单位）的财务活动，适用本规则。

第三条　行政单位财务管理的基本原则是：执行国家有关法律、法规和财务规章制度；厉行节约，制止奢侈浪费；量入为出，保证重点，兼顾一般；注重资金使用效益。

第四条　行政单位财务管理的基本任务是：

（一）合理编制行政单位预算，统筹安排、节约使用各项资金，保障行政单位正常运转的资金需要；

（二）定期编制财务报告，如实反映行政单位预算执行情况，进行财务活动分析；

（三）建立、健全内部财务管理制度，对行政单位财务活动进行控制和监督；

（四）加强行政单位国有资产管理，防止国有资产流失；

（五）对行政单位所属并归口行政财务管理的单位的财务活动实施指导、监督；

（六）加强对非独立核算机关后勤服务部门的财务管理，实行内部核算办法。

第五条　行政单位的财务活动在单位负责人领导下，由单位财务部门统一管理。

行政单位应当单独设置财务机构，配备专职财务会计人员，进行独立核算。人员编制少、财务工作量小的单位，可以实行单据报账制度。

第二章　单位预算管理

第六条　行政单位预算是行政单位根据其职责和工作任务编制的年度财务收支计划。

行政单位预算由收入预算和支出预算组成。

第七条　按照经费领拨关系和预算管理权限，行政单位预算管理分为下列级次：

（一）向同级财政部门报领经费，并对下一级预算单位核拨经费的行政单位，为主管预算单位；

（二）向上一级预算单位报领经费，并对下一级预算单位核拨经费的行政单位，为二级预算单位；

（三）向同级财政部门或者上一级预算单位报领经费，没有下级拨款单位的行政单位，为基层预算单位。

第八条　各级预算单位应当按照预算管理级次报领、核拨经费，并按照批准的预算组织实施，定期将预算执行情况向同级财政部门或者上一级预算单位报告。

第九条　财政部门对行政单位实行收支统一管理，定额、定项拨款，超支不补，结余留用的预算管理办法。

第十条　行政单位的各项收入和支出应当全部纳入单位预算统一管理，统筹安排使用。

行政单位的预算外资金收入和其他收入应当首先用于弥补经常性支出不足和必要的专项支出。

第十一条　行政单位预算依照下列程序编报和审批：

（一）行政单位根据年度工作计划和收支增减因素，提出收支概算，逐级汇总报送同级财政部门；（二）财政部门参照行政单位提出的收支概算，审核分配单位预算指标；（三）行政单位根据分配的单位预算指标正式编制年度预算，并逐级汇总报送同级财政部门；（四）财政部门正式批复行政单位预算。

第十二条　行政单位应当严格执行预算，按照收支平衡的原则，合理安排各项资金，不得超预算安排支出。

行政单位年度预算执行中,财政部门核定的财政预算拨款收入和从财政专户核拨的预算外资金收入,原则上不予调整。因特殊情况确需调整的,行政单位应当按照规定程序逐级报送主管预算单位或者财政部门审批。非拨款收入部分发生变化,需要相应调整支出的,由行政单位自行调整并报送主管预算单位或者财政部门备案,主管预算单位或者财政部门批复决算时审核确认。

第三章 收入管理

第十三条 收入是指行政单位依法取得的非偿还性资金,包括财政预算拨款收入、预算外资金收入以及其他合法收入。

财政预算拨款收入,是指财政部门核拨给行政单位的财政预算资金。

预算外资金收入,是指财政部门从财政专户按照规定核拨给行政单位的预算外资金和经财政部门核准由行政单位按照计划使用,不上缴财政专户的少量预算外资金。

其他收入,是指行政单位依法取得本条第二款、第三款范围以外的收入。

行政单位的各项收入必须统一管理。

第十四条 行政单位各项收入的取得,应当符合国家规定,及时入账,并按照财务管理的要求,分项如实填报。

第十五条 行政单位依法取得的应当纳入财政预算的罚没收入、行政性收费收入和基金,以及应当缴入财政专户的预算外资金,不属于行政单位的收入,必须及时足额上缴。

第四章 支出管理

第十六条 支出是指行政单位为开展业务活动所发生的资金耗费。

第十七条 行政单位支出,包括经常性支出、专项支出和自筹基本建设支出。

经常性支出,是指行政单位为维持正常运转和完成日常工作任务发生的支出。

专项支出,是指行政单位为完成专项或者特定工作任务发生的支出。

自筹基本建设支出,是指行政单位经依法批准用财政预算拨款以外的资金安排的基本建设支出。

本条第二款、第三款支出,分别按其用途列入相应的预算科目。

第十八条 行政单位应当建立、健全各项支出的管理制度。各项支出由单位财务部门按照批准的预算和有关规定审核办理,防止多头审批和无计划开支。重大支出项目,应当集体讨论决定。各项资金的安排使用情况,应当按照财政部门的要求分别反映。

第十九条 行政单位的支出,应当严格执行国家规定的开支范围及开支标准,保证人员经费和单位正常运转必需的开支,并对节约潜力大、管理薄弱的支出项目实行重点管理和控制。

行政单位用于职工待遇方面的支出,不得超出国家规定的范围和标准。

第二十条 行政单位的专项支出,应当按照批准的项目和用途使用,并按照规定向主管预算单位或者财政部门报送专项支出情况表和文字报告,接受有关部门的检查、监督。

第二十一条 行政单位应当严格控制自筹基本建设支出。确需安排支出的,应当按照规定程序履行报批手续。核批后的自筹基本建设资金,纳入基本建设财务管理。

第五章 结余管理

第二十二条 结余是指行政单位收入和支出相抵后的余额。

第二十三条 行政单位结余不提取基金,全额结转下年使用;其中,已完成项目的专项经费结余,报经主管预算单位或者财政部门批准后,方可使用。

第六章 资产管理

第二十四条 资产是指行政单位占有或者使用的、能以货币计量的经济资源,包括流动资产和固定资产。

第二十五条 流动资产是指可以在一年以内变现或者耗用的资产,包括现金、银行存款、库存材料、暂付款等。

第二十六条 固定资产是指单位价值在规定标准以上,使用期限在一年以上,并且在使用过程中基本保持原有物质形态的资产,包括房屋及建筑物、一般设备、专用设备、文物和陈列品、图书、其他固定资产。

一般设备单位价值在500元以上,专用设备单位价值在800元以上,为固定资产。单位价值虽未达到规定标准,但是使用时间在一年以上的大批同类物资,按固定资产管理。

第二十七条 行政单位应当建立、健全资产管理制度,由财务部门统一建账、核算,由资产管理部门统一登记、管理。行政单位应当明确财务部门、资产管理部门以及使用部门的责任,定期或者不定期进行清查盘点,保证账账相符,账实相符。年度终了,应当进行全面清查盘点。

第二十八条 行政单位应当由财务部门统一开设和管理银行存款账户。

行政单位开设银行存款账户,应当报主管预算单位或者同级财政部门审批。

第二十九条 行政单位应当严格控制暂付款的规模,并及时进行清理,不得长期挂账。

第三十条 行政单位所需的固定资产,应当根据业务工作的需要和单位财力的可能,根据合理、节约、有效的原则,按照国家有关规定进行配置。

第三十一条 行政单位的固定资产增加时,应当及时登记入账;减少时,应当按照国有资产处置规定办理报批手续,进行账务处理。

行政单位的固定资产不计提折旧。

第三十二条 行政单位固定资产处置、出租收入,应当首先用于单位固定资产的更新改造。

第七章 应缴款项和暂存款项的管理

第三十三条 应缴款项是指行政单位依法取得并应当上缴国库的预算资金和应当缴入财政专户的预算外资金等款项,包括按照国家规定应当纳入预算管理的罚没收入、行政性收费、基金以及暂未纳入预算管理但应当缴入财政专户的预算外资金。

第三十四条 行政单位取得罚没收入、行政性收费、基金等收入,应当使用合法票据。

行政单位取得各种应缴款项,应当及时、足额上缴国库或者同级财政专户,不得挪用、截留或者坐支。

第三十五条 暂存款项是行政单位在业务活动中与其他单位或者个人发生的预收、代管等待结算的款项。

第三十六条 行政单位应当加强对暂存款项的管理,不得将应当纳入单位收入管理的款项列入暂存款项;对各种暂存款项应当及时清理、结算,不得长期挂账。

第八章 行政单位划转撤并的财务处理

第三十七条 行政单位划转撤并的财务处理,应当在财政部门、国有资产管理部门和主管预算单位的监督指导下进行。

划转撤并的行政单位应当全面清查资产,编制有关财务报表,提供资产目录以及往来款项清单,提出资产作价依据和往来款项的处理意见,办理国有资产的移交、接收、划转手续,并妥善处理各项遗留问题。

第三十八条 划转撤并的行政单位的资产经主管预算单位审核并上报财政部门和国有资产管理部门批准后,分别按照下列规定处理:

(一) 转为事业单位和改变隶属关系的行政单位,其资产无偿移交,并相应调整、划转经费指标。(二) 转为企业的行政单位,其资产按照国有资产管理的有关规定进行评估作价后,转作企业的国家资本金。(三) 撤销的行政单位,其全部资产由财政部门或者财政部门授权的主管预算单位处理。(四) 合并的行政单位,其全部资产移交新组建单位;合并后多余的资产,由财政部门或者财政部门授权的主管预算单位处理。

第九章 财务报告和财务分析

第三十九条 财务报告是反映行政单位一定时期财务状况和预算执行结果的总结性书面文件。

第四十条 行政单位的财务报告,包括财务报表和财务情况说明书。

第四十一条 财务报表包括资产负债表、收入支出总表、支出明细表、基本数字表以及预算外资金收支明细表、专项支出情况表等有关附表。

财务情况说明书应当反映本期收入、支出、结余、专项经费使用及资产变动的情况,说明影响财务状况变化的重要事项,总结财务管理经验,对存在的问题提出改进意见等。

第四十二条 财务分析的内容包括预算执行、开支水平、人员增减、固定资产利用等。

财务分析的指标主要是:支出增长率、人均开支水平、专项支出占总支出比重、人员经费占总支出的比重、人车比例等。行政单位可以根据其业务特点,增加财务分析指标。

第四十三条 行政单位应当依据会计核算资料和有关文件,真实、准确、完整地编制财务报告,认真进行财务分析，并按照规定报送财政部门、主管预算单位和其他有关部门。

第十章　财务监督

第四十四条　财务监督是行政单位根据国家有关法律、法规和财务规章制度，对本单位及下级预算单位的财务活动进行审核、检查的行为。

第四十五条　行政单位财务监督的主要内容包括：

（一）对预算的编制、执行和财务报告的真实性、准确性、完整性进行审核、检查；（二）对各项收入和支出的范围和标准进行审核、检查；（三）对有关资产管理要求和措施的落实情况进行检查督促；（四）对违反财务规章制度的问题进行检查纠正。

第四十六条　行政单位应当建立内部审计制度和岗位责任制，健全内部监督机制。

第十一章　附　则

第四十七条　行政单位的基本建设投资、外事经费、社会保障经费的财务管理，按照国家有关规定办理。

第四十八条　列为行政编制并接受财政拨款的社会团体和未列为行政编制但完全行使行政管理职能的单位在进行财务活动时，依照本规则执行。

行政单位所属独立核算的企业、事业单位分别执行相应的财务制度，不执行本规则。

第四十九条　本规则自发布之日起施行。

二、事业单位财务规则

中华人民共和国财政部令

（第8号）

《事业单位财务规则》已于1996年10月5日经国务院批准，现予发布，自1997年1月1日起施行。

部长　刘仲藜

一九九六年十月二十二日

事业单位财务规则

第一章　总　则

第一条　为了规范事业单位的财务行为，加强事业单位财务管理，提高资金使用效益，保障事业单位健康发展，制定本规则。

第二条　本规则适用于各级各类国有事业单位（以下简称事业单位）的财务活动。

第三条　事业单位财务管理的基本原则是：执行国家有关法律、法规和财务规章制度；坚持勤俭办事业的方针；正确处理事业发展需要和资金供给的关系，社会效益和经济效益的关系，国家、集体和个人三者利益的关系。

第四条　事业单位财务管理的主要任务是：合理编制单位预算，如实反映单位财务状况；依法组织收入，努力节约支出；建立健全财务制度，加强经济核算，提高资金使用效益；加强国有资产管理，防止国有资产流失；对单位经济活动进行财务控制和监督。

第五条　事业单位的财务活动在单位负责人的领导下，由单位财务部门统一管理。

第二章　单位预算管理

第六条　事业单位预算是指事业单位根据事业发展计划和任务编制的年度财务收支计划。

事业单位预算由收支预算和支出预算组成。

第七条　国家对事业单位实行核定收支、定额或者定项补助、超支不补、结余留用的预算管理办法。

定额或者定项补助标准根据事业特点、事业发展计划、事业单位收支状况以及国家财政政策和财力可能确定。定额或者定项补助可以为零。

少数非财政补助收入大于支出较多的事业单位，可以实行收入上缴办法。具体办法由财政部门会同有关主管部门制定。

第八条 事业单位参考以前年度预算执行情况，根据预算年度的收入增减因素和措施，测算编制收入预算；根据事业发展需要与财力可能，测算编制支出预算。

事业单位预算应当自求收支平衡，不得编制赤字预算。

第九条 事业单位根据年度事业计划，提出预算建议数，经主管部门审核汇总报财政部门核定(一级预算单位直接报财政部门，下同)。事业单位根据财政部门下达的预算控制数编制预算，由主管部门汇总报财政部门审核批复后执行。

第十条 事业单位预算在执行过程中，国家对财政补助收入和从财政专户核拨的预算外资金一般不予调整。但是，上级下达的事业计划有较大调整，或者根据国家有关政策增加或者减少支出，对预算执行影响较大时，事业单位可以报请主管部门或者财政部门调整预算；非财政补助收入部分需要调增或者调减的，由单位自行调整并报主管部门和财政部门备案。

收入预算调整后，相应调增或者调减支出预算。

第三章 收入管理

第十一条 收入是指事业单位为开展业务及其他活动依法取得的非偿还性资金。

第十二条 事业单位收入包括：

(一)财政补助收入，即事业单位从财政部门取得的各类事业经费。

(二)上级补助收入，即事业单位从主管部门和上级单位取得的非财政补助收入。

(三)事业收入，即事业单位开展专业业务活动及其辅助活动取得的收入，其中：按照国家有关规定应当上缴财政的资金和应当缴入财政专户的预算外资金，不计入事业收入；从财政专户核拨的预算外资金和部分经核准不上缴财政专户管理的预算外资金，计入事业收入。

(四)经营收入，即事业单位在专业业务活动及其辅助活动之外开展非独立核算经营活动取得的收入。

(五)附属单位上缴收入，即事业单位附属独立核算单位按照有关规定上缴的收入。

(六)其他收入，即上述规定范围以外的各项收入，包括投资收益、利息收入、捐赠收入等。

第十三条 事业单位的各项收入全部纳入单位预算，统一核算，统一管理。

第四章 支出管理

第十四条 支出是指事业单位开展业务活动及其他活动发生的资金耗费和损失。

第十五条 事业单位支出包括：

(一)事业支出，即事业单位开展专业业务活动及其辅助活动发生的支出，包括工资、补助工资、职工福利费、社会保障费、助学金、公务费、业务费、设备购置费、修缮费和其他费用。

(二)经营支出，即事业单位在专业业务活动及其辅助活动之外开展非独立核算经营活动发生的支出。

(三)对附属单位补助支出，即事业单位用财政补助收入之外的收入对附属单位补助发生的支出。

(四)上缴上级支出，即实行收入上缴办法的事业单位按照规定的定额或者比例上缴上级单位的支出。

第十六条 事业单位在开展非独立核算经营活动中，应当正确归集实际发生的各项费用数；不能归集的，应当按照规定的比例合理分摊。

经营支出应当与经营收入配比。

第十七条 事业单位从财政部门和主管部门取得的有指定项目和用途并且要求单独核算的专项资金，应当按照要求定期向财政部门或者主管部门报送专项资金使用情况；项目完成后，应当报送专项资金支出决算和使用效果的书面报告，接受财政部门或者主管部门的检查、验收。

第十八条 事业单位可以根据开展业务活动及其他活动的实际需要，实行内部成本核算办法。

第十九条 事业单位的支出应当严格执行国家有关财务规章制度规定的开支范围及开支标准；国家有关财务规章制度没有统一规定的，由事业单位规定，报主管部门和财政部门备案。事业单位的规定违反法律和国家政策的，主管部门和财政部门应当责令改正。

第五章 结余及其分配

第二十条 结余是指事业单位年度收入与支出相抵后的余额。

经营收支结余应当单独反映。

第二十一条 事业单位的结余(不含实行预算外资金结余上缴办法的预算外资金结余)，除专项资金按照国家规定结转下一年度继续使用外，可以按照国家有关规定提取职工福利基金，剩余部分作为事业基金用于弥补以后年度单位收支差额；国家另有规定的，从其规定。

第六章　专用基金管理

第二十二条　专用基金是指事业单位按照规定提取或者设置的有专门用途的资金。

第二十三条　专用基金包括：

（一）修购基金，即按照事业收入和经营收入的一定比例提取，在修缮费和设备购置费中列支（各列50%），以及按照其他规定转入，用于事业单位固定资产维修和购置的资金。

（二）职工福利基金，即按照结余的一定比例提取以及按照其他规定提取转入，用于单位职工的集体福利设施、集体福利待遇等的资金。

（三）医疗基金，即未纳入公费医疗经费开支范围的事业单位，按照当地财政部门规定的公费医疗经费开支标准从收入中提取，并参照公费医疗制度有关规定用于职工公费医疗开支的资金。

（四）其他基金，即按照其他有关规定提取或者设置的专用资金。

第二十四条　各项基金的提取比例和管理办法，国家有统一规定的，按照统一规定执行；没有统一规定的，由主管部门会同同级财政部门确定。

第七章　资 产 管 理

第二十五条　资产是指事业单位占有或者使用的能以货币计量的经济资源，包括各种财产、债权和其他权利。

第二十六条　事业单位的资产包括流动资产、固定资产、无形资产和对外投资等。

第二十七条　流动资产是指可以在一年以内变现或者耗用的资产，包括现金、各种存款、应收款项、预付款项和存货等。

前款所称存货是指事业单位在开展业务活动及其他活动中为耗用而储存的资产，包括材料、燃料、包装物和低值易耗品等。

事业单位应当建立、健全现金及各种存款的内部管理制度，应当对存货进行定期或者不定期的清查盘点，保证账实相符。对存货盘盈、盘亏应当及时调账。

第二十八条　固定资产是指一般设备单位价值在500元以上、专用设备单位价值在800元以上，使用期限在一年以上，并在使用过程中基本保持原有物质形态的资产。单位价值虽未达到规定标准，但是耐用时间在一年以上的大批同类物资，作为固定资产管理。

固定资产一般分为六类：房屋和建筑物；专用设备；一般设备；文物和陈列品；图书；其他固定资产。主管部门可以根据本系统具体情况制定各类固定资产明细目录。

第二十九条　事业单位固定资产报废和转让，一般经单位负责人批准后核销。大型、精密贵重的设备、仪器报废和转让，应当经过有关部门鉴定，报主管部门或者国有资产管理部门、财政部门批准。具体审批权限由财政部门会同国有资产管理部门规定。

固定资产的变价收入应当转入修购基金；但是，国家另有规定的除外。

第三十条　事业单位应当定期或者不定期地对固定资产清查盘点。年度终了前应当进行一次全面清查盘点。

第三十一条　无形资产是指不具有实物形态而能为使用者提供某种权利的资产，包括专利权、商标权、著作权、土地使用权、非专利技术、商誉以及其他财产权利。

事业单位转让无形资产，应当按照有关规定进行资产评估，取得的收入除国家另有规定的外计入事业收入。事业单位取得无形资产发生的支出，应当计入事业支出。

第三十二条　对外投资是指事业单位利用货币资金、实物、无形资产等方式向其他单位的投资。

事业单位对外投资，应当按照国家有关规定报经主管部门、国有资产管理部门和财政部门批准或者备案。

以实物、无形资产对外投资的，应当按照国家有关规定进行资产评估。

第八章　负 债 管 理

第三十三条　负债是指事业单位所承担的能以货币计量，需要以资产或者劳务偿还的债务。

第三十四条　事业单位的负债包括借入款项、应付款项、暂存款项、应缴款项等。

应缴款项包括事业单位收取的应当上缴财政预算的资金和应当上缴财政专户的预算外资金、应缴税金以及其他按照国家有关规定应当上缴的款项。

第三十五条 事业单位应当对不同性质的负债分别管理，及时清理并按照规定办理结算，保证各项负债在规定期限内归还。

第九章 事业单位清算

第三十六条 事业单位发生划转撤并时，应当进行清算。

第三十七条 事业单位清算，应当在主管部门和财政部门、国有资产管理部门的监督指导下，对单位的财产、债权、债务等进行全面清理，编制财产目录和债权、债务清单，提出财产作价依据和债权、债务处理办法，做好国有资产的移交、接收、划转和管理工作，并妥善处理各项遗留问题。

第三十八条 划转撤并的事业单位清算结束后，经主管部门审核并报国有资产管理部门和财政部门批准，其资产分别按照下列办法处理：

（一）因隶属关系改变，成建制划转的事业单位，全部资产无偿移交，并相应划转事业经费指标。

（二）转为企业管理的事业单位，全部资产扣除负债后，转作国家资本金。

（三）撤销的事业单位，全部资产由主管部门和财政部门核准处理。

（四）合并的事业单位，全部资产移交接收单位或者新组建单位，合并后多余的国有资产由主管部门和财政部门核准处理。

第十章 财务报告和财务分析

第三十九条 财务报告是反映事业单位一定时期财务状况和经营成果的总结性书面文件。

事业单位应当定期向主管部门和财政部门以及其他有关的报表使用者提供财务报告。

第四十条 事业单位报送的年度财务报告包括资产负债表、收支情况表、有关附表以及财务情况说明书。

第四十一条 财务情况说明书，主要说明事业单位收入及其支出、结余及其分配、资产负债变动的情况，对本期或者下期财务状况发生重大影响的事项，以及需要说明的其他事项。

第四十二条 财务分析的内容包括预算执行、资产使用、支出状况等。

财务分析的指标包括经费自给率、人员支出与公用支出分别占事业支出的比率、资产负债率等。事业单位可以根据本单位的业务特点增加财务分析指标。

第十一章 附 则

第四十三条 国家对事业单位基本建设投资的财务管理，按照国家有关规定办理。

第四十四条 接受国家经常性资助的非国有事业单位和社会团体，依照本规则执行；其他非国有事业单位和社会团体，可以参照本规则执行。

第四十五条 下列事业单位或者事业单位的特定项目，执行《企业财务通则》和同行业或者相近行业企业财务制度，不执行本规则：

（一）纳入企业财务管理体系的事业单位和事业单位附属独立核算的生产经营单位；

（二）事业单位经营的接受外单位要求投资回报的项目；

（三）经主管部门和财政部门批准的具备条件的其他事业单位。

第四十六条 行业特点突出，需要制定行业事业单位财务管理办法的，由国务院财政部门会同有关主管部门根据本规则制定。省、自治区、直辖市人民政府可以根据本规则结合本地区实际情况制定具体财务管理办法。

第四十七条 本规则自1997年1月1日起施行。1989年1月5日国务院批准、1989年1月26日财政部发布的《关于事业单位财务管理的若干规定》同时废止。

事业单位财务分析指标

1. **经费自给率** 衡量事业单位组织收入的能力和满足经常性支出的程度。计算公式为：

$$经费自给率=\frac{事业收入+经营收入+附属单位上缴收入+其他收入}{事业支出+经营支出}\times 100\%$$

支出中因特殊原因需要扣除的项目，应经财政部门批准。

2. **资产负债率** 衡量事业单位利用债权人提供资金开展业务活动的能力，以及反映债权人提供资金的安全保障程度。计算公式为：

$$资产负债率=\frac{负债总额}{资产总额}\times 100\%$$

3. **人员支出、公用支出占事业支出的比率** 衡量事业单位事业支出结构。计算公式为：

$$人员支出比率=\frac{人员支出}{事业支出}\times 100\%$$

$$公用支出比率=\frac{公用支出}{事业支出}\times 100\%$$

上述公式中人员支出包括工资、补助工资、职工福利费、社会保障费和助学金；公用支出包括公务费、业务费、设备购置费、修缮费和其他费用。

三、基本建设财务管理规定

财政部关于印发《基本建设财务管理规定》的通知

财建[2002]394 号

党中央有关部门、国务院各部委、各直属机构，全国人大常委会办公厅，全国政协办公厅，高法院，高检院，各人民团体，中央管理企业，各省、自治区、直辖市、计划单列市财政厅(局)，新疆生产建设兵团财务局：

为了适应新形势下基本建设财务管理的需要，有利于各部门、各地区及项目建设单位加强基本建设财务管理，有效节约建设资金，控制建设成本，提高投资效益，针对基本建设财务管理中反映出的问题，我部对《基本建设财务管理若干规定》(财基字[1998]4 号)的有关内容进行了修订。现印发你们，请认真贯彻执行。并结合各部门、各地区的实际情况，及时贯彻落实到建设单位。

二〇〇二年九月二十七日

附件

基本建设财务管理规定

第一条 为了适应社会主义市场经济体制和投融资体制改革的需要，规范基本建设投资行为，加强基本建设财务管理和监督，提高投资效益，根据《中华人民共和国预算法》、《会计法》和《政府采购法》等法律、行政法规、规章，制定本规定。

第二条 本规定适用于国有建设单位和使用财政性资金的非国有建设单位，包括当年安排基本建设投资、当年虽未安排投资但有在建工程、有停缓建项目和资产已交付使用但未办理竣工决算项目的建设单位。其他建设单位可参照执行。

实行基本建设财务和企业财务并轨的单位，不执行本规定。

第三条 基本建设财务管理的基本任务是：贯彻执行国家有关法律、行政法规、方针政策；依法、合理、及时筹集、使用建设资金；做好基本建设资金的预算编制、执行、控制、监督和考核工作，严格控制建设成本，减少资金损失和浪费，提高投资效益。

第四条 各级财政部门是主管基本建设财务的职能部门，对基本建设的财务活动实施财政财务管理和监督。

第五条 使用财政性资金的建设单位，在初步设计和工程概算获得批准后，其主管部门要及时向同级财政部门提交初步设计的批准文件和项目概算，并按照预算管理的要求，及时向同级财政部门报送项目年度预算，待财政部门审核确认后，作为安排项目年度预算的依据。

建设项目停建、缓建、迁移、合并、分立以及其他主要变更事项，应当在确立和办理变更手续之日起 30 日内，向同级财政部门提交有关文件、资料的复制件。

第六条 建设单位要做好基本建设财务管理的基础工作，按规定设置独立的财务管理机构或指定专人负责基本建设财务工作；严格按照批准的概预算建设内容，做好账务设置和账务管理，建立健全内部财务管理制度；对基本建设活动中的材料、设备采购、存货、各项财产物资及时做好原始记录；及时掌握工程进度，定期进行财产物资清查；按规定向财政部门报送基建财务报表。

主管部门应指导和督促所属的建设单位做好基本建设财务管理的基础工作。

第七条 经营性项目，应按照国家关于项目资本金制度的规定，在项目总投资（以经批准的动态投资计算）中筹集一定比例的非负债资金作为项目资本金。

本规定中有关经营性项目和非经营性项目划分，由财政部门根据国家有关规定确认。

第八条 经营性项目筹集的资本金，须聘请中国注册会计师验资并出具验资报告。投资者以实物、工业产权、非专利技术、土地使用权等非货币资产投入项目的资本金，必须经过有资格的资产评估机构依照法律、行政法规评估作价。

经营性项目筹集的资本金，在项目建设期间和生产经营期间，投资者除依法转让外，不得以任何方式抽走。

第九条 经营性项目收到投资者投入项目的资本金，要按照投资主体的不同，分别以国家资本金、法人资本金、个人资本金和外商资本金单独反映。项目建成交付使用并办理竣工财务决算后，相应转为生产经营企业的国家资本金、法人资本金、个人资本金、外商资本金。

第十条 凡使用国家财政投资的建设项目应当执行财政部有关基本建设资金支付的程序，财政资金按批准的年度基本建设支出预算到位。

实行政府采购和国库集中支付的基本建设项目，应当根据政府采购和国库集中支付的有关规定办理资金支付。

第十一条 经营性项目对投资者实际缴付的出资额超出其资本金的差额（包括发行股票的溢价净收入）、接受捐赠的财产、外币资本折算差额等，在项目建设期间，作为资本公积金，项目建成交付使用并办理竣工财务决算后，相应转为生产经营企业的资本公积金。

第十二条 建设项目在建设期间的存款利息收入计入待摊投资，冲减工程成本。

第十三条 经营性项目在建设期间的财政贴息资金，作冲减工程成本处理。

第十四条 建设项目在编制竣工财务决算前要认真清理结余资金。应变价处理的库存设备、材料以及应处理的自用固定资产要公开变价处理，应收、应付款项要及时清理，清理出来的结余资金按下列情况进行财务处理：

经营性项目的结余资金，相应转入生产经营企业的有关资产。非经营性项目的结余资金，首先用于归还项目贷款。如有结余，30%作为建设单位留成收入，主要用于项目配套设施建设、职工奖励和工程质量奖，70%按投资来源比例归还投资方。

第十五条 项目建设单位应当将应交财政的竣工结余资金在竣工财务决算批复后30日内上交财政。

第十六条 建设成本包括建筑安装工程投资支出、设备投资支出、待摊投资支出和其他投资支出。

第十七条 建筑安装工程投资支出是指建设单位按项目概算内容发生的建筑工程和安装工程的实际成本，其中不包括被安装设备本身的价值以及按照合同规定支付给施工企业的预付备料款和预付工程款。

第十八条 设备投资支出是指建设单位按照项目概算内容发生的各种设备的实际成本，包括需要安装设备、不需要安装设备和为生产准备的不够固定资产标准的工具、器具的实际成本。

需要安装设备是指必须将其整体或几个部位装配起来，安装在基础上或建筑物支架上才能使用的设备；不需要安装设备是指不必固定在一定位置或支架上就可以使用的设备。

第十九条 待摊投资支出是指建设单位按项目概算内容发生的，按照规定应当分摊计入交付使用资产价值的各项费用支出，包括：建设单位管理费、土地征用及迁移补偿费、土地复垦及补偿费、勘察设计费、研究试验费、可行性研究费、临时设施费、设备检建费、负荷联合试车费、合同公证及工程质量监理费、（贷款）项目评估费、国外借款手续费及承诺费、社会中介机构审计（查）费、招投标费、经济合同仲裁费、诉讼费、律师代理费、土地使用税、耕地占用税、车船使用税、汇兑损益、报废工程损失、坏账损失、借款利息、固定资产损失、器材处理亏损、设备盘亏及毁损、调整器材调拨价格折价、企业债券发行费用、航道维护费、航标设施费、航测费、其他待摊投资等。

建设单位要严格按照规定的内容和标准控制待摊投资支出，不得将非法的收费、摊派等计入待摊投资支出。

第二十条　其他投资支出是指建设单位按项目概算内容发生的构成基本建设实际支出的房屋购置和基本畜禽、林木等购置、饲养、培育支出以及取得各种无形资产和递延资产发生的支出。

第二十一条　建设单位管理费是指建设单位从项目开工之日起至办理竣工财务决算之日止发生的管理性质的开支。包括：不在原单位发工资的工作人员工资、基本养老保险费、基本医疗保险费、失业保险费，办公费、差旅交通费、劳动保护费、工具用具使用费、固定资产使用费、零星购置费、招募生产工人费、技术图书资料费、印花税、业务招待费、施工现场津贴、竣工验收费和其他管理性质开支。

业务招待费支出不得超过建设单位管理费总额的10%。

施工现场津贴标准比照当地财政部门制定的差旅费标准执行。

第二十二条　建设单位管理费实行总额控制，分年度据实列支。

建设单位管理费的总额控制数以项目审批部门批准的项目投资总概算为基数，并按投资总概算的不同规模分档计算。具体计算方法见附件一(略)。

特殊情况确需超过上述开支标准的，须事前报同级财政部门审核批准。

第二十三条　建设单位发生单项工程报废，必须经有关部门鉴定。报废单项工程的净损失经财政部门批准后，作增加建设成本处理，计入待摊投资。

第二十四条　非经营性项目发生的江河清障、航道清淤、飞播造林、补助群众造林、退耕还林(草)、封山(沙)育林(草)、水土保持、城市绿化、取消项目可行性研究费、项目报废及其他经财政部门认可的不能形成资产部分的投资，作待核销处理。在财政部门批复竣工决算后，冲销相应的资金。形成资产部分的投资，计入交付使用资产价值。

第二十五条　非经营性项目为项目配套的专用设施投资，包括专用道路、专用通讯设施、送变电站、地下管道等，产权归属本单位的，计入交付使用资产价值；产权不归属本单位的，作转出投资处理，冲销相应的资金。

经营性项目为项目配套的专用设施投资，包括专用铁路线、专用公路、专用通讯设施、送变电站、地下管道、专用码头等，建设单位必须与有关部门明确界定投资来源和产权关系。由本单位负责投资但产权不归属本单位的，作无形资产处理；产权归属本单位的，计入交付使用资产价值。

第二十六条　建设项目隶属关系发生变化时，应及时进行财务关系划转，要认真做好各项资产和债权、债务清理交接工作，主要包括各项投资来源、已交付使用的资产、在建工程、结余资金、各项债权和债务等，由划转双方的主管部门报同级财政部门审批，并办理资产、财务划转手续。

第二十七条　基建收入是指在基本建设过程中形成的各项工程建设副产品变价净收入、负荷试车和试运行收入以及其他收入。

(一) 工程建设副产品变价净收入包括：煤炭建设中的工程煤收入，矿山建设中的矿产品收入，油(汽)回钻井建设中的原油(汽)收入和森工建设中的路影材收入等。

(二) 经营性项目为检验设备安装质量进行的负荷试车或按合同及国家规定进行试运行所实现的产品收入包括：水利、电力建设移交生产前的水、电、热费收入，原材料、机电轻纺、农林建设移交生产前的产品收入，铁路、交通临时运营收入等。

(三) 其他收入包括：1. 各类建设项目总体建设尚未完成和移交生产，但其中部分工程简易投产而发生的营业性收入等；2. 工程建设期间各项索赔以及违约金等其他收入。

第二十八条　各类副产品和负荷试车产品基建收入按实际销售收入扣除销售过程中所发生的费用和税金确定。负荷试车费用计入建设成本。

试运行期间基建收入以产品实际销售收入减去销售费用及其他费用和销售税金后的纯收入确定。

第二十九条　试运行期按照以下规定确定：引进国外设备项目按建设合同中规定的试运行期执行；国内一般性建设项目试运行期原则上按照批准的设计文件所规定期限执行。个别行业的建设项目试运行期需要超过规定试运行期的，应报项目设计文件审批机关批准。

第三十条　建设项目按批准的设计文件所规定的内容建成，工业项目经负荷试车考核(引进国外设备项目合同规定试车考核期满)或试运行期能够正常生产合格产品，非工业项目符合设计要求，能够正常使用时，应及时组织验收，移交生产或使用。凡已超过批准的试运行期，并已符合验收条件但未及时办理竣工验收手续的建设项目，视同项目已正式投产，其费用不得从基建投资中支付，所实现的收入作为生产经营收入，不再作为基建收入。试运行期一经确定，各建设单位应严格按规定执行，不得擅自缩短或延长。

第三十一条 各项索赔、违约金等收入，首先用于弥补工程损失，结余部分按本规定第三十二条处理。

第三十二条 基建收入应依法缴纳企业所得税，税后收入按以下规定处理：

经营性项目基建收入的税后收入，相应转为生产经营企业的盈余公积。

非经营性项目基建收入的税后收入，相应转入行政事业单位的其他收入。

第三十三条 试生产期间一律不得计提固定资产折旧。

第三十四条 建设单位应当严格执行工程价款结算的制度规定，坚持按照规范的工程价款结算程序支付资金。建设单位与施工单位签订的施工合同中确定的工程价款结算方式要符合财政支出预算管理的有关规定。工程建设期间，建设单位与施工单位进行工程价款结算，建设单位必须按工程价款结算总额的5%预留工程质量保证金，待工程竣工验收一年后再清算。

第三十五条 基本建设项目竣工时，应编制基本建设项目竣工财务决算。建设周期长、建设内容多的项目，单项工程竣工，具备交付使用条件的，可编制单项工程竣工财务决算。建设项目全部竣工后应编制竣工财务总决算。

第三十六条 基本建设项目竣工财务决算是正确核定新增固定资产价值，反映竣工项目建设成果的文件，是办理固定资产交付使用手续的依据。各编制单位要认真执行有关的财务核算办法，严肃财经纪律，实事求是地编制基本建设项目竣工财务决算，做到编报及时，数字准确，内容完整。

第三十七条 建设单位及其主管部门应加强对基本建设项目竣工财务决算的组织领导，组织专门人员，及时编制竣工财务决算。设计、施工、监理等单位应积极配合建设单位做好竣工财务决算编制工作。建设单位应在项目竣工后三个月内完成竣工财务决算的编制工作。在竣工财务决算未经批复之前，原机构不得撤销，项目负责人及财务主管人员不得调离。

第三十八条 基本建设项目竣工财务决算的依据，主要包括：可行性研究报告、初步设计、概算调整及其批准文件；招投标文件（书）；历年投资计划；经财政部门审核批准的项目预算；承包合同、工程结算等有关资料；有关的财务核算制度、办法；其他有关资料。

第三十九条 在编制基本建设项目竣工财务决算前，建设单位要认真做好各项清理工作。清理工作主要包括基本建设项目档案资料的归集整理、账务处理、财产物资的盘点核实及债权债务的清偿，做到账账、账证、账实、账表相符。各种材料、设备、工具、器具等，要逐项盘点核实，填列清单，妥善保管，或按照国家规定进行处理，不准任意侵占、挪用。

第四十条 基本建设项目竣工财务决算的内容，主要包括以下两个部分：

（一）基本建设项目竣工财务决算报表

主要有以下报表（表式见附件二，略）：

1. 封面
2. 基本建设项目概况表
3. 基本建设项目竣工财务决算表
4. 基本建设项目交付使用资产总表
5. 基本建设项目交付使用资产明细表

（二）竣工财务决算说明书

主要包括以下内容：

1. 基本建设项目概况
2. 会计账务的处理、财产物资清理及债权债务的清偿情况
3. 基建结余资金等分配情况
4. 主要技术经济指标的分析、计算情况
5. 基本建设项目管理及决算中存在的问题、建议
6. 决算与概算的差异和原因分析
7. 需说明的其他事项

第四十一条 基本建设项目的竣工财务决算，按下列要求报批：

（一）中央级项目

1. 小型项目

属国家确定的重点项目，其竣工财务决算经主管部门审核后报财政部审批，或由财政部授权主管部门审批；其他项目竣工财务决算报主管部门审批。

2. 大、中型项目

中央级大、中型基本建设项目竣工财务决算，经主管部门审核后报财政部审批。

（二）地方级项目

地方级基本建设项目竣工财务决算的报批，由各省、自治区、直辖市、计划单列市财政厅（局）确定。

第四十二条　财政部对中央级大中型项目、国家确定的重点小型项目竣工财务决算的审批实行“先审核、后审批”的办法，即先委托投资评审机构或经财政部认可的有资质的中介机构对项目单位编制的竣工财务决算进行审核，再按规定批复。对审核中审减的概算内投资，经财政部审核确认后，按投资来源比例归还投资方。

第四十三条　基本建设项目竣工财务决算大中小型划分标准。经营性项目投资额在5 000万元（含5 000万元）以上、非经营性项目投资额在3 000万元（含3 000万元）以上的为大中型项目。其他项目为小型项目。

第四十四条　已具备竣工验收条件的项目，3个月内不办理竣工验收和固定资产移交手续的，视同项目已正式投产，其费用不得从基建投资中支付，所实现的收入作为生产经营收入，不再作为基建收入管理。

第四十五条　各省、自治区、直辖市、计划单列市财政厅（局）可以根据本规定，结合本地区建设项目的实际，制定实施细则并报财政部备案。

第四十六条　本规定自发布之日起30日后施行。财政部1998年印发的《基本建设财务管理若干规定》（财基字[1998]4号文）同时废止。

四、财政部关于解释《基本建设财务管理规定》执行中有关问题的通知

财政部关于解释《基本建设财务管理规定》执行中有关问题的通知

2003年12月10日　　财建[2003]724号

党中央有关部门，国务院各部委、各直属机构，全国人大常委会办公厅，全国政协办公厅，高法院，高检院，各人民团体，中央管理企业，各省、自治区、直辖市、计划单列市财政厅（局），新疆生产建设兵团财务局：

我部印发《基本建设财务管理规定》以来，有关部门和地方来函来电要求对基本建设财务制度有关问题作进一步解释。经研究，现就有关问题答复如下：

一、在建项目执行新旧基建财务制度如何衔接。根据基本建设项目的特点，凡在2002年10月后开工的在建项目执行《基本建设财务管理规定》（财建[2002]394号），2002年10月前开工的在建项目可继续执行原基建财务制度，直至项目竣工。

二、实行基本建设财务和企业财务并轨的单位，其建设项目财务管理能否执行基本建设财务制度。

目前，对基建财务和企业财务并轨的试点，只批准在个别行业进行，具体基本建设项目，按并轨要求一时还难以做到的，经主管部门同意，仍可比照基本建设财务制度进行管理和核算。

三、关于财政性资金的具体范围。基本建设项目使用的财政性资金是指财政预算内和财政预算外资金，主要包括：

1. 财政预算内基本建设资金；
2. 财政预算内其他各项支出中用于基本建设项目投资的资金；
3. 纳入财政预算管理的专项建设基金中用于基本建设项目投资的资金；
4. 财政预算外资金中用于基本建设项目投资的资金；
5. 其他财政性基本建设资金。

四、一个建设单位同时承建多个建设项目可否统一核算。根据基本建设有关规定，每个基本建设项目都必须单独建账、单独核算；同一个建设项目，不论其建设资金来源性质，原则上必须在同一账户核算和

管理。

五、经营性项目和非经营性项目能否统一划分标准。目前,单从项目所属行业和性质难以划分清楚并做出明确规定。同类项目在不同地区、不同时期,可以分别划分为经营性项目和非经营性项目。因此,只能在项目完工后,由同级财政部门根据项目的具体情况和主管部门意见判断确定。

六、对基本建设项目实行政府采购和国库集中支付的具体要求和规定应明确在基建财务制度中。因基本建设项目政府采购和国库集中支付试点工作正在逐步开展,有些做法尚未成熟,还需要不断修改完善,目前还不宜将具体要求和规定写入基建财务制度。

七、财政部门是否可以预留项目工程尾款。基建财务制度规定建设单位必须按工程价款结算总额的5%预留工程质量保证金,但没有明确财政性资金是留在建设单位账上还是财政国库上,各地可根据实际情况掌握;同时5%是最低比例,资金的具体预留比例和时间,有关各方可根据规定或合同(协议)确定。

八、项目存款利息的处理。项目存款是指建设项目的所有建设资金,包括财政拨款、银行贷款等,其产生的利息收入一律冲减项目建设工程成本。

九、非经营性项目建设期间的财政贴息资金如何处理。非经营性项目建设期间的财政贴息资金比照经营性项目建设期间的财政贴息资金处理办法进行处理,即冲减工程成本。

十、建设单位按规定留成的非经营性项目的结余资金,主要用于项目配套设施建设、职工奖励和工程质量奖,使用时,是否需报同级财政部门审批。

基建财务制度已明确建设单位留成资金的使用范围,财政部门可对其使用情况进行监督,但不必再进行审批。

十一、建设单位管理费开支的起止时间和计算基数。基本建设财务制度明确建设单位管理费是指建设单位从项目开工之日起至办理竣工财务决算之日止发生的管理性质开支。考虑到不少建设项目前期筹建期间管理性开支没有渠道,建设单位管理费修改为:建设单位从筹建之日起至办理竣工财务决算之日止发生的管理性质开支,建设单位管理费以项目投资总概算为计算基数。

十二、建设单位单项工程报废处理。建设单位单项工程报废是指建设单位原因造成的报废,施工单位施工造成的单项工程报废由施工单位承担责任。单项工程报废净损失按项目财务隶属关系由同级财政部门批准后,计入待摊投资。

十三、基本建设项目年度财务决算与竣工财务决算审批问题。

为减少审批,财政部对基本建设项目年度财务决算不再审批,地方或主管部门是否审批,由地方或主管部门自行决定;项目竣工财务决算按基本建设财务制度规定审批。

十四、经营性项目为项目配套的专用设施投资,产权不归属本单位的,如何处理。根据基本建设制度规定,经营性项目为项目配套的专用设施投资,产权不归属本单位的作无形资产处理。考虑到资产重复计算等因素,本次修改明确为:产权不归属本单位的,经项目主管部门及同级财政部门核准作转出投资处理。

十五、关于项目试运期、竣工验收条件标准问题。因各行业基本建设项目差别较大,不可能制定统一的项目试运期、竣工验收标准。有关主管部门应尽快制定分行业、分规模的项目试运期、竣工验收条件等规范标准,报财政部备案,以利项目竣工财务决算的编报和批复。

十六、中央级项目和地方级项目如何划分。按项目财务隶属关系划分,凡是财务关系在中央部门的,属中央级项目,凡财务关系在地方的,属地方级项目。

十七、建设项目投资包干责任制问题。建设项目实行《招投标法》和《政府采购法》后,财政部门取消了投资包干责任制的做法,各部门自行实施投资包干责任制的,财政部门不予认可。

十八、建设项目收尾工程如何确定。可根据项目投资总概算5%掌握。尾工工程超过项目投资总概算5%,不能编制项目竣工财务决算。

十九、违反基本建设财务制度如何处理。对没有严格执行基本建设财务制度,或违反基本建设财务制度的行为,各级主管部门和财政部门可根据国务院《关于违反财政法规处罚的暂行规定》,通过口头警告限期纠正、通报批评、停止拨款、收回拨款、撤销项目和对直接责任人行政处分等手段进行处罚。

二十、实行代建制的建设项目,如何执行基本建设财务制度。目前,我部正在根据基本建设财务制度和代建制项目的特点,研究制定加强代建制建设项目财政财务管理指导意见,实行代建制的建设项目可按此执行。

抄送：财政部驻各省、自治区、直辖市、计划单列市财政监察专员办事处。

五、农业综合开发管理办法

财政部关于印发《农业综合开发财务管理办法》的通知

财发[2006]39号

各省、自治区、直辖市、计划单列市财政厅（局）、农业综合开发办公室（局）、新疆生产建设兵团财务局、农业综合开发办公室，国土资源部、水利部、农业部、林业局：

为适应农业综合开发事业发展的需要，进一步规范农业综合开发财务管理工作，我部对2000年印发的《农业综合开发财务管理办法》进行了修订，现将修订后的《农业综合开发财务管理办法》印发给你们，请遵照执行。执行中有何问题，请及时反馈。

二〇〇六年七月二十七日

附件

农业综合开发财务管理办法

第一章　总　则

第一条　为规范农业综合开发财务行为，提高农业综合开发财务管理水平和资金使用效益，结合财政体制、财务会计制度的要求，依据《国家农业综合开发资金和项目管理办法》（财政部令第29号）及相关财务规则，制定本办法。

第二条　本办法适用于农业综合开发管理部门和建设单位的财务活动（不包括外资项目财务管理）。

第三条　农业综合开发财务管理的原则：以资金投入控制项目规模，按项目管理资金；专人管理、专账核算、专款专用；实行财政无偿资金县级报账制。

第四条　农业综合开发财务管理的主要任务：认真贯彻国家有关法规和政策；建立健全财务管理制度；合理编制年度财务计划，依法筹措和使用农业综合开发资金，确保资金专款专用；加强会计核算、财务预决算和资产管理工作，定期编制财务报告；强化财务监督检查。

第五条　各级农业综合开发管理部门和建设单位应当设置财务管理机构，配备具有会计从业资格的专业人员，做好农业综合开发资金财务管理工作。

第二章　财务计划管理

第六条　财务计划是指各级农业综合开发管理部门和建设单位编制的资金收支计划。包括资金筹措计划和项目用款计划。

第七条　资金筹措计划依据所承担的开发任务和现行政策规定编制。要合理确定各级财政配套资金和自筹资金额度，不得留有缺口。

第八条　项目用款计划根据批准的项目计划编制。按照项目建设进度和施工合同的要求确定拨款计划，各级财政部门不得滞留项目资金。

第九条　财务计划一经确定，不得随意调整，但在项目计划经批准调整后，财务计划也应随之进行调整。

第三章　资金筹集

第十条　农业综合开发资金包括财政资金、自筹资金，以及采取投资参股、补贴、贴息、有偿扶持等多种形式吸引的金融资金、民间资本、工商资本等其他经过法定手续筹集的资金。

第十一条　农业综合开发财政资金由中央财政资金和地方财政资金组成。

农业综合开发财政资金列入各级财政年度预算。地方财政配套资金不得用其他支农专项资金抵顶。

第十二条　土地治理项目自筹资金是指经批准实施的项目建设所需的乡村集体自筹资金和农民的自筹现金、以物折资和投劳折资。其投入比例按照农业综合开发的有关规定执行。

产业化经营项目的自筹资金应不低于财政投资的50%。

第十三条 占用费收入是指财政部门按规定向财政有偿资金使用单位收取的资金使用费。

第十四条 其他收入是指银行存款利息收入以及农业综合开发投资形成资产的运营收入(不含参股经营的有关收入)。

第十五条 各级财政部门应当根据农业综合开发工作需要由财政预算单独安排农业综合开发事业费。

第四章 资金使用和支出管理

第十六条 农业综合开发资金必须严格按照国家农业综合开发资金和项目管理规定的范围使用。投资参股经营资金按照公司、企业法律制度和农业综合开发投资参股经营管理的有关规定使用。

第十七条 产业化经营项目财政无偿资金限用于项目可行性研究、初步设计或实施方案所需费用,新品种、新技术的引进、示范及培训所发生的费用,部分必要的公益性基础设施建设投入补助。

第十八条 土地治理项目和产业化经营项目可按财政资金的一定比例安排科技推广费。科技推广费的使用和管理分别执行两类项目的有关规定。

第十九条 贷款贴息是指农业综合开发财政资金单独安排的,对符合农业综合开发扶持范围的贷款项目的贴息支出。项目贷款未落实的,财政部门不予贴息。

第二十条 县级农发机构项目管理费按年度土地治理项目财政投资的一定比例提取使用:财政投资500万元以下的按3.5%提取,1 000万元以下的其超过500万元的部分按1.5%提取,超过1 000万元的其超过部分按0.5%提取。项目管理费从地方财政配套资金中列支,主要用于项目实地考察、检查验收、业务培训、项目及工程招标、资金和项目公示以及土地治理项目可行性研究、土地治理项目一般工程初步设计等方面的支出,不得用于人员工资、补贴、购置车辆等行政经费开支。地、省级农发机构和国家农发办由本级财政预算单独安排事业费用于项目管理各项支出,不得另提项目管理费。

部门项目中的土地治理类项目由相关的县级项目主管部门按财政投资的一定比例提取项目管理费,提取比例比照地方项目执行。相应取消列支前期工作费的有关规定。中型灌区节水配套改造项目建设管理费按有关规定执行。

第二十一条 工程监理费按照实施监理的土地治理项目单项工程财政年度投资总额的2%以内控制使用,从地方财政配套资金中列支,按实际支出数计入工程成本。

第二十二条 财政无偿资金实行县级报账制。县级财政部门负责报账资金的日常核算和管理,项目实施单位应严格按照规定的程序和手续及时办理报账。

实行财政国库管理制度改革的,财政无偿资金应当纳入改革实施范围,资金支付按照国库集中支付制度有关规定执行。

第二十三条 有偿资金债务必须落实借款人,按照“谁受益、谁负担,谁借款、谁还款”的原则,确保有偿资金的及时、足额回收。

由于遭受毁灭性自然灾害等原因,造成有偿资金无法归还或不能按期归还的,可按有关规定申请呆账核销或延期还款。

第二十四条 占用费支出包括支付借入财政有偿资金的占用费、委托银行贷款手续费、按规定从占用费收入中提取的业务费及必要的回收费用等。

第二十五条 其他支出包括资产的租赁、承包、出售所发生的费用支出(不含参股经营的有关支出)。

第五章 工程成本管理

第二十六条 农业综合开发建设单位对实施的土地治理项目所形成实物工程发生的全部费用要进行成本核算。

第二十七条 农业综合开发工程成本分为农业工程成本、水利工程成本、林业工程成本。

农业工程成本包括土地整治、修建田间机耕路、种子繁育基地建设、设施农业建设、草场建设等发生的费用;水利工程成本包括修建渠道工程、渠系建筑物工程、水源工程、小型水利水保工程等发生的费用;林业工程成本包括封禁治理,营造农田防护林、防风固沙林、水土保持林、水源涵养林、经果林及苗圃建设等发生的费用。

第二十八条 农业综合开发有形实体工程建设所发生的费用分为直接费用和间接费用。

直接费用是形成有形实体工程发生的费用。包括材料费、机械设备费、普工和技工及机械施工费、林木种苗费等。

间接费用是不形成有形实体工程，但对形成实体工程有紧密联系所必须发生的共同费用。包括工程监理费、勘察设计费、工程预决算审计费、材料损耗等。

第二十九条　项目工程竣工后，农业综合开发管理部门应审核或委托具有资质的中介机构审核施工单位编制的工程竣工决算。

第六章　资 产 管 理

第三十条　资产是指农业综合开发管理部门和建设单位为实施农业综合开发项目建设所占有或使用的、能以货币计量的经济资源。包括现金、银行存款、应收款项、借出有偿资金、委托贷款、有偿资金放款、参股经营投资、转出参股经营资金、预付工程款、材料、待处理有偿资金、在建工程和竣工工程。

第三十一条　农业综合开发管理部门和建设单位要建立和健全现金、银行存款等货币资金的内部管理制度。对工程款项的支付要实行转账结算，现金收支要执行《现金管理暂行条例》，严格控制现金结算，严禁白条入账。

第三十二条　应收款项是指农业综合开发管理部门和建设单位应当收回的待结算款项。年终，要做好应收款项的清理结算工作，不得长期挂账。

第三十三条　借出有偿资金是指上级财政部门借给下级财政部门的有偿资金。有偿资金实行逐级承借，统借统还，按照批准的年度项目计划和借款合同发放。

第三十四条　委托贷款是指由财政部门提供资金，贷款人根据已确定的贷款对象、用途、金额、期限、占用费率等代为发放、监督使用并协助回收的款项。

第三十五条　有偿资金放款是指按年度项目计划借给用款单位或个人的应按时回收的财政有偿资金。

第三十六条　参股经营投资是指通过资产运营机构投入到参股经营项目的农业综合开发财政资金。

第三十七条　转出参股经营资金是指上级财政部门拨给下级财政部门的财政参股经营资金。

第三十八条　预付工程款是指按工程建设合同预先支付给施工单位用于购买材料、设备等的款项。

第三十九条　材料是指为农业综合开发工程建设而储存的各种物资。

第四十条　待处理有偿资金是指有偿资金放款和委托贷款超过约定还款期限，经审核批准，但尚未按规定程序报批列入呆账的有偿资金。待处理有偿资金的核销必须按规定的程序报批。

第四十一条　在建工程是尚未完工、需继续承建的农业综合开发实体项目工程。

第四十二条　竣工工程是指已经完工、符合项目建设要求并经验收合格的农业综合开发项目工程。

竣工工程验收前，由于质量问题发生的工程修复和返工费用，按有关合同规定办理。竣工工程验收后，在质量保证期内发生的工程修复和返工费用，从预留的质量保证金中列支或按合同有关规定办理。

第七章　负 债 管 理

第四十三条　负债是指农业综合开发管理部门和建设单位为实施农业综合开发项目而形成的、需要以资产来偿还的债务。包括借入有偿资金、转入参股经营资金、应付工程款、应付质量保证金和其他应付款。

第四十四条　借入有偿资金是指下级财政部门从上级财政部门借入的财政有偿资金。

第四十五条　转入参股经营资金是指下级财政部门收到的上级财政部门参股经营资金。

第四十六条　应付工程款是指工程竣工结算或报账后，应付未付项目施工单位的工程款项。

第四十七条　应付质量保证金是指按规定预留的，应付给项目施工单位或工程监理单位的工程质量保证金。付给项目施工单位的质量保证金应按不高于工程合同金额的10%预留，待项目运行期满后，视运行情况及时清理结算。付给工程监理单位的质量保证金预留比例执行农业综合开发工程监理的有关规定，待项目验收合格后支付。

第四十八条　其他应付款是指应付工程款、应付质量保证金以外的应付未付的款项，主要是其他往来款项。

第八章　净资产管理

第四十九条　净资产包括本级有偿资金、竣工工程基金、完工项目结余、未完项目结存、本级参股经营资金、参股经营收益。

第五十条　本级有偿资金是指本级财政预算安排有偿使用的资金，以及占用费收支结余、其他收支结余和完工项目结余等转入的农业综合开发资金。

第五十一条 竣工工程基金是指已竣工但尚未正式移交给使用单位的项目工程资金。

第五十二条 完工项目结余是指完工工程在办理竣工决算后的资金结余。

第五十三条 未完项目结存是指农业综合开发财政资金专账当年收入数与拨款数之间的差额以及报账资金、工程资金专账当年收到的未完工项目资金。

第五十四条 本级参股经营资金是指本级财政预算安排的参股经营资金。

第五十五条 参股经营收益是指投入到参股经营项目的财政资金实际取得的收益。

第九章 财务监督

第五十六条 各级农业综合开发管理部门和建设单位要加强对农业综合开发资金筹集、管理和使用的监督检查,如有必要,还可委托社会中介机构参与,确保农业综合开发资金专款专用,提高资金使用效益。同时,密切配合审计部门和财政监督机构,定期对农业综合开发资金进行检查审计。

对截留、挪用农业综合开发资金等违纪违规问题,必须及时予以纠正,并严格按照有关规定进行处理和处罚。

第五十七条 要切实推行土地治理项目和资金公示制,在项目申报阶段、实施阶段和竣工验收后,以适当的方式将项目资金的筹集、使用情况向项目所在地乡(镇)、村公布,接受民主监督。

第十章 财务报告和财务分析

第五十八条 农业综合开发管理部门和建设单位要定期编制财务报告。财务报告包括资产负债表、资金收支情况表、资金支出明细表、净资产变动情况表、有偿资金情况表和财务情况说明书等。

第五十九条 财务情况说明书的主要内容:资金筹措和落实情况;财产物资的变动情况;资金拨借情况;有偿资金投放和回收情况;参股经营投资的变动及保值增值情况;对本期或下期财务状况发生重大影响的事项;其他需要说明的事项。

第六十条 财务评价指标包括:配套资金到位率、自筹资金到位率、有偿资金回收率、国有资产保值增值率等。

(一)配套资金到位率。反映地方财政配套资金的到位情况。计算公式为:

$$配套资金到位率=\frac{配套资金实际到位数}{配套资金计划数}\times 100\%$$

(二)自筹资金到位率。反映农村集体或农民自筹资金到位情况。计算公式为:

$$自筹资金到位率=\frac{现金投入到位数+以物折资到位数+投劳折资到位数}{自筹资金计划数}\times 100\%$$

(三)有偿资金回收率。反映已到期有偿资金的回收情况。计算公式为:

$$有偿资金回收率=\frac{截至报告期已回收的有偿资金数}{截至报告期应回收的有偿资金数}\times 100\%$$

(四)国有资产保值增值率。反映农业综合开发财政参股经营资金投入形成的国有资产的保值增值情况。国有资产是指财政部门授权资产运营机构进行的农业综合开发财政参股投资以及投资收益形成的,或者依法认定为国有的企业所有者权益。计算公式为:

$$国有资产保值增值率=\frac{期末国有资产总额}{期初国有资产总额}\times 100\%$$

第十一章 附 则

第六十一条 各省、自治区、直辖市财政厅(局)可根据本办法规定,结合当地实际情况制定实施细则,并报财政部备案。

第六十二条 中央农口部门农业综合开发项目财务管理按照本办法执行。

第六十三条 本办法自发布之日起执行,原《农业综合开发财务管理办法》(财发[2000]57号)同时废止。过去有关规定与本办法不一致的,以本办法为准。